藏書

珍藏版

中華上下五千年

赵文博 主编

陆

辽海出版社

目 录

明　朝

清　　朝

“治天下匠”耶律楚材

西汉的陆贾说过，可以骑着马打天下，却不能骑着马治天下。蒙古人进入到中原以后，情况发生了很大变化；原来他们是靠放牧为生的，而现在来到了以耕种为生的中原；原来他们还处在奴隶社会，现在却来到了封建社会。他们是怎样来治理好天下的呢？功劳应该归“治天下匠”耶律楚材。

耶律楚材是契丹人，但是他精通汉族文化，3 岁的时候，他父亲就死了，是他母亲把他抚养、教育成人的。他从小就读了很多书，掌握了天文、地理、历法、数学、医学以及三教九流等许多方面的知识，成为一个博学的人。公元 1215 年，成吉思汗攻下中都，听说耶律楚才很有才能，就下令召见他。成吉思汗见他长得很高大，留着漂亮的长胡子，就叫他“吾图撒合里”（蒙古语长胡子的意思），把他留在身边办事。

耶律楚材得到了成吉思汗的信任后，就劝他用儒教来治理国家，但成吉思汗光顾着打仗，没有听取他的意见，这时一个善于造弓的能匠常八斤非常嫉妒他，就对成吉思汗说：“现在正在打仗，像耶律楚材这样的读书人有什么用呢？”耶律楚材说：“造弓还要造弓匠呢，治理天下难道不要‘治天下匠’吗？”成吉思汗觉得很有道理，就更加信任他了。后来他对窝阔台说：“这个长胡子是上天赐给我家的，以后你要把国家大事交给他去治理。”

成吉思汗死后，窝阔台即位当了大汗。耶律楚材就按中原王朝的统治，定了一个礼仪制度，要求皇族的人和大臣们见了皇帝都要下拜。这样，皇帝才是个皇帝的样子，大臣才像个大臣的样子。

蒙古进入中原以后，很多人还想用过去的老办法来统治。有个叫别迭的大臣说：“汉人对我们一点儿用处也没有，不如把他们统统赶走杀光，让田地长起绿草，好让我们去放牧。”耶律楚材却对窝阔台说：“这样广大富饶的地方，怎么说没有什么用呢？大汗您不是要攻打金国吗？如果您让我来征收这里的赋税，我一定能满足您的需要。”窝阔台说：“好吧，我让你试一试。”耶律楚材立刻定下了中原的地税、商税和盐、铁、酒、土产等税，并在燕京设立了十路征收课税使。为了防止和民政分开，设长吏专门管理老百姓，设万亡府专门管理军政，设课税所专门管理征收赋税，第二年，耶律楚材就征收了白银50万两，绢8万匹，粟40万石。他把征收的簿籍交给窝阔台，窝阔台看了非常高兴，说："你的本事真大，整天在我身边，却能使国家的财物那么充足。"并马上按照耶律楚材的建议，设立了中书省，任命他为中书令（宰相）让他管理黄河以北的政事。

耶律楚材还特别注意保存人口。过去蒙古人在打仗时曾规定，凡是对方抵抗的，那么，攻占城镇后，就要把敌人全部杀死，不管男女老幼。这叫做屠城，这种屠城政策杀害了许多老百姓，激起人民强烈反抗。公元1233年，大将速不台带兵攻打金朝首都汴京（现在的河南省开封市）。攻了很久也没有攻下，而且死了许多人。速不台非常生气，说："待我攻下汴京后，我要把城里的人一律杀光!"耶律楚材听到后，连忙对窝阔台说："将士打仗，就是要得到土地和人民，如果把老百姓都杀了，得到土地，没有人耕种，又有什么用呢?"窝阔台觉得很有道理，就下命令给速不台："除了金朝皇族以外，其他的人一律不许杀。”这样，使当时在汴京城避难的147万老百姓保全了性命。在耶律楚材的建议下，派遣使匠邀请孔子51代子孙孔元措赴蒙，封其为衍圣公，建孔庙，蒙古国始兴儒学。

由于成吉思汗没有制定一部完整的法律。“札撒黑”只是一部习惯法，而且只适用于草原。来到中原后，情况越来越复杂，犯罪的人也很多，社会秩序也越来越不安定了。耶律楚材就制定了一个临时法律，叫做《便宜十八事》，专门惩罚那些贪官、流氓、强盗等坏人，使社会秩序逐渐安定下来。

成吉思汗曾分封他的弟弟和儿子们到各地为王。窝阔台攻下金国后，也想把土地分封给诸王和功臣，耶律楚材反对这样做，他认为这样做，把权力交给了各个功臣，就会削弱大汗的权力，不利于中央集权的统治，不如多分一点金帛给他们，不让他们自己收税。于是就定下了“五户丝”制度，让老百姓每五户多交纳一斤丝，分给有贵封的贵族，而把征税的权利收归中央。

耶律楚材还常常劝说窝阔台接受儒教，按照孔子和孟子的方法来治理国家。于是，窝阔台就让他选拔儒生担任各级官员，并让他请有名的儒士来给皇太子和大臣的子孙们讲解儒教的经义。可是有一次，有两个做官的儒生犯了罪，窝阔台就责备耶律楚材，说儒生也犯了罪，可见孔孟之道也不好。耶律楚材说：“三纲五常是圣人的教导，要治理国家就得遵循它，就像天上有太阳和月亮一样。不能因为一两个人有了过错，就放弃孔孟之道吧?”一席话说得窝阔台口服心服，不禁微笑着点了点头。

可是后来，窝阔台想增加收入，不愿减轻人民的负担，就开始不听耶律楚材的建设了。耶律材力争而未达目的，但他坚持为民请命。公元 1241 年，窝阔台去世，皇后乃马真监国，不再重用耶律楚材了，公元 1244 年，被罢官的耶律楚材，忧伤而死，享年 55 岁。耶律楚材是一位伟大的政治家，人们为了纪念他的功劳，把他安葬在玉泉山麓，专门为他修建了祭祠，并塑石像。到现在还保存在北京颐和园里呢。

大理风波

蒙古消灭金国后它的主要敌人便是南宋，蒙哥汗派四弟忽必烈驻守漠南，伺机与南宋开战。忽必烈大肆操兵演练，准备在边境挑衅寻事，南宋也察觉出情况有点不对头，时刻提防，局势明显紧张起来。

打开地图，蒙哥汗觉得要想征服南宋，最好的办法就是北方和南方同时夹击，然而要想这样做必须首先征服地理位置优越的大理国。

大理国始建于唐代宗末年，都城在今云南大理县，是个少数民族国家，国土面积只有今云南省和四川西南部大。

忽必烈率领他的军队从甘肃进入西藏，分兵三路闪电般扑向大理。告急文书接二连三传到大理皇帝段兴智手中，吓得他浑身发抖，不知该怎么办好。

段兴智是个不中用的皇帝，他没有主见，朝中政权没有掌握在他的手里，被高祥和高和兄弟俩掌握着，他急忙找这两人商量对策。高氏兄弟不以为然，说：“皇爷你怕什么，蒙古军不过是一群乌合之众，你不必担心什么，一切交给我们了。”

段兴智没有多少信心，只好按他俩的吩咐去做。

忽必烈大军到达金沙江，派了三位使者去大理劝降，结果竟被高氏兄弟杀害，忽必烈没等到消息，知道出事了。公元1253年农历十二月忽必烈以下山猛虎之势带兵扑到大理都城下。高祥也不含糊，自任军帅，派弟弟高和迎战忽必烈，他以为凭借天时地利很快就能打退远道而来的蒙古人。没曾想蒙古人勇悍无比，根本抵挡不住，仅仅半天功夫高和被斩，都城被打得摇摇欲坠，大理兵退潮似的败下来。

“攻城！”忽必烈一声令下，蒙古军如蚂蚁一样涌向城墙，搅起尘土漫天飞扬。高祥见兄弟死了，城池危在旦夕，他抱着脑袋乘着混乱，惊惶失措的逃往姚州。刚到姚州蒙古追兵就到了，高祥吓得连夜逃离姚州，拼命往东跑。最后在离姚州200里的一个小树林被抓住。高祥押回大理的第二天遭酷刑而死。

皇帝段兴智也逃走了，他化装成普通老百姓，混出城去，直跑到善阐，即今昆明，方才停下来，忽必烈得到消息马上派兀良合台带兵去攻打善阐城要他活捉段兴智。兀良合台只用了两天的功夫就攻破了善阐城，并且全城戒严，挨家挨户搜，四处捉拿段兴智。终于在一个山洞里把段兴智给揪了出来。忽必烈令兀良合台押送段兴智到蒙古和林，交给蒙哥汗处理，段兴智在和林狱中写下降书顺表，上呈蒙哥汗，至此大理国被蒙古征服了。

蒙哥汗经过认真思考，觉得杀了段兴智也没什么用，不如放他回去，协助四弟管理大理，仍让他在大理当皇帝。蒙古大汗的这一做法出乎段兴智的意料，他真是感恩戴德啊。

大理国少数民族居多，有些部族不听皇帝停止抵抗的命令，英勇地与蒙古军斗争。忽必烈只好四处征战，由兀良合台做先锋，攻城略地，整整用了两年的时间才算稳定了局势。

忽必烈这个人非同一般，足智多谋，是拖雷的儿子中最有心计的，他武功高强，喜好读书，深知治国之理，进入大理后没有杀一人，出榜安民，严明军纪，极受百姓拥护，他在大理顺利的站住脚。由于忽必烈太出众了，树大招风，使蒙哥汗十分不安。他疑心忽必烈有谋反之心，派亲王阿兰答儿一干人审查忽必烈在关中的文武官员，甚至动用了酷刑。忽必烈得知后，听从谋臣姚枢的建议急忙从大理赶回和林，把妻儿留下，孤身重返大理，以示诚心。蒙哥汗便不好再说什么了。

这年冬天，蒙哥汗正准备亲征南宋，度漠而南，到了河西，便写信召忽必烈前来，说道："大理平靖，兴兵伐宋时机已到，弟速归。本汗准备挥麾南下，进攻中原，与赵室共寝。"

忽必烈接到信只身来到河西，兄弟相见，放声大哭，相互拥抱。忽必烈想解释一番，蒙哥河深情地说："兄弟，别说了，我知道你的心"。自此，冰消雪融，兄弟间复好如初。征服南宋，已成了他们的共识。

蒙哥汗台州遇飞矢

平定大理国后，蒙古积极准备攻打南宋，令蒙哥汗苦恼的是首都和林离中原太远，不利于指挥。忽必烈建议他迁都，并替他在醒州滦水的卧龙山，即今内蒙多伦县北方一带，修建了一座豪华的宫殿。蒙哥汗巡视后极为满意。这里不仅气候宜人，而且山水如画，不久就正式成为新都。

有一次，蒙哥汗召开最高军事会议，商议怎样伐宋。之后，蒙哥汗制定了三条路线：第一路是由兀良合台将军率留在大理的蒙古军自南向北打；第二路由塔察儿将军带领5万骑兵东下直抵江淮；蒙哥汗率第三路军转过关中，杀进四川，顺江与第二路军和兀良合台于襄阳城至长沙一线会师，再攻捣南宋京城临安。

蒙哥汗指挥第三路军经六盘山、大散关等地打进了四川，关中的蒙古将领纽林等人在他到来之前基本把障碍扫清了，所以第三路军入川很顺利，很快便打到合州城下。合州守军王坚治军严谨，布兵有方。一次次地击退蒙古人的攻击。纽林只好向蒙哥汗报告道："大汗，南宋合州守将叫王坚，此人很不简单，善于用兵，武功也很过硬，我们的先头部队被他打得损失惨重。""有这样的事！"蒙哥汗吃了一惊，他知道部将从不谎报军情，便指挥人马扑向合州。

蒙军如浪，气势惊天动地，合州将军王坚却毫无惧色，仍仔细观察着。

"攻城！"蒙哥汗下令攻打城池。千万军兵顿时呐喊着涌向合州。

王坚见敌人架长梯登上来了，果断地命令："泼水！"他话音一落，数十名宋军提着木桶来到垛口，将冒着热气的滚烫开水照攀城的蒙古兵当头泼下。蒙古兵被烫得怪叫连天，跌下城去，水花激溅，蒙古兵纷纷抱头鼠窜，一时间相互拥挤，显得非常混乱。

"继续冲锋！"蒙哥汗见状大怒，厉声斥责。纽林急忙带队猛冲，后杀上去的蒙古兵都用硬牛皮甲顶在头部处，以防开水。谁知宋军不倒开水了，扔下滚木雷石，又砸死许多蒙古兵。第二次冲锋失败。蒙哥汗双眼喷火，令纽林第三次再冲，纽林硬着头皮再次攻城，结果宋军开弓放箭，他肩膀中了一箭，狼狈不堪地败退回来。蒙哥汗见此刻军无斗志，只好暂且收兵，不料当晚王坚偷营劫寨，一把火烧了许多营帐，蒙哥汗被迫后撤十里地，双方形成对峙。

整个四川都拿下来了，小小的一个合州竟如此难攻，看来大宋国确实有能人。蒙哥汗思索半晌，忽然想到南宋有个投降来的将军，叫晋国宝，据说此人是王坚的同窗好友，传来一问果然如此。他道："你带使者去合州游说王坚投降，只要他肯交出合州，本汗给他的官职决不会是个州郡守将，你即刻起程吧。"当晚晋国宝前往宋营劝降了。蒙哥汗心中无底，也不知王坚能否听晋国宝的话，整夜没眠。

次日清晨那随去的使者捂着脑袋，连滚带爬的逃回来了。他对蒙哥汗哭诉道："大汗，晋国宝已被王坚杀了，人头挂在城上示众。王坚将我两只耳朵割掉，让我回营转告大汗，说他王坚生是大宋人，死为大宋鬼，决不卖国求荣，背信弃义，蒙古大军要想进入合州，必须以血相换，请大汗责罪臣无能。"

蒙哥汗听罢，拍案而起，咆哮道："以血相换，以血相换！王坚，本汗誓要踏平合州城！"蒙古大军即日发动强攻。但无论是怎样拼命攻打，合州宛若泰山，纹丝不动。在王坚的指挥下，合州军民团结一致，粉碎了蒙古军的多次进攻，使超过宋军兵力20倍的无敌蒙师整整六个月未能前进半步，当然，宋军的损失也是巨大的。

蒙古第一路军进展比较快，南宋长沙失守，而第二路军在河南大胜关则被宋军卡住，边界主帅塔察儿也战死了。蒙哥汗只好叫忽必烈去统领二路军南下，他自己接着攻打台州。

数次强攻失利后，蒙哥不顾众将军劝阻，挥旗亲自率兵攻城，结果被打得大败。王坚在城头见千军万马之中一群扈从围着个光膀子的男人指挥兵卒反扑，他心头一震，难道此人就是蒙古大汗蒙哥！王坚命令开城门出战，趁蒙古军败退之时，打算活擒蒙哥。宋军一冲杀，情势更乱，竟不知从哪飞来块石头，正巧砸在蒙哥汗脑袋上，他当即摔落马下。

蒙哥汗被抢回大营，次日就因伤势过重而死。消息传来，合州城内一片欢腾庆贺。

抛开民族间争战的恩怨来看蒙哥汗，应当说他是一位俭朴聪明的蒙古大汗。蒙哥汗精通天文星相占卜术，阿拉伯天文、历算，并且娴熟于蒙、汉、阿拉伯语。在他的主持下，1258 年在帖必力思城南马拉盖开始兴建规模宏大的天文台，次年建成，蒙哥汗所派的科学家在这里传播东方天文，数学知识，并把西方科学传到东方去。在这科学中心，科学家徒昔主持编写了《伊利汗天文表》，其中以专章介绍了中国推步之术。可惜，一场不义的战场夺去蒙哥汗正在英年的生命。

元世祖忽必烈

成吉思汗的孙子忽必烈，同他的祖父一样是一位杰出的军事统帅，也是一个出色的政治家。

自公元 1241 年窝阔台去世至 1251 年蒙哥即位，大蒙古国经过了十年的混乱时期。先是窝阔台之妻乃马真摄政，1246 年他们的长子贵由继承汗位，即定宗，实际上还是乃马真主事。两年后贵由死于“西巡”途中，拖雷诸子与窝阔台的子孙们展开了激烈的汗位争夺战，直到蒙哥汗登上大汗之位。

拖雷和妻子唆鲁忽帖尼有四个儿子：蒙哥汗、忽必烈、旭烈兀、阿里不哥，从小就受到良好的教育和汉文化的影响——他们的母亲很有心计，从中原请来名儒贤士讲解治国之道，其中忽必烈受影响最深，渐渐悟到治理中原必须用汉文化的道理。蒙哥汗即位的当年，就任命忽必烈主持漠南地区的军政事务。在十年混乱中，当初耶律楚材的治理措施，全被废除了，中原人民重又陷入暴政之下，土地荒芜、人口流散、生产力受到极大的损害。

忽必烈主政中原后，苦心经营：选贤任能，清政去贪，劝农耕种……，逐渐理出头绪，恢复了大部分生产力，将中原治理得井井有条，控制了中国北方大量的人力和雄厚的物力。

蒙古军队在对南宋作战的初期，并不太顺利，于是决定先征吐蕃（今青海东部等地），再攻大理（今云南等地），然后包抄南宋，采用战略大迂回的战术。公元1252年六月，忽必烈率军南征大理。蒙古铁骑由北向南，不到半年时间就从今甘肃经青海、四川到达云南；先后越过大流河、大雪山、金沙江等险绝之地，完成了中国古代军事史上罕见的万里远征创举。第二年初，大理国灭亡，吐蕃也表示臣服，整个西南地区被蒙古军队控制，形成了对南宋王朝从南北两面夹攻的形势。年底，忽必烈留大将兀良合台镇守，自己返回北方。

南征的胜利和治理中原的成绩显示了忽必烈杰出的文治武功，他的声望在汉族地主阶级中日渐上升；许多豪强士绅纷纷靠拢忽必烈，愿意接受他的统治。忽必烈的周围聚集了一大批汉族文武人才，如刘秉忠、许衡、姚枢等文士，史天倪、张柔等武将。这些都为他进一步统治中原奠定了深厚的基础。

但是，忽必烈采用汉法治理中原却损害了蒙古贵族和西域商人的利益，他的声望之大也曩了蒙哥汗的威信和皇权。经一些人的挑拨，蒙哥汗对忽必烈产生了猜忌，下令解除了忽必烈的兵权并派人调查他，形势十分危急。关键时刻，忽必烈接受了姚枢的建议，不正面抗争，并且将妻子儿子送作人质，表明自己并无异图，亲自去向蒙哥汗当面解释。最终，蒙哥汗消除了疑虑，兄弟和好如初，忽必烈重新掌握了兵权。

公元1258年，蒙古大军兵分三路全面征伐南宋。

忽必烈在围攻鄂州时得知蒙哥汗死讯，同时又听说留守都城的弟弟阿里不哥正准备继承汗位，便要回军与阿里不哥争夺大汗宝座。正好，这时南宋宰相贾似道请求割地赔款求和，忽必烈顺水推舟，订下和约，迅速率军北返。

公元1260年三月，忽必烈在开平（今内蒙古多伦北）召集部分王公大臣集会，在他们的拥护下，抢先登上大汗之位。随后，阿里不哥在另一些王公大臣的拥戴下也宣布继承蒙哥汗的汗位。这样，大蒙古国同时有两个可汗，他们既是亲兄弟，又互相对立，并各有一部分皇族大臣的拥护，讲理是讲不清的，只有靠武力来解决了。经过四年的内战，忽必烈大获全胜；众叛亲离、走投无路的阿里不哥只好率残部到开平投降。

忽必烈与阿里不哥之争，是蒙古贵族统治集团内部的斗争，成吉思汗的后裔大多卷了进去。忽必烈由于掌握了中原地区的人力、物力和财力，得到汉族地主阶级的大力支持，而获得了全胜，并因此而奠定了元朝的建立和巩固的基础。

忽必烈即位之初，就颁诏指出成吉思汗创业以来的五十余年中，单凭武功，缺管文治，表示自己要大力推行汉法。他在皇权巩固之后，更全力以赴地实施用汉法治理国家。因此，他在位三十四年（公元 1260—1294 年），取得了非凡的业绩：

第一，镇压了内部的武装叛乱割据势力，建立和巩固了统一全国的元王朝。建元前后，忽必烈面临着如何统一中国的历史重任，他采取了一系列的正确措施，主要是推行汉法；这就遭到了蒙古旧贵族的激烈反对，并一再发动叛乱。忽必烈成功地镇压了阿里不哥、海都等叛乱的蒙古旧贵族，削平了割据山东等地方豪强，征灭了腐朽的南宋王朝，最终完成了统一大业。这是中国历史上继秦始皇和隋文帝之后的又一次大统一，对于推动我国多民族统一国家的进一步发展有着重大的历史意义。比如，他任命人思巴掌管西藏地方行政事务，结束了西藏三百年的战乱局面，促进了中国的历史进程。

第二，废弃“旧章”，推行汉法。忽必烈之前的蒙古游牧贵族落后、野蛮的统治方式，导致中国北方社会经济的破坏和衰退，并给人民带来无穷的战乱灾害。忽必烈即位之后，大力废除蒙古游牧贵族的旧制度，全面采用汉法——即承袭宋、金以来的封建政治、经济及文化制度，并在新的历史条件下加以某些改进，使上层建筑能够适应经济基础，这对于社会的安定和进步起了积极的作用。

忽必烈推行汉法的主要内容有：建立年号、国号和礼仪制度，并把都城从漠北的和林迁到中原地区的大都；建立国家机构和职官制度，确定中央的封建专制统治，如建立中书省和各行省、设立主管军务的枢密院、纠察百官的御史国子监，用汉文化教育蒙古贵族子弟，各地的学校也有了恢复甚至发展，这些都有利于中原传统文化的保存。

第三，实行重视农业生产的政策，恢复和发展社会生产力。

忽必烈即位之初，就在各地设立专门管理农业和林业的机构，鼓励开荒、兴修水利，禁止军队占用农田作牧场毁坏庄稼，重新开通了三千里长的运河。不到十年，中原地区长期遭到破坏的农业生产基本得到恢复，并得到了进一步的发展。这些都为中原传统文化的保存和延续提供了可靠的物质基础。

忽必烈的一系列做法，主观上的根本目的是为了维护自己的统治，但在客观上却符合历史发展的必然趋势——

落后的游牧奴隶文明必定要适应先进的农业封建文明，适应得越好，越能发展和巩固统治；不能适应或适应后又反复，必然要遭到历史的报应。忽必烈晚年已经不能坚持推行治法，他之后的统治者们，大多没有继承他先进的一方面，却发展了其落后的一方面；导致元朝中后期阶级和民族矛盾日益激烈，统治集团内部争权夺利的斗争也更加尖锐，这也是元朝为什么不到百年就灭亡的主要原因之一。

廉希宪施行仁政

廉希宪是元朝初年著名的儒士、政治家，是元世祖的左膀右臂。他小的时候，言行举止便超凡脱俗，遇事非常有主见。9 岁时，4 个家奴盗走 5 匹马被抓获，依法当死，廉希宪却声泪俱下劝父亲饶恕了他们；而且有一次，两个家奴借着酒劲奚落廉希宪，他觉得这是在侮辱自己，于是将这两个人送到府狱杖责。

廉希宪聪颖好学，19 岁便得到了忽必烈的信任。有一次，他正在读《孟子》，忽必烈要召见他，他就装着书出来拜见。忽必烈问他《孟子》的内容，他就用孟子主张性善，好义非利，崇仁恶暴的主旨回答，忽必烈听后非常高兴，说："你就可以称得上是廉孟子嘛！"从此以后，人们就用"廉孟子"称呼他。

忽必烈的近臣们有一次进行射箭比赛，有个人射完了自己的箭就要取廉希宪的箭，他以为廉孟子一个书生，怎会射箭？哪知廉希宪微笑着制止他，从容地说："你觉得我不能射箭吗？"。身边的人递给他一张硬弓，他三射三中，众人惊叹："廉希宪真是文武全才。"

廉希宪的"武"更在于他有天才的指挥才能。宪宗蒙哥逝世后，他一面劝忽必烈还京即位，一面又先回京师，沿途宣讲天心人事——忽必烈应为大汗。得到了宗王塔察儿的响应。

忽必烈即位以后，廉希宪又根据当时的局势，建议遣回高丽王子，并与宋议和，得到忽必烈的赞许。接着又设计平定刘太平、霍鲁海的谋反，并代传圣旨，命汪惟良带领秦州、巩州等处军队向六盘山进军，又调发更戍的蜀军及壮丁，由诸军总帅八春统领，与汪惟良会合，最后，彻底控制了关右的形势。忽必烈知道后，不但没有怪罪他，反而觉得廉希宪用兵灵活，有胆有识。赐给金虎符，节制诸军，并下诏说："朕委派你负责这方面的事情，你可以权衡利弊，自行定夺，不要拘束于平时的制度而失去战机。"可见，忽必烈即位之初，廉希宪掌握和控制了整个西线的战事。因此，30岁的廉希宪便由中书右丞晋升为平章政事。

廉希宪整顿朝纲，兴利除害。他建议忽必烈根据治理的政绩，对世袭的官臣进行升降，刷新了地方吏治。奸臣阿合马擅权当道，管理财政，没人敢得罪他。廉希宪却认真追查阿合马的劣迹，如实上奏，使阿合马受到杖刑。

廉希宪在忽必烈面前奏事，总是据理力争，有时竟和皇帝辩论起来。气得忽必烈有一次大发雷霆，指着廉希宪说："当初你在我的藩王府时，尚能忍受委屈，现在你做了我的重臣，怎么返倒变得这么强硬呢！"廉希宪毫无惧色，从容答道："王府事轻，天下事重，如果我不直言以谏，天下将受其害。我这样做并不是不自爱。"忽必烈觉得他说得非常有理。

1270年，忽必烈下诏赦免京师囚犯。西域人匿赞马丁是先帝的大臣，为怨家所告入狱，这次也赦免了。匿赞马丁的怨家向皇帝申斥。廉希宪得知后，立即在中书省签置释放匿赞马丁的书上补签了自己的名字。因释放匿赞马丁时他正在家休假，不知此事，他不想借这个理由逃避此事。果然，忽必烈责问是谁做主释放匿赞马丁，廉希宪说：“这是陛下诏书上说的。”忽必烈生气地说：“诏书上说释放囚犯，有诏书说释放匿赞马丁吗?”廉希宪回答：“不释放匿赞马丁，我们也不知道这个诏书。”忽必烈果然大怒：“你们号称读书之人，碰到事情竟然这样，应该定个什么罪?”廉希宪不加思索地说：“我们身为宰相，有罪应该罢退。”忽必烈见一点台阶也没有，很不高兴地说：“就按你说的办吧!”于是把他和左丞相耶律铸一同罢退了。

过了几天，忽必烈觉得心里很不是滋味，他问侍臣：“希宪在家做什么?”侍臣说：“读书。”忽必烈沉着脸说：“读书当然是我要求的，但是读书而不能用，多读有什么用处?”奸臣阿合马见状，赶忙趁机进谗：“廉希宪天天在家同妻子设宴寻欢。”“胡说！希宪没有钱，用什么设宴?”忽必烈脸色更加难看。

1274 年，忽必烈起用廉希宪为北京行省平章政事。并派他去东北镇守辽东。有一次，大公主同国婿去京师，途经辽阳，以郊外射猎，践踏庄稼，侵扰百姓。廉希宪当面向国婿讲道理，并说要向皇帝奏明。国婿害怕，来求公主，公主设宴来求希宪，并表示愿拿出一万五千贯钱偿还百姓，请求不要上奏朝廷。从这以后，诸王贵族经过辽阳，再不敢放纵害民了。

1275 年，忽必烈把廉希宪从东北召回，命他坐镇荆南行省，配合南征灭宋，廉希宪带病冒着暑热疾驱南下，到江陵，右丞上将阿里海牙率部到郊外迎接，望着来人掀起的尘土下拜，使荆州人士大为惊骇。

廉希宪来到江陵，马上下令，禁止元军抢掠居民财产，开展贸易，兴利除弊，地方秩序很快安定下来。廉希宪按忽必烈的要求施行儒家的“仁政”颁发了一些命令。接着又大兴办学，在廉希宪看来，“办学讲经是不可延缓的”，所以他选教官，置经书。在学校成立的第天，廉希宪亲自到学校讲课，勉励学习生员。

由于廉希宪施行仁政，荆州西南地区宋境的苗族聚居区，很多头人都越境来归顺。忽必烈得知后说：“先朝非用兵而不可得的地方，现在希宪能令千百里外居民越境纳士，他的仁政感化力量真大啊！”

襄樊大战灭南宋

忽必烈继承汗位以后，先后打败了阿里不哥，平定了李檀叛乱。随后，他又重新开始了灭亡南宋，准备完成统一全中国大业。

那时，南宋四川守将刘整投降了蒙古。刘整是南宋名将，有勇有谋，作战勇敢，打了很多胜仗。当时，南宋的宰相是大奸臣贾似道，他把持朝政，只顾吃喝玩乐，根本不把抗击蒙古的事儿放在心上。不但如此，他还打击朝中主张抗击蒙古的大臣，把抗击蒙古的名将向士璧、曹世雄害死了。刘整眼看着自己的性命也将不保，就带着部下投降了蒙古。为了表示自己的忠诚，刘整献出了一条灭亡南宋的妙计：襄阳是南宋的门户，先攻襄阳，打开大门，然后顺着汉水进入长江，往下直捣南宋京城临安。忽必烈非常高兴，就采纳了刘整的计策。

襄樊是襄阳和樊城的合称。襄阳在汉水南边，守将是吕文焕；樊城在汉水北边，由范天顺把守，襄樊城里粮食充足，兵多将广，城墙也十分坚固，易守难功，而且两城之间有浮桥连着。公元 1268 年，忽必烈派阿术为主帅，刘整为副帅，进攻襄樊。阿术和刘整将襄樊团团围住，并在江边修筑堡垒，在河中钉上木桩，拉上铁链，想把南宋军队困在城里。第二年，忽必烈又派史天泽和驸马忽剌也来攻打襄樊。史天泽到后，又加强了包围，并对襄樊城发动了猛攻，但是没有打下来。一到雨季，汉水涨水，襄樊周围到处都是水，蒙古不得不停止进攻，这样打打停停，一直打了 5 年。

公元 1271 年，非常生气又派四川的军队来进攻襄樊。这时，两城已经被围了 5 年，城里的盐、布、粮食等都用完了。南宋派范文虎去救援，可是他贪生怕死，根本就不敢去。1272 年，驻扎里郢州（现在的湖北省钟祥县）的南宋名将李庭芝，他听说有条清水河，直通汉水，可到达襄阳，便命令修造了 100 艘小船，装满粮食、盐等东西，派士兵将领张顺、张贵去支援襄阳，张顺的绰号叫“竹园张”，张贵的绰号叫“矮张”他们俩都很有本事，他们马上答应了这件事。

一天夜晚，张顺、张贵带着100艘小船，向襄阳冲去。元军（当时元朝已经建立，所以叫元军）一点准备也没有，又是到晚上，他们不知道宋军来了多少人，就不敢和宋军交锋。张顺、张贵他们沿途斩断了许多铁链，拔掉了许多木桩，从元军的包围中冲了过去。第二天早上到达襄阳时，却没看见张顺。过了几天，人们看见张顺的尸体浮在江中，身上中了六箭和四处刀伤，手里还握着弓箭，仿佛还要射杀敌人呢。张贵等人的支援，大大增强了襄樊士兵的士气，张贵建议联络郢州宋兵来夹击元军，于是派了两个士兵，潜水将蜡书送了过去。范文虎答应派5000人来夹攻元军，并约了时间，于是在一个夜晚，张贵带着大军从城里杀出，向元军猛攻，可是范文虎不敢打仗，带着兵跑了回来，于是元军就专门进攻张贵，后来张贵负伤，被元军捉住，让阿术给杀害了。

忽必烈见襄樊总是攻不下来，就向将领们问计。这时，有一个名叫阿里海牙的将领对忽必烈说："襄阳和樊城就像牛的两只角一样，它们互相支援，所以老也攻不下来。不如先攻樊城，攻下之后再进攻襄阳，一个一个地消灭。"忽必烈一听很有道理，非常高兴，就马上命令阿术先攻打樊城。阿术集中大军猛攻樊城。这时，元军又运来了威力很大的回回炮，他们用回回炮轰塌了城墙，然后争先恐后地往前冲，可是宋军的箭和飞石，像雨点一般地飞了下来，元军被压得抬不起头。后军将领张弘范急忙带兵冲了上来，可还是没有用，连张弘范都中了一箭。

樊城守军为什么这么厉害呢？原来襄阳的守军通过浮桥，不断地过来支援。因此，元军在攻打樊城，可还是跟同攻两个城一样。阿术也看了出来，要想打胜仗，就得截断浮桥。于是，就命令士兵向浮桥进攻，烧断了浮桥。这一来，樊城就得不到支援了。元军又向樊城猛攻。最后攻破了城池，主将范天顺自杀了。副将牛富带着最后的100多人，拼命抵抗，后来也投火自杀了。

樊城被攻占之后，襄阳就成为一个孤零零的城池了，吕文焕急忙向朝廷告急。朝中大臣们就想叫高达去支援。可是，吕文焕和高达有仇，贾似道不同意。吕文焕听说要派高达来，不要支援，在城里等死了。这时阿术就派刘整来劝吕文焕投降。吕文焕本来就不想守城，就乘势准备投降了。公元1273年2月，吕文焕打开城门，投降了元军，忽必烈马上任命他为襄汉大都督。

襄阳、樊城被元军夺取以后，南宋的大门就被打开了。公元1274年，忽必烈命令左丞相颜为统帅，率领20

万大军，沿汉水进入长江，水陆并进，沿长江东下，一直扑向南宋京城临安。公元 1276 年，元军进入临安，到 1279 年，南宋全部被元军打败了。这样，南宋灭亡，元朝统一了整个中国。

从金中都到元大都

北京，位于华北平原的西北边缘，地处平原与山地交界地带：西、北部群山环抱，东南一带古代为大片沼泽，后形成冲击平原。它的西南角接近太行山下，是通向华北平原的门户；北部为燕山余脉，但西北和东北可通过南口及古北口等山谷，通往内蒙古高原和松辽大平原。雄伟险要的地理环境，使之成为天然的军事要地。

古称北京为“燕”和“蓟”，司马迁在《史记》中就有周武王封召公于燕的记载，距今已有三千多年的历史了。春秋战国时期，蓟城是“战国七雄”之一的燕国的都

城。从秦汉到隋唐，它都是军事重镇，也是汉族和少数民族进行贸易的大都会；虽然地名更改多次，但城市的基本地理位置变动不大。

辽化则称北京为“南京”，也称燕京，作为辽国的陪都；但北京真正作为都城，是在金朝。

金灭辽之后约三十年，于贞元元年（公元 1153 年），正式将都城从上京会宁府（今黑龙江阿城南）迁到北京，改称“中都”。这是北京从军事重镇和贸易中心而成为政治中心的转折点，此后，元、明、清三代均以北京为首都。

金中都是在辽南京城的旧址上护建而成的，其位置在今北京城的南部。城平面近似正方形，周长约十五公里，每边各有三座城门。皇帝居住的宫城，位于城内中部偏西南处，呈规整的长方形。金大定十九年（公元 1179 年）又在城东北郊建立了离宫——大宁宫，其中心部位，在今北海公园琼华岛和团城一带。

宏伟壮丽的中都城，对后来元代大都城的建设影响极大。

金朝在北京建都六十余年，金贞佑三年（公元 1215 年），蒙古骑兵突破南口天险，攻占中都，全城毁于一片火海之中。元世祖忽必烈即位之初，采取两都制度，以开平（今蒙古多伦西北）为主要都城，称为上都，以中都为陪都。数年后，忽必烈决定建设中都新城；并立即征集工匠，组建工程指挥机构，任命曾主持上都城建设的汉人刘秉忠负责规划营建。

刘秉中首先进行十分详细的地形测量，然后制定了总体建设规划。修建房屋和街道之前，先埋设了全城的下水道，再逐渐按规划好的城市蓝图修建。

至元四年（公元 1271 年），规模宏大的新中都建成。同年，忽必烈公开废除“蒙古”国号，按照《易经》中“大哉乾元”之意，改国号为“大元”。第二年，忽必烈又命名中都新城为“大都”，宣布建都于此，而以上都开平为夏都（陪都）；蒙古人则称大都为“汗八里克”，意即汗城。迁都于此，同时也意味着政治中心的南移，忽必烈决心灭宋，做统治全国的皇帝。

元大都在地址的选择上，有意避开了金中都的废墟。但又把未遭破坏的、风景优美的大宁宫及附近的大片湖面（当时称为“海子”）包括了进去，并作为城市的中心部分。在城市的设计布局上体现了我国传统的建都原则：三重城恒，中轴对称，前朝后市，左祖右社。

第一重城墙为外城，即整个城市的外廓。外城长约二十八公里，平面呈南北略长方形。城墙全部用土夯成，外面是又宽又深的护城河。城四角建有巨大的角楼，如现在北京建国门外的古观象台，就是当时的东南角楼。

外城共有十一座城门，很别致。据说，这是设计者刘秉忠以此询征神话传说中三头六臂的哪吒：南面三座门象征他的三头，东西两边各三座门象征他的六臂，北面的两座门则是他的双足。

第二重城墙皇城，周长约十公里，位于全城南部的中央地区。皇城的中部是太液池，即后来的北海与中南海；东部即宫城，西部有兴圣宫和隆福宫。皇城是皇帝居住和办公的地方，即为“前朝”；皇城后面的海子（今什刹海）是商船云集的地方，这一带是商业中心，就是“后市”。

皇城的东部（左边）建有太庙，是皇帝祭祖先的地方；西部（右方）建有社稷坛，是皇帝祭土地的地方。这称之为“左祖右社”。

最里面一重是宫城，即紫禁城。宫城的中心线向南北两端延伸，也就是整个大都的南北中轴线；从而十分鲜明地突出了宫城的位置，显示了这个封建王朝统治中心至高无上的地位及其设计思想。

大都城的干道基本上是整齐方正的方格网状。全城被干道划分成五十个街坊，坊内有数条平行的小巷，称为“胡同”。胡同多为东西向，宽约五到七米；两条胡同之间相隔约七十米，由一些四合院式住宅并联而成。这种东西向胡同的布局方式，很适合北方住宅对光照、通风和交通的需要。城内的居民约有十万户、四五十万人。

元大都的兴建，是中国建筑史上光辉的一页：它继承、总结和发扬了古代都城规划、建设的优秀传统，并为以后明、清北京城的发展奠定了基础；它规模宏大，宫殿壮丽，人口众多，商业发达，是自隋、唐长安以后，平地起家新建的最大的都城，也是当时世界上最著名的大城市之一。

锐意改革的脱脱

在元代以前的各个朝代，都有过不同程度的两大集团势力存在，那就是“革新派”与“保守派”。从商鞅到王安石，他们的革新对当时的社会发展起到了一定的推进作用。在元代，也有这么一位锐意改革的著名人物，他就是脱脱。

脱脱是蒙古蔑儿乞部人，字大用，自幼生活在伯颜家。长大后，他拜儒生吴直方为师，发奋攻读四书五经等书籍，立志“日记古人嘉言善行，服之终身”。这样，到元泰定帝时，年仅 15 岁的脱脱便被任命为皇宫内官，后来又屡次提升，一度担任过中书右丞相职务。

顺帝前期，政局一直没有稳定下来。一方面，明宗与文宗两系争夺帝位的半争始终不断，愈演愈烈；另一方面，权臣与权臣之间矛盾尖锐，势不两立。元顺帝妥帖睦尔即位之后，蒙古最高统治集团内部的帝位之争虽然暂时告一段落，但是权臣之间的斗争不但没有缓和，还大有一触即发之势。这点最明显地体现在权臣燕铁木儿一家与权臣伯颜一家的争斗上。燕铁木儿是文宗时期的权臣。顺帝即位后，他的弟弟撒敦被任命为左丞相，他的儿子唐其势被任命为御史大夫。元统元年（1333 年）三月，燕铁木儿的女儿伯牙吾氏被立为皇后。燕铁木儿一家权势的日益膨胀，激起了自以为有功于顺帝的权臣伯颜的不满。伯颜与燕铁木尔过去一同拥立文宗即位，一起为元朝的统治出过谋划过策。顺帝即位后，为了表彰伯颜的拥戴之功，任命伯颜为中书右丞相。元统二年，伯颜封为太师，同年 11 月，又进封为秦王。伯颜不满的同时，不甘心失去显赫地位的燕铁木尔的儿子唐其势也心怀不满，决心夺回失去的天堂。不料，行动尚未开始，所有的参预者于元统元年六七月间被伯颜一网打尽，连同皇后伯牙吾氏在内，无一逃脱。

自此，伯颜独揽生杀大权，擅立爵位，赦免犯人，滥杀无辜，拥兵自重，气势汹汹连顺帝都感到惶惶不安。出于国家安危和自家利益的考虑，脱脱毅然挺身而出，大义灭亲，向元顺帝请命，决心逐走叔父伯颜，重整纲纪、恢复元朝政党的统治秩序。

至元六年，脱脱逐走伯颜后，他的父亲马札儿被起用为中书右丞相。不料，逐走了一个伯颜，另一个“伯颜”又开始慢慢形成了。他的父亲不记弟弟被逐的前车之鉴，在通州开办旅店作坊，开酒馆，创设每天产酒一石以上的制酒作坊，雇人大量贩运长节淮南盐。脱脱深恐父亲重蹈叔父的覆辙，一旦败亡，同遭灭族之祸，便暗中让参政佛嘉问向顺帝告了一状，迫使马札儿辞职。不久，元顺帝任命脱脱为中书右丞相。上台以后，脱脱废除了伯颜时期的一系列制度政策，制定新政策，为元朝统治的进一步完善和发展制订了一系列行之有效的新法令。

元朝的科举进士制开始于延佑二年，以后每三年一科，从无中断。但后来在元统元年被伯颜宣布废除了。为了笼络汉族士大夫，引导他们走读书入仕的道路，脱脱采纳了老师吴直方的意见，于后至元六年十二月重新恢复科举。脱脱大兴国子监，请当时的儒臣劝讲，又动员顺帝读圣贤书，读四书五经，操琴弹古调，悉心听取别人的进谏。为此，选取儒臣欧阳玄、李好文、黄晋、许有王四人陪侍顺帝左右，以备顾问。这些措施的实施，在一定程度上促进了文化的发展，对元朝文化事业的进一步加强起到了很好的促进作用。

为了减轻剥削、缓和社会矛盾，他撤除了一些禁令和不必要的税额。至正三年顺帝下诏修辽、金、宋三史和《至正新格》。1348 年 10 月，经过辛勤的笔耕，三史全部修成。这项措施是新政中“文治”的重要内容。另外，还实行了变钞等改革措施。

在短短的四年时间里，脱脱纠正了伯颜擅权时期“变乱祖宗成宪”的倒行逆施，克服了由此造成的社会危机，为元朝统治的正常运转起了相当大的推动作用。

他敢于大义灭亲，完全为国家着想。这种精神是脱脱为人称赞的主要方面。有人赞扬他说：“中外翕然称为贤相。”脱脱的改革稳定了元代初期的政治局面，为社会的发展作出了伟大的贡献。因此，人们称他为“贤相”是不无道理的，而脱脱享受这个荣誉也是当之无愧的。

少数民族科技精英

元代版图辽阔，国家统一，汉族和少数民族之间文化、科学技术的广泛交流是我国古代历史上从未有过的。少数民族在文化科学上的贡献是中华民族文化遗产中珍贵的一部分。在元代出现了不少用本民族文字从事著作的少数民族文学家、翻译家、科学家。

在文化艺术方面，元代少数民族有许多自己的创造。以少数民族的作品来说，当然首推成书于1240年的《蒙古秘史》（旧译《元朝秘史》）。它是一部著名的蒙古古典作品，是蒙古人用畏兀儿蒙古文记叙自己民族历史的第一部珍贵的历史文献，也是汇集了蒙古古代民间诗歌、传说和小说的文学巨著。这部书是我们今天研究早期蒙古历史的最可靠的依据。

少数民族歌舞传入内地已有相当悠久的历史。到了元代后，这种歌舞在内地更加广泛流传了。早在成吉思汗时，西夏音乐就已深受蒙古人的喜爱。后来，随着蒙古政权统治地域的扩大，回回乐器和演奏者也随之进入内地。特别是元朝宫廷里，有汉、回回、西夏三色细乐，每色各三队，每队达324人，这是一支十分庞大的乐队。至于民间，欣赏西域歌舞成为大众的乐趣，来元朝的非洲摩洛哥大旅行家伊本·拔图塔在杭州时就亲眼看到西域音乐深受人们欢迎的盛况。

居住在内地的少数民族，其中许多人掌握了文化。因此，元代以汉文化从事写作的少数民族诗人有汪古人马祖常，回回萨都剌、丁鹤年，畏兀尔人云石海涯（贯酸斋）等。其中萨都剌的诗，后人有“诸体具备，磊落激昂，不猎前人一字”的评价。他的《念奴娇·登石头城》十分豪放，是一首借古抒怀的词，颇有苏东坡《赤壁怀古》的风格。这首词的上阙是：

石头城上，望天低吴楚，眼空无物。指点六朝形胜地，惟有青山如壁。蔽日旌旗，连云樯橹，白骨粉如雪。一江南北，消磨多少豪杰。

元曲是元代文学的代表。许多少数民族的人也成了著名的元曲家，现在见于记载的有出身于蒙古、畏兀儿、回回、唐兀、女真等族的元曲家 10 余人，其中女真人李直夫有杂剧 12 种，现存的《虎头牌》，描写了金牌上千户山寿马对其叔父银住马倚势枉法、贪酒失地严加惩处、执法不阿的故事，剧中采用了许多女真乐曲，显示了各民族互相交流的成果。

元代还有不少少数民族史学家。参加辽、金、元三史修纂的就有蒙古人帖睦而达世、西夏人斡玉伦徒、畏兀儿人廉惠山海牙、沙剌班等。

有些少数民族将许多汉文著作译成少数民族的文字。畏兀儿人安藏先后将《尚书》、《贞观政要》、《申鉴》、《资治通鉴》、《本草》等书译成蒙文。回回人察罕精通多种文字，他曾译蒙文《脱必赤颜》(《秘史》)、《圣武开天记》、《纪年纂要》、《太宗平金始末》为汉文。畏兀儿人迦鲁纳答思译过不少佛经。

元代著名的少数民族的画家有善画山水的畏兀儿人丁野夫、回回人高克恭等，善画龙的畏兀儿人伯颜不花，善画花鸟的边鲁。其中高克恭的国画在元代负有盛名，人们常常把他和大画家赵孟頫相提并论，作品有《云横秀岭》，

《墨竹坡石》等。畏兀儿人盛熙明是书法研究者，有专论书法的著作《书法考》9卷。

在科学技术方面，除了人们熟知的西北少数民族的种棉术、酿酒业，蒙古族的养马术、织毯业，藏族的建筑术，西南少数民族的纺织术等传入内地外，许多入居内地的少数民族科学家，在天文、地理、水利、农学、医学等方面有许多成就。

著名的回回科学家瞻思，精于天文、地理、数学、水利等知识。他的祖先是阿拉伯人，生长在河北真定，从幼年起即博览群书，学问渊博。他根据宋金时期治理黄河的经验和著作，重新汇编《河防通议》一书，是后来治理黄河的重要参考书。此外他还著有《镇阳风土记》、《续东阳志》、《西国图经》等地理著作，可惜大部分已经失传了。

医学家萨德弥实是回回人，曾在泰定年间任过建昌（今江西南城）地方官。他对中医很有研究，著有《瑞祖堂经验方》一书。回回人忽思慧的《饮善正要》一书，是吸收了汉、蒙、回、女真等族人民的饮食经验写成的，其中介绍的许多植物为我们研究古代植物提供了重要资料。忽思慧对这些植物性的介绍，又反映了他对中国医学、医药学和营养学的研究成果。

畏兀儿人鲁明善的《农桑衣食撮要》则是元代三部著名的农书之一。当他任安丰（今安徽寿县）肃政廉访使时，对江淮地区的农业情况作了许多调查，最后写成了这本书。这本书以崔实的《回民月令》的体例，以农家月计划来按月编写，补充了元初编的《农桑辑要》中《岁月杂事》那一篇的不足。书中按 12 个月详细记载了每个月应作什么农事、应准备什么农事，搜集了许多农谚，如“移树无时，莫教树知；多留宿上，记取南枝”、“十耕萝卜九耕麻”等，作为经验介绍给农民。书中还有许多关于收贮蔬菜、制作酱菜等生活常识的介绍。

回回人也黑迭儿是著名的建筑师。元世祖忽必烈营建大都城时，新的宫城就是他设计的。大都城在辽金故城的东北面，方圆 60 里，共 11 门，宫城周围 9 里许，高 35 尺，有 6 门。也黑迭儿参与设计、修建的大都城，规划整齐，“有如棋盘”，是当时世界著名的大都市。

元代少数民族在文化科学上的贡献是多方面的。他们的卓越成就充分证明了我国少数民族是勤劳、聪明的民族，他们为中华民族文化科学的进步留下了不可磨灭的功绩。

关汉卿和元代杂剧

元朝是我国古代戏剧发展的黄金时期，名家辈出，名作迭起。关汉卿就是当时一位杰出的戏剧家，他和白朴、马致远、郑光祖一起，被人们称做“元曲四大家”。他创作了许多优秀的作品，其中，有一部惊天地泣鬼神的悲剧，就是著名的《窦娥冤》。

关汉卿，号已斋，大都（今北京）人，大约生于13世纪20年代，卒于13世纪末，这个时代是战火频繁的混乱时代，蒙古为了一统天下，连续对金和南宋进行了为时近70年的战争。连年征战，以致于哀鸿遍野，民不聊生。老百姓陷入了悲惨的境地，文人的命运也同样凄凉。

元朝初年，蒙古统治者废除了科举制度，文人们失去了进入仕途的阶梯，流行的“九儒十丐”之说，正反映了文人地位之低下。有一部分人既不做蒙古贵族的帮凶，又不当逃遁世事的隐士，而是对黑暗的社会进行无情的抨击，关汉卿就是这一类文人的代表，他借助杂剧这种艺术武器，对黑暗的社会进行尖锐的批判。

关汉卿出生在一个医生世家里，从小读了很多书，学了很多知识，他既会写诗又会作曲。他特别喜欢杂剧，杂剧是元代最流行的一种戏曲形式，元杂剧也叫元曲，是在继承宋金的戏曲杂剧、院本和民间说唱艺术诸宫调的基础上发展起来的。杂剧艺术适应了元代城市居民的文化生活的需要，当时的政治中心大都，也成了杂剧的中心，聚集了一群优秀的剧作家。他们自愿结合的创作组织叫做“书会”，最著名的“玉京书会”就是以关汉卿为核心的杂剧家团体。

大都的杂剧班社拥有许多优秀的演员，他们经常在勾栏（戏园子）演出，关汉卿生活在他们当中，自己还时常粉墨登场，与他配戏的一位著名女演员叫做珠帘秀，原姓朱，人称朱四姐，珠帘秀是她的艺名，她演技精湛，戏路很宽，旦角、生角，演来都很精妙，关汉卿与她有着深挚的情感，曾写过一首以咏“珠帘”为喻的曲子赠她。一次，他俩同台演出《窦娥冤》，珠帘秀扮演窦娥，关汉卿扮演窦娥之父窦天章，两个人的表演真挚感人，每演一场，必让全场的观众唏嘘不已，演出轰动了整个大都城。

长期生活在勾栏和“倡优”之间，使关汉卿对下层社会有着真切的感受，他的许多杂剧作品都反映了底层劳动人民的疾苦，为他们所遭凌辱鸣不平，为他们的衔冤屈放悲声，他怀着满腔热情歌颂他们不屈不挠的反抗精神。他本人就是一位极具反抗精神的斗士，他认为只有通过斗争，才能挣脱黑暗，在他的一篇具有自传性质的散曲中，他将自己喻为“蒸不烂，煮不熟、捶扁、炒不爆、响当当一粒铜豌豆。”他所创作的《窦娥冤》就充分体现了他的反抗精神。

《窦娥冤》的原型是汉代东海孝妇的故事。传说汉代东海的寡妇周青，为侍奉婆婆矢志不嫁，婆婆为了不连累她，遂自缢而死。其小姑告官，诬嫂以杀人之罪，问官不察，竟判处死。临死之际，孝妇指着身边的竹竿说，如果我无罪，血当沿竿往上倒流。其言果应，而东海地方乃大旱3年，后任官员查问缘由，有于公代为伸冤昭雪，天方降雨。关汉卿在这个民间传说的基础上，结合元代的社会现实，写出了这部古今罕见的悲剧。

《窦娥冤》讲述的是一个孤苦无依的女子蒙受不白之冤，被官府无端杀害的悲惨故事。剧中的窦娥，原名端云，3 岁丧母，其父窦天章是一个穷秀才，因借了放高利贷的蔡婆婆 20 两银子，无力偿还，被迫将 7 岁的女儿卖予蔡家为童养媳。窦娥 17 岁结婚，不料婚后不到两年就夫死守寡，与其婆母相依为命。

蔡婆婆仍以放高利贷为生。医生赛卢医借了她 10 两银子，本利该 20 两，数次索取不还。这一天，蔡婆婆亲自上门去讨账。哪知那还不起银子的赛卢医早已心存歹念，想谋财害命。但未得逞，蔡婆婆被张驴儿父子搭救了。张驴儿父子并非善良之辈，当他们知道蔡婆婆家里还有个年轻守寡媳妇时，就威逼她们婆媳俩嫁给他们父子，胆小怕事的蔡婆婆被迫答应了。当蔡婆婆把张驴儿父子领回家，窦娥严辞拒绝了这无理的要求。张驴儿为了得到窦娥，便作计用一碗羊肚汤毒死蔡婆婆。没料到这投了毒的羊肚汤被贪嘴的张驴儿父亲喝了，结果被毒死了。张驴儿又悔又恼，威胁窦娥如不答应婚事，就以杀人罪告到官府。窦娥仍是坚决不从。张驴儿去衙门诬告窦娥害死了父亲，由于贪官受了张驴儿的贿赂，当着窦娥的面要拷打蔡婆婆。善良而一贯恪守孝道的窦娥不忍心婆婆受苦，只好含恨屈招。

官府判窦娥死刑。在刑场上，满腔悲愤的窦娥痛斥了天地的昏暗和衙门、地痞的罪恶，并发下了三桩誓愿：一要刀过头落；一腔热血都洒到白纸上；二要六月飞雪，遮盖她的身体；三要楚州从此大旱三年。行刑之后，这三桩誓愿奇迹般地一一出现了。后来，窦娥的父亲应考得中，做了提刑肃政廉访使，这桩冤案才得以昭雪。

在这部惊心动魄的悲剧中，关汉卿塑造了一个不屈不挠的女子形象，在她的身上寄寓了广大劳动人民坚强不屈的斗争精神。关汉卿身处的时代，奸臣当道，擅权作恶。权贵们肆无忌惮地掠夺民财，官吏们个个黑了心肝，贪赃枉法，制造种种骇人听闻的冤案。百姓们如俎上之鱼，卖儿鬻女，倾家荡产，而像窦娥一样的蒙冤受屈者不计其数，能像窦娥那样在死后还能平反昭雪的，则罕有其人。关汉卿对此剧结局的安排，既出于对苦难人民的深深同情，也是对所有受苦百姓一种情感上的安慰。

关汉卿还通过其他作品，塑造了另一些不同类型的人物形象，尤其是妇女形象。如《望江亭》中的谭记儿，《金钱池》中的杜蕊娘，《诈妮子》中的燕，都个性鲜明，包蕴着丰富的社会意义和独特的审美价值。

纺织家黄道婆

元朝统一之后，国内安定下来，经济上得到恢复和发展，当时棉花的种植很普遍，所以棉纺织业很快就发展起来了。

在江南的松江乌泥泾镇，长期流传着这样一首颂扬纺织能手黄道婆的民谣：

黄婆婆，黄婆婆！
教我纱，教我布，
两只筒子两匹布。

这黄婆婆是谁呢？她就是元朝初年劳动人民出身的女纺织家黄道婆。关于黄道婆的身世，史书上的记载是极少的。传说黄道婆的家里很贫苦，父母只好让她去做了童养媳。倔强的黄道婆无法忍受这种非人的生活，一天夜里逃出了这个家庭去谋生。在黄浦江边停着一条海船；她不顾一切地上了船，偷偷地躲在船舱里。这艘船就载着她往海南岛去了。

海南岛是我国少数民族黎族人民聚居的地方。黎族人民很早就种植棉花，并有很高的纺织技术。他们创造了一套包括去籽、纺、织等工具，生产出许多花被、缦布和其他日用绵织品。这些产品十分美观、实用，深受内地人民的欢迎，是泉州商人经营的重要货物。黎族的棉织技术当时在全国是最先进的。黄道婆去海南岛之前，在乌泥泾一带，棉花去籽是用双手剥的，皮棉是放在板桌上，用线弦竹弓弹松的，效率很低，费工很大。

黄道婆到了海南岛以后，和黎族姐妹共同劳动，和她们结下了深厚的友谊，并虚心向她们学习。她在当地生活了三十年，把黎族同胞精湛的纺织技术完全学到了手。大约在元成宗元贞年间（公元 1295 到 1296 年），黄道婆越来越思念自己的故乡，就搭乘一艘商船，回到了乌泥泾镇。这时候，她大约五十岁了。

黄道婆回来一看，乌泥泾还是老样子：土地贫瘠，粮食不够吃，棉花的产量很低，纺织技术仍旧很落后，人民生活非常贫困。于是她决心把自己高超的纺织技术传授给乡亲们。

黄道婆把黎族同胞使用的纺织工具加以改进，请工匠们制作了一整套捍、弹、纺、织等工具。“捍”就是搅车，又叫轧车、踏车，利用上下两个旋转方向相反的转轴，把棉花相互辗轧，除去棉籽。“弹”就是弹棉花用的椎弓。黄道婆改制的弓有四尺多长，比以前所用的一尺四五寸的弓大得多，并用弹力大的绳作弓弦，所以弹起棉花来又快又好。“纺”是纺车。黄道婆创制的纺车，是可以同时纺三根纱的脚踏纺车，比以前使用的一个纺锭的手摇车、速度快、效率高。她那时候用的提花机，已经能织出许多美丽的花布。黄道婆还教人们学会错纱、配色、综线、挈花等技术。所织成的被、褥、带、手巾等，上面都有折枝、团凤、棋局、图案字等花饰，十分鲜艳美观。她还把黎族特产的棉织品——崖州被的织造方法传授给镇上的妇女，从而生产了大批的“乌泥泾被”。当时“乌泥泾被”闻名全国，远销各地。

黄道婆所传授的先进纺织技术，被越来越多的人掌握。到元朝末年，松江一带已经有一千多家居民从事纺织业，那些过去单单依靠贫瘠土地过日子的人，生活都有了改善。人们忘不了黄道婆的恩情，在她去世的时候，乌泥泾人个个悲痛流泪，把她安葬在今天华泾镇北面东湾村，还专门建造了祠堂，塑了她的像，逢年过节都要为她举行祈祷仪式。

黄道婆死后，新的纺织技术从乌泥泾进一步向松江、长江中下游，向全国推广开来。到了明代，乌泥泾所在的松江，已经成为全国的棉纺织业的中心，赢得“衣被天下”的声誉。黄道婆对我国古代纺织业的发展作出了杰出的贡献。

大科学家郭守敬

郭守敬（1231 ~1316）是元代最杰出的天文学家，他字若思，顺德邢台（今河北邢台）人。祖父郭荣精通数学和水利，年幼的郭守敬耳濡目染，备受薰陶，对科技产生了浓厚的兴趣。

十五六岁的时候，他在科技方面的才华崭露头角。那时，他得到了一张拓印的《莲花漏图》，莲花漏是古代一种计时仪器，由于长期战乱，这种仪器已非常罕见，仅仅通过图样，人们很难明白它的原理。而郭守敬面对这张图，如获至宝，日日埋头其中，极有兴致地钻研起来，很快，他便弄懂了莲花漏的计时原理，并头头是道地讲给他的爷爷听。郭荣非常高兴，觉得他的孙子是一位可堪造就的科技人才，于是让他拜了自己的好友刘秉忠为师，刘秉忠精通天文、地理、数学，他也很喜欢郭守敬这位极有天份的学生，在他的精心教导下，郭守敬学到了很多科学知识，聪明才智得到进一步发挥，献身科学的信念更加坚定。

1260年，郭守敬又跟随刘秉忠的老同学张文谦，协助他在大名（今河北大名）一带治理水文，大搞水利建设。业余时间，郭守敬继续钻研莲花漏，兴致越来越浓，萌生了要动手制作一台莲花漏的念头。于是，他带领几名工匠，亲自动手，设计制作了一台铜质莲花漏，非常精巧、准确，人们见了无不惊叹。

张文谦非常欣赏这位聪明好学、精于思索的后生，在水利建设中，郭守敬向他提出过许多合理的建议，使他的工作开展得非常顺利。于是张文谦将这位不可多得的人才推荐给忽必烈，面对着眼前这位侃侃而谈水利建设的种种设想与方案的年轻人，爱才如渴的忽必烈非常高兴，当他见到郭守敬亲手制作的莲花漏时，更是赞叹不已，连呼他是“难得的人才！”忽必烈派郭守敬跟随张文谦去西北视察水利设施，他们一起修复了许多著名的古渠。1265年，忽必烈又任命郭守敬为都水少监，使他专心致志地从事水利建设事业。

专门从事水利建设的郭守敬并没有放弃对天文学的研究。当1276年忽必烈决定设立专门机构修改历法之时，郭守敬成了当然的人选。

元朝统一中国以后，政局日趋稳定，经济逐渐恢复，为科学技术的发展提供了良好的社会环境。早在元朝统一以前，刘秉忠就提议要修改历法，因为辽、金以来一直沿用的历法已经使用700多年了，与元代的天象越来越不符，误差越来越大，提议之时正是战争期间，一时顾不上这件事，直到南宋灭亡之后，忽必烈才将此事提到议事日程上来，设立机构，派精通算术的王恂负责此事，精通天文历法的许衡、郭守敬也一起主持这项工作。他们查对了过去的40余家历书，昼夜实地观测验证，创立了新的测量方法，同时参考古代的旧制，力图使新的历法精确无误。

在这期间，郭守敬通过实测，更加丰富了他的天文学知识，他深深感到，要制订新的历法，必须要有精密的仪器。他们所用的司天仪都是北宋时期在汴京（今河南开封）制造的，一方面年久失修，另一方面与大都灵台（今北京市建国门外泡子河北）的天度并不相符，制造新的天文测量仪器迫在眉捷。郭守敬打算亲手制作一批精密的天文仪器。

针对浑仪的缺点，郭守敬制作了一种简仪，浑仪是元代以前用来测量日、月和金、木、水、火、土五大行星以及恒星位置的仪器，结构非常复杂。大大小小互相圈套的环圈多达八九个，不仅转动不便，而且妨碍观测。郭守敬仔细地研究了浑仪的功能和结构，将浑仪简化得只有两个独立的测量装置，但是，其精密度却大大提高了，刻度最小分格达到 1/36 度，不仅使用方便，而且观测的结果非常准确。当时简仪的制作是在从尼泊尔来的工艺家阿尼哥的协助下制作而成的。这座简仪是郭守敬的一项重大的发明创造，可惜被来到中国的法国传教士纪理安销毁了。直至明朝正德（公元 1506 ~ 1521 年）年间，重新又仿制了一台简仪，不幸在清末又被八国联军劫走。后来虽然归还回来，但已残缺不全，现保存在南京紫金山天文台。

此外，郭守敬还研制了仰仪，用来观测太阳的位置和日食。他又改革了圭表，创制了景符。

圭表是观测日中影长变化的仪器，通过它测量出来的数据决定春分、秋分、夏至和冬至的时刻。古代的圭表一般高 8 尺，郭守敬把它加高到 36 尺，在表顶又添一根被抬起的横梁，横梁高出表顶 4 尺，这样就使表高 40 尺，比原来的增高了 5 倍，使观测的误差下降到原来的 1/5。现在河南省登封县元代观星台还完整地保存着当时的高表。

景符是测定影像的仪器。一块铜片，中间有个小孔，用一个小架子将它斜撑在圭面上。太阳光经过圭表上的横梁，再透过小孔，在圭面上形成了一个米粒大小的太阳像，像中间有一根细如发的横梁影子，非常清晰。这样，将景符与圭表结合起来使用，可以观测太阳、星星和月亮的运行变化。

制造出先进的天文仪器之后，郭守敬开展了实地测量活动。统一后的元朝疆域辽阔，这给天文测量提供了极为便利的条件。郭守敬在公元 1279 年元世祖召见他时，提议在大都建造一座新的天文台，又提出开展全国范围内的天文实测计划，他对忽必烈说："唐朝开元年间，曾令人在全国 13 处进行测量，现在的疆域比唐朝更为广阔，倘若不派遣专门人员到边远地方去实测，就不能了解各地的昼夜长短有怎样的不同，日月星辰有什么样的变化，日食月食的时刻和食分有什么差别。"他建议立即在全国范围内设立多处观星台，开展实测活动。

元世祖很赞成他的计划。于是，郭守敬与王恂进一步仔细规划，经过了认真的研究之后，他们决定东起朝鲜半岛，西到河西走廊北至西伯利亚，南达南中国海，设立 27 个测影点，最北的北海测影所，已在北极圈附近了。分别派出 14 个历官，分路出发，开展实测。48 岁的郭守敬则奔波于祖国各地，亲临每一个测影所，他带领几个人先到上都，然后南下，最后来到广州，他亲自到最南边的测影点南海进行测量。他在河南登封县告城镇建靠的告城观星台，至今保存完好。

接着，郭守敬又负责在大都修建一座新的天文台（就是今北京市建国门立交桥南面的古观象台），安放他精心制作的各种最先进的天文仪器，日夜进行天体观测。

1280 年，郭守敬等人经过多年的辛勤劳动，终于完成了新历法的编制工作。元世祖非常满意，他按照《尚书》里“教授天时”这句话，将新历法定名为《授时历》，并下诏于 1280 年的冬天全国正式实行新历法。

《授时历》是我国古代的一部优秀的新历法。根据新历法推算出的节气非常准确，这对农业生产帮助很大，老百姓根据这部历法安排农业生产，就不会错过天时。

《授时历》又是一部非常科学的新历法。郭守敬根据自己多次精密测定的冬至时刻的结果，同时结合研究了历史上从祖冲之《大明历》以来 6 次观测冬至时刻的资料，他计算出一年为 365.2425 日，这比地球绕太阳一周的实际时间只差 26 秒，《授时历》就是采用这一数据的。现在国际上通用的格利哥里历（公历）也是采用的这一数据，但格利哥里历比《授时历》晚了整整 300 年。《授时历》的编订，使元代的天文历法远远居于当时世界的前列。

杰出的天文学家郭守敬所取得的成就令每一位炎黄子孙为之骄傲，他将毕生的精力都投注到科学事业之中，直到 86 岁去世为止，他从未中断过他的科学实践与研究。历史永远也不会忘记这位伟大的科学家。

旅行家马可·波罗

元世祖在位的时候，成吉思汗时期开始建立的庞大的蒙古汗国，已经分裂成四个汗国（钦察汗国、察合台汗国、窝阔台汗国、伊尔汗国），元朝皇帝在名义上还是四个汗国的大汗。在那个时期，中国是世界上最强大最富庶的国家，西方各国的使者、商人、旅行家纷纷慕名到中国来观光。其中最有名的要数马可·波罗。

马可·波罗的父亲尼古拉·波罗和叔父玛飞·波罗，原来是威尼斯的商人。兄弟俩常常到国外去做生意。蒙古汗国建立以后，1260 年，他们带了大批珍宝，到钦察汗国做生意。后来，那儿发生战争，他们又到了中亚细亚的一座城市——布哈拉，在那儿住了下来。

一次，忽必烈的使者过布哈拉，见到这两个欧洲商人，感到很新奇，对他们说："咱们大汗没见过欧洲人。你们如果能够跟我一起去见大汗，一定能得到富贵；再说，跟我们一起到中国去，再安全也没有了。"尼古拉兄弟听说能见到中国的大汗，怎么不愿意？两人就跟随使者一起到了上都（今内蒙古自治区多伦县西北）。忽必烈听说来了两个欧洲客人，果然十分高兴。在他的行宫里接见了他们，问这问那，尼古拉兄弟一一作了回答，忽必烈听了很满意。尼古拉兄弟没准备留在中国，忽必烈从他们那儿听到欧洲的情况，要他们回欧洲跟罗马教皇捎个信，请教皇派人来传教。两人就告别了忽必烈，离开中国。经过伊利汗国时，途中听说教皇刚去世，就只好先回到威尼斯。那时候，尼古拉的妻子已经病死，留下的孩子马可·波罗，已经是十五岁的少年了。

马可·波罗听父亲和叔父说起中国的繁华情况，十分羡慕，央求父亲带他到中国去。尼古拉拗不过这孩子，就决定带他一起走。过了两年，尼古拉兄弟见了新教皇之后，带着马可·波罗踏上了东行之路。他们翻过帕米尔高原，进入中国，然后又沿着塔里木盆地和罗布泊的南边，经过无际的沙漠，于1275年到达沙州（今教皇）。历时3年，其间经历了千难万险。忽必烈已经即位称帝，听到尼古拉兄弟来了，派人从很远的地方把他们迎接到上都。

马克·波罗父子献上教皇的信、礼物和从耶路撒冷带来的圣油，忽必烈非常高兴。马上封他们为荣誉侍从。当天晚上，元世祖特地在皇宫里举行宴会，欢迎他们。后来，又留他们在朝廷里办事。

马可·波罗非常聪明，很快学会了蒙古语和汉语。元世祖发现他进步很快，十分赏识他，没有多久，就派他到云南去办事。元世祖喜欢了解各地风俗人情，过去，朝廷使者到各地去视察，回来的时候，问他们风俗人情，都讲不出。马可·波罗出去，每到一处，都留心考察风俗人情。回到大都，就向元世祖详细汇报。元世祖听了，直夸马可·波罗能干。以后，凡是有重要的任务，元世祖总派马可·波罗去。

马可·波罗在中国整整住了十七年，被元世祖派到中国西北、华北、西南、中南和华东许多地方视察，还经常出使到国外，到过安南（越南）、爪哇等好几个国家。他在扬州呆过三年，据说还在那里当过总管。

日子一久，三个欧洲人不免想念家乡，三番五次向元世祖请求回国。但是元世祖宠着马可·波罗，舍不得让他们走。恰好那时候，伊尔汗国国王的一个妃子死了，派使者到大都来求亲。元世祖选了一个名叫阔阔真的皇族少女，赐给伊尔汗国国王做王妃。伊尔汗国使者认为走陆路太不方便，知道尼古拉他们熟悉海路，就请元世祖派尼古拉他们一起护送王妃回国。元世祖答应了。公元1292年，尼古拉兄弟和马可·波罗就和伊尔汗国使者一起，离开中国乘海船经过印度洋，把阔阔真护送到了伊尔汗国，经过三年的跋涉，才回到威尼斯。

他们离开威尼斯已经二十年。当地人长久没听到他们的消息，都以为他们死在国外了。现在看到他们穿着东方的服装回来，又听说他们到过中国，带回许多珍珠宝石，都轰动了。

没有多久，威尼斯和另一个城邦热那亚发生冲突，双方的舰队在地中海里打起仗来。马可·波罗自己花钱买了一条战船，亲自驾驶，参加威尼斯的舰队。结果，威尼斯打了败仗，马可·波罗被俘，关在热那亚的监牢里。热那亚人听说他是个著名的旅行家，纷纷到监牢里来访问，请他讲东方和中国的情况。

跟马可·波罗一起关在监牢里有一个名叫鲁思梯谦的作家，把马可·波马讲述的事都记录了下来，编成一本书，这就是著名的《马可·波罗行纪》。在那本游记里，马可·波罗把中国的著名城市，像大都、扬州、苏州、杭州等，都作了详细的介绍，称颂中国的富庶和文明。这本书一出版，激起了欧洲人对中国文明的向往。热那亚人因为马可·波罗出了名，把他释放回国。

自那以后，中国和欧洲人、阿拉伯人之间的往来更加密切。阿拉伯的天文学、数学、医学知识开始传到中国来；中国古代的三大发明——指南针、印刷术、火药，也在这个时期传到了欧洲（中国的另一个大发明造纸术，传到欧洲要更早一些）。

南坡之变争皇权

忽必烈去世以后，他的孙子铁木耳做皇帝。铁木耳死后，皇位又被他的侄子爱育黎拔力八达夺去。爱育黎拔力八达见哥哥海山的势力比自已大，就把皇位让给了海山，并约定，哥哥死了由弟弟继位，叔叔死了由侄子做皇帝。过了4年，海山去世，爱育黎拔力八达做了皇帝，他就是元仁宗。

元仁宗是一个比较积极推行“汉法”的皇帝，但是他的母亲答己，是一个守旧的女人，对仁宗非常不满。她和他的亲信铁木迭儿、失烈门等人勾结在一起，总想干涉仁宗的政策。可是，由于仁宗皇帝已经羽毛丰满，底下有许多亲信大臣，答己太后不能对他怎么样，就想办法要控制皇太子。

本来按照约定，应该立海山的儿子和世瑓为皇太子。

可是答己太后却认为和世瑓已长大成人，怕将来不好控制，而仁宗的儿子硕德八剌，只有 13 岁，性格懦弱，将来肯定会乖乖地听话。就劝元仁宗立硕德八剌为皇太子。仁宗皇帝开始不同意，不想违背跟哥哥立下的誓言，铁木迭儿很会花言巧语，他对仁宗说："皇位是皇上您夺得后让给兄长的，现在再传给自己的儿子，这是理所当然的事儿，谁敢反对呢?"元仁宗听了，就下诏立硕德八剌为太子，又封和世瑓为周王，送到云南去镇守。

公元 1320 年，仁宗皇帝去世了，17 岁的硕德八剌登上了皇位，就是元英宗。仁宗死后，答己太后马上就让铁木迭儿当上右丞相，对仁宗的亲信大臣不是杀了就是撤职。英宗皇帝学了很多汉族文化，很想用汉法来治理国家，并不怎么听他祖母的话。有一次，铁木迭儿有一个亲信犯了罪，铁木迭儿请答己太皇太后去讲情，可是英宗说："刑罚是祖宗定下来的，不能随便更改，该打就得打。"答己太皇太后见小皇帝不听话，就后悔不该让他当皇帝，她已经不能控制英宗行使权力了。

过了两个月，答己的亲信失烈门和平章政事黑驴，阴谋发动政变，要杀死英宗皇帝。但是这个行动让英宗知道了，他很快就派人逮捕了失烈门和黑驴等人，这时他才知道这一切都是太皇太后指使的，英宗不敢继续追查，便立即把失烈门等人杀掉了，以免后患。

英宗看到自己的地位很危险，就任命安童的孙子拜住做左丞相，让他主管朝中大事，使铁木迭儿只做一个不管事儿的高官。正当双方矛盾进一步发展的时候，公元1322年秋天，铁木迭儿和答己先后都死去了。这时，英宗皇帝就不客气了，下令追查铁木迭儿的罪行，把他的儿子八里吉等人处死，将他的另一个儿子锁南撤职，并把他的家产全部没收。但是拜住等人却没有斩草除根，没有杀死铁失。铁失是掌握禁卫军的御史大夫，是铁木迭儿的干儿子，一心想找机会杀死英宗皇帝。

公元1322年夏天，正在上都避暑的英宗，忽然觉得心中很不安，就要做佛事。拜住说："现在国家钱财不多，还是不要做吧。"那些受铁失指使的喇嘛，却怂恿英宗做，还要实行大赦。拜住听了非常生气，说："你们光想捞钱财还不满足，还要包庇罪行！"铁失和他的亲信一听，以为拜住还要追查他们的罪行，就决定发动政变。

在政变还没发生的时候，铁失派人到北方去，想劝晋王也孙铁木儿做皇帝。也孙铁木儿是真金的长孙，驻守在北边。晋王一听，马上变了脸色，骂道："你敢叫我谋杀皇帝？这种奸贼，留着有什么用，赶快给我杀了！”左右的亲信连忙说：“王爷！杀了他也没用，不如把他送到大都，让皇上处治，也好让皇上知道您的忠心。”晋王就命人把他送到大都去。孙铁木儿也想当皇帝，只是怕政变不成功，自己丢了性命。

这年8月5日，英宗从上都回到大都，走到南坡时，就停了下来。这天晚上，铁失派他的亲信站岗，自己和锁南等16人，闯进英宗和拜住的大帐。拜住听到外边有人，就出来看是怎么回事。拜住一看铁失他们都拿着明晃晃的大刀，闯进了大帐，就大吼一声：“你们想干什么？”可是话音还没有落下来，拜住就被铁失的弟弟一刀砍死。这时，英宗听到拜住的吼声，正要披衣下床，铁失闯了进来，将英宗皇帝一刀杀死。

铁失等人杀了拜住和英宗，就拥立也孙铁木儿做皇帝。也孙铁木儿见政变成功，也没有推辞，做了皇帝，他就是泰定帝，泰定帝决定斩除铁失等人，以免自己日后遭难。于是泰定帝即位以后，就先封拥立他的人做大官，稳住他们。1个月后，泰定帝以谋杀皇帝的罪名，把铁失等人全部杀死了。

一只眼的石人

元朝末期，皇宫内部斗争十分激烈，政治也越来越腐败，人民灾难深重。元顺帝（又叫元惠宗）妥帖睦尔即位后，荒淫残暴，闹得国库空虚，物价飞涨，百姓无法忍受，很多地方爆发了农民起义。人民生活在水深火热之中。

恰在这个时候，黄河在白茅堤决口，滔滔江水倾泄直下。又赶上接连下了 20 多天的雨，一下子洪水肆虐，泛滥成灾，住在黄河两岸的老百姓痛苦不堪，民不聊生。有人向朝廷建议，把决口的地方堵住，另外在黄陵冈（即今山东曹县西南）开挖河道，疏通河水。

在公元 1351 年，元朝就在汴梁（今河南开封）、大名等 13 个地区调集民工 15 万人和兵士 2 万人，组成修河队伍，到黄陵冈河。修河工程开始了，民工们披星戴月，没日没夜地苦干。可是朝廷拨下来的开河经费，却让治河的官员把大部分克扣掉了。民工们每天拼命干活，却连饭也吃不饱，怨声载道，气愤填膺。这一切被河北的一个农民韩山童看在眼里。

韩山童的祖父是个教书先生，曾经利用传教的形式，暗地组织周围的农民兄弟反抗元朝。结果消息败露，被官府发现，发配充军到永年（今河北邯郸东北）。韩山童受祖父影响，长大以后，组织起白莲会来，这是一个秘密的宗教组织。韩山童对老百姓们宣传说：“现在天下大乱，佛祖将要派弥勒佛下凡来拯救百姓啦！”老百姓们受元朝暴政统治多年，对官府非常不满，但又不敢出头与官府作对，只能把仇恨压在心底，烧香拜佛，祈祷佛祖下凡，拯救广大黎民百姓于水火。于是相信韩山童的话的人越来越多。这些话一传十、十传百，一下子就在河南和江淮一带传开了。许多老百姓都纷纷加入白莲会，白莲会的声势越来越大。

这时，早就想举起造反大旗的韩山童看到修河民工们怨气冲天，觉得时机已经成熟。于是，他先派手下的教徒混入民工队伍，并教他们在工地上暗暗传播一支民谣：“石人一只眼，挑动黄河天下反”。民工们并不懂得这歌谣是什么意思，但是听到里面有“天下反”三个字，就觉得好日子快要来了。没有几天功夫，这支歌谣就迅速传遍了整个工地。

有一天，工地上几个民工在挖土。突然一个民工只觉得虎口猛地一震，铁镐猛地弹了起来。这是什么东西？几个民工聚拢来，好奇地慢慢地挖着。不一会儿，一个石人被挖了出来。这个石人脸上正是只有一只眼！民工们把石人翻了个身，只见背后刻着一行大字：“莫道石人一只眼，此物一出天下反！”

这个石人的一切正应验了歌谣的说法！大家一下子都呆住了，面面相觑。没过多久，这件事就很快地在广大民工队伍中传播开来。这个石人自然是韩山童事先派人偷偷埋在那里的。百姓被鼓动起来了。不仅挖河民工知道这件事，就连附近的农民们都已听说了，而且越传越神，越传越广。韩山童找到自己的亲密伙伴刘福通，选了一个黄道吉日，商定起义事宜。

那天，白莲会的会徒来了几百人。他们在韩山童、刘福通的带领下，杀了一匹白马，宰了一头黑牛，以祭拜天地。祭祀已毕，大家推举韩山童做领袖，号称“明王”。然后大家约定日子，在颍州颍上（今安徽阜阳、颍上）起义。为便于识别，大家商定用红布包裹在头上作为起义军的标志。

不料，有人事先走漏了消息，他们的集会被官府发现了。正当大家歃血立誓的时候，官府派后丁包围了整个会场。众人匆忙应战，无奈寡不敌众，被官兵打散。战斗中，官兵抓住了韩山童，把他带到县衙门，立即杀了头。为了躲避官府的追捕，韩山童的妻子连夜带着儿子韩林儿，逃到很远的地方，隐姓埋名，躲了起来。刘福通却冲出了包围圈，他并没有被官兵的残酷镇压所吓倒，反而更增添了他对朝廷统治的刻骨仇恨，发誓一定要把这个腐败专制的朝廷推翻，完成韩山童的遗愿。

刘福通把被打散的人重新召集起来，按原先约定日子发动了起义，并攻占了颖州等一些据点。在黄陵冈开河的民工一得到消息，立刻杀了监督工程的军官，纷纷投奔刘福通的队伍。刘福通率领的起义军，个个头上都裹着红布，当时的老百姓都把他们称作红军，在历史上就称其为红巾军。起义不到 10 天，红巾军就发展到 10 多万人，前来投奔的老百姓络绎不绝，队伍不断扩大，声势越来越大。

元朝听到刘福通的红巾军声势浩大，大为震惊，连忙调动由6000人组成的阿连军和几支汉军，一齐出动镇压红巾军。阿连军本来是元朝的一支精锐之师，曾立过无数显赫的战功。但是，这时候的阿连军与以前的根本不能相提并论。结果，两军相遇，还没交锋，阿连军就被红巾军的气势吓破了胆，一触即溃。主将带头挥动鞭子，调转马头，紧紧伏在马背上，向后逃奔，唯恐被红巾军占士追上。他一边驱马逃跑，一边还不停地叫喊着："阿卜，阿卜！"（即走的意思）主将尚且如此，兵士们四散逃窜，争先夺路逃命。

刘福通的红巾军势如破竹，仅过了短短一个月，就又连续攻占了一批城池。江淮一带的农民早就受到白莲会的影响，听到红巾军起义的消息，都纷纷响应。徐寿辉在蕲水，郭子兴在濠州，都纷纷举起义旗，也打起了红巾军的旗号。

1354年，元顺帝召集百万之众，派丞相脱脱率领，围攻另一支义军张士诚的部队。仗打到一半，朝廷内部突然发生内乱，元顺帝下令撤掉脱脱的官爵。百万大军失去了统帅，不战自乱，全军崩溃。刘福通抓住敌军内部混乱的良机，全力出击，给元军以致使的打击。

第二年2月，刘福通把韩山童的儿子韩林儿从武安接到亳州，正式称帝，起国号为宋，尊韩林儿为小明王。政权刚刚建立，韩林儿和刘福通决定向元朝发起全面攻击。他们把人马分成三部分，西路军进攻陕西、甘肃、宁夏、四川等省；东路军从山东、河北直逼元朝京城大都；中路军则从山西打到辽东，配合东路军攻打大都。三路军马一路开进，所到之处，几乎没有遇到什么阻拦，局势取得很大进展。东路军一直打到元大都城下，元朝统治岌岌可危。

刘福通还亲自率领起义大军攻占了汴梁，把小明王韩林儿接到汴梁。把汴梁定为都城。

元朝统治者并不甘心失败，一方面召集地主武装对红巾军进行镇压，一方面则采用离间计，用高官厚禄收买别的义军头目，以达到瓦解起义军力量，并促其自相残杀。

1363 年，刘福通的红巾军受到已归顺朝廷的张士诚队伍的袭击，损失惨重。刘福通在战斗中英勇牺牲，令人扼腕叹息。然而，义军的火焰却越燃越旺。南方的红巾军依然非常活跃，而且声势越来越大，极大地动摇了元朝统治者的统治。

和尚当元帅

在刘福通红巾军转战北方的时候，濠州郭子兴红巾军正在壮大起来。郭子兴本来是定远（今安徽定远）地方的一个财主，因为出身低微，经常受地方官吏的敲榨勒索，心里气愤不过，加入了白莲会。他拿出家里的钱财，结交江湖好汉，伺机向官府报复。

公元1352年，刘福通起义的第二年，郭子兴看见时机成熟，就和四个朋友一起，率领千余人，趁着黑夜，攻进濠州城，杀了州官，把濠州城占领了，宣布起义。郭子兴和他的四个好友都自称元帅。

元王朝派大将彻里不花带兵围攻濠州。彻里不花害怕红巾军，不敢攻城，却派兵士在城外捉了一些百姓，当作俘虏向上级冒功请赏。城外的老百姓遭到迫害，过不了日子，纷纷逃到城里投奔郭子兴。郭子兴的队伍越来越壮大。

一天晚上，濠州的红巾军正在城门巡逻。忽然城外来了一个青年和尚，说要投奔红巾军。守门的红巾军兵士怀疑他是元军派来刺探军情的奸细，一面把他捆绑起来，一面派人报告郭子兴。

郭子兴一听，心想也许来的真是投奔他的好汉，亲自骑马到城门口去察看，只见那个被捆绑起来的和尚，虽然衣穿得破破烂烂，却长得身材魁梧，浓眉大眼。郭子兴同他谈了几句后，觉得这和尚是个人才，便命令兵士松了绑，把和尚带回元帅府。

这个投奔郭子兴的青年和尚，就是朱元璋。他父亲是濠州钟离（今安徽凤阳东）一个贫苦农民。朱元璋十七岁那年，淮北地方闹了一场严重的旱灾和蝗灾，接着又蔓延了瘟疫。朱元璋的父亲、母亲和大哥接连传染上了疫病，咽了气。剩下朱元璋和他的二哥，连买口棺材的钱也没有，亏得邻居同情他们，帮助他们把父母埋葬了。朱元璋失去了父母亲，生活没有着落。为了混口饭吃，他只好到附近的皇觉寺当小和尚。

朱元璋就出了家。那种寺院里的小和尚，其实是给人使唤的佣人。朱元璋每天伺候师父、师兄，起早摸黑，扫地，上香，敲钟，做饭，日子过得挺苦。那个日子里要在皇觉寺混口饭吃也不容易。原来，皇觉寺是靠收租米过日子的，这年灾情严重，皇觉寺收不到租米。朱元璋在寺里呆了才五十天，眼看要断粮了。师父、师兄位个个离开寺院到外面化缘去，朱元璋也被打发出门，带着小木鱼和饭钵到淮西一带流浪讨饭。过了三年，濠州的灾情稍微缓和了一点，他才又回到皇觉寺。

又过了一年，红巾军起义爆发了，朱元璋在寺里不断听到外面传来的消息，一会儿是刘福通占领了颍州，一会儿是芝麻李占领了徐州。到了年底，又听到濠州也被红巾军占领了。朱元璋就离开皇觉寺，到濠州来投奔郭子兴。郭子兴把他留在身边当个侍卫长。

朱元璋参加起义军以后，很快表现出他的才能。他打仗勇敢，又有计谋。郭子兴把他当作心腹看待，出去打仗，总要先跟他商量。在起义兵士中，朱元璋的声望渐渐提高了。郭子兴有个好朋友姓马，在郭子兴起兵那年病死。马公临死的时候，把他的孤女托给郭子兴照顾。郭子兴把女孩带回家里，交给妻子张夫人抚养，把她当作自己的亲生女儿一样。郭子兴一见朱元璋是个人才，就跟张夫人商量，要把马公的女儿嫁给朱元璋，张夫人一听也十分赞成。这样，皇觉寺的小和尚就做了郭元帅的女婿，地位也不同了。在起义军中，大家都称他"朱公子"。

濠州的红巾军里，连郭子兴在内，共有五个元帅。五个人平起平坐，不分高低，谁也管不了谁。除郭子兴外，另外四个元帅都有点江湖气，不讲纪律。郭子兴渐渐看不惯他们，他们也嫌着郭子兴。日子一久，矛盾越来越深，四个人就合在一起，排挤郭子兴。有一次，郭子兴险些被他们害死，亏得朱元璋得到消息，把郭子兴救了出来。

朱元璋发现起义军的几个将帅胸襟狭窄，在他们手下干事，成不了什么气候，就回到老家，招兵买马。他少年时候的伙伴徐达、汤和，听说朱元璋做了红巾军的将领，都来投奔，不到十天，就招募了七百人。后来，又袭击元军，招降了一批元军。朱元璋得了大批生力军，整顿纪律，加紧训练，把手下的军队训练成一支战斗力很强的队伍，声势大振。

定远有个文人李善长，是个很有计谋的人，也来找朱元璋。朱元璋知道他很有学问，就让他在起义军里当谋士。有一次，朱元璋问李善长说："现在全国到处都在打仗，什么时候才能太平呢？"

李善长说："秦朝末年，也这样大乱过。汉高祖是平民出身，因为他气量大，能够用人材，又不乱杀人，只用了五年时间，就统一天下。现在元朝政治这样混乱，天下土崩瓦解，您何不向汉高祖学习呢？"朱元璋听了之后，觉得有道理，就一心一意想学汉高祖刘邦。之后，投奔他的人越来越多。

朱元璋带着自己训练出来的队伍，连续打下滁州、和州。小明王韩林儿在亳州称帝那年，郭子兴得病死了。小明王就封郭子兴的儿子郭天叙为都元帅，朱元璋做了副元帅。

郭天叙没有指挥战斗的经验，红巾军中大多将士都是朱元璋的亲信，朱元璋名义上是副帅，实权全掌握在他手里。没多久，郭天叙在攻打集庆（今江苏南京）的时候，被叛徒杀死，朱元璋就当了名副其实的元帅。

朱元璋独掌兵权以后，率领大军大破元朝水军，渡江攻打集庆，集庆五十多万军民投降。朱元璋进了集庆，出榜安民，把集庆改名应天府。从那时候起，朱元璋就以应天府作为根据地，向江南一带发展，逐步拥有一统天下的势力。

刘伯温论兵

刘基，字伯温，浙江青田人。他小时候很聪明，读书一目十行。元朝至顺年间，刘伯温中了进士，被任命为高安丞。他作官正直无私，后来被起用当了江浙儒学副提举，因看天下大乱，元朝将亡，便隐居在金华（今浙江金华）深山。

朱元璋攻占应天后，听说了此人，便派刘基的好友池炎带了厚礼去聘他，还亲笔写了一封长信。刘基经过了解，知道朱元璋的义军和其他义军不一样，朱元璋是个有作为的人，这才应聘出山。他到应天后，与朱元璋彻夜长谈，分析当时天下形势，指出朱元璋应该采取的策略。

原来元末农民起义，主要有两大体系：即红巾军系与非红巾军系。红巾军系又分为东西两支。东支以小明王韩林儿和刘福通为主，郭子兴朱元璋的义军，曾作为它的分支，接受小明王封给他的官职。西支以徐寿辉和陈友谅为主，徐寿辉开始在彭莹玉的支持下，在湖广的蕲水（今湖北浠水）当上了皇帝，国号天完。后彭莹玉和尚战死，徐寿辉大权旁落，被他的部将陈友谅夺去，自称皇帝，定国号为“汉”，年号“大义”。

非红巾军系也有两部分，一是东吴的张士诚，占据长江下游；二是僻处海隅的方国珍。

到元顺帝至正十九年（公元1359年）各地的斗争形势发生了很大的变化。北面的小明王和刘福通经过整顿补充之后，兵分两路，攻城略地，发展很快。西路破武关（今陕西商县东），下商州（今陕西省商县），进攻关中（今陕西省南部）。东路攻克了中书省东南部（今山东省北部）。后又分出一路一直打到上都（今内蒙多伦以北），又东下袭取辽阳（今辽宁辽阳），进而侵入高丽（今朝鲜)。但没有建立巩固的根据地，致使这些地方红巾军一离开，又为元军收复。

东边张士诚从至正十三年起兵，几年来以平江（今江苏苏州）为中心，北边占有泰州、高邮、淮安、泗州直至济宁。南边占有湖州（今浙江湖州）、杭州、绍兴等地，领土范围沿东海北部海岸和黄河南部海岸的一个长方形地带。

就在这种形势下，刘伯温替朱元璋作了分析和策划。他说："我军目前虽兵力不十分强大，处在四面包围之中，但北边小明王和刘福通是友军，替我们把元兵挡住。南边的方国珍，地处偏僻海隅，胸无大志，只求自保，不会有什么大作为，所以不足为虑。当前需要防备的乃是东西两路。东路张士诚确有图我之心，虽然他地处鱼米之乡，兵多粮足，野心很大，但几年来，他贪图安逸享乐，将士们也不愿打仗，士气萎靡不振，一时不会有大的战事。倒是西路的陈友谅，攻克江州（今江西九江）后，虽将徐寿辉接来，仍尊为皇帝，但却又自封为汉王。一切大权都攫取到手，日后必自作皇帝。从目前形势看，他势必要来图我。因此，我军要集中兵力布于西路，做好准备，防止陈友谅的侵扰。而对东路张士诚，应该力求缓和，不去动他，保持一个平静的局面，免得张士诚扰我后方，分散我军兵务。待我军平定西路后，挥师东下，大江以南便统归我有了。江北的元军也不怕，现在小明王和刘福通苦苦缠住他，到头来势必两损。等到时机成熟，以我百战之师，攻他疲敝残旅，平定天下，何难之有？”

朱元璋连连点头，站起身来拉着刘伯温的手说：“伯温先生，你真是我的‘卧龙’啊！”

至正二十年，果如刘伯温所料，陈友谅统率水陆大军几十万，从江州出发来攻应天，一度将太平占领。太平守将花云战死。陈友谅还派人跟张士诚联系，约他从东攻朱元璋的后路，对朱元璋造成两面夹攻之势。

为此，朱元璋召集文武官员，商讨对策。官员众说纷纭，有的主张迎头痛击，收复太平。有的则主张迁出应天，以避其锋。也有少数人主张跟陈友谅妥协。会后，朱元璋向刘伯温请教退兵之策，刘伯温向朱元璋说：“那些主张妥协的，只图保自己的身家性命，这种要向敌人投降的人理应斩首。那些主张南迁北徙的，也是消极办法，即使迁到滁州、广德，陈友谅不会跟踪来追吗？至于主动出击，去收复太平，以我目前兵力，也根本做不到！何况，我们还要防备张士诚与陈友谅联合，袭我后路。那时我前后受敌，形势更不堪设想。”

“那我们怎么办?”朱元璋问。

刘伯温接着说：“镇江是我们的咽喉，定要加力防守，不可松懈。张士诚在江东一带虽也多次与我交锋，但他败多胜少，从没占到便宜，所以从他内心讲，不会愿意跟我们交战。依我看，张士诚怕我们，更怕陈友谅。因为跟我们，他还可以维持对峙的局面；假如一旦陈友谅将我们征服，张士诚与他直接接壤，那时陈友谅乘胜进攻，张士诚怎有力量抵挡！因此我认为，在目前情况下，张士诚不会贸然出兵，但我们也必须防他乘我失利时来拣便宜，这是东路。至于对西路陈友谅，大敌当前，自应全力对付。至于对付方法，不易硬拚，而应智取。当前最好的办法是诱使陈友谅独自来攻。待其小胜后定会气焰更加嚣张。古人云：‘骄兵必败’，使其得胜我们要抓住战机，出其不意，击其要害，定能取胜。”

朱元璋点点头，认为刘伯温提的建议很好。接着二人又计议了一番，终于拟定了一个诱敌计划。

鄱阳湖大战

当朱元璋的势力向南方发展的时候，首先遇到一个强敌是陈友谅。陈友谅出生在沔（音 miǎn）阳一个渔民家庭里，读过几年书，在县衙里当过文书，很有心计。他原是徐寿辉起义军的部将，后来他用铁锤击死了徐寿辉，自立为王，国号叫汉。他占据江西、湖南和湖北一带，地广兵多，建立了一个强大的割据政权。公元 1360 年，他率领强大的水军，从采石沿江东下，进攻应天府，一心想并吞朱元璋占领的地盘。

朱元璋面对陈友谅大军的进攻，没有急于决战，他听取了刘伯温的建议，决定智取。

朱元璋的部将康茂才跟陈友谅是老相识。朱元璋把康茂才找来，对他说："这次陈友谅来进攻，我要引他上钩，没有你帮助不行。请你写封信给陈友谅，假装投降，答应做他的内应；再给他一点假情报，要他兵分三路攻打应天，分散他的兵力。”

康茂才说：“这事不难。我家有个守门的老仆，给陈友谅当过差。派他送信去，陈友谅准不会怀疑。”康茂才回到家里，按照朱元璋的吩咐写了信，连夜叫老仆赶到采石，求见陈友谅。陈友谅见了老仆送来的信，果然并不怀疑，问老仆：“康公现在哪里？”老仆说：“现在他带了一支人马，驻守江东桥，专等大王去。”

陈友谅连忙又问：“江东桥是啥样子？”

老仆说：“是座木桥，容易认得出来。”

陈友谅跟老仆谈了一阵，吩咐左右摆上酒菜，让老仆饱饱地吃了一顿，才打发他回去。临走的时候，陈友谅对老仆说：“你回去跟康公说，我马上就去江东桥，到了桥边，我叫几声‘老康’，请他马上接应。”

老仆回去后，把陈友谅的话全向朱元璋回报了。朱元璋连声叫好，当夜派人把江东的木桥拆掉，改成一座石桥。

朱元璋从陈友谅的逃兵那儿得到情报，弄清楚他们进攻的路线，就让大将徐达、常遇春等分几路在沿江几个重要关口埋伏了人马。朱元璋亲自统率大军守在卢龙山（今南京狮子山），布置兵士准备好红黄两面旗帜，规定了信号：举起红旗就是通知敌人已经到来，举起黄旗就是命令伏兵出击。一切都准备好了，只等陈友谅自投罗网。

陈友谅自从老仆走后，立刻下令全体水军出发，由他亲自带领，直驶江东桥。到了约定地点，竟没见木桥，只有石桥。陈友谅想，别管他是石桥还是木桥，只要找到康茂才就好。他就到石桥旁边，一连喊了几声“老康”，也没人答应。陈友谅这才想到自己上了当，急忙命令船队撤退。

朱元璋发现敌人中计，立刻叫兵士举起黄旗，发动进攻。一霎那间，战鼓齐鸣，岸上伏兵一起杀出，水港里的水军也加入战斗。陈友谅受到突然袭击，两万兵士、一百多艘战船被朱元璋的将士俘获，被杀死的和落水淹死的无数。陈友谅在部将保护下，抢了一条小船，总算逃了命。这一仗打得陈友谅大伤元气。朱元璋的声势却越来越大。陈友谅哪肯甘心，他养精蓄锐，决心要报这个仇。过了三年，他造了大批战船，又带领 60 万大军，进攻洪都（今江西南昌）。

朱元璋亲自带领 20 万大军援救洪都，陈友谅才撤去包围，把水军全部撤到鄱阳湖。朱元璋把鄱阳湖出口封锁起来，堵住敌人，决定跟陈友在鄱阳湖里决战。

陈友谅的水军有大批战船，既高又大，一字儿排开，竟有十几里长；朱元璋的水军，却尽是一些小船，论实力比陈友谅差得多。双方连续打了三天，朱军都朱败了。

部将郭子兴跟朱元璋说：“双方的兵力相差太远，靠打硬仗不行，非用火攻不可。”

朱元璋立刻命令用七条小船，装载着火药，每条船尾带着一条轻快的小船。那天傍晚，正好刮起了东北风，朱元璋派了一支敢死队驾驶这七条小船，乘风点火，直冲陈友谅大船。风急火烈，一下子就把汉军大船全部燃烧起来，火焰腾空，把湖水照得通红。陈友谅手下的将士不是被烧死，就是被俘虏。

陈友谅带着残兵败将向鄱阳湖口突围。但是湖口早已被朱元璋堵住。在陈友谅突围的时候，朱军一阵乱箭，把陈友谅射死。

鄱阳湖一战，陈友谅的 60 万水军大败，一批大臣、将领投降了朱元璋，陈友谅的儿子善儿也成了俘虏。他手下一个叫陈定边的勇将死里逃生，用小船载着陈友谅的尸体和他的另一个儿子陈理逃回武昌，第二年，朱元璋率军攻打武昌，陈理投降了，陈友谅势力被彻底消灭了。

朱元璋消灭了南方最大的割据势力陈友谅以后，自称吴王。汉军的覆灭，为朱元璋消除割据势力，建立明朝扫除了最大的障碍。

张士诚宁死不降

朱元璋消灭陈友谅之后，即回师东进，兵锋直指东面的张士诚。1365 年 10 月，朱元璋发布讨伐文告，以徐达为大将军，率军东进，其方针是先取长江以北的通泰诸郡，翦其羽翼，再取浙东，然后一举消灭张士诚。

张士诚原是盐枭出身，虽然胆大勇敢，但缺少主见。他政权建立初，全靠他弟弟张士德主持。张士德颇有文才，也懂得礼贤下士，所以当时的政权，颇为兴旺。后来张士德于至正十六年跟徐达在常州作战时战死。张士诚就让他的另一个弟弟张士信主持。这张士信跟乃兄正好相反，他贪污无能，只知道享乐，把政事交给手下的参军黄敬夫、蔡彦夫、叶德新三人，任凭他们弄权舞弊，胡作非为，自己一概不闻不问，所以把国事搞得一塌胡涂。

跟张士诚当初一起创业的江湖弟兄，这些人如今都富贵了，在江南这富庶的鱼米之乡，日浸月染，渐渐失去了江湖豪杰的本色，却染上了腐化享乐的习气，修府第、建园林、玩女人，天天歌舞宴会，只图眼前欢乐。甚至大将出兵，也要带上歌妓舞女，白天行军打仗。晚上宴乐歌舞。这样的将领，又怎能和纪律严明，训练有素的朱军作战呢？所以到至正二十六年底，张士诚所占领的所有州府均被徐达、常遇春的军队占领，只剩下平江一座孤城。朱军各路会师，徐达分兵遣将，把平江团团围住。

平江（今江苏苏州）是座古城，由于境内有座姑苏山，所以人们又把平江叫做姑苏。平江有几座城门，徐达自驻军葑门，常遇春军虎丘，郭兴军娄门，华云龙军胥门，汤和军阊门，王弼军盘门，张温军西门，康茂才军北门，耿炳文军城东北，仇成军城西南，何文辉军城西北。四面修筑长围，把平江城围得水泄不通。又在城外筑起一些木塔，几乎与城里的佛塔一样高。木塔上有三层放楼，设置了弓弩火铳，向城上守军施放。又摆上“襄阳炮”，装着铁砂铁块，日夜轰击。

当时平江城内守军大约还有十万人马，张士诚亲自督军坚守，朱军一时攻打不下。但平江成了一座孤城，四处藩篱尽失，徐达便也不去硬攻，只打算长久地围困，使张士诚不得不降。

从至正二十六年十二月到至正二十七年七月，平江被围已经八个月了。这期间，张士诚不甘被困死，曾两次组织突围，但都被杀了回去，自己还险些被擒，多亏其女婿潘元绍率领军队出城接应，才被救了回来。其实这时，他的所谓十万大军连一半也不到了。因为那些守城将士，眼见困守孤城，内无强将，外无救兵，早晚定被朱军攻破，有很多将士不愿陪着张士诚同归于尽，便趁夜间偷偷缒下城去，向朱军投诚。逃兵越来越多，张士诚派勇胜军上城督军，杀了一些人，但也禁止不住。

当年九月，徐达派张士诚原手下“十八骑”之一李伯升的门下张国进城去劝降。但张士诚的枭劲上来了，宁死不降。徐达知道张士诚是要决心抵抗到底，便下令攻城。十路大军，如潮水一般，向平江城冲击。一波下去，一波又至。炮火连天，杀声震地。张士诚率心腹将士，日夜守卫在诚上。防守器材用光了，便下令拆毁庙宇和民房，把木头和石块搬上城楼，当做武器。两军苦战了两个昼夜，徐达终于攻进了葑门，常遇春和汤和也从阊门攻入，守将潘元绍等投降。张士诚率残兵巷战，转瞬间身边只剩下几十名亲兵。

这时城中多处火起，张士诚的后宫齐云楼也燃烧起来，原来是张士诚的王妃刘氏，把张士诚的群妾，统统赶到齐云楼上，放把火全都烧死，她自己也在后宫自缢了。张士诚赶回来一看，点了点头，换上冠冕龙袍，找一根丝带拴到正梁上，也想自尽。可就在这时，李伯升奉徐达的派遣，匆匆跑进宫来。他让人把张士诚放下，耐心劝解。已经投降朱军的潘元绍，也跑来劝说。但张士诚却把眼睛紧紧闭上，对劝说丝毫没有反应。

徐达听说后，便派军士用盾牌把张士诚抬到船上，押送回应天。张士诚在船里躺着，不言不食。几天后船到龙江，张士诚还是不肯起来。押送将士只好把他抬到中书省。中书省丞相李善长亲自来看他，他却耍起私盐贩子的脾气，支撑着站起来，把李善长和朱元璋臭骂了一顿。李善长也火了，给以严词斥责，把他几年来失政的错处一一指出，使他又悔又恨。当天夜间，他乘看守的军士不备，终于悬梁自尽了。

张士诚于至正十三年起义，称诚王。十七年降元，任太尉。到二十三年，又自立为吴王，到至正二十七年覆灭，前后不足15年。

朱元璋在消灭张士诚后，即派兵分两路进攻盘踞浙江的方国珍。朱元璋一路势如破竹，方国珍败逃海中，仍难以摆脱追击，不得不在1367年11月投降。陈友谅、张士诚、方国珍等割据势力的相继平定，使朱元璋据有长江中下游大片富庶土地，拥有强大的军队，具备了推翻元朝，统一全国的实力。

明　　朝

明朝（1368～1664）是中国历史上继元朝之后的统一王朝。1368年，朱元璋在应天（今南京）称帝，国号明。同年攻克大都（今北京）推翻元朝。1421年，明成祖朱棣迁都北京。

明朝建立以后，明太祖采取一系列措施加强君主专政制度，从而使明朝中央集权专制空前强化。朱元璋废除隋唐以来的中书省，取消丞相制，集军政大权于皇帝。同时设置翰林院大学士为顾问，后形成内阁制度。中央设置刑部、大理寺、都察院，这种三法司体制对清代有重要影响。

明代社会经济发达，农产品丰富，手工业生产具备很高水平，陶瓷业、丝棉纺业、冶炼、建筑等闻名世界。16世纪隆庆、万历年间，资本主义生产关系开始在若干手工业行业中出现。

明代对外交往活跃，郑和先后七次率大型船队下西洋，行迹遍及非洲东海岸，促进了中国与亚非各国的经济、文化交流，具有重大历史意义。明代科技文化在专制主义空前强化的背景下，较之唐宋成就较少。思想家李贽、王守仁等人学说对后世影响较大。文学作品产生了《牡丹亭》、《水浒传》、《三国演义》、《西游记》等著名作品。同时出现了《三言》、《二拍》等短篇小说集及长篇通俗小说《金瓶梅》。科技著作则以《本草纲目》、《天工开物》、《农政全书》等流传于世。明成祖倡导编著成的《永乐大典》，是我国最大的一部类书。

明代末年，政治腐败，天灾频繁，剥削惨重，崇祯初年陕北爆发农民起义，不久发展为席卷全国的农民大起义。1644 年，李自成率起义军攻入北京，崇祯帝自杀，明朝灭亡。明亡后，明残余势力曾在江南建立过短期的政权，史称南明。

朱元璋登基封王

自从刘福通死后，朱元璋把小明王接到滁州，名义上还接受小明王的领导。到了这时候，他做皇帝的思想膨胀起来，觉得留着小明王对他是个障碍。公元 1366 年，他用船把小明王接到应天，趁小明王在瓜步（今江苏六合东南）过江的时候，派人暗暗凿沉了船，把小明王淹死。

第二年，朱元璋消灭了张士诚割据势力，接着，命令徐达为征虏大将军，常遇春为副将军，率领二十五万大军北伐。过了两个月，徐达的军队旗开得胜，占领了山东。公元 1368 年正月，朱元璋在应天即位称皇帝，国号叫明建元“洪武”。他就是明太祖。

明军乘胜进军，元兵节节败退。这年八月，徐达率领大军直捣大都，元顺帝逃往上都。统治中国九十七年的元王朝终于被推翻。

至此，朱元璋统一了中国。

创业容易守业难。朱元璋把应天府改称南京。立其结发妻子马妃为皇后，长子朱标为皇太子。当年朱元璋41岁。当上皇帝后，朱元璋就想如何才能让他的子孙永远当皇帝，让朱家皇朝，传之千秋万世。

他的第一个办法是把儿子封王。朱元璋的后妃们一共给他生了26个儿子，16个女儿。其中长子朱标封为皇太子，还有一个皇子朱楠，中途夭折，其余24个皇子，全都封为亲王（也叫藩王），让他们的封地遍及全国，去主宰那里的一切。比如他将二儿子朱樉封到西安（今陕西西安），这里是古代秦国，朱樉便被封为秦王。三儿子朱棡封在太原（今山西太原），这里曾是古晋国，便封为晋王。四子朱棣封在北平（即元大都），称为燕王。以此类推，这二十四王就像一个特大的蜘蛛网，把整个中国都笼罩在朱家的势力范围之内。

亲王府内设置官署，由“相国”主持。还有护卫的军队，有着很大的权力，可以控制当地驻军的调动指挥权。不过当中有一条限制，被分封的各亲王不能干预地方的民政，除王府以外，都归各级地方官吏治理。

第二个办法是大封功臣。所谓功臣是指跟随他打天下的文官武将。这些开国元勋多是有才能的人，笼络住他们，就可以保卫着他的政权。这些功臣封公的 7 人，封侯的 28 人。当初随朱元璋起兵的二十四将，除已死的外，都得到封侯。比如徐达封为魏国公、常遇春封为鄂国公、李善长韩国公、李文忠曹国公、冯胜宋国公、邓愈卫国公、汤和信国公。

朱元璋别出心裁，设立了一个特务机关“锦衣卫”，随时监视大臣们的行动，向皇帝报告。百密还有一疏，国家那么大，人员又那么多，再加上一些贪官污吏从中挑拨离间，自然会生出事来。而朱元璋随着年纪的增大，性格也发生变化，原先那种坦诚待人的长处不见了，变得刻薄、猜疑、凶残、好杀。特别是他看到太子朱标很像他的母亲马皇后，性情朴实，待人宽厚。他怕太子将来驾驭不了那些功臣，从而威胁朱家的皇位，于是朱元璋狠狠心，决定把一些一意孤行、擅权妄法、行动跋扈，能够影响朱家王朝安全的全部杀掉。

洪武十三年、二十六年，朱元璋两次借丞相胡惟庸和凉国公蓝玉谋反案，杀掉了几万人。死于两案的功臣有李善有、陆仲享、费聚、唐胜宗、张温、曹震、陈桓等人，甚至连元帅徐达也不例外。朱元璋杀红了眼，对自己的亲戚也不客气，他的亲侄子朱文正被他用乱杖打死，外甥李文忠被他派人毒死。“二十四将”中，除花云等少数早期战死的以外，其余的几乎都被他杀死。只有一个汤和，看徐达、李文忠先后被毒死，急忙跑去见朱元璋，主动交出兵权，回家养老，才得以幸免。真是伴君如伴虎，可怜，当年轰轰烈烈的“二十四将”，只有此人得以善终。

逃脱朱元璋毒手的功臣，还有一个刘基（刘伯温），当年给朱元璋出谋划策，功劳不在李善长之下。朱元璋原来也想封他为“公”的，但他坚拒不受，请假回原籍去了。因为他聪慧过人，与朱元璋相识十多年，深知这位朱元璋的为人，所以故意远离皇帝，以图免害。

皇后马氏是个忠厚人，听说朱元璋滥杀元辜，便加以劝阻，但朱元璋不听。马皇后郁郁不乐，后患病拒绝就医，于洪武十五年去世。

太子朱标，性格仁厚，很像他的母亲，眼看父皇暴虐，几次进谏，都被斥退。为了讽谕太子，表明自己的隐衷，朱元璋故意丢一根棘杖在地上，要朱标拿起来，朱标面有难色朱元璋语带双关地说：“你怕刺不拿，我替你把这些刺拔掉，然后再交给你，你不就敢拿了吗？”

朱元璋见朱标过于柔弱，倒是四皇子燕王朱棣聪颖勇武，有些像他自己，他曾打算把太子朱标废掉，立朱棣当太子，跟几个大臣商量，大臣们都认为废长立幼，不合宗法，都不同意。但朱标知道后，明白父皇不喜欢自己，终日惶惧不安，于洪武二十五年因病去世。太子朱标死后，朱元璋依据宗法原则，便立朱标长子朱允炆为帝位继承人。

明太祖是农家出身的，对农民生活多少有点了解。他即位以后，也注意实行休养生息的政策。他告诫地方官员说："现在天下刚刚安定，百姓财力困乏，好像初飞的鸟，不能拔它的毛；新种的树，不能摇它的根。"他要官员们廉洁守法，不能贪赃枉法，加重人民负担。以后，他又招集流亡农民，开垦荒地，免除三年的劳役和赋税；要各地驻军屯田垦荒，做到粮食自给。他还兴修水利，奖励植棉种麻。所以，明朝初年的农业生产有了很明显的发展。新建立的明王朝统治也巩固下来。

胡维庸案件

胡维庸是安徽定远人，他是在朱元璋攻取和州的时候前来投顺的，到明朝建立后，他从一个地方的小官吏做到了中书省丞相。

胡维庸做了丞相以后，仗着皇帝对他的宠任，在朝廷中大肆结党营私，组成了一个以他为首的淮人官僚集团，排斥那些和自己政见不合的官员，稍有不满就招致杀身之祸。由于地位至丞相，不仅自己操纵着生杀大权，有些重大的事性也不向皇帝奏闻总是自己独断专行。在朝廷上下那些专会阿谀奉承看人眼色行事的人纷纷投靠在他的门下，为他奔走效劳。胡维庸身后有一大批追随的人，他做起事来就更肆无忌惮了，大量贪污受贿，把一些金银败宝、名马器玩都据为已有。

胡维庸这种行为，引起了朝中一些忠直大臣的不满，其中魏国公徐达就很嫉恨胡维庸的奸雅言行，便向朱元璋揭露他的种种胡作非为的罪行。胡维庸听说后，一直怀恨在心，就企图通过收买徐达的看门家人，陷害徐达。尽管他苦心积虑地想了很多方法，但最终还是没有得逞。就这样，朝中不管官员地位的高低，只要对自己稍有不满，胡维庸便想方设法把他除掉。

胡维庸这种胡作非为也引起了朱元璋的不满。尤其是在朱元璋执政的第九年的时候，由于把行中书省改为布政使司之后，地方的控制指挥权都集中到了中书省，胡惟庸的权力也就更大了。这样，权力欲极强的朱元璋感觉到大权旁落，有一种不安全的感觉。又加上皇太子朱标的性格比较仁弱，朱元璋担心自己死后朱标治不了这些拥权自重的元勋宿将，存在着军事叛变的可能性，便决心为他除去这些障碍。

公元1380年，丞相胡维庸被告发叛国谋反，明太祖毫不留情地把胡维庸满门抄斩，追究他的同党。这一追究，竟株连文武官员一万五千多人。明太祖一发狠心，把那些有胡党嫌疑的人全杀了。这个案件，成了朱元璋政治斗争的工具。

学士宋濂，是明朝开国初期跟刘基一起受明太祖重用过的人；后来，又当过太子的老师。宋濂为人谨慎小心，但是明太祖对他也并不放心。有一次，宋濂在家里请几个朋友喝酒。第二天上朝，明太宗问他昨天喝过酒没有，请了哪些客人，备了哪些菜。宋濂一一照实回答。明太祖笑着说："你没欺骗我。"原来，那天宋濂家请客的时候，明太祖已暗暗派人去监视了。后来，明太祖在朝廷上称赞宋濂说："宋濂伺候我十九年，从没说过一句谎言，也没说过别人一句坏话，真是个贤人啊！"宋濂六十八岁那年告老回乡，明太祖还送他一幅锦缎，说："留着它，再过三十二年，做件百岁衣吧！"

胡维庸案件发生后，宋濂的孙子宋慎也被揭发是胡党，于是株连到宋濂。明太祖派锦衣卫把宋濂从金华老家抓到京城，要把他处死。

这件事让马皇后知道了。马皇后劝明太祖说："老百姓家为孩子请个老师，尚且恭恭敬敬，好来好去，何况是皇帝家的老师呢。再说，宋先生一向住在乡下，他孙子的事他怎么会知道？"

明太祖正在火头上，不肯饶恕宋濂。当天，马皇后陪明太祖吃饭。她呆呆地坐在桌边，不沾酒，也不吃肉。明太祖感到奇怪，问她是不是身子不舒服。马皇后难过地说："宋先生犯了死罪，我心里十分难受，在为宋先生祈福呢。"

马皇后是跟太祖年青时候共过患难的夫妻，明太祖平时对她比较尊重，听她这一说，也有点感动，才下令赦免宋濂死罪，改罚充军茂州（今四川茂县）。七十多岁的宋濂，禁不起这场惊怕，再加上路上劳累，没到茂州就死了。

过了十年，又有人告发李善长和胡维庸往来密切，明知胡维庸谋反不检举揭发，犯了大逆不道的罪。李善长是第一号开国功臣，又是明太祖的亲家。明太祖大封功臣的时候，曾经赐给李善长两道免死铁券。这一年，李善长已经七十七岁了，明太祖下令把李善长和他的全家七十几口全部处死。接着，又一次追查胡党，处死了一万五千多人。

自从胡维庸案件发生以后，明太祖觉得把军政大权交给大臣不放心，就取消了丞相职位，由皇帝直接管辖吏部、户部、礼部、兵部、刑部、工部六个部的尚书（官名，部的长官）；又把掌握军权的大都督府废了，改设左、右、中、前、后五个都督府，分别训练兵士，需要打仗的时候，由皇帝直接发布命令。这样一来，明朝皇帝的权力就大大集中了。

事情并没到这里结束。过了三年，锦衣卫又告发大将蓝玉谋反。明太祖杀了蓝玉，追查同谋，又有文武官员一万五千多人受株连被杀。

这两桩大案，几乎把朝廷一些功臣一扫而空，明太祖的专制和残暴在历史上也就出了名。

明太祖严惩贪吏

明朝建国之后不久，官吏贪赃枉法的事到处发生，为了巩固自己的统治，明太祖朱元璋想出了一个惩治贪官污吏的办法。他让各府、州、县和卫所在衙门的左边，修一座小庙，里面供土地神；在官衙大堂公座的左边，悬挂着一个人皮楦（音 xuàn）满草的袋子，叫“皮草囊”，据说全国都是如此。土地庙到处都有，为什么这座小庙必须修在官府衙门的左面呢？原来这庙是扒贪官皮的场所，因此人们叫它“皮场庙”。

用这种手段惩治贪赃枉法的官吏，看起来的确有点残酷，但是也说明了明太祖对贪官污吏的愤恨心情。明太祖深知“官逼民反”的道理，他从元朝的灭亡中总结出一条经验，他说：“元朝因为宽容放纵贪官污吏，把江山丢掉了，如今我得天下，若不用严刑峻法便不足以矫正积弊！”因而他建国以后，多次严申惩治贪官之令，法禁十分森严。规定官吏贪赃 80 贯钱（每贯一千文钱，约折银一两）的便绞死示众，然后剥皮实草，做成人形袋子，挂在当地衙门的大堂上，以儆效尤。明太祖还颁布了一道命令，允许乡亭老人（里甲编制中负责水利兴修、风俗教化以及民事纠纷的人）有参议政事的权利。

洪武四年（公元 1371 年），明太祖派人对所有官吏进行考查，杀了一大批贪婪的官僚，尤其杀了那些污吏。因为这些人把持了舞弊，勒索乡民。可是杀了这些官吏，谁替国家征收赋役呢？明太祖想了个新办法。他叫主管赋税的户部查堪百姓的土地，以赋税一万石为一个单位，选其中地多的当粮长，由粮长负责征收所管范围的赋税，上纳国库。但是没过多久，明太祖察觉到这些粮长并非良善。他们为了躲避赋役，把自己的田产假托在亲戚、邻居、佃户和仆人的名下，和官吏勾结，乡里欺骗州县，州县欺骗府，使国家税收受损失。他们巧立名目盘剥百姓，甚至吊打百姓替他们缴纳税粮。在编册的时候，又从中捣鬼，多派加征，以至谎报灾情，贪污中饱。明太祖发现这种情况，非常生气，一次就杀死了不法粮长160名。

一次，明太祖听说福建参政（协助主持地方政务的布政使）魏鉴、瞿庄用鞭子打死了一个官吏，非常高兴，亲自写了一封玺书嘉奖他们。

洪武十八年（公元1385年）三月，发生了一起震动全国的“郭桓案”。郭桓在洪武十七年五月当户部尚书，第二年一月降为户部侍郎。在头一年收缴浙西（今浙江省北部）秋粮的时候，他和地方官黄文通、奸吏边源等人相互勾结，通同作弊，大搞贪污活动。本来，浙西税粮应上缴国家粮仓四百五十万石，他们只缴了六十万石，另缴八十万锭银子给国库，以当时银价和粮价折算，这八十万锭可以顶二百万石粮食，其余的一百九十万石粮食都被他们贪污了。他们还合伙私分浙西各府钱钞五十万贯。郭桓又和官吏张钦合伙吞没应天等五府所属州县十万亩官田的夏税秋粮。

郭桓利用自己是征收赋税最高主管官员的有利条件，

上述几桩大的贪污罪行都没有暴露。他胆子越来越大，竟然把军用粮仓里的三年积蓄盗卖一空。当时全国除京师应天外，总共有十三个布政使司（相当于今天的省），他利用职权，和十二个布政使司的官吏相勾结，盗卖存在仓库里的粮食，还和管理贮存金银钱钞的府军官员范朝宗、张裕合伙偷盗金银，假借名义窃取钱钞六百万张。如果把郭桓贪污盗窃的金银钱钞折成粮食，加上他合伙贪污的粮食七百万石，总共达二千四百余万石精粮，这个数字和当时全国的秋粮实征总数几乎相等。

这个案子使明太祖大为震惊。他不是不知道官吏有贪污行为，郭桓案发生之前，他就反复琢磨，官吏刚提拔的时候，还忠诚廉洁，可是在任一久，便都奸诈贪污，很少善始善终，多是贪赃枉法被杀，这是什么缘故呢？他想，六部和府州县官多是儒生，不懂这一套，多是奸吏捣鬼，拉官员下水，所以他让当时的刑部（主管法律、刑罚的机构）尚书开济把记载铺粮数目的一二三四五六七八九十百千，改作壹贰叁肆伍陆染捌玖拾陌阡，防止奸吏涂改帐目，从中贪污。后人又把“陌阡”写作“佰仟”，这就是至今还在沿用的大写数字的由来。这次郭桓贪污案数目这么大，审案中又发现这个案子和户部侍郎胡益、王道亨，礼部尚书赵瑁，兵部侍郎王忠，刑部尚书王惠迪，工部侍郎麦志德等以及整个六部上下大小官员几乎都有关系，这就无法用奸吏捣鬼来解释了。突然发现朝廷大小官员都是些贪婪之徒，便狠了狠心，下令把赵瑁、王惠迪、主犯郭桓以及从六部左、右侍郎以下官员都杀了，江南不少富户也牵连被杀，总共杀了几万人。

杀了这么多人，引起了地方和官僚的不满。可是他们不敢说盗卖官粮合法，也不敢说杀那些贪官污吏不对，就把矛头对准具体处理这个案子的御史和法官，一时议论纷纷，咄咄逼人。

明太祖心里明白这是对着他来的，觉得这个矛盾再发展下去，对自己非常不利。他就在公布郭桓等人的罪行的同时，把审判此案的法官吴庸等人也杀了，还下了一道诏书，名为“大赦天下”，对此案不再追究。他又对地主官僚进行安抚，从而结束了这个案子的蔓延。

为了进一步防止贪污案件的发生，明太祖还亲自编写了《大诰》，其中有不少法律是针对贪官污吏的。经过一番整治，贪赃枉法的事情少多了，同时吏治和社会风气也有了一些改变。

施耐庵著述《水浒传》

《水浒传》是中国家喻户晓的“四大名著”之一，它是中国历史上第一部描写农民起义的小说，作者施耐庵是明初著名的小说家，原籍江苏兴化县白驹场（今属大丰县），他本名可能叫施彦端，元末由于战乱，他曾流寓浙江，明初回到故乡，死后葬在兴化县施家桥，墓地至今尚存。施耐庵和刘伯温的交情不错，他们曾拜大儒郑复初为

师，成为郑复初最看重的弟子。

《水浒传》是施耐庵在宋元以来广泛流传的民间故事、话本、戏曲的基础上进行综合性的再创作。宋江等36人在水泊梁山的农民起义是其创作的历史根据。在戏曲发达的元代，出现了一批水浒戏，人物故事日益丰富起来，水浒英雄也由36人增至72人，又发展到108人。施耐庵在这一基础上，广泛搜集民间传说，加以联缀改编，写下了这部不朽巨著《水浒传》。

施耐庵创作的《水浒传》共100回。全面反映了以宋江为首的农民起义斗争由产生到发展，最后以失败告终的全过程。故事的开始是具体描写各路英雄遭受种种迫害，纷纷被逼，走上梁山聚义的经过；接着写众好汉聚众起义，攻夺城池，与官军苦斗的历程；小说的最后写起义军在宋江的影响下，接受朝廷的招安，并被派征战辽兵。

在小说的开始，作者深刻地挖掘了农民起义的社会根源，全面地描写了起义发生的现实背景。北宋末年，宋徽宗昏庸无能，“浮浪破落户子弟”高俅因踢得一脚好球，就受到徽宗的赏识，没半年功夫，就提拔他为殿帅府太尉职事。从此，高俅营结私党，与蔡京、童贯之流的奸佞狼狈为奸，把持朝政，无恶不作。高俅的螟蛉义子高衙内依仗高俅之势，在东京任意淫污他人妻女，大肆搜括民脂民膏，无法无天，为所欲为。处于社会基层的一帮贪官污吏，土豪恶霸，如张都监、蒋门神、祝朝奉、毛太公以及西门庆之流，也是横行霸道，欺压百姓，在如此黑暗的社会里，处于水深火热之中的人民忍无可忍，揭竿而起，一场大规模的农民革命气势磅礴地展开了。

接着，小说描写了众英雄被逼上梁山的过程，其中，以林冲的故事具有典型意义。林冲原是东京 80 万禁军教头，为人忠厚耿直，后来遭高俅陷害，被逼无奈之下杀死仇人上了梁山。

书中其他被逼上梁山的英雄们，虽被逼迫的原因各不相同，但所遭受的苦难、屈辱是一致的。官逼民反，民不得不反。这群梁山好汉在宋江的领导下，与官兵进行英勇不屈的斗争，取得了两赢童贯、三败高俅等一系列的辉煌胜利。在取得胜利之后，起义军却出人意料地走向了接受朝廷招安的结局，以至招安以后，死的死，散的散，一场波澜壮阔的农民运动从此销声匿迹了。

《水浒传》中义军接受招安的结局正是历史上农民起义失败的一种形式，这种结局的产生在故事的前 70 回情节中已埋下了伏笔。

随着梁山革命事业的发展，一大批统治阶级中的人物由于各种原因被逼上梁山，他们加入革命队伍的目的，大多只是暂找一个安身之处，等候日后招安。起义军的领袖宋江是这类人物的代表。作为义军领袖，他自有过人之处。他反对强暴，同情人民疾苦，喜欢救济穷人，急人所难，因而外号“及时雨”。他为人精明干练，懂得斗争策略，并有广泛的社会关系，上至官僚地主，下至江湖好汉，与他均有深厚情谊，所以，只有他才能将梁山好汉紧密地团结在自己的周围。但是，他的阶级立场和他的忠君思想，使他最终将义军引向招安之途。

作为第一部描写农民起义的小说，施耐庵的《水浒传》对历来为封建统治阶级所污蔑、攻击的起义英雄作了生动出色的描绘，在他的笔下，诞生了一大批有血有肉、个性鲜明的光辉形象。李逵和鲁智深是其中杰出的代表。

李逵纯朴天真，对贫苦人民怀有深厚的感情，同时也有简单、鲁莽之嫌；鲁智深做过提辖官，天生具有好打抱不平的仗义胸怀。他救援被欺凌者，从不考虑个人得失，这位单纯、朴实的英雄在全书中独具光彩。

施耐庵曾在张士诚幕府任职多年，经历了火与血的洗礼，为他写作《水浒传》中那个刀光剑影的世界，奠定了深厚的生活基础。施耐庵博古通今，才气横溢，读遍诸子百家之书，熟记骚人墨客之句。天文、地理知识、医卜、星相之术，无所不晓。他隐居讲学期间，投奔到其门下的弟子络绎不绝。业余时间，他从未间断《水浒传》的写作。

《水浒传》一经问世，人们争相传阅，爱不释手。

施耐庵的《水浒传》对后世产生了广泛而深远的影响。书中的反抗精神，革命乐观主义精神极大地鼓舞了明清时期的农民起义。无数个起义领袖从中获得巨大的力量，学习到丰富的斗争经验和方法，以至于引起封建统治阶级对此书的痛恨，明清两代都曾将它列为禁书。《水浒传》中一个个光辉的英雄人物，一直活在人民的心中。无论如何的禁毁，这部作品已在人民群众中间深深地扎下了根，其巨大的影响是任何一个统治者都抵制不了的。

作为一部优秀的文学作品，《水浒传》对后世的小说、戏剧、民间文艺也产生了难以估量的作用。它不仅为后世的文学提供了大量的素材，而且，它的创作手法、结局安排、人物塑造、语言运用、细节描绘、场景渲染等方面均有大量可资借鉴的地方。在历史的长河中，它无愧于是一颗璀灿的文学明珠，永放异彩。

罗贯中重写三国史

《三国演义》是我国最有成就的长篇历史小说，也是我国章回小说的开山之作。

罗贯中，名本，表字贯中，别号湖海散人，山西太原人（一说浙江钱塘）。他生于元代末年，逝于明朝初年。他聪明机智，富有谋略，胸怀天下，并有一定军事才能、政治斗争经验。据说，罗贯中曾作过元末农民起义领袖张士诚的幕僚。他生活的元末明初，社会动荡不安，人民颠沛流离，他过着避无定所的日子，四处漂泊。在义军领袖张士诚被朱元璋打败以后，罗贯中就退而从事历史小说的创作，《三国演义》是他的代表作。

早在晋代和南北朝时期，民间就广泛流传三国的故事。唐宋时，有许多艺人表演说唱三国故事。元代，三国故事更被大量地搬上舞台，今存最早的一部元代刊印的

《全相三国志平话》是民间传说中三国故事的写定本，已初具《三国演义》的规模。书中有大量的不同于正史的附会与传说，这一未经文人润色的民间艺人作品，文笔粗糙，叙事简略。

正是在这些民间作品、传说、戏曲的基础之上，明初小说家罗贯中利用陈寿《三国志》和裴松之注的正史材料，结合他本人丰富的斗争经验，写成了这部波澜壮阔、影响深远的《三国志通俗演义》，即《三国演义》。

《三国演义》描写了公元184年至公元280年间共97年的历史故事，起自黄巾起义，终于西晋统一。书的开篇写东汉末年统治阶级的腐朽昏庸，民不聊生，社会矛盾激化，人民纷纷揭竿而起，形成了声势浩大的以张角为首的黄巾大起义。其次写大小军阀对农民起义军的镇压，董卓的凶残暴戾以及十七镇诸侯联合声讨董卓。董卓败亡之后，曹操权势日重，挟天子以令诸侯。在稳固了北方之后，进兵江南，准备消灭孙权和刘备的势力。魏、蜀、吴三国鼎立对峙，相互争斗。最后西晋代魏，消灭蜀、吴，三国尽归司马氏，长期的分裂局面结束，中国复归统一。

在此书中，罗贯中通过对三国纷争离合的故事情节描写，刻划了许多具有鲜明性格特征的典型人物。有人赞誉他塑造人物有三绝，即曹操奸绝，刘备义绝，诸葛亮智绝。作者从正统观念出发，表明了拥刘反曹的思想趋向，故而，他将刘备描写成宽厚仁爱，坚守信义的典型。刘备初作安喜县尉时，就“与民秋毫无犯，民皆感化”。在新野，老百姓歌颂他：“新野牧，刘皇叔，自到此，民丰足。”他知人善用，用人不疑对贤士推心置腹，受人敬仰。比如，他初见赵云之时，就起敬爱之心。在长坂坡，张飞等人都怀疑赵云去投奔曹操了，刘备却毫不怀疑地说：“子龙从我于患难，心如铁石，非富贵所能动摇也。”对待诸葛亮，他的始终敬爱信任，更是人所共知的，从三顾茅庐到临终时的白帝城托孤，无不体现他对诸葛亮的由衷信赖。

曹操是个有争议的人物，他在杀吕伯奢全家时说的那句“宁教我负天下人，休教天下人负我”是他一生的为人准则。《三国演义》中奸雄曹操残酷、诡诈的性格与刘备的宽厚、忠义形成鲜明对比。曹操为报父仇，进攻徐州，所到之处，大杀百姓，还掘墓鞭尸。他为了追查在许都纵火的耿纪的余党，用讹诈的卑鄙手段将 300 多人尽行斩杀。再如，他痛恨祢衡，却借黄祖之手杀之；忌恨杨修，却加之以扰乱军心的死罪。他生性阴险、残忍、善疑，为防范行刺而“梦中杀人”，所有的行为，都体现了他那一代奸雄的本性。

诸葛亮是《三国演义》一书中光彩四溢的人物。这位手持羽扇，温文尔雅的书生，不同于那些“笑下虽有千言，胸中实无一策”的文人，他神机妙算，具有惊人的智慧和绝世的才华。对政治、军事、外交无所不能、无所不精，对天下大事了如指掌。初出隆中，就向刘备提出据蜀、联吴、抗魏的长远战略思想。赤壁之战，他有胆有识，孤身来到吴国，舌战群儒，终于争取到强有力的同盟。他三气周瑜，七擒孟获，六出祁山，为了天下大业，“鞠躬尽卒，死而后已”。他作为杰出的政治家和军事家的典型，是忠贞和聪明智慧的象征。

《三国演义》在重要战役和战争场面的描写上极富特色。官渡之战、夷陵之战、赤壁之战等都非常精彩。《三国志》中有关赤壁之战的文字甚为简略，不过寥寥数语。但到罗贯中笔下，则用八个回目，四万字左右的篇幅将这一战役渲染得波澜壮阔、淋漓尽致。从决策阶段的诸葛亮出使东吴、舌战群儒、说服孙权、周瑜联合抗魏，到备战阶段，周瑜分析曹操派人诈降均被周瑜识破并加以利用，而诸般妙计都不出孔明的意料。最后写火烧赤壁的场面，硝烟弥漫，刀光剑影，一片火海，场面壮观，情节紧张，惊心动魄，扣人心弦。这种磅礴气势充分显示了罗贯中丰富的想像力和高超的写作技巧。

《三国演义》对后世的影响是惊人的。它的出现，标志着历史小说的辉煌成就。从此，历史小说大量兴起，层出不穷。在戏曲中，也由此出现大批三国剧目，历代盛演不衰，深受人民群众的喜爱。书中的奇谋妙计，战略战策，对后世的农民起义产生很大的启发，张献忠、李自成及洪秀全等人皆从中得到不少启示。这部在中国家喻户晓的小说，体现了作者罗贯中高度的智慧、惊人的才华及独具的匠心。罗贯中和他的《三国演义》将永远流传在世间，魅力永存。

靖难之变

朱元璋65岁的时候，太子朱标病死，其子朱允炆以长孙的地位，被立为皇太孙。各地的藩王大多是朱允炆的叔父，眼看皇位继承人落在了侄儿手里，个个心里很不舒服。众藩王中，实力最强的是燕王朱棣，他智勇过人，经常出塞巡边，筑城屯田，用兵八万，还管制着守卫边境的各支部队。听到这一消息，朱棣心里很不是滋味。

朱允炆对此也有所察觉，心中总想着有什么好办法来对付这些兵权在握、虎视眈眈的叔叔们。有一天，他独自坐在东宫的东角门口，双眉紧锁，忧虑重重，不时长吁短叹。他的伴读老师，太常寺卿黄子澄刚巧从这儿走过，连忙走上前去，问："殿下，您有何事发愁？"朱允炆回答道："现在我的几位王叔都重兵在握，将来我当了皇帝，怎么能管得了他们呢？"

黄子澄没有正面回答，而是先举了个例子，说："想当初吴、楚七国，虽然势力非常强大，但是当他们发动叛乱时，汉景帝一出兵，他们纷纷垮了。诸位王叔虽然用有护卫兵，但只能自守，难以进攻。如果万一闹事，只要兴师征讨，完全可以歼灭。您是皇上嫡孙，顺应天理，将来不必怕他们造反。"朱允炆听后，心总算放宽了一些。

公元 1398 年，明太祖朱元璋驾崩，皇太孙朱允炆即位，这就是明惠帝，历史上又叫建文帝。

朱允炆虽然当了皇帝，但是几位王叔的事总让他有些心神不宁，从此添了心病，总怕自己的皇位不牢固，而且，京城中一直在传说几位藩王正在互相串联，准备谋反。听到这些，他更加害起来。一天，他把黄子澄找来和大臣齐泰一起商议此事。齐泰认为诸王之中，数燕王兵力最强，野心最大，应该以迅雷不及掩耳之势，首先削夺燕王的兵权，达到杀一儆百的目的。

黄子澄不同意这个做法。他认为燕王信居北平，握有重兵，而且早有准备，如果先从他下手，容易打草惊蛇，反而会逼得燕王联手其他几个藩王共同谋反。这样一来，成功的机会太小，风险太大。他认为，不如先把实力稍弱的几位藩王搞掉，然后再收拾燕王。到那时，燕王孤掌难鸣，事情就好办多了。他还建议，先从周王身上下手。因为周王朱橚是燕王朱朱棣的同母弟弟，与燕王最为亲近，实力很有限，如果拿他开刀，他决不敢反抗，一定会旗开得胜!”朱允炆听了他们的意见，感到很满意，马上就派人到河南把周王朱橚抓起来，押到南京，削去王位，充军到云南。接着，他又派人去逮捕湘王朱柏，朱柏见大势不妙，自焚而死。他又设计把齐王朱榑诓骗到应天，软禁起来。随后，又把代王朱桂削职为民，幽禁在大同。

这样一来，没用多长时间就把这四个亲王的兵权削掉了，朱允炆暗暗高兴。下一步，准备削夺燕王朱棣的权力。其实，燕王早有觉察。他看到几个兄弟一个个被削去王位，看来自己也不能幸免。于是，便以朝贺朱允炆改元为名，带上儿子朱高炽等人，昼夜兼程，亲自前往应天探听虚实，以寻求对策。为使朱允炆放心，朱棣回北平时，故意把朱高炽留在应天。

朱棣回到北平后，假装得了疯病，成天胡言乱语，有时候几天都卧床不起，甚至躺在地上睡觉。朱允炆起初不相信，几次三番地派使臣前去探病。

一次，使臣刚进燕王府，就见燕王一个人拄着拐杖在院里慢步闲走，见了他们就像没看见人一样。下人扶燕王走进房子。当时正是盛夏，燕王却直喊“好冷，好冷!”给他搬来一个炉子，他紧围着炉子，仍然缩着身子，浑身打着哆嗦，不住地喊冷。使臣们都相信，燕王是真的疯了，回去后向朱允炆如实禀告，朱允炆信以为真，还允许朱高炽回到父亲身边。其实，燕王一直在暗中加紧练兵，作好了夺取中央政权的准备。

狡猾的齐泰、黄子澄对燕王的病情有点怀疑多次劝朱允炆要有所警惕，朱允炆也加紧调兵遣将，加强了对朱棣的防备。

1399年6月，燕王府护卫百户倪谅到应天告发燕王图谋反叛。朱允炆马上下令逮捕燕王府的官员和燕王的家属，还特令北平驻军谢贵、张昺率军围攻燕王府，约定燕王府的一些官员作内应，秘密命令北平都指挥使张信带兵逮捕朱棣。

张信早已站在燕王一边，他给燕王通风报信。燕王一得到消息，马上就密谋布置。首先把谢贵和张昺两人诱入府中，杀掉。然后把燕王府里充当内应的官员都抓了起来。他来了个先发制人，宣布起兵。

燕王是个十分精明的人，他深知朱允炆是个名正言顺的法定皇帝，如果自己公开打出反叛的旗号，对自己不利。于是，他搬出了明太祖朱元璋在《祖训》中所说的话："朝无正臣内有奸逆，必举兵诛讨"。他以"清君侧"为理由起兵，说要帮助建文帝朱允炆除掉奸臣黄子澄、齐泰。

燕王领军南下，直指京都应天。朱棣本是一位具有丰富带兵经验的宿将，手下又有一支经过长期严格训练的精兵。再加上他驻扎北平已经很久，多年苦心经营，附近的各郡县卫所都受他的统辖节制，所以他一起兵，就得到各方响应，纷纷前来投奔，士气十分旺盛。他率兵很快就攻取了蓟州、怀来、永平、通州等地。

朱允炆虽然处于正统的有利地位，但他是个迂阔懦弱、优柔寡断的人，远远不是燕王的对手。而且，明朝的许多开国元老们都被猜忌多疑的朱元璋诛杀殆尽，他手下缺少精兵强将。手下的许多官员，皇宫里的许多太监，见大势不妙，纷纷投靠了燕王。朱允炆害怕了起来，连忙撤了黄子澄、齐泰的职，并派人求燕王退兵。

燕王哪里肯就此罢休，他率兵一路冲杀，势如破竹，意欲直捣黄龙。燕军节节胜利，士气越来越高。1401 年，燕王率军大举南下，直向应天而来。翌年 4 月，燕军攻打庆壁，遇到了南军的顽强抵抗，双方打得难解难分，十分激烈。这时，燕军有些踌躇不前，有些将领提出暂时撤兵。燕王坚决不同意。斩钉截铁地说："这次进军，只能前进，不能后退！"没多久，燕军发起突然袭击，打得南军一败涂地。

朱允炆无计可施，只好再派人和燕王议和，愿意割让土地，请求燕王退兵。燕王眼看京城唾手可得，自然不愿就此罢休，一口回绝，同时加紧了进攻。

这年六月初三，燕军誓师渡江，直指应天。朱允炆看兵临城下，形势危急，命令手下将士死守。但没过几天，应天守将王景隆打开京师金川门投降，城被攻破。

燕王率领军士进城，威武壮观，文武百官纷纷在道路两旁跪着迎接。燕军进城后，只见皇宫大火熊熊，正在燃烧。燕王马上派人把大火扑灭，已经烧死了不少人。接着，他查问朱允炆的下落。有人报告说，燕军进城之前，建文帝朱允炆下令放火烧宫，他和皇后都跳到火里自焚而死。也有人报告说，他已经从地道逃出了京师。究竟他是死是活，很难确定，为后人留下了一个解不开的谜团。

历史上把明朝的这次内战叫做“靖难之变”，靖难是指平定内乱的意思。至此，经过三年作战，燕王朱棣终于在1402年6月夺得了梦寐以求的皇位。这就是明成祖。到公元1421年，明成祖迁都北京，自那时候起，北京一直成为明朝的京城。

成祖励精图治

明成祖朱棣是个很有作为的皇帝。他不仅有军事才能，同时也有政治远见。明成祖对那些跟随他同舟共济的功臣，采取了完全不同于他父亲的办法。他对功臣们说："君臣之间不能善始善终，原因是互不信任。如果彼此不相信，就是父子也会闹翻的，何况君臣呢？我对功臣宽厚诚恳，经常看好的一面，不夸大缺点，根据才能任用。"事实也是这样，只要是他选中的人，他就相信不疑。永乐的时候，御史弹劾西宁侯宋晟专权，不经报告就处理事情。明成祖对这位御史说："任人不专能办成事情吗？况且一个大将远在边关，怎么能要求他事事都根据朝廷的旨谕呢！"随即上了一道敕令，叫宁晟根据实际情况处理一切事宜。

明成祖对有功之臣也不是一味姑息，如果有人真正犯了法，他也不容情。有个武官犯罪，刑部官员说他曾立过功劳，请论功定罪，明成祖很不高兴，说："执法应该公正，赏罚应该分明，不能以功劳掩盖过错，不能以私情废了公平。过去有功，已经给了奖赏今天犯法不治罪，那是纵恶，纵恶怎么能治天下？不是论功定罪，而是要依法治罪。"

明成祖很讨厌阿谀奉承。一次贵州市政司上奏说，皇帝颁发的恩诏到了思南府（今贵州省思南县）的时候，听到太岩山间有呼万岁声在回荡，这是皇上的威德远加山川的灵验。大臣们听了这段话都来祝贺。明成祖对他们说：“呼噪山谷之间，虚声相应，这是常识，有什么可奇怪的。当大臣的不能辨明是非，想用阿谀讨我的欢心，不是贤人君子的行为！”那些大臣碰了一鼻子灰。

明成祖主张天下事不可不周知，人生艰难不可不涉历，闻见广而涉历多，自然心胸开阔。这样处理事情便会得当一些。所以他不让皇储老呆在宫里，经常派他们到山东、河北一带去视察。一次，他的儿子朱高炽视察河南，看见百姓生活十分困苦，下马走进路旁一家农民的家里，眼见土屋窄小，大人衣不蔽体，小孩光着屁股，吃的是糠茶做的窝窝，一个个面黄肌瘦。这位太子竟然掉了几滴眼泪，叫当地官府周济了他们。朱高炽回来之后把这事儿告诉了他的父亲。明成祖叫来户部大臣，训斥说：“河南民饥，有司不据实报告，竟然虚报丰收，如此欺罔！”于是下令处治了当地官吏，而且还通报全国各地方衙门：“自今以后，凡民间水旱灾伤不上报者，一律治罪，决不宽容。”

为了治理好天下，明成祖还没有忘记“人君一衣一食，皆民所供”这个事实，所以他很注意人民的休养生息。一次通政司（管章奏的机构）的官员报告说，山西有人上报介休县（今山西省介休县）出五色石，做器皿极为好看。明成祖说："这家伙想当官。这些年来打仗、灾荒，百姓够苦了，还要给他们增加负担吗？要知道官求一物，百姓就要受一害。况且这种东西有什么用，把这人赶走！"

后来他叹息说："我要什么没有？就是一天换十件新衣，也是有的。但是，人在福中要知福，懂得俭省。记得过去我母亲虽为皇后，总是亲自缝补旧衣服穿。我实在不敢忘记过去。"说罢还心酸地落了泪。

明成祖在位期间，除了早朝之外还有晚朝。晚朝常在右顺门内，百官奏事退朝后，他把六部尚书等近臣留下来，再商量一些事情。他觉得早朝奏孤的事情较多，没时间深入交谈，晚朝事情少，君臣之间可以深入讨论，畅所欲言。

明成祖很重视人才的选拔，喜欢别人直言。他认为要把国家治理好，"必资贤才"，一定要靠有才能的人，而且任用时要根据特长安排。他特别告诉吏部，选人时要辨别好坏，衡量时要做公正，不能感情用事。他还提醒吏部，在用人上要强调德行。他说："君子为了国家不计个人得失，所以敢直言，不怕丢官丧命；小人为了个人不考虑国家，所以溜须拍马，只想升官发财！"

明成祖鼓励臣下敢说话，说真话，他不止一次地给大臣们讲："每个人的才识都不同，长于此或短于彼。我也一样。因此，如果我有了什么过，你们就明确指出来，我绝不责怪。"他对敢说真话的人就奖励，对不直言的就责备。永乐初年，浙江义乌县教谕上表，陈说了几件地方上当办的事情，希望皇帝能"虚心纳言"。明成祖通令嘉奖了他，并把奏折拿给六部大臣们看，他说："远在下南的官员都能存心国事，你们在我左右，更应该如此。"

在明成祖励精图治之下，永乐年间的文治武功都是卓有成效的，除了个别地方，大部分地区经济情况良好。1403 年，集中了将近三千人修了一部两万二千多卷的类书《永乐大典》，这部大型类书把经史子集、百家之书，以及天文、地理、阴阳、医卜、僧道、技艺等各类言说，按字、句、篇名、书名分韵收录。其中有许多元代以前的珍贵文献。明成祖开"四夷馆"，选年少生员学习外文，开设了贵州布政使司，又设置哈密（今新疆维吾尔自治区哈密县）等三百多个卫所。当时全国幅员广大，疆域辽阔。政治比较清明，经济有了很大的发展。

三保太监下西洋

郑和，本姓马，名和，小名三宝，云南昆阳（今云南晋宁县）人。洪武十四年（公元1381），朱元璋的大将沐英出兵云南，年仅10岁的郑和被明军掳走，后辗转送至燕王朱棣身过，成了燕王府中的一个小宦官。

朱棣起兵篡夺帝位之时，将三宝派到军中，因他足智

多谋，精通兵法，立下了不少战功。朱棣即位之后，晋升他为内宫太监，对他宠信有加，还亲自书写了一个大大的“郑”字赐给三宝为姓，从此，他便叫郑和。

郑和家世代信奉回教，他的祖父和父亲都曾航海去伊斯兰教的圣地麦加朝圣。郑和既信伊斯兰教，又熟悉佛教，还有个“福吉祥”的法名。

明成祖朱棣通过武力夺取帝位以后，遭到许多人的非议。另外，有一件事总让他心里不太踏实。皇宫大火扑灭后，并没找到建文帝，那么建文帝是真的死了还是做了和尚或是逃到国外，总之为了提高自己的威信，或是为了调查这件事，他派了不少使臣出使邻国宣扬国威。“西洋”各国一直没有人出访过。那时候，把现在苏门答腊岛以西的整个印度洋都称作“西洋”，西洋海路险远，沿岸各国基本是信奉伊斯兰教或佛教的国家。气宇轩昂、聪明能干，既是伊斯兰教徒又精通佛教教义的郑和就成了下西洋最合适的人选。

郑和接受了明成祖的特殊使命，开始着手筹备一支拥有 208 艘大船的出使西洋的船队。巨大的楼船就有 62 艘，一律长 44 丈，宽 18 丈。他招募了众多的水手、担任翻译的通事、修理器械的匠人、以及医生、伙夫等人员，加上随行的将士共约 27800 人。随船装载的除自备的粮食、淡水、药材以及日用器皿之外，还有大量的绸缎、瓷器等中国特产，作为予所到各国的贸易品和赏赐品。

明永乐三年（公元 1405 年）6 月 15 日，出使西洋的船队在苏州刘家港启锚远航。路经福建长乐，稍事停留之后，由闽江口五虎门驶向南洋。一路上，风急浪高，但 200 多艘船只在郑和的指挥下井然有序地向前行进。顺利地到达了占城（今越南南部），然后经爪哇的苏鲁马益，再到苏门答腊岛南部的旧港。船队一路战狂风，斗恶浪，历经千辛万苦才抵达旧港，谁知在此遭遇了一场与海盗的恶战。

旧港的酋长陈祖义，原是广东人，洪武年间跑到南洋，纠集了一伙流氓占领了旧港，以劫掠过往的各国商船为生，烧船杀人，无恶不作，一直无人能制服他。当郑和的船队经过这里时，陈祖义见对方船多兵众，于是假意投降，阴谋劫取船队。哪知郑和早有防备，严阵以待，陈祖义率领海盗船攻来时，郑和的船队突然炮轰箭射，直杀得海盗四散奔逃，烧毁海盗船 10 艘，杀死海盗 500 余人，活捉陈祖义，后被押解进京处死。歼灭了海盗陈祖义，郑和为各国商人除了大害，促进了各国的海上贸易。

船队继续向前驶去，到达了马来亚半岛的满剌（音 là）加（马六甲）。为了今后航海的便利，郑和在此设立了一个据点，修建仓库，并派兵驻扎此地，全体人员在这里修整了一段时间，然后再次扬帆启航，先后顺利到达苏门答腊国、锡兰山、葛兰（今印度西南沿海阿勒皮一带）和古里（今印度西南沿海科泽科德一带）等地。郑和拜访了每一个地方的酋长、国王，向他们表达了明朝与他们通商友好的诚意。所赠送的礼物令各国的首领欣喜若狂。郑和还与当地的商人做生意，他将随船载来的大量货物与各国进行公平交易，当船队返航时，来时的满船丝绸、瓷器等已换成了异国的象牙、香料、宝石、胡椒、琉璜、染料等，甚至还带回了狮子、驼鸟等珍禽异兽。各地酋长与国王所回赠的礼品也是琳琅满目，数不胜数。

经过三年多的艰辛航行，在永乐五年（公元 1407 年）的 9 月，郑和奉命率领船队成功地结束了初次远航，返回中国，满载而归。明成祖兴奋异常，厚赏了郑和诸人。意犹未尽的明成祖继而再次命令郑和奉命出使西洋。

郑和奉命出使锡兰山，锡兰地处当时印度洋东西航路上的要塞。郑和代表明朝政府向锡兰的一座寺高庙赠送了很多金银供器、织金等礼物，还为此立了一座碑，即“郑和锡兰碑”。1409年7月返国。同年9年，郑和三次出使西洋，路过此地。国王亚烈苦奈儿见中国船队携带了那么多的金银珍宝，顿起贪心。他装着很热情的样子，将郑和诱骗到国中，然后一面向郑和强行勒索金币，一面派5万人劫掠郑和船队。情况万分紧急，郑和异常冷静，他立刻派人探听对方虚实，得知敌人倾巢出动前去进攻船队，他马上果断地下令，不去救援船队，而是直接攻打敌人的老巢。

敌人的都城虽然空虚，但是，郑和的身边士卒也只不过2000余人，要想克敌制胜，必须出其不意，攻其不备。于是，郑和率领士兵们抄小路直奔敌人的都城，将士们一往无前，很快就抵达敌人城下。以为稳操胜券的亚烈苦奈儿正在等待捷报传来，没料到郑和已兵临城下。郑和精通兵法，他在城下指挥久经沙场的士兵，将士们吹竹伐树制成云梯，一部分人发射弓弩射击城头守兵，一部分人奋勇攀登云梯，不一会儿，明军冲入了城中，直奔皇宫，亚烈苦奈儿及其妻妾、儿子等人全部被活捉。

海边的故军正在袭击船队，突然听到都城被占，国王被掳的消息，慌忙撤兵，准备返回救援都城。船中的明军见状，士气大增，跳上岸来，直杀得敌人落花流水，全军覆没。

永乐九年（公元 1411 年）6 月，郑和率船队返国，亚烈苦奈儿一行被押解进京，明成祖饶他一死，训斥了一番，就将他们释放回国了。明朝的国威大振，前来朝贡的四方国家络绎不绝。

永乐十三年（公元 1412 年），郑和第四次出使西洋，回航时路过苏门答腊国（今印度尼西亚苏门答腊岛西北亚齐），当天夜晚，却发生了数万人偷袭船队的事情。

原来，苏门答腊国曾在永乐六年（公元 1408 年）与位于它西边的花面国发生战争，苏门答腊国的国王中箭身亡。王子年幼，无法报仇，王后就对国人宣布，谁要是能领兵打败花面国，她就嫁给他，并让他当国王。一个渔翁自告奋勇，领兵攻入花面国，杀了花面国国王。王后信守诺言，渔翁娶了王后，并当了苏门答腊的国王。老国王的儿子长大后，竟杀了渔翁，夺取了王位，而渔翁有个儿子叫苏干剌，他想报杀父之仇，也想争夺王位，但实力相差悬殊，被打败后逃到邻山，自立一寨。此次郑和来到苏门答腊，给国王献了厚礼，苏干剌就非常气愤，所以夜间率众数万，袭击船队。郑和指挥将士沉着应战，苏门答腊军队密切配合，苏干剌的几万军队被杀得溃不成军，苏干剌被活捉，后来被押解至北京处死。

从永乐三年到宣德八年（公元 1405 至 1433 年），郑和率领船队七次下西洋，28 年的航海生活，耗尽了他的心血，宣德八年（公元 1433 年）3 月中旬，这位伟大的航海家病逝于他最后一次远航的归途中，在印度半岛西南部的古里（今印度科泽科德）病逝。

郑和七下西洋，先后访问了亚洲和非洲的 320 多个国家和地区，最远到达红海和非洲东海岸的伊朗、麦伽、索马里的摩加迪少和肯尼亚等地，在世界航海史上，他是打开从中国到东非航道的第一人。作为出色的外交使节，郑和为发展中国与当时“西洋”各国的友好往来作出了世大的贡献。今天的马六甲、印度尼西亚、爪哇、泰国、斯里兰卡等地，依然留存着三宝城、三宝井、三宝塔等地名和古迹，充分表明了当地人民对这位杰出的航海家与友好使者的永久怀念。

郑和教事农桑

中国南海西部有个马来亚半岛，在半岛的西岸有个马六甲，前面有道海峡叫马六甲海峡，地势险要，是航海的要冲。明永乐三年（公元1405年），我国杰出航海家郑和带着远洋船队，就是从这地方过去，到达印度洋西去的。不过当时，马六甲不叫马六甲，叫满剌加。在满剌加半岛的主峰上，立有一块大理石碑，石碑上有碑文，刻写着中国大明皇帝册封满剌加国王的诏书。碑文的结尾还有一首诗，据说是明永乐皇帝朱棣所作，石碑是郑和下西洋时带来，并亲自到山上撮土奠基和宣读皇帝册封拜里迷苏剌为满剌加国王的诏书。

原来满剌加以前曾臣服于暹逻（今泰国）。为了争取独立，永乐元年，拜里迷苏剌派使者到中国去见明朝的皇帝，希望明帝能封他作满剌加国王。朱棣派中官（即太监）尹庆随使者前去视察，并赏给拜里迷苏刺织金文绣等物品。拜里迷苏刺向尹庆提出，希望中国皇帝把半岛上的主峰，给以封赐。尹庆复命后，朱棣很高兴，便让工部制作了一方“满剌加国王”的金印，还有国王服用的袭衣、黄盖等物，并题写了封赐的碑文，让石匠刻到大理石制成的碑上。郑和出使时，便让郑和一起带来。

拜里迷苏刺当时便宣布，这一天便是满刺加的国庆日。当日，全岛狂欢，日以继夜，到处是一簇簇篝火。岛民们邀请船队的将士和水手登岸，将士们把随船带的舞狮和龙灯耍起来，岛民则表演当地的歌舞，一直欢乐到第二天的黎明。

第二日下午，满刺加国王里迷苏刺带着群臣上船答谢郑和。拜里迷苏刺说：“上国的船队里有粮船，能不能把你们的粮食卖些给我们?”

郑和说：“把我们船队的粮食分出一些是可以的。但贵国人口众多，全靠买粮度日，终是受制于人。贵岛土质肥沃，为何不自力更生，自己生产粮食呢?”

“我们祖祖辈辈只会打鱼捞鲜，不会耕种!”

“不会可以学吗！在古代，我们的祖先，也是靠渔猎为生的，后来发展了农业，才进了一大步。”

“可谁来教呢?”新国王又犯了愁。

郑和想了想说：“这样吧，我们的将士大多是农民出身，我选出一些人来教你们，再从我们的食粮稻谷中，选出些好的作种子；船上又有木匠和铁匠，让他们给你打造些农具，你就把农业发展起来。怎样?”

拜里迷苏剌高兴得手舞足蹈。他说：“那可太好了，我们满剌加将永远忘不了你们!”

当场议定，由船队选派年纪较大或身体较差的100名出身农家的将士，留在满剌加，教给当地人种田。种子由船队供给。再派部分铁匠和木匠，抓紧时间打造一批农具。

岛上居民听说要学种粮食，许多人纷纷报名。郑和又发动整个船队，除留少数人看守船只外，其余的人全都上岛开荒三天。全岛居民一看，也都自动来了。一时满剌加主岛和附近岛屿上，到处是欢声笑语，明军将士和水手，说着刚学会的几句当地土语，跟岛民咿咿哑哑地聊天，显得是那么融洽。

郑和脱下官服，换上短衣，也来参加开荒。拜里迷苏剌惊讶得眼睛瞪得老大，想不到地位这么高的船队主帅，也会干农活儿!他也把新穿上的王服脱下来，拿一把铁镐，站在郑和身边，学着郑和的样子，一下一下刨起来。三天的开荒结束了，满剌加从半岛的尖端起，直到内地的一段距离，开出一片片平展展的农田。拜里迷苏剌乐的双手合十，谢了又谢。

接着到了中国农历的新年。船队大小船只悬灯结彩，油漆一新。国王拜里迷苏剌带着大臣到船上拜年，许多岛民也上船来参观。郑和吩咐在62艘“宝船”上大摆宴席，款待这些本来的“主人”的“客人”。大家开怀畅饮，笑语喧天如同一家人。

从第二天开始，郑和便指挥属下的买办、办事、书算手等人，将货物般到岸上，搭起各色的帐篷，请岛民来购买或交换。这些货物大多是绸缎、瓷器之类。同时又收购当地的珍珠、玛瑙、香料、胡椒和药材，双方公平交易，彼此都很满意。

永乐四年二月，郑和的船队离开满剌加，继续西行。国王拜里迷苏剌和全岛居民都来送行。郑和给满剌加不仅带来了友谊，更为当地的生产带来了种子，从此，满剌加农业开始发展，现在已成为南亚农业大国。郑和留下的100名“老师”，也在当地居住下来，与岛民和睦相处，有的娶妻生子，成为现在的华人。

苏禄国王访中国

在我国东南面的大海中，隔着巴士海峡和我国的湾岛相望，有个美丽富饶的国家，就是被人们称作“东方海洋中的明珠”的菲律宾。它的最南端有一大群岛屿，便是以盛产珍珠而举世闻名的苏禄群岛。

公元10世纪（相当于我国唐末到宋初这一时期）的时候，这个群岛上出现了一个苏禄国。在我国的明朝初年，苏禄国同时有三个国王，即东王、西王和峒王。其中东王势力最大，最强盛，因而地位也最尊崇。

郑和下“西洋”后苏禄东王知道了中国疆域辽阔，物产丰富，既强大又很友好，便决意找机会访问中国。后来又听说很多国家都争派使者前去访问，甚至有的国家的国王还亲自去明朝访问，于是，便和西王、峒王商量好，三人一起访问中国。

以东王为首的苏禄三王，率领着由王妃、王子及其随行人员三百四十多人组成的大型友好使团，携带珍珠、宝石、玳瑁等礼品，漂洋过海，长途跋涉，终于在永乐十五年（公元1417年）八月一日到达北京。

苏禄东王一行，受到明成祖的热烈欢迎和隆重接待。在明朝官员的陪同下，他们游览了正在大兴土木的北京城。

北京是个大都会，人群熙攘，车水马龙，这时正是秋高气爽，景色宜人的季节。西山红叶，海子碧波，点缀了北京的无限风光。那方圆四十里的巍峨城墙，一座座高耸的城楼，和那些金碧辉煌的宫殿，使北京城更加壮丽。这对一些外国来访者来说，该是多么赏心悦目，令人心旷神怡的事情呀。

北京城的建设规模和雄伟的气派，使东王一行十分赞叹，极为钦佩。由于中国百姓的友好情谊，明朝政府的周到安排，他们在北京访问了二十七天之久。

当深秋来临的时节，长期生活在靠近赤道的苏禄客人，有点不适应塞外刮来的寒风。八月二十七日，他们怀着依依不舍的心情告别了北京。临行之际，明成祖赠送给他们大量的珍贵礼物，有黄金、白银、玉带和丝织品等等，还亲自委派官员护送。

那时候南北交通主要靠运河，所以，东王一行先乘车到通州，然后再乘船南下。沿途经过各州县时，都受到当地官员、卫所军队和人民的款待与热情迎送。

当苏禄客人的船队将到德州的时候，天气突然恶化，彤云密布，寒风凛冽。苏禄东王本来体弱畏寒，又加上旅途劳累，急病发作，不幸于九月十三日病逝。噩耗传到北京，明成祖异常悲痛，亲自撰写祭文，并派官员赶到德州吊祭，还亲笔写了慰问苏禄东王长子都麻的信，同时命令州地方官员为苏禄东王修造墓穴。十月三日，为国王举行了隆重葬礼，将苏禄东王安葬在德州的北郊。

苏禄东王的长子回国继承王位。东王妃子葛木宁和二子安都鲁、三子温哈喇等十余人要求守墓，自愿留在德州。中国政府批准了他们的请求，并拨出二百三十八亩地作为祀田，免去赋税，收成作为祭祀东王的费用；还命令州地方官吏每年清明和仲秋按时祭祀。为了尊重苏禄东王和守墓人的宗教信仰与生活习惯，明朝政府特地从德州和历城（今山东省济南市）拨了三户回民去协助守陵并照料他们的生活。又指令地方官员在墓前修造享殿，供奉苏禄东王画像，同时还修了配殿、牌楼等建筑。在墓道两侧立起石人、石马、石虎、石豹，陵墓周围也栽植了苍松翠柏。在苏禄东王逝世一周年的时候，明成祖又命令地方官为苏禄东王修庙树碑，还亲自撰写了碑文。

那些留居德州的苏禄国人，原计划守墓三年而后回国。三年光阴匆匆地过去了，他们谁也不想再提起回国的事儿。东王妃葛木宁在永乐二十一年（公元 1423 年）回国一趟，但是第二年又回到了德州。所有留下来的苏禄人，后来都死在中国，葬于德州。苏禄东王墓后面的三个坟间，就是东王妃子葛木宁、二子安都鲁和三子温哈喇的墓葬。他们的后人也从此世代定居在德州的北郊。

到后来清朝雍正九年（公元 1731 年），苏禄国王苏丹来中国访问的时候，特地瞻仰了苏禄东王墓。东王的后代提出加入中国国籍的要求，希望苏禄国王代为呈请。清政府同意了他们的请求。于是在德州的东王八世孙安汝奇、温宗楷等便以安、温两姓入籍中国。从此以后，苏禄东王的后代就成了中国人民的一部分了。

现在安、温两姓的后代除在德州市北营聚居以外，还散居于山东各地以及江苏、河南、河北、陕西、北京、天津等省市。

苏禄国王访问中国的故事，很久以来当作历史佳话广泛地流传在两国人民中间。它生动地说明了，我国与菲律宾这两个近邻，有着悠久的友好关系和深厚的传统友谊。

明成祖卫国亲征

朱棣登基之后，特别重视边境的安全。在东北地区，他设立了奴尔干都司，那时黑龙江南北、乌苏里河东西，包括苦兀岛（即库页岛）在内的广大地区，都是奴尔干司的辖境，先后设置了130个卫所。西方则设了哈密卫，连结西域各国，把哈密建成统治西域的政治、军事和经济重心。

在南方，朱棣出兵安南，打击了屡次侵扰边境的安南国王胡汉苍，使其再也不敢蠢动。只是在北方，蒙古有鞑靼，瓦剌和朵颜三卫的兀良哈族三股势力时时威胁着大明国的安全。开始他利用“分则易治，合则难图”的策略，有时拉拢，有时打击。但到了永乐七年，鞑靼可汗本雅失里杀了朱棣派去的使者。朱棣派淇国公丘福帅师北伐。丘福轻信敌人的谣言，中了埋伏，全军覆灭。朱棣见事态严重，便决定亲征。

永乐八年正月，朱棣命太子朱高炽在南京留守。又命户部尚书夏原吉辅助皇长孙朱瞻基驻守北京。他自己亲率50万大军，于当年二月，离开北京，向北进发。

五月，大军过胪朐河（今克鲁伦河）。朱棣骑马站在土丘目，见明军的几万骑兵，分成若干小队渡河。在沙漠地带奔驰了半天的战马，看到清凉的河水，个个低下头去饮。一时长河上下布满了饮水的战马。有些马应声附合，原野上回荡着雄壮的马嘶声。朱棣看着“哈哈”大笑。他回头问清远侯王友：“这条河叫什么名字?”

“胪朐河，又叫驴驹河。”

“叫驴驹河不好，我给这条河另起个名字吧，就叫饮马河。”

大军过了饮马河，扎营休息。并派出许多小队哨骑，探听本雅失里的下落。有一个小队捉到了一名鞑靼兵，经审问供出说本雅失里闻风潜逃，现驻在兀古儿扎河（即乌勒吉河）。兀古儿扎河在饮马河以北400里。朱棣怕大军行动缓慢，不等开到，敌人又会向北逃窜。就决定选出两万名轻骑兵，带 20 天干粮，由他自己率领，去追袭敌人。

两万名轻骑兵，两万匹快马，在荒漠上风驰电掣般地猛奔，终于在斡难河（即鄂嫩河）将本雅失里追上。本雅失里见逃不脱，只好返身来战。鞑靼兵仓猝迎战，还没等列成阵势，明军已经杀到。朱棣率领两千骑前锋跑在最前面。他自己挺着长矛，身先士卒，直冲入敌阵中。鞑靼兵抵挡不住，那本雅失里怯起阵来，拨马便逃。鞑靼军跟着主帅向北逃去，朱棣长矛一挥，明军一部分在后追击，一部分抢前堵截。偏偏前边斡难河涨水，把鞑靼兵和辎重等隔在河这岸。结果本雅失里只带着七骑，游过斡难河，逃了性命。鞑靼太师阿鲁台听说本雅失里被明军追击，便带 5 万骑兵来救，但晚了一步，在回军途中也被明军消灭了。阿鲁台也右臂受伤，骑马逃走了。

朱棣大获全胜，回到饮马河大营，休息了几天，凯旋班师。六月，正是漠北的酷夏，朱棣拣早晚时行军，中午搭起帐篷休息。有时饮水不多，他让将士们先饮；吃饭时也是等将士们开饭了，他才肯动筷子。大军人多，缺少肉类，他也吃起素来。他的这些与士卒们同甘共苦的作法，充分表现了一个统帅的风格。明军班师，行到擒狐山。为了纪念这次北征，朱棣命令在山顶上勒石刻碑，碑文是：

瀚海为镡，天山为锷。一扫风尘，永清沙漠。走到清流泉，又在泉边的山上树一座碑：于铄六师，禁暴止侮。山高水清，永彰我武。

这年七月，大军回到北京。待到秋凉，朱棣才返回首都南京。朱棣卫国亲征的业绩永垂史册。

解缙组编《永乐大典》

朱棣是明朝一个很有作为的皇帝，他不只注重国防建设，发展经济，而且对文化事业也很重视。驰名中外的《永乐大典》就是他指示编纂的。

永乐元年，他对翰林院侍读学士解缙说："天下古今许多事物，分散记载在各书中，查看起来实在

不容易。朕想编一类大书，把有书契以来的经史百家、天文、地志、阴阳、医卜、僧道、技艺等，凡是有关的著作，都分别编纂到一起，查阅起来不就方便了吗?”

解缙说：“陛下所言极是。只是编纂这类大书，人少了可不成。”朱棣很信赖这位有名的大才子。

“那就由你领头来编吧！想调谁参加都成，朕跟礼部和翰林院打个招呼，让他们支持你。”

于是解缙就成了主持编写《永乐大典》的组织者。

解缙字大绅，吉水（今江西吉水）人。他幼年就聪颖好学，才思敏捷。第一次参加乡试，就中了第一名。那时第一名举人称为“解元”，于是人们也就习惯地叫他“解解元”。

洪武二十一年，解缙考中进士，任庶吉士。建文帝时，他被任命为翰林院待诏。朱棣登基后，他和胡广等人均被提拔为翰林学士，入值文渊阁。当时的学士官职较低，只有正五品，也没有实权，不过是皇帝的顾问可以时时接近皇帝。所以，朱棣才让他主持编写《永乐大典》。

当时解缙领了皇帝朱棣旨意，从各处调来 146 人，开始了编纂大典工作。他们查阅了大量书籍，搜集了大量资料，用了一年多的时间，于永乐二年十一月编成一部书，呈给乐棣。朱棣给书题了书名叫《文献大成》。对包括解缙在内的147位编书人，都赏给钞银。但他还嫌这部书简略，又让太子少师姚广孝（即道衍和尚）和刑部侍郎刘季篪，协助解缙在原书的基础上，加以增补，务使一切典籍都包罗在内，无一遗漏。

道衍和尚是皇帝亲近的人，他的参与，要钱要人谁也不敢驳回。于是在文阁设立了编书馆，让礼部拣派有文才的官吏和四方老儒来担任纂修，选派一些书法好的国子监学员和一些外府县学中的生员，担任缮写工作，前后竟动员了3000多人。由光禄寺供给膳食。这次花了将近三年时间，到永乐五年十一月，全书编成。朱棣根据自己的年号，把这部书命名为《永乐大典》，还亲自写了序言。

这部大书共计2．2937万卷，装订成1．1095万册，总计37000多万字。全部用工整的蝇头小楷写成。

朱棣在《序言》中说："纂集四库全书及购天下遗籍，上自古初，迄于当世，旁搜博采，汇集群书，著为奥典。"

《永乐大典》在南京编成。朱棣在迁都时，用船运到北京宫中，藏到宫中的"文楼"里，成为稀世名著。

《永乐大典》的组编者解缙因为人品倔强正直，少于心计，本着一片忠心连连对皇帝进言，结果触怒龙颜，永乐五年贬到广西，后下狱，在狱中被杀。

仁宗朱高炽继位后，朝廷才为解缙平反。

“仁宗之治”

公元 1424 年（永乐二十二年）七月，永乐皇帝朱棣在北征途中患病，逝于榆木川（今内蒙多伦西北）。遗命把帝位传给皇太子朱高炽。

朱高炽继承皇位，定年号为“洪熙”。那年他 47 岁，是明朝的第四位皇帝，可是他只在皇位上坐了一年，第二年便死去了，高炽的庙号为“仁宗”。把朱高炽称为“仁宗”，这“仁”字用得确实十分恰切。对于一个皇帝来说，像他那样关心百姓疾苦，体恤民生的实在不多。

朱高炽继位之后，做的第一件事就是节省国库开支，减轻全国老百姓负担。明朝开国以后，由于朱元璋和朱棣实行了一些比较开明的政策，经济得到复苏，国库也颇为殷实。但因为边界争执，较频繁地进行战争，又加上建都北京，疏通运河等大项工程，耗费了大量的人、财、物力。还有宝船下西洋，到交趾采办珍珠，去西域收购良马等等费用，样样都要国库开支，而最终又必然要转嫁到老百姓的头上。所以朱高炽登基的当天，第一道命令，就是追回郑和的远洋船队，召回在交趾采办珍珠的中使和在西域买马的官员。对派出为皇宫进行采购、烧铸、进贡等一切花钱的事宜，一律暂时停止，等以后整顿了再说。

朱高炽做的第二件事就是赈济灾民。

朱高炽一当上皇帝，首先想到的就是赈济灾民的大事。他先后下令开仓救济了于僭、乐清、舞阳、清河、睢宁、乐亭、连城、莱芜、蓬莱、黄岩、昌邑、邢台及河南的 4 州 22 县的灾民，使不少人免于饿死。

朱高炽做的第三件事是整顿朝政，提倡法制。朱高炽长期作太子，当时虽然不掌握政权，但冷眼旁观，对一些大臣谁好谁坏心中有数。他做了皇帝之后，便把那些少德无才的人调开，另选德才兼备的人作大臣。如夏原吉、蹇义，人称“蹇夏”。他还选“三杨”即杨士奇、杨荣、杨溥为内阁大学士，让他们在自己身边，有事便和他们商量。

清理冤案，把过去一些无辜入狱的官员放出，招回充军到各地的官员家属。他还下了一道诏书，大意是说："刑罚的作用是禁暴止邪，导民于善，诛杀并不是目的。过去由于役吏对法律歪曲附会，以致造成一些冤案，朕深悯之。从今之后，一切罪罚必须依照法律来判刑。即使朕过于嫉恶，法外用刑，有关法司也可提出反对意见，一直到公允为止。今后对犯人不许使用宫刑。不是谋反的案子，不要连累家人。有的人对国事发表议论，一些坏人往往乘机诬蔑诽谤，陷人入狱。今后取消诽谤罪，有告发的一律不准。"

从朱高炽登基做的一些好事来看他倒称得是个明君，可惜的是他体弱多病，仅仅当了十个月的皇帝便去世了。

公元1426年朱瞻基继承父位当上了皇帝，那年他28岁。年号是"宣德"。宣宗朱瞻基也像他父亲朱高炽一样，是一个比较清明的皇帝。所以人们常把他父亲仁宗的政绩和他联在一起，合称为"仁宗之治"。这是明朝最开明的一个时期，人们常以之跟汉朝的"文景之治"，唐朝的"贞观之治"相媲美。朱瞻基体恤民情，减税赈灾的事情是很多的，这里举个他试耜犁的例子。

宣德五年的清明节，宣宗文武百官到长陵和献陵扫墓。归途中，看到有几个农民在田里犁地。他当然早已把“锄禾日当午，汗滴禾下土。谁知盘中餐，粒粒皆辛苦!”等一类的《悯农诗》背得滚瓜烂熟。可是农民到底怎么个苦法，皇帝并不真正知道。朱瞻基决定亲自尝试一下，他让车驾停下来，自己走到农民们身边。农民看见皇上来了，个个跪下叩头。他让大家起来，并亲自挽起一个白发的老农夫，问道：“你推的这个，是叫犁吧!”“是!”老农恭恭敬敬地回答。“你操作一下，让朕看看。”

两个年轻农民走过来，拉起犁杖，老农在后边推着，走到地头又走回来。宣宗从老农手里接过犁柄，对拉犁的农民说：“你们拉吧，我来推。”

宣宗看那犁杖在老农手里，似乎不用费多大力气。但等他亲自一推才发现这东西不但沉重，而且不好驾驭，不是左右摇摆，便是铧头从土里跳出来，在地面上滑行。他用两手拚命按着，走到地头，胳膊酸了，汗也出来了。他松开手喘息着对旁边的大臣们说：“我只推了一下，已经不胜劳累，何况农人们要常年操作呢！农人真是太辛苦了。”

宣宗回头吩咐太监赐给农民钱币，对一路经过的农户，也都给予赏赐。回宫以后，晚间躺在床上，觉得胳膊和腰腿都不舒服，爬起来走到书桌前，提笔写了一篇《耕夫记》，告诫各地的官吏，务必体恤农民的艰苦，加以爱护。

第二天早晨起来，内监给朱瞻基送来早餐。一共是十碗，内中有燕窝、银耳、莲羹等贵重食品。朱瞻基想起昨天看到的农夫的辛苦和穷困，便把尚膳监的负责太监找来，对他说："来，你把这十碗东西都吃下去，一点不许剩！"

尚膳太监不知皇帝为什么这样，急忙跪下叩头说："奴婢该死，不知皇上为何发怒？"宣宗说："我并没发怒，只是嫌你太浪费了。我一个人怎么能吃进这么多东西，这不是白白糟蹋了吗。以后早餐两碗，中、晚餐各四碗。各宫也都如此。农人生产粮食不容易，朕昨天是亲试了的。"

宣宗又通知尚衣监、巾帽局等负责宫中生活的衙门，裁减人员，节省开支，提倡节约。这道命令一下，引起宫中的恐惶。胡皇后找到朱瞻基，问他这是什么意思？朱瞻基说："朕昨天亲试了犁耜，又眼见了农人的穷困生活，深感我们太奢侈了。汉文帝的服裳帐帷都是布做的，上面也没有文绣，历史上称赞他恭俭爱民。我们也应该从俭约来率身示范。”

“听说皇上还节约了饮食。臣妾以为，国事繁重，圣躬的健康不可疏忽。”胡皇后关切地说道。宣宗起来，“试问，皇后案上的饭菜，你每天又吃下几许呢?”胡皇后也笑了。

宣宗又说：“我们作君王的带头节俭，蔚为风气，那么全国便会仿效。这样下来，户口必将日繁，财赋自然也就充足了。”胡皇后赞同地点点头，说：“好吧，这事以后不须皇上操心，便由臣妾处理好了。”

宣宗朱瞻基提倡节俭的同时还大量裁员，这是他采纳蹇义提出的建议，并让他负责处理这件事。对于贪官污吏，宣宗严惩不贷。宣宗善于纳谏，他在位的时候，经济繁荣发达，社会也比较安定，一些喜欢奉承的官员不断以“明君”、“圣主”之类的话来颂扬他。宣宗听了这些话很讨厌，就时刻让杨溥指出他的过错，以此来勉励自己。

朱瞻基是个爱民的好皇帝，可惜他于宣德十年（公元1435 年）患病不治，卒年才 38 岁。他死后葬于景陵，庙号“宣宗”。

仁宗和宣宗统治时候，吏治比较清明，并在一定程度上让老百姓休养生息，从而使社会经济得以继续向前发展。

况钟整治苏州府

朱瞻基做皇帝时能不拘一格选拔人才，他曾对大臣们说："各部、院负责官员，都可以举荐人才，只要你认为该人确实德才兼备，不论级别高低，均可破格提拔。"苏州知府况钟，就是这样被破格提拔上来的。

况钟不是科甲出身，而是由小吏一步步升为礼部郎中，后被杨士奇和蹇义推荐任苏州知府。

苏州原来便是平江，元末时曾作过东吴张士诚的都城。苏州府下辖吴县、常熟、太仓、昆山、嘉定、吴江六县和崇明岛。土地肥沃，河流纵横，因而是有名的粮仓和繁荣的商市。例来，这里的土豪劣绅都和官府中的猾吏勾结，沆瀣一气，欺压百姓。每来个新知府如果是个贪官，他们便拉他下水，同流合污。如是清官，他们便想尽办法把他孤立起来。特别是有的土豪本人家中便有人作官，还有的人在京中也有关系，他们互相勾结，总会想办法把他们不中意的官员排挤走。因此，苏州便以难治著称。

况钟担任苏州知府后，先把苏州情况作了调查和了解，如何治理苏州，心中已经有数。上任的第一天，照例接见属官吏役，从代理知府的同知张徽手中接过印信。这时，管理各项公务的吏役们，纷纷把公文拿了来，向他请示。他微微一笑，知道这些人是考验他来了。况钟假装糊涂。

一个吏役让他判一件杀人案子。他看了看，问："这件案子以前是你承办的吗?"

"是。"

"那你接着办就是啦!"

"这被告赵王其实冤枉，原告证据不足，显系诬告。"

"依你说怎么办好?"

"被告应无罪释放。"

"好，好!"况钟说着，就在判决上签了字，又问，"那原告既是诬告，该不该处分?"

"这个，不追就是了。"

"好，好！"况钟便又随口答应。

另一件案子正相反，吏役主张将被告严惩。况钟也不细问，仍然"好，好！"地同意了。

况钟的开场戏，就这样进行着。那些猾吏们个个开心，认为这个新的府台大人愚昧可欺，他们又可以为所欲为了。

有一次为了粮运的事通判赵忱跟况钟争论起来，竟出口不逊，说况钟不懂装懂，态度十分傲慢。况钟也不跟他计较。

可况钟私下并没闲着，他有时微服私访，有时让仆役家人出去调查。经过一段时间，他已把苏州府衙的许多弊端，摸了个清清楚楚。

有一天，他召集所有的属员，升堂理事。先唤过那处理杀人案的吏役来，问他："赵王杀人一案，那赵王究竟杀没杀人？"

"大人明鉴，赵王纯系冤枉，大人那日已断过了。"

况钟问他："那是我断的，还是你断的？我再问你，赵王家送给你500两银子，却是为何？"说着一拍惊堂木，大喝一声，"讲！"

那受贿的猾吏，听况钟连他得的赃银数目都知道了，还有什么话讲？只好跪下一劲儿叩头。

况钟让他跪到一边，又问第二件案子。这时候那些猾吏们傻眼了，在况钟列举的一件件事实面前，连分辨也用不着，只好一个个低头认罪。这时况钟把皇帝允许他便宜行事的敕书拿出来，摆在公案上，带领大家行礼后，他亲自宣读。然后把六名罪恶严重的猾吏拿下，宣布他们的罪行后，吩咐掌刑衙役："往死里打！"这六名猾吏被活活打死了。接着又把贪暴的五人监禁起来，将庸懦无能的十余人，全部开除。其余的吏役个个悚然。

半天时间，苏州府衙像天翻地覆一般。老百姓听到消息，一传十，十传百，大家拥在衙前，看着这一切，高兴极了！

苏州府几十年的积弊，就这样开始消除了。大小官员无不凛然守法。于是况钟根据他的考察，把一些烦苛的律令免了，订出合理的制度。他能作主的马上执行，重大的就上报朝廷，请皇帝批准。苏州是产粮区，但租赋过重。那时江苏巡抚周忱已到南京，况钟便到南京去，跟周忱用心计算，奏免了苏州各县农民不合理的负担 70 万担，使农民大松了一口气。对当地的豪强，不管他们有没有后台，他也不畏权势，把那些横行不法，鱼肉乡里的，分别加以惩处。

况钟有胆有识，没用多长时间，便把苏州整治得井然有序，受到苏州百姓的称赞。他在苏州的许多案例，被后人编成故事，有的搬上舞台，传为佳话。

土木堡的惨败

自徐达兵伐北京，推翻元朝统治后，元朝残余势力逃往北方，后逐渐分裂为三支，瓦剌为其中最强大的一股势力。明永乐末年以来，瓦剌部的势力逐渐强盛起来，开始对明朝虎视眈眈。明正统十四年（公元1449年）瓦剌部首领也先大举入侵，发生了著名的土木之变，明军大败，英宗被俘，此次事变与英宗重用宦官王振有直接的关系。

明太祖在位的时候，吸取了历史上宦官专权引起国家混乱的教训，立下一条规矩，不让宦官过问国家政事。他把这条规矩写在大铁牌上，挂在宫里，想要他的子孙世世代代遵守。但是到明成祖的时候，这条规矩就给废除了。

明成祖从他侄儿手里夺得皇位，怕大臣反对他，特别信任身边的宦官，在他迁都北京以后，就在东安门外设立“东厂”，他怕外面的大臣靠不住，让亲信太监做东厂提督。这样，宦官的权力渐渐大起来。到了明宣宗的时候，连皇帝批阅奏章，也交给一个宦官代笔，叫做司礼监。这一来，宦官的权力更大了。

有一年，皇宫招收一批太监。蔚州（今河北蔚县，蔚音 yù）地方的一个流氓，名叫王振，年轻的时候读过一点书，参加几次科举考试没考取，在县里当教官，后来因为赌博输了钱，债主追债，正在走投无路之际，他听说皇宫招太监，就自愿进宫做了太监。宫里识字的太监不多，只有王振粗通文字，大家都叫他王先生。后来，明宣宗派他教太子朱祁镇读书。朱祁镇年幼爱玩，王振想出各种各样法子让他玩得痛快，朱祁镇非常喜欢他。

明宣宗死后，刚满九岁的太子朱祁镇即位，这就是明英宗。王振当上司礼监，帮助明英宗批阅奏章。明英宗一味追求玩乐，根本不问国事。王振趁机把朝廷军政大权抓在手里。朝廷大员谁敢得罪他，不是被撤职，就是充军。这个时候，我国北方蒙古族的瓦剌部强大起来。公元 1449 年，瓦剌首领也先派三千名使者到北京，进贡马匹，要求赏金。王振发现也先谎报人数，削减了赏金和马价。也先为他的儿子向明朝求婚，也被王振拒绝。

这一来激怒了也先，也先率领瓦剌骑兵进攻大同。守大同的明将出兵抵抗，被瓦剌军打得大败。边境的官员向朝廷告急，明英宗慌忙召集大臣商量怎么对付。大同离王振家乡蔚州不远，王振在蔚州有大批田产，他怕蔚州被瓦剌军侵占，竭力主张英宗带兵亲征。兵部尚书邝埜（音 kuàngyě，埜同野）和侍郎于谦认为朝廷没充分准备，不能亲征。明英宗不管大臣劝谏，就冒冒失失决定亲征。

明英宗叫他弟弟郕（音 chéng）王朱祁钰（音 yù）和于谦留守北京，自己跟王振、邝埜等官员一百多人，带领五十万大军从北京出发，浩浩荡荡向大同赶去。这次出兵，本来就没好好准备，军队纪律涣散。一路上又遇到大风暴雨，没到走几天，粮食就接济不上，兵士们又饿又冷，还没有碰上瓦剌兵，已经叫苦连天。到了大同附近，兵士们看到郊外的田野里，到处都横着明军兵士的尸体，更加人心惶惶。有个大臣发现士气低落，劝英宗退兵，被王振臭骂一顿，还罚跪一天。

过了几天，明军前锋在大同城边被瓦剌军杀得全军覆没，各路明军纷纷溃退下来。到了这时候，王振感到情况危急，才下令退兵回北京。退兵本来是越快越好，但是王振却想到他老家蔚州去摆摆威风，劝英宗到蔚州去住几天。几十万将士离开大同，往蔚州方向跑了四十里地。王振又转念一想，这么多的兵马到蔚州，他家庄田里的庄稼岂不要遭到损失，又匆匆忙忙下命令往回走。这样一折腾，拖延了撤兵的时间，被瓦剌的追兵赶上了。

明军一面抵抗，一面败退，一直退到土木堡（在今河北怀来东）。那时候，太阳刚刚下山，有人劝英宗趁天没黑，再赶一阵，进了怀来城（今河北怀来）再休息，瓦剌军赶来，也可以坚守。可是王振却因为装运他财产的几千辆车子还没到，硬要大军在土木堡停下来。土木堡名称叫做堡，其实没有什么城堡可守。明军大队人马赶了几天路，口渴得像火烧，但是土木堡没有水源。离开土木堡十五里的地方有条河，已经被瓦剌军占领了。兵士们就地挖井，挖了两丈深，也没找到水。

第二天，天刚蒙蒙亮，瓦剌军赶到土木堡，把明军紧紧包围起来。明英宗知道没法突围，只好派人向也先求和。也先一打听，明英宗带的明军人数还不少，要打硬仗，自己也要遭到损失，就假装答应议和，停止进攻。

明英宗和王振信以为真，十分高兴，下命令让兵士到附近找水喝。兵士们争先恐后跳出壕沟往河边跑，乱成一团，将领们要制止也制止不了。这时候，早就埋伏好的瓦剌军兵士从四面八方冲杀过来，个个抡起长刀，大声吆喝着："投降的不杀！"明军兵士一听，纷纷丢盔弃甲，狂奔乱逃。瓦剌军紧紧追赶，被杀的和被乱兵踩死的，不计其数。邝埜也在混乱中被杀死。

明英宗和王振带着一批禁军，几次想突围都没冲出去。平时作威作福的王振，这时候却吓得直发抖。禁军将领樊忠，早就恨透了这个奸贼，气愤地说："我为天下百姓杀死你这个奸贼。"说着，抡起手里的大铁锤，朝着王振脑门一锤砸去，结束了王振的性命。樊忠自己冲向瓦剌军，拼杀了一阵，中枪倒下。

明英宗眼看脱逃没有希望，只好跳下马来，盘着腿坐在地上等死。瓦剌兵赶上来，俘虏了明英宗。历史上把这次事件称作"土木之变"。

经过这一场战斗，五十万明军，损失了一大半，明王朝元气大伤。瓦剌首领也先却更加骄横起来，抓到皇帝的也先，一面用明英宗作人质，向朝廷要挟勒索；一面加紧带兵南下，北京也受到了瓦剌军的威胁。守卫京城的责任，就落在英宗的弟弟郕王朱祁钰和于谦的身上了。

南宫之变于谦被害

土木堡之变后，瓦剌首领想利用英宗来要挟明朝割地赔款。于是，在正统十四年（公元1449年），也先挟持英宗，率军进攻北京城。此时的北京城中，只有老弱残兵约10万，京师的精骑劲旅都在土木堡覆没。故而，当也先兵临城下之时，城中一片惶恐，许多官员主张都城南迁，只有兵部左侍郎于谦力主坚守北京。此时，英宗的长子，2岁的朱见深被皇太后立为太子，并命郕王朱祁钰监国，总理国政。郕王非常赞成于谦的意见，下决心坚守北京，迎击也先，他将于谦提升为兵部尚书，由他指挥北京保卫战。

于谦，钱塘（今浙江杭州市）人，字廷益。永乐十九年（公元1421年）中进士。生性刚直，不事权贵。这次他亲临战场指挥战斗，抱着与京城共存亡的决心，以自己的行动激励将士们英勇作战，经过于谦严密的军事部署，战士们顽强的抗击敌人，加之明朝百姓的积极配合，瓦剌军连战连败，不得不仓皇而逃。北京保卫战取得了辉煌的胜利，于谦立下了汗马功劳。大败而回的瓦剌再使阴谋，以送英宗回京为条件，要求与明朝议和。此时郕王已即位登基，是为景帝，史称“代宗”。明朝拒绝与瓦剌议和言好，也先无计可施。为了恢复与明朝的通贡和互市，也先在景泰元年 8 月将英宗送回北京。回京后的英宗当了个名义上的太上皇，被幽居在南宫。

景帝即位不久，就废太子朱见深为沂王，立自己的儿子朱见济为太子。不料，一年后，朱见济夭亡，他又是景帝的独子，再也无人可以继立为太子了。大臣们纷纷请求恢复英宗的儿子朱见深的太子地位，景帝不予理睬。对幽居在南宫中的哥哥，景帝也并不放心。一天，御史高平上言，说南宫院墙边有一排大树，万一有人帮助英宗爬树逾墙而走，后果不堪设想。景帝深以为然，马上派了若干士兵，扛锯持斧，将那排大树尽数伐倒，明英宗得知景帝如此猜忌他，心中极为恐惧。

谁知到了景泰八年（公元 1457 年）正月，景帝竟一病不起，皇太子又尚无人选，朝廷上下，一片混乱。武清侯石亨、副都御史徐有贞、宦官曹吉祥等人密谋迎取英宗重登大位，如果得逞，他们必然前程似锦。于是，他们紧张地筹划复辟事宜，正月16日，他们秘密征得英宗应允，然后又齐去徐有贞家中，制订详细计划。一向以善观天象自负的徐有贞爬上屋顶，仰观星相，然后急忙下来，对众人说："星相表明，事成就在今日，机不可失，赶快行动！"一伙人连忙商量发动政变的具体方法，苦于没有借口带兵进入皇宫。正在这时，有人进来报告，说有边疆官吏进京报警。徐有贞一听，大喜过望，忙说："简直是天赐良机！咱们就以此事为借口，假称为了加强戒备，带兵入宫！"

半夜时分，他们偷偷开了长安门，率领1000多名士兵潜入宫中。在夜幕之下，徐有贞一伙直奔南宫而去。南宫厚重的大门紧紧关闭着，怎么敲也敲不开。徐有贞断然命令士兵们抬来一根巨大的木头，照准南宫大门猛力撞击，一部分爬进宫墙里的士兵，与外面的人合力毁墙，一会儿，终于墙毁门开。徐有贞、石亨等人急忙一路小跑，进宫拜见英宗。请英宗坐上他们事先准备好的车子，一行人簇拥着车子，飞快地向皇宫推去。

奉天殿里，龙座闲置在一旁，众人迅速地将它推到大殿正中，将英宗扶到座前。重新又坐上龙椅的英宗环顾四周，恍如梦中。英宗刚在龙椅上坐稳，东方已经破晓。上朝的百官们发现今天的皇宫不同于往日，都很惊讶。这时，只见徐有贞来到百官面前，趾高气扬地高声说道："太上皇复辟了！百官速来朝贺！"一听此言，百官大为震惊，呆立片刻，又不敢不从，纷纷前去拜贺。就这样，明英宗又成了大明天子。这场宫廷政变，史称"南宫复辟"，又称"夺门之变"。

病床上的景帝又恢复到从前郕王的身份，他定的"景泰"年号也被改为"天顺"。景帝被抬入西宫，没过几天就病逝了。

英宗复辟后的第二天，得势的徐有贞、石亨等人就急不可待地怂恿英宗下旨逮捕于谦、王文、陈循、商辂、俞士悦、范广等文武官员。原来，这个策划南宫复辟的徐有贞就是"土木之变"后极力主张迁都南京的徐珵。因为南迁的建议受到于谦的强烈反对和众人的耻笑，自知名声不好，才改名为徐有贞。后来，他又曾要求于谦在景帝面前推荐他当国子监祭酒，于谦举荐之后，景帝觉得徐有贞太奸邪，故而未用。徐有贞对于谦就更加忌恨。

另一个发动政变的石亨，本是一名犯罪的军官，因于谦的起用而被赦出狱。在北京保卫战中立了战功，被升了官。他自知功劳不及于谦，却被晋封为侯，心中感到惭愧，就上疏为于谦请功，推荐于谦的儿子为千户。于谦坚辞不受，并上疏说："国家多事，臣子义不得顾及私恩。

且石亨身为大将，不闻举荐一个贤才，提拔一个军人以补军国，而唯独推荐我的儿子，于公议过得去吗？臣子军功不能凭借侥幸，绝不敢给我的儿子滥加功劳。”因为这件事，于谦惹恼了石亨，使他深恨于谦。此外，石亨的侄子石彪贪婪横暴，胡作非为，受到于谦的弹劾，石亨对于谦更加怀恨在心了。

宦官曹吉祥平日受到制约，不能为所欲为，对于谦也深为不满。这帮小人在英宗复辟后，以迎复功高，大受英宗宠信。他们趁机打击报复、欲置于谦等忠臣于死地。

为了陷害于谦，他们绞尽脑汁，终于想出了一个罪名，诬蔑于谦、王文图谋迎立襄王（英宗叔父）之子为太子，这是“谋逆”的死罪。因为毫无证据，便以“意欲”二字定案。

英宗本来还犹豫未决，认为于谦有功，不忍杀害。徐有贞在一旁怂恿道：“不杀于谦，今日之事就显得毫无理由了。”英宗就决意将于谦杀掉。

临刑那天，于谦等人被押赴刑场，当众斩首。百姓们蜂拥而上，群情激愤，怒斥奸臣陷害忠良，刑车被愤怒的群众围得水泄不通，寸步难行。徐有贞等人见势不妙，连忙加派兵士，强行驱散百姓，然后急冲冲地将于谦等人开刀问斩了。

于谦被杀害后，家属发配到边疆充军。他的家也被抄了，除了一些书籍之外，家徒四壁。所住的房舍破旧不堪，仅能遮风蔽雨而已。景帝曾赐给他府第，但被他拒绝了。

于谦死后，天下百姓无不为之痛心。有一位叫陈逵的官员，感念于谦的耿直和功绩，不畏徐、石之流的淫威，冒死收殓了他的遗骸。后来，于谦的女婿将灵柩运回他的故乡杭州，安葬在风景秀美的西子湖畔，旁边紧挨着南宋民族英雄岳飞的祠墓。后人来此，无不感慨万千，有人作“赖有岳、于双少保，人间始觉重西湖”的诗句来悼念含冤而死的民族英雄。

千锤万凿出深山，烈火焚烧若等闲。
粉骨碎身浑不怕，要留清白在人间！

数百年来，人们传诵着于谦年轻时候写的这首《咏石灰》，这正是于谦一生的写照。

不问政事的朱厚照

明武宗朱厚照是明朝第十位皇帝，他的父亲是宪宗朱见深。

成化二十三年（公元 1487 年）八月宪宗皇帝去世，由他儿子朱祐樘继位，年号为弘治。朱祐樘 18 岁登基，作了 18 年皇帝。他好读书，性情温和，政治上比较清明。

史书上认为明朝皇帝中，太祖、成祖是创业的皇帝，仁宗、宣宗是守成的皇帝，再其次便是这位孝宗了。史书称他“恭俭有制，勤政爱民。”弘治十八年（公元1505年）孝宗皇帝病死。由太子朱厚照继位，定明年（1506年）为正德元年。

朱祐樘临死之前，把太子托付给众臣，说他虽然聪明，但好玩成性，请众大臣务必辅以正道。“知子莫若父”，朱祐樘既了解儿子的毛病，又没有很好教育他，任他被周围的人随便摆布。当时，朱厚照作太子时，他周围有八个太监来伺侯他。其中为首的一个叫刘瑾。入宫前，他本是兴平（今陕西兴平）的一个小流氓。刘瑾教太子玩掷骰子、玩骨牌、呼卢喝雉，把个东宫的书房变成了赌场。

朱厚照15岁即位，正是懂事又不懂事的年龄。每天便被司礼监王岳唤醒，催他上朝。他睡眼惺忪地坐在硬梆梆的御座上，前仰后合，听那些大臣的奏章。对他们讲的那些事情，他既不明白，也不感兴趣，只好随口应着：“好，好，准啦!”退朝以后，还有一大堆枯燥无味的奏疏本章要他看。孝宗皇帝还有一个制度，那就是“经筵”，让翰林院的学士们给皇帝讲读经史。更有都察院的御史和六科给事中等所谓的“谏官”，专门挑皇上的毛病，这些程序，朱厚照都腻烦透了。这时，刘瑾等人就告诉他，他是皇上，是谁也管不了的，爱干什么就干什么，看谁不顺眼就可杀谁的头。朱厚照认为刘瑾说得有理。

从此，朱厚照可以随意不上朝，也可以把奏疏交给内阁大学士或司礼监，让他们去办。至于谏官们上的谏章，随意一扔就算了。他要刘瑾他们陪他玩，要玩得尽兴，玩得痛快。开始他骑马射箭，领着人带着鹰犬，跑出几十里地去打猎；后来又喜欢上了歌伎舞女。那时候他白天跑出去玩，晚上在宫里玩。有时候还要换上便装，偷偷地溜到街市上去逛。朱厚照不问政事，就给刘瑾等一伙人创造了机会，他们渐渐干预起政事来了，横行不法。于是人们便给他们八个太监起了一个总外号，叫做“八虎”。这八个太监是马永成、谷大用、张永、罗祥、魏彬、刘瑾、邱聚、高凤。他们沆瀣一气，把持朝政，谁敢反对他们，便假借皇帝的名义，不是处死，就是下狱，再不就调往外地，整个朝政成了“八虎”的天下。

那刘瑾给皇帝造安乐窝，让他整日沉醉在酒色安乐之中，无暇去过问政事。他在宫外建造了一座穷奢极侈的“豹房”。刘瑾认为，皇宫内究竟属于禁地，各色人等出入十分不便，于是就把“豹房”建在皇宫外边。豹房由一座几层高的宫殿作中心，两厢设了许多密室，栉列串连，如同迷宫。刘瑾又派人去全国各地，召来一些美女、妖僧、幻术士等人，天天伺侯皇上淫乐。

刘瑾并未太走运，他后来被大臣杨一清用计向武宗揭发他的罪行，这朱厚照作了件好事，杀了这个对他有功的太监。

刘瑾死后，太监江彬又受到朱厚照的青睐。朱厚照在京城玩腻了，便换上一套军装，自称“镇国公”，由江彬陪着，带几百名奋武营的健卒当随从，悄悄出京，跑到宣府游乐。那江彬早有准备，半年前就在宣府为皇帝建了一座府第，供皇帝居住。还在府门上悬了“镇国公府”的匾额。别人只知这里住着一位高官，却不知便是皇帝。朱厚照时常让江彬领着，夜间闯入老百姓家，看到美貌妇女便抢回“镇国公府”，供他蹂躏，连地方官的妻女也不例外。有一天，朱厚照打扮成一个军官模样，一个人跑到郊区的梅龙镇上，见一酒店当垆的小姑娘生得美貌，便走进店去假做饮酒，加以调戏。小姑娘不从，小姑娘的哥哥拿起钢叉要扎朱厚照。这时江彬带人跑来，硬把小姑娘抢进镇国公府，终被朱厚照凌辱。

从正德十二年到十四年，朱厚照玩乐的瘾头越来越大。他觉得以皇帝的身分出游，十分拘束不便，于是就取了个假名叫朱寿，又自封为“镇国公总督军务威武大将军总兵官”，命江彬为“威武副将军”。他们频繁往来于京师和宣府、大同之间，又从大同渡黄河，经榆林、到绥德，然后抵达太原。所到之处，居民只得将家中女人藏起来，以免被强征去。北方玩够了，便想到南方去玩。正德十四年九月，朱厚照到了南京见到江南景色自是与北地不同，不禁留连忘返，少不了还要广征佳丽，骚扰民间。

九月，朱厚照一行人走到一个叫积水池的湖泊，朱厚照见有许多渔人在湖里打鱼，他又来了兴致，让人弄来一条小船，他也要当一会儿渔夫。大臣们劝谏不听，朱厚照迳自下到小船上，船夫把船摇到湖心，朱厚照便高高兴兴地站在船头上，举起网来，张开胳膊撒了出去。可惜他的身子被酒色淘空了，一时站立不稳，竟随着那网儿一起落进水中。等捞上来时，连淹带吓，话也说不出来了。

朱厚照从此得病，辗转床褥半年，于正德十六年三月死于豹房，年仅 31 岁。纵观其荒唐的一生，即位以来沉溺于声色犬马之中，仅仅为了自己的娱乐而出游各地，胡作非为，自古以来，则只有商纣王、隋炀帝及明武宗几人而已。

杨一清计除刘瑾

土木之变以后，明王朝开始衰落。明英宗以后的几代皇帝，都昏庸腐败。他们不可能吸取王振误国的教训，一味依赖宦官。宦官专政的局面越来越严重。明宪宗朱见深（朱宗的儿子）在位的时候，宦官汪直专权，在东厂以外，又设了一个西厂，冤死不少好人。

公元1505年，明武宗朱厚照即位。他身边有八个宦官，经常陪伴他打球骑马，放鹰猎兔，为首的叫刘瑾。明武宗贪图玩乐，觉得刘瑾等称他的心意，十分宠信他们。这八个宦官依仗皇帝的势，在外面胡作非为，人们把他们称为“八虎”。

一些大臣向武宗劝谏，要求武宗铲除“八虎”。刘瑾等得到消息，就在武宗面前哭诉。明武宗不但不听大臣劝谏，反而提升刘瑾为司礼监，又让刘道两个同党分别担任东厂、西厂提督。

刘瑾大权在手，就下令召集大臣跪在金水桥前，宣布一大批正直的大臣是“奸党”，把他们排挤出朝廷。刘瑾每天给武宗安排许多寻欢作乐的事，等武宗玩得正起劲的时候，他把大臣的许多奏章送给武宗批阅。明武宗很不耐烦，说：“我要你们干什么？这些小事都叫我自己办？”说着，就把奏章撂给刘瑾。

自这以后，事无大小，刘瑾不再上奏。他假传明武宗的意旨，独断专行。刘瑾自己不通文墨，他把大臣的奏章全带回家里，让他的亲戚、同党处理。一些王公大臣，知道送给明武宗的奏章，皇上是看不到的。因此，有什么事上奏，就先把复本送给刘瑾，再把正本送给朝廷。民间流传着一种说法：“北京城里有两个皇帝：一个坐皇帝，一个立皇帝；一个朱皇帝，一个刘皇帝。”

刘瑾怕人反对，派出东厂、西厂特务四处刺探；还在东厂、西厂之外，设一个“内行厂”，由他直接掌管、连东厂、西厂的人，也要受内行厂监视。被这些特务机构抓去的人，都受到残酷刑罚，被迫害致死的有几千人，民间怨声载道。

刘瑾还利用权势，敲榨勒索，接受贿赂。地方官员到京都朝见，怕刘瑾给他们的找麻烦，先得给刘瑾送礼，一次就送二万两银子。有的官员进京的时候没带那么多钱，不得不先向京城的富豪借高利贷，回到地方后才偿还。当然，这笔钱最后仍会转嫁到老百姓身上的。

公元1510年，安化王朱寘鐇（音 zhìfán）以反对刘瑾为名，发兵谋反。明武宗派杨一清总督宁夏、延绥一带军事。起兵讨伐朱寘鐇，派宦官张永监军。

杨一清原是陕西一带的军事统帅，在训练士卒、加强边防方面立过功。因为他为人正直，不附和刘瑾，被刘瑾诬陷迫害，后来经大臣们营救，才被释放回乡。这回明武宗为了平安化藩王叛乱，才重新起用他。

杨一清到了宁夏，叛乱已经被杨一清原来的部将平定，杨一清、张永俘虏了朱寘鐇，押解到北京献俘。杨一清早就有心除掉刘瑾，他打听到张永原是“八虎”之一，刘瑾得势以后，张永跟刘瑾也有矛盾，就决心拉拢张永。

回京的路上，杨一清找张永密谈，说：“这次靠您的大力，平定了叛乱，这是值得高兴的事。但铲除一个藩王容易，内患却不好解决，怎么办？”张永惊异地说：“您说的内患是什么？”杨一清把身子靠近张永，用右手指在掌心里写了一个“瑾”字。张永一看，皱起眉头说：“这个人每天在皇上身边，耳目众多，要铲除他可难啊！”

杨一清说：“您也是皇上的亲信。这次凯旋回京，皇上一定会召见您。趁这个机会您把朱寘鐇谋反的起因奏明皇上，皇上一定会杀刘瑾。如果大功吉成，您就能名扬后世啦!”张永心里犹豫了一下，说：“万一不成功，怎么办?”杨一清说：“如果皇上不信，您可以痛哭流涕，表明忠心，大事一定能成功。不过这件事一定要动手得快，晚了怕泄漏事机。”

张永本来对刘瑾不满，经杨一清一怂恿，胆子也壮了起来。到了北京，张永按杨一清的计策，当夜在武宗面前揭发刘瑾谋反。果然，明武宗命令张永带领禁军捉拿刘瑾。刘瑾毫无防备，正躺在家里睡大觉，禁军一到，就把他逮住，打进大牢。

明武宗派禁军抄了刘瑾的家，抄出黄金二十四万锭，银元宝五百万锭，珠玉宝器不计其数；还抄出了龙袍玉带，盔甲武器。明武宗这才大吃一惊，把刘瑾判处死刑。

刘瑾虽然被杀，但是明武宗的昏庸腐败却是无可救药的。他杀了刘瑾之后，又宠信了一个名叫江彬的武官，在江彬的教唆下，他多次离开北京到宣府（今河北宣化）寻欢作乐。把朝政大权交给江彬，江彬又趁机贪污受贿，排斥好人。

由于明王朝的腐败统治，土地兼并不十分严重，百姓的赋税和劳役负担更加繁重，农民起义此起彼伏。公元1510年，北京附近爆发刘六、刘七领导的起义。这次起义延续两年，起义军横扫河北、山东、山西等八个省；四次逼近北京，给腐朽的明王朝一次沉重的打击。

唐赛儿造反

唐赛儿是山东省蒲台县（今东滨县）人，祖上世代行医。她从小也学会医术，练过武功。长大后嫁给同村农民林三。后来加入了白莲教，当了“佛母”，经常无偿地给农民治病，所以在群众中有很高的威信。

永久十八年，山东蒲台一带瘟疫流行，有许多人来找唐赛儿医治。唐赛儿和她的丈夫无偿地给乡亲们治病。唐赛儿在给人治病时，夹杂上宗教色彩，说这些治病的药物是弥勒佛所赐，于是许多病人在好了以后纷纷加入白莲教，当了教徒。大家一传十、十传百，来找唐赛儿治病和入教的人越来越多。有的地方，疫病流行严重，唐赛儿还要亲自去施医舍药。不久，“唐佛母”的大名在这一带几乎尽人皆知了。

唐赛儿外出治病时，她的丈夫林三便在家里舍药。他本来医术不高，只跟妻子学了点医治疫病的方法，不小心自己也染上了瘟疫。邻居董彦杲看林三染病，急忙跑到青州府把唐赛儿找了回来。等到唐赛儿跑回家一看，林三已经死去了。唐赛儿痛哭流涕，索性在林三灵柩前把头发剪了，作了尼姑。

附近的乡亲们，听说唐赛儿丈夫死了，大家认为都是因唐赛儿一心只顾为别人治病，没能及时医护丈夫，才作了寡妇，又听说她已出家为尼，大家对她又怜惜、又感激。林三出殡那天，许多人不约而来，给林三送殡。这蒲台县的一个小村庄，竟聚集了几千人。一时香烟缭绕，铙钹齐鸣，大家齐声口宣佛号，抬着林三的灵柩向墓地缓缓前进，气氛倒也肃穆庄严。

送葬队伍刚出村口，便见大道上来了十几名捕快，个个手拿铁尸锁链，拦住了送殡的人群。一个捕头模样的人喊道："站住！你们这是干什么去？"

董彦杲走过去说："尊差，我们村的林三死了，这是出殡。"

"出殡干嘛来这么多人？这林三是多大的官儿？"

"林三就是个农民。"

"得啦！县里的大老爷早就听说了，你们这是白莲教，想借出殡的机会聚众闹事。”说着一指唐赛儿，对手下的捕快说，“那就是为首的妖妇唐赛儿，把她锁了押进县里去！”

一个捕快来到唐赛儿面前，抖出手中的铁链便往唐赛儿头上套。旁边一个叫宾鸿的大汉忍无可忍，大吼一声，把捕快的铁链夺下，顺手一轮，正砸在那捕快头上。那捕快“嗷”地叫了一声，头破血流，极时倒地不动了。

拒捕伤人，这是杀头的罪名。宾鸿豁出去了，手里的铁链飞舞，又有一名捕快被打倒。捕头一面拔刀一面大喊：“反了，反了！”腰刀刚刚出鞘，董彦杲就一把夺过。捕头拔腿便跑。前面一个打幡的孩子用幡杆一栏，捕头“噗”一声被绊倒在地。董彦杲赶上前举刀砍下，眼看捕头腿儿蹬了几下，也不动了。

其他几名捕快见到这个情景，纷纷把腰刀和铁尺举起来，干咋呼了几声，扭头就跑。激忿的群众追上去，抡起幡杆槓子，一阵乱打。几个腿快的逃掉了，另外几个倒在了血泊里。

唐赛儿见事情闹大，跟董彦杲和宾鸿商议，只好一不作，二不休，就势造起反来。大家推举唐赛儿为首，董彦杲和宾鸿为副，组织起了“白莲军”。当场参加的便有500多人。

当地的穷苦百姓，被那些贪官污吏盘剥压迫，早就群愤激昂。现在唐赛儿登高一呼，一些农民纷纷来投，起义军很快发展到上万人。

唐赛儿带着“白莲军”到处攻城破县、杀贪官，开仓济贫，受到群众拥护，队伍越发展越大，不但有农民参加，连城市贫民也来参加，声势越来越大。

特别是那些打了败仗后逃回去的官兵，为了推脱责任，更把“白莲军”大加渲染，说唐赛儿能剪纸为马，撒豆成兵，呼风唤雨，役使鬼神。弄得附近各州县的地方官，惶惶不安。只好把告急文书，申奏朝廷。朱棣接到各地申报大怒，下令山东都司和各卫所驻军合力围剿，如有失误，一律问斩。

山东省都司和各卫所将领，接到朱棣旨令，哪敢大意，便都各调所辖兵马，联合作战，对“白莲军”前堵后追，全力围剿。

“白莲军”将士作战虽然英勇，但起义的大都是当地农民，没有经过军事训练。几个主要将领，也是平民出身，没学过什么兵法，不懂得领兵打仗。打仗时只凭硬打猛攻，没有明确目标，只知攻城济民，打了就走。一次在占领即默在赴莱阳途中，中了官军的埋伏，全军被击溃。唐赛儿、董彦杲和宾鸿等几个主要首领侥幸没有被捉住。

但这次起义却失败了。

白莲军起义，虽然只有短短的三个多月，但轰轰烈烈，在胶东中部一带，纵横数百里，打击了明朝的统治，唤起了广大群众的反抗意识。特别是唐赛儿，以一个年轻的寡妇，登高一呼，竟能聚集起几万人来反抗朝廷，更是对政权、神权、族权、夫权的挑战，在当时的封建社会，是有其历史意义的。

“响马”举义旗

明英宗的时候，政府强迫京都附近地区的老百姓养马，以供军用。政府是按百姓家中的丁田分派任务，把这些人家称做“马户”。每年政府都要征收小马，如果是种马死了或者小马的数量不足，马户都得赔补。在当时，一些田地都被官员霸占去了，草场一天比一天少，饲料十分短缺，马户苦于这种孳养，可是地方官又时刻催逼，老百姓实在是走投无路，在这种状况下，正德四年（公元1509

年)，河北农民展开了反抗这种苛政的斗争。

起义军的首领杨虎，是一个著名的“响马”，多次受到官军的追捕，而刘六、刘七哥俩都是当时的贫苦农民。他们起义后推杨虎为首领，攻打京城南面的州县。因为起义爆发在军马寄牧的京城附近地区，许多马户都参加了起义，起义军拥有许多马匹，这样，行动速度就比较快。官军因兵弱马少，对他们无可奈何。地方州县的官吏不是闻风而逃，就是开门献城。

起义军声势浩大，攻下文安后，转着弯儿杀去，回旋在河北广大地区。所到之处，势如破竹。地方官不是开城纳款，便是望风而逃。从正德六年正月到三月，三个月的时间，义军便像一阵旋风那样，在博野、饶阳、南宫、无极、东明、滨州、临朐、监淄、昌乐、日照、蒲台、武城、阳信、泰安等州县畅行无阻，还攻下了孔子的老家曲阜。可惜义军没有一个明确的政治纲领，他们只是为反抗压迫，提出的也仅仅是“替天行道”、“劫富济贫”这样的绿林口号。攻下城池后就开仓分粮，没收县库，然后就离开。因而始终也没建立起一个巩固的根据地。

明朝廷看义军声势日渐壮大，便派张伟任总兵、马中锡任提督军务，率京营两万人南下征剿。

义军为了分散敌人的兵力，决定兵分两路，一路由刘氏兄弟带领，一路由杨虎和赵风子带领，一东一西，既分兵又呼应，牵制官军。刘六、刘七一队首先攻掠山东、接着又进入河南，便南下抵达湖广、江西地区，然后仍由原路杀回来，回到霸州。几个月时间，转战数千里。另一股义军在杨虎和赵风子率领下，从河南转入山西，纵横几千里，所向披靡。义军打起仗来，骑兵像潮水一般，直陷敌阵，个个骁勇。

后来两路义军在武安（在今河北）会师。稍事休整，又合兵北上，直逼北京。正德皇帝令兵部尚书何鉴急调三路人马保卫京都。这三路人马，一是各地卫所驻军，二是守卫京都的京军，三是各边镇的边兵。

义军打到信安镇（天津以西），看北京守卫太强，便又分兵南下，一去山东，一去河南。明廷一看义军退走，便以太监谷大用总督军务、兵部侍郎陆定为监军，率领三路大军，撒开大网，向义军围剿过来。此时官军人数超过义军几十倍，形势对义军很不利。

正德六年十一月，杨虎在河南夏邑县渡过小黄河时，遭到伏击船只沉没，杨虎因不会游泳，溺死在水中。杨虎死后，义军在赵风子主持下，改变过去“响马”式的组织结构，组成28个营的正规军，推杨虎的结义弟兄刘惠为奉天征讨大元帅，自己任副元帅，树起“虎贲三千，直抵幽燕之地”、“龙飞九五、重开混沌之天”的大旗。说明义军从单纯的反抗压迫，变为要决心推翻明朝的统治了。

正德七年二月，赵风子部已有步卒 13 万人，骑兵 5000 了。当年闰五月，赵风子义军在河南南召与官军大战，义军寡不敌众，全军溃败，义军将领或阵亡或被擒。

杨虎、赵风子一路义军被官军消灭了，官军便集中全部力量来围攻刘六率领的义军。当时刘六等想去塞北，但北边各关口都被严密封锁，只好又折回头来南行，辗转来到湖广。这里多是江河湖泊，骑马很不方便，义军只好弃马登舟。但北方义军长于骑战，却多不识水性。在一次战斗中，刘六不慎中箭，他不愿作俘虏，投江自杀了。

八月，刘七义军被官兵逼到狼山。狼山在通州（今南通州）城南，背靠大江，险峻高耸。在山颠峰麓，义军与官军死战，官军越战越多，有时竟是几十名官军拚战一名义军，最后义军全部英勇战死了，刘七也投江而亡。

刘七站在山颠，满身血迹、横刀微笑，他转身一跃，宛如一只黑色的燕子，直朝下面的大江坠去。

明廷为对付河北农民起义军不得不调集各地卫、所，京营和边兵几十万人，耗军费数百万两。明政府把抓住的义军都进行残暴狠毒的处治，有的义军将领处以残酷的剥皮之刑。

“响马”起义军被镇压下去了。但他们在两年的时间里，转战河北、河南、江南七个省，袭破几十座州县，杀了上千名贪官污吏和土豪劣绅，把反抗的种子播撒在人们心中。

杨继盛斗严嵩

明世宗即位后，看到明朝逐渐衰落，一开始，还在政治上进行了改良，对税收制度进行了一些调整，对宦官的权力加以限制，但都没有多大效果。后来明世宗竟迷信道教，在宫内设置仙坛，也就没有心思料理朝政了。大学士严嵩因为祭神文书写得好，获取世宗的好感，很快被提拔为内阁首辅（即宰相）。

严嵩当了首辅后，除了对世宗进行拍马奉承，还跟儿子严世蕃一起，结党营私，贪赃枉法，作威作福，干尽了坏事。许多没有血性的朝廷官员都投靠严嵩，为自己找个靠山。朝廷里的官员有30多个是严嵩的干儿子，这些干儿子各把持一个重要部门，朝廷里的大权就操纵在严嵩的手里了。

瓦剌部落强盛后的几十年里，北方蒙古族的鞑靼部落也逐渐强大起来，统一了蒙古各部，对明朝构成极大的威胁，严嵩却不练兵、不备战，反而大量地贪污军饷，边防兵士受冻挨饿。鞑靼首领俺答经常带兵侵扰边境，几次打到内地，明军不战而退。俺答长驱直入，不费一兵一卒就打到北京郊外。明世宗慌忙派仇鸾指挥。仇鸾是严嵩的同党，严嵩怕他打了败仗以后自己不好交代，就指使仇鸾不要与鞑靼兵交战。结果，十几万明军一箭未发，坐视鞑靼人烧杀掳掠，抢走大批人口、牲畜、财物。

仇鸾不仅不抵抗，而且暗中勾结俺答，相与之议和做了许多丧权辱国的事情。仇鸾的行为激起了大臣们的义愤，一致反对议和，其中最反对最坚决的是兵部员外郎杨继盛。

杨继盛是保定容城人，家境贫寒，七岁时丧母，继母偏心，待他不好，很小就叫他放牛。当他每次经过村里私塾门口的时候，看到跟自己差不多大的孩子都在快快活活地念书，心里非常羡慕。父亲见他人小志气大，就让他一边放牛，一边读书。杨继盛很聪明进步很快，老师很喜欢他。后来考中了进士，到京城里做了官，很多大臣都很赏识他的才能。

杨继盛是一个正直的朝廷官员，对严嵩、仇鸾的丧权辱国行为，切齿痛恨，就上奏明世宗，反对议和，在奏章中写到："我明朝人多地广，只要朝廷发愤图强，发展生产，精选强将，苦练精兵，就不怕打不败鞑靼。"明世宗一开始还很赞同杨继盛的看法，后来又禁不住仇鸾的花言巧语的劝谏，说同鞑靼议和有多少多少好处。明世宗不仅没有采纳杨继盛的建议，反而听信仇鸾谗言，把杨继盛贬职到狄道（今甘肃监洮）做了曲史小官。

到了狄道，杨继盛还是一样信心十足。狄道是临洮的一个少数民族聚居地，这里人都不识字，对外很少联络，所以这里非常贫穷落后。杨继盛第一件事就是办学校，选了一百多名青少年到学校念书。有些孩子家里没有钱，上不起学，杨继盛就把夫人的衣物和自己的马卖掉，救济他们。老百姓看杨继盛对他们这样好，都很爱戴他，尊称为"杨父"。

杨继盛遭到贬职以后，明世宗接受了仇鸾议和的主张，明朝与鞑靼停止了战争，但俺答又常来侵袭边境地区。明世宗一看同鞑靼协和，明朝并没得到什么好处，还没等他降罪下来，仇鸾就吓得得病死了。这时候，明世宗才想起，当初应该接受杨继盛的建议，于是又把杨继盛调回京城。

严嵩见皇上这样信任杨继盛，就想来拉拢杨继盛，杨继盛却越发痛恨严嵩。他回到京城没几天，就上奏世宗，要求惩办严嵩，并揭发严嵩十大罪状，条条都有确凿的证据，他在奏章中说，严嵩十大罪状，妇孺皆知，唯有皇上一直受他的蒙骗。那是因为还有“五奸”，就是严嵩在朝廷上下的间谍、爪牙、亲戚、奴才、心腹。杨继盛的这个奏章，足可以致严嵩死命，严嵩又气又急，跑到世宗那里，一边为自己开脱罪责，一边诬谄杨继盛，说杨继盛如何如何对朝廷不忠。世宗听了大怒，第二天上朝时，把杨继盛打了一百廷仗，打入大牢。

杨继盛被打得体无完肤，腿上的肉被打开了，鲜红的翻过来，惨不忍睹，连狱卒看了都差点流泪。但杨继盛是条硬汉子，一点也不在乎。亲友给他送来蛇胆治伤，他却笑着说：“蛇胆，用不着，我自己有胆。”杨继盛被关了三年大牢，一直也没打听到他有什么罪证。一些大臣想营救他，严嵩也觉得没有理由再关他。可是严嵩的同党害怕把杨继盛放出来，又会跟他们过不去，就跟严嵩说："杨继盛不杀，将来总归是我们的一条祸根。"严嵩一想，杨继盛要是放出来，对自己的威胁太大了。于是下了狠心，撺掇明世宗把杨继盛处死了。

由于严嵩长期把持朝政，各要害部门都有他的爪牙、亲信，明世宗对他也感到厌烦了。一天，明世宗请道士蓝道行扶乩，就是求神仙，这位蓝道士对严嵩犯下的滔天罪行也深恶痛绝，就借神仙的口叙严嵩的罪状，劝世宗除掉严嵩。世宗下不了决心，御史邹应龙平时也最恨严嵩，得知此事后，认为应该借这个机会攻击严嵩，杀杀他的威风，一想到杨继盛为此而招来杀身之祸时，又犹豫了。想来想去，决定先从严嵩的儿子严世蕃下手，上奏皇上惩办他，只要严世蕃被治罪，严嵩一定会受到牵连。

主意已定，邹应龙就向世宗上了一道奏章，明世宗果然惩办了严世蕃，充军到雷州，同时勒令严嵩辞官回乡。

严世蕃及其同党根本没有到雷州充军，却偷偷溜回老家，收罗江洋大盗，勾结汉奸和倭寇，准备叛逃到日本，御史林润得知此事，又向世宗揭发。

昏庸的明世宗看到林润的奏章，大为震惊，这才完全明白严嵩一伙的行经。便立刻派人捉拿严世蕃及同党，一律斩头示众，并对严嵩给予削职为民的处罚。

汤显祖“一生四梦”

嘉靖二十九年（1550 年）中秋节前夕，江西抚州临川镇的一家书香门第内，传出刚落地的婴孩的呱呱哭泣声。这个婴孩便是后来的明代大戏剧家汤显祖。

汤家及书香门第，共藏书 4 万余卷。汤显祖一出生，进入他视线的最多的东西就是书。到了弱冠之年，他几乎读遍了家中的所有藏书，能够出口成章，素有“临川大才子”之称。21 岁时，风度翩翩的汤显祖便中了举人。

万历二年（1574 年）春，在内阁首辅张居正的庇护下，其长子张敬修考中进士。万历五年（1577 年）春，朝廷将如期举行会试。张居正事先想出一个既可以使次子张嗣修一举及第、又可以掩人耳目的好办法，即搜罗部分海内名流，到时候让其次子与他们同时入选。张居正早就听说汤显祖、沈懋学是天下才子，就命人想方设法邀他们进京。沈懋学被张氏父子拉拢过去，结果，他考中状元，张嗣修名列第二。

万历八年（1580 年）岁首，张居正三子张懋修和同乡王篆登门拜访汤显祖。张懋修刚一落座，便直截了当地说：“希望与汤公同时参加会试！”汤显祖仰头狂笑了一阵后，一语双关地说：“我还是当我的处女，不敢失身！”坐在一旁的王篆被汤显祖笑得脸上阵阵出火，他连忙上前拉起张懋修，当他们刚刚走到门外时，只听客厅里的汤显祖又发出一阵狂笑声。

当年三月，张懋修考中状元。直到万历十一年（1583年），张居正已死去一年，汤显祖才考中进士。

万历十二年（1584 年）春，汤显祖带领家眷，携万余卷书，去南京任太常博士。

万历十九年（1590 年）闰三月的一个夜晚，天空出现彗星，神宗由此颁布诏书，严厉指斥谏官未能尽职尽责。汤显祖趁机呈给神宗皇帝一篇《论辅臣科臣疏》，其中写道：“谏官难道都不称职吗？其实，事出有因，陛下的权力被内阁大臣所窃取，谏官要看着他们的脸色行事，也就不敢表明赞成什么、反对什么。御史丁此吕首先站出来告发嵇应科、陆檄、戴光启等考官在乡试、会试的过程中，偏向张居正三子。去年，御史万国钦揭露一些边地将帅丧师辱国等罪恶行径，却被申时行赶往剑州。谁站出来说句公道话，谁就遭到各种打击和迫害。于是，那些不知廉耻之徒，只知道向执政者献媚求崇。他们得到高官厚禄后，只是认为是执政者赐予他们的。纵然他们将来落个臭名，可是，今日已享尽荣华富贵。给事中杨文举奉诏赈济灾民，不料，他得到地方官的贿赂累计百巨万。他抵达杭州后，每日在西湖上举行宴会。给事中胡汝宁攻击敢于揭露科场舞弊事件的饶伸，充当权门的鹰犬。陛下刚刚下诏责备谏官不敢犯言直谏，可是，内阁大臣仍继续干着欺上瞒下的勾当。我请求陛下立即免去杨文举、胡汝宁的官职，以此为内阁大臣敲敲警钟。”神宗看了他的奏疏，说道：“此人假借议论国事之名，攻击内阁大臣，让他到广东的徐闻县当典史去吧！”

徐闻县城，地处天涯海角。从早到晚，云雾弥漫；一年四季；阴雨连绵。皇帝把汤显祖贬谪到这里，汤显祖并不后悔。他感到欣慰的是：自己敢于向君王进逆耳忠言，尽到了一个臣子应尽的责任。

万历二十一年（1592 年）春，朝廷任命汤显祖为遂昌知县。他一到任，就为当地百姓除掉两大害：捕杀伤人的猛虎十几只，处死打家劫舍的大盗 100 多人。

令具有诗人气质的汤显祖最感到欣喜的是：身在遂昌县城，四处都能望到碧绿的梧桐树，望到蜿蜒起伏的青山。用他的眼光看：这里虽然不象大都市那样人口稠密，可是，村落相连，也足凑成上千家。他每日一觉醒来，就匆匆地到衙内处理公务。有时，他趁着月夜，到长桥边饮酒、赋诗；有时，他乘着春风，到田野里听牧童、村姑唱山歌。一天，他站在高处向四周一望，自言自语地说："山城到处有可以耕种的园田，用不着象陶渊明那样，非得辞去彭泽县令，回到故乡，才能从事农业生产。"

万历二十六年（1597 年）春，汤显祖退出官场，回到故乡。他的新居建在临川的沙井巷内。他在新居前种植了一株白山茶花，因此，他将整个新居命名为"玉茗堂"。在玉茗堂内，他首先开始了《牡丹亭》的创作。牡月亭描写杜丽娘死而复生，终于与柳梦梅结为夫妻的爱情故事。一日，家人突然不见了他的踪影。到处寻觅，才发现他卧在庭院的柴堆上，用衣袖遮脸，在低声哭泣。家人惊问其故，汤显祖说："当写到二十五出'赏春香还是旧罗裙'一句时，情不自禁，以致如此。"

这年秋天，汤显祖写完《牡丹亭》。万历二十八年（1599 年），他写出《南柯记》。次年，他又写出《邯郸记》。这三部传奇和他以前在南京时与朋友共同创作的《柴钗记》，被人们合称为"临川四梦"。因为它们都描写到人物进入梦境的情节。汤显祖生前说过："一生四梦，得意处惟在牡丹。”他把《牡丹亭》看成是自己的戏剧代表作品。

万历四十四年（1615 年）六月十六日，汤显祖在临川病逝。

海瑞刚正不阿

海瑞，字汝贤，回族人，原籍广东省番禺县，祖上迁居海南岛，他出生于琼山。4 岁那年死了父亲，母亲节衣缩食，供他上学，海瑞发愤苦读，于嘉靖二十八年中了举人，被派到南平（今福建省南平市）当教谕（县学校长）。自号刚峰的海瑞在任教谕期间，又得了一个外号叫“笔架博士”。

原来，那时常有上司和御史来县学观察，一些学官为了讨好上司，一见面就全身趴在地上磕头。耿直的海瑞认为学校是教书的地方，不是官府衙门，见面除作揖外，没有跪拜一说。因此，不管谁来，他都是只作揖，不下跪。

他是教谕，站在中间，两边的学官趴在地上，看起来像是“山”字，又像个笔架，因此百姓送了他一个“笔架博士”的外号，为他的刚直不阿叫好。那些上司对他这种作法虽心怀不满，但也毫无办法。

四年以后，海瑞升为淳安知县。上任后，海瑞千方百计减轻百姓负担，取消一切不合理的税负，对上司的额外摊派，海瑞坚决抵制，从不屈服。在他的治理下，淳安县吏制清明，百姓安居乐业，人民对他由衷地信赖和爱戴。

在此期间，发生了两件事情，足以证明海瑞不畏强权，一心为民的崇高品质。一次，浙江总督胡宗宪的儿子胡大公子路过淳安。胡宗宪是辅相严嵩的大红人，飞扬跋扈，不可一世。他的儿子依仗父势，为非作歹。途经淳安，他嫌驿站的官吏招待不周，竟命手下将驿吏头朝下倒挂在房梁上拷打，将无辜的驿吏打得死去活来，围观者敢怒而不敢言。有人将此事告知了海瑞。海瑞一听，怒不可遏，立即带着衙役赶到驿站，下令抓了拷打驿吏的几个狗腿子，并严厉斥责了胡大公子，没收了他所带的数千两银子。如此惩治了骄横的胡公子，人们拍手称快，但同时又替海瑞捏一把汗，万一胡宗宪追究起来怎么办？

海瑞成竹在胸，他利用胡宗宪曾说过的一句空话，写信给胡，信中说：大人曾经谆谆教导下属，凡事必须节俭，不许铺张浪费。现在淳安来了个姓胡的人，自称是您的儿子，却嫌招待不周，还毒打了驿吏。这和您大人的明令不符，此人一定是假冒的，因此，我已惩办了他，请您放心。胡宗宪看完信后，又气又恼，又不能声张出去，真是哑巴吃黄连，有苦说不出。

后来，海瑞被调到北京，任户部主事。此时，昏君明世宗只知修道求仙，整日在西苑求神斋醮，妄图长生不老。

有一次，世宗在秘殿中扶乩（音 jī），听说服用灵芝可以延年益寿，于是派人四处收集灵芝。地方官吏纷纷进献，宫中灵芝堆积如山。有个叫王金的逃犯，贿赂了宦官，得了一万株灵芝，制成一座“万岁芝山”，又将一只乌龟涂上五彩，冒充祥瑞之物，一并献给世宗，世宗大喜，廷臣纷纷上表称贺，逃犯王金由此摇身一变，成了太医院的御医。

明世宗迷于仙道，不理朝政，致使奸臣专权，朝纳紊乱，百姓的疾苦，无人过问。曾有一些正直之士上疏皇上不要崇信鬼神，要关心国家和民众。结果都被一手遮天的严嵩父子陷害，不是被处死，就是遭贬谪。御史杨爵上疏直言，结果被投入狱中八年，差点送命。此后，几乎无人再敢上疏劝谏皇上了。海瑞目睹国家如此混乱的局面，忧心如焚，满怀着一腔激愤之情，写了一篇历数世宗种种错误，劝他改过自新，重新治理国家的奏折。

朋友们得知了此事，纷纷前来拦阻海瑞，劝他不要呈递，免得招惹杀身之祸。

将生死置之度外的海瑞在下笔之前，已令管家去订好一口棺材，并且遣散了家人随从。他又拿出20两银子，交给在朝中为官的一位姓王的同乡，对他说："我这次上疏，凶多吉少，看在同乡的情份上，一旦我遭不测，请你拿这笔钱将我埋在老家，我就十分感谢您了。"他的同乡含泪答允了他的请求。一切交待完毕，海瑞就义无反顾地到通政司（专管接收奏章向皇帝呈递的机构）递交了疏稿，然后，便到朝房等待治罪去了。

奏折到了世宗手中，他从头看起，只见上面全是指责自己的文字：陛下以为可以得道成仙，就一意修炼，耗尽了民脂民膏，滥兴土木，20多年不理朝政，法纪全部废驰。……致使贪官污吏横行霸道，民不聊生，水旱无时，盗贼遍地。如今百姓都在说："嘉者，家也；靖者，尽也。百姓穷困到了极点。陛下试想想如今的天下，还成个什么样子？……陛下的过错太多了，最主要的在于斋醮求仙。斋醮为了长生不老，可是，历代方士哪个存活至今呢？陛下以陶仲文为师，学习他长生不老的法术，可是，陶仲文已经死了，他自己都不能长生，陛下怎会求得呢？至于那些仙桃天药，更是怪诞不经。……

世宗看完，气得浑身乱颤，大发雷霆，将奏折掷到地上，大声吼叫着："快给我把海瑞抓来，别让他跑！"立于一旁的宦官黄锦说："此人素有痴名。听说他上疏时，料到会触犯圣上，该当死罪，所以先行买了一口棺材，诀别妻子儿女，他自己正在朝房待罪呢！"

世宗闻言，愣了好一会。半晌，又把奏折捡起来，再三诵读，疏中之言，虽很刺耳，但句句在理，海瑞的一片赤诚之心袒露无遗，世宗一时之间也深受感动。但是，不久他又认为海瑞的奏疏是辱骂，到底还是下令将他逮捕，问成死罪，关在狱中。

两个月后，即嘉靖四十五年（公元 1566 年）12 月，一心祈求长生的明世宗，终因服食过多的丹药而病死。他死后，海瑞被释放复职，继续为民操劳，直到万历十五年（公元 1587 年）去世。海瑞死时，因没有儿子，御史王用级为他经办丧事，只见他家徒四壁，清贫至极。王用级不禁伤感地流下泪来，海瑞没留下一文私产，还是王用级筹了一笔钱将他安葬了。

出殡的那天，京都市民休市一天，以悼念他们深深爱戴的清官。灵柩抵达江边，两岸哭声震天，百姓们一律穿上白衣，戴上白冠，扶老携幼，自发前来送葬。这位被誉为明代第一大清官的海瑞，又被百姓称作“海青天”，冒死上疏怒斥嘉靖帝的故事一直流传至今。

戚继光驱逐倭寇

明世宗的时候，有一批日本的海盗经常骚扰我国东南沿海一带。他们和中国的土豪、奸商勾结，到处抢掠财物，杀害百姓，闹得沿海不得安宁。历史上把这种海盗叫做“倭寇”。“倭”就是矮个子的意思，百姓恨透了倭寇。

公元1553年，在汉奸汪直、徐海的勾结下，倭寇集结了几百艘海船，在浙江、江苏沿海登陆，分成许多小股，抢掠了几十个城市。沿海的官吏和兵士胆小怯弱，不敢抵抗，见了倭寇就逃。倭寇侵略气焰越来越猖狂，使躲在深宫里的明世宗也不得不发愁了，叫严嵩想法子对付。严嵩的同党赵文华想出一个主意，说要解决倭冠侵犯，只有向东海祷告，求海神爷防范倭寇，保佑沿海一带。明世宗居然相信赵文华的鬼话，叫他到浙江去祷告海神。

后来，朝廷派了一位熟悉沿海防务的老将俞大猷（音yóu）去抵抗。俞大猷一到浙江，分析了敌情就打了几个胜仗。但是不久，浙江总督张经被赵文华陷害，俞大猷也被牵连坐了牢。沿海的防务没人指挥，倭寇的活动又猖獗起来。朝廷把山东的将领戚继光调到浙江，才扭转了这个局面。

戚继光是我国历史上著名的民族英雄，山东蓬莱人。他的父亲戚景通是一个正直廉明的人，从小戚继光深受父亲影响。17 岁时，他承袭了登州指挥佥，25 岁时已上任都指挥佥事，负责整个山东沿海的防卫。戚继光在军中很有威望。

他到了浙江沿海地带，先检阅那儿的军队，发现那些军队纪律松散，根本不能够打仗，就决心另外招新军。他一发出招兵命令，马上有一批吃够了倭寇之苦的农民、矿工自愿参军，还有一些愿意抗倭的地方武装也参加了进来。戚继光组织的新军很快发展到四千人。

戚继光是个精通兵法的将领，他懂得兵士不经过严格训练是不能上阵的。他根据南方沼泽地区的特点，研究了阵法，亲自教兵士使用各种长短武器。在有了一定的基础后，戚继光开始演习“鸳鸯阵”。一个鸳鸯阵由几个人组成，最前面是队长。队长身后每个士兵都拿藤牌，遮挡箭支、刀砍，掩护其他战友。他们身后是身持长竹尖刀的士兵。这样既可以独立作战又可以组成大阵。经过他严格训练，这支新军的战斗力特别强。“戚家军”的名气就在远近传开了。

过了几年，倭寇又袭击台州（今浙江临海）一带，戚继光率领新军赶到台州。倭寇在哪里骚扰，他们就打到哪里。那些乱七八糟的海盗队伍，哪儿是戚家军的对手，交锋了九次，戚家军一次次都取得胜利。最后，倭寇在陆地上呆不住，被迫逃到海船上，戚继光又用大炮轰击。倭冠的船起了火，大批倭兵被烧死或掉到海里淹死，留在岸上的也只得乖乖投降。

倭寇见到浙江防守严密，不敢再侵犯。第二年，他们又到福建沿海骚扰。一路倭寇从温州往南，占据了宁德；另一路倭寇从广东往北，盘踞在牛田。两路敌人互相声援，声势很大。福州的守将抵挡不了，向朝廷告急。朝廷又派戚继光援救。戚继光带了新军赶到宁德，打听到敌人的巢穴在宁德城十里外的横屿岛。那儿四面是水，地形险要。倭寇在那儿扎了大营盘踞，当地明军也不敢去攻打他们。

戚继光亲自调查了横屿岛的地形，知道那条水道既不宽，又不深。当天晚上潮落的时候，戚继光命令兵士每人随身带一捆干草，到了横屿对岸，把干草扔在水里。几千捆干草扔在一起，居然铺出了一条路来。戚家军兵士踏着干草铺成的路，神不知鬼不觉地进入倭寇大营。经过一场激烈战斗，盘踞在岛上的二千多个倭寇全部被歼灭。

戚家军攻下横屿，立刻又进兵牛田。到了牛田附近，戚继光传出命令，说："远路进军，人马疲劳，先就地休整再说。"

这些话很快传到敌人那里。牛田的倭寇真的相信戚家军暂时停止进攻，防备也就松懈下来。就在当天晚上，戚继光下令向牛田发起总攻击。倭兵毫无准备，匆促应战，禁不住戚家军猛攻猛冲，纷纷败退。倭寇头目率领残兵逃到兴化，戚家军又连夜跟踪追击，一连攻下了敌人六十多个营寨，消灭了溃逃的敌人。到天色发白的时候，戚家军进兴化城。城里的百姓才知道附近的倭寇已被戚家军消灭。大家兴高采烈，纷纷杀牛带酒，到军营来慰劳。

第二年，倭寇又侵犯福建，攻下兴化。这时候，俞大猷已经复职。朝廷派俞大猷为福建总兵，戚继光为副总兵。两个抗倭名将一起，大败倭寇，收复兴化。公元1565年，俞、戚两军两次配合，大败倭寇。到这时候，横行几十年的倭寇被基本肃清了。东南沿海的人民又过上了安居乐业的生活，人民记着俞大猷、戚继光的功绩，称颂他们是“抗倭名将”。

李卓吾“离经叛道”

在明朝嘉靖年间，正当全国道教泛滥的时期，朝中出现了一位“不信学、不信道、不信仙”，敢于向封建礼教挑战，同情百姓疾苦，被当时一些人称为“离经叛道”的学者李贽。

李贽是明代者名思想家，号卓吾，嘉靖六年（公元1527年）生于福建泉州。幼年家道清寒，七岁丧母，跟随教书的父亲读书识字。嘉靖三十一年考中举人。因生活困难，无力再考，只好当了河南共城县教谕，后改任礼部司务。不久父亲去世，停职丁忧。守孝三年服满，回到北京等待重新安排职务，但他一无门路，二没钱打通关节，只好干等，一等就等了一年零八个月。这期间他只好以教书糊口，有时一天只吃一餐。在这种艰苦的生活中，使他逐渐认识了人生，得到了磨炼。

后来，他终于分配到国子监当博士了。博士又叫五经博士，是向学生讲授“五经”的教官。李贽从小就不信学（学，指的就是儒学），却又让他讲“学”，这个教官还能当好吗？

他去给监生们上课了，他幽默地说：“有人讲：‘天下生仲尼（孔子），万古长如夜’。怪不得羲皇时候的人，白天还要点着灯笼走路呢！”监生们忍不住“哈哈”大笑。

李贽讲：“有人宣称孔子是‘圣人当中的圣人’，是‘至圣至贤’。不管干什么都得照着孔子的去作，凡事‘不可不依仿，不能不依仿，不容不依仿’。那么孔子以前的人又去依仿谁呢？”他又接着讲：“天生一人，便有一人的人格。全靠依仿别人而生活，你个人的人格何在？前人之是非是一是非，然而今日不是前日，前日之是非又怎能作今日衡量是非的标准呢？”

李贽是五经博士，是要他向学生讲授“五经”的，他倒跟“五经”唱起反调来了。国子监赶忙请吏部把他调走。因此，李贽只教了三个月的书，便被调到南京任刑部员外郎了。

南京刑部的职务清闲，使李贽有时间读书，也使他有时间写书。他的名声渐渐传开了，有人赞同他，有的人反对他。但他毫不在乎，仍然我行我素，坚持他自己的学术见解。

到了万历五年（公元 1577 年），李贽 50 岁了，才被任命为云南姚安知府。不过李贽当知府的时间并不长，只两年多他就不干了。因为他受不了上级的勒索和送往迎来的繁文缛节。他把头发剃光了，僧不僧，俗不俗，就那样往大堂上一坐，问起案子来，一时舆论哗然。

巡抚把他叫了去，问他："你这种打扮，成何体统！难道想当和尚吗？"

"非也，天底下并不是只有和尚才准许剃头的。而且朝廷只对各级官阶的朝冠、绶带和官服的服色、绣文作了规定，却没规定各级官员头发的长短。因此下官此举，只是个人的癖好，似乎与官衔无关。"李贽的一番话，气得巡抚嘴唇也哆嗦了。

李贽回到任所，知道巡抚不会放过他，便主动离职，并从此不再作官。他觉得作官太不自由，束缚了他的个性发展。万历十二年，他把妻子儿女送回老家泉州，自己来到湖广麻城（在今湖北省）周思敬的家里。他看到这儿有一处叫龙湖的湖泊很美，便准备在这儿定居好著书立说。于是，他便给朋友写信，要求得到"半俸"的帮助。他那时已有许多朋友，其中不乏高官。不久，援助的款项来了，他便在龙湖畔的青山上建了一座寺院，称为“芝佛院”。

芝佛院并非正式的寺庙，因为他没在县里的宗教衙门“僧公司”或州的“僧正司”以及府里的“僧纲司”任何一处登记，因此只能说是私人的佛堂。芝佛院中有一座正殿，供奉着佛祖；左右有偏殿；还有一排专为招待来访客人的房舍。因为李贽那时的朋友上至尚书侍郎、总督巡抚，下至进士举人、县学生员，这些人常跑来向他请教。他自己则住在山顶的一间精舍里，他的《藏书》、《续藏书》、《焚书》、《续焚书》和《史观评要》等著作，大部分是在这里写成的。他把他的书起名为《焚书》，意思是说，他书中的观点一定会有人反对，说不定那些人气急了便把书付之一炬，因此叫焚书。

李贽是在穷困中长大的，深知民间的疾苦，他同情人民，憎恨官府的腐败，特别是对那些盗匪，他认为大多数是被官府压迫得无法生存，才铤而走险的。他曾说：正是由于政治腐败，贪官污吏横行，“使豪杰抱不平之恨，英雄怀罔措不戚，直驱为盗也!”

李贽不信学、不信道，主张个性自由发展。他本人也放荡不羁，不拘小节、不恤人言。因此，他的作法和主张，都是和当时的封建礼教传统道德相悖的。因此，被认为是离经叛道，是对整个上层社会的公开挑战，当权者岂能容他自由自在的存在。那些反对李贽的人买通地方上的无赖，晚上放火将芝佛院烧毁了。而李贽也被锦衣卫逮捕入狱。

负责审问的李官员大金吾未能从李贽身上获得什么口供，他打算将李贽遣回原籍。过了几天，圣旨也未下达，李贽在狱中作诗读书自如。一天，李贽叫侍者为他剃发，待侍者离开后，李贽拿剃刀朝自己的喉咙割去，自尽而死。那年是万历三十年（公元 1602 年）。

李贽虽然死了，但他的著作却未能焚毁，被他的亲友保存下来，一直在人间流传。

李时珍与《本草纲目》

李时珍是蕲州（今河北蕲春）人，出生在一个医生世家，他的祖父和父亲都是蕲州有名的医生。父亲李闻言对

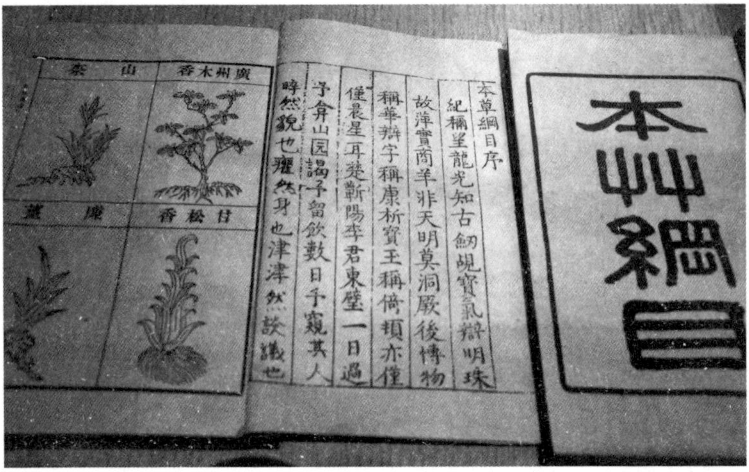

药草很有研究，他所开的处方和配制的草药，治病疗效很高。李时珍从小就受到父亲的熏陶，父亲每次采药回来他都要问问这个药草叫什么名字，那个药草有什么功效，能治什么病，还经常同伙伴们上山采药。日积月累，各种草药的名称、采摘、炮制方法及其作用、效力，他都掌握了。他的医药知识也不断地丰富了。

在封建社会，民间医生的社会地位是很低的，上流社会的人根本看不起医生。李时珍的父亲虽然自己是医生，却不想叫李时珍再当医生让人瞧不起，就要李时珍读书应科举考试，走科举这条路能取得功名，光耀门楣。其实李时珍对医药兴趣浓厚，哪想去读书做官呢？但父命也不能违抗。在父亲的督促下，李时珍十四岁中秀才，后来三次参加举人考试都落榜了。别人都说：“这么聪明好学的孩子没考取，真太可惜了。”而李时珍却没有灰心丧气，一心想当个好医生，为穷苦百姓治病，对医道和药方的钻研更加刻苦。

几次乡试落榜以后，李时珍就正式跟着父亲学医了。正好在这一年，家乡闹了一场洪水灾害，水退了之后，疫病流行。李时珍父子日夜奔忙，救治百姓。生病的大多数是穷人，李时珍父子对穷人都有一片同情心，穷人找他们看病，总是精心治疗，不计报酬。老百姓对他们高明的医术和高尚的医德满口称颂，都说他们父子是穷人的好医生。

李时珍一边行医治病，一边钻研医术，他阅读了大量的医药书籍，从中汲取了丰富营养。明朝以前，古代医书就已经有不少了，其中影响最大的是汉代的《神农本草经》，这些书还满足不了李时珍的需要，他借经常给一些王公贵族看病的机会，从这些藏书比较多的人家借阅图书。他的医学知识不断丰富，医术越来越高明，名气也越来越大，请他看过病的人，到处宣传说李医生人好医术高，附近州县没有不知道李时珍的，有个大病小灾的都来请李医生去看。

有一次，封武昌的楚王的儿子得了抽风病，楚王府的医官治不好，楚王急得不得了。后来有人告诉楚王，说李时珍能治好这种病。楚王听了就赶快派人去请李时珍。李时珍来到王府，根据自己的临床经验，看看王子的脸色，号了号脉，确认这是因肠胃不好引起的。找到了病因，就好对症下药，李时珍开了一个药方，王子没吃两剂，病就好清了。

楚王对李时珍感激不尽，经过三番五次的挽留，把李时珍留在王府。

明世宗一共在位 45 年，但很少关心国事，只是整天尽情享乐，可又怕自己将来会老死，享受不到这快活的日子，那真是太可惜了。于是他就设法寻找长生不老的药方，并信了道教，想借神仙的力量帮助自己实现愿望。

为了使自己不会老死，明世宗于 1556 年下诏叫各地官员向朝廷推荐名医。这时李时珍正好在楚王府里，楚王为了向明世宗讨好，就将李时珍推荐给朝廷。这一年，李时珍被调到京城太医院医官。

明世宗虽然招罗了天下各地名医，但对医学并不重视，还是想做道场、炼金丹，认为这些才是使自己长生不老的真正途径。李时珍对明世宗这一套不信科学、只讲迷信的做法看不惯，而且自己本来的意愿是要为穷苦百姓治病，呆在太医院里实在没意思。因此，一年多后，他就辞官回乡了。

李时珍在回乡的路上，顺便到许多名山大川去游览。他并不是到各处去欣赏景色，而是为了他的医学，为了对草药的研究，要把他所掌握的草药的药用性质都搞清楚。一天他到了武当山（在今湖北境内），听说山上出产一种叫榔梅的“仙果”，吃了可以使人返老还童，宫廷贵族都当作宝贝，当地老百姓不得采摘，地方官每年都要将这里的“仙果”千里迢迢送到京城，进贡朝廷。李时珍不相信会有那么大功效的“仙果”。为了弄个明白，他冒着生命危险，攀登悬崖绝壁，采到一颗榔梅。把他带回家仔细研究之后发现，榔梅跟一般梅子差不多，只不过是一种鲜美可口、能够止渴生津的水果。

李时珍在长期的医疗实践中积累了丰富的医药科学资料，他发现一些医书上的记载有不少是错误的，经过许多年代，人们又陆续发现不少古书上没有记载的药草，他就决心重新整理编写一本更加实用可靠的药书。从太医院辞职以后，李时珍把大部分精力花在编写书上，对药草的功效一个一个地验证，有的不好拿病人做试验，就自己亲自尝试，有一次误尝了一种毒草，险些丧了性命。经常尝试验试后李时珍将其逐一地记下来。对搜集来的药方进行一个个地筛选整理。共花了近 30 年的时间，终于写成了著名的医药著作《本草纲目》。书里共记载了 1892 种药草，一万多个药方，为我国乃至世界医药科学作出了伟大的贡献。

《本草纲目》是我国医药宝库中一颗璀粬的明珠，成书以后，流传到世界许多国家，被翻译成日文、英文、德文、法文、俄文、拉丁文等多种文字，成为世界研究医学的经典著作。

张居正辅政

明穆宗在位的时候，大学士张居正因为才能出众，得到穆宗的信任。公元 1572 年，穆宗死去，太子朱翊钧即位，就是明神宗。穆宗遗命张居正等三个大臣辅政。

张居正，字叔大，湖广江陵人。张居正很早就走上仕途，曾任翰林院编修东阁大学士等职。他性格沉稳，很有胆略。穆宗在世时，很赏识他。明神宗即位后不久，张居正成了首辅。张居正根据穆宗的嘱托，真的像老师教学生一样，辅导年方十岁的明神宗。他编了一本有图有文的历史故事书，叫做《帝鉴图说》，每天给神宗讲解。神宗看到这本书很高兴，兴致勃勃地听张居正讲解。有一次，张居正讲完汉文帝在细柳劳军的故事，就说："陛下应当注意武备。现在太平日子长了，武备越来越松弛，不能不及时注意啊！"

明神宗连忙点头称是。

又有一次，张居正讲完宋仁宗不喜欢用珠玉装饰的故事。明神宗就说："做君王的应该把贤臣当作宝贝，珠玉有什么用呢？"张居正见十岁的孩子能说出这样的话，很高兴地说："贤明的君主重视粮食，轻视珠玉。因为百姓靠粮食生活，珠玉这类东西饿了不能充饥，冷了不能御寒啊。"

张居正对神宗教育十分严格，神宗把张居正当作严师看待，既尊敬，又惧怕。再加上太后和宦官冯保的支持，朝政大事几乎全部由张居正作主。

张居正是明朝的一个能干的政治家，他掌握实权以后，就大刀阔斧地在军事、政治、经济几方面着实作了一番整顿。

那个时候，沿海的倭寇虽然已经解决，但北方的鞑靼贵族还不时侵入内地，成为明王朝的很大威胁。张居正把抗倭名将戚继光调到北方，镇守蓟州（在今河北北部），戚继光从山海关到居庸关的长城上修筑了三千多座堡垒。戚家军号令严明，武器精良，多次击败鞑靼的进攻。鞑靼首领俺答表示愿意和好，要求通商。张居正奏明朝廷，封俺答为顺义王，一面和鞑靼通商往来，一面在边境练兵屯田，加强防备。以后二三十年明朝和鞑靼之间就长期没有发生战争。北方各族人民的生活也安定多了。

当时，黄河年久失修，河水常常泛滥，大批农田被淹，影响农业和运输。张居正任命专治水利的潘季驯督修黄河水利工程。潘季驯修筑堤防，堵塞决口，使黄河不再泛滥，运输通畅，农业生产得到恢复和发展。

原来，由于朝政腐败，大地主兼并土地，逃避税收，一些豪强地主越来越富，国库却越来越穷。张居正下令丈量土地，经过清查，查出了一批被皇亲国戚、豪强地主隐瞒的土地，这一来，使一些豪强地主受到了抑制，国家的收入也增加了。

在丈量土地之后，张居正又把当时各种名目的赋税和劳役合并起来，折合银两征收，称为“一条鞭法”。经过这种税收改革，防止了一些官吏的营私舞弊，增加了国家的收入，也多少减轻一点农民的负担。

张居正花了十年努力，进行了大胆的改革，使十分腐败的明朝政治有了转机。国家的粮仓存粮充足，足够支用十年。但是这些改革自然触犯了一些豪门贵族的利益。他们表面不得不服从，背地里对张居正恨之入骨。

在张居正执政的第五年，他的年老的父亲死在江陵老家，按照封建的礼法，他必须守孝三年。但是张居正怕他一离开，正在进行的改革受到影响。在明神宗和一些大臣的挽留下，他让他儿子奔丧，自己留在京城任职。这一来，就有不少人抓住张居正父死不奔丧的事，大做文章，纷纷向明神宗上书弹劾，有人甚至在大街上揭贴告白攻击张居正，闹得满城风雨。后来，明神宗不得不下令，再反对张居正留任的一律处死，攻击才平息下来。

张居正的权实在太集中了，明神宗渐渐长大起来，反而闲得没事干，就有一批亲近的太监在内宫用各种办法给他取乐。有一次，神宗喝醉了酒，无缘无故把两个小太监打得半死。这件事让太后知道了，马上把明神宗找来，狠狠地责备一顿，还叫左右拿《汉书·霍光传》叫神宗读。霍光传讲述西汉霍光辅政的时候，不是有个昌邑王刘贺即位后，波太后和霍光废掉皇位的事情。现在的张居正的地位就像当年的霍光一样，神宗想到这里，吓得浑身哆嗦，跪在太后面前求饶。

后来，张居正作主，把一些引诱神宗胡闹的太监全部赶走，太后还让张居正代神宗起草了罪己诏（皇帝责备自己的诏书)。这件事虽然过去了，但是明神宗对张居正，已经从惧怕发展到怀恨了。

公元1582年，张居正病死。明神宗亲自执政。原来对张居正不满的大臣纷纷攻击张居正专横跋扈。第二年明神宗竟把张居正的官爵全部撤掉；后来还派人查抄了张居正的家。张家子孙十几人，被关在屋子里活活饿死。大儿子被拷打后自杀。张居正的改革措施，当然也遭到破坏，刚刚有一点转机的明朝政治又开始走下坡路了。

宠郑妃耗资修定陵

公元1573年穆宗朱载垕去世，太子朱翊钧即位，年号为万历。明神宗朱翊钧即位时，前有武宗世宗相继胡作非为，国家元气大伤。

朱翊钧当皇帝时才10岁，是个不懂政务的小皇帝，但有先皇的老师张居正等老臣辅政，他的母亲慈圣太后对他的要求也很严，因此开始时是个不错的小皇帝。后来，张居正去世了，朱诩钧解除了精神上的束缚，母后也因为他已成年，便不再管教他，所以朱翊钧也就比较随便了。

朱翊钧拼命追求财货，作为封建社会最大的地主，却带头掠夺百姓的土地。神宗在大量霸占土地的同时，在宫中过着荒淫的生活。

19 岁那年冬天，他偶然来到母后的宫中。母后不在，只有一个宫女迎接他。他一时高兴，便跟这宫女发生了关系。后来这姓王的宫女便有了身孕，第二年八月生下一个男孩，这就是长子常洛，而那宫女也被封为恭妃。可他对王恭妃并没什么感情，当时只是一时冲动；而对待皇后也不感兴趣，觉得皇后就像他读了一遍又一遍的经书一样，让人索然寡味。在众多的嫔妃中，朱翊钧最喜欢的就是郑嫔。他觉得她有女人的味道，因此有些心事也愿意对她讲，对有些事情郑嫔发表的见解，他也爱听。当然这在宫中是不允许的。不过他们都是单独在一起时才悄悄说的，因而也没人察觉。

人们把妻子叫“内助”，因为她能帮助丈夫，所以好的妻子被叫做“贤内助”。古代人们常常把一些昏庸皇帝的暴政，归咎于他所宠幸的女人，这虽然不尽公平，却也不是没有道理。假如郑嫔能够规劝皇帝，让他多关心点民间百姓疾苦，朱翊钧也许是会听的。然而恰恰相反，那郑妃好穿戴、爱打扮，尽管皇帝已给了她很多珠玉、宝石、金银首饰，但她仍然贪心不足，希望皇帝给她更多的珠宝，供她玩赏。她的欲望越来越大，朱翊钧只好到国库索钱，派太监去采买。有一次朱翊钧派太监出去采购珠玉，一下子就花去了2400万两银子，这些银子等于全国六年的田赋收入。

万历十四年，郑嫔为皇帝生下了他的第三个儿子。于是朱翊钧就把郑嫔册封为贵妃，而为他生了第一个儿子的王恭妃，却没得到这种优待。册封贵妃的礼仪十分隆重，似乎比册立皇后还热闹，国库拨出50万两银子才勉强够开销。

朱翊钧也很迷信，不过跟他祖父嘉靖皇帝不同，嘉靖想长生不死，而他却知道死是不可避免的。不过他相信人死之后魂灵还在，也还要跟生前一样吃喝玩乐。所以他要在活着的时候把自己的陵墓修筑好，为自己死后的享乐作准备。为此，他亲自带领文武大臣、钦天监的官员和从民间请来的专会看风水的术士，来到天寿山，寻找“吉壤”。地点采定之后，立即开工，并起名为“定陵”。

在建陵园的时候，郑贵妃给朱翊钧出了不少主意。朱翊钧决定在陵墓的寝宫里，留出三个人的位置，他不能把皇后抛开，因为这是办不到的。但他多留出一个位置来，是想将来让郑贵妃也睡在他身边，两个人能够仍像活着时候那样，玩乐在一起。

陵墓建筑得辉煌、宏丽，在明朝13座陵园中是最壮丽的一座。建这座陵墓，共用了六年的时间，参加营建的军官兵、匠人和民工每天有3万多人。石料都是从相距100里外的房山县大石窝采来的，木料则是由云、贵、川等地采集的楠木和杉木。许多采石工人和伐木工人累死了，特别是南方伐木的民工，到深山老林里采树，那里野兽出没，毒瘴遍地，进山的人半数不能生还。

建这座陵墓共耗银800万两，大约相当于万历当时全国两年田赋的总和。

修陵园要钱，给郑贵妃采买珠玉要钱，册封贵妃要钱，这些钱都要国库支付，国库拿不出，朱翊钧就自己想办法。他派出太监去替他搜刮。大兴皇庄，强占农民的土地；在大城市里开皇店，进行盘剥；他还把全国的矿藏全部占有，不许百姓开采，由他独自垄断；最大的财源则是增加税赋，他派出税使，在全国各处设立关卡，诸凡庐舍、舟车、粮舍、油盐、酒茶、禽畜等等，无一项不征税。

当时凤阳巡抚李之才上疏说："征榷之使（税使），急于星火；搜刮之令，密如牛毛；上下相争，唯利是闻。"

他警告朱翊钧：“一旦众叛土崩，小民皆为敌国，风驰尘骛，乱众麻起，陛下快然独处即黄金盈箱，明珠填屋，谁为守之?”

但朱翊钧根本不听，只是一味的横征暴敛，使百姓陷入水深火热之中。终于在万历二十七年，山东临清爆发了反对税使马堂的斗争，接着湖广荆州地区，驱逐税使陈奉。嗣后各地反抗税使的斗争，此起彼伏。这些斗争，虽然最后都被明廷镇压了，但反抗的火种却留在民间。

明神宗见民众的反抗日趋激烈，于是在万历 42 年下令减去各地税额的三分之一，以缓和矛盾，平息民愤。但老百姓的负担并未有所减轻，大规模的农民起义不可避免地在明末爆发了。

葛贤痛打税监

明神宗追求享乐生活，没完没了地搜罗金银珠宝，把国库都挥霍空了，就千方百计向民间搜刮。

这个时期，农业生产和手工业逐步发展，在东南沿海一带商业也繁荣起来，在苏州，丝织业特别发达，富裕的机户开始开设工场，雇用机工，城里的机工总共有几千人。

这种商业城市的繁荣情况，使明朝统治者认为有利可图。为了榨取更多钱财，明神宗就派了一批宦官到那些城市去收税，这种宦官就叫做税监。税监不但征收苛捐杂税，还向百姓敲榨勒索，把百姓害得好苦。

公元1601年，明神宗派税监孙隆到苏州征税，孙隆一到苏州，就跟当地地痞土棍勾结，在苏州城各处设立关卡，凡是绸缎布匹进出关卡，一律征收重税。商贩交不起税，就不敢进城做买卖。这一年，正好又碰上一连两个月阴雨，苏州闹了一场水灾，桑田淹没，机户停工。孙隆一伙还要向机户收税，规定每台织机收税银三钱；每匹绸缎，收税银五分，这一来更逼得许多机户倒闭，机工失业。

有一天，织工葛贤（又名葛成）路过葑门，见到孙隆手下几个税棍，正围住一个卖瓜的农民痛打。葛贤一打听，才知道那瓜农挑瓜进城的时候，税棍逼他交税，交不出就抢他的瓜；等瓜农卖了瓜，买米出城的时候，税棍又抢他的米顶税银。瓜农不答应，就遭到税棍的痛打。

葛贤平日对税监的压迫剥削，本来怀着满腔气愤，看到这情形再也忍不住了，他挥动他手里的芭蕉扇，高声呼喊打坏蛋。路边的群众一呼百应，像湖水一样涌到葑门税卡。税棍黄建节想要逃跑已经晚了。群众把他包围起来，拾起乱石、瓦片向黄建节扔去。这个作恶多端的恶棍，被乱石打得头破血流，丧了性命。

这时候，群众越聚越多，反抗情绪也沸腾起来。葛贤看到大伙打死了黄建节，知道事情闹大了，就和群众一起，到玄妙观开会商量。大家一不做，二不休，推举葛贤等二十多人当首领，找税监孙隆算账。

葛贤等分路找到十二个税棍的家，点起了一把火，把他们的家全烧了；另一路群众浩浩荡荡来到苏州税监衙门，捉拿孙隆。一时间，呐喊声震天动地，孙隆吓得魂不附体，爬出后墙，狼狈逃到杭州去了。

孙隆逃出苏州以后，苏州知府下令捉拿参加暴动的人。葛贤得到这消息，怕连累大家，自己跑到苏州府衙门，说："带头的就是我一个人，要杀要剐由我顶着，不要牵连别人。"

知府正为这个案子抓不到为首的人发愁，见到葛贤挺身出来投案，就把他关进监狱。

葛贤进监狱那天，成千上万的苏州市民含着眼泪为他送行。葛贤进了监狱，又有上千个人络绎不绝带着酒饭、衣服来慰问。葛贤再三推辞不收，大家还是不肯带回去，葛贤就把大伙慰问的酒饭等分给监狱里被押的难友了。

明朝统治者看到这情况，没敢杀害葛贤。葛贤坐了两年牢，终于被释放。明政府不得不对征税的陋规作了一定的改革，在一定程度上限制了税监的胡作非为。

宦奸魏忠贤

万历四十八年（公元1620年），明神宗和明光宗在不到两个月内相继病死。以杨涟、左光斗为首的一班东林党人扶立朱由校为帝，是为明熹宗，改年号为天启，自此，东林党人倍受重用。

东林党是明代晚期以江南士大夫为主的政治集团。1604年，官僚顾宪成被革职还乡，他在无锡开办东林书院，进行政治性讲学，形成广泛社会影响，各种政治人物一时聚集于以东林书院为中心的东林派周围，当时被人们称为东林党。在天启初年，国家要职基本都被东林党人所把持。东林权势，盛极一时。

可惜好景不长，朱由校不爱读书，目不识丁。宦官魏忠贤不久赢得熹宗的宠幸，以他为首的“阉党”渐渐形成一股强大的邪恶势力，他们得势以后，操纵朝中一切大权，排挤迫害东林党人，东林党人的处境每况愈下。

魏忠贤，明朝隆庆二年（1568 年）生于河北肃宁县，初名进忠。家境贫寒，却好逸恶劳，整日东游西逛，无所事事，唯一的嗜好就是赌博。走投无路，魏忠贤咬牙自己给自己施了宫刑，然后进宫当了一名太监，改换姓氏，叫作李进忠，从此，开始了他的太监生涯。

魏忠贤想得到皇帝的宠幸，但初为太监之时，只被分配做些杂役。但他善于逢迎拍马，很快巴结上了不少太监中的权贵，不久经人引荐，当了后宫王才人的办膳太监。王才人就是后来的熹宗朱由校的生母。由此，他有了接近那位未来皇帝的机会。魏忠贤哄得这位不喜读书的朱由校十分惬意，他成了朱由校最信赖的人。

朱由校从小生活在冷漠孤寂的皇宫深院，朝夕与奶妈客氏相处，感情自然不同寻常。加之不久王才人去世，丧母的朱由校更加依恋客氏。狡猾的魏忠贤将目光对准了熹宗的奶妈客氏。魏忠贤就对客氏大献殷勤，没过多久，两个人终于勾搭上了。熹宗即位以后，封客氏为“奉圣夫人”，当然也提拔了客氏经常夸赞的太监李进忠，升他为司礼监秉笔太监，并且让他恢复魏姓，并赐名忠贤。魏忠贤目不识丁，按理没有资格当秉笔太监，但因有客氏这层关系，所以稳居其位，找了两个识字的太监为他处理事务。他则进一步笼络客氏，尽力讨好皇上。终于在天启三年（公元1623年）兼掌东厂，权势更大。

魏忠贤掌握了东厂之后，与锦衣卫的都督田尔耕相互勾结，利用这两个特务机构钳制百官，镇压异己。田尔耕认魏忠贤为义父，二人狼狈为奸，开始大规模地排斥与陷害阉党的对立面——东林党人。当时，从朝廷内阁、六部到四方总督、巡抚，无不遍置魏忠贤死党，有“五虎”、“五彪”、“十狗”、“十孩儿”、“四十孙”等大小爪牙，这些人专干窥人隐私，陷害忠良的罪恶勾当。

明熹宗年少，不爱过问朝政，偏偏喜欢干木工活。他经常自己动手，劈、锯、刨、或油漆木器，成年累月，乐此不疲。魏忠贤就利用他这一个特性，每逢熹宗正兴致勃勃地做他的木工活计时，魏忠贤就拿出一大堆奏章请他审批，惹得熹宗很不耐烦，头也不抬地就说：“我知道了，你看着办吧。”如此一来，大权渐渐地落到魏忠贤手中，他更加擅权专道，为所欲为了。

魏忠贤独揽朝中大权，经常伪造圣旨，斥逐正直之臣，重用私党，其弟侄亲朋，一个个平步青云，官高禄厚。他自己更是过着穷奢极欲的生活。他每次出门，必坐在装饰华丽的车子中，青蓝色的羽盖、旌旗飘飘扬扬。四匹高头大马驾着车子，疾驰在道中。左右夹护的卫士都身着锦衣玉带，脚蹬锃亮皮靴，腰佩着利刃，加上随从的厨子、戏子、车夫、总共达数万人。所到之处，士大夫跪倒一片，口中还得呼“九千岁”。

他的胡作非为，引起了正直官员的强烈不满。东林党人杨涟为伸张正义对他进行了无情的揭发和斗争。天启四年，东林党人领袖，副都御史杨涟，上疏痛斥魏忠贤 24 大罪，大胆揭发了魏忠贤的奸恶，句句刺中要害。魏忠贤大为恐慌，忙跑到熹宗面前哭诉辩解，客氏又从旁为他说好话，昏庸的熹宗竟偏听偏信，不但没治魏忠贤的罪，反而下旨痛责杨涟。接着，朝中七十多名官员又冒死联名上疏，弹劾魏忠贤。由于阉党权势遮天，皇帝昏愚糊涂，魏忠贤仍然逍遥法外，毫毛未损，而揭发他的主要人物杨涟、左光斗在这年的 10 月反倒被罢了官。

自从遭到这次弹劾之后，魏忠贤对东林党人切齿痛恨，下决心将他们赶尽杀绝，以泄心头之恨。阉党首先编造黑名单，将不趋附魏忠贤的官员全部开列在一张单子上，统称之为东林党人，然后罗织罪名，逐一施以残酷的迫害。

天启五年（公元1625年），魏忠贤张开了他的魔掌，令爪牙逮捕东林党著名领袖杨涟、左光斗、袁化中、魏大中、周朝瑞、顾大章等六人，诬陷他们收受贿赂，交给锦衣卫拷打追赃。锦衣卫都督魏忠贤的义子田尔耕对这6个人进行5天一次的拷打逼供，手段之残恶毒辣，闻所未闻。田尔耕设立了许多刑罚的名目，有所谓的全刑，即让犯人备受械、镣、棍、拶、夹棍5种酷刑，还有枷、断脊、堕指、刺心，甚至煮沥青剥人皮。6个人每次拷打时，都是杻、拶镣、夹、杖等刑罚轮番施用。旧伤未愈，新创又添，审讯到后来，一个个都无法跪起，只能戴着桎平卧堂下。6个人中除顾大章自杀外，其余5人全被折磨死于狱中。杨涟死时土囊压身，铁钉贯耳，令人惨不忍睹；左光斗被炮烙，面额焦烂已不可辨……。

第二年，魏忠贤再兴大狱，逮捕东林党领袖高攀龙、周起元、周顺昌等7人。这次的特务侦缉比前次更加严密，从被捕人的家乡到京城内外，都布满了东厂的特务于大街小巷。凡是与被害人有关的都被特务盯梢。周顺昌的好友朱祖文打算进京设法营救，刚从苏州出发，就被特务盯上，一路遭缉查盘问数次。到了北京，亲朋好友都紧闭门户，谁也不敢留他住在家中，投住旅馆，连老板都是阉党的眼线，对他百般查问，弄得朱祖文整日躲躲藏藏，营救之事根本无从谈起。这次被抓的7个人都惨死在狱中。历史上对这两次大狱中受难的东林党人称为“前六君子”、“后七君子”。

魏忠贤对东林党人的打击迫害已到了疯狂的地步。有一个东林党人叫李三才，早已病死，但对一个死人他们也不能放过，宣布消除他的官籍，追夺封诰。

在残酷镇压东林党人的同时，魏忠贤全翻“梃击”、“红丸”、“移宫”这三大案，修《三朝要典》定所谓三案是非。凡在三案发生时与阉党意见不和、发生争执的官员一概惨遭迫害，无一幸免于难。如首先对“梃击案”中张差疯颠质疑的王之朋被投入监狱，惨死狱中。而“红丸案”中的元凶献红丸，使光宗腹泻而死的李可灼，本被充军，魏忠贤却赦免了他的罪过；当初为光宗开泻药的内医太监崔文升，本被贬放南京，阉党却重用他当了漕运总督。为所欲为的魏忠贤就是如此地混淆是非、颠倒黑白。

魏忠贤对东林党人的残酷迫害，最后发展到凡是不顺从自己的、或与他有过仇隙的人，都被他加上个东林党的头衔，重则砍头，轻则罢官、充军。东林党已成了一个十恶不赦的罪名，谁一旦被冠以东林党人的头衔，就表明他死期不远了。

天启七年（公元 1627 年）8 月，23 岁的熹宗因荒淫无度而过早丧命，他做了 7 年皇帝。魏忠贤如丧考妣，他预感到好日子就要到头了。果然，即位的思宗朱由检早就对魏忠贤深恶痛绝了。他刚即位，就将熹宗的奶妈客氏赶出宫中。不久，数十名官员大胆上疏揭发魏忠贤。思宗见惩处魏忠贤的时机已到，就将他召来，令人宣读了弹劾他的奏疏，魏忠贤听得冷汗直流，浑身乱颤。思宗下令将他发往安徽凤阳看守明祖先陵墓。

魏忠贤还想图个富贵晚年，将他搜括来的财宝尽数带往凤阳，由上好马千匹驭运，七八百精壮之士护送。思宗闻讯，急令逮他回京问罪。魏忠贤闻讯后；畏罪自杀了，这个奸邪之徒终于结束了他罪恶的一生。他的侄儿，侄孙等人也被处死了。

崇祯二年，思宗把依附魏忠贤的阉党定为“逆案”，分别定了罪，同时又给遭受迫害的东林党人恢复了名誉。

努尔哈赤建立后金

明王朝政治越来越腐败，边防也越来越松弛，在我国东北地区的女真族的一支——建州女真趁机扩大势力，开始强大起来，它的领袖是爱新觉罗·努尔哈赤。

努尔哈赤出身建州女真的贵族家庭。祖父觉昌安和父亲塔克世，都是建州女真的贵族，被明朝封为建州左卫的官员。努尔哈赤从小就练习骑马射箭，练得一身好武艺。

十岁那年，母亲死去；他的继母待他不好。努尔哈赤不得不离开家庭，和当地小伙伴在一起，在莽莽林海里打猎、挖人参、采松子、捡蘑菇，然后把这些山货带到抚顺去卖掉，挣钱维持生活。抚顺的集市很热闹，女真人常在那里用山货跟汉人交换铁器、粮食、盐和纺织品。努尔哈赤接触了很多汉人，学会了汉文。

建州女真有好几个部落，互相残杀。明朝总兵李成梁利用建州各部的矛盾来加强统治。努尔哈赤 25 岁那年，建州女真部有个土伦城的城主尼堪外兰，带引明军攻打古勒寨城主阿台。阿台的妻子是觉昌安的孙女。觉昌安得到消息，带着塔克世到古勒寨探望孙女。正碰上明军攻打古勒寨，觉昌安和塔克世在混战中都被明军杀害。努尔哈赤痛哭了一场，葬了他的祖父、父亲，但是想到自己的力量太小，不敢得罪明军，就把一股怨恨全集中在尼堪外兰身上。他跑到明朝官吏那里说："杀我的祖父、父亲是尼堪外兰，只要你们把尼堪外兰交给我，我也就甘心了。"明朝官吏只把他祖父、父亲的遗体交还他，但不肯交出尼堪外兰。

努尔哈赤满腔悲愤回到家里，翻出了他父亲留下的十三副盔甲，分发给他手下兵士，向土伦城进攻。努尔哈赤英勇善战，尼堪外兰人不是他的对手，狼狈逃走。努尔哈赤攻克了土伦城，继续追击，趁机又征服了建州女真的一些部落。

尼堪外兰东奔西窜，最后逃到了鄂勒珲（今齐齐哈尔附近），请求明军保护。努尔哈赤也追到那里。明军看他不肯罢休，怕因此引起战争，就让努尔哈赤杀了尼堪外兰。

努尔哈赤灭了尼堪外兰，声势越来越大。过了几年，统一了建州女真。这就引起女真族其他部的恐慌。当时的女真族，共有三部，除了建州女真之外，还有海西女真和“野人”女真。海西女真中有个叶赫部最强。公元1593年，叶赫部联合了女真、蒙古九个部落，结成联盟，合兵三万，分三路进攻努尔哈赤。

努尔哈赤听到九部联军来攻，事先做好迎战的准备。他在敌军来路上，埋伏了精兵；在路旁山岭边，安放了滚木石块。一切安排妥当，他就安安稳稳睡起觉来。

第二天，建州派出的探子回报敌兵人数众多，将士们听了也有点害怕。努尔哈赤就解释说：“别害怕，现在我们占据险要地形，敌兵虽然多，不过是乌合之众，一定互相观望。如有哪一个领兵先攻，我们就杀他一二个头目，不怕他们不退。”

九部联军到了古勒山下，建州兵在山上严阵以待，先派出一百骑兵迎战。叶赫部一个头目冲来，马被木桩绊倒，建州兵士去把他杀了，另一头目看到这情景也吓昏过去。这一来，九部联军没有统一指挥，四散逃窜，努尔哈赤乘胜追击，击败了叶赫部。又过了几年，基本统一了女真族各部。

为了有利于作战和生产，努尔哈赤把女真人编为八个旗，即红、黄、蓝、白、镶红、镶黄、镶蓝、镶白，分别以不同的旗帜颜色命名和作为标志。作为军队最高统帅努尔哈赤还亲自统领黄旗、镶黄旗，其余六旗由其子、弟统领。同时在经济和文化上，也都有所建树，开矿冶铁、制造兵器，发展手工业、放养柞蚕，种植粮食，还创造了自己的文字，称为满文。

1608年起努尔哈赤停止向明朝进贡。万历十四年（公元1616年），努尔哈赤在赫图阿拉（原是建州县，在今辽宁新宾）建都，自称大汗，定国号为后金，年号天命。1618年，努尔哈赤召集八旗首领，商议如何对付明朝的大计，尔后与将誓师，宣布与明朝为敌，说有七件事同明朝结下了冤仇，叫做“七大恨”。这第一恨就是明朝无端挑衅，杀了他的祖父和父亲。因这最大仇恨，要与明朝不共戴天，决定出兵讨伐明朝。

萨尔浒大战

努尔哈赤誓师以后，他很快亲率两万兵马进攻抚顺。当时的明神宗已30年没有临朝，边备废弛，无丝毫战斗力可言。到了抚顺，努尔哈赤先写了一封信，劝明军守将投降。

明军守将李永芳见后金军来势凶猛浩大，不敢前去应战，见努尔哈赤写来了劝降书，就此不战而降。后金军没费一兵一卒，就拿下了抚顺，掳掠人口、牲畜30多万。辽东巡抚派兵救援抚顺，半路上被后金军截住，明军战败，努尔哈赤命令把抚顺城毁掉以后，带着战利品回赫图阿拉去了。明神宗得知李永芳投降，抚顺城被毁的消息，大发雷霆，派杨镐任辽东经略使，率兵去讨伐后金。杨镐接了圣旨，急忙调兵遣将，集中了10万人马，分兵四路进攻赫图阿拉。中路左翼由山海关总兵杜松率领，右翼由辽宁总兵李如柏率领，北路由开原总兵马林率领，南路由辽阳总兵刘铤率领。杨镐坐镇沈阳指挥，为了虚张声势，对外宣传把 10 万人马说成 40 万大军。

努尔哈赤的八旗军总共不过 6 万人，一些将士听说明军四十万，感到悬殊过大，自己力量太单，都害怕起来，跑来找努尔哈赤，献计献策，努尔哈赤镇定自若，对大家说："不要怕，不管他分几路兵来，我们都是一路去应战。"努尔哈赤的探马回来报告，说杜松的中路是杨镐的主力，已经从抚顺出发往这边打过来了。努尔哈赤就集中了全部兵力，迎战杜松。

杜松身经百战，有着丰富的战斗经验，这次却失算遭到惨败。他从抚顺出发的时候，天正下着大雪，气候非常恶劣。由于想抢个头功，就冒雪进军，首先攻占了萨尔浒（今辽宁抚顺东）山口，没有停顿就分兵两路，一半扎营萨尔浒，又挑选出一半精兵攻打界藩城（今新宾西北）。

努尔哈赤见杜松兵力分散，暗自高兴，先不去救援界藩城，而是集中全部兵力，截断杜松后路，一鼓作气攻下萨尔浒的明军大营。明军留在大营的将士多为残弱，禁不住八旗兵的突袭猛攻，一兵一卒也没剩下。攻下大营，努尔哈赤又调头去救援界藩城。杜松到了界藩城下，刚刚发起攻击，手下将士听说给后金抄了后路，都无意攻城，军心开始动摇。驻守在界藩的后金守军，从山上冲了下来，如猛虎下山，杜松被杀得溃不成军。正好努尔哈赤也率援兵赶到，后金军两面合围，把杜松军围得水泄不通。杜松奋力拼杀，被乱箭射中头部，从马上翻下来，栽死了。主将战死，明军大乱，后金军包围圈缩小，明军被杀得横尸成堆。杜松率领的中路左翼军全部覆没。

马林率北路军从开原出发，开往赫图阿拉，刚到离萨尔浒四十里的地方，听说杜松全军覆没，吓得不敢前进，就地扎营，挖了三道濠沟，准备依山守卫。

努尔哈赤仍然使用集中兵力，各个击破的战略，以攻为守，杜松军被歼之后，努尔哈赤又率八旗兵赶回萨尔浒，攻破了马林军营，马林见势不妙，慌忙撤回开原，刚到开原，马林军就被后金军打散了，第二路明军又是惨败。

坐镇沈阳指挥的杨镐，正等待明军从前线传回各路的捷报，没料到一连两天接到的是两路明军覆灭的噩讯，把他给吓晕了。知道自己战略上的失误，十万兵马，分成四路，一路只有两万多兵力，努尔哈赤虽然只有六万人马，但他兵力集中，对付杨镐的每一路军都是三比一，想到这里，连忙快马传令叫另两路军停止前进。可是良机已经错过，调整战术，为时已晚了。

李如柏本来就胆小，他率领的中路右翼军行动最缓慢，采取的是观望态度。还没出兵，接到杨镐停止进军的命令，就急忙撤退了。在山上巡逻的后金哨兵，远远看见明军撤退，一起击鼓呐喊，明军兵士以为后面追来了大批的后金军，顿时大乱，兵士们拼命逃路，踩死踩伤无数，李如柏的右翼军也溃散了。

最后只剩刘铤率领的南路军。刘铤是明军中有名的战将，一把一百二十斤重的大刀，在他手上却觉得轻如横草，人称刘大刀，努尔哈赤也怕他三分。当杨镐停止进军命令发出的时候，刘铤已经率军深入后金军阵地，没有接到命令，也不知道其他各路明军失败的消息。刘铤军纪律严明，兵士训练有素，加上武器火药也多，进入金阵地以后，勇猛冲杀，连拔后金军几个大营。

努尔哈赤对刘铤的骁勇善战，早已听说，分析了一下敌情，作了对比，认为后金军连续作战，已经很疲劳，刘军气势旺盛，硬拼是不行的。于是他心生一计，选了一个明军降兵，冒充杜松部下，把努尔哈赤以杜松名义写的一封信送给刘铤，说杜松已经到达赫图阿拉城下，只等刘铤军去会师，合力攻城，抄了努尔哈赤的老窝，不要恋战小股敌人。刘铤信以为真，生怕杜松夺去头功，马上收兵，命令火速进军赫图阿拉。这里山高坡陡，涧深路窄，兵马不能并列前行，只有改成单列进军，刚走不远，忽听杀声四起，努尔哈赤设计埋伏在这里的后金兵，从四面八方向刘铤杀来。刘铤军难以招架，且战且退。努尔哈赤又派一队后金军全副明军打扮，慌称是杜松军来接应的。刘铤又大上其当，把人马带进了努尔哈赤的包围圈。后金军里应外合，杀声阵阵，刘铤军难以抵抗。刘铤挥舞大刀，左杀右砍，砍杀了不少后金兵。但毕竟寡不敌众，被金军砍成重伤，落马身亡。

从杨镐出兵到结束，这次大战只经过五天时间，明军十万兵马损失一大半，文武将官战死三百多人，损失惨重，明朝大伤元气。历史上把这次战争叫做“萨尔浒大战”。萨尔浒大战以后，努尔哈赤的后金政权迁都沈阳，将沈阳改称盛京。

袁崇焕横戈戍边

当魏忠贤的阉党把明朝朝政闹得乌烟瘴气的时候，后金大汗努尔哈赤正不断在辽东进攻明军。萨尔浒大战以后，明王朝派了一位老将熊廷弼出关指挥辽东军事。熊廷弼是个很有才能的将领，可是担任广宁（今辽宁北镇）巡抚的王化贞却认为熊廷弼出关，影响了他的地位，千方百计阻挠熊廷弼的指挥。公元 1622 年，努尔哈赤向广宁进攻，王化贞带头逃进关内。熊廷弼无法抵御，只好保护一些百姓退到山海关内。

广宁失守，明王朝不分青红皂白，把熊廷弼和王化贞一起打进大牢。魏忠贤趁机向熊廷弼敲榨勒索，要熊廷弼拿出四万两银子，才免他死罪。熊廷弼是个正派人，严辞拒绝了。阉党就诬陷熊廷弼贪污军饷，把他处死。

明王朝杀了熊廷弼，派谁去抵抗后金军呢？掌管军事的兵部衙门正在着急，恰恰在这个时候，一个刚从福建调入兵部任主事（官名）的袁崇焕忽然失踪。衙门里的人找到他家里，家里的人也不知道他的去向。过了几天，袁崇焕才回来，原来他看到国事危急，单独一个人骑着马到山海关外视察去了。

袁崇焕详细研究了关内外的形势，回来向兵部尚书孙承宗报告，并且说：“只要给我人马军饷，我能负责守住辽东。”

一些朝廷大臣正被后金的攻势吓破了胆，听袁崇焕自告奋勇，也都赞成让袁崇焕去试一试。明熹宗批准给他二十万两饷银，要他负责督率关外的明军。

关外经过几年战争，一片荒凉，遍地都是死亡兵士的尸骨，加上冰天雪地，野兽横行，环境十分艰苦。袁崇焕出关后，带着几个随从兵士，连夜在荒野上骑马奔驰，天没亮就到了宁远（今辽宁兴城）的前屯。他在那里收容难民，修筑工事。那里的将士对袁崇焕的勇气和毅力，没有一个不钦佩的。

袁崇焕在关外，经过一番实地考察，决心派兵进驻宁远，在那里修筑防守工事。他把他的主张报告朝廷后，立刻得到孙承宗的支持。袁崇焕在宁远筑起三丈二尺高、二丈宽的城墙，装备了各种火器、火炮。孙承宗还派了几支人马分驻在宁远附近的锦州、松山等地方，声援宁远。袁崇焕号令严明，受到军民的爱戴。关外各地的商人听说宁远防守巩固，从四面八方拥到宁远来。辽东的危急局面很快扭转过来。

正当孙承宗、袁崇焕守卫辽东有了进展的时候，却遭到魏忠贤的猜忌。魏忠贤唆使阉党说了孙承宗不少坏话，孙承宗被迫离职。魏忠贤派了他们的同党高第指挥辽东军事。高第是个庸碌无能的家伙，他一到山海关，就召集将领开会，说后金军太厉害，关外没法防守，要各路明军全部撤进山海关内。

袁崇焕坚决反对撤兵，他说："边关御敌，我只知进，不知退，已经收复的地方，怎能轻易放弃！"高第硬要袁崇焕放弃宁远。袁崇焕气愤地说："我是宁远、前屯的守将，死也死在任上，决不后撤。"

高第说不服袁崇焕，只好答应袁崇焕带领一部分明军留在宁远，却下命令要关外其他地区的明军，限期撤退到关内。这道命令下得十分突然，各地守军毫无准备，匆匆忙忙地退兵，把储存在关外的十几万担军粮丢得精光。

努尔哈赤看到明军撤退的狼狈相，认为明朝容易对付，公元 1626 年，他亲自率领十三万大军，渡过辽河，进攻宁远。

那时候，守卫宁远周围几个据点的明军都已经撤走，宁远城只剩下一万多兵士，处境十分孤立。但是袁崇焕并不气馁。他咬破指头，写了一份誓死抗金的血书，给将士们看，并且说了一番激励大家的话。将士们听了，都感动得热血沸腾，纷纷表示一定跟着袁将军一起死守宁远。接着，袁崇焕命令城外百姓全部带了粮食、用具撤进城里，把城外的民房烧掉，叫后金军队来了没有粮食和房屋。他向城里的官员分派了任务，有的管军粮供应，有的清查内奸。他还发信给山海关的明军守将，如果发现宁远逃回关内的官兵，要他们就地处斩。这几道命令一下，宁远的人心都安定下来，大家除了一心一意守城杀敌之外，没有别的念头。

没过多久，努尔哈赤带领后金军气势汹汹地到了宁远城下。大批后金兵士头顶盾牌，冒着明军的箭石、炮火，猛烈攻城。明军虽然英勇抵抗，但是后金兵倒下一批，又来一批。在这紧急的关头，袁崇焕下令动用早就准备好的大炮，向后金军发射。炮声响处，只见一团火焰，后金兵士被轰得血肉横飞，留下的也被迫后撤。

第二天，努尔哈赤亲自督战，集中大股兵力攻城。袁崇焕登上城楼了望台，沉着地监视后金军的行动。直等到后金军冲到逼近城墙的地方，他才命令炮手瞄准敌人密集的地方发炮。这一炮使后金军受到更大伤亡。正在后面督战的努尔哈赤也受了重伤，不得不下令撤退。

袁崇焕听到敌人退兵，就乘胜杀出城去，一直追赶了三十里，歼灭后金官兵1万多人，才得胜回城。

努尔哈赤受了重伤，回到沈阳，跟他的部下说："我从二十五岁以来，战无不胜，攻无不克，没想小小的宁远城攻不下来。"他又气又伤心，加上伤势越来越重，拖了几天，就咽了气。他的第八个儿子皇太极接替他做了后金大汗。

皇太极巧施反间计

努尔哈赤受重伤死去以后，袁崇焕为了探听后金的动静，特地派使者到沈阳去吊丧。皇太极对袁崇焕窝了一肚子的怨恨，但是因为后金刚打败仗，需要休整，再说也想试探一下明朝的态度，所以，不但接待了袁崇焕的使者，还派使者到宁远去表示答谢。双方表面上缓和下来，背地里都在加紧准备下一步的战斗。

到了第二年，皇太极亲自率领大军，攻打明军。后金军分兵三路南下，先把锦州城包围

起来。袁崇焕料定皇太极的目标是宁远，决定自己留在宁远，派部将带领四千骑兵援救锦州。果然，援兵还没出发，皇太极已经分兵攻打宁远。袁崇焕亲自到城头上督率将士守城，用大炮猛轰后金军；城外的明军援军也和城里内外夹击，把后金军打败了。

皇太极又把人马撤到锦州，但是锦州的明军守得严严实实，加上天气转暖，后金军士气低落。皇太极只好退兵。

袁崇焕又打了一个大胜仗。可是，魏忠贤阉党却把功劳记在自己名下，反而责怪袁崇焕没有亲自救锦州是失职。袁崇焕知道魏忠贤有心跟他为难，只好辞职。

公元1627年，昏庸的明熹宗死去，他的弟弟朱由检即位，就是明思宗，也叫崇祯帝。

崇祯帝早就了解魏忠贤作恶多端，民愤太大。他一即位，就宣布了魏忠贤的罪状，把魏忠贤充军到凤阳。魏忠贤自己知道活不成，走到半路上自杀了。崇祯帝惩办了阉党，又给杨涟、左光斗等人平反了冤狱，很想振作一番。许多大臣请求把袁崇焕召回朝廷。崇祯帝接受了这个意见，提拔袁崇焕为兵部尚书，负责指挥整个河北、辽东的军事。崇祯帝还亲自召见袁崇焕，问他有什么计划。袁崇焕说："只要给我指挥权，朝廷各部一致配合，不出五年，可以恢复辽东。”崇祯帝听了十分兴奋，给袁崇焕一口尚方宝剑，准许他全权行事。

袁崇焕重新回到宁远，选拔将才，整顿队伍，军纪严明，士气振奋。东江总兵毛文龙作战不力，虚报军功，不服从袁崇焕的指挥。袁崇焕使用尚方剑，把毛文龙杀了。

皇太极打了败仗，当然不肯罢休，他知道宁远、锦州防守严密，决定改变进兵路线。他作好一切准备，公元1629年十月，率领几十万后金军，从龙井关、大安口（今河北遵化北）绕到河北，直扑明朝京城北京。

这一着可出乎袁崇焕的意外。袁崇焕赶快出兵，想在半路上把后金军拦住，已经来不及了。后金军乘虚而入，到了北京郊外。袁崇焕得到情报，心急火燎带着明军赶了两天两夜，到了北京，没顾上休息，就和后金军展开激烈的战斗。其他各路明军，也陆续赶到，投入战斗。

后金军突然进攻北京，引起了全城震动。崇祯帝更是急得心慌意乱，不知该怎么办才好，后来听说袁崇焕带兵赶到，心才定了一些。他亲自召见袁崇焕，慰劳了一番。但是一些魏忠贤的余党却散布谣言，说这次后金兵绕道进京，完全是袁崇焕引进来的，说不定里面还有什么阴谋呢。

崇祯帝是个猜疑心极重的人，听了这些谣言，也有些怀疑起来。正在这个时候，有一个被金兵俘虏去的太监从金营逃了回来，向崇祯帝密告，说袁崇焕和皇太极已经订下密约，要出卖北京。这个消息简直像晴天霹雳，把崇祯帝惊呆了。

原来，明朝有两个太监被后金军俘虏去以后，被关在金营里。有天晚上，一个姓杨的太监半夜醒来，听见两个看守他们的金兵在外面轻声地谈话。一个金兵说："今天咱们临阵退兵，完全是皇上（指皇太极）的意思，你可知道?"另一个说："你是怎么知道的?"一个又说："听说刚才骑马来的两人是袁将军派来的，他已经跟皇上有密约，眼看大事就要成功啦……"

姓杨的太监偷听了这番对话，趁看守他的金兵不注意，偷偷地逃了出来，赶快跑回皇宫，向崇祯帝报告。崇祯帝听了也信以为真，竟将袁崇焕逮捕入狱。

袁崇焕一被捕，部下将领深恐牵连，武将祖大寿等带着军队逃出了山海关。袁崇焕指挥的军队，本是明朝抵抗后金军的主力，也只有他，在军中享有极高威信。朱由检无可奈何，只好叫袁崇焕写信劝说。身陷囹圄的袁崇焕，以大局为重，亲笔写信要祖大寿听从朝廷命令，不要轻举妄动。祖大寿接信后向将士们宣读，全军都痛哭了起来。祖大寿年逾八旬的老母问明情由，劝大家杀敌立功，求崇祯皇帝保全袁督师的性命。将士们当天就回师入关，奋勇作战，收复了关内数城。

这时，皇太极因估量一时攻不下北京，已引军向东北撤离。关内局势有了好转，魏忠贤的余党又连上奏章，请杀袁崇焕。朱由检于1630年八月十六日，以“谋叛欺君”的罪名，残酷地用磔刑将袁崇焕杀害了。

皇太极用反间计除了对手袁崇焕，退兵回到盛京。打那以后，后金越来越强大。到了公元1635年，皇太极把女真改称满洲；崇祯九年（公元1640年）皇太极在盛京称帝，改国号为大清，年号崇德，把女真族改为满族。皇太极就是清太宗。此后，皇太极正式与明朝分庭抗礼，争夺天下了。

徐光启研究西学

杨镐统率的四路大军在萨尔浒几乎全部覆没，满朝文武大臣都十分震惊。大家齐集在营门外，呼吁明神宗增加兵力，调拨军饷，抵抗后金。翰林院官员徐光启，一连上了三道奏章，认为要挽救国家危局，只有精选人才，训练新兵，还自愿担任练兵的工作。明神宗听说徐光启熟识军事，就批准他到通州练兵。

徐光启是上海人。在他出生之前，上海沿海一带遭倭寇骚扰十分严重。徐光启小时候，常常听他的父亲谈起当地人民英勇反抗倭寇侵略的情景，心里滋长起爱国的激情。

徐光启长大以后，因为参加科举考试，路过南京，听说那儿来了个欧洲传教士利玛窦（音 dòu），经常讲些西方的科学知识。南京的一些读书人都喜欢跟利玛窦结交。徐光启经过别人介绍，认识了利玛窦。他听利玛窦讲的科学道理，都是自己过去在古书上没有读到过的。徐光启因而对西方科学发生了浓厚的兴趣。

利玛窦传播科学知识，主要是为了传教的方便。他觉得要扩大传教，一定要得到中国皇帝的支持。那时候，明朝是不让教士到北京传教的。利玛窦要地方大臣在明神宗面前帮他说话，他还到了北京，通过宦官马堂的门路，送给明神宗圣经、圣母图，还有几只新式的自鸣钟。明神宗不懂得圣经，但是对新式自鸣钟，倒很感兴趣，命令马堂把利玛窦带进宫来。

明神宗接见利玛窦的时候，请利玛窦谈谈西洋的风俗人情。利玛窦本来是意大利人，为了夸耀自己，把自己说成是“大西洋国”的人。有人一查万国地图，找不到什么“大西洋国”，就怀疑利玛窦来历不明，要明神宗把他撵走。但是明神宗不听这个意见，倒赏给利玛窦一些财物，让他留在京城传教。有了皇帝的支持，利玛窦跟朝廷官员们接触就很方便了。

万历25年（1597年）春，36岁的徐光启考中举人，也到了北京，在翰林院做官。从此，他家里的经济状况逐渐有所好转，但他研究农业科学的兴趣却未降低。他认为学习西方的科学，对国家富强有好处，就决心拜利玛窦为师，向他学习天文、数学、测量、武器制造各方面的科学知识。

有一次，徐光启到利玛窦那儿去学习。利玛窦跟他谈起，西方有一本数学著作叫《几何原本》，是古代希腊数学家欧几里得写的一本重要著作，可惜要翻译成汉文很困难。徐光启说：“既然有这样好书，您又愿意指教，不管怎样困难，我也要把它翻译出来。”打那以后，徐光启每天下午一离开翰林院，就赶到利玛窦那儿，跟利玛窦合作翻译《几何原本》，由利玛窦讲述，徐光启笔译。那时候，还没有人译过国外数学著作，要把原作译得准确，可不是件简单事。徐光启花了一年多时间，逐字逐句地反复推敲，再三修改，终于把前六卷《几何原本》翻译完成。

除了《几何原本》之外，徐光启还跟利玛窦和另一个西方传教士熊三拔合作，翻译过测量、水利方面的科学著作。后来，他又在研究我国古代历法的基础上，吸收了当时欧洲在天文方面的最新科学知识，使得他对天文历法的研究，达到了很高的水平。

徐光启不但爱好科学，还十分关心民间疾苦。有一年，他父亲死去，徐光启回到上海守丧。那年夏天，江南遭到一场水灾，大水把稻、麦都淹了。水退之后，农田上颗粒无收。徐光启为这个心里挺着急。他想，如果不补种点别的庄稼，来年春天拿什么度荒呀？恰巧在这时候，有个朋友从福建带来了一批甘薯的秧苗。徐光启就在荒地上试种起甘薯来，过了不久，长得一片葱绿，十分茂盛。后来，他特地编了一本小册子，推广种甘薯的办法。从此本来只在福建沿海种植的甘薯就移植到江浙一带来了。

这一回，徐光启提出练兵的主张，得到明神宗的批准，他满怀希望，想尽快练好新兵，加强国防，哪料到朝廷各个部门腐败透了，练兵衙门成立了一个月，徐光启要人没人，要饷没饷，闲得没事干。后来，好容易领到一点军饷，到了通州，检阅了那儿招来的七千多新兵，大多是老弱残兵，能够勉强充数的只有二千人，更说不上精选了。他大失所望，只好请求辞职。

公元1620年，明神宗死去，他的儿子明光宗朱常洛也接着病死，神宗的孙子朱由校即位，这就是明熹宗。徐光启又回到京城，他看到后金的威胁越来越严重，又竭力主张要多造西洋大炮。为了这件事，跟兵部尚书发生矛盾，徐光启被排挤出朝廷。

徐光启回到上海，已经是六十多岁的老人了。他本来对研究农业科学很有兴趣，回到家乡后，又在自己的田地上，亲自参加劳动，做一些试验。后来，他把他平日的研究成果，写成了一部著作，叫作《农政全书》。在这本书里，对我国的农具、土壤、水利、施肥、选种、嫁接等农业技术，都有详细的记载，可以称得上我国古代的一部农业百科全书。

崇祯六年（1633年）十一月八日，71岁的徐光启病逝于北京。徐光启死后，思宗向徐家索取他的遗著，他的儿子徐骥将《农政全书》献了上去。崇祯十二年（1639年），经过陈子龙、张密等人的增册整理后，《农政全书》公开出版发行。

徐霞客游神州

徐霞客名叫徐弘祖，别名霞客，江阴（今江苏江阴）人，是我国历史上著名的地理学家。他从小在私塾里读书的时候，就非常喜欢读地理历史一类的书籍。他对儒家经书不怎么感兴趣，但也学得不错。

他十几岁的时候，父亲就死了。当时明朝廷腐败，贪官污吏横行，国力衰退，民不聊生。徐霞客对此十分不满，他不愿应朝廷科举考试，也不谋求做官，决心游历祖国的名山大川，考察一番，探索大自然的奥秘。但一想到母亲年迈，没有人照顾，也就一心一意留在家里。

毕竟是母亲最了解自己的儿子，她早看出了儿子的心思，就教导

儿子说："好男儿志在四方，哪能为了照顾我就留在家里呢？那就像篱笆下的小鸡、马圈里的小马一样，是没有出息的！"母亲这样体谅和支持他，他当然更加坚定了远游的决心。

母亲为他准备了行装，还为他缝制了一顶远游冠。徐霞客22岁的时候，正式离开家乡，到大自然中游历去了。这一次，他游历了许多名山大川，如太湖、洞庭山、天台山、雁荡山、泰山、武夷山、五台山和恒山等。每游历一阵就要回来探望一次老母亲。每次游历回来，总要跟亲友乡亲谈他的远游历程，各地奇特的风俗，和他游历中经常遇到险情的奇景，有时说到惊险处，大家都被吓得直伸舌头，母亲却在一帝听得津津有味，不断地夸奖他，鼓励他。

后来，老母亲去世了，徐霞客就更集中精力来从事他的考察事业了。到50岁的时候，他又进行了一次长途游历，他整整用了4年时间，遍游了湖南、广西、贵州、云南四省的山山水水，一直到达边境腾冲。他冒着严寒酷暑，跋山涉水，到过许多人迹罕至的地方，其中的艰辛和险情是可想而知的。但他攀登悬岩峭壁，考察奇峰异洞，从不停歇。有一次，他到达越南香甸，经过一座突兀高耸的山峰，发现悬岩峭壁上有一个岩洞，看看四周，没有一条路可以通到上面，看来是没有人上去过的。他冒着生命危险，像壁虎一样，贴着悬崖边，一步一步爬了上去，对洞内进行了一番考察研究。

还有一次，他到了湖南茶陵，听当地老百姓说山上有个洞，洞里有神龙妖精会吃人，只有懂法术，能够降妖捉怪的人才敢进洞，其他常人进去了，就不会再出来。徐霞客听了不相信，他出了高价从当地雇了一个人给他做向导，他要进洞考察去。刚刚来到洞口，还没进洞，向导问他是不是能够降妖捉怪，徐霞客笑着说："我哪里会那一套，这洞里不会有什么妖怪的，我是读书人，从来就不相信有什么妖怪。"向导听了，吓得要往回跑，直摆手说："我不干，我还以为你是个法师呢，原来你是个读书人，我才不跟你进洞送死哩。"

徐霞客没有退缩，他毫不犹豫地点上火把进洞了。村里老百姓听说有人敢进洞去，认为一定是脑子有毛病，都跑到洞口来看热闹。徐霞客在洞里考察很久，一直到火把快烧没有了才出来。拥在洞口看热闹的老百姓看到他安全地出来了，一个人惊呆了，好奇地说："我们等了很久，以为你一定被妖精吃了哩！"大家亲眼见到徐霞客从洞口进去，又安全地出来，这才相信，洞里根本没有妖精。

徐霞客远游南方时，除了一个仆人，还有一个和尚，法号静闻，同他做伴。一天，渡湘江乘船时，强盗抢走了他们所有的行李财物，静闻和尚同强盗搏斗受了重伤，半路上就死去了。最后，连仆人也逃走了。这些挫折都没有削弱徐霞客的意志，还是坚定地向前探索考察。

徐霞客的旅行、考察、探索整整花了30多年的时间，从22岁出游以后，就基本上是常年以云雾为伴，与山水为伍。吃尽了常人难以想象的千辛万苦。他在旅途中，每天晚上休息之前，都要把当天的见闻都详细记录下来，不论在任何恶劣的环境中，他都坚持写日记。

崇祯十二年，徐霞客55岁那年，即1641年，一病不起，与世长辞了。他留下大量的日记手稿，都没来得及整理成卷。到清兵入关以后，他的家乡同样遭到劫难，这些手稿大都散失了，过了一百多年后，他的后裔才将他残存的1070天的日记编刻成书，这就是著名的《徐霞客游记》。经过徐霞客的实地考察，纠正了过去地理书上的错误记载，增加了许多过去没人记载过的新的地理现象。过去人们一直认为长江的上游就是岷江，徐霞客是第一个弄清楚长江的上游是金沙江的。黄河发源于昆仑山之北，长江发源于昆仑山之南。游历中，他考察研究最多的是岩溶现象，他是世界上最早系统考察和记述石灰岩溶蚀地貌的人。

他的著作《徐霞客游记》不仅是一部古代地理学上的宝贵文献，也是一部文笔生动的的散文著作。

闯王李自成

明朝末年的几位皇帝昏庸无道，政治极端腐败，赋役苛重，社会阶级矛盾激化。当时聚居在东北地区的满洲人不断趁乱骚扰边界。明政府为加强边防军备，不断向农民征收捐税，称为“辽饷”。到了崇祯年间，为镇压农民起义，又加派“剿饷”和“练饷”。三项加起来，比往年正常的税收都多。农民不但要交纳正常的租税，还要同时交纳“三饷”，到了无法生存地步。再加上明末天启、崇祯年间，北方大旱，蝗灾泛滥。严重的地区如陕西延安府，连续几年庄稼颗粒无收。澄城知县张斗耀仍带领恶吏催迫租税，农民别无生路，只好铤而走险，揭竿而起。他们攻府城、杀官僚、抢粮仓，起义的浪潮风起云涌。其中以闯王高迎祥领导的一支军队，力量最强，起义不久，李自成就加入了高的队伍。

李自成从小练就了一身好武艺，体力过人，又善于骑射。民间流传着许多关于闯王李自成小时候的传说。他原名鸿基，13 岁的时候，有一天约了几个小伙伴到村头关帝庙前去玩。他见庙前有一座 70 多斤重的大铁炉，就对众人说："咱们来比比谁的力气大！"说罢，双手一用力，忽地就把这座大铁炉举了起来，还举着它绕着关帝庙走了一圈，然后才稳稳当当地放回原地。其他小伙伴也不示弱，争着要举举看。结果没有一个能举得动的。庙里的道士看见了，惊叹道："你的父亲有你这么有劲儿的孩子，真是积了德呵！"小鸿基自信地说："大丈夫当横行天下，如果只是守着父亲的基业，还算是男儿吗？前几年，我梦见一位大将军，他喊我李自成。现在，我就改名叫自成，号鸿基！"

随着起义军势力的不断壮大，明朝统治者加紧派兵镇压。洪承畴出任三边总督后，派曹文诏追剿陕西义军。高迎祥、李自成率部转战在陕西和山西境内，形势十分严峻。1634 年 7 月，李自成等败退陕西，误入兴安县的车箱峡。峡长 40 里，山势陡峭，明军用石头封住了山口，并不断从山顶向山下扔石块、放箭。又碰上大雨连绵数 10 天不停，弓矢湿烂脱落，马匹缺料死亡。处境十分危险。这时，李自成想出一条妙计：叫众人诈降！明军首领陈奇瑜本来还有点怀疑，但手下人早被李自成买通，一致说服他接受了义军的投降。于是陈奇瑜派人押送农民回家务农，每100个农民派一个安抚官押送。行到半路，农民军起而反抗，杀了安抚官，攻下了附近州县。李自成的计策挽救了起义军。从此他声名大振，大家都知道起义军中有个李自成。

1635年，大部分义军转战会集于河南省境内。明廷又派洪承畴东山潼关入豫，与山东巡抚朱大典合力围剿中原义军。为了制订统一的作战计划，打破明军的围而剿之的战略，起义军在正月举行了著名的荥阳大会。参加会议的13家72营义军恭推闯王高迎祥为首领。这次会议上，李自成还提出了“分兵定所向”的战略方针，得到与会义军首领的称赞，表现出卓越的勇气和军事才能。第二年，闯王高迎祥不幸被洪承畴所率部队俘获，惨遭杀害。李自成继承闯王的称号继续与明军作战。他以凤阳为主攻方向，从明军东部防线突破，攻下了凤阳，烧毁了明朝皇帝的祖坟，给明军以重创，达到了突破围剿的目的。

1637年，明朝兵部尚书杨嗣昌策划了一个“四正六隅十面张网”的战略，企图彻底剿灭农民军。所谓“四正”是指陕西、河南、湖广、江北这四个主要战区；“六隅”是指延绥、山西、山东、江南、江西、四川六省区，作为辅助战场；这10个省区由10个巡抚指挥，则是所谓“十面张网”。为了筹集军饷，明廷开始向人民征收“剿饷”。在明军猛烈围攻下，许多起义队伍被消灭，有的投降了明朝。作为起义军主力之一的张献忠部也为了保存实力，在湖北谷城接受了明政府的“招抚”。这时，李自成部也遭到了洪承畴和陕西巡抚孙传廷的联合进攻。经过一场浴血奋战，仅李自成和刘宗敏等18人突出重围，在陕西商洛山中隐伏下来。农民起义暂时转入低潮。

李自成并没有灰心丧气，他一面总结起义以来的成败心得，一面聚集散失的旧部，整顿人马。经过两年的休整，农民军重又活跃起来。1640年，李自成率部转入河南。当时河南正遭受着罕见的蝗灾、旱灾，民不聊生，饿殍遍野。起义军的到来使饥民如鱼得水，纷纷投在闯王旗下。举人出身的李信和牛金星就在这时参加了义军。李信是杞县举人，对当时河南的情况比较熟悉。针对土地高度集中和赋税苛重的状况，他为起义军制订了“均田免粮”的纲领，并把它编成童谣，在老百姓中广泛流传。“迎闯王不纳粮”传遍了远近州府。同时在李信的极力主持下，农民军建立了严格的纪律，禁止打扰居民，践踏庄稼。不久李自成的部队被训练成一支军纪严明，富于战斗的劲旅。

1641年，李自成杀进了洛阳，俘虏了崇祯皇帝的叔父、福王朱常洵。这位横行一时的皇亲国戚死在了农民起义军的刀下。通过这次战役，李自成的队伍由小到大，发展成一支有100多万众的义军。于是，他乘胜三打开封城，杀死了3个明朝总督，消灭了几十万明军。摧毁了明朝在河南的军事力量。此后，起义军进入湖北，攻下了襄阳。然后北上攻下西安。1644年正月，李自成在西安正式宣布建立“大顺”国，年号“永昌”，改西安为西京，并建立了一系列政权制度，具有初步的开国规模。

1644年2月，起义军乘胜渡过黄河，然后兵分两路向北京进发。李自成亲率主力经大同、宣城而下。3月，攻下了北京门户居庸关，这样明朝灭亡的日子指日可待了。

卢象昇战死巨鹿

当李自成等十八人正在商洛山区休整的时候，明朝东北边境的形势越来越紧张。自从熊廷弼、袁崇焕被冤杀以后，明朝在东北没有得力将才。后金军曾一再派兵进关，掠杀人口和牲畜。公元1638年，清太宗派亲王多尔衮等率领大军第四次远征。清军直达北京外围，京城形势危急。明王朝内部意见分歧，有的主张抵抗，有的主张讲和。崇祯帝也拿不定主意，一面召号全国兵马援救京师；一面又让兵部尚书杨嗣昌和宦官高起潜秘密派人去东北找清朝试探求和。他听说总督宣府大同地区军事的卢象昇是个将才，就把卢象昇召到京城，命令他总督全国援兵。

卢象昇到了北京，崇祯帝立刻召见，问他该怎样对付清军进攻。卢象昇早就听说朝廷正在秘密议和，他直截了当对崇祯帝说："陛下要臣督师，臣只知道打仗，不知道别的。"

崇祯帝听得话里有刺，很不高兴地说："议和是一些大臣的议论。朝廷从没讲过要和。"他要卢象昇跟杨嗣昌去商量对付清军的办法。

杨嗣昌对卢象昇阻挠他的和议，心里恼恨，让高起潜担任总监，把各路来的四万援兵分成两半，一半由高起潜指挥。这样，卢象昇名义上是统帅，实际上只掌管两万兵马。

清军分八路进军，长驱直入。一路打到高阳，原来支持袁崇焕的兵部尚书孙承宗已经告老在家，听到清军打来，带领全家十几口上城抵抗。高阳城被清兵攻破，孙承宗全家都壮烈牺牲。

卢象昇带兵开到保定，正在抵抗清兵，崇祯帝却听信杨嗣昌的诬告，责备卢象昇指挥不当，撤了他的职，要他戴罪立功。杨嗣昌还把卢象昇仅有的二万人马又分出一半给别的将领管辖。卢象昇到了巨鹿，兵力只剩下五千了。那时候，高起潜带领的人马就驻在离巨鹿只有五十里的地方，卢象昇派人向高起潜求援，却遭到高起潜的拒绝。

卢象昇孤军作战，十分困难，由于杨嗣昌的破坏，粮饷也接济不上，将士们饿得发慌。一天早晨，卢象昇走出营门，向四周将士作揖说："我们受国家的恩，只怕不能为国牺牲，不要怕活不了。"将士们听了，个个感动得掉泪。卢象昇把两千残兵分成三路，命令将军虎大威、杨国柱分别率领左右军，他自己带领中军，和清兵激战了一阵，杀退了一批清兵。

到了半夜，明营四周响起了觱篥（音 bìlì，古代一种管乐器）声，几万清军骑兵把明军围得水泄不通。虎大威带兵突围，被清兵压了回来。卢象昇大声喊道："虎将军，我们为国尽忠的时刻到了！"

将士们齐声响应，喊杀震天动地，战斗从早上一直到晚上，卢象昇身上中了四箭，受了三处刀伤，杀得像血人儿一样。他还拼命格斗，杀了十几名清兵，终于倒下。

高起潜没等卢象昇那边战斗结束，早就拔营逃走了。多尔衮率领清军一直打到山东济南，带了大批战利品，才撤回关外。

清太宗几次伐明，每次都打了胜仗，但没有在中原立足，主要是宁远、锦州等关外重镇还在明军手里，怕孤军深入，后路有被切断的危险。在第四次退兵以后，清太宗才决心先攻锦州。

公元1614年，清军围攻锦州，崇祯帝派蓟辽总督洪承畴，带领十三万人马援救锦州。明军才到松山，清太宗又亲自率领大军包围松山，断绝明军的粮道。到了第二年，松山城被攻破，洪承畴被俘，锦州守将听到松山失陷，也投降了。

洪承畴被押解到了盛京，清太宗派人劝降。一开始，洪承畴表现得很坚决，不管怎么劝说，他都不答理。过了几天，清太宗亲自去看望，还向洪承畴问寒问暖，把自己的貂皮大氅解下，披在他的身上。洪承畴腿一软，跪下投降了。

清太宗收服了洪承畴，十分高兴，赏了金银财宝不算，还演戏奏乐，表示庆贺。清军将领对太宗这样重视洪承畴，想不通，清太宗对将领们说：“大家风里来雨里去，天天打仗，为的是什么？”

将领们说：“还不是为了想夺取中原？”

清太宗笑着说：“我们要进中原，好比瞎子走路，现在找到个带路人，我怎么不高兴。”

松棉大战以后，山海关以北，全被清军控制。清兵要进中原，只差宁远和山海关大门了。正当清太宗雄心勃勃，想攻打山海关的时候，他突然得病死去。他的年才六岁的儿子福临即位，这就是清世祖，又称顺治帝。顺治帝年幼，由他的叔父、亲王多尔衮和滚尔哈朗辅政。几乎在同一个时候，关内的形势发生了急转直下的变化。

张献忠智取襄阳

1637 年，由于明军的猛烈围攻，张献忠当初在湖北谷城接受明朝的招安，他并不是真心投降，而是暗暗积蓄兵力，准备东山再起。明朝将领发现张献忠的不轨图谋，便准备派兵镇压。

张献忠先发制人，于公元1639年5月，在湖北谷城再一次起义。他先杀掉在谷城的明朝县令，焚毁了官衙，重新打起了起义的旗号。不久，罗汝才也起兵响应。

接着，张献忠又将明朝总兵左良玉率领的进攻部队打得落花流水，左良玉带着余下的几百名残兵败将没命地逃回去了。崇祯皇帝恼羞成怒，气得将主帅熊文灿和总兵左良玉都革了职。崇祯皇帝又派杨嗣昌到湖广围攻张献忠。杨嗣昌率领十万人马，一路雄纠纠、气昂昂地来到襄阳。他派左良玉等将领把起义军四面包围起来。张献忠被迫转移到玛瑙山，这时起义军队伍里混进了奸细，情报被杨嗣昌掌握，起义军陷入包围圈中，最后被左良玉军打败，张献忠的妻子、儿子也被明军俘虏。

张献忠带领一千多骑兵突围出来，从湖北转移到四川。杨嗣昌跟踪追击，来到四川重庆，到处张贴告示：有谁能抓住张献忠，赏给黄金万两，并封他为侯爵。谁知第二天，在杨嗣昌的住处，就发现许多标语，上面写道："有谁能斩杨嗣昌的头，赏白银三钱。"杨嗣昌气急败坏，派出大批官军到处追剿。

而张献忠起义军却行踪不定，忽东忽西，使官军捉摸不透。直到第二年正月，明军才在开县追上起义军。这时的明军将士已被拖得疲惫不堪，起义军却绕到背后，发起猛攻，全线崩溃，将领刘士杰被起义军杀死。

公元 1641 年，张献忠乘明军襄阳兵力空虚，率精锐部队直取襄阳。杨嗣昌在重庆得知消息后，连夜派使者传令，命襄阳明军严加防守。使者走在途中被起义军发现后抓了回来，并在他身上搜到了盖有杨嗣昌行辕的大印和文书。

张献忠安排他的义子李定国打扮成杨嗣昌的使者，带了几名“随从”和令牌、文书，大模大样地混进了襄阳城。混进襄阳城的兵士趁夜间人们安睡之际，分开在四处放火，惊醒了熟睡的百姓，顿时全城乱作一团，起义军趁机打开城门，大队人马赶到，一举攻克了襄阳城。张献忠一面派人打开监狱，救出被俘的兵士和家属，一面直奔襄王府，活捉了襄王朱翊铭，并下令将朱翊铭斩首示众。

襄阳一战，缴获了明军储存在那儿的大批粮饷兵器，又将襄王府金库里的十几万两银子分发给当地的饥民，老百姓们听说张献忠处死了恶贯满盈的襄王朱翊铭，都载歌载舞，杀鸡饮酒，高兴得像过年一样。

杨嗣昌在重庆得知襄阳的消息后，寝食不安，丧魂落魄地从四川又逃窜到湖北。脚跟还没站稳，又听说李自成起义军趁河南兵力空虚的时候，攻破了洛阳，并将福王朱常洵杀死。杨嗣昌如五雷轰顶，像丧家之犬，感到自己的末日已经来临了，便抽出战刀，刎颈自杀，得到了应有的下场。

崇祯景山自缢

公元1627年，文盲皇帝朱由校死了，葬于德陵。他没有儿子，遗诏由他弟弟信王朱由检继位。这便是大明王朝的第十六位皇帝，也是最后一个皇帝崇祯。

崇祯帝很聪明，很有心计不轻意地相信别人，因而好独断专行，他很想搞好朝政，使朝纲振兴起来，但又不肯听取大臣们的意见，连皇后的意见也不听，成了真正的孤家寡人。

朱由检是个不走运的皇帝，他一登基就处在东边的大清国，西南面的起义军的夹缝中，如果他能听取大臣意见，能够任用那些有真才实学的忠臣良将，也许还能挽救败局。然而他不听别人意见，自认为聪明，了不起，结果造成大错，把像袁崇焕、洪承畴那样的军事家，杀的杀了，降的降了，致使局面越来越糟，弄得国库空虚，义军蜂起，大顺军威胁京师。当时有人劝他迁都南京，有人劝他速召山海关总兵吴三桂回师勤王，他都迟疑不决。

直到崇祯十七年三月十七日，大顺军已兵临城下，他才在皇宫内急得像热锅上的蚂蚁一样。现在南迁已经来不及了，山海关总兵吴三桂也没赶到。兵部点齐了城内的守军，一共还有 5 万多人。北京内城外城一共有 15.4 万多个城堞，守军全部上城，一人得摊 3 个，这能守得过来吗？再说也不能白天晚上连轴转呀！皇上没办法，只好在十八日那天，先下个《罪己诏》，承认以前都是自己不好，请老百姓原谅。接着又下诏停征“三饷”。跟着又下第三个诏书，乃是《亲征诏》，诏书说：“朕今亲率六师以往，国家重务悉委太子。告尔臣民，有能奋发忠勇或助粮、器械、骡马、舟车悉指军前听用。”还答应偿还“决不食言!”

十八日下午，李自成坐阵彰义门，开始对北京城全面进攻。

当天晚上，朱由检无法入睡。他登上皇宫后面的万岁山（即景山，又称煤山），遥望四面城外的满天炮火，他在山顶徘徊了一阵，回到乾清宫。吩咐太监把太子朱慈烺和另两个儿子定王朱慈炯、永王朱慈炤，分送给外戚周氏和田氏家。这时周皇后走来，垂泪对朱由检说：“妾事皇上一十八年，一句也听不进去，致有今日。”说完便自杀了。

长平公主已经六岁了，她牵着父亲的衣襟，眼泪不停地流着。朱由检咬咬牙，叹口气说：“你为什么偏偏生在我家!”他把公主推开，拔出墙上的宝剑，左手用袍袖掩面，右手举剑砍去，砍下了公主的左臂。公主惨叫着摔倒了。朱由检还想再砍，但手软无力，只好作罢。这时他身边还有几十名太监，为首的是王承恩。朱由检手执三眼火铳，大家骑上马，拿着斧头，直奔东华门。守门的卫士不认识皇上，准备抵抗。一伙人只好又奔到安定门，但这座门已经封闭，无法开启。这时远处近处都传来喊杀声，太监们都丢下马匹逃散。朱由检也只得下马，看看身边就剩下王承恩一人。王承恩是司礼监的秉笔太监。朱由检问他：“你带笔了吗?”

“奴才随身带着。”

“好，你随我来!”

君臣二人又登上万岁山。朱由检见城内也已经到处是闪耀的火光，便脱下外服，要过王承恩的笔来，借着月光，在白缎衣里上写下了他的最后一份诏书：“朕自登基十有七年，东人三侵内地，逆贼直逼京师。虽朕薄德匪躬，上干天咎，然皆诸臣之误朕也。朕死无面目见祖宗于地下，去朕衣冠，被发覆面，任贼分裂朕尸。勿伤百姓。”

朱由检把衣服挂在树上，将冠摘下，解散了头发，披在脸上，这才在山脚下的一棵树上自缢而死。王承恩对皇帝的尸体拜了三拜，吊在了另一棵树上。

崇祯皇帝直到临死，仍然不思自责，将国破家亡的罪责，全都推到众多文臣武将身上，而摆出一副代人受过的样子，其实，他自己的罪责最大。

明朝的最后一位皇帝死了，北京被李自成攻破。传国276 年（公元 1368—1644 年）的大明王朝覆灭了。

清 朝

清朝（1644~1911）是中国历史上最后一个封建王朝。1616年东北建州女真族首领努尔哈赤建立后金政权。1636年皇太极即帝位后改国号为清。顺治元年，即1644年5月明朝灭亡后入关，定都北京，逐步统一全国，形成了一个多民族统一的封建国家。

清朝政权实行以满族贵族为主体的满、蒙、汉封建阶级联合专权，政权组织沿袭明代，并创设军机处，为处理政务的最高权力机构，是中央集权专制的高度发展形态。一省或数省设总督，各省设巡抚，掌握地方的一切军政大权。北京设顺天府，盛京设奉天府，由中央直辖。全国的政治、经济制度的确立，促进了清王朝的巩固，使它得以稳定和发展。

清代城镇繁荣超过明代。清雍正、乾隆两帝

统治时经济兴盛，商业发达，手工业欣欣向荣。广大农村集市贸易更加普遍。人口也从清初的数千万增加到三亿，是当时亚洲最强大的国家。

清朝前期，我国的疆域，西跨葱岭，西北达巴尔喀什湖北岸，北接西伯利亚，东北至黑龙江以北的外兴安岭和库页岛，东南到台湾及其附属岛屿彭湖列岛、西沙群岛。疆域辽阔统一的多民族国家为边疆的开发和各民族人民经济文化联系的加强，提供了有利的条件。

清代文学艺术在专制主义文化统制下取得了难能可贵的成就。曹雪芹的《红楼梦》、蒲松龄的《聊斋志异》、吴敬梓的《儒林外史》等均为优秀的古典小说。清代绘画有了很高的成就，出现了扬州八怪等著名画家。

19 世纪中叶后，清朝政局腐败无能，灾害不断，民不聊生，国内发生太平天国、捻军等起义，同时西方列强纷纷入侵，中国迅速沦为半殖民地、半封建社会。1911 年孙中山领导的革命党人发动武昌起义、推翻了清王朝统治，结束了中国两千多年的封建帝制。

吴三桂引清兵入关

崇祯帝眼看李自成的大军攻入北京城，在煤山一棵槐树上吊自杀。统治中国二百七十六年的明王朝，宣告灭亡。

大顺起义军攻破北京，大将刘宗敏首先率领队伍进城，接着，大顺王李自成头戴笠帽，身穿青布衣，跨着骏马，缓缓地进了紫禁城。北京的百姓像过节一样，张灯结彩欢迎起义军。

大顺政权一面出榜安民，叫大家安居乐业；一面严惩明王朝的皇亲国戚、贪官污吏。李自成派刘宗敏和李过，勒令那些权贵交出平时从百姓身上搜刮来的赃款，充当起义军的军饷，拒绝交付的处重刑。少数民愤大的皇亲国戚被起义军抓起来杀头。

有个大官僚吴襄，也被刘宗敏抄了家产，并且逮捕起来追赃。有人告诉李自成说，吴襄的儿子吴三桂是明朝的山海关总兵，手下还有几十万大军。如果把吴三桂招降了，岂不是解除了大顺政权一个威胁。

李自成觉得这个主意很有道理，就叫吴襄给他儿子写信，劝说他向起义军投降。吴三桂原来是明朝派到关外抗清的，驻扎在宁远一带防守。起义军逼近北京的时候，崇祯帝接连下命令要吴三桂带兵进关，对付起义军。吴三桂赶到山海关，北京已被起义军攻破。过了几天，吴三桂收到吴襄的劝降信，倒犹豫起来。北京还有他的家属财产，也舍不得丢掉。既然李自成来招降，不如到北京去看看情况。

吴三桂带兵到了滦州，离北京越来越近，就遇到一些从北京逃出来的人。吴三桂找来一问，开始，听说他父亲吴襄被抓，家产被抄，已经恨得咬牙切齿；接着，又听说他最宠爱的歌姬陈圆圆也被起义军抓走，更是怒气冲天，立刻下令退回山海关，并且要将士们一律换上白盔白甲，说是要给死去的崇祯帝报仇。

李自成得知吴三桂拒绝投降，决定亲自带二十多万大军，进攻山海关。吴三桂本来就害怕农民军，听到这消息，吓得灵魂出窍。他也顾不了什么民族气节，写了一封信，派人飞马出关，请求清朝帮助他镇压起义军。

清朝辅政的亲王多尔衮接到吴三桂的求救信，觉得机会来到，立场回信同意。接着，他亲自带着十几万清兵，日夜不停地向山海关进兵。

清军到了山海关山下，吴三桂已经迫不及待地带着五百个亲兵出关迎接多尔衮。他见了多尔衮，卑躬屈膝地哀求多尔衮帮他报仇。多尔衮自然顺水推舟地答应。吴三桂把多尔衮请进关里，大摆酒宴，杀了白马乌牛，祭拜天地，订立了同盟。

李自成大军从南面开到山海关边。二十多万起义军，依山靠海，摆开一字阵，一眼望不到边。多尔衮从城头望见起义军阵容整齐，料想不容易对付，就让吴三桂打先锋，叫清军埋伏起来，自己和几名清将远远躲在后面的山头观战。

战斗开始了，李自成骑着马登上西山指挥作战。吴三桂带兵一出城，起义军的左右两翼合围包抄，把吴三桂和他的队伍团团围住。明兵东窜西突，冲不出重围；起义军个个血战，喊杀声震天动地。正在双方激烈战斗的时候，不料海边一阵狂风，把地面上的尘沙刮起，一霎时，天昏地黑，对面见不到人。多尔衮看准时机，命令埋伏在阵后的几万清兵一起出动，向起义军突然袭击。起义军毫无防备，也弄不清是哪儿来的敌人，心里一慌张，阵势也就乱了。直到风定下来，天色转晴，才看清楚对手是留着辫子的清兵。

李自成在西山上发现清兵已经进关，想稳住阵脚，指挥抵抗，已经来不及了，只好传令后撤。多尔衮和吴三桂的队伍里外夹击，起义军遭到惨重失败。李自成带领将士边战边退。吴三桂仗着清兵人多势众，在后面紧紧追赶。

李自成回北京后，在皇宫大殿里举行即位典礼，接受官员的朝见。第二天一清早就率领起义军，离开北京，向西安撤退。

李自成离开北京的第三天，多尔衮带领清兵，耀武扬威地开进北京城。公元 1644 年十月，多尔衮把顺治帝从沈阳接到北京，把北京作为清朝国都。从那时候起，清王朝就开始在中国建立了它的统治。

第二年，清朝分兵两路攻打西安。一路由阿济格和吴三桂、尚可喜率领，一路由多铎和孔有德率领。李自成率领农民军在潼关抗击清军，经过激烈战斗，终于被迫放弃西安，向襄阳转移。过了几个月，农民军在湖北通山县九宫山，遭到当地地主武装袭击，李自成战败牺牲，年仅 39 岁。

李自成牺牲后，清军就把进攻锋芒指向张献忠。1645 年 12 月，清下诏招抚张献忠，张献忠毫不妥协，断然拒绝。1646 年（顺治三年）清朝派肃亲王豪格和吴三桂率军由陕南入四川，进攻大西军。张献忠处境虽然困难，仍于同年 7 月率军 10 万退出成都，北上抗击清军。11 月，驻军川北西充凤凰坡，由于叛徒刘进忠的出卖，清军发动突然袭击，张献忠兵败不幸牺牲。

明末农民大起义是中国古代史上规模最大、时间最长、斗争最复杂的一次农民起义，具有深远的历史意义。

多尔衮为崇祯治丧

多尔衮既有超人的军事之才，又有安服民心之策。他准备确定北京为大清的国都，为稳定北京的社会秩序，使民心安定，消除民族矛盾，以迎顺治帝进京，首先颁布一道晓谕天下的檄文。

檄文的主要意思是把矛头直指李自成的农民起义军，指出官、军、民等只要不反对新朝，就可以安居乐业，对新朝有功者赏，有罪者罚。接着又寻访、启用原明朝官吏，动员他们出来为新朝服务，同时还广泛地听取他们的意见。对能提出稳定社会秩序、安邦兴国策略者，不仅加官晋爵，还有重赏。多尔衮为国求贤做到了礼贤下士。甚至于亲自登门拜访，以求能人出仕，扶助新朝。在听取一些策略时，他能做到既虚心又不盲从。多尔衮的这些措施，迎合了一些官民之心。他们纷纷出来投奔新朝。在这众多的归顺者中，难免有些贪官污吏混入，多尔衮的态度是“既往不咎、来者可追。”使一些原明朝的贪官污吏不得不老老实实地做官，扎扎实实地办事。从而又招来更多的贤良人才。

在实施新政中，多尔衮又听取了原明朝顺天巡抚宋权的建议：尊崇明代最后一位君王崇祯。多尔衮不仅采纳了这个建议，还扩大到对明朝 20 代皇帝的全部祭祀。他选择了一个良辰吉日，亲自主持隆重的祭祀大典。为扩大影响，做到家喻户晓，又命人擎着明朝 20 位皇帝的神位招牌，绕北京城一圈，然后又恭恭敬敬地把它们送到历代帝王庙中供奉。其虔诚之心，为世人所睹。祭祀后，多尔衮又将崇祯及其死难的嫔妃进行安葬，举行了隆重的安葬仪式。同时下令全国臣民一律戴孝三天，以表示对崇祯皇帝的哀悼。多尔衮的这些做法，对有着浓厚的民族观念和忠君思想的汉族人是一个很大的麻痹和安慰。

多尔衮为了巩固清朝的统治，大刀阔斧地改革了明朝的一系列腐败制度，废除了一些由于战争带来的各种苛捐杂税，在发布的政令中写道："大清入关救民于倒悬，一切均须革故鼎新，凡原明朝制度的陈规陋习，都在改革之列。各种加征加派一律取消，蒙受战火的地区，损失严重者，正赋亦可酌情减免。今后地方官吏如违犯朝廷政令、肆意向民间加征加派贪污勒索者，一经告发，立即就地正法，决不轻饶！"这一举措，对稳定当时的社会秩序，缓合民族矛盾，维护清王朝的统治起到了重大作用。多尔衮把军国大事安排得有条不紊，以迎其侄福临来北京称帝。

福临虽 6 岁继承皇位，但在其母孝庄皇太后的教导下，可称得上是一位聪明的小皇帝。公元 1644 年十月多尔衮派何洛会到达盛京把迎帝入京的来意说明后，福临十分高兴。他任命何洛会为盛京总管，留守盛京，保护他们大清的发祥地。他与其母孝庄皇太后，选择良辰吉日携带众皇亲、文武百官，在大队人马的扈从下，浩浩荡荡开出山海关，直奔北京城。

多尔衮率领诸王、贝勒及文武大臣在北京郊外的通州接驾，君臣见面十分高兴。在一片欢呼声中，顺治首先嘉奖了多尔衮及随征的诸将，对文武百官也予以勉励。然后在多尔衮的引导下，由正阳门进入北京城。一切就绪后，多尔衮率领文武大臣上表劝进，早登龙位。几天后，由多尔衮选择良辰吉日，顺治按照汉族皇帝继位的仪式，正式坐上了皇宫中太和殿的龙椅，成为统治全中国、入关后的第一个清朝皇帝。

藏書

中華上下五千年

珍藏版

赵文博 主编

伍

辽海出版社

目　录

宋　朝

元　　朝

“二王八司马”事件

安史之乱后，唐王朝的根基很不稳固。唐玄宗以后，是肃宗、代宗、德宗三个皇帝相继统治。统治阶级由于政治措施不得当，国家越来越衰落了。

贞元21年（公元805年）正月，德宗皇帝李适病死了，太子李诵即位，就是唐顺宗，年号改为永贞元年。李诵是德宗的长子，他为人宽厚，尤其尊重师长，见了老师总是先行礼。他喜欢作诗写字，棋也下得不错。集贤院侍读王叔文，善于下棋，李诵把他召到东宫。诗诏翰林王伾（音pī）思想先进，经常给他讲一些民间疾苦的事，对当时朝廷内外的一些弊端也评论得很有见解。这两人都是很正直的人，太子也是个有正义感的人。所以，太子对他俩十分器重。

顺宗登基的第一件事就是把王叔文和王伾封为翰林学

士，让他们革新朝政。他原先是想派“二王”当宰相的，但考虑他们以前的官阶太低，一下子提拔那么高，怕别人不服，所以让他们当翰林学士，而让声望较高的韦执谊当宰相。

王叔文等既得新皇帝的信任，便把志同道合的好朋友柳宗元、刘禹锡、韩晔、韩泰、程异、陈谏，凌准等安排了重要职位，以便实行他们的革新计划。君臣之间有了共同愿望，革新派的手中又有权力，因此他们就大刀阔斧地干了起来。

他们先来解决宦官的问题，首先是取消“宫市”，不准太监们自己到外边买东西。把“五坊”也解散了，让那些横行街市的“五坊小儿”统统当宫中的杂役。又把久闭深宫的年长的宫女和教坊女妓600人，释放回家。他们还通过唐顺宗发布命令，废除百姓积欠官府的一部分租税，停止地方官的进奉，减低盐价。单这几项，就大大减轻了老百姓的负担。

对藩镇割据和宦官专权，革新派采取措施，加以限制和削弱。剑南四川节度使韦皋派刘辟到长安，对王叔文进行威胁利诱，想要完全控制四川地方，来扩大割据的地盘。王叔文拒绝了韦皋的要求，下令杀刘辟。刘辟吓得狼狈地逃回了四川。王叔文选拔老将范希朝统率禁军，并且担任京城以西各城镇行营的节度使，派韩泰为行军司马，接管宦官的兵权。可惜这一条重要措施被宦官暗中破坏，没能实现。

对于贪官污吏，革新派严加惩罚。京兆尹李实肆意地搜刮民脂民膏。他原先在外地作官的时候，就因为克扣军饷，引起军士们的愤怒。军士们打算刺杀他。他吓得连夜从城墙上用绳子吊下逃走，后来他当了京兆尹。有一年，他不管天旱歉收，依旧逼迫老百姓完粮纳税。穷苦的市民被迫拆掉房子，卖掉砖瓦木料；被迫卖掉青苗（还没有成熟的庄稼）凑钱交纳赋税。到处一片惨状。李实把不择手段搜刮来的昧心钱，拿出一部分进奉给唐顺宗。其他大部分都装进了他自己的钱袋。他足足聚敛了30万贯钱的财富！对这么个吸血鬼，王叔文果断地宣布了他的贪污罪行，把他贬到外地去。长安市民听到这个消息，莫不拍手称快。许多人揣着砖瓦石块，准备拦截他痛打一顿。李实听说，不敢等到第二天，当天晚上就偷偷地从长安逃走了。

王叔文等知道，要想使革新有保障，就必须有军队作后盾。那时长安的防务，是由神策军负责的。神策军的总部设在奉天，称为神策军西行营，由太监杨志廉、孙荣义分任左、右中尉。王叔文建议顺宗派宿将范希朝为神策军京西兵马节度使，派韩泰作副使，想使军队脱离宦官统辖。太监总管俱文珍知道新朝要夺宦官的兵权，吩咐神策军的将领拒绝服从朝廷命令。待到范希朝和韩泰来到奉天行营，召见诸将时，将领们竟一个也不来报到。范、韩只好回去告诉王叔文。王叔文也没有办法。

王叔文实行改革，不但一批宦官恨他，有不少大臣也嫌王叔文地位低，办事专断，对他不满。太监们已经意识到革新将带给他们的危险，便去跟那些看不起王叔文的大官僚黄裳、袁兹等人联合，共同来对付革新派。那时顺宗患了风疾，说不出话来。而王叔文因为母亲死了，按例要告假回家守丧，王伾也突然患了中风，革新派失去了中坚力量。太监们便在当年7月，逼着顺宗让太子李纯代理朝政；8月，硬逼他下诏让位给太子，李诵自己退做太上皇，并改元“永贞”。第二年的正月，顺宗李诵便因病去世了。这位46岁的皇帝在位仅仅8个月。

李纯是顺宗的长子，史书上称为“宪宗”。他是在太监和官僚的拥戴下当皇帝的，还没等正式登基便下令贬王伾为开州司马，王叔文为渝州司户。王伾带病，勉强挣扎着到了贬所，不久便死了。过了一年，太监们对王叔文不放心，又让宪宗下一道诏书，在渝州把王叔文杀害了。

柳宗元、刘禹锡、韦执谊等 8 人，原先是贬谪为边远州郡刺史的，还没到任，就又再贬为州司马。一场革新运动，只进行了 146 天，就昙花一现的夭折了。史书上把这件事称为“二王八司马”事件。革新虽然失败了，王叔文等革新派的一系列措施，给广大穷苦百姓带来了好处，有力地抑制了宦官和官僚们的利益。这件事因为发生在唐顺宗永贞年间，所以又称“永贞革新”。

“诗豪”刘禹锡

“永贞革新”失败后，被唐宪宗下诏贬职的“八司马”当中，有两位著名的文学家柳宗元和刘禹锡。柳宗元擅长散文，刘禹锡善于写诗，两个人又是很要好的朋友。这次，柳宗元被派到永州（今湖南零陵），刘禹锡被派到朗州（今湖南常德）。

这年，刘禹锡34岁。永州和朗州都在南边，那时候还是荒僻落后的地区。柳宗元和刘禹锡相信自己的作为是正直的，失败了也不气馁。到了任所，除了办公以外，常常游览山水，写写诗文。在他们的诗文中，常常抒发自己的政治抱负，也反映了一些人民的疾苦，像柳宗元的《捕蛇者说》就是在永州写的。

刘禹锡在朗州期间创作了有名的《天论》。《天论》三篇是中国哲学史上的名著。他说过“怒人言命，笑人言天”。一怒一笑，表明他是儒家。

刘禹锡和柳宗元在任所一住就是十年。日子一久，朝廷里有些大臣想起他们来，觉得这些都是有才干的人，放在边远地区太可惜了，就奏请宪宗，把刘禹锡、柳宗元调回长安，准备让他们留在京城做官。

元和十年，刘禹锡回到长安，看看长安的情况，已经发生了很大变化。京城虽有一些新气象，但朝廷官员中，有不少新提拔的官员都是他过去看不惯的人，心里很不舒坦。

京城里有一座有名的道观叫玄都观，里面有个道士，在观里种了一批桃树。那时候正是春暖季节，观里桃花盛开，招引了不少游客。有些老朋友约刘禹锡到玄都观去赏桃花。刘禹锡欣然接受了朋友们的盛情。

刘禹锡过了十年的贬谪生活，回到长安，看到玄都观里新栽的桃花，很有感触，回来以后就写了一首诗：

紫陌红尘拂面来，无人不道看花回。
玄都观里桃千树，尽是刘郎去后栽。

刘禹锡的诗一向有名气，这篇新作品一出来，很快就在长安传开了。有一些大臣对召回刘禹锡，本来就不愿意，读了刘禹锡的诗，就细细琢磨起来，有人竟说刘禹锡这首诗表面是写桃花，实际是讽刺当时新提拔的权贵的。这些话传入宫内，唐宪宗很生气，他觉得自己这些年颇有成绩呢。于是，对刘禹锡也很不满意。刘禹锡又被派到播州（今贵州遵义市）去做刺史。刺史比司马高一级，明着是提升，但是播州地区比朗州更远更偏僻，当时还是人烟稀少的地方。

刘禹锡的老母亲，已经八十多岁了，需要有人伺候；怎能跟着刘禹锡一起到播州，正在这时候，朝廷把柳宗元改派为柳州刺史。柳宗元得知刘禹锡的困难情形，决心帮助好朋友。他连夜写了一道奏章，请求把派给他去柳州的官职跟刘禹锡对调，让他到播州去。

柳宗元待朋友一番真诚，使许多人很受感动。后来，大臣裴度也在唐宪宗面前替刘禹锡说情，宪宗答应把刘禹锡改派为连州（今广东连县）刺史。大和五年（831 年）十月，他出任苏州刺史，为期近 3 年，颇有政绩，得到时人的称赞。后历任汝州、同州刺史。过了十四年，裴度当了宰相，把他调回长安。

刘禹锡重新回到京城，正值暮春季节。他想起那个玄都观的桃花，有心旧地重游。到了那里，知道那个种桃树的道士已经死去，观里的桃树没有人照料，有的被砍，有的枯死了，满地长着燕麦野葵，一片荒凉。他想起当年桃花盛开的情景，联想起一些过去打击他们的宦官权贵，一个个在政治争斗中下了台，而他自己倒是顽强地坚持自己的见解。想到这里，他又写下了一首诗，抒发他心里的感慨，诗里说：

百亩中庭半是苔，桃花净尽菜花开。
种花道士归何处？前度刘郎今又来。

刘禹锡一生仕途坎坷，颠沛流离，但他始终坚持真理，特别是几次遭贬，几番挫折，使他广泛地接触社会和生活在底层的劳动人民。因此在哲学、政治、文学等方面形成了自己的独到之处，并且给后人留下许多宝贵财富。

刘禹锡创造了大量的政治诗和政治讽刺诗，继承并发扬了古典诗歌的现实主义传统。他是中唐时期最优秀的诗人，白居易极度钦佩他的诗歌才能，称他为“诗豪”，为“国手”。

白居易进长安

白居易是唐代著名诗人，字乐天，生于唐代宗大历七年（公元 772 年），下邽（今陕西渭南东北，音 guī）人。白居易自小聪明，五六岁就开始学写诗。他擅长作诗的名气，很早就传开了。白居易早期的生活是在乱动荡中度过的。在他十六岁那年，他父亲白季庚在徐州做官，让他到京城长安去长些见识，这种离乱生活才结束。

那时候，正是朱酢叛乱之后，长安遭到很大的破坏。特别是连年战争，到处闹粮荒，长安米价飞涨，百姓的日子很艰难。

当时，长安有一个文学家顾况，很有才气，但为人有些高傲。白居易钦佩顾况的名气，带了自己的诗稿，到顾况家去请教。顾况听说白居易也是个官家子弟，不好不接待。白居易拜见了顾况，送上名帖和诗卷。顾况看了看名帖，看到“居易”两个字，皱起眉头打趣说：“近来长安米价很贵，只怕居住很不容易呢！”

白居易被顾况莫名其妙地数落了几句，也不在意，恭恭敬敬地站在旁边请求指教。顾况拿起诗卷随手翻着，他的手忽然停了下来，眼睛盯着诗卷，轻轻地吟诵起来：

离离原上草，一岁一枯荣；
野火烧不尽，春风吹又生……

顾况读到这里，脸上显露出兴奋的神色，马上站起来，紧紧拉住白居易的手，热情地说：“啊！能够写出这样的好诗，住在长安也不难了。刚才跟您开个玩笑，您别见怪。”

顾况十分欣赏白居易的诗才，自从这次见面以后，逢人就夸说白家的孩子怎么了不起。一传十，十传百，白居易在长安出了名。不到几年，他考取了进士。唐宪宗听说他的名气，马上提拔他做翰林学士，后来又命他担任左拾遗。在这期间，白居易一面不断地创作新的诗歌，揭露当时社会上的一些不良现象，一面在宪宗面前多次直谏，特别是反对让宦官掌握兵权。

有一次，白居易谏阻宪宗封宦官做统帅，惹得宪宗很气恼。他跟宰相李绛说：“白居易太狂了，怎么对我这样不敬，我要撤他的职！”李峰说：“白居易敢在陛下面前直谏，不怕杀头，正说明他对国家的忠心。如果办他的罪，只怕以后没人敢说真话了。”唐宪宗勉强接受李绛的意见，暂时没有把白居易撤职。但是，过了没有多少天，终于把他左拾遗的职务撤掉，改派别的官职。

白居易写了许多诗，其中有不少是反映现实的，像《秦中吟》和《新乐府》。在这些诗篇中，有的揭露了宦官仗势欺压百姓的罪恶，有的讽刺官僚们穷奢极侈的豪华生活，有的反映了劳动人民的痛苦遭遇。他的诗歌通俗易懂，受到当时广大人民的传诵，街头巷尾，到处都传诵着白居易的诗篇。据说，白居易写完一首诗，总先要念给不识字的老婆婆听，如果有听不懂的地方，他就修改，一直到能够使她听懂，这当然只是一种传说，但也说明他写的诗歌是比较接近群众的。

正因为他的诗反映现实，触犯了掌权的宦官和大官僚，也招来了一些人的咒骂和忌恨。有些人想诬陷白居易，只是一时找不到借口。过了几年，白居易在太子的东宫里作大夫。有一次，宰相武元衡被人派刺客暗杀了。这次暗杀有复杂的政治背景，朝廷的官僚谁也不想开口。只有白居易站了出来，首先向宪宗上了奏章，要求通缉凶手。宦官和官僚抓住这个机会，说白居易不是谏官，不该对朝廷大事乱作主张，狠狠地告了一状。经过这样罗织罪名，白居易被降职到江州（今江西九江）去当司马了。

白居易无辜受到贬谪，到了江州之后，心情十分抑郁。有一天晚上，他在江州的湓浦口送客人，听到江上传来一阵哀怨的琵琶声，叫人一打听，原来是一个漂泊江湖的老年歌女弹的。白居易见了那歌女，又听她诉说她的可悲身世，十分同情；再联想到自己的遭遇，引起满腔心事。回来以后，写下了著名的叙事长诗《琵琶行》，诗中说：

我闻琵琶已叹息，又闻此语重唧唧。

同是天涯沦落人，相逢何必曾相识。

后来白居易又几次回到京城，做过几任朝廷大官。但是当时的朝政十分混乱，像白居易这样正直的人不可能有什么作为。他把他全部精力倾注到诗歌创作中去。白居易一生一共写了二千八百多首诗，作为封建时代的文人士大夫，他的诗不仅有高超的艺术手法，而且更具有丰富的社会内容。更难能可贵的是，他把诗的写得通俗易懂，达到了妇孺皆知的地步。这样高的艺术成就，使他成为继李白、杜甫之后又一位杰出的诗人。

韩愈反对迎佛骨

唐宪宗依靠裴度、李愬，平定了淮西叛乱，社会逐渐有所安定，唐宪宗觉得这是很骄傲的事情。他决定立一个

纪功碑，来纪念这一次大胜利。叫谁来写这个碑文呢？恰好裴度手下有个行军司马韩愈，擅长写文章，又跟随裴度到过淮西。唐宪宗就命令韩愈起草《平淮西碑》。

韩愈字退之，他是唐朝一位杰出的文学家，邓州河阳（今河南孟县西）人。他出身贫寒，通过科举途径担任监察御史等官职。韩愈认为自从魏晋南北朝以来，社会风气不好，连文风也衰落了。许多文人写的文章，喜欢堆砌词藻，讲求对偶，缺少真情实感。他决心对这种文风进行改革，写了不少散文，在当时影响很大。他的主张和写作实践实际上是一种改革，但是也继承了古代散文的一些传统，所以被称做“古文运动”。后来，人们把他和柳宗元两人称为“古文运动”的创导人。

韩愈不但善长写文章，还是个直言敢谏的大臣。尤其在中唐时期反佛斗争中，他是一个最积极的人物。

唐宪宗到了晚年，迷信起佛法来。他听说凤翔的法门寺里，有一座宝塔，叫护国真身塔。塔里供奉着一根骨头，据说是释迦牟尼佛祖留下来的一节指骨，每三十年开收一次，让人瞻仰礼拜。这样做，就能够求得风调雨顺，人人平安。唐宪宗给人说得相信了，特地派了三十人的队伍，到法门寺把佛骨隆重地迎接到长安。他先把佛骨放在皇宫里供奉，再送到寺里，让大家瞻仰。下面的一班王公大臣，一看皇帝这样认真，不论信或是不信，都要凑个趣。许多人千方百计想弄到瞻仰佛骨的机会。有钱的，捐了香火钱；没钱的，就用香火在头顶、手臂上烫几个香疤，也算表示对佛的虔诚。

韩愈是向来不信佛的，更不要说瞻仰佛骨了。他对这样铺张浪费来迎接佛骨，很不满意，就给唐宪宗上了一道奏章，劝谏宪宗不要干这种迷信的事。他说，佛法的事，中国古代是没有的，只有在汉明帝以来，才从西域传了进来。他又说，历史上凡是信佛的王朝，寿命都不长，可见佛是不可信的。

唐宪宗收到这个奏章，大发脾气，立刻把宰相裴度叫了来，说韩愈诽谤朝廷，非把他处死不可。裴度连忙替韩愈求情，唐宪宗气慢慢平了，说："韩愈说我信佛过了头，我还可宽恕他；他竟说信佛的皇帝，寿命都短促，这不是在咒我吗？就凭这一点，我不能饶他。"

后来，替韩愈求情的人越来越多，唐宪宗没杀韩愈，就把他降职到潮州去当刺史。尽管这样，韩愈仍不放弃自己的主张，曾写诗说："一封朝奏九重天，夕贬潮阳路八千，欲为圣朝除弊事，岂将衰配惜残年"，表示他反对佛教的坚定立场。

从长安到潮洲，路远迢迢，韩愈孤单一个人，到了潮州。韩愈想到自己的不幸遭遇，也考虑到百姓的生活。他把潮州官府里的官员找了来，问当地老百姓有什么疾苦。

有人说："这儿出产少，老百姓日子过得很苦；还有城东恶溪（今广东韩江）里有条鳄鱼，经常上岸来伤害牲畜，百姓真被它害苦了。"

韩愈说："既是这样，我们就得想法把它除掉。"话虽那样说，可韩愈是个文人，一不会动刀，二不会射箭，怎能除掉鳄鱼呢？后来，他写了一篇《祭鳄鱼文》，专门派人到江边去读这篇祭文，又叫人杀了一口猪一头羊，把它丢到江里去喂鳄鱼。在那篇祭文里，他限令鳄鱼在七天之内迁到大海里去，否则就用强弓毒箭，把鳄鱼全部射杀。

韩愈不信佛，怎么会信鳄鱼有灵呢？这当然只是他安定人心的一种手法罢了。事有凑巧，据说从那以后，大池里的鳄鱼真的没有再出现过。当地的百姓认为朝廷派来的大官给鳄鱼下的驱逐令见了效，都安心生产了。

韩愈在外地做了一年官，才又回到长安，负责国子监（朝廷设立的最高教育机构）的工作。就在这一年（公元820年），唐宪宗被宦官所杀。他的儿子李恒即位，这就是唐穆宗。

韩愈反佛是站在儒家思想立场上进行的，他反佛的目的是要建立一套正统的儒家学说。韩愈不仅是唐朝著名的文学家和古文运动的倡导者，同时他还是一位对宋明理学有重大影响的哲学家，成为宋明理学的先驱。

朋党之争

从唐穆宗之后，唐朝的皇帝都是由宦官拥立的。这样一来，宦官的权势很大。在宦官专权的日子里，朝廷官员中，反对宦官的，大都遭到排挤打击。一些依附宦官的朝官，又分成两个派别。两派官员互相倾轧，勾心斗角一直明争暗斗了四十年，历史上把这种争斗叫做“朋党之争”。

这场争斗还是在唐宪宗在位时期开始的。有一年，长安举行考试、选拔能够直言敢谏的人才。在参加考试的人中，有两个下级官员，一个叫李宗闵，一个叫牛僧孺。两个人在考卷里批评了朝政。考官看了卷子，认为这两个人符合选拔的条件，就把他们推荐给唐宪宗。这件事让宰相李吉甫知道了。李吉甫是个士族出身的官员，他本来就瞧不起科举出身的官员，现在出身低微的李宗闵、牛僧孺居然敢批评朝政，揭了他的短处，更加生气。他在唐宪宗面前说，这两人被推荐，完全是因为跟试官有私人关系。唐宪宗听信了李吉甫的话，把几个试官降了职，李宗闵和牛僧孺也没有受到提拔。

李吉甫死后，他的儿子李德裕依靠他父亲的地位，做了翰林学士。那时候，李宗闵也在朝做官。李德裕对李宗闵执评他父亲这件事，仍旧记恨在心。

唐穆宗即位后，又举行进士考试。有两个大臣因为熟人应考，私下里托过考官，考官钱徽没卖他们的面子。正好李宗闵有个亲戚应考，被选中了。这些大臣就向唐穆宗告发钱徽徇私舞弊。唐穆宗问翰林学士，李德裕说真有这样的事。唐穆宗就把钱徽降了职，李宗闵也受到牵连，被贬谪到外地去了。

李宗闵认为李德裕成心排挤他，恨透了李德裕。牛僧孺当然同情李宗闵。从这以后，李宗闵、牛僧孺就跟一些科举出身的官员结成一派，李德裕也跟士族出身的官员结成一派，两派明争暗斗得不可开交。

唐文宗即位以后，李宗闵走了宦官的门路，当上了宰相。李宗闵向文宗推荐牛僧孺，也把他提为宰相。这两人一掌权，就合力打击李德裕，把李德裕调出京城，当西川（治所在今四川成都）节度使。

那时期，西川附近有个吐蕃将领投降。李德裕趁机收复了一个重镇维州（治所在今四川理县）。这本来是李德裕立了一功，但是宰相牛僧孺却跟唐文宗说："收复一个维州，算不了什么；跟吐蕃搞坏关系，才不上算呢。"他要唐文宗下令叫李德裕把维州让还吐蕃，李德裕很气愤。

后来，有人告诉唐文宗，说退出维州城是失策，并且说这件事是牛僧孺排挤李德裕的手段。唐文宗挺懊悔，对牛僧孺也疏远了。唐文宗本人也受宦官控制，没有一定的主见。一会儿用李德裕，一会儿用牛僧孺，一派掌了权，另一派就没好日子过。

牛、李两派为了争权夺利，都巴结宦官。李德裕做淮南节度使的时候，监军的宦官杨钦义被召回京城，大家传说杨钦义回去一定掌权。临走的时候，李德裕就办酒席请杨钦义，还送给他一份厚礼。杨钦义回去以后，就在唐武宗面前竭力推荐李德裕。

唐武宗即位，李德裕果然当了宰相。他竭力排斥牛僧孺、李宗闵，把他们都贬谪到南方去。李德裕得了武宗信任，当了几年宰相，因为办事专断，遭到不少朝臣的怨恨。公元 846 年，唐武宗病死，宦官们立武宗的叔父李忱即位，就是唐宣宗。唐宣宗把武宗时期的大臣一概排斥，即位第一天，就撤了李德裕的宰相职务。过了一年，又把李德裕贬谪到崖州（今广东海南岛）。

折腾了四十年的朋党之争终于收尾，但是混乱的唐王朝已经闹得越发接近崩溃的边缘。

悲壮的黄巢起义

唐朝后期，大量耕地集中在少数贵族和官僚手里，全国半数以上的农民失去了土地，变为逃户、流民。统治者还用各种名目横征暴敛，老百姓连吃盐、喝茶、住房都要上税。当时，还经常发生天灾，地里不长庄稼。穷苦农民没有吃的，只好把蓬草籽磨成面，把槐树叶当成菜，勉强果腹。举国上下，饿殍遍地，怨声载道。而统治阶级则过着骄奢淫逸的生活。

公元 859 年即位的唐懿宗，是一个非常荒淫的皇帝。他每月总要举行大型宴会 10 多次，殿前的乐工常有 500

多人。他观赏歌舞，常常是通宵达旦，高兴的时候还要赏给乐工们很多钱。长安附近的名胜，如南宫、北宛、离宫等地方，他想什么时候去就什么时候去。左拾遗刘蜕曾上书说："目前，西凉还在建筑城池，南蛮不断侵扰边境，战争还在进行，请皇上节制宴游，多关照一些政事为好。"唐懿宗不仅不听，反而把他贬为华阴令。

公元873年，唐僖宗即位后，其昏庸腐朽、奢侈豪华，比唐懿宗有过之而无不及。僖宗年幼不会治理国家，但对踢球、斗鸡、音乐、赌博非常精通。他最宠信的宦官田令孜还常常让僖宗赏给乐工钱，每天达几万，几乎把府库里的钱都用光。

穷人活不下去，只有起来造反。当时，农民武装起义在现在的山东、四川、湖南、山西、陕西等地，此起彼伏。公元859年冬天，裘甫在浙江东部举行起义。这场起义虽然被镇压下去，但却成了唐末农民起义的先导。8年以后，桂林又发生兵变，后来转战到徐州一带，发展成规模很大的农民起义，14个月以后，起义被镇压。起义的农民分散到各地，等待机会。

唐僖宗乾符二年（公元875年），濮州（今山东濮县东）私盐贩子王仙芝与尚君长、尚让兄弟，率领几千农民在长垣起兵。王仙芝自称天补均平大将军、海内诸豪都统，发布檄文，斥责朝廷奸臣乱政，赋税繁重，赏罚不平。起义军攻下曹州（今山东曹县）、濮州，从几千人发展到几万人。接着，冤句（今山东曹县西北）人黄巢和他的兄弟等8人，率领几千农民在曹州起兵响应，王仙芝和黄巢的两支队伍合在一起，轰轰烈烈的农民大起义开始了。

黄巢从少年时起就贩卖私盐，走南闯北，见多识广。他擅长骑马射箭，喜好结交江湖好汉；济困扶危，反抗社会不平。他也喜欢读书，几次参加科举考试，都没有被录取。

有一年他又未考中进士，便写了一首《不第后赋菊》诗：

待到秋来九月八，我花开后百花杀。
冲天香阵透长安，满城尽带黄金甲。

表露了他有朝一日要起来造反的意愿。

起义初期，王仙芝是全军统帅。起义军采取流动作战的方法，从现在的山东南部打到河南西部，又打到湖北东部。公元877年攻到蕲州城下。唐朝蕲州刺史请王仙芝、黄巢等人进城，对他们进行诱降活动，答应请求皇上授予王仙芝官职。朝廷正想平息农民起义，就答应授给王仙芝一个空头官衔。王仙芝十分高兴。黄巢大怒，他责备王仙芝说："起初大家立过大誓，要横行天下。现在你去作官，起义的弟兄们该到哪里去？"起义军其他将士也都斥责王仙芝，王仙芝害怕众人，没敢接受唐朝的官职。起义军两位领袖意见不和，起义军也就分裂了。王仙芝和尚官君、尚让等率领一部分人，攻破一些州县；可是，他曾经7次向唐朝统帅请求投降，没有得到允许，最后被唐军打得大败，牺牲了几万人，王仙芝也被杀死。这支起义军失败了。

黄巢率领另一部分起义军北上，转战在山东、河南一带。王仙芝战死以后，尚让带领残余部队投奔黄巢，推黄巢为王，称作黄王，又称"冲天大将军"，改年号"王霸"，设置官署，建立自己的政权。面对唐军的军事防线，继续强攻州县城邑对起义军极为不利，而江南是唐王朝军备力量薄弱的地区，又是后期主要的财赋供给地，起义军到江南开辟新的活动地区，打开新的局面是非常必要的。黄巢在冷静分析局势之后，作出了正确的选择。他率领数万大军，渡过长江，挥戈南下，使起义军转入新的大发展阶段。

当时，唐朝的军队集结在中原一带，岭南地区兵力比较薄弱。黄巢本想占领岭南地区，休整一段时期，积蓄力量，再打到中原去，推翻唐朝。可是，部将们不愿休息，要求尽快打回北方。黄巢同意了这个要求，以天补均平大将军的名义发布檄文，指责朝廷的罪恶，率领起义军从广州出发，向北攻进现在的湖南、湖北，向东打到江西、安徽、浙江等地。

起义军的声势越来越大，人数越来越多，发展到 60 万人。唐僖宗派了好几支大军进行镇压，也阻挡不住。起义军渡过淮河，向西北进军几千里，攻下了东都洛阳。唐军只得退到潼关防守。一路上，起义军纪律严明，不掳掠百姓，只没收官商富户的财产充作军需。起义大军进入洛阳城的时候，还对百姓进行慰问，秩序井然。

起义军挺进到潼关城下，满山遍野都是起义军的白旗。当黄巢来到的时候，全军士气高昂，大声欢呼，山河震动。唐军凭借关隘，勉强守了两天。到第 3 天，尚让和黄巢的外甥林言，分兵从一条叫“禁谷”的小路绕到关后，内外夹击，攻破了潼关。这条“禁谷”，在平时，为了防止商人逃税，禁止通行，里面长满了灌木藤葛。起义军打来，唐军竟然忘记设防。第一天双方交战以后，官军溃败，争着从禁谷逃命。一夜工夫，把地面塌平了，正好给起义军开辟了道路。

公元880年12月3日，黄巢攻克潼关。京城长安得知这一消息，陷入一片混乱之中。5日凌晨，唐僖宗和宦官田令孜带着4个亲王及数名嫔妃，率领500名神策军，由金光门出了皇宫，匆匆忙忙地逃往四川。就在这天早晨，文武百官照样上朝，等了很久，才知道皇帝逃跑了。当天下午，黄巢的前锋大将柴存进入长安。唐朝廷的左金吾卫大将军张直方不得不带领文武官员几十人，到长安郊外迎接。黄巢乘坐着黄金装饰的轿子，由身披锦绣、手执兵器的随从簇拥着，威武雄壮地进入长安城。兵强马壮的起义军队伍，充塞道路的辎重车辆，浩浩荡荡地跟随着前进。

长安的老百姓听说黄巢进了城，都走出家门，夹道欢迎，观看起义军的军容。起义军士兵大多是受尽压迫的民众，所以，遇到贫民是很同情的，还送给他们财物；但对唐朝留下来的那一大群官吏，就十分憎恨，只要一抓住就处死。几天之后，也就是公元881年1月，黄巢在长安即位称帝，国号大齐，年号金统。他任命尚让为宰相，孟楷、盖洪为将军，著名诗人皮日休为翰林学士，组成了由起义军文武首领和唐朝降官混合的大齐政权。

起义军渡过淮河以后，一路无阻，但经过的重要地方如东都洛阳，都没有留兵驻守。数十万人全部进入长安，实际上好像进入口袋之中。长安在唐军的四面包围下，粮食补给发生困难。不久，唐朝京城四面诸军行营都统郑畋号各藩镇，联合起来进攻长安，各藩镇响应。形势对起义军非常不利。

黄巢也想过打开局面。他曾派尚让等人率领5万人攻打凤翔。尚让自以为声势浩大，行军时，军容不整；遇到伏兵，便被杀得大败，损失了士兵2万多人。一部分唐军乘机进攻长安，黄巢以为是唐朝大军来了，便率领众人仓惶逃走。唐军入城，大肆掳掠。黄巢停在城外，看到唐军像一群乌合之众，便又领兵杀回长安，歼灭唐军十之八九。无奈，他的地方守将们听说他已出城，也都放弃守城，逃往别处。

由于起义军始终没有打破敌人的围剿，城内粮食又日益紧张更由于在这紧急关头，起义军的主要将领朱全忠（即朱温）却叛变投敌了，使得大齐政权处于多面受敌的严重危机之中。

公元883年5月，黄巢被迫撤离长安，在河南、山东一带继续坚持起义。第2年6月，又与唐军浴血奋战，终因寡不敌众，黄巢自刎于泰安狼虎谷（今山东莱芜境内）。黄巢起义历时十年，撼动了封建王朝的统治，功不可没。

五代十国

唐王朝经黄巢起义的打击，已名存实亡，许多军阀拥兵自立，全国形成割据的局面。公元907年，朱温废唐昭宗帝，自立为帝，建立后梁。中国历史进入五代十国时期。

五代是指从公元907年到公元960年在中原地区相继出现的后梁、后唐、后晋、后汉、后周五个朝代，共历53年，更换了八姓，14个君王。除后唐建都洛阳外，其它均建都开封。和五代同时期，南方和河东地区（山西中部）先后出现过前蜀、后蜀、吴、南唐、吴越、闽、越、南汉、南平、北汉共十国，十国自公元891年前蜀出现，至979年北汉灭亡，历至88年。

朱温建立的后梁仅存在16年，便被沙陀酋长李克用之子李存勖推翻。李存勖于公元923年建立后唐王。后唐河东节度使石敬塘以燕云十六州割让契丹，换取契丹支持推翻后唐，于公元936年建立后晋王朝。公元946年契丹军攻入后晋都城开封，后晋灭亡。947年，后晋河东节度使刘知远称帝，建立后汉王朝。公元950年，后汉邺都（今河北大名）留守郭威攻入后汉都城开封，后汉灭亡。向951年，郭威称帝，建立后周王朝。郭威去世后，柴荣继承皇位，调整政治、军事政策，企图结束割据实现统一。柴荣去世后，后周大将赵匡胤推翻后周，建立北宋政权，基本上统一了北方。

五代十国各朝的长期混战使社会经济，特别是华北地区经济遭受严重破坏，但社会生产并未中断，手工业中的纺织、造纸、煮盐、制茶业有所发展，瓷器业和雕版印刷发展突出。文化方面，词在五代也有发展，代表词人有温庭筠、韦庄等，南唐后主李煜是中国历史上最杰出的词人之一。

朱温称帝李唐亡

朱温，宋州砀山人（今安徽砀山），原是黄巢部下一位大将，后投降官兵，被朝廷任命为汴州（今河南开封）节度使，僖宗皇帝给他改名为朱全忠。他从加入义军到半反变归唐，最后废唐自立，成为后来五代中后梁的开国之君梁太祖。

黄巢起义，虽然没有直接使唐朝灭亡，这场农民战争沉重地打击了魏晋南北朝以来的士族门阀势力和唐末藩镇势力，动摇了

大唐的根基。晚期的大唐，已经岌岌可危了。

883年4月，僖宗召集诸路大军围攻长安，朱全忠立了战功，被提升为宣武节度使。僖宗诏令他攻下长安后，立即率部队赶赴汴州（今河南开封），堵截黄巢东退的去路。第二年，黄巢久攻陈州不下，撤围向东，转攻汴州。朱全忠自知抵挡不住，就乞求河东节度使李克用援助。李克用早有扩张地盘的野心，便亲率大军赶赴汴州。在李克用的援助下，朱全忠击败黄巢。但朱全忠并不感谢李克用，相反，还嫉妒李克用的强盛。他表面上卑躬屈膝，背地里却暗藏杀机。

李克用夫人女将刘氏有勇有谋，是李克用的好参谋。李克用追击黄巢义军，追到黄巢的家乡冤句时，截获一万多名老百姓，黄巢的小儿子也在逃难的人群当中，天正下着雨，黄巢的小儿子湿淋淋的又冷又怕直发抖，刘夫人见状，大概想起自己的儿子，动了恻隐之心，劝说丈夫，把这些老百姓全释放了，李克用夫妻做了一件好事。

李克用放了百姓之后，因为军中缺粮，去向朱全忠借粮。朱全忠大摆酒宴，款待李克用，李克用多喝了几碗，不禁有了醉意，说话也就不注意了，他说："人生一世许多事情难以预料，一年前你在义军时，我们在战场上厮杀，而现在我们又在一起亲热地饮酒，谁能想到呢？”李克用变相地说朱全忠是一位投降者，朱全忠很恼怒，想发作又忍住。可李克用没注意朱全忠的脸色，借着酒劲又说：“朱公不是名‘温’吗，怎么又改了名字？”朱全忠听了这话，面露得意之色，说：“全忠之名乃当今皇上赏赐。”

不料，李克用却说：“‘全忠，全忠’，好名字，好名字，只是不晓得黄巢听了，有什么想法？”李克用这话挖苦得太厉害了，在场的监军陈景思见状不妙，忙打圆场说：“李大帅醉了，李大帅醉了……”说完把他扶出去。

朱全忠气得脸像猪肝，大将杨彦洪提议说：“李克用太目中无人了，干脆把他杀了算了！”朱全忠正在气头上，自然同意，半夜时率兵将李克用住的驿馆包围，并放火焚烧。

李克用酒喝得太多，侍卫郭景铢摇晃不醒，急中生智，找来盆凉水浇到他头上，这才睁眼，看见窗户被火光照红了，慌忙爬起来，想拿兵器，心有余而力不足，郭景铢只好背着他往外冲。亲兵李嗣源、薛志勤等奋不顾身与朱全忠的汴军搏杀，保护李克用往外逃。正在这时，天气骤变，惊雷暴雨，浇灭了大火，火灭后，冒出浓烟，李克用趁此及时逃走。

在追击李克用的战斗中，杨彦洪骑着马跑来跑去指挥，朱全忠在黑暗中看见一人骑马乱窜，想起杨彦洪刚刚说过，李克用他们善骑马，晚上看不清面目，见骑马者就射箭，于是拉弓搭箭瞄这位骑马者射去，一箭射中，骑马者翻身落马，朱全忠跑过去细看，被射死者不是别人，正是给他出主意“见骑马者就放箭”的杨彦洪！

李克用绝路逢生，幸亏天降大雨，被手下亲兵“义儿军”救出重围，平安逃回大营。事后他感谢刘夫人建议他释放了一万名老百姓，也算积德，得到好报。不然，天为什么在火烧驿馆时突然下雨？他这样想。

文德元年（公元 888 年）春，僖宗皇帝病故，他的弟弟李晔继位，即昭宗。改元为龙纪。这个时期，军阀混战更加激烈，最后有三支军阀力量较强，一个是山西李克用，一个是陕西李茂贞，再就是河南朱全忠。

天复元年（公元 901 年），宦官给皇帝出主意，封李茂贞为岐王，进京辅政，把宰相崔胤贬谪出京都。崔胤原来依附于朱全忠，此时便鼓动朱全忠发兵将皇帝从李茂贞手中夺过来。李茂贞的大本营在凤翔，太监韩全海逼迫昭宗到凤翔。天复二年（公元 902 年），朱全忠率 7 万兵力攻打凤翔，因城内断粮，李茂贞只好打开城门，把皇帝交给朱全忠。

朱全忠进入凤翔，杀了韩全海为首的宦官，又劫持皇帝回到长安城。第二年，即天复三年，朱全忠采纳崔胤的意见，把宫中的太监一次杀死800余人，所剩无几，虽然结束了宦官之祸，却也冤枉了许多老实忠厚的太监。

公元904年，朱全忠基本统一了黄河流域，并逼迫昭宗皇帝迁都洛阳。昭宗来到洛阳，一切行动均在朱全忠的控制和监视之下，不久，又被杀害，他的九儿子李柷继位，才13岁，即“哀帝”。随后，朱全忠又大肆杀戮李室宗亲和唐朝官员，将他们的尸体丢进黄河之中。

朱全忠在与李克用争斗时，连续三次破开黄河堤坝，淹没上万户百姓，毁坏良田无数。

公元907年三月，朱全忠让小皇帝禅位，他自己当上了皇帝，国号“梁”（史称后梁），年号为开平。朱全忠给自己重新起了名字“晃”。

朱全忠在政治上极其残暴，特别是到了晚年，为了发泄心中的积郁，他恣意虐杀，纵情淫乱；其荒暴程度，即便在封建帝王中，也是罕见的。

公元912年6月，朱全忠病势垂危，准备把皇位传给受宠的养子朱友文，并想把亲生儿子朱友贵贬为刺史。朱友贵从妻子张氏口中得到消息，恼恨万分，于是，便买通禁军将校，在夜深人静时，带兵入宫，杀死了朱全忠。

从公元618年李渊开国，到公元907年李柷禅位，整整290年，共有23位皇帝，公元908年，唐朝最后一位小皇帝被朱全忠派人杀害。

此后，中国变成五代十国纷争的复杂局面。

李克用父子

公元907年初，朱全忠宣布建立梁朝，自己当了皇帝，觉得“全忠”这个名是已故唐朝皇帝起的，现在再用感到耻辱，用原来名“朱温”又与“猪瘟”谐音，于是重新取了名字：朱晃。

李克用听说朱温建立梁朝当了皇帝，改名朱晃，那心情是又恨、又气、又急。想出兵讨朱晃，又担心自己力量不够，便与北方契丹族首领耶律阿保机取得联系，共同对付朱晃。耶律阿保机答应了李克用的要求，两人结为兄弟，约好了一起进攻梁朝的时间。李克用很高兴，自己的兵力再加上契丹族30万人马攻破梁朝胜利在望。

不料，耶律阿保机惧怕朱晃的势力，背弃了与李克用的盟约，反而跟朱晃结成联盟。李克用闻听，一股火攻心，不久就病倒了。

有一天，李克用预感到自己不久于人世，便把儿子李存勖叫来，语重心长地说："朱温是咱们李家的冤家对头，当然我不讲你也清楚；我对刘仁恭有恩，保举他做官，可他忘恩负义，竟然去投朱温；还有契丹阿保机，曾经与我拜为兄弟结盟，然而毁约翻脸，与我们为敌。这三口气没出，我死不瞑目啊!"

李克用说到这儿，让人取来三支箭，交给儿子说："我亲手给你这三支箭，你要记住那三个仇人，给我们李家报仇。"

李存勖扑通跪倒床边，泪水盈眶，双手恭恭敬敬接过箭，抽泣着说："父王，您就放心吧，为儿的一定牢记在心。此仇不报，誓不为人!"李克用听罢，慢慢闭上了双眼。

李存勖继了晋王位，他牢记父亲的遗嘱，把报仇做为目标，精心训练士兵，严肃军队纪律，很快地就把原来一支比较涣散的沙陀族（古代一个少数民族）军队，整顿成纪律严明英勇善战的队伍。李存勖将父亲给他的三支箭，虔诚地供奉在家庙里。出征的时候，把箭取来装进丝套里，带在身上去打仗，打胜以后，再把箭送回家庙中，继续供奉。

李存勖带着一种强烈的复仇心理，与朱晃梁兵交战，每次战斗，常常是身先士卒。他的将士们一个个都很勇敢，把梁兵 50 万大军打得狼狈不堪，屡战屡败。朱晃羞愧气恨交织在一起，一病不治而亡。朱晃死了，了却了李克用的第一个遗愿，李存勖一鼓作气，又攻破幽州，把忘恩负义的刘仁恭和他的儿子活捉，报了第二个仇。九年之后，李存勖又大败南下的契丹兵，把耶律阿保机赶回北方老家，报了第三个仇。

朱晃虽然死了，他儿子朱瑱继位，为梁末帝，继续与李存勖为敌。朱瑱也想完成父亲未尽的事业，他与李存勖又兵戎相争了十年，到公元 923 年，朱瑱失败，李存勖灭了梁朝，统一了北方地区，登基称帝，国号为唐，史称后唐，李存勖则为庄宗皇帝。

李存勖当皇帝以后，中原已经平安无事，周围的小国已构不成威胁。于是，就贪图享乐起来。

李存勖小时候，喜欢看戏，也愿意演戏。长大成人以后，忙于征战，没有时间看戏演戏。如今，李存勖做了皇帝，想干啥就可以干啥，又想起来看戏演戏的事。他把国家大事置于一旁不管，整天跟戏班子在一起。

戏班里的演员，受到皇帝宠幸，在一起平等相处，这些演员便狂傲起来，自由出入皇宫，不把大臣们看在眼里，甚至还欺负朝廷重臣，许多官员敢怒不敢言。

不久，庄宗皇帝要封两位演员任刺史，消息传出，有大臣进谏道：“陛下，现在新朝刚刚建立，许多跟陛下打江山立下战功的将士还没得到封赏，却让演戏的伶人当刺史，恐众臣不服。”

庄宗却不以为然，坚持让几位演员做了官，果然，很多有功的将士觉得皇上不公，非常气愤。仅仅几年，后唐朝廷发生内乱，大将郭崇韬被杀害，李嗣源也险些被害。

李嗣源原是晋王李克用的养子，武艺高强，胆识过人。当年李克用在汴州驿馆得罪朱温被围困时，李嗣源也跟李克用在一起，他当时虽只有 17 岁，但却临危不惧，挥舞长枪，以一当十，眨眼间刺倒汴军十多人，为保护李克用安全撤退，立了大功。这样的有功之臣，得不到应有的封赏，却受到猜忌迫害，李嗣源不能忍耐下去了，在将士们的拥护之下，决定发兵反对唐庄宗，自己做皇帝，于是率兵攻进汴京。

庄宗皇帝在洛阳得到李嗣源反叛的消息，立即去汴京。走到半路，听说李嗣源已经进入汴京，而且各地将领都支持他，这才知道自己已处于孤立无援的地步。庄宗返回洛阳，要与李嗣源对抗。便命令亲军指挥使郭从谦组织兵力抵抗。郭从谦原来也是演戏的伶人，曾认郭崇韬大将为叔叔，郭崇韬遇害以后，郭从谦对庄宗皇帝怀恨在心。现在李嗣源起兵讨伐皇帝，郭从谦觉得是个机会，便发动亲军造反，进攻皇宫。庄宗始料不及，没有抵抗的能力，被一箭射中，结束了生命，做了不到四年的皇帝。

庄宗死后，年已六旬的李嗣源做了后唐的第二位皇帝，即唐明宗，时值公元926年。

儿皇帝石敬瑭

后晋开国之皇石敬瑭在位时，就甘愿作契丹的儿皇帝，被后人所不耻。他的名字已成了儿皇帝、卖贼的同义词。

石敬瑭是沙佗人，沙佗是后唐北方的一个武力强悍的部落，石敬瑭年轻时少言语而喜欢动头脑，他自幼好武，喜学兵法，尤其练就了一手好箭法。石敬瑭在后唐朝廷里是个出名的将领，他不仅功夫好，在战场上十分勇猛。据说他解过唐庄宗李存勖的围。也救过唐明宗李嗣源的命。唐庄宗赏识他，派他掌管亲兵，把他作为心腹大将。李嗣源把女儿嫁给他，并任他为河东节度使。

当后唐将士发生哗变，要拥立李嗣源为皇帝时，李嗣源举棋不定，石敬瑭劝自己的岳父下决心，说："什么事都是成在果断，败在犹豫。"于是，李嗣源当上皇帝，即唐明宗。

唐明宗即位时六十开外了，他的大儿子早死，二儿子顺理成章该做继承人。可他怕其他兄弟抢他的位置，就想乘父皇生病之时夺位，结果失败被杀。唐明宗为此大伤元气，不久就死了。皇位传给了另一个皇子李从厚。唐明宗有个养子叫李从珂，在各方面如年龄、地位、战功都与石敬瑭相似。早被看成是争夺皇位的危险人物。李从厚上台之后，十分忌怕他，就要把从西京留守、凤翔节度使上调离，削弱他的兵权。这样，却促发了李从珂的政变。李从珂从凤翔起兵，进攻洛阳。

李从厚急忙召石敬瑭带兵救驾。唐明宗去世前一年，派石敬瑭任河东节度使（驻晋阳，即今山西太原），以便迎击契丹、吐谷浑、突厥等部的进犯。石敬瑭得到诏令，带上兵赶往洛阳，正巧在半路上遇到了出逃的李从厚。石敬瑭见李从厚大势已去，就让兵士把李从厚抓起来，将他的随从全杀了，然后赶去洛阳见李从珂。李从厚只作了四个月的皇帝。

李从珂与石敬瑭向来猜忌不和，矛盾重重。如今作了皇帝，即后唐末帝，最不放心的就是石敬瑭。石敬瑭押了李从厚来见他却被软禁起来。幸好石敬瑭的妻子永宁公主和太后出面说情，末帝才放他回河东。这无疑是放虎归山，过了几年，石敬瑭与唐末帝的矛盾越来越大，甚至公开不听末帝的调遣。末帝大怒，下令削去了石敬瑭的一切官职和爵位，并派晋州刺史张敬达率兵讨伐石敬瑭。

张敬达兵临城下，将晋阳紧紧包围起来，石敬瑭忙聚部下商议，谋士桑维翰说："我们兵力不足，应赶快向契丹求援。只要契丹发兵，事情就好办了。"石敬瑭采纳了桑维翰的建议，就派桑维翰带着他的书信，赶往契丹去搬救兵。在求救信中，石敬瑭主动提出用幽云十六州相报（幽，今北京；云，山西大同。十六州包括今河北、山西北部及内蒙的一部分）。并且恬不知耻地要拜比他小 11 岁的耶律德光为父，表示今后要永尽孝心。

这些条件实在是太无耻了，遭到了一些部将的反对。大将刘知远说："你向契丹求救，称臣就可以了，何必还要称儿呢？再说，答应给他们一些金银也无所谓，可不该割让土地。"石敬瑭一心想保住自己的利益。同时，还想借契丹的力量打败李从珂，也作个皇帝，什么下作的条件都能付出。他根本不听刘知远的话，让桑维翰去了契丹。

耶律德光是阿保机的儿子，但比阿保机的野心更大。他早就想率军南下，扩张自己的势力，只是有到合适的机会。见了石敬瑭的信，他真是喜不自禁。但他有点不相信石敬瑭的话，就对桑维翰说："石敬瑭信中说的那些能做到吗？该不是欺骗我吧？"桑维翰说："大王放心。我主是讲话算话的。只要你解了围，救了他的急，什么事都好说。"

耶律德光高兴极了，立即率领五万骑兵，进雁门关南下，来解晋阳之围。石敬瑭得知契丹兵到，便领军杀出城来，与契丹兵夹击张敬达。张敬达大败，只得退守晋安（今山西榆次西）。

耶律德光耀武扬威地来到晋阳。石敬瑭连忙领着一批部将，亲自出城迎接。他来到契丹兵马大寨，紧走几步，跪倒在耶律德光面前，恭恭敬敬地说道："父亲，请受孩儿一拜。"说着把头磕下去。旁边的人见了，都露出鄙夷的神情。可石敬瑭一点也不在乎。耶律德光有这么个儿子，不觉心花怒放。乐滋滋地答应一声，然后是一阵哈哈大笑。耶律德光在石敬瑭的陪同下进了晋阳城，被安置在最豪华的府邸里，受到最隆重地礼遇和款待。

耶律德光经过几天的接触、观察，感觉到石敬瑭真是死心塌地的投靠自己，的确是个尽忠尽孝的儿臣，便大大咧咧地对石敬瑭说："我跑了三千里路来救你，总算气力没有白费。看你的像貌和气度，完全够得上做个中原的主人，我就封你做皇帝吧!”

耶律德光脱下自己身上的袍服，摘下自己头上的帽子，替石敬瑭穿上，然后正式封石敬瑭为“大晋皇帝”，并说道：“我把你看作儿子，你待我如父亲，我们俩永远是父子关系。”

石敬瑭没想到这么快就做上了皇帝，对耶律德光真是感激涕零，立即用行动来报答“父皇”，把幽云十六州割让给契丹。此后，石敬瑭又在契丹的支持下，率军南下攻打洛阳。唐末帝对属下指挥不动，连续吃败仗。石敬瑭的兵则打到洛阳，末帝便在宫里烧起一把火，带着一家老小投火自杀了。

石敬瑭灭了后唐，作了中原正式的皇帝，国号叫晋，建都汴京就是后晋高祖。石敬瑭时刻不忘他的恩人，每年按时向契丹贡帛三十万匹。逢年过节，还派使者呈上奏章。称耶律德光为“父皇”，自称“儿皇”，向“父皇”、“母后”请安，并送上一大堆礼物表示他的孝心。契丹的一些贵族大臣，也是石敬瑭贡奉的对象。可“父皇”“母后”及贵族大臣还是不满意，常常派人责备石敬瑭，但石敬瑭一点怨愤的情绪也没有。

石敬瑭在契丹的保护下，前后当了七年的皇帝。他的皇帝瘾是过足了，但是他的日子却很不好过。契丹“父皇”对他的勒索有增无减，使其难以从容支付，朝廷内的官员对他的无耻、卑劣的行径由反感而愤怒，直到嘲讽和指责。石敬瑭在内外交困的情况下，51 岁就病死了。

石敬瑭死后，他的大儿子石重贵继了位，就是晋出帝。晋出帝向契丹国主上奏章时，只称孙儿，不称臣。耶律德光便以此为借口，多次领兵进犯中原。石重贵两次击败敌军，最后，由于叛徒的出卖，契丹于公元 946 年攻下汴京，俘虏了晋出帝押往契丹，后晋就灭亡了。历时不足 12 年。

这期间，后晋虽然灭亡，晋国大将刘知远在晋阳称帝，国号为汉，即后汉，五代时期的第四代开始了。

蜀帝无德

蜀王王建，在四川称帝，建立“五代十国”中的第一个国家，史称“前蜀”。王建死后，他18岁的儿子王衍继位。

王衍长得阔脸大眼，一副福相。他也的确会享福。当皇帝以后，精力不放在治理国家上，却用在如何变着花样吃喝玩乐上。例如他修的专供游玩的楼台亭阁占地竟然有十里之遥！他让人制作了20个轮子的“流星辇”，马拉着它跑起来，轮子转动似流星一般；还在宫苑中挖出一些沟渠，放进水，然后乘坐龙舟饮酒作乐，欣赏夜景，命令成百上千名宫女手举蜡烛立于岸边照明，水面被照得如同水晶宫。

王衍在宫苑中玩腻了，就要到秦州去游玩，因为他曾与秦州天雄节度使王承休的夫人私通，这回想去跟她重温旧梦。

但是，李存勖要征讨蜀国的消息已传到大臣们耳中，有大臣向王衍报告：“唐主李存勖已任命李继岌为主帅，郭崇韬为副帅带领6万人马犯蜀！”

王衍听罢，竟不以为然，笑着向身边的韩昭：“有这种事吗？”韩昭答：“臣未听说。”王衍说：“朕也未曾听说。唐兵真敢来，又有什么可怕？朕正想炫耀一下武力呢！”

太子王宗寿哭着劝谏父亲：“今兵祸已燃眉，陛下应整训军队……”但太监潘在迎打断太子的话，嘻皮笑脸地说：“陛下，太保有个毛病，喝醉了就哭，今天酒又喝多了……”这句话，使宫女们掩面而笑，太子王宗寿无奈，不再说下去。

右补阙张云见气氛不对，如不备战而去秦州游玩，国将不国，于是上前一步，跪倒厉声说：“陛下不要再听奸佞之言，目前百姓怨声载道，外寇将临，应速治武备，否则，悔之晚矣！”

王衍听罢，不禁大怒，竟骂张云满嘴胡言，命令武士将他乱棒打死。其余大臣见状都噤若寒蝉，哪敢再谏？

王衍排除干扰，带着妃嫔、亲信等乘船北上。一行人来到梓潼（今四川三台县），住在行宫，然后换上便服，带领韩昭、潘在迎几个随从，上街闲逛。他们先去妓院，玩够以后又下酒馆。喝兴奋了要过毛笔砚台，在洁净的墙上写了三个大写：“王一游”，留做纪念。

王衍皇帝写完字，回转过身，一眼瞥见酒店门口走过一位青春年少、风姿迷人的姑娘，眼睛为之一亮，忙追到门外，撵上那姑娘，围着姑娘前后看了个遍，连声赞叹：“太美了、太美了！简直是仙女下凡……”姑娘给看得又羞又怕，慌忙钻进胡同，跑进一家，关上大门。王衍、韩昭、潘在迎追到大门口，仍不死心，王衍命令韩昭在姑娘门口守候，他与潘在迎回去搬兵。

时间不长，潘在迎带领一队士兵来到姑娘家，敲开门，走出一位老人，自称何康，询问来人有何事。潘在迎说：“恭喜、恭喜，皇上选中你家姑娘入宫。”这帮人，不由分说闯进屋，将吓得发抖的姑娘拽着就走。何康夫妻俩哭天嚎地，无可奈何。

何姑娘被抢进行宫，王衍仔细打量，觉得她的确很美，美得朴实，美得自然，不像宫女妃嫔们浓妆艳抹。王衍刚要动手抚摸姑娘，何姑娘猛然将头往殿柱上撞去，顿时头破血流，当场死去。宫女们吓得乱蹿乱叫，王衍也觉得丧气得很。

这天晚上，王衍睡不着觉，还在想着白天的事情。对何姑娘的死，他没有半点悲伤，倒觉得宫女们见何姑娘撞死时的害怕模样挺有趣，于是决定再吓唬她们一次。

王衍爬起床，穿上女人衣裙，披散着头发，悄悄溜到宫女们住室窗外，发出鬼哭狼嚎的声音，然后又敲窗户又踢门，宫女们乱成一窝蜂。正在这时，几个巡更的宫女走过来，发现一个披着长发的女鬼又蹦又跳，吓得回身便跑。王衍追上一个绊倒在地的宫女，扑上去抱住她，宫女凄厉地惨叫一声，吓死了。

太监们听见后宫乱喊乱叫，带着羽林军士跑来，认出是皇帝闹妖。王衍却哈哈大笑，连说有趣，死个宫女，在他眼中，就像死一只苍蝇。这边王衍整日寻欢作乐，唐兵那边已攻入蜀国，各州郡无力抵抗，守城官兵纷纷投降，仅两个多月，唐兵占领整个蜀国，包围了成都。王衍这时才匆忙逃回成都，组织兵力抵抗，早就来不及了。

王建的义子王宗弼领兵守城都，见大势已去，抵抗无济于事，索性反戈一击，将王衍一家抓起来，杀了韩昭等人，打开城门投降。时值公元 925 年，“五代十国”中第一个建立的蜀国，仅传了一代就宣告灭亡。

王衍投降，做了俘虏，还幻想着唐帝李存勖能让他当个“安乐公”（三国时期，刘禅亡国后，被送至洛阳，魏帝封他为安乐公，有吃有喝享受了七年才死）。可是，他和家人刚到洛阳，就被李存勖下令全都杀了。

钱镠的“警枕”

从朱温建立梁朝开始的五十多年里，中原地区前后换了五个短暂的王朝——后梁、后唐、后晋、后汉、后周，合起来叫做五代。五代时期，在南方和巴蜀地方，还有许多割据政权，有的称帝，有的称王，前后一共建立了九个国，即前蜀、吴、闽、吴越、楚、南汉、南平、后蜀、南唐，加上在北方建立的北汉，一共是十国。所以五代时期又叫做“五代十国”时期。

钱镠便是开创吴越国的国君。朱温即位不久，镇海（治所在今浙江杭州）节度使钱镠（音 liú）首先派人到汴京祝贺，表示愿意称臣。朱温十分高兴，马上封他做吴越王。

钱镠出身贫穷，年青时候贩过盐，后来到浙西镇董昌手下当部将。黄巢起义军攻打浙东的时候，钱镠用小股兵力保住了临安（今浙江杭州）。唐王朝认为他有功，封他为都指挥使，后来，又提拔为节度使。

钱镠当上节度使以后，摆起阔绰来。在临安盖起豪华的住宅，出门的时候，坐车骑马，都有兵士护送。他的父亲对他这种做法，很不满意。每次听说钱镠要出门，就有意避开。钱镠得知父亲回避他，心里不安。有一次，他不用车马，不带随从，步行到他父亲的家里，问老人为什么要回避他。老人说："我家世世代代都是靠打渔种庄稼过活的，没有出过有财有势的人。现在你挣到这个地位，周围都是敌对势力，还要跟人家争城夺池。我怕我们钱家今后要遭难了。"钱镠听了，表示一定要记住父亲的嘱咐。自那以后，他小心翼翼，只求保住这块割据地区。

当时，吴越是个小国，北方的吴国比吴越强大，吴越国常常受他们的威胁。钱镠长期生活在混乱动荡的环境里，养成了一种保持警惕的习惯。他夜里睡觉，为了不让自己睡得太熟，用一段滚圆的木头做枕头，叫做"警枕"，倦了就斜靠着它休息；如果睡熟了，头从枕上滑下，人也惊醒过来了。他又在卧室里放了一个盛着粉的盘子，夜里想起什么事，就立刻起来在粉盘上记下来，免得白天忘记。

他不但自己保持警惕，对他的将士要求也挺严。每天夜里在他住所周围，有兵士值更巡逻。有一天晚上，值更的兵士坐在墙脚边打起盹来。忽然，隔墙飞来几颗铜弹子，正好掉在兵士身边，把兵士惊醒过来。兵士们后来知道这些铜弹子是钱镠从墙里打过来的，在值更的时候，就再也不敢打盹了。

又有一天夜里，钱镠穿了便服，打北门进城。城门已经关闭了。钱镠在城外高喊开门，管门的小吏不理他。钱镠说："我是大王派出去办事的，现在急着要回城。"小吏说："夜深了，别说是大王派的人，就是大王亲自来，也不能开。"钱镠在城外绕了半个圈子，打南门进了城。第二天，他把管北门的小吏找来，称赞他办事认真，并且给他一笔赏金。

钱镠就是靠他的谨慎小心，一直保持他在吴越的统治地位。吴越国虽然小，但是因为长期没有遭到战争的破坏，经济渐渐繁荣起来。

钱镠还征发民夫修筑钱塘江的石堤和沿江的水闸，防止海水往里灌；又叫人凿平江里的大礁石，方便船只来往。因为他在兴修水利方面做了好事，所以民间给他起个外号，叫“海龙王”。

钱镠巩固了他的统治，就过起奢侈的生活来。他把临安城扩大了三十里，大造亭台楼阁，把自己的王府造得像龙宫一样。吴越国维持了71年，这在五代十国中，算是最长的了。这不能不说与钱镠的统治措施有关。

周世宗勇于进取

契丹灭了后晋，撤出开封时，河东节度使刘知远顺应民心，在太原称帝，然后领兵南下。一路上军纪严明，受到了中原百姓的支持，很快收得了洛阳、汴京等地。然后，他定都汴京（今河南开封），改国号为汉。就是后汉高祖。

刘知远在位还不到一年就死了。他的儿子刘承佑即位，就是后汉隐帝。隐帝作了几年皇帝，内部便起了动乱。隐帝秘密派人到邺都杀害大将郭威，结果没杀成，反而促使郭威发动兵变，郭威几乎是没费什么气力就推翻了隐帝。

第二年，即公元951年，郭威在将士们的拥戴下登上了皇帝宝座。都城仍设在汴京，国号周，就是后周太祖。周太祖是汉族人，出身贫苦，对百姓的疾苦有深刻的了解。因此当上皇帝之后，能够保持节俭生活，并注意减轻百姓负担，废除了一些苛捐杂税；他搜罗了不少人才，且能虚心听取他们的意见，还鼓励百姓积极生产，使社会得到了安定和发展。在周太祖的精心治理下，五代时期的混乱局面开始好转。

可是，周太祖仅仅在位三年就病逝了。他的养子柴荣继位。柴荣本是郭威的内侄，因为郭威没有儿子，便自小过继给郭威。柴荣跟着郭威一起种田干活，自幼养成了一种刻苦勤奋的精神，不仅胸怀大志，而且性格沉着坚定：既善于骑射，又略通经史，称得上是个文武全才。周太祖在位时，他成了父皇的主要助手。挂着宰相的头衔，镇守澶州，任镇宁军节度使。

柴荣即了位，就是周世宗。周世宗上台时候，无论是内还是外，形势都十分严峻。

从内部来说，当时大臣都不信任周世宗，甚至看不起这个既年轻又不是郭威亲儿子的继承人。再从外面来看，形势也是很严峻。当后汉刚刚建立的时候，后汉刘知远的弟弟刘崇不服后周统治，占据太原，成立了一个独立的割据政权。历史上称为北汉（十国之一）。刘崇自称力量不敌，就效法石敬瑭，投靠辽国，拜辽主为“叔皇帝”，自称“侄皇帝”。多次在辽兵帮助下进犯周朝，都被周太祖打败。

年轻的周世宗刚刚登基，刘崇认为灭周复汉的时机到了，就马上勾结辽兵，又一次发动进攻。刘崇自己集中了3万人马，再加1万辽军骑兵，便向潞州（治所在今山西长治）进发。刘崇犯境的消息传开汴京，周世宗立即召集大臣商议。他十分清楚，这一仗非常重要，只能取胜，不能失败。胜了则可服众心，坐稳江山，败了则必失去众望，有亡国之危。于是，周世宗要亲自带兵出征。

大臣们一听周世宗要亲征迎敌，不少人都认为不妥。有人就劝谏道：“皇上刚刚即位，局势不稳，人心易动，不宜带兵亲出。还是派个将军去吧！”周世宗说：“刘崇趁我为父办理丧事，又欺我年轻刚即位，企图一举灭我周朝。他倾巢而出，亲自坐镇，我岂能不全力以赴，亲去迎战?”大臣们见周世宗决心已定，说得也在理，便不再多说话了。

周世宗领着大军迅速赶到了高平（今山西高平），速度之快，实在出乎刘崇所料。双方摆开阵势，刘崇一看周军人少，不禁有些洋洋得意起来，他告诉辽军将领不必参战。北汉军向周军发起了攻势。周军果然抵挡不住，右边的两个大将樊爱能、何徽与北汉军马刚一交锋，就拔马往回逃跑，引起了全军动摇，形势十分危急。周世宗立刻一马当先，带着身边的几十名亲兵向北汉大营杀去，士兵们见皇上亲自上阵，顿时来了精神，一个个奋勇向前，像换了支兵马一样。宿卫将赵匡胤大声喊道：“皇上都不怕死，咱们还怕什么!”说着，与禁军主将张永德各领两千亲兵冲进敌阵。北汉军被周军的勇猛气势所震住了，纷纷开始后退。周军将士则士气更振，争先恐后，全线出击。

后面的辽军看到北汉军失败，不敢再与周军交锋，就悄悄地撤走了。周军在后紧追，大获全胜，刘崇只带百余骑狼狈逃回晋阳，几乎全部覆没。

战斗一结束，周世宗立即集合部队，当众将临阵脱逃的樊、何二将斩首，并处罚了其他 70 几个逃跑的将士。同时，他又立即从立功的将士中提拔了 70 人，来代替那些受罚者的职位。

高平一战，使周世宗的威望大大提高。它不仅大败北汉，示威辽军，而且赏罚分明，震慑全军，充分展示了周世宗的英勇和胆识。它也实在是周世宗皇帝基业的一个良好的开端。就是从这开始，后周政权才由乱而定，由弱变强。

周世宗在这个好开端的基础上，力图在政治和军事两个方面做出一番作为。他曾说："我希望做30 年皇帝，用 10 年时间开拓疆土，用 10 年时间使百姓休养生息，再用 10 年时间把天下治理得太太平平。"周世宗在强化军队的同时，也着手在政治上和经济上进行了某些改革。他严禁官吏贪污，严厉惩办失职官员，裁并寺院，禁止私自招收僧尼，收购民间的铜器佛像铸钱。他注重农业生产，鼓励男耕女织，大力招徕农民开垦荒地，兴修水利，颁布《均田图》，规定各地州县的租赋。此外还扩建京城开封，疏通汴口至淮河的流道，便利水运交通，国家呈现出一派兴盛景象，是割据混战的五代十国时代难得的安定时期，被以后的历代传为美谈。

周世宗说的开拓疆土，意思就是要统一国家。面对四分五裂支离破碎的国土，周世宗常常感到寝食不安，责无旁贷地把统一中国的大业担在自己的肩上。

高平之战以后，在治理国家的同时，周世宗南征北讨，扫平、收复了大片国土，正当他准备实现统一全国的愿望的时候，却病倒了。公元959年，励精图治、勇于进取的周世宗带着遗憾去世了。但是他毕竟为统一全国开辟了一条宽敞的大道，敲响了分裂局面结束的丧钟。

周世宗是一位有作为的政治家，他的改革顺应当时的形势，对历史的发展起到了重大作用，对后来的统一奠定了基础。

阿保机建立辽王朝

契丹是辽国的前身。契丹族原本是鲜卑族宇文部的一个分支，北魏时期在辽河以北地区居住。传说古契丹有八

个部落，八位部落首领都是一个骑白马于土河（内蒙古老哈河）漂浮而下的男子和一位驾灰牛车顺潢河（内蒙古西拉木伦河）而行的女人在木叶山相逢后结为夫妻所生。这对夫妻，就成了契丹族的始祖。

唐朝初年，契丹大贺氏朝也分成八部，规定了大贺朝可汗（最高首领）由八部大人三年一推选的制度。三年任期届满；表现好的还可连任。唐太宗李世民贞观年间，契丹隶属大唐，唐玄宗天宝四年（公元745年），遥辇氏替代大贺氏，传了九代，唐天佑三年（公元906年）冬，遥辇氏第九任可汗痕德堇病故，耶律阿保机被推举为王，次年正月正式即位。就在同年，唐朝灭亡，朱全忠建立梁朝，自封皇帝。

耶律阿保机趁五代纷争时期，多次率兵进攻幽州等地，俘掠汉人至契丹，契丹地盘不断扩大。

就在耶律阿保机一心对外的时候，他的几个弟弟正密谋篡夺他的王位了。耶律阿保机有五个弟弟，他们是剌葛、迭剌、寅底石、安端和苏。二弟剌葛在大哥阿保机刚当王时，也很高兴，他想，现在可汗由耶律家当，每三年推举一次，自己排行老二，也有当可汗的机会。可是，阿保机做了三年可汗，没人提出推选他，现在阿保机已当了五年可汗，还没有让位的意思，剌葛忍耐不下去了，找三弟迭剌、五弟安端商量准备篡位。

不料，有一天安端在二哥剌葛家喝醉酒回家，告诉妻子粘睦姑他们要谋反的事，粘睦姑思考再三，还是自首为上，便悄悄来见阿保机和他夫人述律平，密报了这件事。阿保机夫妇当即派人把老五安端抓来审问，安端无奈，只好招认。剌葛、迭剌、寅底石也被抓起来。

一些大臣和述律平都建议阿保机将这兄弟几人杀掉，而阿保机没有这样做。耶律阿保机率众臣以及被抓起来的剌葛、迭剌、寅底石、安端四人登上一座山岗，摆设香案，剌葛等四人跪在香案前，心中惶恐不安，做好了被斩首的思想准备。

阿保机走过来，将他们四人拉起来，问道：“你们知罪了吗？”剌葛忙答：“罪臣知罪，罪臣知罪。”阿保机带着感情说：“别人尚且辅佐我成大业，你们是我手足兄弟，怎么可以谋反作乱？今且宽恕你们，再勿生不轨之心。如有悔过之意，请对苍天起誓！”剌葛等兄弟四人忙又跪下，发了誓言：“如再有异心起事，天地不容！”然后，叩头谢恩。阿保机让二弟剌葛到迭剌部去做官，剌葛感激不尽地赴任去了。

一场未遂的叛乱平息了，阿保机首先感谢粘睦姑，封她为晋国夫人。一年以后，也就是阿保机第二个任期届满之际，剌葛见他仍无退位之意，再次与迭剌、安端、寅底石等一起率兵造反。阿保机此时正率大军南征班师途中，得到报告，说剌葛等人带叛军阻挡北归之路。阿保机立即召集几位心腹大臣商议，有的说，干脆废除三年一代的制度，效仿中原帝制；有的反对说若废除此古制，恐其余七部的大人不服。莫如趁七部大人尚在军中，让他们继续推举大王连任，使剌葛处于孤立地位，则不战而胜。阿保机同意后一种意见，做了必要的准备。

得到众臣拥护阿保机再次连任，剌葛知道自己陷入孤立境地，只好再次认罪。耶律阿保机见到剌葛三番两次言而无信，下定诛除他的决心。阿保机率领大军，先捉住了安端、迭刺两个弟弟，不久，又追上北逃的剌葛和寅底石。阿保机把参与叛乱的骨干29人车裂，把剌葛等四兄弟杖刑之后释放。这次内乱，给契丹造成重大损失。

两年以后，在阿保机任可汗的第十年（公元916年），二月初一，阿保机决定登基做皇帝，二月十一日，举行了登极仪式，阿保机为大圣大明天皇帝，述律平为应天大明地皇后。年号为神册元年，立耶律倍为太子。首领选举制度从此结束。

阿保机在这个新成立的国家里，进行了一系列的改革。他派人创造了契丹文字，制订了法律；对那些在契丹统治下的汉族人民，依旧依照汉族的法律治理。他还模仿汉族的城市，在潢河（今西拉木伦河）沿岸建造京城，称为上京。此外，阿保机还采取一些发展农业和商业的措施。这些做法在当时都是有进步意义的。阿保机称帝建国，是契丹历史上一件了不起的事情。从此，契丹历史进入了一个新的时期。

契丹建国以后，阿保机不断向周围各族进行大规模的扩张。那时候，中原地区正处于五代十国统治时期，群雄割据，不断混战。阿保机利用这个机会，侵入河北东北部，攻占了许多州县。接着，他又消灭了辽河流域一带鞅鞨（音 móhé）族建立的渤海政权，统一了大漠南北和东北广大地区。他领导的契丹，成为当时我国北方的一个强大的地方政权。

916 年，阿保机建国时，国号是“契丹”。到公元 947 年，阿保机的二弟耶律德光把国号改为辽，这就是辽王朝。

宋　朝

宋朝（960～1279）是继分裂割据的五代十国之后出现的以汉族为主体的封建王朝。公元960年，后周大将赵匡胤发动陈桥兵变，取代后周，建立了宋王朝，定都于开封。宋朝是我国封建社会发展的重要阶段。

宋太祖赵匡胤即位后，厉行中央集权，消灭各地分裂割据势力，统一全国。鉴于五代十国的军阀拥兵割据，赵匡胤削夺将帅兵权，将地方财赋收归中央，并设立中央禁军，将各地精兵收归京城禁军管辖，进一步巩固和加强了中央集权。

宋代经济十分繁荣，耕地扩大，水利兴修，农业产量增加。手工业进步显著，瓷器、造纸、纺织、印刷等部门极为兴盛。城市兴起，商业发达，出现了世界上最早的纸币——“交子”。南宋绵纺织业的发展是手工业发展史上的大事。

宋代科技与文化艺术极为辉煌，科技上最主要的成就是指南针、印刷术和火药三大发明的开发应用。南宋时的造船业极为发达。此外，沈括的《梦溪笔谈》为公认的古代科技名著。在哲学领域，以程颢、程颐和朱熹为代表的理学体系的形成，对中国哲学的发展影响深远。宋代词的创作达到高峰，苏轼、柳永等人被称作一代词宗。宋代绘画造诣极高，出现了赵佶、张择端、米芾、李公麟等大画家。

宋朝分北宋和南宋两个时期，宋徽宗统治时，是宋代政治最为腐朽、黑暗的时期，社会矛盾日益尖锐。公元 1126 年，金兵攻破宋朝都城开封，宋朝政权倾覆，史称北宋。公元 1127 年，赵构在南京（今河南商丘）即皇帝位，后又建都临安，史称南宋。南宋经济发达，但政治腐败，苛捐杂税繁重，阶级矛盾尖锐，人民的反抗连绵不断。公元 1279 年，南宋终于被元军消灭。

赵匡胤陈桥兵变

公元960年正月，周朝大将赵匡胤在陈桥发动兵变，夺取周朝大权，改周为宋，做了宋朝皇帝。

赵匡胤祖籍河北涿州，出身于武官家庭，祖父当过营、蓟、涿等州的刺史。父亲赵弘殷，是后唐的一名禁军军官。赵匡胤生于洛阳，并在那里度过了他的童年。

赵匡胤生长在动荡不安、群雄角逐的五代十国时期。那时，武功往往是人们往上爬的最好阶梯，也是人们建功立业的唯一途径。赵匡胤受家庭的熏陶和社会的影响，孩童时就喜欢摆弄刀枪，做打仗的游戏。长大后，年轻的赵匡胤毅然选择了精练武艺以求功名的道路。因此，他对刀枪剑斧、骑马射箭都比较熟悉。少年时期，他曾驯服一匹烈马，声名远扬。

公元948年，22岁的赵匡胤离家出走。起初，他曾去投奔与他父亲有旧交的防御使王彦超。但未被王彦超收留；后来，他又投奔随州刺史董本，因为董本的儿子瞧不起他而离开随州。这时，赵匡胤已身无分文，连住宿的地方都找不到了。

一天，赵匡胤投宿在一所庙中，庙中和尚见他如此贫困潦倒，但举止谈吐又颇具雄才大略，便开导他说："我给你一点路费，你向北走，会有好运的。"传说，当赵匡胤走到河南商丘的高辛庙时，见到一个占卜者，便凑上去，问讯自己的前程。他先问能否当一名小兵，卜显示"不吉"；又问能否当一名刺史，卜又显示"不吉"。他不解，再问能否当皇帝，卜上显示："吉"！于是，他向南投到后汉枢密史郭威的帐下，郭威见赵匡胤气质不凡，便留在军中。

公元951年，赵匡胤与一批将领拥立郭威，夺取后汉政权，建立后周。在推翻后汉的过程中，赵匡胤因为作战有功，后来被提拔为禁军军官，这激发了他继续往上发展的勇气。公元954年，周世宗柴荣即位，赵匡胤又因智勇双全、连战连胜，先后被提升为"殿前都御侯"、"殿前都指挥使"，成为禁卫军的高级将官。

显德三年（公元956年）春，周世宗柴荣亲征淮南，赵匡胤随驾南征，又立下大功，占领了南唐的滁州。在滁州，赵匡胤部下捉到100多名百姓，指认他们为盗匪，准备斩首示众。新来滁州上任的军事判官赵普却不同意全杀，他说：“你不审问清楚就一律处死，如有被诬陷者，岂不误伤人命?”赵匡胤说：“这里的百姓，都是俘虏，我将他们全都赦免无罪，已经够仁义了。可他们这些人还要做盗匪，不动刑罚，就不能儆戒他人。”

赵普不同意赵匡胤的说法，反驳道：“南唐虽属敌国，但百姓有什么错?你既然想一统中原，为何要把这里百姓看作俘虏?”赵匡胤无言争辩，只好说：“你若不怕辛苦，就烦请代为审理这些人吧!”赵普对这100多平民认真查问，绝大多数没有作盗匪的证据，除个别有物证定罪外，其余无罪释放。百姓们非常高兴，称赞赵普英明。赵匡胤由此对赵普格外信任，凡有大事，必同他商量。

周兵攻占滁州，南唐国主李煜害怕了，向柴荣求和未果，便命齐王李景达为帅带6万兵马直奔扬州。扬州当时的守将是韩令坤，忙向滁州求援。赵匡胤率兵来到六合，准备去支援扬州，但韩令坤已撤出扬州，赵匡胤闻讯，捎信批评了韩令坤。韩令坤立即下令回兵扬州，与唐将张孟俊遭遇。周兵各个勇敢善战，唐兵大败，张孟俊被活捉。

过了几天，唐兵主帅李景达发兵攻周。赵匡胤率兵迎战。赵匡胤发现有几位兵士畏惧不前，便用剑在他们的皮笠上砍出痕迹，做为记号。这一仗，双方不分胜负。收兵后，赵匡胤将皮笠上有剑痕的兵士斩了，通报全军。第二天再战，周兵以一当十，杀得唐兵一败涂地，最终平定南唐。

周军节节胜利，直逼幽州，但柴荣大病卧床，不能继续指挥作战，只好撤军。赵匡胤随柴荣皇帝征辽有功，被任命为殿前都点检掌管禁卫军，兼检校太傅，不久又增加了归德（今河南商丘市）军节度使一职，权力越来越大。

公元959年，后周周世宗病亡，周恭帝柴宗训年幼。这时的赵匡胤由于屡建战功，声望日高，他除了典掌禁军外，还兼宋州归德节度使（今河南商丘），负责防守京师。于是，当年占卜时得来的一颗当皇帝的心愿，便开始萌发，并很快膨胀起来。

此时，赵匡胤得到率兵出征的命令后，便有条不紊地行动起来。赵匡胤立即调兵遣将，大造声势，像是真要去抵御大敌。其实，这是赵匡胤等人设下的圈套。当大队人马开进到大梁城北40里的陈桥驿时，天色已晚，便驻扎下来。夜里，赵匡胤的弟弟赵匡义和谋士赵普，按照赵匡胤的预先部署，进行了紧张的活动。他们派人到将士中鼓动兵变，拥立赵匡胤当皇帝。将士们很快地议论开了。大家说："现在皇上年幼力弱，未能亲理政事，我们为国出生入死，有谁知道？不如先立点检为天子，再北征不迟。"赵匡义和赵普见将士们行动起来，立即派飞骑回京，与留在汴梁的禁军将领石守信、王审琦秘密约定，待赵匡胤回师时作为内应。这天夜里，在陈桥驿的将士们都没有入睡，赵匡胤假装酒醉不醒，躺在床上。黎明时分，赵匡义、赵普和诸将闯进卧室，个个手拿兵器说："诸将无主，我们愿立太尉（赵匡胤）做天子！"众将士一边叫喊着，一边团团围住正打着哈欠的赵匡胤，并把早准备好的龙袍强行披到赵匡胤身上，随后叩头便拜，高呼："万岁！"这就是历史上的"陈桥兵变，黄袍加身"一说的来由。这一年，赵匡胤 34 岁。

赵匡胤黄袍加身后，率领大军回师京城。一路上没有遇到任何阻挡，大军很快便进入开封。进城的军队对人民秋毫无犯，市面秩序井然，人心安定。后周百官大臣听说赵匡胤拥兵自立，已经回到开封，慌作一团。有人把皇宫大门关起来，企图抵抗。赵匡胤来到通往殿前都点检官署的左掖门时，作内应的石守信立即把宫门打开，赵匡胤顺利地回到殿前都点检官署。

这时，一群将士把宰相范质、王溥拉到官署门前，赵匡胤看见，立即往前假装慈悲地哭着对范质说："我赵匡胤受世宗柴荣厚恩，今天，大家把我逼到这步田地，真有负天地啊！有什么办法呢?"范质正想说话，站在一帝的军校罗彦瑰立即高声吆喝道："我们无主，今日必须有一个天子!"赵匡胤假装叱退他，但罗彦瑰一动也不动。范质、王溥看到这般情景，一时不知说什么好，停了片刻，王溥首先退到阶下，跪倒下拜，范质也只好跟着下拜，口呼"万岁!"朝中大臣见大势已定，一个个都对赵匡胤表示屈服，小皇帝柴宗训和符太后被迫让位。

当天在皇宫崇元殿上，百官齐集，按班次站定，举行了隆重的禅位仪式。翰林学士拿出早已准备好的禅位制书，以柴宗训的名义宣读，赵匡胤跪倒在龙阶上，面向北受拜。

制书读完，宰相扶赵匡胤升殿，换过皇帝穿的御袍，即皇帝位。群臣朝贺，高呼"万岁"。因为赵匡胤原来所领的归德军在宋州（今河南商丘），所以该国号叫宋，仍以开封为都城，称东京。这就是历史上的北宋。

杯酒释兵权

赵匡胤用计夺了周朝江山，自己做了宋朝开国皇帝之时，正是重重矛盾交加之际。赵匡胤胸有成竹，勇敢地面对各种矛盾。潞州节度使李筠和扬州的淮南节度使李重进，不服赵匡胤，也想当皇帝。赵匡胤就派大将石守信率领勇猛的宋军打败了他们。灭了二李，其他想反抗的看到

这种局面也不敢动了，这时候，宋朝的政局才稍稍安定。

为了防止后周残余势力东山再起，他采取安抚策略，对周世宗的符皇后、刚做不几天皇帝的柴宗训迁往西宫，进行封赏，命令有关人照顾好他们的生活；对后周文武大臣仍旧留用。对拥护他称帝有功的人予以重赏：石守信为归德军节度使，高怀德为义成军节度使，张令铎为镇安军节度使，王审琦为泰宁军节度使，慕容延钊为殿前都点检，赐皇弟赵匡义为殿前虞侯，改名光义。

宋太祖对有功人员做了两手准备：一是大加封赏，二是防范他们居功自傲。一位跟随赵匡胤打天下立了战功位居京城巡检官的王彦升，半夜三更到宰相王溥家胡闹，王溥系后周留用官员，王彦升没把他放在眼里。第二天，王溥向赵匡胤反映了此事，赵匡胤豪不留情，撤了王彦升的职，使后周留用的大臣，很受感动，从心里拥护这位宋朝开国皇帝。

对于不愿归顺宋朝的几个节度使，赵匡胤不慌不忙，一个个把他们制服。

赵匡胤为了了解民间实情，经常微服私访，赵普劝他小心，防止大臣生变。赵匡胤说：“这些重臣，都与朕故交，不致生变，卿不用多虑。”赵普说：“臣不是疑虑这些人不忠，而是看他们不是帅才，难以统帅部下。一旦军中有人胁迫他们谋反，恐怕不得不听啊！”这句话，说到赵匡胤的心里，他也担心将来发生这件事。赵普建议他把一切权力都收归自己，赵匡胤暗暗点头。

第二年秋天，太祖赵匡胤召赵普入殿推心置腹谈话。他说：“自唐（后唐）以来，几十年间，帝王换了8姓、12人，战乱不止，百姓遭殃，是什么原因？我拟平息兵患，定出长治久安计策，你看应怎么办？”赵普说：“唐以来战乱不止的原因，是地方权势太大，君弱臣强。陛下要寻治国之计，只要削夺节镇之权，将地方精兵归于中央，天下则必然安宁……”赵匡胤原来也有这种想法，与赵普不谋而合，于是想出一条既文明又能达到目的的计策。

一天，赵匡胤让有司在便殿设宴，款待石守信、王审琦、张令铎等结义兄弟。酒宴气氛十分融洽热烈，逐渐达到高潮，赵匡胤说：“我能有今天，全仰仗诸位鼎力相助，你们功德无量，我心中有数。可是，做皇帝太难了，一年多来，我没睡过一个安稳觉啊！”众人听皇上的头半截话时，都很高兴，听后半截话时，觉得有点不对劲。石守信问道：“陛下现在还忧虑什么呢？”赵匡胤说：“我与你们都是故交，话就直说了。这皇帝的宝座，谁不想坐呢？”

大家一听，慌忙离席叩头。石守信说：“陛下何出此言？如今天下平定，谁还敢有二心？”

赵匡胤说：“我知道你们不会有二心。可谁能保证你们的部下没有异心呢？如果有人把皇袍穿在你们身上，你们怎么办？”这一番话，竟把石守信等人吓哭了，让皇上指示一条明路。赵匡胤说：“人生短暂，转瞬即过。诸位不如释去兵权，到地方做官，多置田地房屋，为子孙后代立下不动之产业。再多买些歌女，每日饮酒作乐，平平安安过好后半辈子，君臣之间，两相无猜，岂不更好？”众人立即明白皇上之意，连忙拜谢。大家接着喝酒，在友好的氛围中结束酒宴。酒虽进了肚，众武将心里不是滋味。

第二天，这些将帅们一起上表称病，不能入朝。赵匡胤很高兴，收回了他们的兵权，解除了后顾之忧，全部兵权集在自己手中，这就是历史上有名的“杯酒释兵权”的典故。

宋太祖又把禁卫军两司之一的侍卫司分成侍卫马军司和侍卫步军司两部分，与殿前司统称“三衙”。任命资历浅的低级军官为三衙使。这样做的最大好处，是扫除了历代禁卫军专横跋扈的风气。宋太祖还经常调动军队，将领也不固定统帅一支军队。这就造成了“兵无常帅，帅无常师”，也就是兵不识将，将不识兵的局面。

赵匡胤经过一杯酒释兵权等一系列的改革，自己手中的权力越来越大，为维护国家统一做出了重要贡献。但是这些措施也造成了宋朝军队战斗力低下，致使后来军队打仗经常失败。同时，宋太祖注重京城的防守，而忽视边防，宋军只是挨打，而不能主动出击进攻。

李后主亡国

宋太祖赵匡胤建立北宋以后，唐末五代以来藩镇割据的局面依然持续着。除了北宋政权以外，北方的辽对中原虎视眈眈，另外还有北汉、吴越、后蜀、南汉、南唐、南平等 7 个并存的割据政权。其中，占据江淮地区，以金陵（今江苏南京市）为都的南唐算是一个江南大国。

南唐，由十国之一的吴将李昪于公元 937 年灭吴所建。李昪在位时，鼓励生产，功课农桑，实行“民与休息”的政策。在不到10年的时间里，南唐经过励精图治一度在政治、经济等方面均处于10国的领先地位。李昪死后，王位由其长子李璟继承，史称中主。李璟嗜好诗词书法，不懂治理国家，又听信谗言出兵闽、楚而屡遭败绩。南唐国势渐弱，从公元955年起，前后三次遭到强盛起来的后周的袭击，皆兵败。公元961年，李璟撒手归西，将一个支离破碎的南唐交给了儿子李煜。

李煜，字重光，初名李从嘉。他继位以后，十分畏惧北宋的强大，亲自撰写奉表向宋太祖进贡大批金银财宝，表明“惟坚臣节，上奉天朝”，意思是说一定臣服于北宋。而宋太祖却从没有放弃过统一全国的打算。他和大臣们一而再，再而三地商议着出兵的策略。

一天深夜，宋太祖与其弟赵匡义一起来到了有智有谋的宰相赵普府上，共同计议。宋太祖先说：“朕难以入睡啊！一榻之外，都是别人的地盘。”接着又讲了自己有意先攻打北汉。赵普连忙阻止：“如果打下北汉，边陲强大的辽国就要由我们独挡了。不如留着北汉替我们挡住辽国，等我们平定南方诸国之后再转过头来攻打北方。”宋太祖听此言笑着说正合朕意，原先说的话不过是在试探赵普。就这样，君臣定下了“先南后北”统一中国的策略，也就是要先弱后强，先攻下宣庶的南方地区以后，再集中力量对付北方的强敌。

由于战略方针的正确，南下的北宋大军迅速灭了南平，攻下后蜀、南汉，对南唐形成了三面包围之势。

公元971年，当宋灭南汉以后，李煜被吓坏了。他急忙上表宋太祖，主动要求去掉国号，改称自己为“江南国主”，各级官员依次普遍降级。宋太祖同意了李煜的请求。他这样做绝不是受了感化要放南唐一条生路，而不过是采用“羁縻”手段，稳住南唐，实行分化瓦解，以便日后各个击破，全歼对手。在治国和谋略上，李煜和宋太祖简直不可同日而语。

李煜通晓音律，喜爱歌舞，尤擅诗词，他的大部分精力也都是放在这些事情上，无暇顾及朝政。为了逃避南唐即亡的恐惧和内心压力，李煜还笃信了佛教。他大修佛寺，自己穿上袈裟，跪拜诵经，显得十分虔诚。大臣们对李煜的这种消极无能的作法十分气愤，但没有人能阻止皇上继续昏昏噩噩地混下去。

在北宋方面，征伐南唐的时刻就在眼前了。开始，宋太祖还在为找一个出兵的借口伤脑筋，因为南唐自俯首称臣后一直百依百顺，且贡献了许多宝物。公元974年，宋太祖召李煜入朝。李煜因害怕被扣留托病未去，没想到却让宋太祖给他加了个“倔强不朝”的罪名，同时也给宋兵南下找到了借口。就在这一年，宋太祖命曹彬、潘美率兵10万向南唐攻打过来。

大兵压境，南唐马上乱了阵脚。几年来李煜一直抱着得过且过的侥幸心理，根本没做必要的防备。南唐士兵见到宋兵到来，一开始以为他们不过是和以往一样在江上巡逻一下而已，还上前去犒劳宋军，待明白是大难临头时都吓得仓惶弃城而逃。

李煜此时龟缩在金陵城内，紧闭城门，也不询问战局和派兵应战，反而把统兵大权都交给都指挥使皇甫继勋，自己仍在一旁不忘享乐之事。

宋兵来到了长江边，开始渡江。长江宽险难渡，自古是一道天险。有一个在南唐考进士未果，心怀不满的人叫樊若水，为了归顺北宋，在采石矶附近（今安徽当涂附近）为宋兵搭浮桥。他先在石牌口（今安徽怀宁）试验，而后移至采石江面，结果搭起的浮桥尺寸正合适，并且十分稳当。宋兵利用浮桥大举过江，飞速向金陵进发。

搭浮桥的消息传入金陵，大臣们竟认为这种事以前从未有过，没准儿是军中谣传。李煜也觉得不过是儿戏罢了。而实际上，宋兵此时早已到了金陵城下。

都指挥使皇甫继勋贪生怕死，隐匿军情不报。李煜整天召集一帮和尚念经拜佛，祈求神灵保佑自己。直到有一天他亲自巡城，才发现城下已是遍布北宋的旌旗，金陵已被宋兵围作铁桶一般。他一气之下斩了皇甫继勋，急令朱令赟从湖口发 15 万兵救援。没想到援兵被宋军打得落花流水。金陵已完全孤立无援，李煜无奈之下只好做最后的挣扎。他派遣学士徐铉到宋太祖那里替自己求情。

徐铉是江南名士，他见到宋太祖果真讲出一番道理："陛下，李煜一直臣服于您，并未有什么过失，像儿子侍奉父亲那样，您就不要再出兵讨伐他了。"没想到宋太祖不急不慢地回答："李煜既然视我如儿子对父亲，就是一家人，哪有南北而分恃的道理？"徐铉又道："李煜多年进贡给陛下您，可您强加罪名而出兵，这未免太说不过去了罢。"

大祖勃然大怒："卧榻之旁，岂容他人鼾睡！你不要再多言了！"徐铉只得退下，他没能替李煜求下情来。宋太祖统一中国的心愿怎能改变呢？

公元 975 年，宋军攻克金陵。当时由于长时间的被困，金陵城内缺吃少用，斗米万钱，死者无数。而据说当李煜被抓时，还正在写长短句，正写到“樱桃落尽”一阙，来不及写完，便跪下投降了。亡国后的李后主被押解着乘船离开金陵，来到汴京，被辱为“违命侯”，开始了三年阶下囚的生活。

昔日江南国主之身，如今倍尝寄人篱下的亡国之苦，终日以泪水洗面。宋太祖死后，继位的宋太宗霸占了李煜钟爱的皇后，李煜为此痛不欲生。受尽屈辱的李后主，回想起往日的荣华富贵和自己的昏庸，只有无限地感慨人世无常。因为看够了人间沧桑，这个软弱无能的李后主写下了许多情真意切，千古流唱的佳句：

小楼昨夜又东风，故国不堪回首月明中。
雕栏玉砌应犹在，只是朱颜改。
问君能有几多愁？恰似一江春水向东流。

李煜思念故土，哀悼亡国的诗引起了宋太宗的不满。公元977年，李煜42岁生日时被太宗毒酒赐死，结束了他软弱、昏庸、纵情而又悲惨的一生。

宋太祖任贤用能

赵匡胤在少儿时期，母亲让他好好读书，他提出了“治世用文，乱世用武”的论点，偏重习武，以学习唐太宗李世民打天下。母亲嫌他口出狂言，很不高兴。后来的事实证明，他并没有说大话，的确靠非凡的武艺，创立了宋朝大业。

赵匡胤从公元963年发兵荆湖算起，至公元976年13年间，平定了南方割据势力，结束了这一地区的连年战争，使老百姓逐步过上安定的生活。

宋朝建立以后，需要“治世”了，赵匡胤并不因为自己文化水平不高而轻视读书，反而愿意读书，重视知书有学问的人。在赵匡胤跟随周世宗讨伐南唐时，攻下寿州城后，有人告状说，赵匡胤抢掠好几车财宝。周世宗派人检查，发现车里装的全是书籍，不禁感到奇怪，周世宗问他要这些书干什么，赵匡胤说：“臣无智谋大才帮助皇上，却受重任，深感惭愧。所以广购书籍以长知识增智慧。”周世宗听了很高兴。

宋太祖建宋不久，就设立儒馆，请有学问的人办教育培养人才。把他的启蒙老师辛文悦请到朝廷中当官。下令增修最高学府国子监学舍，经常派内侍官代表皇上到国子监看望学生，并赐酒菜。老百姓见皇帝重视有学问的文人，非常高兴，常常议论：如此一来，天下可以太平了！

赵匡胤在任用宰相这样的高官时，原则是：必须是读书人。如赵普、卢多逊等都是因有学问而当了宰相。枢密使、三司使也由文臣担任。赵匡胤还说过，用文臣做事，即使贪污腐败也不及武臣的十分之一。

赵匡胤对科举制度也进行了一系列的改革，规定不论出身贫富都可以应举；设立复试、殿试制度，杜绝舞弊和走后门行为。

有一年科举考进士，十位合格者中，有一人是户部尚书陶谷的儿子。赵匡胤听说过陶谷教子无方，怀疑他做了弊，于是下诏：“从今以后，凡出身官宦家庭之人参加科举考试，统统要经过中书复试。”赵匡胤还说：“以前考中的人，多为官僚世家子弟，使出身贫寒的读书人难有做官机会。如今朕要亲自临试，以标准定进退。”

赵匡胤说到做到，从开宝八年（公元975年）起，亲自主持殿试。宋朝经过改革后的科举制度，深得人心，这时期儿童学的《神童诗》中有“天子重英豪，文章教尔曹，万般皆下品，唯有读书高”的诗句，是赵匡胤称帝时期重视文化教育的真实写照。

赵匡胤重视选拔人才，不看资历重水平。只要有能力，则破格提拔。如中牟县令李鹤一步升为国子监丞；莱芜县令刘琪直接升任朝中拾遗；郑州防御判官升迁为中央监察御史等等，不胜枚举。赵匡胤对过去有旧怨的武臣，也不打击报复。例如以前他曾去投靠王彦超、董遵海，他俩将赵匡胤拒之门外。赵匡胤做了皇帝，不计前嫌，将王彦超任命为中书令。

一次，赵匡胤随便问王彦超：“当年你在复州时我去投奔，为什么不收留我?”王彦超顿时面红耳赤，无言以对，吓得第二天竟不敢上朝了。赵匡胤对他进行抚慰，才使他放下心来。

董遵海不止一件事得罪过赵匡胤，赵匡胤当皇帝以后，召见他入朝。非但没治他的罪，反而封赏他，之后赵匡胤又派人把董遵海的母亲从幽州接来，使董遵海感激涕零。赵匡胤这样做，得到了应有的回报，致使董遵海在以后的保卫边境平叛中，立了大功。

赵匡胤性格质朴而不事矫饰，他的日常生活十分俭朴，宫中所用苇帘，以青布镶边，身上穿的衣服，都浣洗过很多次。到了晚年，仍保持清醒头脑，从而体现出他政治上的高瞻远瞩。

宋太宗征北

赵匡胤建立宋朝称帝以来，对内巩固了统治地位，对外灭掉了一些割据小国，使宋朝国土面积扩大，中原驱于统一。但正在他大展宏图、统一全国之际，却病倒了。

这次患病，是在他和弟弟赵光义饮酒以后，旧病复发，卧床不起的。朝廷大事只好由赵光义代理。赵匡胤与赵光义兄弟俩，多年来一直相处得很好。赵光义从小好学，喜欢读书，赵匡胤跟随柴荣征伐淮南，所过州县都不取财物，但却要搜寻书籍，拿回来送给赵光义。赵匡胤甚至没有立自己儿子德昭为太子，准备驾崩之时传位给光义。

开宝九年（公元976年）十月，宋太祖赵匡胤病世，年五十岁，谥号太祖。

按照皇太后杜氏的遗嘱和皇帝赵匡胤的遗愿，皇弟赵光义继承皇位，即宋太宗。改年号为太平兴国元年。

光义即位第三年（公元978年）五月，吴越国国王钱镠进京朝见新皇帝，想继续讨好宋朝，因吴越国太小了，不堪一击。太宗光义竟把吴越王留在京城。占据泉州、漳州的陈洪进，害怕大宋的势力，主动献出二州于宋。钱镠在这种形势下，也把吴越所辖州县送给宋朝。吴越共州十三、县八十六，户五十五万、兵十一万。至此，宋朝统一了南方。

宋太宗赵光义继承宋太祖赵匡胤的遗志，把统一中国当做头等大事。在南方统一的第二年，又把矛头指向北方的北汉和辽朝。

太宗做好了北伐准备，任命潘美为北路招讨使，带领崔彦进、李汉琼、米信、田重进、刘遇、曹翰等人四路进兵，攻打太原；命令邢州（今河北邢治）判官郭进为太原石岭关都部署，阻截辽朝援军。

北汉主刘继元，得到宋朝大举犯汉的消息，忙向辽朝求救。辽朝派大将耶律沙率军前往北汉救援。走到白马岭附近，听说宋军已占领白马岭，耶律沙命令大军停止前进，等待战机。但监军耶律敌烈依仗自己是辽太宗的四儿子，反对耶律沙驻军的命令，认为辽军从未有过遇敌不前的先例，要率兵去攻为白马岭。

耶律沙无奈，只好命令辽军继续前进。耶律敌烈为先锋，率兵冲进白马岭山涧。宋军居高临下，从山上杀入山涧辽兵阵内。辽兵地势不利，立足未稳受到包围，顿时大乱。宋军大将郭进与耶律敌烈刚战几个回合，一宋兵用长枪将耶律敌烈战马刺倒，耶律敌烈摔到地上，郭进随即一刀劈下，斩了这位骄横的辽朝王爷。

敌烈一死，辽兵更乱，耶律沙见状不妙，组织部分残兵败将逃走。

打败援军，宋军将士全力以赴进攻太原，潘美也取得几次胜利。五月初一，捉住北汉大臣范超斩首示众；五月初四，北汉守将郭万超派人出城与宋太宗秘密约定投降之事。北汉主刘继元在孤立无援的情况下，被迫同意投降。

第二天，宋太宗率大军来到太原城北，刘继元带领北汉文武百官恭恭敬敬迎候宋朝皇帝一行，听候发落。不料，就在受降仪式将结束之时，城上有一员金甲银盔大将大声喊道："主子投降，我不投降，非与宋军战个你死我活不可！"

双方将士寻声望去，有人认出，他是北汉建雄节度使刘继业。刘继业本姓杨，因跟随北汉主崇而赐姓刘。刘继业骁勇善战，足智多谋，名震南北。宋太宗也知道他，不忍伤害，派人进城好言相劝，指出为保全城中百姓生命，不要再争战了，刘继业这才大哭一场，开城门迎宋军入城。

宋太宗进城后，立即召见刘继业，授予右领军卫大将军，并给予厚厚的赏赐。从此以后，他恢复了原姓，叫杨业，后人称之为杨令公。

北汉就这样被宋朝灭掉了。宋太宗没有休整军队，而要一鼓作气夺回被辽朝占领的十六州。这时，有人建议应先把北汉主刘继元杀掉，说他曾残杀臣民。宋太宗说："凡亡国之君，不是懦弱，就是残暴。这种人，只要投降不再做恶，放过他就算了。"于是，刘继元得以活命。

宋太宗妥善安排好刘继元及其部属以后，又率大军北进，陆续攻下被辽朝占领的易州、蓟州、顺州，然后又向幽州发起攻击。太平兴国四年公元980年）六月，由宋太宗亲率的宋军直取幽州城下。

王小波李顺起义

宋朝消灭了后蜀，宋将王全斌等人指使宋兵对当地居民进行无法无天地抢掠活动，使受害的蜀民强烈不满。尽管王全斌等多位将领，因此受到处罚，仍时常有一些蜀兵和蜀民自发组织起来反抗宋兵。

淳化四年（公元993年），爆发了王小波、李顺领导的农民起义，给宋朝统治者以沉重的打击。

王小波是青城县（今四川省灌南县南部）农民。青城县除出产粮食外，还盛产茶叶。茶农以种茶为生。宋太宗时期推行“榷茶”法，由朝廷专门强行收购茶叶，致使许多茶农失业，而朝廷官员和地主商人却趁机牟利。贫富差距拉大，许多种茶的人和种庄稼的人难以生活。淳化四年二月，王小波在青城县领导一百多号破产的农民和失业的茶农起义，他号召说：“现在的人穷的穷、富的富，太不合理！今天我们起义，就是要均贫富！”

起义军的行动，立即得到广大农民的拥护，短短几天时间发展到一万多人。王小波指挥大家攻下青城后，又用棍子抽打的尸体。起义军队伍迅速扩大，接着又打下邛州（今四川省邛崃）、蜀州（今四川崇庆）、眉州（今四川眉山）的彭山。随后攻取永康、双流、新津、温江、郫县等地。起义队伍增加到几万人。

彭山县令齐元振，是被朝廷赐予玺书奖励的清官。起义农民从这个所谓的清官家中搜出一大批金帛。起义军把县令齐元振和一些土豪劣绅处死，为民除了害，参加起义的农民就更多了。可是，在十二月份进攻江原县（今四川省崇庆东南）时，王小波中箭，不治身亡。起义者并没有因王小波牺牲而气馁，又推举他的内弟李顺为首领，继续与官府斗争。

淳化五年（公元994年）初，李顺带领义军在两天内攻下汉州（今四川广汉）、彭州（今四川彭县），对成都构成了威胁。起义军乘胜前进，只用十多天时间便攻克成都。李顺在成都建立了农民政权，号称“大蜀”，自己称为“大蜀王”，立年号“应运”。

大蜀政府最高长官为“中书令”，军事最大官职为“枢密使”。李顺没有贪图享受，仍继续指挥义军扩大成果。农民军占领的地盘越来越大，北至剑关，南至巫峡，全归于义军手中。义军发展到几十万人之多。

起义军的壮举，使宋太宗又恨又怕，派宦官王继恩率兵镇压起义军。起义军的主要力量放在进攻上，忽视了防守。所以，当朝廷军队打来时，防线很快被攻破，农民军成千上万人牺牲，李顺也在战斗中英勇地牺牲了。李顺牺牲后，张仓余领导剩下的几十万义军坚持战斗，先后攻下嘉州（今四川乐山）、戎州（今四川宜宾）、泸州、渝州（今重庆市）、涪州（今四川涪陵）、万州（今四川万县市）等地。

宦官王继恩没有镇压住农民起义，宋太宗又派白继斌带兵入川对付义军。农民军受到宋兵前后夹击，损失惨重，两万多人战死。张仓余只好率一万来人退守嘉州。但宋军追至嘉州时，大蜀嘉州知州王文操叛离义军投降朝廷，张仓余被捕，英勇就义。时值公元995年。

后来，民间传说在成都陷落的时候，李顺并没有死，他化装成一个和尚，秘密逃出成都，继续率领农民军战斗。宋军进城时，抓到一个胡子很长的人，外貌很像李顺，就把他杀掉了。又过了四十年，在广州街上出现一个老翁，有人认出他是李顺，官府把他抓起来，在监狱里秘密杀死了。这些传说虽然不一定可靠，但是说明李顺在群众中影响是很大的。

王小波、李顺、张仓余领导的农民起义虽然失败了，但是却有深远的历史意义。

杨无敌高粱河救驾

太平兴国四年五月，宋太宗灭掉北汉，要继续北伐时，潘美等大将认为部队应该休整，补充粮饷，然后再派兵攻辽，收复幽云 16 州。但总侍卫崔翰却说："乘胜北伐，机不可失，取胜不难"。太宗急于求成，采纳了崔翰的意见，连续北进。

宋军进攻幽州时，遇到耶律学古的顽强抵抗，一时难

以取胜。宋太宗正在考虑对策，忽然得到辽朝宰相耶律沙率兵救援幽州已到高梁河的消息，于是决定，先迎战援兵，获胜后再来攻打幽州城。宋军放弃幽州，转向高梁河进军。来到河边，与辽军遭遇。耶律沙指挥辽兵与宋军大战两个多小时，渐渐不敌，往后撤退。宋太宗立即命令宋军乘胜追击。

宋军正全力以赴追杀辽兵，忽然几声炮响，辽朝大将耶律斜轸从左方杀来，耶律休哥从右侧杀出。宋军连续作战，已经疲惫不堪，而两支辽军以逸待劳，以一抵十，冲入宋军阵中，如入无人之境。耶律休哥直奔宋朝皇帝而来，宋太宗见状不妙，命令各将护驾，然而诸将应付辽将已力不从心，无法接近皇上。太宗正在着急，幸亏大将辅超、呼延赞赶到，掩护着皇帝逃走。

皇帝逃走，将士们也无心恋战，纷纷败逃，天将傍晚，宋军要进城休息，但辽兵又由耶律休哥率领追了过来。宋军此时已损失一万多人，溃不成军，各奔生路去了。连皇帝的卫队也四散而逃。宋太宗无奈，打马再逃。天越来越黑，后面追杀声不断，太宗慌不择路，马掉进沼泽之中，越陷越深，难以自拔。

就在这危难的关头，见前面影影绰绰跑来一队人马，太宗以为是辽军追兵，暗忖今命休矣！军队来到近前，看清旗上有一“杨”字，才知是杨业的队伍，不禁狂喜。说来也巧，杨业押运粮草回来，路过此地，听见皇上呼救，忙奔过来，跃马跳进泥坑，将太宗拽起，再递交岸上的小将，然后又将御马拉上岸。

宋太宗绝路逢生，非常感激杨业，问他身边的小将是谁，杨业告讨他是自己的儿子延昭。太宗很高兴，把这父子俩夸赞一番。正在这时，有一股辽军追来，太宗又慌了，问道：“敌军又追来了，怎么办?”杨业非常冷静地说：“请陛下骑马先行，我父子去退敌兵。”可是，皇上骑的御马趴在地上，站不起来了。杨业让皇上骑自己的战马，太宗不肯，说：“卿要退敌，不能没有坐骑。朕看有驴车，可腾出一乘，由朕坐着吧！”杨业立即命令部下找来一辆驴车，让太宗入座，由兵士们护卫着往回撤。

潘美一听，羞愧难当，命令杨业组织残兵迎敌。时间不长，有一队辽兵追到，为首的两位大将是兀环奴、兀里奚。杨业催马上前，挥刀大战二将。杨延昭怕父亲不敌二将，也打马出阵，挺枪相助，直逼兀里奚。

仅几个回合，便把兀环奴一刀劈死。兀里奚见兀环奴被杀，不免心慌，杨延昭趁机一枪，将他刺死落马。宋将见杨家父子斩了辽军两员大将，顿受鼓舞，纷纷上前助阵，辽军退走，宋军追杀一阵，抢回许多军用物资，才收兵。宋军回到定州（今河北定县），与皇上相遇。太宗命令几位大臣驻守河北几个州镇，自己带部分兵士返回国都汴京。

辽军获胜以后，辽主非高兴，命令南京留守韩匡嗣和耶律沙、耶律休哥率5万兵马再次南下，扩大战果。辽兵攻至镇州（今河北正定），驻守真定的刘延翰得报，忙请来崔彦进、李汉琼几位守将商量御敌计策。崔彦进和李汉琼想出一个“献粮饷假意投降，诱敌深入而围歼”的办法，韩匡嗣以为宋军刚刚吃了败仗，损伤十万兵马害怕了，便信以为真；但耶律休哥不相信，怕其中有诈，命令自己的部下按兵不动。

韩匡嗣和耶律沙按商定入真定城授降，走到城门口没发现一人，这才怀疑有问题，然而为时已晚，一声炮响之后，城西杀出刘廷，城东杀出李汉琼。接着炮声再次响起，崔彦进率军杀出，阻住辽军退路，辽军大败。正在这时，耶律休哥带兵杀来，帮助耶律沙和韩匡嗣逃出重围，但损兵逾万。

宋太宗得到捷报，很高兴，派杨业驻守重镇代州（今山西代县），以阻止辽军南下。

陈家裕杨业被俘

杨继业归顺大宋后，宋太宗也十分喜爱杨业，仍然派他守卫边关。杨业任代州的刺史，是当地的最高长官。他带领着军队日夜不停地训练，以防止北边辽国的军队南下。

高梁河一战，辽军打败了宋军，辽景宗得意洋洋并扬言："朕要发兵，乘胜追击，一举灭掉大宋。"公元980年

3月，辽景宗不顾萧皇后以及其他人的阻拦，发兵10万直向雁门关扑来。

雁门关在代州的北面，杨业知道如果雁门关失守，代州肯定就保不住了。辽军10万大军，杨业才几千人马，他和手下的将领们商量，硬拼是不行的，应用计谋取胜。

辽兵到雁门关驻扎下来。天黑了，伸手不见五指，这时杨业带领几百士兵，骑着马绕到敌人后面，突然向辽兵杀了过来。宋兵边冲边喊，辽兵一个个睡得正香，听到外面喊杀声惊天动地，他们连东西南北都找不到了。辽兵只顾逃命，所以杨业没费多少人马就取得重大胜利。

宋太宗在京城听到消息，也兴奋地睡不着觉，太宗下令封赏杨业和其他将领。从此杨无敌的美名叫得更响，传得更远了。

杨业的胜利也引起宋朝中有些人的不满。潘美还偷偷上书给宋太宗，说了杨业的不少坏话。宋太宗也不在意，还把这些书信给杨业看了，杨业心里很感激宋太宗。

公元982年，35岁的辽景宗死了。他的12岁的大儿子耶律隆诸继位，他就是辽代历史上有名的辽圣宗。30岁的萧绰现在成了皇太后，因为辽圣宗还小，国家一切事务都由她处理。

宋朝得知辽朝小皇帝登基，就认为攻打辽朝的机会到了。

公元986年年初，宋军兵分3路向北进发。曹彬在东边，目标是幽州；田重进领中路兵，攻打河北西北部和山西东北部；西路军，由潘美为元帅，杨业为副帅，从雁门关出兵，攻占辽的西京——云州（今山西大同）。3路兵马一起出发，向辽国发动了全面的进攻。

开始的时候，东中西3路都节节胜利。杨业为先锋的西路军更是厉害，很快就打下寰（音huán）、朔、应、云四个州，山西北部大部分地区包括大同府都被收复了。西京大同府一丢，辽圣宗也十分着慌了，杨业继续前进，准备和中路、东路宋军合兵一处共同打下幽州城。

曹彬率领的东路军曾经打到幽州城下，但是辽大将耶律休哥用计谋在涿州把曹彬打败了。东路军是主力部队，它一败，中西路宋军受到很大影响，宋太宗害怕宋军被全部吃掉，就急忙命令退兵。潘美在飞狐关（今河北涞源北）被辽将耶律斜轸打败，宋军被迫退出了寰、朔、应、云四州。但这四州百姓都是中原人，因此宋太宗命令把这四州百姓迁回内地。

杨业的军队掩护着百姓向后撤退，速度就更慢了。这个时候耶律斜轸和手下的副将萧挞凛已经派兵把宋兵的退路截断了。

这时的潘美只想冲出一条血路，马上回到雁门关。他对杨业说：“杨副帅，看来我们只能拼命了，你带领精锐部队在前开道。”杨业一听，他摇摇头，想了一会儿，说：“辽兵现在士气很盛，我们不能硬拼，再说我们还有这么多百姓，我们应该避开辽兵的主力，绕道走碣谷，然后再到雁门关。”

军中的监军王侁冷冷地一笑，“杨副帅，你可是杨无敌呀，怎么现在你都这么胆小啊。”潘美因为和杨业有矛盾，知道杨业说得有道理，他就支持王侁。

杨业一听王侁、潘美说这话，知道今天自己不打这一仗是不行了。他一边流泪一边说：“愿主帅派兵在陈家谷口接应我。”说完头也不回，领兵向朔州方向走去。在队伍中有杨业的儿子杨廷玉和岳州（今湖南岳州）刺史王贵。

在路上，杨业就和萧挞凛的部队交战起来。杨业尽管快 60 岁了，仍然勇猛无比，宋军也一个个拼命杀敌，辽兵死伤无数。但是辽兵越杀越多，而宋兵一个个倒下了。杨业浑身上下都是血，只好领兵一边打一边后退，这一仗从天亮一直杀到天黑。

杨业领着100多名宋兵杀到了陈家谷口，那里静悄悄的，一个宋兵都没有。原来，潘美、王侁预先在谷口等着，等了大半天，也没有见杨业领兵回来，王侁对潘美说：“看来杨副帅旗开得胜了，我们不能在这里等着。”他的意思是不能让杨业得头功。王侁领兵走了，潘美也拦不住，他也跟着走了。当他们得知杨业战败时，头也不回地逃跑了。杨业一看陈家谷口没有宋兵，就大叫一声：“苍天啊！”眼泪哗哗地往下流。“各位将士，看来今天，我们只有一死了，大家拼吧！”大家一听，也都流下眼泪，“杨副帅，带我们杀吧！”杨业一举大刀“杀！”

杨业带兵左冲右杀，他身上也负伤了，最后这百十人来到了一片小树林中，他们本想休息一会，不料辽兵又冲上来了，小树林已经被团团围住了。70多岁的老将王贵用箭射死了几十个敌人，最后壮烈牺牲。杨廷玉也杀死了许多辽兵，也献出了生命。杨业力尽被俘。

杨业被俘以后，辽将劝他投降，他一口回绝：“我生是汉人，死是汉鬼，何来投降！”杨业不吃不喝，绝食3日壮烈牺牲。

杨业虽然牺牲了，他的后代继续守边关、抗敌兵。杨延昭早年跟随父亲杨业打仗，常常为先锋。后来他镇守河北边关，长达 20 多年，他的军队纪律严明，多次打败了辽国军队，立下赫赫战功。

杨延昭的儿子杨文广，也是将门虎子。他后来跟随范仲淹在西北同西夏国作战，立下战功。杨文广在河北做地方官时，曾经出谋划策攻取幽云等州，但宋统治者没有采纳。杨家祖孙三代英勇杀敌的事迹，千百年来一直为人民所敬仰。

萧太后的功劳

辽国皇帝兀欲的次子耶律贤即位，即辽景宗。景宗幼年时经历过一次致命的遭遇，公元 951 年，察割发动政变，率众闯入宫帐杀死辽世宗和太后，年幼的景宗被深明大义的御厨用毛毡藏在柴禾堆中，这次劫难后景宗落下顽症，做皇帝力不从心。但他的夫人萧绰皇后，却是个杰出的女强人。

萧绰字燕燕，应年三年（公元953年）出生，父亲是宰相萧思温。父亲非常喜欢燕燕这个女儿，曾把她许配给汉族重臣韩知古的孙子、韩匡嗣的儿子韩德让，但女儿17岁时被景宗耶律贤选为贵妃，不久立为皇后，与韩家亲事自然取消，但两家关系仍然和睦融洽。

乾亨元年（公元979年），宋赵匡胤去世，赵光义继位，出兵北汉。辽朝得到消息，派使臣去宋朝，询问为何攻击北汉，宋朝皇帝太宗说："北汉不服大宋之命而割据，理该讨伐。如辽朝不援北汉，我们仍可保持友好关系；否则，那就只好开战了。"

辽朝使者回国报告这一情况，景宗犹豫不决，找萧皇后商量。皇后说："北汉与我朝修好多年，汉主还是我朝册立。宋朝进攻北汉，下一步就该攻我幽、云各州了，我们应即刻备战。"

二月，宋朝大军进攻北汉都城太原，萧皇后让耶律沙为帅救北汉，但由于监军耶律敌烈狂傲轻敌，招致兵败白马岭，阵亡大将五员，士兵无数。景宗闻讯大怒，要处置耶律沙，萧皇后说："兵败不全怪耶律沙，冀王敌烈只知冒进，不虑地形，强行开战，导致失败。"景宗听皇后这样说，觉得有理，不再坚持治耶律沙的罪，而让他带罪立功。

宋太宗赵光义打败辽军，急于求成，不顾将士劳累，继续指挥北进，攻打辽朝战领的幽州。景宗得报非常害怕，萧皇后却镇定自若，说："宋朝攻幽燕本在意料之中，皇上不必担心，我已命令耶律去幽州，命耶律休哥和斜轸增援。南京城坚池固，韩德让智勇双全，而宋军系孤军深入，南京一定能守住。"

萧皇后分析得很正确，这一仗，果然宋军大败，宋朝皇帝险些丧生，逃回汴京。

萧皇后又下令让韩匡嗣为都元帅，率耶律休哥军南伐宋朝，但韩匡嗣中了宋朝假投降诱敌深入之计，吃了败仗。景宗要责罚这些败将，萧皇后为之讲情，没有加罪。

又过了两年，景宗皇帝去世，他 12 岁的长子耶律隆绪即位，是为昭圣皇帝。萧皇后被尊为"承天皇太后"，摄政军国大事。

萧太后是年 30 岁，整个辽朝的重担，压在她的肩上。她表现出成竹在胸，大智大勇的气魄，首先任贤用能，注意调动方方面面的积极性。她把韩德让、耶律斜轸召入宫中，让他俩辅佐朝政。他俩一一表示尽忠。萧太后则命令耶律休哥坐镇南京，总管南面军务。以后又任命韩德让为政事令、宰相等职。

为了让小皇帝学习政务，萧太后让隆绪亲自审理囚犯，在实践中得到锻炼。一天，小皇帝要从臣跟他去赤山狩猎，萧太后自然一起去了。在路上，小皇帝见斜轸的青花马与他的银鬃马个头一样高，就说："你的马和朕的马大小一样，不知谁的马跑得快，咱们比赛如何？"

斜轸却说："陛下是君，臣怎敢和君赛马呢？臣若赢了皇上，岂不是失大礼了？"小皇帝点了点头，说："不过在战场上和打猎时，君臣的马跑来驰去，就难说什么失礼不失礼的啦！"

萧太后听见儿子和大臣的对话，笑着说："论国礼，你们是君臣。今天咱们按契丹风俗，好朋友以交换马、弓为盟。你们俩就在我的面前，互换弓和马，结交朋友吧！"

斜轸听了，虽然心中高兴，但嘴上却说："臣不敢。"小皇帝拉着他的手说："怕什么，太后已经下旨，不遵旨才是失礼呢！"

小皇帝命人将两匹马互换了，又把自己的弓送给耶律斜轸，斜轸忙跪下接弓，然后把自己的弓矢送给皇上。在场的官兵一阵欢呼，敬佩萧太后这种热忱待臣的做法。皇帝和耶德斜轸成了真正的朋友，耶律斜轸在以后的征战中，冲锋陷阵，立下了许多大功。

萧太后善于用人，而且肯吸收良臣们治国的好经验、好办法，如减轻百姓赋税、奖励生产、颁布禁止官吏受贿枉法的法令，不得敲榨百姓等等，深受广大平民百姓欢迎。辽朝的政治经济形势、社会秩序等，发生了可喜的变化，可谓日新月异，比景宗在位时，有明显好转。这其中主要功劳，当然属于摄政的萧太后。她不仅是一位政治家，而且还是一位了不起的军事家。

元昊建立西夏

大宋朝没有能够统一整个中国，在它的北面有契丹族建立的辽国。在它的西北面还有一个国家，这就是西夏国。

西夏国是由党项族建立的。党项族是羌族的一支，羌族是我国一个古老的少数民族，直到现在羌族还是我国民族大家庭的一员。党项族原来居住在青海东南部和四川西北部，唐朝以后党项族人逐步向东北迁移。党项族也是一个以游牧为生的民族，在同汉人的交往中，他们的生产才有了发展。

党项族分为很多部落，有东山部落、平夏部落等等。平夏部居住在夏州（现在陕西横山县）一带，属于拓拔氏。唐后期黄巢大起义的时候，平夏部曾经派兵帮助唐政府镇压起义，因此算是立了功。唐僖宗就任命平夏部的首领为难军节度使，册封为夏国公。从此后拓拔氏就改姓李氏。

五代时期，夏州党项李氏占领了西北，开始发展自己的力量。宋朝一建立，就想剥夺党项族的力量。宋太宗的时候，平夏部部落内部有了矛盾，一个叫李继迁的头目不想投靠宋朝。李继迁率领着部众逃往夏州东北 300 里的地斤泽（现在内蒙古伊克昭盟巴彦淖尔），开始不断地向宋边境侵扰。公元 984 年，李继迁的部落被宋军偷袭了一次，被杀了 500 人，李继迁的母亲妻子也被俘虏了。但是李继迁并没有灰心，他积极号召党项族同宋进行斗争。公元 985 年李继迁一举攻下银州，力量开始强大起来。当宋和辽战乱不休的时候，李继迁投靠了辽，向辽称臣，公元990年，封李继迁为“夏国王”。

宋真宗继位以后，李继迁仍然不断发兵攻打宋朝，公元1002年，李继迁打下了灵州（现在宁夏灵武县），把它改为西平府，这就成了党项族的根据地。公元1004年，李继迁攻打吐蕃人的时候，中箭死亡。他的儿子李德明继位。宋朝封李德明为平西王，每年赐给他不少金帛和茶叶。在李德明统治的30多年里，党项族的经济发展很快。

李德明的儿子元昊，他看到父亲甘作宋臣，唯唯诺诺，很不高兴。他对李德明说：“我们应该有骨气，不应向宋称臣，离开了它们，我们照样能活。我们虽然很穷，但我们可以训练兵马，等我们力量强大了，我们可以去夺取地盘，那时我们什么都会有的。”李德明被儿子的一席话感动了，但他是个稳重的人，虽然他有当皇帝的想法，但终究没有胆量。

李德明死后，元昊做了首领。元昊精通汉文和佛学，他希望自己成为至高无上的皇帝。元昊的叔父山遇看出了元昊的野心，对元昊说：“大宋待咱们可不薄呀，咱们说什么也不能忘恩负义。”元昊看着山遇，点了点头，山遇以为元昊听进去自己的话呢，其实他是想办法治山遇呢。

元昊派手下人诬告山遇，说他要谋反。山遇一听，知道自己在元昊手下呆不住了，就趁夜逃往宋朝。山遇逃到延州（现在陕西延安市），宋朝的官员没有收留山遇，为了对元昊表示友好，竟把山遇抓起来送给元昊，元昊以谋反的罪名把山遇杀了。元昊不仅把亲叔叔杀了，而且把反对自己的人都毫不留情地杀了。

公元1038年元昊正式宣布自己为皇帝。国号为大夏。因为大夏国在宋朝的西北方向，历史就被称为西夏。元昊就是夏景宗，都城在兴庆（现在宁夏银川）。西夏控制着甘肃、宁夏、清海和陕西、内蒙古的一部分地方。

元昊仿照宋朝的制度建立了西夏的官制，另外在汉字的基础上，元昊发明了西夏文字。元昊是一个很有才干的人，在他的统治下，西夏的经济有了很大的发展。

西夏国建立的时候，宋朝的皇帝是宋仁宗。元昊上书要求宁仁宗承认西夏国，宋仁宗听罢勃然大怒。下令撤了元昊的官职，还命令边关贴下告示捉拿元昊。元昊一听此消息，就在公元1040年领兵攻打延州。

这时候宋在西北有军队三四十万，但这些军队很分散，驻扎在五路二十四州的几百个寨堡之中，他们互相都不联系，打起仗来根本不合作。守卫延州的是宋将范雍，范雍不敢出战，结果元昊用诈骗的办法使范雍放松了警惕，元昊派兵猛攻延州，宋军被打死了1万多人。延州的失败使宋仁宗很生气，他把范雍撤了职，命韩琦和范仲淹到西北指挥抗辽。

范仲淹是北宋有名的政治家和军事家，他到了延州以后，日夜操练兵马，宋军的战斗力大大提高了。在西夏营中有这样的说法："小范老子（指范仲淹）胸中有几万军兵，可不像老范老子（范雍）那么好欺负了。"元昊看到延州防守严密，知道不好攻打，他就不碰这个硬钉子了。

公元1041年2月，元昊亲自领兵攻打渭州（现在甘肃平凉县）。宋朝大臣韩琦在那里指挥。范仲淹劝告韩琦以守为主，但韩琦却主张主动出击。

当西夏军将要逼近怀远城（现在甘肃平凉县）的时候，韩琦组织了一支1万人的军队，派大将任福指挥，前去迎敌。不料中了埋伏，宋军大败。元昊取得了胜利，还不罢休，他继续领兵攻打北宋，并取得一系列的胜利。

宋朝既然和辽作战，又不得不和西夏作战，并且都打了败仗。因此宋仁宗派人到西夏求和。由于元昊连年不断地打仗，党项族的生活也很困难，再加上闹灾荒，西夏人民不愿打仗了。元昊看到自己的力量灭不了北宋，也就同意议和了。

公元 1044 年 12 月，宋和西夏立下盟约，西夏对宋称臣，但宋每年要给西夏绢 15 万匹，银 7 万两，茶 3 万斤。元昊名义上是宋朝封的国王，而实际上就是西夏的皇帝。宋通过这种赏赐的办法来维护政权，而人民的生活则更加困苦了。

元昊建立的西夏国从宋朝得到不少东西，两国议和以后，在边境上开设了许多市场，西夏人通过市场和内地人做买卖，西夏的政权不断稳固。公元 1227 年，西夏被蒙古军队所灭，前后共统治了 90 年。

澶渊之盟

宋太宗时，辽朝从石敬瑭手中得到幽云十六州，此后，辽、宋两朝打打停停，战事不断。至宋景德元年（公元 1004 年）时，两朝都发生了很大变化。辽朝大将耶律

休哥、耶律斜轸等相继去世，韩德让已升任大丞相，萧挞凛为南京（幽州）统军使；宋朝太宗皇帝已死，其次子赵恒继承皇位，史称宋真宗，寇准、毕士安为宰相。

这年秋天，萧太后为了结束长期战乱，决定发动一次大规模战争，迫使宋朝求和。出兵之前，她和皇帝隆绪又指挥了传统的“射鬼箭”仪式。然后命令大军向南进发。

辽军攻势迅猛，宋军难以抵挡。辽兵所向无敌，连续攻下唐州、瀛州、祁州，十一月到达洛州（今河北永年县），然后向澶州（今河南濮阳西南）进兵。

辽朝大举南下，宋朝一片恐慌。皇帝赵恒征求大臣们的意见。大臣王钦若说：“辽军来势凶猛，已逼近澶州，威胁汴京。不如避其锋芒，迁都金陵（今南京市）。”陈尧叟也同意迁都，但认为迁往四川更好。因为四川易守难攻，适合做京都。王钦若的家在金陵附近，就建议迁都金陵；皇上不知按谁的意见办才对，征求宰相寇准的意见，寇准说："应该把建议迁都的人杀了，用他们的血祭鼓，然后击鼓出征，抵抗敌军！"寇准是我国历史上著名人物之一，对抵御外敌入侵态度坚决。在当时，寇准在人民群众中的声望是很高的。

皇上赵恒问寇准，大敌当前，有什么办法退敌。寇准说："如果陛下御驾亲征，文臣武将必合力以赴，则不难退敌；如果坚守要地，辽兵孤军深入，不宜久战，亦能自行撤退；但是，一旦迁都，军民之心必乱，江山社稷将难保了。"皇上觉得寇准的话有道理，就否定了迁都的建议。一面命人去找王继忠，让他向辽朝转述宋朝求和之意，一面征求具体御敌之计。王继忠原为宋将，去年战败降辽。辽朝仍然起用他，宋朝有什么事也通过他向辽转达。

寇准向皇帝建议，应当派兵先守住天雄（今河北大名），王钦若带兵驻守天雄。皇上同意，使王钦若去要地天雄，王钦若吓得像丢了魂似的，但又不敢抗旨，只好硬着头皮接受了任务。

萧太后在逼近澶州途中，得到王继忠转达宋朝的求和之意，当即表示同意讲和。但命令辽军继续进兵，以增加和谈的份量。不久，辽军占据澶渊。

宋朝皇帝赵恒听说这个消息，忙派大臣曹利用到辽营议和，同时下诏宣告天下：他要御驾亲征。就在宋朝使臣曹利用来到辽营之际，萧太后得报：大将萧挞凛中箭身亡！萧太后大惊，眼泪涌上眼眶，但很快镇定了情绪，与宋朝使臣谈判。

萧太后是个了不起的女人，她也想让边界两朝人民过安定的生活。倘若为了争夺这几个州城，战争何时才会平息？于是，萧太后又命令韩杞为使臣随曹利用去见宋朝皇帝，商谈议和条件。

宋朝皇帝赵恒已率大军到达澶州。他听说辽军就在附近驻营，吓得又提起迁都之事，寇准只得再次给皇上打气壮胆。赵恒勉强答应不迁都了，但坚持议和。

辽朝使臣韩杞来到澶州行宫谈判，赵恒皇帝让寇准负责和谈，可以贡钱百万。寇准对具体参加谈判的曹利用说："皇上虽然说可给辽百万，但你与韩杞谈判如答应给财帛过30万，我就立即杀你！"曹利用害怕寇准的权威，自然不敢多给，最后达成协议：宋朝每年送给辽白银10万两、绢20万匹；辽不再追索关南数州；辽帝称宋帝为兄，宋帝称辽萧太后为叔母。

澶渊之盟终于签订，辽朝与宋朝自此结束了多年的相互征战。统和二十七年（公元 1009 年）十二月初五，辽朝承天皇太后萧绰在南巡路上病逝，是年 57 岁。从 17 岁嫁给景宗皇帝为贵妃算起，整整 40 年。这 40 年来，她显示出非凡的政治、军事才能。在治理国家方面功绩卓著，使辽朝的农业、畜牧业、文化、冶金、纺织等方面都得到发展。

“澶渊之盟”揭开了辽宋历史的新篇章，从此结束了双方兵戈相见的敌对局面，建立了睦邻友好，边境无干戈之忧。在此后的 120 多年间，双方没有发生过大的战争，民间互市，政府友好往来。

范仲淹实行新政

范仲淹，字希文，原籍陕西邠（音 bīn）州（今陕西彬县），后迁徙到苏州吴县。他不仅是个军事家，而且是宋代著名的政治家、文学家。范仲淹从小失去了父亲，因为家里贫穷，母亲不得不带着他另嫁到一个姓朱的人家。范仲淹在十分艰苦的环境中成长，他住在一个庙宇里读书，穷得连三餐饭都吃不上，天天只得熬点薄粥充饥，但是他仍能刻苦自学。有时候，读书到深更半夜，实在倦得张不开眼，就用冷水泼在脸上，等倦意消失了，继续攻读。这样苦读了五六年，终于成为一个很有学问的人。他以进士及第进入仕途。

范仲淹在朝廷当过谏官，宋仁宗对他比较信任。后来，仁宗赵祯下诏废郭皇后，范仲淹因率谏官、御史极力谏阻，被罢免职务，调去做了睦州知州，干了一年多，转任苏州知州。他在苏州时，恰值发大水，农民有田耕不得，他曾组织民众疏通五河，把太湖里的水疏导入海。后来，范仲淹被召还朝，任吏部员外郎，权知开封府。看到吕夷简滥用职权，任用私人，就向仁宗大胆揭发。这件事触犯了吕夷简，吕夷简反而说范仲淹交结朋党，挑拨君臣关系。宋仁宗听信吕夷简的话，把范仲淹贬谪到南方做了饶州知州，直到西夏战争发生以后，才把他调到陕西去。

范仲淹在陕西军中任职三年，采取了一系列切实可行的措施加强国防，颇有成效。宋仁宗觉得他的确是个人才。这时候，因为宋王朝腐败，加上在跟辽朝和西夏战争中军费和索赔支出浩大，财政发生恐慌。宋仁宗就把范仲淹从陕西调回京城，宋仁宗是位不错的皇帝，他看到国力衰弱的局面，也很着急，更想有所作为。派他担任参政知事（副宰相）。

范仲淹一回到京城，宋仁宗马上召见，要他提出治国的方案。范仲淹知道朝廷弊病太多，要一下子都改掉不可能，准备一步一步来。但是，禁不住宋仁宗一再催促，就提出了十条改革措施，它的主要内容是：

一、对官吏一定要定期考核，按他们的政绩好坏提拔或者降职；

二、严格限制大臣子弟靠父亲的关系得官；

三、改革科举制度；

四、慎重选择任用地方长官。

还有几条是提倡农桑，减轻劳役，加强军备，严格法令等等。范仲淹从当时的实际情况出发，说得很中肯。

宋仁宗看了范仲淹的改革方案，立刻批准在全国推行这十条改革措施。历史上把这次改革称为“庆历新政”（“庆历”是宋仁宗的字号）。

范仲淹为了推行新政，先跟韩琦、富弼（音 bǐ）等大臣审查分派到各路（路是宋朝行政区划的名称）担任监司（监察官）的人选。有一次，范仲淹在官署里审查一份监司的名单，发现有贪赃枉法行为的人员，就提起笔来把名字划去，准备撤换。

在他旁边的富弼看了心里不忍，就对范仲淹说："范公呀，你这笔一勾，可害得一家子哭了。"范仲淹严肃地说："要不让一家子哭，那就害了一路（路是北宋政区名称）的百姓都要哭了。"富粥听了这话，心里顿时亮堂了，佩服范仲淹的见识高明。

范仲淹的新政刚一推行，就像捅了马蜂窝一样。一些皇亲国戚，权贵大臣，贪官污吏，纷纷闹了起来，散布谣言，攻击新政。有些原来就对范仲淹不满的大臣，不停地在宋仁宗面前范仲淹一些人交结朋党，滥用职权，别有用心。为此欧阳修还专门写了一篇《朋党论》支持范仲淹。

宋仁宗看到反对的人多，就动摇起来。范仲淹被逼得在京城呆不下去，就自动要求回到陕西防守边境，宋仁宗只好应允了。

范仲淹一走，反对派便对改革派发动猛攻。宋仁宗碍于当时的阻力，就下命令把新政全部废止。

范仲淹为了改革政治，受了很大打击，但是他并不因为个人的遭遇感到懊恼。隔了一年，他的一位在岳州（治所在今湖南岳阳）做官的老朋友滕宗谅，修建当地的名胜岳阳楼，请范仲淹写篇纪念文章。滕宗谅与范仲淹一起在泰州治水，又在宋夏战争中共同抵抗西夏军入侵，两人感情很深。范仲淹挥笔写下了《岳阳楼记》。在那篇著名的文章里，范仲淹提到，一个有远大政治抱负的人，他的思想感情应该是"先天下之忧而忧，后天下之乐而乐"（意思是"担忧在天下人之前，享乐在天下人之后"）。这两句名言一直被后人所传诵，而岳阳楼也由于范仲淹的文章而更加出名了。

范仲淹一生多次被贬，但他的正直高尚的性格却从来没有改变过。他为人善良，在家里孝敬自己的母亲，生活简单朴素；在外面，他家乡的族人和他做官任职的地方的人，都知道他的名字。在民间，关于范仲淹乐善好施、宽宏待人的故事很多，老百姓爱戴这位正真忠厚的好官。公元1052年，64岁的范仲淹去世时，数百名羌族首领痛哭流涕，为之斋戒三天。

狄青不怕出身低

宋仁宗宝元二年（公元1039年），党项族在我国西北部建立了西夏政权，并在首领元昊的统领之下，势力逐渐强盛起来。元昊撕毁了他父亲德明在宋真宗景德三年（公元1006年）与宋朝订立的接受宋朝册封的和议，公开称帝，不断进犯北宋疆土。宋朝因为军政腐败，屡吃败仗，不得不大量增兵支援，一部分宫廷卫士也被派到前线。宫廷卫兵狄青在这时被派到延州（今陕西延安）担任指挥使，指挥一支大约有五百人的军队。

狄青精于骑射，骁勇善战。从军西征后，他与畏敌避战的大多数将士不同，每次临阵作战，都披头散发，戴着狰狞的铜面具，只露出两只炯炯有神的眼睛，身先士卒，出入敌阵，所向披靡，被西夏兵称为“天使”。他在延州共四年，前后共参加大小战斗二十五次，其中有八次负伤，但仍坚持战斗。狄青勇猛顽强的作战精神深受当时主持陕西对西夏防御战争的大臣们的赞赏。有一次，陕西经略判官尹洙召见狄青，同他谈论兵事。狄青讲起带兵打仗来头头是道，得到尹洙的好评。尹洙便向经略使韩琦、范仲淹推荐，说："狄青乃良将之材"。韩琦、范仲淹遂召见狄青，询问战略，狄青对答如流，韩、范二人非常高兴，认为他是位难得的人才。范仲淹送给狄青一部《左氏春秋》，对他说："为将若不知古今，不过是匹夫之勇而已"，劝他认真读书。狄青深受感动，从此便经常利用战争的间歇时间刻苦攻读兵书，悉心研究秦、汉以来的将帅兵法，终于成为一位既能勇猛地冲锋陷阵，又精通兵法的将领。

狄青的名气也越来越大，他因功累升为西上阁门副使、秦州（今甘肃天水）刺使、泾原路副都总管、经略招副使、都指挥使。后来西夏称臣，西部平静，狄青奉召为侍卫步军殿前虞侯。这时狄青虽身为大将，但脸上仍留着当士卒时刺下的字（目的是防止士兵逃亡）。有一次，宋仁宗对他说："你身为大将，脸上还有刺字，这很不体面，你还是想法敷药除去"。狄青说："皇上不嫌臣出身卑微，按战功提拔臣为大将。臣如果没有脸上这两行字，怎么能到达这样的高位呢？臣愿意留着刺字，以激励士卒上进。”仁宗说：“你说得有道理，随你自便吧。”狄青被授为彰化军节度使，兼知延州后又擢升为枢密副使。

宋仁宗皇佑四年（公元1052年），广源州部族首领侬智高叛命自立，僭称南天国，并率兵功破邕州（今广西南宁南），又沿江东下，连陷数州，且一度包围宋朝最重要的海外贸易港广州，岭南地区为之震动。宋仁宗屡派中文世前往负责讨伐，但均无成效。刚刚升任枢密副使的狄青毅然挺身而出，自请披甲出征。狄青满怀信心地对宋仁宗说：“臣起于行伍，若不从事战伐就无以报国。臣愿得蕃落（陕西边境少数民族）骑兵数百骑，再增禁兵万人，足可破敌。”仁宗听后，格外高兴，立即委派他为宣徽南院使，宣抚荆湖南北路、经制广南盗贼事，让他率军讨伐侬智高。宋仁宗还打破宋朝以往不专任武将掌兵、以文官牵制武将的惯例，没有给狄青配备副手，授予狄青统一指挥岭南宋军讨伐侬智高的全权，并下令岭南诸军将领都受狄青统辖节制。

狄青受命启程后，一方面先令前线各将士，不得妄与敌军作战，要占据要地，等候命令，一面率军驰赴岭南。狄青到宾州（今广西宾阳），会集孙沔、余靖各军，设立营栅，驻扎下来。在狄青未至之前，广西宋将陈曙，不顾狄青之命，擅自率兵出击，结果在昆仑关（今广西南宁西北昆仑山上）大败，部将袁用等人都狼狈逃遁。狄青闻陈曙溃败，勃然说道："号令不齐，怎得不败?"皇佑五年（公元1053年）正月初八清晨，他召集诸将，当场把陈曙、袁用等三十名对兵败负有直接责任的大小将官抓了起来，按军法论罪，推出军门处斩。诸将相顾失色，不敢仰视，军中肃然。从此军中令必行，禁必止，昼夜戒备，壁垒一新。

在诛杀陈曙等败军之将后，狄青并没有急于向敌军发动进攻，而是下令休息十日，兵士们都挺纳闷，敌方探子以为宋军不能进发，便报告了侬智高。其实，这是狄青迷惑敌军之计。正月十五日清晨，狄青下令全军迅速向昆仑关挺进，他亲自率领前军，让孙沔率次军，余靖率末军殿后，在当天晚上就全军抵达昆仑关下，并连夜夺取了昆仑关。侬智高听说宋军已向邕州扑来，一时乱了阵脚，慌忙派兵迎战。

先锋孙节与敌军先遇，展开搏斗。敌军来势凶猛，孙节不敌，中枪殒命。孙沔、余靖已率军赶到，遥见孙节阵亡，不觉大惊失色。正在这时，突然鼓声大震，只见狄青银盔铜面，手执白旗，指挥骑兵从两翼迅猛杀出，冲入敌阵，犹如蛟龙，忽纵忽横，忽开忽合，队伍井然有序，杀得敌军东倒西歪，作鸟兽散。孙沔、余靖见之，慨叹说："狄青真乃名将，名不虚传，你看他的部下将士，生龙活虎，奋勇杀敌，我等赶快上去。"他们率军兵加入战阵。敌军大溃，狄青挥军追奔五十余里，斩首数千级，杀敌将及官属一百五十七人，生擒敌人五百余人。侬智高见大势已去，也不得不乘夜纵火焚城，逃出邕州，直奔大理（今属云南）。当时狄青不知侬智高已逃往大理，下令在邕州城查觅其下落。宋兵发现有一具着金龙衣的敌尸，众人认为是侬智高，准备上报朝廷。狄青却说："怎么知道这不是诈谋呢？我宁可失去杀死侬智高之功，也不能贪功而欺骗朝廷。"于是便如实上报。

在广南肆横达一年之久的侬智高侵扰事件，因狄青善于用兵，很快便平息了。宋仁宗为了表彰狄青的功绩，不顾朝中一些大臣的反对，擢升他为枢密使，掌管全国军事。

铁面无私的包拯

范仲淹是一个正直无私的人，和他同一时期，有一个著名的清官。这个人常常在各种戏剧里出现，无论是大人还是小孩子都知道他。京剧里为了表现他断案大公无私的精神，专门给他画了一个大黑脸。这个富有传奇色彩的人，就是包公。

包公，真名叫包拯，字希仁，是北宋庐州合肥（现在的安徽省合肥市）人，生于公元999年。他和范仲淹一样，一生做过许多官，小到县令大到枢密副使。不管是做什么官，他都认真处理政事，执法如山，铁面无私。

包公曾经在天长县做过县官，处理过一个“牛舌案”。一天，一个农民急急忙忙地赶着一头牛到县衙门来告状，说那头牛的舌头被人割掉了。包公听完他的话，想了一会儿，说：“既然你的牛的舌头已经被割掉了，你就把它杀了做成熟牛肉卖了吧。”

农民听了很生气，心里想，包公是不是糊涂了，他不久前不是贴出告示不准百姓私自宰杀耕牛吗？怎么现在春耕农忙的时候怎么又要我杀牛呢？于是他回答：“老爷，我怎么能杀掉呢？我是来求您抓住那个割了牛舌头的人的呀。”

“啪”，包公一拍惊堂木，气呼呼地说：“叫你杀牛你就杀，一个牛舌头算得了什么？”

农民抹着眼泪走了，回家以后果真把牛杀了。

第二天，有一个人兴冲冲地跑来向包公告那个农民的状，说那个农民杀了牛，应该受到处罚。包公盯着那个人，眼睛一眨也不眨，直到他把话说完，然后大喝一声：“你为什么要割掉他家牛的舌头，又来陷害他？”

那人听包公这么一问，吓得瘫倒在地上，乖乖地认罪了。

从此，老百姓都知道包公是个断案如神的官。

公元 1041 年，包公调到端州（现在的广东省高要县）作知州。端州是当时每年进献给皇帝的精美贡品之一端砚的产地，因为有利可图，以前的知州，都要趁机向老百姓征收多几十倍的端砚，送给朝里的大官们，换得升官发财的机会。

包公到端州以后，不但没有贪污一块端砚，而且立刻派人查清楚以前官吏贪污端砚的情况，然后规定要严格按每年 20 块的数量制造端砚，官员贪污的端砚一律交公，百姓制砚的工钱由官府付给等等。这些规定，解除了老百姓沉重的负担，同时也使官吏们失去了靠端砚发财升官的机会。

一个官，如果清廉正直，肯定会得罪其他的有权有势的贪官污吏的。包公知道这一点，但他一点也不害怕。他后来被调到京城御史台，范仲淹那时正在推行“庆历新政”，打击了许多皇亲国戚和大官吏的利益，所以遭到他们的攻击。包公对范仲淹非常敬佩，对新政也很赞成，曾经写过文章表示支持新政，并且向范仲淹提了许多建议。

不久，包公当了监察御史。当时北宋朝廷积极与契丹妥协投降，文武官吏贪污腐化成风，包公对此很不满，不断向皇帝提意见。

有一个叫张尧佐的人，因为他的侄女得到仁宗的宠爱而做官直做到了三司使的高位，管理了全国的贡赋和财政事务。他贪婪得很，对老百姓大加搜刮，引起人们的强烈不满。有许多官员向仁宗告张尧佐的状，都被扣住了。

包公知道了这些情况，亲自去拜见仁宗，并且和几个大官联名上书，要求撤掉张尧佐的三司使的官位。在包公等人的强烈要求下，尽管心里不愿意，宋仁宗还是照办了。对权贵，包公从来都敢于站出来和他们作坚决的斗争，经他手处理的贪婪无能的官吏不计其数；对自己的亲戚，一旦有人犯了法，包公照样不会轻易饶恕。

在庐州做官的时候，包公的一个舅舅依仗包公的权势干违法的事了。横行霸道，抢占农田，告发他的状纸叠起来就有厚厚的一大摞。包公六亲不认，亲自审问舅舅，在大堂上重打了 40 大板。看到包公执法如山，对亲戚犯罪不留丝毫情面，老百姓就更敬重他了。包公为民请命，洁廉无私的清官形象越来越高大，百姓似乎看到了天下有公理的希望。

有关包公的各种传说中，狸猫换太子的故事流传得很广。故事说包公奉旨到陈州放粮，途中遇一盲丐妇拄着拐杖拦路告状，向包公讲述了当年发生在宫中的一个秘密。真宗赵恒时，刘妃与内监郭槐合谋，用狸猫之皮换掉李宸妃所生的婴儿，并将婴儿丢弃。弃婴幸被宫人寇珠救起，在内监陈琳的帮助下，送与八贤王扶养，取名赵祯。而李妃被打入冷宫，刘妃册立为后。刘妃仍不甘心，她火烧了冷宫，李妃逃出，流落民间。

包公听盲丐妇讲得真真切切，凄凄惨惨，知其定是李宸妃，便将她带回朝辨冤。回朝后，包公借元宵节请已做了皇帝的仁宗赵祯观灯，并安排了雷劈不孝之子张继宝的演出。随后包公说出当年刘后、郭槐狸猫换太子，谋害皇帝生母李妃的实情。赵祯恍然大悟，斩了郭槐，并亲迎李后还朝。李后经多年磨难，见到赵祯又爱又恨，要包公替自己打他。包公想出一个两全之策，他脱下皇帝龙袍，用打龙袍表示治皇帝的不孝之罪。

类似这样的关于包公的传说还十分多，比如“盆儿鬼”、“灰阑记”、“三勘蝴蝶梦”等。在这些传说中，包公逐渐被塑造成一位能够日断阳、夜断阴的人神合一的人物，老百姓把他们对于清官形象的各种幻想附会在包公身上，表现了他们对生活的善良愿望。

欧阳修改革文风

欧阳修在我国文学史上占有重要的地位。他是北宋古文运动的领袖。他的散文、诗、词都写得很好，是一位具有多方面才能的作家。他一生写了大量的著作，除了诗文集《欧阳文忠》集一百五十多卷外，还编写了《新唐书》、《新五代史》两部史书。这两部史书，为后人研究历史提供了宝贵的史料。

欧阳修字永叔，庐陵（今江西永丰）人。他四岁的时候，父亲病死，母亲带着他到随州（今湖北随县）依靠他叔父生活。欧阳修的母亲一心想让儿子读书，可是家里穷，买不起纸笔。她看到屋前的池塘边长着荻草，就用荻草秆儿在泥地上划着字，教欧阳修认字。幼小的欧阳修在母亲的教育下，很早就爱上了书本。

欧阳修十岁时候，经常到附近藏书多的人家去借书读，有时候还把借来的书抄录下来。一次，他在一家姓李的人家借书，从那家的一只废纸篓里发现一本旧书，他翻了一下，知道是唐代文学家韩愈的文集，就向主人要了来，带回家里细细阅读。

宋朝初年的时候，社会上流行的文风讲求华丽，内容空洞。欧阳修读了韩愈的散文，觉得它文笔流畅，说理透彻，跟流行的文章完全不一样。他就认真琢磨，学习韩愈的文风。长大以后，他到东京参加进士考试，连考三场，都得到第一名。

欧阳修二十多岁的时候，他在文学上的声誉已经很大了。他官职不高，但是十分关心朝政，正直敢谏。当范仲淹得罪吕夷简被贬谪到南方去的时候，许多大臣都同情范仲淹，只有谏官高若讷认为范仲淹应该被贬。欧阳修十分气愤，写信责备高若讷不知道人间有羞耻事。为了这件事，他被降职到外地，过了四年，才回到京城。欧阳修仍然支持范仲淹新政。此后不久，韩琦、范仲淹、富弼等人相继罢去。一些权贵诬陷欧阳修罗织罪名，朝廷又把欧阳修贬谪到滁州（今安徽滁县）。

滁州四面环山，风景优美。欧阳修到滁州后，除了处理政事之外，常常游览山水。当地有个和尚在滁州琅琊山上造了一座亭子供游人休息。欧阳修登山游览的时候，常在这座亭上喝酒。他自称“醉翁”，给亭子起个名字叫醉翁亭。他写的散文《醉翁亭记》，成为人们传诵的杰作。

欧阳修当了十多年地方官，宋仁宗想起他的文才，才把他调回京城，担任翰林学士。

欧阳修担任翰林学士以后，积极提倡改革文风。嘉佑二年（公元 1057 年），京城举行进士考试，朝廷派他担任主考官。他认为这正是他选拔人才、改革文风的好机会，在阅卷的时候，发现华而不实的文章，一概不录取。考试结束以后，有一批人落了选，对欧阳修十分不满。一天，欧阳修骑马出门，半路上被一群落选的人拦住，吵吵嚷嚷地辱骂他。后来，巡逻的兵士过来，才把这批人赶跑。经过这场风波，欧阳修虽然受到了一些压力，但是考场的文风却发生了变化，大家都学着写内容充实和朴素的文章了。

欧阳修在当时的文坛上，声望很高，但他并不骄傲。欧阳修不但大力改革文风，还十分注意发现和提拔人才。许多原来并不那么出名的人才，经过他的赏识和提拔推荐，一个个都成了名家。最出名的有曾巩、王安石、苏洵和他的儿子苏轼、苏辙。在文学史上，人们把欧阳修等六个人和唐代的韩愈、柳宗元合起来，称为“唐宋八大家”。

司马光编写《资治通鉴》

王安石变法的时候，司马光是作为反对派出现的。司马光是个有名的政治家，同时又是一个在历史方面很有成就的学者。他写过许多有份量的书，《资治通鉴》是就其中最有名的一部。

实际上，他和王安石在变法以前就是好朋友。司马光为人很朴素，而且耿直，他在仁宗的时候，京城里面他和王安石、韩维、吕公著四个人最合得来了。后来王安石搞变法，司马光却采取了反对的态度，那是因为他看到范仲淹的改革在大官僚的打击下失败了。

司马光是陕州夏县（现在的山西省夏县）人，字君实。司马光小时候特别聪明。在他7岁的时候，有一次他和小伙伴们在院子里玩捉迷藏，大家打闹着追来追去玩得很起劲。忽然，一个小伙伴不小心掉进了院子里的大水缸里。那个水缸比小伙伴还高，他在水缸里挣扎，大声呼救。小伙伴们急得很，却一点办法也没有。这时，司马光跑到院墙下，从墙角里搬来一块大石头，“哐”的一下把水缸砸破了。于是小伙伴得救了，大家都松了一口气。

司马光喜欢读历史书，五六岁的时候就能熟练地背诵《论语》、《孟子》了。7岁那年，他熟读了《左传》，并且经常讲给家里人听。《论语》是记录孔子和他的徒弟的言行的书，《孟子》则记录了孟子的思想和主张。《左传》记载了春秋时期鲁国从公元前722年到公元前454年的历史。这些书籍深深吸引了小司马光，以后他能写出《资治通鉴》来，和这些书对他的影响是分不开的。

由于对历史有着浓厚的兴趣，司观光在考中进士作了官以后，继续钻研历史。在长期的研究中，司马光发现中国的历史书虽然很多，但记载从远古一直到当代的历史的书籍却一本也没有。为了让人们完整地了解历史，司马光决定自己动手编写一部。司马光给这本书取了个名字叫

《通志》。

有一次，宋英宗召见司马光，问他编写得怎么样了。司马光回答说："皇上，我已经编完了八卷《通志》，写了从周烈王二十三年起（公元前403年）到秦二世三年（公元前207年），共195年的历史，请皇上看看吧。"

英宗翻了一会儿《通志》，看了一些目录和章节内容，很高兴，鼓励司马光继续写下去，并且建议司马光可以找一些熟悉历史的人合作。司马光听了英宗的指示，回去后马上组织书局，请了刘伊放、刘絮、范祖禹等人，由他自己担任主编，其他人按朝代一人写一段历史。

不久，英宗病死，继位的神宗对《通志》的编写也很重视。神宗看到书里记载了不少前人的治国处事的经验，觉得十分有用，就建议司马光不如把《通志》改名为《资治通鉴》。司马光高兴地答应了。这就是《资治通鉴》名字的由来。

从神宗即位到神宗去世前一年，司马光出任西京御史台，在洛阳继续编写《资治通鉴》，这个时期正好也是王安石搞变法维新的时期。和拥护变法的"新党"相反，司马光是"旧党"，他极力反对变法，认为祖宗的法规不可以改变，攻击王安石搞改革是为了夺取富人们的利益。他曾经对皇帝说："我和王安石两个，就像冰块和火炭不能在一起，冬天和夏天不可能同时出现一样。"就说明他和王安石的关系是极端对立的。

为了推行自己的政治主张，司马光把他的看法用历史资料表达出来，所以《资治通鉴》是为大地主大官僚说话的。这本书花费了司马光几乎全部的精力和心血，他每天不分白天黑夜地写，常常顾不上吃饭和睡觉。他害怕自己睡得过了头，动手设计了一个圆木枕头，只要脑袋稍微一动，枕头就会滚到一边，把他惊醒。司马光这种刻苦做学问的态度一直被后人所称赞。

《资治通鉴》的编写经历了英宗、神宗两代皇帝，前后共用了 19 年的时间。它根据丰富的历史资料，论述了从公元前 403 年到公元 959 年共 1362 年的史实，按照事情发生的时间先后，编写了一部 294 卷的编年史（按年月日顺序记载历史的一种体裁）。这本书详细地介绍了各个朝代重大历史事件的发生和发展，各种政治、经济制度和文化状况，对一些重要历史人物的事迹和言语也作了记录。司马光很耿直，在写书时也是这样。他在《资治通鉴》里面，不仅赞扬了每个皇帝做了好事的一面，也指出了他们残酷镇压老百姓、迷信荒唐的一面，这部书参考了 300 多种参考书，并且作了认真的考证，具有很高的历史资料价值，因此，后来的历史学家研究宋代以前的历史，都喜欢把《资治通鉴》拿来作参考。

《资治通鉴》是中国历史上一部伟大的著作，人们因此把司马光和写《史记》的汉朝史学家司马迁，合在一起叫做“两司马”。

王安石变法

宋朝建立以来经过太宗、真宗、仁宗、英宗，到神宗，是第6代皇帝了。宋朝的政治已经很腐朽，封建豪绅大地主阶级是政权的支柱。北宋为了保护这些人的利益，在政治上、经济上给予了畸形的优惠。比如，豪绅大地主占有国家半数以上的农田，但却不必向政府缴租税、服徭役。广大的农民和中小地主承担了全部的租税义务。这种政策带来了严重的后果，许多农民破产，经济发展停滞。

阶级矛盾十分尖锐。另外，北宋在辽和后来建国的西夏的入侵面前一直反击无力，却年年扩充军队和增加岁币，国家的财政危机日益明显。

日益窘迫的处境使宋朝统治集团中的一些人开始意识到需要推行一些革新的政策。但朝中保守派的势力非常强大，改革派与保守派之间于是形成了长期的尖锐交锋。围绕着王安石变法，两种势力的斗争达到了高潮。

王安石，字介甫，抚州临川（今江西临川县）人，出身于一个地方官吏家庭里，他聪敏而好学，经由科举而踏上仕途。王安石是个饱读诗书、政治思想十分活跃的人，他一直有学以致用的愿望。从他考中进士，被派往扬州作幕僚开始，到从江东被召入朝，王安石一共在外路州县做了十六七年的官。这些年的为官使王安石积累了丰富的社会经验，对政治、经济、社会制度等方面的认识更为深入，同时，革新的思想也更清晰和具体了。

到京城后，王安石被任命为三司度支判官，任务是替国家理财。他当时曾给在位的宋仁宗呈上一份近万言的奏折，提出变法的主张，却未引起重视。王安石觉得孤掌难鸣。

实际上，在王安石以前朝中也有一些人提出了改革图新的尝试，最著名的是范仲淹、富弼等人主持的“庆历新政”，主要是以整治腐败的官僚制度为内容。但是“庆历新政”触犯了权贵的利益，遭到势力很强的保守派的联手反对，实施一年多后，范仲淹和富弼就被迫离开了朝廷。

公元 1067 年，年方 20 岁的赵顼继位，这就是宋神宗。他是一个很希望有作为的皇帝，想通过推行新法来扭转宋朝当时内忧外患的局面。宋神宗还是太子的时候，就素闻王安石之名，即位后便把变法的希望寄托在王安石身上。宋神宗起用王安石为翰林学士，允许他直接向自己陈述意见。而后按照王安石的建议，设置了主持变法的机构“制置三司条例司”，由王安石亲自负责。公元 1070 年，宋神宗再任王安石为同中书门下平章事（宰相）。久已有志于改革的王安石得到了宋神宗的信任，更是以兴天下为己任，全力进行变法改革。

王安石变法的内容主要分为理财、整顿军备和加强治安、培养选拔人才三大项。其中的措施有：

均输法：北宋设置了东南 6 路（淮南路、江南东、西路、两浙路、荆州南、北路）发运司，负责运送东南物产，供应京城及军队的需要。但长期以来，有关官吏不问实际情况，只按“簿书”催各地上交物产，极大地造成了物资的浪费。“均输法”对此进行改革。具体表现在设置发运使官，统筹安排东南6路赋入，将上贡物资“徒贵就贱、用近易远”，并且可将所需物资“从便变易蓄买”，存储备用，从而达到“国用可足，民财不匮”的作用。

青苗法：各地常平、广惠仓以现有的储存，遇粮价高时出粜存粮，遇粮价贱时收籴。所积本钱在每年春天青黄不接时，以较低利息贷款或借谷物给农民，秋收以后加二分或三分息偿还。青苗法的用意在于使农民避免遭受地主豪绅高利贷的盘剥。

农田水利法：鼓励各州官吏提出兴修农田水利的具体措施。如工程浩大，可依青苗法由官府借钱；官府借钱不足，允许当地富户出钱借贷按利付息。农田水利法对推动生产的发展比较有益。

免役法：废除乡村各户轮流服役的旧制，改为由政府出钱雇人服役。原来承担差役的人户按产业多少被分为等级而出钱代役，称免役钱。原来不承担差役的官户、女户、寺观、未成丁户等也要按定额的半数上交役钱，称为“助役钱”。免役法使各种人户都要出役钱，官僚、地主要出更多的钱，这就减轻了农民的差役负担。

方田、均税法：政府出面重新丈量土地，查清以前官僚大地主大量兼并土地而又隐瞒田产、逃避税收的问题。政府根据土地情况收税，官僚、地主不得例外。

保甲法：乡村民户10家组成1保，50家为1大保，10大保为1都保，民户中财富最多的人充当保长、大保长和都副保正。主客户有两丁以上者均要抽一人作保丁，习艺练功，战时编入军队。各大保每夜差保卫巡逻，发现“盗贼”立即追捕。同保犯罪必须检举，否则株连。

改革科举：废除以前只考背诵经文的考试制度，改为以考经义论策和殿时策（时论）为主，这比起死记硬背的旧法在当时无疑是一个进步。旧太学为保守派把持，改革派因此对太学加以整顿，把反对变法的学官赶走，代之以拥护新法的人。

王安石实施的新法经过一段时间收到了显著的效果，农业得到了发展，人民得到了一些实惠，国家的财政收入也增加了。

新法在许多方面触及了官僚大地主的利益，以司马光为代表的保守派认为祖宗之法更改不得，纷纷对王安石的新法加以攻击。

一天，宋神宗把王安石找来，告诉他现在人们说朝廷以为天变不足惧，人言不足恤，祖宗之法不足守该如何应对。王安石回答说："陛下亲管朝政，没有沉溺于享乐，就是惧天变。人言固有不足恤，但如果给予义理，又怎么样呢？仁宗皇帝在位时数次修改宋朝法令，如果祖宗之法当世代遵守，为什么还会去屡次更改祖宗传下来的法令呢？"这几句话的意思充分显示了王安石坚定的变法态度，同时也得到了宋神宗的认可。

变法就这样在王安石的坚决和宋神宗的支持下不断推进，一度达到高潮。但保守派的反对从来都没有停止，他们寻找一切机会阻止变法，甚至把有的地方发生旱灾也归咎于变法触犯了天条。保守派的势力越来越强大，对新法形成围攻之势。两个太后——仁宗的曹后和英宗的高后也站出来支持废除新法。同时，随着变法的继续，改革派内部发生了分裂，一些人站到了对立的立场上，还有一些人一开始就是抱着投机的企图，为自己捞一把利益，然后看哪边势力大了就投靠哪边。在这种局面下，宋神宗逐渐发生了动摇，他不再像以往那样支持王安石了。

王安石的变法步履维艰。尤其是皇室后族的大力攻击，使王安石陷入空前的困难境地之中。王安石先后两次被罢相，第二次以后再没有回朝。改革派的力量终于没有敌过保守势力的围攻，变法随着王安石的罢相而失败。宋神宗死后，高太后执政，反对派的代表司马光上台，把新法一项项废掉了。至此，王安石变法结束了。

王安石变法是统治阶级自上而下的改良行为，不可能从根本上解决北宋社会存在的种种危机，所以，他的变法遭到失败是必然的。

苏东坡诗词绝伦

宋代的诗、词和散文，在文学史上有重要地位，特别是词，具有独特的时代特色。唐朝五代时期，词的创作已经很成熟，到了宋代词的创作达到高峰。诗，以唐诗成就最大；词，以宋词成就最大，所以，史有“唐诗宋词”之美称。开创宋词新局面的是宋代文学家苏轼。

苏轼（1036—1101 年）字子瞻，号东坡居士，眉州眉山（今四川眉山）人。眉山是个文化很发达的地区，南宋大诗人陆游称眉山为“千载诗书城”。苏轼出生在书香门第，祖父苏序是一位诗人，父亲是有名的文章大家苏洵。

宋仁宗嘉佑三年（1058 年）苏洵率领 21 岁的大儿子苏轼和 19 岁的小儿子苏辙上京参加进士考试。

主考官欧阳修，特别注意从考生中物色有才华的人。第一场考试结束以后，他在阅卷的时候，看到一篇文章，高兴得拍案叫绝。那时也和现在一样，考卷都是密封着的，上面没有考生的名字。欧阳修心里想，能写出这样好的文章，一定是文坛上的能手。他反复看文章，觉得从文章的风格看，很可能是他的学生曾巩所做。他本来应该把这篇文章评为第一，但因为他怕人们说偏袒自己的学生，于是从严要求，把这篇文章评为第二。发榜那天，欧阳修才知道写精彩文章的不是学生曾巩，而是苏轼。

苏轼考取以后，按当时的规矩，要去拜见主考官欧阳修。欧阳修跟他谈了一阵子，觉得他气度不凡，才华出众，从心眼里喜欢，后悔自己有顾虑未把他的文章评为第一。苏轼走了以后，欧阳修同他的老朋友说："像苏轼这样出众的人才的确难得，我真应该让他高出一头。"

欧阳修这番话一传出去，一些读书人听了都不服气。京城里人才济济，难道比不上一个初出茅庐的小伙子。后来，人们读了苏轼才气横溢的诗歌文章，才不得不服气。

这次考试，弟弟苏辙也考取了进士。兄弟二人双双得中，他们的父亲苏洵的高兴劲就不用说了。他知道欧阳修是最重视文才，就把自己几年来写的 20 多篇文章托人送给欧阳修，请他指教。欧阳修一看苏洵的文章老练、别具风格，就向宰相韩琦推荐，宰相看了以后非常赞赏。后来，没经过考试，破格任命为秘书省校书郎。这样，苏洵父子在京城出了名。后来人们把他们合起来称为“三苏”。

宋神宗执政时，有许多大官在攻击王安石搞变法，说王安石改革改得太快了，苏东坡也是这么认为。他从“庆历新政”中吸取了经验教训，认为改革不能急于求成。于是，他有一次在神宗召见他的时候说：“皇上，任命文武官员，不怕他们不聪明、不勤奋、不果断，而是怕他们处理公事太急躁，听取太多的劝告，用人容易激动。希望您能使他们镇静下来，自然轻松处理政事。”他话里提到的“他们”，指的是以王安石为代表的变法派。

神宗看到苏东坡能够大胆地说出自己的看法，心里很高兴，就对他说：“我要好好想一想。”

就在这一年 7 月，苏东坡离开京城去杭州做通判，帮助杭州的长官处理职务。

杭州的西湖是一处风景优美的名胜，可是在苏东坡那时却不是这样。西湖水经常在暴雨过后涌出来，淹没附近的农田。苏东坡到任之后，召集当地老百姓，在西湖上修了一条堤，控制了西湖水的泛滥。为了纪念他，人们把这条堤称为“苏堤”。

有一次，苏东坡到山上游玩，来到了一座道观。观里有一个道士，看见苏东坡穿得很朴素，态度就很冷淡。他指着一张椅子，冷冷地说：“坐！”又对小童说：“茶！”在随便交谈了几句话以后，道人发现这个人不像普通人，为了表示尊敬，他亲自摆下一张椅子，说：“请坐！”接着又叫道“敬茶”。苏东坡一点也不生气，继续和道士说话。道士又问苏东坡的名字，苏东坡说：“我是杭州通判苏轼。”道士听后大吃一惊，连忙站起身来，请苏东坡到他的客厅去，十分恭敬地说：“请上座！”又吩咐小童：“敬香茶！”苏东坡看到这个道士很势利，心里想要骂他一下。临走前，道士让苏东坡写字留念，苏东坡想也不想写了一副对联：

坐请坐请上座

茶敬茶敬香茶

看了这副对联，道士的脸“腾”的一下红了。

后来，有一次苏东坡在给皇帝的答谢表里说了一些反对新法的话，遭到变法派和一些仇人的弹劾，神宗下令把苏东坡抓到京城关起来。仁宗活着的时候曾说过：我今天得到了苏轼、苏辙两个文人，可惜我已经用不上他们了，那么我把他们留给我后代，不是很好的事情吗？因此，神宗决定免去苏东坡的死罪。把他贬到黄州（今湖北黄冈）。

在黄州，苏东坡一家生活过得很清苦，靠种一个朋友送给他的几十亩地养活一家老小。他把这块地取名为“东坡”，自己取号为“东坡居士”，这就是“苏东坡”的名字的由来。

苏东坡一生受到的打击和遭遇的挫折很多了，但他生来就是个乐观风趣的人。当时宋朝写词的人大都喜欢写一些清秀的词，主要描绘朋友之间的依依不舍的离别，还有悲伤或者欢乐的男女之间的爱情，而且常常受到音乐方面的限制。苏东坡却不是这样，他的词写得一点也不哀婉，而是雄浑、豪迈、奔放，很有男子汉的气概。苏东坡是宋代豪放派词人的先驱，他的词对后世影响很大。

苏轼的散文，在唐宋八大家中与韩愈、柳宗元、欧阳修并称，文章佳作甚多。苏轼的诗歌数量多达2700多首。对他来说，简直是无事不可入诗，凡是世间大事小情，街谈巷议，鄙俚之言，一经其手，就像神仙点石成金一样，自有妙处，成为好诗。

苏轼的词在文学史上有着特殊的地位，他扩大词境，改变词风，技巧称绝，开创了宋词创作的新阶段。在苏轼以前的词作，意境较窄，风格缠绵，摆脱不了绮罗香泽之态。苏轼开拓了词的意境，描写了博大的场面，抒发了热爱祖国大好河山和忧国忧民的情感，词风极为豪放。

苏轼词最突出的代表作是《赤壁怀古·念奴娇》。词句如下：

大江东去，浪淘尽千古风流人物。故垒西边，人道是三国周郎赤壁。乱石穿空，惊涛拍岸，卷起千堆雪。江山如画，一时多少豪杰。

遥想公瑾当年，小乔初嫁了，雄姿英发。羽扇纶巾，谈笑间，樯橹灰飞烟灭。故国神游，多情应笑我，早生华发。人生如梦，一樽还酹江月。

这首词气魄宏大，非常豪放，绮罗香泽之旧态一扫而光。

苏轼多年在地方做官，接触到社会下层各方面的实际情况，关心人民的疾苦，使他的创作触及到比较广泛的社会生活，写下了一些反映人民生活，思想和感情的优秀诗词，他对后来诗词写作的影响是非常深远的。

沈括与《梦溪笔谈》

沈括是北宋时期的政治家，也是世界上著名的自然科学家之一。他博学多才，精通天文、方志、律历、音乐、医药、卜算。他的名著《梦溪笔谈》共 26 卷，内容包括故事、辩证、艺文、技艺、器用等 17 类。沈括通过长期研究，在科学技术、历史、考古和文学艺术等方面获得了丰硕的成果。

沈括出生于浙江钱塘（今杭州），其父考中进士后，在许多地方当过地方官。少年的沈括跟随父亲到过四川、福建、河南、江苏等许多地方，领略了各地风土人情，接触到社会矛盾的许多方面，这些对他的成长和世界观的形成都有着深远的影响。

1055 年，25 岁的沈括参加了地方行政工作，当上了沭阳县（今江苏沭阳）的主簿，他亲自主持了修治沭水工程，完成了治理任务。以治河为起点，他的科学技术研究开始了。1063 年，33 岁的沈括，考中了进士，留在京城，被派到昭文馆参加编校图书工作，同时他对数学、天文学发生了兴趣，开始了研究。

1072 年，沈括被提举为主管天文历法的长官司天监。在任时期，他深入研究天文、历法，两次去浙江一带考察水利、差役情况。这年，他又接受了治理汴河的艰巨任务。在实际工作中积极推行王安石新法中的“农田水利法”，取得了一定的成绩，也获得了水利方面的科研成果，他的《圩田王说》就是农田水利方面的科学著作。

沈括被提举为司天监时，司天监原来的人员，大多是市井平民，根本不懂得天文、地理，对法象图器缺乏起码的知识，一问三不知，沈括到任后，创置了浑天、景表、五壶浮漏等天文仪器，并招引卫朴撰造新历书，均为后世所采用。

1075 年，宋神宗皇帝派沈括出使辽国上京（辽朝京城，今内蒙古巴林左旗）进行边界谈判。出使前，沈括首先收集了许多地理资料，自己做了很好的研究，并且叫随从的官员都背得烂熟。到了上京，辽朝派宰相杨益戒跟沈括谈论边界，辽方提出的问题，沈括和官员对答如流，有凭有据。沈括不失尊严地完成了出使任务。沈括带着随员从辽朝回来，一路上，每经过一个地方，就把那里的大山河流、险要关口，画成地图，还把当地的风俗人情，也调查得清清楚楚。回到汴京，把整理的资料献给神宗皇帝。宋神宗认为沈括立了大功。

在出使辽国前前后后，沈括对军事学、物理学、数学、地理学、地图学等做了深入的研究。这期间，他完成军事科学著作《边州阵法》的写作，制造了铁甲，研究了熟铁和钢铁的性能。根据军事工程计算的需要，创造了求积的新方法和等差级数的求和方法。

沈括为了实行社会改革而从事各种学科研究活动，并且在所涉及的各个领域里都取得了杰出的成就。但是，由于北宋封建政权的腐朽，他与王安石一样，政治革新的活动也失败了。1082 年，沈括离开政界，晚年定居润州造梦溪园（今镇江市东部），开始从事著书立说，举平生见闻和科研成果，完成了《梦溪笔谈》30卷的写作。

《梦溪笔谈》的内容十分丰富，涉及范围很广，包括政治、经济、文化、科学技术，共有609条。其中有关科学技术方面的内容，占全书的三分之一，包括数学、天文历法、气象、地质、地理、物理、化学、农业、水利、建筑、医学、药物学等。这部书除了记载作者自己在科学技术方面的成就之外，大部分是反映11世纪我国劳动人民在科技方面的巨大成果的。

在地质学方面，他研究华北平原的成因是由黄河等许多河流夹带泥沙的冲积而形成的。这是对冲积平原成因的最早科学解释。另外，沈括断言我国的石油分布地区非常广，藏量非常多。在物理学上，沈括的成就是多方面的。他研究了声学的共振现象和光学的直线传播、小孔成像、各种反光镜的成象、月亮的盈亏以及虹的成因。在磁学范围，提出了地磁偏角的理论，他在《梦溪笔谈》里论证说，用磁石磨针尖，针尖就自动拐向南方，但是常常稍微偏东，不是完全正南。这是世界上最早发现地磁偏角的记录，比欧洲哥伦布的发现要早400多年。

《梦溪笔谈》记录了沈括一生的科研成果，囊括了自然科学许多领域内的科研结晶，有许多论述和制作在当时的世界上都处于领先地位。

《梦溪笔谈》在世界科学史上有很高的地位。英国科学家李约瑟博士在他的《中国科学技术史》第一卷中，称赞《梦溪笔谈》是“中国科学史上的座标”。

《清明上河图》

北宋时候出现了许多著名的画家，例如宋初的范宽画山水，下笔雄健老硬，山峰折落有势，与他齐名的有李成、郭熙。北宋中晚期的米芾和米友仁父子，运用泼墨法画山岚树木，独创一格。而北宋中的李公麟，以画佛道和人物故事著名。这些大画家有不少出自当时的宫廷画院。

早在五代时候，西蜀和南唐统治者曾经设立宫廷画院，集中一些画家，专门在画院中作画。北宋王朝一建立，就仿照这种做法，也设立了宫廷画院——翰林图画

院，搜罗了很多画家，还授予他们各种职称，由于政府大力提倡，宋代的宫廷绘画有很大的发展。在中国绘画史上，把宋代画院以及后来一些宫廷画家的作品，称为“院体画”，又称“院画”。

宋代院画在宋徽宗时达到极盛，一批杰出画家各领风骚。宋徽宗的作画造诣很深，他的《柳鸦卢雁图》和《鞭蓉锦鸡图》等，笔墨精炼，形神俱备。宋代的绘画，题材内容相当广泛。除人物画、山水画、花鸟画以外，还出现了很多前所未有的描写城乡生活和社会风俗画，其中以张择端的《清明上河图》最为优秀，最为出名。

张择端是东武（今山东省诸城县）人，曾在汴京学习绘画，后来在翰林图画院任职。他擅长画舟车、街市、城郭、桥梁，他的画自成一家，别具风格。

张择端的画大都散失了，只有《清明上河图》完好地留存下来，现在收藏在北京故宫博物馆里。这幅画高25.5厘米，长525厘米，整幅画描绘了清明时节汴京的繁荣景象。

北宋时候的汴京，不仅是当时的政治中心，也是一座繁荣的商业城市。城中有许多热闹的街市，街市上开设着各种店铺，营业的时候很长，甚至出现了夜市。逢年过节，城中更加热闹，为了突出清明时节汴京的繁荣情景，这幅画着重描绘了汴京水陆运输和市面繁忙的景象。呈现的画面，是从汴京新城东水门7里外的郊区，经过热闹的城区，一直到西水门外皇家花园金明池的汴河两岸风光。

画的中心是由一座虹形大桥和桥头大街的街面组成，这里大概是汴京当年最热闹的地方。随意看去，只见人头攒动，杂乱地挤在一起。再仔细辨认，就可以看出，这些人从事着各种不同的行业，各有各的活动，是经过画家精心安排的。

大桥两侧有一些摊贩和许多游客，货摊上有卖刀剪的，有卖杂货的，有卖茶水的，还有看相算命的。游客大都凭着桥侧的栏杆，指指点点，在观看河上来往的船只。

大桥当中是行人来往的通道：有坐轿的、有骑马的、有挑担的、有赶着毛驴运货的，还有推独轮车的……形成一条熙来攘往的人流。

大桥的南面和大街相连，街道两边各种商号店铺林立，茶楼、酒馆、当铺、作坊、屋宇相接，显示着汴京工商业的兴盛。街旁空地上还有不少张着大伞的小商小贩，他们给人们提供歇脚和饮食的方便。街道向东西两面延伸，一直延伸到城外比较冷静的郊区。可是街上还是行人不断，有挑着东西赶路的，有驾着牛车送货的，有赶着毛驴拉货的，还有停车路旁观赏汴河景色的。

汴河是汴京的水运要道，河上来往的船只很多。有的停泊在码头附近，有的正在河中行驶。有的大船由于载负过重，雇了很多纤夫吃力地拉着纤绳行进。有只满载货物的大船，已驶近大桥桥下，很快就要穿过桥洞。全船的船夫显得十分忙乱，有的站在船篷顶上，落下风帆，放倒桅杆；有的在船舷上使劲撑槁，有的用长竿顶住桥洞的洞顶，使船能顺着水势，安全通过。这一紧张的场面，吸引了桥上游客和邻舟船夫的关注，他们也从旁呼喊帮忙。情景十分逼真，更增添了画面的生活气息。

《清明上河图》把北宋的都市生活形象地再现在我们

的面前。它是汴京当年繁荣的见证，同时也是北宋城市经济情况的写照。通过这幅画，我们不但可以了解北宋的城市面貌，而且还可以了解当时各阶层人民的生活。所以，它有很大的史料价值。

这幅画的艺术水平很高。内容丰富，人物众多都集中在一个画卷上面，规模之大，可以说是空前的。画面疏密相间，有条不紊，从宁静的郊区一直画到热闹的城内街市，处处引人入胜，充分显示了张择端的高度概括能力。

在北宋以前，我国的人物画主要以宗教和贵族生活为题材。张择端在《清明上河图》中突破了这一范围，画了大量各式各样的人物。而且，对每个人的动作和神情，都刻画得非常逼真生动，这充分说明他观察的细致和技巧的熟练。《清明上河图》还反映了宋代商业、运输和阶级关系的侧面，张择端开创了现实主义作品的先河。

毕昇发明活字印刷术

北宋庆历年间（1041—1048），平民出身的伟大发明家毕昇发明了先进的活字印刷术。据沈括的《梦溪笔谈》记载，毕昇是一位平民，多年来在印刷作坊做工，他有一定的文化功底，常年从事雕刻书籍的工作，使他对印刷业工作有着丰富的经验。自从东汉蔡伦发明造纸术以来，我国出现了雕版印刷业。

毕昇发明的活字印刷术，分制字、排版、印刷、回收活字等四道工序。

关于制字很有意思。毕昇曾经试验过用木头做活字，但是发现用木头做的活字因受木纹疏密的影响，沾水以后就会膨胀，以致版面高低不平，后来他就用胶泥来作活字。毕昇用胶泥刻成如铜线一样薄的单字，然后用火烧硬。一般常用的字，要制若干个同样的活字。像“之”、

“也”之类的常用字，就刻几十个，以便在排版遇到重复字时应用。平时用木头贮藏活字，按照古代韵的次序排列，并且贴上标签。

排版很别致。首先弄一块具有一定规格的铁板，在铁板上敷上松脂、蜡和纸灰等合制而成粘胶物，作为固着剂，然后再把铁制的框放在铁板上，在框中间排胶泥活字，这就是排版。排成一页书版之后，用火烘烤，待固着剂稍稍熔化时，就用平板按压版面，使之平整。到此，排版这道工序结束。

印刷比较简单，把排好的版印在纸上就可以了。通常要准备两块铁板，一板在印刷时，另一板就已排好字，两板交替使用，印刷的速度就加快了。

最后一道工序是收回泥活字。当印完了页书后，再用火把固着剂烤化，用手轻轻指动，泥活字就会自行从铁板上脱落，然后按韵放回原来的木格保存。

这就是活字印刷术的新工艺，它比起雕版印刷术来进步很多，节省了原材料和大量雕刻的劳动量，泥活字可以重复使用，少数冷僻字可以临时刻好烘成，印书的数量又多又快。

毕昇创造的泥活字原物和印成的书籍虽然未能流传下

来，但是他的这套活字印刷方法却对后代发生了很大的影响。后人曾根据他的经验，先后制成过陶活字、木活字、锡活字、直到铅活字。毕昇发明活字印刷术，在印刷事业上是一个划时代的技术创新，是我国劳动人民对世界文明的重大贡献。

受毕昇的影响，朝鲜在 12 世纪时铸成了铜活字，15 世纪时又铸成了铁活字。日本又从朝鲜传入活字印刷术，我国的活字印刷术又经由新疆传到波斯和埃及，再传入欧洲。欧洲最早的活字版制造者是德国人谷腾堡。他于 1444—1448 年期间，用铅、锡、锑的合金制成了欧洲拼音字母的活字，但他的创造比毕昇晚了 400 年。

六贼乱政

元符三年正月（公元 1100 年），宋哲宗病死。哲宗没有儿子，皇位由宋神宗的第 11 个儿子、哲宗的弟弟端王赵佶继承，这就是宋徽宗。

徽宗即位以后，并不是立刻就掌握了政权的。向太后总管国家大事半年以后，认为徽宗可以掌握政权治理国事了，这年7月才把皇权交给了他。

宋徽宗做了25年的皇帝，整天花天酒地，不理朝政，是个昏君。他有6个非常宠信的人，就是蔡京、王黼(fǔ)、童贯、梁师成、李彦和朱勔（miǎn)，这些人陷害忠良，剥削压迫老百姓，做尽了坏事，老百姓非常恨他们，把他们叫做“六贼”。

宋徽宗经常不关心朝政，对六贼的行为也不加管束。在徽宗的纵容下，六贼把整个朝廷搞得乌烟瘴气，北宋已经走向灭亡。

蔡京是六贼之一。他原来也是变法派，徽宗当皇帝以后，他曾经被贬到杭州去做知州。蔡京是个反复无常的人，司马光上台后反对变法，要废除免役法。这时蔡京任开封知府，他在5天里就把开封府所管的各县的免役法废除，恢复了差役制度。后来，司马光死了，蔡京便去讨好新掌权的变法派了。他就是这样变来变去，想保住他的官位。

在杭州做知府，蔡京整天在想怎样才能重新得到朝廷的重用。正好，这时童贯被朝廷派到杭州办公事，蔡京认为机会来了，就使劲地讨好童贯。实际上童贯是到杭州为皇帝采办书画和古玩的。蔡京得知徽宗喜欢书画，便凭借自己会画画的手艺，画了许多图画，并且收集了一批名人的书画。冒充他自己画的，让童贯带给徽宗。

童贯回到京城，在徽宗面前便不断地说蔡京是个能干的人，应该重用。与此同时，童贯还让徽宗身边的一些人帮蔡京说话。蔡京又送了许多东西让童贯去收买宫里的太监和妃子。这样一来，人人都说蔡京是个好人，徽宗也相信了。于是，徽宗让蔡京当了大名府知府，靠近了京城。但蔡京的野心很大，一个知府是不可能满足他升官的愿望的。蔡京和朝廷里的一个姓邓的人是好朋友，就请他替自己向徽宗推荐，让徽宗答应他做宰相。徽宗果然提拔蔡京做了宰相。

蔡京靠着卑鄙的手段当上了宰相，为了报恩，极力地让徽宗高兴。而且，那些为他做宰相立下汗马功劳的人，都得到了他的重用。为排挤不利于自己的人，蔡京对和他不相和的守旧派和变法派同时进行打击。蔡京还举行隆重的封建尊孔孟活动，大祭孔丘孟子，重修孔庙、孟庙，甚至给孔丘孟子的后代封官，以此讨徽宗的欢心。

徽宗迷信道教，蔡京因此就建议编道史，设道学，让道士参加考试作道官。于是，开封和全国许多大城市里都修建了许多道观，还设置了道官 26 等，和政府官员同样拿官俸，享受大官的待遇。这样一来，本来多得不得了的官员就更多了，在徽宗当皇帝以后不过七八年，就比以前多了近 10 倍。北宋政府支出的官俸和兵饷，在神宗元丰年间每月是 36 万贯，到了徽宗宣和二年（1102 年）每月已经达到 120 万贯了，这使人民的负担更加沉重了。

“六贼”对皇帝的脾气很熟悉。他们知道徽宗根本不理国家大事，一心享乐游玩，就趁机打着皇帝的旗号，做了许多坏事，实际上掌握了北宋政府的实权。

“六贼”提出了一个“丰享豫大”的口号，就是要把政府以至宫廷的场面搞得富丽堂皇，以满足徽宗腐化奢侈的生活习惯。为此，他们在苏州、杭州等地设立了“造作局”，集中了几千个能工巧匠，制造各种工艺品；不久，又设置了“应奉局”，向东南各地居民搜刮花石竹木和珍奇的物品，“应奉局”由“六贼”之一朱勔主管。朱勔本来是苏州的一个流氓朱冲的儿子，朱冲起初因犯了罪被关起来了，后来从监狱里逃出来，回苏州开了一座专卖膏药、药丸的店铺，慢慢地成了一个大富人。他用钱广泛地结交有权势的人。蔡京被贬到杭州以后，一次到苏州去，认识了朱冲父子俩。朱冲帮助蔡京讨好皇帝，成了蔡京的爪牙。

朱勔把搜刮来的花石，用大船载往京城开封，规定每10只船编成一纲，称为“花石纲”。“花石纲”为“六贼”赚取老百姓的钱财创造了机会，但是由于他们奢侈浪费，使国家的财政出现了入不敷出的局面，政府一年的收入只够八九个月的使用。为了更多地搜刮钱财，蔡京恢复了“榷茶法”和“钞盐法”，就是由卖茶卖盐的大商人先向政府购买“茶引”、“盐钞”（买茶、买盐的凭证），然后才能去买茶买盐来卖。这样，商人们的利益受到打击，他们就提高茶叶和食盐的价钱，把负担转嫁到老百姓头上。

蔡京还设置了一个“西城括田所”，明里是政府要把一些没有主人的田地没收，作为公用，实际上是要强占老百姓的肥沃的土地。除此之外，“六贼”还向老百姓征收各种苛捐杂税，靠残害百姓发财致富。

“六贼”打着皇帝的旗号，从国库里领钱，向老百姓强制掠夺，实际大部分的钱财都被他们自己拿走了。他们在广大人民饥寒交迫的时候，却在自己的家里过着腐化奢侈的生活。

方腊、宋江起义

徽宗在位的时候，公元 1102 年 ~1105 年，全国许多地区闹蝗灾，蝗虫吃光了庄稼，人民难以生存。公元 1117 年，黄河突然决口，有 100 多万人夺去了生命。自然灾害的横行，再加上贪官污吏搜刮民膏，致使百姓生灵涂炭。

睦州青溪（今浙江淳县）地方，出产各种花石竹木，朱勔的应奉局常常派差人到那里，搜刮花石。当地有个听方腊的人，家里有个漆园。方腊平时靠这个园里出产的花石勉强度日。自从朱勔办了花石纲以后，方腊家也遭到勒索。方腊恨透那些官府差役，又看到当地农民兄弟受尽花石纲的苦，就决心把大家组织起来，造官府的反。

公元 1120 年的一天，几百个苦大仇深的农民聚集在方腊的漆园里，方腊激动地跟大家说："现在官府赋税劳役那么重，那些大官们还要敲榨勒索。老百姓好容易生产了柴漆、纸，也被他们搜刮得精光。我们一年到头劳苦，结果一家老小受冻挨饿，连一餐饱饭都吃不上，你们看怎么办?”大伙儿高声嚷起来说：“请您下命令杀官贼吧，我们要争个公道!”

方腊受到农民的拥护，就打起杀朱勔的旗号，发动起义。方腊担任起义军的统帅，自称“圣公”。将士们带着各色头巾，作为标志。愤怒的起义将士，杀死那里的官吏，焚烧他们的住宅。青溪附近一带的百姓都被官府害苦了，纷纷响应方腊起义军。没到十天，起义军就聚集了几万人马。

当地官军将领派兵镇压，被起义军打得落花流水，两名宋将被杀死。起义军乘胜攻进青溪县，赶跑了那儿的县官。接着，又接连打下了几十座县城，很快打到了杭州。战报传到东京，把宋徽宗吓昏了。宋徽宗赶快派童贯带领十五万官军到东南去镇压起义。童贯到了苏州，知道花石纲引起的民愤太大，立刻用宋徽宗的名义下了一道诏书，承认错误，并且撤销了专办花石纲的“应奉局”，把朱勔撤职。东南的百姓看到朝廷取消了花石纲，罢免了朱勔，总算出了一口气。童贯却在这时候，加紧部署镇压起义的兵力。

童贯集中各路大军进攻，方腊不得不退回青溪，据守在山谷深处的帮源洞坚持战斗。官军不知道山路，没法进攻。不料，起义军里出了奸细，给官军引路。官军终于摸到帮源洞，方腊没有防备，被俘虏了，没多久，被押解到东京，惨遭杀害。

方腊起义虽然失败了，但是给了北宋王朝一次沉重的打击。和他同时期，在北方也爆发了大规模的起义，起义领袖宋江等三十六人从山东起兵，在青州、齐州、濮州（都在今山东省）流动作战，每次都痛击宋军，威胁着宋朝廷。

宋江起义也被称为京东起义，发生地点在郓州梁山泊（今山东梁山县）。梁山在郓州寿张县南 35 里。北宋初年，黄河决口，淹没了梁山附近很多田地，形成了一个方圆数百里的大湖泊，被称为梁山泊。附近的农民纷纷来到这里，靠打渔、采蒲为生。

宋徽宗时官府强占土地良田，梁山泊被朝廷收归“国有”，规定凡农民到湖中打渔、采蒲均要缴租纳税，且数额巨六遇荒年也不例外。当地的农民无法正常生活下去，只得起来造反。梁山山势险峻，易守难攻，交叉纵横的梁山泊水路又是天然的屏障。于是很早就有人上了梁山，占山为王，求一条生路。官府不断镇压，农民不断地往梁山上跑。终于，造反农民的势力越来越大，有36位身怀武艺的农民首领都聚到了梁山泊。他们推举宋江作为总首领，举起了起义的大旗。

宋江这个人的名字在史书上多次被提到，被称为“淮南盗”、“京东贼”，但没有生平的详细记载。据说他曾是一个地位卑微的小吏。宋江虽本人不是农民，但在农民中的号召力很大，他拉起梁山起义的大旗后，附近许多农民都投到他的旗下。

以宋江为首的36位农民首领被当地人称作梁山好汉。他们以梁山之险，湖泊水路之纵横作为保护，建立了一个稳固的根据地。官兵来时，他们凭着对水路的熟悉穿梭诱敌，以少胜多，出奇制胜。梁山起义军还四处出击，打官府、杀豪强，劫富济贫，主要活动地点在现在的山东、河北一带。北宋朝廷大为震惊，连忙派人镇压。没想到起义军以36位首领为核心，一直保持少量人数，采取流动作战的方式，并且每到一处都受到当地农民的拥护和支持。北宋军队人数虽众，却被这种流动战术搞得晕头转向，疲惫不堪。

结果起义军越战越勇，越战越富经验。而前来镇压的官兵没有占到任何便宜，而且产生了恐惧心理，生怕梁山好汉们说不定什么时候就从身后杀将出来。梁山起义军就这样用他们特殊的方式坚持战斗，声名越来越显扬。

宋徽宗不断听到官兵吃败仗的消息，心中既恼且烦，这时候，有一个叫侯蒙的官员向徽宗献上一条计，他说："陛下，宋江以36人横行河朔之地，官兵虽万众竟不可抵挡，可见宋江颇有些本领。陛下不如对宋江实行招安政策，让他去打在江南起义的方腊，如果取胜，不追究以往造反之罪，给宋江加官进爵。"徽宗同意了。于是，徽宗特命侯蒙亲办此事。但是侯蒙未到任即病死，没能实施他借刀杀人的计策。不过，宋徽宗心里却有了招安宋江的主意。

这时候，宋江起义军仍在继续杀敌。他们在两年多时间里进攻了濮、单、齐、青州，又从青州打到沂州，一路取胜。公元1121年初，起义军自京东驾船渡海，先后进攻沭阳和淮阳，继而向海州、楚州进发。

梁山起义军已进入海州境内，他们抢到了十几只大船，装满了粮草衣物等，正准备启航。张叔夜派人刺探到起义军的行踪，设下埋伏，决定用声东击西之计拿下起义军。夜里，一队官兵首先向海边起义军满载货物的大船袭来。宋江下令歼灭这支官兵以保护船只。起义军向官兵围过来，双方交战片刻，官兵败阵而逃，起义军追将过去，愈战愈勇。没想到这时埋伏在海边的另一些官兵乘起义军追击之时悄悄点燃了起义军的大船。宋江回头见到冲天火光，急呼“中计”，无心恋战令大队人马掉头返回海边。

结果，四面埋伏的官军刹时间杀了出来。起义军被团团围住，完全乱了阵脚。起义军与官兵在人数上寡众悬殊没有突围的可能。这时，张叔夜拿出了徽宗招安的旨谕高声宣读。

宋江无奈，为求生存，只好接受招安，向宋朝屈膝投降了。在宋江降宋后梁山泊的起义军仍然坚持斗争。渔民张荣后来领导梁山泊起义，曾形成过一支有数百只船只的水军，不懈地与官府战斗。到金朝南侵时，梁山泊仍是农民起义的根据地，并且还曾向女真贵族的军队发起过攻击。

金将擒辽帝

公元1118年，宋辽金三国并立。这年宋徽宗赵佶打算与金联合，共同灭辽借以收复幽云十六州，他派使臣前往金的都城会宁见阿骨打，阿骨打也愿意与宋通好，两国商定：灭辽时，如果宋军攻下辽南境的州城，州城就归宋。

辽一次次遭到金的攻击，大片土地沦陷，境内又闹起饥荒，真是天灾人祸岌岌可危，天祚帝为了缓和同金的关系，封完颜阿骨打为“东怀国至圣至明皇帝”，可阿骨打并不领情，以没封他“大金皇帝”为由亲率大军攻打辽国。天庆十年（公元 1120 年）辽上京失陷，天祚帝慌忙逃到西京。

保大二年（1122），继续北逃的天祚帝与南京失去了联系。奸臣李处温便以“主上蒙尘在外，朝中不可一日无君”为由拥秦晋国王耶律淳为帝。耶律淳做皇帝后自称天赐皇帝，改元建福，任李处温为太尉，把天祚帝降为湘阴王。这时候，宋为收复失地，同金联合后，派宦官童贯为宣抚使，率军自雄州北进。不久宋徽宗又派蔡攸为河北、河东宣抚副使去助童贯，这两人妄自尊大，以为收复幽州是轻而易举的事。童贯分兵两路，直取幽州。

辽是宋的北邻，本已结盟多年，如今宋乘危攻辽，引起辽人愤怒。耶律淳派耶律大石和萧干分别迎战两路宋军，辽军士气振奋，结果宋军大败，慌忙班师回朝。耶律淳原是天祚帝的叔辈，年已六十，打退宋兵后不久就病了，恰在这时得到天祚帝要发兵讨伐他的檄文，年老体弱的耶律淳，病情加重，很快命归黄泉了。耶律淳死后，耶律淳之妻萧氏为皇太后，参摄朝政，改元兴德，李处温怕万一天祚帝真的杀回来自己性命难保，便和儿子商量，要挟持萧太后降宋，萧太后知道此事后把李处温父子全杀了。

耶律淳的死讯传到宋朝后，宰相王黼准备发兵再次攻辽，朝中宇文虚中、宋昭等有识之士都上书指出辽宋澶渊之盟后，辽并无违盟之处，今宋助金灭辽是宋先背盟，并且金野心勃勃，若灭辽后恐对宋不利，王黼只想收复幽州，那还听得进这些话，干脆贬了他们的官。又对金许诺：灭辽后，宋便把给辽的岁币全部给金。宋派10万大军再次出师杀向幽州，刘延庆任主帅，郭药师为先锋。刘延庆并未从上次宋军的失败中吸取教训，自恃兵多，军纪散慢，在良乡县萧干率兵来战，一开战就被萧干击败。先锋郭药师是辽国降将，对幽州形势比较了解，他请求刘延庆派5000精兵去偷袭幽州，刘延庆答应了并派大将高世宣、杨可世一同前往，可惜偷袭失败，郭药师和杨可世逃了回来，高世宣被斩，5000人马被杀得落花流水。萧干为了全面击退宋军又设下一计，他故意让宋军俘虏听到辽30万大军将至，以火为信号攻打宋军的消息，然后又让他们逃走，消息自然很快传到了刘延庆耳朵里。这时只见辽营火光冲天，刘延庆以为是辽营30万人马杀来了，赶紧下令，放火烧营、迅速撤退。萧干见宋军中计，又一路追杀，宋兵死伤无数。

天祚帝耶律延禧被金兵紧逼，一路逃亡，在途经桑乾河时竟把传国玉玺给弄丢了，这时他才明白当初不该听信萧奉先赐死晋王而惹起内忧外患，可为时已晚，一怒之下赶走了萧氏父子，萧奉先父子没走多远就被金兵抓了去，金兵杀了萧奉先的儿子，把萧奉先打入囚车，准备交给阿骨打处理，可巧途中又碰到一伙追寻天祚帝的辽军把他又抢了回来，天祚帝知道许多人对萧奉先都恨之入骨，不能再放他，于是赐他自尽了。萧奉先虽然死了，可天祚帝的境况并没有改观，西京已被金攻占，他节节败退，还得继续跑。保大二年十二月阿骨打已攻占南京，耶律大石押着萧太后追天祚帝去了，萧干则带着一队人马到了西部，自立为帝。

第二年正月，天祚帝率残部到了天德军（今内蒙巴彦淖尔盟五原以东，乌拉特前旗之北）耶律大石押萧太后在此见到了天祚帝，天祚帝杀了萧太后，念在耶律大石带兵前来，没给他定罪。金兵对天祚帝仍是紧追不舍，在青冢的一场血战金兵把天祚帝的家眷、从臣给俘虏了，天祚帝只好继续西逃，跑到了西夏境内，西夏国王李乾顺很欢迎他，天祚帝终于暂时有了个栖身之所。还有一件令他高兴的事是那个自称皇帝的萧干被部下杀死了。保大四年，天祚帝得到阴山宣韦部首领谟葛失的援助，他觉得加上耶律大石和自己的人马已经有足够的力量收复失地了。耶律大石劝他先养精蓄锐，若冒然出击恐会再次受挫。天祚帝不听，耶律大石看透了天祚帝根本没有治国安邦的才能，于是心里暗自盘算离开天祚帝到辽北大漠地域重整河山。他召来心腹萧斡里剌、耶律松山、萧剌阿不和耶律术薛商议，得到他们的支持，当晚便带200精骑，向西北进发。

天祚帝听了耶律大石离开的消息，气得直哆嗦，说：“没他我照样收复云燕。”天祚帝出兵阴山，倒也收复了一些失地可没多久就应了耶律大石的话，碰上了金军劲旅被杀得丢盔解甲，大败而逃。保大五年（公元1125年）天祚帝在应州余覩谷被金将完颜娄室擒获，最后死在金国。

耶律大石到漠北后，自立为王，他凭借自己的精明才干，扩充疆域，并派出官员治理所管辖的各个地方。公元1131年，38岁的耶律大石在守思干西的起儿漫受百官册立做了皇帝，号葛儿汗，汉尊号为天佑皇帝，改元延庆，天佑帝耶律大石在守思干建立河中府，定都于入剌沙衮，这就是历史上的西辽，是辽的延续，西辽的疆域很大，东接西夏，西至阿姆河。天佑帝的统治开明，西辽的社会安定经济繁荣，各族人民安居乐业。

天佑帝死后，感天皇后、辽仁宗、承天皇后、辽末主先后执政，天禧三十四年乃蛮部屈出篡位，当了七年皇帝。公元1218年，西辽被元太祖的军队所灭，从此辽便在历史上消亡了。

靖康之耻

从公元1118年起，北宋以向金国买马为名，派人渡海与金国统治者接洽，表达自己联金伐辽的愿望。金感到此举有利于灭掉辽国，便同意了北宋的要求。北宋大臣中有人向宋徽宗提出了女真是虎狼之心，不可结交，不如早作防范准备的建议，但被宋徽宗当作了耳旁风，一心去结交野心极大的金国。公元1120年，宋金订下所谓“海上之盟”，即：宋、金同时出兵攻辽；灭辽后，长城以南州县归北宋管辖，而宋将以前贡献辽国的岁币如数转交金国。“海上之盟”实际使北宋继续处于屈辱地位，但宋徽宗却应承下来。

金兵攻占燕京后，宋、金双方开始交涉燕云地区的归属问题。按照“海上之盟”这一带应归北宋所有，但金以北宋没有发兵两面夹攻等种种借口为由，不愿履行约定。最后，由于考虑到新占领的大片地区还处于动荡之中，各种不稳定因素随时都可能爆发，如果贸然对宋宣战没有取胜的把握等几方面原因，金答应把燕京和涿、易、檀、顺、景、蓟 6 州归还宋朝。但是，金乘机向宋勒索巨额岁币，随后又将 6 州之地的财富外加二三万居民席卷而去。

宋朝自开国以来一直抱定收复燕云 16 州的心愿，现在却名义上收回了燕京及 6 州土地，实际上却只得到了 7 座空城，北宋哪还有半点颜面可言？但是徽宗却认为自己胜利了，回朝以后大肆庆贺，并给童贯、蔡攸加官进爵，甚至立“复燕云碑”表功。徽宗一如既往地挥霍无度，无心加强边防，整治军队。北宋已走上了穷途末路。

金国阿骨打死后，其弟吴乞买即位，是为金太宗。金国稳定下来后，把目标瞄准了北宋。终于，公元 1125 年，金以宋招纳金的叛亡之徒为借口，分兵两路大举南侵。

金兵一路势如破竹，颜宗望率领，攻燕京。先后攻下太原、燕京两城，直奔东京逼来。毫无准备的宋徽宗不得已之下，他依照大臣李纲的建议宣布把皇位让给自己的儿子赵桓，也就是宋钦宗，自己则做了太上皇，南逃躲避战乱去了。

新即位的宋钦宗也是个不中用的皇帝，几次想弃东京南逃，多亏了抗战派大臣李纲等的多方劝阻才被迫留下。李纲被封为“亲征御营使”，带领东京军民痛击攻城的金兵。由于宋钦宗并没有真正抗击金兵的决心，北宋很快又去找金议和，被金索以500万两黄金，5000万两白银等，并要求宋称金国皇帝为伯父。宋钦宗不仅接受了金的要求，还听信谗言罢免了李纲。

消息一传开，东京城内群情激愤。太学生陈东等上书皇帝要求罢免奸臣李邦彦，恢复李纲的官职，许多军民前来声援，还痛打了准备上朝的李邦彦。宋钦宗怕扩大事态，只好恢复了李纲的官职。李纲复职后立刻下令痛击金关，军民们斗志昂扬地准备迎击金兵的来犯。金感到形势不利，撤退而走。

金兵撤走后，南逃的宋徽宗又回到了东京，继续他享乐无度的生活。李纲被排挤出京城，各地赶来的援军也被朝廷遣散回原地。半年之后，金太宗再次集结大军，南下侵略北宋。金兵仍分作两路，攻城拔寨，分别渡过黄河，一起进逼东京。宋钦宗仍想和第一次一样投降乞和，不作积极军事准备，结果更便利了金兵的进攻。公元1126年底，金兵再次将东京团团围住。

这时东京城内还有7万宋兵，但宋钦宗依旧没有放弃求和的幻想。并且他不让开封军民应战，反而任命一群市井无赖组成的所谓"神兵"守城。结果，这群乌合之众一开城门出战，就被金兵击溃。金兵乘机登城，东京失守了。城破之后，东京军民仍有和金兵展开巷战，一拼到底的要求。但软弱的宋钦宗却派人前去金营求和。金兵首领宗翰、宗望说："我们没想灭掉宋朝，但要退兵，宋钦宗必须来商议割地之事。"

宋钦宗竟然真的带上几个大臣，亲赴金营，交上降表。他心里想，只要能退兵，什么条件都可以答应。然而，金收了北宋降表后，并没有撤兵的意思，这时才提出早已决定下来的要求：废除钦宗帝号，另立宋国国君。宋钦宗这时才明白，金国要的不只是金银布帛，还要他北宋的江山！他失声痛哭，后悔不该屈膝求和，将好端端的北宋拱手送与他人。

东京完全置于异族的铁蹄之下。金兵不断进行大肆掠夺，北宋百姓生活在恐怖之中。东京城内的米一升暴涨至300线，许多人靠吃树叶、野草求生。天气又正值寒冬，冻死、饿死街头的尸首比比皆是，无人收殓。北宋统治者的投降政策使国家蒙受灭顶之灾，人民饱尝欺凌之苦。

公元1127年春天，金兵把宋徽宗、宋钦宗关押至金营。金太宗下令废掉徽宗、钦宗二帝。随后，徽宗、钦宗、太后、皇后、妃子、公主、驸马、亲王大臣等共3000多人被装上囚车，运送回金国当奴隶。

经历了152年的北宋被金国灭亡了。这个事件发生在北宋靖康年间，因而在历史上被称为“靖康之耻”。宋徽宗、钦宗因为昏庸、软弱和屈膝投降被后世人永远地耻笑。徽宗和钦宗掠到金朝后，受尽屈辱，分别于1135年和1161年先后死于金朝。

宗泽三呼“过河”

北宋灭亡以后，原来留在相州的康王赵构逃到南京（今河南商丘）。公元1127年五月，赵构在南京应天府即位，康王赵构是宋徽宗的第9个儿子，他的年号为建炎，这就是宋高宗。这个偏安的宋王朝，后来定都临安（今浙江杭州），历史上称做南宋。

宋高宗即位以后，在舆论的压力下，不得不把李纲召回朝廷，担任宰相。但是实际上他信任的却是黄潜善和汪伯彦两个亲信。李纲提出许多抗金的主张。他跟宋高宗说：“要收复东京，非用宗泽不可。”

宗泽是一位坚决抗金的将领。他自幼豪爽有大志，元佑六年（公元1091年）登进士第，历任馆陶尉、龙游令、知掖县和通判登州。北宋灭亡之前，宋钦宗曾经派他以少卿当和议使，到金京议和。宗泽跟人说：“我这次出使，不打算活着回来。如果金人肯退兵就好；要不然，我就跟他们争到底。宁肯丢脑袋，也不让国家蒙受耻辱。”

宋钦宗一听宗泽口气那么硬，怕他妨碍和谈，就撤了他和议使的职务，派他到磁州去当地方官。

金兵第二次攻打东京的时候，宗泽领兵打击金兵，一连打了十三次胜仗，形势很好。他写信给当时的康王赵构，要求他召集各路将领，会师东京；又写信给三个将领，要他们联合行动，救援京城。那些将领却不愿出兵，宗泽没办法，只好单独带兵作战。有一次，他率领的宋军遭到金军的包围，金军的兵力比宋军多十倍。宗泽对将士说：“今天进也是死，退也是死，我们一定要从死里杀出一条生路来。”将士们受到他的激励，以一当百，英勇作战，果然杀退了金军。敌军阵亡数千人，被迫后撤了十余里。仗虽然打赢了，但金军数倍于我的实力并未改变。倘若敌人再战，那可就危险了。宗泽毫不迟疑，黄昏时便带领部队迅速转移，安全撤出重围。当天夜晚，金兵集台大批铁骑向宗泽发动了突袭，但冲进他的驻地一看，方知是一座空营。自此以后，一提起宗泽，金人就害怕，再也不敢轻易同他交锋了。

宋高宗早就了解宗泽的勇敢，这次听了李纲的推荐，就派宗泽为开封府知府。这时候，金兵虽然已经撤出开封，但是开封城经过两次大战，城墙全部被破坏了。金兵经常在靠近开封的黄河北岸活动。开封城里人心惶惶，秩序很乱。

宗泽在军民中有很大的威望。他一到开封，先下了一道命令："凡是抢劫居民财物的，一律按军法严办。"命令刚发出去时，城里仍旧发生了几起抢劫案件。宗泽杀了几个抢劫犯，秩序就渐渐安定了下来。河北人民忍受不了金兵的掠夺烧杀，纷纷组织义军，打击金军。李纲竭力主张依靠义军力量，组织新的抗金队伍。宗泽到了开封之后，积极联络义军。河北各地义军听到宗泽的威名，自愿接受他的指挥。

河东有个义军首领王善聚集了七十万人马，想袭击开封。宗泽得知这个消息，单身骑马去见王善。他流着眼泪对王善说："现在正是国家危急的时候，如果有像您这样的几个英雄，同心协力抗战，金人还敢侵犯我们吗?"王善被他说得流下了感动的眼泪，说："愿听宗公指挥。"其他义军像杨进、王再兴、李贵、王大郎，都有人马几万到几十万。宗泽也派人去联系，说服他们团结一致，共同抗金。

这样一来，开封城的外围防御巩固了，城里人心安定，存粮充足，物价稳定，恢复了安定的局面。但是，就在宗泽准备北上恢复中原的时刻，宋高宗和黄潜善、汪伯彦却嫌南京不安全，准备继续南逃。李纲因反对南逃，被宋高宗撤了职。宗泽十分焦急，亲自渡过黄河，约河北各路义军将领共同抗击金兵。他在开封周围，修筑了二十四座堡垒，沿着黄河设立营寨，互相连接，密集得像鱼鳞一样，叫做“连珠寨”，加上河东、河北各地义军民兵互相呼应，宋军的防御力量，越来越强了。

宗泽一再上奏章，要求高宗回到开封，主持抗金。但是奏章到了黄潜善等人手里，这批奸人竟取笑宗泽是个狂人，把他的奏章扣了下来。过了不久，宋高宗就从南京逃到扬州去了。没有多久，金兵果然又大举进攻宋王朝。金太宗派大将兀术（又叫宗弼）进攻开封，宗泽事先派部将分别驻守洛阳和郑州。兀术带兵接近开封的时候，宗泽派出几千精兵，绕到敌人后方，截断敌人退路，然后又和伏兵前后夹击，把兀术打得狼狈逃走。

在宗泽带兵与全兵冲杀时，有一个叫李景良的将领因为战败逃跑了。后来，宗泽派兵捉拿到李景良，责备他说：“打仗失败，本来可以原谅；现在你私自逃来，就是目中没有主将了。”说完，下令把李景良推出斩首。

有一位贪生怕死的将领郭振民向金军投降之后，宗翰派了一名金将跟郭振民一起到开封，劝宗泽投降。宗泽在开封府大堂接见他们，对郭振民说：“你如果在阵上战死，算得上一个忠义的鬼。现在你投降做了叛徒，居然还有什么脸来见我！”说着，喝令兵士把郭振民也斩了。

宗泽又回过头对劝降的金将威严地说：“我守住这座城，早准备跟你们拼命。你是金朝将领，没能耐在战场上打仗，却想用花言巧语来诱骗我！”金将吓得面无人色，只听得宗泽吆喝一声，几个兵士上来，把金将也拉下去杀了。

宗泽一连杀了三人，表示了抗金的坚定决心，大大激励了宋军士气。他号令严明，指挥灵活，接连多次打败金兵，威名越来越大。金军将士对宗泽又害怕，又钦佩，提到宗泽都把他称做宗爷爷。宗泽依靠河北义军，聚兵积粮，认为完全有力量收复中原，接连写了二十几道奏章，请高宗回到开封，但没有回应。

宗泽已经是快七十岁的老人了，朝廷敷衍了事，他焦灼得背上发毒疮病倒了。部下一些将领去问候他，宗泽病已经很重。他张开眼睛激动地说：“我因为国仇不能报，心里忧愤，才得了这个病。只要你们努力杀敌，我死了也没有遗憾了。”

将领们听了，个个感动得掉下热泪。大伙离开的时候，只听得宗泽念着唐朝诗人杜甫的两句诗：“出师未捷身先死，长使英雄泪满襟！”接着，又用足力气，呼喊：“过河！过河！过河！”才阖上眼睛。时为建炎二年七月。开封军民听到宗泽去世的消息，没有一个不伤心得痛哭流涕。

宗泽去世后，宋朝派杜充做东京留守。杜充是个昏庸残暴的人，一到开封，把宗泽的一切防守措施都废除了。没多久，中原地区又全都落在金军手里。

八字军奋起抗金

公元1128年，金军开始向南宋的江淮地区进攻，金太宗吴乞买还下令要捉拿赵构。这时候，宋高宗和奸臣汪伯彦、黄潜善等人正在扬州寻欢作乐，一点都不管国家大事和人民的死活。

在这个国家大乱的时候，有一些贪图功利的人却想乘机捞一把。山东的刘豫就是一个这样的人。他想利用这个时候，把金国当作靠山，自己来做皇帝。

刘豫本来是南宋的济南知府，这时候，他就把济南的宋将关胜杀掉，暗中投降了金国。他请求金国让他做皇帝，答应要死心踏地地为金国服务。这很合金国的心意。就让他在大名府即位做了皇帝，国号叫做大齐。这时正是1130年9月。南宋百姓知道刘豫投降了金国并做了大齐国的皇帝之后，非常痛恨他，骂他是卖国求荣的可耻汉奸。

就在金军入侵的时候，黄河南北的很多南宋的百姓都自动地组织成一支支的起义军，在各地勇敢地打击金军。使金军受到了很大的损失。

抗击金军的著名将领李纲和宗泽都联合起义军一起和金军打仗。他们发给起义军钱和武器，还把起义军编成正规军。起义军和南宋的官军配合很好，一起打了很多胜仗。

抗击金军的起义军都是由各种各样的人组成的，有农民、逃兵、小商人、小工匠、还有和尚和道士。因为金军总是欺负他们，所以他们也起来反对金军。这时候，参加起义军的人很多很多。他们打仗很勇敢，金军非常害怕。

在众多的起义军当中，太行山的八字军最厉害。他们的首领叫王彦。他很善长指挥战斗，曾经立过功劳。带领一支几千人的军队和金军打仗作战，取得了多次胜利。金军对八字军非常害怕。

王彦领导的八字军纪律严明，作战很勇猛。战士们的脸上都有这样的八个字："赤心报国，誓杀金贼"。这八个字都是用针刺出来的，然后再涂上一种墨，就再也掉不了。它的意思是说战士们要与金军战斗到底。

王彦很关心他的士兵，和他们同甘共苦。所以，士兵们都很爱戴他，愿意和他在一起打金贼。八字军的队伍人数多，作战又勇敢，所以金军很怕他们。有一次，金军的首领把他们的将领叫到一起，要他们去攻打王彦的八字军，还要活捉王彦。将领们一听，都吓得赶快向首领求饶，说："王都统的营地就像铁一样坚固，我们实在没有办法攻破它，您就放了我们吧。"金军的首领没办法，只好另外派出一支很厉害的精锐骑兵，要想把八字军运输粮食的的通道切断。王彦一听到这个消息，就亲自带领起义军去拦住金军，很快就把他们杀得大败。

在汴京的宗泽，一听说王彦打了个胜仗，就主动邀请他到汴京来，和他一起商量怎样打败金军，宗泽还写了一份奏书，向宋高宗汇报了王彦领导的八字军打败金军的情况。他请求宋高宗召见王彦，还推荐他亲自到汴京来指挥战斗。可是，对惧怕金军的宋高宗这时候已派人去和谈了。他没有召见王彦，也不询问黄河流域百姓抗金的情况，只封给王彦一个没有实权的空头衔，叫御营平寇统。王彦听说御营的头领范琼是个投降过金后的人，非常生气。他假装生病，请求回家养病。

八字军一直在太行山区和金军作战，使得金军只得留下大量的兵力和八字军打仗。这样，金军就没办法全力向南面进攻，他们也就没办法把南宋消灭掉。

后来，有个叫张浚的大将军让王彦做了他的军队的前军统制。王彦就把太行山的八字军的一些人带到四川和陕西地区，去和金军打仗。这样，八字军就分别在东西两个地方和金军打仗了。

和八字军一起抗击金军的起义军，还有红巾军、五马山义军和梁山泊水军等，他们也很勇敢。红巾军的战士头上都包着一块红布，所以叫红巾军。他们这样做是为了和敌人分开。红巾军打仗很英勇。有一回，红巾军偷偷地去攻打金军的大寨，差点把金军的左副元帅宗翰活捉回来。从这以后，金军也很害怕红巾军。他们出动大军去攻打红巾军，但都没法把红巾军的主力消灭掉。

当各地起义军都在和金军打仗的时候，宋高宗赵构却和一帮奸臣逃到南方去了。他们在南方寻欢作乐，一点都不把国家的事情放在心上。

岳飞抗金报国

在南宋风起云涌的抗金斗争中，岳飞和他的“岳家军”战绩特别突出。“岳家军”是一支纪律严明，能征善战，深受百姓爱戴的抗金军队。

岳飞（1103～1142），是南宋时期著名的爱国将领，我国历史上伟大的民族英雄。岳飞生活的年代是在北宋被金所灭，南宋守着半壁河山不断受到金国侵犯的时期，岳飞把他短短的一生，都献给了抗金斗争。

岳飞字鹏举，出生在相州汤阴（今河南省北部）一个以务农为业的家庭。少年岳飞虽沉默少言，但志向远大。他随义父周同学习武艺，研读兵书。因为刻苦勤奋，很快练就了一身过人的本领。

公元1122年，19岁的岳飞怀着他的少年壮志投军，当了一名敢死战士。他在队伍中初显身手，做了小军官，还参加过决定北宋命运的太原保卫战。随后，岳飞还乡看望母亲。岳母是一个性格坚强，深明大义的女性。她鼓励岳飞不要牵挂家里，要为了那些死难的乡亲去前线抗击金兵。岳飞在家中逗留了一段时间，便从此踏上了报国的征程。临行前，岳母在岳飞背上刺下“尽忠报国”四个大字。

岳飞先后投靠过河北招抚使张所，张所部将有王彦，东京留守老将宗泽等。岳飞参加了河北西线作战，曾在胙（音zuò）城、汜水大破敌军，击退过伙同金兀术南侵的宋叛将李成。岳飞跟随宗泽时所受的教诲，对他日后的治军起了一定的影响。

公元1129年，金军举兵南侵。宋军丢失了江北的大片领土。金兵随后分东、西两路大举过江。岳飞在被动的局面下孤军奋战，退守钟山后以寡敌众，毙敌数以千计。

这是岳飞在江南抗击金兵的开端。金兵渡江后占据了建康，岳飞领兵继续战斗，自成一军，从此开始了独当一面的抗金活动。

岳飞独自领兵后，首先取得的一次大胜利就是在牛头山（今南京市南）设伏，大破从临安回撤的金兀术，收复了建康，迫使金兵北退。至此，岳飞声望与日俱增，并被朝廷授予通、泰镇抚使之职，地位陡然提高。

从公元1130年至1133年，岳飞的部队愈战愈勇，捷报频传，战斗实力不断增加。岳飞的名字在百姓中已广为传颂。由于在南方抗金的功劳显赫，高宗召见了岳飞，并亲笔手书“精忠岳飞”四字，加授他为镇南军承宣使、江南西路沿江制置使，后改神武后军统制。至此，岳飞已从一个普通的将领升为一个抗金大将，统领4万人的军队，号称“岳家军”。

公元1134年，金与其设立的傀儡政权伪齐共同南下。宋高宗与大臣们对是否北伐犹豫不决。岳飞主动请战，得准。这年4月19日，岳飞第一次率军挥师北伐，从武昌渡江，进军郢州。北伐是岳飞和将士们多年的愿望。岳飞面对滔滔江面动情地说：“这次如果不能打胜仗，我决不再渡回江南去！”全军将士听了群情激昂。威猛擅战的岳家军一举攻下郢州，又乘势收复襄阳、邓州和唐州。岳飞率军继续扩大结果，一年多以后，收复了湖北北部和河南南部的广大地区。这是南宋立国以来第一次取得局部反攻的胜利。

公元1136年，岳飞第二次北伐，攻下虢州，获粮10万石，降金兵数万。进而岳家军在唐州大败伪齐的部队，直奔蔡州境内，离东京已经不远了。岳飞踌躇满志着筹划收复北宋故都，他对将士们说："总有一天，我要直抵黄龙，与诸君痛饮!"。

北伐战局对南宋十分有利，但高宗却在这时下诏，不许岳飞率兵继续北进。公元1137年，金国向南宋诱降。高宗本来就只想保住自己手中的半壁河山，立刻答复说只要金兵许和，一切条件皆可接受。并任命秦桧作右相，准备向金投降。秦桧是南宋有名的卖国求荣的奸臣，他上台后，便开始谋划除掉岳飞的阴谋。

岳飞数见高宗，请求不要与金议和，再商北伐之策，并说："金人不可信，通过与金和好来保全南宋是靠不住的。"可是，岳飞的进谏不仅没得到支持，还使宋高宗从此记恨于他。公元1139年，宋金达成议和。岳飞看着自己出生入死收复的河南等地又落入了金人手中，不禁痛苦地仰天长叹。

公元1140年，金统治集团发生内讧。兀术执政后，破坏议和，集金国全部兵力向南宋扑来。宋高宗只得派岳飞统兵迎敌。宋、金之间在郾城展开了空前的激战。兀术的部队中有一队士兵个个身穿重甲，看上去如铁塔一般，称“铁浮图（铁塔）”。左右两队骑兵，三人一联，称“拐子马”。兀术指挥着“铁浮图”、“拐子马”向岳家军扑来。岳飞命令将士手持长斧上砍敌兵，下斩马足，顿时打乱了金兵阵势。岳家军将领岳云、杨再兴等冲入敌阵欲捉兀术。兀术拍马而逃，待回头看时，自己多年训练的“铁浮图”、“拐子马”已溃不成军，死伤惨重，不禁痛哭流涕。金兀术制止不住败退的兵士，他一边逃，一边不由地感叹道：“撼山易，撼岳家军难！”

岳飞乘胜进军朱仙镇，距东京只有45里。就在这胜利指日可待的时候，高宗却在秦桧的指使之下，连下12道金牌，令岳飞撤兵。在兀术密信的指使下，秦桧和高宗以“莫须有”的罪名，在风波亭上杀害了岳飞父子和张宪。同时韩世宗也被罢职免官，含恨离朝。岳飞父子死后，岳家军不久就解散了，抗金力量受到了很大的损失。

岳飞为恢复中原，抵抗外族侵略的事迹，在民间广为流传，鼓舞着后世之人。杭州岳飞墓永远受到追慕和凭吊岳飞而修建的，而跪在墓前的秦桧夫妇只能永遭世人的唾弃。

女词人李清照

金兵南下的残暴掠夺及宋王朝的腐朽昏庸，给人民带来了无尽的苦难，许多家庭遭受了家破人亡的痛苦。北宋著名女词人李清照，也有同样的悲苦遭遇。

李清照号易安居士，历城（今山东济南）人，我国著名女词人。李清照的父亲李格非是个文学家，在宋徽宗时期做过著作佐郎等官，因为为人正直，又是苏轼的学生，受到蔡京的打击。李清照从小受父亲的熏陶，十分爱好文学，喜欢吟诗作画，特别在作词方面，有很高的造诣。十八岁那年，她与太学士赵明诚结了婚。夫妻俩志同道合，除都能诗善文外，还有一个共同的爱好，就是收藏金石（古代铜器和石碑上镌刻的文字书画）。这些文物既是我国古代的精湛艺术，又保存着丰富的历史材料。

赵、李两家虽然都担任不小的官职，但不是豪富人家，没有多余的钱让他们购买文物。这并不影响他们对金石的追求。每逢初一月半，赵明诚请假回家，就拿了些衣服到当铺里去押半吊钱，到大相国寺去。大相国寺是东京最大的佛寺，那里经常举行庙会，在庙会上，摆满着各种商品，也有卖书籍、古玩和碑贴字画的。赵明诚在那里，看到中意的碑文字画，就买下来。回到家里，和李清照一起细细整理、欣赏。夫妻俩把这件事当作他们生活上的最大乐趣。

过了两年，赵明诚当了官，他把所得的官俸几乎全花在购买金石图书上，他的父亲有一些亲戚朋友在国家的藏书阁里工作，那里有许多外面没有流传的古书刻本，赵明诚通过这些亲友，千方百计把它们借来摹写。这样日积月累，他们家收藏的金石书画越来越多。李清照建立了书库大橱，编好目录整理好。经过将近二十年的努力，赵明诚完成了一部记载古代历史文物的著作，叫《金石录》。

在国家动荡的年代，要埋头整理文物已经不可能了。东京被金兵攻陷的时候，李清照和赵明诚还在淄州（在今山东省）。不久，风声越来越紧，李清照跟着赵明诚到了建康。夫妻俩把最名贵的金石图书，随身带走了十五件。后来金兵攻下青州，李清照留在老家的十几间文物，竟被战火烧成一堆灰烬。

到了建康以后，赵明诚接到诏令，被派到湖州当知府，那时候，兵荒马乱，李清照不可能跟他上任。临走时候，李清照问丈夫说：“万一金人再打过来，我该怎么办？”赵明诚坚定地说：“瞧着办吧。实在不行，你把家具衣被先放弃了；再不行，把书画古器丢了；但是有几件珍贵的古代礼器，你可一定得亲自保护好，要看作自己的生命一样。”

想不到赵明诚这一去，就得了一场疟疾死去了。李清照失去了丈夫，她非常伤心。但是最要紧的还是继承丈夫的遗志，把文物保护好。赵明诚有个妹婿在洪州（今江西南昌），那时候李清照身边还有图书二万卷，金石刻本二千卷，就托人带到洪州。没有多久，金兵打到洪州，这些文物又不知去向。

赵明诚病重的时候，有个名叫张飞卿的学士来看望他，随身带着一个玉壶。李清照是善于鉴别文物的人，一眼就看出那玉壶并不真是玉制的，而是一种玉石制品。后来，张飞卿把那个壶带走了。赵明诚死后，有人捕风捉影说赵明诚把名贵文物送给了金朝人。这种谣言使李清照大为冤屈，她想找朝廷申诉，但是宋高宗的小朝廷已经逃之夭夭了。

李清照为了逃难，到处奔走。到她在有固定居所的时候，她身边的文物散失的散失，被偷的被偷，只剩下一些残简零篇了。

国家山河的破碎，珍贵文物的散失，对李清照的打击实在太大了。她把国破家亡的痛苦写成了许多诗词，她的词在艺术上有很高成就，有的还富有爱国精神。她在一首诗里表达了她对南宋统治者渡江南逃的不满。诗中说：

生当作人杰，死亦为鬼雄，
至今思项羽，不肯过江东。

李清照现存的作品有词78首、诗15首，她在文学史的地位与南宋词人辛弃疾齐名。

黄天荡大捷

宋高宗和黄潜善、王伯彦军投降派不仅不让李纲、宗泽等人领导南宋官军抗击金军，他们也不让各地的起义军和金军打仗。并强迫他们解散。这样，由于南宋投降派的破坏，起义军一个个地失败了。宋高宗军投降派的这些行为，使金军很高兴。公元1129年，金国军队在兀术的带领下大举向南宋袭来。高宗听到金国已大兵压境的消息，急忙从建康跑到镇江，又从镇江逃到常州，最后，来到杭州。

南宋小朝廷出逃之前，著名抗金将领韩世忠曾极力谏阻，说“国家已失两河、山东，如果再放弃江淮地区，哪里还有存身之地呢?”韩世忠等抗战派将领的话没能改变高宗逃跑的主意，但是却迫使高宗被迫下令做出一些防御准备。只是防御活动准备得太仓促了，又逢金国南侵初期士气正锐，南宋的守军一与金兵交战便接连吃败仗，沿江防线很快崩溃。

江南战场的金兵分作两路南下，准备渡江。西路金兵由黄州渡江，江东宣抚使刘光世望风而逃。金兵顺利进入江西、湖南、湖北，横行几千里，如入无人之境。东路是兀术亲率的主力军，由建康府西南的马家渡过江，并占领建康。

高宗听到消息，又慌忙从杭州逃到越州，从越州逃到明州，从明州逃到定海，然后乘船在大海上漂泊。南宋小朝廷哪还有颜面可言。金兵对退避逃跑的南宋政权穷追不舍，先后占领杭州、明州，直奔高宗而去。

金军在进兵过程中一路烧杀掠抢，使江淮一带这个宋朝最富庶的谷仓遭受无情的战火，损失极其惨重。

金兀术的军队自渡江以后遇到爱国将士和人民大众的抵抗，逐渐成了强弩之末。兀术怕出现意想不到的局面，遂决定挥师北撤。岳飞、韩世忠等此时开始布兵设伏，准备阻击金兵，予敌人以重创。其间，发生了韩世忠和他的夫人梁红玉共同指挥下的赫赫有名的黄天荡大战。

韩世忠，字良臣，绥德（今陕西延安）人。他18岁从军，气力过人，英勇擅战，在战斗中屡建战功，曾受封武胜昭庆军节度使。他的夫人梁红玉，是个女中豪杰，通晓兵书武艺，能够协助韩世忠指挥军队，共同作战。

韩世忠听说金兀术北撤的消息以后，开始思索战斗计划，截击金兵。当时，韩世忠手中部队不过8000余人，不能硬拼，只可巧战。韩世忠冥思苦想之后，心中生出一条妙计。他把军队分作三部分，一部分进驻青龙镇（今江苏青浦县北），一部分进驻江湾（今江苏宝山县南江湾镇），一部分进驻海口。其实，这是一个虚设的布置，韩世忠的策略是诱惑金兀术，逼其从镇江撤退，然后调集自己的军队至镇江，给敌人以出其不意的阻击。

公元1130年元宵节，韩世忠得知金兵已到，命令手下张灯结彩，庆祝元宵，以麻痹敌人。同时，不动声色地将主力部队转移到镇江，在那里设下天罗地网。

兀术听了探子的报告，果然中计。他决定从镇江渡江北上。一方面，他不想让处在急于撤退时的己方军队与宋兵过多纠缠，所以取道镇江，以为那里没有韩世忠的部队。另一方面，他手握10万重兵，想即便碰上韩世忠的区区8000军队取胜也不在话下，轻敌思想十分严重。

金兵大队人马上了船，来到镇江境内。兀术出船一看，猛吃一惊：江面上到处是韩世忠的战船，船上旌旗密布。但一想到对方兵士数目与自己相差悬殊，兀术又很快稳住情绪。他下令金兵开船冲过去。可不料韩世忠早已将战船层层排开，万箭齐发。金兀术看到一时无法冲破宋兵防线，自己反而一下子损失了不少兵将，便下令收兵。兀术只想尽快撤兵，他修书给韩世忠，愿留下掠夺来的金银财宝，让韩世忠放他过江，遭到严词拒绝。金兀术只得与对手议下交战日期。韩世宗和夫人梁红玉商议后，听取了梁红玉的建议，把金军引到黄天荡予以歼灭。

第二天，宋金双方如约在江上对阵。随着“咚咚”的战鼓，宋军箭矢疾飞，无数金兵中箭落水。宋兵又把点着的火把扔将过去，许多金船冒起了浓烟。金兀术见此状，已无心恋战，慌忙之中向一条岔河驶去。他哪里知道，这条路是韩世忠和梁红玉特意为他留的，岔河后面，就是黄天荡。

金兀术领兵进了黄天荡，以为找到了逃路，拼命向更深处开船驶去。但船驶了一段时间，金兀术一看周围地形才如梦方醒，大呼上当。原来，这黄天荡是个断头港，形状如梨一般，那条岔河是进出黄天荡的唯一通道。韩世忠、梁红玉此时早已率军把岔河堵得严严实实，金兀术这回是插翅难逃了。

金兀术无奈当中，再派人到宋军中求和，说只要放金兵一条生路，多少财宝都乐意奉献。韩世忠听了一声冷笑，他对使者说：“回去告诉你的主帅，金兵侵犯中原，毁我江山。放你们过去，只有两个条件：一还我徽、钦二帝，二还我中原疆土。否则，从我这里，你们休想过江！”。

金兀术听说之后很沮丧。他身边的谋士出了一个主意，用重金悬赏当地村民，说不定还能找到出黄天荡的方法。金兵悄悄派人潜上岸，带着财宝向附近村民求计。万万没想到，村民之中真有一个卑鄙小人，为了钱财向金兵献计：“黄天荡还有一条小岔河，只因日久淤塞，早已废弃。如果将其淤泥挖开，可以出去。”

金兀术大喜过望，用钱打发走献计之人，随即令士兵连夜暗中开通那条旧的河道。就这样，被困黄天荡48天，伤亡惨重的金兀术之军逃了出去。韩世忠本想困死金兀术，没想到功亏一篑，后悔莫及。

黄天荡一战，韩世忠以8000兵士重创金兀术10万大军，狠狠地打击了侵略者的气焰，扭转了南宋一味逃窜的颓势，意义非同寻常。梁红玉在战斗中擂鼓战金兵，巾帼不让须眉，成为我国古代女将的一个代表人物。梁红玉的故事后来被改编成戏曲，多年来盛演不衰，她的英勇抗敌的精神更是被后人敬仰。黄天荡一战后，韩世忠又接连在几次战役中击败金军。之后，韩世忠驻军楚州十余年，金人不敢南犯，但他手下的军队，其实仅只有三万人。

韩世忠后来官拜枢密使、福国公。他为人憨厚正直，岳飞遭冤枉，被捕入狱，朝廷大臣无一人敢于出来替他辩白，惟独韩世忠曾亲自质问过秦桧。韩世忠一生久经战场，曾多次负伤，十个手指头仅保全下了四个完整的。

钟相杨么起义

南宋王朝一面对金朝屈辱求和，一面加紧对人民剥削，加重税捐，使老百姓遭到重重灾难。公元1130年，金兵攻占了潭州，抢掠了一遍。接着，有一个被金兵打败的宋朝团练使孔彦舟，带着一批败兵残卒又在澧州趁火打劫，催粮逼租。当地百姓忍无可忍，在钟相带领下举行了起义。

钟相是鼎州武陵（今湖南常德）人，在金兵南下的时候，他曾经组织过抗金民兵，没得到朝廷的支持，就回家乡组织农民自卫。它用宗教的形式在农民中宣传，自称“天大圣”，能够解救人民的疾苦。他说：“现在朝廷的法把人分成贵贱贫富，这不是好法。我行的法，就是要不分贫富贵贱，人人平等。”一些受尽官府、地主压迫的农民，听到这些话，怎么不高兴？大家把钟相称做“老爷”，要求入“法”的人就越来越多。

当孔彦舟的骚乱激起民愤的时候，钟相就宣布起义。他自称楚王，建立政权。附近各县的农民纷纷参加起义军，钟相分派起义军攻占城池，焚烧官府，打击豪强大户，不出一个月，起义军就占领了洞庭湖周围十九个县。

南宋朝廷十分恐慌，任命孔彦舟担任捉杀使，镇压起义军。孔彦舟知道正面攻打敌不过钟相，就先派一批奸细，假装成贫民，混进钟相起义军队伍。公元1130年三月，孔彦舟发起进攻，埋伏在内部的奸细里应外合，起义军措手不及，打了败仗，钟相和他的儿子钟子昂被捕，遭到杀害。

钟相被害后，起义军推杨么当首领，继续和官军作战。杨么原来名叫杨太，因为他年纪轻，当地群众亲密地称他叫杨么（“幼小”的意思）。起义军在杨么领导下，在洞庭湖沿岸建立营寨，又在湖里和各个港汊上集中了大批船只，平时生产，战时打仗，队伍越来越壮大。

南宋王朝又派程昌寓担任镇抚使，镇压起义。程昌寓到了鼎州，不惜工本制造了大批车船，每船可装载水军一千人，由人踏车就可以使船进退。有一次，程昌寓指挥水军使用车船攻打起义军水寨，水寨滩头水浅，车船开进港汊，搁在浅滩里动弹不得。起义军趁势发起攻击，官军兵士丢了车船逃走，车船全部落在起义军手里。

杨么起义军在洞庭湖建立了据点，队伍发展到二十万人，占领的地区也越来越广。公元 1133 年四月，杨么拥立钟相的儿子钟子仪作太子，杨么自称大圣天王，在起义军占领的地方，宣布免除百姓的一切劳役赋税，人民生活出现了兴旺气象。

南宋王朝把杨么起义军看作心腹大患，非把他们镇压下去方肯罢休。宋高宗又派王躞带兵六万进攻。王躞不敢再用大船，改用小船进攻。起义军用车船迎战，车船高的有几丈，来往如飞。他们又在船身前后左右都装上了拍竿，拍竿上缚着一块块大石。官军的小船一接近，他们就摇动拍竿，发出大石，把敌船打沉。车船上还发出用硬木削尖的“木老鸦”，和弓箭一起发射，打得官军叫苦连天。

有一天，洞庭湖边的江上，忽然出现了几只大车船，船上既不见旗帜枪械，也不见一个兵士。王躞的水军将士见了，以为起义军在上游被官军打败，这几条船是顺流漂下来的，就指挥船只靠近空船。兵士们争先恐后地撑篙拉纤，把空船带着往上游驶去。哪料到到了湖面宽广的地方，几只大船里突然发出一阵擂鼓声、呐喊声，船舱里钻出来的起义兵士踏动车船，横冲直撞，把官军的几百只小船全部撞碎沉没在水里，两名将领落水丢了性命。其余留在沙滩上的官军步兵也遭到起义军攻杀。仅这一天，就消灭了官军一万人，缴获了大批武器盔甲。

这时候，王躞在大营里等待消息，忽然来了一百多个穿新衣的农民军，一面走，一面打着鼓板，吹着笛子，后面还有人用竹竿挡着一卷文书。官军以为一定是起义军接受招安，送投降书来了，忙命令兵士不要放箭，派人把文书接过来。宋将把文书打开一看，里面是被起义军缴获的官府告示和印章。穿着新衣的起义兵士看他们上了当，哈哈大笑说："你们的一万水军，前天晚上已经被我们杀得精光，衣甲、刀枪、旗号、钱粮，都是咱们的啦！"说着，都乐呵呵地又吹笛打鼓走了。王躞知道了，气得直翻白眼。

刘豫的伪齐政权在襄阳的官员李成，听到起义军节节胜利的消息，派人带着金帛文书，到杨么大寨游说，要起义军联合进攻宋朝，说只要攻占知州县，就封他们做知州知县，被起义军拒绝。李成又派了三十五个人带了官诰、金带、锦袍来诱降，起义军不再饶恕，把三十五名伪齐使者用酒灌醉后全部杀死。

南宋王朝和伪齐政权的"围剿"诱降，都没有使杨么屈服，直到公元1135年，也就是起义的第六个年头，宋高宗派宰相张浚亲自督战，又从抗金前线抽回了岳飞军队。由于起义军将领有人动摇叛变，杨么大寨被官军攻破，杨么被俘后遭到杀害，坚持六年的起义终于失败。

完颜亮迁都北京

完颜亮是个很有才干的人，一心想干出一番事业来。在他堂兄弟完颜亶当皇帝的时候，他被封为海陵王。

完颜亶是金国的第三个皇帝。他是金太祖阿骨打的孙子，16 岁的时候就做了皇帝。历史上称他为金熙宗。由于他很年轻，国家的大权都控制在兀术等老女真族的贵族手里。

公元 1184 年，兀术死了，金熙宗也已经 31 岁了。他已经能管理自己的国家了。可是，那些女真贵族还是不把权力还给他。联合他的亲信，把一些对他们不利的大臣和他们的全家都杀光了，还把他们的金银财宝全都没收起来。很多大臣以为金熙宗下一个将杀他们，心里非常害怕，更加怨恨金熙宗。

海陵王完颜亮一看有机可乘，非常高兴。公元 1149

年 12 月的一天夜里，完颜亮联合一些怨恨金熙宗的大臣，带领着几个士兵冲进皇宫。杀死了金熙宗。完颜亮做了皇帝。他成为金国第四个皇帝。

于是，海陵王就决定杀掉那些想和他争做皇帝的人和那些跟他一起杀害熙宗的人。这时候，很多大臣还蒙在鼓里。他们认为他们帮海陵王做皇帝，海陵王一定会对他们很好。

为了巩固自己的地位，完颜亮杀掉一些同他不和的老贵族，权力就全部掌握在他自己手里了。他认为汉族的文化比女真族的文化先进多了，就开始进行改革。以前，皇帝要和大臣坐下来一起讨论国家大事，这叫议事制度。完颜亮认为这样很麻烦，会妨碍他做事情，就把这项制度废除了。皇帝自己一个人作决定，不再和大臣们一起商量了。他规定，在中央政府里只设尚书省和枢密使。这两个机构都要听皇帝的指挥。海陵王还让一批有才干的汉族人和契丹人到朝廷当官，完颜亮自己很努力地学习汉族的文化。

金国的都城在上京会宁府（现在的黑龙江省阿城县南部）。这地方偏僻，离南宋很远，他向南宋发动进攻。完颜亮决定把都城迁到燕京（现在的北京市）。

海陵王让人把营建新都城的规划图献上来给他看。古代的人有一种习惯，做什么事都要符合阴阳五行。有人就按照阴阳五行绘制了一张营建燕京宫殿的规划图，献给完颜亮。这个人说只有按照阴阳五行去建造宫殿，国家才会兴旺发达。海陵王一听就不高兴了。他对大臣们说："国家的前途是好是坏，要看皇帝是不是英明，而不在于是否符合阴阳五行，即使修建宫殿的地方很好，让夏桀和商纣这样的暴君住进去，国家也要灭亡的，像尧和舜这样好的领袖，不管他的宫殿在哪里，国家都会兴旺发达的。"海陵王不要那张按照迷信绘出来的规划图。不久，海陵王派了贤明的张浩去燕京主持营建新都城，限定他要在 3 年之内把新都城修建好。

张浩在朝廷里做尚书右丞。他的老家是渤海郡。张浩也和完颜亮一样，对汉族文化很感兴趣而且很有研究。他特别擅长建筑。海陵王知道张浩能干，所以就派他去负责这项艰巨的工程。

张浩修建的燕京城在今天的北京宣武区以及偏西的地方。公元 1153 年，燕京城就修好了。燕京城是正方形的，四周总长为 9 里 30 步，大概等于 4550 米。分内城和外城，内城就是皇宫，它的正门叫通天门。宫殿共有 9 重 36 殿。

最前面的叫大安殿，是皇帝接见外国客人的地方。大安殿的后面有座太庙，是祭祀皇帝祖先的地方，西面是大臣们工作的地方，叫尚书省。外城是官吏贵族居住的地方和做买卖的地方。外城共有 12 个城门，还建造了一些宾馆，让来金国的南宋使者和西夏使者居住。城外还修建了供皇帝和他的亲人们游玩的花园。花园里有些东西一直保留到现在。现在北京北海的琼华岛、瑶玄楼就是那时候修建的。

燕京城的南面有一条叫芦沟桥的河流，总是发大水，淹没旁边的农田和村庄。完颜亮想要把它治理好，不让它再给人民造成灾难，而且还要在上面修建一座桥梁。海陵王没来得及修，就去世了。后来，金章宗才把芦沟桥建好。这是一座石桥，桥的栏杆上有很多石狮子，千姿百态、雄伟壮观。桥头还有两头石头大象，顶柱了栏杆。现在芦沟桥还横在芦沟河上，已经好几百年了。“芦沟赏月”也成为老北京一景。

公元 1153 年，燕京城刚竣工，海陵王就把都城从上京迁了过去，把燕京命名为中都，把开封定为南京。中都设有大兴府，意思是说他的国家要在这里兴旺发达。

完颜亮不仅把皇宫迁到燕京，他还命令女真族人也往南迁到河北河南这些地方去居住。为了帮那些迁走的人安家，海陵王还分给他们土地，给他们钱财。这样，女真族人就和汉族人居住在一起了，女真族人学习汉族的先进文化，把金国建成了一个封建国家。

完颜亮对促进女真文化发展做出了贡献，但他迁京的目的是为攻打宋朝，却是不可取的。

书生虞允文退敌

绍兴和议以后，宋金双方有二十年没有发生战争。宋高宗和一批投降派大臣对于这个偏安的局面十分满意，在临安修筑起豪华的宫殿府第，过着纸醉金迷的生活，把收复失地的事忘记得一干二净。

在这段时间里，金朝统治集团发生内讧，贵族完颜亮杀死了金熙宗，自立为帝，历史上称为海陵王。完颜亮把金朝的京都从上京迁到燕京，一心想发动战争，消灭南宋。

完颜亮准备发兵的风声，传到临安。有些官员要朝廷早作准备，反而被宋高宗斥责是造谣生事。有一次，金朝派使臣施宜生到临安，宋高宗叫大臣张焘接待。张焘想从施宜生那里探听消息。施宜生原来是宋朝的官员，也想透露点消息给张焘，但是旁边有金朝的随从官员，不好明说，只好暗示说："今天北风可刮得厉害啊！"又拿起几案上的笔说："笔来，笔来！"（"笔"和"毕"同音，"毕来"，就是都来的意思。）

张焘得到施宜生的暗示，连忙把金兵要大举南下的消息告诉宋高宗，但是宋高宗只当耳边风。

公元1161年九月，完颜亮做好一切准备，发动全国六十万兵力，组成三十二个军，全部出动，进攻南宋。出发之前，完颜亮趾高气扬地跟将领们说："从前梁王（指兀术）进攻宋朝，费了多少时间，没取得胜利。我这次出征，多则一百天，少则一个月，一定能扫平南方。"

完颜亮的大军逼近淮河北岸，防守江北的主帅刘琦正在生病，派副帅王权到淮西寿春防守。王权贪生怕死，听到金兵南下，根本没想抵抗。完颜亮渡过淮河，王权还没见到金兵的人影儿，早已闻风逃奔，一直逃过长江，到采石才停下来。

宋高宗听到王权兵败，才害怕起来。他把王权撤了职，另派李显忠代替王权的职务，并且派宰相叶义问亲自去视察江淮守军。叶义问不敢亲自上前线，改派一个中书舍人（文官名）虞允文，慰劳采石的宋军将士。

虞允文到了采石，王权已经走了，接替他职务的李显忠却还没到。对岸的金兵正在准备渡江，宋军没有主将，人心惶惶，秩序混乱。虞允文到了江边，只见宋军兵士三三两两垂头丧气地坐在路旁，把马鞍和盔甲丢在一旁。

虞允文问他们说："金人都快要渡江了，你们坐在这里等什么？"兵士们抬头一看，见是一个文官，没好气地说："将军们都跑了，我们还打什么仗？"虞允文看到队伍这样涣散，十分吃惊，觉得等李显忠来已经来不及了，就立刻召集宋军将士，告诉他们说："我是奉朝廷的命令到这里来劳军的。你们只要为国家立功，我一定上报朝廷，论功行赏。"

兵士们见虞允文出来作主，也打起精神来了。他们说："我们吃尽金人的苦，谁不想抵抗。现在既然有您作主，我们愿意拼命作战。"有个跟随虞允文一起去的官员悄悄地对虞允文说："朝廷派您来劳军，又不是要您督战。别人把事办得那么糟，您何必背这个包袱呢？"虞允文气愤地说："这算什么话！现在国家遭到危急，我怎么能考虑自己的得失，逃避责任。"

虞允文是个书生，从来没有指挥过战争。但是爱国的责任心使他鼓起勇气。他立刻命令步兵、骑兵都整好队伍，排好阵势，又把江面的宋军船只分为五队，一队在江中，两队停泊在东西两侧岸边，另外两队隐蔽在港汊里作后备队。

宋军布置刚刚结束，金兵已经开始渡江。完颜亮亲自指挥军队。几百艘金军大船迎着江风，满载着金兵向南岸驶来。没有多少时间，金兵已经陆续登岸。

虞允文命令部将时俊率领步兵出击。时俊挥舞着双刀，带头冲向敌阵。兵士们士气高涨，拼命冲杀。金兵进军以来，从没有遭到过抵抗，一下子碰到这样强大的敌手，全都垮下来了。

江面上的宋军战船，也向金军的大船冲去。宋军的战船虽小，但是很坚实，就像尖利的钢刀一样，插进金军的船队，把敌船拦腰截断，敌船纷纷被撞沉。敌军一半落在水里淹死，一半还在顽抗。太阳下山了，天色暗下来，江面上的战斗还没有结束。这时候，正好有一批从光州（今河南潢州）逃回来的宋兵到了采石。虞允文要他们整好队伍，发给他们许多战旗和军鼓，从山后面摇动旗帜，敲着鼓绕到江边来。江上的金兵听到南岸鼓声震天，看到山后无数旗帜在晃动，以为是宋军大批援兵到来，纷纷逃命。

金军遭到意料不到的惨败，气得完颜亮暴跳如雷，一肚子怒气全发泄在兵士身上，把逃回去的兵士全拷打死了。

虞允文料想完颜亮不会甘心失败。当天夜里，就把战船分为两队，一队开到上游，一队留在渡口。第二天天刚蒙蒙亮，完颜亮果然又派金军渡江，虞允文指挥两队战船夹击。金兵尝过虞允文的厉害，没心思反抗。三百只大船被困在江心和渡口，宋军放起一把火，把敌船全烧了。

完颜亮在采石渡江不成功，又把他们的兵士乱杀了一批，才带着留下的人马到扬州去，想到那里去渡江。

宋军在采石大胜之后，主将李显忠才带兵到达。李显忠了解到虞允文指挥作战的情况，十分钦佩。虞允文对李显忠说："敌人在采石失败之后，一定会到扬州去渡江。对岸镇江那边没准备，情况很危险。您在这儿守着，我到那边去看看。"

李显忠马上拨给虞允文一支人马，由虞允文率领前往镇江。

镇江原来是由老将刘琦防守。那时候，刘琦已经病得不能起床了。虞允文到了镇江，先去探望刘琦。刘琦躺在床上，紧紧拉着虞允文的手，心情沉重地说："国家养兵三十年，没有立过一点战功，想不到立大功的还是靠您这位书生，我们当将军的实在太惭愧了。"

虞允文安慰他一阵，就回到军营。他命令水军在江边演习。宋军制造了一批车船，由兵士驾驶，在江边的金山周围巡逻，来回像飞一样。北岸的金兵看了十分吃惊，赶快报告完颜亮。完颜亮大怒，把报告的人打了一顿板子。这时候，金兵打了几次败仗，都害怕作战。有些将士暗地里商量逃走，完颜亮发现后，下了命令：兵士逃亡的杀死将领，将领逃亡的杀死主将；并且宣布第二天全军渡江，畏缩不前的处死。

金军将士对完颜亮的残酷统治再也无法忍受，还没等完颜亮发出渡江命令，当天夜里拥进完颜亮的大营，把他杀死。完颜亮一死，金兵就撤退了。

完颜亮带兵南侵的时候，金朝内部也引起内讧。一些不满完颜亮统治的大臣，另外拥戴完颜雍为皇帝，这就是金世宗。采石大战后，金世宗为了稳定内部，派人到南宋议和，宋金战争又暂时停了下来。

辛弃疾文武双全

辛弃疾，字幼安，别号稼轩居士，山东历城（今山东济南）人。辛弃疾是中国古代有名的文学家，以词的成就最大，和北宋的苏轼并称“苏辛”。同时，他还是一个坚决抗金的爱国志士。

辛弃疾 1140 年出生在一个世代仕宦的家庭，他少年师从蔡伯坚，刻苦读书。同时他的思想也成熟起来，为国家为民族报仇雪恨的信念越来越坚定。

这时候，南宋小朝廷依然偏安临安，把中原大片领土拱手让与异族。辛弃疾的家庭遭受着全国女真贵族的统治，人民生活在水深火热之中。公元 1161 年，辛弃疾 21 岁时，在自己的家乡组织起两千多名群众抗金。随后他率众投靠农民起义军，来到了自号“天平节度使”的起义军首领耿京面前。耿京发现辛弃疾是个文武双全的人，就任命他作掌书记，负责管理整个起义军的印信和重要文书。辛弃疾自然把他份内的工作做得很好。投奔起义军的人越来越多，队伍中也混进一些浑水摸鱼的人。有一个和尚叫义端，拉着一支 1000 多人的队伍也到了耿京旗下。

义端过去认识辛弃疾，他不断和辛弃疾来往，并通过辛弃疾悄悄收集耿京军中的机密。原来，义端一直想投降金国，他投奔耿京的目的不过是希望趁机拉走一部分起义军，窃取起义军情报以做为自己降金的本钱罢了。有一天义端带上部分人马并偷了义军的大印偷偷跑掉了。耿京勃然大怒，以为辛弃疾和义端有勾结，要将辛弃疾斩首治罪。辛弃疾表示了自己的抗金立场，并请耿京给自己 3 天时间抓回义端，如果抓不到，再请治罪。辛弃疾骑上一匹快马，判断义端一定向最近的一支金兵驻地逃跑。他飞驰急追，终于在半路上擒住义端，并且毫不犹豫地砍下了他的头，带回耿京大营中。从此，耿京对辛弃疾格外器重。

公元1161年，金军南侵失败，金统治集团内部发生政变。南宋朝廷在这种形势下准备北上伐金。

这时候辛弃疾对全局进行了分析，他认为单凭义军力量与金作战利少弊多，不如与南宋朝廷联系，以期共同抗金。耿京听了辛弃疾的建议仔细思考起来。以前他对于南宋朝廷一味求和，置中原丢失领土于不顾的政策十分不满，现在看到南宋终有了与金国决战的意向，便同意了辛弃疾的意见。

公元1162年，耿京令辛弃疾等人，南下奉表归宋。南宋朝廷听辛弃疾陈述了耿京义军在后方的抗金活动，以及山东、河北一带的形势十分高兴，授耿京为天平节度使，辛弃疾为右承务郎、天平节度使掌书记，并任命了其它大小官员共200多人。辛弃疾还奉命回去通知耿京把队伍带到南方来，听命于朝廷，共同抗金。但是没想到在这段时间里，耿京的起义军内部发生了巨大的变化。

原来，金国为了除掉起义军这个心患，采用了分化瓦解的诡计。起义军本是由多方人马组成的，良莠不齐，在金国的重金奖赏之下，张安国竟然残忍地杀害了耿京。起义军群龙无首，元气大伤，不少人纷纷离军，又回家种田去了。

辛弃疾一行走到海州（今江苏连云港市），才得知耿京被杀的消息，不禁大惊失色。同行的人有的主张，发生了这么大的意外情况不如先就地停下来，看看形势发展再作进一步打算。但辛弃疾说："我们的任务本是请耿京带队伍去朝廷那里，现在耿京被杀，我们应该做的是严惩凶手，为耿京报仇。"于是，辛弃疾约定了猛将王世隆等，仅仅带了50名骑兵，准备去偷袭金营，杀掉贼人张安国。

辛弃疾等日夜兼程赶到济州（今山东巨野县）金兵的驻扎地。金兵大队人马正在安营休息。辛弃疾等趁着夜色潜入张安国的帐中，以迅雷不及掩耳之势把正在与金将饮酒的张安国生擒过来，将其捆绑到马上，然后杀出一条血路，向南奔去，金兵高喊"有人劫营"，可当主将集合大队人马追赶的时候，辛弃疾等早已风驰电掣一般跑得无影无踪了。

卑鄙无耻的叛徒张安国被押至临安，朝廷下令斩首示众。辛弃疾立功升官，同时他夜闯敌营，生擒叛徒的英雄行为传遍了大江南北，鼓舞着人们的抗金斗志。从这以后，辛弃疾一直留在南方，再没有回过他的家乡山东。

辛弃疾南归的第二年，南宋北伐失败，朝廷内部投降派的势力又占据上风。辛弃疾不顾自己官位卑下，写了一篇《美芹十论》上呈皇帝。论文的前3篇分析了北方人民对金朝统治者的痛恨和金内部的尖锐矛盾；后7篇具体提出了南宋应该如何抗金、收复失地的计划。然而，《美芹十论》递上去后如石沉大海。以后辛弃疾又写了《九议》呈献上去，仍未被朝廷理睬。

辛弃疾的报国之志难酬，他在政治上也始终没有被朝廷所重用。他先后任过滁州知州、江西提点刑狱、知隆兴府兼江西安抚使、知潭州兼荆州南路安抚等职。公元1181年，他因得罪当权人物而辞官，闲住于江西上饶。晚年，辛弃疾一度被当作主战元老重新启用，但很快再次被罢。

公元1207年，文武双全但最终没有实现凌云壮志的辛弃疾忧愤而死。南归之后的辛弃疾一直郁郁不得志，便把心中的无限感慨都灌注于笔尖，落在文上。辛弃疾的创作以词为主，他的集子《稼轩词》存词600多首，包括许多传世篇。

生活在南宋的辛弃疾，用自己的一腔热血写词创作。他的词是一个爱国志士的心声，即有对抗金斗争的颂扬，也有壮志难酬的无奈，还有对南宋苟且求和的不满等。

暮年的辛弃疾将自己的郁郁不满的情怀写进了一首《永遇乐·京口北固亭怀古》之中。他临别人世之前的所有复杂心情都在这首他最有名的词中体现出来：

千古江山，英雄无觅孙仲谋处。舞榭歌台，风流总被雨打风吹去。斜阳草树，寻常巷陌，人道寄奴曾住。想当年，金戈铁马，气吞万里如虎。

元嘉草草，封狼居胥，赢得仓皇北顾。四十三年，望中犹记，烽火扬州路。可堪回首，佛狸祠下，一片神鸦社鼓！凭谁问：廉颇老矣，尚能饭否？

辛弃疾用词这种形式来抒发自己渴望战斗的热情，壮志未酬的悲愤。在创作艺术上，他继承了苏轼开创的豪放词风，并且加以发展。他不仅打破了诗与词的界限，而且打破了诗与散文的界限，创造性地融汇诗歌、散文、辞赋等多种文学形式，丰富了词的表现手法与语言技巧，从而形成了辛词的独特风格。

爱国诗人陆游

陆游是南宋著名的爱国诗人，写了 1 万多首诗，是中国历史上写诗最多并且流传下来最多的诗人。

陆游字务观，浙江江阴人，陆游幼年的时候，正是北宋灭亡、南宋苟安的年代，金兵在江南烧杀掳掠，江南人民处在水深火热之中。陆游从小就饱尝了国破家亡的痛苦，同时，也看到和听到了江南军民抗击金兵的许多可歌可泣的故事，于是在他幼小的心灵里，并立下了报国之志。

陆游少年时代，在家庭的影响和父亲的教诲下，勤奋的学习，能写一手出色的文章，得到师长的称赞和好评。29岁的陆游，参加了两浙地区的举人考试，出类拔萃，夺得第一名的桂冠。这次会试，秦桧在考试前就暗示主考官，要让自己的孙子得第一名，主考官很正直没有买他的账，而是秉公办事，以才取人，让陆游中了第一名，这件事使秦桧十分恼火。

到第二年，陆游参加京城考试，主考官发现陆游的文才，又想让他名列前茅。秦桧得知此事，更是恼火，蛮横地命令主考官取消陆游的考试资格，还要追究两浙地区考试官责任。秦桧妒才嫉能，从此对陆游怀恨在心，不让他步入仕途。后来，秦桧死去，陆游才得以以才取仕，到京城临安担任枢密院的编修官。

陆游积极支持北伐抗金，不断地向朝廷提出合理建议。这时北伐主将张浚缺少指挥才能，出军没有多久，就在符离（安徽宿县北）打了败仗，北伐失败。被一贯主张求和的大臣大肆攻击，皇帝又不能分清是非曲直，主将张浚被排挤出朝廷，陆游也被迫罢官了，统治者昏庸到了极点。

陆游虽辞去了官职，但他的才能和政治见解，越来越被人们所认识。又过了 10 年，统领川陕一带的军事将领王炎仰慕他的才华，把他请到汉中去，做他的幕僚。这时汉中是抗金前线，陆游认为到那里有机会参加抗金斗争，报国机会来了，他要为收复失地贡献自己的一份力量，就高兴地接受了这个任命。

陆游到汉中上任之后，为了解当地军事情况，他常常骑马到大散关边城一带，观察金人占领的地区。在衙门里他还亲眼看到金军占领区的老百姓生活的疾苦，及冒着生命危险奋勇抗金的战士。这些情景使他对收复失地充满了希望。他经过调查研究之后，提出了一个作战计划。他提出，恢复中原一定要收复长安，以汉口为基地积蓄军粮，训练队伍，做好准备，以随时进攻。但是，这时朝廷没有北伐的打算，陆游的计划也自然落空，这使他非常失望。

不久，王炎被调走，陆游也被调到成都，在安抚使范成大部下当参议官。范成大是陆游的老朋友，虽说是上下级关系，并不讲究一般官场礼节。在这里陆游的抗金志愿没法得以施展常常喝酒写诗，来抒发自己的爱国感情。这当然被一般官场上的人所看不惯，说他不讲礼法，思想颓废放荡。其实一般人哪里知道陆游的心情呢！陆游听了也不辩解，索性给自己起了一个别号，叫“放翁”，取不拘小节而豪放的意思。后来，人们就称他为陆放翁。他表面放荡不羁，而内心仍然壮志不已。

嘉泰二年（公元1202年），陆游受命参与修撰孝宗、光宗（赵惇）的《两朝实录》及《三朝史》。三年后，两书告成。

公元1206年时，韩侂胄担任了南宋的宰相，他发动一次大规模的北伐，这使陆游十分高兴。但是这次北伐，由于缺乏应有的准备，加上朝廷内部矛盾重重，又失败了，皇帝和投降派大臣，杀害了韩侂胄，并把他的头献给了金朝，订立了屈辱可耻的和约。

陆游一生渴望的收复失地，统一祖国的强烈愿望，始终没有实现，只有用他的诗歌来表达对祖国的热爱和民族的忧虑。陆游在川陕生活的9年，是他一生中的重要时期，也是他诗歌创作收获最多的时期。后来陆游把自己的全部诗歌题名为《剑南诗稿》，把自己的文集编为《渭南文集》的原因。

陆游一生辛勤地从事诗歌创作，是古代创作能力极为旺盛的作家，在同时代的作家中也是杰出的。他在诗、词和散文方面都很有很大成就，尤其是诗歌方面贡献最大。

他说自己“六十年间万首诗”，至今还有 9300 多首保存下来。在历代诗人中，他写的诗是最多的。他的诗有一个鲜明特点，就是充满爱国精神。

公元 1210 年，陆游病重，在临终的时候，他把儿孙叫到床边，念了他最后一首感人肺腑的《示儿》诗：

死去原知万事空，但悲不见九州同，
王师北定中原日，家祭无忘告乃翁。

陆游在死之前唯一感到悲哀的是南宋还没有统一中国。儿孙们为他的爱国热情所感动，无不声泪俱下。

陆游 86 岁抱恨辞世了，但他留下的诗篇却成为一位爱国诗人赤子之心的写照。

陈亮与辛弃疾

陈亮是南宋时期一位杰出的思想家，曾被誉为“人中之龙，文中之虎”。他是永康（今四川省灌县）人，青少年时期便喜读兵书、研究军事，所以有许多独到的见解。他积极主张抗金，反对投降卖国，屈辱苟安，斥责秦桧的议和是邪议。多次上书议论时政，被当权者视为“狂怪”，一生三次被诬入狱。

公元1178年，陈亮向孝宗皇帝上奏道：“朝廷自南渡以来，仍循祖宗旧法，赵鼎等人不懂变改的道理。秦桧破坏抗战、残害忠良、谄媚外敌，死有余辜……”孝宗将陈亮的奏书贴在朝堂，让群臣过目，目的是要大臣们学习陈亮的精神，更好地为朝廷做事。但是，一些大臣对陈亮的直言快语难以接受，寻机反攻。

有一天，陈亮同几位朋友在家饮酒闲谈。因他多次上奏皇帝未见回音，心中不快，此时借着酒劲讥讽儒生们：“今世的儒生们，自命不凡，整日高谈阔论什么人性、天命，其实他们懂什么是性命？为什么在敌人面前奴颜婢膝……”

不料，这些话传到一位儒生耳中，他马上到刑部告发，说他辱骂当朝。刑部逮捕了陈亮，斥问道：“好大胆的陈亮，竟敢辱骂本朝，图谋不轨；快快从实招来！”陈亮据理力争，答道：“儒生们阻挠抗战，鼓吹苟且偷安，不是图谋不轨，而我要求抗战，保卫江山社稷反倒有罪？这是什么天理王法？”

刑部审官见陈亮不认罪，命令狱卒严刑拷打。陈亮被打得浑身是血，仍不服软。大理寺便以“谋为不轨”的罪名报送孝宗皇帝批准。孝宗皇帝知道陈亮的才华与众不同，所以见到大理寺要求治罪的奏折后很生气，说：“秀才吃醉酒说点狂话，有什么罪?”然后孝宗将奏折撕碎扔在地上。

大理寺的官员见皇帝动了怒，哪里还敢治陈亮的罪，只好不情愿地将他释放。陈亮出狱以后，仍然到处演说他的政治观点，朱熹听到后又气又怕，他的门徒设法诬陷陈亮。

朱熹是两汉以来封建社会影响最大的唯心主义哲学家，其著有《四书集论》、《朱子遗注》等书，理学造诣极深。他以维护三纲五常为由，反对抗战。他年轻时也赞同抗战，中年以后则发生了变化。公元 1183 年三月，陈亮又被陷害入狱，但关押两个月找不到证据，只好再次无罪释放。陈亮出狱后，朱熹给他写信，劝他不要与儒生做对，要用儒道约束自己，不然得罪人太多，不会有好下场。陈亮坚持自己的主张，回信予以反击。辛弃疾却十分赞赏陈亮、支持陈亮。公元 1188 年，陈亮前往罢官的辛弃疾家探望辛弃疾。老友相见，话语投机。不论政治观点还是学术论点完全吻合。辛弃疾的创作以词为主，他的词集《稼轩词》爱国思想和战斗精神是其主要内容。他的词中，大量地表现了国耻未雪，壮志未酬的无限感慨。陈亮对辛弃疾的人品词风，非常钦佩。

两人谈得很投机并一同游览鹅湖山，并且邀请朱熹出来游玩。目的是要说服来意。可惜朱熹没来。陈亮一直在辛弃疾处住了十来天，才依依不舍地离去。

陈亮走后不久接到辛弃疾寄来的词，其中有一句把陈亮比做诸葛亮："看渊明风流酷似，卧龙诸葛"。陈亮也写词回赠："二十五弦多少恨，算世间那有平分月……"

陈亮虽然是"人中之龙，文中之虎"，但在软弱无能腐败透顶的南宋朝廷统治下，无法实现自己的抱负，难有用武之地。在百般无奈之中，陈亮隐居乡间专心著书，过着清贫而充实的生活。陈亮的著作编为《龙川文集》，其学说为永康学派。他以朴素的唯物主义立场对朱熹的唯心论说进行了有力的批判。

成吉思汗统一蒙古

当韩侂胄北伐的时候，金朝内部也已经十分腐败。北方的蒙古族也逐渐强大起来。公元 1206 年，蒙古各部落

首领在斡难河（今鄂嫩河，斡音 wò）边，举行了一次盛大的集会，公推铁木真做全蒙古的大汗并称他为成吉思汗。

铁木真本来是蒙古族孛儿只斤部酋长也速该的儿子。铁木真的祖先俺巴孩就是被金朝皇帝杀害的。他幼年的时候，金王朝统治者对蒙古族人民实行残酷统治，各部落之间也互相争斗，蒙古族人民的生活十分苦难。

铁木真九岁那年，也速该把铁木真带到一个朋友家订亲。他把铁木真留在朋友家里独自回家，赶了一段路，肚子饿得慌，想找点东西吃，正好看见有一批塔塔儿部人在草原上举行宴会。他下马走进人群，按照当地风俗，参加了塔塔儿人的宴会。塔塔儿部和孛儿只斤部有过争斗。也速该没想到这一层，塔塔儿部却有人认出了也速该，偷偷地在也速该吃的食物里放了毒药。也速该在离开宴会回家的路上，肚子疼得支不住，他忍着疼痛赶回家里，就被毒死了。

也速该一死，孛儿只斤部没了首领，原来归附也速该的泰亦赤部脱离了他们，还带走了不少也速该的奴隶和牲畜。泰亦赤部的首领怕铁木真长大后向他们报仇，就带领人马捉拿铁木真，想把他杀害。铁木真得到消息，连忙逃到一座森林里。

躲在森林里的铁木真忍住饥饿，走了出来。他一出森林，就被泰亦赤人抓住了。后来，泰亦赤部的首领和百姓都在斡难河边举行宴会，只留了一个年轻的看守监视他。铁木真趁看守不防备，举起木枷把看守砸昏了，逃了出来。铁木真和他的母亲、弟妹又躲进深山里，靠捉土拨鼠、野鼠当饭吃，日子过得更艰苦了。

年轻的铁木真为了恢复父亲的事业，想尽办法，渐渐把他们部落失散的亲属和百姓聚集拢来。在消灭了几个部落之后，铁木真的力量逐渐壮大起来。

铁木真跟另一个部落的首领札木合是朋友。他俩常常白天在树荫下举行宴会，晚间睡在一起，要好得像亲兄弟一样。但是，后来铁木真力量强大了，札木合部下有人投奔铁木真，札木合很不高兴。有一次，札木合的弟弟抢夺铁木真的马群，被铁木真部下杀了，双方发生了冲突。札木合集合了他统治的十三部一共三万人马攻打铁木真。

铁木真也不肯示弱，把部下的三万人马分成十三支队伍，抵抗札木合的进攻。双方在斡难河边的草原上展开了一场大战，铁木真抵挡不住，败退了。札木合把抓住的战俘成批杀害。这件事引起札木合部下的不满，纷纷脱离札木合投奔铁木真，铁木真虽然打了败仗，实力反而更壮大了。铁木真没有忘记杀害他父亲的仇人塔塔儿部首领蔑古真。没有多久，蔑古真得罪了金朝，金朝派丞相完颜襄约铁木真配合进攻塔塔儿部。铁木真认为这是个报仇的好机会，就和金兵一起攻击塔塔儿部，把塔塔儿部打得全军覆没，俘获了大批人口和牲畜、辎重。

金王朝认为铁木真立了功劳，封他做前锋司令官。以后，铁木真又经过几次战斗，陆续消灭了蒙古高原剩余的几个部落，终于统一了全蒙古。

成吉思汗即位以后，建立了军事和政治制度，使用了蒙古文字，使蒙古成了一个强大的汗国。但是金朝还把蒙古当作它的附属国，要成吉思汗向他们进贡。成吉思汗立志要改变这种屈辱的地位。金章宗死后，太子完颜永济即位，派使者到蒙古下诏书，要成吉思汗下拜接受。成吉思汗问使者新皇帝是谁，使者告诉他是永济。成吉思汗轻蔑地吐了一口唾沫，说：“我原来以为中原主人是天上人做的，像这种庸碌无能的人也配做皇帝?”自那以后，成吉思汗就跟金朝决裂了。

公元1211年，成吉思汗决心大举进攻金朝。他选了三千名精锐骑兵南下。金将胡少虎带了三十万金兵抵抗，被蒙古军打得一败涂地。接着，蒙古兵又打进居庸关，围攻金朝的中京（今北京市）。成吉思汗跟他的四个儿子分兵几路，所向无敌。

此时，金朝内部十分混乱，金主完颜永济被杀，新即位的金宣宗不得不向成吉思汗求和，献出大批金帛，把公主嫁给成吉思汗，成吉思汗才撤兵回去。自此，蒙古兵力更强大了，成吉思汗称霸天下的野心越来越大。

成吉思汗死后，他的儿子窝阔台接替他做大汗。窝阔台按照成吉思汁的遗嘱，向南宋借路，包围金朝京城开封。公元1233年，蒙古军攻破开封，金哀宗逃到蔡州（今河南汝南）。蒙古又联合南宋围攻蔡州。

金哀宗派使者向宋理宗（宋宁宗的继子，名叫赵昀）求和，说：“金朝被灭，下一步就挨到宋国了；如果跟我们联合，对金、宋两国都有好处。”宋理宗没有理睬他，金哀宗走投无路，只好自杀，公元1234的，金朝在蒙、宋两军夹攻下灭亡。

慷慨殉节的金将

公元1236年，金灭亡已经一年了。可是西北的巩州（今甘肃陇西）城上，仍飘着大金的旗号。坚守此城的人叫郭虾蟆，他是会州人，早年参军，骁勇善战，被升为临洮路兵马都总管。郭虾蟆为人忠义耿直，坚决不向蒙古投降。绥德州（今陕西绥德县）帅汪世显归降蒙古后，派过20几个使者来劝降，都被郭虾蟆命人乱棍打了出去。蒙古军见劝降不成，便开始往巩州调兵。郭虾蟆知道一场生死存亡的大仗即将来临，他积极备战，为了守城，郭虾蟆在城东北角的空地上搭了一座炼炉，收集城中所有的金属用来铸炮。

郭虾蟆亲自把熔化的金属倒进沙模里，终于又一门新炮铸成了。众人欢呼雀跃，这时城中掌管杂物的判官术甲巴图鲁来报："大帅，卑职已收集了附近所有的粮食，也只有十余车。"郭虾蟆说："蒙古鞑子已从临洮、秦州向我扑来，我军粮草不足，实在令人担心，你去把城郊的牛、羊、马匹统统赶进城来，以备充粮。”术甲巴图鲁立即照办了。

很快蒙古军便包围了巩州城，但几次攻城都被城上的火炮打退了。郭虾蟆亲率人马追杀，双方对峙了近一个月，伤亡都很惨重。由于城里粮食不足，士兵们已经开始吃马肉了，郭虾蟆知道蒙古不攻下巩州是不会收兵的，他心情沉重的回到了帅府。郭虾蟆的夫人井氏是个深明大义、性格刚烈的女子，她见郭虾蟆回来，吩咐下人摆上酒饭。井氏举起酒杯对郭虾蟆说：“妾身敬老爷这杯酒，愿老爷杀敌报国。”郭虾蟆心中一热，拿起酒杯一饮而尽。这时传来蒙古军攻城的消息，郭虾蟆便匆匆应战去了。

又是一场浴血奋战，金兵个个勇猛抵抗，但伤亡更加惨重了，郭虾蟆第二日才回到府中，老远他听到府中传出哭声，一股不祥之感涌上心头，他进了后衙，看到堂中停着具尸体，竟是他的夫人，不禁泪如雨下，下人拿过来井氏留下的血书，郭虾蟆打开一看，上面写着八个字：妾不累君，殉节先去。郭虾蟆草草埋藏了井氏后，他又召来守城诸将说：“鞑子攻城，如今我们有两条路可走，或死、或降，你们自己选择吧。”众将异口同声：“宁死不降。”蒙古军又攻城了，城墙已经残破不堪，他们从豁口涌了进来，攻到帅府处，这时剩下的金兵都红了眼，拼命与蒙古兵撕杀，可蒙古兵不断涌进城来，金将士已所剩无几，郭虾蟆和将士们只好跳入了熊熊烈火之中。

宋镇江府（今江苏镇江）的监狱里，关着一个叫毕资伦的囚犯，他本是金泗州城守将，宋军攻泗州，他想跳城自杀，可没有死，只摔断了双腿，被宋军俘虏。宋朝廷想招降他，可他誓死不降。每隔几天，他就被提审一次，而且问着同样的话："毕资伦，你还是降了我大宋吧，保你高官厚禄，享不尽的荣华。"开始他还破口大骂，后来干脆就不吱声了。这次他又被带到堂上，有所不同的是，这次狱官改了说辞，对毕资论说："毕大人如此忠心为国，想必对金国的消息一定感兴趣。"毕资伦冷冷地看了他一眼，道："有话快说。"狱官说："你们大金已经亡国了，皇上都上吊自杀了，你还硬撑着什么。"毕资伦一听，犹如五雷轰顶，呆立半晌，对狱官说："我愿归降，可要容我去江边拜祭。"这下可乐坏了狱官，他赶紧上秉报去了。等到毕次伦到江边拜祭完之后，他就跳入了江中慷慨殉国了。

红袄军起义

公元1211年，金内政混乱，又遭蒙古军不断攻击，人民流离失所，山东境内的农民纷纷起义。有个叫杨安儿的人，是山东益都府人，原以贩卖马鞍为生，后又联合一伙人占山做了强盗。被金军讨伐，便归顺了朝廷，后来杨安儿见金朝大势已去，危在旦夕，便悄悄回到了山东，与他的结拜兄弟张汝楫一起召集旧部，竖起反金大旗，杨安儿让义军以穿红袄为标志，所以被称为红袄军。红袄军在山东一带攻下了许多州县，杀官斩吏，开仓赈贫，河北、山东的小股义军也纷纷响应。杨安儿的妹妹杨妙真又名四娘子，武艺高强、有智有谋，是杨安儿的得力助手。

杨安儿为了扩充实力，派杨妙真去淮河邀那里的红袄军头领李全共商大事。到了李家寨，杨妙真见到李全后，两人谈得颇为投机，李全见杨妙真虽为女流，但举手投足间却显出勃勃英气，心中暗生爱慕。

贞佑三年，金朝为剿灭红袄军，派山东路统军抚使仆散安贞来到益都，仆散安贞到益都后，立即发兵出击，由于红袄军没有准备，仓促应战，虽有3万多人马，但被偷袭的金军给隔离成小块，经过一夜的血战，杨安儿和杨妙真，率军突围向北去了，仆散安贞派人马继续追击。

杨安儿在去往登州的路上，边与金军作战边召集余部，又有许多奴隶和平民也来投靠，红袄军的人马很快又壮大起来，莱州和登州刺史先后投降，杨安儿在莱州自称皇帝，设置官署。任耿格为相，方郭三为元帅。方郭三很快攻下密州（今山东诸城），李全和刘二姐的红袄军也与之相呼应，一时间闹得天翻地覆。

金帝完颜珣被眼下的乱世搅得心神不宁。凑巧的是皇宫降德殿的鸱尾被大风刮了下来摔得粉碎，完颜珣命散留家为左翼军，以完颜讹论为右翼军，自己率中路大军，杀向莱州。杨安儿命徐汝贤出城迎战，红袄军人数虽多，但多数是新召的农民，战斗能力差，两军在昌邑城东相遇，经过一场混战，义军死伤数万，徐汝贤带领剩余人马向东北退去。红袄军大将史泼立率20万大军在莱州城东列阵，也被金军击败，退守城中，杨安儿见出兵不能取胜，便紧闭城门，命徐汝贤守东面，史泼立守西面，杨妙真守北面，耿格守南面，鼓励士兵齐心抗敌。

仆散安贞率军在城外扎营，他见莱州城高大坚固，怕是一时攻不下来，便施下一计，派手下几个原来莱州城的士兵做奸细，结果很快就里应外合，攻下了莱州。

杨妙真血染战袍，率领3000多红袄军杀出重围，到了密州境内，打算与方郭三会合，不料方郭三已壮烈牺牲，无奈只有又向南行，一路上不断传来坏消息："泰安红袄军首领刘二姐被擒处死"、"李全失守穆陵关"。声势浩大的红袄军如今被杀得七零八落。越过营州境后，她遇到了李全的部下，得知李全现已到了磨旗山，她这才稍稍松了口气，他们很快来到了磨旗山，李全率一支红袄军列队相迎二人并马进山。

杨妙真和李全情投意和，结成了夫妻，两队人马合并后，又扩大了义军的力量，磨旗山便成了红袄军的据点。不久杨妙真得知：哥哥杨安儿在岠嵎山遭叛徒曲成袭击，坠水牺牲。杨妙真悲痛万分。立志一定要为哥哥报仇，她与李全一起攻下了营州城。一日，他们夫妻二人正在谈论如何才能重振红袄军，却收到了黑旗军李旺的求援信，李旺是李全的本家兄弟，也是红袄军的一支，在胶西县一带活动，因为他打的旗是黑色的，所以又称黑旗军。李全和杨妙真商量后决定出兵援助，第二日一早，李全请点了一万人马，日夜兼程赶往胶西。

胶西是个小县城，城里本来粮食就少，李旺和他的军队已被困在这里二个多月，如今粮草皆空，李旺犹如笼中的困兽，在县衙大堂中踱来踱去。这时金派人到胶西城劝李旺投降，李旺大怒，命人绑了来使，押到县衙对面的空场上，他把百姓和官兵都召集到这里，李旺站在高处，对大家说："各位兄弟父老，我们胶西城被金狗围困，如今粒米皆无，纥石烈牙吾塔派人来劝降，大家说我们降是不降?"军民一片呼声："不降，我们宁死不降!"于是李旺割了来使的耳朵和鼻子，让他回去报信。

纥石烈牙吾塔见自己的手下变成这个模样回来，勃然大怒，下令攻城，李旺率众拼死抵抗，终因寡不敌众，壮烈阵亡。

李全人马还未及赶到，听说胶西被攻破的消息，只好退兵，金军乘胜攻打营州，李全与杨妙真带兵归顺了南宋。

红袄军的另一支队伍由刘二祖领导，活跃在鲁南泰安、临沂一带。刘二祖于1215年于沂蒙山牺牲，部将彭义斌领导起义军继续战斗，曾发展到数十万人，1225年（至大二年）彭义斌在内黄王马山（河北赞呈县）与蒙古军战斗中被俘牺牲，红袄军最后失败。

误国殃民的贾似道

贾似道，浙江台州人，南宋末年误国权奸。他少年落魄，整天游荡，饮酒赌博，不务正业。后来依靠父荫，当了个嘉兴司仓（掌管仓库）的小官。他的姐姐被选入宫中，成为宋理宗宠爱的贵妃后，贾似道当上了“国舅”，从此官运亨通。在1234年以后的几年当中，贾似道被陆续提拔为籍田令、太常丞、军器监、太宗正丞等京官。

1259年7月，忽必烈领兵大举渡江，把鄂州（今湖北武汉市武昌）围住。宋理宗十分恐慌，紧急命令各路宋军援救鄂州；又任命贾似道担任右丞相兼枢密使，到汉阳督战。贾似道在战场。由于害怕蒙古军的猛烈进攻，贾似道出战不久就私下派遣宋京出使到忽必烈军营求和，表示愿意称臣，交纳岁币。

忽必烈不允。11月，蒙古内部出现争夺汗位的斗争，忽必烈闻讯，急于脱身返回漠北，去争汗位，贾似道探知，再次遣宋京联络忽必烈，忽必烈这时答应贾似道的请求：划江为界，南来向蒙古称臣，每年向蒙古输银 20 万两，绢 20 万匹。

第二年蒙古军撤回北方。鄂州兵解，贾似道无耻地隐瞒了私自求降订约的真相，却抓了一些蒙古兵俘虏，吹嘘各路宋军取得大胜，宋理宗不辨真伪，专门下一道诏书，赞赏贾似道奋不顾身、指挥有方，加封他为少师、卫国公。

第二年，忽必烈即了汗位。他想起了在鄂州跟贾似道订下的和议，就派使者郝经到南宋去，要求履行和约议定的条件。贾似道一听郝经要到临安来，怕他的骗局露馅，赶快派人把郝经等使者扣阻在真州（今江苏仪征境内）途中。忽必烈听到这个消息，非常生气。因那时候，蒙古内部发生了内讧，忽必烈需要全力对付内部的敌对势力，没有精力与南宋论理。

这样以来，贾似道靠欺骗过日子，居然做了十多年的宰相。宋理宗死后，贾似道拥立禥（音 qi）做皇帝，就是宋度宗。宋度宗荒淫昏庸，整天以沉湎于酒色，把朝政完全交给了贾似道，称他为“师臣”，拜魏国公，地位高得没人能跟他比。宋度宗还特许贾似道三天上朝一次，处理政事，后来改为每六天一次、十天一次。平时由吏人抱文书到贾公馆请示，这个时候的贾似道跟皇帝已没什么两样了。

贾似道专权以后，闭口不谈兵事，他白天出入清楼酒肆，西湖泛舟通宵不返。1270 年，正当襄、樊被围困，南宋前线形势十分危急的时候，贾似道却悠闲地躺在葛岭私宅中，过着极端腐朽的生活。他还纳宫女、娼妓、年轻貌美的尼姑为妾，日夜玩乐。贾似道又请来从前的赌友，关门赌博，不许别人偷看。他的一个侍妾的哥哥，来贾府探看妹妹，正站在大门口想进去，被贾似道看见，立即将他捆起来投入火中。

贾似道不仅荒淫、好赌，还爱养、斗蟋蟀。一次他正在与众多的侍妾蹲在地上兴致勃勃地看斗蟋蟀。一位狎客对他开玩笑说："这也是相国的军国大事吗？"贾似道只是笑笑，一点也不感到耻辱。贾似道对斗蟋蟀很有研究，他著有《蟋蟀经》一书，专门介绍他养蟋蟀的经验，后人痛恨地称他为"蟋蟀宰相"。

贾似道还特别爱好珍宝、古玩。他将搜刮来的珍宝、古玩集中起来，特意建造"多宝阁"储存，每天他都要去观赏一次。为了搜刮这些东西，贾似道不择手段，他听说已故兵部尚书余玠有一条价值很高的玉带，专门派人去访求，当他听说这条玉带已随余玠殉葬之后，居然命人掘墓弄了出来。

公元1271年，忽必烈称帝，改国号叫元，这就是元世祖。元世祖借口南宋不执行和约，还扣留蒙古使者郝经一行人，派大将刘整、阿术领兵进攻襄阳（今湖北襄樊市），宋军连战连败，襄阳城被困了五年。贾似道把前线的消息封锁起来，不让宋度宗知道。有个官员上奏章向宋度宗告急，奏章落在贾似道手里，那个官员马上被革职了。

一天，宋度宗从一个宫嫔那里得到襄阳被围的消息，十分惊异。他询问贾似道，贾似道却当面掩盖事实说："蒙军已经退走，陛下怎么知道襄阳被围?"宋度宗告诉他是身边的一宫女说的，贾似道马上捏造一个罪名，将那名宫女处死。从那以后，宋度宗再也听不到元军进攻的消息了。

由于贾似道长期延误宋元战事，南宋。1273年1月，樊城被元军攻破。襄阳被围多年，粮尽援绝，城中拆屋当柴烧，缝纸币做衣服穿，宋将吕文焕不断向朝廷告急。军情如此危急，贾似道不能不有所表示。但他又很怕死，因此他一面假惺惺地向皇帝要求亲临前线，一面又暗地里指使人上奏皇帝，把自己留在朝中。2月，吕文焕献襄阳城投降了元朝，消息传来，贾似道对度宗说："如果早让我去前线，决不会造成今天这种局面。”这样，贾似道既巧妙地把襄阳失陷的责任推给了别人，又乘机表现了自己的“爱国热忱”。

正当困难当头之际，贾似道的母亲胡氏活到83岁老死了。贾似道身为执政宰相，不仅不积极组织抗元，反而乘办丧事的机会，大摆排场，炫耀自己的权位。朝廷赐给他水银、龙脑各五百两，银一万两，绢一万匹，田六千多亩，度宗亲自前去祭奠。贾似道回台州治丧，动用皇帝的仪仗送葬。下葬那天，整天下雨，山洪猛涨，所有送葬的官员都站立水中，连动也不敢动一下，整个丧事耗费无法计算。

元世祖看到南宋腐败到这种地步，决定一鼓作气消灭南宋。他于1274年6月派丞相伯颜率领大军，水陆并进，由襄阳顺汉水而入长江。沿江重镇郢、汉阳、鄂州相继攻陷。12月，伯颜用4万人守鄂州，自己率领大军与元军阿术的队伍一同东下，向临安进发。在此之前，度宗已于7月去世，年仅4岁的赵㬎继位，这就是恭帝。皇太后垂帘听政，贾似道仍想乞求议和，元丞相伯颜没有理睬。后来元军在长江两岸发起进攻，宋军全线崩溃，贾似道狼狈逃到扬州，没有一人愿去追随他。经过这一次交战，宋军主力丧失殆尽。

贾似道回到临安，皇太后降旨罢免了他，并将他流放循州（今广东惠州）。在流放循州的路上，贾似道被押送的县尉郑虎臣杀死，一代权奸就此结束了罪恶的一生。贾似道遭贬斥后，他的爪牙也大多被杀或遭到别的惩罚。

文天祥起兵抗元

南宋王朝的统治越来越黑暗，统治者的昏庸和无能逐渐使南宋面临着严重的社会危机。

在南宋与金长期对峙的同时，13 世纪时期，蒙古族在我国北方发展、强大起来。蒙古族的首领成吉思汗（铁木真）领导和完成了各部落的统一，使蒙古族从氏族公社制度向封建制度过渡。公元 1206 年，也就是南宋宁宗开禧二年，成吉思汗在斡难河边建立蒙古族的汗国。从这时起，蒙古族凭借自己强大的军事力量，积极向外扩张。先后发动了数十次战争。蒙古族詑悍的骑兵，一度纵横欧亚地区，无人可挡。

公元1227年，成吉思汗在征战途中病死，但是蒙古的对外战争一天也没有停止过。公元1229年，成吉思汗之子窝阔台继位为大汗，制订了以灭金为目标的战略方针。

那时候金国南北受敌，内外交困，蒙古族的进攻使金王朝摇摇欲坠。蒙古不断袭击金国，使一向在金国面前受辱的南宋十分高兴。而蒙古为了先达到灭金的目的，也愿意与南宋联合。于是双方于公元1233年订下联合攻打金国的盟约。

公元1234年，宋蒙两军在围攻3个月之久后，攻下了金末代皇帝哀宗躲避存身的蔡州。宋军如约在战役中派出2万军队，付出很大代价首先攻入城内。金哀宗自杀，金国在经历120年后灭亡。本来，按照盟约，在金国灭亡以后，南宋可以北上收复汴京、洛阳、归德三地。但是蒙古军队尽食前言，不仅在汴京、洛阳大肆烧杀掠抢，还决黄河之水以淹宋军。双方发生了战斗，这也揭开了蒙古和南宋之间长达46年战争的序幕。

这46年的时间，蒙古军队连年大举南犯，南宋步步后退，在越来越小的领土上苟延残喘。同时南宋王朝在政治上更加腐败，在经济上日益崩溃，不可避免地走上灭亡的道路。

然而，同样也是在这46年的时间，各地人民群众又重新拿起武器顽强抵抗新的异族侵略者，爱国志士和将领不断涌现出来，他们不屈不挠的反抗精神和英勇反击的斗志，为南宋写下可歌可泣的最后一页。民族英雄文天祥，就是他们当中最有名气的一员。

文天祥出生在公元1236年阴历五月初二，他的青少年时期正值蒙古大规模入侵南宋，战火延锦不断之时。胸怀大志又饱读诗书的文天祥，素来忧国忧民，他常常思考怎样才能使国家从被动挨打的局面中摆脱出来，同时也渴望自己日后能够杀敌立功，保卫大宋的江山。

公元1260年，蒙古的忽必烈继承汗位。公元1271年，忽必烈把都城迁到燕京（后改称大都），建国号元。忽必烈即元世祖。他经过征战，平息了蒙古贵族中的内部矛盾，然后集结大军南下，准备最后灭亡南宋。

元军首先集中力量进攻江、汉之间的军事重镇襄、樊两城（湖北襄阳、樊城）。驻守两城的军兵进行了艰苦卓绝的抵抗，坚守城池达5年之久，但终因寡不敌众，又没有得到朝廷后援而兵败失城。襄、樊失守后，长江上游门户大开，偏安江左的南宋朝廷已失去了天险作屏障。

公元1274年，宋朝局势严重恶化。宋度宗病死，年仅4岁的赵㬎继位，是为宋恭宗。忽必烈此时利用机会，决定大举伐宋。元兵分两路：东路取道两淮地区，目的是为了牵制南宋兵力；西路是以伯颜为统帅的主力部队，从襄阳沿汉水而下，直取临安。

本来，南宋集结的军队有10余万人，东路元军也是这个数目，双方兵力相当，应该打相持仗。结果，由于南宋统治者根本没做认真备战，元军一路接连取胜，宋军兵败如山倒，纷纷仓惶逃窜。元军很快打到长江下游，不久对临安形成包围之势。

南宋朝廷惊慌失措。宋恭宗的祖母太皇太后（即谢后）下了一道“哀痛诏”，命令诸路勤王之师速来救驾。然而，各地将官或是观望，或是降元，最后只有文天祥和张世杰两人响应。

20岁中了状元的文天祥进入仕途后，宦海沉浮15年，虽不甚得志，但一直愿为南宋披肝沥胆。文天祥于公元1275年获悉元军渡江，接到“哀痛诏”后，不禁泣不成声，决心挺身而出，挽救南宋于危亡之中。他立刻变卖家产，在赣南一带招募勇士1万多人，星夜赶往临安。有人劝文天祥；“元兵三路袭来，你一书生以1万多乌合之众迎敌，无异于驱群羊斗猛虎，必败无疑。”文天祥回答：“我当然知道这些情况，然而大宋国养育它的子民300多年，现在朝廷有难，向天下招兵，竟无一人一骑应召，我实在无法平静，所以不自量力，以身赴国难，希望天下忠臣义士能随我之后行动起来，众志成城，保全江山社稷。”这一番话，无疑是文天祥对大宋朝一片赤胆忠心的写照。

文天祥带兵来到临安，一看，众大臣在南宋亡国之际都在丢官弃印，四处逃跑，文天祥既愤恨又痛心，他请兵抗元作战，得准。但由于与元军实力过于悬殊，未胜，只得返回临安。

文天祥与张世杰商议朝中尚存兵马数万，若全力与元军决一死战，或许可以使南宋出现转机。但右丞相陈宜中一心想投降，没有同意文天祥的请命。陈宜中不顾文天祥的阻拦，向元军送上传国玉玺和降表。元统帅伯颜要陈宜中亲自去商议投降事。陈宜中害怕，不敢前往，连夜出逃。

谢太后只好任命文天祥为右丞相，让他前往元军兵营求和。文天祥到了元营，不顾个人安危，与伯颜争辩不休，坚持双方平等谈判。结果，伯颜将文天祥扣留在军营，随后押解北去。

公元1276年3月，伯颜带兵进入临安，谢太后、恭宗等被俘虏，押送北方。统治300年之久的赵宋王朝宣告灭亡。

宋恭宗的两个异母哥哥赵昺、赵昰有幸被人保护逃出临安，到达温州，又到了福州。大臣陆秀夫、张世杰等拥立赵昺为皇帝，建立起一个流亡小朝廷。赵昰被称为宋端宗。

文天祥在被押解途中伺机逃跑，终于在经过镇江时，乘元兵不备时，于夜间脱逃。他听说了宋端宗在福州称帝的消息，历经千辛万苦，一路颠沛流离，到了福州。

文天祥被流亡小朝廷任命为右丞相兼枢密使。他在极其困难的处境下四处联络组织义军，寻找北上抗元的时机。文天祥知道元军实力强大，占据了大片的国土，但他没有失去信心，带领着抗元队伍与元军苦苦转战，百折不屈。这期间，他曾在一篇文章中写了“生无以救国难，死犹为厉鬼以击贼”的句子，以示自己誓死抗元的决心。

文天祥的名字一时间在人民之间广为传颂，许多忍受不了异族压迫的人纷纷参加了他领导的队伍。元朝统治者大惊，他们派出大批军队，围剿文天祥部。在敌人的凶猛攻势下，文天祥的军队遭受了重创，许多人壮烈牺牲。公元1278年，文天祥的部队在广东潮阳被张弘范率领的元军突然包围，文天祥不幸被俘。

公元1278年，文天祥被押送上船，从水路北上。在经过珠江口外零丁洋时，文天祥面对浩翰的海面，奋笔疾书作《过零丁洋》一诗：

“辛苦遭逢起一经，干戈寥落四周星。
山河破碎风飘絮，身世浮沉雨打萍。
惶恐滩头说惶恐，零丁洋里叹零丁。
人生自古谁无死，留取丹心照汗青。”

这首诗展现了一个爱国志士的英雄气概，是文天祥英勇无畏，赤胆忠心的写照。

文天祥被押到大都，投入监牢。度过了三年阶下囚的生活。这期间，元朝统治者想尽一切办法劝其投降，他们搬来宋朝的降臣劝文天祥投降，遭到拒绝，又强迫他写信劝张世杰投降，也被他拒绝了。甚至连9岁的皇帝赵隰都搬来了，可文天祥毫不动摇，宁死不屈。

一天，忽必烈亲自召见他。文天祥见了忽必烈，昂首挺胸不肯下拜。忽必烈说：“如果你能归顺我，我就让你做宰相。”可是文天祥毫不理会，忽必烈又问他想要什么，文天祥回答说：“除了死，我什么都不要。”忽必烈一点办法也没有，只好命令把他带回牢房。

在狱中，文天祥被恶劣的生存条件折磨得奄奄一息，但他的意志却一天比一天更坚强。他还写了一篇气吞山河的《正气歌》，歌颂了历代忠臣义士的崇高气节，也显示了自己视死如归的决心。

公元1283年，文天祥在拒绝了元太祖忽必烈的亲自劝降后，被元朝统治者决定处死。

在走向刑场的路上，披枷带锁的文天祥面色不改，神色安然。他问旁边的百姓："哪边是南方？"然后向南一拜，再拜，从容就刑。

就这样，一代民族英雄文天祥，英勇就义。后世的人们无法忘记他，也无法忘记他的诗句："人生自古谁无死，留取丹心照汗青！"他那充满正气的诗篇，一直流传至今。

张世杰死守涯山

蒙古灭亡金朝之后，就派兵攻打南宋。公元1271年，忽必烈迁都到燕京，改名大都。正式建国号为元，加紧了对南宋的功势。不久，南宋首都临安被元军攻破以后，大将李庭芝、姜才守卫扬州，陆秀夫、张世杰在广东沿海继续抵抗元军，来保卫南宋的天下，他们在两淮、湖南、四川等地同元军展开了可歌可泣的抗元斗争。

南宋有个将领名叫夏贵，投降了元朝。夏贵从前的一个家童，名叫洪福，在他投降时，正在守卫镇巢军（现在的安徽省巢县）。夏贵派人去劝洪福投降，洪福拒绝跟夏贵一块儿投降，还把来劝的人杀了。后来城被攻破，洪福被元军俘虏了，他还痛骂夏贵不忠，要求面向南而死，表明自己没有背叛宋朝。

李庭芝、姜才镇守扬州，元军攻了很久都没有攻下来，就拿来谢太后命令向元朝投降的诏书。李庭芝回答说："我只知道奉诏守城，从来没听说过要奉诏投降。"后来，谢太后北上经过扬州时，元军又让谢太后命令李庭芝和姜才投降。谢太后下诏说："现在我和皇帝都已经投降了元军。你还为谁守城呢?"李庭芝不答话，命令士兵放箭，当场射死招降而来的使者，其他人狼狈逃走了。随后，他们又带4万人出城袭击元军，想夺回谢太后和皇帝恭宗。但是经过激烈的战斗，没有成功，只好回到扬州城里。

在一次战斗中，元军主帅阿术派人去劝姜才投降，姜才说道："我宁可死掉，也不做投降的将军！"后来，元世祖忽必烈又派人招降，李庭芝大怒，把使者杀死，烧掉元世祖的招降诏书，元军见李庭芝、姜才不肯投降，就派大军将扬州团团围住，昼夜功城。由于扬州被围了很长时间，城里的粮食都吃光了，李庭芝和姜才就跟士兵一块儿，煮牛皮等东西充饥，有的士兵杀死自己的儿子充饥。但是，扬州军民仍然不肯投降，继续抵抗元军的进攻。后来，赵昰在福州做了皇帝，命令李庭芝和姜才带兵去保卫福州，当他们走到泰州的时候，又被元军包围。不久李庭芝、姜才被元军俘虏，英勇牺牲。

在湖南潭州（现在的湖南省长沙市），李芾率军民坚持3个多月。当城被攻破的那一天，他叫来部下沈忠，对他说："我尽到了最大的努力，今天决心一死，但我的家人也不能当俘虏。你先杀尽我的家人，再杀死我。"沈忠说什么也不愿意，李芾坚决要他照办，沈忠只好哭着答应。于是李芾让家人全部喝醉，让沈忠一一杀死，然后放火烧掉李芾的住所。沈忠办完后，回家杀了妻子，又自杀而死。许多人听说后，也都让全家自杀而死，坚决不投降元朝。

在元朝军队向福州大举进攻的时候，陆秀夫、张世杰见福州守卫不住，就护卫着端宗赵昰和他的弟弟赵昺，逃到一条海船上，沿着海岸往南到了广东。宋端宗从小就在皇宫里娇生惯养，哪里过得了这种艰苦的生活，不久就得了疾病，病死在广东硇州（现在的广东省雷州湾中的一个小岛）。陆秀夫和张世杰又拥立赵昺做皇帝，继续进行抗元斗争。

赵昺做了皇帝以后，任命陆秀夫为左丞相，张世杰为枢密副使，专门掌管军事。不久元军就打到了广东。张世杰和陆秀夫认为硇州是个小岛，就护卫着赵昺来到新会的涯山，在那儿征集粮食，修筑工事，建造兵船，还招兵买马，训练军队。他们准备在那里建立根据地，打算的金朝长期战斗，收复失地，恢复宋朝。

这时，福建、广东的军民在坚决抵抗元军的进攻。当元军打到兴化时，宋将陈文龙两次杀死元军派来招降的人。部下有人劝他投降，他说："你们只不过是怕死罢了，却不知道你们一辈子还是免不了一死！"表现了视死如归的精神。后来因为叛徒出卖，陈文龙被俘，但他仍然不投降，后来在福州绝食而死。他的母亲也被押到福州，他为儿子为国牺牲而自豪，在临死前说："我和我的儿子一块儿死去，又有什么怨恨呢！"

南宋军民尽管拼死抵抗，但还是拦不住元军的进攻，元将张弘范率军打到了涯山附近。因为涯山是一个小岛，岛上的一切都得靠大陆和海南岛运送，很不方便。于是，张世杰、陆秀夫等叫人准备了许多船只，供最后撤退时用，张弘范到达涯山之后，派兵封锁海口，切断宋军砍柴、打水的道路，宋军没有水喝，只能吃干粮，实在没有办法，就只有舀海水解渴。海水又咸又苦，喝了之后许多人都病倒了。张世杰带兵去攻打新会，想夺回海口，但大战几天都没有取胜。

公元1279年2月，张弘范猛攻涯山，张世杰战败以后，便和陆秀夫等保护着赵昺和他的母亲杨太妃等，乘船撤退。元军派船来追，把宋军的船队冲散了。陆秀夫不愿意被元军活捉，就含着眼泪，背起小皇帝赵昺，跳进了茫茫的大海。张世杰和杨太妃坐的船，也遇上了飓风，被打沉了，张世杰和杨太妃都被淹死。这样，南宋王朝最后灭亡了。

元 朝

元朝（1206～1368）是中国历史上蒙古族统治者建立的封建王朝。成吉思汗统一蒙古各部，1206 年建国于蒙古高原，号大蒙古国。此后通过不断的战争征服，控制了亚欧两洲广大地区。1260 年忽必烈即位，遵用汉法，改革旧制，于1271 年改国号为大元，次年迁都大都（今北京）。1276 年元军消灭南宋，统一全国。

元代官制、兵制、法律和赋税制度基本沿袭中国以往王朝，地方最高行政机构实行行省制，除直辖于中央政府的地区外，全国划分为 10 个行省，是中国以省为一级政区的开始。元代是中国历史上的民族大融合时间，由于农业和手工业的发展，交通运输的通畅，统一货币的流通，元代商业很活跃。

元代对外交往和外贸空前发达，与日本、朝

鲜、东南亚、印度半岛、西北非乃至欧洲，均有经济、文化联系。中国的火药、印刷术从元代传到西方，对世界文明产生了深远的影响。

元朝的统一促进了各民族的文化交流。元代文学艺术成就辉煌，出现了完整的戏剧形式——元曲。《水浒》、《三国演义》等著名长篇小说也在元代奠定基础。元代科学技术比较发达，天文学、地理学都有突出的成就。

元朝自成吉思汗建国至元朝灭亡共传 14 帝，历时 163 年。元代统治者为加强统治，制造民族歧视、挑动民族矛盾，对各族人民进行了残酷的剥削和压迫，在社会矛盾加深和连续自然灾害下，公元 1351 年终于爆发了全国农民起义，经过 18 年的激烈战争，公元 1368 年明军攻入元大都，元朝灭亡。

蒙古军三次西征

成吉思汗统一蒙古的时候，中亚一带是由花剌子模沙摩诃未统治着（“沙”就是国王的意思）。蒙古建立后，他派使者去拜见成吉思汗，以探听虚实。成吉思汗承认摩诃未为西方的统治者，并说自己为东方的统治者。并说自己为东方的统治者，并约定准许两方做生意。

公元 1128 年发生了讹订剌事件。成吉思汗派了 400 多名商人，用骆驼满载金银、皮毛等到西方去经商。当他们走到花剌子模的讹打剌城时，被守将亦纳勒赤黑指责为间谍，全部杀了。成吉思汗知道后，非常气愤，立即派使臣巴合味前去交涉，要求惩办凶手，可是摩诃未不但没有惩制凶手，而且还杀了巴合味。成吉思汗听到这个噩耗，又惊又怒，他一口气跑上附近一座山顶，跪在地上，一直祈祷了三天三夜，发誓要为死者报仇。

公元 1219 年秋天，成吉思汗亲自率领 20 万大军进攻花剌子模，在打仗前，成吉思汗派了3名使者去见摩诃末，要他要么交出讹打剌守将，要么准备迎战。摩诃末仗着有40万军队，又有精良武器和大量的财富。根本不把蒙古放在眼里，就下令杀死了正使，把两名副使胡子剃了放了回去。成吉思汗大怒，就下令发动了战争。他一面派大儿子术赤攻打风赐尔河下游各镇，一面命二儿子察哈台、三儿子窝阔台攻打讹打剌城，自己和小儿子拖雷率主力进攻中亚文化名城不花剌。察哈台、窝阔台很快攻下讹打剌城，为报复杀商人之仇，把全城人都杀了。不花剌城也很快被成吉思汗攻下了，他首先闯进花剌子模人的圣地大礼拜寺，命令他的士兵用装古兰经的书柜做马槽，在庭院里喂马，又强令那些德高望重的回教长者、学者、医生们，统统来给蒙古军喂马，做杂活。他还把城堡里继续抵抗的士兵和穆斯林（回教教徒）全部屠杀。

接着成吉思汗又进攻花剌子模的都城撒马耳干，摩诃末以10万大军守城，并加固城墙，使它易守难攻。成吉思汗发现城池不易攻取，就派军占领周围城镇，对撒马耳干形成一个大的包围圈。然后，他想了一个妙计，把以前的俘虏都集中起来，每十人一队，花剌子模的士兵从城上一看，到处都是蒙古兵，果然不敢出战，这时候，有一些勇敢的居民，主动出城作战，结果被全部杀死，城里人人不得安宁、士气更加低落。

不久，3 万康里兵带着家属、武器投降了成吉思汗，随后，整个城的居民也全部投降了。成吉思汗下令将城里的金银财宝抢劫一空，杀死了 3 万康里兵和大部分撒马耳干居民，然后把剩下的工匠等赏赐给他的儿子、妻子和将领们，供他们奴役。

撒马耳干失落后，摩诃末逃到里海的一个小岛上病亡，传位于勇敢的长子札兰丁。札兰丁重整旗鼓，进行了英勇的抵抗，但终究不是成吉思汗的对手，又被打败，走投无路。后来，他骑马从高崖上跃进波涛汹涌的申河，才逃脱了。

在成吉思汗打败札兰丁的同时，蒙古大将哲别和速不台攻占了阿哲儿拜占（现在的阿塞拜疆）、谷儿只（现在的格鲁吉亚）、设里汪（里海的西北，高加索山附近）等地，又越过太和岭（现在的高加索山），征伐阿速、钦察等部。1223 年，蒙古军队大败钦察和斡罗斯联军，进入斡罗斯南部，一直打到第聂伯河。

公元 1223 年春天，成吉思汗决定班师，将术赤留在中亚。1225 年，哲别和速不台的军队与成吉思汗的军队会合，一起回到蒙古，第一次西征结束了。

蒙古军第一次西征班师后，留下术赤治理中亚。中亚面积很广，人口也很多，但是留下的蒙古人却很少。于是，蒙古人就利用原来的统治者和一些僧侣贵族来统治中亚人民。中亚人民受到双重压迫，生活十分困苦。哪里有压迫，哪里就有反抗。中亚人民不断起义，其中最出名的是一个叫马合木的匠人领导的，他们经常打败前来镇压的蒙古军队和伊斯兰教贵族军队，于是不得不请求窝阔台汗发动第二次西征。

公元 1235 年，蒙古军队发动了第二次西征，也叫“长子西征”，因为他们是成吉思汗四个儿子的长子联合西征。他们是术赤的次子拔都（因继承了父亲的封地，算作长子）；察哈台的长子拜答儿；窝阔台的长子贵由；拖雷的长子蒙哥。拔都是名义上的统帅，实际上是由老将速不台指挥。蒙古大军一到，很快平定了马合木起义。

在镇压了原来花剌子模一带的起义后，蒙古军又向西进军，侵入钦察草原，钦察国王忽滩率众逃到了马札儿（现在的匈牙利），随后，蒙古军又进入北斡罗斯，很快攻占了莫斯科和弗拉基米尔，杀死了弗拉基米尔大公攸利第二，然后一直向北，直到斡罗斯最北边。随后又向南去攻打斡罗斯，这时，窝阔台召回了贵由、蒙哥、拜答儿，留下拔都和速不台继续西征。

南下的蒙古军队很快又攻占了南斡罗思最大的公国基

辅，征服了整个斡罗思。然后，蒙古军队又借口追寻忽滩，又先后侵入孛烈儿（现在的波兰）和马札儿等地，震动了整个欧洲。

公元1241年，窝阔台死了，第二次西征就结束了。公元1243年，拔都在他占领的地方建立了钦察汗国，也叫金帐汗国。

蒙哥继承汗位后，为扩大国土，又发动了战争，一路由忽必烈率领进攻南宋，一路由旭烈兀率领向中亚、西亚进军，公元1252年，又发动了第三次西征。

旭烈兀这次西征，还带去了新发明的一种火炮和1000个工匠，因此战斗力又大大加强了。这次西征的第一个目标是木剌夷（现在的伊朗西部），旭烈兀派大将怯的不花去进攻，怯的不花损兵折将还是没攻下来，于是旭烈兀决定亲自去攻打。他一方面派人到木剌夷去诱降，买通大臣制造混乱，另一方面又带着大军去攻打。公元1256年，旭烈兀带领大军攻占了木剌夷。

消灭了木剌夷后，蒙古军队又进攻报达国（现在的伊拉克一带）。报达国王司塔辛，是一个昏君，根本就不管朝中的事。当蒙古军队打来的时候，他还正在看穿着黑纱的女郎跳舞呢，宰相哀倍克来报告时，他理也不理，让哀倍克和另一个大臣谟牙代丁去处理，哀倍克被贬到前方军队作战，打了几次胜仗。谟牙代丁本来是负责运输粮食的，可是他投降了旭烈兀，报达的国王和许多大臣被杀了，卖国的谟牙代丁也被砍头了。

蒙古军又继续向西南进攻，侵入现在的叙利亚和埃及一带，结果被埃及军队打得大败，被迫结束了第三次西征。旭烈兀在他占领的地方建立了伊利汗国。

成吉思汗和他的孙子们在 40 多年里，发动了三次西征，建立了横跨欧亚的“大蒙古国”，虽说西征打通了欧亚之间的交通，使中外经济文化得到交流，但却给中亚和西亚人民带来了巨大的灾难。

一代天骄壮志未酬

公元 1211 年，成吉思汗出兵攻打金国，几年之中，蒙古军队先后攻占了河北、山西、辽西、辽东的大多数州、县，掠走了许多人口、牲畜和财物。1215 年 2 月，蒙古军队攻占了金朝首都中都（现在的北京市）。1217 年，

为了攻打西辽和花剌子模，成吉思汗封木华黎为国王，专门攻打金朝。

成吉思汗在西征结束以后，又要攻打金朝。但是打金朝就得首先攻打西夏，因为成吉思汗西征时要求西夏派兵，可是西夏不但不派兵，而且还与金结成联盟，与蒙古作对。公元1226年，成吉思汗亲自带领大军进攻西夏，成吉思汗派使者去见西夏国王李德旺，要他投降。李德旺吓得直哆嗦，连话都不敢说。西夏大将阿沙敢钵非常生气，说："要打仗，我在贺兰山下等着；要金银财宝嘛，请他来问问我的宝刀答应不答应！"成吉思汗派兵前进，阿沙敢钵果然在贺兰山下等着蒙古兵的到来呢。两军大战一场，结果蒙古兵取得了胜利，并乘胜追击，一直到灵州。在灵州，又发生了一场激烈的战斗，当时守卫灵州的是老将嵬名令公率领的10万军队，他们知道，这次战斗非常关键，打赢了，西夏就能保存下去，打输了，西夏就会灭亡了，因此，将士士气特别高涨，要与敌人拼个你死我活。但蒙古军连年打仗，一个个也是勇猛无比。于是双方军队在结冰的黄河上摆开战场，进行了激烈的战斗。西夏军队英勇抵抗，杀死了许多蒙古士兵，但他们还是打不过蒙古骑兵，大部分被蒙古兵杀死。从此，西夏国再也没有什么力量。

公元1227年正月，蒙古军队包围了西夏都城中兴府(现在的宁夏回族自治区的银川市)。6月，成吉思汗到六盘山去避暑。正在这时候，中兴府发生了强烈地震，房屋倒塌，瘟疫流行。粮食也没有了，西夏国真是到了山穷水尽的地步。西夏新国王李睍不得不向成吉思汗投降，但是要求推迟一个月时间，他说："为了准备贡品和安置灾民，请给我一个月时间，到时候，我亲自来拜见你。"

就在西夏投降后，成吉思汗病倒在六盘山，一来是因为当时天气炎热，二来是因为成吉思汗年纪大了，体力不如从前，经不起连年作战的劳累，成吉思汗眼看病情一天比一天严重，怕自己活不了几天，就开始考虑两件大事：一是把帝位传给谁；二是教他们如何治理国家，完成自己的事业。于是他把窝阔台、拖雷和其他儿子叫到身边，对他们说："我眼看就要死了。你们当中要有一个人来继承我的汗位，保护我们的国家，完成我的事业，你们一定要互相谦让，如果你们人人想当大汗，我就不知道该怎么办好。"

窝阔台他们听说，就跪在地上说："我们愿听父王的话，父王吩咐我们怎么做，我们就怎么做。"

成吉思汗又说："我将立窝阔台为汗，因为他雄才大略，足智多谋，你们其他人谁也比不上他，只有他才能够统帅全国军队，保卫我们的国土，只有他才能使你们过上幸福的生活，享受荣华富贵。如果你们同意，就要当面在我面前立下文书；承认窝阔台为汗，听他的命令，不许改变在我面前答应的事，也不许违反我的法令。"

成吉思汗的儿子立刻立下了由窝阔台继承大汗位的文书。

处理完了汗位继承问题后，成吉思汗又考虑如何治理国家的事，因为最大的敌人金朝还没有灭亡。他对他的儿子们和大将们说："金朝的精兵都在潼关，潼关地势险要，易守难攻，你们不要从这个地方去进攻。宋朝和金是世世代代的仇人，你们要联合宋朝，借道从宋朝出发，直捣开封，那样一定能取得胜利的。"后来，窝阔台按照这个方略，终于在公元 1234 年消灭了金朝。

另外，成吉思汗还耽心西夏知道自己死了，会不投降，就命令他的将领们不要让西夏人知道，等西夏王李晛来朝拜时，杀掉他，并杀掉中兴府里所有的人。后来这些都按成吉思汗的计划实行了。

公元1227年8月25日，成吉思汗病死在六盘山，终年66岁。成吉思汗的儿子们和大将们护送他的灵柩到达克鲁伦河源的大斡耳朵（就是大帐的意思，大汗居住的地方）。为了保密，他们沿路见人就杀，杀了许多无辜的百姓，后来，在蒙古各地的成吉思汗的儿子们、弟兄们等，为他举行了隆重的丧礼，把他埋在肯特山的起辇谷。

成吉思汗是蒙古族伟大的民族英雄，他使蒙古人民摆脱了金朝的奴役，并统一了蒙古，他还是一个杰出的军事家，为统一全中国打下了基础。

拖雷暴死疑案

成吉思汗死后由窝阔后接替汗位，他趁李睍出城时杀入中兴府，西夏人民惨遭恶运。西夏国灭亡了。

蒙古联宋攻金，节节胜利，打得金军败势如山倒。窝阔台比较明智，他派名将速不台率部两万向东追击逃跑的金兵，自己带领主力撤回和林。窝阔台虽然当上大汗，但迟迟不愿召开贵族大会，他对察合台和拖雷很不放心，怕他俩搞分裂。拖来拖去实在不能再拖了，窝阔台只得在公元1229年召开大会，出乎他意料的是实力强大的察合台和拖雷并没有反对自己，只是态度暧昧些，他总算正式继承汗位，顺利掌握了大权。

拖雷虽然是成吉思汗最疼爱的皇子，拥有兵权，实力强大，但他忠于父命，压住了非份之想。另外头顶还有位二哥察合台呢，所以拖雷谁也不得罪，乐得清闲。

窝阔台继汗位后头道命令是让二哥察合台去治理其他封地，他则带着拖雷挥师攻金南下。

名将速不台的确厉害，他已经攻破了数座城池，直打到金的重镇凤翔，凤翔守军十分吃力。窝阔台率大队人马来此参战，守军支持不住了，凤翔失陷。长安相继失陷，金军退守潼关和黄河一线。潼关地势险恶，很难攻打，拖雷向宋军借路，打算翻过秦岭顺汉水而下，绕潼关而行，直取金国汴梁。谁知宋军不肯借路，双方交战，宋军惨败。拖雷闪电般打到汴梁城下，窝阔台率众随后赶到，速不台负责攻打汴梁孤城一座。金帝完颜守绪留城镇守。窝阔台没把他放在心上，对拖雷说："四弟，要不了多久速不台就会攻破汴梁，活捉完颜守绪，咱们北归吧。"

拖雷点头同意。他俩没有想到的是，战无不胜的速不台竟啃不动汴梁这块骨头，他整整攻打了三个月，就是打不下来。窝阔台听说此事很惊讶，领着拖雷又往回返。完颜守绪得知蒙军增援，只得逃离了汴梁，让大将崔立留守。

“开始我以为完颜守绪这小子是个废物呢，谁知他真有两下子，是我小瞧他了。”

“速不台将军可能第一次碰到如此难对付的对手，三个月，恐怕他头发都该白了吧。”

“汴梁，哼，我看它还能存在几天。”

窝阔台和拖雷边骑马边谈话，谁曾想就在这日夜里，窝阔台忽然得了重病。蒙古大军只好就地扎营，等候消息。拖雷作安顿休整的部署。几位军医出出入入，给窝阔台治病护理。拖雷则每日巡岗视察后就来看望他。窝阔台脸色淡黄，神情有点憔悴，但两只眼睛却很亮，除说话有气无力外似乎看不出得了什么病。半月后病情仍不见强，窝阔台斥走军医，他认为自己是中了魔，找来一位巫师驱魔降邪。拖雷看见那个披头散发的古怪巫师，心中十分不舒服，但他又不好说什么。

从此那巫师拿着桃木剑，在窝阔台帐前疯疯颠颠地跑来跑去，喊些谁也听不懂的话。

折腾了五六天好像也没见窝阔台好起来。一夜，拖雷巡岗后往回走，两个士兵找到他道："将军，大汗叫您马上去见他，说有急事相商，不可耽误。"拖雷以为军情有变，小跑着来到大汗的寝帐前，那位巫师却像具僵尸似的立在帐口边，他手里还托个酒瓶，嘴角全是白沫，念念有词，拖雷顾不得去看他，跑进帐内。

帐内一点声息也没有。明月高悬，万籁皆幽，偶而能闻战马的响鼻和哨兵的脚步声，不知过去了多长时间，忽听窝阔台低沉沙哑地道："请大师进来。"

帐外的巫师立即挑开厚厚的帐帘钻了进去。片刻之后拖雷脸色竟然惨绿的走出帐篷，他呼吸粗重，双眼发直，走路摇摇晃晃的。拖雷手下有个叫乌达的亲信，恰巧迎面而来，看见拖雷这幅模样不由大惊失色，忙上去扶住他，失声道："将军你，你怎么了？"

拖雷软软的靠在他身上，道："扶……扶我回帐。"此刻他的神智还很清醒。

拖雷回到帐篷后，便沉沉睡去，无论乌达怎样呼唤他也不醒。三日来拖雷水米不进，如同死人一般毫无反应，直到第四日清晨拖雷忽然醒来，手抓胸襟痛苦地大叫几声，口喷鲜血，倾刻而亡。

拖雷之死一案迷雾重重，疑点甚多，那个巫师神秘地失踪了，窝阔台随后也恢复了健康，难道是他三人设骗陷害实力强大的拖雷？还是拖雷答应了窝阔台什么事？或是那巫师耍弄了他们？千古疑案，不得而知。

邱真人万里拜谒成吉思汗

金、元两代的统治者都是先从北方草原上的游牧民族发展起来，最后入主中原的。他们原有的政治、经济和文化水平都落后于汉族，因此，统治手段较为落后，为了巩固和加强对中原的统治和管理，他们不得不学习汉族的统治方法，接受汉族的政治、经济和文化，因此，金、元两朝都扶持宗教以便控制民众，而处于战乱之中的人们也需要宗教信仰帮助自己得以解脱。金、元之际的道教就在这样一个大背景下得到了发展。因为宋代推崇道教，宋徽宗甚至自号“道君皇帝”，并因此导致了诸多弊端，朝野和民众对道教产生了不信任感；故南方天师道（正一教）在南宋及金、元时期发展趋于停滞。而在金元控制的北方，因为上述等诸多原因而发展形成了三个道教新派别：全真教、大道教、太一教，其中以全真教最为兴盛。

全真教的创始人为金代著名的道士王重阳（公元1112—1170年），他在山东传有七大弟子：邱处机、马钰、谭处端、刘处玄、王处一、郝大通、孙不二，尤以邱处机影响最大。

邱处机（公元1148—1227年），元代著名道士，号长春真人。他二十岁时拜王重阳为师，苦修多年，声名满天下，南宋、金、蒙古三国皇帝都争相结交他。

蒙古伐金后，北方地区战乱频繁，幸存的人们更多地依附全真教寻求寄托；邱处机掌教时“全真教徒满天下”，成为各种势力都想拉拢和利用的对象。“一代天骄”成吉思汗在西征中，专门派人到山东邀请邱处机。

在成吉思汗的不断诏请下，已七十三岁的邱处机于公元1221年二月从宣德州（今河北宣化）出发，先奔东北，至呼伦湖；然后向西横穿蒙古高原，翻越阿尔泰山，再沿天山北路西行渡过阿姆河，于1222年四月到达大雪山成吉思汗行营。行程历时一年零两个月；如从莱州动身算起，则途中历时四年。

成吉思汗视邱处机为神仙，让他住在自己帐篷旁边的帐篷中，并特许他见面不用跪拜。邱处机以七十多的高龄，远行万里来见成吉思汗，主要的目的之一是想劝导蒙古军队不要乱杀人，“拯亿兆于沧海横流之下”。他讲道三次，并多次劝说成吉思汗：统一天下者，必在乎不嗜杀人；治国之方，以敬天爱民为本；长生之道，以清心寡欲为要。成吉思汗虽然觉得他说得有些道理，但自认为难以做到。

公元1223年二月，邱处机启程东返，于第二年二月到达燕京（今北京）。成吉思汗虽然没有听从邱处机的劝告，但允准全真教人可以免除赋税，并任命邱处机总管天下道教，企图利用他在广大教徒中的威望来发展和加强自己对中原地区的统治。

全真教的祖师王重阳规定：本门弟子不得做官，永远安居于民间。邱处机根据当时的天下大势，改变了这一教条，主动与统治者合作，改革全真道教，得到了朝野的普遍支持，使全真派一时发展达到兴盛空前的境地。

邱处机还是个了不起的诗人，他西游其间写了不少诗篇，诗作反映了成吉思汗征西域的“后果”。

木华黎经略中原

在大蒙古国的开国功臣中，木华黎与博尔术、博尔忽、赤老温一起号称“四杰”。他是大蒙古国的杰出统帅和谋臣。是能给成吉思汗以重大影响的少数几个人物之一。在大蒙古国发展到元王朝的历史进程中，木华黎经略中原是重要的一步。

1217年8月，成吉思汗封木华黎为太师、国王、都行省承制行事，赐誓券、黄金印。这里黄金印上面刻的“太行以北，朕自经营，太行以南，卿其勉之。”又把九游白旗交付给他，并对诸将说：“木华黎树起这面旗帜，发号施令，如同我亲临一般。”

当成吉思汗西征时，木华黎就全力经略中原。成吉思汗西征带走了蒙古军的主力，木华黎分得的蒙古军仅1.3万骑，此外有契丹人、女真人和汉人组成的军队约7.7万人。由于战事的需要，木华黎从蒙古军中抽出一部分人，加上汪古等部的军队，另行编组了探马赤军，充当前锋，当木华黎受命为国王时，他麾下的军队共约10万余人，控制着燕京、西京（今大同）及其以北地方。

木华黎受命以后，当即在燕京、西京设置行省，向这两个地方以南的河北、山东、山西各地发动进攻。到1221年夏，他的军队已经攻下黄河以北的绝大部分地方。这年秋冬之际，他开始部署进兵秦陇。1222年10月，进占河中（治所河东，今属山西永济），建河东南北路陕右关西行台。接着，渡河攻下蒲城，一军进击长安，又一军进击凤翔，但未能成功。1223年3月，木华黎渡河东返至闻喜县（今属山西），病重而亡。临死前，他对弟带孙说："我协助国家建树大业，东征西讨达40年，没有什么遗恨，只是恨汴京还没有攻下！"他死后，他的儿子李鲁袭为国王，继承他的未竟事业。

木华黎虽然没有攻克汴京，灭亡金国，但是他已为蒙古统治中原打下了基础。他在1217年以后的军事行动中改变屠杀抢掠和占而复撤的做法，力图长期占领和统治中原地区。为此，他注意召民耕种，恢复农业生产，并大力收附汉族地主武装势力。

蒙古开始伐金以后，铁骑所到之处，杀掠十分严重，撤军时，金帛、子女、牛羊马畜，统统席卷一空，"屋庐焚毁，城郭丘墟”。败逃的金兵也大肆抢掠，残害百姓。兵荒马乱之际，盗贼蜂起，又不断骚扰地方。这样，黄河以北的广大地区处于“荡然无统”的局面之下。现在，木华黎再次挥师南下，虽然难免还有杀掠，但变化也是明显的。如1218年9月蒙古军攻下太原，“不嗜戕杀，恣民耕稼”，镇守在这里的将领，修葺城市，让市肆照常进行。1220年，汉族大将史天倪进言：“如今中原一带地方大致攻下了，但我们的军队经过一个地方还要抢掠，这不符合‘王者吊民伐罪’的意思。国王要为天下除暴，不能继续这样做了。”木华黎听从了这个意见，下令禁止掳掠，凡掳获的老人幼童，都遣返乡里，“敢有剽虏者，以军法从事。”从此，他的麾下建立了禁止剽掠的新纪律，“军中肃然，吏民大悦”。

蒙古攻金以后，特别是1214年金迁都南京（汴京，今开封）以后，黄河以北地区，金不能有效地控制，蒙古也未牢固占据。在混乱之际，留守的金朝官将或地方豪强纷纷成为各占一方的武装割据势力。木华黎原来在长城以北就收附了一批契丹、女真、汉人的地方武装首领，其中史天倪、石天应等成了自己得力的部将。木华黎再次挥师南下时，就更加注意各地汉族的武装势力。他手中的10万军队只能驻在战略要地和用于大的战役行动，不能分散到广袤几千里的战线上去，他缺乏为了建立长久的统治而必需的大量的治理人才。于是采取了“招集豪杰，勘定未下城邑”的做法。凡是归降的汉族地主武装首领，一概让他们依旧管辖原有的地盘。如是金方官将，或者维持原职，或者授以更高职位，如是平民，按势力大小授以新职。在蒙强金弱的形势下，越来越多的汉人地主武装首领归向木华黎。其中，如燕南张柔、山东严实等人的归附都对大局有重大影响。

在木华黎的进攻下，金的州县机构普遍瓦解。1218 年平阳（治所临汾，今属山西）失守后，金在黄河以北不能再置统一的军政机构。金廷也采取向地方官将和豪强授以高衔，支持他们“统众守土”、“各保一方”和恢复失地的政策。1220 年 2 月，金帝进一步封九个地方首领为公，“九公”都兼宣抚使，并明确诏示：除已划定所管州县外，如能收复邻近州县，也令管属。但是这些受金册封的“公”实力有限，互相又不统摄，所以在同蒙古方面周旋一阵以后，不是向蒙古投降，就是被蒙古执杀，或者逃奔河南，或者退守一隅，最后还是不免被消灭的命运。“九公”之中，武仙最为强盛。武仙所据的真定一带是蒙金双方反复争夺的地方。1220 年 8 月武仙以真定降于蒙古，但 1225 年又投向金国，在蒙古军队讨伐下，只好逃奔汴京。

木华黎依靠强大的军事力量和汉族地主比较愿意接受的政策使一大批汉族地主武装势力倒向了自己，并逐渐消灭了投靠金方的地主武装。在他死后，他的这些做法也为他的后继者所承袭。这样，蒙古对中原地区的占领就开始稳定下来了，蒙古贵族与汉族地主对中原地区的联合统治也开始建立起来了。

藏書

珍藏版

中華上下五千年

赵文博 主编

捌

辽海出版社

目　录

中国现代

武昌起义

以四川为中心的“保路运动”爆发后，清朝政府调集半数以上驻武汉的新军入川镇压，大批新军向四川的开拔，给武汉革命党人发动起义提供了大好时机。

地处长江中游的武汉，是中国中部重要的交通枢纽，被称作“九省通衢”。除此之外，还是当时仅次于上海的第二大商埠。所以，武汉自然成了反动统治的心腹要地。同盟会成立后，武汉也被革命党人所看好，不久就成了革命力量最集中的中心点之一。革命党人在这里做了长期深入的工作，在湖北新军里培养了大批骨干；当地的群众也在革命党人的宣传鼓动下，积极倾向革命。武汉地区的革命运动便有了深厚的群众基础和良好的条件。

武汉地区有两个革命团体，一个叫共进会，一个叫文学社，都和同盟会保持着密切联系。他们看到起义的时机已经成熟，便于8月间组成湖北革命军总指挥部，推定文学社负责人蒋翊武为总司令，共进会负责人孙武为参谋长，刘尧征、彭楚藩等为军事筹备员，负责组织起义。经过商议，1911年定于10月11日放火为号发动起义。

起义的日子一天天逼近，大家都投入积极的准备中，不料在起义前夕，接连发生了两起自我暴露的事件，新军中的革命党人有不少被杀害，革命党人这时除了提前发动起义，别无选择。一件事是新军炮队的革命党人孟发臣等人和营长杨齐风发生冲突，杨齐风用军棍打了孟发臣等人，士兵们看到官长这样横蛮专制，按耐不住怒火，拖出几门大炮就向军官宿舍轰击。谁知射出的全是演习用的假弹。他们又急忙去取真弹时，被赶来的部队镇压。湖广总督瑞征虽然没有利用这事大肆搜捕革命党人，却因此布置了防务措施，加强了防备。

第二件事发生在10月9日上午。一部分革命党在参谋长孙武带领下，在汉口俄租界宝善里配制炸药。不料有人吸烟，火星落在炸药桶里，顿时引起爆炸。孙武受伤，被人送进医院。巨大的爆炸声引来了俄国巡捕，他们把革命党人准备起义用的文告、旗帜、印信、钞票和宣传品全部抄走，并抓住了刘同等人，接着他们就把这些战利品引渡给瑞征。刘同当时只有十四五岁，在敌人的严刑拷打下，把他所知道的革命党的秘密机关和重要人物全部供了出来。瑞征马上下令包围了武昌小朝街的起义指挥部。抓住了一批革命党人。总指挥蒋翊武侥幸逃脱。起义计划被彻底打乱。

当天午夜过后，瑞征下令将捉到的革命党人全部杀害。接着关闭城门，全城戒严，并严格管束新军各团各营的人员，不许他们外出，不许往来，按照名单严密搜捕新军中的革命党人。

晚7时左右，驻武昌城内黄土坡的第八镇所属工程第八营的士兵金兆龙在兵营里擦枪，排长陶启胜就问："你们要干什么?"金兆龙回答："以防不测!"陶启胜大声说："你们想造反吗?"金兆龙急不择言："造反就造反，你能把老子怎的!"陶启胜上来就要扭住金兆龙，金兆龙抬手就给了他一枪。受了轻伤的陶启胜转身便往门外跑，迎面碰上班长熊秉坤。熊秉坤知道陶启胜这一去定会惹来麻烦，也抬手就向他开了一枪。全营革命党人听到枪声，大喊："反吧!"顿时大家行动起来，枪声大作。金兆龙、熊秉坤的第一枪揭开了武昌起义的序幕。

起义发动之后，熊秉坤等率众直奔楚望台军械局。把守军械局的工程营士兵顿时纷纷加入起义队伍，起义士兵的战斗力和信心越发得到加强。驻守军械局的工程营左队队官吴兆麟，曾经参加过革命团体日知会，所以立即被推为临时总指挥，吴兆麟立即带领队伍进攻总督衙门。这时各团营新军革命士兵听到枪炮声和工程第八营起义的消息后。也都纷纷起义。起义队伍声势更加浩大。经过一夜战斗，到11日拂晓，武昌就被革命军全部占领了。11日晚和12日早，汉口和汉阳新军也发动了起义。武汉三镇全部为革命军所占领。

武昌起义成功得这么快，是大家所没想到的。这时候，孙中山远在美国，黄兴还在香港，而当时策划起义的共进会和文学社，因为起义前的事件，领导人有的牺牲，有的藏匿，因此，起义成功后，该由谁出面组织政府？经过激战的革命士兵，聚集在武昌湖北谘议局开会。他们四处找人，找来了立宪派、地方坤士，和一些没来得及逃走的官吏。要他们参加推举都督，成立革命政府。革命党人对朋友和敌人的观念还十分模糊。

起义的士兵还认为，当都督的总应该是有“声望”的人，有人提议熊秉坤和吴兆麟当都督。而起义发起者熊秉坤和临时总指挥吴兆麟一个是班长，一个是连长。他们自己也觉得自己缺乏威望和指挥经验，难以控制今后的局势。会场上的立宪派有人看准了势头，便提议让原清军协统（旅长）黎元洪当都督。

黎元洪是湖北黄陂人，曾在北洋海军里任职。起义的当天晚上，他坐镇军营，曾亲手杀死过一名响应起义的士兵，后来革命党人派来的联络人员，也被他枪杀了。人们找到他让他出面主持军政府，担任都督。他怎么也不肯，后来，在革命党人的枪口逼迫下，他才无奈就任。这时，立宪派头子、湖北谘议局局长汤化龙，也被推举担任了民政总长。黎总洪被迫上台后，终日一言不发，也不肯剪去辫子。革命党人无可奈何，把他监视起来，另外组织了一个“谋略处”处理重要军事问题。并以黎元洪的名义，通电全国。

湖北军政府成立后，宣布把国号改作“中华民国”，中华民国的主权属于人民，表示支持和同情各地人民群众的斗争，号召各地人民响应起义，推翻清朝的统治。军政府又陆续发布文告，宣布人民享有民主、自由、平等的权利；宣布废除一切苛捐杂税，废除当年和往年所欠的田赋。

军政府的革命政策，得到了群众的拥护，激起了他们革命的热情，工人、农民、知识分子纷纷报名参军。接着又在与清军的一次交战中打了一个大胜仗，攻占了清军的阵地。

革命形势越来越好，当了几天木头人的黎元洪也活跃起来，积极把持政权。一些投机分子看到起义成功，也都自称“拥护共和”钻进革命队伍中，控制形势的发展，而且势力越来越大。起义虽然成功，却隐藏着巨大的危险。

武昌起义胜利的消息很快传遍全国。湖南、陕西、山西、江西、上海等 10 多个省份一个接一个发动起义，成立军政府，宣布独立。清王朝在各地的统治迅速瓦解。因为 1911 年是旧历辛亥年，所以这次革命被称为辛亥革命。

中华民国诞生

武昌起义后，全国出现了资产阶级革命高潮，新的斗争形势迫切要求有一个全国统一的领导中心，于是，建立中央临时政府的议题提到日程上来。中央政权如何建立，革命派、原立宪派和旧官僚等各种政治势力，都在积极策划力图控制国家大权，使得组建中央政权的斗争更为复杂起来。

武昌起义成功，最先建立共和地方政权，成为众人瞩目之地。武汉虽在北洋军进攻下失去汉口、汉阳二镇，黎元洪与亲信势力仍想利用着起义之名号令各省，执掌全国新生政权之牛耳。11 月 9 日，黎元洪发出通电，请已经宣布独立各省速派代表到武昌议商组织临时中央政府，得到一些省的响应。11 月 11 日，汤寿潜、程德全联合陈其美通电独立各省，提出在上海召开“各省都督府代表联合会”。后来，武昌方面一再坚持，各省代表遂陆续抵达武汉。自 11 月 30 日始，会议在汉口英租界内连日举行。独立各省代表的成分不一，比较复杂。与会期间，北洋军的炮火猛击武昌，给革命派施加压力，英国驻汉口领事也假以中立者身分为袁世凯传情达意，代表会议乃通过两项议案：一是初步订立《临时政府组织法大纲》，另一是如果袁世凯反对清朝，当公举为临时大总统。筹组民国政府的活动，从一开始就让立宪派和旧势力抢占了上风。

12 月 2 日，江浙联军攻克南京，上海方面的代表们决议以南京为中央临时政府所在地，武汉方面已无力抗衡，会议迁往南京继续举行。各省都督府代表会议在成立中央政府选举临时大总统问题上，受到代表清政府的北方势力的牵掣，又在推举正、副大元帅问题上发生纷争，临时政府仍处于难产状态。25日，孙中山自海外返抵上海，他为革命奔走海内外十几载，以其才识胆略和顽强的奋斗精神，在革命党人和国民中享有崇高威望。他的到来，革命派的气势为之一振。南方各派转而推公认的革命领袖孙中山组织临时政府。29日，17省代表开会选举孙中山为临时大总统，为保全前不久代表会议虚位以待袁世凯的承诺，孙中山致电袁世凯，表示本人“虽暂时承乏，而虚位以待之心，终可大白于将来”。

1912年1月1日，孙中山在南京宣誓就任临时大总统，这一年定为民国元年。3日，代表会议续选黎元洪为副总统，通过了由孙中山、黄兴提出的9名国务员名单。其中陆军总长黄兴、外交总长王宠惠、教育总长蔡元培，皆是老同盟会员；交通总长汤寿潜、实业总长张謇是原立宪派的头面人物；司法总长伍廷芳曾任清政府官职，但他是开明人物，又被推为南方谈判代表；内政总长程德全是颇有影响的“和平独立”代表人物；财政总长陈锦涛在清政府中任过要职，海军总长黄钟英组织过海军舰长起义。可以看出，国务员人选的确定，是孙中山等人同原立宪派和旧官僚反复磋商分配权力的结果。孙中山、黄兴让出实业、交通、内政等席位，用意是借重立宪和旧派官僚的经济力量与社会影响，达成各派联合的局面。接着，孙中山以“部长取名，次长取实”的办法，在直接任命各部次长、局长和总统府秘书长时，全派革命党人充任，实际主持各部政务。

1月28日，立法机关临时参议院成立，43名参议员中，同盟会员33人，原立宪派分子8人，其他2名。以孙中山为首的革命派在筹组临时政府的斗争中取得了胜利。南京临时政府内革命党人居于主导地位，是一个资产阶级革命政权。南京临时政府的成立，标志着封建帝制的覆亡，资产阶级共和国——中华民国的诞生。

临时大总统孙中山在就职宣言中庄严申明，他领导的南京临时政府要实行新的建国宗旨，即“尽扫专制之流毒，确定共和，普利民生，以达革命之宗旨，完国民之志愿”。要将专制横行的封建的中国改造为资产阶级共和国，为人民谋福祉。他还宣布临时政府的施政方针，对内要实行民族、领土、军政、内政、财政统一；对外要将“满清时代辱国之举措与排外之心理，务一洗而去之”。要建立和平、民主、富强的民族国家。孙中山还阐述了坚持民族团结与祖国统一的思想，强调“国家一，在于人民，合汉满蒙回藏诸地为一国”，指出现在各省响应武昌起义的“所谓独立，对于清廷为脱离，对于各省为联合，蒙古、西藏意亦同此”。对于团结全国各民族，共同抵制帝国主义肢解中国边疆的阴谋，维护国家统一和领土完整具有重要意义。

孙中山的建国政治方针，与同盟会政治纲领和资产阶级革命思想一以贯之。临时政府成立后，颁布各项政策法令，除旧布新，推行资产阶级民主制度，保障资本主义的生产生活走上正常轨道。主要有以下几方面：

保障人民的合法权利和平等地位。诸如禁止买卖人口、蓄奴，停止刑讯；保护华侨；给予女子参政的权利等；移风易俗，在全社会树立民主新风气。孙中山自称“公仆”，实行不分官阶的低薪供给制。废止一切跪拜礼节，改行鞠躬礼；保护工商业，促进资本主义经济发展。实行鼓励兴办洋业的措施；奖励华侨在国内投资；提倡兴办垦殖业；废除清政府的一些苛捐杂税等；改革文化教育，实行资产阶级教育制度。提倡“自由平等友爱为纲”

的公民道德，废除封建的忠君教育，改旧学堂为学校，教科书务必符合民国宗旨。

中华民国建国之初颁布的这些政策和法令，虽然只有一部分得到贯彻执行，但都体现了资产阶级的原则和利益，反映出资产阶级政权的民主性和革命宗旨。然而，临时政府也幻想帝国主义支持和帮助中国革命，没有出台保护农民利益的措施，独立各省地方政权，大多数为立宪派所控制，这就难免留下后患。

袁世凯复辟帝制

袁世凯是河南项城人，早年投靠淮军，在淮军与洋人合力镇压太平天国革命时表现得精明能干，深得李鸿章的赏识，并被荐为清驻朝鲜的全权代表。甲午战争时，清廷为保卫京师筹建新军。袁世凯被任命在天津小站训练陆军。他在戊戌变法时出卖过维新派，又是血腥镇压义和团

运动的罪魁。由于他善于见风使舵，玩弄权术，所以晋升很快，不久就代替李鸿章成为直隶总督和北洋大臣。在任职期间，袁世凯大力扶植自己的势力，号称北洋三杰的段祺瑞、冯国璋、王士珍，就是他一手提拔起来的。他们掌握着清政府北洋新建陆军的大权，人们称之谓“北洋军阀”。

袁世凯的权力越来越大，已威胁到满族统治者的地位了，于是清政府解除了他的职务。武昌起义后，南方各省新军纷纷响应，而北洋新军清政府又轻易不能调动，只好请袁世凯出山。从此，在帝国主义的支持下，袁世凯掌握了清政府的军政大权，开始做起了他的皇帝梦。

说起袁世凯的皇帝梦，还有这样一个故事：传说袁世凯有一个精巧的玉杯，杯把上有一条盘旋的玉龙，每天早上他都要用这支玉杯喝上一杯龙井茶。有一天，一个仆人照例将一杯茶送到袁世凯卧室，忽然看见在袁世凯的床上趴着一只大癞蛤蟆，仆人惊得目瞪口呆，一失手竟将玉龙杯摔在地上。仆人没敢声张，慌忙到庙里找一个老和尚求救，老和尚就给他出了个主意。等到袁世凯醒来，不见了玉龙杯，就把那个仆人叫进来训斥。仆人说，在早上送茶时，忽然看到玉龙杯上的龙活了起来，飞到袁世凯的身上，变成一条大金龙，他一害怕，就把那玉杯给摔碎了。袁世凯一听，大为喜悦，认为自己是真龙附体了，所以不但没责怪仆人，反而给了他许多钱。

其实这都是人们为讽刺袁世凯而编造的，但他想做皇帝是千真万确的，为了达到这个目的，首要任务就是镇压南方的革命势力。袁世凯可是个狡猾的阴谋家，他一方面在帝国主义的支持下派北洋军阀攻打武昌等南方的革命政权，逼迫革命党人屈服于他；一方面又在英国公使朱尔典的策划下，假惺惺地要与革命政权和谈。

1912 年 2 月 12 日，在袁世凯的威逼利诱下，清朝最后一位皇帝宣统宣布退位。这样一下子使袁世凯身价百倍，许多人认为朝廷的倒台是袁世凯的功劳，袁世凯是赞成共和反对帝制的。孙中山为了稳固刚刚诞生的中华民国，也答应辞去临时大总统的职务，这样，在 10 月 10 日，袁世凯成了中华民国的正式大总统。

当大总统，并不是袁世凯的最终目的，他每天做的都是皇帝梦。所以，他当上大总统后，变本加厉地镇压革命。

1913 年 3 月，袁世凯派人暗杀了国民党（1912 年宋教仁等将同盟会改组成国民党，孙中山是理事长，黄兴、宋教仁等为理事）著名领袖宋教仁，下令逮捕黄兴和孙中山，镇压了黄兴、李烈钧领导的“二次革命”（把辛亥革命叫做“一次革命”），掀起血腥屠杀革命者的高潮，仅在湖北省，1913 年一年中被袁世凯杀害的革命人士就达 4000 多人。

为了得到帝国主义的支持，袁世凯首先从俄、英、法、日、德五国手中借来 9000 万元，做为镇压革命的经费；不久又承认外蒙古“自治”，使我国失去领土的完整；最可恨的是，他为了做皇帝答应了日本帝国主义提出的“二十一条”，把中国的政治、经济、军事等方面的许多大权拱手让给了日本人。

为使自己做皇帝名正言顺，袁世凯还搜罗了一批反动文人，为自己歌功颂德。在这批反动文人中，最著名的是梁士诒和杨度。

梁士诒本来是革命党人，后来投靠了袁世凯，溜须拍马，阿谀奉承是他的拿手本领。他办了一份只给袁世凯一人看的报纸，这一张歌功颂德的报纸，很讨袁世凯欢心。

杨度也挖空心思去吹捧袁世凯，希望能得到重用。他先后发表了许多“拥袁做皇帝势在必行”的文章，又与孙毓、严复、刘师培、李燮（音 xiè）和胡瑛（音 yīng）六个人组织了一个“筹安会”，为袁世凯复辟帝制大吹大擂。

筹安会最主要的活动就是组织各种请愿团，什么“商会请愿团”、“人力车夫请愿团”、还有什么“妓女请愿团”、“乞丐请愿团”等，他们拿着杨度等人起草的“请愿书”，高呼“袁世凯万岁”在北京游行，要求袁大总统“高升一步”。有一次，由流氓地痞组成的“乞丐请愿团”嫌筹安会给的赏钱太少，就在杨度回家途中将他痛打了一顿。

经过袁世凯的文臣武将的一番折腾，在北京拥戴袁世凯做皇帝的呼声表面看来还挺高。袁世凯看火候已到，就搜罗他的党羽进行所谓公民投票，其实选票都是事先填好了的。1915 年 12 月 12 日，袁世凯做了中华帝国的皇帝，并下令将 1916 年改为“洪宪”元年，元旦正式登基。

袁世凯复辟帝制和卖国活动，激起了全国人民的愤怒，各地反袁斗争此起彼伏。孙中山在日本成立中华革命党，发表《讨袁檄文》，号召人民起来“杀此民贼，以救我国民”，并曾联合广东陈炯明、广西陆荣廷的军队准备北伐，虽然都因陈炯明等人的叛变而失败，但人民反袁的斗争越来越激烈，袁世凯的反动活动是注定要失败的。

蔡锷护国

1915 年，袁世凯加紧推行复辟帝制的活动，激起了全国人民及其资产阶级各派政治势力的坚决反对。孙中山自“二次革命”失败后，便组织了中华革命党，继续从事反袁的武装斗争。曾在许多地方进行武装暴动和暗杀活动。袁世凯称帝后，孙中山立即撰写了《讨袁檄文》，呼吁人们起来斗争。黄兴和一部分另组欧事研究会的革命党人，也在袁世凯帝制活动公开化以后，放弃了“停止革命”的错误政策，重新举起反袁旗帜。原拥护袁世凯的进步党领袖梁启超和他的学生蔡锷在饱尝了自己酿造的袁世凯专制统治的苦酒之后，也走上了反袁的道路，在云南起义中发挥了主要的组织和领导作用。终于，由 34 岁的蔡锷亲自发起的护国运动，打倒了袁世凯。

蔡锷六岁入私塾就读，资读聪颖，刻苦好学，十岁时便读完“四书五经”，十三岁应院试，被补为县学生，十六岁考入长沙时务学堂。当时，在这个学校教书的有梁起超、谭嗣同等维新派人物。蔡锷在全班年龄最小，体质文弱，但成绩优异，思想激进，深得当时任学堂中文总教习的梁启超的赏识，二人建立了深厚的师生友谊。

1899 年，蔡锷应梁启超海外函招，东渡日本留学。到日本后，他先入东京大同高等学校，后入横滨华商东亚商业学校求学。光绪二十六年（公元 1900 年）四月，蔡锷随唐才常等人潜回国内，组织自立军，准备在武汉发动武装起义，不幸事败，同行的师友多遇难，他被迫再渡日本。经过这次失败的教训，蔡锷认识到：要救国，就要研究军事，掌握统率、训练军队的实权。于是愤然改名为“锷”，取意为“砥厉锋锷，从头做起”，决心从此投笔从戎，做一柄为救国救民开辟道路的锋利的剑刃。

光绪三十年（公元 1904 年）七月，蔡锷学成回国。他先后应聘任江西随军学堂监督、湖南教练处帮办、广西新军总参谋官兼总教练官等职。后来，赴云南任标协统。

当时大批同盟会会员和具有爱国思想的青年军官分布

在云南陆军讲武堂和新军第九镇中。宣统三年（公元1911年）十月十日，革命党人在武昌举行起义，声势浩大，各地纷纷响应。云南革命党人也积极行动起来。十月十九日起，云南同盟会员连续五次召开秘密会议，酝酿响应武昌起义。蔡锷虽不是同盟会会员，但也应邀参加了后四次会议，并被推为起义军临时总司令，领导预定在十月三十日（农历九月初九日）夜十二时举行起义。

十月三十日晚十时，辛亥云南起义爆发。原讲武堂监督李根源等率领云南新军七十三标由昆明北门进攻五华山和军械局；蔡锷则率第七十四标和炮标由南门外巫家坝向城内推进，进攻总督署和五华山。经过一夜激战，起义军攻陷云贵总督衙门，活捉总督李经义，第二天占领昆明全城。十一月一日，云南军政府宣告成立，蔡锷被推举为都督，李根源任军政部总长，唐继尧任次长。接着，云南各府、州、县传檄而定，全省迅速光复。

蔡锷就任都督后，进行大胆改革：撤换贪官污吏，选贤任能；整顿财政，取消各种苛捐杂税，开设银行，提倡节俭；兴办教育，开发实业。云南这个新兴资产阶级政权省份，呈现出一派生机勃勃的景象。

民国二年（公元1913年）三月，孙中山兴师讨袁，发动“二次革命”。蔡锷暗中派兵援助四川熊克武讨袁。袁世凯为了控制云贵，认为必须拔掉蔡锷这颗钉子。于是下令调蔡锷进京，蔡锷迫于形势及对袁的某种幻想，便于十月到了北京，决心要干一番事业。到北京后，蔡锷的这种热忱很快就被袁世凯专制独裁和卖国行径所扑灭。民国四年（公元1915年）五月，袁世凯与日本帝国主义秘密签订了灭亡中国的“二十一条”，企图为复辟帝制寻求靠山。袁世凯复辟帝制的罪行，激起了全国人民的愤怒声讨，也使蔡锷看清了袁的丑恶面目，决心以武力反对袁世凯的帝制活动。于是，蔡锷表面若无其事，常去北京八大胡同，与名妓小凤仙厮混，以蔽骗袁世凯，暗中却多次潜往天津，与恩师梁启超商量讨袁计划，并初步拟定了赴云南发动武装起义的战略构想。十一月，蔡锷秘密赴津，以治病为名东渡日本，经台湾、香港、越南河内抵达云南。

蔡锷到达云南时，云南军队中下级军官就积极活动，酝酿发动讨袁起义。蔡锷一到，群龙获首，斗志激昂。蔡锷到后，来不及休养，便连续召开两天紧急会议，决定先礼后兵。十二月二十三日，以云南都督与巡按使名义，拍发电报，责令袁世凯取消帝制，诛除祸首，限二十四小时内答复。袁世凯假装糊涂，电询此电报是真是假。二十五日，蔡锷等在昆明护国寺宣告云南独立，组成维护共和政体、反对复辟帝制的“护国军”，向全国通电讨袁。蔡锷为第一军总司令，出兵四川，扼守长江上游；李烈钧为第二军总司令，出兵两广，相机进取湘赣；唐继尧为云南都督兼第三军总司令，留守后方，负责前线补给。

民国五年（公元1916年）元旦，是袁世凯预定举行称帝登基大典的日子，护国军檄告天下，痛数袁贼十九大罪状，号召全国人民不分地域，不分党派，不分种族，团结一致，共讨袁逆。五日，再次通电全国，宣告护国军出师的目的在于维护共和国国体，反对复辟帝制，促进各省经济民力自由发展，建设真正的民主政体，提高中华民族的国际地位。十日，蔡锷率第一军分三路向四川进发：左路经昭通，进取叙府（今属宜宾）；右路经松坎，攻綦江；蔡锷亲自率领主力中路，经永宁，进攻泸州。这时，敌军也已密集叙泸前线，打击护国军。蔡锷指挥大军不畏强敌，英勇奋战，先后攻占了叙府、泸州，给袁世凯军队以沉重打击。

正当护国军节节胜利之际，袁世凯急调曹锟、张敬尧等率军赶赴四川。护国军三千余人与敌军数万人作战，力量悬殊，再加上唐继尧为了保存实力，拒绝援助蔡锷，蔡锷不得不指挥部队放弃叙府、泸州，退守大洲驿，据险固守。蔡锷不顾自己的身体虚弱，带病赴前线指挥战斗，与士兵同甘共苦。

三月十五日，广西宣布独立，誓师讨袁，打乱了袁世凯对护国军的作战部署，消息传来，四川前线的护国军精神大振，蔡锷乘机整顿部队后，即下令发动反攻。几天之内，连克江安、南溪等县，敌军伤亡惨重，全线崩溃。在护国军的沉重打击和全国人民反对帝制的浪潮中，袁世凯惊慌失措，于三月二十二日宣布取消帝制，并派人与护国军谈判。五月八日，南方反袁势力由护国军军政府联合滇、黔、粤、桂、浙五省，在广东肇庆成立军务院，同袁政府对峙。接着，陕西、四川、湖南等省也相继独立。卖国贼袁世凯在众叛亲离中于六月六日丧命。

六月七日，黎元洪继任大总统，任命蔡锷为四川督军兼省长。这时蔡锷已患喉结核病，饮食困难，只有去上海或日本的专科医院，方有治愈的希望。在处理完几件最紧要的公事后，这位拚死征战的将军才离开他眷恋的战场，搁下他建设四川的规划，于九月赴日本就医。十一月八日凌晨四时，蔡锷终因积劳成疾，不幸病逝于东京福冈医院，时年仅三十四岁。

蔡锷生命虽短，却为后人留下了值得纪念的两件大事：在辛亥革命时期，他领导云南“重九”起义，为推翻清朝作出了贡献；袁世凯称帝时，他毅然组织“护国军”，发动讨袁战争，为打倒“洪宪”帝建立了功勋。孙中山对他作了极高的评价，寄赠他的挽联是：“平生慷慨班都护，万里间关马伏波”。把蔡锷与东汉名将班超和马援相比。

中国最早的飞行员

冯如，号鼎三，广东省恩平县人，1883 年出生于一个贫苦的农民家庭。1895 年，12 岁的冯如告别了双亲，随同在美国旧金山做小生意的舅父赴美国谋生。冯如到美国后，看见美国发达的物质文明，心神向往，深感要使中国由弱变强，非学习制造机器，为祖国的强盛倾心尽力。

1901 年，冯如转赴纽约做工。他省吃俭用，从微薄的工资里挤出钱来买了许多机械学的书籍，刻苦攻读，短短几年，就先后掌握了三十多种机器的操作、维修等本领。1904 年，日俄战争爆发，东北三省的人民倍受灾难，冯如慨然感叹："我听说兵器中最利害的莫过于飞机了。誓心身为之倡，成一绝艺，以归飨祖国。苟无成，无宁死。"从此便立志投身于中国的航空事业。

1906 年，技艺精湛的冯如来到旧金山，以"壮国体，换利权"为宗旨，向当地华侨筹集到一千美金资助，准备创办飞机制造公司。1907 年 9 月开始，冯如在助手的帮助下开始试制飞机，次年 4 月，他设计的第一架飞机终于问世了。冯如在达林可市麦园试飞，不料飞机升至数丈高空时突然坠落，冯如死里逃生，但他毫不动摇，继续试验，决心"飞机不成，誓不返国。"

1909 年 9 月 21 日，26 岁的冯如驾驶一架经改进的，机翼、方向舵、螺旋桨、内燃机等大小零件全部由自己制造的莱特式飞机，在奥克兰市上空翱翔了 2640 英尺，揭开了中国航空史上的第一页，它的航程相当于飞机发明者美国的莱特兄弟 1903 年首次试飞 852 英尺的三倍多，令西方世界为之震惊和羡慕。

冯如的成功，极大地鼓舞了关心祖国航空事业的人们，在旅美华侨的大力支持下，由冯如任总机械师的中国第一家飞机制造公司——广东机器制造公司，宣告成立。

1910 年 6 月，正在海外奔走革命的孙中山先生观看了冯如的试飞表演后，欣然赞叹："中国大有人在!"在孙中山和众多侨胞的勉励下，冯如又于这年 10 月，造出一架性能更佳的飞机，并亲自驾驶它，创造了当时航程 20 英里、时速 65 英里、高度 700 多英尺的世界纪录。同年，在国际飞行协会举办的飞行竞赛大会上，冯如荣获优等奖。

冯如的名字在欧美广为流传，许多资本家拟出高薪聘任冯如任飞行技术教练，传授专业技术，但都遭到冯如的拒绝，他决心把自己的才智贡献给祖国。1911 年 3 月，冯如一行携带两架自制的飞机和制造飞机的机器抵达香港，请两广总督张鸣岐派了"宝璧"号军舰前来迎接。然而，张鸣岐对同情革命的冯如心怀疑虑，非但不重用，反而严加监视。冯如暗下决心，要投身于建设新中国的斗争之中。

1911 年 10 月，武昌起义爆发了，冯如毅然参加广东革命军，被委任为陆军飞机长，担任中国最早的一支革命空军的领导工作。他还设想组织北伐飞机侦察队，后由于所谓"南北统一"而作罢。1912 年 8 月 25 日，为普及航空技术，唤起社会各界的重视，经广东革命军政府的批准，冯如在广州郊区的燕塘操场再次演试飞机。飞机由燕塘圩口操场凌空升起，飞至高度约 120 米，飞行 5 公里后，由于冯如急于上升，用力过猛，两足浮松，不幸从飞机上坠落下来，身受重伤，于当日下午五时左右去世，年仅 29 岁。

冯如临终前，念念不忘他所献身的航空事业，叮嘱其助手们说：“我死以后，你们千万不要因此失去进取之心。”

为纪念这位中国最早的飞行专家，广东革命军政府决定：“从优照少将阵亡例”给恤冯如，同时将他安葬在黄花岗七十二烈士墓左侧，让这位身怀绝技的爱国科学家陪伴革命党人的英灵。

蔡东藩与《二十四史通俗演义》

蔡东藩，字椿春，浙江萧山临浦镇人，出生于1887年，20岁前中秀才，清末以优贡生朝考入选，调遣江西省以知县候补，到省不久，因不满官场恶习而称病归里。辛亥革命后，经好友邵希雍介绍，和上海会文堂新记书局发生联系，并开始为会文堂撰写《中国历代通俗演义》。1916年，他写的《清史通俗演义》出版后，接着撰写了《元史通俗演义》、《明史通俗演义》、《民国通俗演义》、《宋史通俗演义》、《唐史通俗演义》、《五代史通俗演义》、《南北史通俗演义》、《两晋通俗演义》、《前汉通俗演义》，到1926年9月完成最后一部《后汉通俗演义》。

蔡东藩这部书，上起秦始皇，一直写到1920年，共写了2100余年的历史，全书1040回，500多万字，均由会文堂书局陆续发行。到1935年，会文堂书局又将该书全部改印，冠以《中国历代通俗演义》的总名称，分装44册发行。

这部从秦朝写到民国、系统完整、个人独立完成的历史演义书，的确是气势庞大、前无古人的创举。此书发行后，深为广大读者欢迎，销行量很大，在全国广为风行。

1927年，蔡东藩因病回家，病愈后，他曾在临浦小学任语文教师。抗日战争开始后，临浦沦陷，蔡东藩离乡背井，辗转避难。1945年3月，他满怀国恨家仇与世长辞，终年68岁。

清末民初，正是国事维艰，风雨飘摇的历史大变革时代，许多知识分子力图通过通俗演义小说的形式，利用中国历史上救亡图存的事迹，来激励国民的爱国热情。《中国历代通俗演义》作为蔡东藩第一部，也是最具规模、最有影响的历史演义，就是在这种“演义救国”的思潮影响下写成的。

蔡东藩继承并发展了中国近代吴研人等关于撰写演义体史书的理论，即把握历史真实，以通俗易懂的笔法表现出来，他担心读者虚实难辨，误虚为实，接受不正确的历史知识，因此，他常在正文或批注中作出简明的批斥，做好交待。在求真的基础上，蔡东藩兼采历史小说“文以载事，即以道情”的特点，做到“悟惟以给”，即通过俗而易懂、生动感人的笔法，再现历史的真实。

作为一位强烈的爱国者和热爱民主的知识分子，《中国历代通俗演义》还表达了蔡东藩提倡民主共和、反对专制复辟，痛斥卖国求荣、讴歌五四爱国运动的进步思想。在《民国通俗演义》中，他谴责袁世凯称帝复辟的丑行，热情赞颂《临时约法》，他愤慨北洋政府的卖国求荣，积极支持爱国民主运动。字里行间透出一腔爱国忧民之心，令读者敬佩不已。

《中国历代通俗演义》虽然对历史上的劳苦大众不乏同情之笔，但由于蔡东藩毕竟是资产阶级文史学家，出于阶级的偏见和时代的局限，他对农民起义或少数民族运动，都有不少颠倒是非、横加诬蔑之词；由于受封建史学正史纪传体和断代史史法的影响，这部著作对社会经济情况的变动较少涉及，而过分渲染了帝王将相等统治阶级内部篡窃乱政、王朝递变、社会战乱乃至宫闱秘闻之事。

尽管如此，《中国历代通俗演义》无疑是埋头苦干的老教育家、医生、历史学家与演义作家蔡东藩对祖国文化所作的惊人贡献。他本人虽然饱受书商的剥削与冷遇，备尝坎坷，但这部书在中国近代历史知识的传播上，影响深远，起到了正史“廿四史”所不能替代的独特作用。

陈独秀与《新青年》杂志

《新青年》是中国近代史上最重要的革命报刊之一，它从1915年创办到1926年停刊，历经十年，始终是中国新文化运动的旗手和新思想宣传的主要阵地。作为其创办者和主要撰稿人的陈独秀，也因此声誉鹊起，成为近代史上风云一时的人物。

陈独秀（1879—1942年），字仲甫，安徽怀宁人，早年曾经留学日本。1915年9月，他在上海创办《青年》杂志，自任主编。1917年，陈独秀应蔡元培之聘，担任北京大学文科学长，《新青年》编辑部随之迁往北京，并得以扩大。李大钊、鲁迅、钱玄同、高一涵、胡适、沈尹默等先后成为《新青年》的编辑或主要撰稿人，陈独秀仍担任主编，因此早期的《新青年》主要反映了陈独秀当时的认识和观点。

《新青年》创刊伊始就揭起民主和科学的大旗，向封建主义及其意识形态发起猛攻。在创刊号上，陈独秀发表《敬告青年》一文，提出政治民主、信仰民主、经济民主、社会民主、伦理民主和用科学与理性制定事物的主张，号召青年人“战胜恶社会，而不可为恶社会所征服”，成为《新青年》上第一篇纲领性文章。他大张旗鼓地宣传民主和科学，这是陈独秀的一大贡献。

《新青年》创刊前后，腐朽的封建文学和僵化的文言文仍然统治着中国文学界，严重阻碍着新文化运动的发展，自 1917 年 2 月起，《新青年》又提出了提倡白话文、反对文言文，提倡新文学、反对旧文学的口号，从而举起了“文学革命”的大旗。陈独秀在《新青年》第 2 卷第 6 号上发表了《文学革命论》一文，旗帜鲜明地提出文学革命的三大主张：“推倒雕琢的阿谀的贵族文学，建设平易的抒情的国民文学”；“推倒陈腐的铺张的古典文学，建设新鲜的立诚的写实文学”；“推倒迂晦的艰涩的山林文学，建设明了的通俗的社会文学。”这篇文章成为文学革命的真正宣言书，此后，钱玄同、刘半农等人相继响应，而鲁迅则更以其文学创作表现了文学革命的最高成就。文学革命是新文化运动的重要一翼，它倡导的“人的文学”、“平民文学”和“写实文学”，为中国新文学的诞生奠定了理论基础。

《新青年》对封建势力狂风暴雨般的攻击，震击了整个思想界和舆论界，引起封建卫道士们的极端仇视。新旧思潮的大激战猛烈地展开了。1919 年 1 月，《新青年》6 卷 1 号发表了陈独秀执笔的《本志罪案之答辩书》，义正辞严地回答了整个封建势力的非难，对《新青年》创刊以来的宣传作了一个实际上的总结。

新文化运动从《新青年》提倡文学革命起，实际上形成了一个以该刊编辑部为中心的统一战线。1919 年 1 月，《新青年》成立编辑委员会，由具有初步共产主义思想的知识分子、小资产阶级知识分子和资产阶级知识分子三部分人组成，实行轮流编辑制。李大钊利用他负责 6 卷 5 号编辑的机会编成了“马克思研究专号”。从此，《新青年》逐渐转变为宣传马克思主义的刊物。

1919 年 12 月，陈独秀在《新青年》7 卷 1 号发表

《本志宣言》，继承了过去《新青年》的民主主义精神，又确立了社会主义的办刊方向。1920 年 9 月，《新青年》从 8 卷 1 号起，改组为中国共产党上海发起组的机关刊物，陈独秀在这一号上发表《谈政治》一文，从此开始积极宣传马克思主义。

作为反封建专制斗争的主将和急先锋，陈独秀凭借《新青年》向封建壁垒发起了猛烈冲击，在新文化运动的史册上，功不可没；在革命知识分子中赢得了很高的威望，同李大钊一起被誉为“南陈北李”，成为当时进步思想界的领袖和党的创始人之一。《新青年》哺育了整整一代青年，陈独秀也因此而名垂青史。

护法战争

袁世凯死后，北洋军阀内部分为直系、皖系两大派。皖系以安徽合肥人段祺瑞为头子，控制着北方各省和安徽、浙江、福建等省。直系以直隶河间人冯国璋为头子（冯死后是曹锟、吴佩孚），控制着直隶和长江中下游的湖北、江西、江苏等省。稍后，以奉天人张作霖为头子的奉系军阀也发展成为一大派系，控制了东北三省。此外，还有像阎锡山、张勋、唐继尧、陆荣迁等地方小军阀。当时，全国除南方六省外，几乎都直接处在北洋军阀的控制之下。

段祺瑞虽然没能达到使黎元洪“代行”总统的目的，他自己则以内阁总理的身份控制了北京的军政大权。段祺瑞成为中国社会的最高主宰者。皖系军阀的统治，实际上是袁世凯统治的继续。

帝国主义各国为了各自在华的利益，分别支持某一派系。英美帝国主义扶植直系军阀和同直系接近的南方军阀；日本帝国主义则扶植控制皖系军阀和奉系军阀。从此，中国出现了军阀割据的局面。军阀混战，战火不息，人民再次陷入水深火热之中。1917 年 2 月，第一次世界大战后期，中国在是否参战问题上发生了一场所谓的“府院之争”。（“府”，是指黎元洪的总统府；“院”，是指段祺瑞的国务院），闹得不可开交。由此还演出了一场张勋拥清废帝复辟的丑剧。

1917年6月，张勋以十三省“盟主”的身份，利用调停“府院之争”的名义，带领5000名“辫子兵”由徐州北上，随之进入北京，逼令黎元洪辞职。黎元洪辞职后，张勋等人经过一番策划，在7月1日这天，拥13岁的清朝末代皇帝溥仪复位，复辟丑剧正式开始。霎时间，整个北京乌烟瘴气，满清的遗老、遗少又重见天日，一个个登台进行表演。就在这时，段祺瑞乘全国人民强烈反对复辟之机，带兵进入北京。刚一交战，张勋的“辫子兵”便溃不成军。张勋战败后逃入荷兰使馆。7月12日，溥仪再次宣布退位。仅12天的复辟丑剧就此收场，复辟分子纷纷作鸟兽散。段祺就此控制了中央政权。

张勋拥清废帝复辟的丑剧刚一上演，便激怒了正在上海的孙中山，他立即偕廖仲恺、朱执信、何香凝、章太炎等人乘“海琛号”军舰从上海南下，准备在南方组织武力讨伐。还没到广州，复辟丑剧便告结束。接着便传来段祺瑞成立临时参议院，抛弃《临时约法》取消国会的消息。孙中山立即给段祺瑞打电报，要求恢复《临时约法》和国会。段祺瑞却不理睬孙中山的要求，以“再造共和”的英雄自居，说以前的民国已经被推翻了，初解散的旧国会已不能再召集，《临时约法》也早已无效。

看到段祺瑞一意孤行，孙中山怒不可遏。要知道《临时约法》和国会是民国的象征，废弃约法和国会，就是对民国的背叛，就是对辛亥革命光辉业绩的否定，这是孙中山绝不容许的。孙中山一到广州，连夜便发表演说。接着他深有感触地说："中国搞了六年共和，人民却没有得到共和的好处。这不是共和不好，而是掌握的人不好，是他们打着共和的旗号，实行真正的专制造成的。我们现在维护约法，恢复国会，就是为了打倒假共和，实行真共和。"

孙中山的护法号召，首选得到海军的积极响应。7 月 12 日，前北京政府海军部长程壁光发表了拥护护法的宣言，宣告海军独立，随后率海军第一舰队开赴广东。这时候，150 多国会议员也从北京南下到了广州参加护法运动。因为不足法定人数，孙中山就采用了"非常国会"的名称召开会议。会议通过了《中华民国军政府组织大纲》，大纲规定：军政府的目的是"勘定叛乱，恢复临时约法。"9 月 1 日"非常国会"选举孙中山为大元帅，唐继尧和陆荣廷为元帅，成立军政府，与北京段祺瑞政府相对立。10 日，孙中山宣誓就职，表示要尽力攘除段祺瑞等民国叛逆，恢复《临时约法》，随后孙中山以大元帅名义下令北上讨伐段祺瑞，北伐军迅速组成。维护《临时约法》、恢复国会的护法战争就此爆发。

陆荣廷和唐继尧作为独霸一方的军阀，早就对段祺瑞武力统一全国，限制他们的扩张，大权独揽的行为极为不满。那个时候南方军阀和北方军阀早已对立。现在，孙中山发起护法战争，他们响应参加，目的只是为了保住和扩大自己的地盘，便于和段祺瑞讨价还价。孙中山为了争取他们的支持，一再向他们让步，加上段祺瑞那头剑拔弩张威胁以武力解决，陆荣廷和唐继尧才决定参加护法战争，但极为勉强。

段祺瑞听得孙中山发动护法战争的消息后，立即下令通缉他，并打算立即派军队从湖南方面向两广进攻。但是长江中下游各省是冯国璋直系军阀的势力范围。北洋军由湖南向南打，势必会扩大直系的地盘。直系很可能会和南方军阀联合起来对付皖系，段祺瑞为此左右为难。最后，他决定派他的亲信傅良佐为湖南督军，带领军队到长沙把原来的省长兼督军谭延闿本来就倾向桂系军阀陆荣廷，这时他立即向陆荣廷、唐继尧通电，请求派军援助，自己也化装出了湖南。湖南地方势力首领林修梅、刘建藩顺势宣布“自主”，但是他们的军队力量不强。

陆荣廷看到湖南力量无法抵抗北洋军的进攻，他一改开始时的被动态度，紧急召开南宁会议。提出恢复国会、迎接黎元洪再当总统、罢免段祺瑞、撤回傅良佐等四项主张，推举广西督军谭浩明为护法军总司令，誓师增援湖南。孙中山很高兴，立即组织湘、粤、桂护法联军，抵抗北洋军。

不料，北洋军内部却起了内讧。直系的王汝贤、范国璋两个师不愿为段祺瑞出力，作战非常消极。在衡阳、宝庆等地和护法军打了几个小仗后，王汝贤、范国璋便发表通电，说他们不愿打内战，主张“和平解决”。段祺瑞派去的湖南督军傅良佐见势不妙，抽身逃走了。这时湖南人民也自动联合起来驱赶北洋军，护法军乘势向北推进。护法战争旗开得胜。

湖南失败的消息传来，段祺瑞又急又气。不得不“引咎”辞职，暗地里却鼓动部下反对冯国璋，冯国璋接受了段祺瑞的辞呈，任命倾向直系的王士珍为总理，组成新内阁。这时桂系军阀分别控制了湘川两省后，私利有所满足，便与直系军阀实行妥协，他们不顾孙中山的反对，通电主和。次年2月中旬，他们又与北京政府达成协议，停战两周，使北洋军阀获得喘息的机会。

1918年3月，由段祺瑞主持着，制造了一个新的“国会”。冯国璋被迫辞职。接着，段系国会选出了清朝老官僚徐世昌为总统，实权则一直在段祺瑞手里。

与此同时，直系为避免孤立，早就和南方军阀勾搭起来，亲如兄弟。南方军阀从此不提讨伐之事。不仅如此，他们还伙同一批政客分裂护法军政府，排斥孙中山。他们不但不实行孙中山的革命主张，而且还有意排挤孙中山的势力，不让孙中山掌握武装。拥护孙中山的海军总长程璧光在广州被暗杀，孙中山直属的警卫部队官兵也常常被人暗中捕杀。孙中山领导的军政府的经费、兵员都遇到困难，军政府大权完全操在掌握军队的陆荣廷和唐继尧手里。1918 年 5 月，陆荣廷、唐继尧操纵的非常国会作出决定，准备取消大元帅一长制，改为七总裁合议制，并由老官僚岑春煊担任主席总裁，只让孙中山当七总裁之一。孙中山痛切地认识到依靠军阀是不可能达到护法的目的，于是便于 5 月 4 日愤而辞职。他在辞职通电中说：“我国最大的祸害是军阀们争权夺利，南与北如一丘之貉，没有什么差别。”

辞职后的孙中山很快便离开广州，到了上海。孙中山一离广州，南北军阀便进行了和平谈判。护法运动在南北军阀的破坏下失败了。中国政局仍然在各派军阀的纷争中动荡不安。

护法运动是辛亥革命后资产阶级反对专制主义斗争的继续，具有积极意义。但它仅仅是为了恢复《临时约法》和国会，而所依靠的又是没有护法诚意的西南军阀，和毫无群众基础并为政学系所控制的国会，使护法运动限于少数势力范围之内。因此，其最终失败是必然的。

中国现代

中国现代史的开端始自1919年“五四”运动。五四反帝、反封建革命运动，是在俄国十月革命影响下发生的，具有初步共产主义觉悟的知识分子成为运动的领导骨干，工人运动成为运动的主力军。马克思主义与工人运动相结合，为中国共产党的成立奠定了基础。

“五四”运动之后，中国由资产阶级领导的旧民主主义革命，开始转变为无产阶级领导的新民主主义革命。李大钊、陈独秀、毛泽东等革命先驱先后在各地创立共产主义小组，在他们的努力下，中国共产党于1921年7月成立。自从有了中国共产党，中国开辟了新纪元。

中国共产党成立后，确定了反帝反封建革命纲领，实现了与孙中山领导的国民党的合作，建立了革命统一战线，掀起了如火如荼的大革命运动。孙中山去世后，由于蒋介石反动集团的叛变和陈独秀右倾机会主义在党内蔓延，大革命惨遭失败。在这危急时刻，中国共产党中央于1927年召开了“八·七会议”，及时纠正了错误，并决定开展土地革命。

为挽救革命失败，把中国革命推进新的阶段，周恩来、贺龙、朱德等人领导了八一南昌起义。同年10月，毛泽东领导秋收起义部队进军井冈山，开创了建立农村根据地，以农村包围城市的正确道路。在这一方针的指导下，红军多次粉碎了国民党军事围剿，各地根据地和红军不断扩大。但由于王明左倾错误路线的危害，红军损失惨重被迫放弃南方根据地，开始了二万五千里长征。1935年1月，中共中央召开遵义会议，确定了毛泽东在党内的领导地位。同年10月，红军到达陕北。1936年10月，红军三大主力会师。

抗日战争爆发后，经过与国民党协议，红军和南方游击队改编为八路军、新四军开赴抗日前线，取得了平型关大捷、百团大战等一系列的胜利。我军积极配合国民党部队正面战场，在敌后开展游击战争，力量不断壮大。

八年抗战结束后，国共两党重庆谈判，签订了双十协定。不久，蒋介石倒行逆施，发动了全面内战。经过三年浴血奋战，人民解放军取得了决定性胜利。解放南京后，宣告国民党反动统治在中国的结束，蒋介石退逃台湾。

1949 年 10 月 1 日，中华人民共和国成立，标志着新民主主义革命阶段基本结束，结束了百余年半殖民地半封建的社会制度。

五四爱国运动

早在 19 世纪，德国侵略者就用武力强占了中国的胶州湾，后来又逼迫清政府订立不平等条约，使山东成为他们的势力范围。1914 年第一次世界大战爆发后，日本借口对德宣战，出兵控制了山东省，夺去德国在山东的各种权

益，1915 年又向北京政府提出灭亡中国的“二十一条”，几乎全被袁世凯接受，日本政府吞食中国的野心越来越强。

1918 年 11 月间欧战结束了。巴黎和会召开前，美国总统威尔逊发表了国会演说，提出一切殖民地的处置，应顾全各殖民地居民的利益，而且大小国家都要互相保证政治自由和领土完整。这样，中国作为战胜国之一，就有权收回被德国占领的土地，因而对巴黎和会抱着很大的希望。但日本代表在会上却提出极其荒谬的无理要求：欧战结束前，德国在胶州、青岛的特权，包括铁路矿产海底电缆等一切动产和不动产以及筑路开矿权，均将无条件归日本所有。

日本之所以能提出这种无理的要求，是因段祺瑞上台后，仍充当日本走狗。1918 年 9 月派驻日公使章宗祥和日本政府交换了“山东问题的秘密换文”，使得日本在山东占有的权利超越了德国。在和会上，日本代表就是以“山东问题的秘密换文”为借口，提出的无理要求。巴黎和会本是列强战胜的分赃会，竟同意了日本的无理要求，而段祺瑞的代表陆征祥也准备签字认帐。这一卖国行径很快被留日学生披露，通电全国。

消息传到国内，举国震惊。郁积在人民心中的愤怒已不能容忍。4月下旬，北京天津街头出现了欧美归国留学生组织的社会服务团，公开发起“废除军阀”、“打倒列强”等救国宣传运动。

5月2日，济南3000名工人集聚在北岗子举行讲演会，要求收回青岛。5月3日北京国民外交协会开会，决定在5月7日召开国民大会，通电全国各地各界共同行动，阻止北京政府代表签约。

5月3日晚，北京大学法科礼堂挤满了学生，除北大全体学生外，还有北京高师等校学生。北大学生代表邓中夏站到讲台上说：“同学们，不能再等待，段祺瑞政府是个卖国政府，只会讨好日本主子。我们明天下午1点各校到天安门前集合，举行学界大示威，直接唤起民众，制止签约!”

1919年5月4日下午1点，北京大学高师等13所大专院校3000多名爱国学生汇集到天安门城楼下，像潮水般地涌向外国使馆区东郊民巷，他们高呼：“还我山东!”、“保我主权!”、“外拿国权，内惩国贼”、“取消卖国的二十一条!”、“拒绝和约签字”等等，开始了声势浩大的示威游行。

当游行队伍被使馆区的警察拦阻时，学生立即转向赵家楼找曹汝霖算帐。赵家楼曹公馆挤满了人，“诛卖国贼曹汝霖、章宗祥、陆宗舆”的怒吼声震天动地。正巧，曹汝霖和章宗祥两人刚从总统府饮宴回来不久。二贼吓得面无人色，体似筛糠，二贼战战兢兢地溜到后院大墙下，企图越墙逃走。曹汝霖在四个仆人的帮助下越墙逃走，章宗祥不敢翻墙，正急得团团转时，被冲进来的学生发现，一把揪住，痛打起来，打得章宗祥跪地求饶。

学生痛打了章宗祥，但没有抓住曹汝霖，心头怒火难平，放火把曹汝霖家烧了。

爱国学生痛打章宗祥、火烧赵家楼，北京民众无不拍手称快。但北洋军阀段祺瑞竟下令逮捕闹事学生，抓走了30多名爱国学生。这更激起北京民众的抗议。第二天，北京街头出现了《北京市民宣言》，支持学生的爱国行动，要求集会和言论自由。陈独秀、李大钊等亲自撰写声援学生的文章。北京大学开始罢课，并通电全国各界，请求声援。上海、天津、济南、南京、武汉等城市的民众先后集合，抗议政府，声援学生。上海工商界率先罢工罢市、抵制洋货。从6月5日起，上海工人自发举行声援学生的罢工，罢工工人约六七万人。斗争如燎原之火蔓延全国，迅速发展到20多个省区、100多个城市。工厂工人罢工，汽车抛锚，铁路和码头瘫痪，并向全国各地扩大。

“五四”爱国运动的中心由北京转到上海，运动主力由学生转成工人，全国性的反帝反封建运动迅速形成。北京政府为形势所迫不得不免去曹汝霖、章宗祥、陆宗舆三人的职务，释放被捕的学生。6月27日，旅法华工、留学生、华侨数百人前往中国政府总代表陆征祥所住医院，要求拒签和约。第二天中国代表终于没有出席巴黎和约的签字仪式。这样，在全国人民支援下，五四运动取得了胜利，这是中国人民在反帝斗争中取得的第一次胜利。

“五四”运动是中国人民彻底的反对帝国反对封建主义的爱国运动。由此掀开了中国历史的新篇章，中国无产阶级开始作为一个独立的阶级登上了历史舞台，同时，五四运动也使马克思主义在中国获得广泛传播，在政治上和组织上为中国共产党的建立作准备，这标志着比中国资产阶级旧民主主义革命气势更为波澜壮阔的中国新民主主义革命开始了，中国革命从此进入了一个新的历史时期。

中共上海召开“一大”

五四爱国运动以前，中国知道马克思主义的人极少，经过五四爱国运动，了解马克思主义的人愈来愈多了。他们办刊物，宣传马克思主义。李大钊在北京《晨报》上开辟了“马克思研究”；陈独秀、李达在上海创办《共产党》月刊；毛泽东等人在湖南主办《湘江评论》；周恩来等人在天津组织了觉悟社，编辑《觉悟》杂志。

中国的先进知识分子在斗争中认识到，要彻底改造中国，必须有无产阶级政党的领导。1920 年初，陈独秀、李大钊等就开始了建党的探索和酝酿。这年夏天，在共产国际的帮助下，陈独秀在上海建立了中国第一个共产主义小组，定名为中国共产党。不久各地也先后建立起共产主义小组，这些都是中国共产党的早期组织。这些共产主义小组成立后，就开始有计划、有组织地传播马克思主义，并到工人中去开展宣传和组织工作，从而进一步促进了马克思主义同中国工人运动的结合。

1921 年 1 月李大钊著文公开呼吁创建统一的工人阶级政党。这一年的 3 月，各地共产主义小组的代表举行了一次会议，并以会议的名义发表了“关于我们的目标和原则的共同声明”。这次会议还制定了临时纲领。这样，在中国建立统一的无产阶级政党——中国共产党的条件日趋成熟了。

各地方党组织的建立促进了马克思主义在中国的传播，为了有效地开展活动，建立统一的中国共产党的领导，各地代表于 1921 年 7 月赶赴上海参加中国共产党第一次全国代表大会。这些代表中有来自湖南的毛泽东、何叔衡，来自湖北的董必武、陈潭秋，来自山东的王烬美、邓恩铭等。还有上海的李达、李汉俊等。这些代表共 13 人，代表着全国各地 53 名共产党员。此外，两位外国同志也来到上海列席会议。一位是共产国际的代表马林，另一位是赤色职工国际工会的代表尼科尔斯基。

1921 年 7 月 23 日晚上，代表大会在上海法租界望志路 106 号博文女子学校开幕。在那个时候，搞共产、搞革命都是要坐牢杀头的，所以代表大会只能秘密召开。过了一天，正巧上海代表李汉俊的哥哥李书城出门去了，于是，大会就迁到他的家里举行。本来商定，为了避免被法租界巡捕发现，大会要每天换个地方举行。但是，大家集中精神讨论问题，一时又找不到更换的地方，所以在李汉俊哥哥家一连开了几天会。共产国际的代表马林是有过地下斗争经验的，他说："我们在这里一连开了几个晚上的会，巡捕一定注意了，明晚一定要换个地方。"但是有几个中国代表缺乏经验，说："反正明天再开一次就可以结束了，大概不会有什么事的。"所以，仍决定在这里召开最后一次会。

7 月 30 日是最后一次会议，这天晚上，会议刚开始，突然一个穿长衫的中年男子闯进客厅，他朝室内张望了一下，连连说："对不起，我走错了。"说完就急忙退了出去。陌生人一走，马林立刻站起来说："这人一定是侦探，我建议立即休会。大家分别离开。"代表们马上收拾文件，离开了客厅。那时候，上海的石库门房子平时不开大门，只走后门。如果这人真是侦探，后门一定有人监视。所以大家索性打开大门出去，果然没有发生意外。李汉俊算是房子的主人，就留下来与另一个代表喝着茶，装着无事闲聊。

果然，代表们走了不到一刻钟，开来了一辆警车，一批法国巡捕和中国“包打听”跳下车把房子包围住。他们一拥上楼，见房间里只有两个人。为首的一个人气势汹汹地问：“你们刚才要开什么会?”李汉俊用法语回答说：“刚才不是开会，而是北京大学的几位教授和学生在这里谈编辑刊物的事。”

法国巡捕见问不出什么，便不许李汉俊等离开座位，还不许他们说话和喝茶。接着，便在屋里搜查起来。搜查了一个多钟头，各个角落都翻遍了，他们似乎没有找到什么感兴趣的东西。于是，一个法国巡捕指着书架上的书又问李汉俊道：“为什么有这么多社会主义的书?”李汉俊回答说。“我兼任商务印书馆的编辑，什么书都要看。”

法国巡捕从李汉俊的答话中，找不出什么破绽来。后来，法国巡捕又听到说这里是李书城的公馆（李书城在当时是政界的有名人物），也不敢多纠缠，查不出个究竟来，也就只好离开了。

这场风险总算过去了。但是，代表大会还没有结束。最后一天的会到哪里去开呢？有位代表忽然想起李达的夫人是嘉兴人，就提议可以到离上海约 100 里的嘉兴县去开。经过商量，31 日清晨李达夫人就乘火车赴嘉兴，在城旁的游览地南湖雇了一只大游船等候大家，代表们则乘下一班车到那里去。

通过这些天的紧张讨论，大会通过了中国共产党的第一个党纲，党纲确定党的名称为中国共产党。党的奋斗目标是，推翻资产阶级，在中国建立无产阶级专政和实现共产主义。党的中心工作是，组织和领导工人运动。大会成立了党的领导机关——中央局，选举陈独秀为中央局书记，李达为宣传主任，并决定建立党的地方组织。

中国共产党第一次全国代表大会，宣告了中国共产党的诞生。中国共产党的成立，是中国现代史上最重大的历史事件。自鸦片战争以来，为完成民主革命，中国人民同帝国主义、封建主义进行了长期顽强的斗争，但都没能完成中国民主革命的任务。历史的发展迫切需要一个新的革命阶级组织，一个新的政党来承担这一任务。中国共产党一成立，就以马克思主义为武器，领导全国人民在一个新的起点上开始了民主革命斗争，使中国革命的面目焕然一新。

风起云涌的工人运动

在中国共产党第一次全国代表大会上，确定了党的中心工作是组织和领导工人运动。为了大力开展工人运动。1921 年 8 月，成立了中国劳动组合书记部，作为领导工人运动的机关。书记部为指导工人运动，出版了《劳动周刊》，开设了工人夜校，向工人群众进行马克思主义宣传，建立工会组织，领导各地工人进行斗争。从 1922 年 1 月到 1923 年 2 月，出现了中国历史上第一次工人运动高潮。

工人运动高潮的起点是 1922 年 1 月的香港海员大罢工。1921 年 3 月，在苏兆征、林伟民等领导下，成立了海员工会——中华海员工业联合总会。1922 年 1 月 12 日，为反抗英国资本家压迫，要求增加工资，工会领导海员举行罢工，各国轮船上的中国香港海员一致罢工，并很快波及到新加坡、汕头、上海等地。1 月底，香港运输工人举行同情罢工，使罢工人数增加到3万多人。3月1日，全市工人举行总同盟罢工。3月4日，罢工群众回广州，当到达九龙附近的沙田时，驻在该地的英国军警竟开枪射击，死6人，伤数百人，造成“沙田惨案”。香港海员的罢工斗争，得到了全国工人的援助。京奉、京汉、陇海、正太、京绥等铁路工人发起“香港海员罢工北方后援会”，多次举行声援大会。国外华侨纷纷捐款，许多国家的工会也发来慰问电。香港海员罢工斗争，终于迫使帝国主义及资本家屈服。3月6日，港英当局取消2月1日封闭海员工会的命令，送回工会招牌，释放被捕工人，答应优恤沙田惨案死难工人，同意增加工资15—30%。

在香港海员罢工的胜利鼓舞下，上海工人也展开罢工斗争。1922年3月下旬，上海的海员为要求增加工资举行罢工；4月16日，上海日华纱厂3800名工人，为要求增加工资举行罢工；4月24日，上海邮务工人700多人因反对增加保证金和储蓄金，要求增加工资、减少工作时间而举行罢工。

为加强对工人运动的领导，1922年5月1日，中国共产党在广州召开第一次全国劳动大会。出席大会代表162人，代表12个城市100多个工会和30余万会员。大会讨论了工人参加民主革命、关于成立全国总工会和对工人阶级进行社会主义教育等问题；宣布拥护中国共产党提出的“打倒帝国主义”、“打倒军阀”的口号；通过8小时工作制、罢工援助案；决定在全国总工会成立前以中国劳动组合书记部为全国总通讯机关。大会后的7—8月间，中国劳动组合书记部发起了劳动立法运动。

第一次全国劳动大会后，出现了全国工人运动的高潮。从1922年7月至1923年2月，有汉阳兵工厂工人、上海丝厂女工、日华纱厂工人等规模不同的各种罢工斗争。其中，以安源路矿工人大罢工、开滦煤矿工人大罢工和京汉铁路工人大罢工的规模最大。安源煤矿是德、日帝国主义直接控制下的企业，共有1.2万多工人，株萍铁路有4500多工人。1921年冬以后，毛泽东、李立三、蒋先云、毛泽民等先后到安源开展工人运动，建立了党团组织，成立了工人俱乐部。1922年秋，因矿局拖欠工资，工人俱乐部领导工人酝酿罢工。9月14日，在李立三、刘少奇的领导下，安源路矿1.7万工人，高呼“从前是牛马，现在要做人”的口号，举行罢工，同时发布宣言，提出保证工人政治权利，改良待遇和增加工资等17项条件。由于党的正确领导，工人们团结一致，罢工的第5天，路矿当局被迫接受工人提出的条件，罢工取得完全胜利。

开滦煤矿原是中国政府独立经营的企业，后为中英合办，实际上成了英帝国主义的企业。开滦矿由唐山、赵各庄、林西、马家沟、唐家庄五矿组成，矿工5万余人。工人每日劳动长达16小时，工资收入很低，生活异常困苦。10月23日，因矿局拒绝承认工会和增加工资的要求，唐山、林西、赵各庄、唐家庄四矿同时罢工，26日，马家沟工人也举行罢工，使全矿区陷于停顿。英帝国主义和直隶当局联合镇压工人罢工，强令解散工人纠察队，封闭工会，逮捕中国劳动组合书记部特派员彭永和。11月16日，工人们在矿局同意增加少许工资的情况下，勉强复工。

1923年2月，京汉铁路工人发动了政治大罢工。2月1日，京汉路工人在郑州举行京汉铁路总工会成立大会，并邀请全国各工会及各界代表参加典礼。2月1日晨，郑州全市戒严，军警荷枪实弹，形势非常紧张。大会代表及来宾不为武力所屈，相持两小时之久，全场高呼“京汉铁路总工会万岁！”“劳动阶级胜利万岁！”下午4时宣布散会时，代表及来宾完全失去自由，总工会会所也为军警所占。总工会于当晚举行秘密会议，决定4日全路总罢工，号召工人“为争自由而战”、“为争人权而战”，提出撤办肇事者赵继贤、冯云、黄殿辰等人及赔偿损失等5项要求，作为复工条件。

2月4日，京汉铁路全体工人总同盟一声罢工令下，全路所有客车、货车、军车一律停驶。罢工后，工人一切行动听从总工会指挥，并组织了纠察队、调查队，使罢工有条不紊地进行。

京汉铁路工人罢工，使帝国主义和军阀极为恐慌。北京帝国主义公使团召集紧急会议，向北京军阀政府提出严重警告，唆使其压迫工人。外国资本家与直系军阀相勾结，联合镇压工人运动。2月7日，直系军阀吴佩孚于汉口、郑州、长辛店等地，对罢工工人进行了血腥的屠杀。在京汉南北各站，12小时内，有50人惨遭杀害，100多人被捕入狱，500多人受伤，1000多人被开除。京汉铁路总工会江岸分会委员长、共产党员林祥谦被捕后，被敌人绑在电线杆上，肖耀南的参谋长张厚生命令刽子手向他连砍数刀，强迫他下令复工。林祥谦毫不屈服，忍痛高呼："此事乃全路3万人生死存亡所系，我分会非得总工会命令不得开工。头可断，工不可开！"他英勇不屈，壮烈牺牲，表现了中国工人阶级先进战士的忠贞气节。武汉工团联合会法律顾问施洋（共产党员）也被捕，2月15日牺牲于武昌。

中国劳动组合书记部在罢工开始时，就发表了“告工团书”，指出京汉铁路工人争取自由、反抗军阀斗争的正义性。惨案发生后，全国各工团、各群众团体、积极支援京汉铁路工人斗争。共产国际、海参崴工团总会和日本劳动总同盟发来电报，向英勇奋战的中国铁路工人，表示同情和慰问，并向中国反动政府提出严重抗议。

2 月 7 日以后，反动军阀继续用高压手段，强迫复工，各帝国主义在武汉的海军也全数登岸。2 月 9 日，京汉铁路总工会和武汉工团联合会为保存力量，准备将来更大的斗争，劝告工人复工。从此，全国工人运动暂时转入低潮。

从香港海员工人到京汉铁路工人的一系列罢工斗争，充分显示了中国工人阶级反对帝国主义和封建军阀的主动精神和伟大力量，无可辩驳地证明了他们在中国民族民主革命中的主力军的地位，从而大大提高了中国工人阶级的政党——中国共产党在全国人民中的政治威信。

孙中山改组国民党

1921年5月5日，孙中山就任非常大总统，再揭护法旗帜，准备北伐。桂系军阀退出广东，并不甘心失败，仍威胁和骚扰广东，成为孙中山北伐的主要障碍。6月下旬，孙中山委陈炯明为讨桂军总司令，出兵讨伐陆荣廷。经3个月的攻击作战，粤军先后占领了梧州、南宁、桂林、龙州等地，陆荣廷取道越南河内逃跑，两广统一。10月，孙中山到达广西。12月，在桂林组织大本营，计划组织3个军的兵力，北向中原。

1922年初，孙中山为了集中力量打击最主要的敌人，遂与奉、皖结成反直三角同盟，并将滇、桂各军集中韶关，以韶关为大本营，准备取道江西北伐。5月6日，孙中山在韶关誓师。从5月中旬到下旬，北伐军势如破竹，先后占领新城、崇义、信丰、龙南等县。6月5日，北伐军占领赣州；8 日，赣督陈光远向北洋军阀政府辞职。北伐军乘胜前进，连占万安、大和，直逼吉安。

在北伐军胜利进军中，广州发生了陈炯明叛乱。陈炯明在护国运动中参加反袁斗争，组织粤军，自任总司令，第一次护法中任援闽粤军总司令。在两次粤桂战争中，野心勃勃，企图称霸广东，并与直系勾结，对孙中山的革命事业处处牵制。由于后方不稳，孙中山临时决定在桂各军反粤，4 月 19 日，孙中山下令罢免陈炯明粤军总司令及广东省长及内务总长职，保留陆军总长职务，23 日，孙中山回到广州，坐镇指挥北伐。为稳定广东局势，孙中山两次派人赴惠州迎接陈炯明回省“共商北伐大计”，均遭陈拒绝。在暗中，陈却同陈光远密电往来，相约夹攻北伐军。5 月中旬，陈炯明部下叶举率部从广西回粤，以“清君侧”为名，进抵广州。

6 月 12 日，孙中山召集广州报界举行谈话会，揭露陈炯明阴谋，勒令叶举部撤离广州。叶举却在陈炯明的指示下，于6 月 15 日，公然发出通电，要求孙中山下野，并派兵包围总统府，孙中山在枪林弹雨中出走，登上泊于白鹅潭之楚豫舰，随后，宋庆龄也脱险，于次日赴黄埔与孙中山会合，转登永丰舰。孙中山在军舰上指挥海军与叛军战斗，并电令北伐军回师靖难。6 月下旬，北伐军分两路回师，在韶关、翁源一带为陈军所阻，无法及时救援。8 月 9 日，孙中山离开广州回上海，第二次护法运动又失败了。

陈炯明叛乱，对孙中山是一个很大打击。依靠一部分军阀去反对另一部分军阀，以达到恢复“临时约法”的目的，这是他失败的重要原因之一；另一方面，在五四时期，在中国人民反帝反封建的怒潮中，以恢复约法相号召，显然已经不能适应斗争的需要了，因而护法运动不能得到群众的支持，其失败是不可避免的。孙中山决心寻求新的力量、新的途径，继续奋斗。

与此同时，中国共产党人从京汉铁路大罢工失败的事实中看到：在半殖民地半封建的中国，工人阶级虽然有坚强的革命性，但人数毕竟比较少，如果不团结一切可以团结的力量，结成最广泛的统一战线，党就不可能把中国革命引向胜利。

1922 年，中国共产党发表对时局的主张，赞扬孙中山坚持民主革命的精神。同时向他说明，革命必须依靠人民的力量，并指出他依靠军阀打军阀的错误，也指出国民党组织混乱、纲领不清、作风不正的毛病。中国共产党派李大钊等帮助孙中山，苏联也向孙中山建议，要他建立联合工农群众的政党和革命武装。

孙中山早就对俄国十月革命和中国五四运动表示赞赏，现在见到共产党人这样诚恳热情，十分受感动。他和李大钊经常促膝谈心，废寝忘食。经过深思熟虑，他接受了中国共产党的政治主张和苏联的建议，欢迎两党合作，同时也认识到，要取得革命的成功，必须依靠广大人民，特别是工农群众，在国际上也要有像苏俄那样真心支持中国革命的国家的援助。孙中山决心改组国民党。

1922 年秋，孙中山在上海召集有共产党员参加的会议，研究改组国民党的计划，起草改组国民党的宣言、党纲和党章。1923 年元旦，他发表了《中国国民党宣言》，明确表示：革命事业“由民众发之，亦由民众成立”。

这年 1 月，占据广州的陈炯明被滇军和桂军中一部分拥护革命的队伍赶出广州。孙中山重抵广州，建立了大元帅府。许多共产党人也云集这座南方重镇，广东成了革命的大本营。

6 月 12 日至 20 日，中国共产党在广州召开党的第三次全国代表大会，对国共合作的方针和办法作出了正式决定。党的三大正确地估计了孙中山的革命立场和国民党进行改组的可能性，决定共产党员以个人身份加入国民党，用这种形式实现国共合作。当孙中山夫人宋庆龄问，“为什么需要共产党加入国民党”时，孙中山回答说：“国民党正在堕落中死亡，因此要救活它就需要新血液。”

10月初，应孙中山的邀请，苏联代表鲍罗廷到达广州，苏联政府还给予广州政府军事和物资援助。不久后，孙中山在给蒋介石的信中斩钉截铁地说：“我党今后之革命，非以俄为师，断无成就。”国民党改组很快进入实行阶段。到了11月，孙中山宣布了改组国民党的决定。他勇敢地自我批评说：“看一看以往十年的实际成绩，我不能不认为是失败的。国民党想要取得成功，必须改组，要有鲜明的主义，切实的政策，要争取民众的支持；在组织上要去恶留良，克服腐败现象。”于是，国民党开始重新登记党员，整顿各级组织，建立讲习所训练干部。李大钊等共产党员参加了这项工作。

1924年1月20日至30日，国民党第一次全国代表大会在广州召开。165名代表中，共产党员占了14%。孙中山担任大会主席，李大钊被孙中山指定为大会主席团成员，谭平山（共产党员）代表国民党临时中央执行委员会向大会作了工作报告。毛泽东、林伯渠、瞿秋白等共产党员也参加了大会的领导工作。

孙中山在会上耐心地向代表们重新解释了他的三民主义。他说，他的“新三民主义”（民族主义、民权主义和民生主义）和旧的三民主义不一样的。他的民族主义是反对帝国主义求得整个中国的解放，而国内各民族应一律平等。他的民权主义主张凡革命的个人和团体，都享有自由和权利。他的民生主义，除了“平均地权”以外，又增加了“节制资本”。为了实行新三民主义，孙中山提出了联俄、联共、扶助农工三大政策。这是孙中山新三民主义的最重要标志，也是他一生中伟大的转变。

经过选举，成立了中国国民党中央执行委员会，包括胡汉民、汪精卫、廖仲恺、于右任等老国民党员。共产党员李大钊、谭平山、毛泽东、林祖涵、瞿秋白等10人当选为中央执行委员或候补执行委员，约占委员总数的1/4。

大会确定的新三民主义，其基本原则同中国共产党在民主革命阶段的政治纲领的若干原则基本一致，从而成为国共两党合作的政治基础。国民党第一次全国代表大会的召开，标志着国共两党和各革命阶级的统一战线的正式建立。

孙中山改组了国民党，国共合作得以实现。此后，以广州为中心，汇集了全国的革命力量，很快开创了一个反对帝国主义和封建军阀的革命新局面。中国共产党党员加入国民党后，在全各地积极创立和发展国民党的组织。自京汉铁路大罢工失败后一度消沉的工人运动，在国共合作的促进下，主要是在共产党人的领导下，逐渐恢复和发展。特别是在广东革命政府统辖的地区内，工农运动取得合法存在的权利，更有了突飞猛进的发展。

自从和中国共产党以及苏联有了联系后，孙中山便决定建立一支革命军队。本来，孙中山手下也有不少军队，但这些都是旧军队，不听指挥。孙中山在长时期内依靠旧军队从事革命活动而屡遭失败，这给他留下痛苦的教训。还有些军事骗子甚至来骗枪骗钱，孙中山有许多这样的教训。尤其是经历过陈炯明叛变后，孙中山更是决心着手建立一支革命的武装力量。

在共产党人建议下，国民党一大决定创办一所军官学校。

1924 年 5 月，设在广州附近的黄埔岛上的“中国国民党陆军军官学校”开学，习惯上称“黄埔军校”。军校第一期学生于 1924 年 5 月入学，学员 500 名，至 1926 年北伐战争前，军校招收学生 5 期，共约 7400 人。孙中山亲自兼任总理，任命曾派往苏联考察的粤军参谋长蒋介石为校长，著名的国民党左派廖仲恺为党代表。11月，刚从欧洲归国不久的中共广东区委委员长周恩来担任黄埔军校政治部主任。第一期学生中共产党员和共青团员有56人，占学生总数的1/10。

黄埔军校的最大特点是把政治教育提到和军事训练同等重要的地位，注重培养学生的爱国思想和革命精神，这是它同一切旧式军校根本不同的地方。毛泽东后来说：那时的国民党军队“有一种新气象，官兵之间和军民之间大体上是团结的，奋勇向前的革命精神充满了军队。那时军队设立了党代表和政治部，这种制度是中国历史上没有的，靠了这种制度使军队面目一新。”

黄埔军校培养的军事、政治工作干部，对于建立国民革命军，统一广东革命根据地和北伐战争，起了重大作用。

省港大罢工

革命统一战线建立后，工农运动迅速发展，预示着全国革命高潮即将到来。1925 年，中国最大的工业城市上海，已有工人 80 万，占全国工人总数的 1/3。上海是帝国主义列强侵略中国的重要基地，这里有主要由英国控制的“公共租界”和法国的租界，日、英等国在这里开设了许多工厂，残酷地榨取中国工人的血汗，民族矛盾一直异常尖锐。

1925 年 2 月，日商内外棉八厂工人因为日本监工殴打中国女工而罢工，迅速导致 21 家日本纱厂的 3 万名工人总罢工。这

次斗争取得胜利，给了全国工人很大的鼓舞。5 月 1 日，在广州举行第二次全国劳动大会，正式成立中华全国总工会，选举共产党员林伟民、刘少奇为正副委员长。

1925 年 5 月 15 日，上海内外棉七厂的日本资本家枪杀工人顾正红（共产党员），激起群众的无比愤怒。事件发生后，中共中央多次开会研究对策。蔡和森提出：应当把工人的经济斗争转变到民族斗争。5 月 28 日，中共中央召开紧急会议，决定发动学生和工人在 30 日到租界内举行大规模的反帝示威活动。

到了 30 日那天，2000 多上海学生在公共租界举行援助纱厂工人的街头宣传讲演和示威游行，抗议帝国主义暴行。英国巡捕在南京路逮捕了许多游行的学生，关在巡捕房里。接着，上万群众聚集在南京路英国巡捕房前，要求解放被捕学生，高呼“打倒帝国主义！”英国巡捕突然开枪，向密集的群众射击，当场打死学生、工人 13 人，伤者不计其数。当场牺牲的烈士中有上海大学学生、共产党员何秉彝等。这就是震惊中外的“五卅惨案。”以后几天，在上海和其他地方又连续发生英、日等国军警枪杀中国民众的事件。

这些事件激起了全上海以至全中国人民的极大愤怒。

多少年来深埋在中国人民心里的对帝国主义的怒火一下子喷发出来。工人罢工，学生罢课，商人罢市。6 月 3 日，广州各界群众举行声势浩大的示威游行。6 月 11 日，上海举行群众大会，到会的有 20 多万人，集会的群众向帝国主义提出：撤退驻沪的英、日海陆军，取消领事裁判权，惩办凶手等条件。斗争持续了 3 个月。

中国共产党在领导五卅运动的过程中也得到很大发展。随着运动推向全国，不少原来没有党组织的地方建立了党组织，如云南、广西、安徽、福建等。党在斗争中受到很大锻炼。

为了支援上海人民反帝斗争，中华全国总工会派邓中夏、苏兆征领导香港工人罢工。香港的英国殖民当局唯恐香港也发生罢工，便派出密探，到处活动，搜捕工人领袖，还张贴出禁止罢工的布告。布告中有一段话写道：“上海事件与本港无关。工人应安心乐业，不得妄动，妄动者严惩不贷。”

英方的恐吓没有任何作用，6 月 19 日，香港的海员、电车、印务等工会工人首先起来罢工。紧接着，其他行业的工会随即响应，工人也开始罢工，并成立全港工团联合会。15 天内参加罢工的人数达到 25 万人。

从6月下旬起，从香港到广州的水陆交通显得特别繁忙。一船一船乘的是工人，一列车一列车乘的也是工人。奇怪的是，有那么多的工人去广州，却没有从广州去香港的。到7月7日，离开香港的工人已超过20万，其中到广州的有10多万人！原来他们是以这种方式参与罢工。

罢工一开始，香港总督史塔士马上采取了强硬措施：一方面在香港宣布戒严令，逮捕了几十个工人领袖，一方面禁止粮食运往广州，企图造成广东的缺粮，向广东革命政府施加压力，甚至派军舰在海面上来往巡逻。

6月23日下午，一部分回到广州的香港罢工工人和广州的工人、农民、学生、士兵共10万人，在广州举行大会和大规模的示威游行。广东革命政府所属机关这天停止办公，所有工作人员参加游行。中共广东区委领导人陈延年、周恩来等都亲自参加，并率领黄埔军校师生和校军2000人参加游行。

广州沙面租界当局闻讯后如临大敌，赶紧堆积沙包，装置电网，布置军警架起机枪。下午2时40分，当游行队伍经过沙面租界附近的沙基桥时，英国领事杰尔逊竟下令开枪。躲在沙袋工事后面的英国军警对着密集的游行队伍，发射出一梭梭罪恶的机枪子弹。游行群众当场被打死

50 余人，重伤 100 余人。这就是骇人听闻的“沙基惨案”。

沙基惨案发生后，广州革命政府立刻宣布同英国经济绝交，并封锁出海口。为了还击港英当局，香港和沙面工人在广州举行省港罢工工人代表大会，成立了省港罢工委员会，对香港英帝国主义实行罢工、封锁与抵制相结合的政策。广州革命政府对这次罢工采取支持态度，每月资助罢工委员会经费 1 万元。省港罢工委员会由共产党员苏兆征担任委员长，下设武装、纠察、审判等办事机构，处理罢工工人的一切事宜，对香港实行封锁。但是，罢工工人也遇到了很大的困难。广东的出口贸易本来有许多是经过香港的。省港之间交通断绝后，广东的经济也发生了困难。于是，罢工委员会和广东政府一起规定：除英国外的船只，可以不经香港直接驶来广州。接着，美国、日本和别的一些国家的商船，都开到黄埔来，平均每天有 40 几艘，因为运货速度太慢，罢工工人还专门造了一条公路，取名为中山公路，把货物从黄埔运到广州。

罢工时间一久，工人的生活也发生了困难。这么多人无法买木板，只能睡在水泥地上。天冷了，只能在地下铺一张装货的草包，两人共盖一条又短又薄的棉被。生病的很多，还有不少工人病死了。但是，全国各地人民、广东政府以及华侨纷纷捐款支援，使罢工工人还是坚持了下来。

香港是一个四面都是水的小岛，吃的东西很多要靠广州供应。码头工人罢工，广东又进行封锁，内地的肉食蔬菜运不过来，结果猪肉、鸡蛋拼命涨价，英国人喜欢吃的牛肉根本看不见了。食品市场空无东西，和街上堆满的垃圾、粪便形成对照，以繁华著称的香港成了“饿港”。海员工人罢工后，船只不再进港，船坞废弃了。货物运不进来，商店也纷纷歇业。东西买不到，社会秩序大乱。大家又称香港为“死港”。至 1925 年 12 月，香港交易所不得不承认，因罢工造成的损失已达 6250 万英镑。

面对这种局面，香港总督史塔士还想采取鸦片战争时的办法，用武力进攻。他特地公开召开一次所谓“公民大会”，以大会的名义电请英国政府派军队来镇压罢工。但是，这时的形势已经和鸦片战争时代的形势不同了。最后史塔士任期未满，就只得灰溜溜地下台，让位于新上任的总督金文泰来收拾残局。

省港大罢工，在极其困难的条件下，前后坚持了 1 年 4 个月（16 个月），直到 1926 年 10 月才告胜利结束，沉重地打击了英帝国主义的殖民统治。这是世界工人运动史上时间最长的一次罢工，表明了中国工人阶级强大的领导力量和彻底的革命精神。它沉重地打击了英帝国主义，有力支持了广东革命政府，促进了广东革命根据地的统一，为北伐战争准备了群众基础。

北伐军出师大捷

五卅运动后，全国反帝爱国运动和工农运动高涨了。中国共产党于 1926 年 2 月在北京召开特别会议，向广州国民政府提出出兵北伐推翻军阀统治的主张。在全国革命形势蓬勃发展的情况下，广东国民政府正式决定北伐。1926 年 7 月 1 日，国民政府军事委员会主席蒋介石下北伐动员令。7 月 9 日，广州隆重举行国民革命军北伐誓师阅兵典礼。

北伐的主要对象是当时北洋军阀的三大势力：亲日的

张作霖，控制着东北各省及京、津两市，有军队 30 余万人；亲英美的吴佩孚，盘踞着湖南、湖北、河南三省及陕西和河北各一部，有军队约 20 万人；亲英美的孙传芳，割据着长江下游的江西、安徽、江苏、浙江和福建 5 省，有军队 20 万人。这些军阀在反对革命上是一致的，但在维护各自利益上又矛盾重重。

国民革命军认真分析了敌强我弱的形势及军阀内部各自为政的特点，制定了集中兵力，各个歼灭敌人的战略方针。决定先向湖南、湖北进军，在打倒吴佩孚占领武汉之后，再集中兵力，出兵东南消灭孙传芳，然后在适当时机再消灭张作霖。北伐大军兵分三路，一路由以第四、七、八三个军约 5 万人担任湖南战场的正面进攻；第二军、第三军、第六军向鄘县、茶陵、安仁集中，以防江西；第一军警戒福建。

北伐誓师后，7 月初，北伐军第四、第七两军进入湖南前线，然后与原在湖南的第八军兵分左、中、右三路向吴佩孚军队进攻。由于得到湖南工农群众的有力支援，进展十分迅速。7 月 9 日占领湘乡，并逼近长沙，敌叶开鑫弃长沙逃走，湖南省工团联合会组织工人保安队 1000 多人维持秩序。10 月克湘潭、醴陵。11 日进入长沙，攻占宁乡。这时，吴军十分震惊，其前线指挥官除嘉谟命令所部1万余人，利用汨罗江之险扼守平江。8月19日拂晓，北伐军向汨罗江吴军前线发起攻击，第四军叶挺独立团和黄琪翔团分东北和西南两路夹击。独立团扫荡县城外围之敌，黄琪翔团占城东北之古城岭，俯击城中；又绕到城西北一带高地冲杀。守敌惊慌失措，缴械投降。独立团和黄琪翔团进驻平江县城。敌人布置的汨罗江防线彻底崩溃。21日，岳阳、平江一带农民协会会员，引导北伐军从平江北乡渡过微水黄芽山间道袭取岳阳。叶开鑫部2000余人投诚，余荫森部全被缴械。22日，北伐军进占岳阳。至此，湖南战斗胜利结束，北伐军乘胜向湖北进发。

吴佩孚获悉湘省尽失，于8月22日乘车兼程南下。25日在汉口召开紧急军事会议，准备固守汀泗桥、咸宁、白墩一带，等待援兵，挽回败局。

8月23日，唐生智、李宗仁等召开羊楼司会议，决定四路合攻汀泗桥。吴佩孚军以2万余兵力，凭汀泗桥三面环水、东面高山耸立之险企图阻挡北伐大军。26日，第四军发起进攻。吴军以密集火力封锁铁路桥，两军连续激战10余小时，双方死伤均十分惨重，攻汀泗桥无大进展。27日凌晨，独立团由农民作向导沿崎岖山路，绕到敌人背后古塘角方面。与此同时，各部队继续向吴军阵地反复冲锋，至是日晨3时，方开始占领汀泗桥东侧一带高地。晨4时，独立团发起猛烈攻击。接着，第四军全线冲锋。敌终不支，弃守汀泗桥，败逃咸宁。当日，攻占汀泗桥。之后，独立团奉命追击敌人，并乘敌立足未稳，一举攻占咸宁城，为夺取贺胜桥战役的胜利创造了有利条件。

贺胜桥地形虽不及汀泗桥险要，但吴佩孚视此役关系其生死存亡，故以精兵2万余人扼守贺胜桥一带阵地，并配备各类大炮数十门。8月29日下午，北伐军开始进攻，30日凌晨，战事激烈。吴军抵挡不住，且战且退。吴军溃退时，吴佩孚亲临贺胜桥督战，喝令赵荣华之执法队砍杀后退官兵多人，但亦无法遏止前线之溃退。由于第四、第七两军密切协同，浴血奋战，终于赢得贺胜桥战役的胜利。吴佩孚乘车败逃，退至武昌。

武昌城防卫坚固，易守难攻。9月3日，北伐军第七、第四、第一军各部首攻武昌城。守城吴军集中火力，俯瞰扫射，许多兵士中弹身亡，攻城未果。9月5日，北伐军再攻武昌城，各团奋勇队三面攀登，死伤累累。守敌顽强抵抗，炮火猛烈。北伐军改强攻为长期封锁包围。9月7日，第八军攻克汉口。10月10日，武昌内粮食日益殆尽，北伐军第四、第八军攻击武昌城。由于得吴俊卿部内应，攻城一举成功，俘敌万余人。至此，军阀吴佩孚的反动势力基本被摧毁，残部败退河南。叶挺独立团所在的第四军，自北伐以来，战功卓著，威震两湖，赢得了“铁军”的光荣称号。

北伐军在江西战场开始时，由于声势逼人，锐不可当，入赣仅半个月，第二、第三两军就连克萍乡、宜克、莲花、永新、分宜、新喻、万载、上高、清江、安福等11个县，战事发展十分顺利。第六军连克修水、高安后，于9月19日下午在南昌市工人、学生、省长所属警备队等响应下，进占南昌城。由于遭受孙传芳军队南北夹攻，第六军被迫突转冲出南昌西撤。

武昌攻克以后，第四军等部陆续到达赣北，加之孙传芳内部分化，后方不稳，江西战场形势发生重大变化。11月初，第七、第四军迅速占领了南浔路北段的德安、马回岭等地，封锁了孙军的退路，完成了对南浔路全线总攻击的准备。接着，第二、第三、第四、第六、第七各军协同作战，将孙军主力围歼于南浔路南段。经数日激战，击溃孙军主力，于7日克复南昌，孙传芳败逃南京，江西战事基本结束。

在福建，随着北伐军的进军及在其他战场上的节节胜利，使号称6万之众的孙军周荫人部各旅纷纷倒戈反孙，加之福建民军积极参战，何应钦第一军，自10月初进入福建以来，进展均比较顺利，并于12月18日进驻福州。

在浙江，孙传芳自赣省作战失败后，即集中其残部于沪宁、沪杭线上，负隅顽抗。东路军于1月下旬推进浙西，于2月18日进占杭州。3月上旬，东路军分两路向淞沪及沪宁线进击。上海、南京已处于北伐军包围之中。上海工人阶级乘势举行第3次武装起义，一举解放上海。

在北伐军胜利进军的革命形势影响下，在苏联政府和共产党人的帮助下，冯玉祥终于走上了革命的道路。

1927年3月11日，冯玉祥发布出师布告，宣布将亲率20万兵力，东出潼关，会师许（昌）郑（州）。

北伐军自出师以来，仅半年多时间就连续攻占了湘、鄂、赣、闽、浙、皖、苏等省，控制了长江中、下游广大地区，基本上摧毁了吴佩孚、孙传芳的直系军阀的反动势力，取得了伟大的胜利。

北伐战争胜利发展的主要原因是：这次战争是正义的战争，以国共合作为基础的统一战线极大地调动了各方面的革命力量；广大官兵英勇作战，人民群众的有力支援，是北伐胜利的决定因素；开展有效的政治工作，共产党员和共青团员在战争中发挥先锋模范作用；共产国际和苏联政府在物资上的支援，以及派人帮助指导，为战争胜利做出了贡献；北洋军阀内部的腐败与矛盾，也加速了北伐的胜利。

上海工人的壮举

蓬勃高涨的工人运动有力地支援了北伐军，工人群众在共产党的领导下，积极地同反动武装做着不屈不挠的斗争。

北伐军在汀泗桥、贺胜桥战役中歼灭北洋军阀吴佩孚主力部队，并乘胜占领武昌之后，立即将主力调往江西方面，向控制东南地区的军阀孙传芳发起进攻。孙传芳在江西战场作战失利，他的后方上海的兵力也日益空虚。当时上海的工人运动受中国共产党江浙区委员会直接领导。为了配合北伐军进攻，在中共江浙区委员会领导下，由上海总工会出面组织，分别在1926年10月和1927年2月，发动了两次武装起义。但由于时机不成熟，准备不充分，致使起义失败，数十人英勇牺牲。

1927年3月上旬，孙传芳军队已处于全线崩溃、不可收拾的境地。中共中央决定派中央军委书记周恩来到上海领导第三次武装起义。

周恩来和中共江浙区书记罗亦农、江浙区委组织部部长兼上海总工会党团书记赵世炎等，认真总结了前两次失败的教训，并且成立了指挥部。他们在工人中建立严密的组织，武装5000名工人纠察队，进行秘密操练和射击训练。

周恩来、赵世炎制定出统一指挥、分区作战的计划。考虑到枪支弹药的不足，因此指示各纠察队队长，起义开始后首先攻打各区警察署，夺取枪支弹药。

3月21日中午12时正，起义正式打响！南市的工人纠察队，主要是由法商的电车、电气、自来水公司和求新造船厂的工人组成。当司机把电车开回公司的时候，周恩来赶到那里。他鼓励工人们说："你们有才能，有志气，有组织，能服从革命听指挥，是一支英勇战斗的队伍！"

纠察队员们很尊重周恩来同志，听了他鼓励的话语信心百倍。

周恩来又赶到上海其他区去指挥战斗了。南市100多名纠察队员列好队，每人在衣袖上别了一根红布条。人那么多，武器却只有3条枪，以及40把斧头和一些绳索。他们很快从街道执勤的两个警察身上夺下了枪支。为了迅速扩大战果，纠察队兵分两路，同时向两个警察署派出所冲去。

一支队伍奔到蓬莱路口，那里派出所看门的警察见那么多工人迎面冲来，远远地就把枪用双手高高地举过头顶，表示自动缴械，唯恐纠察队员们看不出他们投降的意思而开枪。纠察队员一鼓作气，冲进了大门，见里面连个人影也没有。原来警察们早都闻风而逃了。

另一路纠察队也取得了胜利。几支纠察队完成了夺取枪支弹花的任务，就汇集到一起，成为一支庞大的队伍，一起浩浩荡荡地向警察厅进发。快到目的地时，纠察队决定分成两路，一路攻正门，一路打后门。

纠察队员们纷纷上好弹药准备与敌人进行一场殊死搏斗。谁知近前一看，警察厅大楼上已经扯起了一条白被单。门口的大铁门敞开着，门前站立着两排手持乐器的警察。他们见大批纠察队员开到，马上热热闹闹地吹打起来。队员们忍住笑，威严地走进了大门。就这样，仅有几支枪的工人纠察队，一枪未放，就占领了警察厅。他们在这里搜到了一批步枪和30多支手枪，每人都分到了一支。

这时，南市各路工人纠察队已先后攻占了电话局和南火车站，汇合起来的武装队伍已有1000多人。于是，他们向高昌庙制造局（是个兵工厂）发动进攻。

驻守在这里的敌人有一个连，连长早已逃跑。纠察队员到达那里，首先向里面喊话："你们已经被包围了，赶快投降吧，缴枪不杀！"没等纠察队员喊完，早已准备好的白旗已经扯了出来。这样，又缴获到了一大批武器。到下午4点钟，南市的战斗胜利结束了。

沪东、沪西、虹口、吴淞等区的工人纠察队也先后取得了胜利。但是，闸北区还没有拿下来，那里还在进行着激烈的战斗。

闸北，位于上海市北。敌人的大部兵力集中在这里。这里军警据点达20个，因此是起义的重点进攻地区。闸北的得失，关系到这次起义的成败。

在上海工人举行第三次武装起义之前，北伐军东路军前敌总指挥白崇禧已率部队占领了上海市郊的龙华。起义过程中，上海总工会曾派代表与白崇禧联系，要求北伐军进攻上海，里应外合地解除上海的反动武装。但是，白崇禧却根据蒋介石的旨意，置之不理。周恩来闻讯后，气愤地对工人纠察队说，不要依靠他们，要凭自己的力量消灭军阀部队。

根据起义总指挥部的部署，为夺取闸北一战的胜利，工人纠察队集中力量，分别进攻6个主要目标：北火车站、东方图书馆、湖州会馆、闸北第五警察署，以及其他两个警察分署。

攻打第五警察署的，是商务印书馆的工人武装队伍，由分队长徐文思带领。这个警察署的署长无恶不作，人称“地头蛇”，警察署也被工人们称为“黑狗窝”。“地头蛇”听说外面风声很紧，一有动静就紧闭大门，在窗台上架起步枪，不让外人随便接近。

徐文思考虑到自己队伍枪支很少，要硬攻是不行的。和大家商量后，决定将队员分成两路，一路由他带领，佯攻正门，吸引敌人主要火力。同时，又准备了一些火油箱、油墨桶和许多鞭炮。另一路担任主攻，从后门突入。

正门的进攻开始后，队员们劈里啪啦地放起了鞭炮，同时大声喊道：“喂！黑狗们，你们被包围了，快快投降吧！不然要劈大门啦！”他们不断地喊着话，放着鞭炮。敌人听着喊话，听着密集的“枪声”，胆战心惊，集中起来商量对策。在后门附近的队员乘机发动进攻。

战斗很快取得了胜利，徐文思在战斗中英勇牺牲。其他各区的战斗也先后胜利结束。到第二天下午 4 点多钟，就只剩下北火车站一个敌人据点了。

北火车站盘踞着大量敌兵，他们拥有机枪、迫击炮、铁甲车等重型装备。而且车站附近是一片空旷的开阔地带，纠察队员进攻时几乎没有掩蔽物。敌人的司令也坐镇在这里亲自指挥。这一切，都增加了拔除这个据点的困难。然而，北火车站是敌人在上海的最后一个据点，云集在这里的工人武装队伍，人人同仇敌忾，斗志昂扬，决心一鼓作气攻克它。

激战不到半小时，亲自坐镇指挥的敌军总司令就逃到租界去了。守敌得知他们的司令已逃跑了，丧失了斗志；加上无人统一指挥，敌人阵线很快陷于混乱。各路纠察队员更是加紧了总攻步伐。下午 6 点钟终于全部占领了北火车站。

这样，在中国共产党的领导下，在周恩来等的指挥下，英勇的上海工人阶级经过 30 小时的浴血奋战，击溃北洋军阀在上海的驻军，占领了上海除租界以外的地区，全歼北洋军阀部队 3000 多人，反动警察 2000 多人，解放了上海这座中国最大的城市，为中国现代革命史写下了光辉的一页。这是大革命时期中国工人阶级的一次壮举。在起义过程中，工人英勇牺牲者达 300 多人，负伤者达 1000 余人。上海工人阶级用自己的鲜血解放了大上海。

上海工人第三次武装起义的胜利，充分体现了中国工人阶级及其先锋队顽强的斗争精神、巨大的组织力量和对武装斗争的领导艺术，是世界无产阶级武装起义史上的成功范例。

“四一二”反革命政变

一向坚持国共合作的孙中山逝世后，国民党各派之间的矛盾分歧就越来越公开化了。这时，对国民党后来发展越来越具有决定作用的一个人物，就是当时已具举足轻重力量的蒋介石。他实际上是右派势力的保护者和组织者。

蒋介石的势力是在北伐前后逐渐扩大的。他当然不想让人民的力量独立充分地发展。

1926 年 1 月 1 日至 19 日，中国国民党在广州举行第二次全国代表大会。大会选出的国民党中央执行委员会中，共产党员和国民党左派处于次要地位，中央监察委员会内右派占了绝对优势。蒋介石也在这次大会上第一次当选为国民党中央执行委员，随后又被选为常务委员，又担任了国民革命军总监的职务。这样，他在国民党和国民革命军内的地位都大大提高了。

北伐战争期间，上海工人在共产党领导下举行武装起义，解放了上海这座中国最大的城市。这时，原来屯兵上海南郊观战的北伐军才在白崇禧的率领下开进上海。由于北伐革命深得民心，北伐军还是受到上海人民的热烈欢迎。四天后，北伐军总司令蒋介石从安徽乘军舰赶到上海，亲笔题与“共同奋斗”的锦旗，派乐队送到上海总工会，向上海工人表示敬意。

蒋介石在暗中却与帝国主义者、大资产阶级的代表密谋策划反革命政变。江浙财阀同意给他几百万元的巨额财政资助。帝国主义答应以驻上海的侵略军相配合。青帮头子黄金荣、杜月笙则组织了反动团体——“中华共进会”，纠集大批流氓打手，随时听候调遣。4 月 2 日，国民党中央监察委员会通过“查办共产党案”，随即蒋介石便与白崇禧、李宗仁、陈果夫等在上海举行一系列“清党”“分共”的秘密会议。4 月 8 日，以白崇禧为首的上海戒严司令部成立。4 月 11 日，蒋介石密令东南各省一致清党。经过一系列密谋策划，蒋介石就作好了充分的准备。

中共中央和上海区委对蒋介石的某些阴谋活动有所觉察，努力加强工人纠察队，力图巩固革命成果。这些天来，周恩来、赵世炎更是多次提醒总工会和工人纠察队要提高革命警惕，防止突然事变。可是，中共中央总书记陈独秀对此却毫无警惕，于 4 月 5 日与汪精卫发表《联合宣言》，说蒋介石“决无驱逐友党、摧残工会之事”。这样，就使受蒋介石表面行为欺骗的大部分纠察队员处于无戒备状态。

4 月 11 日下午 4 时，国民革命军二师的大批士兵开始在街头巡逻。深夜，上海总工会所在地——闸北湖州会馆灯火通明，人们进进出出，异常忙碌。快 10 点半时，一名联络员奔进来气喘吁吁地说：“26 军二师已经宣布戒严，不准行人在街上行走，到处在进行盘问!”

就在这天，上海总工会委员长、共产党员汪寿华接到杜月笙的请柬，邀请他这天晚上参加在法租界的宴会。事前有人认为这人什么事都干得出来，应当拒绝赴宴；但也有人主张应当去，只要注意安全就行了。汪寿华考虑再三，还是按时赴了约。

凌晨两点，蒋介石的党徒指使青红帮流氓500多人，冒充工人，从租界纷纷出动，来到预定的各个目的地。4时许，天还没亮，60多个流氓突然冲进湖州会馆。他们每人臂上都缠着一块白布，上面有一个黑色的“工”字。到了会馆近前，就劈劈啪啪地放起枪来。20多名纠察队员见这伙人来势凶猛，马上开枪还击。

双方射击了一会儿，突然开来了一支军队，带队的是第二十六军二师五团的团长。只听他大声喊道：“为什么开枪！停止射击！停止射击!”枪声停了下来，但双方还对峙着。团长奔到总工会门口，问纠察队员们道：“你们都是工人，为什么发生内讧，互相开枪?”纠察队员见对方是国民革命军的官长，便纷纷说：“这帮人冲过来不问情由就开枪，我们当然要还击!”

团长迟疑了一下，说：“请你们不要还击，这帮人由我们去缴他们的械。”不一会儿，那60多个流氓果然都被缴了械，有几个不肯缴枪的还被捆绑了起来。纠察队员看到军队支持总工会，便请团长等进屋吃茶、请烟。大家客气了一会儿，团长对纠察队总指挥说："既然发生了这种不愉快的事情，就请你跟我们一起到二师司令部去见见师长，商量个解决的办法吧。"

总指挥尽管觉得有些蹊跷，也没有多想，他便带着6个纠察队员跟团长走了。走了一段路，团长突然板起脸对总指挥说："他们那一方的枪缴了，你们的枪也得缴！"总指挥吃了一惊，但立即沉着回答道："那不行。他们是来捣乱的流氓，我们是工人纠察队，怎么可以缴械呢?!"

团长冷笑一下，向旁边递了个眼色，一名营长马上指挥士兵把总指挥等的枪缴了；随即又回到了湖州会馆。他把全体纠察队员叫来说："为了维持地方秩序，我代表国民革命军要求你们也全部缴械。如果不听我的忠告，我就下令强制执行！"

纠察队员都不肯缴枪。于是团长换了笑脸说："是啊，缴械总不大好看。那就不缴吧，请你们把枪靠在一边就行啦，不然我没法向上级交代。"纠察队员缺乏经验，照他说的把枪三叉式地靠在一起。不料枪刚架好，军队就架起机关枪，逼迫纠察队员全部退出湖州会馆。

同一时间，工人纠察队总部和各区的工人纠察队，都发生了类似的诱骗缴械事件。有些地方作了抵抗，但因众寡悬殊，很快被镇压下去，数十名纠察队员当场被杀害，伤200多人。上海总工会委员长汪寿华亦在当夜被杜月笙谋害。

蒋介石、白崇禧等人的反动行径激起了上海人民的极大义愤，当天中午12点，5万多名工人和市民在闸北青云路广场举行集会，要求交还纠察队枪械，肃清流氓反革命分子，保护工会。南市群众在集会后，一起到龙华白崇禧的总指挥部请愿。白崇禧避而不见。数万名群众在大雨中站了3个小时，谈判毫无结果。

在中国共产党的领导下，上海总工会决定再次发动上海总同盟罢工。13日，20多万工人罢工，10万人在青云路广场集会，抗议蒋介石的暴行，要求发还枪支，肃清反革命。会后，他们高呼口号到宝山路的26军2师司令部请愿。队伍长达一公里。

当队伍走到宝山路附近时，从四面的弄堂里突然跑出来一队队全副武装的士兵，对准密集的游行队伍，疯狂地用步枪和机关枪扫射起来。霎时间，工人们一批批倒下了，后面的队伍很长，无法后退。天下着雨，工人的血和着雨水，流在地上，宝山路成了一条血河。

士兵们又冲上前去用枪托打，刺刀刺，对赤手空拳的工人大打出手。这以后，白色恐怖遍布全城，大批工人领袖、共产党员被捕杀害。就在短短的 3 天之内，有 300 多人被杀，500 多人被捕，5000 人失踪。陈延年、赵世炎等先后在上海英勇牺牲。这就是骇人听闻的“四一二”反革命政变。

继上海“四一二”反革命事变之后，国民党反动派又在广州制造了四一五惨案。共产党员和革命群众被害达 200 余人，被捕达 200 余人，被捕达 2000 余人。著名共产党员萧楚女、熊雄、邓培、李启汉均被反动派杀害。在此期间，南京、无锡、宁波、杭州等地也遭到国民党反动派的大屠杀。

南昌起义

蒋介石和汪精卫先后在上海和武汉发动反革命政变，大肆屠杀共产党人和工农群众，致使革命的力量损失惨

重。轰轰烈烈的大革命失败后，中国共产党总结教训，为反击国民党反动派的疯狂进攻，挽救革命，中共中央临时政治局决定利用共产党掌握和影响下的国民革命军在南昌举行武装起义，并指派周恩来为前敌委员会书记。

1927 年 7 月 27 日，周恩来从武汉经九江到达南昌，着手组建前敌委员会，作为此次起义的领导机关。前敌委员会由周恩来、李立三、恽代英、彭湃组成，周恩来任书记。经过反复协商，决定“8 月 1 日 4 时动作”。

为保证起义的胜利，周恩来动员了中国共产党所能影响的一切武装力量向南昌集结。第二十军军长贺龙虽然不是共产党员，但他决心一生追随中国共产党，1927 年 7 月

25日他率部开赴南昌。为准备起义，贺龙召集了一次团以上军官会议。贺龙严肃地说："大家都知道，国民党已叛变了革命，国民党已经死了。我们今天要重新树立起革命的旗帜，反对国民党，反对反动的政府，打倒蒋介石！我们大家在一块，都是很久的，我今天要起义了，愿跟我走的，我们一块革命；不愿跟我走的，可以离开部队！"话音刚落，军官们就异口同声地回答："军长怎么办，我们就怎么办！""我们坚决跟你走！""好！"贺龙的脸上露出满意的微笑，"大家愿意跟我走，那我就宣布起义计划。……"散会后，各团团长马上着手起义的准备工作，要求各级军官人不离枪，马不离鞍；所有部队整装待发，进入临战状态；军官轮流值夜，听候命令。

参加此次起义的部队，除贺龙的20军2个师7个团外，还有叶挺的第24师，朱德率领的第3军军官教导团的一营学兵，共15个团，约3万余人。此外，30名女兵、2名苏联同志、几位朝鲜同志也参加了起义。

战前的南昌城气氛紧张。为刺探敌情，做到知己知彼，有的部队派出了侦察员，化装成敌人的伙夫。这些"伙夫"挑着水桶，一边在敌营挑水一边问：你们是第几营的？团部在哪里？从这个营挑到那个营，水挑完了，天也黑了，要摸的情况也摸清了。于是，这些“伙夫”坦然地混出敌营。相比之下，教导团侦察敌情的方式则相当轻松。这些年轻的总队长们，以熟悉地形、增长见识为名，请敌军团长亲自领着在敌营房内外着实考察了一番。此间，朱德还完成了一项特殊的使命。根据前敌委员会的指示，7 月 31 日午后，朱德利用自己与滇军的“旧谊”，宴请敌军四名团长。一桌鱼翅席，吃得敌军团长昏头涨脑。在觥筹交错、谈笑风声间，朱德“杯酒释兵权”，使得起义打响后，有几个团的敌人群龙无首。

起义的准备工作在紧锣密鼓地进行着。虽然一切都是秘密进行的，但狡猾的汪精卫，还是嗅到了共产党要对国民党发动攻击的气息。于是，他惴惴不安地通电全国各党部、省政府、军部、严加注意防范共产党的一举一动。南昌城内军队的频繁调动，也使敌人加强了戒备。他们在一些重要地段构筑了临时工事，严格盘查进出人员。但是，这一切补救都为时已晚，整个南昌城实际上已在起义军的控制之中。

由于起义军副营长赵福生叛变投敌，将起义计划报告给了敌军。为避免被动，争取主动，前敌委员会果断决定，将原定的起义时间提前 2 小时。

1927年7月31日晚，“砰！砰！砰！”三声清脆的枪声，划破了寂静的夜空。起义总指挥部发出了起义进攻的信号。震惊中外的南昌起义正式爆发了！顿时，古老的南昌城，枪炮轰鸣，火光冲天。

按照预定计划，贺龙指挥的第20军的主要任务是进攻第5方面军总指挥部，消灭大营房驻敌，解决省政府的守卫部队，并负责警戒南昌北面水陆交通要道；叶挺指挥的第24师的主要任务是歼灭天主堂、贡院、新营房等处的敌人，攻占敌卫戍司令部，占领敌人设在佑民寺的修械所和弹药库；朱德率军官教育团1个营负责监视其驻地附近的敌情，协同友军作战。

战斗首先在叶挺第24师等71团与敌第57团之间打响。8月1日凌晨零点30分，距离正式起义的时间还有半个小时，敌军企图实施突围，我军立即以猛烈的火力给予还击，双方展开了激烈的巷战。敌人在起义军的猛烈攻击下，纷纷爬上城墙逃跑，遭到早已布置在城墙附近的工人纠察队和公安局警士的英勇阻击。敌人见突围不成，转而又向原驻地步步退逼。最后，敌人见大势已去，被迫缴械投降。

当驻天主堂的敌军听到枪声后，也企图冲出大门实行突围，起义军与之也展开了激烈的巷战。由于该巷道狭窄笔直，双方交战，无法隐蔽，所以易守难攻。我起义军在冲击中有20余人伤亡，攻击暂时受阻。营长再次挑选精干官兵组织突击队，重新向敌人发起了进攻。在机枪的掩护下，突击队员匍伏前进，向敌人发起强攻，终于迫使敌人向天主堂院内后撤。此时，我担任迂回进攻天主堂的起义军已翻墙进入院内。敌人遭到前后夹击，仓皇逃到天主堂的钟楼，负隅顽抗。起义军一面继续勇猛冲击，一面敦促敌人缴械。最后敌军举起了白旗。

起义军第72团向驻扎在贡院的敌军也发起了进攻。敌人遭到起义部队的突然袭击，惊慌失措，沿着与贡院毗邻的东湖边向北败退，又遭到起义军在东湖对岸观音亭的机枪火力的阻击，很快便失去了战斗力。

打得最为激烈的是进攻朱培德第5路军总指挥部的战斗。这支部队是朱培德的“精锐之师”，加之由于叛徒赵福生的告密，事先已有戒备，因而，战斗异常激烈。贺龙首先命令军部特务营封锁了总指挥部的大门，接着从正面向敌人发起强攻。但是，敌人的火力十分凶猛，贺龙急令三、五团火速增缓。据当时的一位排长回忆：大约晚上11点左右，团长命令一营各连，全副武装，赶到军部待命。

出发时，全体官兵将袖子和裤腿卷起，不吹号，不惊动居民。在路上他听到枪声骤起，接着全城枪声大作，他急忙向连长是怎么一回事。连长说，最先响枪的地方大概是子固路，离军部不远。当他们跑步赶到军部时，一团已经和敌人打上了。在机枪的掩护下，他们从敌人背后越墙打进去。前后夹击，几经拼搏，全歼了朱培德的警卫团。

经过 4 个多小时的激战，8 月 1 日拂晓，战斗胜利结束。起义军共歼敌 3000 余人，缴获步枪 5000 余支。南昌市民将紧闭了一夜的城门敞开，用鞭炮、美酒、水果表达他们的喜悦心情。

起义胜利后，成立了中国国民党革命委员会，推选宋庆龄、邓演达等 7 人组成主席团。以宋庆龄等人的名义发表了《中央委员宣言》，号召一切革命者“继续为反帝国主义与实行解决土地问题奋斗”，任命贺龙为国民革命军第二方面军代总指挥，叶挺为代前敌总指挥。

8 月 3 日，起义军按照中共中央的决定，开始撤离南昌城，向广东进军。

南昌起义用血与火的语言，宣布了中国共产党人不畏强暴、继续坚持革命的坚强决心。南昌起义打响了反抗国民党的第一枪，它是中国共产党创建革命军队、独立领导武装斗争的开始。南昌起义在全党和全国人民面前树立了一面革命武装斗争的旗帜，标志着中国共产党独立地领导革命战争、创建人民军队和武装夺取政权的开始。8 月 1 日成为中国人民解放军的建军节。

东北易帜

易帜，就是换旗，是指废除北洋政府的红、黄、蓝、白、黑五色国旗（红黄蓝白黑五种颜色，代表着汉满蒙回藏五族共和），改挂国民政府的青天白日满地红国旗。

国旗一升一落，说起来简单，但做起来却是步履维艰。因为，五色旗的降落，意味着北洋军阀统治时代的寿终正寝；1928 年底，张学良东北易帜，东北三省归顺南京政府，标志着中国结束了军阀连年征战的混乱局面，实现了国家的统一。

张学良是奉系军阀首领张作霖的长子。在求学期间，他受到辛亥革命、五四运动以及欧美资产阶级文化思想的影响，在个人爱好、理想和抱负方面，与其父张作霖多有不同。当他看到国内军阀纷争，帝国主义坐收渔利时，立誓“本个人之良心，尽个人之能力，努力以救中国”。在其父张作霖在世时，就曾多次向其进谏，希望能够停止内战。但是，出身绿林的张作霖一心要成为中国的最高统治者，对儿子的话自然是充耳不闻，甚至还破口大骂。为此，张学良甚为苦恼。

1928 年 6 月，随着皇姑屯一声爆炸声响，张作霖被炸升天，张学良集国恨家仇于一身，易帜决心更坚。

此时，由于军阀连年混战，已使民不聊生，老百姓热切盼望早日结束这连绵的战事，希望能安安生生地过上几天舒心日子。因此，张学良东北易帜的主张，得到了东北人民的热烈拥护。教育界人士上书张学良：“我国近百年来，文化迟滞，经济落后，国弱民贫，外患纷乘，必合全国之力以御侮，方克有济”；工商界人士发表宣言：“顺应潮流，改旗易帜，服从国民政府，实行三民主义，以谋统一”；学生更是走上街头，发表演讲，呼吁早日易帜。但是，激烈反对者大有人在。在东北军内部，元老重臣几乎全部反对东北易帜。他们主张东北自立天下，不能听命于南京政府，纷纷苦口婆心地劝诫张学良：“换了旗就等于失去了自主，得听别人指挥；不换旗，拥兵关外，举足轻重，战守自主！”面对这些曾是张作霖左膀右臂及拜把兄弟的前辈，张学良感到压力重重。

而在外部，日本政府更是明目张胆地阻止东北易帜。因为他们害怕易帜之后，英、美会将触角伸到东北来，与其共享东北的权益，而日本一直都是将东北视为自己的殖民地，它是绝对不允许别国插手东北的。所以，日本首相向日本驻奉天总领事林久治郎发出训令：“坚决阻止东三省政府同南方合作”。

接到训令的第二天，林久治郎就亲自拜会了张学良。双方一番寒暄之后，林久治郎直接切入主题，“东三省应保境安民，不宜实行三民主义。”张学良听罢，沉默不语。林久治郎拿出田中首相的信递给张学良。张学良大致浏览了一遍，就知这是一颗日本人打给他的糖衣炮弹。信中说：南京政府带有共产党的色彩，而且地位还远未稳固，东北实在没有与之联系的必要；如果南京政府以武力压迫东北，日本愿不惜牺牲，尽力相助；如果东北财政发生困难，日本银行也愿予以充分接济等等。张学良深知，如果直截了当地拒绝日本的“好意”，会招致日本动用武力解决问题。那样，东三省的老百姓就要遭殃了。为了避免与日本发生正面武装冲突，张学良只好通电蒋介石，“弟现在实处两难，不易帜无以对我兄，无以对全国，易帜则祸乱立生，无以对三省父老。”易帜之事只好暂缓。

日本对此还不肯善罢干休，借张作霖葬礼之机，派特使林权助会晤张学良，对其软硬兼施。“东北不能悬挂青天白日旗。”林权助端起茶杯阴森森地说。“这是大势所趋！”张学良毫不示弱地回答说。“哼！”林权助恼羞成怒地说：“如果东北当局不听从日本的劝告，要与南京政府达成妥协，为了维护我国的既得利益，我们将不得不采取必要的行动。”张学良听后微微一笑，义正词严地说：“贵方好比是我们的良友，而南京政府，则好比是我们的主人。就理论而言，似先当听主人之言，然后才能容纳良友之见。”张学良一席不软不硬的话使林权助面红耳赤，他蛮不讲理地高声叫嚷：“我们就是不准你挂旗。”双方不欢而散。

在张学良回访林权助时，双方再次就东北易帜问题发生了尖锐的冲突。林权助威胁张学良说，东北如更换旗帜就等于与日本断交，日本绝不会漠然置之，甘愿冒干涉中国内政的嫌疑，也在所不惜！进而警告说，如果张学良一意孤行，日本将不惜诉诸武力。张学良对日本的强硬态度极为愤慨，他再三强调，我是一个中国人，当然以中国人的立场为出发点，必须以东北三省人民的利益和志愿为依归，在任何情况下，我都不能违背东三省的民意！第二天，日本就在沈阳火车站集合军队，进行示威，制造紧张局势。为了避免与日本发生军事冲突，张学良再次电告蒋介石："对于日方如此态度，人皆气愤，但是对付之策有三种：一是强硬，二是软化，三是圆滑。强硬就必须要动武，不但东三省力有不足，即全国协力亦无把握。软化就会将东北变成日本的保护国，这也是不行的。目前，只能暂时以圆滑之法以延宕之，争取国际支持。"并通知林权助："东三省易帜，延期三个月。"

就这样，在内外的压力下，特别是在日本政府的粗暴干涉下，东北易帜之事不得不一拖再拖。但是，易帜步伐并没有因此停止。此间，美国政府惟恐日本独霸东北后，会有损于美国的利益。于是，美国驻华公使马克谟，在征得南京政府的同意后，前往沈阳会见张学良，表示美方愿为实现东北换旗付出努力。张学良机智而又巧妙地利用美、英、日等帝国主义国家之间的矛盾，利用美英等国牵制日本。美英等国为自身利益，紧紧抓住日本出兵山东的问题不放，一再向日本施加压力。在日本国内，在野派也不断加强反对田中内阁的活动。在各方面的压力下，处于内外交困之中的田中首相不得不宣布："东北易帜之事，只要维持日本在满蒙的既得利益，日本就不再持反对意见。"

东北易帜的条件渐趋成熟。12 月 24 日，张学良决定，于本月 29 日东三省同时改悬青天白日旗，并严正强调，事前必须严守秘密，不能走漏丝毫风声，以免惹起他方的注意。

1928 年 12 月 29 日，在奉天省府礼堂内，张学良宣布东北易帜。站在高高的台子上，张学良激动地说："我们为什么易帜，实则是效法先进国（日本）的做法。该国起初也是军阀操权，妨碍中央统治，国家因此积弱。其后军阀觉悟，奉还大政于中央，立致富强。我们今天也就是不想发散中央的权力，举政权还给中央，以谋真正统一！"全场顿时响起了雷鸣般的掌声。

会后，张学良通电全国，"仰承先大元帅遗志，力谋统一，贯彻和平，已于即日起宣布遵守三民主义，服从国民政府，改旗易帜。"东北各地，高悬青天白日旗，百姓欢呼雀跃。同一日，南京政府电复张学良："完成统一，捍卫国防，并力一心，相与致中国于独立自由平等之盛，有厚望焉。”

12 月 31 日，南京政府正式任命张学良为东北边防军司令长官，张作相等人为副司令。易帜工作基本结束，国民政府在形式上统一了全国。

东北易帜，既是张学良息内争、御外侮、反帝爱国思想发展的必然产物，也是他为拯救国家危亡而联蒋抗日的一大壮举。这一义举，无论在结束新老军阀混战局面，促进祖国和平统一，还是在挫败日本直接占领或独立东北的阴谋，维护国家领土主权完整方面，都有一定的进步意义。

东北易帜，表明国民党政府完成了对全国形式上的“统一”，也表明了北洋军阀统治时期的最后结束。

毛泽东创建井冈山根据地

在蒋介石和汪精卫叛变革命后，中共中央临时政治局决议在湖南、湖北、广东、江西四省发动农民举行秋收暴动。毛泽东奉中央命令回湖南改组省委，制定暴动计划，并成立了以毛泽东为书记的暴动领导机关。参加暴动的骨干为原国民革命军第四集团军第二方面军指挥部警卫团，平江、浏阳地区的农民以及安源矿工武装，总计五千余人。

1927 年 9 月 8 日，湖南省委发布夺取长沙命令。11 月暴动在安源、铜鼓、修水等地全面展开，但很快受挫。毛泽东果断命令停止进攻长沙。19 日，各路暴动部队于浏阳文家市会合，毛泽东主持召开前委会议，决议退兵湖南南部。10 月 29 日，毛泽东率领湘赣边界秋收起义部队来到江西永新三湾。

在一棵大樟树下，起义部队召开了一次不同寻常的大会，一次关系到工农革命军向何处去的大会。伴随着雷鸣般的掌声，身材高大魁梧的毛泽东健步走到战士们面前。

“同志们!”毛泽东声音宏亮地说：“敌人只是在我们后面放冷枪，这有什么了不起呢？大家都是娘生的，敌人他有两只脚，我们也有两只脚。贺龙同志两把菜刀起了家，我们现在不只是两把菜刀，而是两营人，还怕干不起来吗？你们都是起义过来的，一个可以当敌人十个，十个可以当一百个。现在我们有这样几百人的队伍还怕什么?”听着毛泽东热情洋溢的话语，望着他炯炯有神的眼睛，战士们群情激昂。毛泽东当即对部队进行了改编，把原先的一个师缩编为工农革命军第一军第一师第一团。并在军队中建立党的各级组织，“将支部建在连上”，班设党小组，连以上各级设党代表，营团设党委，并成立了党的前敌委员会，毛泽东任书记。改编后，在军队内部实行民主制度，建立士兵委员会，确立了党和军队的绝对领导，为中国共产党建立新型的无产阶级军队奠定了基础。这就是中国革命史上著名的“三湾改编。”三湾改编后，毛泽东率部队来到宁冈县古城。

在古城的文昌阁小学，部队召开了前敌委员会扩大会议。会议总结了暴动的经验教训，决议到敌人统治的薄弱地区——井冈山建立革命根据地。最后，毛泽东分析了将井冈山作为革命根据地的有利条件。从地理位置看，井冈山位于罗霄山脉中段，四周群山环绕。上有黄洋界、八面山、珠沙冲、桐木岭、双马石五大关卡，地势险要；山上的大井、小井、上井、中井、下井、茨坪、下庄、行洲、南坪、白泥湖、罗浮等地，均有水田和村庄。并且东有永新；南有遂川；西有莲花；北有宁冈。地势险要，地形复杂，易守难攻，既利于部队休养生息，又可以厉兵秣马，向敌人发起新的进攻，实为建立长期武装割据的好地方。

从群众基础看，该地在大革命时期，就经历过较大规模的农民运动。各县曾建立过党的组织和农民协会，并有袁文才、王佐领导的两支农民自卫军坚持斗争，他们愿意同工农革命军走在一起。井冈山物产丰富，有茂密的森林，出产杉木、楠木、油茶、油桐和药材。各县都有自给自足的农业经济，易于部队筹款筹粮。

从敌我力量对比看，井冈山地处湘赣边界南部，距离国民党统治的中心城市比较远，是敌人统治的薄弱地区。另外，湘赣两省军阀各自为战，互有矛盾。江西的统治势力又多是外地人，力量比较薄弱，控制也不那么严，我军的回旋余地较大。此外，在井冈山建立革命根据地，既可使江西省受到鼓舞，又可使湖南省得到推动。因此，毛泽东反复教育干部和战士，必须下定决心，坚决为创造以宁冈为中心的政权而奋斗。

毛泽东的一席话，极大地鼓舞了干部和战士们，大家齐声高呼："我们要上井冈山，去建革命根据地。"会后，毛泽东领导部队进行了著名的向井冈山的进军，并于10月进入井冈山。

从1927年10月到1928年2月，以毛泽东为书记的前敌委员会，发动群众，建立革命政权，坚持土地改革，分别于1927年11月和1928年1月，攻克茶陵和遂川，并打破了江西国民党发动的第一次"进剿"，初步奠定了井冈山根据地的基石，逐步开创了"工农武装割据"的局面。

1927年11月，为争夺广州，粤系军阀张发奎与桂系军阀李济深打得不可开交，为支持张发奎，湖南军阀也卷入了混战，致使茶陵一带防务空虚。前委抓住时机，决定攻打茶陵县城。11月18日清晨，革命军向茶陵守军发起了猛攻。起初，敌人躲在坚固的掩体后面负隅顽抗，但很快就被我革命军的英勇无畏吓得急急如丧家之犬，纷纷夺路而逃。几乎没有费什么力气，我革命军就将鲜艳的红旗插上了茶陵城。28 日，边界的第一个红色政权——茶陵县工农兵政府正式成立，由工人、农民、士兵三方代表组成。谭震林作为工人代表，就任工农兵政府主席；农民李炳荣代表广大农民兄弟参与工农兵政府工作；士兵代表陈士榘是工农革命军的班长。

1928 年 1 月，冬日的寒意紧紧包裹着井冈山区。连接赣南、粤北的遂川，显得格外凄冷。这里，敌军守备力量薄弱，被我军选为攻击目标。在一个大雪纷飞的早晨，我工农革命军顶风冒雪，挺进遂川，仅用三个小时就闪电般地将敌军赶出了县城，攻克遂川城后，迎接工农革命军的是空荡荡的大街和紧闭门户的店铺。由于豪绅地主的反革命宣传，这里的百姓将革命军当作是无恶不作的打砸抢部队。工农革命军走上街头，宣传党的宗旨和政策，号召大家“打倒土豪劣绅!”、“暴动，实行土革命”、“工农要武装起来”。在开展宣传工作的同时，他们还带领群众打土豪、分田地，终于迎来了老百姓诚心诚意的拥护。

井冈山的斗争主要是军事斗争。因此，前委十分重视革命军队的建设。1927 年 10 月，毛泽东宣布了工农革命军的“三条纪律”：行动听指挥、不拿群众一个红薯、打土豪要归公。1928 年 1 月，又制定了“六条注意”：上门板、捆铺草、说话和气、买卖公平、借东西要还、损坏东西要赔。后又加上两条：不搜俘虏腰包、洗澡避女人，成为“八项注意”。“三大纪律，八项注意”的提出，对于军队的建设，对于正确处理军队内部特别是军民之间的关系，对于团结人民群众和瓦解敌军，都起到了积极的作用。老百姓由衷地赞叹：“毛泽东同志的队伍真是好样的！”

在加强正规部队建设的同时，前委还对活动于当地袁文才、王佐的地方农民武装进行改造。我工农革命军反复向他们讲述人民军队要为人民服务的道理，深入浅出地指出，我们是党领导下的革命军队，是代表劳苦工农大众的阶级利益，与维护国民党豪绅地主阶级利益、镇压工农大众的旧式军队具有本质上的不同。经过一系列的整训和改造，前委决定正式将他们收编。前敌委员会宣布：袁文才、王佐两支农民自卫军收编为工农革命军第一军第一师第二团，袁文才任团长，王佐任副团长。

井冈山的生活是艰苦的，但艰苦的生活压不垮英勇的革命战士，他们唱着“红米饭，南瓜汤，秋茄子，味好香，餐餐吃得精打光，练本领打豺狼。干稻草，软又黄，金丝被，盖身上。不怕北风和大雪，暖暖和和入梦乡”的歌谣，粉碎了江西国民党发动的“进剿”，取得新城大捷。

1928年4月，朱德、陈毅率领南昌起义保留下来的一部分部队和湘南农军，在举行湘南起义后，爬山涉水，突破敌人的重重封锁，到达井冈山宁冈砻市，和毛泽东同志率领的中国工农红军胜利会师。5月4日，会师庆祝大会隆重举行。会上，前委宣布，两军会合成立中国工农红军第四军，由毛泽东同志任党代表，朱德任军长，陈毅任政治部主任。毛泽东将这次会师大会称为：“背上驳壳枪，师长见师长。”

毛泽东和朱德所率部队的会师，增强了井冈山地区的武装力量，为进一步扩大革命根据地创造了条件。同年5月，在宁冈茅坪召开了中共湘赣边界第一次代表大会，选举产生了湘赣边界党的最高领导机关——中共湘赣边界特别委员会（简称特委），毛泽东任书记，统一领导湘赣边界红军和根据地的革命斗争。在党的领导下，井冈山根据地不断得到巩固和扩大，给予国民党反动派以致命的一击。

1929年1月，毛泽东、朱德率井冈山地区红军主力进入赣南，在当地共产党组织和红军游击队配合下解放兴国、瑞金、宁都、广昌等地，并建立了县级苏维埃政权，奠定了中央革命根据地的基础。

各地其他起义部队也相继建立了革命根据地。到 1930 年上半年，全国红军已发展到 13 个军，近 10 万人，开辟了 15 块根据地。较大的有：贺龙、周逸群等开辟的湘鄂西根据地；潘忠汝和徐向前等领导的鄂豫皖根据地；彭德怀、滕代远等领导的湘鄂赣根据地；方志敏、邵式平等开辟的闽浙赣根据地；邓小平、张云逸、韦拔群等开辟的左右江根据地。此外，在广东的海陆丰和海南岛，川东的宣汉、达县地区，江苏的如皋、南通地区，也都建立过红军和革命根据地。土地革命从此进入了一个蓬勃发展的时期。

广州起义

继南昌起义、湘赣边界秋收起义后，中共又发动了规模较大的广州起义。

1927年蒋介石、汪精卫先后在上海和武汉发动反革命政变，此后，曾是革命策源地的广州城，国民党反动派大肆逮捕、杀害共产党员和革命群众。我党的优秀儿女肖楚女，被敌人枪杀后抛入了冰冷的珠江；工会、农协等革命团体被取缔；工人的福利被取消；广大人民生活在水深火热之中……

为反击国民党反动派的血腥屠杀，推翻国民党的反动统治，中国共产党广东省委遵照中共中央指示，决定在广州发动城市工农兵联合起义，夺取广东政权，重建广东革命根据地。中共广东省委书记张太雷担任起义总指挥。

同年11月，统治广州的军阀张发奎等人与桂系军阀黄绍竑爆发军阀战争，张发奎的部队大部调往前线，广州城防空虚。26日，张太雷召开省委常委会，决定利用这一时机发动起义。

在张太雷、苏兆征、叶挺、叶剑英、周文雍、聂荣臻等同志的领导下，起义的准备工作在有条不紊地进行着。然而，风云突变，起义的机密被泄露，敌人要解除叶剑英领导的教导团的武装。这支教导团是起义的中坚，如果它被缴械，无异于釜底抽薪。在关键时刻，起义总指挥部决定起义时间提前。

1927 年 12 月 11 日凌晨，教导团营房里发出了紧急集合的哨音。几分钟后，全体官兵整齐地列队于广场上。叶剑英身着工人服，头戴工人帽，站在大家面前。望着一张张年轻的、充满朝气的面孔，他挥动手臂激动地说，摆在我们面前的有两条路：一条是听从敌人的摆布；一条是拿起武器与敌人斗争。我们有广大工农群众的支持，只要拿起武器同敌人干，最后胜利一定属于我们的！话音刚落，全场就响起了暴风雨般的掌声。

接着，全团官兵举行了起义誓师大会。首先由张太雷简明扼要地分析国际国内形势，接着叶挺作了战前动员，并布置了战斗任务。会场上，群情激昂，在“打倒国民党！”、“打倒帝国主义！”、“中国共产党万岁！”的口号声中，全体官兵将军帽上的青天白日徽章摘下，摔在地上，将鲜艳的红领巾系在脖子上。

3时30分，随着起义口令“暴动”的发出，教导团打响了起义的第一枪。刹那间，广州城内枪声大作，硝烟四起。

按照预定计划，直奔广州市郊的沙河镇，袭击国民党驻广州的主力部队。经过一阵猛烈的冲杀，敌人很快败下阵来，600多敌军举械投降。

另一路由叶剑英带领，攻打敌公安局。当他们赶到预定地点时，周文雍率领的工人赤卫队已经和敌人交上了火。赤卫队员高喊着“冲啊！杀啊!”，直捣公安局的大门。敌人将机枪架在门口，疯狂地向队员扫射。赤卫队的进攻受阻。“散开！靠拢墙边！靠拢墙边!”指挥员看到自己的好战友一个又一个地倒在血泊中，强压心中的怒火，重新布署力量指挥进攻。恰好，叶剑英率教导团及时赶到，他们迅速投入战斗，用火力压住敌人。一部分赤卫队员趁机摸到公安局围墙下。围墙高三米多，上面嵌满了尖利的碎玻璃。正当大家束手无策时，一名队员灵机一动，高喊：“骑膊马上去!”于是，十几名队员踩在同伴的手臂上，攀上围墙，拔出手榴弹，向院中的敌人投去。此时，起义队伍也打退了守在公安局大门外的敌军，砸开铁栅门，冲进了公安局。大家一面高喊："喂，士兵兄弟，快缴枪，缴枪投降不杀!"，一面与负隅顽抗的敌人殊死搏斗。经过一个多小时的激战，敌公安局这块硬骨头终于被起义军啃了下来。随即，起义军打开牢房，救出了被囚禁的共产党员和革命群众。接着，无线电讯局、邮政局、各区警察署、国民党的党政机关也很快被起义军占领。在广州的部分越南、朝鲜革命者也参加了起义。

第二天清晨伴随着零零星星的枪声，大街小巷，锣鼓喧天，一面面红旗在晨风中飘扬，一阵阵笑语在空中荡漾。六时整，一面绣着铁锤、镰刀的红旗，冉冉地升起在原公安局的楼顶上，广州工农民主政府——广州苏维埃政府正式成立了。苏兆征任主席，杨殷、周文雍、彭湃、陈郁、何来、张太雷、恽代英、叶挺分管肃反、劳动、土地、司法、经济、海陆等委员会及工农红军。工农民主政府还颁布了对内对外的革命纲领。对内，一切政权归苏维埃——工农兵代表会议；打倒反革命的国民党；打倒各式军阀；保证劳动人民之集会、结社、言论、出版和罢工的绝对自由。对外，联合苏联，打倒帝国主义。随后，工农民主政府组织群众上街宣传；搜捕反革命分子，实行邮电检查；没收了反动资本家的囤粮；出版了机关报——《红旗日报》。还组织女共产党员、女共青团员和女工制造军用材料、旗帜，并担负传递消息和运送、看护伤员等工作。整个广州城沉浸在一片沸腾之中。

为扩大战果，起义总指挥部决定攻打围塘火车站。在“呜——呜”的火车汽笛的伴奏下，起义队伍向敌人发起了进攻。他们有的紧握步枪，向敌人射出一粒粒仇恨的子弹；有的手舞大刀，向敌人头上砍去；有的赤手空拳，与敌人展开肉搏战。在英勇的起义军面前，敌人晕头转向，鬼哭狼嚎，最后不得不举手投降。

11 日中午，工农民主政府按计划在第一公园前召开群众大会，突然接到报警：敌人向广州制高点观音山反扑。起义军立即着手迎击来犯之敌。经过奋战，打死敌军 100 多人，观音山又重新回到起义军手中。

由于敌我力量相差过于悬殊，起义军不可能坚守广州。叶挺提出，在敌军主力尚未回到广州之前，应将革命武装撤出广州。但是，这个正确提议，遭到了共产国际代表诺伊曼的反对。

12 月 12 日，敌人开始了更加疯狂的反扑。他们集结重兵，从西面、北面和珠江南岸三面包围了广州城。英、美、日、法等帝国主义国家也出动炮舰，不断向市区轰击，还派海军陆战队在长堤一带登陆。新生的革命政权处在敌人的重兵包围之中。

这一天，从清晨到夜晚，整个广州城都是在激战中度过的。敌人不断调集援兵，屡屡发动进攻。我起义军英勇抗敌，浴血黄埔。广州的制高点——观音山，在战斗中几度易手。

面对反对派和帝国主义的联合进攻，起义军奋勇杀敌，谱写了一曲曲悲壮的史歌，张太雷同志就是其中的杰出代表。1927 年 12 月 12 日下午两点左右，他在赶往大北门指挥部的途中，遭到敌人的枪击，不幸中弹牺牲，倒在了这片为之奋斗的热土上。

起义军与敌军进行了顽强的战斗，最后因寡不敌众，为保存革命实力，起义总指挥部下达了撤离广州城的紧急命令。一部分起义军退到花县一带，整编为工农革命军第四师，开赴东江，同海陆丰地区的农民武装会合，坚持革命斗争；一部分撤到广西左右江附近，继续领导农民举行武装起义，并参加了后来的百色起义；还有少数人员撤到韶关地区，参加了朱德、陈毅率领的南昌起义保留下来的部队，后来上了井冈山。至此，广州起义落下了帷幕。

广州起义虽然失败了，但它是党在第一次国内革命战争失败的转折关头，为挽救革命，为粉碎反革命的猖狂进攻，而奋起领导革命人民，向反革命势力进行的一次积极的、英勇的反击。是中国共产党在城市建立政权的一次大胆尝试。广州起义高举了坚持革命的旗帜、武装斗争的旗帜和苏维埃的旗帜，从而扩大了共产党和革命的影响。

新军阀混战

国民党蒋、冯、阎、桂四派军阀各怀野心，在取得对奉作战胜利后，彼此间的矛盾立即尖锐起来，进而爆发军阀混战。

当时，蒋介石虽然是南京中央政府的最高统治者，但实际能控制的地区只有长江下游的几个省。1929 年 1 月的编遣会议流产后 3 月，他又操纵召开国民党“三大”，以中央指派和圈定代表的办法，排斥反对派，树立自己在国民党中的垄断地位。同时对汪精卫改组派和已公开反对自己的桂系领导人做了组织处理。蒋同其他各派的矛盾达到不可调和的地步，便诉诸于战争。

1929 年 3 月，首先爆发了蒋桂战争，26 日，蒋以南京政府的名义下令讨桂，坐镇九江，亲自督师进攻武汉。在蒋的收买下，桂军一部在前方倒戈，桂军主力从武汉地区后退。4 月 4 日，蒋军进入武汉。随后，蒋派军队由湘、粤、滇三路进攻广西。5 月上旬，李宗仁组织南路护党救国军，通电反蒋，并派兵进攻广东。6 月下旬，蒋支持粤军打败桂军，任命原桂系军人俞作柏为广西省政府主席，蒋桂战争结束。

蒋桂战争后，蒋冯战争又起。先是 1929 年 4、5 月，冯玉祥积极调配兵力，准备讨蒋。但在蒋介石的收买政策下，冯军发生激烈分化，韩复榘、石友山等叛冯投蒋，使冯的讨蒋军事未能发动。10 月，冯军将领宋哲元等通电讨蒋，蒋下令讨伐。从 10 月下旬到 11 月，蒋冯两军在豫西展开激战。战事发动后，原来答应与冯联合反蒋的阎锡山，转而投蒋反冯，冯军内部又缺乏统一指挥，结果冯军败回陕西。

11 月，在蒋桂战争中被蒋起用为师长的张发奎，与桂系联合，组成“护党救国军”，进攻广东。12 月，蒋派何应钦率军援粤，击败张、桂，这是第二次蒋桂战争，或称粤桂战争。

这几次军阀混战，均以蒋介石的胜利而告终。但是各派军阀与蒋介石的矛盾依然十分尖锐。1930 年 5 月，终于爆发了规模更大的军阀混战，即蒋与冯、阎之间的中原大战。1930 年 1 月，阎锡山亮出反蒋旗帜，得到汪精卫、冯玉祥、李宗仁等人的支持。3 月，阎、冯、李三集团军的 50 多名将领发出逼蒋下野通电，并推阎锡山为中华民国陆海空军总司令，冯玉祥、李宗仁和张学良为副总司令，领导反蒋。4 月 1 日，阎、冯、李分别通电就职。蒋介石则以国民政府主席名义，下令罢免阎锡山本兼各职，并以总司令名义通电讨伐阎、冯。5 月中旬，冯、阎军与蒋军在豫皖鲁苏交界地区展开激战。中原大战正式爆发。

战争初期形势对蒋十分不利。冯、阎投入 60 万兵力发动强大攻势，蒋军败退到鲁西南和豫中漯河一带，蒋介石本人在朱集车站火车上几乎束手就擒。冯、阎对蒋介石的停战议和要求置之不理。张、桂联军又从广西北上攻入湖南，蒋介石急调蒋光鼐、蔡廷锴两师出兵衡阳，打退张桂联军。后又调陈诚部和蒋、蔡两师增援津浦一线。8 月，蒋军重占济南，阎军退到黄河以北。冯军在平汉、陇海两线苦战。阎军厌战自保，不予配合，冯军败退豫北。9 月中旬，张学良一改观望中立态度，发出拥蒋通电。十几万东北军入关助蒋作战，占领平、津。战争形势急转直下。10 月，冯、阎联袂下野。冯军全线崩溃，大部投蒋，一部为东北军改编。阎锡山的军队也被东北军改编，但保有山西地盘。中原大战历时七个月，死伤无数，给人民造成了深重的灾难。

经过 1929 年到 1930 年的军阀混战，蒋介石打败了同他抗衡的军阀，取得了明显的优势。此后，反蒋势力仍然存在，但失去了问鼎中原、与蒋争雄的实力。

蒋介石军事上的胜利，巩固了他在政治上的统治地位。随着蒋介石统治的加强，他已把“围剿”红军作为主要任务了。

“九一八”事变

1929 年资本主义国家先后爆发了经济危机。日本统治集团为了摆脱经济困境，缓和国内的阶级矛盾，加紧了侵略中国的准备。其实，日本帝国主义者对中国的侵略是蓄谋已久，很早就利用同清朝政府订立的不平等平约，把中国东北的南部地区强行划为自己的势力范围，在那里设立殖民机构，如关东都督府、南满铁道株式会社（简称“满铁”）、关东军等，对东北进行全面的政治、军事控制和经济掠夺。1931 年，日本为实现吞并中国东北的美梦，又多方制造事端，寻衅滋事。在形势如此危急的情况下，国民党政府不但不积极备战，反而忙于国民党内部的派系斗争和军阀混战，更忙于调集军队“围剿”工农红军，置民族危机于不顾，陆续抽调东北军入关，东北边防日渐空虚。

1931 年 9 月 18 日夜 10 时 20 分，关东军岛本大队的河本中尉以巡视铁路为名，率领部下向沈阳北郊柳条沟方向走去。当时沈阳城北驻扎着中国驻军营地——北大营，这晚因王以哲旅长回家休息，参谋长赵镇番负责北大营的防卫。河本一边从侧面观察驻有中国军队的北大营的兵营，一边选了个离兵约800米往南去的地点。在这里，河本亲自把炸药安放在铁轨下，并点了火。“轰”的一声，爆炸声响起，铁轨上的枕木向四处飞散。

据参与策划整个事件的花谷正回忆说，这次爆炸没有炸死张作霖那么大的规模。因为，满铁是日本的主要铁路干线。此次爆炸只要能成为进攻东北军的借口即可，所以不但没有必要把火车炸翻，而且还必须做到，使在满铁路上驰骋着的列车免受损害。因此，让工兵仔细地作了计算，直线单面铁轨即使炸断一小段，高速行驶的列车仍然可以通过，并根据调查所得的安全长度，规定了所需的炸药数量。在爆炸路轨的同时，河本用随身携带的电话机向大队本部和奉天特务机关报告。这时，呆在铁路爆破点以北约四公里的文官屯的川岛中队长，立即率兵南下，开始袭击北大营。

北大营的指挥部内气氛紧张。赵镇蕃请示荣臻的结果，出乎赵镇蕃的意外是不许抵抗，不得与日本人发生冲突。但是，没有一位团长执行他的命令，大家都站在原地一动不动。“去呀！这是命令！”赵镇藩瞪着几位团长，几位团长也使劲地瞪着他，大家都默不作声，屋内的空气也仿佛像他们的心情一样憋闷。赵镇藩断然地挥起手臂：“准备迎击敌人！”“是！”团长们异口同声地响亮回答，然后齐刷刷地跑出屋去。不一会儿，旅部及第621团附近的林荫路上响起了自卫还击的枪声，赵镇藩率领旅部和两个团与日军交上了火。

这反击的枪声犹如一针强心剂，令营房其他各地的士兵们抖擞起精神，大家摩拳擦掌，准备给日军以迎头痛击。但是，荣臻再次下达命令：“不准抵抗！”士兵们不敢贸然违抗命令，只好原地待命，眼睁睁地看着战友与日军奋战。由于日军火力很猛，我军又孤力无援，长此坚守下去，部队伤亡太大。凌晨两点多钟，赵镇藩下令向东山嘴子撤退。士兵们哭喊着不肯就此罢手，“我们不能这样硬拼。再不走，我们就都走不出去了。”赵镇藩一边率领士兵与日军展开激烈的巷战，一边指挥部队突围。士兵们一边突围，一边回身依依不舍地望着枪声大作、火光冲天的北大营。

北大营其他各团也纷纷向东撤军，部队散乱地在黑夜中行进着。“轰!”的一声，日军向我军发射了远程炮弹，正好落在队伍之中。部队许多士兵负了伤，无药可医，只能草草地包扎一下；一些重伤员躺在担架上，一路颠簸震动，痛苦的呻吟声不绝于耳。看着自己的狼狈相，士兵们愤愤地说：“为什么兄弟部队不肯增援？我们的飞机为什么不起飞参战？如果大家齐心合力，一定可以给日军还以颜色，让他们知道我们中国人不是好欺负的!”一路上，敌机紧追不放，不时掠空而来，向撤退的队伍扫射、投弹，部队只好白天待命，天黑后再走。

下午，旅长王以哲化装从沈阳城出发直奔东大营预定集合地。眼前的景象着实让王以哲心酸，只见士兵倒的倒、卧的卧，一脸的疲惫、一身的尘土，受伤的士兵或躺在担架上，或靠在大树下，无精打采地轻声呻吟着。过了一会儿，各团、队长依次汇报情况。619 团一开始受命在营房卧床假寐，许多士兵活活被日军刺死，撤退时又因腹背受敌，伤亡较重；621 团，以一部分兵力掩护，绕道旅部撤出，伤亡较轻，但尚有一个营没有音讯；此处赵镇藩率领一部分人走在前面（此时，他们已到达山城镇，但驻山城镇守军王芷山不肯收留，要求他们尽快离开山城镇）；第 620 团担任掩护任务，因日军未随后尾追，所以，伤亡较轻。王以哲旅长看到部队如此凄凄惨惨的样子，长叹一声，没有说话。

王以哲率部也来到山城镇，与赵镇藩会和。部队休息一宿后，第二天继续向东前进到达锦州。王以哲向赵镇藩行了一个90度的鞠躬礼，说："当时如果听我的话（指把枪放在库里）就坏了，我这个旅长是你给我的，谢谢你！"不久，部队又离开东北，开进了山海关，进驻清河镇大楼休整。

在进攻北大营的同时，日军也开始有预谋地分三路进攻沈阳。第一路攻商埠地北市场，第三路侵入大小西门。一夜之间，宪兵总司令部、电话局、有线电局、无线电台、东北边防军司令长官公署、省政府、东三省官银号、中国银行、交通银行、各种军政机关、学校、工厂相继被占。

日军侵占沈阳后，开始对中国人民进行残酷迫害，同时，大肆掠夺财产。据不完全统计，仅官方财产的损失，就在17亿以上。尤为严重的是枪支弹药、军械器材和飞机大炮的损失，飞机约损失262架，迫击炮损失约3091门，战车约26辆，步枪和手枪1108206支，机关枪5864挺。此后，在短短的六七天时间里，日军又接连侵占了安东、海城、营口、辽阳、鞍山、铁岭、本溪、抚顺、四平、长春、吉林等20多座城市及其周围广大地区。

九一八事变发生后，蒋介石将制止日本侵略的希望完全寄托在英、美的出面干涉上，幻想依赖国际联盟强迫日本撤兵，要求“国人镇静忍耐，信赖国际联盟公理处断”。但是，英、美虽对日本出兵东北表示了不满，但他们都不愿做出实质性的牺牲。中国及英、美采取的绥靖政策，让日本更加放心大胆地将魔爪伸向中国大地。

日本帝国主义对东北的侵略及国民党的不抵抗政策，激起了全国各界群众和海内外同胞的极大愤慨，抗日怒潮迅速在各地掀起。1931年9月22日，中共中央通过《关于日本帝国主义强占满洲事变的决议》。是日起，全国抗日声浪沸腾。国民党鄂、滇、晋、冀、平省市党部及海外许多支部致电国民党中央，请立即进行全国动员，与日决战。北京、南京、上海、南昌、宁波等地举行了数十万人的游行示威，高呼“打倒不抵抗主义”等口号。

与此同时，工界、农界、商界、海外侨胞都一致奋起，投身到抗日救亡的热潮中去。

在全国抗日反蒋浪潮的冲击下，蒋介石国民党遭到了应有的谴责，蒋介石被迫于12月15日宣告下野。

东北抗联转战白山黑水

中国人民从1931年至1945年进行了长达14年的抗日战争，前6年为局部抗争，后8年为全国抗战。在局部抗战中，时间最长、规模最大的是东北人民的抗日斗争。

日本帝国主义侵占东北后，积极策划制造傀儡政权，以便进行殖民统治。1931年11月日军将溥仪自天津日本

租界秘密挟持到东北。1932 年 2 月，关东军在沈阳成立以张景惠为委员长的“东北行政委员会”，负责筹建“新国家”。9 月 15 日，日本政府发表声明，正式承认“满洲国”。1934 年 3 月，日本扶持溥仪“执政”改称“皇帝”，改年号为“康德”。

日本帝国主义对东北人民实行残酷的军事镇压、政治控制、经济掠夺和奴化教育，迫使东北人民奋起抗争。1931 年 9 月 28 日在北平成立的东北民众抗日救国会，有力地推动了东北人民的抗日斗争。“九·一八”事变后，一部分爱国军队，如辽宁的唐聚五、邓铁梅，吉林的李杜、王德林，黑龙江的马占山、苏炳文等和农民自卫武装“大刀会”、“红枪会”等纷起抗敌，总称东北抗日义勇军，曾给日军以相当大的打击。但是这些义勇军成分复杂，纪律松散，各自为战，国民政府又拒不援助，因而至 1933 年夏在日军集中兵力进攻下，大部陷于失败。

中国共产党领导下的抗日武装始终坚持抗日斗争。1932 年至 1933 年间先后建立了磐石、东满、珠河、宁安等 7 支主要的抗日游击队，在抗日武装斗争中逐渐发展壮大，于 1936 年初分别发展为东北人民革命军第一至第七军，组成东北抗日联军，杨靖宇、赵尚志为正副总司令，李红光为总参谋长，全军共约3万人。

到1937年抗战爆发时，东北抗日联军已发展到11个军，共4.5万余人。总司令赵尚志，参谋长李红光，政治部主任李兆麟。第一军军长兼政委杨靖宇；第二军军长王德泰，政委魏拯民；第三军军长赵尚志，政治部主任冯仲云；第四军军长李延禄，政治部主任黄玉清；第五军军长周保中，政治部主任胡仁；第六军军长夏云杰，政治部主任兰志渊；第七军军长陈荣久，第八军军长谢文东；第九军军长李华堂，参谋长李向阳；第十军军长汪雅臣，政治部主任王维宇；独立师长祁致中，后扩编为第十一军。1937年为迎接全国抗日高潮，适应东北游击战争发展的新形势，东北抗联将所属各部先后改编为第一、二、三路军。第一路军由抗联第一、二军组成，总司令兼政委杨靖宇，副总司令王德泰；第二路军由抗联第四、五、七、八、十军组成，总司令兼政委周保中，副总司令赵尚志；第三路军由抗联第三、六、九、十一军组成，总司令李兆麟，政委冯仲云。

东北抗日游击战争的迅猛发展，严重打击了日本在东北的殖民统治。日本将关东军增至10余万人，伪军扩充至约10万人，并加紧推行“三年（1936—1939年）治安肃正计划”，加强军事“讨伐”，妄图将抗联大部消灭于三江平原。

转战于辽江、辽南地区的第一路军游击区迅速缩小。到1939年，主力分别转移到辉南、长白、抚松、和龙和安图境内。1939年9月，日伪出动7万人实行“大讨伐”，第一路军即分编小部队活动，以缩小目标保存实力。10月，被日伪包围在原始森林，杨靖宇率部与敌人周旋三个月，最后只剩下300人，突围时只身陷入敌人重围，1940年2月23日在蒙江县保安村英勇牺牲。

东北抗日联军在极其艰苦的条件下继续坚持抗日斗争，成为牵制大量日军困在东北的重要因素之一。活动于哈长路东侧、牡丹江流域、松花江右岸、乌苏里江左岸的第二路军，为冲出敌人的合围圈，1939年2月，第四、第五军向五常、舒兰旧游击区西征，其余部队坚持宝清、饶河斗争，牵制敌人掩护西征。西征队进入日军控制较严的地区，日军极力反扑围堵，西征队连续作战伤亡很大，一部转入五常县分散活动，第四军坚持到11月末，军长李延禄等牺牲，第五军一师突围东返。10月，该师进至牡丹江支流乌斯浑河岸边与日军遭遇，展开激战。随师行动的第五军妇女团八名女战士在指导员冷云率领下，主动承担掩护大队突围转移任务。在弹尽粮绝的情况下，毅然背起重伤的战友，投入急流翻滚的乌斯浑河。

活动于松花江下游的第三、六、九、十一军，除留下一部分坚持原地游击战争外，主力于1938年6月向小兴安岭远征，开辟新游击区。同年底，先后到达海伦地区。1939年春，第三路军在朝阳山一带建立了根据地。他们转战30余县，战斗频繁，取得许多胜利。

1941年冬，抗联部队人员锐减到千余人，斗争形势更加恶化。东北地方党组织决定抗联缩编为一个旅，旅长周保中，副旅长李兆麟，转入苏联边境地区整训和学习。同时派出13个支队到延吉、和龙、汪清、宁安、敦化等敌伪统治薄弱地区，搞小群游击战争，一直坚持到1945年8月苏联红军出兵东北，为迅速解放东北全境做出了贡献。

苏区四次反“围剿”

红军和农村根据地的迅速发展壮大，使国民党反动派陷入极度的恐慌之中。从1930年秋至1933年，国民党反动派对中央革命根据地以及其他革命根据地，先后发动了四次大规模的反革命“围剿”。英勇的工农红军在当地人民的全力支持下，开展了四次“反围剿”斗争，给蒋介石为首的反动政府以重创。

1930年11月，蒋介石发动了对中央苏区的第一次大规模围剿。他调集8个师约10万兵力，采取“长驱直入，分进合击”的战略，妄图消灭中央根据地的红军。

毛泽东运筹帷幄，根据敌我力量的对比和红军对敌斗争的经验，提出了“撒开两手，诱敌深入，待机破敌”的作战方针，确定了“积极防御，诱敌深入”的战略，率领红军主力东渡赣江，向南转移，在根据地中部伺机歼敌。

11月上旬，张辉瓒指挥敌18师、28师和50师，进犯我革命根据地，每到一处就烧杀抢掠，无恶不作。进入龙冈地区后，他自恃武器精良，根本没有把红军放在眼里，急于寻找红军主力“决一高低”。而我红军主力早已全部集结于宁都县的黄陂、小布地区，养精蓄锐，待机破敌。经过深思熟虑，毛泽东在标有龙冈的小圈圈外重重地画上了一个大红圈。一场集中兵力的大歼灭战即将开始了。

12月30日，雾锁龙冈。结局果然不出毛泽东所料，第18师9000余人全部被歼，张辉瓒被活捉，敌28师和50师扔下阵地，开始撤退。

在短短的5天时间里，红军连续打了两个大胜仗，歼敌一个半师，共13800人，获得了第一次反“围剿”的胜利。

1931年2月，蒋介石再次纠集20万杂牌军，向中央革命根据地发动第二次“围剿”，并疯狂地叫嚣，要“在三个月内消灭红军”。老蒋认为，第一次“围剿”的失败，是“兵力之不足，包围之严，而部队急进亦一主因也”，这次提出“稳扎稳打，步步为营，齐头并进，紧缩包围”的作战方针，并对我根据地实行严密的经济封锁。

毛泽东高瞻远瞩，在全面分析了敌军的具体情况后提出，先打富田地区的第5路军。因为第5路军虽然人数众多，但士兵来自北方，不习惯爬山，加之惧怕北军，杯弓蛇影，所以，军心不稳。将这支部队吃掉以后，红军再由西向东横扫，将来犯之敌各个歼灭。

1931年4月23日，红军主力集结于东固。东固正处于三面敌军包围的“牛角”之中，环境险恶。但红军在老根据地人民群众的掩护下，建立起一道“铜墙铁壁”，待敌入瓮。在苦苦待等了25天之后，敌人终于按捺不住，象蛇一样爬出洞来。隐蔽在白云山的红三军似天兵天将，以势不可挡之势，向敌人发起袭击。当即，敌人吓得魂飞魄散。至下午3时左右，战斗结束，我军共缴枪5000多支，迫击炮30多门。

首战告捷后，红军又趁胜出击。从5月16日到30日，15天中，红军从赣江边上的富田、固陂圩打起，由西向东横扫，走了700里路，5战5捷，一直打到福建的建宁，酣畅淋漓地粉碎了敌人的第二次“围剿”。

反革命“围剿”的连连失利，使蒋介石恼羞成怒。在仅距第二次“围剿”失败不到一个月，蒋介石就再次集结30万人马，并亲任“剿匪”军总司令，向我根据地发起第三次“围剿”。此次“围剿”，蒋介石改变了战略方针，一反“步步为营”的蚕食战法，而为“厚集兵力，分路围剿”，即采取集中兵力，“长驱直入”、“分进合击”的快速突进。

中国工农红军面临着极为严峻的挑战。敌军不仅来势迅猛，而且敌我力量悬殊。刚刚打退了敌人第二次“围剿”的红军，还没有来得及休整，就要投入新的战斗。要以疲劳的3万军队打败装备先进的30万军队，着实不是一件容易的事情。但我工农红军不畏强敌。毛泽东、朱德根据敌人急于找红军主力决战的情况，毅然决定：红军千里回师，采取“避敌主力，打其虚弱，乘退追歼”的方针和红军牵着敌人的鼻子盘旋式打圈子的打法，击破敌人新的围攻。

1931年7月，红军冒着南方的酷暑炎热，迈开两只铁脚，跋山涉水，风雨兼程。累了，就在路边睡觉；醒了，拔起腿来继续赶路。仅仅10天时间，红军就靠双腿从福建的建宁，绕道千里走回赣南根据地的兴国。

一开始，红军准备进攻富田的敌军，但情况有变。红军改向莲塘一带突破。入夜，红军神速潜行，秘密地跳出了敌人的包围圈，然后，象一把钢刀，直插敌后。逗引得敌人草木皆兵，疲于奔命，最后“不知红军几多万，不知红军在哪方？肥的拖瘦瘦拖死，未曾打仗损一半。”红军6天之内三战三捷，胜利地完成了第一阶段的任务。

随后，红军再次派出一支2000多人组成的“二足高度机动部队”，佯装红军主力，虚张声势，声东击西，带着敌军在崇山峻岭中来回转圈子。将不擅于爬山吃苦的敌军害得苦不堪言。当他们发现自己上当时，已经没有力气追赶红军主力了。而我红军主力早已严阵以待，80天内歼敌17个团，毙伤和俘敌3万多人。

1932年5月，蒋介石发动第四次“围剿”之时，正是日本帝国主义悍然入侵中国之际。但是，蒋介石以“攘外必先安内”为由，任日本帝国主义的铁蹄蹂躏中华大地，并鼓吹“这回围剿的成败，是国家生死存亡的关键，……此时若不能立即肃清，中国惟有灭亡而已”，调动30万军队，向我根据地猛扑而来。

由于王明在我党、我军推行左倾机会主义路线，撤销了毛泽东在红军中的领导职务，并对坚持正确路线的邓小平、罗明等人进行“残酷斗争，无情打击”，致使红军在第四次反“围剿”中受挫。先是鄂豫皖革命根据地反“围剿”失败，然后是湘鄂西红军被迫转移。蒋介石为此得意洋洋，集结 50 万人马，分三路纵队，气势汹汹地向中央革命根据地扑来。他们上有飞机保驾护航，下有大炮鸣锣开道，准备一举将红军“歼灭”于建宁地区。

中央红军在周恩来和朱德的领导下，创造性地运用毛泽东同志的战略思想，先将敌人吸引到南丰一带，然后，再日夜兼程西进到东韶。敌人果然上当，孤军深入宜黄地区。2 月 26 日，国民党进入黄陂红军伏击圈。红军出其不意，集中优势兵力发动攻击，经过 28 日和 3 月 1 日两次激战，歼敌 52 师和 59 师，俘敌两师师长，创造了红军战争史上前所未有的大兵团伏击歼敌的范例。3 月 21 日，红军在草台岗、东陂地区又歼敌近一个师。

黄陂、草台岗两战共歼近三个师，俘敌 1 万余人，缴枪 1 万余支。从而取得第四次反“围剿”的胜利。这次反“围剿”胜利后，中央根据地已经地跨湘赣闽粤四省，人口约有 300 万，红一方面军发展到 10 万人左右。

红军血战湘江

1933年9月，在王明“左”倾错误继续发展的时候，“屡战屡败，屡败屡战”的蒋介石纠集100万军队、200多架飞机，向我革命根据地发起了规模空前的第五次“围剿”。吸取前几次“围剿”红军失败的教训，蒋介石这次采用的是“三分军事，七分政治”的方针。在政治上，在根据地周围实行保甲制度和“连坐法”；在经济上，对根据地进行经济封锁；在军事上，采取“保垒推进、步步为营”的战略，还聘请了一批德国顾问。

面对敌人的疯狂进攻，掌握中国共产党领导权的王明、博古和这次反“围剿”战争的最高军事指挥者李德，提出“硬碰硬与敌人干到底，将敌人挡于国门之外”，采取“不丧失根据地一寸土，不打烂根据地人民的坛坛罐罐”的战略方针，将毛泽东倡导的“诱敌深入，积极防御”的正确思想束之高阁。结果，反围剿一开始就陷于被动。

1933 年 9 月 28 日，黎川失守后，中共临时中央强令装备极差的红军主力与装备精良的国民党军队打正规战、堡垒战，同敌人拼消耗，犯了冒险主义错误，结果一场胜仗未打。继尔，中共临时中央又由军事冒险主义转变为军事保守主义，采取消极防御的战略方针。眼见国民党一步步地缩小包围圈，红军总参谋长刘伯承忧心忡忡，他向“左”倾领导人建议：仗不能再这样打下去了，否则红军的处境将十分危险。“左”倾领导人一听，勃然大怒，“战术还不如一个参谋，还当什么参谋长!”当即撤销了刘伯承的总参谋长之职。

1934 年 10 月，国民党军队推进到中央革命根据地的腹地，兴国、宁都、石城相继失守。10 月 10 日晚，中共中央率红军主力 5 个军团及中央、军委机关和直属部队 8.6 万人，被迫实行战略大转移，开始了艰难的二万五千里长征。

为了阻截中央红军转移，蒋介石构筑了四道封销线。经过浴血奋战，红军指战员接连突破敌人三道封锁线，分左右两路继续向湖南、广西边境前进。此时，在红军前进的道路上，横亘着潇水和湘江两条大河。敌人企图利用这天然障碍，先歼红军于潇水之滨，再歼红军于湘江之畔，同时又命令广西军阀李宗仁、白崇禧部一起布防堵截，使红军腹背受敌。这就是蒋介石利用湘江设下的第四道封锁线。

此时此刻的蒋介石一副成竹在胸的样子，在红军向湘江挺进时，他命飞机撒下传单，不可一势地叫嚣：“我们奉总司令的命令等你们好久了，请你们快来！来！来！来！来进我们安排好了的天罗地网！”红军指战员们气愤地将传单撕得粉碎。望着在头顶盘旋的敌机，大家焦急地相互询问：“咱们该往哪儿去呀？可不能总让敌人追在屁股后面打咱们呀！”面对波涛滚滚的湘江的阻挡，背对几十万敌军的围追堵截，“左倾”机会主义者们一筹莫展，只好发出“突破湘江，到湘西和红二、六军团会合”的指令。如果中央红军轻装前进，一天即可到达湘江，不但可以减轻掩护部队的负担，更重要的是可以赢得宝贵的时间，而时间就是生命。但是，“左”倾教条主义者舍不得扔下印刷机、宣传品及纸张等“坛坛罐罐”，像大搬家似的拉着庞杂的队伍行军。埃德加·斯诺在《西行漫记》中曾这样描述：“兵工厂拆迁一空，工厂都卸走机器，凡是能够搬走的值钱的东西都装在骡子的背上带走，组成了一支奇怪的队伍。”结果，带着沉重的辎重，中央红军只能以每天 20 公里左右的常规速度行军，70 多公里的“乡道”整整走了 4 天。等红军赶到湘江边上时，敌人已从四面压了过来。从 11 月 29 日到 12 月 1 日，中央红军不得不同敌人在湘江两岸展开了一场浴血奋战。

在湘江两岸，有一个住着 20 多户人家的小山村——脚山铺。山前是一片开阔的平地，山上长满了茂密的松树和灌木丛。在松树和灌木丛后面，潜伏着一支我红军部队。为掩护大部队渡江，红一军团二师与四倍于自己的敌军展开了一场殊死之战。红军战士虽然已有三四天没有睡觉，一天多没有吃东西，但个人以气壮山河之势打退了敌人一次又一次的强攻。阵地上硝烟滚滚，刀光闪闪，喊杀之声震天动地。刺刀捅弯了，战士们就用枪托砸，枪托砸坏了，就用石头摔。敌人见正面强攻不成，就从侧面迂回。我军有两个营被敌军包围。这两个营分别从左右冲出，准备越过阵地周围浓密的树林，在路上集结。不料，迎头撞上了敌军主力。营长发现情况不对，立即镇定地组织战士们转移，大声地说：“同志们不要着急。政治委员告诉过我，如有紧急情况，就向左边的大山靠。”在营长的带领下，红军很快跳出了敌人的包围圈。

正当红一军团与敌人展开血战的同时，红三军团在彭德怀的指挥下，在新墟一带与广西敌人也开展了一场激烈的搏杀。新墟是通往湘江岸边的必经之路，如果此地失守，敌军就可长驱直入，从下面阻截我红军主力。为此，红军战士发扬“只要还有一个人，就不能让敌人进到新墟”的精神，与数倍于自己的敌人奋战了3天3夜。在这3天3夜中，师指挥部不断接到报告：5师参谋长牺牲，14团政委负伤，15团团长、政委负伤，2个营长牺牲，全团伤亡500余人……但是，红军主力还没有渡过湘江，这意味着红三军团还必须咬牙挺住、挺住、再挺住。几个小山头相继失守了，因为奋战在那里的指战员已全部阵亡。直到第三天下午4时，中央红军主力才突破湘江。军团命令他们火速过江，掩护任务由红六师第18团担任。

红一军团和红三军团分别在脚山铺和新墟阻截敌军，为掩护红军主力前进，“象两个轿夫，抬起中央纵队这顶大轿子”，付出了惨重的代价。

红八军团和红九军团的伤亡也很大，他们在敌机的狂轰滥炸中，艰难前行，指战员们都极度疲劳，不少人边走打瞌睡，两天两夜急行军200多里。李宗仁、白崇禧的队伍也在向湘江集结。沿途，敌机从头顶盘旋而过，扔下一串串炸弹，战士们赶紧卧倒隐蔽；不断有敌军从侧面迂回企图将部队拦腰截断，战士们又一次又一次地奋勇杀敌……就这样，边走边打，待渡过湘江后只剩下2000余人。

红五军团是自长征以来一直担任后卫任务的部队。在此次强渡湘江的战斗中，他们仍然肩负总掩护的重任。面对敌人疯狂进攻，他们发扬大无畏的革命精神，在指挥员的沉着指挥下，夜以继日地阻击敌人。在大部队过江后，他们赶了100多里山路，在半夜时分到达江边。此时，正值隆冬，寒风凛冽，江水冰冷刺骨，水流湍急。战士们虽然疲惫至极，但依然兴高采烈地脱掉鞋袜，一个接一个地跳入江中。“好冷呀!”战士们打着寒战，一个扶一个地向对岸走去。星光掩映下的湘江上，只听见“哗哗”的水声，伴随着一群衣着褴褛但气势昂扬的红军战士在水中缓缓前移。

此刻，麻子渡口只剩下红5军团第34师了。“做好准备，开始渡江!”一声令下，战士们动作麻利地将枪横架在肩头，挽起了裤腿了。“不好！有情况！敌人从后面围上来了!”“立即抢战有利地形，准备战斗!”又是一声令下，战士们再次进入阵地，阻击敌军。敌人象潮水般涌来，我英勇的红军战士一直战斗到弹尽粮绝。最后，除师长率一二百人突出重围外，其余全部壮烈牺牲。12 月 1 日，当太阳跃上山头时，中央红军主力终于渡过了湘江。蒋介石精心布置的第四道封锁线被红军冲垮了。

然而，湘江之役也是中央红军离开苏区后打得最为惨烈、损失最大的一仗。红军牺牲极大，人员折损过半，由开始长征时的 8 万多人锐减到 3 万多人。部队半数不是牺牲就是负重伤，一些伤员无法运走，只好留下来。

湘江战役大批红军战士无谓的伤亡，深深震憾着人们的心。随着湘江战役的惨败，广大指战员开始进一步思索党的路线、党的领导问题。王明“左”倾教条主义路线也始告破产，中国工农红军需要那些支撑起中国革命向前发展的英明的领导者。

遵义会议

1934 年 12 月，红军经浴血奋战后渡过湘江。由于连续苦战，红军锐减。12 月中旬，抵达湘黔边界时，毛泽东

力主放弃原定进入湘西与红二、六军团会师的计划。28日，中央政治局召开会议，接受了毛泽东的建议，决定向以遵义为中心的川黔边地区前进。同月，红军主力以迅雷不及掩耳之势突破乌江天险。敌人魂飞胆战，匆忙逃往遵义，并扬言死守遵义，决不给红军以任何可乘之机。

遵义，北靠娄山，南临乌江，位于贵州到重庆的交通要道之上。中共中央政治局决定：攻打遵义，建立以遵义为中心的黔北根据地，继而向川南发展。红一军团第二师六团担起了夺取遵义的重任。团政委王集成在总参谋长刘伯承的启发下，为减少伤亡，想办法、动脑筋对付顽敌。

1935年1月6日，天下起了大雨，地面泥泞不堪。战士们深一脚浅一脚地冒雨赶往遵义。“报告，距遵义30公里处发现有敌人一个据点，大约有 1 个营以上的兵力。”侦察员报告说。“全歼这股敌人，不准一个漏网。”刘伯承指示说：“否则攻打遵义的计划就会被敌人察觉。”当即，部队冒着大雨，迅速出击，很快就结束了战斗，全营除了被打死的，凡是有口气的，都乖乖地当了红军的俘虏，红六团圆满地完成了战斗任务。

“我们准备利用这批俘虏，来个以假乱真，化装成敌人，智取遵义城。”王集成政委将攻打遵义的计划报告刘伯承。“很好！”刘伯承微笑着说：“这就是多动脑子，运用智慧嘛。不过，装敌人一定要装得象，不要露出马脚，让敌人看出破绽。”

夜里 11 点多钟，化装成敌军的红六团抵达遵义。“干什么的?”守城的敌人恶狠狠地断喝。“自己人！自己人！”俘虏用贵州话答道。“哪一部分的?”敌军还不放心，继续问道。“我们是外围营的，叫共军包围了，只有我们逃了出来，红军还在后面追赶我们呢，快救救我们吧！”这时，城楼上射下几束手电光，在战士们脸上扫来扫去，战士们装做一脸疲惫的样子，无精打采地聚集在城门前。守城的敌人确认这些都是“自己人”，于是派人将城门打开。“不许动，我们是中国工农红军！”战士们用枪顶住开门的敌人，敌人当时吓得瘫倒在地。1 月 7 日凌晨，遵义获得了解放。

红军攻占遵义后，中央决定召开政治局扩大会议。事实上，这个会议的召开已酝酿了相当长的一段时间。

长征开始后，广大干部和指战员眼睁睁地看着自第五次反“围剿”以来，红军迭次失利，部队不断受到损失，被敌人追在屁股后面猛打，几乎濒于绝境，这与前四次反“围剿”形成了鲜明的对照。第五次反“围剿”的失败和长征初期“血”的教训，使广大指战员对“左”倾教条主义由怀疑发展到不满与愤怒。

与此同时，高级领导层内也酝酿着要求纠正错误、改变领导的意见。张闻天较早地对李德的错误军事路线产生怀疑，不止一次地说：“这样打下去，我们能有胜利的前途吗?”王稼祥也渐渐地对李德表示不满。长征途中，他经常和毛泽东在一起商讨军事路线问题，逐渐接受了毛泽东的正确主张。在这种形势下，召开一次政治局会议，总结经验教训、纠正领导上的错误的条件已经成熟。在王稼祥、张闻天等人的积极倡导下，1935 年 1 月 15 日至 17 日，在遵义旧城一个军阀公馆的小楼上，中共中央召开了政治局扩大会议。这就是历史上著名的遵义会议。

出席遵义会议的政治局委员有：毛泽东、张闻天、周恩来、朱德、陈云、博古，候补委员有王稼祥、刘少奇、邓发、何克全，还有红军总部和各军团负责人刘伯承、李富春、林彪、聂荣臻、彭德怀、杨尚昆、李卓然，以及中央秘书长邓小平。共产国际驻中国的军事顾问李德及担任翻译工作的伍修权，列席了会议。

会议首先由中共中央负责人博古作了《关于反对敌人第五次“围剿”的报告》。博古在报告中过分强调客观困难，将红军失败的原因完全归咎于反动力量的过于强大等，并没有承认自己与李德在军事指挥民犯了严重错误。然后，周恩来作了副《报告》。周恩来实事求是，指出造成第五次反“围剿”失败的主要原因是军事领导方面的战略战术的错误。

稍后，毛泽东作了重要发言。他站起身，神情严肃又略为激动地讲了大约1个多小时，明确指出，正是由于在军事上执行了“左”倾冒险主义的错误主张，才导致了第五次反“围剿”的失败，造成了红军在长征中的重大牺牲，并一针见血地批评李德只知道纸上谈兵。紧接着，王稼祥、张闻天、朱德、陈云、刘少奇、刘伯承、李富春、聂荣臻等先后发言，批评错误的军事领导，明确表明支持毛泽东指挥红军。

此次会议的重点批评对象是博古，共产国际驻中国代表李德的处境也非常狼狈。大家都是围着长桌子坐下，只有他坐在会议室的门口。当大家你一言我一语地指责他的军事指挥有误时，他一边听着伍修权的翻译，一边一个劲地抽烟，神情十分沮丧。

会议最后指定张闻天起草了中共中央《反对敌人第五次“围剿”的总结决议》。这个决议充分肯定了毛泽东等指挥红军取得多次反“围剿”胜利的战略战术的基本原则。《决议》还指出，在战略转变与实行突围的问题上，博古、李德“同样犯了原则上的错误”。他们没有及时转变内线作战的战略方针，实行战略上的退却，以保持主力红军的有生力量，从而贻误了战机。在突围中，“基本上不是坚决地与战斗的，而是一种惊慌失措的逃跑的以及搬家式的行动。”

《决议》还总结了与国民党19路军建立抗日统一战线的经验教训，指出党中央采取同19路军订立停战协定推动其抗日反蒋是正确的，但博古、李德等根本不了解在政治上军事上同时利用19路军事变是粉碎第五次“围剿”的重要关键之一，没有在军事上采取与之直接配合的方针，从而失去了宝贵的机会。

会议最后改组了中央领导机构，推选毛泽东同志为政治局常委，取消博古和李德的最高军事指挥权，决定仍由中央军委主要负责人周恩来、朱德指挥军事。随后，根据会议精神，常委又进行了分工，决定由张闻天代替博古总负责，毛泽东、周恩来负责军事。在撤离遵义以后的行军途中，又组成了毛泽东、周恩来、王稼祥参加的3人军事指挥小组。

遵义会议闭幕后，党中央将会议精神传达给红军指战员。大家听罢，激动不已，许多年轻的战士高兴得连蹦带跳，使劲地拍着巴掌说："这下可好了，我们又有盼头了！""以后我们又可以连连打胜仗了！"遵义会议是中国共产党历史上一个生死攸关的转折点，标志着中国共产党在政治上开始走向成熟，结束了"左"倾教条主义在党中央的统治，实际确立了毛泽东在党中央的领导地位。在极端危急的历史关头，挽救了中国共产党，挽救了红军，挽救了中国革命。从此，中国共产党得以在以毛泽东为代表的马克思主义正确路线的领导下，克服重重困难，一步步地引导中国革命走向胜利。

三大主力会师陕甘宁

紧急战争形势下举行的遵义会议，没能全面地讨论政治路线方面的问题。但是，解决了当时党内所面临的最迫切的军事问题，改组了中央的领导，结束了“左”倾教条主义在中共中央的统治，实际上确立了毛泽东在中共中央的领导。而这些成果，又是在中国共产党同共产国际中断联系的情况下，独立自主地取得的。

1 月 19 日，红军离开遵义，移师北上，采取高度灵活的运动战方针，一渡赤水河，进入川滇边扎西。2 月中下旬又挥师东进，二渡赤水，重入遵义。3 月中，红军迅速跳出敌合围圈，三渡赤水，再入川南。随后，又出敌不意地四渡赤水，南渡乌江，佯攻贵阳，乘滇军援贵之际，直插云南，作威胁昆明态势。接着红军又向西北方向急进，于 5 月初巧渡金沙江。至此，中央红军摆脱了数十万敌军的围追堵截，取得战略转移中具有决定意义的胜利。

中央红军渡过金沙江后，继续北上。红军严格执行民族政策，尊重少数民族的风俗习惯，得到少数民族的支持和帮助。在进入大凉山彝族地区时，红军总参谋长刘伯承同彝族“沽基”部首领小叶丹歃血为盟，实现了民族团结，红军顺利通过这一地区。5 月下旬，红军强渡大渡河，飞夺泸定桥，翻越终年积雪的夹金山。

1935 年 6 月 14 日，红一、四方面军在懋功地区会师。6 月 26 日，中共中央在两河口召开政治局会议，通过了《关于一、四方面军会师后战略方针的决定》，否定了张国焘向川康边退却的错误主张，明确指出两军会师后的战略方针是：“集中主力向北进攻，在运动战中大量消灭敌人，首先取得甘肃南部，以创造川陕甘苏区根据地。”7 月，红军连续翻越几座大雪山，到达毛儿盖。8 月 3 日，红军总部决定把一、四方面军混合编成右路军和左路军。中共中央随右路军行动。左路军由张国焘率领，朱德、刘伯承随左路军行动。随后，左、右路军分别从卓克基、毛儿盖等地出发，跨过荒无人烟的茫茫草地，于 8 月下旬先后到达阿坝和巴西地区。

9 月，张国焘拒绝执行中央北上方针，自恃枪多势众，要挟右路军和中共中央南下，甚至企图危害中央。毛泽东、周恩来、张闻天、博古等在巴西紧急磋商，决定迅速脱离险区，率右路军中的红一、三军和军委纵队先行北上。9 月 12 日中央政治局在川甘边俄界召开扩大会议，通过了关于张国焘同志错误的决定，并再次电告张国焘改正错误，率部北上。但张国焘却顽固坚持其错误主张，命令左路军和右路军中的原四方面四军、三十军南下，并于 10 月间在卓木碉公然另立中共中央。朱德、刘伯承等在艰难的处境下与张国焘的分裂主义错误进行了不懈的斗争。

俄界会议后，中共中央率领红一、三军和军委纵队，攻克甘南天险腊子口，越过岷山，到达哈达铺，部队改编为中国工农红军陕甘支队。9 月 27 日占领榜罗镇。中央政治局召开会议，正式决定以陕北作为领导中国革命的大本营。

此前不久，从鄂豫皖根据地出发的红二十五军，经 10 个月转战，已于 1935 年 9 月 16 日到达陕北与陕甘红军会师，成为红军长征中到达陕北的第一支队伍。随后，红二十五军同陕甘红军合编为红十五军团。

榜罗镇会议后，中共中央率部越过六盘山，于 10 月 19 日抵达陕北吴起镇，与红十五军团胜利会师，结束了红一方面军的长征。11 月 17 日，中共中央机关到达陕甘根据地中心瓦窑堡，及时释放了刘志丹等被迫害的干部，纠正了陕北肃反扩大化的错误，使陕甘根据地转危为安。11 月 20 日至 24 日，红军在直罗镇全歼国民党军一个师又一个团，为中共中央把全国革命大本营放在西北举行了奠基礼。

在中共中央到达陕北时，1935 年 11 月红二、六军团从湘鄂川黔根据地出发开始转移。1936 年 7 月 2 日在西康甘孜与红四方面军会师。此时，红四方面军由于张国焘的错误领导，损失严重，只剩下 4 万余人，同南下时相比已减员过半，张国焘不得不于 6 月 6 日宣布取消他的第二“中央”。两支部队会合以后，红二、六军团奉中共中央电令编为红二方面军，贺龙任总指挥，任弼时任政委。在朱德、刘伯承、任弼时、贺龙、关向应等力争下，红二、四方面军决定共同北上同中央会合。1936 年 10 月，二、四方面军到达甘肃会宁，分别与一方面军会师。至此红军主力长征结束。

三大主力红军会师后，红四方面军主力部队和红五军共 2 万余人，奉命于 10 月下旬西渡黄河，随后组成西路军深入甘肃河西走廊。西路军广大指战员浴血奋战，虽毙伤俘敌约2万余，但由于无根据地作依托，又无兵员、物资的补充，在敌众我寡的情况下终于遭到失败。曾发展到30万人的红军，至此只剩下不到3万人。

中国工农红军第一、二、四方面军，以坚韧不拔的革命精神，克服无数艰难险阻，先后在两年左右的时间，胜利完成跨越赣、闽、粤、湘、桂、黔、滇、康、甘、宁、陕等12省，经过汉、苗、壮、彝、藏、回约2亿人口的不同民族地区，总行程达2.5万里以上的长征。虽然失去了原有的根据地，损失了相当大的力量，但是保存和锻炼了中国共产党和红军的骨干，沿途播下了革命的火种。革命的中心由江西移到陕甘，迎接着中国革命的新曙光。

红军三大主力的胜利会师，宣告了国民党反动派妄图聚歼红军阴谋的彻底破产，为全国人民展示了一个光辉灿烂的前景，极大的推动了正在蓬勃发展的抗日救亡运动。

左联文化的发展

1927年至1937年，是中国思想文化界比较活跃的时期。这个时期，国统区的思想文化呈现多元化趋势，包括国民党的党化教育，左翼文化运动的兴起，文化思想界的论争，国民党的文化“围剿”，左翼文艺的成就，文化教育事业的建设，文艺界的抗日救亡运动以及科技的进步等等。

30年代兴起的左翼文化运动，发轫于无产阶级革命文学运动。以成仿吾、郭沫若、蒋光慈、钱杏邨等为中坚的创造社、太阳社两个文学团体举起了“无产阶级革命文学运动”的旗帜。1930年2月，创造社、太阳社的代表与鲁迅共同参加了“清算过去和确定目前文学运动底任务”的讨论会，决定成立左翼作家联盟。1930年3月2日，“左联”召开成立大会，推选鲁迅、田汉、夏衍、钱杏邨、郑伯奇、洪灵菲、冯乃超等为“左联”执行委员，周全平、蒋光慈为候补委员。“左联”成立不久，又相继成立了“中国社会科学家联盟”（简称“社联”）、“左翼戏剧家联盟”（简称“剧联”）、“中国左翼美术家联盟”（简称“美联”）。在上述4个联盟的基础上，组织了一个联合机构——“左翼文化总同盟”（简称“文总”）。从此，革命文艺事业就成了有组织有领导的中国革命事业的一个组成部分。

国民党统治初期，“有两种反革命的‘围剿’：军事‘围剿’和文化‘围剿’”。国民政府对红军和革命根据地加紧军事“围剿”的同时，在国民党统治区，则又加紧对进步文化的“围剿”，企图将中国共产党的武装及其思想文化“剿尽杀绝”。

中国共产党在领导革命根据地军民不断粉碎国民党军事“围剿”的同时，也积极领导国民党统治区左翼文化战士，进行了卓有成效的文化反“围剿”的斗争。左翼文化工作者在中国共产党的领导下，对各种反动文化流派进行了有力的揭露和批判。鲁迅形象生动地批判所谓“民族主义文学”是为买办阶级服务而充当统治阶级的鹰犬。瞿秋白一针见血地揭露“自由人”及“第三种人”不过是

"帮助统治阶级来实行攻击无产阶级的阶级文艺"。

经过许多左翼文化工作者的共同斗争，这些反动文学流派接连败北，"左联"成立以后，先后创办了《萌芽》、《拓荒者》、《现代小说》、《北斗》、《文化月报》、《大众文艺》、《文艺新闻》等许多进步刊物，成为宣传左翼文化的阵地。

以鲁迅为主将和旗手，以左翼文化运动为核心的中国进步革命文学艺术在30年代取得了辉煌的成就。杂文、长篇小说、现代诗和话剧、电影所取得的丰硕成果，特别引人注目。这个时期，鲁迅写下的杂文，计有《三闲集》、《二心集》等九部之多。他的杂文像匕首，似投枪，成为打击敌人、教育人民、鼓舞人民的有力的思想武器。

茅盾先后完成了《蚀》三部曲、《虹》以及他的代表作《子夜》等长篇小说。老舍发表了著名小说《骆驼祥子》。巴金创作了长篇小说——"爱情"三部曲和"激流"三部曲。此外像沈从文、张天翼、吴组缃、叶紫、丁玲、沙汀、艾芜、萧军、萧红等都在小说中把笔触深入到半殖民地半封建中国广阔的农村，深入到边缘的山区，深入到社会底层的人际关系和人性的冲突。他们对故土的热爱，和他们小说中充满危机、倍受西方帝国主义蹂躏的农村情景，形成了鲜明对照，从而使他们的小说充满了现实主义的批判力量。殷夫、臧克家、艾青、田间等努力倡导诗歌的简朴与大众化，创作了一批反映现实社会生活的有力度的诗作，其中臧克家的《烙印》、《罪恶的黑手》受到广泛的赞赏。1934 年，曹禺发表了他的第一个剧本《雷雨》，次年由著名戏剧家洪深、欧阳予倩指导复旦大学学生上演。1936 年曹禺的第二个剧本《日出》也获得成功。他以强烈感人的艺术力量和深刻的思想主题，使中国现代戏剧在创作和演出两个方面趋向成熟。30 年代，中国的电影事业也迈进了一个新阶段。

在新闻、出版业方面，也取得一些进展。30 年代中国原有的一些著名大报，如《申报》、《大公报》、《新闻报》、《世界日报》等纷纷启用新人，扩版改版，不断创新，销路大增。另外，1927 年上海《时报》首创套色印刷、1929 年 9 月《新民报》于南京创刊、1933 年上海《大美晚报》率先试行中文横排、1935 年上海《立报》日销售量创 20 万份最高纪录，都为中国新闻事业发展作了见证。图书、期刊杂志的出版同样成倍地增长。30 年代除了商务印书馆、中华书局、世界书局、开明书店等主要出版机构外，还先后新创或重建了一批如现代书局、良友图书印刷公司、上海杂志公司、神州国光社、文化生活出版社、生活书店、读书出版社、新知书店等出版社，出版了一批工具书和不少有学术价值的专著、译著，也出版了一批进步书刊。

随着全国抗日救亡运动的继续高涨，文化界的抗日救亡活动，也迅速地开展起来。1935 年 12 月 27 日，上海文化界救国会正式成立，提出一系列抗日主张，如：开放民众组织，保护爱国运动，迅速建立起民族统一战线；停止一切内战；武装全国民众；释放一切政治犯，共赴国难及保障集会、结社、言论、出版的绝对自由等。1936 年 1 月，北平文化界救国会正式成立，紧接着全国各地救亡团体的成立，各种救亡刊物也纷纷地涌现出来，仅上海一地就有百余种。

在抗日救亡运动的新高潮中，文艺界的左翼队伍里，产生了“国防文学”与“民族革命战争的大众文学”两个口号的论争。主要代表性文章有：周扬的《关于国防文学》、《现阶段的文学》、郭沫若的《国防·污地·炼狱》，鲁迅的《论现在我们的文学运动》、《答徐懋庸并关于抗日统一战线问题》，茅盾的《关于引起纠纷的两个口号》，冯雪峰的《对文学运动几个问题的意见》。

鲁迅、茅盾、冯雪峰指出“民族革命战争的大众文学”应该是一个总的口号，在这个总的口号下，作家在抗日的旗帜下团结起来，但是他们可以写国防文学，也可以写救亡文学，可以在创作上有更大的自由，只有这样才可避免因为狭隘的口号造成的文艺界新的关门主义和宗派主义。经过一番激烈争论，文艺界逐步在抗日民族统一战线的旗帜下团结起来。1936 年 9 月，各派作家代表巴金、王统照、包天笑、林语堂、陈望道、郭沫若、叶绍钧、鲁迅等 21 人联名发表了《文艺界同人为团结御侮与言论自由宣言》，主张文艺界同人应不分新旧派别，为抗日救国联合。宣言的发表标志着文艺界抗日民族统一战线的初步形成，给文学艺术各部门注入了新的血液，进一步推动了文化界抗日救亡运动的开展。

在文艺界联合宣言发表不久，文化战线、思想战线上的伟大战士鲁迅，于 1936 年 10 月 19 日在上海寓所病逝。当时追悼鲁迅的活动，更广泛地把人们吸引到抗日救亡的行列中来。

西安事变

“九·一八”事变后，日本帝国主义肆意践踏我国东北领土，张学良义愤填膺，但蒋介石却不许他打回东北去。张学良多次痛哭流泣地劝蒋抗日，但屡屡遭到蒋介石的蛮横拒绝。张学良不得不含羞忍辱，背着“不抵抗”的罪名，遭到全国人民的唾骂。1935 年 10 月，红军长征到达陕北。不久，“一·二九”运动爆发，全国人民抗日救亡运动出现新的高潮，蒋介石的“攘外必先安内”的政策更加不得人心。此时，在西北地区担任围剿红军任务的东北军和西北军更加厌恶内战，在全国人民抗日热情的推动和中国共产党抗日民族统一战线政策的影响下，东北军、西北军领导人张学良、杨虎城开始与共产党发生联系，初步形成三方团结抗日的政治基础。

蒋介石对张、杨二人极不放心，于 1936 年 12 月 4 日飞往西安，向驻扎在西安的张、杨二人及所部施加压力，如不出动军队“剿共”，即将东北军、西北军分别调往安徽、福建。当西安1万多名学生举行要求抗日的示威游行时，蒋介石竟命令张学良以武力镇压手无寸铁、一心爱国的学生。张学良、杨虎城两位爱国将领经商议后毅然决定以兵谏兵武力劝蒋介石抗日。

这一天是1936年12月12日凌晨2点钟，西安城外暮霭沉沉，夜色中，50名全副武装的士兵在营长孙铭九的带领下，分乘两辆军用卡车，奔驰在西安通往临潼的公路上。凌晨4点多钟，卡车准时抵达华清池外。此时，担负外围警戒任务的东北军已将华清池秘密包围了。卡车一路向院内开去。院门口的哨兵举手示意卡车接受检查。“冲过去！”孙铭九果断地下达命令。于是，司机猛地一踩油门，卡车直奔院内。哨兵立即鸣枪报警。蒋介石的亲信侍卫听到枪声后，马上用手提机枪封锁了正面进入内院的通道。孙铭九眼见强攻不成，急中生智，带人悄悄地摸到假山后的小路，直接冲入五间厅。

冲进五间厅后，孙铭九直奔蒋介石的卧室。“砰”的一声，他踹开房门冲了进去，但卧室内空无一人，根本没有蒋介石的影子。孙铭九一愣，只见房间的衣架上挂着蒋介石的衣服和帽子，桌上放着他的假牙和公文包，被子零乱地摊在床上。孙铭九伸手一试，被子尚有余温。“他会不会已经跑了？赶紧打电话报告司令。”张学良一听，不禁也暗暗地吃了一惊，“检查委员长的座车，看他的座车还在不在。”张学良命令道。士兵检查了车库，报告说，“车库内的车一辆都不少。”“那好，这说明他不可能逃远，继续搜！”

不久，一名士兵报告说，在后墙下发现一只拖鞋。看来蒋介石是往骊山方向逃走的。于是，孙铭九带人直奔骊山。此时，天空已泛起了鱼肚白。顺着山坡，孙铭九一行搜行半山腰。此时，天已大亮。突然，一名士兵看到石头后有个人影晃了一下，随手就是一枪。卫队营长正想过去看个究竟，忽然听到有人喊：“我在这里！我在这里！”“报告营长，是委员长！委员长在这里！”孙铭九赶紧飞奔至此，只见蒋介石光着头，赤着脚，穿着一件古铜色的睡袍，裹在一条白色的被单里，冻得上牙直打下牙。原来，当已经就寝的蒋介石听到枪声后，急忙爬墙逃到院外。紧张中，他跑丢了一只鞋，还摔痛了脊梁，跌破了脚，一路狼狈地往骊山爬，躲在一块卧鳖石后，被东北军抓个正着。

“你们是哪个部分的？”蒋介石不明底细，小心翼翼地问。“东北军。”孙铭九简单地答道。蒋介石一听是东北军，立即神气活现起来。“我是国家的一个领袖。我不去，叫你们副司令来!”孙铭九没有搭理他，强压怒火，示意几名战士架起蒋介石，不由分说地走下骊山。上午9点，汽车载着蒋介石驰向西安。这就是震惊中外的西安事变。

扣押蒋介石后，张、杨两人立即通电全国：“东北沦亡，时逾五载，国权凌夷，疆土日蹙，‘淞沪协定’屈辱于前，‘塘沽’、‘何梅’协定，继之于后。凡属国人，无不痛心。近来国际形势突变，相互勾结，以我国民族为牺牲。绥东战起，群情鼎沸，士气激昂。于此时机，我中枢领袖，应如何激励军民，发动全国之整个抗战。乃前方之守士将士，浴血杀战，后主之外交当局力谋妥协。……爱国获罪，令人发指。蒋委员长介公受群小包围，弃绝民众，误国咎深。学良等涕泣进谏，累遭重斥。昨日西安学生举行救国运动，竟嗾使警察，枪杀爱国幼童，稍具人心，孰忍出此，学良等多年胞泽，不忍坐视，因对介公系最后之诤谏，保其安全，促其反省。”并提出“停止一切内战”等8项主张。

在蒋被扣期间，张学良与杨虎城给予了他相当的礼遇。蒋后来回忆说：“侍者每小时必进茶点一次，意极殷勤，见余不食，辄忧形于色，此种诚意出自内心诚挚之流露，亦殊令人感动。”

西安事变的突然爆发，在全国引起了强烈的反响。爱国人士“捧读文电，雀跃无比”，百姓欣喜若狂、群情激昂。南京政府却指责张、杨“犯上作乱、不忠不孝”。心怀鬼胎的何应钦欲取蒋而代之，所以，他根本不顾蒋介石的死活，力主讨伐。亲英美派的宋子文、宋美龄等人为营救蒋介石，寻求和平解决事变的途径。在这紧要的历史关头，中国共产党提出和平解决西安事变的正确方针，向困境中的张学良、杨虎城伸出了援助之手。1936 年 12 月 17 日，周恩来肩负着中共中央的使命来到西安。张学良高兴地说：“你来了，一切就有办法了。”晚饭后，周恩来与张学良彻夜长谈。周恩来诚恳地说，这次事变符合全国人民的意愿，是正义的，并且必将产生巨大的影响。但是，以武力扣留蒋介石，如果解决不好，会引起新的内战。“噢？此话怎讲？”张学良闻听此言，心里一沉，急切地询问道。于是，周恩来仔细地分析说，西安事变的前景存在两种可能性：一种是使中国变好，一种是使中国变坏。如果能够说服蒋介石停止内战，枪口对外，一致抗日，中国就会免于被日寇吞并，这是我们应当尽力争取的好的前景。如果宣布蒋介石的罪状，把他杀了，不仅不能停止内战，反而会引起更大规模的内战；不仅不能抗日，反而给日本帝国主义以可乘之机，这是我们不愿看到的坏的前景。所以，我们主张和平解决西安事变，并同意你的意见，只要蒋介石答应停止内战、一致抗日的条件，就可以放他回南京。一席话，深深地打动了张学良的心。两人很快拟定了一份致南京方面书，并研究了东北军、17路军、红军三军联合抵抗“讨逆军”的军事措施。

第二天下午，周恩来会见了杨虎城，向他陈述了此间的种种利害关系。但是杨虎城对于释放蒋介石，疑虑重重。“据我的经验，蒋为人气量小、阴险，放了他，他将来必定会大肆报复!”周恩来耐心地开导说，逼蒋抗日不是不可能的，特别是现在，他是抗日则生，不抗日则死。至于他将来是否会报复的问题，不完全取决于他。只要我促成抗日统一战线，蒋想报复也报复不成。杨虎城被周恩来以民族利益为重的气量与胆识折服了，接受了中国共产党和平解决西安事变的主张。

12月23日，宋子文、宋美龄、端纳飞抵西安。在张学良公馆西楼的会客室里，国民党与中国共产党和红军举行了具有重大意义的和平解决西安事变的谈判。周恩来作为我党的全权代表，与宋子文等人耐心斡旋，最后双方达成六项协定。为巩固谈判成果，次日晚上，周恩来在张学良及宋子文、宋美龄的陪同下，来到蒋下榻的高桂滋公馆。蒋介石最怕会见中共代表，因为他深知自己“攘外必先安内”的主张使无数共产党人血洒疆场，所以，他使劲地摆手说："不见！不见！"但是，周恩来不计前嫌，从容地握住蒋介石的手说："蒋先生，10年没见，你显得苍老多了。"接着，周恩来神色凝重地说："你违背孙中山先生的遗嘱，牺牲了千百万中国革命者的性命。"蒋介石低下头去，"是啊，我杀人太多了，现在，我也后悔了。"接着，周恩来明确地向蒋介石阐述了中国共产党和平解决西安事变的方针，并指出："如果蒋先生能够改变'攘外必先安内'的政策，停止内战，一致抗日，不但我个人可以听蒋先生的话，就连我们红军都可以听蒋先生指挥。"最后，蒋介石表示："恩来，我们再也不打内战了。我接受你们提出的六项协定。有关红军的事，今后你可以找汉卿商量，定出一个适当的解决办法。我回去后，你可直接到南京找我谈。"

12月25日下午4时许，张学良亲自护送蒋介石到达机场，准备一同返回南京。周恩来得知后，急忙赶去劝阻张学良不可莽撞行事，但是，为时已晚。看着蒋、张乘坐的飞机渐渐飞远，周恩来痛心疾首："唉！张学良就是《连环套》那些旧戏看坏了。现在他不仅要摆队送天霸，还要负荆请罪！"结果，蒋介石一到南京，就扣留了张学良。随即开始实行在西安允诺的条件。

至此，西安事变和平解决。它的和平解决，成为扭转时局的枢纽。它标志着十年内战的基本结束和国内和平局面的开始实现，并为国共两党的重新合作创造了前提。

卢沟桥事变

日本帝国主义在“九·一八”事变后，得寸进尺，逐步向中国华北扩展其侵略势力。1933 年日寇侵占热河，

1935 年又策动汉奸成立伪“冀东防共自治政府”，蚕食了华北北部广大地区。当时，北平的丰台至山海关铁路沿线，有日本在华北驻军；北平东面是日本羽翼下的伪冀东防共自治政府；北面和西北面，有日本豢养的察北伪蒙军，北平几乎已完全处于日伪军的包围之中。位于北平西南的卢沟桥已成为北平与内地交通联系的唯一门户。日军如果占领卢沟桥，就可以孤立平津。于是，日军就以卢沟桥为突破口，策划全面侵华战争。

卢沟桥位于北京西南约 15 公里丰台区永定河上。该桥始建于金代大定二十九年（公元 1189 年），自该桥建成之日起，便成为华北西南部以至中原地区进出北京的咽喉要道。因其地理位置重要，自古以来为兵家必争之地。进入近代之后，在卢沟桥附近又修建了铁路桥，于是这里又成为京汉铁路和北宁铁路的交汇点，其地位愈加重要。在卢沟桥东端约 200 米处，耸立着一座古老的城池——宛平城，是当时宛平县政府的所在地，守卫卢沟桥的中国军队也驻扎在城中。该部队属 29 军 37 师 110 旅。

110 旅旅长何基沣 1933 年曾率全旅官兵在长城喜峰口英勇抗击日军进犯，是著名的长城抗战英雄。该部官兵在进驻卢沟桥地区后，深受当时抗日救亡运动的影响，抗日激情高昂。何基沣旅驻扎卢沟桥地区后，经常遭遇日本军队的骚扰挑衅，他始终据理力争、针锋相对、寸土不让。

1936 年，日本帝国主义策划华北五省自治，企图将华北从中国分裂出去。阴谋未能得逞，便大举增兵华北北部，企图以武力攻占北平、天津，进而侵占整个华北。自 1937 年 4 月起，驻丰台地区的日军开始在卢沟桥附近频繁地举行挑衅性军事演习，以期挑起事端，为发动侵略战争制造借口。

面对日军的疯狂挑衅，29 军增派军力加强了卢沟桥一线的防务，将 110 旅中战斗力较强的 219 团主力部署在宛平城及相邻的长辛店一带。同时在日军频繁演习的地区增设岗哨，加强警戒，以防日军发动突然袭击。

驻防宛平城并负责守卫卢沟桥的是 219 团 3 营。营长金振中当年曾参加过长城抗战，作战英勇，屡立战功。他接防卢沟桥后，对士兵们说："若日军硬攻时，必抱定与城桥共存亡之决心，以维护本军荣誉以报答全国同胞。"金振中派精锐部队重点把守卢沟桥重要位置和宛平城主要地段，并不断激励全营官兵斗志。官兵们士气高昂，每当饭前和入睡前都齐声高呼："宁为战死鬼，不做亡国奴。"官兵们同仇敌忾，日夜保持着高度警惕。

同年 7 月 7 日下午，驻扎丰台的日军河边旅团第 1 联队第 3 大队第 8 中队，由中队长清水带领，在宛平城西北约1公里处的龙王庙附近进行军事“演习”。夜幕降临后，日军并未象往常那样撤退，却在演习地点修筑工事，并出动600余名士兵向龙王庙以东移动。这一异常情况引起了驻守龙王庙中国军队的密切关注，宛平城墙上的中国哨兵也在苍茫的夜色中高度警惕着。

当晚10时40分左右，突然从日军演习方向传来一阵尖利的枪声。这枪声划破了寂静的夜空，惊起宛平城内和附近村庄一片犬吠。片刻过后，数名日军来至宛平城下，声称一名士兵在演习中走失，要求进城搜查。入夜之后，宛平城门即已关闭，日本军队在城外演习，丢失的士兵不可能在城内。守城中国军队据理予以坚决拒绝。日军当即包围宛平城，并鸣枪示威。

不久，日本驻北平特务机关长松井开始向北平当局施加压力，声称“今晚有一中队日军在卢沟桥演习时，仿佛听到宛平城内军队发出的枪声，造成演习部队一时混乱，致使1名士兵丢失，今是日军要入城搜查。”并威胁说：“如不允许，将以武力进城。”北平当局据理坚决拒绝，但为避免事态扩大，同意由中日双方派人调查此事，并指派宛平县长王冷斋负责与日方交涉。

次日凌晨4时，中日双方代表进入宛平城，日方代表却又突然提出将驻守宛平城东门的中国军队撤走，由日军占据东门后再行调查等无理要求，遭到王冷斋拒绝。双方正交涉间，城外骤然响起密集的枪声，日军出动大批兵力悍然向中国守军发起了进攻。在日军侵略军的疯狂进攻面前，中国守军忍无可忍，奋起反击日军进攻，震惊中外的卢沟桥事变由此爆发。

日本侵略军兵分二路，一路直扑龙王庙，另一路从东面进攻宛平城，日军企图迅速攻占两地，进而占领卢沟桥和铁路桥。进攻龙王庙的日军排成四路纵队，手持上了刺刀的步枪，杀气腾腾地直扑龙王庙。龙王庙的中国守军约两个排，1 排排长申仲明挺身而出，迎着日军的枪口走上前去，以理阻止前进。日军突然开枪，申排长当即重伤倒地。中国士兵们早已对日军恨之入骨，日军的突然袭击激起了士兵们的极大义愤，在另一位排长的指挥下，士兵们拿起武器，向敌人射出一排排仇恨的子弹。不久，敌人冲上了阵地，士兵们挥起大刀，与敌人展开了激烈的拼杀。阵地上刀枪相撞，杀声连天，血肉横飞。士兵们虽拼死战斗，但由于寡不敌众，大部分壮烈牺牲。龙王庙遂落入日军手中。

另一路日军，先以大炮猛烈轰击宛平城，随后在炮火掩护下，向宛平城发起冲击。城上中国守军以城垣为依托，待日军进入有效射程后，再以猛烈的火力在短距离内消灭敌人，一次次击退了日军的进攻。傍晚时分，日军再次向宛平城发起进攻。在猛烈炮火轰击后，日军以 9 辆坦克为先导，掩护步兵向中国守军猛攻。此时，宛平城内早已被炸成一片废墟，城内守军仅有 1 个连的兵力，但士兵们人人斗志旺盛，个个抱定誓与城共存亡的决心，依靠手中的手榴弹、步枪等简陋武器，激战 3 个多小时，终于击退了敌人的进攻。

入夜之后，219 团团长吉星文为夺回白天被敌人占领的阵地，组织了大刀突击队，用绳梯悄悄坠出城墙，以庄稼地做掩护，沿永定河岸无声无息地逼近日军占领的铁路桥。午夜 12 时，大刀队突然冲向敌人阵地，士兵们齐声呐喊，举刀砍杀，铁路桥上刹时杀声震天，刀光飞舞。日军遭此突袭，顿时张惶失措，东逃西窜。大刀队则越战越勇，一个年仅 19 岁的年轻士兵，挥舞大刀，连续砍杀 13 名侵略军，还生擒一人，自己也壮烈牺牲。战斗一直持续到次日凌晨，侵占铁路桥的日军几乎被全歼于桥上，铁路桥阵地再次回到中国军队手中。

激烈的战斗时断时续，一直持续到 7 月 10 日。7 月 11 日，中日双方在北平达成 3 项停战撤军协议。中国军队开始遵协议撤退。

日军方面一边以和谈为缓兵之计，一边将关东军 2 个旅团、驻朝鲜的1个师团、国内的3个师团派往华北，又将18个中队战斗机编为临时航空兵团，从国内派往山海关、锦州、大连。到7月中旬，平日在平津一带的兵力已达10万人，并完成了对平津的战斗部署。7月25日，日军连续在北平西郊发动攻击。26日，日军强占廊坊，切断了北平与天津的联系，并企图派兵进入北平城，与中国守军发生战斗。当日日军向29军发出最后通牒，限29军37师于28日正午前退出北平附近地区。未等中国方面答复，日军便于28日早晨对北平发动总攻。29军奋起反击，在南苑等地与日军激战，副军长佟麟阁和132师师长赵登禹在激战中殉国，成为抗战以来最先殉国的高级将领。

为配合29军保卫北平，卢沟桥守军在何基沣、吉星文等将领率领下，主动向驻所在丰台车站的日军出击。他们设计将日军引出车站阵地，然后集中优势兵力加以包围歼灭，并夺回丰台车站。然而局部的胜利已无法扭转整个战局的失败。29日，北平沦陷。北平失守后，坚守卢沟桥已毫无意义。30日深夜，卢沟桥的保卫者眼含热泪，离开了浴血奋战20多天的卢沟桥，怀着满腔的悲愤，与29军余部一同撤出了北平地区。30日，天津也落入日军的铁蹄之下。

卢沟桥事变的第二天，中共中央向全国发布通电，揭露了日本帝国主义妄图用武力侵占平津和华北的阴谋，指出中华民族已到危急关头，疾呼全国同胞实行全民族抗战，号召全国人民武装保卫平津、保卫华北，不让日本帝国主义占领中国寸土。国民党爱国将领及地方人士也纷纷发表通电，主张坚决抗战。许多民众团体及文化界人士也积极支援前方抗战部队。7 月 17 日，国民党军事委员会主席蒋介石发表“庐山谈话”：“地无分南北，年无分老幼，无论何人，皆有守土抗战之责任。”表明了南京政府的抗战立场。中国历史从此进入了八年抗战的艰苦岁月。

卢沟桥事变是日本帝国主义大举进攻中国的开始，也是中国全民族抗战的开端。

八路军平型关大捷

面对日本侵略军的猖狂进攻，国民党政府确立了进行抗日的方针，这就为抗日民族统一战线的建立提供了有利的条件。在这种情况下，国共两党谈判进展迅速。1937 年

8 月 22 日，国民政府正式发布了改编红军为国民革命军第八路军。

9 月 23 日，刚刚誓师抗日的八路军 115 师得到情报：日军精锐部队板垣师团大队人马将向平型关进犯。平型关是长城要隘之一，是通往山西省会太原的必经之路。师部当即作出决定，以全师主力伏击敌军，地点选在平型关东侧的老爷庙。

115 师 686 团团长李天佑接到命令，立即带着他的队伍连夜奔赴目的地。天上没有星星，四周黑漆漆的，天又下起了大雨，部队行进在山沟小道上，深一脚浅一脚地走着，但却丝毫不敢放慢速度。

战士们抖擞精神，加快步伐，奔向目的地。天蒙蒙亮时，部队终于赶在日军到达前，来到老爷庙山脚下。

老爷庙建在公路北一座 300 米高的大山腰上，孤零零的，非常显眼，是控制公路两端的制高点。这时，平型关方向的炮声一阵紧似一阵。李天佑觉得要爬上老爷庙，占领制高点恐怕已经来不及了，即下令部队隐蔽起来，分散在公路两侧的几块麦田里和树林坡间。果然不出所料，队伍刚埋伏下来，前边山沟里就传来了汽车的马达声。

先过来的是敌人的汽车队，每辆车都装满了军用物资，足足有 100 多辆。汽车过后是 200 多辆马车，接着是少数骑兵。队伍长长的，车声隆隆，马蹄得得，声势十分浩大。因为下了半夜的雨，公路上有的地方泥浆很深，不好走，日军前面几十辆汽车停了下来。后面的日军还在往前挤，人马和车辆挤作一起。李天佑听到哨兵肯定敌人全进了伏击圈的回答，他兴奋地撂下话筒，命令参谋马上向师部报告。不一会儿，参谋就奔了回来，兴奋地传达师部关于立即攻击的命令。

李天佑紧紧抓住话筒，大声命令1营道："攻击开始，给我狠狠地打！"刹那间，公路南山摇地动起来。子弹、炮弹、手榴弹带着战士们满腔仇恨飞向敌群。聪明的八路军战士首先用手榴弹炸毁了敌人最后一辆汽车，使他们不能从原路逃回。敌人猝不及防，突遭袭击，几千人的部队在短狭的山谷里乱作一团。他们只得慌忙躲在汽车后面或趴在地上负隅顽抗。此时，李天佑突然接到师部命令；冲过公路，把公路上的敌人分割开来，各个消灭。同时用一个营的兵力抢占老爷庙，居高临下，把敌人干净、彻底地消灭在沟里。因为敌人有400多人，大块不容易消灭。

李天佑命令3营切断公路，向老爷庙出击。战士们像是突然从地里钻出来似的窜出坡地，跃上了公路。日本鬼子猜到了八路军的意图，一面用机枪向冲上公路的战士拼命扫射，一面却调拨人马占据老爷庙制高点。

有一小股日本鬼子抢先一步占领了老爷庙。子弹从上面横扫下来，公路上的敌人又不断开枪，在上下夹击之下，3 营战士仍奋力向上冲，伤亡很大，连营长也负了伤。李天佑看到这一切，马上派 2 营上去增援。3 营终于冲上制高点，占领了老爷庙。

3 营战士依托老爷庙的有利地形，居高临下，将复仇的子弹倾泻下去，打得沟里的日军四处逃窜。有个日本军官看到老爷庙地势险要，就组织日军开始进攻，妄图夺回制高点。可是，他们的骑兵用不上，步兵穿着笨重的皮鞋也很不方便。

敌人气喘吁吁地爬山，老爷庙上的八路军战士瞄准了一个打一个，弹无虚发，不一会儿就有不少敌人惨叫着滚下坡去。但是敌人仍不死心，接连组织了几次冲锋。

八路军战士的伤亡也很大，而且弹药快用完了，情势十分危险。仗越打越激烈，已经进入了白热化程度。下午 1 点多，李天佑突然发现敌人的后方出现了混乱。原来是自己人 687 团增援上来了。李天佑举起小红旗，命令部队全部反击。3 营战士从老爷庙冲下山去，其他营的战士呐喊着向敌人冲去。经过两面夹击，敌军绝大部分被消灭在山沟里。686 团完全控制了山沟后，又配合国民党军队向日军发起进攻，又歼灭了大批日本鬼子。这就是震惊中外的平型关大捷！

平型关伏击战，给这股日军以歼灭性打击，共杀死敌人1000多人，烧毁敌人汽车100多辆、马车200余辆、缴获步枪1000多支、机枪20多挺、火炮10门，战马50余匹，以及其他大批军用物资。附近山村的老乡们听说我军打了大胜仗，都纷纷自动出来帮助搬战利品，抬伤员。几千名老乡，加上我军随营学校的全体人员搬了两天，战利品还没有搬完。

我八路军为此也付出极大的牺牲。115师伤亡1000多人。有一个连有150名战士，战斗结束时只剩了18名，连长负伤，3个排长都壮烈牺牲；另外有个连，伤亡人员达2/3，连长和排长都阵亡！

平型关战役是八路军出师抗战的第一个胜利，也是全国抗战以来中国第一个胜利的伏击歼灭战。这一次胜利有力地打击了日寇的猖狂气焰，打破了“皇军不可战胜”的神话，迟滞了敌人的军事进攻，有利地支援了国民党军在平型关正面战场的作战。

正面战场的继续抗战

面对日军的局部战略进攻，国民党正面战场继续进行了部分抵抗。在武汉失守以后至太平洋战争爆发以前，国民党军主要进行了南昌、随枣、桂南、枣宜、豫南、上高、晋南及两次长沙会战。这些会战虽负多胜少，但对中国坚持抗战仍有一定作用。

南昌会战。南昌是江西省省会，相联湘赣、浙赣两大铁路，又有长江水运之方便，故为军事战略要地。早在武汉会战期间，日军就准备进攻并占领南昌。武汉会战后，日军为巩固已占领的武汉，维护并扩大长江下游水上交通，切断湘赣、浙赣铁路间的联络，于 1939 年 2 月中旬，以 4 个师团在冈村宁次的率领下进攻南昌。3 月 17 日，日陆军在海军的掩护下，由鄱阳湖、永修县、张家渡分别向吴城镇、涂家埠进攻，24 日攻陷吴城镇，其主力又乘夜强渡修水河南下，国民党军与敌激战，损伤大半，万家埠、安义、奉新等地先后失守，国民党军退守南昌。27 日，日军进攻南昌，国民党军与日军经过激烈巷战，因牺牲惨重，奉命撤退，南昌遂陷落。4 月下旬，国民党增援部队赶到后，开始反攻南昌，一度攻克奉新，逼近南昌，予日军以严重打击。之后敌增援部队参战，飞机狂轰滥炸，加之施放毒气，国民党军受阻后，放弃反攻南昌，在锦江南与日军对峙。

随枣会战。武汉陷落后，国民党第五战区主力在李宗仁率领下，在鄂西北随（县）刺（阳）地区不断发动消耗日军的进攻，破坏平汉路，迫近武汉外围。日军为巩固武汉，解除对豫南鄂北及平汉路的威胁，消灭这一地区的第五战区部队，于5 月初，以 3 个师团以上的兵力，分由钟祥和应山地区出发，向随枣一带发动进攻。第五战区部队进行了一定程度的抵抗后，随枣被日军占领。5 月中旬，李宗仁下令第五战区实行反攻，经激战后，日军向东南退却。国民党军先后收复枣阳、随县，此役给日军以严重打击，基本上达到了预期作战目的。

枣宜会战。1939 年冬，国民党在豫南、鄂北发动攻势，破坏敌铁路交通，袭击敌补给线，使武汉日军受到重大威胁。为扫荡中国游击部队，消灭中国第五战区的军事实力，确保武汉安全，日军于 1940 年 5 月集中了 6 个师团，由信阳、随县、钟祥三个方面，进攻枣阳等地。中国军队用一少部军队将日军牵制在中央地带，主力迂回敌军两侧，将其包围在平原地区，经激战予敌以重大杀伤。其时第三十三集团军总司令张自忠仅率所部两团一营抵御敌军，一直坚持到所部将士伤亡殆尽，自己重伤倒地，以身殉职。此战日军失利后，又调集援兵渡汉水继续进攻，于6月初攻陷襄阳。6月上、中旬，中、日军队在宜昌展开了激烈的争夺战。其间，由于中国军队进行全面反攻，宜昌曾失而复得，而日军为确保宜昌等地，以威胁重庆，又攻陷宜昌。

长沙地处中南地区，它南靠衡阳，西临常、桃，是扼两广之咽喉，控四川之门户的军事要地。武汉会战后，它成为中国战场的主体，聚集着50多个师的兵力，是第九战区的指挥中心。因此也成为日军主要进攻的战略目标。日军为消灭第九战区的中国军队，扫除对南进政策的威胁，并通过军事手段对中国政府施加压力，以便早日解决中国问题，故于1939年至1941年10月间，先后两次进攻长沙，挑起中日双方争夺长沙的两次大会战。

第一次长沙会战。日军占领武汉后，先后发动随枣、南昌战役，打击了鄂北中国第五战区、湘北第九战区军队，虽然巩固了其武汉占领区西北部，但未根本达到战略目的。为了消灭中国第五、第九战区的主力，解除中国军队从南部对日占领武汉的威胁，日军发动了第一次长沙战役。1939 年初，日本设立了中国派遣军司令部，以西尾为总司令官，坂垣为总参谋长后，即着手发动第一次长沙战役。9 月中旬，日调集 12 万余人由赣北、鄂南、湘北三个方面向长沙发动进攻。赣北进犯日军在飞机的掩护下由奉新方向进攻，企图通过修水一带，威逼济阳与湘北之日军呼应。当地中国守军奋勇抵抗，致使日军不能前进，被阻于修水一带。鄂南、湘北之日军由通城、岳阳、营田三面南进。中国守军分别于新墙河、汨罗江一带英勇抵抗。9 月下旬，汨罗江防线被日军突破，日军占领了长沙外围地区不再前进。中国军队除少数守卫长沙外，其主力大部撤至株洲、浏阳、衡阳地区。日军因兵力不足，交通运输不便，给养供应不足，于 10 月初开始撤退，中国军队乘势反攻，到 10 月中旬返回了新墙河一线阵地。

第二次长沙会战。1941 年 6 月 22 日，苏德战争爆发，日本乘势放弃对苏作战计划，决定对英美开战。为了加快南进速度，日军于 7 月下旬进兵占领越南南部，作为南进的根据地。与此同时，为压迫蒋介石政府屈服，扫除其南进的障碍，发动了旨在消灭中国军队主力的第二次长沙战役。9 月 17 日，日军调集了 4 个师团及部分海、空军 10

余万兵力，向岳阳南新墙河一线发动进攻。26日，日军主力向长沙猛攻，接着在空降伞兵的配合下，于28日占领长沙。第九战区中国守军在薛岳司令长官指挥下，对来犯日军进行逐次抵抗，并将其主力迂回至敌军侧翼，同前来增援的其他战区的中国军队，对长沙日军进行反攻。日军从10月1日开始向长沙以北浏阳一线撤退，10月7日全部撤往新墙河以北地区。至此，第二次长沙会战结束。这次战役毙伤日军1万余人，中国军队则损伤及被打散约10万人。

血战台儿庄

1937年12月13日，日军占领南京，之后，为打通津浦线，沟通南北战场，进而切断陇海路，进窥武汉，制定了以夺取徐州为主要目标的作战计划。中国则采取集中优势兵力，进行机动防御，各个击破分进之敌的作战方针，组织徐州会战，以图将日军主力钳制在津浦线上。

徐州——江苏北部重镇，是东西、南北两大铁路干线的交汇点，历来是兵家必争之地。一心想吞并我国神圣领土的日本侵略者自然深知这一点。于是，1937 年 12 月起，日军以华北方面军和华中派遣军联合向徐州发起南北夹击，企图打通津浦铁路，歼灭这一地区的中国军队主力。他们集中了号称“大日本皇军精华”的矶谷师团和板垣师团，沿铁路线南下，直奔徐州而来。

中国军队已经做好了应战的准备。指挥作战的是第五战区司令长官李宗仁。李宗仁带兵骁勇善战，在将士中有一定的威信。他知道敌军攻打徐州，必然要经过台儿庄。台儿庄在徐州东北 30 公里的大运河北岸，临城至赵墩的铁路支线上，战略地位十分重要。于是，李宗仁命令孙连仲的第二集团军在台儿庄迎战敌人，同时命令汤恩伯军团从侧面攻击日军，然后由两路大军共同把日军压到台儿庄附近的位于山东省南端的微山湖予以歼灭。

1938年3月22日，孙连仲部队渡过大运河，进驻台儿庄及其附近地区，池峰城师长率领的31师加炮兵一个营率先进入台儿庄布防。23日，从峰县来的1000多鬼子，在10门重炮和8辆坦克的掩护下，向台儿庄进攻。

台儿庄一带的阵地上，配备有威力巨大的防御炮，可是眼看日军的坦克慢慢进入了射程，我军大炮却没有丝毫动静。性急的池师长连声责问炮兵营长为什么还不开炮。那位炮兵营长却冷静地答道："报告师长，打敌人的坦克车，不能打带头的几辆，而要打中间的。中间的打坏了，前头的退不下，后面的不能前进，这样才能打退敌人的进攻。"师长听后，暗暗点头。

当日军坦克进到离大炮阵地仅四五百米时，营长连续下令对着当中的坦克开炮。炮声隆隆，硝烟滚滚，一下子击中了中间的四辆坦克，中了弹的坦克顿时趴在那儿动不了窝了，而领头的坦克也不知如何是好，在原地转来转去。后面的坦克见大势不妙，掉头就跑。靠坦克掩护的步兵也只得纷纷后退。

我军乘胜攻击，一下子歼灭600多敌人，剩下的鬼子逃窜到北洛，据险固守。其实这时日本鬼子并不知道我军的战略部署，因此并没有集中兵力来攻台儿庄。按原计划，汤恩伯军团这时应该抓住时机从侧面攻击日军主力，但是他们与日军打了三四天，非但没有完成原定计划，反而暴露了我军的意图。于是，日军大举向台儿庄发动进攻。24 日，矶谷师团开始猛轰台儿庄。台儿庄的城墙用砖石砌成，非常坚固，但是在日军炮火的猛烈轰击下，多处都已倒塌了。

日寇炮轰之后，以坦克为先导掩护步兵向前猛冲。第二集团军虽是杂牌军，装备落后，但将士们个个抱着拼死的想法，英勇地抵抗日军的进攻。

这一天，我军将士与敌人斗在一处，直杀得个天昏地暗，常常为争夺一村一地，与日军反复肉搏一二十次，双方伤亡很大。25 日晨，我军有援军及时赶到，将丢失的台儿庄北五六个村子庄相继收复。日军伤亡惨重，一时无法集中全力攻城。但是，日军倚仗其大炮、飞机的威力，向我城周围阵地猛烈轰击。一天内，落在我阵地上的炮弹达 6000 多发。英勇的我军战士毫不畏惧，以血肉之躯与敌方炮火、坦克相抗衡。

部队久攻不下，日军矶谷师团长不禁恼羞成怒，于 3 月 29 日亲临台儿庄西范口附近督战。30 日，战斗进入了白热化状态。日军疯狂发动攻击，当晚占据了城内东半部。但是，城内守军并没有被敌人的嚣张气焰所吓倒，而是在大街小巷与敌人白刃拼搏，至死不退。他们组织了一支又一支突击队，机动有效地打击敌人。城外守军同时发起反击，截击了日军炮兵部队，在城周围与敌人激烈厮杀，以减轻城内守军压力。

李宗仁非常清楚台儿庄的战况，他心急如焚，急忙命令汤恩伯军团迅速南下，以形成南北夹击之势，缓解台儿庄的紧张局面。汤恩伯却逡巡不前，消极避战。李宗仁对此非常气愤，严厉警告道："如再不听军令，致误戎机，当照韩复榘的前例照办。"然而台儿庄的战况越来越激烈，形势越来越严峻。

到4月1日，台儿庄守军第31师的四个团已经伤亡过半，第30师调入城内的两个团伤亡也很严重。台儿庄城西北门、北门、东门、东南门均已陷入敌手，全城一半的地方被敌军占领。然而，守军并未败退，而是据守南关一隅，拼死坚守，城内各守备队利用断垣残壁，筑起一道道阵地工事，挨街逐巷与敌人周旋搏斗。他们还组织起一支200多人的奋勇队，偷袭敌人据点，不断打击敌人。

我军虽然英勇奋战，但伤亡实在太大，实力也越来越弱。4月4日深夜，孙连仲向李宗仁报告说："第二集团军已经伤亡惨重，敌人火力太强，攻势过猛，但是我们把敌人也消耗得差不多了，可否请长官答应暂时撤退到运河南岸，好让第二集团军留点种子，也是长官的大恩大德！”李宗仁没有作声。他深知前线的艰苦，但是他又考虑到汤恩伯的军团第二天中午就可到达台儿庄北部，此时撤出战斗，岂不前功尽弃？想到这里，他狠了狠心，斩钉截铁地说：“敌我在台儿庄已血战一周，胜负之数决定于最后5分钟。援军明日中午可到，我本人也将于明晨来台儿庄督战。你务必守到明天拂晓。这是我的命令，如违背命令，当军法从事！”在电话中，他还要求孙连仲组织夜袭，以打破敌军明晨拂晓攻击的计划。孙连仲听到此言，知军命不可违，立即部署战斗。他对池峰城师长命令说：“士兵打完了你就自己上前填进去。你填过了，我就进来填进去。有谁敢退过运河者杀无赦！”

池师长奉命，号召部下发扬连续作战精神，拼死抵抗顽敌的进攻。

午夜，孙连仲组织起先锋敢死队数百人，分组向敌人发起突袭。本来，孙连仲的预备队已全部用完，部队伤亡过大，但是经过战前动员，轻伤员们自动组织起来，成为一支锐不可挡的敢死队。队员们乘着夜色，冲入敌阵，奋勇异常。日军仓促应战，乱作一团。血战数日为敌所占领的台儿庄市街，竟被我军一举夺回3/4，敌人丢盔弃甲，死伤无数。

4 月 5 日拂晓，汤恩伯军团终于到达台儿庄以北，对敌矶谷师团形成反包围。4 月 6 日，我军全线出击，杀声震天。敌军血战 10 多天，精疲力尽，弹尽粮绝，机动车辆多数被击毁，其余也因缺乏汽油而动不了窝。他们狼狈突围逃窜，溃不成军。我军乘胜追击，敌除濑谷支队数千人逃掉之外，其余全部被歼灭。

台儿庄战役前后近 1 个月，日军恃其兵器优越，炮火猛烈，不断发动进攻。中国守军在李宗仁的正确指挥下，浴血奋战，仅依靠步枪、手榴弹、机关枪和少量重武器，以伤亡近 2 万人的代价，击溃了日军精锐部队的疯狂进攻，歼敌 1 万多人，缴获了大量的战利品，获得了最终的胜利。

台儿庄大捷，是国民党战场自抗战以来取得的最大的一次胜利。这次胜利又一次打破了日军不可战胜的神话，一扫抗战以来失城失地的局面，极大地振奋了中华民族的抗战精神！

百团大战

1940年春天以后，日本侵略者将不少兵力移到后方，对抗日根据地不断进行“扫荡”。他们依靠交通线和据点扩张占领区，对抗日根据地实行“囚笼政策”、“三光政策”，从而迫使根据地缩小。到夏天，大片华北抗日根据地变成了游击区，很多县城被敌人夺了过去。华北形势危急。

在华中，日军攻占宜昌，窥视陪都，大肆轰炸重庆，以军事压力配合政治诱降。在华南、西南则封锁桂越、滇缅公路，断绝国际交通。这些军事、政治、经济攻势，给中国的抗战造成了极大困难。

当时德、意法西斯在欧洲战场接连取得暂时胜利，更给处于困难之中的中国各阶层人士的心头蒙上了一层阴影。一时间，国内一部分人的悲观失败情绪再度抬头，妥协投降空气再度弥漫，中国抗战面临空前的危机。

面对这种严酷的现实，1940年7月，中共中央在《为抗战三周年纪念对时局宣言》中指出："现在是中国空前投降危险与空前抗战困难的时刻，"表明了当时的国内形势。为克服投降危机，争取时局好转，八路军总部正在研究组织一次大规模的对敌作战行动。

此时，在华北前线指挥作战的彭德怀心急如焚。

怎样给敌人一个真正沉重的打击呢？这是彭德怀一直在考虑的。他与副参谋长左权不断地讨论着。

经过研究，最后选定在正太路上进行破袭。这条铁路从石家庄到太原，横穿太行山脉，连接平汉线和同蒲线，沿线有两个大煤矿，是日军的重要运输线。当时，日军在这条线上的守备力量也比较薄弱。

7月22日，总部将破袭正太路的作战计划上报中央军委，同时将《战役预备命令》发给129、120师和晋察冀军区。

各地部队接到总部司令后，立即开始行动。短短1个月之内，侦察敌情、部署兵力、储备粮草等等工作都做好了。

8月20日，八路军各参战部队冒雨隐蔽在正太路两侧。晚上8时，战斗全面打响。正太路沿线各处，突然响起了密集的枪声。刹那间，一颗颗攻击的红色信号弹腾空而起，划破了夜空，各路突击部队简直像猛虎下山，扑向敌人的车站和据点，雷鸣般的爆炸声，一处接着一处，响彻正太路全线。

日军事先毫无准备，仓促应战，被打得落花流水。在东团堡歼灭战中，日军突围无望，中佐井田仰天长叹。他命令残存的 27 人投火自焚。

捷报不断传到总部：娘子关天险，被攻克了。在正太路战役中，八路军战士一夜之间把从榆次到石家庄的所有敌军据点，包括桥梁、隧道、车站等都加以摧毁，还破坏了井陉煤矿。冀南军民冲破敌人的严密封锁，把该区敌人的公路全部破坏。有的地区铁路桥梁被炸毁，铁轨被运走。敌人的交通陷入瘫痪。

总部原来计划调 22 个团参加战役，但实际上还不止这些，因为这样的兵力是无法取得这样大的成果的。总部马上了解到，战斗打响后，各地武装力量也自动参加了战斗。作战科长统计了数字后向彭德怀报告说，参战部队共有 105 个团。彭德怀听后高兴地笑了，他说：“哦！你们算了这个数啦！好，零头不算，我们就把这次战役叫‘百团大战’吧！”从此，“百团大战”的名称就传开了。

日军在受到沉重的打击后，急忙从各地调来 3 万多人，对根据地进行报复性的“扫荡”。因此，从 10 月上旬开始，八路军转入了反“扫荡”斗争。到12月5日，敌人的“扫荡”被粉碎，百团大战告一段落。这样，经过3个半月的战斗，百团大战取得了重大胜利。

在百团大战过程中，华北各根据地的人民群众给了八路军以有力的支援。他们配合部队破路、平沟、拆墙，并帮助部队运送弹药、给养伤员。在有些地方，以群众为主破坏了大量铁路和公路。在支援八路军作战中，涌现出了许多可歌可泣的英雄人物。如和顺县寺沟村的一位老大娘，在日军逼近本村的危急时刻，一连把7个伤员背进山沟隐蔽。广大人民群众的大力支援，是百团大战取得胜利的重要因素。

百团大战期间，八路军及民兵总计作战1800多次，歼敌3万人，破坏铁路474公里，公路1500余公里。在这次大战中，尽管八路军也付出了巨大牺牲。但这次大战是八路军在抗日战争中歼敌和缴获最多的一次战役。百团大战的胜利，提高了中国共产党领导下的抗日武装的军威，使得八路军“游而不击”的谎言不攻自破，表明了中国共产党领导的人民军队已经成为敌后抗战的主力，敌后战场成为抗日的重要阵地。

百团大战的胜利，增强了全国人民抗战必胜的信心。捷报传来，举国上下一片欢腾，百团大战的胜利还打乱了日本急于结束中日战争、以便抽出深陷于中国战场的日军主力北对苏联、南攻英美的战略计划，迟滞了日本准备南进的步伐，给英、美及东南亚各国带来了战略上的利益，因而在国际上引起了很大反响。

皖南事变

1939年冬至1940年春，国民党顽固派不顾民族存亡之危，掀起第一次反共高潮。1939年1月国民党五届五中全会虽然没有放弃抗日的旗帜，但却制定了“限共”、“防共”、“反共”的方针。同年11月，国民党五届六中全会进一步确定以“军事限共为主、政治限共为辅”的方针。

中国共产党坚持“人不犯我，我不犯人，人若犯我，我必犯人”的自卫立场，在军事上、政治上“有理、有利、有节”地迎击和打退了国民党的第一次反共高潮，并维护了抗日统一战线。同时，中共中央领导各地党组织继续着手发动群众，进一步独立自主地扩大军队，从而使自己的力量得到进一步的发展壮大。

1940 年秋，蒋介石集团又掀起了第二次反共高潮。这次反共活动将重点由华北转向华中。在当时，新四军副军长项英和政治部主任袁国平思想右倾，对国民党只讲联合不讲斗争，也助长了国民党的反共气焰。

1940 年 9 月中旬，国民党江苏省主席兼鲁苏战区副司令韩德勤故意制造磨擦，调动主力向位于江苏北部的南端的新四军重要基地黄桥进逼，企图将在苏北的新四军歼灭于黄桥附近。新四军苏北指挥部出于自卫，在 10 月 4 日至 6 日进行反击韩德勤部队的进攻，消灭该部 11000 人。

10 月 19 日，蒋介石指使国民党参谋总长何应钦、副总长白崇禧，用国民政府军事委员会的名义，打电报给八路军总司令朱德、副总司令彭德怀和新四军军长叶挺、副军长项英，诬称八路军、新四军“不守战区范围，自由行动”、“不打敌人专事并吞友军”，并限令八路军、新四军于电到 1 月内，全部开到黄河以北的冀察地区。

10 月 25 日，毛泽东致电周恩来提出：“我们应估计到最困难最危险最黑暗的可能性，并把这种情况当作一切布置的出发点。”11 月 9 日，朱、彭、叶、项发出答复何、白的电报。电文据实驳斥了何、白电报的各种诬蔑不实之词，同时表示，为顾全大局，相忍为国，决定新四军皖南部队将开赴长江以北，但须宽限时日。电报发出后，中共中央连电叶、项，要求皖南部队务必于12月底以前全部北移，并认清形势的严重性，提高警惕，做好北移的准备工作。

12月9日，蒋介石发布命令，限长江以南的新四军于12月30日前全部开到长江以北地区，限黄河以南的八路军所有部队于12月31日前开到黄河以北地区。第二天，蒋又密令第三战区司令长官顾祝同，如新四军至12月31日仍不北渡，应立即将其解决。12月下旬，顾祝同根据蒋的密令，调集7个师共8万多人的兵力，在皖南泾县、太平、宁国、旌德一带部署成口袋形阵地。12月31日前，完成了全歼转移中的新四军部队的一切准备。

1941年1月4日，新四军军部及其所属皖南部队9000余人分三个纵队，奉命北移。他们是按照国民党指定的路线转移的。

1月6日黄昏，当新四军走到泾县茂林地区丕岭脚下时，前卫部队突然遭到国民党两个师的阻击。军长叶挺果断地指挥3个纵队进行反击。激战到第二天拂晓，3个纵队分别占领了求岭、高岭、丕岭3个重要的制高点。叶挺认为，从眼前的情况来看，不论是从正面猛打猛冲，还是从两侧乘虚穿插，都有把握打出去，因此主张组织突围，先拿下星潭，然后往旌德、宁国方向进军，再转向苏南，和新四军江南部队汇合。可是项英认为叶挺的方案太冒险，动摇不定。讨论了7个小时，最后项英实行个人专断，否定了进攻星潭的主张，命令部队改向西南方向行动，企图通过太平进入黄山。然而，就在这几个小时里，国民党军的7个师逐渐完成了对新四军的四面包围这样，新四军丧失了突围的良机，陷入重围。

在沿途的山岭上，新四军各部队跟比自己多好几倍的敌人展开了激战。叶挺在前沿指挥作战。项英却带着几位军部指挥员及少数警卫员，离队去寻找小路突围。这样，顿时动摇了部队党的领导核心。叶挺几次派人去寻找他们，都没有找到。9日拂晓，叶挺只得向中央报告请示。

当天下午，中共中央中原局复电指示，一切军事行动由叶挺指挥，部队要想尽一切办法向苏南突围。根据中央指示，叶挺把全体高级干部都集合在军部指挥所——汪家祠堂里。他郑重地传达了中央的指示，最后流着热泪说："为了党的事业，为了人民的解放事业，我们一定要战斗下去，从我到每个战士都应该下定这个决心，就是战斗到只剩下一个人，也要和卖国贼打到底！"

在叶军长忠于党、忠于革命的英雄气概鼓舞下，新四军英勇拼杀，在双方兵力悬殊的情况下，血战7昼夜。13日黄昏，敌人向新四军发起总攻。形势越来越险恶，为了保存抗日火种，叶挺军长冒着生命危险，亲自到国民党第22集团军总部去谈判，结果被敌司令上官云相这个无耻的家伙扣押了。

到14日，持续了7天7夜的激战逐渐平息下来。新四军皖南部队9000多人，除了陆续突围出去2000多人以外，其余6000多人，一部分壮烈牺牲，一部分受伤后被捕。副军长项英突出重围后，被叛徒杀害。17日，蒋介石令中央通讯社发布国民政府军事委员会的通令和发言人谈话，宣布新四军“抗命叛变”、“着将”该军番号撤销，军长叶挺革职”、“交军法审判，依法惩治”。

这就是国民党顽固派制造的震惊中外的皖南事变。

皖南事变发生后，党内外一些人感到，形势又将是1927年四一二政变的重演，认为国共合作快要破裂，内战可能扩大。然而，这时的共产党已有了能够总结历史经验的成熟的领导。中共中央在认真分析了当时的严重形势后，从实际出发，决定仍然以抗日大局为重，坚持又联合又斗争、以斗争求团结的政策，在军事上严守自卫，在政治上坚决反击。

1月18日，中共中央发言人发表谈话，揭露国民党当局制造皖南事变的罪行和1月17日通令的反动实质。20日，中共中央军委发布重建新四军的命令，任命陈毅为代理军长。同时提出了解决皖南事变的12条办法。

在重庆，周恩来向国民党当局提出严重抗议，并在舆论方面展开了猛烈反击。1月17日，周恩来打电话给何应钦，怒斥说："你们的行为，使亲者痛、仇者快。你们做了日寇想做而做不到的事。你何应钦是中华民族的千古罪人!"

共产党的正义自卫立场和妥善处理皖南事变的合理主张，得到了全国人民、各民主党派、海外侨胞的广泛同情和支持。国际上，苏联对国民党当局制造皖南事变表示严重不满。英、美等国因为要中国继续抗战，也不赞成蒋介石发动反共内战。美国发出正式声明：美国在国共纠纷未解决前，无法大量援华，中美间的经济、财政等各种问题不可能有任何进展。

事情的发展完全出乎国民党顽固派意料之外。在极端孤立的狼狈处境下，他们的反共活动不得不有所收敛。3月8日在第二届国民参政会上，蒋介石表示皖南事变不牵涉党派政治，"保证以后绝无剿共军事"。

蒋介石的反共政策，不但没有达到摧毁共产党的目的，反而教育了许多原来对他抱有幻想的人们，使蒋介石自己处于被动地位；并使更多的人看清中国共产党确实以民族利益为重，而不是只顾一党一派私利的，从而使国民党对中国共产党所作的种种诬蔑宣传不攻自破。中国共产党在全国的政治地位也由此大为提高。

解放区反“扫荡”斗争

太平洋战争爆发后，日本帝国主义为把中国变为它在太平洋战争中的后方基地，推行“以战养战”的方针，采取了军事、政治、经济、文化等相结合的“总力战”，加强了对解放区的进攻。

1941 年春，日寇将过去推行的“治安肃正运动”改为更凶残的“治安强化运动”，把华北划分为“治安区”（即敌占区）、“准治安区”（即游击区）、“非治安区”（即解放区）三种地区。对“治安区”采取以“清乡”为主，强化保甲制度，严密控制，实行奴化教育，加强对人民的搜刮和镇压；对“准治安区”，以蚕食为主，恐怖与怀柔兼施，修筑封锁沟、墙和碉堡，强迫“集家并村”，制造无人区；对“非治安区”，以“扫荡”为主，实行杀光、烧光、抢光的“三光”政策，甚至施放毒气、病菌、鼠疫，企图摧毁敌后抗日根据地军民的生存条件。

1941 年至 1942 年的两年中，日寇对华北抗日根据地的“扫荡”，千人以上的就达 174 次，使用兵力达 83 万余人，较前两年增加了一倍。日寇还大力加强其“囚笼政策”，新增碉堡 7800 余个，修封锁沟长达 11800 余公里。而且在“扫荡”中采取“铁壁合围”、“梳篦式清剿”、“反复奇袭”、“辗转抉剔”等更加残酷的办法，充分暴露了日本法西斯“三光”政策的极端残忍、毒辣和野蛮。1941 年 8 月，日寇在晋察冀北岳区的“扫荡”中，烧毁房屋 15 万余间，抢去粮食 5800 万斤、牲畜 1 万多头，残杀人民 4500 多人，抓走 17000 多人。1942 年 5 月，日寇在冀中的“扫荡”中，杀害和抓走的群众达 5 万多人，仅在定南北坦村的地道里，施放瓦斯就毒死 800 人。造成了广大平原地区“无村不带孝，到处闻哭声”的悲惨境地。

日寇对华东、华中、华南敌后解放区的“扫荡”也十分残酷。在华中地区，平均每半个月就有一次“扫荡”，有的地区一个星期就有一次“扫荡”。在江、浙、皖地区，日寇以公路、河道为依托，构成大面积的包围圈，在大包围圈中又设立许多据点，用铁丝网、竹篱笆进行分割，形成小的封锁圈，然后进行分区“清剿”和“清乡”。并通过编制保甲、清查户口，实行“联保连坐制”，老百姓稍有反抗，全村即遭屠杀。

日寇疯狂的“扫荡”、“蚕食”和“清乡”，使我敌后抗日根据地遭到了很大的破坏。为了坚持抗战，巩固解放区，中国共产党在政治、经济、思想上采取了一系列正确的方针和措施，领导解放区全体军民，对日寇展开了英勇顽强的军事斗争。

按照中共中央军事委员会的指示，各根据地广泛地开展了群众性游击战争，实行主力兵团、地方武装、民兵三位一体，密切配合，协同作战，并把发展地方游击队和民兵放在重要地位。针对日寇的残酷“扫荡”，解放区军民创造出了一系列适合于山地、平原作战的战法，用地雷战、地道战、麻雀战、交通迫击战、坚壁清野等战法，布下人民战争的天罗地网，灵活巧妙地杀伤敌人。针对敌人的“蚕食”政策，解放区采取“把敌人挤出去”的方针，由主力部队、地方游击队和民兵共同组织联防。当敌人一出动，就给以截击；当敌深入腹地时，就乘其立足未稳，给予坚决打击；当敌人扎下据点时，就实行围困，迫敌撤走，或集中兵力袭扰，或围点打援，使敌人顾此失彼，处于被动地位。针对日寇的“清乡”，采取“敌进我退的方针”，组织武工队，深入敌后之各地，开展军事、政治、经济、文化各方面的斗争，随机应变，出奇制胜，使敌人的“治安区”永远不安。

在反“扫荡”、反“蚕食”、反“清乡”的斗争中，根据地广大军民发挥了无穷的智慧，表现出了极大的顽强斗争精神，创下了惊天动地的奇迹。1941 年 8 月，华北日军司令官冈村宁次亲自指挥 13 万人，对晋察冀北岳区的大“扫荡”中，采取“铁壁合围”、“梳篦式清剿”、“马蹄形堡垒战”，企图在 4 个月内消灭八路军于长城两侧。但是，晋察冀军民齐心协力，采取诱敌深入，空室清野，待机歼敌的方针，与敌作战 800 余次，毙伤日伪军 8000 多人，破坏道路 800 余里，毁敌 3 列火车。在反“扫荡”中还涌现出了“狼牙山五壮士”等英雄事迹。到 11 月间，敌人持续 3 个月的大“扫荡”，终于被粉碎了。冈村宁次也不得不承认“肃清八路军非短期所能奏效。”

从 1941 年到 1943 年，抗日根据地广大军民共作战 4.2 万多次，毙伤俘日伪军 33 万余人，缴获了大量武器弹药，胜利地粉碎了日寇残酷的“扫荡”、“蚕食”和“清乡”，使抗日根据地渡过了最困难的阶段，并培养和锻炼了大批革命骨干力量，为巩固解放区，坚持抗战，积累了丰富的斗争经验。

延安整风运动

自遵义会议之后，中国共产党在毛泽东同志的领导下，结合中国革命的具体实践，使党的工作取得了伟大成绩。但是，对于历次“左”右倾机会主义错误，特别是对以王明为代表的“左”倾教条主义的错误，还没有来得及从思想上彻底清算，主观主义、宗派主义等不良风气在党内依然存在，妨碍着党的团结，统一和战斗力。

抗战以来，党的队伍从几万人发展到了 80 万人，其中大多数出身于农民和其他小资产阶级，他们的革命积极性是非常可贵的。但是，其中不少人仍然存在着浓厚的个人主义、英雄主义和自由主义等非无产阶级的思想，迫切需要加强党的建设，提高全党干部的思想理论水平，使党从主观主义，特别是从教条主义的束缚中解放出来。为此，中国共产党从 1942 年开始，在全党范围内开展了整风运动。

1941年5月，毛泽东在延安干部会议上作了《改造我们的学习》的报告；1942年2月，在中央党校作了《整顿党的作风》和《反对党八股》的报告。这两篇报告，中共中央成立了由毛泽东主持的总学习委员会，领导整风运动。在总学委领导下，延安的中央机关和陕甘宁边区政府近万名干部参加整风学习。这样，整风学习就展开了。学习共分发动、学风学习、党风学习、文风学习、总结党的历史经验五个阶段。

整风运动的任务，是整顿“三风”，即：反对主观主义以整顿学风，使全党树立实事求是的思想路线；反对宗派主义以整顿党风，保证党的高度统一；反对党八股以整顿文风，清除无的放矢的形式主义。

这次整风的中心任务，是反对主观主义。坚定而又灵活地按照客观实际办事，制定并实行了符合客观实际的路线、方针和政策。而要实事求是，就须不凭主观想象，不凭一时热情，不凭死的书本，而凭客观存在的事实，详细地占有材料，在马列主义一般原理指导下，从这些材料中引出正确的结论。这就要求全党学会应用马列主义立场、观点和方法，认真研究中国的历史，研究中国的经济、政治、军事和文化，对每个问题要根据详细的材料加以具体的分析。

另外，对于主观主义在组织关系上的表现—宗派主义（如山头主义、小团体主义、不团结等），也要旗帜鲜明地加以反对。毛泽东指出，共产党是为人民、为民族谋利益的，决不是为一部分人谋利益，它本身更无私利可图。它的党员应该在站在民众之中，善于倾听各种不同意见，接受人民的监督。

党八股是主观主义和宗派主义的宣传工具和表现形式，因而也必须加以反对。然而即使在整顿主观主义作风、学习马列主义的这次整风运动中，却也曾一度出现了反马克思主义、主观主义的“抢救失足者运动”的错误。

1943 年 4 月 3 日，中共中央发布《关于继续开展整风运动的决定》，要求在整顿党的作风的同时，对全党干部进行一次认真的组织审查。《决定》对敌情作了过分的估计。7 月 15 日，总学习委员会副主任、中共中央社会部部长康生在延安干部会上作了《抢救失足者》的动员报告，大搞“逼、供、信”的过火斗争，用特务手段逼迫来自白区的党员干部和进步青年承认自己是打入根据地的“叛徒”、“特务”、“内奸”。当人们在威逼下违心地承认后，立即进而要求交代“组织”和“同党”。一时间，整个延安陷入了恐怖状态。在康生的高压下，许多人相互攀扯，“特务”比比皆是，人人自危。在短短的 10 余天中造成大批冤假错案。

中共中央秘书长任弼时发现了康生的错误做法，及时向毛泽东作了汇报。毛泽东听后非常吃惊，立即着手纠正反特扩大化的问题，中共中央发出了《关于审查干部的决定》，坚持实事求是，反对逼、供、信。接着，毛泽东提出“一个不杀，大部不抓”的原则，对受迫害的干部进行平反，从而迅速结束了康生发动的“抢救运动”，纠正了“左”倾扩大化的错误，保证了整风向着正确的方向发展。

在以整顿主观主义作风、学习马列主义为宗旨，系统批判和总结历史上的各种“左”、“右”倾错误的整风运动中，竟然出现以违背马列主义的、主观主义的方法开展整风运动的“左”倾错误，更加说明了主观主义在党内的深刻程度，更加说明了整顿主观主义作风、学习和运用马列主义的整风运动的必要性，同时也说明，要真正消除主观主义作风，真正理解、掌握并学会运用马列主义，是一项艰巨的、长期的任务。

1943 年 9 月上旬至 12 月初，中共中央连续召开了三次政治局会议，认识、批判和总结王明错误的教训。会上，毛泽东明确强调，整风的方针是“惩前毖后，治病救人”，“既要弄清思想，又要团结同志”。

当时王明称病未参加会议，中共中央对王明进行了耐心细致的思想工作。毛泽东多次去看望他，并派人去听取他的意见。周恩来也曾去探望并和他促膝谈心，有时长达几小时。经过做工作，当时王明的思想发生了一定的变化。

在深入总结历史经验的基础上，1945 年 4 月 20 日，党的六届七中全会通过《关于若干历史问题的决议》，对党内若干重大的历史问题作出结论，使全党尤其是党的高级干部对中国民主革命的基本问题的认识达到在马列主义基础上的一致。这样，中国共产党真正走上了一条独立自主的、把马列主义基本原理中国化的正确道路。《决议》促进了中国革命事业的发展。至此，整风运动胜利结束。

通过整风运动，在党内外展开了怎样使马列主义的基本原理和中国革命的实际相结合，以及怎样对待 30 年代前期党内两条路线斗争中的一些重大问题的大讨论。这是一次全党范围的马克思列宁主义的学习运动，也就是按照马克思列宁主义的思想原则整顿作风、提高马列主义掌握和运用水平的运动。

延安整风运动，巩固了马列主义思想在党内外的阵地。整风运动使干部在思想上大大地提高一步，使党达到了空前的团结并进一步成熟起来，为战胜严重困难，争取抗日战争的胜利和民主革命在全国的胜利，奠定了坚实的思想基础。

中国远征军入缅作战

太平洋战争爆发后，日军向西南太平洋发动进攻，企图一举攻占当时英属殖民地缅甸，并切断盟国向中国运送作战物资的滇缅公路，进而由缅入滇，迫使中国屈服。因此缅甸的得失在战略上具有重要的地位。1941 年底，日军又开始向缅甸进攻。12 月 23 日，54 架日本轰炸机第一次空袭仰光，滇缅公路上战云密布。为阻止日军的疯狂进

攻，中、英、美三国政府及军方首脑经过反复磋商，决定由中国派军队迅速入缅作战。

担任中国战区盟军统帅部最高统帅的蒋介石决定组建中国远征军，下设3个军，约10万人。由卫立煌、杜聿明分别担任远征军正副总司令，卫立煌未到任，由杜聿明代理，并兼任第五军军长。美国则委派史迪威将军任中国战区参谋长，参与指挥。

1942年2月16日，仰光告急，应英军请求，中国远征军入缅作战。挥师出征那天，空中有盟国的飞机掩护，地上则车轮滚滚、马达轰响。上千辆各式各样的车辆，坦克车、炮车、弹药车、步兵输送车、救护车、通讯车、辎重车，就象一条钢铁巨龙，浩浩荡荡，沿着滇缅公路向南挺进。

对中国远征军来说，缅甸是一个既陌生又充满危险的战场。这儿地形极其复杂，高山环列，河流交错，茂密的热带丛林遍于全境，交通对机械化部队运动作战极为不利。

1942年3月19日，战斗在同古外围打响。我军初露锋芒，打得非常漂亮，第一天就歼敌300人。马上增援，包围了同古。他们还出动飞机，摧毁了英国在缅甸的全部空军，掌握了制空权。守卫同古的是中国远征军第200师的官兵，师长是戴安澜将军。到3月24日，同古保卫战已打了整整5天。

日军的步兵虽然被挡在外围，但敌人凭借猛烈的炮火和制空权，已将同古城内炸得天翻地覆，瓦砾遍地。我军第一次在国外作战，地形不熟，联络不畅，加上天气酷热，饮水缺乏，战斗颇为艰难。当晚9时，戴师长召开各团长及直属营长会议。他坐在指挥所闷热的掩体里，仍是一副天不怕地不怕的英雄气概。他说："今天的会，没有别的，就是四个字：'准备死战'"。给部队下达完战斗任务，他缓缓站起身来，用低沉的声音一字一句地说道："余奉命固守同古，誓与城共存亡。余战死，以副师长代理；副师长战死，参谋长代理。"听到此言，军官们个个神情肃穆，纷纷当场留言，指定自己的代理人，作好了拼死沙场的准备。

第二天，全师官兵继续投入血战，与四倍于自己的日军展开殊死搏斗。日军不仅用飞机轰炸，用大炮轰击，更是丧失人性，施放糜烂性毒气弹数百发。中国军队伤亡惨重，但他们仍顽强坚守阵地，决不后退半步。经过多日血战，第200师在重围中孤军奋战，已经精疲力竭。到了3月28日，同古城已陷一半，眼看着第200师将与同古城同归于尽。

杜聿明和蒋介石不能眼睁睁地看着这支王牌部队遭到灭顶之灾，于是命令他们撤退。3 月 30 日凌晨，戴安澜率领第 200 师数千名残兵，趁漫天浓雾，悄悄撤离同古城。同古一战，中国军队杀伤敌人三四千人，而第 200 师也付出了伤亡 2500 人的代价。

此后，中国远征军第 38 师在师长孙立人指挥下又取得仁安羌战役的胜利。4 月中旬，包括司令亚历山大上将在内的 7000 余英军，被日军围困于仁安羌。师长孙立人率领 38 师兼程驰援，与日军激战 2 昼夜，歼敌 1200 余人，攻破了日军的包围圈，解救了处于困境中的英军。他们的英勇行为扬威异国，轰动世界。

中国远征军虽然作战勇敢顽强，而且在局部战斗中取得胜利，但整个战略态势却对远征军日趋不利。日军具有丰富的丛林作战经验，加之掌握了缅甸制空权，所以作战进展迅速。相反，盟军方面军事行动步调混乱，各行其是。英军毫无战斗力，一触即溃。而远征军内部高层指挥在作战方面也有严重错误，史迪威作为最高长官，在军事部署方面，常常失之于全盘考虑。在战局危险时，他也未能及时调整军力，致使中国军队被各个击破。中国军队入缅作战，一直处于被动，最后终遭失败。失败后的远征军分成两路撤退，一路撤入印度，另一路则撤回国内。部队在撤回国内的途中，不仅要抵御敌人的围追堵截，更要与恶劣的自然环境作斗争。他们历尽人迹罕至的崇山密林，行动困难，加之雨季来临，气候炎热，蚊虫成群，疫病流行，伤亡惨重。

中国远征军首次入缅作战历时半年，转战1500多公里，损兵折将，不仅未能完成作战任务，反而使我西南唯一的国际通道滇缅公路被敌完全切断，日军入侵云南境内。远征军由出征时的10万之众，到最后仅剩4万多人，军械也丢弃大半。第200师师长戴安澜、第93师副师长胡义宾、新38师副师长齐学启壮烈殉国，大批士兵的鲜血洒在撤退途中，令人扼腕叹息。

第一次缅甸战役的失败，不仅使中国损失了大量精锐部队，更造成滇缅公路的中断，从此美援华物资只能依靠飞越喜马拉雅山的驼峰空运，补给量十分微弱。

为配合盟军在太平洋战场的攻势，同时也为了改善中国战区军需物资的运输状况，从1942年7月起，中、美、英三国又开始磋商反攻缅甸问题。从1942年秋开始，中国在印度的军队及撤回云南的军队分别接受了美国教官的训练，装备及战斗力大大加强，为第二次缅甸作战作好了充分的准备。

1943年10月，中国驻印军从印度阿萨姆省的雷多以南地区出发，向日军展开攻击。为了有效地打击敌人，部队毅然开入道路崎岖、人迹罕至的野人山。这儿蚊蚋遍地，自然条件十分恶劣，被称为“死亡之路”，又被称为“绝地”。有胆量走入“死亡之路”的中国驻印军，必然已经抱定了置之死地而后生的勇气和信念！他们英勇地在胡康河谷拉开了缅甸反攻的序幕。

驻印军作战英勇，连克顽敌，连续攻取新平洋、于邦等地。12 月 28 日，驻印军分兵左右两路向缅北进军，开始全面反攻。孟买、瓦鲁班、孟拱、密支那、南坎、八莫等地相继被我军收复。日军虽然负隅顽抗，但终究不是我军对手。

为了策应中国驻印军反攻缅北，1944 年 5 月，中国远征军在滇西开始对怒江以西的日军发动猛烈进攻，拉开了滇西反攻。

龙陵，松山、腾冲、平戛是日军利用滇西高黎贡山的险要地形构筑的四个主要据点。经过两年多的苦心经营，日军在据点周围修筑了大量的半永久性工事，封锁了一切道路，储存了充足的粮食、弹药、饮水及所需器材。中国远征军面对易守难攻的敌军堡垒，视死如归，勇往直前，发动了一次又一次猛烈的攻击。

松山攻坚战是其中最激烈的一次战斗。松山扼滇缅公路之咽喉，是怒江之西的制高点。日军企图凭借天险，负隅顽抗。中国远征军连续发动 5 次攻击，将松山外围日军据点全部攻占。但是，其核心据点却屡攻不下，远征军伤亡很大。在此情况下，远征军秘密挖掘地道，安装炸药，终于炸毁了山上的碉堡。经过 3 个月的连续攻击，我军全歼守敌，攻克松山。

1945 年 1 月收复畹町，1 月 27 日，驻印军与远征军在芒友胜利会师，中国西南国际交通补给线完全打通，云南省领土完全收复。缅北、滇西作战，从 1943 年 12 月起到 1945 年 3 月止，历时 1 年多。中国军队在地理、气候条件恶劣的情况下艰苦奋斗，挺进 2400 余公里，收复缅北大小城镇 50 多座，歼灭日军 2 万多人，缴获步枪 1 万多支、轻重机枪 600 多挺、汽车 600 多辆。中国驻印军、远征军也损失 4 万多人。

中国军队的胜利，不仅歼灭和消耗了日军的重要力量，更为减轻盟国军队在其他战场上的压力创造了有利条件，是中国对世界反法西斯战争所作出的巨大贡献！中国远征军终于在胜利的日子里凯旋回国。

抗日战争的胜利

1945 年，濒临绝境的日本帝国主义，仍然企图进行垂死挣扎。德国投降后，日本政府声明：欧洲战局的急剧变化，对日本的战争目的不会发生丝毫影响。决定集中主要战斗力量，进行“本土决战”。

7 月中旬，美英苏三国首脑在波茨坦举行会议。7 月

26日，会议以中美英三国共同宣言的形式发表了敦促日本投降的《波茨坦公告》，遭到日本拒绝。为加速日本法西斯投降，美国于8月6日在日本广岛投下了第一颗原子弹。8月9日正当日本召开最高级战争指导会议，讨论停战问题时，美国又在长崎投下第二颗原子弹。原子弹的强大杀伤力对日本当局具有一定的威慑作用，是促使日本向同盟国投降的重要因素之一。8月8日，苏联政府对日宣战，出动150万大军，兵分四路，从中国东北的东部、北部、西部和朝鲜北部，同时向日本军队发动大规模进攻。苏军迅速攻占长春、沈阳、哈尔滨，共击毙日军8万余人，迫使日军59万人缴械投降，对加速日本帝国主义的灭亡起到了重要的作用。

8月9日，中共中央主席毛泽东发表《对日寇的最后一战》的声明，号召全国一切抗日力量举行全国规模的反攻，密切而有效地配合苏联及其他同盟国作战。命令八路军、新四军及其他人民军队，在一切可能条件下，对于一切不愿投降的侵略者实行广泛的进攻，猛烈地扩大解放区，缩小沦陷区，为争取抗日战争的最后胜利而斗争。10日、11日，朱德总司令向全国各抗日根据地武装部队发布一至七号命令，命令人民军队分别向敌占城市及交通要道进军，接受日军投降，如遇敌军抵抗，立即予以坚决消灭。

但是，蒋介石集团在美国支持下，企图抢占抗战胜利果实。11 日，蒋介石连续发布三道命令：一是命令日伪军“切实维持地方治安”；二是命令人民抗日武装“就地驻防待命”，不得“擅自行动”；三是命令国民政府军“积极推进”，“勿稍松懈”。第二天，美国远东盟军总司令麦克阿瑟对日本政府和中国战区的日军下令，只能向中国国民政府及其军队投降，不得向中国人民的武装力量缴械。13 日，朱德总司令致电蒋介石，明确表示：“你给我们的这个命令，不但不公道，而且违背中华民族的民族利益，仅仅有利于日本侵略者和背叛祖国的汉奸们。”我们“坚决的拒绝这个命令”。

各根据地的抗日部队，根据延安总部的命令，展开了强大的反攻。冀热辽部队向平绥路东段、平汉路北段、津浦路北段反攻，解放了察哈尔，包围了北平、天津、保定。晋绥部队向同蒲路北段、平绥路西段进攻，解放了绥远、山西的广大国土。晋冀鲁豫部队向平汉路中段、陇海路中段进军，收复了黄河沿岸的广大国土。山东部队向津浦路中段、胶济路中段进军，解放了山东 108 个县中的 100 个县。华东部队向沪宁、沪杭甬、浙赣等路及津浦路南段、陇海路东段进攻。华南抗日游击纵队向广九、潮汕两路进攻，也都取得了不少胜利。各路大军从 8 月 11 日至 10 月 10 日两个月中，经过激烈的战斗，共毙伤俘虏日伪军 23 万人，收复城市 197 座，光复国土 31.52 万平方华里，解放人口 1871.7 万人，取得了辉煌的胜利。

在中、苏、美军队的共同打击下，日本政府于 8 月 10 日宣告接受《波茨坦公告》，但由于主战派的反对，延迟到 14 日才作出最后决定。15 日，日本天皇向全国广播了《停战诏书》，宣布日本无条件投降。9 月 2 日，日本投降的签字仪式在停泊于东京湾的美国军舰“密苏里”号举行。日本外相重光葵代表天皇和日本政府，参谋总长梅津美治郎代表大本营在投降书上签字。麦克阿瑟以盟军最高司令官的身份签字，各盟国代表也签字，接受日本投降。这标志着日本军国主义的彻底失败和世界反法西斯战争的最后胜利。中国战区的受降仪式于 9 月 9 日在南京举行。日本派遣军司令官冈村宁次，向中国战区最高统帅蒋介石的特派代表、中国陆军总司令何应钦缴出佩刀，以示侵华日军正式向中国缴械投降，并签署了投降书。至此，中国人民长达 14 年之久的抗日民族解放战争胜利结束。

此后，国民政府军分别在越南河内，中国广州、上海、北平、济南、太原、台湾等地，接受 128 万日军投降。10 月 25 日，中国受降官、台湾省行政长官兼警备总司令陈仪，在台北公会堂（现更名中山堂）主持受降仪式。台湾总督兼日军第十方面军司令官安藤利吉率部缴械投降，并代表日本政府在投降书上签字。这宣告了日本侵略者在台湾50年殖民统治的正式结束，宝岛台湾重新回到祖国的怀抱。

中国的抗日战争取得了辉煌的战果。共产党领导的敌后战场对敌作战125165次，歼灭日伪军171万多人，缴获各种火炮1952门、各种枪支68万多支。国民党正面战场，据何应钦的报告，共进行会战20余次，重要战斗900多次，小战斗和游击战斗36400余次，毙伤敌军228万多人。日本战败后，在中国战区接受128.3万日军投降。中国人民为夺取抗日战争的胜利，作出了重大民族牺牲，军民伤亡3500多万人，直接和间接经济损失共计6000亿美元。

中国的抗日战争是世界反法西斯战争的重要组成部分，对日本帝国主义的彻底覆灭起到了决定性的作用，为赢得世界反法西斯战争的胜利和促进人类文明进步事业，作出了彪炳千古的历史贡献。中国的持久抗战，抗击和牵制了日本的大部分兵力，迫使其“北进”计划不能付诸实施，从而使苏联避免了东西两线同时作战的危险；同时也削弱了其“南进”的实力，从而减轻了英美盟军在太平洋和东南亚战场上的压力。

伟大的抗日战争，是中国人民近百年来反对外国侵略者的斗争中第一次取得完全胜利的民族解放战争，它雪洗了鸦片战争以来的民族耻辱，成为中华民族由衰败到重新振兴的转折点，它为争取新民主主义革命在全国的胜利奠定了基础，创造了殖民地半殖民地弱国战胜帝国主义强国的奇迹，对于推动被压迫民族和人民争取国家独立和民族解放的斗争，具有深远的影响。

国共重庆谈判

抗日战争结束后，蒋介石就想发动内战，消灭中国共产党及其领导下的人民武装力量，建立国民党一党专政的独裁统治。但是，遭受八年战乱的中国各阶层人民、各民主党派，要求和平、民主的愿望强烈，呼声很高。蒋介石为避免遭到全国人民的强烈反对和国内外舆论的谴责，企图把发动内战的责任推卸到共产党身上；又由于蒋介石的军队还远在西南、西北大后方，有的嫡系部队还远在缅甸、印度等国，要把全部军队调到打内战的前线，尚需一段时间。于是，蒋介石在加紧准备内战的同时，又摆出一副“和平协商”的姿态，连续三次电请中共中央主席毛泽东到重庆举行和平谈判。

国民党蒋介石一面邀请毛泽东赴重庆和平谈判，一面又不顾共产党所提制止内战的各项主张，在美国的帮助和日伪军接应下，迅速调动大量兵力，驰运华北、华东、东北地区，以受降为名，抢占大城市和交通要道，阻止人民军队的受降与接管，以部署其对解放区的分割包围，待机发动内战。国民党还发动宣传攻势，诋毁共产党的和平诚意，制造毛泽东不肯去重庆谈判的舆论，企图把内战的责任嫁祸于共产党。

1945 年 8 月 27 日，美国驻华大使赫尔利，国民党政府军事委员会政治部部长张治中，由重庆飞抵延安，专程迎接毛泽东、周恩来赴重庆谈判。

1945 年 8 月 28 日，下午 1 点半，九龙坡机场已经很热闹了。3 点 30 分，两架飞机渐渐地接近了，在低空盘旋了两周后平稳降落。在一片热烈的掌声中赫尔利大使陪同毛主席走下飞机，接着是张治中将军和周恩来、王若飞等。

毛泽东亲临重庆进行和谈，出乎蒋介石的意料，震惊了全国和世界。毛泽东的专机降临重庆机场时，蒋介石正召集各院院长会议，应急讨论国共和谈事宜。

国内外记者纷纷发出专电，报道毛泽东抵达重庆盛况，称颂毛泽东的伟大气魄与胆略，赞扬共产党努力谋求和平、民主、团结的诚意。山城人民奔走相告，欢欣鼓舞，社会舆论同声期望国共两党会谈成功。

毛泽东到达重庆的当天晚间，蒋介石在他的林园官邸设宴，欢迎毛泽东。这是自1927年蒋介石叛变革命，事隔18年后，毛泽东与蒋介石的再次见面。

重庆谈判从8月29日开始，到10月10日结束。毛泽东与蒋介石就国共两党关系重大问题多次进行直接高谈，具体问题由中国共产党方面的代表周恩来、王若飞，国民党方面的代表外交部长王世杰、张群、张治中、国民参政会秘书长邵力子进行谈判。

蒋介石对谈判毫无准备，因他没料到毛泽东能亲赴重庆，临到谈判，国民党方面竟拿不出任何谈判方案。邵力子辩解说，“国民党没提出具体方案”是“希望听取中共的意见，倘若政府先提具体方案，也许使中共方面认为政府已有一种定见，而有碍于会谈的进行。”

9月3日下午，本着和平、民主、团结的原则，从国内时局的实际情况出发，中共代表周恩来、王若飞，对需要谈判的各种问题，提出了一个完整的方案，即《谈话要点》，提出了11条建议，并将其交付国民党政府代表，主要内容是：确定和平建国方针，以和平、团结、民主为统一的基础；拥护蒋介石的领导地位；承认各党派合法平等地位，并长期合作和平建国；承认解放区的政权及抗日部队；严惩汉奸，解散伪军；重划受降区，中国共产党参加受降工作；停止一切武装冲突，令各部队暂留原地待命；迅速采取各项必要措施，实行政治民主化、军队国家化、党派平等合作；党派平等合作之必要办法：解放政治犯，保障自由，取消不合理的禁令，取消特务机关。方案还就政治民主化，军队国家化问题提出了必要办法。同日，毛泽东与蒋介石二人也单独进行了会谈，对军队、解放区、政治、国民大会等重要问题交换了意见。

9月4日，国共两党开始实质性的会谈。蒋介石拟出的《对中共谈判要点》的主要内容是：

（一）中共军队之编组，以12个师为最高限额。

（二）承认解放区的问题绝对行不通。

（三）拟将国防委员会改组为政治会议，由各党派人士参加。

（四）原当选之国民大会代表，仍然有效。

蒋介石对谈判的方针是：对人民军队和解放区，一定要在“军令、政令统一”的名义下，限制并取消其存在，政治方面则可以作一些空头许诺，以争取舆论。

9 月 12 日与 17 日，蒋介石两次约见毛泽东会谈，主要目的仍是减缩人民军队整编的数量。19 日，中共代表首先提出方案，作出让步。关于中国共产党所领导的军队缩编的比例，赫尔利提议中共军队占 1/5，中共再让步到 1/7，如国民党缩编到 120 个师，中共军队缩编为 20 个师。这些充分表明了中共和谈的诚意。

毛泽东和周恩来除了同蒋介石、国民党进行针锋相对的谈判之外，还抽出时间同各界人士进行了广泛接触和会晤，多方阐明中国共产党的政治主张，团结一切可以团结的力量。

毛泽东在应邀出席中苏文化协会为签订中苏友好同盟条约举行的庆祝大会和在国民参政会、中国民主同盟以及张治中将军等人举行的盛大宴会时，发表了演说与致词，阐明了中国共产党和平、民主、团结的方针。许多旧朋新友握手言欢，称赞中共争取和平的诚意，赞扬毛泽东的政治风度。

毛泽东和周恩来几度拜会宋庆龄，对她忠实信守孙中山先生联俄联共扶助农工的三大政策，反对蒋介石的独裁统治，与中国共产党长期合作的革命精神，表示了由衷的敬意。此外，多次与中国民主同盟领导人张澜、沈钧儒、黄炎培等进行会谈，听取他们对国事的建议与意见，得到了民盟的支持与帮助。

为了争取国民党人士对中国共产党方针、政策的理解，最大限度地减少谈判的阻力，毛泽东与周恩来还同国民党的党政军要人，进行了互访、宴请与会晤。会见的主要有孙科、于右任、居正、戴季陶、陈诚、何应钦、白崇禧、陈立夫、吴稚晖、吴铁城等，分别向他们介绍了中国共产党对时局的看法及和平建国的主张，提醒国民党人认清形势，顺应时代潮流，以人民利益为重，接受历史的教训，勿再重蹈过去十年内的覆辙。国民党一些顽固分子，也不得不惺惺作态，表示愿为两党谈判的成功“尽心效力”。

重庆谈判，是国共两党的一场尖锐的政治斗争，是抗战胜利后国共两党在事关中国前途、命运这个大问题上的政治较量。共产党为了使谈判顺利进行，避免内战爆发，一再提出积极建议，在许多方面作出了重大让步，得到社会各界和广大人民群众的热烈支持。

毛泽东率中共代表团，在风紧云沉的时局下，同国民党蒋介石进行了43天的艰苦谈判。10月10日下午，在张治中家的客厅里，中共代表周恩来、王若飞与国民政府代表王世杰、张群、张治中、邵力子共同签署了《政府与中共代表会谈纪要》，即《双十协定》。签字时毛泽东在场，签字后蒋介石才姗姗来迟，他穿军装，佩特级上将领章，挂着佩剑，与毛泽东握手，坐了大约10分钟。

《双十协定》于10月12日公开发表。这个协定的内容共12条，对全国人民关注的几个重大方面的内容都有所涉及，但没有解决实质性的问题。在这个协定中，国民党被迫承认了我党提出的和平建国方针，坚决内战，实施宪政，实现政治民主化等。

中央军委为调整华中地区的战略部署，迅速实行国共重庆谈判中中国共产党所允诺的让步，促进和谈成功，命令新四军江南部队撤至长江以北。重庆谈判期间，刘、邓指挥的晋冀鲁豫军区部队取得了上党战役的胜利，加重了和谈的分量。

10月11日，毛泽东、王若飞在张治中的陪同下由重庆飞返延安，在机场受到2万多党政军民的盛大欢迎。毛泽东在机场作简短讲话，说明这次谈判取得初步成果，存在的困难是可以克服的，中国的前途是无限光明的。次日，王若飞返回重庆，与留驻重庆的周恩来就尚未解决的问题继续同国民党会谈。

毛泽东从重庆回到延安后，10 月 17 日，在延安干部会上作了《关于重庆谈判》的报告，向全党汇报了谈判的情况，总结了谈判的意义。毛泽东说："谈判的结果，国民党承认了和平团结的方针。这样很好，国民党再发动内战，他们就在全国和全世界输了理，我们就更有理由采取自卫战争，粉碎他们的进攻。"他对上党战役给予了高度评价，他还指出，我们的方针也是老早定的，就是针锋相对，寸土必争。

中原部队胜利突围

国共两党签定《双十协定》后不久，蒋介石便公然毁约，发动了全国规模的内战。在 1946 年 6 月 26 日，蒋介石以 30 万大军围攻我中原解放区，国民党发动的全面内战由此爆发。

蒋介石早就把我中原解放区视为心腹之患。日本投降后，我军雄踞中原，直接威胁着蒋军出川的大门，阻滞国民党军进军华东、华北、东北等各个战场。这样重要的战略地位，对蒋介石发动全面内战，战略上极为不利。蒋介石处心积虑要拔掉这个眼中钉，以实现他全面内战的战略意图。

蒋介石仗着他的部队军备优良，欲置我军于死地。蒋介石密令郑州“绥靖公署”主任刘峙统一指挥这场“围歼”，定于7月1日发起总攻。从6月22日起，国民党再次缩小对我之包围圈；26日，又在边缘地带向我开炮。敌人还估计，“聚歼”不成我必突围，并判断我军会向东（苏皖边区）突围，因而他们将11万余兵力摆在东线，准备堵击。蒋介石认为有了这一套“神机妙算”，就可以在48小时内“全歼”中原解放军。

中共中央在敌人发动大规模进攻之前，接连发出电报指示，要求中原解放军“须求自救之道”，“团结内部，准备艰苦斗争”，“巧妙避开敌人打击，分途突出包围圈”，突围要“愈快愈好，不要有任何顾虑，生存第一，胜利第二”。按照党中央的指示和要求，我中原军区作了思想动员和物质准备。

6月26日晚，我中原军开始了突围，揭开了解放战争的序幕。和敌人的估计正好相反，我军主力向西突围，留部分兵力向东佯进以掩护西进主力。具体突围方向是：李先念、郑位三等率领的中原局、中原军区机关和2纵队13旅、15旅为第一路，王震、王首道等率领的359旅和干部旅为第二路，这两路部队约15000余人向北突进，在信阳和广水之间越过平汉铁路，然后西进至陕南地区；王树声等率领的1纵队的2旅、3旅和2纵队的15旅为第三路，约1万余人，往南突进，在广水至花园之间闯过平汉铁路后，西进鄂西地区；皮定军、徐子荣等率领1纵队1旅给5000余人，为第四路，向东突围，以掩护向西突围的主力。

6月29日下午，李先念等率领的第一路突围部队到达了平汉铁路东侧的长冲。狭长的长冲蜷伏在大别山西麓的尽头。连锦的山峦和葱郁的丛林成为掩护部队的天然屏障。李先念亲自到靠铁路不远的仙石岩去观察。下山后，李先念和其他同志一起研究突围作战计划，决定从柳林车站与何家店之间突破。预先派一个营攻打何家店，一个营攻打柳林车站。李先念要求几个指挥员拿下何家店与柳林车站，掩护中原局和军区领导机关部队突围。

晚上9点多钟，掩护突围的两个营接近了敌人。经过1个多小时的混战，何家店与柳林车站的敌人基本上被消灭了。可是，附近的敌人听到枪声，急忙从南北两面来增援，战斗更加激烈，一直进行到拂晓。由于我掩护部队的英勇顽强，第一路突围部队冲过了敌人的火力封锁，继续前进。

7 月 17 日，当我军到达南化塘一带时，国民党号称“天下第一军”的胡宗南部第 1 军第 1 师堵住了我们的去路。两边有敌人的重兵，后面又有追兵，敌人企图在南化塘一带的山谷消灭我军。军区首长们研究决定，从正面突破，杀开一条血路！

攻击的命令下达了，我军开始向正面的敌人全面发起第一次冲锋。敌人凭着有利的地形和工事拼命顽抗，我军没有成功。接着，组织了第二次、第三次冲锋，连续五六次冲锋，也只攻到山腰。眼看两边和后面的敌人快围过来了，情况十分紧急。李先念让人把夏世厚找来，严肃地对他说：“你迅速组织你们团的队伍，拿下玉皇山山顶敌人的主要阵地，杀开一条血路！……”夏团长向李先念行了个军礼，说：“坚决完成任务！”然后迅速走向队伍，部署具体的战斗任务。战士们立即行动起来，每个人的腰里都插上手榴弹，冲锋号一响，战士们旋风般地扑了上去，山腰里像是刮起了大风，大家一齐配合，向敌人展开了激烈的冲杀。

我军正面进攻的战士们离玉皇山的山顶越来越近了，上百颗手榴弹在敌人阵地上开了花。战士们举着寒光闪闪的刺刀刺向敌人的胸膛。守在玉皇山山顶的敌人被我们打垮了，我军控制了玉皇山山顶及两旁的山头阵地，英勇顽强地抗击着敌人，中间形成了一条突围的巷道。我军机关、部队沿着这条杀开的血路继续前进。

7月20日，我军大队人马抵达东赵川时，和敌20师打了一仗，这一仗持续了16个小时，敌人先后发起17次冲锋，但都被我军打垮了。此后，在梁家坟、漫川关又粉碎了敌人的堵击。7月28日，李先念等率领的突围部队终于到达了陕西南部的商南，与当地的我军会合了。此次突围，历时一个月零一天，行程3000余里。

其他各路突围部队也与敌人进行了顽强激烈的较量。第二路突围部队于8月29日到达陕甘宁边区的屯子镇，和我西北军胜利会师。第三路突围部队的主力于8月下旬胜利到达鄂西北地区，还有一部分经过极其艰苦的考验，后来到达陕南根据地。第四路突围部队于7月20日到达华中军区所在地淮安地区，完成了掩护主力向西突进和本部东进的任务。

解放战争开始后的4个月内，人民解放军先后取得中原突围作战的胜利、华中野战军在苏中地区的7战7捷、晋冀鲁豫野战军在陇海路和鲁西南地区连续作战的胜利，有力地打击了国民党军事进攻的气焰，极大地增强了人民解放军自卫作战的必胜信心。

刘、邓发起豫北攻势

解放军在陕北、山东两战场积极挫败蒋介石的重点进攻、断蒋两拳的同时，我军依据豫北、晋南、晋察冀、东北等战场各区的具体情况，相继举行战略性反攻，大量歼灭了敌人，逐步收复了失地，从而有力地配合陕北、山东我军彻底粉碎了敌人的重点进攻。

刘伯承、邓小平指挥的晋冀鲁豫军区部队，经过 8 个月的英勇奋战，至 1947 年 2 月底共歼灭蒋军 25 个旅，连同地方团队共 23 万余人，不仅粉碎了蒋军控制鲁西南和打通平汉路、同蒲路的计划，反而粉碎了蒋军对整个晋冀豫解放区的进攻。

3 月，蒋介石从晋冀鲁豫战场抽调 17 个旅去参加对山东和陕北的重点进攻，在该区仅剩下 31 个旅，连同地方团队共有 30 余万人。在这些部队中，大部遭我军歼灭过或遭过我军歼灭性打击，战斗力较弱，兵源补充、物资供应特别是粮食供应困难，官兵生活水平受通货膨胀影响而下降，士气低落。在晋冀鲁豫战场，蒋军由于兵力不足被迫转入守势，新的作战方针是依托所谓“黄河防线”、交通要道和城镇据点组织防御。

由于连续作战，刘、邓部队已相当疲劳，弹药供给困难，俘虏占连队人数的比重很大，且有些没有经过很好改造，需要休整和补充。为恢复元气，以利再战，二三月间，晋冀鲁豫军区野战军和地方部队一部，用1个月左右时间进行了休整补充。经过休整后，部队兵员更加充实，组织更加健全，体力得以恢复，士气高涨，战斗力有了新的提高。

豫北原系蒋军打通平汉路的前进基地，在蒋介石发动重点进攻后，则成为其联系陕北、山东战场的枢纽地带，因而部署了较多的防御兵力，并修筑了大量的坚固工事。敌人将防御重点放在平汉路和道清路交叉点的新乡及其以北地区。同时，蒋介石为保障他的重点进攻，对晋冀鲁豫解放区实行了蓄谋已久的“黄河战略”，在花园口堵口使黄河回归故道，构成从晋南风陵渡至山东济南1000余公里的黄河防线，并得意地声称黄河水能顶替40万大军，妄图阻止刘、邓南渡支援陕北和山东作战。

部队休整基本完成，为减轻陕北、山东我军压力，就在胡宗南部侵占延安的当日，即3月19日，刘、邓下达了举行豫北攻势的命令，重点打击王仲廉部，打乱敌人联系陕北和山东两战场的枢纽地带的部署，吸引蒋军增援豫北，策应陕北、山东解放军作战。

针对蒋军在新乡以北防御工事坚固、回避野战、惧怕黄河南北交通被切断的特点，刘、邓决定，先集中优势兵力进攻新乡、黄河铁桥之间地带，尔后视情况向敌军纵深地带发动，力求在野战中歼灭王仲廉部，并相机夺取敌军守备薄弱的城镇、据点。

4月1日夜，刘、邓主力围攻整32师。至4月2日夜，攻占了汲县城外围多处据点，并攻占了东关。在关键时刻，刘荣宗叛变，原计划受挫，仅王启明率少数人员起义进入解放区，整32师退至汲县城内。此时，王仲廉已将黄河南岸的整66师3个旅、整9师的第2旅和汲县地区的整41师1个旅调至新乡附近，焦作地区敌整3师2个旅已向新乡地区集结。这样，敌人在新乡地区就有5个整编师10个旅的兵力（含在新乡的第2快速纵队），并有向汲县前进的迹象。因此，刘、邓决心结束汲县作战，另寻战机。

在这一阶段作战中，刘、邓共歼灭蒋军5000余人，解放了黄河以北平汉路以东，东西100余公里、南北70

余公里的地区，摧毁并控制了平汉路、道清路50余公里，打乱了蒋军的部署，迫使蒋介石将原拟山东战场的整66师和整9师转调豫北战场。

4月3日，蒋军陆军总司令部郑州指挥部为消灭刘邓大军，以整26军组成打击兵团，计划先肃清在卫河两岸新乡、汲县、辉县地区的刘、邓部队，尔后以主力尾追歼灭刘、邓主力

刘、邓以小部兵力，运动防御，诱敌前进，至15日，将敌诱至宜沟以东的屯子山地区后转为坚守。16日夜，刘、邓集中主力向敌援军第1梯队侧后兜击，将其第一、第二梯队割裂，并将第一梯队包围于卫河以北淇河以东河套地区。17日晚，集中主力开始攻击，战至18日，将其第2快速纵队全歼于大小湖营，余敌溃逃。刘、邓乘势攻取汤阴、崔桥，继续消灭分散的蒋军，并孤立安阳。

汤阴是豫北重镇之一。1945年日本投降后，该城曾一度被刘、邓部队攻克，并平毁城墙。蒋军攻占后又重修其城墙。但蒋军的防御工事主要设置于外围据点，均筑有以麦秸与泥土为原料的围墙和碉堡，其壁厚约2米，并设有3层射击孔。围墙附近还设有暗堡，各村庄的火力可以互相支援。蒋军非常重视守备汤阴城外围据点。

4月下旬，我第3集团扫清了汤阴外围敌军据点，并

进行了周密的攻城准备。5 月 1 日黄昏，第 3 集团对汤阴守军发起总攻。各部采用了炮兵射击和挖坑道爆破相结合的战法，为步兵冲击开辟了突破口。步兵乘势突入城内，与孙殿英等部展开激烈巷战。至 5 月 2 日上午，全歼守军近万人，俘虏 3 纵队司令孙殿英部 7000 余人。

汤阴解放后，王仲廉与孙震集团将主力收缩至新乡、汲县附近，转入防御。为加强安阳的守备力量，王仲廉将整 40 师留在新乡的 1 个团空运到安阳。为乘胜扩大战果，刘、邓于 5 月 5 日决定，向安阳地区的蒋军发起进攻。首先歼灭安阳城外围各据点的蒋军，尔后相机夺取安阳城。

在安阳外围作战中，刘、邓在军事打击敌军的同时，广泛地开展了瓦解敌军的工作，尤以第 2 纵队表现突出。第 2 纵队采用俘虏军官写信、军官家属喊话、写标语牌等办法，收到了良好的瓦解敌军的效果。在第 2 纵队攻入楚旺城后，即有不少成建制的连排停止抵抗，自动放下武器，加快了结束战斗的进程。

由于安阳城工事坚固，短时间难以攻取，王仲廉又不敢北上增援，没有围城打援的战机，加之刘、邓为了争取时间进行战略进攻的准备，决心停攻安阳城，改以太行、冀南军区部队围困安阳之敌，野战军转入休整。至此，豫北攻势胜利结束。

豫北攻势历时2个月，刘、邓部队共歼灭蒋军4.5万余人，解放了南自原武、封丘，北至安阳以北、楚旺，长150余公里、东自濮阳西至淇县宽100余公里的地区，控制了平汉路150余公里，缴获了大批粮食和军用物资。

通过豫北攻势，刘、邓完全掌握了作战的主动权，赢得了战局转换，迫使豫北蒋军处于被动地位。打乱了蒋军联系东西两战场枢纽地带的防御部署，基本切断了蒋军山东、陕北两战场的联系，在战略上有力地配合了陕北、山东战场我军的作战，并为晋冀鲁豫野战军主力尔后转入战略进攻创造了有利条件。

自1945年9月上党一战，至1947年3月的这次豫北反攻，在刘伯承、邓小平的指挥下，晋冀鲁豫野战军越战越强，取得了上党、平汉、陇海、定陶、巨野、鄄城、滑县、巨金鱼、豫皖边和豫北战役的胜利，十战十捷。

1949年7、8月间，刘邓大军先后越过陇海线，横过汝河、淮河，向大别山地区挺进。进入大别山后，迅速创建、巩固了大别山根据地，并与友邻军团配合，对武汉和南京之敌造成直接的威胁。

沙家店大捷

1947 年，蒋介石在其向解放区的全面进攻失败之后，将全面进攻改为重点进攻。他调动胡宗南军主力 25 万人向陕甘宁解放区发起进攻，企图歼灭我西北野战军并消灭中共中央领导机关。西北野战军为了创造战机歼灭敌人，配合太岳兵团出击豫西，于 8 月 6 日围攻长城要塞榆林。榆林是晋陕绥边境的反革命重要据点，聚集了陕北、晋西的逃亡地主，西与宁夏马鸿逵集团，南与延安胡宗南集团构成犄角之势，北与傅作

义集团相依，是陕绥的重要门户。蒋介石深恐榆林丢失，宁夏孤立，影响西北整个战区，命令胡宗南抽出 10 个半旅，共 6300 多人，迅速分路北上，以解榆林之围。同时，敌人还想趁我军主力攻榆林之际，寻找我党中央和西北野战军主力决战，企图将我军消灭于榆林、葭县和米脂一带，或将我军赶到黄河以东的晋西山区。

我西北人民解放军决定寻找机会，给敌人以打击。当时，我刘邓大军，已转入外线作战，开始了对敌人进行战略反攻的总形势。我军坚持内战作战的各个部队，正在各战区整训待命，积极准备配合外线进攻的大好形势，反动内线反攻。我西北人民解放军发动攻势的突破口选在何处，是由当时陕北敌军的情况决定的。刘邓大军向中原挺进以后，胡宗南集团的整编第 10 师、整编第 79 师、骑兵第 10 个半旅增援陕北，使西北敌人兵力分散、战线延长，后方空虚。这为我西北人民解放军发动攻势创造了条件。我军如果在陕北选择适当的地点，抓住战机，歼灭敌人主力，必能对陕北乃至全国各战场发生重大影响。沙家店就是这样一种很适当的歼敌战场。但沙家店紧靠黄河，西面和北面都是沙漠地区，回旋面积小，粮食少，在此发动歼敌的战斗，是比较要冒风险的。

敌人希望我军东渡黄河，我军就利用敌人的这个心理特点，诱敌上当。我军小部队东渡黄河，而主力则隐蔽在沙家店一带，等敌人送上门来。为了便于指挥沙家店的这次战役，中央机关也向前线靠拢，来到离沙家店10公里的梁家岔。这个地方只有六七户人家，几百人的队伍来到这里，除了中央几个领导人住进窑洞外，其他人只能在露天过夜。刚安顿下来，不久通讯兵和西北野战军司令部联系上，清脆的电话铃声响了起来。毛泽东拿起话筒就说："我是毛泽东！"听见这样的答话，周围的人先是吃了一惊，随后才明白过来。原来，自从离开延安以后，毛泽东一直用代号李德胜，现在他不用代号，说明形势大有改观。话筒里传来了好消息：敌36师已经被包围了。原来，当我西北野战军一小部分开始向黄河方向出动时，敌人用飞机和电台侦察我军的行迹，发现我军有东渡黄河的倾向，因而欣喜若狂。敌人认为我军"败走晋西，必定惊慌失措"，想趁我军过河时打垮我西北野战军。胡宗南下定"迅速追击，勿失此千载良机"的决心，急忙命令各路敌军迅速追击。

刘戡亲自带领整编的29军由绥德北进，敌36师从榆林南下追赶我军，敌人南北对进，企图对我军实行南北夹击。但敌36师距离主力较远，形成了孤军冒进。我军以一部分兵力阻击第29军等部，以6个旅集中于沙家店一带，把敌36师包围起来。

毛泽东给西北野战军司令部下令：“要坚决、彻底、干净、地消灭敌人，不让一个敌人跑掉!”放下电话后，毛泽东与周恩来等人研究下一步的行动。这时，工作人员早在墙上、炕上、桌上安置好了地图。电话机不时地发出清晰的铃声，毛泽东总是迅速地接听前方战场打来的电话。一发现有新情况，就和周恩来等一起伏在地图中商量，做着标记，随即发出指示。

当敌36师第123旅前进到刘家沟时，带领随后敌军的36师师长钟松顿时觉得123旅离他太远，急忙电令123旅撤回沙家店。但因天黑，山路崎岖，敌123旅害怕被歼，只让一个团后撤，主力仍在刘家沟不敢移动。8月20日凌晨两点，我军对钟松发起攻击。敌人不敢跳出阵地，钟松一面指挥部下凭构筑的工事抵抗，一面急命123旅回援。在师长的严令下，123旅于8月20日清晨4点由刘家沟急驰沙家店。但他们不敢走大路，绕道常高山而来，正好遭到我在常高山的教导旅和新编第4旅的拦截。两个小时内，敌36师第123旅就被全歼，旅长当了俘虏。

南面的刘戡得知钟松被包围，也赶紧前来救援，但我军早有准备，派出部队在葭县一带阻击。钟松见援兵不是被歼就是被阻，便急着要突围。胡宗南气坏了，打电话把钟松大骂了一顿，还命令他“固守待援”。钟松只得服从，留在原地硬撑。可“待援”必须有援兵，这一带哪里有援兵？胡宗南还是找到刘戡头上。他打电话训斥刘戡“救援不力”，命令他星夜救援钟松。刘戡倒不是不救，而是因为受到阻击，怕被解放军消灭，所以行动迟疑。胡宗南更火了，下令要把刘戡撤职查办。

就在敌人乱作一团的时候，西北野战军司令员彭德怀发出总动员令。总动员令说：彻底消灭敌36师是西北战场我军由战略防御转为战略进攻的开始，是收复延安解放大西北的开始，全体指战员务必在本日黄昏以前全部歼灭敌人。我军协同作战，英勇顽强地和敌军展开了激战。当日下午6点，就多处突破敌人的阵地。除钟松带领少数几个人逃跑外，其余敌军全部被歼。

当毛泽东在窑洞里得知这一消息，微笑着说：“好，这回看胡宗南怎么交代!”门外的警卫员们知道这一消息后，立刻欢呼雀跃。

第二天刚亮，就有伤员的队伍从沙家店战场下来。军医一齐出动，给伤员换药，包扎伤口；中央机关工作人员也全体总动员，组织临时救护队，连机关的牲口也全都去拉伤员。

接着，毛泽东、周恩来等人到西北野战军司令部驻地去祝贺。毛泽东说："这一仗确实打得好！这是西北野战军由内线防御到内线反攻的转折点，是陕甘宁收复失地的开始。从此，全国战争的主动权已完全为我掌握。打了这一仗，就过坳了！"意思是走过了山坳，渡过了最困难的阶段，爬上山坡了。

由于胡宗南机动兵力被拖在北线，后方空虚，晋冀鲁豫野战军太岳兵团大军顺利地渡过了黄河。胡宗南着了慌，十万火急命令刘戡南下。刘戡南逃时，西北野战军又来一个追击。这样，把敌人挤出了陕北。

沙家店之战的胜利，标志着西北野战军反攻的开始和国民党对陕甘宁解放区重点进攻的失败。

西北野战军自 1947 年 8 月沙家店战役后，随即进入内线反攻。10 月上旬连续发动攻势，收复延长、延川、清涧三地，歼敌 8000 余人。生俘敌 76 师师长廖昂。10 月 26 日至 11 月 10 日，又两次围攻榆林，歼敌 2400 余人。之后转入外线作战。

孟良崮战役

在内战初期，蒋介石依仗其优势的兵力，对各解放区发动全面进攻，但在各战场上均遭到惨败。他经过一番准备，于 1947 年 3 月起，由全面进攻改为重点进攻。重点进攻的地区之一是山东地区。4 月上旬，蒋介石纠集了 5 万兵力，向山东解放区杀奔而来，想要把解放军挤出鲁南地区。

新泰、蒙阴、青驼寺以东地区，是鲁中解放区的腹地，群众条件好，民兵组织坚强，在蒋军可能进攻的方向上已实行了彻底的空舍清野，并严密封锁消息。该地区多为岩石山地，构筑工事困难，但地形复杂，便于部队隐蔽集结和穿插。

华野主力按军委部署向莱芜、新泰、蒙阴以东地区转移后，敌军果然乘机前行。敌人吸取过去失败的教训，不敢冒失前进，将部队组成 3 个机动兵团，稳扎稳打，齐头并进，寻找华东野战军决战。他们转游了1个多月，找不到解放军的一兵一卒，于是不费力气就占领了解放区内的莱芜、蒙阴、河阳等城镇。这时，敌人一改“稳扎稳打”的方针，在敌第一兵团司令汤恩伯的指挥下，敌人4个整编师和1个军，不等其他兵团统一行动，冒冒失失向北推行。其中推进最快的是整编74师，差不多进到了坦埠。

在国民党军队中74师是很有名气的，是国民党军队的五大主力之一，受过美国军事顾问的特种训练，全部用美国武器装备，战斗力比较强，被国民党称为“王牌军”。国民党吹嘘说：“有10个74师就可以统一全国。”74师在国民党军队中地位这么重要，解放军华东野战军指挥陈毅、粟裕决定，在粉碎敌人这次进犯中，要适时集中全力去消灭这个师。时间紧迫，华野由5个纵队担任围攻任务。

5月11日，74师在向北进攻时，受到解放军的阻击。张灵甫发现解放军各路大军向自己压来，不敢停留，迅速指挥部队向后撤退。但解放军紧紧地咬住不放，同时派出一支部队迅速绕到74师后面，插在它与25师中间。张灵甫知道，和其他部队联系切断，会陷人被包围的困境，因此在5月14日清晨指挥全师向南推进，企图向25师靠拢。如果能突破临蒙公路，就可以逃走。

解放军前卫部队2连接受了堵住74师去路的任务。经过一夜急行军，2连抢占了公路南面的285高地。74师赶到这里时，2连火力已封锁了公路。张灵甫指挥部队发动了13次冲锋，仍没有成功。就在2连死守住山头时，解放军大部队已压了过来。张灵甫无路可走，只得下令逃进孟良崮大山。

孟良崮群山连绵，溪流纵横，72崮装点其间，具有“引无数英雄竞折腰”的奇观。这里也是古战场，为兵家必争之地。

南京方面得到74师被围的消息，大为吃惊。参谋长陈诚立即打电报给张灵甫，要他坚持3个小时，以等待援兵。接着，蒋介石亲自飞到徐州督战，下了死命令，要各路援军在3小时内与74师会合。然而，解放军已在各通道上布置了阻击部队，国民党的增援部队一个也不能接近孟良崮。张灵甫守了3天还是不见援兵的踪影。解放军一刻不停地进攻，迫使张灵甫的部队压缩起来，而且74师2万多人的吃喝也成了问题，敌士兵们惊慌失措。

时机成熟了，5月15日13时，解放军发起总攻，一场大规模的围歼战开始了。各主攻部队集中各种大炮、山炮、野炮，一齐向敌人阵地猛轰。74师的火力是很强的，也集中炮火还击。只见一串串炮弹从空中呼啸而过，到处响起山崩地裂似的爆炸声。

华野全体指挥员发扬了猛冲猛打的战斗作风，奋勇作战。15 日下午 1 时，解放军发起总攻，从四面八方多路向整 74 师突击，整 74 师则竭力顽抗。双方对大碾、雕窝孟良崮东北高地等重要阵地进行反复争夺。战至 16 日晨，华野攻占大碾、雕窝、520 和 540 高地，将 74 师压缩至孟良崮、芦山、600 高地一线狭小地区内。华野抓住战机，集中强大炮火猛烈射击，山上弹片碎石齐飞，整 74 师人马乱成一团，互相践踏，战斗队形混乱。解放军战士乘机突入整 74 师阵地，以白刃格斗消灭顽抗之敌。

整 74 师在援兵迟迟不到，抵抗无效后，于当日下午倾全力分两路突围，被第 7 纵队打回，向西突围，被第 1 纵队击回。华野突击部队在猛烈炮火掩护下，乘胜向整 74 师连续突击。

到了 16 日下午，孟良崮上的敌军已经溃不成军，解放军已经控制了孟良崮所有的制高点。敌 74 师官兵被打伤一大半。解放军的一个特务团首先突破了孟良崮两侧，直取 74 师指挥部所在的山洞。张灵甫急忙命令他的参谋长带着警卫营冲上山腰，用猛烈的炮火阻止特务团前进。经过一阵激烈的拼杀，特务团把敌人打死了一部分，俘虏了大部分。特务团乘胜向 74 师指挥部的山洞逼进。1 营 3

连指导员邵至汉首先冲到洞口，张灵甫的卫队长领着100多名士兵冲了出来，占据洞口附近的洞穴、石岩、石缝，拼命抵抗，邵至汉英勇牺牲。3连战士用复仇的子弹和刺刀消灭了敌人，控制了洞口。后续部队赶到以后，我军集中火力向洞内猛烈射击，接着战士们冲进了敌人指挥所敌军官兵纷纷就擒，猖狂的张灵甫及副师长蔡仁杰均被击毙。此次战役歼敌3.2万余人，其中俘虏1.9万人。

孟良崮战役，华东野战军彻底粉碎了蒋军统帅部署鲁中会战计划，沉重地打击了蒋介石对山东解放区的重点进攻，极大地震动了蒋军内部。和孟良崮胜利的同时，东北、豫北、晋南等地，强大的反攻正在展开。

伟大的战略决战

解放战争进入第三年，敌我力量的对比及战争形势，出现了重大变化。到1948年秋，解放军已发展到280万人，其中野战军149万人。全军经过战争的锻炼，新式整军运动和政治、经济、军事民主运动，军事技术和政治觉悟大大提高；改善了装备，组成了炮兵和工兵，提高了攻坚能力，取得了打阵地战的经验。解放区相继连成一片，面积达235.5万平方公里，占全国总面积的25%。人口16800万，占全国总人口的37%，解放区可以联合作战，形成对国民党军的包围；解放区内基本完成了土地改革，后方巩固，翻身农民革命积极性空前高涨，努力生产，支援前线，为战略决战奠定了良好的基础。在这种形势下，1948年7月14日，中共中央军委规定解放战争第三年歼敌正规军128个旅（师）左右，把战争继续扩大和深入到国民党统治区，为此，要求全军在第三年准备打更大规模的歼灭战，仍然全部在长江以北和华北、东北作战。

而这时，国民党军已下降到365万人，由于大批部队担任守备任务，可用于第一线的兵力仅有170万，虽然还统治着全国的四分之三地区和三分之二的人口，但是由于四面楚歌，在政治上已经极端的孤立。国民党军队不得不放弃“全面防御”而进行所谓的“重点防御”。

解放军与国民党军进行战略决战的时机已经成熟。就在这个时候，国民党于1948年8月，在南京召开军事会议，确定了“撤退东北，巩固华北，确保华中，经营华南”，坚持沈阳到10月底，以观时局发展，原则上不放弃沈阳，同时亦作撤退准备的作战方针。

1948 年 8 月，国民党军被迫采取重点防御后，以第二绥靖区部队 11 万余人守备战略要地济南，并准备以徐州地区 17 万兵力随时北援。

解放军华东野战军，采取“攻济打援”的方针，以 7 个纵队和 14 万地方武装攻打济南，以 8 个纵队（含中原野战军 1 个纵队）共 18 万人，准备阻击徐州援敌。1948 年 9 月 16 日晚，解放军发起对济南总攻击，激战 8 昼夜，于 24 日攻克济南，除国民党政府整编第九十六军军长吴化文率部起义外，全歼守敌 10 万余人，俘第二绥靖区司令官王耀武、副司令牟仲衍。济南战役揭开了战略决战的序幕。

辽沈战役

中共中央对战争的形势做了科学的分析，决战的方向首先指向东北战场。东北战场解放军主力有 70 万人，国民党军卫立煌集团共有 55 万人（其中正规军 48 万人）分别收缩在长春、沈阳和锦州 3 个孤立的地区。中共中央和毛泽东从全国战局出发，为辽沈战役制定了主力部队南下北宁线（今京沈铁路），攻克锦州，封闭国民党在东北，“关门打狗”的战略方针。1948 年 9 月 12 日，东北野战军先头部队到达北宁线，会同南线部队，开始包围绥中、光城、义县，辽沈战役正式打响。10月1日，全歼义县、兴城、绥中之敌，主力部队包围锦州。蒋介石急忙从华北、山东海运来7个师，加上锦西、葫芦岛守敌4个师，组成东进兵团，10月10日，攻打解放军的塔山阵地。

解放军阻击部队经过6昼夜的浴血奋战，胜利完成了塔山阻击战的任务；蒋介石又急令驻沈阳的廖耀湘第九兵团11个师及3个旅兵力，组成西进兵团，驰援锦州，被阻击于黑山、大虎山地区不得前进。14日，东北野战军对锦州发起总攻，激战31小时，全歼守敌，俘东北“剿总”副司令范汉杰、第六兵团司令卢浚泉以下10万余人。17日，被围困在长春的国民党六十军的2.6万人，在军长曾泽生率领下起义：19日，东北“剿总”副司令郑洞国率领其余守军投诚，长春宣告解放，辽沈战役第一阶段结束。东北野战军攻克锦州后，回师北上，于10月26日，在黑山、大虎山、新民等地包围了廖耀湘兵团，激战2天1夜，全歼国民党军10万余人，俘兵团司令廖耀湘、军长李涛、白凤武、郑廷笈等。辽沈战役第二阶段结束。东北野战军乘胜前进，于11月2日，解放沈阳，第八兵团司令周福成被迫投降，国民党军24.9万余人被歼。营口52军残敌1万余人入海逃跑，11月2日，解放营口，辽沈战役第三阶段胜利结束。

辽沈战役前后历时52天，歼敌47万余人，解放了东北全境，并取得了大规模歼敌的经验；获得了具有一定工农业基础的大后方；为解放华北、全中国准备了条件。辽沈战役的胜利，使人民解放军的发展进入了一个新的转折点。为了适应战略决战的形势，1948年11月1日，中共中央军委根据“九月会议”的决定，把原各大战略区的部队划分为野战部队、地方部队和游击队3类。随后，西北、中原、华东、东北野战军，分别改为第一、第二、第三、第四野战军，华北野战军直属总部。

淮海战役

英勇的解放军为了消灭国民党南线主力军，造成进军江南的条件，继辽沈战役之后，立即进行淮海战役。战役前，集结在淮海地区的国民党军队有徐州“剿总”司令官刘峙、副司令杜聿明指挥下的4个兵团和3个绥靖区部队，以后又由华中调来增援的1个兵团，共80万人。解放军华东野战军16个纵队、中原野战军7个纵队及中原、华东、华北一部分地方武装60余万人。中共中央决定由邓小平、刘伯承、陈毅、粟裕、谭震林组成总前委，邓小平为书记，统筹和领导淮海战役。淮海战役是在以徐州为中心，东起海州，西以商丘，北起临城（今薛城），南达淮河的广大地区展开的。遵照中共中央和毛泽东的指示，在广大人民的支援下，于1948年1月6日，发起一次具有决定性的决战。

整个战役分3个阶段进行。第一阶段，从11月6日至22日，人民解放军在徐州以东新安镇、碾庄地区围歼黄伯韬兵团。战役开始，华东野战军在中原野战军配合下，兵分3路南下，对黄伯韬兵团采取战略包抄。8日，国民党第三绥靖区副司令何基沣、张克侠率领2个军部、3个半师共2.3万人，在台儿庄、枣庄地区起义；徐州北大门洞开，解放军乘机插入，切断黄伯韬兵团的退路，黄伯韬兵团1个师在曹八集，第六十三军在窑湾被歼；兵团司令部和4个军被包围在纵横不到20华里的碾庄地区。12日，解放军发起总攻，22日，全歼黄伯韬兵团10万人，黄伯韬本人自杀毙命。第一阶段共歼敌17.8万人，并切断敌人从海上的逃路，形成对徐州之包围，兵临江淮之势。

淮海战役第二阶段，从11月23日至12月15日，主要目标是歼灭比较突出的孤立的黄维兵团。中原野战军主力在华东野战军配合下，于11月24日，将黄维兵团包围在宿县以南的双堆集地区。杜聿明率邱清泉、李弥、孙元良等弃守徐州援黄维，12 月 4 日，被包围在徐州西南陈官庄。12 月 6 日至 15 日，中原野战军及华东野战军一部发动对黄维兵团的总攻击，全歼该兵团 11.5 万人，并生俘黄维。杜聿明部则由此陷入了彻底孤立。第三阶段，从 1 月 6 日，人民解放军向青龙集、陈官庄被围的国民党军发起总攻，至 10 日上午 10 时，全歼邱清泉、李弥两兵团 25 万人，生俘杜聿明，击毙邱清泉，李弥只身逃走。

淮海战役历时 65 天，共歼敌 65.5 万人，基本解放了长江以北的华东、中原地区，为渡江作战，直捣国民党的统治中心南京，解放大上海创造了有利条件。

平津战役

当辽沈战役刚结束，淮海战役方酣之际，从 1948 年 11 月 29 日至 1949 年 1 月 31 日，解放军在华北地区发动一场重要的战略决战。战前，华北战场傅作义集团 60 万兵力，摆在北平为中心的张家口、新保安、天津、塘沽，从西到东形成“一”字长蛇阵，在辽沈、淮海战役震动之下，已成惊弓之鸟。

按中共中央部署，由林彪、罗荣桓、聂荣臻组成总前委，领导这一战役。第一阶段，从 1948 年 11 月 29 日至 12 月 21 日，华北野战军 2 个兵团及东北野战军一部，将国民党7个师、2个骑兵旅分别包围于张家口、新保安两地，采取“围而不打”的方针。东北野战军秘密入关进至平津之间，采取“隔而不围”的方针。11月29日，东北军攻打张家口，揭开平津战役的序幕。并以“声西掩东”的作战方式，直到12月22日，东北野战军80万全部入关准备完毕。

平津战役第二阶段，从12月22日至1949年1月15日，采取“先打两头，后取中间”的作战方针。第一步，于12月22日攻克新保安；24日，解放张家口，解决包头；第二步，于1949年1月14日，向坚固设防、拒不投降的天津之敌，展开攻坚战，经29小时的激战，全歼守敌13万人，生俘天津警备司令陈长捷，宣告天津解放。第三阶段，从1949年1月22日至31日，和平解放北平。北平守敌20万人，处于90万人民解放军的包围之下，完全陷入欲战不能，欲逃无路的绝境。傅作义虽与我方已开始谈判，但仍犹豫观望。1月16日，平津前线司令部向傅作义提出和平解放北平的最后通牒。在此期间，北平地下党亦进行有力地配合。由于中共和平政策的感召和兵临城下形势所迫，傅作义接受和平改编。1月31日，解放军接管北平，北平实现和平解放，至此，平津战役胜利结束。

平津战役历时58天，共歼灭和改编国民党军52万人。华北地区除太原、大同、归绥、新乡、安阳几个孤立据点外，全部解放。使东北、华北解放区连成一片，成为全国解放战争的战略后方。9 月 15 日，绥远国民党军在董其武率领下，通电起义，接受改编。

据不完全统计，三大战役，参战的民工 539 万人，出动的担架 10 万多副，大小车 80 多万辆，支援粮食 10 亿斤等。三大战役历时一共 4 个月 19 天，歼敌 154 万人，国民党赖以生存的军事力量几乎丧失殆尽，国民党政府无法摆脱灭顶之灾，新民主主义革命的胜利已在眼前。

国民党溃退台湾

三大战役后，国民党仍不甘心失败。一方面妄图凭借残余的军事力量与其他地方势力，在长江南岸、边远省份继续抵抗；一面又设法玩弄“和平”阴谋，争取喘息时间，以求得逞。

1948 年 10 月，美国大使司徒雷登向美国国务卿马歇尔提出建议，劝告蒋委员长退休，让位给李宗仁或者国民党内其他较有前途的政治领袖。11 月 9 日，蒋介石致函美国总统杜鲁门，要求美国“给予增加军事援助，并发表关于美国政策之坚定的声明”，并派宋美龄赴美活动，但遭到冷遇，一无所获。此时，司徒雷登在中国公开进行倒蒋活动，桂系军阀也乘机逼宫。在这种内外夹攻形势下，蒋介石被迫于 1949 年元旦发表《新年文告》，声称在保存伪宪法、伪法统和反动军队的条件下，愿意与共产党“商讨停止战争、恢复和平的具体办法”。

蒋介石于 1 月 21 日发表文告，声称由李宗仁代行总统职权，与共产党周旋，自己则溜回老家奉化溪口，在幕后策划反革命部署。计划三至六个月时间，在江南重新组编训练 200 万军队，以图东山再起。

李宗仁代行总统职权后，继续进行“和平攻势”。1 月 24 日，命令行政院实行“七大和平措施”：将各地“剿总”改为军政长官公署；取消全国戒严令；裁撤戡乱建国总队；释放政治犯；启封被封的报纸杂志；废止特种刑事条例，撤销特种刑事法庭；停止特务活动等。1 月 27 日，李宗仁致电毛泽东，表示愿意“进行和谈”，并两次派代表前往北平与石家庄同中共领导人磋商。

李宗仁及其桂系“主和”，其意在逼蒋下台，使人民解放军停止军事进攻，以便划江而治，由桂系掌握半壁江山，与共产党平分秋色。但蒋介石在“引退”前，已采取措施控制实权，“引退”后仍坐镇溪口，牢牢握住党、政、军、特各要害部门，使李宗仁陷入既不能战，又不能和的困境。

3月8日，李宗仁迫使亲蒋的孙科下台，由何应钦接替行政院长职位。24日，行政院指定张治中、邵力子、黄绍竑、章士钊、李蒸为和谈代表（后加派刘斐为代表），以张治中为首席代表，组成南京政府的和谈代表团。李宗仁、何应钦就和谈问题，拟定了“和谈腹案”，国防部也拟定了“对国共停战协定最低限度之要求”，作为和谈的基础。其要旨在于“划江而治”，实现体面的和平。

4月1日，国共和谈在北平举行。双方代表经过11天交换意见后，于4月12日举行了第一次正式谈判。中共代表团提出《国内和平协定草案》，南京代表团提出40多条修改意见。15日举行第二次谈判，中共和谈代表团提出《国内和平协定》8条24款作为定稿，其中接受了南京代表团修改意见的大半，特别是对战犯问题、国民党军政人员处理问题作了较大的有原则的让步。规定以4月20日为最后签字日期。

对于这个协定，南京代表团表示愿意接受，并派黄绍竑和屈武携协定飞回南京，劝告李宗仁签字。李宗仁不敢做主，立即派人送至溪口请示蒋介石。在蒋的掣肘下，李宗仁于20日夜致电张治中，要他们向中共提出“临时停战协定”，并拒绝在和谈协定上签字。这样，国民党政府的“和平”阴谋宣布破产。

国民党在发动“和平”攻势的同时，调集了115个师，加紧布置长江防线，企图凭借长江天险阻止人民解放区南进。1月25日，蒋介石在溪口密策，决定把江防划为两个战区，从湖北宜昌至江西湖口以西，由白崇禧指挥华中军政长官公署所属15个军20万人防守；湖口至上海的长江防线及浙赣地区，由汤恩伯指挥京、沪、杭警备司令部所属25个军45万人防守。此外，还以第二海军舰队和280架飞机分属白、汤，配合江防。

人民解放军第二、三两大野战军七个兵团分为西、中、东三个作战集团，齐集长江北岸，四野一个兵团与地方部队10万人在武汉、宜昌、沙市等地展开正面攻击，牵制白崇禧，掩护渡江部队。4月21日晨，百万雄师，横渡长江。中路大军首先突破了安庆、芜湖间的防线，24小时内即强渡长江30万人。当日下午，两路大军突破贵池、湖口间防线。与此同时，东路大军也在镇江至江阴间发动了渡江攻势。国民党苦心经营的长江防线全线崩溃，南京城内一片混乱，总统府与行政院逃往广州。22日夜，国民党第二舰队司令林遵率艇25艘在南京东北江面起义。23日，人民解放军渡过长江，解放南京，统治中国22年的国民党南京政府宣告覆灭。

江防失陷后，国民党军向杭州、浙赣线与上海等地败退，解放军乘胜追歼。5月初，三野主力连克无锡、苏州、杭州，歼敌14万余人。二野主力向浙赣线推进，歼敌10万。5月12日，三野主力发起淞沪战役，歼灭守敌汤恩伯部15万人。27日，上海解放。当日成立了上海军管会与上海市政府，由陈毅兼任主任、市长。5月14日，四野第十二兵团和江汉、鄂豫军区地方部队在武汉以东的团风至武穴间突破防线，渡过长江，白崇禧部队败退湖南。16日，解放武汉，22日，解放南昌。

渡江作战，先后解放城市120余座及苏、浙、皖、闽、赣、鄂等省的大部地区或部分地区，歼敌40万，为解放华南、西南创造了有利条件。在此期间，华北解放军先后肃清了太原、大同、安阳、新乡等敌人据点，解放了华北全境。5月20日，西北解放军攻克西安。

渡江战役后，各路大军向西北、西南、华南进军。

在西北地区的第一野战军（包括改归一野建制的原华北十八、十九兵团）与西北军区部队，在彭德怀、贺龙领导下，以“牵马打胡、先胡后马”的方针，打破了胡(宗南)马（马步芳、马鸿逵）联合。6 月再克宝鸡，8 月发动秦岭战役，打开南进大门。此后，贺龙率部入川，彭德怀率主力西进。8 月 26 日解放兰州，9 月 5 日解放西宁，23 日解放银川，全歼二马部队。9 月 19 日，国民党西北军政长官公署副长官兼绥远省主席董其武率部五万人通电起义。25 至 26 日，新疆省警备司令陶峙岳、省主席鲍尔汉也先后通电，率部 10 万人起义。10 月 20 日，一野王震兵团进驻迪化（今乌鲁木齐）。至此，西北全境解放。

在华东地区，第三野战军于 8 月 17 日攻克福州。10 月 17 日攻克厦门，除台湾与沿海岛屿外，华东全境解放。

华南地区，集结着国民党军白崇禧集团，根据毛泽东制定的大迂回、大穿插、断其后路、包围聚歼的作战方针，从 7 月份起，第四野战军发起进攻。8 月 4 日，国民党湖南省主席程潜和第一兵团司令陈明仁宣布起义，长沙和平解放。9 月发起衡宝战役，白部败退广西。解放军自赣粤边南下，10 月 14 日解放广州。11 月初，四野主力及二野四兵团分三路进攻广西。22 日攻克桂林，12 月 4 日攻克南宁。至此，除海南岛外，华南全境解放。

在西南地区，敌军防守的主力是胡宗南部与川康地方残军。从 11 月 1 日起，第四、二、一野战军联合发动了围歼战。15日攻克贵阳，兵临川东南，11月30日解放重庆。12月9日，国民党云南省主席卢汉，西南军政长官公署副长官邓锡侯、潘文华，西康省主席刘文辉分别在昆明、彭县通电起义，云南、西康和平解放。27日攻克成都。至此，除西藏外，中国大陆全部解放，国民党残余政权退踞台湾。

开国大典

南京国民党政府逐出大陆之后，中国人民解放战争已取得基本的胜利，这时候成立中华人民共和国的时机完全成熟了。

1949年9月21日，中国人民政治协商会议在北平中南海怀仁堂隆重开幕。出席会议的各方面代表662人。代表着中国共产党、各民主党派、各界民主人士、人民团体、人民解放军、各地区、各民族以及海外华侨。毛泽东主持会议并致开幕词，庄严地宣告："占人类总数四分之一的中国人民从此站立起来了。”

中国人民政治协商会议是工人阶级领导下的以工农联盟为基础的人民民主统一战线的组织形式，是实现中国人民大团结的一种最重要的具体方式。会议通过了《中国人民政治协商会议组织法》，选举毛泽东为主席，并由180人组成中国人民政治协商会议全国委员会，作为中国人民政治协商会议闭幕期间人民民主统一战线的全国领导机关。在全国人民代表大会召开以前，中国人民政治协商会议的全体会议将代行全国人民代表大会的职权。

会议通过了《中国人民政治协商会议共同纲领》、规定了中华人民共和国的性质，“中华人民共和国为新民主主义即人民民主主义的国家，实行工人阶级领导的、以工农联盟为基础、团结各民主阶级和国内各民族的人民民主专政”；规定国家政权机关，“国家政权属于人民。人民行使国家政权的机关为各级人民代表大会和各级人民政府”，“各级政权机关一律实行民主集中制”；规定经济政策，“中华人民共和国经济建设的根本方针，是以公私兼顾、劳资两利、城乡互助、内外交流的政策，达到发展生产、繁荣经济之目的”；规定民族政策，“中华人民共和国境内各民族一律平等，实行团结互助，反对帝国主义和各民族内部的人民公敌，使中华人民共和国成为各民族友爱合作的大家庭”，“各少数民族聚居的地区，应实行区域自治”；规定外交政策，“中华人民共和国的外交政策的原则，为保障国际的持久和平和各国人民间的友好合作，反对帝国主义的侵略政策和战争政策”；规定文化教育政策，“中华人民共和国的文化教育为新民主主义的，即民族的，科学的，大众的文化教育”；规定军事制度，“中华人民共和国建立统一的军队，即人民解放军和公安部队，受中央人民政府革命军事委员会统率，实行统一的指挥，统一的制度，统一的编制，统一的纪律”，“中华人民共和国实行民兵制度”。总之，《共同纲领》是一个极其重要的历史文献，是中国人民的大宪章，在我国正式宪法尚未颁布前，起着临时宪法的作用。

会议通过了《中华人民共和国中央人民政府组织法》，选举毛泽东为中华人民共和国中央人民政府主席，朱德、刘少奇、宋庆龄、李济深、张澜、高岗6人为副主席，选举周恩来、董必武、陈毅等56人为中央人民政府委员。

会议还通过了：中华人民共和国首都定于北平，并改名为北京；中华人民共和国采用公元纪年；以《义勇军进行曲》为代国歌；中华人民共和国旗为五星红旗，象征全国人民大团结。

会议还决定：在天安门广场建立人民英雄纪念碑。在奠基典礼时，毛泽东率领代表铲土，还亲笔题写了“人民英雄永垂不朽”的碑文。

9月30日，大会闭幕并发表了《宣言》，庄严地宣告：“中国的历史，从此开辟了一个新的时代。”

中国人民政治协商会议闭幕之后，于1949年10月1日下午2时，中央人民政府委员会在北京天安门城楼上举行第一次会议，中央人民政府委员会推选林伯渠为秘书长、任命周恩来为中央人民政府政务院总理兼外交部长、毛泽东为中央人民政府革命军事委员会主席、朱德为中国人民解放军总司令、沈钧儒为中央人民政府最高法院院长、罗荣桓为中央人民政府最高检察署检察长，并责成他们迅速组成政府各机关，施行各项政府工作。会议一致决议：宣布中华人民共和国中央人民政府的正式成立，接受《中国人民政治协商会议共同纲领》为中央人民政府施政方针。同时发表公告，向全世界各国政府宣布：中华人民共和国中央人民政府为中国人民的唯一合法政府，愿与遵守平等、互利及互相尊重领土主权等项原则的任何国家政府，建立外交关系。

同日下午3时，首都30万群众齐集天安门广场，隆重举行开国大典。中国人民的伟大领袖、中央人民政府主席毛泽东在天安门城楼上宣读中央人民政府公告，向全世界庄严宣告伟大的中华人民共和国成立。在国歌、礼炮和30万群众的欢呼声中，第一面五星红旗在广场上升起。

随后，举行了阅兵式。朱德总司令驱车检阅了陆、海、空三军的受阅部队后，回到主席台上宣读了人民解放军总部的命令。命令中国人民解放军迅速肃清国民党残余的反动军队和一切反革命匪徒，解放一切尚未解放的国土。阅兵式历经3个小时，在场的群众目睹了自己军队的强大阵容，无不兴高采烈，掌声像波浪一样，一个高潮接着一个高潮。

晚上，毛主席和其他领导人与群众一起参加了庆祝开国大典的游行晚会。举着红灯和火炬的群众队伍像望不到尽头的火龙，通过设在天安门城楼的主席台前，分向东西两路穿向全城，数以百计的秧歌队和许多彩车在游行队伍中载歌载舞，数十幅1丈多长的红色大旗迎风招展，3尺多直径的红鼓和数百个腰鼓同时敲起快乐的鼓点。人们欢呼跳跃，放声歌唱，整个广场、整个北京城都沉浸在欢乐的海洋里。

宋庆龄副主席见到此情景，眼睛闪烁着泪花，想着孙中山先生的革命理想今天在中国共产党领导下实现了，看到自己一生为之奋斗的新中国诞生了，她内心的喜悦无法控制。

陈嘉庚是海外华侨领袖之一，代表华侨回国参加政治协商会议和开国大典。他在天安门城楼上激动地说："今天我第一次体会到作为中国人的自豪。"

在同一天，周恩来总理将中华人民共和国中央人民政府的公告送达各国政府，建议与世界各国建立正常的外交关系。10月2日，苏联政府首先承认中华人民共和国，并且同中国建立了外交关系。接着，朝鲜、保加利亚、罗马尼亚、匈亚利、捷克斯洛伐克、波兰、蒙古人民共和国、德意志民主共和国、阿尔巴尼亚、缅甸、印度、越南、丹麦、瑞士、印度尼西亚等国先后承认中华人民共和国并建立了外交关系。此外，还与许多国家恢复和发展商贸关系，发展了与世界各国人民的友好往来。

各国党、政府和人民团体纷纷来电祝贺中华人民共和国诞生。苏联莫斯科各报都刊载了毛泽东当选为中华人民共和国中央人民政府主席的喜讯，塔斯社还转播了中国人民政治协商会议宣言的全文。美国共产党全国委员会主席福斯特在给中国共产党的贺电说：中华人民共和国的诞生，是十月社会主义革命以来世界上最重大的事件之一。

中华人民共和国的成立，结束了中国几千年来的剥削制度，结束了国民党22年的反动统治，开创了中国历史的新纪元。它标志着中国新民主主义革命的伟大胜利和社会主义革命与建设的开始，中国人民从此成为国家的主人。我国将从一个落后的、受奴役的旧中国，逐步走向安定、统一、繁荣和昌盛的伟大的社会主义强国。

本书大事年表

公元前

约 170 万年前	最早发现的原始人类——云南元谋人
约 70～20 万年前	北京人生活在北京周口店一带
约 18000 年前	山顶洞人开始氏族公社的生活
约 4000 多年前	传说中的黄帝、尧、舜、禹时期
前 21 世纪	禹传位于启，夏朝建立。
前 16 世纪	商汤灭夏，商朝建立。
前 11 世纪	周武王灭商，建西周。
前 841 年	国人暴动
前 770 年	周平王迁都洛邑，东周开始。
前 651 年	齐桓公称霸
前 636 年	重耳当上晋国国君
前 597 年	楚军重创晋军，楚庄王称霸。
前 551 年	大思想家、教育家孔子诞生
前 473 年	越王勾践灭吴，成为春秋时期最后一个霸主。

前403年	晋国被分为韩、赵、魏三个诸侯国
前356年	商鞅在秦变法
前279年	田单智摆火牛阵，收复齐国失地。
前278	诗人屈原投汨罗江殉国
前260年	长平之战，秦白起大败赵括。
前257年	魏信陵君解围救赵，大破秦军。
前256年	秦灭周
前230年~前221年	秦灭六国
前227年	荆轲刺秦王失败
前221年	秦王政称始皇帝
前213、前212年	焚书坑儒
前212年	兴建“阿房宫”
前210年	秦始皇死，胡亥继位。
前209年	陈胜、吴广起义
前207年	巨鹿之战
前206年	刘邦攻入咸阳，秦亡。
前206~前202年	楚汉之争
前202年	刘邦建立西汉
前196年	汉高祖杀韩信、彭越
前188年	吕太后临朝
前154年	吴楚七国之乱
前138年、前119年	张骞两次出使西域
前119年	卫青、霍去病大败匈奴
前100年	苏武出使匈奴，被扣留长达19年。

前 91 年	司马迁著成《史记》
前 87 年	汉昭帝继位

公元

8 年	西汉灭亡，王莽建立新朝。
18 年	绿林赤眉起义
25 年	刘秀建立东汉
117 年	张衡制成浑天仪
132 年	张衡制成地动仪
二世纪初	蔡伦发明新的造纸术
184 年	张角领导黄巾军起义
196 年	曹操挟汉献帝以令诸侯
200 年	官渡之战
208 年	赤壁之战
220 年	曹丕称帝，建魏
221 年	刘备称帝，史称蜀汉。
249 年	司马懿杀曹爽
263 年	钟会、邓艾攻蜀，蜀亡。
265 年	司马炎废魏帝，建西晋。
280 年	西晋灭吴
291 ~ 306 年	八王之乱
316 年	匈奴刘曜攻占长安，西晋亡。
317 年	司马睿建立东晋

376 年	前秦苻坚统一北方
383 年	淝水之战
462 年	祖冲之完成大明历
581 年	隋朝建立
589 年	杨坚统一全国
605 年	隋炀帝命令开凿大运河
611 年	隋炀帝发动对高丽的战争
617 年	李渊在太原起兵反隋
618 年	李渊称帝建立唐朝
626 年	玄武门之变，唐太宗李世民登基。
627 年 ~ 649 年	贞观之治
629 年	唐僧玄奘离开长安到印度取经
641 年	文成公主入藏
690 年	武则天称帝，改国号为周。
705 年	唐中宗李显继位复唐
712 年	唐玄宗继位，次年任姚崇为相。
713 年 ~ 741 年	开元盛世
742 年 ~ 753 年	鉴真六次东渡日本，最后成功。
755 年 ~ 763 年	安史之乱
756 年	马嵬坡兵变，唐肃宗继位。
762 年	诗人李白去世
764 年	唐大将李光弼被诬害冤死
770 年	诗人杜甫去世
819 年	唐宋八大家之一柳宗元去世

846 年	诗人白居易去世
874 年	王仙芝起义
880 年	黄巢率义军进长安，建大齐政权。
907 年	朱温称帝，建后梁。唐亡
916 年	契丹耶律阿保机称帝
960 年	赵匡胤称帝，建后梁。唐亡
916 年	契丹耶律阿保机称帝
960 年	赵匡胤称帝，建立北宋。
975 年	大将曹彬攻破金陵，宋灭南唐。
993 年	王小波、李顺起义
1004 年	寇准促宋真宗亲征
1005 年	宋、辽缔结澶渊之盟
1038 年	元昊建立西夏
1043 年	范仲淹实行新政
11 世纪中期	毕昇发明活字印刷术
1069 年	王安石开始变法
1072 年	大文学家欧阳修去世
1084 年	司马光完成《资治通鉴》
1115 年	女真族完颜阿骨打建金
1120 年	方腊起义
1125 年	李纲抗金，保卫京城，金灭辽。
1127 年	金灭北宋，赵构称帝，南宋开始。
1130 年	钟相起义，韩世忠在黄天荡阻击金军。
1140 年	郾城大战，岳飞大破金军

1141 年	宋金“绍兴和议”
1142 年	岳飞被秦桧诬陷杀害
1206 年	成吉思汗建立蒙古政权
1210 年	南宋诗人陆游去世
1234	蒙古灭金
1271 年	忽必烈称帝，定国号为元。
1276 年	元灭南宋
1282 年	民族英雄文天祥就义
1351 年	河南韩山童、刘福通发动红巾军起义。
1368 年	明朝建立，灭元。
明初	开始修建长城
1405 年～1433 年	郑和七次下西洋
1407 年	《永乐大典》编纂完成
1407 年～1420 年	修建紫禁城
1449 年	土木堡之变；于谦保卫北京
1457 年	夺门之变，于谦被杀害。
1565 年	戚继光、俞大猷基本肃清倭寇
1572 年	张居正开始辅政
1582 年	《西游记》作者吴承恩去世
1587 年	民族英雄戚继光病逝
1593 年	李时珍去世
1616 年	努尔哈赤建立后金
1636 年	皇太极称帝，改国号为清。
1644 年	李自成入京建“大顺”政权，明亡。

1661 年	顺治始建东陵
1662 年	郑成功收复台湾
1673 年	三藩叛乱开始
1681 年	康熙帝平定三藩之乱
1684 年	清朝设置台湾府
1689 年	中俄签订《尼布楚条约》
1771 年	土尔扈特部重返祖国
1750 年 ~ 1764 年	兴建清漪园（颐和园）
1796 年 ~ 1805 年	白莲教大起义
1787 年	天地会起义
1813 年	天理教起义
1814 年	捻军起义爆发
1839 年	林则徐禁烟
1840 年 ~ 1842 年	第一次鸦片战争
1842 年	中英《南京条约》签订
1851 年	洪秀全金田起义，太平天国建立。
1856 年 ~ 1860 年	第二次鸦片战争
1858 年	签订《中俄爱珲条约》、《天津条约》
1860 年	签订中英、中法《北京条约》
19 世纪 60 到 90 年代	洋务运动
1864 年	太平天国运动失败
1869 年	张汶祥刺杀两江总督马新贻
1877 年	左宗棠率兵收复新疆
1881 年	中俄签订《伊犁条约》

本书大事年表

1883 年～1885 年	中法战争
1888 年	北洋海军正式成立
1894 年	中国第一个革命团体兴中会成立
1894 年～1895 年	甲午中日战争
1895 年	签订中日《马关条约》
1898 年	戊戌变法
1900 年	义和团运动高潮。八国联军侵略中国
1901 年	《辛丑条约》签订
1904 年	宋教仁、黄兴等人创建华兴会
1905 年	中国同盟会成立
1907 年	秋瑾就义
1908 年	宣统登基
1911 年	黄花岗起义、武昌起义
1912 年	宣统退位。中华民国伊始
1916 年	袁世凯的洪宪帝制破灭
1917 年	孙中山领导护法运动
1919 年	五四新文化运动
1921 年	中国共产党成立
1924 年	国共第一次合作
1925 年	孙中山逝世
1926 年	国民革命军北伐
1927 年	“八一”南昌起义
1928 年	毛泽东与朱德在井冈山会师
1931 年	“九一八”事变后，日本侵占了东北三省。

1934 年	这年 10 月，红军开始长征。
1936 年	西安事变
1937 年	卢沟桥事变后，中国全面抗战。
1941 年	皖南事变
1945 年	抗日战争胜利结束
1948 年	辽沈、淮海、平津三大战役，人民解放军取得了决定性的胜利。
1949 年	中华人民共和国诞生

藏書

珍藏版

中華上下五千年

柒

赵文博 主编

辽海出版社

目　录

中国近代

史可法死守扬州

史可法，字宪之，号道邻，河南祥符人。世居直隶大兴。祖父曾作过知州，政迹尚佳。后家道中落。史可法 20 岁应童子试前，住在一个野寺中。恰巧学使左光斗在京畿地区检查学政，也到这野寺来避风雪。见一青年伏在书案上睡着了，左光斗不忍心打扰他，只是拿了桌上刚写完的文章来看，竟是一篇难得的好文章。左光斗把文章放回原地，记下了文章上的属名，还为他披上自己的貂皮大衣。考试的时候，左光斗就拔取他为全县第一名。还把他接到自己的宅邸

来，同子侄们一起读书，还常勉励他要努力学习，将来做国家有用之材，课余两人常讨论时事，辩论古今，就像亲父子一样。史可法家有老母，无人奉养，左光斗就派人按月送给老人衣食，为史可法解决了后顾之忧。

不久，左光斗受到魏忠贤的陷害，被捕入狱。史可法想尽办法终于得以在狱中见左一面。他在狱卒的指引下，找到了左光斗，见他倚着墙席地而坐，面额焦烂几乎不能辨认，左腿膝盖以下筋骨都断了，骨头茬子露出外面。史可法悲痛万分，抱着左光斗的腿哭了起来。左光斗听出是他的声音，但眼睛无法睁开。左光斗用手指努力拨开眼皮，怒目注视着他说：“你到这种地方来做什么！国家乱成了这样，你还在这儿哭哭啼啼，天下大事谁来撑着啊！你若还不快走，被奸党抓住了也是一死，还不如我打死你算了。”说着，就摸索地上的刑具，做出要打史可法的样子。史可法只好忍痛退了出去。这件事给史可法很深的印象，恩师至死仍以大局为重，以国家大事相嘱托，自己怎能有半点懈怠呢！于是发奋苦读，终于在 27 岁时中了进士，被授西安府推官。30 岁又升迁为户部主事。后来因镇压农民起义有功，提升为南京兵部尚书。

1644 年 3 月，李自成农民军攻入北京城，推翻了明王朝的统治。崇祯皇帝在北京煤山自尽的消息在同年4月份才传到南京。明朝把南京叫作陪都，设有六部衙门。听说这一消息后，各部开始商量选择皇帝。以兵部侍郎吕大部和原来的礼部侍郎钱谦益等人为首的陪都文官，认为：福王按伦序是神宗亲孙，当立，但此人不学无术、听信谗言，不如立穆宗之孙潞王以免除后患。于是他们致信南京兵部尚书史可法陈述意见，希望得到声援。而以凤阳总督马士英为首武人集团，则想借福王之力达到他们专权朝政独揽大权的目的，于是也写信给史可法。

史可法当然也知道福王的劣迹，但他觉得国难当头，还需要借重武人的力量来完成光复明朝的大计，所以未明确表态，只是派人去迎接福王来南京祭祀祖庙。马士英正好借送福王到南京祭祖之机，联合了内侍翰赞周和将官高杰、刘泽清，共用密谋拥立福王登基。在蛮横的武人面前，东林党内的文官们只好听从马士英的命令，很快福王登上了南明皇帝的宝座，年号为弘光。

从此，南明朝廷的大权落在了马士英手里。马士英指使高杰、刘泽清联合上了一道奏折，请求皇帝派史可法去扬州督师。

在南明政局动荡的形势下，史可法为了抗清大局，忍辱赴扬州任职去了。

身为兵部尚书的史可法，由于受到阮大铖、马士英等人的排挤，未能入阁办事，只在扬州督师，为了抗清大局，史可法毫无怨言，一心扑在攻守上。他以“恢复神京（北京）”为宗旨，被人们比作是南宋的李纲。

为了抗清，史可法“行不张伞盖，食不晋二味，睡不宽衣带”，夏天不用扇，冬日不穿裘，全身心地投注在抗清运动中。他在江北四镇分别派重兵把守，谁知手下这四员大将都非常刁悍倔强，互相不服，经常发生内讧。一有摩擦发生，史可法必得亲自前去调停。泗水镇将高杰原是李自成的部下，他率先争抢扬州的地盘，毫无纪律性的士兵们在高杰的纵容下，在扬州城外大肆抢掠一番，激起了扬州百姓极大的愤懑。百姓坚守城池，高杰的部队攻了几个月也未得进城。

史可法得知了此事，怒不可遏，恨不得立刻带人去消灭高杰这支土匪部队。三思以后，他又将拔出来的宝剑插了回去。有着极其丰富的治军经验的他，深知此事稍微处理不妥，就会致使高杰叛变投敌。此时，只能对他动之以情，晓之以理，给他讲明抗清的大义。于是，史可法脱去甲胄，换上官服，向扬州进发。

高杰得知史可法前来，非常害怕，以为史可法兴师问罪来了。史可法并没有责怪高杰，而是诚恳地劝诫他不要与百姓为敌，要严肃军纪。高杰及其部下被史可法的诚意所感动，撤走部队，移师瓜州。扬州城安定了，史可法随即进扬州，设了督师府。

南明朝廷内，马士英之流的奸臣整日引诱弘光帝吃喝玩乐，无所事事。同时，他又怕史可法立功，就经常扣发或延发军资军饷，士兵们在前线忍饥受寒。史可法心情非常悲怆。

不久，徐州告急。史可法命高杰率兵前去救援，谁知，河南总兵许定国已暗中投降了清兵，这次他与高杰一起前去徐州，就暗中将高杰和他的卫兵灌醉，半夜里，将高杰和他的卫队全部杀光。清兵轻而易举突破了南明的徐州防线，进一步逼向江南。

高杰的丧报传到史可法的手中，他大叫一声："中原已不可为了！"叫完就捶胸顿足，泪如雨下。高杰虽有很多缺点，但他英勇善战，他的死是史可法抗清的一大损失。

顺治二年（公元 1645 年）4 月，多铎率清兵大举进犯淮北，淮安很快就被攻陷，清兵进逼扬州，形势非常危急。此时，史可法正准备亲自驻守扬州城最易攻破的西门，南明内部却发生了内讧。驻守武昌的大将左良玉因不满马士英专权，起兵叛乱，直逼南京。马士英急忙让弘光帝召回江北四镇总兵和史可法，让他们撤回江南，救援南京。史可法只好率兵渡江，刚到南岸，就传来左良玉兵败的消息，史可法又急忙挥师北渡，他日夜兼程地赶回扬州，清军在许定国的引导下，于5月10日兵临扬州城下。

史可法急忙召防河诸镇将领入城守卫，只有刘肇基领4000兵赶到。清兵派泗州降将李遇春劝降，史可法命人将他射跑。清军还不死心，又先后写了5次劝降信，史可法看都不看就付之一炬。5月20日，多铎率军猛攻，扬州城西北角被清军攻破，史可法悲痛欲绝。大家簇拥着他，试图从小东门突围出去，不幸碰到清军迎面而来，史可法见状大叫："我就是史可法！"

清军将史可法押解到多铎面前，多铎劝他投降，他厉声说："我，头可断，身不可屈！"多铎又劝道："君不见洪承畴乎？降则富贵。"可法轻蔑地说："我岂能仿效他的行为！我的决心早已下定：城亡我亡！"清将又劝降了3天，他依然毫不屈服。

顺治二年（公元1645年）5月23日，史可法，这位坚贞不屈的抗清英雄被敌人杀害了。由于天气暴热，死尸太多，当家人来收敛时，已辨认不出他的遗体，只好将他生前的袍笏，埋葬在扬州的梅花岭上。

扬州失守后几天，清军攻破南京。南明政权的官员投降的投降，逃跑的逃跑，弘光政权被消灭了。

清兵继续南下，还颁布了一道剃发令，强迫百姓在十天之内，改依清人的习惯，一律剃掉前半部头发，留下一条辫子，违抗命令的处死，实行“留头不留发，留发不留头。”这一来，更加激起了江南百姓的反抗情绪。江阴军民在典史（县衙里一种小官）阎应元的率领下，顶住 20 多万清兵的重重包围，坚守了 80 多天。城里男女老少，没有一个投降。清军死伤惨重。嘉定军民坚持抗清三个月，被清军屠城三次，牺牲两万多人。历史上把这次惨案称作“嘉定三屠”。

少年英雄夏完淳

夏完淳原名叫夏复，松江（在今上海市）华亭县人。父亲夏允彝是江南名士，老师陈子龙也是一位作风豪迈的文人。他的姐姐也是位出色的诗人。夏完淳是明朝末期的一位神童，英才早熟，胆气过人，5 岁就能与人谈论学问，7 岁能诗作文，9 岁时就写了一本《代乳集》的诗集。

夏完淳生活的年代，正值南明弘光政权瓦解以后，东南沿海一带的抗清力量继续战斗。1645 年六月，明朝官员黄道周、郑子龙在福州另立明朝宗室，唐王朱聿键（聿音 yù）即位，历史上称为隆武帝。另一部分官员张国维、张煌言在绍兴拥戴鲁王朱以海建国。这样，就同时出现了两个南明政权。

为了对付抗清力量，清朝廷派了在松山战役中投降清朝的洪承畴总督军事，招抚江南。

这时候，在松江有一批读书人也在酝酿抗清，领头的就是夏允彝和陈子龙。夏复在他的父亲、老师影响下，把自己的名字改为夏完淳，15 岁的他也参加了抗清斗争。他意气激昂，积极协助义军商订作战计划。

夏允彝有个学生吴志葵，是吴淞总兵，手下还有一些兵力。他们说服吴志葵一起抗清。吴志葵答应了，派出一支人马担任先锋队攻打苏州。一开始打得挺顺利，先锋队攻进了苏州城，但是吴志葵监阵犹豫，没有及时增援，结果进城的义军被围牺牲，吴志葵的主力在城外也被击败。

不久，清军围攻松江，夏允彝父子和陈子龙冲出清兵包围，到乡下隐蔽起来。清兵到处搜捕，还想引诱夏允彝出来自首。夏允彝不愿落在清兵手里，投到河塘里自杀。他留下遗嘱，要夏完淳继承他的抗清遗志。

父亲的牺牲使夏完淳万分悲痛，也激起他对清朝的仇恨。他和陈子龙秘密回到松江，准备再组织起义军。这时候，他们打听到太湖长白荡有一支由吴易领导的抗清义军，正在重整旗鼓。夏完淳把家产全变卖了，捐献给义军做军饷，在吴易手下当了参谋。他还写了一道奏章，派人到绍兴送给鲁王，请鲁王坚持抗清。鲁王听说上书的是个少年，十分赞赏，封给夏完淳一个中书舍人的官衔。

吴易的水军在太湖边出没，把清军打得晕头转向。但是后来由于叛徒的出卖，义军失败，吴易也牺牲了。

过了一年，陈子龙又秘密策动清朝的松江提督吴胜兆反清，这次兵变不幸又失败了，吴胜兆被杀害，陈子龙也被清军逮捕。陈子龙不愿受辱，在被押解到南京的船上，挣脱绳索，跳河自杀。

夏完淳正在为失去他的老师而悲痛，因为叛徒告密，他自己也被捕了。清军派重兵把他押到南京。夏完淳在监狱里被关押了八十天。他给他亲友写了许多可歌可泣的诗篇和书信。死亡的威胁并没有使他恐惧，他感到伤心的就是没有实现他保卫民族、恢复中原的壮志。

对夏完淳的审讯开始了，主持审讯的正是招抚江南的洪承畴。洪承畴知道夏完淳是江南出名的“神童”，想用软化的手段使夏完淳屈服。他问夏完淳说：“听说你给鲁王写过奏章，有这事吗？”夏完淳昂着头回答：“正是我的手笔。”洪承畴装出一副温和的神气说：“我看你小小年纪，未必会起兵造反，想必是受人指使。只要你肯回头归顺大清，我给你官做。”

夏完淳假装不知道上面坐的是洪承畴，厉声说：“我听说我朝有个洪亨九（洪承畴的字）先生，是个豪杰人物，当年松山一战，他以身殉国，震惊中外。我钦佩他的忠烈。我年纪虽然小，但是杀身报国，怎能落在他的后面。”这番话把洪承畴说得啼笑皆非，满头是汗。旁边的兵士以为夏完淳真的不认识洪承畴，提醒他说：“别胡说，上面坐的就是洪大人。”

夏完淳“呸”了一声说：“洪先生为国牺牲，天下人谁不知道。崇祯帝曾经亲自设祭，满朝官员为他痛哭哀悼。你们这些叛徒，怎敢冒充先烈，污辱忠魂！”说完，他指着洪承畴骂个不停。洪承畴坐立不安，虽似有万箭刺心，也不敢再审问下去，一拍惊堂木，喝令士兵把夏完淳拉出去。

公元1647年九月，这位年才十七岁的少年英雄在南京西市被害。同他一起遇难的还有顾咸正、刘曙等人。他的朋友杜登春、沈羽霄把他的尸体运回松江，葬在他父亲的墓旁。人们为了保护夏氏父子的墓，在墓前竖立一块石碑，碑的两旁写着：“永远禁止樵牧侵占”。到现在，在松江城西，还留着夏允彝、夏完淳英雄父子的合墓。

李定国转战西南

隆武、鲁王两个南明政权先后覆灭之后，清军分三路向西南进攻，驻守在两广的明朝官员瞿式耜（音 sì）等在肇庆拥立佳王朱由榔即位，年号永历，历史上称他永历帝。

公元 1647 年十一月，明朝将领何腾蛟，依靠大顺军余部的力量，在全州大败清军；瞿式耜在桂林，也打退了清军的进攻。南明军声势大振。但是，由于桂王政权内部的不团结，湖广和广西又被清军占领。过了两年，何腾蛟在湘潭被俘杀害，瞿式耜也在桂林城被清兵攻陷后就义。在桂王政权面临覆灭的时刻，李定国领导的大西农民军，担负起抗清的重任，在西南一带又继续战斗了十多年。

李定国是张献忠手下四名勇将之一，又是他的义子。张献忠最大的义子是孙可望，李定国是老二，张献忠牺牲以后，留下五六万起义军由孙可望、李定国率领，南下贵州、云南。他们派人向永历帝建议，愿意和他们联合抗清。经过一番周折，永历帝看到形势危急，只好依靠大西军，封孙可望为秦王。

孙可望是个野心家，他把永历帝控制在手里，在贵阳作威作福，独断专横，不把抗清放在心里；李定国却一心抗清，他在云南花一年时间，训练了三万精兵，加紧制造武器盔甲：他还找了一批驯象的人，组成一支象队。在做好准备之后，决定出兵进攻清军。

李定国领导的军队士气高涨，军纪严明。他们从云南、贵州一直打到湖南，连战连胜，收复了几座重镇，接着，又三路进攻桂林。驻守桂林的清军主帅孔有德几次派兵迎战，没有交战兵士就逃散了。孔有德不得不亲自带兵到严关，和明军对垒。李定国大军一到，前面是高大的象队，后面是雄赳赳的兵士。大象一上阵吼叫起来，清军的战马听到象吼，就吓得到处乱窜。那时，天忽然下起大雨，电闪雷鸣，象群趁势一冲，清兵大败，明军奋勇追击。李定国把桂林城紧紧包围，日夜猛攻。孔有德亲自登城防守，明军的乱箭射去，正中了孔有德的前额。这时候，他又得到城北山头已被李定国攻占的消息，就放起一把火，投到火里自杀了。

李定国攻进桂林，一面分兵继续肃清残敌，一面安定百姓，把逃到山里的南明官员接回城里。有一天，李定国在七星岩边摆了酒宴宴请官员，他跟官员们说："现在的局势，就像南宋末年一样。你们不是敬佩文天祥、陆秀夫、张世杰诸公吗？他们的精忠浩气，固然是名留青史，但是我们尽忠国家，毕竟不希望有这样的结局啊。"大家听了，都深深佩服李定国的豪迈气概。

永历帝得到捷报，封李定国为西宁王。接着李定国又带兵打下永州、衡阳、长沙，逼近岳州。清朝廷大为震惊，连忙派亲王尼堪带兵十万反攻长沙。李定国得到消息，知道敌人来势很猛，就主动从长沙撤出，却在退到衡阳的路上设下伏兵。尼堪亲率追击，中了明军的埋伏，尼堪当场被砍死了。

李定国的胜利，引起秦王孙可望的妒忌，孙可望假意邀请李定国商量国事，想暗害李定国；李定国发现他的诡计，只好带兵离开湖南，回到云南。孙可望想提高自己的威望，亲自到湖南进攻清军，却打了个大败仗。

孙可望野心勃勃，想逼迫永历帝让位。他知道要达到这个目的，一定要除掉李定国，就亲自带兵十四万进攻云南。哪里想到，他手下的将士们恨透了他的分裂活动，在双方交战的时候，纷纷倒戈奔向李定国一边，孙军全部瓦解。孙可望狼狈逃回贵阳，又遭到留守贵阳的将士的反对。孙可望走投无路，就逃到长安向清军投降。

南明政权经过孙可望叛乱，力量已经削弱。公元1658年，清兵由降将吴三桂、洪承畴等率领，分三路进攻云南贵州。李定国分三路阻击，都遭到失败，不得不退回昆明，永历帝和他的几个亲信官员惊慌失措，逃往缅甸。

永历帝逃往缅甸后，李定国继续在云南边境上收集人马，打击清军，准备恢复明朝。他接连十三次派人去接永历帝回国，永历帝都不敢回来。

李定国艰苦抗清十多年，没有实现他的愿望，他心情忧愤，终于得病死去。临死时候，他对他的儿子和部将说："宁可死在荒野，可不能投降啊！"

公元1661年十二月，吴三桂带领十万清兵开进缅甸，逼迫缅甸交出永历帝，带回昆明。一到昆明，永历帝被吴三桂勒死，最后一个南明政权到这时候彻底灭亡。

郑成功收复台湾

郑成功，本名森，字大木，福建南安人。他父亲郑芝龙由海上经商起来，后当了明朝的官，在东南海上拥有很大的势力，郑成功于公元1624年出生于日本，正是这一年，荷兰侵略者霸占了我国宝岛台湾。他生活的时代，正是社会激烈动荡的时代，国家内忧外患，危机日甚。1644

年，吴三桂引清兵入关，使全国人民又遭受民族压迫的灾难，人民掀起大规模的抗清斗争。在这内外交困的时刻，满怀着报国热诚的郑成功，肩负起反清复明的重担。郑成功的父亲郑芝龙是个投机分子，当清兵逼近福建的时候，一封许以高官厚禄的诱降信就使他下令撤回福建的门户——仙霞关的守军。清兵入闽，福州沦陷，隆武帝被杀，清兵在福州烧杀抢掠，郑成功的母亲也被辱自杀。23岁的郑成功，怀着万分悲愤的心情，在孔庙面前痛哭一场，烧掉了儒服，决意献身报国、大义灭亲，与他父亲誓不两立。他带领部下90多人，乘两只战船下海，在金门定盟，到南澳招兵，举起了“背父报国”、“抗清复明”的大旗。

集国仇家恨于一身的郑成功，从此开始了他激动人心的斗争生涯。

郑成功一呼百应，沿海人民纷纷前来参加他的队伍，一些不愿投降的明朝官员和士人也积极响应他，他的队伍迅速发展壮大起来。他以厦门、金门为据点，在福建、广东、浙江等沿海地区，英勇地与清军作不懈的斗争。到公元1653年，郑成功已控制了整个东南海面，拥有士卒10万余人，战船几百只，他团结江浙的抗清势力，形成了一股强大的军事政治力量。

不久，郑成功发动了几次北伐，于公元1659年发动了大规模的攻打南京之役。他亲自率领水陆大军10万余人，浩浩荡荡，势如破竹，南闯长江口，围住了南京城，并一口气收复了4府3州24县，一连串的胜利使他滋生了轻敌思想，结果中了敌人的“缓兵之计”，在南京城外吃了败仗，不得不撤回厦门。此时，清朝统治者又强行命令东南沿海的居民全部内迁，割断了郑成功与人民群众的血肉联系，而在西南建立的第3个南明朝廷，也被敌人扼杀，桂王逃往缅甸，郑成功愈加孤立。他一边总结经验教训，一边寻找出路，确定长期斗争的计划。

在公元1661年的春天，郑成功作出了一个重大的决定，即挥师东征，收复台湾。他的队伍经过长期在烽火中的锤炼，已成熟起来，赶走荷兰侵略者，收复国土，扩大抗清基地，现在正是时候。进军台湾的决心下定以后，郑成功便投入了紧张而周密的战斗准备工作之中。准备的中心是修造船只，整顿水军。要打败掌握海上霸权的荷兰侵略者，没有一支强大的水师是无法与之交战的。于是，船工们日夜赶造船只，兵士们日夜苦练本领，部队处于高度战备状态。与此同时，郑成功进行了兵力部署，将东征部队分为两批，首批将士两万多人，战船100多艘，由他亲自率领，第二批随后接应。一切准备就绪以后，公元1661年阴历2月间，郑成功把行辕移至金门，首批部队到料罗湾集中，随时待命出发。

3月初1，郑成功在金门举行隆重的“祭江”誓师仪式。3月23日，郑成功率领的东征大军从料罗湾出发，浩浩荡荡向东挺进，次日早晨，船队陆续到达澎湖群岛。

从澎湖到台湾，水路52里，顺风时只要四更半，但如果碰上逆风，十天八天也休想到达。3月27日，大军从澎湖出发，驶到半途，海面突然刮起暴风，船队寸步难行，无奈只好驶回澎湖停泊几天，等候顺风。谁知，一连几天过去了，暴风越刮越大，风向依然不变，船队仍然无法启航。而此时，军中粮食已所剩无几了，郑成功连忙命令两位将士到各岛去筹募粮食。澎湖36岛百姓们虽踊跃捐献，将家中仅存的一升一斗杂粮都拿出来劳军，但凑集起来的粮食只有100多石，还不够大军一餐。在这进退两难之际，郑成功果断地下令，按照预定日期进攻鹿耳门。

3月30日晚上，船队顶着狂风，离开澎湖冒险东征。海上狂风怒吼，惊涛骇浪，船只在咆哮着的海面忽而被抛上浪尖，忽而被摔下谷底，全体将士顽强地与风浪搏斗，丝毫没有气馁，他们以这种大无畏的精神，终于跨过了台湾海峡。于4月1日，到达台湾鹿耳门港外。

鹿耳门水浅礁多，航道非常危险。这里平时海水浅至一丈，涨潮时也不过一丈四五尺，而且航道很窄，只能容两只船出入，又弯弯曲曲，海底都是沙石浅滩，荷兰人又故意把损坏的甲板船沉在此处，港路更加复杂曲折，船只一不小心，就会撞个粉碎。所以，荷兰人凭恃鹿耳门是个“天险”，不加设防。他们将防御的重点放在台湾城和旁边的七鲲以及赤崁城上，在那些地方设有多处炮台，驻兵防守。

做了充分准备的郑成功对攻打鹿耳门胸有成竹。原来，事先他已派人探测到从鹿耳门到赤崁城边，在污泥中冲流着一条迂回曲折的港路，这条港路一直不为人知，逢到水位高的时候，船只可以很顺利地驶进去。现在关键性的问题是掌握鹿耳门的潮汛，郑成功从渔民处得知，每月的初一和十六是鹿耳门海潮水位最高的一天，于是，他就将进港日期定在四月初一。

这天上午，海水果然大涨，郑成功指挥船队沿着迂回曲折的港路，顺利地驶进了鹿耳门，直抵赤崁城附近。一直以为中国船队会从正面进攻的荷兰人，发现郑成功等人冲进了台江，以为他们从天而降，个个惊慌失措。英勇的中国将士们猛烈炮轰敌舰，将荷兰最大的一只名为“黑克托号”的舰船击沉。荷兰在台湾的驻军共有2000多名，这一仗就被击毙了500多人，荷兰伤亡惨重，退入城堡龟缩不出。

登陆的郑成功部队，受到台湾人民的热烈欢迎和积极支援。在这种有利的形势下，郑成功将大军移扎在台湾城附近的鲲身山上，准备攻打荷兰殖民主义者在台湾的统治中心——台湾城。攻克台湾城，将意味着结束荷兰在台湾的殖民统治。但是，台湾城却并不容易攻克。荷兰人称它为“热兰遮城”，意思是“海上堡垒”。他们当初设计的时候，就将整座城当做一座堡垒，建筑十分坚固，城基方276丈6尺，高3丈多，上下两层，用大砖调油灰捣成，雉堞用铁钉牢，城墙上每隔几步，就有一个了望台，各处安着千斤大炮，环城四周的任一地方，都在射程之内。所以，郑成功的部队无论从哪个角度进攻，都躲不开敌人猛烈的火力，进攻几次，均告失败，并且伤亡不少。于是，郑成功采纳参军萧拱辰的建议，长期围困台湾城，直至城中粮绝投降。

这一年的12月，已被围困了足足8个月的台湾城中，荷兰士兵死伤已达1600多人，剩下的不满700人，弹药、粮草几乎用光，荷兰人陷入了绝境。

时机已经成熟，郑成功决定发动最后总攻击。战士们奋勇攻战，一枚枚炮弹在城堡上爆炸开来，顷刻之间，瓦石乱飞，城墙上出现了缺口。荷兰总督揆一见大势已去，只好投降。

公元1662年2月1日，历史将永远记住这一天。就在这天，西方殖民主义的代表——荷兰第一次在正义的中国人民面前低下头来，承认自己侵略的失败。

年仅38岁的郑成功，坐在广场中的帐幕当中，接受荷兰驻台湾的最高长官揆一双手献上的降表，他向西方殖民者庄严宣告：中国的领土是不可侵犯的！台湾城上的荷兰国旗灰溜溜地降了下来，被侵占了38年的台湾，重新回到了祖国的怀抱。

郑成功收复台湾后，命儿子郑经留守在厦门，自己带了几营亲军开发台湾。他打算在台湾发展生产，学习春秋时候越王勾践十年生聚十年教训的榜样，为抗清复明做长期准备。可惜因为他长年在战火中奔波，风里来雨里去，积劳成疾，损害了健康，于收复台湾不久患病去世。死时才39岁。

郑成功死后，儿子郑经掌握台湾，还一直控制着福建沿海的岛屿。后来，康熙帝统治期间，台湾接受了清政府的统治，这样台湾与大陆归于统一。

顺治帝祭孔

入关后的顺治，在母亲的教导下，随着年龄的增长、做君王的才华也逐渐显露出来。

顺治继承皇位之初，全国的形势并不十分有利于清王朝的统治。以李自成为首的农民军仍在陕西、山西、云南、四川等地抗击清军；江南又不断地涌现出一些朱明王朝的宗室子弟各自为政，称孤道寡，举起反清复明的大旗；而北方各省又因清军入关后的圈地，使大批农民失去土地，不断爆发小股的农民起义；一些正统思想浓厚的文人不肯出任清朝官职，隐居山村、古庙讲学立说，宣传民族意识，唤起汉人的反满情绪，威胁着清朝的统治。

对于这些问题，顺治帝及时地作出相应的决断。首先集中优势兵力围剿农民起义军。命令吴三桂、英亲王阿济格、禄亲王多铎继续向西北进攻，尽快消灭强大的农民军。农民军由于连续作战，军队得不到休息与补充，人员伤亡很大，除战死外，还有一些降清者，力量越来越弱，起义军内部又充满了矛盾，相互猜忌、残杀，几经损耗，无论是人力、物力还是战斗力上都远远不再能与清军抗衡，杀到最后李自成只剩下 28 骑，被围在湖北九宫山，全部壮烈牺牲。

顺治消灭农民起义军后，封吴三桂为平西王，坐镇云、贵一带继续扫平残余的农民军。命多铎挥师东下，配合南下的清军，围剿南明各小王朝、采取分化瓦解、招降纳叛、以降军为前导、各个击破的策略。经十余年的围剿，清军先后灭掉弘光、隆武、绍武、永历等南明小王朝，逼迫抗清力量较强的郑成功退守台湾。

对于北方小股反清力量，顺治帝采取软硬兼施的手段，一方面是武力镇压；另一方面又禁止圈地，保证耕者有田种，北方的反清斗争很快就被平息。

顺治帝遵照太后的意见，加强了思想文化阵地的占领和统治。顺治九年（公元 1652 年）八月二十七日孔子诞辰那天，秋高气爽，阳光灿烂，祭孔大典在北京国子监隆重举行。祭前派人将孔子第六十五世孙孔允植，接到北京参加祭典仪式，清军入关后已封孔允植为衍圣公。祭祀仪式完全按明制进行。顺治帝首先用香汤淋浴，换上祭孔衣服，然后带领文武大臣毕恭毕敬驾临国子监，走在最前面的16名太监抬着精制的祭品。

顺治帝在中午时分，到达国子监。祭祀大典在悠扬的乐曲声中开始。顺治帝面向国子监广场，躬迎孔夫子圣灵前来享受祭品，然后转过身来，恭恭敬敬地向孔夫子的神位献上一幅杏黄色的绢，披盖在神位上，再恭恭敬敬向孔夫子神位敬酒三次，行礼三次，祭酒高喊“礼成”，这祭孔大典就圆满结束了。

典礼结束后，顺治帝接见了衍圣公孔允植及孔、孟、颜、曾四姓子孙及五经博士，勉励并赏赐一番，同时诏告天下：“圣人之道，如日中天，上之赖以政治，下之资以事君，学官诸生共勉之。”

顺治帝祭孔的消息不胫而走，众多儒生对此佩服得五体投地，盛赞顺治帝是真龙天子。儒生头脑中“天子重英豪，文章教尔曹”的意识，使他们感到既有为天子效劳之时，何不一显身手呢！于是，一些有识之才不再隐居，也出来展示才华了。

祭孔后，顺治帝又开始认真学习汉族文化，从历史文献、著名经典，到稗官小说传奇、野史无所不读，从中吸取不少治国安邦的道理。有一次顺治读《资治通鉴》，当读到唐太宗政绩时，当即产生一个新观念，便派人召集大臣前来议事。顺治帝向诸臣提出："汉高祖、汉文帝、光武帝、唐太宗、宋太祖、明太祖等前朝众多皇帝之中，卿等认为哪一位最英明，最值得尊敬？"大学士吏部尚书陈名夏（原明朝官吏）一眼瞧见顺治帝手拿的是一本《资治通鉴》唐记，马上回答："臣以为唐太宗在位期间号称贞观之治，他应比其他几位皇帝略高一筹。"诸大臣听后，一致点头称是。但顺治帝却说："陈爱卿之见未必正确，朕以为明太祖制定的法令无不合情合理，值得后世永远效法，像明太祖这样的英明之主，历代皇帝都是很难与之伦比的。"这一席话使众大臣十分佩服，尤其是明朝遗臣更是佩服得五体投地，觉得这位从关外来的皇帝继承大明江山是合情合理的，堪称当之无愧的英明之主。

顺治帝还继承明朝的科举制度，开科取士仍每三年一科，均在秋季举行，汉、满、蒙等各族文人一律平等入考，皇帝择优而取。清朝实行科举制度给汉族文人开辟了做官入仕、报效朝廷之路，这样做不仅笼络了广大汉族文人，同时也为清廷和地方选拔了一些治国安邦的人才。

顺治帝福临采取的这些明智之举，弥补了清军入关后满汉之间的一些裂痕，缓和了民族矛盾，使神州大地自清军入关以来的升平景象初露端倪。正当顺治帝为创造一个太平盛世大展宏图时，却不幸身染重病，不治而死，年仅23岁。

关于顺治帝之死，野史上说他因恋慕董小宛而远游为僧，这是没有根据的。福临是一位当之无愧有作为的皇帝。

康熙囚鳌拜

康熙帝名叫玄烨。他小时候就十分聪明好学。6岁的时候，玄烨去给父亲请安。顺治皇帝问他长大以后想做什么，玄烨先是不做声，而是用小手摸着父亲的龙袍，然后才回答说：“我愿意继承父皇，做个英明的天子。”顺治皇帝觉得玄烨的志向大，并且不论长相脾气，都与自己一模一样，对他就更加喜欢了。

顺治皇帝去世之前指定玄烨为皇位继承人，让索尼、苏克萨哈、遏必隆、鳌拜四位大臣辅政，这年玄烨才8岁。

第二年，玄烨登上皇位，宣布建元康熙（康熙元年为公元1662年）。小皇帝每天不是读书就是游玩，朝廷大权都掌握在辅政大臣手里。被顺治皇帝指定为辅政大臣的索尼、苏克萨哈、遏必隆、鳌拜四人，经历与性情行事各不相同。

索尼是一位忠心耿耿地服侍过太祖、太宗、世祖的三朝元老，苏克萨哈与鳌拜是儿女亲家，但是两人对许多事情的看法不一致，相互间存在着不可调和的矛盾。遏必隆曾经在顺治初年，被人诬告受到撤职查办处分，后来顺治帝亲政后曾为他平反，使他得以恢复旧职，并不久后升职。

在四个辅政大臣中，鳌拜是最喜欢弄权术的，有极大的政治野心。他与苏克萨哈虽是亲家，二人却形同水火，各不相容。

顺治皇帝在世时，根据汉族地区的实际情况，改革了一些带有奴隶制残余的政策，例如宣布停止圈地等等。可是四个辅政大臣曾经从圈地中得到好处，所以反对这些改革。顺治皇帝死后不久，他们就重新圈占土地。

随着时间的推移，鳌拜的野心日渐显露出来。他在四个辅臣中本来居第四，可是他拼命往前挤，处处强出头，想要取代首席辅政大臣的地位。

鳌拜是清镶黄旗人，勇猛善战，曾多次立过战功，入关后追剿农民起义军战功显赫，顺治帝封其为议政大臣，二等公爵，后又提升为领侍卫内大臣和少傅兼太子太傅。鳌拜为人暴燥，傲慢无礼，擅于弄权，有极大的野心。在辅政期间处处制造矛盾，时时招募死党、排斥异己，曾以交换旗地为名，制造民族矛盾，借机假传圣旨滥杀与自己意见不同的大臣。

康熙六年（公元 1667 年）索尼因病去世，鳌拜高兴万分，死掉了他所惮忌的人，其野心愈加膨胀。借康熙亲政免去辅政大臣之机，诬蔑、陷害其儿女亲家苏克萨哈，又拔掉一颗眼中钉。遏必隆虽系皇亲，有赫赫战功，但为人忠厚，是非不分，从不得罪鳌拜，有时还站在鳌拜一边。这就促使鳌拜能独霸朝政，为所欲为。鳌拜又欺天子年幼，专横跋扈无所顾忌，在朝中大肆培植党羽，安插亲信，一些重要位置，鳌拜都强行安排其亲信、死党。更有甚者，对吴三桂阴谋背叛朝廷的事不仅不管，还与其勾结。鳌拜这些罪恶阴谋，康熙帝既有所闻又有所备。

康熙皇帝年少有志，幼小时曾对其父说过“愿效法父皇，做一个英明天子”。他在祖母的教导下，懂得很多治国安邦的道理。而且从小又练就一身骑马射箭的武功，可称得上是文武双全的皇帝。康熙每日下朝除读书外，就和他选拔的上百名与他同龄的皇族少年练习擒拿、格斗等武术。同时又秘密委派自己的贴心人，监视、探听鳌拜的一举一动，做到有备无患。

康熙八年（公元1669年）初夏的一天，鳌拜装病，在家里与其党羽策划谋反。康熙得到消息后，决定带领自己亲兵护卫前往鳌拜府探病以观虚实，鳌拜及其死党突然听到皇帝驾到，吓得东躲西藏，鳌拜更是惊惶失措，连靴子都没脱就钻到被里，哼哼唧唧装起病来。皇帝的护卫掀开他的被子，一把亮闪闪的匕首露了出来，吓得鳌拜魂不附体，浑身犹筛糠一般。康熙皇帝神态从容，若无其事地拿起匕首，脸上现出少年天真的微笑说：“太师病成这样，还没有忘记我们满族人刀不离身的老习惯，真值得年轻人效仿。”说完把刀轻轻地放在鳌拜身边，又着实地安慰了几句，然后起驾回宫。康熙帝的这次探病，举止大方，神态自若，言语自然，露出少年皇帝对年长太师无微不至的关心，丝毫没有露出对鳌拜的疑心，稳住了鳌拜的阴谋行动。

康熙帝这次探病也清楚了鳌拜的阴谋及其险恶用心；他的阴谋虽然还没有成熟，然而已使朝政危在旦夕。因此康熙帝决定按太皇太后“阴谋应及早粉碎，免生后患”的旨意，回宫后及时把此事讲述给祖母听，然后又召集索额图等亲近大臣共同商讨，进行了周密地安排，详细地布置，把粉碎鳌拜的阴谋叛乱准备做得万无一失。

诸事安排就绪后，康熙帝下诏，命鳌拜进宫议事，鳌拜装病时，没发现皇帝对他有疑心，因而仍如往常一样，旁若无人地走进皇宫，见了康熙皇帝仍旧是不跪拜只是哈腰，问道：“陛下召老臣有何吩咐！”康熙帝十分生气，厉声喝道：“鳌拜你可知罪！”鳌拜一听心知皇上有疑，但一贯专横的鳌拜根本没把这年少皇帝放在眼里，冷笑一声，挥动着手臂傲慢地说：“臣奉先帝遗诏，辅政八年，何罪之有？”康熙帝见状更加气愤：“大胆鳌拜，结党营私、违犯政令、陷害忠良、图谋不轨，还敢说无罪！”一向蛮横的鳌拜又拿出逼康熙诛杀苏克萨哈的架势、冲到御案前张牙舞爪地质问康熙帝："说我犯了这些罪，有何证据?"康熙帝大怒："来人，拿下这个奸贼!"话音刚落，从后冲出百余名年轻小将一齐奔向鳌拜。鳌拜见状大吃一惊，但他毕竟是久经沙场的猛将，岂能惧怕这些孩子，又见他们都是赤手空拳，更不放在眼里，竟挥拳与这些武士打起来，鳌拜做梦也没想到，这些小将就是康熙帝几年来精心训练出来的，专门对付他的擒拿勇士。未几回合，鳌拜就被打翻在地，五花大绑地跪在了康熙帝面前。康熙帝擒住逆臣贼首，十分高兴，立即下令御林军将鳌拜府团团围住，将其儿子、弟弟、侄子、及其死党全部擒获归案，并召集文武大臣上殿，公布鳌拜的罪状，责令康亲王杰书会同刑部进行审讯。

鳌拜专横跋扈，朝野上下敢怒不敢言，今日被康熙皇帝擒获，大快人心。众大臣都佩服少年皇帝文韬武略过人。金殿上，众臣你一条他一条列举了鳌拜许多罪状，经过归纳整理共 30 条，条条死罪，按清律应处以大辟之刑。其子、弟弟、侄子及其死党也应处于死刑。康熙皇帝又进行了一次复审，色厉内荏的鳌拜，此时伏地受审，一一承认了这些罪恶。康熙帝姑念其有功于前，又年事已高，故从轻发落，将他与其子叛终身监禁，不久鳌拜就病死在狱中了。

康熙帝智擒鳌拜，给被他打击和害死的大臣平了反，扫除一大隐患，他夺回权力以后，开始了清朝政治史上新的一页。

有胆有识削三藩

康熙皇帝在除掉鳌拜以后，就开始考虑一件大事：削平“三藩”。“藩”指的是封建王朝的属地。康熙皇帝所要消灭的“三藩”，指的是当时驻守在云南、贵州的平西王吴三桂、驻守在福建的靖南王耿精忠和驻守在广东的平南王尚可喜。这三个藩王原来都是镇守辽东的边将，后来又投降了清朝，充当了引路人，带领清兵开进了中原地区。康熙皇帝就封他们为藩王，给予他们优厚的待遇。

吴三桂在镇守云贵地区之后，招兵买马，拥有了10

万众兵，他就在西南割据称雄，做起土皇帝。他任命官吏与将领，不许朝廷干涉，朝廷任命的云贵两省总督、巡抚，都要受他节制。他还利用西南丰富的矿产制造兵器，还囤积了大量火药，制造火枪火炮。又凿井煮盐，用盐与邻省交换粮食布匹等军需用品。耿精忠则利用沿海的有利地形，与海外私通贸易，大量走私，捞取大批金钱。尚可喜在广东征收大量租税，而且他性情残暴，经常杀人取乐，毫无人性。

康熙帝不允许皇权旁落，更不允许国家分裂。吴三桂、耿精忠、尚可喜的胡作非为，康熙皇帝早有耳闻，而且他将处理“三藩”的问题时时刻刻铭记在心上。

康熙十二年（公元 1673 年），尚可喜自觉年老力衰，请求皇帝让他回到辽东养老，把王位传给他的儿子尚之信，继续留镇广东，平南王府予以撤消。吴三桂听到这个消息后，立刻找来谋士商量，他也写了奏折给皇帝，请求撤藩。耿精忠见吴三桂也写了奏折，他也连忙上了奏折，请求撤藩。

康熙帝在收到吴三桂、耿精忠的奏折后，立即交给群臣商议，并且表示他打算将三个藩一块儿撤消。不料，众大臣之中，除了明珠、莫洛、米思翰等少数大臣同意撤藩，大多数大臣都不同意，他们害怕三藩联合起来对抗朝廷；刚满 20 岁的康熙皇帝，在明珠等大臣的支持下，他认为自己的削藩主张是正确的，就下诏批准了吴三桂、耿精忠请求撤藩的奏疏，叫他们各自返回家乡养老，并在走以前把地方行政移交给当地的总督、巡抚。

吴三桂怎么也没想到康熙真会同意他的请求。他与耿精忠联合起来，玩弄两面手法：一方面装出毕恭毕敬的态度准备撤藩，另一方面迅速调兵遣将准备反叛。吴三桂想出一条妙计：他找来一个 30 来岁的姓朱的青年，在他的两腿上各刺了一条龙，假称是崇祯皇帝的后代，想复兴明室。吴三桂借了崇祯皇帝的名义，起兵反叛清朝。

公元 1673 年 11 月，吴三桂终于打出“反清复明”的旗号。他自称“天下都招讨兵马大元帅”，分兵两路进攻湖南和川陕。第二年 3 月耿精忠在福建起兵响应，向浙江、江西发动进攻。公元 1676 年 2 月，尚之信也在广东起兵响应，向广西进攻，至此，三藩勾结反清，叛乱范围扩展到云南、贵州、福建、广东、湖南、四川、陕西、甘肃、浙江、江西、贵州等 11 个省。

三藩叛乱，江南失守的消息传到北京，朝廷上一片混乱。那些不主张削藩的大臣们又叫嚷起来，他们主张与三藩求和。可是主张削藩的明珠、莫洛、米思翰等怎么也不肯退让，他们主张平定三藩的叛乱。康熙皇帝坚定了他的削藩决心，决定派八旗军全力讨伐吴三桂，坚决镇压叛军。

对耿精忠、尚之信，康熙皇帝则软硬兼施。他一方面派他们住在北京的兄弟前往福建和广东进行劝说，一再表示对他们以前的行为不再追究；另一方面，又派八旗军去攻打他们，把他们逼得投降了。这软硬兼施的办法果然见效，不久，耿精忠和尚之信就投降了。三藩中平定两藩，只剩下了西南的吴三桂了。

耿精忠和尚之信被降服，给吴三桂以很大打击。但他仍不死心，在攻入湖南以后，叛军的气焰十分嚣张，八旗军多次未能攻下被叛军占领的岳州、长沙等地。康熙帝下令继续加强正面进攻，同时派兵绕道湖南南部深入广西，袭击叛军后方。八旗军越战越勇，叛军内部却发生了动摇分化。吴三桂手下的大将林兴珠、韩大任投降了清军。

即将覆灭的吴三桂，已经 74 岁了，可是他仍念念不忘他的皇帝梦。终于在康熙十七年（公元 1678 年）公然在衡州自称“大周皇帝”，改元昭武，并大封伪官伪将，企图用这种办法给他的部将们打气。可是，这一切都不顶用，叛军终于抵抗不住清军的强大攻势，节节败退。一天，吴三桂听到前线战败的消息，心中一急，突然中风昏厥。从此吃不下饭，喝不下水。8 月 17 日，他一命呜呼了，结束了他丑恶的一生。

吴三桂死后，他的部将马宝、胡国柱草草安葬了他的尸体，就赶忙派人前往云南接吴三桂的孙子、13 岁的吴世璠（音 fán）前来奔丧。吴世璠到了衡阳以后，继承了皇位，改元洪化。然后带着他祖父的棺材匆匆忙忙地逃离湖南，退回到云南昆明。吴世璠逃回了云南昆明，仍不死心，仍然同清王朝对抗。康熙二十年（公元 1681 年）11 月，康熙皇帝派去了大将贝子章和都统赖塔，他们二人带着勇敢、顽强的清军攻破了昆明，吴世璠畏罪自杀。这样历时 8 年之久的三藩之乱终于完全结束了。

康熙二十一年（公元 1682 年），章泰和赖塔从云南凯旋而归，康熙皇帝高兴得亲自到芦沟桥来迎接，君臣见面，亲亲热热地举行了抱见礼，这对两位立了赫赫战功的将军给予了很大的安慰。由于康熙皇帝维护国家统一的决心很大，而且他的处事非常果断，因此他避免了一场使全国再度陷入混乱和分裂的战争。

康熙皇帝敢于坚持正确的意见，不听信谗言，而且善于用兵，终于打败了貌似强大的吴三桂、耿精忠和尚可喜，保证了护祖国的统一和稳固，对于经济的发展和人民的生活安定做出了很大的贡献。

《中俄尼布楚条约》

清军入关后，兵力大部分移到内地，所以驻扎在东北的清兵有所减少，黑龙江一带屡遭沙俄的侵扰。当时清朝忙于攻取江南、平定三藩、收复台湾等等，无暇顾及东北黑龙江一带，给沙俄入侵造成空隙。这伙侵华沙俄原居欧洲，距中国十分遥远，然而他们侵略成性，经常用最残忍、最野蛮的手段向外扩张，最后魔爪伸到亚洲，直到中国黑龙江一带。

康熙帝继位后，鳌拜专权，政局混乱，鳌拜对沙俄入侵又隐瞒不报，致使沙俄先后占据雅克萨、尼布楚等地。他们在两地修建碉堡，建立殖民地，强征当地居民的赋税，甚至向清朝发布外交文书，要清朝皇帝向他们称臣。甚至还无理要求中国每年向沙俄进贡白银 4 万两和丝绸等物资。这一切都遭到康熙帝的严辞拒绝。沙俄恼羞成怒，增兵雅克萨，修筑更多的碉堡据点，威胁大清，并伺机扩大侵略范围。

三藩平息后，国内基本安定。康熙帝以为应适时出兵黑龙江，给沙俄侵略者以应有的回击，以保卫祖国领土主权不受侵犯。为此康熙帝于公元 1682 年借回盛京拜谒太祖、太宗陵寝之机，亲自调查边境情况。他出柳条边，乘船沿松花江北行，询问由黑龙江逃回来的老百姓，打听那里的情况，听到百姓对罗刹（即沙俄）的愤怒与咒骂，得知民心思归，百姓爱国，不为沙俄所用。这是击败沙俄，保卫边境实现领土完整的有力保证。康熙帝安慰百姓说："朕对罗刹早有所备，待我大军一旦布置就绪，即刻发兵，收复失地，让你们返回家园。"

经过实地了解，康熙帝对出兵黑龙江充满了必胜的信心。为了更好地掌握沙俄的实际情况，回京后，他即派都统郎坦率几百健卒，化装成猎人，深入雅克萨一带侦察敌情，勘察地形交通。郎坦等人经过一个多月的侦察，取得了可靠的材料，绘制了地形图回到北京。郎坦上奏说："根据臣等实际了解所掌握的情况分析，要想打败罗刹并不难，只要派 3000 兵就可取胜。"郎坦的报告与康熙帝的分析是一致的。为了永保边境的长治久安，康熙帝考虑必须在边境建城驻兵，屯田开荒，修筑水路公路，加强与内地联系，这样才能从根本上加强边境地区的防御能力。

公元 1683 年康熙帝派兵驻守瑷珲等地，任命萨布素为黑龙江将军，派户部尚书伊桑阿到吉林督造船只，修通水路，扩建陆路，使边境与北京的通信几天就可以通达。康熙帝谆谆嘱咐萨布素，要求他关心和保护好边民，加强军民团结。

经过二三年的准备，到康熙二十四年（公元 1685 年）春，康熙帝得到萨布素的报告，知道一切准备就绪，于是下令攻占雅克萨。强大的清军得到当地人民的支持，很快攻下雅克萨，将沙俄侵略者赶走，首战告捷。康熙帝告诫萨布素要警惕罗刹的卷土重来。

果然不出康熙所料，沙俄退兵并不死心，不久窥探到清军撤回休整，雅克萨守兵少的机会，立刻组织大批军民，偷袭雅克萨。沙俄这次占据了雅克萨后，高筑墙，深挖沟，准备死守下去。雅克萨失守后，康熙帝命令萨布素第二年春必须夺回雅克萨，彻底消灭这股侵略者。这次战斗进行得十分激烈，因为沙俄防守工事修得又多又坚固，战争持续了三个月，最后沙俄头子托布尔津被击毙，士兵死亡百分之九十，清军重新夺回雅克萨。

第二次击败沙俄，康熙帝致书沙皇，提出通过谈判解决边疆问题的主张。沙皇因两次受挫，看到想用武力霸占黑龙江流域毫无希望，只好答应谈判，想到谈判上再捞一把。沙皇的代表是老奸巨滑的果洛文，清朝代表是索额图。果洛文使出浑身解数，要尽了无赖手法；索额图义正词严不卑不亢。在雅克萨中国各族居民强大声势的压力下，果洛文害怕如果再赖下去，将失去在黑龙江一带所有的地方，无可奈何地接受了中国代表提出的方案。双方达成了协议。

康熙二十八年（公元 1689 年）七月二十四日双方在尼布楚签定了《中俄尼布楚条约》。条约明文规定："格尔必齐河、外兴安岭和额尔古纳河为中俄两国分界线。分界线以南原俄国所建的据点包括雅克萨在内，全部拆毁；中国把尼布楚和它以西直到贝加尔湖的领土让给俄国。

《中俄尼布楚条约》虽然把原来属于中国的一部分领土让给了俄国，但这是出于清政府战略上的考虑同意的，是双方共同商议的结果，是中国历史上第一次平等条约。它确定了中俄双方东北部的边界，此后长达 150 年的时间里，这一段边境一直比较平静。《中俄尼布楚条约》也是康熙皇帝在外交政策上的一次胜利。

但是沙俄侵略者并不死心，它开始改变了侵略手段，以挑拨中国民族关系为阴谋，鼓动中国西北部的噶尔丹起来作乱。

三征噶尔丹

沙俄政府在雅克萨失败以后，并不甘心。就在尼布楚条约签订的第二年，又唆使准噶尔部（蒙古族的一支）的首领噶尔丹进攻漠北蒙古。

那时候，蒙古族分为漠南蒙古、漠北蒙古和漠西蒙古三个部分。除了漠南蒙古早已归属清朝外，其他两部也都臣服了清朝。准噶尔是漠西蒙古的一支，本来在伊犁一带过游牧生活。自从噶尔丹统治准噶尔部以后，他野心勃勃，先兼并了漠西蒙古的其他部落，又向东进攻漠北蒙古。漠北蒙古抵抗一阵失败了，几十万的漠北蒙古人逃到漠南，请求清朝政府保护。康熙帝派使者到噶尔丹那里，叫他把侵占的地方还给漠北蒙古。噶尔丹自以为有沙俄撑腰，十分骄横，不但不肯退兵，还以追击漠北蒙古为名，大举进犯漠南。

康熙帝召集大臣宣布他决定亲征噶尔丹。他认为噶尔丹气势汹汹，野心不小，既然打进来，非反击不可。公元1690年，康熙帝分兵两路：左路由抚远大将军福全率领，出古北口；右路由安北大将军常宁率领，出喜峰口，康熙帝亲自带兵在后面指挥。

右路清军先接触噶尔丹军，打了败仗。噶尔丹长驱直入，一直打到离开北京只有七百里的乌兰布通（今内蒙古昭乌达盟克什么腾旗）。噶尔丹得意扬扬，还派使者向清军要求交出他们的仇人。

康熙帝命令福全反击。噶尔丹把几万骑兵集中在大红山下，后面有树林掩护，前面又有河流阻挡。他把上万只骆驼，缚住四脚躺在地上，驼背上加上箱子，用湿毡毯裹住，摆成长长的一个驼城。叛军就在那箱垛中间射箭放枪，阻止清军进攻。

清军用火炮火枪对准驼城的一段集中轰击，炮声隆隆，响得震天动地。驼城被打开了缺口。清军的步兵骑兵一起冲杀过去，福全又派兵绕到山后夹击，把叛军杀得七零八落，纷纷丢了营寨逃走。

噶尔丹一看形势不利，赶快派个喇嘛到清营求和。福全一面停止追击，一面派人向康熙帝请示。康熙帝下令说："快进军追击！别中了贼人的诡计。"果然，噶尔丹求和只是缓兵之计，等清军奉命追击的时候，噶尔丹已经带了残兵逃到漠北去了。

噶尔丹回到漠北，表面向清朝政府表示屈服，暗地里重新招兵买马。公元 1694 年，康熙帝约噶尔丹会见，订立盟约。噶尔丹不但不来，还暗地派人到漠南煽动叛乱。他扬言他们已经向沙俄政府借到鸟枪兵六万，将大举进攻。内蒙古各部亲王纷纷向康熙帝告发。

公元 1696 年，康熙帝第二次亲征，分三路出击：黑龙江将军萨布素从东路进兵；大将军赞扬古率陕西、甘肃的兵，从西路出兵，截击噶尔丹的后路；康熙帝亲自带中路军，从独石口出发。三路大军约定时期夹攻。

康熙帝的中路军到了科图，遇到了敌军前锋，但东西两路还没有到达，这时候，有人传说沙俄将要出兵帮助噶尔丹。随行的一些大臣就有点害怕起来，劝康熙帝班师回北京。康熙帝气愤地说："我这次出征，没有见到叛贼就退兵，怎么向天下人交代；再说，我中路一退，叛军全力对付西路，西路不是危险了吗?"于是，康熙帝决定继续进兵克鲁伦，并且派使者去见噶尔丹，告诉他康熙帝亲征的消息。噶尔丹在山头一望，见到康熙帝黄旗飘扬，军容整齐，连夜拔营撤退。

康熙帝一面派兵追击，一面赶快通知西路军大将费扬古，要他们在半路上截击。

噶尔丹带兵奔走了五天五夜，到了昭莫多（在今蒙古人民共和国乌兰巴托东南）正好遇到费扬古军。昭莫多原是一座大树林，前面有一个开阔地带，历来是漠北的战场。费扬古按照康熙帝的部署，在小山的树林茂密地方设下埋伏，先派先锋四百人诱战，边战边退，把叛军引到预先埋伏的地方，清军先下马步战，听到号角声起，就一跃上马，占据了山顶。叛军向山顶进攻，清军从山顶放箭发枪，展开了一场激战。费扬古又派出一支人马在山下袭击叛军辎重，前后夹击。叛军死伤无数。最后，噶尔丹只带了几十名骑兵脱逃。

经过两次大战，噶尔丹叛乱集团土崩瓦解，康熙帝要噶尔丹投降，但是噶尔丹继续顽抗。隔了一年，康熙帝又带兵渡过黄河亲征。这时，噶尔丹原来的根据地伊犁已经被他侄儿策妄阿那布坦占领；他的左右亲信听说清军来到，也纷纷投降，愿意做清军的向导。噶尔丹走投无路，就服毒自杀。

自那以后，清政府重新控制了阿尔泰山以东的漠北蒙古，给当地蒙古贵族各种封号和官职。清政府又在乌里雅苏台设立将军，统辖漠北蒙古。

后来，噶尔丹的侄儿策妄阿那布坦攻占西藏。公元1720年，康熙帝又派兵远征西藏，驱逐了策妄阿那布坦，护送达赖喇嘛六世进藏。以后，清政府又在拉萨设置驻藏大臣，代表中央政府同达赖、班禅共同管理西藏。

在平定噶尔丹叛乱中，清圣祖康熙表现出了杰出的政治军事才能。这次平叛战争的胜利，清除了地方割据势力，避免了一次国家大分裂，有利于多民族统一国家的巩固和发展。同时，中央集权制力量得到加强提高了清政府抵御外敌的能力。此外，这次平叛战争的胜利，还意味着受割据之害的人民的解放，给这些地区的社会经济的恢复和发展提供了必要的条件，从而有利于边疆和内地的经济文化交流。

康熙定藏

西藏信仰佛教，自唐朝时就与中原关系十分密切，做为附属国的西藏与内地年年来往，互相通婚，直到宋、元、明仍保持密切的关系。明永乐年间佛教首领宗喀巴创立黄教，宗喀巴圆寂后，由其二大弟子达赖、班禅继承并共理黄教。以后的继承人采取转世制。清初清太宗皇太极写信给达赖喇嘛，希望建立满藏两族友好关系。此时，漠西蒙古的和硕特部顾实汗迁往青海并与达赖五世、班禅四世建立友好关系。他们对统治西藏的藏巴汗不满，由顾实汗出兵，杀死藏巴汗并与达赖、班禅共管西藏。顾实汗与清朝关系密切，这时的西藏出现了暂时的稳定。

不久，顾实汗病逝，达赖五世也圆寂，大权落入第巴桑结手中，他想立自己心中的达赖六世，对五世达赖的圆寂密而不报，可是他想立的六世达赖却是一个不守佛规的青年。这就引起对第巴桑结不满的拉藏汗的气愤，拉藏汗把此事上报朝廷，第巴桑结非常恐慌，想谋害拉藏汗，结果事发，竟被拉藏汗所杀。

拉藏汗掌权后，首先把第巴桑结所立的六世达赖押往北京，请朝廷处置。结果在北去的途中六世达赖却病死了。拉藏汗想立一个自己心中的达赖七世，但青海方面也立了一个七世达赖，双方互不相让，纷纷指责对方是假的。康熙帝为慎重起见，特派侍郎赫寿去协助拉藏汗处理此事。

过了几年，双方又上奏康熙帝，都要求自己的达赖坐床。为免出意外，康熙帝让青海的达赖到北京，但青海不答应，不顾拉藏汗的反对，擅自让自己选的达赖坐床。因达赖真假之争，双方矛盾越来越大，这就给窥视西藏已久的策妄阿拉布造成可乘之机。于是策妄阿拉布在康熙三十五年（1716 年）冬出兵西藏。

策妄阿拉布乃是噶尔丹的侄子，自从噶尔丹夺取其父的汗位后，策妄阿拉布逃到吐鲁番，网罗党朋，招募其父的旧部，妄图复仇，以求东山再起。康熙三十五年，乘噶尔丹东进，伊犁空虚，策妄阿拉布占据了伊犁，重新组织队伍，一面上朝廷表示归顺，一面严阵以待准备抵抗其叔父噶尔丹的复辟。在噶尔丹自杀后，策妄阿拉布为表示自己归顺清朝的决心，将其叔父的尸体送往北京，证明自己没有二心。康熙帝见此，答应准葛尔余部由策妄阿拉布统帅。策妄阿拉布掌权后，极力建设军队扩充实力。经过几年的准备，开始向西扩张，强占了哈萨克的全部领域，策妄阿拉布感到自己羽毛已丰满，便不把清朝放到眼里，却和沙俄相勾结，得到沙俄的支持，挥军向东、向南进攻。

康熙五十三年（公元1714年）策妄阿拉布出兵哈蜜，哈蜜立即上报朝廷请求派兵增援。康熙帝命将军席柱带领3000人前往救哈蜜，席柱与哈蜜合兵一处，猛攻策妄阿拉布，将其打得大败。策妄阿拉布还想攻打西藏。康熙五十五年冬，策妄阿拉布命其弟率兵6000进攻西藏，两军相战两月之久，拉藏汗兵败被杀，策妄阿拉布占领布达拉宫，大肆抢劫，连寺庙也没能幸免。

康熙帝得知策妄阿拉布进兵西藏后，十分震怒，他排除主和派的意见，下诏封青海达赖为六世达赖，废除拉藏汗所立的六世达赖。并命第十四皇子允祯为抚远大将军，坐镇青海统一指挥。清军将领延信带大队人马迎头痛击叛军，策妄阿拉布前有强大清军的围剿，后有藏民及喇嘛兵的袭击，首尾不能相顾，处境狼狈，很快被清军击败，逃回伊犁。后又归顺清朝。

清军击败策妄阿拉布后，进入西藏，安定社会秩序，延信将达赖六世从青海接送到西藏，重新举行了隆重的坐床仪式，成千上万的喇嘛藏民拥在布达拉宫，朝拜六世达赖。延信当众宣读皇帝诏书，诏书中规定，西藏从此政教合一，由达赖和班禅统一管理。达赖负责前藏，班禅负责后藏。从而中国西南出现一个长期稳定的局面。

吴敬梓与《儒林外史》

吴敬梓生于康熙四十年（公元 1701 年），字敏轩，号粒民，晚年自号文木老人。安徽全椒人。

吴敬梓出生在一个官僚地主家庭中，18 岁就考取了秀才，是个少年得志的贵家公子。父亲吴霖起，是位精于儒学的人，因得罪上司而辞官回家，不久就病死了。父亲死后，吴敬梓独担门户，在家庭内部财产争夺中又被欺凌侵夺，使他看到这种书香门第表面上讲仁义道德，骨子里却是尔虞我诈。吴家败落之后，族人乡邻都歧视他，把吴敬梓视为吴家的不肖子孙，受过他慷慨接济的人也渐渐疏远了他。家乡无法存身，不得不移居早就中意的南京秦淮水亭。他感到这里非常平静、舒适，再也不想参加科举考试，下决心要写一本书，把他们的丑态记录下来。

当时，清王朝统治者为了维护行将崩溃的统治，大力禁锢思想文化。不仅大兴文字狱，还把唯心主义的程朱理学作为官方哲学，用考试八股文的方法，束缚知识分子的手脚。按朝廷规定，八股文只能写四书五经上的东西，以孔子的是非为是非，以朱熹的注疏为标准，文章的格式刻板，连字数都有规定。这样培养出来的人没有真才实学，扼杀了大量人才。

基于这种情况，吴敬梓看透了科举考试的弊病，用辛辣的笔锋，尖锐地揭露了这一制度，写出了中国第一部长篇讽刺小说《儒林外史》。

在《儒林外史》中，吴敬梓用他那泼辣幽默的巨笔，穷形尽相地描绘了儒林群丑的恶言丑行，绘声绘色地刻画了众多市民官绅的面貌情态，无情地揭露了腐朽的八股文取士的科举制度和它所造成了的社会危害，歌颂了敢于冲击封建礼法和自食其力、洁身自好的传奇人物，尖锐地批判了程朱理学的虚妄，从一个侧面反映了中国封建制度的没落衰朽。

在吴敬梓的《儒林外史》中，有一个老书生叫范进，就是深受科举考试之苦的人。他只知道作八股文，连赫赫有名的苏轼是谁都不知道。直到胡须花白了，还只是一个可怜的穷秀才。有一次，他参加乡试回来，看到母亲和妻子已经饿了三天了，就抱着一个正生蛋的母鸡到集市上卖。没想到这一次他竟然考中了。人们到集市把他考中的消息告诉了他，他开始不相信，愣了一会儿，居然由于兴奋过度，猛地向后一跤摔倒，牙关咬紧，不省人事。被救过来之后，他披头散发，满脸黄泥，一身臭水，鞋也跑掉了一只。他什么也不顾了，只是一个劲儿地拍手大笑，高喊“中了！中了”后来被自己的老岳父杀猪的胡屠户打了一记耳光，才恢复了常态。从此人们都来巴结范进，送他房屋、田产、衣服、用具等等。范进科举成名，从一个揭不开锅的穷光蛋，摇身一变，变成了一个耀武扬威的“官老爷”。

吴敬梓笔下的读书人，有的被科举戕杀；有的投机钻营考试之道；有的做官后忘本变质，残害百姓。封建文化人的形象被揭露得淋漓尽致。吴敬梓用他那犀利的目光、深刻的见解宣告了封建八股制度必然灭亡的历史趋势。但很可惜的是，这位才华横溢的文豪却被穷困潦倒的生活过早地夺去了他的生命。乾隆十九年（1754 年），他在完成《儒林外史》大作后不久，就病死了，仅活了 53 岁。

除《儒林外史》外，吴敬梓还著有《文木山房集》四卷和《金陵景物图诗》及其它一些诗文。他的《诗说》七卷，未完成的《史汉纪疑》和《文木山房集》十二卷本，都已散失。

满族词人纳兰性德

清朝初年，京城里有一个才华横溢、侠义豪爽的满族青年词人，叫纳兰性德。他只活了三十一个春秋，便去世了。但他那超众的才华，精彩的词章，却名垂后世。

纳兰性德，原名成德，字荣若，号楞伽山人，满州正黄旗人，生于顺治十一年（1654 年），卒于康熙廿四年（1685 年），他是大学士明珠的长子。

纳兰性德的词风清婉，内容悲戚忧抑。在他所作的三百几十首词中充满了苦痛。大凡能够寄托忧伤愁绪的题目，几乎都能在他的词中找到。他笔端流露出的这些无尽的哀愁，似乎同他荣华富贵的生活格格不入。

纳兰性德贵为世家子弟，相国公子，生活是何等的豪华尊贵。加之他幼时勤奋好学，刻苦用功，他本人又天资聪颖，文彩过人，成人以后深受康熙皇帝宠爱，升为一等侍卫。像他这样一个前程似锦的人，为什么有那么多的痛苦呢？这可能与他敏锐、纯真，又富于感受的天然秉赋有关，同时他坎坷的爱情生活对他词作的影响也是很大的。

传说纳兰性德有一个从小就与他青竹梅马的表妹，长得相当出色，他们的父母看他们心心相印，就给他们定了亲。纳兰性德对表妹非常痴情，谁知不久他表妹被选入宫，和他近在咫尺却不能相见，纳兰性德为此特别伤心。他暗暗下定决心，一定要同她见上一面。机会很快来了，宫中死了一个后妃，喇嘛们每天应召进宫去念经，纳兰性德便假装喇嘛进宫，终于见到了朝思暮想的恋人。但那个时代，宫中戒备是非常森严的，他根本就找不到机会同表妹说话，真是相见不如不见，一道深深的创痕留在了他的心里。被迫与情人分离的苦闷和长久的思念久久地萦绕在他的心头，这份凄苦便流入了他的笔，进入了他的词章。

但是给纳兰性德生平打击最大的还不是同表妹的生离，而是同原配夫人卢氏的死别。

纳兰性德 19 岁时，受父母之命娶了两广总督、兵部尚书、都察院右副都御史卢光祖的女儿为妻。卢氏是一位娇柔、多情的贵族才女，非常可爱。她的才情可以同东晋谢道韫相比。她与纳兰性德情投意合，对丈夫的感情和志趣也非常理解，两人恩恩爱爱生活了三年，非常美满幸福。卢氏又贤慧又能干，对纳兰性德体贴入微，关怀倍至，甚至在去世前半个月还拖着病弱的身体为纳兰性德剪裁衣裳。卢氏的死，对于这位多情而敏感的词人来说，打击太大了，他抚摸着妻子给自己缝制的衣衫，泪洒衣襟，痛不欲生，从此以后，他的词风更加凄婉、郁结了。

纳兰性德虽然受情所迫，终日郁郁寡欢，但他的性格中又有侠义、豪迈的一面。他曾经奋力营救过科场案犯江南汉族名士吴兆骞（字汉槎）。那是在他22岁的时候，他与当时享有盛名的顾贞观相识了，他们一见如故，相见恨晚。正是在顾贞观那里，他了解到了吴兆骞的不幸遭遇。

顺治时期，为了巩固自己的统治，清廷故意迫害入试的汉族知识分子，他们制造了许多起科场案。吴兆骞就是其中的一个受迫害者。吴兆骞应试的那一年，顺天（北京）、江南、河南、山东、山西五地的考场又兴大狱，而且吴兆骞所在的江南和顺天考场闹得最为厉害，许多主考、同考官都被判了死罪，连许多无辜的考生也被判了刑。

事发后，吴兆骞和江南的举子们一起被押解到了京城。皇帝声称要举行复试，并亲自在太和殿监考。这那里是考场呀，分明是刑场嘛！众多的考官们轮流监视着考生，堂下站立着武士，摆放着刑具，考生的背后还有两名满洲护军持刀站立。在这样的气氛下，考生们哪里还敢答卷，早已吓得胆战心惊，所以大批考生未能完成答卷，就被投入了监狱，后又被发配到极北的宁古塔（今黑龙江宁安县西海林河南岸）。吴兆骞和他的难友们在冰雪苦寒的宁古塔一呆就是二十多年。

吴兆骞蒙冤在绝塞的苦难境遇，引起了纳兰性德的深切关怀，他非常同情吴兆骞，决心将吴兆骞从苦难中救出，但说说容易，做起来就难了。即使像纳兰性德这样一个相国公子、朝廷侍卫身份的人，要想营救吴兆骞也是非常困难的，他用了五年的时间，终于用金钱赎取了吴兆骞。

营救吴兆骞只不过是纳兰性德侠义行为的一个典型事例，其实平时他所结交的朋友尽是落难的奇才雅士。

纳兰性德深受中原汉族几千年文化的薰陶，但是他的血管里奔流的却是北方少数民族那强悍的血液，二者融汇在他的诗词里，就使他的作品既有情思婉转、幽怨、缠绵的一面，又有深沉、高旷、豪迈的一面。这也使得他的词风更具个性。

纳兰性德比较推崇李煜的词，他的词风也很像李煜。纳兰性德的词传世的有《纳兰词》、《通志堂集》。他还与顾贞观合选了《今词初集》，与徐乾学一起编刻了宋元以来诸儒说经之书为《通志堂经解》。

蒲松龄落魄写《聊斋》

康熙年间，在山东省淄川县（在今淄博市）的一个小村庄里，有一个塾师先生叫蒲松龄。他常常带着茶水和旱

烟来到村口的路旁坐下来，免费招待过往的行人。那些过往行人大多是小贩、脚夫和游荡四方的文人。他们歇下来喝茶时，聊的话题可多了。

坐在一旁的蒲松龄笑容可掬地看着大家。当有人过去道谢的时候，他就请求那人把家乡和旅途听到的故事和见到的新鲜事讲给他听。那些行人走南闯北，见多识广，讲出来的故事当然很新奇。蒲松龄把事先准备好的笔墨纸砚拿出来，一边听，一边记。这样，日积月累，他搜集了许多有趣的故事。

后来，蒲松龄积累的好故事越来越多，他把搜集到的故事作了加工，写成了一本短篇小说集，就是著名的《聊斋志异》。《促织》是《聊斋志异》中的名篇，故事是这样叙述的：

古时候，有个皇帝爱斗促织，命令老百姓捉促织进贡。有个叫成名的老实人运气不好，怎么也捉不到一只促织。官府常常因此责打他，打得他屁股上老伤口流脓，新伤口流血，疼痛难忍。成名又急又怕，就去哀求一个巫婆。巫婆教给他一个办法。他一试，果然捉到一只又强又壮的促织。他一家子都高兴得不得了。没想到他九岁的儿子一时失手，弄死了促织。可怜的孩子害怕父母责罚，就跳到井里淹死了。成名夫妇发现促织死了，气汹汹地找儿子。等他们知道儿子也死了的时候，真难过极了，觉得活着也没什么意思了，每天面对面地呆坐着，也不生火做饭。说来也怪，成名的小儿子死后，变成一只促织，跳到成名袖子上。第二天，成名把促织献给知县，知县献给巡抚，巡抚又献给了皇帝。这只促织很凶猛，天下所贡的促织没有一只能斗得过它。它还能随着琴声跳舞。皇帝很满意，提升巡抚和知县做了大官。

人们听了这个故事，就七嘴八舌地议论开了。有个老人说："我小时就听说过，明朝有个皇上爱斗促织，全国贡上去的多着呢！"一个穷书生感慨地说："为富不仁啊！"

《聊斋志异》中的故事，反映了社会现实生活，也表现出了作者的态度。其中有的是质问当权者，有的是揭露科举制度，有的把狐狸鬼怪描写成善良美丽的少女，歌颂了青年男女真挚的爱情，还有的赞扬了普通人民的反抗精神……

蒲松龄能写出这样内容深刻的小说，是和他一生中的坎坷遭遇分不开的。明朝崇祯十三年（公元1640年），蒲松龄出生在山东淄川县蒲家庄。兄弟四人，都从小读书，蒲松龄是兄弟中成绩最好的。他顺利地通过县、州、府的考试，每次都是第一名。十九岁就考中秀才，人们都以为他前程远大。可是这以后，蒲松龄到省里考试就怎么也考不中了。后来，父亲死了，兄弟四人也分了家。蒲松龄只分到一间破房子。房子四壁透风，周围长满了蒿草。他没有钱请人维修房子，只好借来一块木板遮挡起来。

为了家庭的生活，他只好到大户人家去做塾师了。

康熙十二年至十四年（1673—1675 年）蒲松龄在本邑半泉乡王家坐馆，任塾师。王家是淄川名门大族。在王氏兄弟中，王观正与蒲松龄最相投，又同是科举失意者，所以两人交情甚厚。蒲松龄家母病逝，无以营葬，王观正慷慨解囊相助。

从王家撤馆后，蒲松龄又到罢职归田的翰林院检讨唐梦赉家做了西宾，唐梦赉很器重他。最令蒲松龄感动不已的是唐梦赉对他写鬼狐神怪，创作《聊斋志异》大加夸奖，并在几年后，为《聊斋志异》写了序言。

康熙十八年（1679 年），蒲松龄又到了淄川西鄙西铺村的毕家坐馆。毕家也是名门望族，馆东毕际有请蒲松龄来家教几个孙子读书，也把他当作清谈的伴友，文字的代笔，应酬的替身。蒲松龄才华出众，措词得体，文笔优美，谈吐风雅，给毕家增色不少。毕际有也比较开明，蒲松龄来到毕家后，仍然利用授业之余与狐鬼小说，毕际有对此不但不反感，反而也兴致勃勃，还为他提供了不少创作素材，蒲松龄很感动。

在当时，读经、研经，准备科考才被认为是读书人的正经事，而写鬼狐小说常被世人视为邪道。即使是自己敬重的孙蕙也曾写信劝他集中精力治举业，不要再把精力放在写狐鬼小说上。

蒲松龄还算幸运，作馆的几家，基本上都不歧视小说家，不加干涉，所以他才得以执着写作。毕际有更令他所敬，二人时常谈诗论文说聊斋。

康熙二十七年（1688 年）春，当时非常有名望的大诗人王士祯来到毕家，毕王两家世代联姻，毕际有的夫人是王士祯的从姑母。蒲松龄有机会作陪，能这么幸运地见到王士祯，蒲松龄非常高兴，二人谈诗论文，很投机。王士祯看过蒲松龄的部分《聊斋志异》手稿，诚心诚意地称誉了一番，这使他非常激动。能得到有名望的大诗人的公开表扬称赞，也算是他的心血没有白费，他的辛苦创作即将得到社会承认。他一生与王士祯仅见了这一次面，但却结成了文友，有书刻成，互相寄赠。王士祯后来读完《聊斋志异》，还作了评点，写了一首为后世广为传诵的诗：

姑妄言之妄听之，豆棚瓜架雨如丝。
料应厌作人间语，爱听秋坟鬼唱时。

此后，蒲松龄信心倍增，更加努力地创作，他的名声连同他的《聊斋志异》在没有最后完成的时候，就已远扬，广为社会所知了。

著名思想家顾炎武

顾炎武，号亭林，江苏昆山人，出生于公元1613年，学者们都叫他亭林先生。顾炎武的家庭是江苏有名的四大富户之一，又是世代相传的书香门第。从他的高祖到他的父亲，祖孙五代都作过明朝的大官。顾炎武的养母王氏也出生在官宦人家，是一位有教养学识的妇女。她还没结婚，丈夫就死了，后来抱养顾炎武做儿子，决心要将他培养成人。

顾炎武小时学习非常勤奋。3 岁的时候，养母就亲自教他读书，给他讲古代英雄的故事。10 岁时，开始跟随祖父学孙子、吴起的兵法著作以及《左传》、《国语》、《战国策》、《史记》、《资治通鉴》等历史书籍，14 岁就考中了秀才，正是“少年得志”。

顾炎武不仅专心学习，还关心国家大事，他参加了明末有名的文学团体“复社”，开阔了视野，培养了忧国忧民的思想情感。明朝灭亡以后，顾炎武接受了福王的邀请，到南京担任兵部司务，可是不到一年福王政权也灭亡了。顾炎武满怀亡国之恨，回到家乡组织义军抗击清军。不久，清兵攻占昆山，顾炎武率义军苦战了四个昼夜，因对方力量过于悬殊而失败了。养母王氏闻讯之后，深为国家前途担忧，自此粒米不进，绝食而死。临终前还嘱咐顾炎武说：“我虽然是个妇道人家，也有爱国的思想；你千万不要忘记亡国的耻辱，不要当异族的臣子，要牢记先祖的遗训，那样我死也瞑目了。”顾炎武将养母的遗训深深地铭刻在心中，决心抗清到底。

顾炎武安葬母亲后，立即与唐王政权联系，筹划联合组织力量抗击清军。不料这件事走漏了风声，被人告发到清朝，顾炎武因此被关进了监狱。后来，他的几位好朋友经过多方努力，才设法把他搭救出来。

顾炎武在家中没法呆下去了，只好背井离乡，开始了旅居生活。顾炎武注重将学到的书本知识与实际联系起来。他从明朝灭亡的惨痛历史教训中，深感必须要寻找社会兴亡的真正原因和历史规律。

45 岁时，顾炎武带着两匹马，轮流骑坐，还有两匹骡子驮着必备的图书，走上了深入社会调查研究的道路。他先后游历了山东、河北、山西、陕西。凡是名山大川，天险要塞，他都要亲自登攀，详细考察。到了山海关、居庸关、古北口、蓟州、昌黎等战略要地，他都亲自来到当地的老农和退伍的老兵家，听他们介绍情况向他们详细询问地形、地势和风土人情。遇到与书本记载不一致的地方，他都反复勘对，校正书本的错误。遇到古碑遗迹，他总是设法越过荆棘和野草，有时干脆就手足并用，爬到碑前，擦去碑上的斑藓青苔，仔细辩认诵读，将它摹拓下来。

在长期深入调查研究的基础上，顾炎武提出“务农积谷”、“守边备塞”的战略思想，提倡国家要加强边防力量，要关心边境人民的疾苦，设法使他们生活富裕起来。

顾炎武身体力行，从来不“纸上谈兵”。他每到一处考察，凡是能办到的，总是亲自去办。他看到北方丰富的水利资源被白白浪费了，深感惋惜，就计划把南方的水车、水碾、水磨引进过来，还写信邀请南方的朋友来边塞一同实现这些计划。他到一处住下来，看到可开垦的荒地，就与当地农民一起挖地，种植五谷，深得农民的钦佩。

顾炎武为人直率，同时又谦虚好学。周围人都喜欢与他在一起交谈，他遇到不懂和有疑问的问题，虚心向有经验的老者请教，积累了丰富广博的知识。很快他的名字在大江南北、长城内外传开了。

顾炎武在漂泊不定的旅居生涯中，著述甚丰。他完成了从青年时代起就开始的对治国安邦方略的研究，写成了《天下郡国利病书》和《肇域志》。这两部书不但是研究民生利弊的专著，而且是清初地志学上的重要著作。《肇域志》一百卷，专门论述地理形势和山川要塞；《天五郡国利病书》一百二十卷，二百万字，专门论述地方利弊和经济的发展。凡是有关河流水道、农田水利、工矿资源、交通运输、户口田赋、兵防徭役等情况，他都作了详细的记述。

顾炎武又是一个唯物主义的思想家。他认为宇宙是物质构成的，强调要从具体的事物中探求真理，反对主观空想。他还积极主张进行政治经济改革。除此以外，顾炎武在音韵学、考据学、训诂学、历史学等方面，都有独到的见解和丰富的著述。

他晚年时，清王朝对待汉族知识分子的态度发生了变化。康熙帝为了笼络汉族的知识分子，下令叫各地举荐著名学者。顾炎武那时已是名闻天下，有人举荐他，都被他严词拒绝了。

顾炎武从45岁离家出走，整整在外漂泊了25年。晚年才定居在陕西华阳县，授徒讲学。公元1682年，顾炎武在旅经山西曲沃时，不幸患病，与世长辞。

曹雪芹与《红楼梦》

《红楼梦》是中国文学史上成就最高的长篇小说，他的作者是生活在清代乾隆年间的作家曹雪芹，续作者为高鹗。曹雪芹是我国伟大的现实主义作家。

曹雪芹（1715？—1763?），名沾，字梦阮，号雪芹。其先世本是汉人，但很早就成了正白旗内务府“包衣”，也就是皇室的“家奴”。这就确定了曹家的特殊的社会地位：一方面是家奴；另一方面，因为是皇室的家奴，所以与皇帝的关系还非常密切。曹雪芹的曾祖母孙氏，曾经做过康熙皇帝的乳母，康熙对曹家就特别的信任。1663 年，清政府设置“江宁织造”，这是一个负责为皇家提供纺织物的衙门。曹雪芹的曾祖父曹玺始任江宁织造，自此，曹家三代四人连任不断。由于康熙对曹家的信任，曹家几代江宁织造，除负责织造工作之外，还有特殊的使命，即作为皇帝的心腹和耳目密切监视着江南的情况，大则官吏、人民的动向，小则物价、气候和变化，一律直接奏明皇帝。曹雪芹的祖父曹寅做江宁织造时间最长，最受康熙信任。康熙 6 次南巡，有 4 次在江宁织造府驻留，并由曹寅接驾，使得曹家门庭生辉。当时的曹家荣华富贵俱全，盛极江南，曹雪芹在《红楼梦》中描写的贾、史、王、薛四府，实际上就是曹家等封建豪门的化身。

曹寅是当时的“名士”，能写诗、词、戏曲，又是有名的藏书家，著名的《全唐诗》就是由他主持刻印的。这样的家庭传统对培养曹雪芹的文学才能起了一定的作用。曹寅死后，曹喁、曹俯相继承袭职位，曹雪芹大概就是曹俯之子。其时清宫廷内部斗争异常激烈，雍正五年(1727)，曹俯因“行为不端”被株连，获罪落职，家产被抄。曹家被抄时，曹雪芹刚好13岁。少年时代的经历，对曹雪芹以后的创作产生了很大影响。

曹家被抄后，地位一落千丈。曹雪芹跟着父亲迁居到北京。乾隆即位后，曹家的地位略有好转。但四五年后，一场重大的政治风波，使曹家彻底败落了。曹雪芹从此由贵族公子沦为穷困的小市民。

曹雪芹经历了家势盛衰巨变，备尝人间冷暖。成年后，他流落到北京西山脚下居住，生活非常贫困。他住在一条“满径蓬蒿”的“僻巷”内，一家人常常靠喝粥过日子。有时，他想喝点酒，也没有钱去买，只得向酒店赊帐，常常受到当权的豪富贵人的“白眼”相待。曹雪芹身处厄境，却不事权贵。他心胸坦荡，喜酒健谈。曹雪芹就是在贫困的条件下，靠写文章、作画和行医度日。这也使他有更多的机会与普通劳动者接触，扩大了他的创作视野。

一年除夕，一个名叫于叔度的跛足贫民向曹雪芹述苦："我家断粮 3 天，现在又是寒冬腊月，我是借贷无门啊！我的孩子整天拉着我的衣服，跪在我膝下，又冻又饿，哭叫不休。唉，我是求死无路啊！"曹雪芹对于叔度的悲惨遭遇深表同情，便和于叔度商量谋生的办法。于叔度告诉曹雪芹："我见到有贵公子买只风筝就拿出数十金来。如果我能做风筝去卖，倒可以养活我一家几个月了。"多才多艺的曹雪芹就教于叔度扎风筝，解决了他的生活问题。后来，曹雪芹还专门写了一本《南鹞北鸢考工志》，专门介绍怎样绘扎风筝。他在这本书的"序"中说："我写书的目的是为残废而生活无着的贫民得到一个谋生的机会！"

曹雪芹在贫困中，增强了对封建制度黑暗、残酷、虚伪和必然崩溃的命运的认识，增加了他对受官府贵族欺凌压迫的劳动人民的深刻同情。他提笔写小说，立志要把自己对生活的独特感受、对人生的独特见解以及对社会时代的强烈批判表达出来。尽管他家经常喝粥断粮，但他仍然在作画出卖、与人畅谈、访问疾苦的余暇，伏案疾书，夜以继日地写作《红楼梦》。曹雪芹以"披阅十载，增删五次"的艰辛劳动，终于写出了不朽的《红楼梦》。

乾隆二十七年（公元 1763 年），京师流行天花病，曹雪芹非常宠爱的独生子也因患天花病而死去了。贫困交加的曹雪芹日夜思念儿子，经常痛哭，自己的病也加重了。这年的除夕，他终于“泪干而逝”，离开了这个世界。终年才48岁。他家里除留下一个年轻的妻子和几束书稿外，分文没有。他的好友们凑了点钱才把他草草入土安葬了。

《红楼梦》原名《石头记》。曹雪芹在世时，即以抄本流传。由于80回以后的文稿，在流传、借阅中“迷失”，所以在很长一段时间里，仅以80回流传。乾隆五十六年（公元1792年），高鹗把自己续写的后40回和经他作了改动的前80回合在一起，由程伟元以活版印行。于是世上才有120回的《红楼梦》。《红楼梦》在思想深度和艺术成就上达到的水平，在中国文学史上是罕见的。

《红楼梦》所描写的不是“洞房花烛夜，金榜题名时”的爱情故事，而是写贵族青年贾宝玉、林黛玉、薛宝钗的恋爱和婚姻悲剧。小说的巨大的社会意义，在于它不是孤立地去描写这个爱情悲剧，而是以这个恋爱、婚姻悲剧为中心，写出了当时具有代表性的贾、王、史、薛四大家族的兴衰，其中又以贾府为中心，揭露了封建社会后期的种种黑暗和罪恶，及其不可克服的内在矛盾，对腐朽的封建统治阶级和行将崩溃的封建制度作了有力的批判。

正是由于这种伟大的价值，200 年来，《红楼梦》广泛流传，以至于形成了一个蔚为壮观的“红学”研究作为一门专门学问。《红楼梦》被越来越多的人喜爱和阅读。

神州盛世

康熙帝继位后，虽然国内大局已定，仍面临数处困难，恢复和发展经济是稳定政治局面的重要环节，他在宫廷御柱上书写六个字：“三藩、河务、漕运。”三藩平定后，河务就提到日程。如果说土地是农耕民族繁衍的摇篮，那么水利就是农耕民族生息的源泉。治水修河，成了历代帝王的心患。康熙十六年康熙帝任命靳辅为河道总督，负责治理黄河。

靳辅是辽阳人，顺治年间入仕，先后担任编修、安徽巡抚、英武殿学士等职，一向勤勤恳恳，办事老练。他手下有一幕僚叫陈潢，生长于钱塘江边，深谙水性，在水利方面很有经验。靳辅在陈潢的协助下，用疏导和筑坝相结合的办法，黄河经过他十余年的治理，大有改观。康熙帝南巡时，特到黄河视察河务，看到靳辅在各河段修筑的减水坝，叮嘱道："减水坝原用以泄水，遇泛滥横流，安知今日减水坝不为他年之决口？且减水旁流，浸灌民田，当筹划措置。"靳辅也考虑到减水坝扰民不小，于是便提出开新河的办法。新开的中河既免减水坝淹民修补之苦，又提高了运输效率。康熙知道后，对他夸赞不已。

靳辅与陈潢在治黄工程的半途上不幸相继病逝。后来张鹏翮出任河道总督，又使黄河工程有了生机。康熙四十四年二月九日，康熙第五次南巡，又视察了黄河工程。他看到九里冈巍巍的大坝，治理得很理想，对张鹏翮非常满意倍加赞扬，特赐一把康熙亲笔提字的小扇，勉励他努力治河，为国分忧。经十几年的努力，使经常泛滥的黄河"水归故道，漕运无阻"，曾几度汪洋的苏北七州县的大面积土地得以恢复耕种。大运河免受黄河之灾，畅通无阻。漕运的恢复，使南北经济贸易繁荣起来。

康熙帝在位 61 年，六次南巡，虽说是游山玩水，以陶冶情趣，舒宫中政务繁忙之苦，但也不忘视察民间的疾苦，了解民情。在太湖游览时，对太湖冲刷土地之事，十分关心，了解得十分详细。然后，责令有关大臣进一步调查，制定出一个具体减免赋税的政策。

清初的皇帝深深感到明朝灭亡的一大主要原因就是苛捐杂税繁多。什么地、赋、人丁等税，还有什么“辽饷”、“剿饷”、“练饷”等名目繁多的军饷，再加上豪门、恶吏暴征乱派促使农民生活无望，纷纷起来造反，起义烽火越烧越旺，直至明朝灭亡。所以多尔衮进入北京后，首先废除了明朝一切不合理的苛捐杂税，对于乱摊乱派的贪官法吏、土豪劣绅予以制裁。康熙帝继任后，又在原基础上制定了更系统、更完善、较合理的赋税制度和征收办法。同时对因兵祸、天灾造成的疾苦，康熙帝还特下旨进行赈济。

在减免税收的同时，康熙帝又下令废除手工业工人的匠籍制度，准许他们自行开业，不再做官府的手工业奴隶。废除明朝以来的乐户、惰民等贱民身份，使他们同受良民一样的待遇。鼓励农民到边远、山区开荒种地。开垦出来的地，归开垦者所有，政府给发放印信，永准永业。开垦出来的地税，开始为免税 3 年，后又延为免税 6 年，个别偏僻之处，免税 10 年。对云贵等地区还允许官府雇工垦荒，边境驻军实行屯田。由于措施得当，全国耕地面积由康熙初年的527万顷，上升到851万顷。

康熙帝对工商业也十分重视。康熙二十三年（公元1684年）下令开放海禁，并和日本、朝鲜互通贸易。同时在广州、宁波等地建立海关，征收关税。江南纺织业随着农、商的发展也十分繁荣。由于康熙帝降低了纺织业的税金，促使纺织业蓬勃发展。

康熙帝在位61年，对外以强兵卫国保疆，对内多实施安抚政策，对有着正统思想的汉人则用儒家思想进行束缚，其政策有六项：

一、崇祀孔子，亲往祭典。国子监讲授程朱理学。

二、举“博学鸿词科”，笼络汉族名人名士。

三、开馆编写《明史》、《康熙字典》、《佩文韵府》等书，使文人志士才有所用，心有所想。

四、六下江南，召见名人雅士，体察民情民风。

五、开千叟宴，召见天下年过65岁以上的官员，以示满汉一体。

六、科举考试，恢复八股文，以笼络士人之心，收罗英才。

由此，帝业始固，社会稳定，边境安宁，随着农、工、商的发展，文化艺术也繁荣起来，诗、词、歌、赋、散文、小说、戏剧等争奇斗艳，这些作品大都是讴歌这一时期的太平景象。著名的戏剧《长生殿》、《桃花扇》，小说《聊斋志异》等等，虽然有些内容有一定的讽刺与鞭挞，但对清朝的统治还是有利的。这些作品发表后，流行很广，颇受百姓的喜爱。由此可见，康熙帝功业之显著，垂于青史，昭然后世。

清朝廷大兴文字狱

满清贵族统治全国以后，一方面重视、笼络知识分子，另一方面又对不利于其统治地位的思想文化，严加禁锢，进行思想统治。他们既努力学习汉族文化，又对当时文人的诗词文章特别注意。只要从中找出一些似是而非的东西，就指斥作品影射朝廷，因此大兴冤狱有时还株连九族。就连那些刻书、买书、卖书的人，也都会牵连受罚。人们把这类冤狱叫做文字狱。

清朝最早的文字狱，出现在康熙统治时期。

清代初年，文人们聚集结社的风气很盛，由于经历了明代覆灭的重大历史变动，文人们在诗文中往往要寄托他们怀念故国的情绪。所以，从顺治九年（公元 1652 年）以后，政府便不断颁布禁止文人结社的明令。康熙二年（公元 1663 年），浙江有一个叫庄廷龙的人，自己出资刻了一部《明史》。书中记有明末天启、崇祯朝的事迹，其中，自然有一些指斥满族人的字句。清辅政大臣认为这是大逆不道，下令严办。这时，庄廷龙已死，朝廷仍然不肯放过。他们刨出棺木，开棺戮尸，焚烧尸骨，不仅如此，还把他的兄弟、儿子、侄子以及为这部书作序、刻印、校对、发行、收藏的共 70 多人，全部杀害。受株连的多达 200 人，其中以聚集结社的文人最多。这就是中国历史上有名的文字狱“明史案”。康熙年间，还有沈天甫之狱、戴名世《南山集》之狱等文字狱。

到了雍正年间文字狱更加增多，也更加残酷。雍正三年（公元 1725 年）清朝开始对文人结社定下法例，严加究查。雍正一朝，对因文字罹祸的汪景祺、吕留良、曾静之等人实行残酷镇压，对当时的文人产生了很大的消极影响。

其中，最惨绝人寰的是雍正四年（公元 1726 年）的查嗣庭一案。查嗣庭是当时的礼部侍郎，他到江南去主持科举考试，出了一道八股题“维民所止”。“维民所止”本是“四书”《大学》中的一句话。清朝政府却在“维”和“止”两个字上找到了问题。认为“雍”字去掉“亠”，正字去掉“一”就是“维”“止”二字，所以，他们认为出题者是在暗中发泄要砍雍正皇帝头的思想。雍正皇帝知道后，勃然大怒，立即派人到江南，把查嗣庭押回北京，关进大牢。查嗣庭连气带病，死在狱中，雍正皇帝气恨难消，还命人把查嗣庭戮尸示众，把他的家属流放到至少 3000 里开外的地方去才算罢休。

吕留良是清初思想家。他称清朝为“北朝”，称明朝为“本朝”，主张分清“华夷之别”。清朝皇帝就是“夷”，必须把他们赶走。吕留良死后，他的著作传到湖南，被一个以教书为业的书生曾静读到了。曾静十分信服吕留良的说法，特地跑到吕留良家乡浙江去搜寻他的遗著。吕留良的儿子和门生把吕留良的遗著全部送给了曾静。曾静回到湖南，就开始传播吕留良的理论。他的一个学生张熙听了，也很信服，便自告奋勇到西北，找到川陕总督岳钟琪，劝他反清。岳钟琪能征善战，是清初的一员名将。据说他是南宋抗金名将岳飞的后代，张熙才想到去联络他。可岳钟琪生在清朝，当的又是清政府的地方大官，根本不想学祖宗岳飞抗击金兵，更没有恢复明朝的念头，他把张熙劝他反清这件事报告了雍正皇帝。

雍正皇帝得报，当即传下圣旨，把张熙、曾静以及吕留良的儿子、学生都抓起来，押解到北京听候处置。这一次，他决定不杀曾静、张熙，而是也写了一本书叫《大义觉迷录》。在这本书中，雍正皇帝承认清朝是“夷”。但是，他又说，皇帝是上天指派的，上天只问某人的“德”，并不问某人出生在什么地方。他又发挥说，舜就是东夷，周文王就是西夷。由于他们品德高尚，所以当了君主。雍正皇帝想以此说明“华夷无别”，自己虽是满人，却与舜和文王一样，是上天授给的皇位。他让人把《大义觉迷录》颁行天下，又赦免了曾静、张熙的死罪，让他们到南方各地去宣讲这本书。同时，却对吕留良等人毫不留情。吕留良已经死去几十年了，还要开棺鞭尸示众。又将他的儿子、学生、刻书藏书者连同他们的家属，一律处以死刑，孙子辈则流放到东北，给满族骑兵做奴仆。

乾隆时期，文字狱有增无减。据一种不完全的档案材料《清代文字狱档》，从乾隆六年（公元1741年）至乾隆五十三年（公元 1788 年），前后 48 年之间，共有文字狱 63 起。乾隆还不同意雍正皇帝的看法，觉得承认满族是“夷”不妥当。于是，把《大义觉迷录》列为禁书，全部收回，又下令把曾静、张熙再抓起来，凌迟处死。

1777 年，江西举人王锡侯注改《康熙字典》，在凡例中提到玄烨、胤祯的庙号及弘历的名字，没有避讳，被认为是“大逆不道”而被治罪；巡抚海成因为只是奏请革去王锡侯的举人，被指为包庇，革去了职务。

此外，乾隆皇帝还多次颁布禁令，对于那些不利于清朝统治者的“异端邪说”，一律加以查禁、销毁。据统计，仅从 1774 年到 1782 年 8 年中，全国毁书 24 次，538 种，13862 部。

清朝统治者大兴文字狱，和焚书坑儒一样，都严重阻碍了进步思想的传播和科学文化的发展。当时的知识分子一举手，一投足，稍不注意，就要得罪统治者。一些文人学士只好逃避现实，埋头整理古代典籍。清朝统治者极端专制主义的统治以及文人们“避世”的治学方法，使清朝的政治局面和学术思想越来越僵化，毫无生气。同时，大兴文字狱加剧了臣民的不满，对清政府产生了巨大的离心力，成为清王朝衰败的重要原因。

四皇子胤祯夺位

康熙帝是一个有作为的好皇帝，一生共有35个儿子，长大成人的有24位。长子允祚是妃子所生，二子允礽是皇后所生，而其母早逝，康熙帝比较喜爱他。允礽自幼聪慧，长成一表人材，在诸皇子中是姣姣者。康熙十四年立允礽为太子改名胤礽。过早地立太子确实也带来一些问题，一些附庸的势力小人为自己将来的前途，厚颜无耻的奉承太子，离间诸皇子间的关系，太子又受皇帝的偏爱，

性格难免起变化，乖戾的性格也逐渐暴露出来。胤礽二次被立，二次被废。

胤祚觉得自己虽是妃子所生，但是排行老大，太子的宝座是有希望得到的，因而频繁活动，不仅拉拢一大帮人支持自己，还用一种迷信的巫术来诅咒太子胤礽早点死。四子胤祚为人奸诈，颇有心计，他认为自己是在位皇后所生，胤礽被废，其太子之位则非他莫属。在宫内紧紧抓住原皇后的弟弟隆科多，二人关系确实不一般。此外，他还暗中交结权臣年羹尧。三皇子胤祉文武全才，为人忠厚，平日与胤礽关系不很好，对皇太子的位置无争执之心，他认为父子之间没有什么大事，即使不合，很快就过去了，所以他坚信将来皇位还是二哥的。八皇子胤禩虽是妃子所生，但知识渊博，文才出众，又善交际，很得一些大臣的拥护，所以他也积极活动，拉拢一帮人为自己鸣锣开道，争夺太子宝座。十四皇子允祯与胤祚一母所生，为人比较正直，也很干练，文武双全，坐镇西北对此事无所想……此时的诸皇子根本没有考虑什么国家利益、兄弟情谊，都想把太子宝座抢到手。这些事渐渐被康熙帝知道了，总想找个机会教训他们一番。

太子胤礽处处防备其他兄弟在皇上面前进谗言。为此，派人秘密偷听皇帝与诸皇子间的谈话。此事被皇帝发现，十分震怒。为此，于康熙四十七年八月，第一次将太子胤礽废除，同时将长子、三子、四子、五子、八子都分别囚禁起来，给予警告。

废黜太子，立刻引起朝臣们的注意。十一月的一次早朝，康熙帝提出立太子一事，话音刚落，立即有人启奏。按惯例每次皇帝发问，诸臣总是沉默、思考一下，才有人启奏。今日却反常，康熙帝一看启奏者竟是自己的岳父佟国维。佟国维保荐八皇子。他一讲完，诸臣立即附合都赞成立八皇子。康熙帝明白，这些大臣是被八皇子买通好的，所以急忙上奏。康熙帝威严地说："立嗣应遵长幼之序，嫡庶有别，被废太子胤礽排行老二，如今怎能一下子轮到老八头上呢?"诸臣听后哑口无言。

康熙帝退朝后思绪万千。得知大皇子允祚请蒙古喇嘛用妖术诅咒太子，又想胤礽死去的母亲，舐犊之情油然而生。七八个月后，又恢复了胤礽的太子之位。然而胤礽的确是一个扶不起来的太子，旧习不改，新病又犯，故技愈演愈烈。最后，康熙帝不得不忍痛再一次废胤礽的太子之位。这是康熙五十一年的事。这时的康熙帝已经是年近六十的人了，无论是精神、体质都难以经受这样地打击。

康熙六十一年十月康熙患病，这对一位69岁老人来说是非常危险的，这一点康熙帝是十分清楚的，而此时他所面临的还是皇位的继承人问题。经过反复考虑和比较，他认为唯有十四皇子允祯是合适人选。十四子为人很有修养，文韬武略都很好，大有作为。诸皇子争夺继承权时，他从不参与。所以康熙帝决定传位给十四皇子。此时，允祯正任抚远大将军驻防西北。康熙帝下密诏："传位十四皇子"，让他火速从西北赶回京师继承大统。不料此事竟被日夜守护在病榻前的顾命大臣隆科多所知，隆科多看后急急忙忙找四皇子胤祯商量。胤祯见到诏书后，反复琢磨，竟高兴得跳了起来，胤祯指着诏中的"十"字，小声地告诉隆科多。

康熙帝病重时，住在畅春园，隆科多以国舅身份始终侍奉在康熙左右，闲杂人等一律禁止入内，诸皇子也不例外。四皇子胤祯因隆科多的安排却始终在皇帝跟前。康熙帝虽然病体沉重，但还惦记着不久前曾派四皇子去发放赈灾粮的事，想了解一下情况，立即命隆科多宣四皇子。胤祯到御榻前详细地奏明了情况，康熙帝听后，点点头。沉默一会，康熙帝对四皇子说："儿呀！冬至即将来临，朕应到南郊举行祭天大礼，朕因病不能去。你代父皇去一趟!”四皇子觉得在这关键时刻不能离开，便迟疑起来。

康熙帝见状，心有所疑。自病重后他常见四皇子的影子，而很少见到其他皇子，心里更是疑惑，但由于病魔缠心也就踏实一些了。天有不测风云，人有旦夕祸福。十四皇子还未到，康熙帝的病越来越重。康熙六十一年（公元1722年）十一月十三日病势更重，稍微清醒点，命隆科多召诸皇子进见。隆科多故意将“诸”字误听为“四”，立即高喊：“皇帝宣四皇子进见!”胤祯早已等候多时，听到喊声，立即端起早已准备的参汤走了进来。康熙一见，仅四皇子胤祯一人，不由大怒，指了指隆科多，又指了指胤祯，然后随手抓起枕边一串佛珠，向胤祯抛去。说来也巧，正好套在胤祯的脖子上。胤祯赶紧跪下，康熙帝越发生气，但只说了一个“好”字，便驾崩了。隆科多一见，立即叫其他皇子一起入内，诸皇子一见父皇归天，不由得号啕大哭。隆科多却不紧不慢地说：“诸位阿哥，请暂且收泪，听我宣读圣上遗诏。”八皇子大声地问：“父皇有什么遗诏?”隆科多不慌不忙从袖中取出康熙帝上次宣十四皇子进京的诏书，大声念到：“朕决定传位于四皇子，着继朕登基，即皇帝位。”

原来胤祯上次看过诏书后，高兴的是将“十”字上添一横，下提一勾，竟变“十”为“于”。尽管诸皇子不服，但无人想到会有篡改遗嘱之事。况且胤祯的脖子上又戴着皇帝传下来的佛珠。到底还是三皇子胤祉老实、忠厚，第一个向四皇子胤祯跪拜：“臣服从皇帝遗诏，请陛下节哀！”其他皇子一见，无可奈何，也只好随声附和。就这样，四皇子胤祯登上了皇帝的宝座。

雍正过河拆桥

雍正帝自继位后，以严法治官吏，以重刑惩罪人，并且广布侦探，察人隐私，无孔不入。特别是他对宗亲骨肉之寡恩少义，不免使后世流言纷起，颇多恶名。

康熙帝去世后，罗卜藏丹津更加猖狂，自称达赖汗台吉，裹胁 20 万人打起反清旗号，到处烧杀抢掠。这时雍正帝刚继位不久，内忧未平，外患又起，但雍正帝果断地命年羹尧为川陕总督、抚远大将军会同四川总督岳钟琪进剿罗卜藏丹津。

年羹尧与岳钟琪均是战场上的宿将，富有战斗经验。年羹尧兵分两路，自带一路进兵疏勒河、巴塘、黑塘一带。命岳钟琪带领兵马攻镇南、西川、北川诸堡，抄其后路。年羹尧的先头部队因不了解地形，被罗卜藏丹津用诱兵之计骗入沼泽地，杀得大败。年羹尧得知消息后，命士兵每人准备两捆干草与木枝，夜袭罗卜藏丹津。罗卜藏丹津自以为有天然屏障，可高枕无忧，况且白天清军已被打得大败，丝毫没有防备，结果被清军杀得大败后而逃窜到郭隆寺，与胡必尔汗会合。还没等二人商好对策，岳钟琪大军已包围了郭隆寺，岳钟琪亲自指挥一举攻下郭隆寺。罗卜藏丹津与胡必尔汗夺路逃回老巢乌兰穆和尔。

年羹尧坐镇西北，拥兵自重、干预朝政。年羹尧自平定青海后，雍正帝封一等公，金黄服饰，三眼花翎，四团龙補。其儿子年富封一等男。连家奴魏之耀还是四品顶戴。可见权倾朝野。年羹尧进京时，声势浩大，众公卿跪接于广宁门外，然而年羹尧不屑一顾，竟扬鞭策马而过。在雍正帝面前，随随便便坐着，毫无君臣之礼。生性多疑的雍正帝岂能容忍太久。隆科多以拥戴之功，把持朝政，雍正帝继位之初，凡是下诏、传谕均称舅父隆科多，这岂能长久。雍正帝决定采取国师文觉禅师之计："只要师出有名，恃机而动，不怕过河拆桥。"

雍正帝头一个目标就是年羹尧，首先分化瓦解其内部，去其臂膀，先后将川陕官员中年羹尧的亲信全部调出，提高官职。然后收买其内部见利忘义的小人，或忠于朝廷者。年羹尧属下有个叫蔡珽的，是年羹尧一手提拔的，在四川任巡抚。年羹尧命其铸钱等，蔡珽都没有办，为此二人反目成仇，年羹尧罗其罪名将其撤职查办，上奏朝廷经刑部拟斩。雍正帝见到这份奏折，十分高兴，传旨亲自召见。雍正帝首先赦其死罪，然后详细询问四川情况。蔡珽感谢皇帝不杀之恩，遂将四川情况如实上奏，又将川陕情况及其所知又夸大其辞，并给年羹尧罗列数十条罪状，雍正帝心中暗喜，启用蔡珽为左都御史。

雍正三年二月天空出现"日月合璧，五星连珠"的奇观，人们认为这是祥瑞，纷纷上书皇帝表示庆贺。年羹尧也照样写一贺词，但却把"夕惕朝乾"，写成"朝惕夕乾"整个意思反了，雍正帝一见，十分震怒，认为年羹尧对皇上不敬，别有所图。立即下诏撤大将军之职，调任杭州将军。年羹尧接旨三日后方将印信交给岳钟琪。这时有个幕僚劝其造反，年羹尧沉默很久，方说："这事是办不成的，还是到杭州去。”谁知到杭州，雍正又下旨，夺去将军之职，令其看守诵金门。这时年羹尧方如梦初醒，不由得牢骚满腹，怨气冲天。

年羹尧一倒，朝中王公大臣精神振奋，纷纷上奏弹劾年羹尧的罪状。有的说他与静一道人邹鲁等图谋不轨；有的说他纵容汪景琪著《西征随笔》攻击朝廷；还告他擅调官兵捕郃阳盐枭时，枉杀百姓800余人……经刑部核实，其罪共92条，供词明白，依律当大辟，其父及兄弟、子孙、叔伯之子、兄弟之子年方16岁以上者皆斩，以下及妇女给功臣家为奴。雍正看到奏折后，略有所思，然后说：年羹尧有大功于前，姑且从宽，令其自裁。儿子年富斩首。余下15岁以上者充军边关。其父年遐龄、其兄年希尧革职免罪。

年羹尧虽死，但隆科多仍在，隆科多虽颇有算计，此时也不得不考虑自己的处境。想到皇上对他也起了疑心，更担心雍正帝的缇骑出没无常，于自己不利，赶紧向雍正帝提出辞去兼职的步兵统领。雍正帝见奏折立即批准，隆科多颇感踏实。他那里想到，他的一举一动，雍正帝都清清楚楚。

雍正五年，田文镜上书弹劾隆科多，接受年羹尧贿赂，对年羹尧有所庇护。雍正帝降旨，削去太保，革去尚书，令其去阿拦善山筑城垦地。据清史记载，隆科多把持朝政，权倾内外，而雍正帝无论是下诏或传谕，必称舅父隆科多，一时群臣不知所措。而实际是已有除去隆科多之意。田文镜有一幕僚邬先生，善阴阳八卦。有一次，问田文镜："不知大人想当一名有名的督抚，还是当一名平平庸庸的督抚?"田文镜说，必须当一名有名望的督抚！邬先生说，我代大人拟一奏折，内容你不必看，也别问，直接上奏给皇帝保证此事大成！田文镜很相信邬先生，将奏折呈上，事情果如所言。实际邬先生听田文镜每次上朝下朝所议论的宫廷诸事，才作出准确判断的。

隆科多发往阿兰善山后不久，都察院又上一本罗列隆科多的罪状：私钞玉牒，收藏于家；将圣祖仁皇帝御书贴在厢房，视为玩具；等等共计 41 款。雍正帝命缇骑去阿兰善山，将隆科多逮捕归案。念其是他的舅父，免其正法，囚禁于畅春园外面三间小房里。雍正六年隆科多郁闷而死。

实施仁政的治国之君

雍正帝虽然残酷多疑，但确实是一位治国之君。他不好声色，不尚奢靡，张廷玉说他每次见到皇上用餐时，从不掉一颗饭粒或饼屑。他经常教育厨师要珍惜粮食，不能浪费粮食。雍正帝日夜勤于国事，很少有人与他在一起。批阅奏折累了，唯一的消闲，就是独自饮酒、赏心或赋诗。他有一首诗，把自己描写得十分形象逼真：

对酒吟诗花劝酒，花前得句自推敲。

九重之殿谁为友，皓月清风作契交。

可见雍正帝真正是一个孤家寡人。实际他也有朋友，其中之一就是上面提到的张廷玉。张廷玉为人忠厚，文才出众。记忆力又好，皇帝的诏书、谕旨多出于他的手，是雍正的得力大臣，雍正视他为自己的手脚。有一次，张廷玉病了，没有来上朝，雍正帝对群臣说：“朕这几天手脚不舒服，干不了大事!”诸臣一听齐声说：“陛下龙体欠安，还是静养几日吧!”雍正帝听后，哈哈一笑说：“朕的肱股之臣张廷玉有病，岂不是朕的手脚不舒服吗?”群臣这才恍然大悟。

再一个是鄂尔泰。鄂尔泰为内务府郎官时，雍正帝尚是四皇子，那时正是诸皇子明争暗斗，争夺太子宝座之际。雍正帝曾多次召见鄂尔泰，但每次都遭到鄂尔泰的拒绝，他说：“皇子不可外交大臣，这是祖训。”雍正听了此话，不但没有生气，反而高兴地说：“此人竟敢以小小的郎官，遵守法制，拒见皇子。实在难能可贵”。由此，鄂尔泰在雍正记忆中留下深刻的印象。雍正帝继位后，把他先后派往云南、贵州、广西等地任总督。

云南、贵州、广西一带的苗、瑶、彝等少数民族的土司，历来是世代承袭的。在当地不仅有征赋税、摊徭役等权利，还有生杀大权，是典型的奴隶制度。有的土司更为凶残，任意杀人，将人杀死后，还向死者家属索要“垫刀银”，真是可恶之极。这些土司各霸一方，控制当地财、政大权，严重地危害了清朝的利益。为此，雍正帝命鄂尔泰对罪大恶极的土司严惩不贷。

鄂尔泰接到圣旨后，立即同部下几名将军研究，如果派大军硬攻，弊多利少，唯智取是最好的方法。首先他选择牛庄土司，这是一个十恶不赦的家伙，鄂尔泰派人混进土司的内部，里应外合，一举将其捉获，审讯后关进大牢。鄂尔泰觉得要彻底解决这个问题，必须“改土归流”废除土司制度，由朝廷命流官进行管理，使国家政令统一。为笼络安抚一些较好的土司，朝廷授于他们终身制的官职，但也要有流官的控制。鄂尔泰将此策奏明圣上，雍正帝同意这个办法。雍正六年（公元1728年）底，特授鄂尔泰为云南、贵州、广西三省总督，负责推行“改土归流”政策。

鄂尔泰接到皇帝御旨后，立即过云、贵、广一带土司进行调查分析。他认为如果要在这三省顺利地推广改土归流的政策，必须先除掉云南镇源的土司。镇源（今云南镇源县）土司刀翰，为人凶狠残暴，是这一带的顽凶。如果先除掉他，其他土司就比较容易治理。然而刀翰的大寨设防十分坚固，易守难攻。鄂尔泰仍采取分化瓦解里应外合的方法，首先用重金收买刀翰的亲信头目刀海做内应，然后分兵两路一举攻破镇源，并杀死刀翰。攻下镇源后，鄂尔泰在此设州县，委派流官管理。北部乌蒙土司，得知镇源已被攻破，十分惊慌，立即联合镇雄土司、泗城土司共同抗拒清军。广西泗城土司的军队还没有到，镇雄、乌蒙两寨已被清军攻下，并设置乌蒙府和镇雄县，安排好流官，然后挥师追击泗城土司。泗城土司闻讯后，自知难以抵抗强大的清军，只好乖乖地投降。鄂尔泰将泗城土司迁出另行安排，将其北部划给贵州，建永丰州设泗城府。接着乘得胜之师迅速地将梧州、柳州、庆远等地一一攻下，分别设州、府、县由流官统治。废除了土司的奴隶制度，使苗、瑶、彝等各族百姓脱离枷锁，在清朝的统一管理下，这些地区的社会治安稳定，百姓生活有了保障。这些地区的流官逐渐受到当地居民的欢迎。

雍正八年（公元 1730 年）鄂尔泰基本完成云、贵、广（西）三省的改土归流后，在盘江上修建一座由 20 多根碗口粗的的铁索拉起的桥，桥上铺设木板，建有阁楼，气势雄伟壮观。雍正帝得知后，命名为“庚戌桥”，以纪念鄂尔泰改土归流的功绩。

雍正帝继位后，依然面临着征收赋税的问题。他想要制定一个更为合理的既能保证皇粮、国税不减少，又对百姓有益的新办法。山东巡抚黄炳、直隶巡抚李维均等人提出的摊丁入亩的征税办法。他认为很可行，于是命李维均拟一个详细条文，核准后颁发在全国各地推行。

“摊丁入亩”制度在浙江钱塘县推行时，受到了以王敏、金煦为首的绅士、生员们的反对，他们集聚一千多人，将县衙围住，要求县官免去“摊丁入亩”这个办法，并威逼县官三天后给予答复。县官将此事上报浙江巡抚李卫字，李卫字深知“摊丁入亩”制度是经过皇帝慎重考虑后才推行的，这个办法是限富、利民又益国之策，决不能视同儿戏，决定派兵对闹事者进行镇压。三日后，王敏、金煦等人又集聚一千多人，声势更大，如果不停止“摊丁入亩”的实施，要砸毁县衙，正在这时，人群乱了起来，闹事者全被官兵包围起来。未等官兵动手，吓得这些人纷纷逃窜，金煦逃脱后躲在家里不敢露面，王敏等人被捉拿。经审讯后，李卫字将凡有官职的一律革去，关进大牢。经此镇压，这些富绅、生员再也不敢闹事了，因此法又对广大百姓是有好处的，所以后来推行得十分顺利。

“摊丁入亩”方法的实施，经钱塘县这样一闹，在其他地方推行反而顺利多了。继浙江后，山东、云南、福建、陕西、甘肃、江西、湖北、江苏、安徽等省也先后实施。乾隆继位后，在全国范围内继续实施。

雍正帝为皇子时，曾在杭州涌金门见一卖字的书生，此人不仅字写得非常好，而且谈吐不凡，才华横溢。雍正帝曾命他写一副对联，书生一挥而就，其中一秋字，书生竟将“火”字写于左面。雍正帝说：“这个秋字写错了。”书生举起一名帖说：“请看，没有写错!”雍正说：“你已经是秀才，为什么不去考举人，而在此卖字呢?”秀才说：“家贫需要养活妻子，故以卖字维持生活。”雍正听后，命从人拿出百两黄金说：“我做买卖赚了些钱，送给你去求取功名，是否够用啊?”书生十分感激，连说：“够用，够用。”雍正笑笑说：“如果考取状元，千万不要忘了我呀!”说完上车走了。

书生得到这笔资助，果然连考连中，直至翰林。雍正帝继位后，一日看到此书生的名字，想起往事，心中很高兴，想到这书生果有奇才，不负朕望。立即传旨召见，书生上殿后，雍正帝写一“和”字，竟将“口”字写在左边，问书生，可认识此字。书生说：“这个字写错了，口字应在右边。”雍正帝笑而不答。第二天，命书生奉旨前去浙江巡抚处报到。巡抚看过圣旨后，命书生前往涌金门卖字三年，然后再来供职。此时书生方恍然大悟。后来，这个书生无限忠于雍正帝，恪尽职守，勤劳国事，做出一番成就。

雍正元年，皇上在圣祖书中发现一道谕旨，盛赞明太祖，并寻找其后人量才授职。雍正帝看后，立即降诏明察暗访，二年后访得其后人朱之琏，观其人，觉得他很不平凡，遂授予一等侯，入正白旗，令其世袭，这对缓和民族矛盾起了一定的作用。

乾隆帝勤于国政

雍正十三年（1735年）秋天，58岁的雍正帝驾崩于圆明园。他的儿子弘历继位。弘历登基后任命允禄、允礼、鄂尔泰、张廷玉为辅政大臣，开始了他漫长而又辉煌的帝王生涯。

弘历继位后，第二年起改年号乾隆。这就是历史上有名的乾隆皇帝。乾隆帝勤于国政可与圣祖、世宗相比。他每日早朝必在五点准时开始，夏季时，天已大亮，而冬季，天还很黑，不论春、夏、秋、冬一律如此，从不误朝。为便于应付临时事物，命军机处大臣十余人，每晚一个轮流值班。又恐突然有事，一人办理有困难，又特安排一人早晨提前上朝协助办理（当时称作早班）。乾隆帝每日早朝为使诸人得知，从雍正十三年十二月二十四日起，由寝宫出来后，每过一门必放鞭炮一声，直到乾清宫。宫中值班者、太监、侍卫、杂役等，立即起来安排自己的工作。军机处十几人每五六天轮一次，已觉得辛苦，然而皇帝却天天如此，竟习以为常，诸臣既佩服，又不敢松怠。西部边疆用兵时，每次有军报来，虽半夜，也必须呈报皇上，乾隆亲自批阅，处理。紧急时还要召军机大臣商议，然后，起草诏书，一忙往往三四个小时，不得安睡。

乾隆帝继位后，缓和了君臣之间的关系。释放被禁锢的允祇、允祚等人。并封允祇、允祚为公爵。恢复允禩、允禵的宗藉，收入皇室家谱，废除阿其那、塞思黑的骂名。封自己的兄弟为亲王，尊母亲钮祜禄氏为皇太后，立富察氏为皇后。

摄政王多尔衮，率清军入关，辅佐顺治帝北京继位，缓和民族矛盾，定鼎中原，功勋显赫。只因权高位显，死后遭忌削其王位，驱逐太庙。饶余郡王阿巴泰平定河北，剿灭吴三桂，立下赫赫战功，只因与廉亲王允禩关系密切，革去王位。乾隆继位后，恢复了多尔衮睿亲王之爵位，命五世孙淳颖袭封，并命配享太庙。封阿巴泰为辅国公。又赦免查嗣庭、汪景琪家属无罪，命返回原藉。这几件事无论在皇室，还是在大臣中，都收到非常好的效果，众大臣齐声称颂乾隆帝为仁德皇帝。

乾隆帝对于有功之臣，除嘉奖、提升外，还下诏绘功臣画像，挂在紫光阁内。乾隆四十一年平金川，绘功臣像50 名。乾隆五十三年平台湾，绘功臣像 30 名。乾隆五十八年，平廓尔喀，绘功臣像 15 名，并亲自参加祭祀。

乾隆四十年，皇帝南巡时，曾在扬州祭祀史阁部，并赐谥忠正。两年后命扬州府在扬州梅花岭建祠纪念。乾隆亲自写诗凭吊，并命将其诗刻于碑上，立于祠堂前。

乾隆帝继位不久，正赶上山东平度县闹水灾，平地水深三尺，低洼处则汪洋一片。百姓们扶老携幼，拖儿带女向高处逃难。平度县知县颜希深，积极组织人力抢救，忙了两天两夜，没合一次眼，没吃一顿热饭。水退后，又面临解决灾民的吃饭问题。粮食县府各粮仓都有，但如果不奏明皇上，擅自开仓放粮，就是死罪；如果上奏皇上后，再放粮，往返公文的时间又将饿死多少人！颜知县决定宁可自己丢掉性命，也要为全县几万灾民着想，他将此事告诉了母亲。其母深明大义，赞成儿子的做法。颜知县得到母亲的支持，立即命令全县各粮仓全部开仓放粮，赈济灾民。

无家可归的灾民领到了救济粮，保住了生命，重建家园。灾民们拥到县衙高呼感谢颜知县，高呼皇恩浩荡。然而此事却激怒了山东巡抚，他一面具文上奏，一面命颜知县听参。当乾隆皇帝收到这份奏折，弄清了事情的真象后，将这巡抚痛责一顿，褒奖了颜希深，并告诫诸臣，再遇到这类问题，允许先斩后奏。并下旨提升颜希深为莱州知府，其母封三品夫人。

乾隆帝为了能多了解一些民间实情，常常微服出行。一天，到西清古鉴馆看看，这西清古鉴馆乃是乾隆帝命梁诗正办的，专为朝廷缮写文件的地方。到室内一看，只有一个人伏案抄写，其字工整隽秀。抄写者抬头一看，进来一人，仪表不凡，相貌堂堂，真是大家风度。但不是本馆人又不认识，马上站起来说："相公请坐！"来人问："怎么只有你一人在抄写啊?"抄写者说："相公，今日是八月十三日，馆中都去参加乡试，故剩我一人。"来人问："为何你不去呢?"抄写者说："馆内不可无人，一旦朝廷有什么文件要抄写时，馆中无人，岂不误了大事吗！所以我没去！"来者问其姓名，藉贯等。原来抄写者是常州杨瑞莲，是梁诗正的亲戚，写得一手好字，篆字隶书都写得非常好，但在家乡不得志，为此，到京投奔亲戚梁诗正。梁诗正把他安排在此馆做缮写官。二人正谈得有兴趣时，伴驾人寻到此处，跪下请皇上回宫。杨瑞莲听说是皇上，马上跪下磕头请罪。乾隆帝含笑而去。

第二天早朝，乾隆帝问梁诗正：梁爱卿你亲戚杨瑞莲老实忠厚，字又写得好，没去参加乡试，朕赏一个举人给他！"梁诗正一听马上跪下磕头谢恩。杨瑞莲抄写文件有成绩，后来乾隆帝就派他去湘潭当了县官。做了县官的杨瑞莲仍是老老实实，忠诚可靠地办事。为此，很不得上司青睐。所以遭到上司的参奏，乾隆帝看到奏折后，很生气地说："杨瑞莲是一个诚实人，朕是清楚的！"说完，将奏折扔在地上，这位上司讨个没趣，没丢掉官，就算他万幸了。

乾隆十二年，驻金川的莎罗奔叛清，乾隆帝调张广泗为川陕总督，进剿金川叛逆。张广泗原是鄂文瑞部将，作战勇猛，屡有战功。张广泗奉命后，调兵3万分两路进击，一路势如破竹，副将马良柱更为骁勇善战，乘胜直攻匪巢克逊，贼兵屡次请降，均遭张广泗的拒绝，务必全部歼灭。但张广泗忌妒马良柱的战功，竟将其调回，改派别将，使贼众有可乘之机，一举反攻，使得胜之师成为败将之军。张广泗对此又密而不报，继续向朝廷要兵、要饷。乾隆帝对此有所怀疑，一面宣诏启用岳钟琪，一面派大学士讷亲为经略前往支援。讷亲原本勤于国事，处事用心，思路敏捷。往往有些事常与皇帝想到一起。为此，很受乾隆信任。然而一旦得宠，人就变了，自以为是皇亲，有才学，骄横起来。这次身为监军，本应为皇帝分忧，与将士同心合力，将贼兵剿灭，然而讷亲自恃才高，蔑视张广泗。张广泗也瞧不起这样一个无军事才干的监军，由于二人不和，且又中了莎罗奔弟弟的诈降计，使两军相持半年毫无进展。

乾隆帝为此事大怒，下旨将二人逮捕下狱。命傅文忠为经略率八旗劲旅，又从黑龙江调来一支大军归傅文忠指挥。乾隆亲自为其祝酒送行。傅文忠与岳钟琪两军会合，以精锐之师戮叛贼，屡战屡胜，迫使莎罗奔携子投降。金川之战遂告捷，乾隆帝于京郊黄新庄迎接凯旋大军。封傅文忠为忠勇公，赐双眼花翎，复岳钟琪旧爵。

福康安进兵西藏

乾隆帝是有作为的皇帝，在他执政期间，各民族间和睦团结，但仍有一些地方发生动乱，威胁清政府的统治。

乾隆五十一年（公元1788年），台湾天地会数千人在林爽文、庄大田的领导下，其人数越来越多，攻城夺县严重威胁着清朝的统治。台湾总兵柴大化一面坚守，拼命抵抗；一面上奏朝廷、请求派兵协助剿灭天地会。乾隆帝得知后，一面嘉奖柴大化等固守有功的将士，一面派镇远大将军福康安率兵援台。

沙场宿将福康安善于用兵，而部下海兰察又是其得力战将。二人经过周密研究，制定一个声东击西的作战计划。在佯攻天地会的根据地大理杙庄的同时派精锐兵将偃旗息鼓，直奔被天地会包围的嘉义县。林爽文中其计，分兵回救大理杙庄。结果被福康安逐一击败，林爽文、庄大田被杀。台湾天地会剿灭后，乾隆帝命福康安为两广总督，坐镇广东，封海兰察为超勇公。乾隆五十六年（1791年）廓尔喀入侵西藏，乾隆又命二人前去攻打廓尔喀军。

廓尔喀部落大约在18世纪中期兴起，于现今尼泊尔境内，建立了一个野心勃勃的王朝。曾在乾隆五十三年（公元1788年）强占聂拉木，朝廷派巴忠前去交涉，要求归还聂拉木，而巴忠竟擅自答应每年给廓尔喀交纳白银近一万两，这样才把聂拉木救回。事后又隐瞒此事，此后廓尔喀每年都派人向西藏索要此款。而西藏达赖与班禅对此事根本不知道，为此廓尔喀大怒，准备派兵入侵西藏，要求赔偿这几年的银子。

乾隆四十五年六世班禅进京为乾隆祝寿，不幸死在承德，其兄仲巴呼图克图与其弟红帽喇嘛沙马尔巴一向不合，而其兄仲巴呼图克图护送班禅遗体回西藏时又把乾隆赐给班禅作为殡葬用的金银珠宝全部占为己有，更引起其弟沙马尔巴的不满，沙马尔巴不顾国家与民族利益，投靠廓尔喀，并唆使权臣巴都尔沙入侵西藏，以求达到个人的目的。于是巴都尔沙在乾隆五十六年二次入侵西藏，乾隆得知此事，立即追问巴忠，巴忠畏罪自杀。乾隆帝了解清楚情况后立即调两广总督福康安为将，超勇公海兰察为参赞，率大军入藏征讨廓尔喀军。

廓尔喀军得知清军大队人马前来支援十分恐慌，抢掠后大队人马匆匆逃回本国。福康安命海兰察率军继续追剿，海兰察乘廓尔喀军不备，越过一条狭窄的险路，直攻敌营打得敌人措手不及，狼狈逃窜，很快将敌人全部赶回廓尔喀境内。

廓尔喀权臣巴都尔沙回本国后，立即下令拆掉铁索桥，认为有此天险，清军是不会过河的，海兰察一面命部分骑兵沿河扎营以稳军心。命令另一部分士兵，乘黑夜绕至上游，伐木作筏偷渡过河，当廓尔喀军发现清军时，已来不及抵抗了，只得纷纷溃退下去，海兰察挥军直下，连克廓尔喀数城，迫使廓尔喀拉特纳巴都尔派使臣，向福康安投降，表示再不敢冒犯天威。

福康安郑重地说："你们如真心求和，第一把掠夺扎什伦布寺的财物全部交还。第二将祸首沙马尔巴交出。第三今后每五年向天朝进贡特产一次。"使臣一一接受。并于第二天又送来牛、猪、羊各百头，米二百石以及果品、糖茶、酒等犒劳清军。

福康安接受廓尔喀交来的降表后，撤兵转回西藏，受到八世达赖和七世班禅的热烈欢迎，大犒三军庆贺胜利。福康安与达赖、班禅共同商议制定了一个《西藏善后章程》，就班师回朝了。

乾隆帝对廓尔喀外邦的入侵西藏，坚决给予还击，表明了清政府对西藏问题的正确立场。西藏历来是中国领土必不可少的一部分，不容异邦随意入侵或诋毁。福康安率军彻底征服廓尔喀，维护了西藏主权，其功绩昭示后人。

下江南开腐败之风

25 岁的乾隆皇帝即位后，励精图治，很有作为。他觉得他的祖父康熙皇帝注重休养生息，可是政策过于宽松放纵了；他的父亲雍正皇帝整顿纲纪，但是清除异己，政策又过于严苛了。他吸取了他们的长处，摒弃了他们的短处，采取刚柔并济，一张一弛的治国方法。

乾隆在位的六十年中，保持和发展了康熙、雍正时期的势头，所以后世人常常把他和康熙皇帝、雍正皇帝并称，把他们在位的一百多年说成是清朝的鼎盛时期。当时，清朝经过康熙、雍正两朝的恢复和发展，社会经济空前繁荣。全国耕地面积比顺治年间增加了三分之一，已达到六百余万顷。人口也达到3亿。城市里店铺林立，街市繁华，已经恢复到明代的水平。

当时国库充裕，乾隆皇帝有恃无恐，连年用兵。在取得了一些胜利以后，他十分得意，自诩为“十全武功”、“十全老人”。乾隆皇帝自以为在政治、军事上取得了了不起的成就，陶醉在一片赞扬声中。他四处游山逛水，在位六十年，就六次游江南，四次谒祖陵，五次游五台山；到曲阜祭孔、到河南告诣嵩山的次数不可胜数，更不用说每年还要到承德狩猎了。

各地地方官为了投皇帝所好，每次接圣驾都要大大排场一番，有时候一次就花去二三十万两银子。乾隆皇帝每次乘船顺运河游江南，运河两岸都搭满了戏台、彩棚，沿海排列着无数彩船。他的龙舟及大大小小的随行船只共有一千多艘，都由青壮年民工和年轻妇女拉纤，称为“龙须纤”。

扬州是商人云集的地方，奢靡成风。为了接驾，更是挖空心思地露富摆阔。城里的大街小巷，都铺上了锦毡，路两边挂着绸帐，开湖堆山，建楼造园。行宫里的一切器物，都豪华无比，就连痰盂都是用银丝镂嵌而成的。除了游山逛水，对女乐、珍宝、饮食、宫苑等等，乾隆皇帝也无所不好。

花费最大的是庆寿大典。乾隆皇帝在自己的母亲过六十岁生日的时候，下令在从西华门到西直门外高梁桥的十里长街上，张灯结彩。每隔数十步就搭一个戏台，这边是霓裳曲，那边是羽衣舞，南腔北调，鼓乐喧天。朝廷大臣和地方官员竞献厚礼。广东地方官献了一个翡翠亭，高三丈，宽两丈，屋瓦全部用孔雀毛制成，五彩斑斓。湖北地方官献的黄鹤亭，重檐三层，全部用的是七八尺高的玻璃砖。这次做寿，各地献的金佛，就有上万尊之多。乾隆皇帝特地命人建了三层楼陈列金佛，称为万佛楼。

乾隆皇帝奢侈过分，就连朝廷的一些大臣也看不下去了。有一个官员到江苏去办事回来，乾隆皇帝召见他，询问江南民情如何。那个官员鼓起勇气说：“皇上南巡之后，百姓生活甚苦，怨声载道。”乾隆皇帝一听这话，脸色大变，厉声斥问：“百姓生活苦，你说出来谁生活苦；怨声载道，你说出来谁有怨言！”不等那个官员分辨，就把他赶出朝堂，贬到新疆戍边去了。有个大臣劝乾隆皇帝说：“皇上每到一处巡幸，地方官一味奉承，残害了百姓不浅。”乾隆皇帝大怒，非要杀那个大臣不可。多亏朝廷大臣一再讲情，才把那个大臣免官了事。

随着统治阶级享受欲望的不断膨胀，官僚们的贪污也到了惊人的程度。特别值得一提的是大学士和珅。这个深得乾隆皇帝重用的人贪财好货，植党营私。各级官吏都趋炎附势，对他百般奉承，大量进献贿赂。因此在全国形成了一张贪污网。谁要碰一碰这张网，就会引起一场明争暗斗。

山东巡抚刘国泰是和珅的心腹，他挪用了十万两白银的公款。御使钱沣掌握了确凿的证据，在朝廷上弹劾刘国泰，说他勒索下属，挪用公款。乾隆皇帝见钱沣说得有根有据，心里疑惑，就命令和珅和钱沣同去查核。钱沣这个人很有心计，他接到命令以后，换上旧衣破帽，提前秘密出发了。他刚走到良乡，就看到有一个脑满肠肥的奴仆打扮的人一路上勒索钱财，任意驱使地方官，十分狂妄。钱沣暗中一打听，原来那人是和珅派往山东的信使。钱沣记下那人的相貌，一路上细心察访，过了几天，在那人回来的路上把他抓住了。钱沣从那人身上搜出刘国泰给和珅的信，信上写着借款填补库银亏空的事，用了很多暗语。钱沣当即把信密封好，派人专程上奏给皇帝。

后来，和珅和钱沣先后到了山东。开始，和珅还想收买钱沣，送给他名贵的裘皮。钱沣不买他的帐，拒绝了他的厚礼。和珅见势不妙，也不过分包庇刘国泰。等他们回京复命的时候，乾隆皇帝拿出刘国泰的那封信，说："朕洞察秋毫，你们不用再奏了。"马上下令把刘国泰处以死刑。

不久，内阁学士叫尹壮图的，上奏乾隆皇帝说："地方上的总督和巡抚大多声名狼藉，各省的银库，被他们侵吞了很多。"乾隆就派了一个满族大臣和尹壮图前往各地查验。尹壮图是个书呆子，没有钱沣那么机智。那个满族大臣受到和珅密嘱，每到一处都想方设法拖延时间，让地方官借好银子补足，才开始查验。他们从山西大同开始盘验，由此向南，先后到了直隶、山东、河南等省，都没有查出亏短。结果，尹壮图犯了妄言之罪，丢了官。而清朝官场的风气也愈来愈腐败了。

乾隆的奢侈使其他贵族官僚、地主豪绅上行下效，追求享乐，成了一种社会风气。清江浦的河道总督衙门，每逢宴会，就有二十多样豆腐做的菜，肉菜则有四十多种。一盘豚脯，要用十头猪，一盘鹅掌，要几十只鹅。驼峰一味，要宰杀三四只骆驼，更不用说那些猴脑、鲁羹了。他们饮食的浪费，已经远远超过“富人一顿饭，穷人半年粮”的程度。

纪晓岚总纂《四库全书》

雍正二年（1724 年）六月十五日午时，清朝大学者，著名文学家纪昀（字晓岚）出生在直隶献县一个富贵的官僚士大夫家庭。献县（今河北省沧县河涧一带）在清朝前期，人才辈出，纪晓岚 4 岁起便读书习文，从小就受到了良好的教育。一同上学的七、八个人中，他年纪最小，却是最聪明的一个，私塾老师非常喜欢他，对他的要求也格外严格。

纪晓岚天资聪颖，顽皮淘气，流传下来许多有关他的故事。有一年冬天，纪晓岚在课间，趁老师不在，做起了滑稽表演。手拿一把破扇子，一扭一扭地学起了村里演大戏时傻老婆扇扇子的样子，惹得满堂大笑。这时，正巧一个南方的书客路过这里，被这滑稽的场面所吸引。他看到晓纪岚穿着棉衣棉裤，手中却摇着扇子，觉得好笑，一时书生气十足，便说："你这个样子，颇象一联。"纪晓岚见是一南方人，随回答道："怎么讲法?"那书客便吟道："穿冬装摇夏扇糊涂春秋。"纪晓岚不加思索，脱口回敬："居南方来北地什么东西。"对仗工整，言辞辛辣，南方书客扫兴而去，身后引来一阵哄堂大笑。

有一天，他放学回家，经过一家酒店，偶然瞥见店里的帐房先生汗流不止，手忙脚乱，觉得很有趣。他走进里面才知道，原来是帐房先生有一笔帐出了差错，可无论怎样也找不到错在什么地方。纪晓岚拿过帐本仔细看了一遍，然后三下两下把帐本撕了个粉碎。这一下帐房先生可急了，抓住纪晓岚不依不饶。纪晓岚笑了笑，推开帐房先生说："这本帐目太破旧了，我再给你写一份新的，顺便把错处改过来。"

帐房先生将信将疑，他把新帐本、笔、砚摆在纪晓岚的面前。纪晓岚提笔"唰唰"地写了起来，不一会儿工夫，一本新帐目写好了。帐房先生望着这个小学童，竖起了大拇指。

纪晓岚 21 岁时参加了河涧的府试，成绩优异。24 岁时又参加了顺天乡试，又以超群的才华赢得了第一名。这一段时期，他潜心研究考证学，博览群书，打下了扎实的基础。

乾隆十九年（1754 年）三月，31 岁的纪晓岚参加了会试，廷试为二甲第四名，赐进士出身。按照大清科举制度规定，新选进士除一甲三名授修撰及编修外，另外再选一部分有文学书法的特长的进士，入翰林院庶常馆学习，称为翰林院庶吉士。乾隆二十二年，纪晓岚庶吉士学习期满，成绩优异留馆授编修。

从此以后，纪晓岚开始走上了春风得意的仕途。他先后出任山西乡试正考官、会试同考官、顺天乡试同考官，并视学福建。直至乾隆二十九年（1764）纪晓岚的父亲病故他才返乡守丧。三年期满，他携带家眷又回到京师，补授为翰林院侍读。这一年正月，纪晓岚奉诏续修《通志》，深得乾隆帝的赏识。乾隆三十三年四月，纪晓岚升任翰林院侍读学士。

天有不测风云。这一年发生了两淮盐引案，这是乾隆年间的大案之一。其中牵扯到盐运使卢见曾，他勾结盐商，收取贿赂，侵吞公款且数额巨大。在查办过程中，发现卢见曾事先得知了消息，把资财藏匿起来，于是乾隆帝严令追查走漏消息之人，负责此案的正是刘统勋。刘统勋是纪晓岚顺天乡试时的副考官，性情刚直，因赏识纪晓岚的才华，使之成为第一名并上奏给乾隆皇帝。他与纪晓岚师生情意甚浓。但他并不因此而徇私情，经查正是纪晓岚走漏了风声。

原来纪家与卢家是亲戚，纪晓岚的女儿嫁给了卢见曾的孙子。纪晓岚因泄密报信一事在乌鲁木齐度过了二年多的谪戍生涯。这件事对他的思想、性格、处世态度影响很大。回到京师后，他的内心充满了矛盾，深感世态炎凉，仕途险恶，但他又不想隐身出世。所以他终日以书为伴，苦心研读。

乾隆三十七年（1772 年），乾隆帝降旨，购访民间遗书，提倡对古籍进行整理和考据。派军机大臣为总裁，挑选翰林等官，选定员数，详定条规，专司查校，编纂《四库全书》。

由刘统勋极力推荐，纪晓岚担任了总纂官。纪晓岚非常敬佩这位恩师、严师，他尽心尽职，招揽了当时许多著名的学者参加编修，深得乾隆帝的赏识。十一月，纪晓岚被补为翰林院侍读。

乾隆四十七年（1782 年）第一部《四库全书》告成，贮于文渊阁。《四库全书》总计存书 3470 种，79016 卷；存目 6819 种，94034 卷。后又陆续缮写六份。十一月，第二部缮写完成，贮于盛京文溯阁；乾隆四十八年（1783 年）第三部缮写完成，贮于圆明园文源阁。乾隆四十九年（1784 年）第四部缮写完成，贮于热河文津阁，另三部贮于扬州文汇阁、镇江文宗阁、杭州文澜阁，底本仍贮翰林院内。

《四库全书》是我国历史上乃至世界历史上规模最为

宏大的一部百科全书式的大丛书，它基本上囊括了乾隆以前中国古代的重要著作，许多珍本秘籍因《四库全书》的编修才得以保存下来，这是一项极为浩繁的工程，素有“千古巨制、文化渊薮”的美称。

“和珅跌倒，嘉庆吃饱”

乾隆在位的时候，很宠信一位叫和坤的大臣，和坤是怎样发迹的呢？这有些来历。

一次，乾隆帝准备出外巡视，叫侍从官员准备仪仗。官员一时找不到仪仗用的黄盖。乾隆帝十分恼火，问：“这是谁干的好事？”官员们听到皇帝责问，吓得张口结舌。有一个青年校尉在旁从容不迫地说：“管事的人不能推卸责任。”

乾隆帝侧过脸一看，那个校尉眉目清秀，态度镇静，乾隆帝心里高兴，把追问黄盖的事也忘了，问他叫什么名字。那青年校尉回答，名叫和珅。乾隆帝又问他的家庭情况，读过哪些书，和珅也无不对答如流。

乾隆帝十分赞赏和珅，马上宣布他总管仪仗，以后又派他当御前侍卫。和珅是个非常伶俐的人，乾隆帝要什么，他件件都办得十分称心；乾隆帝爱听好话，和珅就尽说顺耳的。日子一久，乾隆帝把和珅当作亲信，和珅也步步高升。不出十年，从一个侍卫提升到了大学士。后来，乾隆帝还把他女儿和孝公主嫁给和珅的儿子。和珅跟皇帝攀上了亲家，权势如日中天。再加上乾隆帝年老力衰，朝政大事，就自然落在和珅手里。

和珅受到乾隆的恩宠，不断加官进爵，而和珅也利用这份恩宠不断地贪污受贿，中饱私囊。

乾隆想仿效康熙巡游江南，派和珅负责监造龙舟车驾，和珅派人到各处收集名贵木料，征召工匠，把龙舟造成十分华丽，花去银子无数，其中大部分进了和珅的腰包。

和珅又借机到各地通报皇上巡游之事，要地方官做好迎接工作。地方官接到公文，吓得不得了，怕接待不周，就拼命贿赂和珅，和珅也借机向地方官索贿，这次巡游使和珅积累了财富无数。云南总督李侍尧，仗着是乾隆的红人，不受和珅的指使，没有向和珅行贿，和珅即向乾隆告发李侍尧贪污索贿，吏治废弛，乾隆将李侍尧革职。

不但接受贿赂，而且公开勒索；不但暗中贪污，而且明里掠夺。地方官员献给皇帝的贡品，都要经过和珅的手。和珅先挑最精致希罕的留给自己，挑剩下来再送到宫里去。好在乾隆帝不查问，别人也不敢告发，他的贪心就越来越大了。

有一回，有个大臣叫孙士毅，从南方回到北京，准备朝见乾隆帝，正巧在宫门口遇到了和珅。和珅一见孙士毅手里拿着一只盒子，就问："你手里是什么东西？"孙士毅说："没什么，是一只鼻烟壶。"

和珅走上前去，不客气地把盒子抓在手里。打开一看，那只鼻烟壶竟是用一颗大珠子雕刻出来的。和珅拿在手里，看了又看，嘴里连声啧啧称赞，涎皮赖脸地说："好宝贝！就送给我，怎么样？"孙士毅慌忙说："哎，不行了。这件宝贝是准备献给皇上的，昨天已经奏明皇上了。"

和珅脸色一沉，把珠壶往孙士毅手里一塞，冷笑着说："我不过跟你开个玩笑，何必那样寒酸相！"

孙士毅把那只珠壶献给了乾隆帝。过了几天，他又跟和珅碰在一起，只见和珅得意扬扬地说：“我昨天也弄到一件宝贝，您看看，能不能跟您上次进贡的那只比?”

孙士毅走过去一看，原来就是他献给乾隆帝的那只珠壶。孙士毅嘴里随口应付了几句，心里想，这件宝贝怎么会落到和珅手里，一定是乾隆帝赏给他了。后来，他偷偷打听，才知道和珅是买通太监从宫里偷出来的。

和珅利用他的地位权力，千方百计搜刮财富，一些朝臣和地方官员，知道他的脾气，就尽量搜刮珍贵的珠宝去讨好和珅。大官压小吏，小吏又向百姓层层压榨，百姓的日子越来越难过了。

乾隆帝在做满六十年皇帝后，传位给了太子颙琰（音yóngyǎn），颙琰即位，就是清仁宗，又叫嘉庆帝。

嘉庆帝早知道和珅贪赃枉法的情况，因为他是太上皇的红人，对他的所作所为依旧忍着，朝廷大臣也不敢参奏。嘉庆四年（公元1799年），乾隆帝一去世，大臣一上奏，嘉庆帝马上把和珅逮捕起来，命他自杀；并且派官员查抄和珅的家产。

和珅的豪富，本来是出了名的，但是抄家的结果，还是令人大吃一惊。长长的一张抄家清单里，记载着金银财宝，绫罗绸缎，稀奇古董，多得数都数不清，粗粗估算一下，大约值白银八亿两之多，抵得上朝廷十年收入。嘉庆亲自处理了这桩贪污案，他也不觉暗暗心惊，自古以来，即便是晋朝以奢华著名的王恺、石崇，也不及和珅的千分之一。自然，那查抄出来的大批财宝，都让嘉庆帝派人运到宫里去了。事情传开后，民间就有人编了两句顺口溜讽刺说："和珅跌倒，嘉庆吃饱。"

女英雄王聪儿

18 世纪末期，中国正处于清朝乾隆皇帝统治的"盛世"时期，但在这"隆盛之势"的背后，却隐藏着巨大深刻的社会危机。

和珅掌权的时候，清王朝十分腐败，地方官吏贪污横行，百姓怨声载道。当时，在湖北、河南一带，白莲教又盛行起来。有个安徽人刘松，到河南传教，利用给百姓治病的机会，劝人入教，后来被官府发现，流放到甘肃去。

刘松的徒弟刘之协和宋之清逃到湖北，继续传教。他们宣传说，清朝快要灭亡，将来会出现新的世界，入教的人都可以分到土地。当地的贫苦农民受够地主剥削的苦，渴望得到土地，听了这个宣传，纷纷参加了白莲教。

参加白莲教的人越来越多的消息，惊动了乾隆帝。乾隆帝命令各省官府捉拿教徒。一些官吏本来是敲榨勒索的老手，趁机派出差役，挨家挨户地查问，不管你是不是教徒，都得拿出一笔钱来“孝敬”他们。有钱的出钱买命，没钱的穷人就被抓到监狱里拷打，甚至送了命。武昌有个官员向百姓敲榨勒索不成，罗织罪状，受到株连的有几千人。不论教徒或没入教的，都被迫害得家破人亡，对官府更加切齿痛恨。

白莲教首领刘之协到了襄阳，召集教徒开会商量。大家道：“这个世道，真是官逼民反了！不如索性造反吧。”经过一番商议，决定用“官逼民反”的口号，发动群众起义，并且派出教徒分头到各地去联络。

公元1796年，也就在嘉庆帝即位那年，白莲教徒在湖北宜都、枝江等地举行了起义。襄阳地方有个白莲教首领齐林，原定在元宵灯节起义，不料走漏了消息，遭到官府的袭击，齐林和一百多个同伴被杀害。

齐林有个年轻的妻子叫王聪儿，原是个江湖卖艺的女子，从小练得一身武艺。她决心给丈夫和起义的同伴们报仇，就和齐林的徒弟姚之富一起，重新整顿起义队伍，不出一个月，就组织了一支四、五万人的起义军。王聪儿和其他首领一起率领队伍，到处打击官府，惩办贪官污吏。

当王聪儿在湖北起义的时候，四川、陕西的白莲教徒也起兵响应。起义的火焰在三省广大地区蔓延开来，一些贫民、流民，都参加了起义队伍。

嘉庆帝一看起义军声势越来越大，慌了手脚，连忙命令各地的总督、巡抚、将军、总兵等大小官员，派出大批人马镇压。可是那些大官、将军们只知道贪污军饷，不懂得怎样打仗。

王聪儿分兵三路，从湖北打到河南。起义军打起仗来不但勇敢，而且机动灵活。他们在行军的时候，不整队，见了官军不正面迎战，不走平坦大道，专拣山间小路走，找机会袭击官军。他们又把兵士分成许多小队，几百人一队，有分有合，忽南忽北，把围剿他们的官军弄得晕头转向，疲于奔命。

王聪儿的起义军在湖北、河南、陕西流动作战，打击官军。第二年，在四川跟那里的起义军会师。

嘉庆帝见官军围剿失败，气得脸都红了，大骂王聪儿是罪魁祸首，又下了一道诏书把一些带兵的将军们狠狠地训斥了一通，撤职的撤职，办罪的办罪，并且严厉督促各地将军集中兵力，围剿王聪儿起义军。

清军将领明亮向嘉庆帝献了一条恶毒的计策，要各地地主组织武装民团，修筑碉堡。起义军一来，就把百姓赶到碉堡里去，叫起义军找不到群众帮助，得不到粮草供应。这种做法，叫做“坚壁清野”。嘉庆帝下令各地采用这种计策，起义军的活动果然越来越困难。

清军在川北一带围攻王聪儿。王聪儿摆脱清军围攻，亲自带领二万人马攻打西安，不料在西安遭到官军阻击，打了败仗；再打回湖北的时候，明亮率领官军紧紧追击。起义军后面有官军，前面又有地方武装民团的拦截，终于在郧西（在今湖北省，郧音 yún）的三岔河地方，陷进敌人的包围圈。

王聪儿临危不惧，指挥起义军退到茅山的森林里，准备组织突围。官军发现了，又围住茅山，从山前山后，密密麻麻地拥上来。起义军经过顽强抵抗，终于失败。王聪儿和姚之富眼看突围不成，退到山顶，纵身从陡峭的悬崖上跳下来，英勇牺牲。

女英雄王聪儿牺牲后，各地起义军继续进行反抗官府的斗争。清王朝共花了九年工夫，才把这场大起义镇压下去。但是，清王朝经过这场严重打击，从此一蹶不振。

嘉庆帝死后，他的儿子旻宁（音 mín）即位，就是清宣宗，也叫道光帝。道光帝即位后，清王朝越来越衰落，西方资本主义国家乘机加紧侵略，民族危机越来越严重。到了公元 1840 年，也就是道光帝即位的第二十年，爆发了鸦片战争。

从这以后，中国从封建社会一步步变为半殖民地半封建社会，英勇的中国人民为了反对资本帝国主义侵略，反对封建统治，前仆后继，开展了不屈不挠的艰苦卓绝的斗争。中国历史进入了一个新的时期——近代史时期。

乾隆帝寸土不让

清朝自康熙继位以来，国势日愈强大，到乾隆年间各国与清朝互通来往，不但有亚洲诸国，还有欧洲一些国家，其中英国也想插入这一行列，但它是唾涎神州的地大物博。为此不断派人通过商谈贸易之事，来窥视清朝的虚实。

乾隆帝83岁生日时，除王公大臣还有各国使臣、商人前来祝贺，英国派一名外交老手马戛尔马尼身兼特殊使命也来祝寿。乾隆帝在避暑山庄举行盛大庆典，招待各国贵宾。

马戛尔尼是七月底到达天津的，在直隶总都宋肯堂的陪同下，一行数人来到避暑山庄。宏伟壮丽的避暑山庄使英国使团赞不绝口。惊叹宫殿的雄伟、设计的巧妙。

马戛尔尼一行人，听说大清皇帝马上接见他们，真有些受宠若惊，然而听说按中国礼节进见，傲慢之态又表露出来。陪同的微瑞说："我皇英明，威震四海，谁不称天朝威武。皇上对那些不服从天朝法度的外夷，是不能以礼相待的，请贵使考虑！"马戛尔尼听微瑞话语坚定有力，不由一怔，马上用缓和的口气说："能否按我国见君主以单腿下跪的礼节叩见？"微瑞说："等我奏明皇上，看是否可以，再答复你。今日贵使团是不能叩见皇帝了，请休息！"说完命人将马戛尔尼一行人带去休息。

马戛尔尼碰了一个不软不硬的钉子，心里很着急；一直等两天才得到回话：皇帝不能单独接见你们，只好等到八月十三日庆典时与各国大臣一起进见。马戛尔尼一听，傲慢之心早已无影无踪了。

八月十三日是乾隆皇帝 83 岁大寿，这一天在避暑山庄万树园举行庆寿大典，前来祝寿的王公大臣，各国使臣早早就来到万树园等候，这时红日初升，霞光四射，乐声大震，金鼓齐鸣，乾隆帝乘坐 16 人大轿，在众侍卫的簇拥下，缓缓进入万树园。此时祝寿人一齐跪下，高呼："祝陛下万寿无疆！"这隆重壮严的场面，使马戛尔尼情不自禁的跪下双膝行中国的三拜九叩大礼。

乾隆帝下轿后，健步走进澹泊敬诚殿，接见前来祝寿的王公大臣和各国使节。待乾隆在御座上坐稳，祝寿者一一献上寿礼。英使马戛尔尼代表英国女皇也献上价值 1.3 万英镑的礼品，同时也得到乾隆帝回赠英国女王的玉如意和赠给他个人的礼品，这时马戛尔尼看到乾隆帝虽年过八旬，然而精神饱满，目光炯炯，不怒自威，又禁不住双膝跪下高呼："祝皇帝陛下万寿无疆！"祝寿后，乾隆帝举行盛大宴会，招待诸王公大臣及各国使节，并观看歌舞、杂技、焰火等。

第二天马戛尔尼准备找微瑞请求交涉两国谈判问题，

微瑞说："皇上谕旨，请贵国使团先期返回北京。"马戛尔尼无奈只好唯命是从，然而返京中又不顺利，使团人员因不服水土，连续死掉三人。乾隆帝得知此事后，心里非常嫌恶，认为英吉利不吉利，命大学士和珅传旨，让英国使团离京回国。和珅会见马戛尔尼时，直接了当地告诉他："皇上对你们不远万里，前来祝寿，非常高兴。但又怕你们不习惯北京的寒冷天气，特谕使团即刻回国。"马戛尔尼一听，犹如一瓢凉水浇头，但很快镇定下来说："承蒙大皇帝垂念，我们非常感激，便还有一事相烦禀报大皇帝。"和珅说："有什么事，请说。"马戛尔尼提出两国派使臣常驻各国；要求在天津、宁波等地扩大通商；想在舟山或广州划一块地让他们居住。和珅一听竟提出这么多的要求，回答："等我禀报皇上以后，再做答复。"

过了几天和珅通知马戛尔尼："你提出的问题皇上作了口谕：'准许在澳门开设洋行，至于额外贸易之事，与天朝法度不合，不准进行。至于划地一事，天朝法制森严，尺地寸土，俱归版藉，疆址森然，即岛屿沙洲，亦必划界分疆，各有专属。此事尤不便准行。'"马戛尔尼一听，心灰意冷一切无望，只好灰溜溜地回国。

然而老奸巨滑的马戛尔尼由北京南下到广州一路上，

十分留意沿途情况，搜集了不少重要经济资源、水陆交通和军事等方面的情报，探听了中国虚实，为侵略中国作了准备。

天理教起义

嘉庆十八年，即 1813 年，嘉庆皇帝离开了北京去了避暑山庄承德，准备在那里花天酒地，整日歌舞不休，过得舒适安逸。就在此时，竟发生了一场几乎使清朝统治灭亡的大事。

这就是天理教起义。

天理是白莲教的一支，又称八卦教。教徒在河北、河南、山东、山西、北京等地都有，分布很广。北京的首领叫做林清。林清是北京大兴人，幼年做过武将家的小僮，学得一身好武艺，他住在北京郊区宋家庄的姐姐家里，为人仗义，见识又广，而且慷慨大方，不受钱财，很受当地人敬仰。林清尤其口才很好，善于鼓动群众，吸引了许多人入教。

河南天理教的首领叫李文成，为人很有抱负，并且有勇有谋，也受到当地人的极力推崇。林清就前往河南找到李文成，与他共商起义大事。李文成建议把山东天理教的首领找来，一起商谈。冯克善是个很有心计的人。他一到来，就告诉林清、李文成说嘉庆皇帝不在京城，正在避暑山庄。

“那正是起义的好机会，我们一同来商量一下，可万万不能错过了好时机呀。”李文成小声地说道。林清接着说：“我想好了，口号就是‘二八中秋，黄花落地’。中秋节就是起义时间，‘黄花落地’指清朝统治灭亡了。”

李文成高兴地拍着手掌说：“我们组织好人马，在同一天起义。冯兄夺取山东，林兄攻占北京，我在河南发动。然后三军在北京会师，叫嘉庆皇帝跪地称臣，清朝统治就结束了。”

李文成送林清冯克善以后，就组织教徒积极打造兵器。因为时间紧迫，大家都干得十分卖力。有一天晚上，李文成对几个打造兵器的弟兄说：“这段时间，大家起早贪黑地干，十分辛苦。我们今天就早点儿休息，大家喝点酒，预先庆祝胜利吧。”

于是，李文成派人摆上酒菜，围坐在一起喝起酒来。喝过几杯，大家都有了几分醉意。这时一个人高声地念起八卦的口诀来，其他人来了兴趣，竟高声喊起“二八中秋，黄花落地”的口号来了。没料到，县里一个小官叫刘斌的从朋友家喝完酒出来，路过谢家庄。他听到吵吵闹闹的声音，就站下来听了一会儿，竟把起义的口号听了个一清二楚。刘斌吓了一跳，赶紧回去报告知县。知县名叫强克捷，是个新上任的官，对县里的情况也不了解，对天理教的情况一无所知。听到报告后也不敢采取行动，就让刘斌把事情报告给太守。

太守听了不以为然地笑道；“河南的人穷，有几个强盗抢劫有什么大惊小怪的?”强知县听了这话依然不放心，他就又派了些人去探听。过了一会儿，就有人回来报告：“我们探得以李文成为首的天理教，到处招兵买马，还造了许多武器。”强克捷一听，知道这事情紧急，赶紧又派人向太守报告。太守却依然不急不忙地劝他们不要鲁莽。

强克捷却想这事发生在自己管辖的范围内，倘若真有点事情，皇上怪罪下来，自己是逃脱不了责任的。于是他想不如赶紧去抓几个首领来。晚上，李文成正在屋里休息，一群兵丁冲进来，他根本没有来得及躲，就被活捉走了。李文成的妻子李四嫂，见丈夫被抓，知道事情有了泄露，马上就找首领们商议。结果，李四嫂带领大家冲进城去，杀了刘斌，赶走了强知县，把李文成救了出来。就这样，起义被迫提早 9 天发动了。起义群众推李文成为真主，教徒们纷纷响应，声势很快壮大。嘉庆皇帝正在避暑山庄行乐呢，听到这个消息，吓得赶紧返回北京。

住在北京的林清，却并不知道李文成起义的消息。到了中秋节那一天，林清按早就规划好的，把攻打皇宫的人分作两队：一队从东华门进攻皇宫，一队从西华门进攻皇宫。义军首领摇晃着小旗，指挥义军搭人梯爬墙。

形势十分紧迫，二皇子绵宁哆哆嗦嗦地拿了一杆鸟枪爬上城墙，看见义军已从人梯上爬上来了，他定定神，举起枪，义军应声落地，这时候镇国公奕灏带着 1000 多人赶来了，义军与他们展开了激烈的战斗。无奈寡不敌众，逐渐败下去了。这一夜，皇宫中乱成一片。王公、妃嫔、太监、宫女，都哭哭啼啼地缩在屋子的角落里，心惊胆战，还不敢烧火做饭，只好饿着肚子，不知是凶是吉。

天亮时候，有几个突围出去的义军赶紧去报告在那里等候消息的林清。没想到庄亲王绵宁已经探知林清的情况，抢先一步，用计把林清抓走了。在北京起义的天理教徒，至此已完全失败了。

在河南起义的李文成，仍然在那儿与官军对阵，抗击着上万官军。官兵见无法打退李文成，就采用围城的办法。李文成于是同妻子李四嫂分兵两路。李四嫂带兵坚守，他自己则带着一部分兵士退到深山老林里去了。这里深山老林，路径弯曲，李文成在这山中指挥起义军与官兵拼命死战，杀死无数官兵。不料官府见难以取胜，就命令放火烧山。一时间，浓烟滚滚，火映红了半个天空。李文成见无法逃身，就纵身火海，在烈火中殉难。

李文成率领的起义军覆灭后，官府的重兵就转移到城内。因为这是一座古城，城墙坚实厚重。于是有人建议用炮轰，有人建议掘地道。地道快要挖成的时候被起义军发现了，赶忙运水往地道灌，阻止了官兵的进攻。没想到他们竟在地道里装上炸药，配合四面攻城。只听一声巨响，城墙倒塌了，官兵蜂拥而进。在城里的起义军，仓促之间与官兵们展开肉搏战。起义军在城内已被围困了很久，已经疲乏不堪了，然而大敌当前，大家都奋勇杀敌，毫不退让。李文成的妻子李四嫂挥舞双刀，率领义军们奋不顾身地左冲右突，杀了上千名敌人，最后因为人数太少，势单力薄而渐渐败下来。李四嫂也身负重伤。她深知官兵们残酷的行径，即使活着被抓去，终究不免一死，为了少受侮辱，李四嫂自刎而死。其他义军首领大多数自杀了。河南的天理教起义也以失败告终了。

林清、李文成等人领导的天理教起义缺乏明确的目标，带有浓厚的迷信色彩，他们把希望寄托在侥幸取胜上，所以很快就失败了。但是他们神奇般地攻进了皇宫深处，英勇无畏地与最高统治者直接进行战斗，是汉唐宋明以来从未有过的壮举。

这次事变像一把利刀刺进清王朝的心脏，使它流血不止。这次事变对清王朝的统治是一次强有力的震憾，令清王朝的统治者想起来就心惊胆战，不寒而栗。

中国近代

在16世纪以前，中国一直是世界上的先进国家之一。然而，当诸多西方国家进入资本主义时代之后，中国相对地落后了。1840年发生的英国侵略中国的鸦片战争，把中国社会的进程明显地划为两个不同的时代。这一年，即为中国近代史的开端。

鸦片战争前的中国社会，是封建制度一统天下，是英国率先发动侵华战争，使中国开始向半殖民地半封建社会转化。割地赔款，外患迭至，内忧不断。1854～1864年的太平天国农民运动沉重地打击了清政府统治。这之后，清王朝左宗棠、张之洞等人开展过以捍卫封建统治的洋务运动，亦收效甚微。1894年，中国在甲午战争中战败后，列强掀起了瓜分中国的狂潮。面对民族危亡，资产阶级改良派维新运动，反帝的义和团运动，都先后失败了。《辛丑条约》签订后，中国完全成为没有自主权的半殖民地国家。

1911 年，以孙中山为代表的资产阶级革命派发起的辛亥革命，推翻了清政府，结束了中国长达两千年的封建帝制，创立了资产阶级民主共和国。但是中国旧有的社会性质并未改变。

龚自珍忧国忧民

清朝从嘉庆、道光王朝以后，国势越来越衰落了。一些关心国家命运的知识分子不甘心一味埋头读苦书。他们奋然而起，在社会上发出震荡人心的喊声，希望人们振作起来，为国家的重新振兴而作出努力；也希望当权者不要再浑浑噩噩地过日子，而要进行一场彻底的政治改革。开创这种风气的代表人物，就是著名思想家和文学家龚自珍。

龚自珍的家在杭州西子湖畔。他从小就显出超过一般人的聪颖，12 岁的时候，开始跟随外祖父段玉裁学习。他最爱读的书是北宋大政治家王安石的《上仁宗皇帝书》，他一边认真地读，一边恭恭敬敬地抄写，前后居然抄写了 9 遍。当时还是少年的龚自珍就立下了远大志向：要向王安石一样，改革社会弊病。

因为龚自珍平日里读书刻苦努力，所以参加科举考试连连得中，20 多岁就在北京做官。那时候，国事十分衰落，危机四伏，可是许多文人只会写文章颂扬“盛世”，以便谋取功名富贵。但年轻的龚自珍却不肯那样，他读过古今许多书，看问题、议论事情都十分精辟、透彻，而且他还专门喜爱研究社会政治、经济问题，把自己的学问叫做“天地东西南北之学”，可见他研究问题的深刻和广阔。龚自珍还在许多文章中呼吁要进行政治改革。他认为祖宗留下来的法制弊病很多，应该行动起来，进行变通改革。这样，社会才能进步。

后来龚自珍考中进士。在殿试的时候，他效法王安石的《上仁宗皇帝书》，请求进行变法。他在文章中大胆提出自己的观点，文字十分尖锐。阅卷大臣看了以后大惊失色，一口咬定他的书法不符合考试规格，把他的文章从优等拉了下来。

龚自珍这样极力主张变法、改革，当然不符合统治阶级的心意。所以他做官 20 多年，一直只当些小官，根本得不到升迁，而那些整日溜须拍马的官僚们反而做着高官，拿着丰厚的俸禄，他们都叫龚自珍为“龚呆子”。可是在社会上，龚自珍已经是很有名气的文坛大师了。他的诗词和散文都写得非常好，在社会上广为流传，他还同当时著名学者和政治家林则徐、魏源等是好朋友，经常在一起谈论国事，或者谈论诗词，互相勉励。龚自珍作为文坛的大师，常有年轻人来请教，他就从头说起，细细道来，从来不认为是麻烦，他讲解得那么细致，有时听者都疲倦了，而龚自珍却依然侃侃而谈。

还有一年初夏，龚自珍到郊外看见有一片盛开的芍药花，美丽动人。龚自珍看得不忍离去，就在花旁坐下来，拿出一壶酒高兴地喝起来了。过了一会儿，有个人从这里经过，龚自珍看他穿着普通人家的衣服，神情淳厚，不问分说就把那人请来喝酒，一边喝酒一边高声歌唱。刚好有一个龚自珍的朋友路过，也被拉来喝酒吟诗。于是三个人一块儿开怀畅饮，十分痛快。从这件小事上，我们可以看到龚自珍豪爽、奔放的性格，同时我们也知道龚自珍在黑暗的官场被压抑太久，所以他对这样自由、美好的生活极为向往。

那时候，英国正非法向中国输入鸦片，毒害了人民，而且换走大量白银。国家国库空虚，人民的钱财也被搜刮一空，生活更加艰难，而且鸦片毒害人民的健康。龚自珍看见苦难的祖国由于鸦片的输入而更加虚弱，他坚决主张禁烟。后来，他听说道光皇帝派林则徐为钦差大臣到广东去禁烟，喜出望外，马上给林则徐写一封长信，帮他出谋划策，还表示愿意同他一道去广东，协助林则徐禁烟。林则徐是龚自珍的老朋友了，他知道龚自珍的一片爱国之心，而且也了解龚自珍的才能，内心非常希望龚自珍同他一起去广东禁烟，拯救中华民族，然而当时朝廷内外昏庸无能，还互相排挤，局面很复杂，林则徐虽然理解龚自珍的一片心意，但也只好回信婉言谢绝了龚自珍的一番好心。

林则徐走了以后，龚自珍再也不愿过那种官场生活。一方面他的才能、抱负无法得到施展，想报效祖国都没有办法，看着国家越来越衰落下去，他却只能在一旁叹息，另一方面是官场腐化、奸臣、小人当道，整日歌功颂德却不会为民办事。龚自珍决定辞官回家。第二年 4 月，龚自珍雇了两辆车，一辆车上装着他珍爱的 100 部书，一辆车自己乘坐，袭自珍一人独坐在车中，想起自己怀才不遇、报国无门。从小就苦读经书，满腹才学，本想通过考试做官后，为祖国兴盛作出自己的努力，却屡屡遭到小人排挤，自己又耿介忠诚，反倒不能被委以重任，现在年纪大了，悄然返回家乡，真是无限的感慨。龚自珍一路吟咏不绝，把自己当时的感触和对往事的追忆，写成了许多感人的诗篇。

他的一首催人奋进的诗是这样写的：

九州生气恃风雷，
万马齐喑究可哀。
我劝天公重抖擞，
不拘一格降人才。

在那“万马齐喑”的社会里，龚自珍的诗像一声惊雷，使人惊醒，让人沉思。要使国家振作起来，靠的是一场变革，而现实的黑暗又让他心情沉重。

不久，龚自珍回到杭州老家，在书院讲学。两年之后，这位掀起近代改革风潮的思想家和文学家因病去世。

振国威虎门销烟

清王朝自顺治帝入关以来，经康熙盛世，雍正严治，乾隆十全武功，达到天下大治。但目光短浅的官吏们，只看到本国的盛世，邻国的依附，却没有发现远隔万里之遥的欧美诸国的发达经济。自视其国威日振，疆土愈固，朝

野上下皆傲然自大，视外国一律为夷。自称天朝，锁关自守。而吏制败坏，贪污成风，使中国由强逐渐向弱转化。

乾隆末年，来中国以通商为名的英国特使马戛尔尼，在乾隆帝那儿没有捞到好处，他们并不死心。经过多年处心积虑的探索，终于找到了撬开中国大门的钥匙，他们从罂粟花中提炼出一种有毒的麻醉品，经火煎烤，散发出一种香味，使人吸之，迷迷腾腾，精神兴奋，像是一种享受。一旦上瘾，则很难戒掉。

自从鸦片输入中国，开始是一些商人、士绅、官宦子弟吸食成瘾，后来，逐渐扩大到一般平民，士兵中也有一些吸上瘾，特别是士兵，被外国人耻笑为“双枪”士兵。吸食鸦片不仅有害个人健康，甚至断送生命；更重要的是严重损失国家的经济利益，促使大量白银外流。

嘉庆末年，皇帝派人前去东南沿海一带调查。据查，嘉庆初年，输入中国的鸦片仅有三四千箱，而现在增加到七八千箱。每箱鸦片从印度购买才200多印度卢比，到中国后每箱销价竟高达十三四倍。有利可图，就促使英国商人想尽一切方法向中国倾销。而中国的一些不法贩子勾结败坏的官吏狼狈为奸，组织了鸦片输入销售一条线，使鸦片源源不断地输入中国，中国的白银就滚滚向外流去。由于白银外流，银价上涨，铜币贬值，迫使百姓生活愈加痛苦。嘉庆末年，朝廷已处于内忧外患之中。

嘉庆帝责令两广总督进一步查明鸦片的来源及走私的情况，并采取有效措施。两广总督逮捕了一些鸦片贩子，找到了鸦片贩卖的据点，同时也了解到鸦片贩子偷运鸦片所采用的各种各样的卑鄙手段。此事上奏朝廷，嘉庆皇帝甚感吃惊，为确保国家白银不再外流，缓和农民的反抗情绪，巩固大清的统治地位，嘉庆帝与诸大臣商讨禁烟办法。然而嘉庆皇帝已是有心无力之人了，禁烟措施还没想好，竟于嘉庆二十五年秋撒手人寰，其二子旻宁继承皇位，就是道光皇帝。

道光初年，禁烟办法实施得仍不得力，鸦片的输入有增无减，白银也成倍地外流，中国的社会经济开始了急剧的变化。鸦片给中国带来的严重后果，整个综合国力都遭到严重破坏。清政府已清楚地看到鸦片将摧毁自己的统治。

面对此状，道光帝决心采纳汤金钊的建议，诏命林则徐为钦差大臣，节制广东水师，赐尚方宝剑，有先斩后奏的生杀大权，前往广州禁烟。又特赏黄马褂，可在紫禁城骑马，并严厉告诫穆彰阿等人："从今以后若仍有主张弛禁，严惩不贷!"

林则徐，福建侯官（今福州）人，自幼聪明好学。20岁中举，27岁中进士，为官20多年，忠心耿耿，办事干练，官风清正，铁面无私，不久前由江苏巡抚擢升为湖广总督。湖广一带是鸦片走私猖獗地区之一。自林则徐上任以来，对走私鸦片的人绳之以法，捣毁其窝点，严惩其窝主，缴获烟枪5500多件，烟土1.2万多两，狠狠打击了走私鸦片的嚣张气焰。

道光十八年十一月十五日受皇命后的第八天下午，钦差大臣林则徐动身去广州。临行前又入宫陛辞，然后上路。亲朋好友相送直到永定门。龚自珍因病不能前来，特派家丁匆匆送来一封壮行信。

道光十九年一月二十五日（公元1839年3月10日）林则徐到达广州，前来迎接钦差的官员在两广总督邓廷桢的率领下，恭候在码头的迎宾台两侧，正中摆着香案，四周有士兵守卫着。船越来越近，绣有斗大"林"字的大旗，渐渐靠近天字码头，这时水军提督关天培下令鸣礼炮十九响。林则徐在众士兵的卫护下，来到前来迎接的众官员面前，首先认出邓廷桢和关天培，关天培武举出身，任广东水师提督，为人耿直，秉性忠厚，也是一位禁烟的骨干人物。三人寒暄后，林则徐将道光圣旨供在香案上，率领众人三拜九叩，然后宣读圣旨，从此林则徐、邓廷桢、关天培三人合作全力禁烟。

胸有成竹的林则徐，首先肃清走私、包庇、纵容贩毒的贪官污吏。抓住靠鸦片发了横财而又十分猖狂的伍绍荣。伍绍荣原是个买办，上下勾结，走私鸦片，发了横财，花钱买了个三品道员，混入官场，作官后更加肆无忌惮、做恶多端。

伍绍荣自林则徐到广州后，已是寝食不安，自知罪孽沉重，罪责难逃。他被抓到衙门大堂后，立即瘫软在地，如实招认其罪恶：替英酋包销鸦片 1 万多箱，获赃银 10 万两。林则徐历数其罪恶，依律处斩了伍绍荣。

林则徐杀吴绍荣，又警告了 20 余名贪官污吏，肃清了内贼后利剑直指英酋。英国驻中国的商务监督义律，是一个阴险毒辣的家伙，一向在中国贿赂贪官，专横跋扈，袒护本国不法商人。这次在中国贩卖鸦片的最大商人是查顿和颠地。查顿闻讯后，在林则徐到广州前几天已悄悄溜走。而颠地靠义律撑腰，又不甘心失去发财的机会，与义律勾结，千方百计地对抗林则徐禁烟。

他们以少充多，企图蒙混过关。义律让颠地交出 1100 箱鸦片，而颠地实际上才交出 1037 箱，将更多的鸦片隐藏，拒不交出。林则徐派参将李大纲，前去洋行警告颠地，并让他转告义律，不交出全部鸦片，是过不了关的。义律闻讯，知道此计不成，立即召集全体英商，商议对策。什么贿赂、美人计、软泡硬磨、暗杀等等都是些下策，无济无事，最后义律决定诉诸武力。而这些商人又都怕事情闹大，自家生命难保。

义律拒不交出鸦片激怒了广州人民，他们自觉地拿起刀枪，将英国洋行团团围住。林则徐下令，将洋行的中国雇员撤出，派 1000 余名士兵将洋行包围，逼迫义律交烟交人。颠地被吓得趁黑夜悄悄溜出洋行，准备逃往澳门。然而四面八方都是愤怒的中国人，他最后被人们从水中擒获，装在麻袋里。第二天，颠地在威风凛凛的钦差大堂上，老老实实地交待了罪行。并表示愿意交出全部鸦片。林则徐严肃地警告他，这次放你回去，并告诉义律，如果再不交出全部鸦片，将断绝你们的粮、米、水，直到全部交出为止。

颠地回到洋行，如实转告义律。义律望着眼前狼狈的颠地，无奈，只好将鸦片两万多箱共 237 万斤全部交出。林则徐、邓廷桢及广东巡抚怡良，一起赴虎门验收，并严重警告这些外商必须低头认罪，保证今后再不做鸦片生意。

林则徐望着这堆积如山的鸦片，心里十分高兴，这是战胜英酋的重大胜利。上对得起皇上，下对得起百姓。林则徐命人起草奏折将此胜利喜讯奏明皇帝，并请示处理方法。

道光皇帝接到林则徐、邓廷桢、怡良的联合奏折，非常高兴。立即传谕：鸦片数量之多，不易运送到京，免生意外，着就地销毁，并谕沿海居民及外商在销烟时，前去观看，以震中华神威。

道光十九年四月二十二日（公元 1839 年 6 月 3 日）广州城大街小巷贴满了布告：皇上命钦差大臣林则徐于四月二十二日在虎门烧毁鸦片，着沿海居民外商前来观看。

这一天，虎门彩旗高悬，锣鼓震天，无数百姓扶老携幼，从四面八方拥向虎门，如同过年一般，一些外国商人，也集聚在看台周围观看这一空前盛况。

看台上，林则徐威风凛凛，坐在中间，左右两侧，坐着邓廷桢和关天培，还有怡良，余保存等人。林则徐神采奕奕地转向关天培说："开始销烟！"关天培大声传令：

“钦差大人有令：销烟开始！”霎时，万众欢腾，士兵们将鸦片与石灰掺在一起，倒入烟坑，然后放进海水，顿时气泡翻滚，浓烟冲天，散发出一股呛人的气味。200 多万斤鸦片，整整烧了 23 天。这些鸦片终于全部被销毁了，就连池子里剩下的黑渣，也都被冲进了大海。

林则徐的销烟运动取得了胜利，可是义律那些英国人是不会善罢干休的。不久，这些侵略成性的恶人便把这当成借口，发动了罪恶的鸦片战争。

林则徐联民抗英

虎门销烟，极大地鼓舞了中华民族，也振奋了道光皇帝。但如何加强防御，他根本没考虑，反而认为这次胜利，英国人再也不敢捣乱，可以过太平日子了。他又听从穆彰阿一班佞臣的唆使，将邓廷桢调任闽浙总督，两广总督由林则徐担任。二人虽相处一年，但志同道合，成了莫逆之交。分别时，相互勉励，愿使两地遥相呼应，禁烟之心，矢志不谕。他们相互的赠言，林则作是：“铜墙铁壁，威武不屈。”邓廷桢是：“携手并肩，遥相呼应”。二人为国为民筑起从闽浙到两广的钢铁长城。

林则徐虎门销烟的胜利，给英酋以沉重地打击。他料定英酋义律一定不会善罢甘休。为此，上奏道光皇帝拨款维修炮台，购买大炮。但昏庸无能的道光只看到眼前的胜利，认为这是多此一举。林则徐决心自筹资金，做好战争准备。各衙各部每位官员，在林则徐的倡导下，纷纷捐助。对那些发了鸦片之财，而又不愿捐助的人，林则徐就强迫他们捐助。有了钱，林则徐命关天培抓紧维修炮台，并把新购置的200门大炮，安装在最关键之处，把虎门装配得如铜墙铁壁一样。

在布防虎门炮台同时，关天陪又组织了大批水勇（如同现在的民兵）。同水师官兵一起进行操练，相互配合，联合作战。促使广东水师的力量更加强大。

义律果然不出林则徐所料，并不甘心失败，更不舍得中国这块肥肉。他发现有几艘英国商船不夹带鸦片，进入珠江口时，竟派两艘兵舰和10艘武装商船，迫使这几艘商船返回，并肆意向中国的巡逻船开炮。关天培当机立断，命水师以重炮回击。关天培虽受伤，但指挥若定，水师将士更为勇敢顽强，水勇小船也向英船冲去。在重炮的轰击下，义律所乘的指挥船被击中，顿时火光冲天，吓得义律赶紧撤退逃跑。

击败英舰后，士气更加高涨，关天培命人将胜利喜讯报告给林大人。下午林则徐亲自来水师营看望关天培及受伤的士兵。并告诉关天培，义律是决不会善罢甘休的，你等一定要日夜用心防备，切不可掉以轻心。果然，第二天义律就带领舰队攻击珠江口和官涌山炮台，一连六次，均告失败。

义律走投无路。他无法向商民、政府交待，竟撒了一个弥天大谎，说中国违反国际法，破坏通商条例，攻打英国的兵舰与商船，使之损失惨重，要求其政府保护他们的利益。最后，英国女王通过国会做出决定，派遣军队进攻中国。命义律的堂兄乔治·懿律为侵华总司令，任命伯麦为海军司令，率 16 艘兵舰，装载 540 门大炮，英军三个团，印度兵一个团，还有在印度驻防的 20 多艘兵舰，一齐向中国开来。

1840 年 6 月 21 日英国侵略军到达澳门，次日宣布：自 6 月 28 日起封锁珠江口。从此，历时两年两个月的鸦片战争开始了。

面对英军的挑衅，林则徐除加强各炮台的防御，加紧水师、水勇的训练外，还向沿海民众发出告示，提醒民众密切注意英商的行动，并亲笔写信给福建、浙江、江苏、山东、河北等所有沿海各省总督、巡抚，请他们做好防御敌人入侵的准备。同时在广州沿海张贴斩杀洋鬼子的悬赏告示，唤起民众同仇敌忾。

知己知彼方能百战百胜，林则徐深知英国的舰队与大炮较我都占优势，便与关天培研究制定了以小股船队偷袭敌舰的作战方案。当敌舰接近我防线时，关天培早已准备好小战船，每船有三四名水手，船上装满了干草、火药。伪装成运粮运菜的民船，迷惑敌人。乘风势向大船开去。当乔治发现情况有异时，水船已纷纷围在每艘大船的周围。只见小船纷纷火起，火势直扑英国兵船。烧得英军狼狈逃窜。

一连几天都是如此，英军前进不熟悉水路，固守又无价值，最后想高价收买向导。义律派人费尽周折才找到三名愿意做向导的人，是一老二少。乔治十分高兴，先付50两银子，进入港口后再给100两。老头微笑着答应了乔治的条件，指引英船，越过一个又一个的暗礁，顺利地航行了4个多小时，来到一个小岛，老人说：“我们先上岛上看看是否有埋伏，然后再前进！”乔治说：“留一个人在船上。”老人带一名青年向小岛游去。当这一老一少消失在小岛上后，突然从小岛四周射出巨大的火龙，直向其船喷来，轰轰的爆炸声，吓得英军连呼带叫："中计了，中计了！"再寻找船上的向导，已无影无踪。乔治东一头、西一头乱闯一阵，好不容易才逃走，但还有一艘船触礁。

乔治狼狈地逃到公海后，淡水、食品都发生了危机，特别是淡水，所存无几。义律凭自己在中国多年，知道一些小岛有淡水，命70多人带着帆布桶去附近小岛取水。众人来到岛上，一见碧绿的泉水，高兴极了，每人都痛痛快快地喝起来，喝完后，都捧腹大叫："痛死了！"纷纷倒下死去，逃回来的人所带的水也不能饮用，使乔治茫然失措。

广东水师在林则徐、关天培的指挥下，连连胜利，道光皇帝接到捷报，更加高兴。传谕嘉奖林则徐、关天培及水师们。拨银5万两，赏林则徐玉如意一把，赏关天培宝刀一口。这节节胜利却遭到穆彰阿等佞臣的嫉妒与不满。

乔治攻打珠江口多月，毫无进展，还伤亡不少士兵，灰心丧气。义律建议道，中国政府像林则徐这样的官员少，我们可以攻打其它地方，比如北上攻厦门。乔治采纳了义律的建议北上攻打厦门。厦门是闽浙总督邓廷桢防守的地方，又遭迎头痛击。被击伤击沉兵船十余艘。义律再劝乔治北上攻打定海。定海总兵张朝发、县令姚怀祥是一对庸庸碌碌的昏官，平日只知吃喝玩乐，毫无战斗准备，结果乔治顺利攻下定海，张朝发在仓促应战中受伤，后不治而死。姚怀祥因定海失守，走投无路自杀身亡。

琦善、奕山卖国

乔治攻下定海，觉得此处不易久留，在义律的建议下于1840年8月13日挥师直逼天津。他知道天津总督琦善不仅媚外，而且在鸦片贩卖中得到不少好处。事情的确如义律所料，乔治舰队开到天津，顺利攻到白河口。当义律见到琦善时，连恫吓带威胁，污蔑林则徐破坏了两国的贸易关系。琦善对别的不关心，提到林则徐反倒很有兴趣，因为林则徐禁烟，断了他的财路，而他又与穆彰阿关系极好，都想排斥林则徐，而又无从下手。义律一来，真是送上个好机会。所以对义律提出的条件丝毫不加考虑，立即答应转奏皇帝。

琦善连夜赶到北京，先找穆彰阿，商量如何奏明皇上，才能使他们的愿望实现。策划好之后，第二天琦善向皇上奏明义律提出的五项条件：

一、中国要赔偿英商全部损失；

二、赔偿军费；

三、开放广州等地为通商港口；

四、不得以查禁鸦片要挟英商；

五、两国交往，礼节平等。

二人一唱一合把责任全部推到林则徐身上。昏溃无能的道光，竟信以为真，撤去林则徐两广总督之职。不久，又将林则徐、邓廷桢等革职，流放新疆伊犁。

琦善在穆彰阿的支持下，取得了两广总督的宝座，怀着不可告人的目的，来到广州上任。琦善接任后，大反林则徐之道而行之，下令撤防、裁军、解散水勇、减少大炮等等，这些命令遭到爱国将领的反对。镇守穿鼻洋的将军陈连升，闻讯后赶到总督衙门，陈述利害，但却遭到琦善痛斥，并要斩首示众。幸亏关天培及时赶到，向琦善说明：陈连升忠心为国，决无二心，在抗英中立过功，请总督收回成命。这才使陈连升免去一死，仍镇守穿鼻洋。陈连升走后，琦善命令关天培：一、减船裁兵；二、解散水勇；三、设置在海里的铁链要拆毁；四、对英军要客气。并重申违令者，以军法论处。关天培气愤地离开了总督衙门。琦善怕各将领不听命令，又派出参军监督各处的撤防，以讨英国人的欢喜。

琦善的一系列举动，令乔治等人很满意，乔治派义律去总督府去见琦善。义律提出：在虎门销毁的鸦片，要赔偿白银600万两；把香港割让给英国，并把写好的条件书扔给琦善，让他签字。琦善听后，大吃一惊，方知这奴才还真不好当。他不敢擅自作主，又害怕英国。

义律回到船上，与乔治商量，应该给琦善点颜色看看。于是，在道光二十一年十二月十五日（公元1841年1月7日）英军舰队直抵穿鼻洋，并用猛烈的炮火进行轰击。

穿鼻洋的守将正是陈连升与陈长鹏父子二人。陈连升行伍出身，为人忠心耿耿，在禁烟中，协助林则徐击退进攻磨刀洋的英军，被擢升为三江口副将。儿子陈长鹏，今年刚满二十岁，自幼习武，有着父亲一样的品质，是其父的好帮手。陈连升决心誓死报效国家，报效皇上，与炮台共存亡。

在琦善撤防的命令下达后，三江口2000多兵士，仅剩600余名，炮减少一半，炮弹也有限。以这样的力量面对强大的敌人是难以取胜的。陈连升父子就率领这600余名官兵与英军展开浴血奋战，炮弹打光了，同敌人肉博，打死打伤敌人无数。最后终因寡不敌众，又无援军，陈连升父子与600余名官军全部战死。

三江口失陷，吓得琦善魂不附体，乖乖地在条约上签字，签字后，为掩盖其卖国罪行，慌奏：赔款可以暂不付；香港只是一个荒岛，英国人只是在岛上居住。

道光见到琦善的奏折，虽说不高兴，但又觉得条件不太苛刻，只是说以后再议。而与此同时道光又见到广东巡抚怡良的奏折，将实际情况详细地奏明。道光大怒，立即命人传穆彰阿。老奸巨猾的穆彰阿见势不妙，立刻跪下，战战兢兢地把责任全推到琦善头上。道光下旨，撤去琦善两广总督之职，交刑部查办，家产没收入官。然后，命其侄奕山前去广州接任。

奕山，满州镶兰旗人，是道光皇帝的侄子，侍卫出身，靠皇亲提升为御前大臣，在道光眼里是一位文武全才的人，所以道光命他为钦差赴广东处理琦善一事。然而奕山实际上是个贪婪无德的小人。

奕山身负皇命于公元1841年4月25日到达广州。仗其皇亲、钦差大臣的身份，立即宣读圣旨，公布琦善罪状。家产抄没入官，然后命人将琦善押下去。奕山到达广州近一个月，对琦善留下的祸根置若罔闻，甚至对皇帝多次的询问也充耳不闻。为了攫取更大的利益，英政府将年老多病的乔治和功绩不大的义律撤回本国。任命璞鼎查为全权代表，派陆军少将郭施、海军少将巴尔克率大军前来增援。一时英军云集于广州城外。

公元1841年5月21日晚，奕山盲目下令夜袭英军舰队。结果，竟将中国渔船击毁多艘。正在洋洋自得时，探子来报：英军舰队前头部队，已接近天字码头。奕山吓得慌慌张张地逃回广州城，龟缩在总督衙门里。广州城外的重要军事设施，泥城炮台、四方炮台的几十门大炮，全成了英军的战利品。英军轻而易举地占领了这些阵地。璞鼎查命令调转炮口，用中国的大炮，轰打广州总督衙门。

广东巡抚怡良建议奕山撤到越秀山。然而敌人的炮弹像长了眼睛一样，奕山跑到哪，炮弹就炸到哪，吓得奕山魂不附体，一无良策。为了保命，奕山同意了广州知府余保纯的建议，举白旗投降。

白旗挂出二小时后，敌人的炮声果然停止，英军通知让奕山派人前去谈判。奕山派余保纯做他的代表，前去与英军谈判。实际上根本不是什么谈判，而是把早已写好的《广州和约》交给余保纯。余保纯一见条约规定，中国军队撤离广州城外60里；赔偿英军损失600万银元。余保纯不敢做主，将此和约带回。

奕山听余保纯说只要答应这些条件，英军就撤出虎门，他不顾国家的耻辱，民族的兴亡，连忙一口答应，并在和约上签了字。

第二天，奕山上奏折，竟厚颜无耻地吹嘘：

承蒙圣上天威，与英军大战，一举获胜。英夷将领跪在我们脚下，一再乞求通商，表示从此顺从我大清意志。臣不敢擅自作主，恳请皇上准奏。

昏溃无能的道光，阅了奏折后，信以为真，不仅答应与英通商，还赞扬了奕山。这样，英国在广州的特权越来越大，他们肆无忌惮的行径，引起中国人民强烈愤慨。

陈化成血战吴淞

正当英国军舰驶进长江口的时候，吴淞口的两江总督（江苏、江西和安徽三省的最高官员）官邸里，正发生激烈的争吵。

70 多岁的江南提督陈化成激动地说：“总督大人，如果我们不做好准备，洋人打过来怎么办?”

“洋人来了，我们也不能打。”总督牛鉴怪声怪气地说，“关天培和洋人打得多激烈，虎门还不是失守了。”

陈化成见牛鉴是个贪生怕死的卖国贼，知道再劝他也没什么用了，便气愤愤地离开总督官邸。临出大门时，他对牛鉴说：“既然总督大人不敢应战，我陈化成只好以死保卫吴淞口了！”

自从离开广州，英国军队一路上烧杀抢掠，给中国人民造成了沉重的灾难。尽管各地军民英勇抵抗，可是由于官府腐败，厦门、镇海和宁波都丢了。现在英舰已经开到了吴淞口的长江水面上。吴淞口炮台有东西两座，两炮台由陈化成亲自驻守。

陈化成刚回到炮台，就听江面上传来了隆隆的炮声。他向远处一望，只见无数只英国军舰正朝炮台扑来。“马上准备，打跑洋鬼子。”陈化成一边下命令，一边和炮手们调准大炮，瞄向远方江面。

英国军舰越来越近，就连桅杆上的米字旗（英国国旗）都能看得清清楚楚。陈化成大吼一声：“放炮！”“轰轰——”随着一阵炮弹的轰鸣，前面的几艘军舰立刻冒了烟儿，船上高挂的米字旗也被打成碎片儿，在硝烟中飞散。

“轰轰——”又是一阵密集的炮弹打向江南。前面那几艘军舰还没来得及逃跑，就沉进了江里。

这时候东炮台的清兵深受鼓舞，也朝洋鬼子猛烈的开起火来。炮弹雨点般地打向敌舰，璞鼎查不得不下令英国舰队迅速后撤。牛鉴正要准备溜走，听说陈化成打退了洋人的进攻，也顿时来了精神。不过，他想的并不是怎么样彻底地打垮洋鬼子，而是要赶快趁机抢点功劳。他钻进八抬大轿，领着人急急忙忙地朝炮台奔来。

牛鉴来到江边时，英国舰队发起了第二次进攻。璞鼎查一见江岸上出现了大队人马，便下令朝岸上开炮。随着炮弹爆炸的巨响，队伍里立刻乱了起来。有一颗炮弹竟把牛鉴的轿子掀去了一半儿。这家伙正洋洋得意地想着美事儿，却不料一下子被翻倒在地上。他还以为是洋鬼子已经冲上岸了，便不顾浑身骨头摔得生疼，连滚带爬地钻进了乱嘈嘈的人群。士兵们一见当官的都这副怕死的模样，也纷纷四处奔逃。别看牛鉴这个蠢货打仗没本事，逃跑倒挺内行。他甩掉朝服和顶戴花翎，将被炸死的一个清兵的衣服扒下来就披在了身上。

镇守东炮台的清兵看见总督大人只顾自己逃命，便也没有抵抗洋人的劲头儿。一个个争先恐后地逃下了炮台。西炮台的一些清兵一见这情景转身想溜。陈化成愤怒地挥刀砍死了其中一个，然后大声吼道："谁敢逃跑，这就是下场！"

清兵们不敢乱动了，可是这时候炮弹又出了问题。许多炮弹根本打不响。英国军舰便趁机疯狂地向炮台扑来。同时，一部分洋鬼子从没人看守的东炮台上了岸，从背后向陈化成包围过来。

陈化成见前后都是敌人，便鼓励士兵们说："弟兄们，皇上把炮交给了我们。如果我们活着，炮台却丢了，我们还有什么脸面去见皇上和乡亲父老们呢！今天，我们就是死，也要死在炮台上。"说着，他拉开一名牺牲了的炮手，瞄准了一艘扑来的英舰，拉燃了大炮。没想到这颗炮弹没有打出去，却在炮膛里爆炸了。大炮一下子炸裂，陈化成的脸和前胸都被炸伤，就连眉毛和胡子都被血染成了紫红色。

这时候，后面扑来的洋鬼子已经冲上了炮台。他们哇哇怪叫着朝陈化成杀来。陈化成不顾自身的伤痛，挥舞着大刀与敌人拼杀起来。他一连劈死了 3 个洋鬼子，在他正在扑向第四个时，一颗炮弹突然在他面前爆炸了。这位 70 多岁的老英雄倒在了血泊里。

"为陈大人报仇——"清兵们见陈化成死得如此壮烈，群情激慨、义愤填膺。最后，将士们全部英勇牺牲。鲜红的血水染红了炮台，也染红了炮台周围的江南。

攻下吴淞口后，英国继续沿长江向内地侵犯。他们踏着中国人民的鲜血，把繁华的水乡城镇燃烧成一片片瓦砾。最后，洋鬼子们一直杀到了南京城下。

在北京享福的道光听说洋人都打到南京了，吓得差点儿要了命。可是这个昏庸的皇帝，不但不竭尽全力去同侵略者决战，相反却派耆英等人去和洋人和谈。

在敌人大炮的威胁下，耆英等人全部答应了洋鬼子的无理要求，从而签订了中国历史上第一个不平等条约——《南京条约》。这个条约规定，中国把香港割让给英国，赔偿英国各种损失 2100 万元。同时，英国人正式获得了在中国领土上胡作非为的权力。这样，这次鸦片战争就以英国人的胜利结束。从此，中国开始沦为洋人的半殖民地。

《南京条约》签订以后，腐败的清王朝为了偿还给英国的赔款，更加残酷地剥削贫苦的老百姓。老百姓本来就已经处于水深火热之中了，这下就更没了活路。朝廷不让老百姓活下去，老百姓就自己找活路。鸦片战争后不久，就爆发了轰轰烈烈的太平天国运动。

关天培血溅虎门

卖国贼奕山还没有赶到广州，英军已探得琦善签署的《穿鼻草约》被废，恼羞成怒，于公元1841年2月25日，向虎门发动大规模的进攻。各防线在琦善的撤防命令逼迫下，已是兵微将寡，大炮无几，弹药又少，防御工事几乎全毁。英军很快攻下虎门前横档、永安二炮台，正挥军向

虎门后的镇远、威远二炮台进发。这是虎门仅存的两座炮台，由军门关天培镇守。

关天培，已 62 岁的高龄，身材魁梧，威风凛凛。他是江苏山阳人，行伍出身，为人正直，历任江苏太湖营水师副将、江南提督，公元 1834 年调任广东水师提督。林则徐禁烟中，他与邓廷桢都是林则徐的得力助手，巩固海防，训练水师，组织水勇，攻打英军，立下赫赫战功。

关天培深知虎门这最后两座炮台也难以守住。镇远和威远同样兵微将寡，弹药又不充足，防御设施也遭到琦善的破坏。想守住虎门谈何容易。老英雄抱定与虎门共存亡的决心，他立即召集全体将士，进行新的布防，他对将士们说："人可死，志不可侮。今日，吾等面对强敌，只有决一死战，以报国恩。关某在此，对天明誓，关某在，炮台在，决不后退！"全体将士被老英雄的气慨深深感动，禁不住异口同声高呼："吾等愿与大人同生死，与炮台共存亡！"这呼声震天撼地，这浩气大义凛然，这是中华儿女的豪迈气魄。

关天培此前已写好一封绝别家书。信上说：上不能报君恩，下不能敬养老母，又没能教子成材，这一切只能由我妻代劳了。今日为国捐躯，是死得其所。切勿悲哀，望你们多保重，教育子女，勿忘国家民族，永不与奸佞同流合污。信写好后，与自己贴身衣物包在一起，让自己的亲兵孙长庆带上东西回家侍奉年迈的老娘。孙立日常在关大人的教育影响下，也有一颗报国之心，这次让他走，他觉得这是临阵脱逃，跪在地上说："恶战已迫在眉睫，我愿与大人死在一起！信，还是派别人送吧。"关天培陈说道理，强制孙立离营回家，二人只好挥泪而别。

平静的海面，出现几个黑点，越来越大，越来越多，关天培在望远境内看到英舰正向我炮台进发。立即命令兵士，做好战斗准备。并告诫兵士说："我们的炮弹少，要提高命中率，让敌人全部进入我们的射程，瞄准后狠狠地打。"

英舰指挥台上站着乔治、义律和伯麦。义律对乔治说："这是关天培老将军的防地，我与他打过多次，他十分厉害，应该小心点好！"乔治说："琦善把他撤得一无兵，二无弹药，这是英雄无用武之地。今天，我们必胜！"话音刚落，舰前落下一排炮弹，轰炸声吓得乔治等人赶紧后退。乔治镇定后，下令从三面包围过去，同时开炮，一定要摧毁关天培的主炮台。敌人仗着船多，弹药充足，三面围攻，万炮齐发。

关天培镇定自若，沉着应战。但是关天培弹尽无援，炮台又起火，英军乘势登上炮台，关天培手挥大刀，率领兵士与敌人展开血博战，大刀、长矛杀得敌人纷纷后退。英军人多势众，官兵伤亡越来越惨重，关天培杀得浑身是血，肩头、胳膊已多处受伤，眼看周围尽是英军，老英雄最后劈死一个英军后，仰天大呼："英人可恶，琦善可恨，天培从此殉国了。"手中的剑，向颈一抹，引颈自刎。

镇远、威远失陷，老英雄关天培与数百名官军全部壮烈殉国。虎门要塞镇远、威远炮台随后也相继失守，但数百官兵无一投降、退逃，全部战死。

关天培殉难后，他 80 多岁的老母打开孙长庆带回的木盒，那里面装的是关天培掉落的牙齿和几件旧衣服。

农民军抗英

虎门炮台失陷之后，英国军舰长驱直入，驶入省河，广州形势十分危急。

《广州和约》墨迹未干，占领广州城郊各炮台的英军便不断窜扰西北郊三元里、西村、泥城、萧冈等村庄、抢劫烧杀、奸淫妇女、焚毁民房，甚至挖掘坟墓、盗取死者身上的财物，激起当地民众的极大义愤，纷纷组织团练准备抵抗。

1841 年 5 月 29 日早晨，十几名英国侵略军又窜到三元里行凶抢劫，调戏妇女。三元里的菜农韦绍光看到这样的情景，立即组织几个青年，围住这伙英兵，用手中的锄头扁担，当场就打死了八九名。其余英兵见势不妙，纷纷逃跑。这件事很快传遍全村。

大家料到敌人一定会进行报复。为了迎接英军的大举进攻，进一步教训侵略者，三元里人民决心团结起来与敌人血战到底。全村的青年男女都聚集到村北的“三元古庙”前，推举韦绍光为领袖，定古庙前的三星黑旗为令旗，并集体对旗发誓：“旗进人进，旗退人退，宁死不屈，打死无怨。”

为了动员更多的群众对付敌人，当天下午韦绍光便派人与附近乡村联络，不多久 103 乡的代表全部聚集到三元里的牛栏，四乡八里的农民早就对英军的暴行深恶痛绝。大家聚在一起，很快便制定出战斗部署：决定 15 岁以上，50 岁以下的男子一律出动；各乡自成单位，备大旗大锣，“一乡锣响，众多齐出”；战斗时，采用“诱敌出击，聚而歼之”的策略；将牛栏冈作为决战的地点。一支反侵略的强大武装迅速组成。5月29日这一天，整个三元里都沸腾起来。

5月30日拂晓，各乡群众约五六千人，高举大旗，手持锄头、铁锹、木棍、石锤、刀矛、鸟枪，浩浩荡荡主动向英军占领的四方炮台攻击。

这时英军正在吃早饭，突然听到杀声震天，抬眼一看，漫山遍野都是手持刀矛、锄把和各式旗帜的人群。英军司令沃乌古留下部分英兵驻守炮台，率领2000多英军便向人群冲杀过去。

农民群众看到英军冲来，故意调头后退。英国侵略军不知是计，衔尾直追，越追越远，为加快速度，便于快捷，他们将大炮等辎重武器纷纷抛弃。英军一直追到牛栏冈，沃乌古一看地形，方觉不妙，正犹豫，忽听一声锣响，四面瞬时冒出一万多伏兵。英军被团团围住。漫山遍野的群众手持刀矛、铁锄等武器，杀向敌人，怒吼声震天动地，英军顿时乱了阵脚。慌乱迎战，短兵相接中，农民军越战越勇，敌人被杀的只有招架之功而无还手之力。活乌古慌忙下令撤退。沿途又有几万群众从四面八方涌出，追歼敌人。

正午时分，天色突变，浓云密布，雷电交加，大雨倾盆而下。英军穿着大皮鞋走在泥泞中，又重又滑，一个个摔的四脚朝天，其状狼狈不堪。火药又被雨水淋湿，洋枪真正成了摆设。雨越下越大，道路泥泞，英军寸步难行，饥寒交加，一个个落汤鸡似的，有的伏在棚架下，浑身哆嗦；有的丢下洋枪，叩头求饶。“乞命之声震山谷”。

农民军披着蓑衣，戴着斗笠，凭借大雨的助阵，越战越勇。妇女们烧饭送饭，支援前线。广州城郊的打石工人和丝织手工业工人闻讯也赶来支援。群雄歼敌，英军死伤无数。农民英雄颜浩长，手持长矛，英勇机智，一个人就杀死好几个侵略军，英军少校军官毕霞就死在他的长矛之下。

直到傍晚，英军始终未能突围出去，第一次在中国，侵略者感到“可怕到了极点。”

牛栏冈这场激动人心的战斗共歼灭英军 200 多人，活捉 10 多人，打伤不计其数，还缴获大炮两门、洋枪无数。胜利的喜讯传遍四方。

第二天一早，广州附近的佛山、番禺、增城、花县、从化等 400 多乡的群众闻讯赶到三元里会师。10 万多群众，密密地围住四方炮台，英军官兵魂飞魄散。赶来救援他们的头子义律，也被围困在里面。

这次围攻四方炮台，三元里等地人民采取的办法是：长期围困、断绝供应，将侵略军活活饿死。他们将队伍分成几部分，轮流放哨、防守和休息，密切注意敌军行动，稍有动静，便迎头痛击。

英军看到农民军不直接攻打炮台，而是采取围困的手段，知道农民军是要将他们饿死在里面。眼见炮台上的粮食和弹药不多，侵略者连连叫苦，明白自己已面临灭顶之灾。

就在三元里等地人民大败英国侵略军，把他们围在四方炮台的时候，清朝官吏却装聋作哑，不但没有任何表示，反而依照《穿鼻条约》制定的休战协定，将清军撤离广州，退到离城 60 里的金山。这些清军路过四方炮台的时候，农民军邀请他们参加抗英战斗，遭到拒绝。这一切被英国侵略军看在眼里，知道了清朝政府的态度。

义律和沃乌古立即给广州知府余保纯发出一封求救信，由汉奸混出重围送到广州。余保纯接到信后，赶快送给朝廷派往广州的命官，皇帝的侄子奕山。这奕山深怕三元里等地的人民的抗英斗争坏了他的投降计划。马上派余保纯赶到三元里替英军解围。

余保纯匆匆徒步赶到三元里，一面向英军道歉，宣称："乡民的敌对行动，当局并不知道，也没有批准，而且乡民中并没有满清官员。"随后，又向村民打躬作揖，为英军讨饶，要求群众宽恕。他欺骗群众说："现在朝廷已和洋人和好，洋人不会再来了，大家快把英国军队放走吧。”村民可不买帐，有人当面揭穿他的无耻行为。

余保纯看到欺骗不成，马上变脸，威胁群众说：“你们不把英国军队放走，将来出了事，一切由你们负责。”群众不怕威胁，仍然坚持不散。余保纯一计不成，又生一计，转而去威胁参加斗争的绅士，这些在当地有名有势的地主及退役退职官僚，天生对官府就有一种从命心态。在余保纯的恐吓下，开始动摇，有的害怕起来，偷偷溜走了；有的迎逢官吏，反而劝诱群众解散。这样一来，群众的情绪受到很大的影响，终于也陆陆续续全部散开了。被困的英国侵略军在群众的唾骂声中仓皇逃走。

这场声势浩大的反侵略斗争，由于清朝官吏的破坏而被断送了。但是这场斗争的实际作用和历史意义是不可低估的。

6 月 7 日，英军斗子义律竟恬不知耻地要中国人民“后毋再犯”。广州人民也立即贴出告示，警告侵略者：“若不退出虎门，自有千百烧船妙法，烧尔片帐不返。”并庄严宣告：“不用官兵，不用国币，自己出力”即可杀退侵略者。由于惧怕人民进一步反抗，英军不得不从广州撤退，此后在相当长的时间里也不敢在广州附近横行无忌。

三元里斗争的事实让英国明白，中国是不可征服的。

三元里人民的抗英斗争，揭开了近代中国人民反侵略斗争的序幕。从此，中国人民的反帝、反封建烈火连绵不断。

裕谦殉国

英国侵略军在三元里被农民军打得失魂落魄，灰溜溜地退回香港。但他们并不甘心失败。英军统帅璞鼎查与海军少将巴尔克、司令卧乌古商议，决定自广东沿海北上攻打厦门。

此时正值中英鸦片战争进入白热化阶段，闽浙局势危急。

闽浙总督颜伯焘是满族人，非常痛恨洋鬼子。他极力称赞邓廷桢巩固海防的做法，他认为不能只是防守不进攻，对来犯之敌必须穷追猛打，一个不留地全部消灭。他上任后，造船50余艘，征召新兵，组织水勇，构筑炮台。他上奏道光皇帝，请求备战，却遭到道光的痛斥。道光帝还是一味求和的态度。

公元1841年8月21日璞鼎查留2000人守香港，率领4000人，50艘军舰攻向厦门。颜伯焘得到消息后，立刻指挥部下加强海上巡逻，做好战斗准备。中午时分，英军舰队悬挂着米字旗，渐渐靠近鼓浪屿，颜伯焘站在指挥台上，命令各炮瞄准敌舰，敌舰越来越近，已进入射程之内，颜伯焘命令："瞄准右前方，开炮！"数炮齐发，五艘英舰中弹起火。

颜伯焘笑道："打得好！打得好！瞄准，再打！"然而，此时鼓浪屿遭到英军三面攻击，清兵被打得措手不及，兵舰被击沉多艘，士兵伤亡过半。颜伯焘命令退到三座炮台坚守。并命三炮一齐向敌人开火，三炮齐轰，确实有威力，炸得敌人哇哇乱叫。无奈，炮台陈旧、炮弹太少，敌人兵多，炮火猛，三座炮台被毁，敌人乘机驾小艇登陆。颜伯焘一见，举起大刀，高喊："和敌人拼！"带领众官兵冲入敌群。怎奈敌众我寡，激战中总兵江继岩、副将凌志、都司王世俊、把总纪国庆和数百名官兵战死。颜伯焘悲痛万分，流着泪在部分军兵的保护下退出厦门。

英军占领厦门，无恶不作，激起厦门百姓的愤怒。他们秘密串连500多人，乘黑夜敌人熟睡时，悄悄摸到敌人驻地，举起大刀、长矛、锄头向鬼子头上猛砸。500多人大杀一阵后，神速撤走。天亮后，璞鼎查发现一夜间，糊里糊涂竟被打死100多人。吓得英军惶惶不可终日，璞鼎查无奈，只好退出厦门，转攻定海。

定海是浙江的门户，此时的两江总督叫裕谦。是蒙古镶黄旗人，公元1817年中进士，曾任荆州知府，后调任两江总督。他十分敬佩林则徐，上任后，增添火炮，训练水师，并上奏皇上，请求撤回裁兵节饷的决定，同样遭到道光的训斥。

英军攻下厦门时，移师北上。裕谦获此消息后，立即上奏道光皇帝，请求派两广总督奕山出兵香港，一可收回香港，二又解定海之围。道光同意，命奕山攻取香港。然而贪生怕死的奕山却一再宣扬“守为上策，攻战次之”，完全拒绝进兵香港的决策。

1841年10月1日，英军在强大炮火掩护下向定海发动猛攻，葛云飞、王锡朋、郑国鸿三总兵率5000守军同英军浴血奋战6昼夜壮烈牺牲，定海再次失陷。

定海的失陷，犹如打开了通向镇海的大门，情况万分危急。裕谦准确地判断英军不久就会进攻镇海，他立即组织进一步加强防务，在城外易守难攻的招宝山金鸡岭一带部署重兵，准备抗敌。另一方面，为鼓舞斗志，他集众宣誓，激发将士们的爱国激情，坚定誓死保家卫国的决心。同时，为了以防万一，他将机密文件运往后方又对后事在家属面前作了详细交待。

10 月 9 日，英军猛攻镇海外围清军阵地。裕谦冒着炮火登城指挥作战，激励官兵奋勇杀敌。这时曾以脚痛为由躲避会誓的浙江提督余步云竟从前沿阵地招宝山炮台擅自离开指挥岗位跑回城里，要求裕谦派遣外委陈志刚赴敌舰和谈。裕谦听后怒不可遏，怒斥他："你何去何从自己选择吧。"

余步云碰了一鼻子灰，懊丧地回到招宝山炮台，不思悔改，反而变本加厉，在炮台上偷偷挂起白旗，向英军乞和。当英军继续进攻时，他竟临阵逃脱，从而导致招宝山守军全线溃退，炮台失陷。英军在招宝山得手后，便集中力量猛攻金鸡岭要塞，并利用招宝山的炮火，向金鸡岭轰击。守军顽强抵抗，将领谢朝思，托云保，重祥等壮烈牺牲，到第二天，金鸡岭要塞也被攻占，这样，镇海城内完全暴露在居高临下的英军炮火之中。

10 月 10 日，英军猛烈的攻城炮火越来越密。炮弹接连三地在裕谦率军坚守的镇海东门内学宫附近爆炸，有几发炮弹落入学宫门前，激起股股冲天水柱。在这生死关头，裕谦决定"舍身成仁"，他将帅印交给副将手伸泰，叮嘱他把这儿的情况转告浙江巡抚刘韵珂，让他上报皇上。说罢，裕谦从容地走向泮池，伸泰等人未能拦住，裕谦纵身跳入水中。

裕谦死后，朝廷追封谥号“靖节”。一代爱国忠臣终因其宁死不屈的英雄气概，深受人们尊敬。

金田起义

广西省桂平县紫荆山南麓，万峰重叠，形势险要。道光三十年十二月初十（公元1851年1月11日），即《南京条约》签订的第二年，一个叫金田的村寨，爆发了一场轰轰烈烈的农民起义，建号太平天国。历史上称这次起义为“金田村起义”。

太平天国农民革命运动的领袖洪秀全，是中国近代最早向西方寻找真理的人。洪秀全和太平天国另一创始人冯云山都是广东花县人。在鸦片战争及其以后的时期，广州是中国对外关系和内部社会关系剧烈震动的中心。出生于广州附近的这两个青年成了太平天国革命运动的创始人。

广州城北约100里，有个名叫官禄㘵的小山村，是洪秀全出生的地方。他父兄都以耕田为生，家境中上，但世代都目不识丁。到了洪秀全，他7岁那年，父亲破例地送他到私塾读书，五六年间，就能熟读“四书”、“五经”。后来又自读中国史籍。在他十五六岁时，家境日趋贫困，他只好辍学务农。18岁起，他开始在本村和邻村的蒙馆当塾师。一当就是10多年。在这期间，他多次到广州考秀才，均未考上。这一系列的遭遇，使他逐步建立一种新的宗教信仰。

比他年幼的冯云山，是他在任塾师时结识的朋友，也是一个乡村塾师，家境和洪秀全差不多，都是中农家庭出身的青年。

道光十六年（公元1836年）洪秀全到广州应试，没有考中，却偶然在街头从两个不相识的人手里得到了一部叫《劝世良言》的小书，带回家中，粗读了一下，便搁在了一边。第二年他又到广州应试，仍然失败，回家后生了一场大病。病中他感到被天使接到了天堂，一个庄严的老人向他指出妖魔迷惑世人的情形，并给予他宝剑，令他把闯上高天的妖魔一一逐入地狱，旁边还有个年轻人帮他斩妖，如此等等。到了道光二十三年（公元1843年）他重读七年前得到的这部小书，感到书中所述与那年“升天”时所见情形有很多地方非常相符。原来他在天上遇到的就是书上所说的上帝和上帝的儿子耶稣，而他乃是上帝的次子，那一次，上帝已交付他神圣的斩妖使命，让他下降凡间，拯救世人。

当初买这本书的时候，洪秀全万万没想到，这本书会对他今后的命运产生这么巨大的作用，这不仅改变了洪秀全，还由洪秀全创造了一段非凡的人类历史。《劝世良言》的作者梁阿发也没想到，他写的这部书到了洪秀全这样的读者手里，会使得这部书发挥令人间震荡的作用。他怎么也没料到，以后的“拜上帝会”、“金田村起义”、建立太平天国农民政权，这部书起了启蒙的作用。

洪秀全本来一直为多次科举考试失败而愤懑，可新的信仰已让他下决心放弃从考场中找出路打算。他已感到他肩担了改变社会腐朽黑暗、不公正现象的使命。他决定利用书中所说的一些宗教形式来发动组织群众，用他的新的宗教信仰做为医治这个社会的“福音”。

他找到了好友冯云山、族弟洪仁玕，把自己的梦境和《劝世良言》一书对他的启发告诉了他们。并表明了自己想成立拜上帝会的想法。1843 年夏季，洪秀全、冯云山、洪仁玕一同到石角潭举行了洗礼，“拜上帝会”正式成立，新会员多了起来。

最初，洪秀全和冯云山一直在家乡附近各村镇活动，吸收会员，宣讲教义。后来，他们砸了村塾里的孔子牌位。这些对封建社会的圣贤的亵渎行为和对封建制度的造反行为，表明了他们与传统的封建观念彻底决裂的态度，因而遭到了当地封建势力的敌视。洪秀全、冯云山被赶出了私塾，而且在当地也无法容身，只好离开家乡到外地。这一出游成了“拜上帝会”活动的重大转折。

他们历经广州、顺德、南海等10多个地区，一直到了广西县。他们沿途吸收会员，宣讲教义。在这种宣讲中，宗教信仰已和实际的阶级斗争紧紧的联系起来，成了一种所能利用的武器，但不久他们就发现拜上帝教的理论还很粗略，难以动员大批的人们入教。所以他们决定分头行动。

当年，洪秀全回到花县，他决心写出自己的传道书，让大家听了以后，就像说自己身边发生的事，这样才能引起民众的关注。于是他在家乡写了《原道救世歌》、《原道醒世训》等作品，内容已远远超出了道德的、宗教的说教，他把农民的纯朴的道德观念加以发挥，启发群众走向严肃的斗争。许多矛头已明确地对准了清朝统治者。并在宗教的外形下，为苦难的农民展示出值得为之奋斗的美好前景：“天下多男人，尽是兄弟之辈，天下多女子，尽是姊妹之群”，乱极则治，暗极则光，天之道也。于今夜退而日升矣，……行见天下一家，共享太平。”这一些鼓动民众奋起的主张，为以后太平天国革命奠定了理论基础。

洪秀全回到家乡写书时，冯云山到了广西贵县的紫荆山区。紫荆山绵亘起伏，地势险要，是一个退可以守、进可以攻的军事要地。冯云山初到这里，人生地疏、举目无亲，只得靠出卖劳动力，帮人捡牛粪、打短工为生。后来因为他在吟诵一首诗时被人发现，而后到了一富户家做塾师。在两年多的时间里，他在这里举行了艰苦的宣传和组织工作。在穷苦农民和烧炭工人中间，发展了 3000 多拜上帝教会员。太平天国的重要领导人物如杨秀清、萧朝贵等，就是这期间发展入教的。紫荆山已成为发动太平天国革命的基地。

1847 年 8 月，洪秀全也来到紫荆山，与冯云山再次相会。这时杨秀清、萧朝贵、石达开等也加入了“拜上帝会”。看到力量迅速发展壮大。洪秀全立即提议秘密建立军队，制造军械，筹备军费，规定纪律。一支农民武装逐渐形成。

为进一步发动群众，洪秀全和冯云山组织了一场破坏偶像、捣毁神庙的反神权斗争。捣毁象州甘王庙就是当时“拜上帝会”的最著名一次反神权斗争。甘王在当地群众心目中是一个最凶恶可怕的神。洪秀全、冯云山于 1847

年10月28日率领“拜上帝会”的群众数人，捣毁了甘王的塑像。甘王这个可恶的凶神被打倒，掀去了群众心中的重压，使得“拜上帝会”在群众中树立了极高的威信，他们在群众中的影响越来越大。这自然引起了封建势力的仇视，地主阶级的团练开始了对“拜上帝会”的镇压。这样“拜上帝会”的宗教斗争转化为反封建的政治斗争。

在这期间，冯云山曾被地主团体逮捕。在大家的努力下，9个月后他被救了出来。至此，“拜上帝会”与团练的斗争愈演愈烈。不仅紫荆山如此，整个广西农民起义都如火如荼，迅猛发展，洪秀全觉察到革命浪潮已经到来，于是向各地拜上帝教发出了“团营”（集中待命）的命令，命令大家在道光三十年十月一日（公元1850年11月4日）以前赶到金田村集合，准备起义。

两万多会众陆续赶到了金田村，会众中以农民为最多，其次是手工业工人，也有一部分游民、知识分子和地主商人。在这些会众中，以汉族为多数，其余还有壮族、瑶族、苗族等少数民族，这是一支以农民为主体，包括不同阶级、不同民族的农民革命武装。

道光三十年十二月初十（公元1851年1月11日）是洪秀全的诞辰。就在这一天“拜上帝会”正式宣布起义，建号太平天国，公开宣告同整个封建势力对立。众太平军战士立刻发出杀妖的呐喊，喊声震撼了紫荆山麓。历史上有名的金田起义就这么爆发了。

太平天国定都南京

道光三十年，奕詝继承皇位，即咸丰皇帝。十二月十日（公元1851年1月11日）洪秀全在广东金田起义。定国号为太平天国。他宣布五条军纪：一、听从命令；二、男女分营；三、秋毫莫犯；四、财产归公，团结和睦；五、同心合力，不得临阵脱逃。从此，举世震惊的太平天国革命开始了。

金田起义后的第三天，洪秀全挥师东进，首战于东岭，将尾追其后的广西提督向荣杀得大败而逃。洪秀全又乘永安空虚，挥得胜之师一举攻下永安，并在州城和城郊70多个村庄设营布防，严阵以待来犯之敌。在永安城，洪秀全正式称天王。开始封王建制，封杨秀清为东王、萧朝贵为西王、冯云山为南王、韦昌辉为北王、石达开为翼王、洪大全为德王，秦日纲、林凤祥等40余名首领，各称丞相军师，军队由东王统一调度。

洪秀全占领永安，咸丰派赛尚阿率精兵四千前来围剿，洪秀全决定突围向西攻桂林。在突围中德王洪大全被俘，押北京后处死。攻击蓑衣渡，冯云山战死。但这没有影响太平军的士气，在天王洪秀全的率领下攻下永州、江华、永明、兰山、桂阳、郴州。大军直逼长沙，长沙守将骆秉章，防守严密，激战中西王萧朝贵又战死。洪秀全考虑不能停在一处，于是改攻宁乡、益阳、湘阴。占领了岳州府后又获得大批武器弹药。然后沿江而下，一举攻克汉阳、汉口，接着夺取武昌，军队休整，备粮草，造船只，准备东进。

咸丰三年（公元1853年）正月，太平军水陆并进，犹如霹雳闪电般破九江，夺安庆，大军直逼南京城。

镇守南京的两江总督陆建瀛，曾在湖北与太平军交战失利，退守南京，此人武功高深，但年岁太大。洪秀全、杨秀清二人站在南京城下，杨秀清指着脚下，小声说："我们从这向仪凤门城楼挖一条通道，然后用炸药轰开城墙，杀进去！"

洪秀全说："好！好办法！"

咸丰三年二月十日（公元1853年2月14日），太平军战士黎明前挖好一条通道，将炸药放入，点燃后，轰的一声，将城墙轰开一个大缺口，太平军士兵蜂拥而入。清兵对突如其来的太平军，慌忙应战，渐渐不敌，陆建瀛被太平军杀死，仪凤门被太平军攻下，接着城南聚宝门、水西门也被太平军占领。江宁守将祥厚、霍隆武激战中，被太平军杀死。12天的战斗，清军死的死，降的降，整个南京城全部被太平军所占领。

三月二十二日天王洪秀全，在大队人马的护卫下进入南京城，开创太平天国的新天地，正式建立了与清王朝对峙的政权。

洪秀全进入南京后，在原总督府召开了各王及诸将会议。大殿正中坐着洪秀全，他的东侧身边坐着杨秀清。下面太师椅上依次坐着：韦昌辉、石达开、林凤祥、胡以晃、赖汉英、陈玉成、李秀成、蒙得恩、赖文光、秦日纲等人。洪秀全环视一下说："在天父天兄的护佑下，我等顺利攻下南京，吾意在此建都，不知诸位认为如何?”各将领对此意见很不一致。林凤祥说：“我认为建都南京、洛阳、汴京或是北京，都不是主要的。主要的是我们天国务要除妖净尽，占据全国，斗争不可半途而废。如若建都南京，稍事休整，就应扫清南京周围，下攻镇江、扬州：上取安庆、九江。最重要的是北伐，攻下清妖老窝北京!”

林凤祥的话有理有据，又有远大志向。洪秀全、杨秀清听后不得不赞扬几句。但二人关心的是建都，所以杨秀清接着说：“我看，定都南京，大家并不反对，就这样定了。”

洪秀全还提出：“把南京改做天京，即可颁布《天朝田亩制度》。实行耕者有其田，有饭同吃，有衣同穿，有钱同使，无处不均匀，无处不饱暖。”等等。

会后，杨秀清又建议扩建总督府为天王府，同时又修建了东王府、北王府、翼王府等。扩建后的天王府，洪秀全非常满意。周围十余里，内外两重，外城名曰太阳城，内城名曰金龙城。城门朝南，额朝为真神荣光门，又称皇天门。二门为真神圣天门。左右设钟鼓楼。进二门后有大殿名曰金龙殿，又称天父上帝真神殿，极为壮观。殿后为内宫，宫后建有后林苑。

洪秀全临朝，头戴纯金精制的王冠，金项链，身穿纯金纽扣的绣金龙袍。出门时，乘宫女手牵的金车。并与杨秀清制订了等级森严的礼制：官员一律乘轿。天王是64人大轿，东王为40人。东王每次出巡，仅仪仗队就有1000多人。见天王跪拜称万岁，见东王也跪拜称千岁。北王、翼王及百官见东王也需跪拜称千岁。

此时的洪秀全、杨秀清有些放松对清廷的进攻，在战略部署上也产生了分歧。两人各有各的打算，对现状偏于满足，杨秀清更是狂妄自大起来。在南京城东孝陵卫向荣的江南大营和杨州的江北大营，正是为了阻扼太平军向东、向北发展，并伺机夺取金陵。

翼王智破曾国藩

北伐同时，洪秀全又命春官正丞相胡以晃、夏官丞相赖汉英西征。

西征军一路杀敌，很快就攻占了安庆、湖口和九江等沿江重镇。长江两岸到处都有西征军活动。可是和曾国藩交手以后，西征军遭到了接连的失败。曾国藩是清朝的礼部侍郎，因为母亲死了而在湖南老家守丧。由于正好赶上西征军攻打湖南，他就组织起一支地主武装来对抗太平军。他的这支武装就叫湘军。曾国藩镇压太平军非常凶残，被太平军称为“曾剃头”。他率湘军拼命攻下了武昌，向西征军疯狂反扑。在这危急关头，洪秀全和杨秀清派来了石达开指挥西征。石达开赶到湖口，立刻乘船来观察湘军的水营。

小船驶出鄱阳湖，来到长江水面上。在赖汉英的指点下，石达开远远望去。只见江面上，一望无际的大小战船依次排列，阵容整齐。看着湘军的水营，石达开心中暗想：曾国藩治军有方，看来要打败湘军不能硬攻，只能智取。

“曾国藩把他的水军战船宽形的叫快蟹，较长的叫长龙，”赖汉英一边指点一边向石达开介绍，“那些快蟹、长龙等大型战船摆在阵势中间，指挥作战。那些轻便的舢板快船穿插其中，直接执行守卫和攻击的任务。

“曾剃头这家伙真是挖空了心思啊！”石达开笑着说，“不过，我们太平军也不是傻子。他有他的办法，我们有我们的主意！”说完，他伏在赖汉英耳边讲了自己的破敌设想。

“妙计！妙计！”赖汉英听了非常兴奋，“这回看他曾剃头还怎么猖狂。”

石达开回到湖口，下令让将士好好休息。然后，他又让赖汉英领人守住长江和鄱阳湖交汇的水面，防备湘军突然进攻。

曾国藩布置好了水军阵势，准备与石达开决一死战。可是一连等了十几天，也不见太平军有什么动静。曾国藩沉不住气了，命令人去攻打湖口，结果吃了个败仗。曾国藩只好再做准备，打算再次进攻太平军。

一天晚上，天空阴云密布，整个湘军大营也是一片死静。这时候，十几条太平军的小船飞速驶来，渐渐向湘军靠近。随着突然间一阵战鼓，太平军呐喊着把无数支火箭射向湘军。湘军士兵从梦中惊醒，只见一团团火球滚动在江面和夜空。

“太平军进攻了——”湘军们在一片叫喊中慌忙应战。当他们手持刀枪准备拼杀时，四周突然一片寂静。黑暗中哪有什么太平军的影子。湘军们又紧张地等了好长时间，见还没有什么动静，便一个个大骂着回去睡觉了。就这样一连一个月，湘军们每天晚上都要被折腾个够。曾国藩见手下人被搞得精疲力尽，气得大骂太平军。他几次派兵挑战，石达开只是坚守阵地，就不肯出来应战。曾国藩就放松了警惕。在他看来，石达开只能搞一些夜间骚扰，根本就没什么可怕的。

一天，有个湘军来报告石达开撤兵了。曾国藩听后即刻命令全体将士，追击石达开。这时，曾国藩的门生左宗棠连忙拦住了他，劝他慎重一些，曾国藩哪肯失去这次机会。

就这样，曾国藩率领大军直奔湖口杀来。他见湖口城头果然已没了太平军，便命令湘军大小舰船向鄱阳湖进击。那些舢板战船轻便灵活，都争着冲到了前面，驶进鄱阳湖。长龙和快蟹速度慢，渐渐被甩在了后面。一见敌人已经中了圈套，石达开立刻命令埋伏在湖口两岸的太平军迅速封锁湖口。随着一声令下，几十门大炮齐声开火，把湖口水面死死地封住。这样，湘军的战船就分成了两半，舢板快船在鄱阳湖内，长龙和快蟹都被留在湖外的江面上。

湖口内外，炮声轰轰，太平军全军出动，与湘军展开激战。湖口内，湘军的小船由于失去了长龙、快蟹的指挥，乱作一团。在太平军的猛烈进攻下，湘军的舰船翻船、着火，几乎全军覆没。在湖口外，太平军的小艇飞速驶向那些湘军大船。没有舢板的配合，快蟹、长龙行动迟缓，完全被动挨打。

曾国藩见大势已去，自己的指挥船也陷入了太平军的重围之中，急得拼命跺脚。一个湘军头目劝他快上小船逃走。他一边咬牙咒骂石达开，一边跳上一艘小艇朝江中退去。

天色渐渐黑了，太平军将士越战越勇，湘军最后彻底被击溃。当月亮挂上天空时，江面的硝烟已经散去。太平军早已得胜收兵，江面上只剩下了湘军的几条残船。曾国藩看看黯淡的天空，又看看滔滔的江水，顿时泪流满面。“我耗尽心血，苦苦操练，没想到今天竟遭到这样惨败，还有什么脸面去见皇上。”说完，就要跳江自尽。旁边的将领们连忙把他拉住，劝他“胜败乃兵家常事”。曾国藩这才安定下来，率领残兵败将逃了回去。

曾国藩败走后，石达开乘胜进军，夺回武汉三镇，又攻克了大半个江西。正当他想要将躲在南昌的曾国藩残部一举铲尽时，洪秀全突然命令他马上率兵回救天京。原来清王朝派大兵在天京周围建立江南、江北两座大营，直接威胁了天京的安全。石达开接到命令后立刻率兵打回了天京，一举将两座清军大营摧垮。清兵统帅向荣被迫上吊自杀。太平军的这一系列胜利使太平天国达到了全盛，各地也纷纷响应起义。

林凤祥孤军北伐

太平天国在定都南京后，过高地估计自己，对形势作出了错误的判断，因而在政治上和军事上采取了不合时宜的措施，在骄傲轻敌的思想下，决定采取固守天京，同时北伐与西征的战略。

天官副丞相林凤祥、地官正丞相李开芳、春官副丞相吉文元，受命率师北伐。三人站在队伍前面，林凤祥向全体将士们说："弟兄们，我们奉天王之命，今日就要北伐，直扫幽燕，除妖孽，拨娇雾，重整江山。让我们都来记住天王的嘱咐：'师行间道，直捣清妖京城，万无贪攻城略地，縻费时光'。"

北伐军以闪电般的速度，一举攻下滁州、凤阳、亳州，直向河南进发。一个月后，大军逼近开封，与清军激战两天，没有攻下。李开芳对林凤祥说："我们孤军作战，无后援部队，不易久留一地。"林凤祥说："那就渡河攻怀庆!”

这时正好吉文元找来几位当地煤工，用运煤船神不知鬼不觉的越过天险黄河，大军直逼怀庆府。消息传到北京，咸丰大惊，命僧格林沁为参赞大臣，惠亲王绵愉为大将军，会同钦差大臣胜保，率兵围堵北窜之贼，授直隶总督讷尔经额为钦差大臣，会同尚书恩华，急赴河南解怀庆之围。并传谕：“各军务必奋勇杀敌，如有闪失，严惩不贷。”

围攻怀庆府的太平军，攻城多次，未能攻克。又得知纳尔经额率兵前来解围，林凤祥、李开芳、吉文元三人合计，先给清军一猛烈打击，然后向西突围，进兵山西。

次日，清将讷尔经额、恩华、托明河，胜保合成半包围圈，向太平军杀来。太平军个个如同猛虎般迎了上去，一阵猛杀，清兵死亡不少。纳尔经额命令用炮轰击太平军。林凤祥一见，立即命令急速向西突围。吉文元在掩护突围时，不幸受重伤。

太平军顺利突围，直入山西。山西巡抚毫无准备，被太平军连克平阳、洪洞等县。这时洪秀全命曾立昌、许宗扬率兵两万已进入山东，林凤祥得知后，决定智取临洺关，挥兵东进。

临洛关在邯郸县北，是东进必由之路，也是兵家必争之地。讷尔经额击走太平军后，驻守此关。李开芳命先头部队一律换上清军衣服，高举清军旗帜，浩浩荡荡地向临潼关开去。讷尔经额误以为是胜保之军，毫无防备，命开关迎接。不料此军一进城，立即大砍大杀。随后蜂拥而上的竟是太平军。纳尔经额方知中计，无力挽回，只好夺路逃走。

太平军夺下临潼关，于十月二十七日攻占沧州，二十九日夺取静海，然后挥师拿下张登镇，此地离保定仅有60里，京城立即慌乱不安，达官显贵纷纷准备逃亡。咸丰皇帝坐卧不安，但仍强作镇定地下谕旨："命僧格林沁、胜保速速堵截长毛，如若京城有失，朕决不饶你们！"

此时太平军因孤军作战，军需物品已供应不上，特别是粮食，李开芳说："北京一时难已攻下，不如乘天津空虚，先夺下天津，补充上粮食，再回师猛攻北京，可一举拿下。"林凤祥很赞同。二人商定后，迅速率兵直扑天津，顺利占领天津郊区的杨柳青，吓得天津知县谢子澄不知如何是好。然而，天不灭清，虽说是秋季，却连下三天大雨，河水猛涨，天津城外一片汪洋，林凤祥、李开芳只好退出杨柳青，退兵静海县和独流镇休整。

雨过后，天气又转凉，朔风骤起，太平军都是两广一带的人，衣服单薄，焉能承受这样的气候，而军粮又未补充足，处境十分困难，但士气却很高昂。这时吉文元伤势已好，三位将军看到士兵在冷风中，心如刀割。他们盼望着援军早日到来。

然而这时天津太守谢子澄向胜保求助，拨了四门大炮。谢子澄想乘天气对太平军不利之机，抢个头功，带着四门大炮前来攻打太平军。

林凤祥等三人得到消息后，到前沿一看，只见谢子澄正在指手划脚地指挥开炮。大炮轰鸣，立即有不少房屋被轰塌，浓烟滚滚。林凤祥立即命一部士兵隐蔽在村边的树林里；炮烟散去，只见太平军纷纷向后撤去，谢子澄一见大喜，命令士兵立即冲进村去。没料到清军全部进村后，突然背面杀声震天，清军正惶惶然不知所措时，后撤的太平军又杀回，谢子澄的军队全部被消灭，谢子澄也在乱军中被太平军砍死。

太平军在静海、独流镇坚持三个月。进兵北京困难重重，驻守待援，而援兵又杳无音信。最后决定突围入山东与援军会合。咸丰四年一月八日（公元1854年2月5日）林凤祥、李开芳、吉文元挥军突围，大军在攻占阜城后，吉文元不幸中箭身亡。

攻下阜城后，太平军进占东光县连镇，林凤祥与李开芳商议，由林凤祥坚守连镇，李开芳前往临潼迎接援军。

林凤祥在连镇坚守一年，内无粮草，外无救兵，最后在僧格林沁大军围剿下，全军覆灭。林凤祥被俘，于咸丰五年一月二十七日（公元 1855 年 3 月 18 日）在北京就义。

李开芳到达高唐州时，方知援军已被清军击退。李开芳只好驻守高唐州，与清军周旋。军力必定相差悬殊，李开芳几次突围，均未成功。最后想了一条诈降计，想以此法突围，结果又被僧格林沁识破，被俘押入北京后不久被害。

从咸丰三年四月开始到咸丰五年，在近二年的时间里，北伐军从南到北，从西到东，转战数千里，所向披靡，攻必克，战必胜，然而始终是孤军奋战，部队得不到休整，而军需物品又补充不上，最后导致全军覆灭。这不仅失去了夺取北京的大好时机，也给太平天国带来了无可挽回的损失。

英法联军火烧圆明园

英法侵略者为扩大侵华权益占有中国市场，寻机挑衅是轻而易举的事，“马神甫案”和“亚罗号事件”就是英法政府为发动侵华战争所寻找的借口。

1856 年，一个叫马赖的法国天主教神父，不顾中国政府的有关禁令，偷偷从广州到了广西西林县，招收了一批

地痞流氓当教徒，以传教为名，抢劫财物，奸淫妇女，无恶不做。他们的行径严重地触犯了中国的法律。广西西林县知县张鸣凤下令逮捕了马赖和他的教徒，随后将他和两个民愤极大的教徒斩首示众。

法国政府得知消息后，马上以此为借口，要派远征军来中国。英国政府心领神会，也寻找向中国挑衅的借口。

一个叫萧成的贩卖私盐的盐商，有一艘叫作“亚罗”号的商船，为便于向香港当局领取通航证，所以顾用了一个爱尔兰人当船长，水手全是中国人。在这批水手中，有曾经当过海盗的李明太和梁建富。广东水师发现后，便将李明太、梁建富及嫌疑犯12人逮捕，押在水师巡逻艇上。

英国领事巴夏礼听说后，便以“亚罗”号是英国船只，中国人擅自上英国船逮人，侵犯英国主权为名，控告中国破坏条约，并向两广总督叶名琛提出最后通牒，限24小时内释放被捕人员并拿出书面道歉，否则，英国海军就要攻打广州。叶名琛吓得赶紧派人把12人送回，并送上书面道歉。但成心找碴的巴夏礼以所派人官职太小，对英国不礼貌为由，拒不接受。

紧接着英国海军便以此为由进攻广州沿江炮台；那边法国赶紧积极响应。第二次鸦片战争从此爆发。

两广总督叶名琛“不战、不和、不守”，广州很快沦陷。为了扩大侵略，迫使清政府就范，英法联军决定北上进犯大沽口，夺取天津，以天津作为向清政府要挟的筹码。

英法侵略军向大沽口发动进攻时，美俄的舰艇也赶来助威。英法轻易拿下大沽炮台后，便直扑天津城郊，摆开了对天津的攻势。清朝政府束手无策，急忙派大学士桂良、吏部尚书花沙纳为全权大臣向侵略者求和，表示投降。

1858 年 6 月 26、27 两日，两名全权大臣代表朝廷分别与英、法、俄、美签订了《天津条约》，定于 1 年后在北京批准换约。这项条约规定：除了赔款以外；还答应外国公使驻北京；增开南京、汉口、烟台、营口等 10 处口岸；允许外国人到中国内地通商、传教等等。外国在中国的权利明显增大。

可是，这个激起中国人民强烈不满的不平等条约，英法政府还感到不满足。他们觉得所得到的利益太少，决定再次使用武力逼清政府退让。

1859 年 6 月，英法侵略者以护送代表到北京交换条约为名，派军艇运载 2000 名军人蛮横冲进大沽口，一举拿下天津，直逼北京。咸丰皇帝惊恐万状，带着后妃、亲王、侍郎等大臣，仓皇逃往热河。留下他的弟弟恭亲王奕訢在北京，与英法侵略者谈判。

整个京城毫无抵抗，便绕过北京城的安定门和德胜门，占领海淀地区，向圆明园进兵。圆明园位于北京西郊海淀附近，始建于明朝，以后又经清朝乾隆、雍正等历代皇帝征集全国能工巧匠，耗用无数金银，重又加以扩修，精心经营150年，成了世界上最美丽、最宏伟的皇家园林。

闯进园内的侵略军没有找到皇帝，但发现了数不清的珍贵文物和金银珠宝。侵略者一见到五千年璀璨珍品顿时红了眼。他们扑上前去，大把地往袋里装，腰里塞，装不下就用抢来的绸缎和刺绣品作包袱，将文物珠宝尽量往里装。东西多的实在装不下，只好见到金子就丢掉银子，见到珠宝又将金子扔掉。无价的瓷器和珐琅瓶因为太大，无法拿动，干脆打碎；楠木器具、铜器、象牙雕刻也肆意用枪托毁坏。

每一个法国兵都从圆明园抢到价值约三四万法郎的珍贵物品。一名法国军团指挥官抢掠的奇珍异宝和金刚石，价值竟达80万法郎以上。当时的法军军营堆满了各种各样的钟表，五光十色的绫罗绸缎和数不尽的珍贵文物，价值达3000万法郎。沈源、唐岱所画的《圆明园四十景图》也被他们抢去，收藏在法国巴黎国家图书馆。

在这期间，英国侵略军头子格兰特竟公然下令，准许军官分批到圆明园抢掠；几天以后，又下令全军可以“自由劫掠”。几天来，凡是园里能搬动的金银珠宝和珍贵文物都被抢走。单是英国陆军二等军官赫利斯一人抢到的黄金就值22000英镑，赃物中1英尺高的黄金树和7英尺高的黄金塔等艺术品，都不在其内。晋朝大画家顾恺之的《女史箴图》也落入敌手，现在还藏在伦敦大英博物馆。

对圆明园进行了野蛮的掠夺和破坏以后，为了掩盖罪行，也为了让清政府见识一下他们的厉害，英国全权公使额尔金又下令将圆明园全部焚毁。

10月18、19那天，三四千名英国骑兵一齐出动，在圆明园四处放火。霎时间浓烟滚滚，火光冲天。黑烟结成烟团，在天空中向东南流动，长达百余里，日月无光，难辨白昼。

万恶的侵略军接着又抢劫了畅春园和海淀镇，把圆明园的附属园万寿山的大报恩延寿寺（今颐和园）、静明园（今玉泉山）的16景、静宜园（香山）的28景和81间铜殿，也洗劫一空，然后放火烧毁。

世界上最美丽、最宏伟的皇家大花园，最大的珍藏馆，世界级的奇景异观，几世几代中国人的心血，随着浓烟的飘散，从此化为灰烬不再存在。

英法联军烧毁圆明园以后，又在地坛一带修筑工事和炮台，做出攻打北京的架式。清朝政府惊恐万状，立即下令打开安定门，让英法联军进城。英法联军一进城，立即将安定门重兵把守，把大炮设在城楼上，然后向留守在北京的恭亲王奕訢发出最后通牒，声称如果不接受他们提出的全部条件，就要像火烧圆明园那样烧毁北京城内的所有皇宫。俄国公使伊格那提业夫也出面帮助英法侵略者说话，逼迫清政府投降。奕訢在英法两国武力的恫吓和俄国的诱逼下，接受侵略者提出的全部条件，分别与英、法两国签订了更加屈辱的《北京条约》。

《北京条约》除了承认《天津条约》完全有效外，还增加了新的条款：开放北京的门户——华北最大的海港天津港为通商口岸；割让九龙给英国。英法侵略军得到利益后，第二次鸦片战争结束。

天京事变

太平军进入南京后，太平天国作为一个农民政权，不可避免地同时具有封建的属性，而且这种封建性随着形势的发展，而愈益浓厚。这时进入天王府的洪秀全，每天沉溺于声色犬马之中，与皇后及一百多位妃子厮混，从不出宫，能见到他的仅几位王爷，这正如他一入天王府写的告示：大小众臣工，到此至行踪，有诏方可进，否则云雪中。这告示就是失败的预兆。

本来，天王洪秀全是太平天国的最高领袖，洪秀全深居简出，指挥大权就落在了杨秀清肩上，结义六兄弟，进入南京前牺牲了冯云山、萧朝贵。进入南京后，石达开和韦昌辉又率兵征战，太平天国的大权已落到杨秀清手中。进入南京后，他制订了等级森严的礼制，修建了东王府，被称为九千岁。他的权力到底有多大？供他使用的官员多达两万余人，他的助手的权力都超过北王韦昌辉、翼王石达开。每想到这些他心里好不得意，这是一人之下，万人之上。而实际上又是他坐镇南京指挥各路军马，不由得又想起金田村起义前，洪秀全、冯云祥外出时，教徒信心不稳，是他假托天父附身，教训了教徒，稳定了局势，才有了今天这个局面。而进入南京时，他又曾假托天父附身，教训过洪秀全。这使杨秀清很是得意，然而却激起洪秀全的不满，结义兄弟由此产生了矛盾。

太平军西征胜利，杨秀清在东王府举行庆祝，张灯结彩，十分隆重，突然，杨秀清面色发紫，说天父附在身上，要和二兄讲话。洪秀全得信后，赶紧过府，跪在杨秀清面前听训。“天父”说：“你和东王都是我的儿子，你称万岁，为什么东王只能称九千岁？其实，东王的智慧和功劳都比你天王高，你必须封东王为万岁。这是天意，不得违抗！”

这更使洪秀全气愤，杨秀清想要和我争位，若不除掉他，后患无穷。什么手足情，同患难共富贵，在二人间早已无影无踪了。

不久，洪秀全写诏书，秘密派人分别送给武昌的石达开、江西的韦昌辉和丹阳的秦日纲。

北王韦昌辉虽是结义弟兄，但为人十分奸诈，他对杨秀清早已不满，但表面装得十分亲热。论功劳，讲功献，他都不比杨秀清差。他也想专权。因此，得到天王旨意，日夜兼程赶回天京，正好秦日纲也到。二人商量于八月三日（公元1856年9月1日）午夜动手。

韦昌辉和秦日纲派亲信秘密封锁了通往东王府的街道。半夜派3000名战士将东王府团团围住。初四凌晨，韦昌辉以迅雷不及掩耳之势，冲进东王府，将睡梦中的杨秀清杀死。祸及家属、侍从、文武官员、杂役上千人。次日又用计诱杀杨秀清亲属、部下5000余人。乱杀无辜不仅激起了太平军的不满，也使洪秀全大为吃惊。

石达开赶回北京，闻讯大惊，他目睹天京的惨象，好不可悲，指责韦昌辉杀了杨秀清也就算了，怎能乱杀无辜呢！对此，韦昌辉怀恨在心，同时也觉得将来与他争权的，也就是石达开，遂产生杀害石达开之心。石达开也有所察觉，趁夜悄悄溜走，而韦昌辉竟将石达开全家杀死，并派人追杀石达开。

石达开逃到安庆，集合自己部下4万人，声讨韦昌辉。韦昌辉在天京彻底暴露了自己的真面目，率军围攻天王府，使其成为孤家寡人，最后被捉，天王将其斩首，并将韦昌辉人头送给石达开，同时将秦日纲也处以死刑。

天国异姓六兄弟，战死两人，内讧自相残杀两人，只剩下洪秀全、石达开二人。

处死韦昌辉，一场风波平息了，石达开返回北京，洪秀全加封石达开的官职，让他，处理朝政。然而洪秀全对这唯一的异性兄弟也不放心，竟封文不能治国、武不能安邦、爱财如命的二个哥哥为王，洪仁发为安王，洪仁达为福王，并暗中命这两个成事不足败事有余的小人监视石达开。这就引起了石达开的戒心，怀疑洪秀全有杀害自己之心。为此，竟率兵 26 万出走。石达开沿途张贴布告，表白自己一片忠心却遭受迫害，不得不飘然远行的苦衷。

石达开出走后，洪秀全因京内无人主持军政，后悔不迭，百般派人迎回石达开，其情词惨迫，仍未能招回石达开。

英、忠二王屡胜顽敌

在北伐遭受挫折，清兵日益猖獗的形势下，太平天国革命者进行了艰苦卓绝的斗争。洪秀全提拔了与清军血战多年的青年将领陈玉成、李秀成、李世贤等为各军主将。

是他们领导太平军奋力战斗，力挽危局。

同时，清政府加紧了对太平天国的封锁，曾国藩派他的虎将浙江布政使李绪宾，率精兵围攻三河镇。三河镇乃太平军屯粮和存放武器的重要军事基地，一旦被敌人攻破，将严重的威胁天京的安危。因此，天王洪秀全命英王陈玉成率兵前去解围。

李绪宾得知年仅21岁的陈玉成前来解围，根本没有放在心上。李绪宾在清军中确实算得上虎将，他曾率清兵夺取被太平军占领的武昌、九江等地。

陈玉成也的确年青，是太平军最年青的一位王爷。但勇略过人，14岁参加金田村起义，17岁率500人出奇兵袭取武昌城，后又参加破江南大营，迫使提督张国栋落水而死。陈玉成又组织了一个小儿队，年龄都在十三四到17岁之间，分红、黄、白、黑、青五旗营，作战勇猛，屡建奇功。

陈玉成大军到后，安营扎寨，他独自坐在一块大石上默想对策。忽然看到一群群的蚂蚁匆匆忙忙从石缝中爬过，钻进湿漉漉的一片青苔中，马上意识到明日早有大雾。立即传五旗营首领前来议事。陈玉成命令说："无论今晚，或是明晨，你等要加强戒备。若有清妖袭营，红旗营伪装败走，将妖兵引到此大石头处，其他四营在此埋伏，待敌过后，从背后杀出。”

第二天，果然大雾弥漫，李绪宾率领大军分三路杀来，红旗营立即上前迎战，拼杀几个回合后，就纷纷败了下来。李绪宾一见，精神抖擞，命令士兵立即追杀，并传令：活捉陈玉成。清兵三路会成一路追杀下去。霎时间太平军无影无踪，弥天大雾，难辨东西，李绪宾赶到，站在大石头上，正在观望，忽听背后杀声骤起，无数太平军从天而降，挥刀向清兵杀去。李绪宾正在指挥迎战，却不料败下去的太平军，又冲杀回来。此时，方知中计，慌忙中左冲右突，好不容易才逃回大营。

李绪宾败回后，心中十分恼火，想不到会败得如此之惨。原是他包围三河镇，如今，反被陈玉成包围，成了战败之军。正在这时，副将跌跌撞撞跑进来说：“李秀成大军也到了，我们全部被包围了。”李绪宾刚说：“知道了。”再一看脚下，大水不断上涨。副将说：“陈玉成挖断镇外河堤，大水漫我军营，我背大人速走。”李绪宾挥挥手说：“你先去吧！”

副将走后，李绪宾越想越恼，身经百战的一员猛将，竟败在一个娃娃手上，羞愧地吊死在一棵柳树上。

三河镇一仗歼灭清兵6000多人，仅大小官员就有400多。

不久安庆失陷，洪秀全的哥哥洪仁达进谗说，陈玉成援军不到，竟将责任全推到陈玉成身上。洪秀全下诏革去英王之职，带罪立功，此时陈玉成悲奋交集，孤军坚守庐州。又误中叛将苗沛霖的奸计，被胜保所俘，于同治元年四月十五日（公元1862年6月4日）被害，年仅26岁。

陈玉成死后，天国重担落在忠王李秀成身上。慈禧命李鸿章为江苏巡抚。李鸿章效仿老师曾国藩，组织起拥有7000多人的淮军。又与洋人华尔狼狈为奸，组织了一个洋枪队。不久攻下松江，又挥师进攻青浦。

1862年9月，华尔仗着武器优良，又有着海盗的贼胆，率领洋枪队攻打青浦，结果死伤无数，败了下来。但他并不死心，组织第二次进攻，正在指挥进攻时，司令白齐文慌慌张张跑来告诉华尔，李秀成援军杀来。话音刚落，“杀鬼子，杀清妖！”太平军的呼声响彻四面八方，喊声刚过，城里的太平军与援军如同潮水般冲杀过来，杀得洋枪队呼爹叫娘没命地逃跑。华尔身中两弹，吓得声嘶力竭地叫喊：“快救我！撤，快！快！”

不见阎王不死心的华尔又收买了中国人的败类、地痞、流氓组成了有4000人的洋枪队，又向太平军的驻地奉贤南桥镇攻来。南桥镇城外一片开阔地，易攻难守。李秀成与谭绍光想起了诸葛亮的空城计。

华尔与白齐文这时更为嚣张，挥军直逼城下，一看城门紧闭，城头几个老弱残兵巡逻。二人一商量，决定先攻破城池再说。华尔命30门大炮齐轰，很快将城墙轰塌，也不见太平军还击。洋枪队在华尔的指挥下，毫无顾忌地向城中冲去。突然炮声大震，杀声骤起，四面八方都是太平军。炮声一停，双方展开了激烈的肉搏战，久经沙场的太平军，杀得洋枪队死的死伤的伤，纷纷后退。法国海军司令卜罗德在乱军中毙命。

奉贤南桥镇没有攻下，反而损兵折将。恼羞成怒的华尔，于秋季指挥洋枪队又攻打慈溪，这一次华尔站在城外一个高高的土台上，正指挥得洋洋得意时，突然一颗子弹不偏不斜，正好击中这个海盗的脑壳，当场毙命。

1862年1、2月间，李秀成率部在绍兴屡败反动联军，先后打死“常捷军”统领勒伯勒东及其继任者塔提夫。但这些局部战斗的胜利，不能弥补整个战场的被动局面。

辛酉政变

咸丰十一年七月十七日（公元1861年8月22日）咸丰皇帝病逝，年仅31岁，宏图未展，大志未成。咸丰临终前，他口授遗嘱，宣布由6岁儿子载淳继位，并指定载垣、端华、肃顺、穆荫、景寿、匡源、杜翰等8个亲信为赞襄政务王大臣，辅佐载淳，总摄国政。6岁的载淳继位，改年号为祺祥。然而，事情没有按咸丰皇帝的意愿发展。他死后不久，朝廷发生政变，国家大权落到小皇帝的生母叶赫那拉氏手里。

那拉氏出身于满洲贵族家庭，小名兰儿。1851年咸丰登基后，17岁的那拉氏应选入宫为“秀女”。别具一番风韵的兰儿被咸丰一眼看中，得到宠幸。皇后纽祜禄氏幽娴静淑，咸丰帝对她只有敬没有爱。而这位兰儿，芙蓉面，杨柳眉，性情乖巧，兼通满汉两文，识经晓史，能书能画，故深得咸丰宠爱。她很快就被封为贵人，接着又被封为懿嫔。过了一年，兰儿又为咸丰生了他一生中唯一的儿子载淳。母以子贵，很快又升一级，封为懿妃，第二年又升为懿贵妃，地位仅次于皇后。

咸丰身体虚弱，懒理政务，不时要那拉氏代笔批条。那拉氏由此对朝廷军政大事和人际关系有所了解。久而久之，那拉氏开始向咸丰举荐人才，进而干预政事。

载淳继位后，纽祜禄氏被尊为“母后皇太后”，那拉氏被尊为“圣母皇太后”，一个住东边的钟粹宫，又称为“东太后”。一个住西边的长寿宫称为“西太后”。八大臣辅佐朝政，改年号“祺祥”。但那拉氏权欲熏心，并不满足。她要夺取清王朝大权。咸丰的死，正好给她提供了机会。这时清廷内部，分为两大派。一派以八大臣为首，把持朝廷军政大权，主张原封不动维持现存秩序，对外国侵略者抱着疑惧和仇视态度。另一派以咸丰的异母弟弟恭亲王奕訢为首，极力主张和外国侵略者妥协。咸丰逃往热河，将他留在北京与英法联军议和。奕訢在北京与英法签订了丧权辱国的《北京条约》，得到列强的赏识。

西太后深知奕訢和八大臣有很深的矛盾，为了实现自己的篡权计划，她决定争取奕訢的支持。咸丰在热河一死，她立即以报丧为名，派亲信赶回北京，密召奕訢速来热河，单独召见，商定“回銮”北京，立即除掉八大臣，实施两宫垂帘听政计划。她最关心的是洋人对两宫太后垂帘听政的态度。奕訢保证说："各国对太后听政绝无异议，如有误会，我尽可解释，若有不妥，惟奴才是问。"

奕訢回到北京，召集党羽，拉拢八大臣的反对派，紧锣密鼓地为皇太后垂帘听政作舆论准备。他们编了一本《临朝备改录》，收集了历史上皇太后垂帘听政的先例，为西太后上台找依据。与此同时，西太后在热河也加紧行动。她首先找东太后列陈八大臣不除的种种危害。东太后是个没有主见的人，加上平时受八大臣对自己的限制也微有不满，被西太后这么一说，便支持了她的政变计划。随后，西太后又授意在热河和北京的党羽，为她的上台大造舆论。

西太后知道，没有兵权就不可能政变成功，以后也不可能真正掌权。在和奕訢密议后，她们拉拢了掌握兵权的蒙古亲王僧格林沁和兵部侍郎胜保，完全控制了北京周围的部队。

1861 年 10 月 26 日，咸丰的灵柩从热河运往北京。那拉氏怕八大臣中途闹事，便有意将他们分开。让肃顺单独负责护送灵柩沿大路走，而叫载垣、端华等人跟随她走小路。但肃顺也并非庸碌之辈，他知道那拉氏凶残无比，如不尽早除去，后患不堪设想。所以事先安排侍卫兵准备在队伍行至古北口时将她刺死。谁知那拉氏早有防备，她的亲信侍卫荣禄日夜守卫，毫不懈怠，直到北京，肃顺派的刺客都无从下手。

11 月 1 日，西太后那拉氏在胜保派亲兵接应下，提早一天回到北京，当天便和奕訢会晤。奕訢在北京已作好一切准备，并转达了英法使馆的态度：只要朝廷不在北京，只要端华、肃顺等继续掌权，我们无法确认中国已确实承认了条约。那拉氏见有洋人撑腰，便更有恃无恐。

次日黎明，载垣、端华刚踏进宫门，就被事先埋伏在两旁的卫侍就地逮捕，并宣读早已拟好的谕旨，将八大臣解职并审判定罪。那拉氏一见事情顺利，又命令睿亲王仁寿、醇亲王奕急速去捉拿肃顺。这时，行至密云的肃顺还蒙在鼓里，对京中的变乱毫无知觉。两亲王赶到密云驿站，以迎接先王灵柩为名，乘肃顺路上就寝时，突然带兵闯入，在梦中把他捆了起来。

那拉氏逮捕了八大臣之后，便在王公大臣面前痛诉肃顺等人的罪状，并说先帝并没有让他们辅佐朝政，完全是他们趁国难之机独揽大权。纽祜禄氏也在一旁帮着那拉氏说话。6 岁的小皇帝看到两位母亲的悲痛之状，便按照那氏预先教好的话说："肃顺等人，忘恩负义着实可恶该杀头！"

圣旨一下，八大臣就要人头落地。那拉氏深知打击面太大，会对自己今后不利，于是采取了区别对待的策略：将军机处的景寿、穆荫等 5 人革职，发配新疆效力赎罪；肃顺、载垣、端华被列出 10 大罪状，判处死刑；载垣、端华赐令自尽；肃顺，本应凌迟处死，但念其是先帝重臣，加恩改为斩决。

第二天两宫太后就开始垂帘听政。慈安太后没野心，也没能力，一切听任那拉氏自作主张，独断专行。26 岁的那拉氏从此走上政治舞台。篡夺了清朝大权。在以后 40 多年的时间里，她一直是清朝的最高统治者。这一年，因为是旧历辛酉年，故这一历史事件被称作“辛酉政变”。

辛酉政变后，清政府在内政外交两个方面走向新的轨道，清政府勾结英法等列强的势力，大大增强了平息民变的能力。

小刀会激战上海

咸丰年间，清政府对外割地赔款，对内残酷镇压，贪官恶吏的暴虐，激起百姓的反抗。太平天国定都天京后，

各地反清组织深受鼓舞，纷纷揭杆而起。1850 年，清道光三十年，福建华侨陈庆真在厦门成立小刀会。不久，小刀会发展到上海，上海小刀会也在这时高举起义大旗。

小刀会最初是一个民间秘密团体，它是白莲教系统和天地会的一个支派。会员大多是农民、手工业工人、水手、失业劳动者等。上海小刀会的活动范围一般在上海附近的宝山、嘉定、青浦一带。

最初的小刀会基本是各自为战，独立活动，而且活动规模和范围都很小，并没有引起人们太大的关注。太平天国运动的兴起，大大鼓舞了各地人民的斗争。小刀会也在这种形势鼓舞下开始了大规模的反压迫斗争。

这种斗争最早是从青浦县开始的。这一年，青浦县闹水灾，青浦县知县余龙光却突然逼着农民限期交出粮食银钱。小刀会首领周立春带人去和他说理，余龙光下令逮捕了周立春，将他投进监狱。消息传开，青浦县 20 多个村庄的村民集合起来，活捉了余龙光，树起了起义的大旗。苏州知府钟殿选率领 1000 多名清兵前来镇压，被周立春和他的女儿周秀英率领的起义农民在塘湾一带打得狼狈败逃。

塘湾斗争的胜利，鼓舞了群众抗粮抗税的斗争。附近各地互相串连，都拒绝缴纳钱粮。南翔县的徐耀也发动了农民武装起义，赶走了知县冯翰，并与周立春联合起来，占领了嘉定城。他们宣布免除百姓的钱粮赋税；打击贪官污吏和土豪劣坤，反抗清朝的残暴统治。

上海道台吴健彰害怕小刀会在驻有外国人的上海也发动起义，就将上海小刀会的会员吸收到他负责办理的团练中，企图控制小刀会，以平息起义。小刀会的首领刘丽川等人将计就计，利用参加团练的机会，进一步扩大自己的组织，并约定中秋节乘清朝当局不备，夺取吴健彰搜刮的 40 万两白银，发动起义。

咸丰三年八月初五（公元 1853 年 9 月 7 日）是孔子的诞辰。上海城的孔庙里红烛高燃，衣冠楚楚的官僚坤士们都聚集在这里，等候吴健彰和上海知县袁祖德到来，举行祭孔典礼。这时候，小刀会会员已在城外三连塘秘密集合齐备，从北门和小东门分两路冲进上海县城。一路人马冲进县衙门杀死了袁祖德；一路人马攻入道台衙门活捉了吴健彰。

小刀会起义后，根据天地会“反清复明”的宗旨，在上海建立了“大明国”政权。群众一致推举刘丽川为大元帅，陈阿林为左元帅，潘起亮为飞虎将军。

起义的第二天，周立春和徐耀又带领4000多人加入上海的起义队伍，声势更加壮大。起义群众头裹红巾，身披红带，手执红旗，上海顿时变成了一个红色的城市。起义军接着又攻下宝山、南汇、川沙、青浦等地。

小刀会占领上海，使驻上海的外国侵略者十分惊慌。他们为了自身的利益，表面采取中立，暗地里却帮助清政府建筑炮台，训练军队。清政府有了洋人壮胆，便向小刀会发动进攻。他们利用内奸，杀害了周立春，先后占领了嘉定等地。接着，包围了上海城。他们偷偷地在城外挖了一条通向城墙的地道，在地道里装上炸药，企图把城墙炸开一个缺口。这个阴谋被起义军发现，也在城里挖起地道来。当两边的地道接通后，他们把河水灌了进去。清军的火药全被浇湿。清军的这一次阴谋就此破产。

几天以后，清军终于在北城边炸开了一处四五丈宽的缺口，2000 多清军蜂拥往里冲。起义军一边点燃火药袋，在缺口处形成一堵火墙，一边把砖头、石块、火药罐雨点般地倾向敌人。清军处于一片火海中，正当清军被烧得焦头烂额的时候，飞虎将军潘起亮率领起义军，手执盾牌和利剑，从缺口杀出，杀得清军尸横遍地，血染街头。接着女战士们手拿挠钩，冲出城来，将那些侥幸活着狼狈逃窜的清军一个个钩住，全部活捉。

外国侵略者起初以为清军人多势众，能镇压住小刀会。不料清兵连战连败。于是他们撕去了中立的伪装，明确表示了和起义军的对立。法国驻上海领事通知起义军说："你们反击清军的子弹，有可能打中我们的房屋。今后不准你们架炮袭击清军，并立即拆除炮台！"小刀会没有理会这种无理要求，他们就亲自去拆毁炮台，并打死起义军战士。起义军鸣空枪警告，他们就污蔑起义向他们开枪。不久，法国侵略者便在中国的土地上向小刀会"宣战"，说是保卫他们的领地。同时英、美也与法国密切配合，在上海城和租界之间，筑造围墙，以切断小刀会的给养。接着他们便派人去进行劝降。

诱降不成，法国又进行武力威胁。1855 年 1 月初一天，辣厄尔从舰艇上搬来两门山炮，对准上海城连连开火。不多时，城墙被炸开一段。埋伏在法国领事馆后面的法军官兵敢死队，在海军大尉杜伦率领下，从缺口登上北城。他们故意地高声呼叫，还把法国旗插到城墙的最高处。就在他得意忘形之时，城里枪声大作，从街道两旁的高大建筑物后面，冲出无数小刀会战士。起义军的枪炮都对准了城墙缺口处，一齐轰击。敢死队官兵接连倒地，剩下的不顾一切往城外冲。这场战斗，打死法军 13 人，打伤 30 余人，大尉杜伦也当场毙命。带领小刀会员打下这场胜仗的，正是飞虎将军潘起亮。

起义军被围困了一年多，击退了无数次的进攻。虽然屡次获得胜利，但由于和城外农民的联系被切断，粮食弹药都接济不上，小刀会的处境很困难，清军趁此机会，引诱起义军投降。小刀会杀死了前来诱降的奸细，毫不妥协。在此之前，刘丽川曾派人向太平天国报告起义经过，并表示愿接受太平军的领导，请求太平军的支援，但由于书信被清军截获，小刀会没能与太平军取得联系。小刀会只有继续孤军奋战。

在颗粒粮皆无的生死关头，起义军决定突围，赶赴镇江与太平天国的义军会合。1855 年 2 月 17 日，开始突围。刘丽川、徐耀、周秀英等在激战中壮烈牺牲。

小刀会起义军在极其艰苦的条件下，坚持艰苦卓绝的斗争一年半。陈阿林在当地农民的帮助下化装脱脸，最后辗转到了新加坡。小刀会的余部在潘起亮、潘念珠的率领下，杀出重围，辗转到达天京，参加了太平军，继续坚持斗争。

石达开饮恨大渡河

1857 年 10 月，石达开率部自安庆经建德人江西。石达开驻军江西抚州时，洪秀全又数次派人到抚州请援，石达开依然对洪秀全耿耿于怀，置太平天国的前途于不顾，坚决不应诏回援。接着，石达开又决定放弃江西根据地，全力进取浙江。

石达开在咸丰七年（公元 1857 年）离开天京奋然出走后，仍坚持反对清朝统治。转战安徽、江西、浙江、湖南、广西、湖北、云南、贵州等省。虽然多次歼灭、击溃过清王朝的军队，但没有固定的根据地，四处飘荡，站不住脚，部队得不到休整与军需品的补充。咸丰十一年（公元1861年）石达开部下朱衣点和彭大顺等人又率亲兵第一军、第二军离开石达开，返回天京。这不仅削弱了石达开的兵力，也影响了官兵的情绪。

石达开无奈，将剩余的军队编为前、后、中、左、右五个军。实际只有5万人。石达开从四川石柱转战到云南昭通，沿途又招收了一些人马。同治二年一月（公元1863年2月），石达开考虑，昭通不是久留之地，想效仿孔明进驻四川休整，奋战，再图中原。他知道，现在的四川总督是原长沙巡抚骆秉章，此人有勇有谋，想取四川，但不能硬拼，为此，特派大将李复猷率兵3万，由贵州入川，派前军宰辅赖裕新率军2万绕入宁远府，想吸引骆秉章出来堵击，从而牵制骆秉章，然后石达开亲率7万大军出昭通越过金沙口，直入四川。并命二部随时保持联系，务于五月二十日前会师合攻成都。

谁知，赖裕新率3万大军入川，在中洲坝遇到骆秉章袭击，全军覆灭，赖裕新在激战中身负重伤，壮烈牺牲。而李复猷的3万大军，一路不断受到骆秉章大军的堵截，连连失败，前进无望，又与石达开联系不上，只好退师云南。

这两军都已失败，石达开丝毫不知。送走两军，三天后，石达开率军到达四川宁远府。而守城的清将正是骆秉章，石达开命令攻城，连攻连败，伤亡惨重，毫无进展。而其他几路清兵，也纷纷向宁远府集结，石达开发现自己已处于清兵包围之中，立即命令退兵，当队伍退到猛虎岗时，又中了骆秉章的埋伏。粮食辎重损失过半。石达开命将士选敌人薄弱处突围，结果到了安顺场，前面是波涛汹涌的大渡河，后面是追击的清兵，而在此地又不断遭到当地土司的袭击，太平军仅剩 6000 余人。又缺粮又疲惫，军队已无战斗力，此时，天又降大雨，战马已吃完，眼见此情此景，石达开心如刀绞。他果断地决定以自己的生命去换条众军士的生路。第二天，石达开带着自己 6 岁的儿子，在黄再忠、曾仕和、韦善成三位将军的陪同下，前往骆秉章大营投降。

石达开以为骆秉章是天王洪秀全的同乡，同学，一定好于其他朝廷官吏，能给太平军将士一条生路。实际上，骆秉章虽文武全才，但为人却十分奸诈。见石达开投降，尚有疑虑和恐惧。所以分外谨慎。因为石达开骁勇善战，足智多谋，曾使清朝官兵闻之丧胆。当石达开将金印交给骆秉章时，他即而就想出一条毒计。

骆秉章接过金印，笑脸相迎："请进大营说话。"

石达开说："我石达开前来，一不为名，二不为利，只求大人网开一面，确保我六千弟兄的生命安全。"

骆秉章说："那当然，那当然！"

当石达开等人进入大营后，立即从营内、营外冲出数十名伏兵，将五人全部捆绑起来。此时石达开追悔莫及。

同治二年五月二日（公元1863年6月14日）石达开等五人被押入成都。同一天，骆秉章派出5万清兵开赴安顺场，以接管为名，骗取6000名太平军放下武器，然后将他们全部杀死。

五月十三日石达开等五人，在成都全部遇害。石达开临行之际，神色怡然，辞气不卑不亢。石达开遇害，致使太平天国遭受无法估量的损失。

骆秉章连一个6岁的孩子都不放过，可见其残忍之心。他用太平军将士的血，染红了自己的顶戴，不久被擢升为太子太保。然而好景不长，四年后，骆秉章病死在四川。

捻军击败僧格林沁

太平天国起义的同时，全国各地都掀起了农民起义的高潮。在这如火如荼的农民起义中，规模最大、对清朝统治者打击最重的首举活跃在山东、河南、安徽等省的捻军。

“捻”是早在嘉庆年间就存在于农村的一种秘密组织。人们认为它是起义失败的白莲教的遗党。当地农民中迎神赛会时要搓纸燃油，所以“捻”即由此得名。

然而这不起眼的民间组织，在咸丰三年太平军抵达长江流域，特别是它的北上远征军横越淮北地区时，成为一支轰轰烈烈的武装力量。一股一股的“捻”，越搓越粗，组织形式也从秘密变为公开。参加“捻”的人都被称为“捻党”。

太平天国建都天京，捻党受到极大鼓舞，纷纷树旗，群起响应，组成了捻军。后来，捻军的首领张乐行被太平天国封为征北主将和沃王，捻军大多数首领也都接受了洪秀全授予的封号。队伍严格按太平军的纪律行事，经常和太平军联合作战，成为太平军在北方的友军。

咸丰十一年（1861 年）后，由于太平军在安庆保卫战中失败，捻军从此失去了联合作战的伙伴。

1862 年是捻军的斗争极为艰苦的一年。清政府派蒙古亲王僧格林沁率领蒙古骑兵镇压捻军。第二年 3 月（同治二年二月）捻军的根据地雉河集被清军占领，捻军的领袖张乐行被僧格林沁杀害。捻军虽然失去了友军，失去了领袖，失去了根据地，但他们的斗志毫不衰退。张乐行的侄子张宗禹出任领袖后，带领部队冲回雉河集，一举夺回失地。尔后部队不断扩大，越战越勇，成为清廷的大敌。

同治三年春，洪秀全命赖文光回师援救天京。回师途中遇到被僧格林沁击败的捻军余部，在张宗禹的率领下，撤到此地，两军合在一处，由赖文光统一指挥。

赖文光，广西人。24 岁参加金田村起义，初任文职，曾随英王陈玉成转战安徽、湖北。咸丰十一年封为遵王。咸丰十二年奉命远征西北，进抵汉中。

赖文光自从与张宗禹兵合一起，军威大震。赖文光又选出部分精兵，组成骑兵。在与清军多次交锋中，力挫清军，击毙清军副都统格绷额、徐州总兵滕加兴等数名将官。朝廷震怒，慈禧将僧格林沁严厉训斥，并责令他必须消灭这股太平军。

僧格林沁被赖文光拖着到处打转转，而只有挨打，却没有打人之机。所以千方百计想要找到赖文光决战。有一天，副将匆匆来报州城外有一支打着“太平天国遵王赖”大旗的部队向南开去。僧格林沁异常兴奋即刻下令追击。

僧格林沁兵分三路，左路由总兵陈国瑞率领，右路由副都统常兴阿率领。僧格林沁与内阁大学士全顺、总兵何建鳌率领中军。左右两路先到高楼寨村外的三岔路口，看到两条小路上扔下许多衣服，散碎银两等物。陈国瑞说：“看来这是捻子仓促逃命扔下的，我分两路包抄过去，一举歼灭！”常兴阿说：“总兵说得有理，我们赶快追上去，打他个措手不及！”二将命士兵迅速包抄过去，当两军会合时，那有什么太平军，正在犹豫，突然杀声四起，这两支清军很快就被歼灭了。

当僧格林沁赶到高楼寨时，没有见到两军的一个人影，急派人去联系，正在这时，探子来报说，林子深处有长毛捻子，躺的躺，卧的卧，正在休息。僧格林沁从望远镜中也看到远处的山道上好像有马队刚走过的迹象。于是他命令：“杀过去！活捉赖文光、张宗禹者，有重赏！”

僧格林沁的部队冲进林了深处，根本没有看到太平军，僧格林沁正想举望远镜观察时，猛然间林子四周战鼓齐鸣，炮声骤响，从林子四面八方杀出无数太平军，迎面一杆大旗上写着“太平天国遵王赖”；东面竖起一杆“太平天国鲁王任”的大旗；西面也竖起一杆“太平天国梁王张”的大旗。僧格林沁倒也不慌，他即令迎战，这时，太平军已铺天盖地冲杀过来，连他手下的亲兵，护卫都冲上去了，而他正处在几个太平军将士的包围之中，互相拚命厮杀。这时冲上来一位骑马的年青小将，喝退众人，举刀向僧格林沁砍去。此人叫张皮绠，是张宗禹的部将，英勇无比，手脚灵活。他与僧格林沁交战在一起，僧格林沁的战袍不小心被挑破，肩头挑开一条伤口，鲜血直流，痛得僧格林沁双眉紧锁，倒吸了一口凉气。正在危急中，冲来几十名亲兵，保护着他，边战边退，退到林边一高岗处，亲兵给他包扎伤口，僧格林沁向山下望去，遍地是清兵的尸体，心不禁一阵颤栗，左右只剩几十名亲兵，内阁大学士全顺、总兵何建鳌相继战死。不可一世的僧格林沁，此时也感到末日将要来临。

天渐渐的黑下来，僧格林沁想绝不能束手待毙，应赶紧趁黑夜逃走，他对亲兵说：“你们好好休息，我去探探路，明日突围。”说完，牵着马向火光少的东北方向走去。大约走了半里路，忽听后面有马蹄声，他悄悄下马躲在一

左宗棠的奏折写得很有气势，使朝廷中的许多大官非常佩服。他们纷纷向慈禧保举左宗棠，希望能早日收复新疆。慈禧太后也觉得丢失领土不太光彩，既然有人愿意出征，那就试试吧。于是，左宗棠被任命为钦差大臣，领兵去收复新疆。

1876 年的春天，左宗棠率领军队离开兰州，经过河西走廊，来到了肃州（现在的酒泉）。一路上可以看到行行杨柳，绿叶繁茂，这些杨柳是左宗棠来西北，为保持水土，命令军士栽种。左宗棠把军队的将领们召集在一起，制定了进军新疆具体战略。他说：“新疆地广人少。中间是天山，把新疆分为南北两部分。北方地势平坦，交通方便。我们就先攻打北疆。立稳脚跟以后，我们再进军南疆，收复全部领土。”刘锦堂等众位将领都点头说这个办法很好。左宗棠一见大家同意，便开始布置任务说：“刘锦堂和金顺两位将军率领主力攻打乌鲁木齐。徐占彪和张曜把守哈密。其余部队保卫敦煌、安门和玉门等地，防止敌人入侵内地。”各位将军接到命令后刚要分头行动，左宗棠又嘱咐大家说：“新疆民族很多，都是我们的姐妹兄弟。你们要尊重他们，绝对不允许杀人放火有犯者严惩不贷。”

刘锦堂率领主力部队离开酒泉后，直向乌鲁木齐杀去。驻守乌鲁木齐的是阿古柏的大将军白彦虎。白彦虎是中国人。他听说左宗棠大将军杀来了，一面给阿古柏送信，一面派大兵死死守在城外的古牧场。刘锦堂一到乌鲁木齐，就下令向古牧场发动进攻。阿古柏的军队拼命抵抗了一整天。其实，清军并没有真正猛烈地进攻。刘锦堂只是让部队远远地开枪放炮，大声呐喊，而并不往前冲。天黑以后，清军就收兵了。

仗打了一天，白颜虎累得浑身没劲。他觉得清军白天已经发动进攻了，晚上就可以安心地睡觉了。可就在睡得正香的时候，外面的枪声把他惊醒了。清军突然的进攻使阿古柏的军队来不及准备，就被消灭了。白彦虎拼命逃回乌鲁木齐城里后，带着家眷连夜逃跑了。刘锦堂率兵攻下古牧场，又很快占领了乌鲁木齐。

第二天，阿古柏派来的援军赶到了。刘锦堂早就在城外设下了一个包围圈。敌人刚一进到里面，埋伏在四周的清兵就枪炮齐发。阿古柏的军队被打得死伤无数。

阿古柏本来以为有俄国人的支持，中国不敢派兵来打他。现在左宗棠的军队接连胜利，他就有些吃不消了。但阿古柏不死心，要和中国军队顽抗到底。他命令自己的儿子海克拉去守托克逊，大总管爱伊德尔呼里达守达坂城，白彦虎守吐鲁番，准备与左宗棠决一死战。然而，他的计划最终没得逞。这样，南疆地区也被收复了。阿古柏节节败退，带领的一点儿兵力向西逃窜。半路上，他就被手下人杀死，得到了应有的下场。不久，白彦虎和海克拉逃到了俄国。各路大军，在吐鲁番胜利会师。这样，除去伊犁以外，清军收复了全部的疆土。

左宗棠见俄国人还赖在伊犁不想走，便决定亲自到新疆，指挥清军收复伊犁。临行前，他命人带上一口棺材。手下人不明白这是怎么回事，左宗棠就激动地说：“我已经65岁了，为了收复国家的领土，我情愿搭上我的这条老命。”将士们一见统帅这么坚决，顿时深受感动，也都纷纷表示：“不赶走俄国人，我们决不活着回来。”

左宗棠离开肃州，向西走了不远，突然接到了慈禧太后的命令。慈禧让他停止进军伊犁。左宗棠非常痛心，望着西北方向一望无际的戈壁滩，连声哀叹。但是没办法，他只好命令部队停止进军。原来，慈禧害怕左宗棠收复伊犁会引起麻烦。她就和李鸿章商量，决定派曾国藩的儿子曾纪泽去跟俄国人谈判。后来，曾纪泽和俄国签订了《伊犁条约》。虽然要回了伊犁，却把霍尔果斯河以西的大片领土让给了俄国。

洋务自强运动

第二次鸦片战争后，清朝统治阶级内部出现两个互相对立的政治派别，即洋务派与顽固派。这两个派别在对内镇压人民，维护封建统治方面是一致的。但在如何对待西方资本主义列强及西方的先进科技等方面有着严重的分歧。由此而产生的矛盾和斗争在相当大的程度上影响了中

国近代历史的进程。

“洋务”一词是由“夷务”演化而来的。在此之前，清廷把与西方各国发生的所有往来事务，统称为“夷务”。第二次鸦片战争后，列强拒绝清政府再以“夷”字相加，清政府只好变通一下，以“洋务”一词逐渐代替“夷务”，成为朝野公私文牍的通用语。

洋务派在中央的代表是恭亲王奕訢、桂良和文祥等人。这些人在对外谈判中，目睹洋人，“船坚炮利”，非“天朝”所能抵挡，因此主张掌握西方先进武器，加强防卫力量。洋务派在地方上的代表是曾国藩、李鸿章、左宗棠、沈葆桢、张之洞等人，其中李鸿章在“洋务运动”中贡献最大。1861 年 1 月 11 日至 24 日，奕訢、桂良和文祥在不到半个月的时间内先后两次奏折探讨以“自强”为治国总纲的基本国策，力图以此“振兴”清王朝。在这个基本国策指引下，中国历史进入了长达 35 年的自强运动时期。

自强运动的前期，清政府兴办了一系列近代军用工业。

1861 年，在镇压太平天国时，为增强湘军的作战能力，曾国藩设立安庆内军械所。这是洋务派兴办军火工业的最初尝试。

1862 年，李鸿章任用英国人马格里在松江创办上海洋炮局。1863 年，他把该厂迁到苏州，改称苏州洋炮局，购入一些西式机械设备，制造武器弹药供给淮军，用于对太平军作战。1864 年，马格里在李鸿章支持下，买下英国“阿思本舰队”所带的修造枪炮用的机器，提高了该厂的生产能力，每周可生产炮弹 1500 至 2000 发。

1865 年，李鸿章购买了上海虹口美商旗记铁厂。将这所铁厂与丁日昌和韩殿甲主持的设在苏州的两个炮局合并在一起，加上容闳从美国购来的机器，成立江南制造总局。这所兵工厂最初计划以造船为主，后来改为制造枪炮、弹药、水雷等武器为主，同时也造船、钢以及制造简单机器。该局所产军火主要供给南北洋军队，也调拨给各生活上军队。雇佣工人约 2000 人，聘用英国技师。同其他军火工厂相比，江南制造总局经费充裕，技术力量雄厚，是近代中国第一个大型兵工厂。

1865 年，李鸿章把马格里主持的苏州洋炮局迁到南京，加以扩充，成为金陵机器局。该局的厂址设在雨花台附近，专造枪炮弹药，规模小于江南制造总局。

金陵机器局的产品大都供应淮军及北洋，一小部分拨给南洋和沿江各省。该局在英国人马格里主持下，所造大炮质量低劣。1875 年 1 月 5 日，大沽炮台试放该局制造的两门68磅重炮弹的大炮时，发生爆炸，当场炸死士兵5人，重伤13人。主持人马格里却拒绝承担责任，要求重新演放，结果仍旧炸裂。李鸿章将马格里撤职，此后改由中国人监办。

1866年，左宗棠任用法国洋枪队头目德克碑和宁波海关税务司法国人日意格承办，厂址设于福州马尾。该局主要制造和修理船舶，有工人1700至2000人，是近代中国最大的专业船舶制造厂。该局原计划在5年内用300万两白银造船16艘，结果用了6年多时间，开支530余万两，造了大小15艘轮船，均是木壳船，质量不高。

1867年，清政府令满州贵族崇厚在北方筹办天津机器局。崇厚雇聘美国驻天津领事英国人密妥士为总管，办了三四年，毫无成效。只好于1870年交给李鸿章经办。李鸿章派中国人进行全面整顿扩建，成立东西两局。东局设在城东贾家沽，主要制造火药、铜帽、洋枪、洋炮、火雷和各式子弹；西局设在城南海光寺，主要制造开花子弹和军用器具等。东西两局共有工人约2500人。规模仅次于江南制造总局，成为当时的“洋军火总汇”。该局所产军火除供应直隶淮练各军、北洋舰队外，其他如吉林、奉天、察哈尔、热河及江南分防水陆淮军也均按时拨济，连河南等省需用火药、铜帽也向津局索取。

除以上四大局之外，各省督抚为增强地方统治势力，也相继兴办一些军用工业。其中有：1869 年，左宗棠创办的西安机器局，后迁往兰州，改称兰州机器局；1869 年，英桂在福州创办的福建机器局；1874 年，瑞麟在广州设立的广州机器局；1875 年，刘坤一在广州设立的广州火药局；丁宝桢在济南建立的山东机器局；王文韶在长沙设立的湖南机器局；1877 年，丁宝桢在成都建立的四川机器局；1881 年，吴大澄在吉林建立的吉林机器局；刘坤一在南京建立的金陵火药局；1884 年，岑毓英在昆明设立的云南机器局；张之洞在太原设立的山西机器局；1885 年，张之洞在广州成立的广东机器局；刘铭传在台北成立的台湾机器局。

1890 年，张之洞把在广州筹建的枪炮厂迁往汉阳，称为湖北枪炮厂，增购机器，建筑厂房，至 1895 年正式投产。该厂下设炮厂、枪厂、炮架、炮弹、枪弹五所，后来又添设炼钢厂和无烟火药厂，成为清政府在自强运动后期兴办起来的全国最大的枪炮厂。

清政府兴办的新式军用工业完全采取官办方式，禁止私人资本向军火工业投资，以保证清政府对军火工业的垄断权。军用工业的建立和发展要求有与之相适应的原材料、燃料、交通运输以及巨额资金的保障。于是，近代民用工业应运而生。

19世纪60年代到90年代，清政府先后兴办了约40个民用企业。主要有航运业、煤矿业、金属矿业、电讯业、炼铁业和纺织业。这些企业的主要创办者是李鸿章、张之洞、左宗棠等洋务派官僚。如1872年，李鸿章派朱其昂、李振玉等官员在上海设局招商，购买了三艘外国轮船，成立了轮船招商局，以“官督商办”方式经营；1879年，李鸿章在大沽到天津之间设置电报，这是中国创办最早的电报等。这些民用企业多数是围绕军事工业而建立的。在经营管理方面，由于清政府的腐败统治，这些民用企业基本上和军事工业一样表现为衙门化，经营管理权把持在官僚手中。商人虽然入股，但对企业经营情况无权过问。

尽管洋务自强运动有其历史的局限性，但其出现是进步的。近代军事工业与民用企业的建设促进了近代文化教育事业的兴起，由此，对中国社会发展产生了深远的影响。

镇南关大捷

法国人很早就想占领越南。17 世纪初，法国天主教传教士开始到越南活动，充当侵略的先锋。1858 年，法国联合西班牙，借口保护传教，正式进攻越南，先后占领了广安、西贡。1867 年，法国把越南南部完全吞并，建立起法属交趾那的殖民统治。

越南位于中国的西南面，史称安南国，为清廷的属国。法国人侵战越南的目的，就是要进一步入侵中国。果不其然，法国很快把侵略锋芒指向了越南北部和中国西南边境省份。

1883 年春在以海军军官礼维业为司令的法国军队北上攻陷了河内，继而占领宁平、南定等地。为了抵抗法国的侵略，越南政府忙向驻扎于中越边境保胜（现在的老街）一带的刘永福黑旗军请求援助。

刘永福以前是广东天地会的首领，太平天国起义时，他也起来响应。他的队伍用七星黑旗作战旗，被称为黑旗军。起义失败后，他带领黑旗军占据了保胜。黑旗军在这一带开山种粮、力量逐渐壮大起来。面对法军的侵略气焰，他们以抗法卫边为己任，慷慨赴援，冒死冲锋。在刘永福的指挥下，黑旗军多次打败法军，使侵略者无法继续向北进犯。

一天，几个法国人突然来到保胜地带，他们没有带任何武器，却用马车拉来了几个装着白银沉甸甸的大箱子。他们是来找黑旗军的，准备把几箱子银元送给刘永福。他们找到了刘永福，刘永福看了看这几个大箱子，就明白了法国人的目的。刘永福怎会收他们送的银子呢？法国人讨了个没趣儿，只好带着他们的银子，灰溜溜地滚了回去。

法国人走后，刘永福立刻带领黑旗军南下，包围了河内。

在河内的法国司令礼维业早就听说过黑旗军的厉害，现在黑旗军把他给包围了，他觉得不能在这儿呆下去了，必须马上离开，而且越快越好。天刚蒙蒙亮，礼维业就领着法国兵，悄悄溜出了河内。他们一连跑了几十里路，等到了纸桥，天已经大亮了。礼维业累得满头大汗，和士兵们一起倒在树底下休息。在他看来，这次逃跑神不知鬼不觉，现在已经没有危险了。他哪知道，黑旗军早就在这儿埋伏好了，礼维业还没躺稳，黑旗军就发动了猛攻。跑了这么远，法国兵累得已无力作战了，不一会儿，他们的死尸就倒成一片。礼维业见情况不妙，便挣扎着爬起来，用尽最后一点劲朝路边的稻田跑去。没跑多远，就被黑旗军一枪打倒。这时候，一个黑旗军战士飞快地冲过去，砍下了他的脑袋。经过三个多钟头的激烈战斗，黑旗军取得了重大胜利。

接连失败的法国人为了挽回面子，向中国发动了全面进攻。清政府也下令向法国宣战。双方在台湾和福建分别展开了激战。台湾军民在巡抚刘铭传的指挥下，击退了敌人的进攻。而福建海军却在马尾海战中失败。七艘军舰全部被击沉，死伤达一千多人。不久，法国又向中越边境大举进攻。中国的守军不战而逃，法国人占领了中越边境的重镇镇南关（现在的友谊关）。

镇南关是中国西南边境的大门。占领镇南关后，法军统帅尼格里非常狂妄。他命人在镇南关的城墙上写了一行大字："广西的门户，已不复存在了。"当地的中国人民非常气愤，便也在城墙上写了一行更大的字："我们要用法国人的头颅，重筑我们的门户。"然后，他们纷纷来到清军老将冯子材的大营里，要求加入部队赶走侵略军。当地人民的反法热情一下子就高涨起来。这一切使尼格里非常害怕。于是他放火烧毁了镇南关，带领法军退到了文渊城。

冯子材来到被烧毁的关前，气愤地说：“洋鬼子竟敢烧了我们的家门。这个仇一定要报！”他立刻命令部队在关前东西两座山岭上修筑炮台，并垒起一条三里的长墙，把东岭和西岭连接起来。长墙的对面，还挖了一条壕沟。

一天早晨，下起了大雾。冯子材得到报告说：“尼格里趁着大雾来攻城了。”冯子材立刻找来了苏元春、王德榜和王孝祺等将领。他讲了一下自己的作战计划，然后命令各位将领马上分头行动。

尼格里从文渊城杀出后，把队伍分成了两路。一路攻打东岭，一路攻打长墙。他们在大炮的掩护下，依靠先进的武器，很快就登上了东岭。洋鬼子们一冲进炮台，便把炮口转向长墙开起火来。炮弹雨点一样落在长墙上，炸得石头砖块乱飞。正面的敌人也端着枪，“哇哇”怪叫着冲了上来。冯子材一面指挥清兵奋勇还击，一面大声鼓励说：“弟兄们，为国报效的时候到了。千万不能让洋鬼子冲过长墙。不然我们还有什么脸去见两广的父老！”这时候，王孝祺领人绕到法军后面发动了猛攻。苏元春冒着猛烈的炮火，冲上了东岭。两方用大炮展开对攻，东岭上炮声隆隆，喊杀声响成了一片。可是，凶猛的洋鬼子并没有被打退。

就在这关键时刻，法国兵突然乱了起来。原来是有人向尼格里报告，说王德榜率兵袭击了文渊城。往前线送食品弹药的运输队几次都被王德榜打了回去。

冯子材看机会来了，就大吼一声："弟兄们，杀呀！"然后，他第一个跳出了长墙，挥舞着大刀朝洋鬼子冲了过去。战士们一见70多岁的老将军带头往上冲，也都奋不顾身地杀向敌人。洋鬼子在大刀长矛面前，吓得四散奔逃，尼格里也跟着往后逃跑。打退长墙前的敌人后，冯子材又指挥士兵向东岭冲去。正在东岭上与敌人进行炮击的清军见到这种情况后更加英勇顽强了。在苏元春的带领下，一个个像小老虎似地扑向敌人。法军前后都挨打，只好从东岭上逃了下来。

尼格里把两路败兵集中在一起，还想进行疯狂的反击。忽然，山谷四周传来了一片呐喊声，这声音震得尼格里和法国兵心惊肉跳。他们抬眼一看，只见无数人像湖水一样从四面八方涌了过来。原来是周围中越两国的老百姓，支援冯子材来了。他们手里拿着各种武器，有刀枪，有棍棒，还有干农活用的锄头和铁耙子。尽管武器落后，但他们没有一个怕死的，都不顾一切朝洋鬼子冲去。老百姓像汹涌的大海，把敌人淹没了。冯子材不给敌人喘气的机会，率领清军穷追猛打。接连收复了文渊、谅山、北宁等地。在战场上中国军队取得了全面的胜利。

就在这时候，奇怪的事情发生了，明明是中国人胜了，慈禧却派李鸿章同法国人交涉，协议和谈条件。后来，中法两国在天津签订了《中法会订越南条约》。对于中国人来讲，这个条约又是一个耻辱。清政府不仅承认法国为越南的“保护国”、两国另派员勘定边界等有损中国利益的条款，甚至答应今后修铁路也要跟法国人商量。这样，中国人在战场上打赢了，在谈判桌上却失败了。

镇南关大捷是鸦片战争以来中国对外战争中最大的胜利。战后，晚清政府同法国签订的条约第一次做到了对外战争不赔款，但法国达到了完全占有越南的目标。

中日甲午战争

1894 年，即中国旧历甲午年，日本发动侵略中国的战争，史称中日甲午战争。

日本明治维新后，资本主义迅速发展，吞并朝鲜并西侵中国的野心日益膨胀。为了寻找入侵中国的借口，日本帝国主义颇费了一番苦心。1894 年 1 月，朝鲜国内爆发了东学党起义，6 月，朝鲜国王请求清政府派兵镇压。此刻，日本政府一方面劝诱中国“何不速代韩戡乱”；另一方面又以保护使馆和侨民为理由，大量出兵汉城。7 月中旬，入朝日军达到 18000 多人，大大超过了赴朝清军。这时，日本政府便训令驻朝公使，“促成中日之冲突。”7 月 25 日，日军在牙山口外丰岛海面不宣而战，对中国船队发动了海盗式的偷袭。战火在“渡满洲的桥梁”上烧起来了。清政府被迫于 8 月 1 日对日宣战。

在此以前，清政府虽然已经建立了舰队，修筑了沿海防御工事，但整个军事政治机构已经腐朽。为筹建海军而设立的海军衙门成了支付修葺颐和园经费和官员们中饱私囊的机构。而掌握最高权力的慈禧，除了尽情享乐外，此时还正煞费苦心地筹备过六十大寿。交战双方，一方蓄谋已久，准备充分；一方处处回避，仓促上阵。孰胜孰败，不言自明。

9 月 15 日凌晨，日军四路重兵向平壤城内的清军发起猛攻。清军统帅叶志超，昏庸无能，贪生怕死，在大敌当前的关键时刻，不但不组织军队凭险抵抗，固守待援，反而率军逃跑，“一夕狂驰三百里”，在平壤保卫战中，虽出现了左宝贵等英勇抵抗的爱国将领，但终于无法挽回败局，丢掉了平壤城，战火很快就烧过了鸭绿江。

军情万分危机，在国内主战将领的呼吁下，李鸿章决定雇用英国的5艘商船，运送陆军8个营增援在朝鲜的清军，由北洋水师提督丁汝昌亲率大小船只18艘护送。不料，这个重要的军事机密，被李鸿章的外甥在日本特务重金贿赂下，给出卖了。

9月17日，日本舰队又在黄海向北洋舰队挑起一场海战。这是整个甲午战争中最悲壮的一幕。当时双方参战的，有日舰吉野、松岛等12艘，中舰有定远、致远等10艘。战幕一拉开，北洋舰队虽险情丛生，但广大爱国将士莫不同仇敌忾，英勇奋战。在战斗中，表现突出的有“定远”、“致远”、“经远”3舰。

旗舰定远号是敌舰攻击的主要目标，战斗一开始，便中弹数发，船上桅杆被打断，船桥被震塌。正在指挥的北洋海军提督身受重伤，但拒绝入仓，坚持坐在甲板上督战。“致远”舰管带邓世昌，在鏖战中见旗舰“定远”号上的帅旗被打落，立即命令升起帅旗，毅然担当起指挥舰队的任务。他见敌舰“吉野”甚为猖狂，认为“苟沉此舰，定以夺其气而成事”，便当即立断，集中火力猛击

“吉野”号。炮手们发炮准确，一排排炮弹发着尖厉的呼啸声直朝着“吉野”飞去，打得“吉野”舰火光四起，掉头逃跑。邓世昌下令尾随追击。由于舰上配备的弹药很少，不多时，炮弹便打完了。“吉野”发现这一情况，便又反扑过来。邓世昌在广大爱国士兵誓与敌人血战到底的精神的鼓舞下，毅然决定：开足马力，撞沉“吉野”。视死如归的官兵们的怒吼声在黄海上空回荡。“吉野”号上的日本官兵被中国水兵的英勇行为吓呆了，惊恐万分，纷纷跳水逃命，就在“致远”号逼近“吉野”的时候，它不幸撞上了敌舰攻击“定远”号的鱼雷，锅炉爆炸了，舰上燃起了大火，船体缓缓下沉。但舰上的200余位中国官兵，无一人跳水离舰，他们在高呼杀敌的喊声中，随自己的军舰，随着舰旗沉没在黄海的怒涛中。

当“致远”、“经远”被敌人炮火分隔开后，“经远”号也在激战中受了伤。管带林永生指挥受伤的“经远”舰独立作战，力图把敌舰吸引过来，让“致远”狠揍“吉野”。在混战中，一敌舰受重伤企图逃跑，“经远”立即开足马力追击，准备给以致命打击，不幸也中了鱼雷。林永生大呼“为国杀敌，死而后已！”全舰官兵同仇敌忾，在舰身逐渐下沉的情况下，继续向敌舰猛烈射击。最后，全舰270人除16人获救外，全部为国殉难，表现出崇高的爱国气节。

“热血染黄海，丹心映碧波”，“致远”、“经远”将士的英雄壮举，激励了舰队众多官兵的斗志。战斗持续了5个小时，在北洋舰队的严厉打击下，敌舰大伤元气；旗舰“松岛”受创极重，官兵死亡100余人，完全瘫痪；“比睿”后舰起火，逃出重围；“西京丸”中弹累累，运转失灵；“吉野”也丧失了战斗力。此时，敌人感到再打下去已力不从心，于是先行退出战场。北洋舰队也返回旅顺。

黄海海战后，北洋舰队尚存的军舰，停泊在山东半岛的威海卫军港内，日本侵略者知道，要使清政府屈服，就必须歼灭北洋海军。为了达到这一目的，日本海军对中国发起了新的进攻。十一月中旬，旅顺局势危急，丁汝昌亲往天津，请求率舰前往救援，身为北洋大臣的李鸿章，不但不支持丁汝昌的爱国行动，反而大加训斥。不仅如此，他还革去了丁的尚书衔，摘去顶戴，以示惩戒。由于没有援军，旅顺很快就失守了。日军在占领大连、旅顺之后，接着就发动了对威海卫军港的袭击。

在日军海陆两路夹击下，威海卫南、北炮台很快失守，日军封锁了威海东西港口，并从南、北炮台和停泊在港口外的军舰上，一起发炮，轰击港湾，使北洋舰队陷入困境。此时，日本联合舰队司令写信诱降丁汝昌。丁汝昌严辞予以拒绝。随着威海卫形势的日益危险，窃踞北洋舰队海军副都督的英国人马格禄等人，勾结营务处道员牛昶炳和一些贪生怕死的将领胁逼丁汝昌投降，丁汝昌十分悲愤。2月11日，刘公岛告急，在内无弹药，外无援军的情况下，丁汝昌召集诸将开会，提出“与其在刘公岛坐以待毙，不如冒险突围，与日军作最后的较量。”然而却无人响应他的建议。会后，牛昶炳等人又指使一些贪生怕死的人，用尖刀威逼丁汝昌率队投降。丁汝昌不愿卖国求荣，但又无力挽救危局，遂怀恨自杀以身许国。丁汝昌死后，马格禄等人又盗用丁汝昌的名义，向日本侵略者缴械投降，北洋海军就这样“一朝瓦解成劫灭”，不久，牛庄、田庄台、营口相继失陷。中日甲午战争以侵略者的胜利而告终。1895年3月14日，清政府按侵略者的旨意，派李鸿章赴日本“议和”。4月17日，李鸿章按日本侵略者要求，代表清政府签订了割让台湾给日本等丧权辱国的《中日马关条约》。

消息传开，全国各界群情激愤。台湾人民的愤怒，更是达到了极点。台湾军民武装保卫台湾，历时四个多月，浴血奋战，前后歼敌4000余名，虽然台湾终于被占领，但台湾人民并未屈服，反日斗争此起彼伏，使侵略者手忙脚乱，写下光辉中国近代史上的一页。

保卫台湾

“誓死保卫台湾!”、“处死卖国贼李鸿章!”无数台北市民呼喊着口号，涌进了巡抚衙门。签订《马关条约》的消息一传到台湾，气愤的群众就自动聚集在这里，举行示威抗议。在激动的呐喊声中，巡抚唐景崧只好硬着头皮表示：“我一定会死守台湾，决不后退。”

说是这样说，日本军队刚一从基隆登陆，唐景崧就坐船逃回了大陆。日军很快就占领了台北，朝台中、台南方向杀来。和官府对敌态度相反，台湾各族人民立刻组织起了抗日队伍。其中规模最大的是徐骧、吴汤兴和姜绍祖率领的民团。各路起义军推举刘永福为抗日的统帅。刘永福就是当年援越抗法的黑旗军首领，后来他的队伍被清政府收编。他现在正驻防台南。

日本把进攻台中地区的兵力分成东西两路。东路军攻打台中的门户新竹，西路军直扑大湖口。徐骧也把义军分开，分头阻击侵略军。

东路日本军由于一开始没遇到什么抵抗，便放松了警惕。正当他们大摇大摆地往前走时，徐骧带领几个民团战士突然出来挡住了他们的去路。还没等日本鬼子们反应过来，徐骧等人连开几枪，把前面的两个给打倒了。日本鬼子大惊失色，慌忙趴在地上，举起枪胡乱地开了火。打了一会儿，他们才发现徐骧他们早已经没了影子。鬼子们气得骂了一通，又继续往前走。走了没多远，徐骧又领人冲出来打了几枪。鬼子们反击了一会儿，又不见了徐骧他们。接连几次都这样，鬼子可就急了。最后一次他们瞧见徐骧跑进了一片竹林，就都发疯似地追进去。

这片竹子长得非常茂盛，又密又粗。碧绿的竹叶连成一片，把阳光都给遮住了。鬼子一进来就发了蒙。黑压压的哪里有徐骧的影子呀。他们每走一步就要跌一下跟头，不是被竹子绊倒，就是撞在别人的身上。鬼子们东奔西窜，怎么也走不出这片竹林子，衣服和脸都被划出了一道道口子。正当他们象被关进笼子的老虎一样发怒时，义军的枪炮响了起来。鬼子们死的死、伤的伤。为了逃命，他们在林子里到处瞎跑，撞得头破血流。有的鬼子刚蹿出竹林，就被等在外边的义军打碎了脑袋。

这场战斗，差不多把东路日军全部收拾掉了。同时，西路日军在大湖口也遭到了吴汤兴的痛打。徐骧率领义军把日本兵拖在台中一带两个多月。最后日军出动大规模的兵力包围了义军。经过激烈的战斗、姜绍祖被俘牺牲。徐骧、吴汤兴率义军退守彰化。在彰化城东的八封山，义军被敌人包围了。

一天早晨，义军被山谷里的枪声惊醒了。徐骧登上山头一看，军营周围已经布满了密密麻麻的敌人。再朝山下望去，无数蚂蚁一样的敌人还在向上爬。原来，起义军虽然封死了山口，可是日军在汉奸的帮助下，顺着一条山后的小路偷偷爬了上来。想冲出去是不可能了，现在只能和敌人拼命。徐骧挥舞战刀迎着敌人冲了上去。义军战士们和爬上来的敌人展开了肉搏战。满山遍野到处都是刀光闪闪，喊杀声连成一片。就在战斗进行到最激烈的时候，山下又来了一支队伍。原来是刘永福派彭松年带领黑旗军，支援义军来了。

日军少将山根信成看见自己的队伍前后都挨打，心里有些发慌。他刚要提醒日本兵注意，一名义军战士就把长矛刺进了他的胸膛。在义军和黑旗军的英勇奋战中，1000多名敌人被击毙。同时，几百名义军和黑旗军战士献出了生命。吴汤兴和彭松年都牺牲了。战斗结束后，随徐骧突围到台南的，只有 20 多人了。

徐骧到达台南后，又召集了700多名高山族兄弟参加了义军。刘永福派王德彪率军把守嘉义，杨泗洪率军帮助徐骧反攻彰化。台湾人民心情振奋，一连打了几个大胜仗。日军吓得躲在彰化不敢继续南犯。可就在这时候，义军的粮食和弹药已经差不多用光了。

正当台湾人民迫切需要大陆人民援助的时候，慈禧和李鸿章等人却下令封锁海口，切断了大陆与台湾的联系，因为他们害怕台湾人民的反抗斗争会得罪日本人。这样，无数爱国志士只能站在海峡这一边，眼睁睁看着日本侵略者在台湾胡作非为。

几万名日军轮流向义军的阵地发动猛攻。不论白天还是黑夜，敌人的炮火从不间断。各族义军战士奋起还击，直到打完最后一粒子弹。徐骧看着一座座营垒在爆炸中塌裂，一个个兄弟在炮火中倒下，心里的怒火化成了最后的呐喊："大丈夫为国战斗，死了也不遗憾！"说完，他就举着大刀冲向了敌人。义军战士也冒着敌人的炮火，奋不顾身地杀出阵地。在和敌人的搏斗中，徐骧英勇牺牲了。

接着日本侵略军直扑台南。刘永福弹尽粮绝，只好渡海退回大陆。日军从此霸占了宝岛台湾。

戊戌变法

中日甲午战争以后，帝国主义列强疯狂侵略中国，在中国开设通商口岸和瓜分势力范围，清政府在甲午战争中丧权辱国，屈膝投降，导致了严重的民族危机，激起了全国人民的共愤，以康有为为代表的资产阶级改良派，在民族危机日益严重的情况下，发动了具有爱国救亡意义的维新运动，幻想在不触动封建主义的经济基础及其上层建筑的前提下，通过自上而下的改良，使中国走上资本主义道路。

当时在朝廷中，以慈禧太后那拉氏为首的一派，形成后党，以光绪皇帝为首的一派形成帝党，帝、后两党争权

激烈，光绪皇帝登基之时还年幼，只有五岁，现在光绪已长大，慈禧不得已才撤帘归政，由光绪亲政。此后的十年间，慈禧经常住在为供她“颐养冲和”而修饰一新的颐和园，表面上不过问国事，成天寄情于湖光山色之间，但实际上依然大权在握，光绪只不过是由她摆弄的傀儡，最后的裁夺，还须请示慈禧太后。

朝廷上大批掌握军政实权的贵族官僚都依附于慈禧太后，他们构成“后党”。站在光绪这一边的，只有他的师傅翁同和，他官位较高，多年任尚书，两度任军机大臣，但实权不大。维新运动兴起后，资产阶级改良派幻想依靠皇帝及其亲信大臣的力量推行他们的变法主张。光绪皇帝及其“帝党”则企图利用资产阶级改良派这股新起的社会力量，通过变法维新，摆脱慈禧太后的束缚，从而掌握实权，来挽救摇摇欲坠的清朝统治。于是，帝党与改良派便在互相利用的基础上联合起来。

光绪二十四年四月（公元1896年），光绪皇帝决定变法，他召见康有为商量变法步骤，任命他为总理衙门章京，许他专司奏事。康有为又举荐主张变法的同志数人，如内阁候补侍郎杨锐，刑部候补主事刘光弟，内阁候补中书林旭，江苏候补知府谭嗣同，光绪皇帝便各赏四品卿衔，让他们担任军机章京，协助主持变法事务。从6月21日到9月11日，改良派通过光绪皇帝接连颁发了许多除旧布新的变法法令。主要内容有：废除八股，改革科举制度；设立学堂，学习西学；奖励新著作、新发明；奖励创办报刊，提倡上书议事；保护和奖励农工商业，修筑铁路，开采矿产；用新法训练海陆军，改革官僚机构，裁减不必要的官员等。公元1898年是戊戌年，因此称这次变法为“戊戌变法”。

在变法之前，光绪皇帝曾到颐和园请示慈禧太后，慈禧并未加以阻扰，并且说：“变法也不是要紧的事，但不要违背了祖宗的规章制度，不要损害我们满洲人的权势，否则，不可施行。”又说道：“翁同和这个人不可靠，应尽早将他罢免。”光绪皇帝不得已撤销了翁同和的军机大臣等一切职务。翁同和是光绪皇帝的唯一亲信大臣，帝党首领，是皇帝与维新派之间起桥梁作用的人物，翁的罢黜，使光绪失掉了重要支柱，所以，当光绪见到太后的谕旨时，战栗变色。

变法以后，慈禧也显示出一副改良派的样子，不加阻扰，而且当守旧官僚请她阻止变法时，她连笑带骂地说：“你管这么多闲事干什么？”当光绪觉得慈禧高高在上，事事感到掣肘时，慈禧还托人转告光绪："太后不禁止皇上办事。"其实，慈禧玩弄的是一套"欲取故予"的手法，她的目的是要等到变法激怒一切腐朽的社会势力之后，一举扑灭维新运动，连同光绪帝一起搞掉。这一用心，在她的亲信荣禄的一段话中讲得十分清楚："我们一直想要将皇上废掉，只是找不到一个罪名，不如听任他反复改革，使天下人共愤，然后一举将皇上连同帝党除掉。"

事实上的确如此。首先是礼部，因为变法时朝，所有改革事宜，多需礼部核议，弄得礼部人员，目不暇接。礼部尚书怀塔布，是慈禧太后的表亲，另一大臣许应骙（音kuí），也是慈禧平日信任的红人，两人素来守旧，见了这些繁琐的手续，愤闷已极，恨不得将维新党人立刻撵逐。因此将一切需通过礼部衙门的新政，都暗中搁置。光绪皇帝知道翁同和革职一事，与怀塔布、许应骙日夕进谗言有关，就将他们及其礼部四个侍郎一律免职。守旧党人见了这道圣旨，吓得神魂颠倒，陆续跑到颐和园，钻营运动，求太后重新执政。大太监李莲英也向慈禧太后磕头泣诉，因为维新党人若行新政，必定先斥太监，光绪帝深恨李莲英，正想拿他开刀。慈禧认识到时机已经成熟，于是与李莲英密议，她以光绪名义宣布于10月19日往天津阅兵，打算利用荣禄的军队发动政变，胁逼光绪退位。光绪帝此时已得知讯息，但他手中无兵权，直隶总督荣禄大权在握，除非得一胆大心细之人，先夺荣禄兵权，否则万事难成。光绪帝先后召见杨锐和林旭，交付密谕，要他们与康有为、谭嗣同等人商议相救，几人商量后，决定由谭嗣同去游说袁世凯。

袁世凯是镇压捻军的大军阀袁甲三的侄孙，早年投入淮军，以奸诈机变的才干得到李鸿章的赏识。甲午战争后，他又巴结军机大臣荣禄，得到在天津附近的小站督练新建陆军的差事，建立起一支装备较好的军队，共七千人。同时他还参加了由帝党人士组成并有改良派参加的强学会，脚踏两只船。谭嗣同正是由于为袁世凯的实力所吸引并被他伪装所迷惑而去向他游说的，指望他在天津阅兵时凭借袁的兵力发动反政变，诛荣禄等后党，恢复帝党的权力。9 月 18 日深夜，谭嗣同来到袁世凯的住所，说明来意。袁世凯当即答应：“只要是朝廷的命令，我尽死而为。”还正色厉声说：“杀荣禄如同杀一条狗!”可是只隔了一天，他就赶返天津，去向荣禄告密。荣禄得报，星夜进京来见慈禧。9 月 21 日凌晨，慈禧由颐和园回到宫廷，举行政变，将光绪幽禁在瀛台。瀛台是西苍湖中的一个小岛，环岛皆水，光绪帝到了此间，料知没有好结果，不禁泪下。李莲英厉声道：“太后即来，皇后亦至，难道万岁爷还怕寂寞么?”言毕自去，留内监守卫。过了不多时，慈禧太后驾到，光绪急忙跪接。慈禧怒目而视，指着他骂道：“你入宫时，年仅五岁，立你为帝，抚养成人，已近二十年，不是我全力保护，哪里还有你的今日荣耀？你要变法维新，我也不阻扰你，你为什么听人唆使，忘了我对你的大恩大德，还要设计害我？你试想一想，应该不应该?”光绪跪在地上，战栗不能出声。慈禧又叹息道：“我想你的命薄，没有福气做皇帝，现在亲贵重臣，都请我训政，没有一人向着你。即使是汉族大臣，又有几个助你为恶？你认为是好人的，其实都是奸臣，我一定要惩处他们。”

慈禧回到宫中，以光绪的名义发了一道上谕，宣布光绪自己不能胜任艰难的国事，“因念国家为重，再三吁请老太后训政，仰蒙太后答允，这实在是臣民之福。”又令步军统领逮捕维新党人，当时拿住杨深秀、谭嗣同、杨锐、林旭、刘光第、康广仁等六人，下刑部狱中，不久将他们六人处死，史称“戊戌六君子”。那些支持维新变法的官员也被革职、监禁或充军，废止了全部维新法令，并恢复了所有被废除的旧制。至此，轰轰烈烈的维新变法仅仅一百天即遭失败。

义和团勇战八国联军

戊戌变法失败后，光绪皇帝被慈禧太后软禁在颐和园。慈禧立端王的儿子溥儁为大阿哥（就是皇帝的继承人），来取代光绪。没想到各国公使拒绝入宫庆贺，表示不承认这位“大阿哥”。慈禧可气坏了，很有些怨恨洋人，于是她就想报复洋人一下。这时协办大学士刚毅早就看透了她的心思。

刚毅平日巡察各地时，亲眼见到教会任意欺压中国百姓的情况，而且教会也经常不把他这个协办大学士放在眼里。这时各地正在闹义和团，刚毅得知义和团烧教堂、杀洋人，勇敢无敌，洋人们都惧怕他们几分，这次见到慈禧，上奏道：“老佛爷有所不知，如今义和团活动相当广泛，山东、直隶一带，遍地都是。义和团个个武艺高强，如果我们派兵镇压，要花费很大力量，得不偿失。不如我们利用义和团仇恨洋人的心理，去对付洋人。这样既教训了洋人，又可以消耗掉义和团的力量。”慈禧听后大喜，当即命令刚毅主持这件事。

1900 年 6 月 21 日，慈禧太后宣诏招抚义和团，并对列强宣战。并发布命令，承认义和团合法，禁止清军镇压义和团。这样一来，义和团就象雨后春笋般迅速发展起来，山东、直隶的各县各村，到处是“神坛”、“拳厂”。不少义和团到庆王府挂号，打起“奉旨义和神团”的旗号。1900 年 4、5 月以后，义和团开始进入清朝的“心脏”——京津地区。在北京、天津城里到处贴有义和团的告示，上面写着：“最恨和约，误国殃民，上行政效，民冤不伸。”、“练习义和神拳，保护中原，驱逐洋寇，以免生灵涂炭”等等。义和团还打起“扶清灭洋”的旗帜，吸引了许多清兵也参加了义和团。

声势如此浩大的义和团运动，沉重打击了帝国主义在华利益。于是他们决定采取联合行动，镇压义和团。

1900 年 6 月 10 日，英、俄、日、法、德、美、意、奥组成八国联军两千多人，由英国海军中将西摩尔率领，从大沽经天津向北京进犯，从而开始了八国联军侵略中国的战争。

西摩尔联军在向北京进犯途中，遭到了义和团及部分爱国清军的阻击。在落垡（音 fá）一带，义和团将通向北京的铁路拆毁。西摩尔不得不命令部队停下来抢修铁路，结果中了义和团的埋伏，有几十人被打死。联军在落垡战败后，逃窜到廊坊，又遭到三百多义和团和清兵统帅董福祥率领的甘军的打击，死伤无数。这就是著名的“廊坊大捷”。西摩尔联军真是上天无路入地无门，只得夹着尾巴逃回天津。

帝国主义一见西摩尔战败，大惊失色，慌忙又调集大批侵略军进入天津，驻扎在紫竹林租界里。

6 月 17 日，天津紫竹林租界枪炮齐鸣，喊杀震天，义和团围攻租界的战斗打响了。

紫竹林租界在海河北岸，天津城东南，本来是个景色美丽、环境优雅的地方。可是自从第二次鸦片战争以来，这个地方被帝国主义列强强行占领了。他们在那里建教堂、盖洋房，驱逐原先居住在这个地方的中国人，还到处挂出“华人与狗，不得入内”的牌子，污辱中国人。人们把这里的洋人恨透了。

打响进攻紫竹林第一枪的，是武备学堂的学生们。武备学堂位于紫竹林租界东面，是清朝培训军官的学校。当义和团在天津兴起的时候，武备学堂的许多学生也加入进去。6 月 17 日早上，学生们乘洋人不备，开炮猛烈轰击紫竹林租界。由于武备学堂威胁很大，所以联军立即派大批军队扑向武备学堂。然而，在学堂学生们的英勇抵抗下，联军始终没能冲进学堂。恶毒的侵略者们，竟放火烧房，引起了学堂内的火药库爆炸，学堂学生全部壮烈牺牲。

就在武备学堂学生们英勇抵抗侵略者反扑的同时，另一路义和团在大师兄曹福田的率领下，开始了攻打老龙头车站的战斗。

在攻打紫竹林租界之前，曹福田就意识到：老龙头车站既是联军由大沽向津、京增兵的枢纽，也是租界与外界联系的要地。如果抢占了老龙头车站，也就切断了租界内兵力、粮食等供应的生命线，那么租界内的敌军就会不战自败了。守护在车站内的是俄国的两千军队。他们占据有利地形，构筑了坚固的工事。曹福田一到，就下令包围车站，向俄军发动猛攻。为了配合作战，义和团还在三岔口、黑炮台等地架起大炮，猛轰车站。一时间，枪炮声，喊杀声连成一片，俄军被打得哭爹喊娘仓皇逃走。不久，联军增派援军七、八千，带着新式的枪炮反扑。义和团寡不敌众，被迫退出车站，但仍对车站采取包围之势，寻机反攻。

争夺老龙头车站的战斗还在激烈地进行，由张德成率领的义和团，从马家口向紫竹林发起进攻。

张德成本是在海河上以撑船为业的船夫。后来由于帝国主义在天津附近修建铁路，霸占码头，张德成就没了生计。他痛恨洋人，为了生活，就在天津郊区独流镇组织义和团，不久发展到两万余人，号称“义和神拳天下第一坛”。这次是与曹福田商量好，联合攻打租界的。

由于联军使用的都是先进的洋枪、洋炮，并且在租界周围布满了地雷；而义和团大多使用大刀长矛，还有的使用镐头、铁锹，武器相当落后。虽然义和团战士们个个勇猛顽强，高喊着“刀枪不入，杀尽洋人”的口号，一批批地向上冲，但又一批批地死在联军罪恶的子弹下。义和团接连进攻了十几次，都没能成功。眼见着战士们一批批地死去，张德成心急如焚，他猛然脱掉上衣，怒骂道：“狗娘养的，我跟你们拼了！”说着抡起大片刀就要向上冲。这时忽然背后有人高喊道：“大师兄，且慢！我有计可治服洋鬼子。”

张德成回头一看，原来是红灯照的黄莲圣母。黄莲圣母，是天津附近红灯照的首领。红灯照，也是义和团的一支，不过参加者都是女子。黄莲圣母原名叫林黑儿，父母、丈夫、子女都被洋人杀害，她带着对洋人的满腔仇恨投奔义和团，并组织了红灯照，召集许多年轻女子参加进来。她还散发传单，上写："一片苦海望无津，小神忙乱走风尘，八千十万神兵起，扫灭洋人世界新"，并自称是黄莲圣母，成为红灯照的领袖。

黄莲圣母叫人马上找来五十多头凶猛膘悍的公牛，又让义和团战士们在牛角上绑上锋利的匕首，牛尾上挂满一串串的大爆竹。张德成一看，不禁拍手叫绝，立即下令点燃牛尾巴上的爆竹。

爆竹一响，公牛一下子都惊了，它们拼命地向租界里冲去。租界周围的地雷被公牛踏响，大批的联军士兵被牛踩死或被牛角上的尖刀刺死，租界内的联军弹药库也被牛尾巴上的燃竹点燃，爆炸升天。联军一下子乱了阵脚，义和团乘势冲入租界，占领了许多地方。

在天津义和团奋勇杀敌的同时，北京义和团也与侵略者进行了殊死搏斗，狠狠地打击了侵略者的气焰。

正当义和团战士在前线浴血奋战的时候，慈禧太后露出了她卖国的真面目。在此以前，她允许义和团反对八国联军的活动，只不过是泄私愤而已。7 月初，慈禧就密令天津提督宋庆，不惜余力，屠杀义和团。在宋庆的血腥镇压下，义和团损失惨重，天津全城很快被侵略者占领。

8 月 4 日，八国联军二万多人，从天津沿运河向北京进犯。途中遭到义和团的沉重打击，从天津到北京不到二百里，而联军却走了半个月才开到北京城下。

慈禧太后一看大事不妙，急忙请李鸿章出城求和，并送去西瓜、冰块给联军解暑。但是联军拒绝慈禧的求和要求，向北京发动了猛烈的进攻。慈禧和她的亲信们只得弃城逃跑。就在她逃出北京的同时，还下令让留守的清军配合联军将义和团斩尽杀绝。

联军进入北京后，疯狂地进行烧、杀、抢、掠的活动：日军从户部抢走三百万两银子后，还放火烧毁户部以毁灭罪证；法军将无辜群众赶入一个胡同内，用机枪扫射，当场打死几千人……几天时间，繁华富庶的北京城被洗劫一空。

帝国主义在屠杀中国人民、抢夺中国财物的同时，还强迫清政府签定了《辛丑条约》。根据条约，清政府赔款 4 亿 5 千万两白银，加上利息，共 9 亿 8 千 2 百多万两，以海关关税、盐税、常关税作保，在北京设立了使馆区，拆毁大沽炮台，外国军队进驻北京等许多丧权辱国的条件。

义和团运动虽然失败了，但是义和团运动粉碎了帝国主义列强瓜分中国的企图。正如孙中山先生所说的：“其勇锐之气，殊不可当令人惊奇佩服，那次血战之后，外国人才知中国还有民族精神，这种民族是不可消灭的。”

孙中山创建同盟会

清王朝自鸦片战争以后，已是日薄西山。慈禧专政后，国势更加日趋衰败。一系列割地赔款，使神州大地已到了生死存亡的关头。一些爱国的仁人志士，纷纷起来提出效仿西欧，实施新法，倡导富国强民的政策，但均遭到以慈禧、李鸿章等顽固派的刁难和镇压，使全国反清的斗争形势更加高涨。由一般的民众组织斗争，转化为有一定

的理论为指导的革命斗争。

最早的革命斗争组织是孙中山领导的“兴中会”。从1903年夏季起全国又先后涌现出黄兴、宋教仁领导的“华兴会”；蔡元培、章太炎领导的“光复会”；孙武等领导的“日知会”等等。

1905年夏，孙中山结束了在欧美发动留学生和华侨的工作又匆匆赶回日本。7月的一天，他经一位日本友人宫崎的介绍，拜访了黄兴。两人一见如故，孙中山畅谈革命形势，并建议“兴中会”与“华兴会”联合，共同致力革命，当即得到黄兴的赞同。宋教仁得知后，也十分赞同。不久，湖北、四川、广东以及其他一些省的留学生也一致拥护孙中山的主张，组织统一的革命团体。

不久，孙中山在东京邀集留日学生和旅日华侨见面。与会者不论见过面，还是没见过面的，都对孙中山为革命奔走的业绩早有耳闻，纷纷请他先给大家讲几句话。孙中山环视坐在他周围的为国为民献身的志士仁人，兴致勃勃地说："今天，是济济一堂！到会同志都是学业充实，志气坚锐，魄力雄厚的人，而且多数能文能武。从事革命事业，一定是英雄大有用武之地。我和诸君见面，第一个感觉就是中国的前途大有希望！"人群中响起一片掌声，孙中山轻轻挥挥手又说："现在国内局势十分危急，列强虎视眈眈。但，我说革命事业怕的是自己内部不统一，这一省想起事，那一省也想起事，各自为战，这样，力量不集中，既不能推翻清政府，革命力量也保存不住。列强还会乘机谋利。"

坐在一旁的黄兴插一句说："是这样！我们华兴会想在湖南起义就失败了，革命要成功，必须组织起来。"

与会者一致同意联合起来，成立一个组织。孙中山被推举为会议主席。讨论的第一个议题是：这个统一组织的名称和宗旨。代表们一致同意叫"中国同盟会"简称"同盟会"。宗旨，孙中山想出16个字："驱除鞑虏，恢复中华，创立民国，平均地权"。代表中有少数人对"平均地权"有异议，但经过孙中山耐心的开导，基本上通过了。

第二个议题：拟定一个会员入会的秘密誓词，当时由孙中山起草，黄兴、陈天华略加修改。在誓词中明确提出

“驱除鞑虏，恢复中华，创立民国，平均地权”的革命纲领。接着，孙中山领着代表们庄严宣誓。宣誓后，孙中山欣然地说：“可庆可贺，从今日起，我们不是清朝的人啦!”

8月13日，孙中山在欢迎他的千人大会上，用铁一样的事实批驳了康有为、梁启超等保皇党的陈词滥调。并号召革命有志之士绝不能“无所藉手，蹉跎岁月，寸功不展”，只要“发奋自雄”“易旧为新”，在数十年内不仅“举西方之文明而尽有之”，而且胜过他们也是可能的。

8月20日下午，在东京市赤坂区灵南坂，日本友人阪本金弥的住宅内举行了同盟会正式成立大会。出席大会的会员有一百多位，大会在孙中山的主持下，通过了同盟会的章程和宗旨。大家一致推举孙中山为同盟会总理。大会又采用立法、司法、行政三权分立的原则设立了机构，同盟会下设支部。

中国同盟会的成立，是孙中山领导的民主革命发展过程中的一个里程碑，是中国历史上第一个资产阶级革命政党。

不久，同盟会又创办了自己的机关报——《民报》，孙中山亲自写了《发刊词》，他第一次提出了“民族”、

“民权”、“民生”的三民主义。从此，民族民主革命以更迅猛的脚步前进了。

正当同盟会成立之际，慈禧也玩弄“预备立宪”的政治花招，与同盟会相对抗。慈禧于1905年7月接受了袁世凯的建议，派五位大臣出国考察宪政，以做“预备立宪”骗局中的马前卒。

朝廷准备立宪的消息传到保皇派康有为、梁启超处，二人如获至宝，立即向各地保皇派发出通告改保皇会为“国民宪政会”，鼓吹君主立宪，扬言在中国“只可行君主立宪，不能行共和革命。”

康有为和梁启超为师生关系，二人是维新运动的领袖，由于一些原因，康有为变得保守起来，不赞成，民主革命。后来，梁启超的思想，渐渐向同盟会靠拢。

在这种政治形势下，孙中山断然指出：“革命、保皇二事，决分两途，如黑白之不能混淆，如东西之不能易位。”并举出大量的事实，揭穿清政府玩弄假立宪的伎俩是一个企图苟延残喘的卑劣阴谋。

秋瑾徐锡麟举事

1907 年 7 月 6 日，安徽安庆的巡警学堂正在举行毕业典礼。几百名学生笔直地站在操场上，恭恭敬敬地等待着安徽巡抚恩铭的检阅。

不久，大腹便便的恩铭在学堂的会办（相当于教务长）徐锡麟的陪同下走进操场。恩铭一边向学生们点头致意，一边大摇大摆地向前走，一点也没注意到陪同他的徐锡麟这时已落在了后面。忽然一个黑乎乎的东西从学生队伍中飞了出来，恰好落在恩铭的脚下。待他定睛一看，竟是一颗炸弹。恩铭吓得一屁股坐在了地上，真不知如何是好。可是那颗炸弹“哧哧”地冒了一阵烟后并没爆炸，这时就见徐锡麟一个箭步跳上前来，架起恩铭，嘴里还不住地说着：“大人不要害怕，刺客马上就能抓住。”说话间，徐锡麟突然从靴筒里掏出一把小手枪，对准恩铭的胸口

“啪啪”就是几枪，恩铭还没反应过来就归了西天。

这时，整个操场都乱成了一团，徐锡麟趁乱招呼着三十几个学生模样的人迅速冲向离巡警学堂不远的安庆军械库，搬出大量的枪支弹药。这时，就见闻讯赶来的清兵，已经里三层外三层把军械库团团围住。黎锡麟他们只好各自找了有利地形，向外猛烈射击，打死了许多想冲进来的清兵。

清兵越聚越多，他们与徐锡鹿等人对射着，一时枪声、炸弹爆炸声、人们的呐喊声混在一起，响彻云霄。这时就听到清兵的后面有人叫喊着：“给我上，打死一个给五百两银子；后退一步千刀万剐（音 guǎ）！”所以虽然有好多清兵被徐锡麟他们打死，但为了钱，他们还是玩命往上拥。就这样激战了两个多小时，许多巡警学堂的学生牺牲了，徐锡麟也负了重伤。眼看就冲不出去了，这时徐锡麟对他身边的通讯员说：“我们恐怕不行了，现在我最担心的是秋瑾女士，清政府一定会去加害她。所以现在我们几个掩护你，从敌人火力弱的后门冲出去给她报信。”徐锡麟他们几个端起枪就冲出前门，对着敌人猛烈射击。清兵为了那五百两银子都纷纷涌向前门，通讯员很顺利地冲出了后门。

7 月 11 日深夜，小雨淅淅沥沥不住地下着，整个绍兴城一片漆黑，只有城西的大通学堂里，有一点灯光在闪动。

在大通学堂后院的一个小屋里，十几个人在一盏油灯下正热烈地讨论着什么。坐在正中的是一位女子：三十出头的样子，一套紧身裤褂，圆圆的脸上一双深邃的大眼睛，透着一股英气。这女子就是秋瑾。

秋瑾出生在浙江绍兴，从小聪明伶俐读过很多书，写诗作词，样样精通；而且她还跟表兄学了一身好武艺。因为她经常骑马舞剑，拿枪弄棒，人们都称她为“鉴湖女侠”，在江浙一带很有名气。结婚后，秋瑾随丈夫来到北京，认识了许多思想进步的朋友，接触到先进的科学文化知识。1900 年，因为八国联军侵入北京，秋瑾一家到南方避难，路途中看到八国联军烧杀抢掠，无恶不作的情景不由感慨万千：“清政府这样的腐败无能，中国人任意受外国人的欺负，作为中华儿女就应该担负起挽救国家危亡的重担。”

从此，秋瑾开始了她的革命活动。她的丈夫是个只知升官发财的清朝官吏，他可不希望妻子成为一个革命者。为了更好地从事革命活动，1904 年春，秋瑾毅然离开了她的丈夫和两个年幼的孩子，东渡日本留学。在日本，秋瑾先后加入了“共爱会”、“十人会”、“三合会”、“光复会”等革命组织，在光复会里，她结识了徐锡麟。

秋瑾与徐锡麟经常在一起学习先进的思想文化知识，探讨救国救民的真理，并结下了深厚的革命友谊。1905年，他们两人又同时加入了同盟会，成为孙中山的亲密战友。同一年，为了抗议清廷与日本政府相互勾结，禁止学生在日的革命活动，许多留学生罢学回国。回国后，秋瑾和徐锡麟先后来到浙江绍兴的大通学堂，把这里做为培养革命人才的基地，为进行武装起义做准备。

不久，徐锡麟去了安徽，并取得了安徽巡抚恩铭的信任，做了安庆巡警学堂的会办。通过他的争取，学堂中有好多学员成为革命党人。于是他与秋瑾商定，要在1907年同时举行安庆起义和绍兴起义。但由于叛徒告密，安庆起义被迫提前举行，所以就演出了前面那壮烈的一幕。

雨越下越大，秋瑾和大通学堂的一些革命党人正在制定绍兴起义具体计划，忽然门哨领进一个浑身是水，面色如土的人，那人见到秋瑾，吃力地说了一句“安庆起义失败了，快，快……”话没说完就昏倒过去。秋瑾他们连忙将这个人扶起，仔细一看，原来是徐锡麟身边的通讯员。

秋瑾一下子明白了所发生的一切，她不加思索地说道：“安庆起义失败，我们也暴露了，现在我们必须撤离此地。”说完，她一面收拾与起义有关的文件，准备烧毁，一面派人通知其他革命党人赶快躲避起来。而秋瑾自己却留下，众人劝说无效。这时她已得知徐锡麟等人遭清军残害。

“这些狠心的豺狼!”秋瑾听到徐锡麟被害的消息后泪流满面，她拔出手枪就要往外冲，7 月 13 日，300 多名清军包围了大通学堂。这时身边的人忙劝阻她说：“秋女士，你快逃吧，我们掩护你。”

“不!”秋瑾斩钉截铁地说，“革命就要流血，我要成为中国女子为革命流血的第一人!”说完，她一个箭步冲了出去。在清兵的重重包围中，秋瑾和 8 名师生不幸被捕。

7 月 15 日凌晨，秋瑾在绍兴轩亭口英勇就义，年仅 31 岁，临刑前索取纸笔，疾书“秋风秋雨愁煞人”七字作为回答。

林纾开翻译名著之风

林纾（1852—1924 年），字琴南，福建闽县人，他是我国近代著名的翻译家。林纾最早把欧美国家的名著用白话文的形式介绍到中国来。

林纾年幼时，家境贫苦，由于家中生活困难，他曾经一度寄住在外祖母家。但他非常爱好读书，家里无钱买书，他就向别人借书来读，并将书里的内容抄写下来。有时候，即使找到的是一本破书，他也如饥似渴地阅读。到 20 岁时，林纾已经读了很多书，文字根底已经很深。23 岁时，林纾为了谋生，开始担任蒙师，教儿童读书识字。30 岁时考中举人，此后多次参加进士考试都名落孙山。

1895 年，林纾结识了刚刚从法国归来的王寿昌。王寿昌向林纾谈起法国观感，说到大仲马、小仲马父子的故事，并向林纾讲述了小仲马和小说《茶花女》的感人情节，他建议林纾把《茶花女》翻译出来。林纾不懂外语，所以起初不敢应承。经王寿昌再三劝说，才答应试一试。于是他俩就在福建马尾开始合作翻译《茶花女》，王寿昌逐字逐句地讲解法文原意，林纾边听边迅速记录成文。当时，林纾妻子去世不久，他心中已落落寡欢，对书中男女主人公的遭遇，非常同情，译到伤心的情节，甚至大声痛哭。他的译文有些地方加入了自己的感情，虽与原著有所出入，但文笔缠绵悱恻，很是感人。1899 年，这部翻译小说以《巴黎茶花女遗事》为书名出版，很快风行国内。玛格丽特和亚芒的爱情故事，打动了许多中国人的心灵。

《巴黎茶花女遗事》是近代最早的一部翻译小说。它所描写的爱情故事，打破了中国传统的才子佳人式的言情小说格局，使中国人耳目一新。林纾偶然涉中外国文学翻译领域，获得巨大成功，引起了他翻译外国文学的兴趣。从此，他走上文学翻译的道路，在十几位合作者的配合下，他共翻译外国小说一百七十余部，涉及英国、法国、德国、俄国、美国、挪威、西班牙等国家的文学作品，其中有不少是世界名著，有莎士比亚、狄更斯、托尔斯泰、大小仲马、巴尔扎克、雨果、易卜生、塞万提斯等著名作家的作品。林纾不懂外语，每译一书，都由别人口述，他写成文章。由于他古文功底深厚，文笔流畅优美，翻译出来的小说影响广泛。商务印书馆曾将林纾翻译的小说，以《林纾小说丛书》的名号整套出版，分装两个小木箱，成为轰动全国的畅销书，“林纾小说”也成为一专用名词。

林纾早年倾向于维新变法，主张向西方学习，实行君主立宪制。1884 年中法战争时，林纾听到马尾海战失败的消息后，和朋友一起在福州街头痛哭流涕。中日甲午战争失败，他也曾与人联名上书，反对议和。辛亥革命以前，林纾把翻译外国小说，当成向国内介绍外国政治、经济以及社会状况，唤醒同胞起来救国的一种手段。他所翻译的西方著名作家的作品，不少都具有反封建的性质。他翻译了美国小说《黑奴吁天录》（即《汤姆叔叔的小屋》），黑人奴隶的悲惨生活，使他想到华工在美国的非人待遇，他希望这本书能使人们觉醒。小说出版后社会反响强烈，读者争相购买，有的读者边读边哭，深受感动。

林纾是近代翻译外国文学最早的人，也是翻译外国文学作品最多的人。“林纾小说”开拓了人们的眼界，带动了翻译外国文学的风气，在社会上和文学界都发生过巨大的影响。

末代皇帝溥仪

清代的末代皇帝爱新觉罗·溥仪，是光绪皇帝的侄子。1908 年，光绪帝病逝，溥仪即位，1909 年为宣统元年。

光绪三十四年（1908）十月，被软禁在中南海瀛台的光绪帝载恬得了重病，因为他没有儿子，慈禧决定立光绪帝的侄子溥仪为嗣皇帝，便将他送入宫内，这时候溥仪只有 3 岁，溥仪入宫后第二天，10 月 22 日，光绪帝驾崩，终年 38 岁。次日“垂帘听政”半个世纪的慈禧也一命呜呼了。慈禧在临死前立下遗言说：“现在我的病势已经危险，恐怕一病不起，以后军国政事，由摄政王（溥仪之父载沣）裁定，遇有重大的事必须由皇太后（隆裕皇后）懿旨。”就是说，慈禧太后死后，清朝政权由载沣与隆裕太后联合辅政。

慈禧死时74岁，执政50年，给后人树起了一块醒目的“千古罪人”的警碑。光绪帝与慈禧死后半个月，十一月初九，经过准备清政府举行了宣统帝的“登基大典”。在溥仪登上皇帝宝座的前后，清朝统治已是“山雨欲来风满楼”了，它预示大清王朝覆灭的日子已经不远了。据《清鉴纲目》记载，在这段时间里，全国到处都掀起了革命风暴。

光绪三十三年秋七月，广东钦州革命党起事，攻陷防城，后来失败。由于革命风暴此起彼伏，清朝统治已经到了朝不保夕的地步，为此，它们决定在宣统元年九月，各省成立咨议局，宣统二年在北京成立资政院，作为议会的基础，企图在封建统治制度的土壤上，撒下一些具有资产阶级民主色彩的花束，以欺骗舆论，延长寿命。

正当清统治者为了改换招牌，装饰门面忙得不可开交的时候，宣统三年八月十九日晚上，驻湖北省武昌的新军，举行了武装起义，爆发了辛亥革命。次日，起义军占领武昌，攻克汉阳，成立了中华民国湖北军政府，并通电全国，废除清朝称号，建立了中华民国。武昌起义后，各省响应，纷纷宣告脱离清朝，拥护共和。12月，孙中山从海外回国，17省代表在南京召开会议，选举中山为中华民国临时大总统。次年（1912）1月1日，孙中山在南京宣誓就任，发表了《临时大总统就职宣言》、《告全国同胞书》，表示要“尽扫专制制度之流毒，确定共和，以达革命宗旨。”

武昌起义后，袁世凯一直在窥测风向，准备东山再起。清政府为了挽救危局，决定重新启用袁世凯，授袁世凯为内阁总理大臣，组织新内阁。“筹划改良政治的一切事宜”。袁世凯组阁以后，不仅迅速接收了清朝的全部政权、军权，还指使段祺瑞等北洋将领48人，联名通电全国，吁请清帝退位，确定共和政体。2月12日，隆裕太后宣布了溥仪退位诏，命袁世凯以全权成立临时共和政府。从此，结束了清朝260多年的封建统治，同时也结束了2000多年来的皇帝专制制度。这是辛亥革命的伟大胜利，也是中国历史上划时代的大事，值得全国各族人民永远纪念，共同庆贺。

袁世凯组成临时共和政府以后，根据孙中山1月22日的声明，同南京的革命党政体达成协议，成为中华民国临时大总统，公布了“清帝退位后优待条件”，末代皇帝溥仪开始了紫禁城内的小朝廷生活。

根据“清帝退位后优待条件”上，溥仪在故宫里面，仍然过着养尊处优的生活，也仍然是皇帝，直到1924年10月，直系将领冯玉祥在北京发动政变，才废除溥仪的皇帝称号，并被驱逐出宫。1925年溥仪移居天津。1931年，在侵华日军的策划下，前往东北，成了日本侵略者的傀儡，当上了伪“满洲帝国皇帝”。在这期间，溥仪的一切行动完全控制在日本人的掌握之下，并为其所利用。

1945年8月，日本帝国主义投降，溥仪在逃往日本途中被苏军俘获，1950年移交给中国政府。1959年12月4日，中华人民共和国最高人民法院根据特赦令将溥仪释放，他才开始走上新生活的道路。政府安排他到中国文史馆从事文史档案的工作。1964年溥仪任政协第四届全国委员会委员，1967年于北京病逝，终年62岁。

藏書

珍藏版

中華上下五千年

赵文博 主编

肆

辽海出版社

目 录

隋　　朝

唐 朝

拓跋焘雄才大略

公元424年，拓跋珪的儿子拓跋嗣病故，拓跋珪的孙子拓跋焘继位登基，即魏太武帝，是年才16岁。拓跋焘牢记爷爷和父亲的教诲，把统一南北方，做为奋斗目标。

一天，拓跋焘率领大臣到离国都平城百里之外的丰镇视察，看见上千人正在修长城。监工官吏见皇帝来了，以为皇帝嫌进度慢，忙说："陛下，卑职已令地方增派民夫，一定加快修城的速度。"拓跋焘却说："不必了，长城不用再修下去了。"众人闻听，感到惊讶，拓跋焘说："小小的城墙，能保证国家平安吗？身为大将军，为什么只想到防守而不去考虑进攻？"皇帝的话，使奚斤无言以对。正在这时，一个骑兵飞马来到拓跋焘身边，下马报告："柔然国纥升盖可汗亲率6万大军来犯，已攻占故都盛乐城！

柔然原来也是鲜卑族的一支，西晋末年，组成强大的部落，称为“柔然”。传至社仑时，柔然国地盘东至大兴安岭，西逾阿尔泰山，北监贝加尔湖，南到大戈壁，可谓势力强大。到大檀（自封纥升盖可汗，意思是制胜之王）继位时，更是经常侵犯北魏，抢夺财物。

拓跋焘回到京城，征求大臣们的意见，多数大臣缄默不语，显露畏惧之色，只有侍中崔诰、司空奚斤、司待长孙嵩等少数人提出应派兵御敌。拓跋焘宣布给崔浩进爵一等，并警告胆小怯敌者，以后要降职一阶。然后表示，御驾亲征，率大军收复盛乐城。

皇帝拓跋焘率领两万骑兵，马不停蹄地赶到盛乐城下，城墙上挂着一排血淋淋的人头和尸身，还悬挂一个小布人，上面写着“拓跋焘”三个字。柔然国首领大檀站在城头上，一挥手，士兵们拖上来十名老百姓，其中有一名百姓被按在墙垛上，一个士兵举起大石头猛地砸下去，将老百姓的头砸碎，其状惨不忍睹。拓跋焘一挥手，大喊：“往后退兵30里！”

北魏大军退后30里驻扎下来，拓跋焘命令士兵将带来的铁蒺藜埋在城外的黄沙地里。第二天一早，拓跋焘又带兵来到城下，只听三声炮响，城门大开，柔然国骑兵蜂拥而出，拓跋焘慌忙率军败退。柔然骑兵紧追不放，追到黄沙地时，踩上铁蒺藜，顿时人仰马翻，惨叫声此起彼伏。然而柔然兵作战非常勇敢，前面的倒下了，后面的踩着同伴的尸体继续前进。

拓跋焘退了几里路便停了下来，将手中黄旗一挥，并排冲出一群战马，冲入敌阵。马背上有装着炸药、毒剂的铁雷，马尾上有硫磺粉，点燃以后，烧得马群在敌军中乱窜，铁雷相撞，爆炸声响彻广阔的空间，柔然兵乱作一团，死伤无法计数。

柔然首领大檀狂吼几声，压住阵脚，索性脱掉上衣，赤膊上阵。士兵见状，也纷纷脱掉衣服，光着膀子向魏军冲杀过来。

拓跋焘不慌不忙，面带微笑，连挥三下黄旗，士兵们一下子将黑布套套在头上，只露出两只眼睛。大檀吃了一惊，不知拓跋焘又要什么花招，想退兵已来不及了，两军将士混战一起。大约战了两个时辰，柔然兵人人汗流浃背。拓跋焘从怀中掏出一个小布袋，往大檀身上一扬，甩出一团白粉，落在大檀赤裸的身上，魏兵纷纷向柔然投出小布袋，一时间白粉飘洒，柔然兵突然感到身上痛痒难忍，无法战斗，大檀无心再战，慌忙逃走。拓跋焘率军追杀，最后将柔然兵赶到百里以外。柔然兵见魏兵返回，便停下来，到处找水喝，不料，喝进肚不久，一个个中毒死亡。原来，拓跋焘战前就派人在柔然必经之路的河流投了毒。他知道柔然兵决战有光膀子的习惯，所以事先配制了毒粉，真的派上了用场。这一仗，柔然兵由强变弱，惨败而归。匈奴铁弗部所建的大夏国国君赫连勃勃是个残暴无道之人，对待国民残忍无比。仅以制造兵器的人为例：弓箭如射不穿铠甲，制造弓箭者必处死；弓箭如射穿铠甲，则制造铠甲者必处死。被斩杀之工匠计数千人之多。如果谁进谏提点儿意见，先割掉此人的舌头，再斩首。赫连勃勃修建夏都统万城（今内蒙乌审旗南白城子一带）时，动用了十万民众，筑城用土都必须蒸过，如城墙能用铁锥刺入一寸，筑城人就杀掉。

拓跋焘了解到夏国这些情况，觉得像赫连勃勃这样的暴君应该除掉，但硬攻不行，必须智取。

一天，拓跋焘正在同大臣崔浩商量进攻大夏国的计策，两名卫士押着一个蒙面人进来，说是在殿外抓到的刺客，想行刺皇帝。崔浩建议推出去斩首，卫士押着刺客走到殿门口，突然回过头，说有一封绝命书，想请拓跋焘转交给80岁的老母亲。拓跋焘接过信，看罢受了感动，知道他来行刺迫于无奈，而且很有孝心，于是决定放他回去。

刺客听说不杀他了，感激地跪倒在地谢恩。拓跋焘忽然想起一件事，问道：“当年北凉、南凉围困统万城二年，但城中无一人饿死，是真的吗？”刺客回答说：“陛下，当年赫连勃勃修统万城时，将糜谷蒸熟打成粘糕，再做成米砖，以备断粮时食用。”刺客又告诉拓跋焘，赫连勃勃已死，赫连昌刚继位不久。刺客临走时，向拓跋焘索要一物作纪念，拓跋焘便将腰间配带的一块玉珑送给他。

拓跋焘闻听赫连勃勃已死，决定立即发兵攻夏。魏军兵分两路，一路由拓跋焘统领 3 万步兵骑兵进军统万城；一路由司空奚斤为帅领 3 万兵进攻长安。

拓跋焘渡过黄河以后，将船全部烧掉，断绝了后路。

这一天，拓跋焘只选 2000 骑兵来到统万城下。魏军擂鼓挑战，夏主赫连昌却闭门不出。一连几天，都是如此。

这天晚上，拓跋焘正在帐中冥思苦想诱敌出城之计，士兵推进一个夏军兵士，请求皇帝处置。夏兵立即从怀中掏出一块玉珑，问拓跋焘可识此物。拓跋焘自然认识，此乃自己身上经常佩戴、后赠给夏国刺客的玉珑。于是问道：“这玉珑怎么会在你手里？”那位夏兵士说：“陛下，这玉珑是我哥哥死时留下的我哥哥从贵国回来，便被夏主赫连昌所杀。哥哥临死之前再三叮嘱我不要忘记陛下的不杀之恩。”“那么，你今天来有什么事？”“陛下，夏主赫连昌已派人去长安向他弟弟赫连定求救，小人怕陛下吃亏，所以连夜来报告此事。”

拓跋焘听罢，有了主意。忽然有一天，魏军正在城下挑战时，一支夏军从身后赶来与拓跋焘交战。拓跋焘与夏军厮杀一阵，便拨马而走，夏军紧紧尾随其后，一名夏军对城上高喊：“长安援军已到，请夏主火速派兵出城助战！”

赫连昌闻听，也不多想，马上率领众兵出城。当夏主赫连昌追进山谷时，鼓号声齐响，埋伏在四周的魏兵突然出现，把夏军包围。原来，所谓长安来的夏军，全是魏军装扮的，系拓跋焘的诱敌出城之计。皇帝拓跋焘身先士卒，虽中了数箭，仍跃马挥枪，魏军士兵深受鼓舞，越战越勇，杀至黄昏，夏军大败。赫连昌想逃回统万城，已经晚了，魏将豆代田率兵攻占城门，挡住去路。赫连昌无奈，向城外逃去。

就这样，魏国吞并了夏国，地盘扩大了许多，成为北方最强大的国家。到公元439年，拓跋焘统一了北方，占领中国百分之六十以上的土地。宋朝在南方占据百分之三十多国土，南北朝对峙局面，正式形成。

沈璞勇斗拓跋焘

南北朝形成对峙局面以后，魏宋二朝都想吞并对方，所以边界经常发生战争，公元450年，战争升级。

战斗从春季开始，魏帝拓跋焘亲自率领十万兵马进攻

宋朝悬瓠城（今河南省上蔡县），围攻一个多月没有成功，不得不退兵。

夏季到了，南朝宋军又对北魏发动报复性攻击。时值雨季，拓跋焘躲在城内不战。一直拖到冬季，拓跋焘亲领百万大军攻宋，节节胜利，势不可当。魏军所到之处，烧杀抢掳，每打胜一仗，士兵们便任意奸淫妇女取乐。

军宋则节节败退，义隆皇帝无奈，只得派侍中田奇带上御酒、珍宝等贵重物品向拓跋焘求和。拓跋焘在大帐里，一边哄孙子玩，一边接见田奇。田奇说明来意后，拓跋焘傲慢地说："讲和也可以，但必须将你们皇帝的女儿嫁给我这小孙子当媳妇……"

田奇回到建康，向宋帝义隆如实汇报，义隆认为受了污辱，坚决不肯，大臣们都沉默不语，大殿内静悄悄的，一片死气沉沉。过了一会儿，吏部尚书江湛表示愿与魏军决一死战。不料，皇太子劭把江湛骂了，抓着江湛的衣襟说："我看把你的女儿送给胡孙当老婆吧，免得你把胡人带入京都！"

义隆皇帝忙厉声制止太子，但太子的话使他受了启发，找了一个宫女，冒充皇帝女儿送给拓跋焘。

拓跋焘见宫女漂亮迷人，非常高兴，留下自己享用，并当即退兵。魏军退兵途中，经过盱眙城，拓跋焘听说城内粮草充裕，还盛产好酒，便派人送信给盱眙城太守沈璞，让他将城里的粮草全献给魏军，外加美酒一桶。不然，杀进小城，片甲不留。

傍晚时分，沈璞派人送给魏帝一桶酒，并且说第二天献出粮草。拓跋焘十分得意，忙让众将来品尝美酒。谁知，打开桶盖时，怪味儿刺鼻，一位士兵遵命喝了一口，立即吐出，说是桶里装的是尿。

魏帝被戏弄，气得火冒三丈，第二天便率军包围了盱眙城。拓跋焘在城下指名叫骂沈璞，沈璞毫无惧色，以理反击，并射出一箭，拓跋焘急忙一闪避过，稍慢一点儿便会被射中脑门儿。

魏帝拓跋焘恼怒至极，下令攻城。这时城上箭如飞蝗，滚木垒石似冰雹而下，魏军无法靠近城墙，只好退兵。

第二天拓跋焘又率魏兵包围了盱眙城，并往城上射去一封信。沈璞见信中写道："沈贼，今日攻城非我鲜卑人，而是丁零、胡人和羌人，尔若尽力杀戮，于朕甚利……"

拓跋焘写信的目的是气一气沈璞，不料弄巧成拙，沈璞将计就计，让嗓门儿大的兵士在城楼上高声朗读这封信，魏军各族士兵一听，顿时像开锅一般，议论开来。沈璞又给拓跋焘写了一封回信，大意是：以尿代酒，非璞不恭，因我城中之酒，专给人喝，你不是人，故以尿相赠。我城粮食，禀禀相连，堆积如山，贵军如用，可以物易物。一卒之头可换一粒米，唯你之头，念你系一国之君，可换一禀，怎么样？

拓跋焘看完这封信，气得破口大骂，立即命令攻城。但各族士兵听了刚才那封信，正在气头上，站在原地不动。拓跋焘火了，命令鲜卑族兵放箭，射死许多其他族士兵，于是惹火了这些兵士，反与鲜卑兵厮杀起来，拓跋焘喝止不住，只是鸣金收兵。

拓跋焘越想越来气，为了报复沈璞，连夜让士兵制做一个铁床，上面排满尖刀，刀尖朝上，十分吓人。天亮以后，抬着铁床来到城下。拓跋焘对沈璞大声说："沈贼听着，朕特意为你制做这张床，待破城之后，便让你躺在床上，尝尝是啥滋味儿。"

沈璞略一思忖，让士兵将一口黑漆棺材抬上城墙，指着棺材对拓跋焘喊道："家奴病危，准备了棺木。昨夜观察星象，你将死于家奴之前，念你无暇自备棺材，故借你先用。请过目，此棺盛殓你和幼孙是否可以？"

魏帝气得心里冒火，他下了死命令全力攻城。城上守军忽然将煮开的豆油和热水泼下，魏军猝不及防，烫得哭爹喊娘，直往后撤。魏军仗着人多，退下一批又冲上一批。城上泼完了油和开水，又投下霹雳炮，即用石灰和硫磺制成的炮，炸开以后，威力很大，将攻城魏兵击退。

魏军攻了一个多月，死伤无数，粮草已经不多，每天只能吃一顿饭，士兵饿得面黄饥瘦。拓跋焘骑虎难下，进退两难。这天，沈璞让兵士扔往城下魏军数千个小口袋，袋中装着浸过毒药的炒黄豆。魏兵争夺到，吃下后，很快死亡，一夜之间死了数千人。

拓跋焘见状，又恨又怕，不敢再战，带领剩下的士兵，返回都城平城。

在盱眙城吃了败仗，拓跋焘闷闷不乐，中常侍（侍从皇帝、传达诏令的官）宗爱向皇帝密报：仲尼道盛常接近太子，图谋不轨。魏帝闻听，不问青红皂白，下令把仲尼道盛杀了。太子无奈，留下一封遗书，饮毒酒自杀。拓跋焘看了遗书，知道上了宗爱的当，可已晚了。一气之下，多喝了几杯，醉倒了。

宗爱听说太子写了遗书，知道大事不好，想找拓跋焘请罪，见皇帝睡得很死，心一横，用双手掐死了拓跋焘。

曾经统一北方威震四海的皇帝，就这样离开了人世。

宗爱立拓跋焘的六儿子拓跋余为帝，改元永年。拓跋余继位后，整天吃喝玩乐，不理朝政，大权掌握在宗爱手中，宗爱连皇帝也不放在眼里，拓跋余准备除掉宗爱，但走露风声，宗爱先下手为强，将新皇帝杀害了。

刘尼、源贺、陆丽、长孙渴侯经过密商，除掉了弑君祸国的宗爱，拥立拓跋焘的孙子拓跋浚为帝，拓跋浚是年13 岁。改年号为兴安元年（公元 452 年）。

檀道济从容回师

宋武帝刘裕在南方建立了宋朝后，过了十九年（公元439 年），北魏太武帝拓跋焘灭了十六国中最后一个小国北凉，统一了北方。从东晋灭亡后的一百七十年的时间里，我国历史上出现了南北两个政权对峙的局面。南朝先后换了宋、齐、梁、陈四个朝代；北朝的北魏，后来分裂为东魏、西魏；东魏、西魏又分别被北齐、北周代替。历史上把这段时期合起来称为南北朝。

宋武帝做了两年皇帝，到第三年，就病死了。武帝的儿子宋文帝即位以后，北魏大举渡过黄河，进攻宋朝，在黄河以南占领了大片土地。宋文帝派檀道济率领大军抵抗。

有一次，北魏兵进攻济南，檀道济亲自率领将士到济水边，在二十多天里，跟魏军打了三十多仗。宋军节节胜利，一直追到历城（在今山东省）。这时候，檀道济骄傲起来，防备也有点松懈了。魏军瞅个机会，用两支轻骑兵向檀道济的宋军前后两翼发起突然袭击，把宋军的辎重粮草，放了把火烧了。

檀道济的将士虽然英勇善战，但是断了军粮，就没法维持下去，准备从历城退兵。宋军中有个兵士逃到魏营投降，把宋军缺粮的情况告诉了北魏的将领。北魏就派出大军追赶檀道济，想把宋军围困起来。

宋军将士看到大批魏军围上来，都有点害怕，檀道济却不慌不忙地命令将士就地扎营休息。当天晚上，宋军军营里灯火通明，檀道济亲自带领一批管粮的兵士在一个营寨里查点粮食。一些兵士手里拿着竹筹唱着计数，另一些兵士用斗子在量米。

被魏兵的探子偷偷地向营里望了一下，只见一只只米袋里面都是雪白的大米。探子赶快告诉魏将说檀道济营里军粮还绰绰有余，要想跟檀道济决战，准是又打败仗。魏将得到情报，以为前面来告密的宋兵是假投降，来诱骗他们上当的，就把投降的宋兵杀了。其实，魏将中了檀道济的计。檀道济在营里量的并不是白米，而一斗斗的沙土，只是在沙土上覆盖着少量白米罢了。

第二天清早，檀道济命令将士戴盔披甲，自己穿着便服，乘着一辆马车，大模大样地沿着大路向南转移。魏将被檀道济打败过多次，本来对宋军有点害怕，再看到宋军从容不迫地撤退，吃不准他们在哪儿埋伏了多少人马，不敢追赶。

檀道济靠他的镇静和智谋，保全了宋军，使宋军安全地回师。以后，北魏也没敢轻易进攻宋朝。檀道济在宋武帝和宋文帝两代，都立过大功。但是由于他功劳大，威望高，却引起了宋朝统治者的猜疑。

一次，宋文帝生了一场病。宋文帝的兄弟刘义康就跟心腹商量说："如果皇上有什么三长两短，留了檀道济总是一个祸根。"他们就用宋文帝的名义下了一道诏书，硬说檀道济收罗坏人，企图谋反，把檀道济逮捕起来，要办他死罪。

檀道济在他被捕的时候，气得瞪圆了眼，愤怒的目光像要喷射出火焰来。他恨恨地把头巾拉下，摔在地上，说：“你们不是在毁坏自己的万里长城吗？”

檀道济终于被杀了。这个消息传到北魏。魏朝的将士都高兴得互相庆贺，说：“檀道济一死，南方就没有叫人害怕的人啦！”

后来，宋文帝也很后悔。有一次，北魏的大军打到江北的瓜步（今江苏六合）。宋文帝在建康的石头城上眺望远处，很感慨地说：“如果檀道济还活着的话，不会让胡骑横行到这个地步。”

冯太后整治朝纲

公元465年，魏帝拓跋浚被丞相乙浑气得吐血而死，死时年仅26岁。

拓跋浚生性软弱，丞相乙浑觉得他柔弱可欺，便不把他放在眼里，手握兵权，说一不二，有时竟敢私闯后宫，调戏皇后。皇帝死后，乙浑准备废掉新君，霸占太后，自己称帝，并加快了行动步伐。许多大臣看在眼里，急在心里，却没有办法。

冯太后刚刚 22 岁，便失去夫君守寡，打击太大，考虑以后乙浑更难对付，便下定死的决心，连续两次自杀，均被后宫詹事（负责皇后、太子家事的官）李奕搭救。李奕的鼓励帮助下，冯太后振作精神。后来，冯太后宁愿牺牲自己，用“美人计”将丞相乙浑毒死，使北魏避免了一场政治危机。

冯太后临朝执政一年，帮助 12 岁的皇帝拓跋弘治理朝政。当拓跋弘 13 岁时，她便退回后宫，把主要精力放在抚养太子拓跋宏身上。同时，与她的救命恩人、情夫李奕恩爱有加，常常朝夕相随，一晃过了十年，冯太后与李奕的感情没有淡薄，反而越来越深，成为真正的知音。由于当时的清规戒律，注定二人不可能正式成为夫妻，所以，他们的交往、同居还处于保密状态。但是，时间一长，两人的事成为公开的秘密，除拓跋弘——此时已是太上皇，等少数人外，多数人都已知道。

拔跋弘当了五年皇帝，感觉力不从心，年刚 17 岁，就把皇位交给 5 岁的儿子拓跋宏，冯太后只好在背后帮助拓跋宏。

柔然探知魏朝这种状态后，又发兵侵犯边境，以报当年被打败的仇恨。然而，魏朝文武大臣，无一人率领大军出征。冯太后情急之中，把太上皇拓跋弘训斥一顿，拓跋弘才勉强带兵出征。

就在太上皇西征期间，相州（今河北省临漳县邺镇）爆发了农民起义。冯太后派人调查起义原因，原来是相州刺史李欣贪赃枉法，大肆搜括民脂民膏，乃官逼民反。李欣到任二年，竟然运回家十车金银财宝等物，百姓有灾不赈，至使路有饿殍。

冯太后闻听大怒，命人将李欣押回京都平城，关进死牢。

冯太后的举动，受到老百姓的欢迎，得到了一些清官拥护，但却触动了朝廷赃官污吏的利益，他们便想除灭冯太后。突破口就是向太上皇拓跋弘密报冯太后与李奕通奸之事。

李欣的女婿裴攸在太上皇西征途中，追上拓跋弘，呈交状纸。拓跋弘见密报怒不可遏，立即下令将他一起出征的李奕腰斩，并隆旨说，裴攸密告有功，其岳父李欣赦免，官复原职。

李欣的赦免，对冯太后是沉重的打击；李奕的死，对冯太后是致命的打击。朝廷赃官们，并没因为李奕死而罢休，而是得寸进尺，步步紧逼，非要诛杀冯太后不可。又让刚出狱的李欣到班师平城的太上皇处密报，说冯太后听道李奕被杀，要杀死太上皇为李奕报仇。

太上皇拓跋弘信以为真，马上要让冯太后自裁，李欣却另献一计，用毒点心毒杀太后。此消息被李冲无意中听到，他敬佩冯太后整治朝纲的魄力，不忍心让她受害，便将这个生死攸关的消息透露给冯太后。

这天傍晚，太上皇派人送给冯太后一盒宫点，说是以示孝心，过几天亲来太华殿问安。

来人走后，冯太后取出一块点心喂猫，不一会儿，猫七窍出血而死，在场的宫女大惊。冯太后态度严峻，命令宫女们不准往外说出此事。太上皇拓跋弘焦虑不安地等了两天，不见太华殿传来冯太后的死讯，又不能不去请安，只好怀着忐忑不安的心情，来到太华殿。

冯太后见拓跋弘来了，还像以前一样，有说有笑。母子二人谈论了西征之事，拓跋弘忍不住，询问送来的宫点好不好吃。冯太后神态自若地说："皇儿送来宫点，我很高兴，想等皇儿过来问安时一同吃，不是更好？"

冯太后取出宫点盒，亲手拿了一块点心，送到拓跋弘嘴边，要他先吃。拓跋弘哪里敢吃，只好假装礼让，要冯太后先吃。冯太后自然想到他不会吃，也不强求，就取下紫砂壶，让宫女沏茶，两人各斟一杯。拓跋弘接过杯，也不多想，喝了两口茶。顷刻之间，腹痛腰弯，惨叫连声。冯太后忽然变了脸，说："我若吃了你送的宫点，也就这副模样吧？"

拓跋弘已无力回话，倒地而死，死时只有 23 岁。

次日早朝，文武大臣站列议政殿两侧。出狱不久的贪官李欣喜气洋洋站在群臣之中。他想，该听到冯太后的死讯了，以后自己照样可以搜括民财，越想越得意。

随着"陛下驾到"的喊声，皇帝上朝，众臣跪伏朝拜之后，忽然怔住，只见隐退 10 年的冯太后神态威严地出现在 10 岁的皇帝拓跋宏身边。李欣顿时闹蒙了，不知为什么会这样。

冯太后扫视群臣一眼后，问道："尚书李欣在吗？"李欣答应一声出列。冯太后让李冲将那盒毒宫点送给李欣。李欣看见宫点盒，吓得当即跪倒，边喊饶命。冯太后说：

“念你在相州为政清廉，功德甚高，这是太上皇赏的宫点，我特意赐给你，现在就把它吃下去！”

“不！不……”李欣连连后退，面色惨白。冯太后厉声说：“你不吃吗？”

李欣这时知道自己必死无疑，便不再求饶，上前抓起一块点心，放到嘴里吞下，当场七窍出血而亡，大臣们人人自危，不敢言语。

冯太后突然提高了嗓门儿：“众卿，李欣是臭名昭著的赃官，我怕他还不满足，就再赏一盒点心。听说你们当中，也有不少人贪赃枉法，是不是也想吃太上皇赏的宫点呀？”

大臣们吓得低头不语。冯太后又说：“怎么，你们都不是赃官？那好，我就点出几位大臣的名字……”

话音未落，几个赃官赶紧跪地求饶。冯太后见站立的群臣中，还有人表现得十分紧张，便厉声吼道：“还有！”虽然只两个字，却像一声霹雳，在赃官心头炸响，他们不由自主地腿一软，跪倒一片，心中无愧仍然站立不动的大臣，寥寥无几。

冯太后见状，从椅子上站起身，义正辞严地说：“仅朝廷中就有这么多的贪官，那么，全国各州县又有多少？

江山社稷掌握在你们手里还能好吗？只顾自己升官发财，不管老百姓是死是活，百姓岂能不造反？以前朝廷要实行‘班禄制’（俸禄制），你们都反对，因为实行班禄制以后，就不能对老百姓任意搜刮强征了。现在还反对班禄制吗？”

跪在地上的朝臣，齐声喊不敢。冯太后见是时候了，接着说：“既然大家赞成，明日请陛下降旨，文武百官都实行班禄制，不得私自向百姓索取豪夺。否则，索赃绢一匹者处死，枉法者一律处死！”

后来，冯太后在中书令李冲的支持下，又实行了“冯田令”、“三长制”等改革措施，限制了贪官污吏，使老百姓尝到了甜头，使魏朝出现国泰民安的局面。这位非凡的女性，对当时社会做出了卓著的贡献。公元490年，49岁的冯太后病故。

北魏孝文帝迁都

北魏历经几代人、数十年的努力，于439年统一了中国北方，结束了100多年北方16国割据局面，北朝从此开始。

公元471年，元宏即北魏帝位，是为孝文帝，当时年仅4岁。由于孝文帝年纪太小，由祖母冯太后临朝执政，

并尊冯太后为太皇太后。冯太后尽管在生活上淫荡不贞，但却是一位颇有才能的政治家。在她的主持下，北魏进行了重大改革，缓和了阶级矛盾，限制了地方豪强势力，扭转了北魏国力衰微的局面。冯太后死后，孝文帝把北魏的改革推向了更高的阶段，使衰弱的北魏又逐渐强盛起来。

魏孝文帝的改革，包括实行俸禄制、均田制、三长制以及迁都和汉化。其中，尤以迁都和汉化作用巨大，影响深远。

孝文帝以前，北魏的官吏是一律不给俸禄的。中央官吏可以按等级，分享缴获的战利品，或是受到额外的赏赐；地方官吏不同，他们只要上缴规定的租税赋役以外，就可以在其管辖的范围内，任意搜刮、不受限制。有一次，太武帝拓跋焘要出征，向老百姓征调毛驴，驮运军粮。这件事由公孙轨负责。公孙轨下令，老百姓交上来的毛驴，只有每一头加上一匹绢，才能接受。公然索要贿赂。当时，人们都说："驴子没有好坏，背着绢就是壮驴。"官吏如此贪赃枉法，不能不激起人民的反抗。

针对这种情况，孝文帝在 484 年 6 月，下决心实行俸禄制。他规定：每户征调 3 匹绢，2 石 9 斗谷，作为百官的俸禄；同时，制定了严惩贪官污吏的法律。规定：官吏贪赃1匹以上的绢就要处以死刑。俸禄制实行以后，虽然增加了人民的赋税，但与以前放纵官吏们贪污掠夺相比，对人民还是有利的。正因为如此，俸禄制遭到一部分惯于贪赃枉法的官吏们的反对。孝文帝改革意图坚决，对这些人进行了严厉打击，先后处死了地方刺史以下的贪官污吏40多人，使北魏的吏治出现了崭新的局面。

公元485年11月，孝文帝和太皇太后，采纳给事中李安世的建议，实行均田制，均田制的主要内容是：男子15岁以上，给露田（不栽树只种谷物的土地）40亩，妇女20亩，一夫一妻60亩；男子还给桑田（已种或允许种桑、榆、枣等果木的土地）20亩，在不适合种果木的地方，男子给露田40亩，妇女5亩；露田是私有田，可传给子孙，也可以买卖其中一部分；奴婢和良人也一样给露田，一头牛可给田30亩。此外，新定居的户主，还给少量的宅基田。

均田制不是平分土地。对于地主来说，是承认他的土地占有权，又限制了他们兼并土地；对于农民来说，是既承认他们已有的小块土地，又鼓励他们开荒；对于那些流浪者来说，则给他们自立门户提供了条件。

公元490年9月，太皇太后驾崩，24岁的孝文帝亲掌朝政。他为了加强中央集权，决心进一步改革。现在，改革的重点在于“汉化”。孝文帝很聪明，在他的祖母冯太皇影响下，也读了不少书，对汉族文化有较深的了解。他知道，要使北魏富强，必须抛弃民族偏见，接受汉族的先进文化。当时，北魏的都城在平城（今山西大同）。由于地处边塞，既不便于加强同黄河流域汉族的联系，又不便于进攻南朝，对控制中原和推行改革都是障碍，于是，孝文帝决定迁都洛阳。

迁都是件大事，关系到许多鲜卑贵族的切身利益。他们大多留恋旧都的田地财产和奢侈的生活，害怕迁都会改变他们的生活方式，所以，强烈反对迁都。孝文帝为了达到迁都的目的，定下了一条妙计。

493 年 8 月，孝文帝亲自率领步兵、骑兵 30 万渡过黄河，9 月进驻洛阳。孝文帝带领大臣们参观洛阳西晋宫殿的遗址，他面对这满目荒凉的景象，对大臣们说：“西晋的皇帝没有管理好国家，致使国家灭亡、宫殿荒芜，看了真让人伤感。”他触景生情，朗诵起《诗经》中《黍离》这首诗来。“黍”是谷子，“离”是指植物长得很茂盛的样子。据说，当年，东周大夫回到西周的镐京，看到旧日宫殿的遗址，种上了茂盛的谷子，感到十分哀伤，就写下了这首诗。

此时，洛阳秋雨连绵。文武百官本来就不愿南征，现在，他们面对连绵惨淡的秋雨和残败破落的宫殿，心情十分沉重。原来，几十年前，北魏太武帝曾以 10 万大军南征，结果，被宋军打得大败而逃，伤亡大半。从此“南征”成了他们最感可怕的事情。这一出戏演得很出色，孝文帝南征是假，迁都是真。他针对大臣们不愿继续前进的为难情绪，便下令三军，继续往南进发。

大臣们听了，就纷纷跪倒在马前叩头，请求皇帝不要再南征了。孝文帝乘机说道：“这次南征，兴师动众，不可无功而返。不南征，就迁都。”并且下令：愿意迁都的站在左边，不愿迁都的站在右边。文武百官听了，权衡一下南征与迁都的利弊，觉得还是迁都为好。于是，所有随军贵族和官吏都站到左边去了。一时间，停止南征的消息传遍了全军，大家都高呼“万岁！”迁都洛阳之事，就这样决定了。

迁都洛阳后，孝文帝就开始大力推行汉化政策。首先，他改鲜卑姓为汉姓，禁止鲜卑族同姓结婚，鼓励鲜卑人与汉人通婚。孝文帝把拓跋氏改成元氏；把丘奚氏改成奚氏；步陆孤氏改成陆氏；达奚氏改成奚氏……他还带头娶汉族大姓女子为皇后、妃子。并且，给他的弟弟们娶汉族大姓女为妻室，还把公主们嫁给汉族大姓。范阳卢氏，一家就娶了3个公主。

孝文帝还下令，鲜卑族一律改穿汉人服装，孝文帝亲自在光极堂给群臣颁赐了汉服的“冠服”，让他们穿戴。再次，禁止说胡语，要求鲜卑族改说汉语。他规定：30岁以上的人，由于说话的习惯已久，可以慢慢改；30岁以下的人，要立即改说汉语。并严厉规定：在朝廷当官的人再说胡语，就要降爵罢官。

对这些改革，顽固守旧的鲜卑贵族当然不满意。他们暗中勾结起来，煽动皇太子元恂发动叛乱。元恂打算乘孝文帝出游嵩山的机会，偷偷逃回平城，依靠守旧派占据平城搞分裂。孝文帝在去嵩山的路上得知这个消息，立即派人把元恂逮捕起来，亲自用鞭子打了他一顿。并将太子废为平民，囚禁起来；过了些日子，又把太子毒死了。正是因为平定了这场武装叛乱，孝文帝的改革才得以推广。

北魏孝文帝在位期间，对北魏的政治、经济、军事和民族旧习，都进行了一系列的大胆的多方面的改革。在他的带动下，北方各族人民在相互交往中渐渐融合，逐渐接受了汉族的先进生产方式以及与这种生产方式相联系的文化。那些“代迁户”在新的地方取得了新的联系，学习了新的风俗和新的嗜好，逐渐汉化了。北魏孝文帝的迁都和汉化政策，促进了北方各民族的融合，为我国多民族国家的发展作出了贡献。

宗悫乘风破浪

刘宋初年有一个有抱负、有理想的少年宗悫（音què），他从小跟叔父宗少文读书。宗少文很有学问，但是自命清高，不想做官。他见宗悫很机灵、有心计，有一天问宗悫说：“你长大想干什么?”小宗悫见叔父问他，微微地昂起头，睁着两只明亮的大眼睛，毫不犹豫地回答说：“愿乘长风破万里浪。”这句话的意思是说，他要利用有利的条件，冲破一切困难，干一番伟大的事业。这话表达了小宗悫的远大志向。可宗少文以为侄子将来想做大官，就骂道：“你这小子，尽想着钻到那污浊的官场里去，将来不富贵，就一定要败我的家!”宗少文看不惯当时腐败的政治，不愿意做官，也不愿意侄子混入这污浊的官场里去。小宗悫虽然被叔父误解了，可他并没有辩解。他有自己的理想、抱负，想做一个有才能的将军，带领着千军万马，去冲锋陷阵，为国家立功。

那时候，大多数年轻人光知道关起门来读书，不喜欢练习武艺。宗悫却每天挥舞着大刀或双剑，披星戴月，勤学苦练，终于练就了一身好武艺。

在宗悫十四岁那年，一件偶然发生的事情，使他一下子出了名。那年，他哥哥宗泌娶亲，新娘子家里比较富裕，嫁妆很多，亲戚朋友也送了许多礼品。没想到被强盗盯上了。晚上，当月色朦胧，客人们相继离去，宗悫一家正准备睡觉的时候，十几个强盗拿着火把和刀枪棍棒，闯入他家抢劫。宗悫抄起平日练武用的大刀，一个箭步冲了出去。强盗看他是个小孩子，没把他放在眼里。宗悫一脚便踢倒一个强盗，又举起大刀，把另一个强盗劈倒。邻居和附近的官军闻声赶来，将这伙强盗一网打尽。少年宗悫勇斗群盗的事，很快就传开了，人们禁不住竖起大拇指称赞说：“真是初生牛犊不怕虎呀!”

这件事情传到了江夏王刘义恭那里，他很赞赏宗悫，就派人把宗悫请来，叫他在自己手下当了一名军官。

宗悫立了许多战功，不到二十岁就当上了将军。他作战时，身先士卒，善于跟敌人斗智。有一次，他在岭南和敌人作战，敌人出动了一支用大象装备起来的队伍。大象的皮很厚，普通的刀剑不容易砍伤它。宗悫心想，狮子是百兽之王，什么野兽见了它都害怕，于是他叫人做了一些假狮子，装在车上，由士兵推着冲入敌阵。大象看见狮子来了吓得四处奔逃，敌人的队伍很快就崩溃了。宗悫还很重视军队的纪律，对部下约束很严，不许抢劫，凡是战利品，都一律上缴，他自己分毫不取，部下当然也就不敢私分。

元嘉三十年（公元453年），太子刘劭谋害了宋文帝。消息传开后，人们纷纷起来反对大逆不道的刘劭。宋文帝的第三个儿子刘骏，正任江州刺史（管理今江西省九江市西南一带的地方官），听说这件事情，首先起兵讨伐刘劭。接着，荆州刺史刘义宣，也起兵响应，一起杀向建康。刘骏任命宗悫为将军，和柳元景一起，带领主力部队进攻建康。柳元景和宗悫攻破建康；在枯井中捉住刘劭，把他杀了。

这场动乱平息以后，刘骏继承了帝位，他就是宋孝武帝。孝武帝论功行赏，宗悫被任命为左卫将军，封洮阳侯。不久，又升为豫州刺史（管理河南省东部、安徽省西部一带的地方官）。

宗悫待人宽厚，从不计较个人得失。他有个同乡，名叫庾业，家里拥有良田千顷，生活极端奢侈，每次请客，山珍海味应有尽有。还在宗悫不怎么出名的时候，有一次，庾业请宗悫吃饭，只准备了粗糙的小米饭和萝卜白菜。庾业还故意对别的客人说："宗悫是个武人，吃惯了粗菜淡饭，所以我不敢用别的饭食招待他。"庾业的目的是有意取笑一下出身贫寒的宗悫。宗悫并不在乎这些，照样吃得饱饱的，向庾业道了谢才走。后来，宗悫做了豫州刺史，庾业恰好是宗悫的部下，可宗悫并不计较当初庾业对自己的取笑，对他仍然很客气。庾业对自己当初的不礼貌多次表示歉意，可是宗悫听了总是笑着说："过去的事情就不要再提了，那次不是吃得很香，也没有噎着嘛!"

又过了几年，宋文帝的第六个儿子竟陵王刘诞阴谋夺取帝位。他四处扬言："宗悫是我的得力助手，我一起兵，他就会来帮助我。"宗悫听说刘诞盗用自己的名义招摇撞骗，十分气愤，立即请求孝武帝派他去捉拿刘诞。孝武帝派他跟主将车骑大将军沈庆之去平定叛乱。到了刘诞盘据的广陵（今江苏省清江市）以后，宗悫骑马绕城大喊："我是宗悫，奉命来捉拿叛贼！"刘诞听了，大吃一惊，赶快派兵加强防守。沈庆之和宗悫很快攻破了广陵城，活捉刘诞，将其斩首示众。

这次，宗悫又立了大功，成为刘宋朝里的一位大名鼎鼎的将军。他年轻时候"愿乘长风破万里浪"的豪言壮语，后来被人们简化为"乘风破浪"这样一句成语，用来形容人们的远大志向和抱负。

大发明家祖冲之

从宋孝武帝即位之后，宋王朝很快就衰落了。在这个时期，却出了一个杰出的科学家祖冲之。祖冲之的祖父名叫祖昌，在宋朝做了一个管理朝廷建筑的长官大匠卿。祖冲之长在这样的家庭里，从小就对自然、科学、文学、哲学有浓厚的兴趣。长大以后，他便开始探讨自然科学的奥秘，尤其偏爱天文，数学、机械制造等各方面的知识，凡认识他的人都称赞他是个博学的青年。

宋孝武帝听到他的名气，派他到华林雀（当时一个研究学术的机关）去做专门的研究工作。在那里，可以更加专心研究数学、天文了，他对太阳和星球运行的情况进行观测，并且做了详细记录，为后来的发展打下坚实的基础。

祖冲治的治学态度十分严谨，他注重学习古人的先进经验，但又不拘泥于古人。他说，不能盲目崇拜迷信古人，要从古今著作中吸取他们的精华。

我国历代都有研究天文的官，并且根据研究天文的结果来制定历法。到了南北朝的时候，历法已经有很大进步，但是祖冲之认为还不够精确。他根据他长期观察的结果，创制出一部新的历法，叫做“大明历”（“大明”是宋孝武帝的年号）。这种历法测定的每一回归年（也就是两年冬至点之间的时间）的天数，跟现代科学测定的相差只有五十秒；测定月亮环行一周的天数，跟现代科学测定的相差不到一秒，可见它的精确程度了。

公元462年，祖冲之请求宋孝武帝颁布新历，孝武帝召集大臣商议。那时候，有一个皇帝宠幸的大臣戴法兴出来反对，认为祖冲之擅自改变古历，是离经叛道的行为。祖冲之当场用他研究的数据回驳了戴法兴。

宋孝武帝想帮助戴法兴，找了一些懂得历法的人跟祖冲之辩论，也一个个被祖冲之驳倒了。但是宋孝武帝还是不肯颁布新历。直到祖冲之死了十年之后，他创制的大明历才得到推行。

尽管当时社会十分动乱不安，但是祖冲之还是孜孜不倦地研究科学。他更大的成就是在数学方面。他曾经对古代数学著作《九章算术》作了注释，又编写一本《缀术》。他的最杰出贡献是求得相当精确的圆周率。经过长期的艰苦研究，他计算出圆周率在 3.1415926 和 3.1415927 之间，成为世界上最早把圆周率数值推算到七位数字以上的科学家。

祖冲之在科学发明上是个多面手，他造过一种指南车，随便车子怎么转弯，车上的铜人总是指着南方；他又造过“千里船”，在新亭江（在今南京市西南）上试航过，一天可以航行一百多里。他还利用水力转动石磨，舂米碾谷子，叫做“水碓磨”。

祖冲之爱好广泛，博学多才。他在晚年的时候，主要研究文学和哲学，著有《易老庄义》、《论语考经论注》

等书，还著有小说《述异记》等。

祖冲之死后，他的儿子祖暅（音 gèng）、孙儿祖皓都继承了祖冲之的事业，刻苦研究数学和历法。据说祖暅在研究学问的时候，全神贯注，连天上打响雷也听不到。他常常一面走路，一面思考问题。有一次，他在路上走，前面来了个大官僚徐勉。祖暅根本没有发觉，一头就撞在徐勉身上。等到徐勉招呼他，祖暅才像梦中惊醒一样，慌忙答礼。徐勉知道他研究出了神，也没有责怪他。

祖冲之取得的巨大成就，使他在中国科技史上永远占居着一席重要的位置。他不愧是我国古代杰出的天文学家、数学家和机械学家。

萧道成除暴君建齐

自宋文帝“元嘉治世”以来，社会经济得到发展，国力也有了提高。宋孝武帝刘骏去世后，刘子业登上皇位，国家出现了衰退际象。

宋朝皇帝刘子业，八年帝王生活，使他的身体由强变弱，公元472年夏天某夜，卧在一名宠妃身上突然驾崩。刚刚10岁的太子刘昱继承皇位。但是，刘昱却不是刘子业的亲生儿子，因为，刘子业没有生育能力。为了能有人继位，刘子业让侍女李妙登与近臣李道儿秘密同居，生下男孩，做为自己的儿子，取名刘昱，立为太子。

然而，刘昱本姓李，不是刘子业亲生儿子的秘密，还是让宫内宫外的人知道了，所以，刘昱继位，实际等于皇权已不在刘氏家族之手。江州刺史、桂阳王刘休范带头起兵，想逼使刘昱下台，叛军已打到宫外。小皇帝刘昱吓得直哭，皇太后王氏准备悬梁自杀。在这千钧一发之际，右卫将军萧道成率军平息了叛乱，使刘昱的皇位，转危为安。萧道成因功被封为中领军。

刘昱12岁时，已当了两年多皇帝，加冕礼之后，他便逐渐暴露出为所欲为、放荡不羁的性格。刘昱在后宫准备了各种刑具，对侍臣和姬妾宫女稍不顺心便亲自用刑。有一回，侍者斟酒溢出杯外，刘昱当场命令将这位侍者用锯拉成两截！

刘昱15岁时，有一天中午，他信马由缰，来到萧道成领军府，竟自来到帐前，只见萧道成袒胸露腹地躺在床上睡觉，肚脐子特别大，刘昱就在萧通成的肚脐上拍了一掌，大笑起来：“哈！好一个箭靶子呀！”

萧道成被惊醒，见皇帝来了，忙穿衣服。刘昱却说：“不用穿了，朕要用卿的肚子试试箭法。”

刘昱让两个随从架着萧道成站到帐外，他用毛笔在萧道成的肚脐上画了一个圆圈，然后取来弓箭，后退十步，拉弓搭箭欲射。萧道成的卫队长王天恩急中生智，忙说：“启奏陛下，中领军腹大，确实是好箭靶，但一箭便死，以后便不能再射，不如用箭（一种包着皮的圆头箭），日后还可复射。”

刘昱一听，觉得这个主意不错，便让人取来箭，搭箭张弓，瞄准萧道成的大肚脐，喊一声“着”，随着话音，箭射中肚脐。刘昱大笑，问道：“朕的箭法如何？”王天恩忙说：“陛下真乃神箭，一箭便中，勿须再射。”刘昱听罢，一边笑着一边离去。

萧道成双手捂着肚子，又痛又恨，暗暗打定主意：这样荒唐的昏君，应该除掉！

萧道成找来校尉王敬则，让他收买皇帝身边的卫士杨玉夫、杨万年，让他俩连夜诛杀刘昱。刘昱在宫中残忍无道，人人憎恨，所以两人没有推辞。半夜后，刘昱睡熟了，杨玉夫、杨万年潜入后宫，杨万年抓起刘昱枕边的一把短刀，仅一刀，便切断刘昱的喉咙，结束了15岁的生命。

第二天，萧道成拥立11岁的安成王刘准嗣为新帝，刘准嗣在位二年，刚刚13岁，被萧道成逼迫退位。公元479年，萧道成登基称帝，改宋为齐。

“菩萨皇帝”梁武帝

公元479年，萧道成灭宋建立南齐政权。曾任齐雍州刺史，镇守襄阳的萧衍，乘齐内乱，起兵夺取帝位，于公元502年建立南朝梁。

梁武帝萧衍，是一个残暴、愚蠢、伪善而又善于玩弄政治手腕的人。他做了皇帝以后，一心盘算着建立万世基业，一方面用严刑峻法镇压老百姓，一方面又把自己打扮

成信佛的善人。

萧衍派宦官黄泰平、张齐杀死齐帝萧宝卷后，为了篡位建梁扫除隐患，采取了对齐室后裔赶尽杀绝的策略，大开杀戒。

梁武帝制订的法律规定：一人逃亡，全家判刑，罚做苦工。结果，老百姓每年因犯法而被判刑的就有五千人之多。监狱里总是满满的，到处都可以见到穿着囚衣、被士兵押着做苦工的人。每年被判处死刑的罪犯，为数也很多。但是梁武帝每逢杀人的时候，又总是假惺惺地掉几滴眼泪，念几声“阿弥陀佛”。

梁武帝大力提倡佛教，规定佛教是梁朝的国教。佛教宣扬人们只要规规矩矩，虔诚地吃斋念佛，死后就可以进“天堂”；如果不遵守皇家的法律，犯上作乱，死后就要下“地狱”，遭受种种痛苦。这种说教实际上是叫人们忍受现实世界的痛苦。梁武帝既然叫别人信仰佛教，自己也得做出十分虔诚的样子。他经常手里攥着一串念珠，嘴里诵经念佛，有时候，他还斋戒，不吃荤腥，光吃素食。其实他吃的素食也是十分讲究的，一顿饭花费的钱，足够几个老百姓吃上一年。

梁武帝下令修建了一座同泰寺，他每天早晚都到寺里拜佛念经。在他提倡下，梁朝境内到处建起了佛寺，大批的人出家当和尚、尼姑，光是首都建康一地，就有七百所佛寺，十多万和尚尼姑。这些和尚居姑都是不参加生产劳动，光靠别人养活的寄生虫。寺院还拥有许多朝廷给的和自己霸占的土地，强迫农民耕种，形成一种寺院地主。

萧衍不仅是一般地信仰佛教，他甚至还表示不愿意做皇帝，想出家去当和尚。他先后四次斋戒沐浴，到同泰寺去“舍身”，就是把身体施舍给佛爷。其实这不过是一种骗人的把戏。在他的授意下，他每次“舍身”以后，大臣们就拿一大笔钱把他赎回。他“舍身”四次，大臣们把赎回四次，总共花钱四万万。这些钱都是从老百姓身上榨取来的。在他最后赎身回宫的那一天晚上，同泰寺突然发生火灾，把佛塔烧毁了，梁武帝胡说这是魔鬼干的坏事，应该做法事来镇压魔鬼。他下诏说，道愈高，魔也愈盛，行善事一定会有障碍，应该重建佛塔，把新塔修得比旧塔高一倍，才能镇得住魔鬼。他召见了大批和尚尼姑做法事，给他们吃上等的素斋，消耗了上万斤香烛，念了好几天经，又叫大臣们跟他一起烧香磕头。还派出大批工匠，上山采石砍树，花了无数的钱财，用了好几天工夫，建造起一座十二层的高塔。

梁武帝兴佛教愈来愈厉害，剥削压迫老百姓的罪孽也愈来愈大。有人说，宋明帝的罪比塔高，梁武帝的罪比宋明帝的罪还大。人们形容那些表面上信佛，内心里十分凶龌龊（音 wòchuò）的人是“口念弥陀，心如毒蛇”。梁武帝正是这样的人，无论他怎样“舍身”，怎样把塔修得高而又高，都难以掩盖他的罪恶，也保不住他的皇位。

梁武帝的胡作非为，终于导致一场大乱——侯景之乱。在那场战乱中，梁武帝被软禁起来，后来，活活地饿死了。

周武帝统一北方

北魏孝文帝改革，促进了北方各民族的大融合，使社会生产力逐步恢复和发展，商业日渐活跃，国家出现一派繁荣景象。然而随着生产力的发展和鲜卑族汉氏的加强，北魏统治者日趋腐化，吏治逐步败坏，阶级矛盾日渐尖锐，各地人民陆续起义反抗，统治集团内乱不止，国内迅速衰败。公元 543 年，北魏分裂为东魏和西魏两个国家。以后东魏和西魏又为北齐与北周所取代。

公元 561 年，17 岁的宇文邕即北周帝位，为北周第 3 位皇帝，也是一位很有作为的年轻皇帝。他是继北魏孝文帝之后，以一个少数民族出身的杰出的政治家和军事家，史称周武帝。他一生雄才大略，励精图治。

周武帝即位后，封宇文护为大冢宰，都督中外诸军事。宇文护从北周建国开始，就身居高位，权势遮天，从来就没有把任何一个皇帝放在眼里，朝中的一切军政大事，他往往不经皇帝同意，就独断专行。557年8月，宇文护先后杀掉孝闵帝的心腹赵贵、独孤信和年仅16岁的孝闵帝宇文觉；560年4月，宇文护又指使膳部大夫李安，把毒药放在糖饼中，给明帝宇文毓吃。明帝吃后，顿感腹痛，自知是为人所害，不久就会身亡。临死前，他口授遗嘱，令其弟宇文邕即位。明帝嘱罢，即刻亡故，年仅27岁。武帝对宇文护专横跋扈，连续杀了自己两个哥哥的罪行，早已记在心头。但他考虑到，宇文护在朝廷中实力很大，是不太好对付的。于是，他一方面不动声色，对朝中大事也不多过问，使宇文护觉得武帝平庸无能，放松警惕；而另一方面，周武帝却与心腹加紧策划，寻觅消灭宇文护的机会。

为了消灭宇文护，周武帝从即位起，等待和策划了13年。终于，在572年，周武帝捕捉到了机会。这年的3月18日，宇文护从同州（今陕西大荔）回到朝廷，周武帝先是在文安殿会见了他，然后，又一同到含仁殿拜见皇太后。途中，周武帝把一篇叫《酒诰》的文章交给宇文护，请他在拜见太后时讲读，劝她老人家戒酒。宇文护不知道这是一个计谋，便欣然同意。正当宇文护慢声细语地向太后诵读《酒诰》的时候，站在他身后的周武帝，突然举起一件玉器砸向他的头部，并连续猛击。宇文护当即昏倒在地。最后，预先埋伏在殿内的卫王宇文直用刀将宇文护斩首。第二天，周武帝下诏，公布了宇文护的罪状，说他眼中无君，行为违背一个臣子的规范，任性残暴，作威作福，使得国无宁日，民不聊生，罪行当诛，死有余辜。

鲜卑人入主中原时，正处于从奴隶制向封建过渡的社会发展阶段。鲜卑贵族在战争中，掳掠大量人口，强迫他们沦为官家或私家奴隶。因此，从北魏初年至东、西魏对峙的一段时期内生产关系中奴隶制的残余有增无减。周武帝从 565 年开始，就下诏释放奴婢。这一举措，提高了劳动者的生产积极性，有力地促进了北周社会经济的发展。宇文护专政时期，田亩荒芜，农民散失，社会经济遭到严重破坏。周武帝亲政后，推行均田制，减免赋役，让人民休养生息；还组织人民开河修渠，防止水患，这无疑有利于国力的强盛。

周武帝还是继北魏太武帝之后的另一个禁佛皇帝。北魏太武帝虽然在灭佛上采取了好多措施，但没有彻底消灭佛教。太武帝死后不久，他的继承者文成帝，宣布解除了禁佛律令。特别是北魏的宣武帝、孝明帝，都尊崇佛教。

在他们统治期间，寺庙林立，僧徒遍布各地，佛教的发展到达了顶点。其时，佛寺有 6000 座，重披法衣的僧尼，多在 75000 人。到了北周，佛寺更是猛增到 3 万座，僧尼多达 200 万人。佛教的发展，使兵源大为减少，并且，严重影响国家的财政收入。

北周武帝通过上述一系列的改革，使国家逐渐强盛起来，为统一北方打下了基础。而消灭北齐是统一北方的最重要的一个步骤。就在灭佛的第二年，周武帝任命讨伐北齐的六路将领，又派出使者去约南朝陈宣帝进兵淮南，牵制北齐的力量。575 年 7 月，周武帝亲自带领六路大军，浩浩荡荡向北齐境内进发。

此时，北齐政治腐败，内部矛盾重重。齐后主高纬更是昏庸残暴到了极点。这无愁天子为了享乐，驱使成千上万的工匠为他建造富丽堂皇的宫殿和寺院，还常常想出一些自以为新奇的花招来取乐。573 年，他对上书进谏的汉族官吏，一律杀死，把被杀者的家属发往北部边境，妇女罚做当官的奴婢，小男孩一律阉割，其财产全部被没收。荒淫无道的齐后主，得知南方陈朝出兵攻占彭城，进攻吕梁，北周武帝占领河阴，连续攻下 30 余城的消息，赶快分兵抵抗。也算他运气，周武帝在半路上生病，无法跟齐兵交战，只得放弃已经占领的城池，撤兵回国。

第二年冬天，周武帝命令隋国公杨坚等人带兵向北齐的晋州（今山西临汾）进发。不久，周兵包围了晋州。晋州守将崔景嵩向齐后主告急。这天，齐后主正带着妃子在天池打猎，接到告急文书，根本不予理睬。等他们打完猎，才由齐后主亲自带着大军去援救晋州。这时，晋州早已被周军占领。周武帝见北齐援兵新到，用诱敌计，把主力撤出晋州，却吩咐宇文宪、宇文忻两位将领依计行事。齐后主以为周武帝害怕了，下令围攻晋州，又派兵追赶周武帝。

齐兵眼看着要追上周武帝，突然，周武帝手下大将宇文忻和宇文宪带两路人马，从他们的背后和两侧杀了出来。齐军将领贺兰豹子回头应战，对着宇文宪大喊："败军将领，还不赶快下马投降！"宇文宪一听，不禁放声大笑："大将军，你们已经被包围了，还要什么威风，赶快投降吧！"说话间，北齐的兵马已经被周兵杀得人仰马翻，贺兰豹子刚想逃走，被宇文宪一刀杀了。齐兵见主将已死，更无心恋战，争先恐后逃散。宇文忻追杀一阵，收兵渡过汾水，与周武帝一起驻扎在玉壁要塞。

这时候，齐后主仍在督师围攻晋州。周武帝任命梁士彦为晋州刺史，带领1万兵马，据城坚守。梁士彦亲自在城上巡视，他对士兵说：“为了抵抗齐兵，我宁愿死在你们前头！”将士们见主将这样坚定，受到很大鼓舞，大家英勇奋战，一次又一次地打退了齐兵的进攻。周武帝听说梁士彦坚守晋州，赶快汇集各路兵马8万多人，渡河援救。宇文宪首先到达晋州城外，布好了阵势。齐后主见周武帝援兵到来，害怕周兵发动突袭，就派人在晋州城南挖了壕沟，修筑防御工事。周武帝叫宇文宪等人到前线慰劳将士，鼓舞士气，准备发动总攻。

齐后主见周军阵地上一片欢腾、士气旺盛，不由得大为震惊。他问右丞相高阿那肱：“我们是战还是退？”高阿那肱说：“我们人马虽多，但是，能作战的不过10万，士气低落，不如退守高梁桥。”大将安吐根反对说：“丞相不要被周军吓坏了。周兵实在是不堪一击的！”齐后主正在犹豫，经手下人这么一撺掇，便马上命令士兵填平了壕沟，准备出击。

周武帝等齐兵把壕沟填平，就发动进攻。周军如同猛虎下山，齐后主丢下将士向后方逃命，退回首都邺城。齐军见皇帝逃走，就在一片混乱之中溃散了，此后北齐军心更加涣散。

576年12月，齐后主把帝位禅让给太子高恒。齐幼主高恒即位不到1个月，周武帝率军攻破晋阳，大举进攻邺城，烧毁城西门，邺城也被攻破。北齐王公大臣全部投降。齐后主准备投奔陈朝。他刚逃到青州（今山东益都），就被周军抓获。没过几天，在北周的宴会上，周武帝拿齐后主开心，令他给众人跳舞；尔后，又把他及跟随的嫔妃、宗室等30多人全部杀光。齐后主高纬死时才22岁，他的儿子高恒也在8岁时死掉了。自此，北齐灭亡。

公元577年元月，周武帝宇文邕灭亡了北齐，使中国北方重新得到统一。周武帝为结束全国长期的分裂局面，促进北方民族的联合，推动社会历史的发展，作出了积极的贡献。

北方民族大起义

北魏孝文帝元宏执政30年，治国有方，国富民强。宣武帝元恪继位后，则每况愈下，到孝明帝元诩6岁登基后，朝廷争权，官吏腐败，民不聊生。许多农民、僧人起义造反，爆发了著名的六镇起义。由于朝廷和柔然相互勾结，525 年，柔然兵攻破武川、沃野，破六韩拔陵被迫南移，在渡黄河时遭北魏伏击，才把这次规模较大的起义镇压下去。

匈奴人破六韩拔陵领导的六镇农民起义失败后，将近 20 万六镇兵民被魏朝廷迁移到上谷（今河北省怀来县）城等地。这里是一座荒凉颓废的古城，人烟稀少，贫穷落后。

朝廷把这些人押送到这里，再就不管了，人们只好吃野菜、树皮，或乞讨为生。有的只好去偷盗、抢劫，被抓住的或关押或处死。小小的上谷城，住了四五千户六镇兵民，仅两个月，病死饿死和处死的约千余人。

这些人中有一位中年人叫杜洛周，在被迁徙的途中，他 70 多岁的父亲被活活饿死，他妻子被官兵轮奸后，投井自杀，一气之下，他将不足一岁的儿子送人，决心与官府拼个你死我活。

百姓们见杜洛周气度不凡，便让他为头，领着大家起事，总比等着饿死强。杜洛周曾参加过破六韩拔陵领导的起义，有一定的经验，他了解到一个情况，五大后是城隍庙会，官府要在庙会上问斩50名六镇兵民。杜洛周想出了主意：当时大旱，可将庙会改为求雨大会，这样附近各镇农民都可以来参加求雨活动，不会引起怀疑。杜洛周又具体做了布置，然后让大家分头串联愿意起义的人参加劫法场行动。

五天后的上午，各地百姓打鼓敲锣来到上谷，中午时分汇集了一万来人。一位提督骑着马，带领一队士兵，押着50名死囚来到刑场。死囚们一字排开跪倒在地。午时三刻，三声炮响，骑马的监斩官刚要举蓝旗，杜洛周把手中祭神的酒杯往石阶上一摔，大声呼喊："弟兄们！我们造反了！"话音未落，跪地求雨的百姓齐刷刷蹦起来，取出钢刀斧剑，冲向法场，眨眼之间，官兵们变成了肉泥，死囚们被解开绳子，马上参加义军之中。

杜洛周率领众人冲进府衙，杀了县官，打开牢门，救出几百名被关押的六镇兵马，一举攻占上谷城。当天夜里，杜洛周被义民拥为真王。时值公元525年8月，距破六韩拔陵起义失败只两个月。

消息传出，各地农民纷纷响应，到处都有起义军。鲜于修礼在左人城（今河北省唐县西）率领10万六镇兵民起义，是人数最多的一支队伍。鲜于修礼系于零族人，原为六镇中怀朔镇的镇兵，他被朝廷迁至定州附近，生活没有着落，杜洛周起义后，他也打造兵器准备起义，但走漏了风声被官府捉拿关进牢狱。在除夕之夜，鲜于修礼率众囚徒暴动，宣布起义，得到六镇兵民响应。

在鲜于修礼义军当中，有两位别帅，一个叫元洪业，一个叫葛荣。元洪业一天找到葛荣，提出杀掉鲜于修礼，投靠朝廷，他认为起义的下场很可能像破六韩拔陵一样失败被杀。葛荣同意了，两人杀死了鲜于修礼，并写信报知官府，朝廷派元渊去接上。第二天，元洪业、葛荣召集义军开会，元洪业公布了杀死鲜于修礼、投奔朝廷的决定，义军一片反对声，坚决不同意投降。葛荣见状，一剑将元洪业头颅砍下，说："谁敢不顺民心天意，这就是下场！"义军愣怔片刻，立即欢呼雀跃，拥立葛荣为王。这时，葛荣一下子成为拥有30万人的德王。

为了提高威望，葛荣准备打个胜仗，便用了一个声乐击西之计，于526年9月在白牛罗（河北境内）歼灭魏军一万人马，杀死章武王元融。葛荣声望大增，其亲信独孤信建议他称帝，葛荣半推半就做了皇帝。

公元526年十一月，杜洛周率领的起义军攻下重镇幽州，也拥有30万兵马，但这时葛荣兵马已达百万之众。

杜洛周虽然兵马没有葛荣多，但接连打了几次漂亮的胜仗，威望不亚于葛荣。所以，葛荣想把他拉过来，吞并掉。葛荣亲自来到杜洛周军中，一派皇帝派头，杜洛周心中很不高兴。而葛荣见杜洛周没下马跪迎，也不痛快。杜洛周为葛荣设宴接见，葛荣让杜洛周尝尝他带来的酒，杜洛周与众将官喝了之后，便都迷迷胡胡睡着了。葛荣见状，抽出宝剑把杜洛周杀死，吞并了他的30万人马。

葛荣以为现在有130万人马，该所向无敌了，528年8月，葛荣指挥起义军包围相州，前锋已过汲都，准备向洛阳进军。这时，秀容（今山西）有个部落酋长尔朱荣，手下有八千强悍的骑兵，专门和农民军作对。北魏孝明帝就利用尔朱荣的兵力来对付葛荣。

葛荣认为尔朱荣人马少，容易对付。他把兵士在几十里的阵地上散开，准备围捕尔朱荣。想不到尔朱荣把兵埋伏在山谷里，发动精兵突击，把葛荣的兵士冲散，再前后夹击。数十万兵众散尽，起义遭到失败，葛荣本人也被杀害了。

葛荣起义失败后，北魏内部也发生大乱。尔朱荣和胡太后、孝明帝在内乱中互相残杀。最后北魏实权落在两员大将高欢和宇文泰手里。

北魏末年各族人民大起义，时间延续 8 年，遍及北魏全境，在共同斗争中加强了联系和了解，为民族大融合创造了条件。

苏绰订“六条诏书”

经过边镇大暴动和葛荣起义，北魏的政局十分混乱，边镇将领乘机控制了朝廷大权。高欢原是尔朱荣手下一兵，其貌不扬，由于驯服了烈马，善于打仗，才提拔为六镇统帅。公元 532 年高欢拥立孝文帝的孙子元修当皇帝，即武帝，孝武帝不甘心做有名无实的傀儡，跟高欢产生了十分尖锐的矛盾。高欢带兵进逼首都洛阳，孝武帝只好逃走。高欢另立孝文帝的曾孙元善见当皇帝，就是东魏孝静帝，首都也由洛阳迁到邺城。

孝武帝逃到关中，投奔宇文泰。宇文泰年轻时参加过北魏边镇暴动，十八岁担任葛荣手下的大将。葛荣失败后，他投降了尔朱荣，被派到关中镇压关陇起义军。从此，宇文泰的势力一天天强大起来，成为与高欢齐名的将领。孝武帝投奔宇文泰，不久被杀。宇文泰又立孝文帝的另一个孙子元宝炬做皇帝，就是文帝，首都建在长安。从此，北魏同时有了两个皇帝，分裂成了东魏和西魏两部分。

西魏实际上由宇文泰掌权，东魏实际上由高欢掌权。西魏跟东魏比，地方小，经济落后得多。为了跟东魏相抗衡，宇文泰向地方势力让步，争取他们的支持。尤其大力争取当地汉族大地主的支持，他选拔了许多汉族地主到朝廷里做官，竭力推广汉族的统治经验，进行政治上的改革。

有个叫苏绰的汉族名士，出身于高门大族，学识丰富，才智出众，品德高尚。可是宇文泰一直没有重用他，只让他当了一名小官。有一次，大官周惠达回答不了宇文泰向他提出的问题，去向苏绰请教。苏绰想了想，说出一番道理，把问题解决了。周惠达回去报告宇文泰，并且称赞苏绰有做丞相的才能。宇文泰听了很高兴，立刻召见苏绰，提升他为著作郎，让他做朝廷的高级顾问。苏绰的才能有了用武之地。

一天，宇文泰带着一大群官吏去昆明池看捕鱼，路上经过西汉旧宫的仓池，宇文泰问这是什么地方，有什么古迹，随行的官吏都回答不上来，独有苏绰滔滔不绝地说了有关的历史典故。宇文泰非常高兴，跟苏绰并马而行，又问了许许多多有关天地起源，历史上兴亡盛衰的故事，苏绰也都对答如流。宇文泰还有许多问题急着要问苏绰，到了昆明池也没有心思看捕鱼，就下令回府了。

回府以后，宇文泰留苏绰过夜，继续长谈。苏绰从古代帝王治国的道理，谈到春秋战国时期申不害、韩非等法家的主张，谈得娓娓动听，宇文泰越听越兴奋，两人一直谈到天亮。第二天，宇文泰奏请西魏文帝任命苏绰为相当于丞相地位的大行台左丞。

苏绰担任新职以后规定了文书的格式：朝廷发出的文件一律用朱笔书写，地方向朝廷上报的文件一律用墨笔书写。还规定了财政方面的记帐和清查户籍的办法，为平均赋役做好了准备。

不久，宇文泰请文帝授予苏绰大行台度支尚书和司农卿的官职。大行台度支尚书是朝廷上管财政的大臣，司农卿是朝廷上管农业的大臣。为了大力推行强国富民的办法，苏绰草拟了六条诏书，奏请文帝批准，公布实行。这六条诏书的内容是：一、为政的人首先应当心和志静，善于分辨是非；二、要教育人们养成敦朴诚实的作风，去掉浮薄虚伪的习气；三、要发展农业生产，保证农民有足够的时间男耕女织、养鸡养猪；四、用人要看能力，不能光看门第；五、法律要公正，不能滥杀无辜，冤枉好人；六、赋税和徭役要根据财产多少平均负担，不能全都加在穷苦老百姓的身上。

六条诏书是使封建国家富强的好办法，充分表现了苏绰的政治才能。宇文泰把六条诏书经常放在自己的案头，随时阅读，他规定，做官的人必须背诵六条诏书，不懂六条诏书的不许做官。

苏绰生活俭朴，不为自己谋私利。他常常说，天下还没有统一，自己的责任还没有尽到，应当好好工作。他又说，要想把国家治理好，应当像慈父爱儿子一样的爱护人民，像严师教学生一样地教育人民。他忠于职守，经常夜以继日地工作。他找官吏们了解情况，把大大小小的事情办理得井然有条。

不幸的是，苏绰因为过度辛劳，只活到四十九岁就去世了。他的逝世，使宇文泰十分伤心。为了尊重苏绰生前十分俭朴的优良品德，宇文泰只用一辆布车载着苏绰的遗体送回故乡武功安葬。在灵车启程的时候，宇文泰亲自带着文武百官，用酒祭奠苏绰的亡灵，情不自禁地放声痛哭，连手里的酒杯都掉在地上了。

苏绰虽然去世了，但是他制定的六条诏书，一直成为西魏治国的准则。他的治世思想也给后人以深刻启发。

侯景叛乱

侯景叛乱发生在梁武帝萧衍统治的末年，正是由于侯景之乱加速了梁朝的灭亡。侯景是被鲜卑同化的羯族人。他原先是北方东魏高欢部下的一员大将，拥兵 10 万，镇守河南 13 州。

侯景狂傲不驯，除高欢外，谁也没瞧起。高欢死后，其长子高澄接任大丞相，怕侯景不服，设计解除他兵权。不料被侯景看破，欲投西魏，西魏深知他是反复无常、狡诈多变的人，表面上帮助，实际上压制。这样侯景转降南梁，萧衍让他坐镇寿阳。

高澄不甘心侯景叛逃，便致信萧衍，离间侯景与萧衍的关系，又被侯景获知。侯景认为萧衍也不可靠，于是扩充兵力，准备直取梁朝都城建康。为了出师必胜，侯景找到萧正德做内应。萧正德是萧衍的侄子，曾过继给萧衍当儿子，但萧衍有了自己的儿子萧统后，就把萧正德送还他父亲萧宏了。为此，断绝了萧正德想当皇帝之路，因此怀恨在心。这一情况，被侯景探知，就派人与时任左卫将军的萧正德联系，准备里应外合，攻下建康后，让他做皇帝，萧正德非常高兴，当即表示同意。

公元548年八月十日，侯景在寿阳发动兵变，攻下历阳（今安徽和县），直奔长江北岸横江。战报频频传到京都皇宫，尚书羊侃等十分着急，萧衍认为侯景不敢过江，只任命萧正德为平北将军，负责保卫建康，屯兵丹阳郡。

萧正德领命，率军赶到丹阳，连夜派大船把侯景的8000人马运过长江，然后两伙人马会师，一同将台城包围。

第二天一早，太子萧纲得知兵临城下，忙向父皇萧衍报告。已是虔诚佛教徒的萧衍正在念经。听到萧正德叛变引狼入室的消息，并不太惊慌，他让太子萧纲自己去想办法守城。幸好羊侃带领士兵勇敢顽强地守城，侯景连攻七天没有成功。

这天晚上，萧正德对侯景献计说：“今若立我为皇帝，守城梁军必乱，城将不攻自破矣！”侯景暗想：你当皇帝的野心也太迫切了，但还是表示赞成。简单地举行了仪式，萧正德早准备好了，皇冠龙袍，就算是皇帝了。

台城守军坚持了130天，终于被侯景占领。侯景因为自己出身微贱，常常被士族歧视，故而忿忿不平。攻破台城，他以为大功靠成，就命令将士到处烧杀抢掠。侯景带兵冲入皇宫正华门时，萧正德身穿龙袍跟着进来，侯景大声说：“你乃假皇帝，岂能穿龙袍进宫，快脱掉！”

萧正德正在迟疑，侯景又说：“先废去你的帝号，但念你攻城有功，暂封你为侍中大司马。”萧正德万万没想到会出现这种局面，悔之晚矣，面对侯景的利剑，只好极不情愿地脱下龙袍。

侯景进入后宫章德殿，见皇帝萧衍躺在床上，便单腿跪地，说：“丞相侯景叩见皇上。”萧衍连看也不看，怒斥道：“什么丞相，你乃狂徒侯景！”

侯景自此把萧衍软禁起来，使他没有丝毫自由，连饭食都被扣了。不久，梁武帝被活活饿死。萧衍共当了48

年皇帝，享年86岁。在南北朝历史上，他是寿命最长、“皇龄”最长的皇帝。

侯景立太子萧纲为帝，萧正德白忙活一场，非常恼怒，想让萧范带兵来建康除掉侯景，没有得逞，反被侯景杖死在太极殿前，落了一个称帝不成反丧命的下场。侯景掌握了朝中大权，竟要娶皇帝萧纲的14岁爱女为妃。萧纲的女儿溧阳公主，长得俊秀迷人，人见人爱，萧纲视为掌上明珠。况且只有14岁，哪里舍得送给侯景？但又不敢不允，只好忍痛割爱，点头答应。侯景随即提出当晚成亲，皇帝心里虽不同意，也只能含泪默许。

侯景逼死萧衍，独揽朝廷大权，惹起众怒，各地纷纷起兵讨伐，侯景等不下去了，想趁此机会过过皇帝瘾，但他的心腹王伟不同意，认为萧纲尚有九个儿子，均有一定的势力，不如先除掉他的儿子再做打算。侯景认为有理，设计将萧纲的九个儿子全杀害了。此前让萧纲退位，萧栋继位。不久，又命令萧栋禅让皇位。于是，侯景宣布称帝，改国号汉。

侯景称帝，更激怒了各地藩王。陈霸先、王僧辨两路大军会师，举行了庄严的结盟仪式，宣誓共同讨伐侯景，报效朝廷。同年3月，王僧辨与陈霸先联军在姑孰（今安徽当涂）大败侯景叛军，以势不可挡的气势逼近建康，并很快形成包围之势。

侯景慌忙出逃，最后只剩下妾兄羊鹍一人陪同他逃亡。

两人弄到一条小船，在海上漂荡。羊鹍问侯景要去哪，侯景回答说听天由命，然后昏昏入睡。第二天，侯景睡醒了，发现前方是建康城，不禁大惊。羊鹍说："陛下，我想借你的头换取富贵。"随即一剑将他刺死。

侯景的无头尸体，被丢在皇宫前御街上，任凭人们践踏、唾弃。这个反复无常的叛贼终于落得了应有的下场。

至此，历时四年之久的侯景叛乱始告平定。

陈霸先灭梁建陈

公元534年宇文泰杀害了孝武帝元修，立元宝炬为帝，设都长安，开创了西魏的历史。从此，宇文泰便伺机篡位，要亲自登上皇帝宝座，但总觉得时机不成熟。公元551年文帝元宝炬病故，宇文泰想称帝易如反掌，可勇气不足，又让元钦继位。宇文泰对自己这个决定很后悔，但想到自己的女儿宇文氏是元钦的妃子，又觉得满意。

元钦对宇文泰独揽朝政心怀不满，想除掉他，结果，走露了风声，宇文泰让元钦喝毒酒自杀，宇文氏也主动喝鸩酒，和丈夫一块儿去了，令宇文泰夫妇十分悲痛。宇文泰想此时篡位，但找人算了，魏朝寿命未尽，还有35年。宇文泰只好立元钦的弟弟元廓为帝，自己再耐心等几年。不久，宇文泰突然患病，意识到自己永远当不成皇帝了，自己两个儿子太小，不能指望，就把侄子宇文觉找来，面授机宜，将手中大权交给了他，宇文泰就这样带着终生遗憾走了。

宇文泰死后，元氏宗亲想趁机灭除宇文氏势力。大冢宰宇文护听到风声，找到大司寇于谨密谋，决定先下手为强——篡位！

第二天早朝，宇文护、于谨率兵冲进皇宫，将参与密商除灭宇文氏的元氏朝臣全部抓获之后，逼迫魏帝元廓禅让皇位。元廓含泪交出玉玺。

宇文护也算没辜负宇文泰的期望，拥立他的侄子宇文觉即位，国号周，史称北周，时值公元557年。至此，魏朝从道武帝拓跋珪登基开始，历时149年，11个皇帝；东魏只一任皇帝元善见，在位17年；西魏共三个皇帝，历时共13年。

宇文氏篡位灭魏建立周朝的消息传到南朝梁都建康，已荣任丞相的陈霸先羡慕极了。因为他也有篡位灭梁称帝的野心。

陈霸先，字兴国，吴兴郡长城县下若里人，生于梁天监二年（公元503年）。青少年时期，陈霸先即心怀大志，喜读兵书而多武艺。后来，他作战有功，逐步成为梁朝有名的战将。陈霸先与王僧辨平定侯景之乱以后，梁元帝萧绎任命王僧辨为太尉，镇守都城建康，任命陈霸先为司空领扬州牧，屯兵京口。不久，梁帝萧绎被西魏于谨处死，陈霸先与王僧辨又让晋安王萧方智继位。

萧方智只有13岁，一切全听王僧辨的，引起陈霸先不满。不久，北齐皇帝高洋想在南梁安排一个傀儡皇帝，便让王僧辨重立萧渊明当皇帝。王僧辨被迫答应，陈霸先却不同意，发兵攻进都城。王僧辨慌忙迎战不敌，跪地求饶，说："陈将军，我们是儿女亲家，饶我一命吧！"，陈霸先怒道："王大司马，现在才想起我们是亲家，晚啦！"

说罢，一剑将他刺死。

萧方智重登帝位，陈霸先掌握了朝廷大权。

北齐皇帝高洋，闻听他推荐的皇帝萧渊明被杀，不由大怒，派兵进攻梁朝；王僧辨被杀，他的女婿吴兴太守杜龛、弟弟吴郡太守王僧智等人，统帅三吴之兵讨伐陈霸先。

陈霸先内外交困，在这危急时刻，得到百姓的支持，提高了士气，打退了北齐的进攻。又派侄儿陈茜平定三吴，南梁方才转危为安，后来，陈霸先闻听宇文氏篡位灭魏的消息，便加快了他的篡权步伐。太平二年十月，陈霸先进爵为陈王。随后，陈霸先取得心腹大臣支持后，给小皇帝施加压力。小皇帝萧方智被迫禅让。陈霸先终于登上皇位，建立了陈朝，梁朝随之灭亡。其时公元 557 年。梁朝自萧衍称帝开始，共四任皇帝，历时 55 年。

陈霸先即皇帝位后，改太平二年为永定元年。永定三年六月，陈霸先逝世，年 57 岁。

范晔修成《后汉书》

在中国古代社会里，饱尝“夫为妻纲”、“三从四德”等封建礼教之苦的广大妇女，其地位一向是卑微低下的。与这种社会现实相适应，长期以来封建史学家们在撰写史书时，没有为妇女立传，她们在历史中也没有占有应得的一席之地，致使许多优秀、杰出的女性湮没无闻。这种情况一直延续到南朝宋代，范晔写出《后汉书》以后，才得到彻底改变。

范晔（398—445年），是顺阳郡顺阳县（今河南淅川）人，南朝宋代著名的史学家。他出身于书香门第，祖上几代在学术上都有一定的造诣，同时，以学取仕，在晋朝都当过大官。他的父亲范泰也是如此，擅长经学研究，写得一手好文章，先后在东晋和刘宋政权担任要职。出身在家学如此醇厚的家庭里，范晔自然从小就受到了良好的教育。

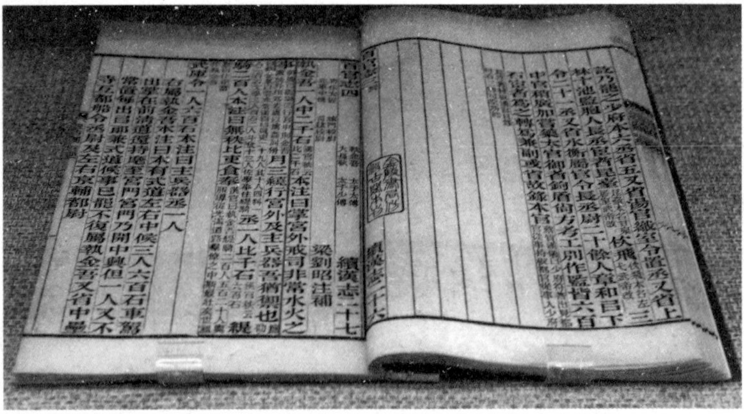

史书上说，他从小喜欢学习，广泛阅读政治、哲学和历史著作，不仅文章写得好，字也写得很漂亮，还精通音乐，真是多才多艺。不过，由于他是妾生的庶子，在家里受到兄长们的排挤，后来过继给堂伯，承袭了一个地位不高的爵号。范晔初入仕途时，在刘裕的第四个儿子刘义康手下任职，颇受信任，屡屡升迁。可他不拘小节，公元424年，已是彭城王的刘义康生母去世，安葬的头天晚上，他竟在酒醉之后，开窗偷听挽歌取乐，惹得刘义康雷霆大怒，把他贬到宣城（今安徽宣州市）做太守。这以后，范晔闷闷不乐，为排遣烦忧，便在专记东汉历史的各家著作的基础上，增损删补，裁以己意，撰成《后汉书》100卷。宋文帝很欣赏他的才能，委以要职和重任，范晔因此受到同僚们的冷嘲热讽、嫉妒排斥，郁郁不得志。公元

445年，范晔的外甥谢综等人准备拥戴刘义康为帝，取代宋文帝。范晔也参与谋划活动，事情败露后，于当年年底被杀害，年仅48岁。

范晔写《后汉书》时，原计划写十纪、十志、八十列传，另有序列。由于中年遇害，未能完成这一计划。实际上他只完成了十纪、八十列传，序列没有写完，十志委托给当时另一位史学家谢俨执笔，即将完稿时，谢俨与范晔一同被杀，这部分书稿从此不知去向。后来，南朝梁代刘昭为《后汉书》作注时，根据范晔生前曾盛赞晋代司马彪所写的关于东汉一代的“八志”这一线索，撷取司马彪《续汉书》中的“八志”，移入《后汉书》，弥补它无“志”的缺憾。所以，我们今天见到有纪、有传还有志的《后汉书》，实际上并非出自范晔一人之手，只不过主体部分是由他完成的。

范晔前后，关于东汉历史的著作多达几十种，可是，他的《后汉书》问世以后，其它著作就逐渐销声匿迹，湮没无闻了。这说明，他的《后汉书》具有与众不同之处，这也正是后人所关注、探讨和称颂的地方。确实，无论从体裁的编撰技巧，还是从内容的思想性来说，范晔的《后汉书》都堪称是一部史学名著，在中国史学史乃至文化史上都具有极高的价值和地位。

在编纂体例上，最值得一提的是，《后汉书》突出了妇女的地位。

《后汉书》特立《列女传》，不光颂扬恪守封建道德的所谓贞节女性，对那些才华出众的女性更是推崇备致。所以，他把博学多识、通晓音乐的女才子蔡文姬收入传中，却将她那位“贤而知义”的姊妹拒之传外。在广大妇女被严重桎梏于“三从四德”的封建社会里，敢于率先在史书中，公开为妇女立传，肯定她们在历史上的作用和地位。

其次，范晔针对东汉一代的社会特点，记述人物时以类相从，特辟文苑、党锢、宦者、独行、逸民以及列女等类传，分别叙述当时有影响的文学家、重节义的士大夫、专权的宦官、孤傲的名士、沽名钓誉之徒，这样，既可节省篇幅，行文简洁，又足以反映当时的社会风貌，便于后人了解和研究。

再次，范晔写《后汉书》时，距东汉已有 200 余年，没有什么直接的利害关系需要考虑，这使他能够据事直书，无需隐讳什么。评价人物时，持论公平，褒贬得当。

此外，《后汉书》用辞简练，文笔优美，议论恣肆，可谓文采灿然一新，这也为该书增色不少，使它具有较强的可读性，特别是人物传记部分，读来生动感人。

郦道元与《水经注》

郦道元（公元？——572 年），字善长，北魏后期范阳郡涿县（今河北涿县）人。他是中国历史上著名的地理学家、散文学家，又是一个性格刚毅、断案严峻的执法官。当然，也正因为如此，郦道元深为权贵们所忌恨，终于在公元 572 年遭到汝南王元悦等人的暗算，死于非命。同时遇害的还有郦道元的弟弟郦道峻及其两个儿子。郦道元所著的《水经注》对中国地理学的贡献巨大，影响深远。

郦道元出身于一个官宦世家。他的曾祖父郦绍，曾任后燕的濮阳太守，后为北魏兖州监军；祖父郦嵩，曾任北魏天水太守；父亲郦范，在北魏官居要职，曾任尚书右丞，后又以东平将军的头衔，出任青州刺史。郦道元从少年时代起就随做官的父亲宦居山东，经常和朋友们一起浏览名山大川，访求名胜古迹，从小就对祖国的山川文物产生了浓厚的兴趣。

北魏孝文帝拓跋宏迁都洛阳这年前后，郦道元开始进入仕途。最初，他以尚书郎的微职随孝文帝北巡，大开眼界。父亲去世后，郦道元继承了父亲的爵位，为永宁伯。他先在首都平城（今山西大同）、洛阳（今河南洛阳）的皇帝身边担任北魏的中央官吏，后任冀州（今河北冀县）镇东府长史、颍川郡（今河南长葛）太守、河南（今河南洛阳）尹等地方官，还先后担任过黄门侍郎、御史中尉等职，最后在关右太使任上遇害，被追赠为吏部尚书、冀州刺史。广阔的从宦生涯，使郦道元有机会走访了今山东、河北、山西、河南、陕西、内蒙、江苏、安徽、湖北等地。他亲自了解中国北部的地理情况，有感于当时我国地理著作的匮乏，认为有关山川水系的记录，或是时代久远，河道已变迁，或是以讹传讹，名实不符，或是过于简略不大具体，或是过于琐细而欠周全。于是郦道元决定选择《水经》为底本，采取为其作注的形式，创作了一部综合性地理巨著，命名为《水经注》。

《水经》是我国古代一部专讲河道水系的地理书，多数人认为是三国时候的人写的。全书共三卷，记载了一百三十七条河流，指出这些河流发源和流经的地方，有一定的学术价值。可是，书中许多记载过于简单，错误不少，实用价值不大。在北魏当过多年地方官并对地理很有兴趣的郦道元读了《水经》，看出了它的这些严重缺点，决心给它作注，想要通过注释弄清楚每条河流的来龙去脉、沿革变迁和其它有关的历史地理情况。

郦道元决定首先根据《水经》中提到的许多名山大川，进行实地考察，他跑了许多地方，勘察山川形势，还向当地老百姓了解风土人情，参观名胜古迹。有一次，他考察渭水，听说西周的开国元勋姜太公曾经在渭水的支流磻溪钓过鱼，特地去察看了磻溪和当年姜太公住过的石屋，访问了附近的老人，向他们打听有关姜太公钓鱼的种种传说。这样他就掌握了有关渭水和磻溪的第一手材料，在给渭水作注的时候，把这些材料记载了下来。郦道元游览长安的时候，沿着飞渠走访了仓池。仓池在汉朝旧宫未央宫西边，池中有个渐台。西汉末年的王莽曾经从宫里逃到这里躲避绿林军的追击，有个名叫杜吴的屠夫，提着杀猪用的刀冲上渐台，砍下王莽的脑袋，结束了他的反动统治。郦道元把这段史实也写进了渭水的注文里。

郦道元就是这样跋山涉水，追根溯源，寻访古迹，记录民间传说，把祖国辽阔疆域内的大小河流一一加以介绍。对一些下游流到国境以外的河流，根据有关资料也作了介绍。他还对河道的变迁，名称的更改，河流沿岸的城镇的兴废沿革，地形、矿藏、农田水利设施等等，都作了详细考察和描述。

郦道元除对《水经》记载的河流作了详细注释外，对没有提到的河流也加以补充。《水经注》一共记载了一千二百五十二条河流，比原书扩充了近十倍，文字增加了二十倍，成了一部三十万字、四十卷的巨著。

郦道元生在南北分裂的时期，但是他对分布在南方的河流同样重视。他不仅热爱自己的故乡黄河流域，也喜欢长江流域。《水经注》对长江三峡有过这样一段记述：

冬春之时，则素湍绿潭，回清倒影，绝巘（yǎn）险峻的山峰多生怪柏，悬泉瀑布，飞漱其间。清荣峻茂，良多趣味。

每至晴初霜旦，林寒涧肃，常有高猿长啸，属引（声音连续不断）凄异，空谷传响，哀转久绝。故渔者歌曰：

‘巴东三峡巫峡长，猿鸣三声泪沾裳！’”

这是一幅多么美丽动人的图画呀！仿佛长江三峡壮美奇特的景色就展现在我们面前。

郦道元能够写出这样好的文章，绝不是偶然的。郦道元喜欢读书，善于向前人学习。他在《水经注》中引用了四百三十七种书籍和资料，可见他从前人那里吸取了多么丰富的营养。在写作过程中，郦道元常常是写了又改，改了又写，一定要到能够准确反映河流水系的面貌、表达出各地山水的不同特征才肯停笔。《水经注》写作了多年才完成。

郦道元的《水经注》一直流传到现在。它既是一部记载翔实的地理书，也是一部文笔生动的文学作品。

刘勰与《文心雕龙》

在今山东莒县的浮来山上，原有一座南朝时修建的寺庙，名为定林寺。寺里曾住过一位叫慧地的僧人，他就是南梁文学理论批评家、著名的《文心雕龙》作者刘勰。他的晚年是在寺庙里吃斋念佛度过的，最后圆寂于庙中。后人为了纪念他，还专门在寺庙里为他修建了墓塔，造了一尊铁佛。

刘勰，字彦和，原籍东莞（今山东莒县）人，世代侨居京口（今江苏镇江）。大概生于南朝宋明帝泰始元年（公元465年），死于梁武帝普通元年（公元520年）。南朝时的文学家，著有《文心雕龙》50篇，后出家为僧，法名慧地。

刘勰聪明慧颖，但在他很小的时候，做越骑校尉的父亲刘尚就去世了，使得原本就不太富裕的生活变得更贫穷。可是，小小年纪的刘勰却十分好学，他尽可能地读书学习，刻苦钻研，决心要立志扬名。

刘勰因生活清贫，投靠了一个叫僧佑的和尚，到他所住持的位于建康郊外钟山上的定林寺里帮忙整理佛教经典。

刘勰在定林寺里一住就是10年，是一名不剃头的佛门弟子。长时间的耳濡目染，使他对佛学也有了一些研究。他利用寺庙里的许多有利条件，抓紧一切时机学习，广泛阅读各种书籍。他认为："文章是经典的枝条。有了它们，礼教和典章制度才得以实施致用，君臣军国大事才能够得以实施和发扬。"刘勰开始评论古今文体，准备对古代文学进行一次总结和论述，对当代文坛上的形式主义文风给予纠正。于是在整理佛卷的剩余时间里，刘勰便开始了这项工作。寒来暑往，经过六、七年的苦苦探索，辛勤耕耘，终于在他30岁的时候，写成了一部文学批评的理论专著——《文心雕龙》。

《文心雕龙》全书共分五十篇，大约有三万八千多字。前二十五篇除《原道》等三篇是总论外，其余大致阐明的是各类文体的特点及其发展概况。后二十五篇大致是有关文学创作批评问题的论述，具中包含刘勰对文学批评的原则、文学与生活的关系等问题的精辟见解。

刘勰在黄卷青灯之下苦苦写成的《文心雕龙》，尽管内容充实、条理缜密，是一部不可多得的有史以来有关文学批评方面的巨著，但由于他家境贫寒，没有社会地位，在很重视门第的南朝，有权有势的人是不会重视甚至承认他的成就的，更没有人举荐他，认可他的才能，刘勰的内心很是痛苦，在万般无奈下，他想出了一个把书稿送上去的好主意。

有一天，刘勰打听到“一代辞宗”——在文坛上享有盛名的学术权威沈约外出路过定林寺时，他就打扮成小商贩的模样，手拿书稿在路旁。当沈约的车子到来之际，他就上去拦住了车子，对沈约说明了原因，并把书稿呈上，请求沈约帮忙审稿，给予指教。沈约把书稿拿了回去，进行了仔细的阅读，认为这是一部有水平有价值的理论专著，就准备把书给他推荐出去。

公元502年，南梁立国。沈约是开国功臣，在朝中的地位举足轻重。他很欣赏刘勰的才气，有意提携他入朝做官。于是，刘勰离开了他生活多年的定林寺，做了一名奉朝请。虽然这只是个闲官，但他毕竟踏出了进入仕途的第一步。南梁天监年间，刘勰做过记室、参军等小官，兼东宫通事舍人，深得梁武帝的长子昭明太子萧统的赏识。但刘勰是个很有远大志向的人，这类没有作为的小官对于他来说，实在是没什么意思。他也曾做过能有点作为的小小县令，本想小试锋芒，施展一下自己的能力，做一个好的父母官，但又被调去任些闲差。

梁天监十七年，定林寺住持僧佑圆寂，他长年搜集的许多佛经放在那里无人整理。由于刘勰曾在定林寺隐居多年，对经典十分精通，梁武帝就派他重返定林寺，和另外几名高僧一同去整理僧佑留下的经藏。

刘勰徒怀鸿鹄之志，还没有来得及施展自己的才能，就又回到了佛门，胸中也难免有些惆怅，但经过了多年的官场生活之后，他对官场上的勾心斗角、你争我夺的互相倾轧也已开始厌恶，他觉得重回佛寺倒也未必不是件好事。他决定剃去头发和胡须，向梁武帝请求正式皈依佛门，出家为僧。一向崇尚佛教的梁武帝欣然同意，还为他赐名慧地。从此，刘勰不再过问政治，一头钻进了研究、整理佛教经典的工作之中。后来，刘勰回到了老家，在家乡修建了一座佛寺，仍取名为定林寺。在那里，他整日埋头研修佛学，最终圆寂在家乡的土地上。刘勰所著的《文心雕龙》，虽在他活着的时候没能得到应有的重视，但在他死后，渐渐地为人们所注意，尤其到了唐代，更是大放异彩，被后人誉为是一部“体大思精”的文学理论巨著。

江郎才尽

南朝梁出了一位才华横溢的年轻诗人，然而他在后半生却再也写不出什么好诗。由于他姓江，人们就说“江郎才尽”了。

江淹（公元444—505年），字文通，济阳考城（今河南省考城县）人。很小的时候，江淹就失去了父亲，母子俩相依为命，日子过得十分艰难。因为家里穷，江淹每天都要到山上去砍柴，然后把砍来的柴挑到集市上去卖掉。

江淹13岁的时候，有一天，他在山上砍柴，捡到一顶不知哪位大官遗失的帽子，帽子质地很好，还是貂皮的。江淹从未拥有过这样名贵的东西，当然喜出望外，就想马上卖掉它，去换点米，但又不忍心，回家后，母亲认为捡到如此质地的帽子一定是一个好的预兆，以后儿子一定能做大官，把帽子留着，将来等他当官的时候就戴上它。江淹就按照母亲的意思，把帽子收藏起来。

从这时起，江淹就开始拼命地读书。古时候有这样的话。叫“书中自有黄金屋，书中自有颜如玉”，意思是是只有通过努力读书，才可能拥有地位和财富，才有可能得到自己想要的东西，包括美人。江淹就是抱着这个目的去读书的。他常常一边背书，一边砍柴。因为用的功夫深，他进步很快。写起文章来不假思索，洋洋洒洒，落笔有神。

江淹的诗，善于摹拟古人，少有个人的创造性。但也正因为如此，在当时追求辞藻华丽的时风之下，他的诗倒显得令人耳目一新。

江淹还擅长写赋。他最有名的作品是《别赋》和《恨赋》。他的作品集中在《江文通集》中，今天我们还可以见到。他的《别赋》通过描写战乱时期社会上几类人的不同的离别情况，反映人们别离的伤感情绪。他的《恨赋》，描写自古以来的帝王将相、有识之士，不知有多少人因不能得志而死，这些社会历史真实，这其中的遗恨，使人看了，往往饮恨不已。

有个叫檀超的文学爱好者，读了江淹的诗，赞不绝口，特意备了酒菜请江淹到他家作客，他们边饮边谈，相互都很欣赏，后来他们成了很要好的朋友，有了朋友的引荐，江淹的名气越来越大。后来江淹有机会做了宋、齐、梁三代朝廷的官吏。

最初，江淹受到南朝宋建平王刘景素的赏识。刘景素让江淹在南兖州做了官。不过好景不长，有个叫郭彦文的县令犯了罪，为了开脱罪责，他竟诬告江淹接受了他的贿赂，江淹因此被下了狱。幸好爱才的刘景素知他冤枉，放他出来。不久，他就跟着刘景素去镇守京口。

刘宋政权灭亡后，萧道成建立了齐朝。我们一般称这个朝代叫南朝齐或萧齐。萧齐政府邀请江淹和檀超做了编写历史的史官。后来有人在襄阳的一座古墓里，发现一些竹简，竹简上的文字，没有一个人能认得。这是西周时期的文字，这种文字笔划前粗后细，人们管它叫蝌蚪文。江淹不但认识蝌蚪文，而且还读出了其中的内容，原来这竹简上写的是周宣王时期的事情。这下，江淹的名气更大了。他的官也越做越大。

到萧衍灭齐建立梁朝（史称南梁或萧梁）以后，江淹做了梁朝的光禄大夫，已经整日在皇帝左右了。由于皇帝的爱宠，他又被封为醴陵侯，于是有了很多的封地，过上了他从小就梦寐以求的富足生活。

对于功成名就的江淹来说，学问就像敲门砖，再像过去那样刻苦读书已没有什么必要；当然官场的功课也太多，哪里还有时间和心思去钻研学问，偶尔想写点诗文，结果也大不如从前，年轻时所显露的风采也就荡然逝去。于是人们说："江郎才尽"了。于是就有一些传说。

传说江淹做宣城太守的时候，有一次路过禅灵寺，在那里借宿，他梦见有个人来找他，自称叫张景阳（西晋的张协），来人说："以前我有一匹绸缎存放在你这里，现在该还给我了。"江淹稀里糊涂地往怀里一掏，还真的掏出了几尺五彩缤纷的彩绸。就还给了他，不想这个人却大发脾气，说："你怎么把我的绸子给剪剩这么少了！"这时他环顾左右，一眼瞥见梁朝作家丘迟，就对丘迟说："剩下的这几尺玩艺儿我留着也没什么用，给你吧！"从此，江淹就再也没有写出精彩的文章。

又有传说，江淹在治亭住宿，晚上梦见有个叫郭璞的人说："我有一支笔存放在你这里多年了，现在把它还我。"江淹掏出了一支色彩斑斓的毛笔还给他，就再也写不出好的文字了。

其实，这些传说，有很多人为的编造成分在里面。有些人在自己中年的时候，对自己事业上的成就不满足或者不自信，往往会反复做此类怪梦，如考试不及格啦，总找不到一样东西啦，赶不上一个机会啦等等。于是推想后半生作品无成的江淹一定没少做这样的梦。

“江郎才尽”的故事以极强的生命力在历史上被传播，大多源于人们对江郎才情丧尽的惋惜。

贾思勰编写农书

北魏末年贾思勰著的《齐民要术》，是一部总结农业生产技术的著作，也是我国现存的一部最古老最完整的农书。“齐民”是使人民丰衣足食，“要术”是重要的方法。“齐民要术”说的是谋求提高人民生活水平的重要方法。

贾思勰能写这样一部书跟北魏时期我国北方农业生产的发展是分不开的。魏孝文帝的改革，有力地促进了北方

的民族大融合。各族劳动人民在生产劳动中不断地互相学习。少数民族学到了汉族的农业生产经验；汉族也学到少数民族的畜牧业生产经验。农业有了畜牧业的配合，从耕种到收获，有更多的畜力可以利用，肥料的来源也大大增加了；畜牧业有了农业的配合，牧畜的饲料增加了，牧畜的用途更广泛了。

贾思勰读过许多书，知识渊博。北魏的高阳郡在今天河北省高阳县东边，是当时农业生产比较发达的地区。贾思勰在那儿做太守的时候，一方面努力读书，学习前人总结的生产经验；一方面不辞辛苦地深入民间，向农民、老牧民学习生产知识。有时候，他自己也种些地，养些鸡鸭牛羊。他还把民间关于气候、季节、耕种、畜牧的谚语歌谣收集起来，仔细地加以分析，把合理的内容记下来。贾思勰从书本中和实践中积累了大量资料，为写好《齐民要术》准备了充分的条件。

《齐民要术》这部书，既记载了前人的生产知识，又总结了当时的生产经验，还讲了贾思勰自己的亲身体会。他对许多具体事例从理论上作了说明。

北魏时期，并州（今山西省北部至东南部）不产大蒜，农民想种大蒜，就从朝歌（今河南省淇县）买来上等蒜种，可是种下去以后，收获的却是蒜瓣很小、味道也不辣的小蒜头。贾思勰认为，这是因为地势、土壤、气候不同的缘故。因此，种什么庄稼，必须了解当地的自然条件，种植适应当地条件的作物，才能用力少、收成多。

贾思勰主张从事农业和畜牧业生产，要注意实际的效果，不要只看到表面的形式。他以养鸡为例，养鸡的人总是喜欢生蛋多的鸡，那就要选秋天或冬天孵出的鸡种，不要选春天或夏天孵出的鸡种。秋冬孵出的鸡虽然个子小，毛色浅，脚也细短，外表不好看，可是生蛋多，又会孵小鸡；春夏孵出的鸡虽然个子大，脚长得粗壮有力，外表健美，却爱到处逛荡，不爱生蛋。要想多收鸡蛋，应当从实际效果来选择鸡种。

贾思勰根据亲身体会，总结出搞农业和畜牧业生产要细心观察，积累经验，不能光凭自己的好恶。他自己养了一群羊，为了让羊多吃草，多长膘，就往羊圈里放了许多草料，谁知道没多久，羊却一头一头地死了，这是什么缘故呢？他想来想去也找不出原因。后来他跑了一百多里路，找到了一个有经验的老羊倌，才弄清羊死的原因。老羊倌告诉他，羊是最爱干净的，把大量草料放在羊圈里，许多羊都踩在上面吃。羊边吃边踩，还在草料上拉屎撒尿。这样脏的草料，爱干净的羊怎么肯吃呢！羊吃不饱，就慢慢地饿死了。贾思勰没有摸清羊爱干净的习性，结果好心办了坏事。他把这样的经验也写进了《齐民要术》。贾思勰写《齐民要术》，注意实事求是。他对古书记载的，或听人说的一些谷类和瓜果，凡是出产在外国，自己没有亲眼见到的，只在书上记个名字，不写种植方法。不知道的东西决不随便说。

《齐民要术》全书共九十二篇，十一万多字。内容十分广泛，从农作物耕种讲起，一直讲到怎样做醋和酱。凡是有关增加生产和改善生活的事情，几乎都讲到了。这部很有价值的农业科学著作，不仅是贾思勰个人的心血结晶，也是我国古代北方劳动人民生产经验的总结，在世界农学史上有着重要的地位。

钟嵘与《诗品》

钟嵘，字仲伟，颍川长社（今河南长葛）人。大约生于南朝齐高帝建元二年（公元480年），死于梁元帝承圣二年（公元553年），享年73岁。

钟嵘出生于官宦世家，他的祖上许多人做过大官，如东汉时期的钟皓做过廷尉，钟繇任过曹魏的相国和太尉（也是古代书法家，与东晋王羲之合称“钟王”），东晋时钟雅任过尚书左丞，钟嵘的父亲钟蹈在南齐时任中军参军。他的哥哥钟岏和弟弟钟屿也曾做过官，虽然官位不高，但他们都是当时的学者，有一定的知名度，并有文集流行于世。

钟嵘很好学，齐永明中（公元488年前后），他在国子监学习，通晓《周易》。当时国子监祭酒王俭看到钟嵘人才兼美，很是赏识，就亲自举荐他为本册秀才。建武初年，钟嵘开始进入仕途，做了南康王的侍郎。尽管这只是王府的侍从官，但士族子弟做官大多都从这个官职做起。

当时齐明帝萧鸾对国家大小事务都要亲自过问，生怕别人把事办坏，弄得那些官员无所适从，六署九府及郡县的日常事务都向齐明帝汇报、请示。一些年老有功之臣更是大小事都找齐明帝，根本不把吏部的安置放在眼里，文武大臣和皇室亲友都不归吏部考核任免，许多人就凭借着权势相互推荐，进而得到重用。齐明帝因此忙得不亦乐乎，下面的官员对皇帝则是应付了事。钟嵘对齐明帝的这种做法很有看法，就上书齐明帝说：“古代英明的君主凭着选拔人才辅佐朝政，三公九卿可以办理不少事情，天子只要面南而坐督察就行了。”齐明帝看后大为不快，问身边的太中大夫顾嵩：“钟嵘是什么人？胆敢干涉我的事，你认识他吗？”顾嵩对齐明帝平时的做法也有些看不惯，但又慑于帝王的威严，有话也不敢说，看到钟嵘大胆说了，便回答说：“钟嵘虽然位末名卑，但所讲的话还是可以采纳的。繁琐的杂事各有主管的官署，现在陛下却都要插手，做皇上的越是辛苦，做臣僚的越是逸乐。这是越俎代疱，或是为木匠砍削木材。”明帝听顾嵩这么一说，又没有理由反驳，所以对钟嵘也就没有追究。但他仍然不肯接受这一意见，还是同以前一样，永元末年，钟嵘被任为司徒行参军。

南梁建国以后，许多齐末时凭借着行贿或靠关系当上大官的官员们仍是趾高气扬，颐指气使，互相勾结。钟嵘看到这些很是气愤，梁武帝天监初年（公元502年），他又上书武帝说：“现在所谓的散骑、都尉、郎官、将军并肩接踵，在大街小巷招摇过市，瞧他们官衔高贵，官服华丽，还在干着奴婢的勾当，这样名不副实，真是罕见。”梁武帝把这封书交给尚书省办理。

入梁以后，钟嵘任过衡阳王萧元简和晋安王萧纲的记室，专管文牍，后人称他为钟记室。虽然钟嵘做的只是小官，没有什么官位，但他学识渊博，才富五车，尤其对五言诗有较深的研究，对当时华艳淫靡的文风更是厌恶，对那些一天到晚吃饱了饭没事干的膏腴子弟的无病呻吟和咬文嚼字的诗文很是不满，对那些嗤笑曹植、刘桢古诗的人非常生气，他骂那些人是根本不懂诗歌的轻薄之徒。钟嵘还反对写诗处处用典的写法，认为那只会使其作品呆板，没有生机，他还认为诗歌不要太讲究声律，主张诗词不要受玄学的影响。为此，钟嵘写下了有名的文学评论著作《诗品》。

在《诗品》中，钟嵘首先抨击了“四声八病”之说，主张诗歌贵在自然和谐，诗是感情的表现，写诗要有感而发。其次，反对作诗用典，主张直抒胸臆。他还列举了一些没引用典故但清闲可爱，人人传诵的佳句如：曹植的“高台多风”、张华的“清晨登陇首”、徐干的“恩君如流水”、谢灵运的“明月照积雪”等。另外，《诗品》还提出了诗歌“滋味”说，认为诗的风骨与辞采应并重，他说：“诗的描写要深刻细致，情景要为一体，做到文已尽而意有余。”

《诗品》是我国第一部系统地评论诗歌创作的专著，同时也是对我国五言诗歌发展的一个阶段作某种总结的重要文献。它不仅是一份珍贵的诗歌理论遗产，也是我们研究古代诗歌史的重要参考资料之一。

《诗品》是我国专门评论诗歌的最早的一部作品，和《文心雕龙》一样同为南朝齐、梁时代文艺批评的重要著作。

隋　朝

隋朝（581～618）是中国封建社会的一个短暂的统一王朝。公元581年由杨坚（隋文帝）建立。隋的统一，结束了自西晋灭亡以来，南北270余年的分裂局面。

隋朝历史虽然仅有38年，但在中国历史上占有重要地位。在隋文帝统治时期以及隋炀帝杨广统治前期，隋朝进行了一系列有利于统一和加强中央集权的改革，建立三省六部制、科举制、中央任命地方官制度，改革府兵制、赋役制和户籍管理法，并制定《开皇律》和铸造新五铢钱，对后世王朝产生了巨大影响。

隋朝初年疆域辽阔，经济繁荣，全国人口增加到4600万，仓库充实，手工业、商业发达。隋炀帝即位后，开凿沟通中国南北的大运河，兴建举世闻名的首都大兴城（后为唐代都城长安）。

隋代的对外贸易分海陆两路，西北陆上贸易尤为发达，远及欧洲东部。海路可通南洋、日本等国，与日本的贸易和友好关系尤为密切。

隋炀帝统治中后期荒淫无度，政治腐败，对外连年征战，赋税繁重，刑罚严酷，在隋末农民大起义下灭亡。

隋朝的统一推动了文化科学的发展，哲学、文学、音乐、美术等出现南北交流，共同发展的局面。隋朝工匠李春在赵州洨河上修建赵州桥，为中国现存最古老的单孔弧券大石桥，并采用空腔式拱式结构，比欧洲同类桥梁的出现要早700多年，显示了中国古代人民的智慧和才能。

隋文帝励精图治

隋朝是我国历史上短命但又影响深远的朝代，隋朝的建立经过了一个曲折的过程，它是继承北周而建立的。北周武帝是一个英明的君主，他在历史上以灭佛而闻名，然而继他之后的宣帝、静帝没什么本事，军政大权掌握在左大丞相杨坚手中。

杨坚是北周的皇亲国戚。他的妻子是鲜卑大家族柱国大将军独孤信的女儿。杨坚祖父为汉族人杨元寿，是北魏武川镇的司马，杨坚的父亲杨忠是鲜卑大贵族独孤信的得力部下，后从宇文泰起兵，以战功封隋国公，任宰相，掌握军政大权，声名显赫。杨坚的女儿嫁给周宣帝为妻，成了皇后，所生之子成为后来的周静帝，所以，杨坚既是周宣帝的岳父，又是周静帝的外公，在北周的身份很不一般，身为宰相，权倾北周朝野。

杨坚总揽国家大权后，在汉族官僚们的支持下，积极布置夺取帝位，周静帝形同傀儡。

杨坚篡位之心渐渐被人识破，亲近北周皇族的势力纷纷起兵反对杨坚。首先发难的是相州（今河南安阳）总管尉迟迥，同时，郧州（今湖北安乐）总管司马消难，益州（今四川成都）总管王廉也相应起兵，杨坚针锋相对，毫不示弱。部将高颖挺身而出，主动要求率兵前去镇压，他与众军团结一致，浴血奋战，很快就把尉迟迥的部队镇压下去了。

尉迟迥是北周旧势力最有力的代表，他一垮，其它几股反杨势力也就相继衰败。接着，羽翼已丰的杨坚开始大杀北周的皇族，北周宗室子孙死亡殆尽，周静帝成了孤家寡人，彻底无助。公元 580 年，杨坚自称隋王。次年 2 月，周静帝被迫让位，杨坚称帝，即隋文帝，改国号为隋，年号开皇。公元 589 年，隋军平定南陈，结束了中国历史上 400 多年的长期分裂局面，隋文帝统一了全国。

作为开国之君，隋文帝吸取了历代因奢侈而亡国之帝王们的教训，他以节俭著称于世，与民同甘共苦。有一年，关中闹饥荒，他得知百姓吃糠拌豆粉，就命人拿给大臣们看，责备自己没有治理好国家，下令饥荒期间，百官一律禁吃酒肉，包括他自己。他平时的生活也很俭朴，他的车马用具坏了，从不让换新的，派人修补之后接着再用。有一次，他配止泻药，要用一两胡粉，找遍宫中也没有；还有一次，他的衣领实在是破旧得无法再穿，他想找一条织成的衣领，宫中也没有。可见，他平素是不允许宫中为他储备许多日常用品的。

严于律己的隋文帝同样也不允许皇后与皇子们有任何奢侈的举动。皇后有一次去库中领一条绣带被他发现，毫不留情地训斥了皇后一通，皇后愧然地将绣带又交还库中。

太子杨勇喜好奢华，有一次，他又大摆宴席，歌舞弹唱，美姬如云，隋文帝得知以后，断然废除了杨勇的太子之位，立了平素总是显得异常俭朴的晋王杨广为太子。杨广攻于心计，知晓隋文帝的喜好，所以将自己装扮成朴素的样子。

三儿子秦王杨俊自恃灭陈时立下战功，生活也越来越奢侈。他模仿皇宫建造自己的宫殿，还从民间搜罗许多美女，日夜寻欢作乐。隋文帝知道以后，毫不留情地下令罢免了杨俊的官职，并将他幽禁起来。许多大臣都为杨俊说情，觉得杨俊不过是将房屋修饰得稍微华丽了一些，文帝的处罚未免太重了，隋文帝根本不听大臣们的求情。又悔又怕的杨俊没过几天竟然病死了。有人请求为他立个石碑，隋文帝不允，并且命令将杨俊府中奢侈豪华的装饰全部拆毁。

对待自己以及皇室成员、文武百官如此严格的隋文帝，却废除了过去严苛的法律，制定了新律，即开皇律，减轻了刑罚，取消了宫刑、辕刑、枭首、鞭刑和孥戮连坐等酷刑。新律“以轻代重，化死为生”，比以前的法律和缓许多。在法律讼诉程序上面，也作了有利于百姓的改动。即使对待罪犯，他也赞成用感化的方式教育他们。

勤政爱民的隋文帝深知暴虐的统治不得人心的道理，他采取了一系列的措施减轻人民的负担。首先，他减轻封建剥削，缩短农民服兵役和徭役的年限。原来 18 岁的男子就要服兵役或徭役，被隋文帝改为 21 岁。并且 50 岁的男子可以用交纳绢帛来免除徭役。其次，他减少了农民的服役时间，以前成年男子每年必须服役 30 天到 45 天，隋文帝减为 20 天，比北朝的减少了一半左右。

开皇十二年（公元 592 年），朝廷府库堆满了粮食，文帝下诏，令河北、山东当年的田租减收一份。5 年以后，全国的府库无不盈积谷粮，文帝再次下诏，令全国当年的赋税全免，以奖赐黎民百姓。在封建社会里，一般逢到灾年荒岁，政府才会减免赋税，而隋文帝却能在平时减税，充分说明了在他的统治之下，全国农业生产的恢复和发展以及国库的充盈。

农业的发展使隋朝的粮食储备大增，设在各地的官仓，仓仓粮满。库藏之多，亘古未有，直到隋炀帝初年，洛阳的布帛，已堆积如山，太原的粮储可支 10 年，而全国所有的粮食储备可应五六十年之久。隋朝灭亡了 20 年，他们所储备的粮食、布帛还没被用完。

居安思危，开皇五年（公元 585 年），隋文帝下令在全国设置义仓，作为救灾之用。在风调雨顺的年份，农民交纳一些粮食，放在义仓，由本地官员管理，一旦灾荒出现，便开仓放粮，这样，无论年景的好坏，百姓的生活都有保障。

在实施了一系列政治、经济改革的同时，隋文帝还统一了货币与度量衡。南北分裂之时，钱币轻重极端紊乱，文帝即位后，还渐废除了各种标准不一的旧钱，新铸一种五铢钱，作为标准货币，流通全国。南北朝时期的度量衡混乱不堪，隋文帝规定以古尺的一尺二寸为一尺，以古斗的三升为一升，以古秤的三斤为一斤，统一了度量衡。这两项措施促使商业进一步发展，城市更加繁荣。

隋文帝还有一项重大的贡献，就是创立了科举制度。隋以前一直奉行汉代的九品中正制，开皇年间，取消了九品中正制，实行科举，即用分科考试方式选拔官员，而不像以前那样推荐的方式选取官员。这项伟大的创举对中国封建社会产生了巨大的影响，在中国奉行了 1000 余年，直到清末才被废止。科举制决定了封建社会文人的命运。

经过隋文帝的励精图治，隋朝社会稳定，人民安居乐业，全国人口呈持续增长的趋势，国库充盈，中外经济文化交流频繁。另外，隋文帝制定的一系列政治、经济制度确立了中国封建社会的基本制度，后世的许多制度都是由此沿袭而来。隋朝的社会发展为此后我国的封建盛世的出现奠定了坚实的基础，在这一点上，隋文帝杨坚可谓功不可没。

隋文帝虽然极会治国，却不善于治家，他去世后不久，由于隋炀帝的暴政，隋朝很快便灭亡了。

陈后主亡国

陈武帝建立南陈王朝的时候，北方的东魏，西魏已经分别被北齐、北周代替。公元550年，宇文觉建立了北周。北齐和北周互相攻战，到北周武帝时，灭掉了北齐，统一了北方。在北方政治上动乱的时候，南陈王朝获得了一个暂时的安定局面。经济渐渐恢复起来。

南朝陈自公元557年陈霸先登基开国，只当了三年皇帝便病故，皇位传给侄子陈茜，陈茜在位7年去世，儿子陈伯宗继位，仅二年，又被他叔叔陈顼篡位。14年后，公元583年。传到第五个皇帝，却是一个荒唐得出奇的陈后主。

陈后主名叫陈叔宝，他不懂国事，只知道喝酒享乐。他大兴土木，造起了三座豪华的楼阁，让他的宠妃们住在里面。宰相江总、尚书孔范等，都是腐朽的文人。陈后主和宠妃经常在宫里举行酒宴，宴会的时候，让他们一起参加，大家通宵达旦地喝酒赋诗，你唱他和，还把他们的诗配上曲子，挑选了一千多个宫女，为他们演唱。

陈后主穷奢极侈，他对百姓的搜乱当然非常残酷。百姓被逼得妻离子散，流离失所，到处可见倒毙的尸体。有个大臣傅宰上奏章说：“现在已经到了天怒人怨、众叛亲离的田地了。这样下去，恐怕东南的王朝就要完了。”陈后主一看奏章就火了，派人对傅宰说：“你能改过认错吗？如果愿意改过，我就宽恕你。”傅宰说：“我的心同我的面貌一样。如果我的面貌可以改，我的心才可以改。”陈后主就把傅宰杀了。

陈后主过了五年的荒淫生活。这时候，北方的隋朝渐渐强大起来，决心灭掉南方的陈朝。

隋文帝听从谋士的计策，每逢江南将要收割庄稼的季节，就在两国边界上集结人马，扬言要进攻陈朝，使得南陈的百姓没法收割。等南陈把人马集中起来，准备抵抗隋兵，隋兵又不进攻了。这样一连几年，南陈的农业生产受了很大影响，守军的士气也松懈下来。隋兵还经常派出小股人马袭击陈军粮仓，放火烧粮食，使陈朝遭到很大损失。

公元588年，隋文帝造了大批大小战船，派他的儿子晋王杨广、丞相杨素担任元帅，贺若弼、韩擒虎为大将，率领五十一万大军，分兵八路，准备渡江进攻陈朝。

隋文帝亲自下了讨伐陈朝的诏书，宣布陈后主二十条罪状，还把诏书抄写了三十万张，派人带到江南各地去散发。陈朝的百姓本来恨透陈后主，看到了隋文帝的诏书，人心更加动摇起来。

杨素率领的水军从永安出发，乘几千艘黄龙大船沿着长江东下，满江都是旌旗，战士的盔甲在阳光下闪闪发光。南陈的江防守兵看了，都吓得呆了，哪里还有抵抗的勇气。其他几路隋军也都顺利地开到江边。北路的贺若弼的人马到了京口，韩擒虎的人马到了姑孰。江边陈军守将告急的警报接连不断地送到建康。

陈后主正跟宠妃、文人们聚会取乐，他收到警报，连拆都没有拆，就往桌下一丢了事。后来，警报越来越紧了。有的大臣一再请求商议抵抗隋兵的事，陈后主才召集大臣商议。陈后主说："东南是个福地，从前北齐来攻过三次，北周也来了两次，都失败了。这次隋兵来，没有什么可怕的。"

陈后主这么一说，大臣们也随和着。然后，继续玩乐。公元 589 年正月，贺若弼的人马从广陵渡江，攻克京口；韩擒虎的人马从横江渡江到采石，两路隋军逼近建康。到了这个时候，陈后主才有些惊醒过来。城里的陈军还有十几万人，但是宠臣江总、孔范一伙都不懂得怎么指挥。陈后主急得手足无措。隋军顺利地攻进建康城，陈军将士只好投降。

隋军打进皇宫，到处找不到陈后主。后来，捉住了几个太监，才知道陈后主逃到后殿投井了。隋军兵士找到后殿，果然有一口井。往下一望，是个枯井，隐约看到井里有人，就高声呼喊。井里没人答应。兵士们威吓着叫喊说："再不回答，我们要扔石头了。"说着，真的拿起一块大石头放在井口，装出要扔的样子。

井里的陈后主吓得尖叫了起来。兵士把绳索丢到井里，好几个人一起用力去拉，才把陈后主和两个宠妃拉了上来。这口井原名景阳井，自从陈后主跳了这口井，它就被改称胭脂井了，人们借此嘲笑荒淫无道的陈后主。陈朝的遗老们称此井为"辱井"。

南朝的最后一个朝代陈朝灭亡了。中国自从公元 316 年西晋灭亡起，经过 270 多年的分裂局面，重新获得了统一。

那位荒淫无道的陈后主，被掳到长安之后，隋文帝赐了他一个官职，过了一段日子，他厌倦了，请求隋文帝赐给他一个闲职，隋主恩准了。于是，他日日无所事事，浑浑噩噩，直到 604 年客死于洛阳，才结束了他荒唐的一生。

“奇妒”皇后

中国历代皇帝，都是妻妾成群，因有“后宫三千佳丽”之说。但是，也有例外，隋朝开国皇帝杨坚，就只有一位老婆，即皇后独孤氏。独孤氏为人厉害，而且嫉妒心特别强，有

"奇妒"之称。为了避免杨坚与别的宫女有染，几乎寸步不离丈夫身边，上朝同乘一辇，散朝双回后宫。

有的大臣提出选妃之事，杨坚却说，我这样更好，一个母亲生的儿子好团结，将来不能互相迫害。有一天独孤皇后患病卧床，没法监督皇帝。杨坚趁此机会，独自出宫散步。文帝沿着一条青石小路西行，走着走着，发现一座二层小楼，门额牌匾上书"珠玑楼"三字。杨坚听说过珠机楼是藏书楼，便想进去看看书。刚走到门口，一位宫女走了出来，向皇帝下跪施礼。

杨坚没见过这位宫女，她长得非常俏丽，不觉心动。随口问她姓氏，宫女回答叫尉迟珠儿。这尉迟珠儿也有些来历，她的爷爷尉迟迥在北周时期与杨坚同在朝廷任宫，杨坚想篡位时，被尉迟迥发觉，起兵讨伐，但被高颖打败，自杀而死。尉迟迥死后，其眷属收入宫中，此事至今已 19 年，尉迟珠儿当时还在襁褓之中。19 年来，她是以奴隶的身份度过的。

尉迟珠儿掀起门帘，请皇帝进屋。杨坚进去，随便拿下几本书翻看，但心不在焉，始终打量尉迟珠儿。尉迟珠儿发现皇帝总看她，脸倏然红了，越发显得妩媚动人。杨坚控制不住自己，当时就把尉迟珠儿宠幸了。事毕，杨坚表示，要好好赏赐她。第二天赏了尉迟珠儿许多珍珠。

不料，皇帝光顾珠玑楼的事，被皇后的侍女发现，向独孤皇后告了密。皇后一听，怒不可遏，病似乎一下子好了，爬起床，同宫女、太监一行人，奔向珠玑楼。独孤皇后见了尉迟珠儿，妒火中烧，命令太监用竹杖往死里打。太监把她摔倒在地，便举杖狠打，独孤皇后站在一旁边看边骂，仍不解气。文帝杨坚去仁寿宫回来，不见了皇后，听说皇后出宫门向西走了，不禁又吃一惊，担心珠儿，慌忙往珠玑楼跑。杨坚三步并做两步，一脚踢开门，只见尉迟珠儿已经血肉模糊，早就死了。杨坚怒火直蹿，但还是忍住，一跺脚离开珠玑楼，信步走到马棚边，要了一匹马，骑着出了宫门。

独孤皇后让太监把尉迟珠儿的尸体丢在山谷喂狼，才算出了口气。她回到后宫，不见皇帝，命令宫女、太监到处寻找也没找到，不禁慌了，忙报告了高颖和杨素。

隋文帝一气之下，骑着马往山上走了 20 多里，天渐渐黑了，也不理会，高颖一行追了上来，劝他回去，杨坚说：“朕枉为天子，不能保护一区区宫女，真没意思。”高颖安慰道：“陛下乃万乘之尊，岂能为一妇人而不顾江山社稷呢?”

杨坚一听，觉得有理，调转马头，慢慢往回走。文帝杨坚赌气出走，高颖把他劝回来，当时说过一句话：岂能为一妇人而不顾江山社稷。此话并无恶意，但传到独孤皇后耳中，立时来了火，认为用“一妇人”来指皇后，是对自己极大的侮辱，发恨非报负高颖不可。高颖与独孤皇后两家是世交，独孤氏小时候，她父亲去世以后，高家对她家曾多方照顾，她也常去高家玩耍，她当皇后以来，对高颖也不错，这句话应该无所谓。可今非昔比，皇后的脾气见长，不管是谁，顺我者昌，逆我者亡。

还有一件事，独孤皇后也对高颖不满。她想废掉太子杨勇，改立次子杨广为太子，但高颖不同意，他认为长幼有序，杨勇是长子，应该为太子，不能随便废掉。

这两件事和在一起，使独孤皇后对高颖很憎恨，总想寻找个报负的机会。不久，高颖的夫人去世，独孤皇后想：何不将自己亲戚的女儿嫁给高颖，套上亲戚关系，把他拉过来，为己所用，岂不更好？皇后把自己的想法对文帝说了，当然只是说续娶之事，以示关心。皇帝自然同意，一天，皇帝亲自对高颖说：“皇后听说你最近丧偶，非常关心，特意让朕给你提媒说亲，你看如何？”高颖含泪推辞道：“臣已老矣！退朝之后，只能在家里读读佛经而已。对‘二圣’（指皇帝和皇后）的垂爱，臣铭记在心。至于续娶，臣已不想。”皇帝一听，也就把续娶之事放下。

几天之后，高颖的妾生了男孩，文帝很替高颖高兴，并对皇后说了。独孤皇后一听，更来了气，她对妾、妃、嫔之类本来就反感，又放在高颖身上，焉能不气？于是说：“前几天，陛下亲口为高颖提亲，他却用一套好听的话来敷衍，现在明白了吧，他是钟爱小妾，所以用假话来欺骗皇上，按说是欺君之罪。这样的人不治他的罪，也不能信任他了。”

文帝觉得皇后说得似乎有理，于是也对高颖有了看法，渐渐地开始对他疏远了。

开皇十九年（公元600年），凉州（今甘肃武威）总管王世积被人密告，王世积是高颖原来的部下，文帝杀了王世积，借机撤了高颖仆射的职务，让他闲居。一些大臣知道高颖受了冤枉，便上表求情，然而，不仅没求下来，反而连他们也受了处罚。给高颖讲情不起作用，但对高颖落井下石的，却立竿见影。有人见高颖落了威，便想揭发他，好立功受奖，于是向皇帝密告。这样，高颖被送进狱中受刑审讯。有司判高颖死刑，皇帝心里明白，高颖没什么罪过，就给了点面子，贬为庶民，免去一死。

高颖出狱，高高兴兴地搬出齐公府，没有半点怨恨情绪。因为，他常想着母亲说过的一句话，那是他刚当上仆射时，母亲说："你的富贵已达到顶点，再往前一步，就要杀头了，可千万小心呀！"现在，已经下了大狱，又顶着脑袋出来，岂不万幸？

到仁寿年间，文帝杨坚想起了高颖许多好处，又把他封为太常寺卿重新任用。可是，杨广即位以后，在大业三年，编了个罪名，把高颖杀害。她母亲担心的事，终于发生了。

杨广为什么要杀高颖呢？那还是隋军刚攻进南朝陈国都城建康时，捉住了陈朝皇帝陈叔宝和贵妃张丽华，杨广见她长得漂亮，便捎信给高颖，不要杀她。高颖想，张丽华乃妲己一样的人物，留着后患无穷，便下令把她杀死了，杨广闻听，便说："我将来一定要报答高公的！"心胸狭窄的杨广一旦得势，又怎能放过对他嗜好于不顾的高颖呢？

杨广弑父夺皇位

隋文帝的长子杨勇因为生活奢侈，渐渐失去隋文帝的欢心。又因为他不听独孤皇后的话，宠爱一个叫云昭训的姬妾，因此也受到皇后的冷落，他的太子地位越来越不稳固了。这时候，隋文帝的儿子晋王杨广加紧活动起来，想取代杨勇的地位。

杨广为了得到隋文帝的欢心，就处处投其所好。每当隋文帝要到他的王府来，他就把那些花枝招展的姬妾们锁在屋里，只留下几个又老又丑的女人，穿着粗布衣服，在左右侍候。他故意把乐器的弦弄断，乐器上的尘土也不让人擦掉，摆在惹人注意的地方。隋文帝看到这种情景，以为杨广不好声色，非常满意。

有一次，杨广外出打猎，遇到大雨，侍从给他送上油衣（雨衣），他说："士兵们都被大雨淋着，我怎么能一个人穿呢?”坚持和士兵们一样淋雨。隋文帝听说以后更加高兴，认为杨广有仁爱之心，可以成大事。

杨广知道皇后不喜欢杨勇，对皇后更加恭敬。凡是皇后派来的人，不论地位高低，他都和妻子亲自设宴招待；凡是执掌权力的大臣，杨广都去结交；他还笼络了一大批人材。这样，大臣们都说晋王仁义厚道，皇后对他更是宠爱有加。

有一次，杨广要离开长安回扬州，去辞别皇后的时候，他故意装出难舍难分的样子，哭哭啼啼地说太子要害他，他怕再也见不到母后了。皇后非常气愤，越发地恨杨勇。

杨广回到扬州，就开始秘密策划谋取太子地位。他的部下宇文述对杨广说：“废立太子，是一件非常重要的事。皇上最信任杨素，如果这事有杨素支持，定能成功。杨素最信任他的弟弟杨约，我和杨约有交情，愿到长安去办这件事。”杨广非常高兴，就派宇文述到长安去找杨约。

宇文述到了长安，就请杨约喝酒。他知道杨约最爱古董，事先把各种珍宝摆在客厅最显眼的地方。杨约一见就被吸引住了，摸摸这件，看看那件，赞不绝口。宇文述乘机说：“这些珍宝都是晋王特地让我送给您的。”杨约十分惊讶，问：“这是为什么？”宇文述笑了笑说：“这点小礼物算什么，晋王还要送大富大贵给您和越国公（杨素）呢！”杨约更加吃惊了，他说：“我杨约虽然谈不上富贵，可是家兄却是富贵已极，哪里还要人送呢？”宇文述说：“虽然你和越国公富贵已极，可还很难说能永保富贵。越国公执掌大权多年，不知得罪了多少人。太子做事，越国公又常常反对，太子能高兴吗？一旦皇上去世，太子登了基能饶过他吗？”杨约忙问：“您有什么高见？”宇文述贴在杨约耳边说：“皇上皇后有意要废除太子，改立晋王，这全仗您一句话了。事成之后，晋王一定感激您，您的富贵还愁不长久吗？”杨约连连点头。

杨约见了杨素转告了宇文述的话，把杨素也说动心了。杨素答应马上行动。过了几天，杨素便对皇后说：“晋王对父母很孝顺，平时非常节俭，很像皇上。”接着又说了一通太子的坏话。杨素的话正合皇后的心思，皇后便给了杨素很多金银，让他想办法废太子，立晋王。隋文帝派杨素去看望太子时，杨素故意拖延着不进去，想激怒太子。太子果然大怒。杨素回去对隋文帝说：“太子怨恨陛下，我去的时候他正在发脾气，恐怕会发生意外，陛下得多加防范。”隋文帝信以为真，派人监视杨勇。

杨广又收买了太子的亲信姬威，姬威写表揭发太子说："太子经常找人算卦，然后高兴地说，十八年（开皇十八年）皇上必死，眼看就到了。"隋文帝看了之后，流着眼泪说："想不到杨勇心肠这样狠毒！"于是下令把杨勇抓起来。

公元600年，隋文帝宣布杨勇为庶人，立杨广为太子。4年以后，隋文帝得了重病。杨广以为时机已到，就写信给杨素，询问应该怎样处理隋文帝的后事。想不到，杨素的回信被送信人错送了隋文帝。隋文帝看了，勃然大怒，立即召杨广责问。

这时候，隋文帝的妃子陈夫人慌慌张张跑了进来，哭着向隋文帝说："太子无礼！"原来杨广见陈夫人长得漂亮，趁陈夫人换衣服的时候跑去调戏。隋文帝拍着床大骂："这畜生怎能担当治国的大任哪！快把我儿子叫来。"身边大臣柳述、元岩不知道发生了什么事，正要派人去叫太子杨广。隋文帝脸气得通红，好半天才说出两个字："杨勇！"柳述、元岩这才明白隋文帝要重新立杨勇为太子，就急忙去写诏书。

谁知杨广和杨素已经得到消息，带着军队，拿着假造的诏书，包围了仁寿宫。他们宣布皇帝命令逮捕柳述和元岩。随后，又用东宫的卫士代替了仁寿宫隋文帝的卫士，把守住宫殿的各个出入口，并命令照顾隋文帝的人一律离开，由右庶子（东宫官员）张衡负责一切。大家刚刚走开，只听见殿内一声喊叫，过了一会儿，张衡出来说："皇上早已死了，你们为什么不及时禀报？"宫内外的人大惊失色，可是谁也不敢说什么。就这样，隋文帝被杨广、杨素一伙害死了。随后，杨广派人给杨勇送信，说皇上有遗嘱，要杨勇自尽。还没等杨勇回答，派去的人就把杨勇拉出去杀了。

这年7月，杨广登上了皇帝的宝座，他就是隋炀帝。

隋炀帝游江都

公元604年7月，杨广指使亲信杀害了自己的父亲隋文帝，又杀掉了自己的哥哥杨勇，当上了皇帝。杨广就是我国历史上臭名昭著的隋炀帝。

荒淫无耻的隋炀帝在位期间，曾经先后3次乘舟南下，游历江都（今扬州），这种远出巡游，既是为了炫耀武功，以达到政治和军事的目的，同时也是为了满足游玩享乐的欲望。

大业元年（公元605年）8月，通济渠刚告竣工，隋炀帝就迫不及待地带着皇后、嫔妃以及百官出游的龙舟以及杂船几万艘，乘轻舟从洛阳显仁宫出发，到河南洛口（今巩县）换乘龙舟。

隋炀帝所乘龙舟，高45尺，宽50尺，长200尺。船上共分四层，上层有正殿、内殿、东西朝堂，中间两层有房间120间，每间都是雕梁画栋、玲珑剔透，金玉装饰、满壁生辉。下层是宦官和内侍住的底舱。这艘巨大的龙舟就像一座水中的宫殿，如此庞大的身躯，在水面上篙撑不动，橹摇不动，桨划不动，2000多里的路途是怎样走完的呢？早有大臣王弘献计，命人用七彩缎匹制成锦帆挂在船上，遇风时，龙舟可乘风张帆，顺风而行，无风时，就用五色锦缎拴住龙舟上的殿柱让人牵着往前拉。拉船的人叫做殿脚，龙舟有殿脚1080人，所选的全是吴越之地的民女。岸上有郭衍带领的前军骑兵20多万人，沿两岸护送。这支绵延200余里的船队见首不见尾，浩浩荡荡地向江都行去。

隋炀帝与皇后、嫔妃坐在舟中，一边饮酒作乐，一边观赏着沿途风光，不禁心旷神怡。船队所过州县500里地以内的，皆令百姓贡献食物，多者每州100抬，少的也得数10抬，所献山珍海味、美馔佳肴，皇上与嫔妃们吃不完的就丢弃，出发的时候就地埋掉。走了1个多月，才到达江南繁华胜地江都。隋炀帝住在豪华的江都宫里，宫中以金玉为饰，富丽堂皇。

留居江都的日子，隋炀帝邀约了一批当地的文人学士，带领着嫔妃，每日游山玩水，春赏琼花，夏观长江，无边美景使隋炀帝乐不思蜀，一直流连到第2年3月，才恋恋不舍地起驾回东都洛阳。回程改走陆路，自然又免不了一路的招摇，沿途百姓再被搜刮了一次。隋炀帝畅游一次江都，耗费财物不计其数，隋炀帝一路欢歌，百姓怨声载道。

隋炀帝回到洛阳，住不多久，又思念起江南的游乐生活，决定再次巡幸江都。大业六年（公元610年），大运河全程通航，隋炀帝高兴万分，随即乘龙舟出发，沿途百姓再次遭殃，贪官污吏拼命搜刮民脂民膏，争着向皇上敬献厚礼，以换得升官晋爵。

隋炀帝在第3次准备下江都时，隋朝的统治已经摇摇欲坠。对内残酷剥削人民，建东都、挖运河，百姓徭役繁重，死伤无数；对外3次出兵高丽，穷兵黩武。为造战船，民夫们昼夜在水中劳作，腰部以下都腐烂生蛆，死者十之三四。人民再也忍受不了他的暴虐统治，全国各地，农民起义的烈火此起伏彼，尤其是北方的农民起义已成燎原之势，住在东都洛阳的隋炀帝惊恐万分，随时都在担心起义军会杀入宫中。

隋炀帝预感到自己的末日来临。一次，东都大业殿的西院失火，火光冲天，宫中慌作一团，隋炀帝以为是起义军杀进宫中，吓得逃出宫殿，直奔后院，躲在草丛中。当大火扑灭以后，人们四处找寻隋炀帝，终于找到了蹲在草丛里的他，拉他出来，他全身仍在瑟瑟发抖，颤声问宫人叛军走了没有。

住在洛阳的隋炀帝为保全他的性命，企图在南方维持半壁河山。于是隋炀帝在公元616年决意三下江都。前两次游江都的船只已被起义军烧毁，隋炀帝下令重新造龙舟和随行船只几千艘，龙舟的规模丝毫不减，反而越发奢华，排场也丝毫不比前两次逊色。一意孤行的隋炀帝带着一群佞臣出发了。当他的车驾走到建国门时，奉信郎崔民象拦驾上表，请求皇上不要抛弃北方的百姓，隋炀帝大怒，命人将他拉下去斩首。

隋炀帝的龙舟行到汜水时，奉信郎王受仁冒死拦驾上表，试图劝他回心转意，留在洛阳。隋炀帝不等王受仁说完，就派人将他斩首示众，至此，谁也不敢再上书劝阻他下江都。

几千艘制作精美的船只跟随着豪华的龙舟，最后一次向江都行去。一路上隋炀帝继续强令各地贡献食物，永济渠沿岸的村落，几乎找不到男丁，劳力缺乏，田园荒芜，加之洪水泛滥，政府横征暴敛，人民只能靠树皮野菜充饥，而荒淫的隋炀帝根本不顾人民死活，仍然加紧搜刮百姓，过着挥霍奢侈的生活。舟中宴饮不断，笙歌不停，一路载歌载舞地前往江都。

大业十二年（公元616年）冬天，隋炀帝到了江都，住在江都宫，一面连忙命人修建丹阳宫（在今南京市），准备将都城南迁。同时，还命令王世充在江淮地区大肆选取美女进宫，他偏安江南，继续过着荒淫无度的生活，每日醉生梦死，虽然全国农民起义已风起云涌，但他平日不许一个人在他面前提及当前纷乱的局势，过着自欺欺人的歌舞升平的日子。

江淮地区的农民起义势力日趋强大，而卫护隋炀帝的禁军多是关中人，他们思念家乡，想要逃回北方，大业十四年（公元618年），右屯卫将军宇文化及利用兵士的不满情绪，发动兵变。这天夜里，只听得外面杀声震天，内监急报叛军已杀到内殿来了，隋炀帝与萧后并坐而泣，束手无策，宇文化及领兵前来，武士们一齐动手，用一条白绢勒死了隋炀帝，这位荒淫之君死时才29岁。隋朝的统治就此结束，三下江都的隋炀帝最终死于江南。历史无情，14年前，隋炀帝对亡国的陈后主极力嘲弄，在陈后主病死后，赐给陈后主“炀”的溢号。他连陈后主都不如，不仅被自己的部下所杀，而且戴上自己制造的“炀帝”的丑名。隋朝就这样葬送在隋炀帝手里。

李春与赵州桥

隋朝虽然短暂，但是科学技术方面却有不少卓越的成就。比如，保留至今的赵州桥和历史上曾经繁荣一时的著名城市——东都洛阳，在工程设计、技巧和建筑艺术上，达到了很高的水平。

河北省赵县城南的洨河上有座雄伟的石桥，叫做赵州桥。这座桥的设计和监造者，是隋朝时候的一个名叫李春的石匠。尽管经历了一千三百多年的风风雨雨和无数次的洪水冲击，赵州桥依然挺立在河面上，这不能不说是一个伟大的奇迹。据一些研究者介绍，赵州桥不仅是我国、也是全世界现存的最古老的一座石拱桥。

关于赵州桥的建造者李春，可惜史书上对他并没有什么记载。虽然我们已无从了解他的生平事迹，但是我们可以断定，他既是心灵手巧、不畏辛劳的工匠，也是一位才智出众、富于创造精神的建筑大师。他默默地劳动一生，没有人知道他的历史；但他的劳动成果却在我国的建筑史上留下了光辉的一页，为千千万万人所津津乐道。

赵州桥也叫“安济桥”，整个桥身只有一个弧形桥洞。这种弧形桥洞以及门洞之类的建筑，在我国历来习称为“券”。石桥的券，一般都是半圆形，而赵州桥却是小于半圆的一段弧，样子十分美观。券的两肩叫做“撞”。一般石桥的“撞”都用石料砌实。赵州桥却与众不同，券的两肩还有两个弧形小券。人们把这种形式的桥叫做“空撞券桥”。

原来，这样的设计符合科学原理。首先，节省了大量石料。科学家曾作过估算，不把撞砌实而砌成四个小券，节省的石料约为180立方米，使桥身的重量减轻500吨左右。其次，减轻了洪水对桥身的冲击。在洪水季节，洨河暴涨，流量很大，如果把桥的撞砌实了，水流不畅，上游的水就会漫上岸来，石桥可能会承受不了洪水的冲击而倒榻。有了四个小券，增加了桥洞的过水量，自然大大减轻了洪水对桥身的冲击，保证了石桥的安全。这种空撞券桥，在欧洲直到十四世纪才出现于法国，也就是法国太克河上的赛雷桥。算起来，赛雷桥比赵州桥晚了700多年，却早就毁坏了（不是因为战争的破坏）。从这个比较中，我们更能看出李春设计的高明与卓越。

赵州桥的设计，除了采用“空撞券桥”这种形式外，还有许多别致而值得称道的地方。例如，赵州桥的桥洞跨度很大，两端的距离长达37.4米，在当时可算是世界上最长的石拱。这样长的跨度，按照通常的设计，采用半圆形，券的高度一般是长度的一半。这样算来，赵州桥的桥洞就有18.7米高，车马行人过桥，像是翻过一座小山，吃力而不方便。因此，跨度较长的桥，只好多造几个桥洞，以减低桥的高度，这样做，又会导致另一不足，既费石料又费工时。赵州桥的高度比通常的设计低出很多，只有7.23米，克服了两方面的缺陷，而这主要归功于李春独特的创造，他设计的桥洞不是半圆形，而是小于半圆的弧形，像一张弓。因此，赵州桥的桥面没有陡坡，比较平缓，便于车马上下，路人行走，而且省工省料，实是一举多得，超逸绝伦的设计。

赵州桥设计的别致之处，还在于桥洞的砌法也是一反常规的。桥洞的砌法，常用的是“纵联式”，就像砌墙那样，一层一层往上砌，各层石块相互交错，最后形成的桥洞是一个整体，比较坚固。另一种砌法，叫做“并列式”。这种方式是先并排砌成许多道窄券，最终合成一个整券。由于各道窄券的石块之间没有联系，因此不如纵联式坚固，一般也就不为人们所乐于采用。然而李春的设计却恰恰选择了后一种。整个赵州桥的宽度是9.6米，这么宽的大券，就是由28道小券并列而成。

李春之所以采用并列式而不用纵联式，是因为他看到了纵联式的缺点，发挥了并列式的长处。纵联式虽然坚固，但是只要有一块石块坏了，修补起来十分困难，就会牵连整个桥洞，以致造成全部的倒塌。恰恰相反，并列式的桥券，坏了一块石块，只不过是坏了一个窄券，在整个大券中是微不足道的，根本不会影响全局，而且坏了的石块，修补起来也并不困难，即使在修补的时候，桥的交通也用不着中断。正是因为李春看到了一般人所没有看到的两种方式的优短点，所以他大胆地采用了并列式，同时又吸取了纵联式的优点，即在各道窄券的石块之间加了铁丁，把各道窄券拴连在一起，成为整体，从而形成一个既相互独立又紧密联系的独特结构，达到了前所未有的坚固效果。

一千三百多年的漫长岁月，正是这种效果的最好体现与检验。

杨玄感造反李密献策

隋炀帝第一次进攻高丽，被打得大败。一百万隋军兵士，逃回来的不到三千人。沉重的惨败，这个暴君仍不死心。大业九年（公元613年），他又发动第二次对高丽的进攻。他亲自率领大军攻打辽东，派大臣杨玄感在后方黎阳督运粮草。

杨玄感的父亲杨素，原是隋炀帝的亲信，帮助炀帝夺取皇位。因杨素功高盖主，杨广想除掉他，便设宴同杨素太子杨昭一起喝酒。有一杯毒酒是给杨素准备的。但宫人弄错了，毒酒被太子喝了。三天之后，毒性发作，太子临死前说："想不到我替杨素死了。"杨素知道后，郁郁不乐地死去。杨玄感恨透了隋炀帝，这一回看到局势混乱，就想利用这个时机推翻隋炀帝。

杨玄感用督运粮草的名义，征发了年轻力壮的民伕、船工八千多人，要他们运粮到辽东前线。那些年轻人怨透了劳役，听说叫他们远离家乡去干苦差使，更加气愤。

有一天，杨玄感把民伕集合在一起，说："当今皇上不顾百姓的死活，让成千上万的父老兄弟死在辽东，这种情况不能再忍受下去。我也是被逼来干这件事的。现在我决心跟大伙一起，推翻暴君。你们愿意跟我一块起兵造反吗？"

大伙儿一听有人带头反对朝廷，怎么不愿意，顿时响起一片欢呼声。杨玄感见状，深受鼓舞，当下同王仲伯、赵怀义一起商议整编队伍。

杨玄感把八千民伕编成队伍，发给武器，准备进攻隋军。他发现他身边缺少一个谋士帮他出谋划策，不禁想起了正在长安的好朋友李密。

李密的上代是北周和隋朝的贵族，父亲是隋朝有名的武将，被封为薄山公。李密少年时候，被派在隋炀帝的宫廷里当侍卫。他生性灵活，在值班的时候，左顾右盼，被隋炀帝发现了，认为这孩子不大老实，就免了他的差使。李密并不懊丧，回家以后，发愤读书，决定做个有学问的人。

有一回，李密骑了一条牛，出门看朋友。在路上，他把《汉书》挂在牛角上，抓紧时间读书。正好宰相杨素坐着马车在后面赶上来，看到前面有个少年在牛背上读书，暗暗奇怪。

杨素在车上招呼说："哪个书生，这么用功啊？"李密回过头来一看，认得是宰相，慌忙跳下牛背，向杨素作了一个揖，报了自己的名字。杨素跟李密亲切地谈了一会儿，觉得这个少年人很有抱负。回家以后，杨素跟他儿子杨玄感说："我看李密这孩子的学识、才能，比你们几个兄弟强得多。将来你们有什么紧要的事，可以找他商量。"

从那以后，杨玄感就跟李密交上了朋友。

杨玄感想起他父亲的叮嘱，就派人到长安，把李密接到黎阳来。李密到了黎阳，杨玄感向他请教：要推翻隋炀帝，这个仗该怎么打法。李密说："要打败官军，有三种办法。第一，皇上现在在辽东，我们带兵北上，截断昏君退路。他前有高丽，后无退路，不出十天，军粮接济不上，我们不用打也能取胜，这是上策。第二是向西夺取长安，抄他们的老巢。官军如果想退军，我们就拿关中地区做根据地，凭险坚守，这是中策。第三是就近攻东都洛阳。不过这可是一条下策。因为朝廷在东都还留着一部分守兵，不一定能很快攻得下来。"

杨玄感听完这三种计策，却认为李密说的下策是上策，以为攻下洛阳，可以动摇东征的军心。当即决定进兵洛阳，让他弟弟杨玄挺为先锋。杨玄感的反朝廷队伍，迅速得到拥护，很多士兵和百姓来投奔，短时间便达到 5 万人。但是，洛阳守军听到消息，加强防守，而且洛阳城本身修得非常坚固，杨玄感久攻不下，造成僵局。在这种形势下，杨玄感采取了李密的中策，放弃洛阳，去攻长安。

不久，杨玄感的队伍已发展到 10 万人。他率领 10 万人马，向长安进军，路过弘农（今河南省灵宝）时，弘农太守杨智积（杨广叔兄弟）站在城楼上大骂杨玄感。他这样做的目的，是想拖住杨玄感，不让他攻占长安。杨玄感不知是缓兵之计，命令兵士攻城，李密看出问题，说："我军目的是西进长安，兵贵神速。追兵就在后面不远，怎能在此逗留？如果不能迅速占领潼关，追兵赶到时，退无可守，就非常危险了。"

杨玄感不听李密的劝阻仍下令攻城。就在这时，追兵赶到，杨玄感这才命令撤军西进，可惜已经来不及了。追兵数量多出好几倍，把杨玄感的队伍切割成小块包围，以多胜少，杨玄感大败。他和弟弟杨积善逃到一个小地方叫葭芦戍，面对荒凉的景色，杨玄感悔恨交加，对弟弟说："我后悔没听李密的话，落到今天这一步。我不能让他们杀戮，你把我杀了吧！"

杨积善无奈，举刀刺死杨玄感，然后自杀。但未杀死，追兵赶到，将他抓获。

隋炀帝从辽宁省东返回后，下令焚毁杨玄感的尸体，又把杨玄感的弟弟全部杀死。杨广怒气未消，对御史大夫裴蕴说："杨玄感造反，随从者达十万之众，看来天下人太多了，如不多杀一些，就不能惩戒后人！"斐蕴等人疯狂的大开杀戒，凡是与杨玄感沾点边的，全部处死，累计有 3 万人；还有 6000 人被发配边境。

这次杨玄感造反失败，战斗中死伤的和受株连被杀被流配的人数远远超过十万之众，损失惨重。作为隋朝高官，杨玄感无论是出自个人的恩怨，还是国家的前途，他率民众奋起反隋的精神都是难能可贵的。在此之后，各地的起义军不断攻打隋军，隋王朝处于摇摇欲坠之中了。

李世民雁门解围

隋炀帝杨广两次征讨高丽未果，觉得脸上无光，于大业十年（公元 614 年）又带领几十万人马，第三次讨伐高丽。

大队人马赶到辽水西岸时，已经没有刚出发时人多了，有一些兵士在途中偷着开小差跑了。水军船队登上平壤西海岸，准备进攻平壤。实际上隋军将士已无斗志，如果高丽兵还像头两次那样勇敢抗击隋军，很有可能再次获

胜。但经过两次战争，高丽国大臣不愿再交战，大多要求讲和。高丽王同意了多数人的意见，押解着以前逃到高丽的隋将兵部侍郎解斯政，过辽水去见炀帝，表示愿意归降。

杨广很高兴，因为他内心也没有把握是否能打赢这一仗，更怕第三次再输，现在高丽求和，正合他意，这就等于他胜利了，挽回了已经丢过两次的面子。于是下令退兵返朝。

班师路上，杨广让士兵们大唱凯旋歌，他自己不在车辇里坐着，而是骑在一匹高头大马上显出神采飞扬、不可一世的样子。不料，大军走到邯郸境内时，突然杀来一伙农民军，带头的是杨公卿，一马当先扑向杨广。杨广大吃一惊，幸亏有勇敢的禁卫军保护，才算保住了命，杨公卿一伙义军抢走 40 多匹好马飞奔而去。杨广没了威风，从马背上爬下来，钻进车辇里，不敢露面了。

十月份，杨广回到长安，把押回来的叛将斛斯政处死了，然后让高丽国使臣回去捎信，说大隋皇帝宣高丽王来朝，当然是要显示一下他的威风。然而，高丽王不买他的帐，推辞不去，这又使杨广丢了面子，下令做好第四次东征高丽的准备。

事后杨广冷静一想，时值冬季，辽东寒冷，不宜作战，于是决定推迟到来年再做计较。

这期间，各地农民起义军风起云涌，但大臣们都知道杨广愿听好消息不愿听坏消息，所以谁也不报告义军的事，杨广则以为天下太平无事，他可尽情享乐了。长安住腻了又移居洛阳，第二年夏天，杨广又带领百官到北方避暑。

杨广在各地都修了行宫，宫中都有妃嫔宫女太监。他们一行首先来到太原郡晋阳宫，宫中两位贵人不知空等了多少年，才算见到了皇上。杨广在这里住了几天，觉得太原不算凉快，又继续北走，来到汾阳宫（山西阳曲）。这里气温凉爽，适合避暑，但行宫小，百官和兵士住不下，只好在野外山谷搭草棚子住，杨广却不理会这些，只管自己凉快。

转眼到了秋天，杨广心血来潮，要到边塞去视察。这一天，杨广一行过了雁门关（今山西省代县）往北走进入牧区，正放眼欣赏草原风光，远处急驰而来的两匹快马，眨眼间来到杨广面前，从马上跳下一位突厥打扮的人，呈给杨广一封密信。

杨广展开书信，见是义成公主亲笔写的。义成公主是杨坚宗室的女儿，当年文帝杨坚把她许配给突厥酋长启民可汗，结成亲戚关系。大为五年，启民可汗病亡，他儿子咄吉即位，称始毕可汗，按风俗，义成公主成为始毕可汗的可贺敦（即妻子）。如此以来，杨广与突厥酋长始毕可汗也是亲戚了。但是，杨广竟无事生非，鼓动始毕可汗的弟弟叱吉没与他哥哥作对。叱吉没告诉了哥哥，始毕可汗大怒，遂与隋朝断绝往来。

始毕可汗听说杨广只带领 2 万禁卫军，便召集几十万兵马，进攻隋炀帝。义成公主担心隋朝没有防备会吃亏，便写信密报这个消息。

杨广看罢义成公主的信，吓得立即往回返，刚进入雁门关，始毕可汗率突厥大军追过来了。突厥大军全是骑兵，进军的速度快，烟尘滚滚而来，刹那间将小城雁门关包围起来。

杨广胆战心惊地登上北城楼，察看敌情，突厥骑兵之多，一眼望不到边，吓得他冷汗直流，就在这时，突厥兵一齐往城楼上射箭，一支箭射中杨广头上的皇冠，吓得他扑通一声坐在地上，竟失声大哭起来。杨广哭够了，才想起召集大臣们商量退兵之计。有人提出让皇帝带 3000 骑兵突围，但大部分人反对，认为 3000 骑兵要突破几十万大军非常危险，应该派人到四方调兵救援，再派人去突厥让义成公主帮忙。

杨广采纳了后一种意见，然后又亲自对守城的士兵许愿，只要守住城，以后不再征辽，而且论功予以重赏。士兵们增添了勇气，前赴后继，坚持战斗。

山西、河东抚慰大使李渊，接到皇帝的救援信，忙派二儿子李世民带 1000 亲兵奔赴雁门关。

李世民路经五台山时，发现一支隋朝人马驻扎在这里，原来是屯卫将军云定兴带领的 2 万救援部队，他们见突厥兵太多，没敢交战，在这里待候其它援军。李世民虽然只有 18 岁，却很有头脑，他对云定兴说："突厥可汗始毕因为我军离雁门关遥远，才敢发兵攻击大隋天子。如果等援兵到齐，雁门我军就危险了。不如采取虚张声势迷惑敌人之策，白天在几十里山林中插满旌旗，夜半击打钲（行军用的铜制打击乐器）鼓遥相呼应，突厥则误以为我援军汇齐，便会自行撤兵。"

云定兴认为是好计，立即制做旗帜筹集钲鼓，短短三天时间，五台山脚下处处飘扬着隋军旌旗，夜里钲鼓声阵阵，不绝于耳。始毕可汗果然以为隋朝来了大量援军，不禁心虚起来。义成公主也派人报告始毕可汗，说突厥有紧急战事，让他立即返回。于是，始毕撤兵而走。

隋炀帝终于转危为安，急忙赶回洛阳，但对守城将士论功奖赏的诺言，早忘得无影无踪，对于立了大功的李世民，也没有半点儿封赏。

瓦岗军大败张须陀

从大业七年到大业十年（公元611 年到614 年），隋炀帝曾接连三次发动侵略高丽的战争。这又给人民带来一次大灾难。一次征兵就是三百万人，还征调民工在东莱（今山东省莱州市）、海口造船三百艘。不仅如此，隋炀帝还征发民夫运军粮，两个人推一辆小车，车上只能装三石粮，道路遥远，三石粮仅够民夫一路的口粮，运到指定地点，米已吃光，民夫无力缴纳，只好逃亡。百姓为了逃避兵役、徭役，甚至把自己的手脚砍掉，还起名叫“福手”、“福足”。在忍无可忍的情况下，农民起义终于爆发了。

大业七年（公元611年），王薄首先在山东长白山（今章立、邹平、长山等县交界处）起义，活跃在齐郡（今济南）、济北郡（今茌平）一带。隋炀帝调集大军进行镇压，更加激起了广大农民的愤怒。不久，各地起义军汇合成三支强大的队伍，一支是由窦建德领导的河北起义军，一支是由翟让领导的瓦岗军，一支是由杜伏威领导的江淮起义军。其中瓦岗军力量最强大。

瓦岗军的首领翟让，是韦城（今河南省滑县）人，在东郡（今河南省濮阳县）衙门做法曹（管理监狱的小官）。后来，因为犯了一点小过，被关进监狱，判了死刑。狱卒黄君汉平日很敬佩翟让，看到翟让突遭横祸，非常同情他。一天夜里，趁天黑无人，黄君汉打开翟让身上的枷锁，让他逃跑。翟让一边道谢，一边哭着说：“蒙您救助，我得以死里逃生。可是，我走了以后，您怎么办呢？”黄君汉生气地说：“你这是什么话！我看你是个有抱负的人，将来能干出一番拯救百姓的事业，才不顾个人安危放了你，你只管去干大事业吧，不要为我担心。”说完，两个人就分手了。翟让逃出东郡，回到韦城老家。这时候，他家乡的农民正在酝酿起义，他和哥哥翟弘、侄儿翟摩侯，还有同郡的青年勇士徐世绩（后来改名李绩，绩（音jī））、单雄信等人一起上了瓦岗寨，举起了起义的大旗。起义军活跃在南北河之间二百多里的广大地区，杀富济贫，队伍不断壮大。

一天，瓦岗寨门口突然来了一个衣衫褴褛的人，要见翟让，卫兵把他带到翟让那里。原来他就是远近闻名的李密。原来李密在构定感起义失败之后，也被捉去。在押送的路上，李密逃了出来。他在外面流浪了两三年，穷到吃草根、树皮的地步。隋朝官府到处追捕他，最后，他终于上了瓦岗寨。

李密是个很有才干的人，他做过隋朝的官，政治斗争经验和指挥作战的本领比翟让这些人高明。他看到瓦岗军力量越来越大，可只是袭击来往官兵、抢劫运河上运货的船只，没有远大政治目标，便给起义军的将领们分析形势。他对翟让说：“如今杨广昏庸残暴，老百姓怨声载道，这和秦朝末年刘邦、项羽起兵时候的形势完全一样。凭你的才干，又有精锐的兵马，完全可以席卷洛阳和长安，推翻隋朝！”李密的分析，使农民军的首领大开眼界，他们对李密十分钦佩和信任。接着，李密又去说服瓦岗军周围的小股农民起义军和瓦岗军组成联军，共同作战。这样，瓦岗军越来越壮大，成为一股强大的反隋力量。

大业十二年（公元616年），瓦岗军在翟让、李密的指挥下，打下金堤关（今河南省滑县南）。拿下荥阳附近的几个县城，直逼荥阳城下。荥阳地势险要，是通洛渠入黄河的枢纽，自古是兵家必争之地。瓦岗军围困荥阳，吓坏了荥阳太守杨庆，他急忙向隋炀帝告急。隋炀帝任命张须陀为荥阳通守（一个郡的副长官），带领二万精兵，去援救杨庆。

张须陀是隋朝有名的猛将，十分阴险狡猾，王薄领导的农民起义军就是被他镇压下去的。过去，他曾几次打败过翟让，所以，翟让听说张须陀带兵来救荥阳，很紧张。李密和他研究，决定“智取”，由翟让带领部分兵力迎击张须陀，李密把大部分兵力埋伏在荥阳大海寺北边的树林里，徐世绩和王伯当分别埋伏在大海寺的两侧，摆成口袋形的阵势，等着张须陀的到来。

翟让按照计划行动，边战边退，把张须陀引入埋伏圈。只听咚、咚、咚三声鼓响，左边徐世绩，右边王伯当，背后李密，一起杀出，把张须陀团团围住。张须陀急忙下令撤退。可是，退路早被截断。隋军乱成一团，被瓦岗军杀得尸横遍野，溃不成军。张须陀也送了命。从此，瓦岗军声威大振。

第二年春天，李密又率领七千精兵，攻下了隋朝设在东都洛阳附近最大的一个粮食仓库洛口仓（又叫兴洛仓），打开仓库，把粮食分给老百姓。人们奔走相告，感谢瓦岗军，纷纷送自己的子弟参加起义军。瓦岗军在很短的时间内就发展到几十万人。

翟让看到李密很有政治眼光，又屡建战功，就把瓦岗军的领导权让给了他。瓦岗军发布了讨伐隋炀帝的檄文，列举了隋炀帝十大罪状，指出："罄南山之竹，书罪无穷；决东海之波，流恶难尽。"号召人民起来共同推翻隋王朝。

李密咎由自取

大业十三年（公元617年）2月，强大的瓦岗军正式建立统一的政权。屡建战功的李密担任了魏公兼行军元帅，翟让任司徒。建立政权后的瓦岗军，吸引了南北许多小股起义军，他们纷纷前来归附，李密成了中原起义军的领袖。

李密、翟让领导的瓦岗军，杀富济贫，纵横千里，与腐败的朝廷对抗，使隋朝皇帝害怕，老百姓欢迎，其中名将程咬金、秦琼、单雄信等一些脍炙人口的故事至今还在民间流传。

占据中原的瓦岗军，极有可能夺取全国的胜利。但是起义军内部发生了一起流血事件，动摇了瓦岗军的基础。

大业十三年（公元617年）11月，瓦岗军与王世充带领的隋兵交战，取得胜利，李密设宴为主将们庆功，将翟让、翟弘、单雄信、徐世绩等人请至帅营。几位将领刚刚坐下，卫士们站在身后，李密就让自己的卫士下去喝酒，只留下一名叫蔡建德的随从，左长史房彦藻建议翟让的卫士也到外面去喝酒，翟让同意了。

营帐内，酒喝到高潮之处，李密让翟让鉴赏一下新买的弓。翟让站起身，接过弓，两臂用力将弓拉圆，就在此时，蔡建德突然挥刀向翟让砍去，翟让惨叫一声，倒地而亡。李密埋伏在帐后的杀手一拥而出，将翟弘、王儒信等人杀死，对单雄信、徐世绩等将领予以保留。

翟让等高级将领被杀以后，从表面看，李密的统治地位更牢固了，实际却相反，一些将士心灰意冷，同他离心离德了。

隋朝皇帝杨广被杀死以后，朝廷大权落在禁军统领宇文化及手中，他将皇室宗亲不管老弱妇孺，统统追杀，又借肖皇后名义立杨浩为皇帝，他自己任仆射，下令江者的朝廷官员、兵士全部出动，奔赴长安。

宇文化及一行 5 万人马，走到滑台（今河南省滑县），所带粮食快没了，正在着急之时，得到消息，滑台附近的黎阳有个粮仓，但被瓦岗军占据，宇文化及当即决定，带领 3 万人马去打黎阳。

他来到黎阳，才知粮食不在黎阳而在黎阳附近的仓城，他立即率大军直赴仓城。黎阳守军由瓦岗军大将徐世绩统领，他原本属于翟让麾下，李密杀翟让时，没有杀他。此时听到宇文化及要来夺粮，徐世绩考虑兵马不多，便放弃黎阳，全力保卫仓城，又派人去向主帅李密报告，李密派秦琼、程咬金为先头部队，自己随后，共有两万兵马，来仓城救援。

宇文化及来到仓城下，指挥禁军攻城，禁军个个武艺超众，作战勇敢，很快冲上城头。但瓦岗军毫无惧色，拼力抵抗，将扑上城头的禁军打下城去。

就在宇文化及指挥攻城之际，远处杀来一支人马，在宇文化及大军的背后开战，为首的两员大将，一个是手执长槊的秦叔宝，一个是手舞双斧的程咬金。宇文化及见状，急忙迎上去与二将厮杀，大战数十回合，渐渐力不能支，幸亏禁军人多，才没有吃大亏。此时天色已晚，双方只好休战。

第二天，宇文化及继续指挥禁军攻城，几乎同时，瓦岗军又在背后杀来，宇文化及无奈，再回过头来迎战秦叔宝和程咬金。李密大军这时也赶到淅水河边。李密和宇文化及都不愿恋战，怕被夹击。宇文化及怕李密大军和仓城之中徐民绩大军夹击；李密怕宇文化及和洛阳城内隋军的夹击。

洛阳城由越王杨侗和王世充留守，王世充与李密多次交锋，胜少负多。他听到杨广被杀的消息，便立越王杨侗为皇帝，改元皇泰，王世充为郑国公。

洛阳城中官员也人心惶惶，害怕李密与宇文化及联合起来攻打洛阳，一位叫盖宗的出了个主意：招降李密，让李密继续与宇文化及斗，等到一方败退、一方疲惫时，再乘虚而入，定可取胜。官员们都赞成这个计策，所谓的皇帝杨侗派盖琮带着他的诏书去招降李密。

李密见到诏书非常高兴，认为这样就解除了后顾之忧，马上表示同意。于是，他专心对付宇文化及了，他知道宇文化及缺粮，便假装与他讲和，并说送他 3500 车粮食。

宇文化及对李密的建议正求之不得，立即答应讲和退兵。想到马上就有了粮食，便让将士们吃顿饱饭，将剩余的粮食一扫而光。但是，预定交粮的时间过了，粮食不见送来，派使者催问，使者一去不返，宇文化及这才知道上当，不由大怒，命令全军与李密决斗。

战斗在童山下展开，从清晨打到下午，双方伤亡惨重，李密被一箭射中，倒在马上，大将秦叔宝挥舞一支长槊，像无数长蛇，击败李密身边的禁军，将昏迷的李密到自己马上，杀出重围。

战斗结束以后，真正是两败俱伤，宇文化及只剩五分之一（一万）人马，逃往魏郡（今河南省安阳）。李密则率领疲惫不堪的瓦岗军，去归顺洛阳皇泰帝杨侗。走到半路，得到洛阳发生宫廷政变的消息：王世充杀死几位重臣，软禁了杨侗，自己主持朝政。李密这才有所醒悟，不能去洛阳，返回金镛城，准备休息整顿之后再说。但是，王世充不给李密喘息的机会，按照盖琮的计策趁瓦岗军刚进行完一场恶战需要补充与休整之际，发兵讨伐。

李密召集军事会议，研究抗敌之策。老将裴仁基说：“王世充率大军离开洛阳，洛城必然空虚，我军可兵分两路，一路守在他进军的重要通路；一路绕道去攻洛阳。当王世充回军救助洛阳时，我军刚撤兵；王世充再来进攻时，我军又去攻打洛阳……如此三番两次，王世充两头奔命，这时我军全面出击，便可获胜。”

这是一条非常英明的计策，然而，多数将领却不同意，认为王世充如在城内不出，难以攻下，如今倾城而出，正是歼灭的好机会。单雄信积极要求出战，投降瓦岗军的禁军陈智略、樊文超也要求当先锋。在这种情形之下，李密决定亲率大军，与隋军正面决战。

这天，隋军赶来，王世充派几百骑兵先去攻打先头部队单雄信。李密让裴行俨、程咬金去支援单雄信。二人走到途中，遇到隋军，一箭射中裴行俨，掉在马下。隋军冲过来，程咬金抡起两把大斧，杀开隋军，把裴行俨救到马上便往回撤。就在此时，一名隋将追来，猛刺一槊。程咬金不慌不忙，躲过长槊，左手顺势抓住槊杆，一用力，居然将槊杆折断，右手大斧一掠，隋将惨叫一声掉到马下。其余隋军惊得目瞪口呆，不敢再追，程咬金平安地救回裴行俨。

以前李密多次战胜王世充，所以这次相遇，仍不把他放在眼里，不认真思考战略战术，认为正面决战便可获胜；而王世充做了充分准备，又设伏兵用巧计，首先在战略上胜出一筹。

第二天，王世充带着一位面貌酷似李密的兵士，向瓦岗军进攻，李密指挥大军与隋军展开激烈交战，你来我往，杀声震天，正在这时，隋军大喊：“李密被抓住啦！”瓦岗军循声一看，果然有一人被绑在马上，很像李密，便信以为真，顿时慌乱起来。就在这时，隋军号炮大响，伏兵出击，进攻瓦岗军的后阵，并放火烧了李密大营。李密指挥不灵，只好率军退到路口，当初积极请战的陈智略等却投降了。

洛口守将是瓦岗军邴元真，他对李密杀翟让一向很不满，此时见李密兵败来到洛口，便悄悄派人与王世充联络，里应外和。

王世充大军渡过洛水，直逼洛口李密。单雄信见李密有难也不去救，因为他也对李密杀翟让心怀愤恨。此时此刻，李密才意识到，当初杀翟让是不应该的。

瓦岗军两年多时间，发展到数十万人，威震四方，使隋朝统治者恐惧。然而北邙山一仗，竟然彻底瓦解。李密还想重整旗鼓，但所剩将士心灰意冷，他只好带领两万人马去投奔李渊。从此，做为独立的瓦岗军，已经不复存在了。

李密带领剩余的二万瓦岗军，投奔李渊，受到热烈欢迎，李渊封他为刑国公，开口则以兄弟相称，还把表妹独孤氏嫁给他。但是，却不给兵权，仅让他作光禄卿，属于从三品的官，李密心中不满，因为以前李渊与他通信，都称李密为盟主，那时李渊才 3 万人马，而李密在瓦岗寨已有十几万兵马。今非昔比，李密心中很不是滋味儿。不由得对昔日副将王伯当说："唉！想不到我会落到今天这种地步！"王伯当也为李密感到不平。

在唐朝时最出名的敢于直谏皇帝的魏征，当时随同李密一起来长安投奔李渊，他心怀坦荡，处处为公。刚到长安就向李渊上书，应该招抚仍守在黎阳的瓦岗军大将徐世绩。李渊觉得魏征的建议很对，便封他为秘书丞，带着诏书去招降徐世绩。徐世绩也有投靠李渊的意思，得知魏征的来意，就与长史郭孝恪商议。郭孝恪问徐世绩是怎么想的，徐世绩说："黎阳的民众和土地，当初均为魏公李密所辖，我不愿直接将其献给李渊皇帝而讨功受赏。还是将这里的土地人口、兵马等登记造册，送给魏公，让他自己去献吧！"

郭孝恪很赞成这种做法，带着图册来长安，交给李密。

李密与郭孝恪带着图册，来见李渊，讲明徐世绩的态度，李渊十分佩服徐世绩这种义举，封他为国公，任其为黎阳总管，并赐"李"姓，即与皇帝同姓。此后，徐世绩就变成李世绩了。郭孝恪也得到好处，被任命为京州（今河北省商丘市）刺史。

然而，唯独那亲自献出图册的李密，没有得到封赏，他越想越觉得受了侮辱，于心不甘，决定离开长安。

这天，李密去见李渊，说：“臣虚蒙恩宠，安坐京都，无法报效朝廷，心中不忍，今闻山东臣旧时部下大多对王世充不服，臣愿去山东收抚他们，共同征讨王世充。”

李渊也不多想就同意了，还答应贾闰甫和王伯当做李密的副将。李密率领李渊给的一万人马，离开长安东去。这一万人马，是两个月前李密投李渊时所带的两万人马的一半。其中有一位李密的亲信部下叫张宝德，最了解李密的为人，他认为李密此去山东，肯定有个野心，非重新开辟地盘与李渊做对不可。张宝德怕跟着李密弄不好要掉脑袋，于是离开长安不久，又偷着跑回来，向李渊密报。李渊大惊，忙下令招回李密。

李密离开长安，犹如困龙挣脱了羁绊，确实不想再回长安，在李渊手下称臣。可是，刚走到稠桑（今河南省灵宝以北），御史从后面快马追来，传达皇帝旨意，让李密自己回京，说有要事商量，兵马交给王伯当，继续东行。

李密的确精明，一猜就知有人在李渊身边说了他的坏话。当即与王伯当、贾闰甫商量对策。

李密说：“此事突然生变，肯定有人跟皇上说了我的坏话，如若回去凶多吉少。”王伯当说：“皇上没召回大军，可能是有要事同您商议。”李密说：“我了解李渊的为人，表面一套，背后一套。好像对我挺亲热，却只让我作个光禄卿，没有一点实权。此次中途变卦，是怕我不甘臣服，要加害与我。这里是桃林县（今河南省灵宝县）境内，我们干脆攻破桃林，夺取粮食，然后去黎阳，在山东地区重整旗鼓。”

贾闰甫却不同意李密的意见，认为一旦举事，区区一万兵马，不堪一击。李密对贾闰甫很恼火，竟然声称再有二心便杀之。贾闰甫流着泪说：“眼下是强者为雄，败者为寇。明公处于流亡之中，谁还肯驯服？况且自从翟让被害之后，很多人都认为明公忘恩负义，恐怕再无人将兵权拱手相送了……今直言相告，望明公三思。”

杀翟让的事，是李密的一块心病。今贾闰甫旧事重提，使其恼羞成怒，拔刀要砍贾闰甫，被王伯当拉住。贾闰甫愤愤出了营帐，独自骑马奔熊州去了。

王伯当也不赞成起事，但李密已鬼迷心窍，听不进反面意见，王伯当无奈，只好说：“我王伯当既与你以义相交，则生死不变，将来同归于尽不足惜，只是没有价值呀！”

李密带人攻进桃林县城，杀死县令，消息传到熊州，唐右翊卫将军史万宝和行军总管盛彦师商量对付李密的办法，他怕李密来攻打熊州。盛彦师仿佛胸有成竹地说："您尽管放心，李密志在占据山东，攻熊州没有用，给我5000兵马，就可取下他的头来！"史万宝半信半疑，询问盛彦师有什么妙计，盛彦师一笑了之，认为现在还不能说破。

盛彦师率5000人进入熊州城南熊耳山，在一处峡谷两侧埋伏下来。一位部下不解用意，问道："李密声称要去黎阳投徐世绩，我们不在通往黎阳的大路上阻截他，反而钻进深山老林里，有什么用呢？"

盛彦师答道："李密要去黎阳不假，但走大路去黎阳需经洛阳，洛阳守将王世充与李密是老对手，岂能让他过去？而襄城守将张善相是李密的老部下，李密肯定先去襄城，而后绕道去黎阳。去襄城必然要走熊耳山，所以我们在这里埋伏，正好以逸待劳，居高临下，战而胜之。"

果然不出盛彦师所料，第二天，李密、王伯当率领一万人马到了熊耳山。进入埋伏圈后，盛彦师一声令下，谷上乱箭齐发，杀声震彻山谷，李密的兵士猝不及防，慌做一团，纷纷中箭倒下，没中箭的只顾逃命，失去了战斗力。

李密万没想到这里会有伏兵，想组织反抗，身中数箭，落马而亡，年仅三十七岁。可怜王伯当，也中箭身亡，陪着他同赴黄泉，正如王伯当所说：死得毫无意义。

在黎阳的李世绩（即徐世绩），虽然归顺李渊，但念在旧情份上，将李密和王伯当安葬在黎阳山上，而且举行了规模盛大的殡葬仪式，亲自为李密戴孝。

窦建德起义

隋炀帝杨广做皇帝期间，对内实行残酷的剥削压迫，对外实行侵略扩张，其结果是民不聊生，起义者、造反者层出不穷。其中窦建德领导的农民起义军，影响比较大，深受当地百姓欢迎。

窦建德是漳南县（今山东省德州西南部）农民，有一副侠义心肠，愿意助人，他的这种性格，使广大起义者愿意投奔他；但是，他最终的失败，也是因为这种性格。

窦建德起义时间不长，很快就把山东、河北一带零散的小股义军归顺到自己麾下，成为力量最强的起义军。窦建德的驻地在乐寿（今河北省献县），有一天，乐寿境内突然飞来五只大鸟，后面跟随着成千上万只小鸟，足足停留一天才飞走。窦建德认为这是吉祥的预兆，是上天有意让他称王，所以在乐寿建立了夏国，年号为“五凤”，定当年为五凤元年（唐武德元年）。

窦建德称王的消息，被挟持肖后、百官、宫人逃到黄河以北魏县的宇文化及听到，他想连窦建德这样一位农夫都能称王，我堂堂朝廷大将为何不能称帝？想到此，心一横，把所谓的皇帝杨浩毒杀了，自己当了皇帝，定国号为“许”，把当年定为天寿元年。宇文化及原来的禁军，已逃跑了许多，现在他没有多少兵马，为了扩大兵力，用金银珠宝把农民起义军王薄收买。然后与王薄一起攻占聊城（今山东省聊城）。

窦建德的地盘也在黄河以北，宇文化及攻占聊城，是对他的威胁，所以，窦建德亲自带领大军进攻聊城。宇文化及出城迎战，连战连败，只好退回城内坚守。但是，那位被收买不久的王薄，却打开城门，迎进窦建德率领的夏军，将宇文化及活捉。

窦建德将宇文化及和他的死党斩首示众，却把1000多名隋朝宫女全部送回家，并发给路费。禁军还剩一万人，去留随便，一个不杀。这种举动，立时得到宫女们和禁军官兵的热烈欢迎，众口齐赞夏王的恩德。

窦建德攻占聊城以后，不久便班师回乐寿，但不等休整，又听说易州（今河北省易县）的宋金刚带领一万人来捣乱。窦建德立即率军赶往易州，把宋金刚打败。宋金刚带着剩余的4000兵，狼狈不堪地逃往山西，投奔刘武周。

李渊建唐称帝几年，天下并不太平，还有王世充、窦建德等与其对立。王世充原是拥立杨侗为皇帝，不久废了杨侗，自称皇帝，改国号为“郑”。按照李世民的建议，李渊与窦建德讲和，共同对付王世充，并要回妹妹同安公主和堂弟李神通，他俩是在黎阳时被窦建德抓去的。窦建德非常爽快地答应与唐朝讲和，把同安公主、李神通、魏征等人全部送还。

这期间，李世民率领唐军攻打王世充，不断取得胜利。

王世充连吃败仗，在没有办法的情况下，派使者向窦建德求救。窦建德因与李渊和好，没有马上答应。中书侍郎刘彬却说：“现在天下呈鼎足之势，唐李渊占据关西，郑王世充占据河南，我们夏国占据河北。可现在唐军讨伐郑国，连连得胜，郑国地盘越来越小，一旦唐兵灭郑，乘胜北进，夏国就危险了。不如跟王世充联合，共同对付唐兵，也许取胜不难。当王世充疲惫时，我们可见机夺取他……那时，天下不就是大王的了吗？”

窦建德被说得动了心，决定亲率大军救援洛阳王世充。

李世民率军与夏军交锋，打了几仗，大多获胜，并切断了夏军的粮道。窦建德开始怀疑自己与唐对抗，是一步错棋，想撤离洛阳，谋士凌敬献出一计：不直接救洛阳，而绕道山西，进攻唐境河东州郡，如唐兵来救河东，洛阳之围便解了。

窦建德觉得这个建议不错，正要采纳，王世充派来的使者却向他苦苦哀求，不要去河东，直接与唐兵交战以救洛阳。窦建德便义气用事，不去考虑后果，答应了王世充使者的请求，继续与唐军作战。

五月的一天，窦建德拒绝了部下和妻子的劝阻，一意孤行，令夏军主动进攻唐军，唐军开始坚守不出，等夏军饥饿疲惫时，突然出击，获得全胜，窦建德也受伤被俘，李渊下令将他斩杀了。

窦建德是一位正直的农民起义军领袖，为老百姓做过许多好事，给隋朝统治者以沉重打击，功不可没。但关键时刻未把握住，决策失误导致失败，令人惋惜。他的部将刘黑闼率领河北夏军，继续和唐作战。唐军又花三年时间，才把河北稳定下来。公元 623 年，唐统一中国的战争基本结束。但是，唐朝皇室内部的矛盾却尖锐起来。

李渊太原起兵

隋末农民起义峰起云涌，席卷全国，极大地动摇了隋朝的统治基础，隋朝的崩溃已成定局。但农民起义的胜利果实被李渊为首的地主集团所利用，从而为重建封建政权奠定了基础。

大业十一年（公元 615 年），隋炀帝任命唐国公李渊为河东宣慰大使，留守太原，赴山西镇压农民起义。李渊，字叔德，祖籍陇西成纪（今甘肃秦安西北）人。他出

身在一个大贵族家庭，其祖父李虎曾帮助宇文泰在关中建立政权，是西魏、北周的府兵八柱国之一，死后被追封为唐国公。李渊8岁时继袭唐国公的封爵。李渊升任太原留守后，一些关东世族子弟为逃避辽东兵役，纷纷投靠李渊，河东的一些官吏看到隋朝大势已去，也和隋朝统治者貌合神离，不断劝李渊乘机起兵，建立新王朝。

李渊次子李世民是太原起兵的主要策划者，晋阳县令刘文静向李世民分析当时的形势说："现在隋炀帝远在江淮，李密围攻洛阳，各地起义军不下数万，在这种形势下如果有人起来倡呼，取天下易如反掌。现在乘虚进入关中，号令天下，就可以成就帝业。"于是李世民开始秘密进行起兵准备。

当时，李渊与突厥作战失败，隋炀帝准备把他招到江都（今江苏扬州市）治罪，李世民乘机劝说李渊起兵。

"现在隋炀帝荒淫无道，百姓困穷，太原城外已是烽烟四起，如果你只知道效忠隋朝，那么既有不能平定农民起义的忧虑，又有被隋炀帝治罪的恐惧，恐怕要大祸临头了。不如顺民心，兴义兵，就能够转祸为福了。"听了世民的主张，再加上其他谋士的劝说，李渊渐渐地坚定了起兵反隋的决心。公元617年6月，李渊命刘文静假造隋炀帝的诏书，伪称要征发太原、西河（今山西汾阳县）、雁门（今山西代县北）等地，派李世民、刘文静等到各地募兵，召集到1万余人。另一方面隋炀帝为了东征高丽，搞得人心惶惶的，更加深了反抗隋朝的情绪。

太原的两位副留守，其实是隋炀帝派到太原来的耳目，专门监视李渊等人的行动。现在看到李渊招兵买马，就心存疑虑，准备告发。正巧这年太原大旱，一天，李渊要前往晋祠，为民求雨。于是两位副留守准备借晋祠祈雨之际，捉拿李渊父子及其亲信。没想到竟弄巧成拙，李渊先发制人，伪称二人与突厥暗中勾结，结果，两人反而成了冤死鬼，史称"晋阳事变"。这次事变，是李渊集团公开起兵的开始，然后，他们联合突厥势力，依靠关陇、河东地主集团的力量，宣尊称隋炀帝为太上皇，拥立代守长安的杨侑为帝。李渊令长子建成为左军大都督，次子为右军大都督，率领招募的“义兵”，从太原誓师出发，进军长安，四儿子元吉则留守太原。

同年7月，李渊和长子建成、次子世民率3万人马，沿汾水河谷南下，到达霍邑（今山西霍县）。适逢大雨，大军不得不停下来。另据探子报告，隋炀帝已急派虎牙郎将宋老生率2万精兵镇守霍邑，又遣左武侯大将军屈突通屯驻河东，一起阻止唐军的前进。此时，军中又流言四起，说原隋将刘武周勾结突厥，乘太原空虚，想要偷袭。

李渊被这些凶信搅得心神不宁，进退两难，于是急忙召集众将商量对策。长史裴寂建议道：“大将军，看来只有撤军了。”但建成和世民二人坚决反对。李渊一时拿不定主意，紧锁双眉，摆摆手说：“那么都回去吧，这件事要从长计议。”过了两天，中军传出命令：撤回太原，左军先行，右军过两个时辰跟上。于是，李建成无可奈何地准备率兵先撤。

李世民望着没精打采的士兵，想着前途，不禁一阵酸楚，忍不住放声大哭。哭声惊动了李渊，于是，世民又把利害关系向李渊仔细分析，一步一步地打消了他的疑虑。李世民的意思是，现在正是收获的季节，何必担心粮食不够；霍邑的守将只是一个武夫，有勇无谋，不足挂齿；如果不尽快攻下长安，夜长梦多，妄图攻取长安的人马会越来越多，今后就不会再有这样的机会了。听了世民的哭谏，李渊也恍然大悟，又决定继续作战。

8月初，天气转晴，军粮也运到了，李渊亲自带兵逼近霍邑城下，向宋老生挑战，守城的隋将纷纷要求出战，宋老生拿不定主意。而霍邑县令建议他守为上策。宋老生看见李世民与一帮人围着城墙指手划脚，仿佛在商量围城对策时，他冲着县令叫道："我留1万人马让你'守为上策'吧，我要活捉李世民！"县令来不及阻拦，宋老生已带着1万人马冲出城门。没想到，到了城外，却不见了李世民。

城外统领唐军的李渊和李建成，见宋老生出城应战，便率领大队人马，杀向宋老生，刚一开战，就败下阵来，往城南退去。这时侯，李世民已带领一支人马，埋伏在城南的一座高土城的后面。看见宋老生的军队一路追来，李世民发号出击，于是拦腰斩断了隋军队伍。隋军大乱，李渊、李建成和李世民两头夹击，杀得隋军落花流水，宋老生也惨死战场。守城隋军见主将已死，顿时弃城逃散。就这样，唐军轻松地攻下了霍邑城。随后势如破竹，连续攻下临汾、绛郡、龙门。

之后又开始进攻河东（今山西省永济县），在河东，由于隋将屈突通的坚固防守，久攻不克。裴寂认为应该不惜任何代价攻下河东，然后再进入关中，李世民则认为兵贵神速，应该直捣关中。这两种意见都有道理，如果不消灭屈突通，可能会前有长安隋军，后面有屈突通的隋军，李渊就会腹背受敌；如果一直围攻河东，关中隋军就有可能做好充分准备，李渊又会失去战机。李渊权衡两种意见，各取其长，兵分两路，留部分将士转攻河东，牵制屈突通，自己率领李建成、李世民大军攻取长安。

11 月，李渊汇合李建成、李世民的兵马 20 多万攻打长安。李渊下令，不许侵犯隋朝的宗祠和代王宗室，违令者一律灭杀三族。很快，长安被攻克，为了争取和拉拢隋朝的一些地方势力，减少敌对力量，李渊立隋炀帝长子杨昭之子、代王杨侑为帝，就是隋恭帝。恭帝即位，改年号为义宁。并且，遥尊逃到江都的隋炀帝为太上皇。这充分表明李渊具有老谋深算的政治经验。因为立恭帝，既承认了隋朝仍然存在，又等于取消了隋炀帝的皇帝的合法地位。为推翻隋室江山，建立唐朝打下了基础。

唐　朝

唐朝（618～907）是中国历史上著名的封建王朝。隋朝太原留守李渊乘隋末农民起义之机起兵，建立唐朝，在消灭各地割据势力后，统一了全国。

李世民即位后，基本上沿袭了隋的国家法制，并根据当时的实际情况进一步推行经过修订的府兵制、科举制、均田制、租庸调制和户籍法，重视用人纳谏，使唐王朝经济迅速恢复，军事力量日渐强大，出现了“贞观之治”的繁荣稳定局面。在唐太宗、武则天以及唐玄宗统治前期的百年间，唐政府重视发展农业生产、举修水利工程，唐朝农业出现了极其繁荣的局面。

唐朝的疆域空前辽阔，东至大海，南抵南海

诸岛，西到巴尔喀什湖，东北达黑龙江北外兴安岭。唐太宗在高昌（今新疆吐鲁番）、武则天在庭州（今新疆吉木萨尔）分别设安西都护府和北庭都护府，管辖天山以南，凰米尔高原、巴尔喀什湖以西等广大地区。

唐代手工业生产超过了以往任何一个朝代，手工艺品日益精巧，生产技术达到了很高水平，著名的“唐三彩”、百鸟羽毛裙是陶瓷业和丝织业的出色产品。随着农业手工业的发展，商品经济空前繁荣，商业都会和城市车水马龙、繁华似锦，都城长安人口超过百万，不仅是全国的政治中心，也是全国的经济、文化和商业中心。

唐朝实行了对外友好开放的政策，使唐朝和亚、非地区的许多国家保持着广泛和密切）的经济文化联系。对世界文明的发展作出了重大贡献。中国僧人玄奘曾前往印度取经，促进中印两国文化交流。

唐代文化科技也取得了辉煌的成就，涌现出天文学家一行，地理学家贾耽，药物学家孙思邈，史学家刘知几、杜佑，哲学家柳宗元、韩愈、刘禹锡，画家阎立本、吴道子，书法家欧阳询、褚遂良、柳公权、颜真卿，伟大诗人李白、杜甫等大批著名人物。唐代的诗歌，在我国文学史上有着突出的地位，风格流派之多样是前代无法比拟的。雕版印刷的发明是唐代重大技术成就之一。

唐高祖称帝

李渊率兵攻入长安后，觉得自己当皇帝的时机还不太成熟，便按从前曾说过的拥立代王杨侑为皇帝。他封自己为唐王、大都督内外诸军事、大丞相等要职。杨侑只有13岁，所以，实际权力掌握在李渊手中。

李渊有了权，进行了必要的封赏，然后开始报仇了。左翊卫将军阴世师和京兆郡丞骨仪曾经派人掘了李家祖坟，烧了李氏宗庙，此时李渊找了个理由把他俩杀了。然后又准备杀马邑郡丞李靖，因为两人过去有私仇。李靖是当年名将韩擒虎的外甥，很有些名气，李世民便向父亲李渊求情，免除一死，收罗到自己手下，这位李靖以后起到十分重要的作用。李渊颁布了《约法十二条》，废除隋朝一些不合理的法律，长安百姓民心稳定，附近郡县官员都来投奔。

隋炀帝杨广整天沉湎于酒色之中，根本不理朝政，于大业十二年来到江都，在江都设了一百多个宫室，每宫住着成群美女。杨广带着肖皇后和嫔妃们轮流到各宫去玩，并且大摆酒宴，每天换一个宫，每次宴会有上千名姬妃参加。

杨广为了自己整天吃喝玩乐，把朝政大事交给虞世基管理。这时国家已经很混乱，东都洛阳和西都长安都处于危险之中，坏消息天天传到朝中，但虞世基对杨广报喜不报忧，杨广整天被蒙在鼓里。时间久了，杨广听到一些风声，似乎预感到隋朝江山不稳，夜间观星相，预测吉凶，越看越不妙，一次竟突然对肖皇后说："我的脑袋长得很好，不知以后谁能把它砍掉!"皇后闻听此言吓了一跳，他却不以为然，认为"贵贱苦乐的滋味都应尝一尝。"杨广嘴上如此说，实际还是怕有人砍他的头的，他不去想如何平定中原混乱局势，却想再往南走，迁都至丹阳（今南京），并派人修建丹阳宫。

随着杨广来到江都一年多，禁卫军思乡情切，想尽快回家探望北方的亲人眷属。但是，杨广不仅不打算回关中，反而要南下丹阳，所以，都心怀不满。一位叫窦贤的将领率众人潜逃，结果被杨广派兵捉回，全部杀死。事件发生以后，另外几个禁军将领司马德戡、元礼、裴虔通等在一起密谋，一致认为，与其等死不如谋反，将暴君杨广杀死。

这天，司马德戡在禁军中间散布说，皇帝得知大家都想回关中，非常恼怒，备下了毒酒，准备以犒赏禁军的名义，将大家全部毒死。此言一出，迅速传开，都想造反。司马德戡带头起事，几万禁军积极响应，包围了皇宫。有人在东城放火，杨广在宫内发现火光，听到声音，问值班的元礼、裴虔通发生了什么事？两人齐答：草坊起火。不一会儿，元礼打开宫门，禁军冲进皇宫，宇文化及捉住杨广，押到前殿，司马德戡和裴虔通各拿一把大刀，站在杨广身旁。

杨广从来没见过这种阵势，战战兢兢地问："你……你们要做什么……我有何罪?"禁军郎将马文举代表大家列举了杨广的种种罪行：违弃亲庙、到处巡游、骚扰百姓、骄奢淫逸、草菅人命、频繁对外征讨，无数兵丁百姓死亡，民穷国贫，盗贼四起，还要迁都丹阳……杨广觉得马文举说的句句是实话，叹了口气说："我是对不起百姓……"杨广12岁的儿子杨杲，在杨广身边大哭，裴虔通挥手一刀，将他杀死，杨广吓得脸色惨白，说："天子不能用锋刃，拿毒酒来吧!"但是，将领们不同意，杨广无奈，解下身上的丝带，交给马文举。两位将领在杨广的脖颈上缠了几圈，然后用力一拽，这个杀父害兄的皇帝，只挣扎几下，便结束了罪恶的一生。至此，杨广共在位14 年。

李渊在长安听到杨广被杀的消息，似乎有些难过，并且流了泪，他们是表兄弟。实际上，把杨广赶下皇帝宝座，也正是李渊的打算，没料到禁军将领们替他除掉了这个绊脚石。为了避免夺位的嫌疑，他便暗示部下逼杨侑自己提出让位的建议，而李渊则假意再三推辞，实际上逼使小皇帝杨侑禅位。

38 年前，杨侑的祖父杨坚篡周，逼着小皇帝宇文阐禅位；38 年后，李渊又逼使杨坚的孙子让位，历史重大事件，有时相似得惊人。

大业十四年（公元 618 年），李渊称帝登基，国号为唐，改年号为武德，李渊为唐高祖。从此，开始了盛唐历史。

唐高祖称帝后，便打出唐朝的旗号，决心和各个敌对的集团争夺天下，实现统一的大业。

玄武门之变

唐高祖即位以后，封李建成为太子，李世民为秦王，李元吉为齐王。三个人当中，数李世民功劳最大。太原起兵，原是他的主意；在以后几次战斗中，他立的战功也最多。李建成的战功不如李世民，只是因为他是高祖的大儿子，才取得了太子的地位。

李世民不但有勇有谋，而且手下有一批人才。在秦王府中，文的有房玄龄、杜如晦等，号称十八学士；武的有尉迟敬德、秦琼、程咬金等著名勇将。太子建成自己知道威信比不上李世民，心里妒忌，就和弟弟齐王元吉联合，一起排挤李世民。

建成、元吉知道唐高祖宠爱的一些妃子，就经常在这些宠妃面前拍马屁送礼，讨她们的欣喜而李世民没有这样做。李世民平定东都之后，有的妃子私下向李世民索取隋宫里的珍宝，还为她们的亲戚谋官位，都被李世民拒绝了。于是，宠妃们常常在高祖面前说太子的好话，讲秦王的短处。唐高祖听信宠妃的话，跟李世民渐渐疏远起来。

表面上，兄弟三人还很和睦，可背后，李建成时时想除掉李世民。有一回，李渊外出狩猎，由三个儿子陪同，李建成有一匹烈马，虽然跑得快，却有个致命的弱点：前腿软，在奔跑当中会突然跌倒，李建成让李世民骑着这匹马追猎。李世民不知这匹马的毛病，骑上马追赶一只鹿。这马速度超群，比鹿还快。眼看就要追上鹿时，蓦地马失前蹄，李世民猝不及防，从马背上翻下，说时迟，那时快，李世民一个前空翻，稳稳站在地上！

李世民是聪明人，马上明白大哥要用这匹马来暗害他。但是，李世民不在乎，因为，这几年东征北讨，他多数时间是在马背上度过的，练就了一套骑马的本领。所以，他又翻身上马，继续奔跑。连续掉了三次，没碰破一点皮！李世民把马交还给李建成的侍卫，对站在一边的宇文士及说："想用马暗害我，可惜生死有命，枉费心机！"

李世民有意让李建成听到这句话，以起到警告的作用，然而，李建成却这将这句话篡改成："李世民有天子命，将来要当皇帝，不能随便就死了"，让尹德妃和张婕妤在李渊面前吹风。李渊一听，很生气地对李世民说："你想做天子，我还没死呢，也太着急了吧！"李世民一听，也不辩解，摘下王冠，让父皇派人调查，如真说过此话，甘愿受死。

李渊还要训斥李世民，中书令封德彝急忙进来，说突厥颉利可汗和突利可汗联合起来，进攻豳州（今陕西彬县、旬邑一带）。李渊吃了一惊，想一想，还得二儿子李世民率兵去打突厥。于是给李世民戴上王冠，让他以国家为重，带上李元吉去讨伐突厥。

李世民一行来到豳州，与突厥对阵。李世民决定只带百名骑兵出阵与突厥数万大军对话，让李元吉一同去，李元吉不敢去。李世民来到突厥阵前，与突利可汗对话。他胸有成竹，因为了解两位可汗的情况，也知道他们之间存在矛盾，所以，据理阐明利害，认为以和为贵，句句话说到突利可汗的心里，加上逢连雨天，不宜交战，突利可汗便让叔叔思摩到唐营议和，并表示愿同李世民结为兄弟，于是，突利可汗撤兵而回。

颉利可汗见突利可汗收兵，觉得自己力量太弱，打也赢不了，也只好退兵。豳州退敌兵，李世民不伤一兵一卒，不用一矢一刀，仅凭一番话，就达到目的，其智其勇，非一般人能比，使朝廷上下的人无不为之叹服！

武德九年（公元626年）六月的一天，李建成请李世民到东宫喝酒，几杯酒下肚，李世民突然肚子剧痛，回到自己住的西宫以后，吐起了血。御医给他服了药，才渐渐好了。

李渊得到消息，猜想是大儿对二儿下了毒手。尽管如此，仍然不忍心废掉太子，又不想让二儿再受伤害，想了一个他自认为两全其美的办法：派李世民去洛阳，管理陕州以东的州郡。李世民觉得这样也不错，就答应了。李建成和李元吉听到这个消息，非常紧张，认为让李世民去洛阳是放虎归山，便找一些大臣向皇帝上书，说李世民去洛阳不会回来，有分裂国家的危险。李渊一听觉得有理，便再次出尔反尔。

李建成、李元吉一计不成，又生一计，拉拢李世民手下的亲信将领。首先看好尉迟敬德，李建成派心腹送给敬德一车金银珠宝，说明来意，尉迟敬德拒收金银，送走来使，便向李世民报告了。李世民说："将军从今以后要处处留神，他们不会饶过你的！"果然，当天晚上就有刺客来到尉迟敬德住处，但见房门大开，知有防备，吓得没敢进屋就跑了。

暗的不行，就来明的，李建成在皇帝面前诬告尉迟敬德，将他关进监狱，准备杀害，李世民在父皇面前慷慨陈词，历数尉迟敬德的功劳，李渊只好把他放了。

李建成想扫除李世民及其亲信，达到他的目的，各种手段一齐使用。收买这一招失灵后，并不气馁，又向皇帝密告李世民的天策府谋士房玄龄、杜如晦行为不轨，应将他们逐出天策府；派李世民部下大将程咬金去康州（今广东省德庆）任刺史。程咬金虽是武将，却也粗中有细，看出问题，他对李世民说："我至死不去康州，要保护大王。大王的羽翼一旦除尽，就该谋害大王了，请大王尽早决断！"

李世民意识到形势的严峻，召集天策府文官武将商讨对策。这时，边境传来消息，突厥又来入侵，李建成荐举李元吉率兵出征，并将李世民部下尉迟敬德、程咬金等大将一齐杀掉。李世民将此事告诉李渊，李渊要第二天亲自审问，让李世民、李建成、李元吉等人同时参加。

李世民一次次的忍让，达到了极限。现在不仅是个人生死的问题，而是关系到唐朝江山将来落在谁手、向何处发展的大问题，他决定狠下心来反击了。当天深夜，李世民和长孙无忌等将士埋伏在玄武门下。天刚蒙蒙亮，李建成和李元吉骑着马进宫，觉得四周情形与往日不同，李建成回马要走，李世民从墙后出来召呼他。李元吉做贼心虚，想先下手为强，摘弓搭箭，射李世民射去。不知是他心慌力弱，还是神灵保佑李世民，李元吉连发三箭，箭箭射空。

李世民不再迟疑，对准李元吉拉满了弓，李建成见状高喊："四弟小心……"话未说完，李世民射出的狼牙箭直奔他而来，李建成猝不及防，咽喉中箭，从马上掉下身亡。与此同时，喊声四起，尉迟敬德率领70名骑兵如从天降。李元吉催马便跑，尉迟敬德张弓一箭，射中他后心，当场毙命。

这就是著名的玄武门事变。李渊知道消息，也无可奈何，在这种情形下，只好立李世民为太子了。

魏征是李建成所在东宫的官员，经常给李建成出谋划策，此时被抓到李世民面前，将领们准备让李世民审问完后杀掉。魏征在李世民面前，大义凛然，无所畏惧。李世民佩服他的胆略和才能，没有杀他，而且还让他在东宫做官；对前东宫和李元吉齐王府的官员都不追问，使这些官员感激涕零。

此时唐朝大权已掌握在新太子李世民手中。李渊于当年八月，主动传位给李世民，李世民推辞不过，只好同意，于是，在东宫显德殿举行交接仪式之后，李世民即位当了皇帝，即唐太宗。李渊被尊为太上皇。

李世民是年28岁，改元贞观，第二年为贞观元年。历史上把这次政变，叫做"玄武门之变"。

魏征直言进谏

公元626年，即“玄武门之变”那一年，李渊主动传位给李世民，自己当了太上皇。李世民当上皇帝，即唐太宗，改元贞观，次年为贞观元年。从此，唐朝开始了兴旺发达的历史。

唐太宗虽然出身于大贵族家庭，但是他亲自参加了推翻隋朝的斗争，亲眼看到强大的隋王朝被农民起义推翻的经过。他总结隋亡的原因是因为隋炀帝荒淫无度，违背君道。所以，他当了皇帝，总是不忘隋朝灭亡的教训。这些教训，他都铭刻于心。他经常对他的儿子说：“一个皇帝，要是按正道办事，百姓就拥护他；如果他不行正道，百姓就推翻他，这实在可怕！”他又说：“百姓好比水，皇帝好比是船。水能载船，也能翻船。”

建国之初，唐太宗就兢兢业业、小心谨慎地治理国政。古时候，把统治者听取不同意见，判断是非，然后采纳正确的意见，叫做“纳谏”。唐太宗很注意纳谏。有一次，他问大臣魏征，君王怎样才能“明”，怎样才是“暗”？魏征回答说：“兼听则明，偏信则暗。”他非常赞成这个见解。因为他知道，自己并不是无所不知，无所不能。

贞观二年，一个叫李百药的大臣对唐太宗说：“以前虽然释放过宫女，但宫中无用的宫女仍然很多。宫里阴气太盛，也会招致天灾。”唐太宗接受了李百药的建议，下令释放宫女，前后放出3000多人。

公元626年，唐太宗派人征兵。有个大臣建议：不满18岁的男子，只要身材高大，也可以征。唐太宗同意了。但是诏书却被魏征扣住不发。唐太宗催了几次，魏征还是扣住不发。派人把魏征叫来，训斥道：“那些个头高大的男子，自己说不到18岁，其实可能是故意隐瞒年龄，逃避征兵。我已发布诏书，你为什么扣住？”魏征不慌不忙地说：“我听说，把湖水弄干捉鱼，虽能得到鱼，但是到明年湖中就无鱼可捞了；把树林烧光捉野兽，也会捉到野兽，但是到明年就无兽可捉了。如果把那些身强力壮、不到18岁的男子都征来当兵，以后还从哪里征兵呢？国家的租税杂役，又由谁来负担呢？”

唐太宗觉得魏征说得有道理，可还是不服气。魏征接着说："陛下的诏书上清清楚楚地写着征召18岁以上的男子当兵，现在不到18岁的男子也得应征，这能算讲信用吗?"唐太宗吃惊地问："我什么时候不讲信用?"魏征说："陛下刚即位的时候，曾经下诏：拖欠官府东西的，一律免除，可是官吏们照样催收，这是不是说话不算数?陛下一向说要以诚信待人，为什么征兵的时候怀疑百姓作假?无缘无故怀疑人，这能算讲信用吗?"魏征的一席话，说得唐太宗哑口无言。于是，唐太宗又重新下了道诏书，免征不到18岁的男子。这以后，唐太宗更加信任魏征了。

贞观四年，唐太宗准备到洛阳巡游，于是下令修洛阳乾元殿。大臣张玄素上书反对，他说："因巡游东部，先修宫室，这不是当前的急务。关中是全国的要地，应千方百计设法使其保持稳定。当年平定王世充时，凡隋朝宏大奢侈的宫殿都拆毁了，取得了人民的拥护。现在还不到10年，又建豪华的宫殿，为什么以前的坏事，又去学它呢?"唐太宗接受了张玄素的建议，说："这是我考虑的不周。既然如此，就停建吧!"

唐太宗还鼓励各级官吏有什么说什么，不要因为怕得罪皇帝而隐瞒真相。有一次，他询问监修国史的房玄龄："自古以来撰修国史都不让本朝的君主看，这是为什么呢?"房玄龄回答说："一个正直的史官，他撰写的国史一定会如实地记下君主的功过。君主看到里面记载着自己的过错，一定会发怒，所以国史都不让本朝的君主看。”唐太宗说：“有什么写什么，怎么会得罪君主呢？我很想看看国史上怎样写的，把以前的错误，作为今后的鉴戒，有什么不好呢？”房玄龄把有关高祖、太宗的两部分历史材料整理好，送给唐太宗看。唐太宗看到6月4日下面记载的玄武门之变有关杀死李建成、李元吉的情形叙述得十分含糊，便把编写国史的史官叫来，细致地讲了一遍当时的情况，并说诛杀李建成、李元吉一事不必隐讳，因为这是安定国家、有利于百姓的事情。他还说“史官写历史，应该去掉浮词，直书其事，这样才能起到惩恶劝善的作用”。

贞观中期以后，唐朝经济更加繁荣，政治也很安定，朝廷大臣都尽力歌颂太平盛世。只有魏征不忘过去的艰苦，给唐太宗上了一道奏章，指出他在十个方面的缺点，希望他警惕，保持贞观初年的好作风。唐太宗不仅能纳谏，并且主动采取措施引导大臣评论朝政，提出改进意见。太宗登基不久，上朝的态度十分严肃，弄得大臣们战战兢兢，很长时间没有人敢发表意见。唐太宗发现这个问题以后，主动改变作风，自己有意识找大臣交谈，摆出一副和颜悦色的面孔，以减少大臣的畏惧情绪。对敢于批评朝政的大臣，给予赏赐。

唐太宗为了给大臣创造批评朝政的条件，建立了一种制度，即允许谏官史官参加政事堂会议。实行这种制度以后，谏官能及时了解朝政内幕，宰相不敢谎报政绩。军国大政如果有错误，谏官有权当面指责。同时，史官参加政事堂会议，可以及时了解皇帝和宰相的言行，然后根据第一手材料编写起居注，对于封建统治者是一种监督。

唐太宗说过这样一句话："以铜为镜，可以正衣冠；以古为镜，可以见兴替；以人为镜，可以知得失。"在唐太宗的倡导下，大臣们都敢于直言，甚至连一个小地方官也敢于说出自己的意见，栎（音 lì）阳县丞刘仁轨是个小小的八品官，他反对唐太宗在秋收大忙季节出去打猎，要求改在冬闲的时候进行。唐太宗不但采纳了他的意见，还提升了他的官职，表示鼓励。

公元643年，魏征去世了，唐太宗十分悲痛，亲自为他撰写了墓碑的碑文。以后他时常怀念魏征，说："魏征死了，我失去了一面镜子！"公元645年，也就是魏征去世的第二年，唐太宗远征高丽，劳民伤财，损失惨重。回来的时候，唐太宗想起了魏征，十分感叹地说："假如魏征在世，他一定不会让我有这番举动的！"

正因为唐太宗能纳谏，大臣们都敢于直言进谏，所以他在位期间，唐朝的政治比较开明，经济繁荣，社会秩序比较安定，历史上把这段时期称作“贞观之治”。

李靖奇袭阴山

唐太宗即位初期，中原战事虽然结束，但西边边境上还很不安定。特别是东突厥，当时势力还很强大，成为唐朝主要的威胁。太原起兵以后，唐高祖一心对付隋朝，只好靠妥协办法，维持了和东突厥的和好关系，但东突厥贵族仍旧不断侵扰唐朝境界，致使边疆地方不得安宁。

唐太宗即位不满一月，东突厥的颉利可汗率领人马十多万，一直打到离长安只有四十里的渭水边。颉利以为唐太宗刚即位，未必敢抵抗，他先派出使者进长安城见唐太宗，扬言突厥兵一百万，马上开到。唐太宗胆略过人，他不理颉利的威胁，把使者扣押起来。他先布置长安的唐军摆开阵势。接着，又亲自带了房玄龄等六名将领，骑马到渭水边的便桥，指名要颉利出来，隔河对话。

颉利听说使者被扣，已经有点吃惊；再看到太宗亲自上阵，后面唐军旌旗招展，军容整齐，不禁害怕起来。他带着突厥将领在渭水对岸，下马拜见太宗。

唐太宗隔着渭水对颉利说："我们两家早已订立盟约，几年来也没有少给你们金帛，为什么要背信弃义，带兵进犯？"颉利被责备得无话可说，表示愿意讲和。过了两天。双方在便桥上订立盟约。接着，颉利就退兵了。

从这以后，唐太宗加紧训练将士，每天召集几百名将士在殿前练习弓箭。他跟将士们说："外敌进犯，这是常有的事，并不可怕。怕只怕边境稍为安定，人就贪图安逸，忘记战争，敌人来了就抵挡不了。从现在起，平时我做老师，教你们弓箭；战时我当将帅，带领你们抵抗敌人。"

经过唐太宗的鼓励，将士专心练武，不出几年，就训练出一批精锐军队。

第二年，北方下了一场大雪。东突厥的牲畜死了不少。大漠以北发生饥荒。颉利可汗加紧对其他部族的压迫，又引起各部族的反抗。颉利派他的堂兄弟突利去镇压，被打得大败。突利逃回去后，被颉利责打一通。两人因此翻了脸，突利投降了唐朝。

唐太宗抓住这个时机，派出李靖，徐世绩等四名大将率领大军十多万，由李靖统率，分路出击突厥。

李靖是唐朝初年有名的军事家，精通兵法。他在隋朝末年归附唐朝，在唐朝统一战争中，立了不少战功。

公元630年，李靖亲自率领三千精锐骑兵，从马邑出发，趁颉利不防备，连夜进军，逼近突厥营地。颉利毫无防备，发现唐军突然出现，大惊失色。将士们也慌了手脚，说："这次一定是唐朝发动全国兵力来了，要不然，李靖怎敢孤军深入呢？"

还没有到唐军发起攻击，突厥兵先乱了起来。李靖又派间谍混进突厥内部活动，说服颉利一个心腹将领投降。颉利一看形势不妙，就偷偷逃跑了。

李靖攻下定襄，得胜回朝，唐太宗十分高兴，说："从前汉朝李陵带兵五千，结果不幸被匈奴所俘虏；现在你以三千轻骑深入敌人后方，克服定襄，威震北方，这是自古以来少有的盛事啊！"

李靖居功不自傲，他密切关注着边疆安危。

颉利逃到阴山以北，怕唐军继续追赶，派使者到长安求和，还说要亲自朝见。唐太宗一面派唐俭到突厥，表示安抚；另一方面又命令李靖带兵前去察看颉利的动静。

李靖领兵到白道（在今内蒙古呼和浩特西北）和徐世绩会师。两个人商量对策。李靖说："颉利虽然打了败仗，但是手下人马不少。如果让他逃跑，以后我们再要追他，就很困难了。我们只要选一万精兵，带二十天粮，跟踪袭击，一定能把颉利活捉住。”徐世绩也赞成这个意见。两支军队就向阴山进发。

颉利可汗求和实际上只是缓兵之计，想等草青马肥季节来到，再逃到漠北。他看到唐俭来到，以为唐太宗中了他的计，暗暗高兴，防备也自然松懈下来。

当天晚上，李靖和徐世绩率领唐军到了阴山，命令部将苏定方率领二百名轻骑，冒着夜雾悄悄进军。到突厥前哨发现唐军的时候，唐军离开颉利营帐只有七里地了。颉利得知唐军骑兵来到，赶快找唐俭，唐俭已经瞅机会脱身回到唐营。颉利慌忙骑上他的千里马逃走。李靖指挥唐军追杀，突厥兵没有主帅，乱成一团。唐军歼灭突厥兵一万多，还俘获大批俘虏和牲畜。颉利东奔西逃，最后带着几个亲兵躲在荒山里，被他的部下抓住后交给唐军，后来被押送到长安。一度很强大的东突厥灭亡了。唐太宗并没有杀死俘虏。在东突厥原地设立了都督府，让突厥贵族担任都督，由他们管理突厥各部。

这次胜利，提高了唐太宗在西北各族中的威信。这一年，回纥等各族首领一起来到长安，朝见唐太宗，拥护唐太宗为他们的共同首领，尊称他是“天可汗”。

玄奘西行取经

自从李世民征服东突厥以后，西域各族人和亚洲许多国家的人，不断来到长安。在这一时期，我国高僧玄奘和尚也通过西域各国到天竺去。

玄奘是长安大慈恩寺的和尚，洛州缑氏（今河南偃师缑（音gōu））氏人。原来姓陈，叫袆。玄奘对佛教文化做出了空前的贡献。十三岁那年，他出家做和尚，就认真研究佛学。后来到处拜师学习，很精通佛教经典。贞观元年（公元627年），也就是李世民登基的第二年，玄奘 27 岁。他对佛经有些疑问解释不了，便想到佛教发源地去学习考察。

佛教最早起源于迦毗罗卫国（今尼泊尔境内），创始人是释迦牟尼。佛教传于印度以后，迅速盛行起来，西汉时期传到中国。唐朝人信奉佛教的也不少。

唐太宗对佛教采取一定的限制措施，不准僧人随便西去学经。玄奘向有关衙门申请通行证没得到批准，但他并不气馁，慢慢寻找机会。这年秋天，长安一带农田受灾，朝廷允许百姓外出谋生，27 岁的玄奘认为机会来了，夹在灾民之中，出了长安城，开始了艰难漫长的西行之路。

玄奘走到凉州（今甘肃武威）再往西走，没有通行证过不去关卡。凉州是西域各国与内地联系的必经要道，都督李大亮对过关人员盘查严格，他听说唐朝僧人玄奘要出关到西域取经学法，便把他找来，命令他返回长安，不然就抓起来遣送回去。

这点困难根本吓不倒玄奘，明过关不行就暗闯关。凉州佛寺慧威法师被玄奘的才华和求学的精神所感动，派两名徒弟陪着玄奘于夜晚过关，来到瓜州（今甘肃安西县东南）。

凉州都督不知怎么得到玄奘已过关西去的消息，立即向瓜州等地发了追捕玄奘的通牒，牒文措辞严厉：有僧玄奘，欲入西蕃。所在州县，宜严候捉。

瓜州刺史独孤达信，信仰佛教，尊重僧人，他没有抓玄奘，让他快些离去。玄奘在瓜州寺庙门口，碰见一位西域来进香的老人，谈起西行之事，老人说：“西去路遥，道路险峻。还要经戈壁沙漠，几百里全是沙海，没有人烟，法师孤身一人，太危险了！”玄奘说：“贫僧立誓西行，决不东退一步。即使途中亡故，亦不后悔！”

老人对玄奘油然而生敬意，竟然将自己骑的马送给他。深情地说：“你别看这匹马有些老了，但脚力还行，它曾15次往返戈壁大沙漠，道路熟，就送给你用吧！”

玄奘大喜过望。一位素不相识的人居然赠送如此贵重实用的交通工具，真是雪中送炭。他千恩万谢谢过老人之后，骑上老马继续西行。玄奘离开瓜州，天已黄昏，走夜路也不畏惧，到了夜半时分，来到疏勒河边，抬头远眺，高耸云间的玉门关依稀可见。河面无桥，他只好拽着缰绳，让马把他拖过了河。

天亮以后，玄奘不敢上路，怕被官府发现，只好藏在森林中，等到天黑再行。

这一天，走到玉门关外第一座烽火台下，被守兵发现，捉住交给校尉王祥。王祥信仰佛教，不仅没将玄奘遣送回长安，而且告诉他一条小路，可躲过两座烽火台，直达第四座烽火台。这座烽火台守将叫王伯陇，是王祥本家哥兄弟，王祥给伯陇写了封信，让他照顾玄奘。

这条小路很少有人行走，许多地段荆棘丛生，灌木交错，玄奘只好在荆棘林中穿行，夜里太疲乏需要睡觉时，他就把行李往草地上铺，躺在上面睡，清晨醒来，身上、行李上全是霜。偌大的密林荒野中，只有玄奘一人一马，但他不畏艰难，披荆斩棘走了两天，来到了第四座烽火台。

王伯陇见信后，对玄奘很热情，送给他一个罗盘，可在沙漠中指示方向。并告诉他绕过第五府烽火台的小路。玄奘告别王伯陇，走小路绕过第五座烽火台，来到戈壁沙漠边缘的野马泉，装满一皮囊水，进入茫茫无际的沙漠。

沙漠中晚秋的气候温差特别大，白天像烈日炎炎的盛夏，夜晚似寒风凛凛的严冬。玄奘牵着马在沙漠中走了两天，又不小心将皮囊中的水洒光了，而且还要七八天才能出去沙漠，没水根本不行，玄奘只好掉转马头往回走，想去野马泉再装水。走了一段路，想起自己的誓言：不到天竺国（即印度国）不后退一步，于是又回转马头，继续西行。

玄奘又走了两天，渴累交加，昏倒在沙地上。午夜时，被冻醒，又爬起来趔趔趄趄地赶路。走了一程，老马突然一声长啸，然后挣脱玄奘之手独自向前飞奔。玄奘大吃一惊，不知发生了什么事情，使老马失常。他急忙在后面追赶，追了一阵，老马忽然停住，玄奘跑过来一瞧，原来，老马找到一泓清泉！玄奘趴在泉边，与马共饮，喝饱之后，装满皮囊，再往前走，有了力气，又走了五天，终于走出戈壁大沙漠，来到伊吾（今新疆哈密）。

伊吾西部不远处还有个高昌国（国都交河在今新疆吐鲁番一带）。国王叫典文泰，对佛教非常虔诚，听说唐朝一位僧人来到伊吾，便派人到伊吾把玄奘接到交河，研讨佛经，曲文泰送给玄奘一些衣物、30 匹马，又派 25 人护送，并且给西方 24 个国王写信，请求他们给玄奘以方便。使玄奘万分感动，更坚定了西去学经的决心。

玄奘一行走到天山支脉凌山时，遇到雪崩，陪同的人有几位不幸身亡，有的人吓跑了，只剩下八九个人。玄奘毫无退缩之意，跋涉七天，翻过 7000 米高的雪山，辗转许多国家，来到铁门关（今阿富汗巴达克山），把高昌国陪行的人打发回去，自己孤身前行，克服数不尽的艰险，到达迦湿弥罗（今克什米尔），共历时十余多月时间。

玄奘在天竺国访问了数百座寺院，同僧人探讨佛经，一晃十几年过去，开始时以学习为主，后来则以讲学为主。

有一次，摩谒陀国乌苌王朝国王戒日，在曲女城召开研讨佛经辩论会，请玄奘主持，来了18国的国王和五六千名僧侣，主动来的老百姓有5万多人，听玄奘主讲《破恶见论》，连讲18天，没有一人反驳他的观点，由此名声远扬。

贞观十七年春，离开长安17年之久的玄奘开始启程回返大唐。他收集了657部经书和热带、亚热带的树木花草种子，以及戒日王送他的大象、马匹，还有护送人员，一起上路。

玄奘几乎走到每个地方，都有人请他讲经，第二年秋天，才走到于阗（今新疆和田）。他不知唐朝廷是否还治他的私自出国之罪，就把这17年的简况写了表文托人捎至长安给太宗李世民。李世民看了表章不仅没怪罪他，反而很高兴，亲写敕文，让玄奘速来长安见面。此时的玄奘，今非昔北，各地见到太宗皇帝的敕文以后，对他热情迎送，当做功臣对待。

正在洛阳的唐太宗，对玄奘的壮举十分赞赏，在洛阳行宫接见了玄奘。玄奘把他游历西域的经历向太宗作了详细的汇报。贞观十九年（公元645年）正月二十四日，玄奘终于回到阔别近19年的长安，走时27岁，回来已经45岁。玄奘和尚百折不挠的取经事迹，轰动了长安人民。

唐太宗李世民对玄奘西行历游诸国的见闻颇感兴趣，让他详细记录下来。玄奘就把他所经历的110个国家的地理环境、风俗人情、历史及现状、土特产品以及传说故事等一一口述后，让徒弟们记录成一部《大唐西域记》。

文成公主进藏

唐太宗李世民执政时期，是中国历史上最兴盛富强的时期，许多小国甘愿俯首称臣。有的国家和民族，则通过联姻的形式，以加强与唐朝之间的友好关系。正当唐朝繁荣发展的时候，在其西北边境上，出现了一个强大的少数民族政权——吐蕃。公元7～9世纪存在于青藏高原。吐蕃人是藏族的祖先，生活在青藏高原上，过着农耕和游牧的生活。吐蕃人的首领称为“赞普”，意思是雄壮强悍的男子。

公元629年，吐蕃人赞普松赞干布的父亲沦赞弄囊统一了西藏各个部落。松赞干布出生于西藏高原的泽当，在他13岁的时候，吐蕃毗王族的残部大搞分裂，爆发了叛乱，沦赞弄囊被毒死了。年轻的松赞干布担负起平安叛乱和反击侵略的任务，在中小贵族的帮助下，平定了叛乱，维护了吐蕃王朝的统一。他做了赞普，把都城迁到逻些（现在的拉萨），制定官制和法律，创立国有王国制度。

松赞干布建立强大的奴隶制政权时，正是唐太宗贞观年间，松赞干布非常羡慕唐朝的文化，要和唐朝建立友好关系。公元634年，他第一次派遣使臣前往长安访问。唐太宗很快就派使臣回访。从此，汉藏两族关系越来越密切了。不久松赞干布派使臣，带着丰盛的礼物，到唐朝向皇室求婚，唐太宗没有同意。公元640年，他派大相（相当于宰相）禄东赞带着黄金5000两、珍宝数百件，经过数千里的草原，再一次到长安求婚。

传说当时到长安求婚的5个国家的使臣，他们都带着贵重的礼物，想要娶唐朝的公主。究竟把公主嫁给谁呢？太宗决定出几个难题，考一考这些使臣，看谁聪明能干，再作决定。

唐太宗把各位使臣请到宫里，拿出一颗九曲明珠和一束丝线，对他们说："你们当中谁能把丝线穿到明珠中间的孔，就将公主嫁给谁的国王，"原来，这颗明珠有两个相通的珠孔，一个在旁边，一个在正中，中间的孔弯弯曲曲，所以叫九曲明珠。要想用一根软软的丝线穿过去，非常困难。几位使臣拿着丝线直发愁。禄东赞很快就想出一个办法，他找到一只蚂蚁，用一条马尾鬃拴在蚂蚁的腰上，把蚂蚁放到九曲珠的孔内，然后不断地向孔里吹气。一会儿，这只蚂蚁便拖着鬃从另一端的孔中钻了出来。禄东赞再把丝线接在马尾鬃上，轻轻一拉，丝线就穿过了九曲明珠。唐太宗见禄东赞这样聪明，很高兴。

接着，唐太宗又出了第二道难题，他让人把使臣们带到御马场。御马场左右两个大圈，一边是一百匹母马，一边是一百匹马驹。唐太宗要求使臣把它们的母子关系辨认出来。其他几个使臣束手无策，只有禄东赞想出了办法。他运用吐蕃人民在游牧方面的丰富经验，让人暂时不给马驹吃草和饮水。过了一天，他把母马和马驹同时放了出来。只见母马嘶叫，马驹哀鸣，小马驹一个个跑向自己的母亲去吃奶，它们的母子关系就这样被禄东赞辨认出来了。禄东赞说："马的母子关系已经辨清，请陛下将公主嫁给我们的赞普。"唐太宗说："还要再考一次，然后决定。"

当天夜里，宫里钟鼓齐鸣，皇帝传召各国使臣入宫。其他几位使臣急忙穿戴整齐赶到宫里。只有禄东赞想得周到，他因初到长安，路途不熟，怕回来的时候找不到路，就让随从带着颜色，在去皇宫途中的十字路口都做了记号。原来唐太宗是请各国使者到宫里看戏。看完戏，唐太宗说：“你们各寻归路吧，谁能最先回到住处，就把公主许给谁的国王。”禄东赞有记号指引，很快就回到了住处。其他使臣由于不熟悉路途，摸来摸去，直到天亮以后才找到住处。

经过5次考试，禄东赞都取得了胜利。唐太宗非常高兴，心里想：松赞干布的使臣这样聪明、机智，松赞干布自己更不用说了，于是，决定将文成公主嫁给吐蕃赞普。

文成公主是一位献身于汉藏两大民族友好团结伟大事业的杰出女性。文成公主出嫁的消息传到吐蕃以后，引起了吐蕃人民莫大的喜悦和兴趣。为了减少公主在旅途中的艰苦，他们在很多地方都准备了马匹、牦牛、船只、食物和饮水，以表示对公主的热烈欢迎。吐蕃王松赞干布亲自率领大队侍从和护卫人员，从逻些起程到青海去迎接。

唐太宗为文成公主一行预先在青海南部的河源修了一所负责接待的离宫，经过的地方都有官民迎送。一个多月后，公主到达河源，在河源附近的柏海，会见了前来迎接的松赞干布。当时松赞干布以唐皇帝女婿的身份拜见了前来送行的江夏王李道宗，对唐太宗表示感谢，并请李道宗代向太宗问好。松赞干布陪文成公主到了逻些。

他们从东北进逻些城，乐队奏着歌曲，吐蕃人民穿着节日的服装，争着去看远道来的赞蒙（藏语王后的意思）。松赞干布高兴地说：“我们先辈没有和上国通婚的，今天我能娶大唐公主，实在荣幸。我要为公主建一座城，作为纪念，让子孙万代都知道。”他按照唐朝建筑的风格，在逻些为文成公主修建了城郭和宫室，就是现在的布达拉宫。

在文成公主进入吐蕃的道路上，吐蕃人民很多地名与文成公主都联系起来。青海有一座日月山，是现在青藏公路必经之处，据说 1300 年前，当文成公主到达这儿时，她感到过了这座山，又是一重天，远离家乡的愁思未免触景而生。唐太宗为了宽慰她，特地用黄金铸造了日月的模型各一个，远道送来，叫她带在身边，以免思念。从此这座山就命名为日月山了。青海还有一条倒淌河，这条河从东向西流入青海湖。传说文成公主从这条河开始，要弃轿骑马，进入草原。她感到从此和家乡的距离一天比一天远了，不禁痛哭失声。公主这一哭感动了天地，结果使这里发生“天下江河皆东去，唯有此水向西流”的现象。

文成公主到吐蕃，不仅带去各种谷物、蔬菜种子，而且带去了工艺品、药材、茶叶及各种书籍。

在文成公主以前，吐蕃已经有了农业，但经营粗略。

唐朝先进的生产技术传入后，出现小块农田，学会防止水土流失和平整土地。吐蕃的手工业，如酿酒、造纸、造墨、缫丝等都是唐朝汉族工匠直接帮助建立的。文成公主和她的侍女，曾协助吐蕃的妇女改进纺织技术，特别是在染色和图案设计上，给吐蕃提供了很多改进。过去吐蕃人都住帐篷，文成公主进藏后，上层人物都改住房屋。在衣着方面，吐蕃人穿的是毡裘，又笨又重。双方和亲以后，一部分人开始用绫罗绸缎。同时，用唐氏石磨加工谷物，不仅省工，而且减少损耗，从而改善了人民生活。

吐蕃过去没有文字，无论什么事都用绳子打结，或在木头上刻符号表示。文成公主劝松赞干布设法造字。于是他指令柔扎布去研究，后来造出了 30 个字母和拼音造句的文法。松赞干布认真学习新文字，并把这些字刻在宫殿的石崖上，从此吐蕃有自己的文字。他们用吐蕃文释译唐朝的儒经和佛经，促进了文化的发展。唐太宗去世以后，唐朝和吐蕃继续保持着频繁的来往和密切的关系。

公元 680 年，文成公主去世了，她在吐蕃总共生活了 40 年。由于她对藏族人民作出了巨大的贡献，深受藏族人民崇敬，至今在拉萨的布达拉宫里，还保留文成公主和松赞干布的塑像，汉藏人民常到那里拜谒。

好女徐惠

武则天是中国历史上第一位女皇帝，她尽心尽力治理国家数十年。在她执政期间，社会稳定，老百姓的生活稳定殷实，创造了奇迹。武则天是一位传奇式的人物，她对国家的业绩远大于私人生活的不俭。

徐惠比武则天小3岁，继武则天之后被太宗李世民选入宫中。她为人善良淳朴，在童年、少年时期就显示出非凡的才华。

武则天的姨娘杨氏，原为齐王李元吉的妃子，李元吉死后，太宗李世民纳杨氏为妃，贞观十一年（公元637年）长孙皇后去世时，李世民很悲伤，杨氏为了安慰皇上，从民间选了几位美女进宫，借此机会，她把外甥女武则天选入宫中。太宗封武则天为才人，赐名叫媚娘，是年14岁。武媚娘活泼可爱，太宗对她比较喜欢。但由于武则天父亲早逝，她同父异母的两位哥哥对她不好，致使她书读得少，文化素质不算高，几年之后，她的受宠地位，被新进宫的才人徐惠所替代。

徐惠是右散骑常侍徐考德的女儿，徐考德见女儿出生五个月就会说话，认为她是天才，便注意她的早期教育，致使徐惠4岁就能看会诵《论语》、《诗经》，8岁可作文章，而且诗词文章皆佳。人长得也俊秀迷人，真是才貌双全，人见人爱。太宗李世民闻听，在徐惠11岁时，便下诏入宫，先封为才人，不久为婕妤，后又升为充容。而武则天入宫十多年，仍是个才人。

唐太宗李世民对徐惠的喜爱，不仅仅是她的容貌和才华，还因为她有些长孙皇后的作风和特性。长孙皇后是李世民的结发之妻，13岁时嫁给李世民，二人相濡以沫，感情笃厚。长孙皇后不干预朝政，却关心国家大事，经常效仿魏征进谏，深怕皇帝沉湎安逸而荒废朝政。在管理后宫事务中，身体力行，并搜集整理编写了一本《女则》的书，以教育规范后宫人员。

长孙皇后对子女要求严格，对亲属也不偏袒。皇上想封她哥哥长孙无忌为右仆射、吏部尚书，她坚决反对，而且亲自找到哥哥说明其中道理，长孙无忌听从妹妹的意见，找到皇上辞去了高官。这种做法，在封建王朝中是十分罕见的。长孙皇后病重期间立下遗嘱：丧事从简，陪葬物不用金银玉器，只用瓦木……她病故时年仅36岁。

徐惠的出现，填补了长孙皇后的缺空，她也像长孙皇后一样，勇于进谏。她反对太宗晚年对外发动战争，反对朝廷剥削压迫人民，她指出人民不堪重负时，必然会起义反抗。

太宗李世民第一次东征高丽未果，还想再次东征，同时又要对西域诸国动兵，徐惠便上疏力阻："东戍辽海，西讨昆丘，士马罢耗……捐有尽之农，趋无穷之壑；图未获之众，丧已成之军。故地广者，非常安之术也；人劳者，为易乱之符也。"

当太宗要为徐惠修建翠微宫时，她又上疏劝阻，最后一针见血地指出："有道之君，以逸逸人；无道之君，以乐乐身。"

李世民对徐惠的谏言，格外重视和喜欢，尽量去修正自己的失误。李世民知错必改的胸怀，深深地感染着徐惠，她对唐太宗有着深深的感情。

唐太宗病故前，遗诏将绝大多数妃嫔送入庙中出家，而徐惠等极少数人则例外，让她继续留在宫中。可是，徐惠思念皇上心伤，有病竟不吃药，多次表示要随先帝于地下。不幸于太宗死后两年病故，年仅24岁。

徐惠在历史上远没有武则天有名，但她的贤惠和取于进谏，让后人尊敬。

女皇武则天

武则天（624～705），名曌（音 zhào），并州文水（今山西文水县东）人。她的父亲武士彟，原来是个木材商人，后来跟随李渊起兵反隋，被任命为工部尚书。武则天从小聪敏机智，性格倔强。正是因为她容貌姣好，又有才学，所以在她 14 岁的时候，就被唐太宗召选入宫，封为“才人”（嫔妃的称号），赐号“武媚”，人称媚娘。

媚娘的姿色妩媚，性格却很刚烈。相传，唐太宗得到了一匹马，取名叫狮子骢，马性暴烈，桀傲不驯。媚娘入宫不久，就请求驯马。太宗问她的驯技如何，她说：“我只需要三件东西：皮鞭、铁杖和匕首。它不驯就用鞭子抽它；鞭而不驯，就用铁杖猛击它的头；杖而不服，就用匕首割断它的喉咙！”太宗为媚娘气概胜过烈马，大为赞赏。

贞观二十三年，唐太宗去世，他的儿子李治即位，就是唐高宗。唐高宗李治是唐太宗的第 9 个儿子，为长孙皇后所生。他即位后，根据太宗的遗嘱，由长孙无忌和褚遂良协助执政。在唐高宗中期以前，唐高宗还是做了不少有意义的事情，故而后人称赞他的统治“有贞观之遗风”。

唐太宗死了以后，媚娘和一些宫女都被送到感业寺去做尼姑。唐高宗即位，因与媚娘早有旧情，当他到感业寺焚香的时候，正巧又遇上媚娘，彼此十分伤感。于是，高宗让她重蓄乌发，答应再次接入宫中。媚娘虽然性烈不驯，但自入宫后，事事忍让，谦恭有礼，深得高宗与皇后的宠爱，被晋升为“昭仪”（位列九嫔之首，地位仅次于皇后）。没过多久，唐高宗和武则天就恩爱得如胶似膝、形影不离，渐渐把王皇后疏远了。武则天十分得意，还想进一步夺取皇后的位子。她先是利用王皇后与萧淑妃的矛盾诋毁萧淑妃，把萧淑妃废为平民；然后，又想法离间唐高宗与王皇后。但当时，尽管唐高宗宠爱武则天，可还没有废掉王皇后的意思。为了达到目的，武则天绞尽脑汁，千方百计陷害王皇后。

不久，武则天生了一个女孩。王皇后因为自己没有孩子，常常逗这个女孩玩。一天，王皇后刚刚离开，武则天就偷偷把女孩掐死，然后又照样盖好被子。唐高宗进来，掀开被子一看，发现女孩已经死了，武则天装出吃惊的样子，大哭起来。唐高宗问刚才有谁来过，左右的人都说：

“只有皇后来过。”唐高宗气愤地说：“皇后杀死了我的女儿！”从这以后，唐高宗就起了废掉王皇后，立武则天为皇后的念头。

在皇后的废与立问题上，朝廷内部是有争论的。握有重权的国舅、太尉长孙无忌坚决反对立武则天为皇后；而中书舍人李义府则上书，坚持立武则天为皇后。

公元655年9月，唐高宗召长孙无忌、李幀、褚遂良等人入殿，正式提出想废掉王皇后，立武则天为皇后的意见。长孙无忌和顾命大臣褚遂良坚决反对，褚遂良又提出：“陛下即使要废掉皇后，我也请您选择另外的人立为皇后，何必一定是姓武的呢？何况武氏曾经是先帝的妃子，陛下立她做皇后，今后，人们会怎么议论陛下呢？”武则天在帘子后面听到这番话，气愤至极。她最害怕别人提起她曾做过唐太宗妃子的往事，所以，她恨透了褚遂良。

过了几天，唐高宗又征求司空李幀的意见，李幀回答得十分圆滑。他说：“废立皇后，这是陛下的家事，何必一定要外人同意呢？”高宗听了李幀的话，满心欢喜，他知道李幀这位掌管着军权的司空是支持武则天做皇后的。于是，他下定决心。公元655年10月，唐高宗下诏，废掉王皇后，立武则天为皇后。

武则天临朝后，把国家大事处理得井井有条。她的威信也越来越高，有很多事情也不再与高宗商量。高宗发现自己说的话不算数，心里很恼火，就秘密地把大臣上官仪找来，让他起草废武后的诏书。消息传到武则天那里，武则天便迅速采取了对策，处死了上官仪。唐高宗无可奈何。

当时，大臣们把唐高宗和武则天合称为“二圣”。实际上。朝中大权完全掌握在武则天手中，唐高宗不过是空有其名。

对武则天来说，当皇后显然不是最后的目标。她要称帝，做一个堂堂正正的天子。对此，唐高宗也有觉察。于是，大唐宗室，围绕皇位的问题，在皇帝、皇后之间，展开了长期的、激烈的角逐。

武后亲生的有4个儿子，即长子李弘、次子李贤、三子李显、四子李旦。唐高宗为了保住李家的皇位，废武后没有成功，就想禅位给长子李弘。武则天针锋相对，立即用毒酒药死了年仅24岁的长子。高宗又立李贤为太子。李贤举止端庄，好读书，有文采，处理朝中事务也颇有才干。武后十分嫉妒，便借口李贤行为不正，威逼唐高宗把他废成平民，流放到巴州。相传流放巴州的李贤，曾写过一首《黄台词》：

种瓜黄台下，瓜熟子离离。

一摘使瓜好，再摘使瓜稀。

三摘犹为可，四摘抱蔓归。

对武后专权，使李家遭此大乱的现状表示了深切的忧愤。这首词传到京城，武后大怒，立即命令使者到巴州，逼李贤自尽了。

683 年 12 月，唐高宗病死。第二年正月，太子李显即位，就是唐中宗。唐中宗立韦氏为皇后，改年号为嗣圣。这时，武则天以太后的身份，临朝称制。后来，因为武则天不满意于唐中宗加封皇后韦氏的父亲为侍中，又废掉了唐中宗。这时，唐中宗才当了 1 个月的皇帝。

唐中宗被废后，武则天又立第 4 个儿子李旦为皇帝，称唐睿宗，唐睿宗即位后，武则天让他住在别的宫中，不要过问朝政，一切政事全由她自己裁决。此后，在武则天的授意下，沙门法明进献《大云经》，影射武则天是弥勒佛降世，当以女身君临天下。御史傅游艺率领一些老年人上书朝廷，诈称凤凰停在上阳宫中，后又出现在朝堂之上，要求改朝换代，改皇帝姓氏为武氏。

公元 690 年 11 月，唐睿宗和满朝大臣按照武则天的旨意，向她上表，请求她亲自当皇帝并改国号。67 岁的武则天下诏废了唐睿宗，改国号为周，自称“圣神皇帝”。经过 36 年的苦心经营，武则天终于正式登上皇位，成为中国历史上唯一的女皇帝。

武则天称帝之后，不拘一格地选拔人才，发展经济。她当政期间，人才济济，社会安定，巩固了自己的统治。

“国老”狄仁杰

在武则天当政和自立皇帝后，对反对她掌权的人，进行了无情的镇压，但她在政治、经济等许多方面提出和采取了具有远见的政策和措施。尤其在用人方面，很值得称道。她经常派人到各地去物色人才。只要发现谁有才能，就不计较门第出身、资格深浅，破格提拔，大胆任用。所以，在她的手下，涌现出了一大批有才能的大臣，其中最著名的是宰相狄仁杰。

狄仁杰当豫州刺史的时候，办事公平，执法严明，受

到当地百姓的称赞。武则天听说他有才能，就把他调到京城当宰相。

一天，武则天召见他，告诉他说："听说你在豫州的时候，名声很好，但是也有人在我面前揭你的短。你想知道他们是谁吗？"狄仁杰说："别人说我不好，如果确是我的过错，我应该改正；如果陛下弄清楚不是我的过错，这是我的幸运。至于谁在背后说我的不是，我并不想知道。"

武则天听了，觉得狄仁杰器量大，更加赏识他。来俊臣得势的时候，诬告狄仁杰谋反，把狄仁杰打进了牢监。来俊臣逼他招供，还诱骗他说："只要你招认了，就可以免你死罪。"

狄仁杰坦然说："如今太后建立周期，什么事都重新开始。像我这种唐朝旧臣，理当被杀。我招认就是了。"

另一个官员偷偷告诉狄仁杰说："你如果供出别人来，就可以从宽。"狄仁杰这下生气了，说："上有天，下有地，叫我狄仁杰干这缺德的事，我可干不出来！"说着，气得用头猛撞牢监里的柱子，撞得满面流血。那个官员害员起来，连忙把他劝住了。

来俊臣根据逼供的材料，胡乱定了狄仁杰的案，对他的防范也就不那么严密了。狄仁杰趁狱卒不防备，偷偷地扯碎被子，用碎帛写了封申诉状，又把它缝在棉衣里。

那时候，正是开春季节。狄仁杰对狱官说："天气暖了，这套棉衣我也用不上，请通知我家里人把它拿回去吧。"狱官也不怀疑，就让前来探监的狄家人把棉衣带回家去。狄仁杰的儿子拆开棉衣，发现父亲写的申诉状，就托人送给武则天。

武则天看了狄仁杰的申诉状，才下令把狄仁杰从牢监里放了出来。武则天召见狄仁杰，说："你既然申诉冤枉，为什么要招供呢?"狄仁杰说："要是我不招，早就被他们拷打死了。"

武则天免了狄仁杰死罪，但还是把他宰相职务撤了，降职到外地做县令。直到来俊臣被杀以后，才又把他调回来做宰相。

在狄仁杰当宰相之前，有个将军娄师德，曾经在武则天面前竭力推荐他；但是狄仁杰并不知道这件事，他认为娄师德不过是普通武将，不大瞧得起他。

有一次，武则天故意问狄仁杰说："你看娄师德这人怎么样?”狄仁杰说:“娄师德做个将军,小心谨慎守卫边境,还不错。至于有什么才能,我就不知道了。”

武则天说:“你看娄师德是不是能发现人才?”

狄仁杰说:“我跟他一起做过事,没听说过他能发现人才。”

武则天微笑说:“我能发现你,就是娄师德推荐的啊。”

狄仁杰听了,十分感动,觉得娄师德的为人厚道,却不炫耀自己帮助人,自己不如他。后来,狄仁杰也努力物色人才,随时向武则天推荐。

一天,武则天问狄仁杰说:“我想物色一个人才,你看谁行?”

狄仁杰说:“不知陛下要的是什么样的人才?”

武则天说:“我想要找个能当宰相的。”

狄仁杰早就知道荆州地方有个官员叫张柬之,年纪虽然老了一些,但办事干练,是个宰相的人选,就向武则天推荐了。武则天听了狄仁杰的推荐,提拔张柬之担任洛州(治所在洛阳)司马。

过了几天,狄仁杰上朝,武则天又向他提起推荐人才的事。狄仁杰说:“上次我推荐的张柬之,陛下还没用呢!”

武则天说：“我不是已经把他任用了吗？”

狄仁杰说：“我向陛下推荐的，是一个宰相的人选，不是让他当司马的啊。”

武则天这才把张柬之提拔为侍郎，后来，又任命他为宰相。像张柬之那样，狄仁杰前前后后一共推荐了几十个人，后来都成为当时有名的大臣。这些大臣都十分钦佩狄仁杰，把狄仁杰看作他们的老前辈。

有人对狄仁杰说：“天下桃李，都出在狄公的门下了。”狄仁杰谦逊地说：“这算得上什么，推荐人才是为了国家，不是为了我个人的私利啊！”

狄仁杰一直活到九十三岁。武则天很敬重狄仁杰，把他称作“国老”。他多次要求告老，武则天总是不准。他死去后，武则天常常叹息说：“老天为什么这样早夺走我的国老啊！”由此可以看出，武则天爱惜人才，尊重人才，是个贤明的女皇。武则天执政期间也有过失，她一度重用像来俊臣这样的酷吏，残害了不少忠臣。公元705年，中国历史上唯一的女皇帝武则天去世，终年82岁。死前她让人立一座无字碑，是非功过由后人评说。

韦后乱政

唐朝是李家的天下，按照封建社会的规矩，只有和皇帝同姓的人才能封王。可是唐中宗复位以后，便立妃子韦氏为皇后，追封皇后的父亲韦玄为贞王。大臣责虚反对说："异姓不王，古来如此，陛下刚刚复位，就大封后族（皇后的家族），天下会失望的。"唐中宗不理睬。

原来，在武则天的 4 个儿子中，除去李弘聪明练达、通晓事理以外，其余三个都不像母亲，而像他们的父亲高宗了。尤其这位中宗李显，特别庸懦。他被武则天放逐到房州的时候，只有韦氏陪着他，两人尝尽了人世间的苦难。每当听说武则天派使臣来了，唐中宗就吓得想自杀，韦氏总是安慰他说："祸福无常，不一定是赐死，何必这样惧怕呢？"有韦氏在患难中的帮助，唐中宗才活了下来，所以他和韦后的感情特别好。他曾经对韦氏发誓："有朝一日，重登帝位，一定满足你的一切愿望。"如今他当上了皇帝，就想实践自己的誓言，一切都按韦后的愿望办。这样一来，韦后也学起武则天来了，但是唐中宗比唐高宗更昏庸，韦后远没有武则天那样的政治才能，所以唐朝的政局又开始动荡不安了。

那时候，武则天虽然死了，武三思仍然很有势力。韦后最宠爱的小女儿安乐公主嫁给了武三思的儿子武崇训，两家成为儿女亲家，关系十分密切。时间一长，武三思和韦后就勾结在一起了。唐中宗对韦后言听计从。他见韦后信任武三思，自己遇到什么重大的事，也找武三思商量，还听从韦后的意见，任命武三思当了宰相。武三思依靠韦后，比武则天当权的时候还要威风。张柬之见形势不妙，就劝唐中宗除掉武三思，削弱武氏的权力。可是，木已成舟，武三思已经深得唐中宗的信任。

武三思知道了张柬之想要加害于他，忙去找韦后商量对付的办法。韦后和武三思一起，到中宗那里攻击张柬之等 5 位大臣，说他们“恃功专权，图谋不轨”。昏庸的唐中宗信以为真，忙问：“这如何是好？”武三思把他和韦后策划好的主意说了一遍，要唐中宗晋升张柬之等 5 位大臣为王。唐中宗解地问：“封他们做王，不是更难控制了吗？”武三思说：“这叫明升暗降，实际上夺了他们的权。”唐中宗依照他的意见办了。果然，5 位大臣做了王，反而不能再参预朝政。武三思把持大权，被张柬之罢官的一律复职。后来，武三思又捏造了附马都尉王同皎谋反一案，把张柬之等5位大臣先发配后处死。

安乐公主是韦后最小的女儿，野心勃勃，一心想做第二个武则天。因她长得又漂亮，又聪明，因此中宗和韦后格外宠爱她，一些趋炎附势的官员对她也百般巴结。安乐公主在宫中飞扬跋扈，为所欲为。她想办什么事，需要皇帝下诏，她就自己把诏书写好，却将内容部分用手掩住，不给皇帝看，只让皇帝签署。昏庸的中宗竟然笑着从命。因此对安乐公主无人敢惹。

那时朝廷已经迁回西都长安。中宗和韦后生的儿子李重润，19岁时因议论“二张”被迫自杀了，皇家没有嫡子，只好立中宗的庶长子李重俊为皇太子。可是安乐公主对唐中宗立李重俊做太子很不满意。安乐公主竟缠着父亲要他废了太子，而立自己为皇太女，将来继皇帝位。学她祖母的样子，也来做做女皇。

安乐公主朝思暮想当女皇，因此把李重俊看成眼中钉，千方百计想把他除掉。太子李重俊忍无可忍，便跟左羽林大将军李多祚、将军李思冲等起来反抗。他们领了300多名羽林军，先杀向武三思的王府，把武三思和武崇训捉住，历数他们的罪恶，将他们一刀斩了。驸马武崇训死了，安乐公主改嫁武延秀，仍然像以前那样横行霸道。后来连宰相也出自她的门下，中书令宗楚客便是其中的一个。宗楚客是武则天堂姐的儿子，进士出身。他原来投靠武三思，作了兵部尚书。武三思死后，他又投入安乐公主门下，终于官居宰相。

公元710年，有个叫郎岌的老百姓，给皇帝上书，说皇后和宗楚客将为逆乱。韦后让皇帝把朗岌杖毙。又有许州司马参军燕钦融上表说："皇上淫乱，干预国政。而安乐公主、武延秀、宗楚客等人，也图危害宗庙社稷。"中宗把燕钦融召来，当面询问。燕钦融慷慨直言，把韦后、安乐公主的丑事和不法勾当和盘讲出。中宗听了默然不语。宗楚客在一旁见了，怕燕钦融再说出他的事来，竟矫诏让侍卫把燕钦融投在殿廷石阶上，折颈而死。中宗虽然不曾责备宗楚客，但面色很难看。宗楚客知道皇帝已经生了疑心，赶忙去报告了安乐公主。公主又和韦后商量。安乐公主建议，夺权害死父亲，让韦后临朝，立她为皇太女，将来传位于她。韦后同意了，母女二人合谋要毒死唐中宗，一天，唐中宗正审阅奏章，来不及吃饭，韦后让宫女送去蒸饼。唐中宗边看奏章边吃，没等吃完，便倒在地上死了。

韦后毒死唐中宗，把消息封锁起来，不发丧，然后召集韦家子弟和她的亲信，带兵5万人守卫京城，准备登基称帝。她没料到，被她陷害罢了官的李隆基（唐睿宗的第三个儿子），早已料到韦后会篡夺皇位，为了保住唐室江山，在长安的羽林军中结交了一批猛将，等待着时机。唐中宗被害，李隆基立即发动羽林军攻入宫中，杀了韦皇后和安乐公主，接着用武力清洗韦氏和武氏集团，把韦氏家族和武氏家族的人差不多都杀光了。

最后，由武则天的女儿太平公主出面，恢复唐睿宗的帝位。公元712年，唐睿宗又把皇位让给了李隆基，他就是历史上有名的唐玄宗。

玄宗“开元之治”

李隆基28岁即皇帝位，年号“开元”。由于他死后的庙号是“玄宗至道大圣大明孝皇帝”。所以史书上便称他为“玄宗”。又因庙号中有个“明”字，又称为“明皇”。唐玄宗李隆基是位了不起的皇帝，在他执政前期，社会空前繁荣。

李隆基是睿宗李旦的第三个儿子。大哥李成器，武后曾立他为皇太孙。后来中宗即位，改封为宋王。李隆基讨平了韦后和安乐公主，使父亲睿宗即位。睿宗在确立东宫皇储时有些为难，如果按常规来讲，李成器不但年长，而且是嫡子，并作过太孙；但李隆基却在建立王朝中立了大功，所以睿宗迟迟决定不下来。李成器看出父亲的心事，就亲自去见父亲，流着泪诚恳地让位。睿宗很感动。大臣们也认为李成器过于忠厚老实，不如李隆基能干。于是睿宗终于决定立李隆基为太子，不久又传位给他。

睿宗共有六个儿子，幺子李隆悌儿时夭折，其余五个儿子李成器、李成业、李隆基、李范、李业是在危难中长大的，因此彼此维护，十分友爱。现在李隆基作了皇帝，他不忘兄弟的情谊，更感激大哥的让位大德，便在皇宫外面建了五座王府，经常去探望。

玄宗的内部宗亲，和睦安定，而在外廷之中，也注意选用贤臣。这是因为唐玄宗经过两次政变才得到政权，所以他很注意从各方面来巩固他的统治。他即位的第二年就规定：在京官中选拔有才识的人派到外地作都督刺史；选外地都督、刺史中有本事的调到朝廷来任职，使他们出入的人数相差不大。后来把这种调动作为一种制度固定来。公元716年，唐玄宗在殿堂亲自复试吏部新选派的县令，把其中不合格的40多人斥退回家。他重用姚崇和宋璟为宰相，这两个人十分干练，把国事处理得井井有条，人们把他俩跟太宗时的宰相房玄龄和杜如晦相比，说“前有房、杜，后有姚、宋。”把玄宗开元这20多年，比同于太宗“贞观之治”时期，称之为“开元之治”。

姚崇在睿宗的时候担任兵部尚书，因为得罪了太平公主，被贬到同州作刺史。唐玄宗想到他是个很有才干的人，就召他入朝。唐玄宗诚恳地对姚崇说：“我早知道你是人才，请您做我的宰相吧！”姚崇推辞不肯，唐玄宗很奇怪，问他什么缘故。姚崇跪下说道：“臣有十件大事，恐怕陛下未必同意，所以不敢接受任命。”唐玄宗说：“你说说看，是哪十件大事？”姚崇从容地说：“第一，以仁义为先，不要只用刑罚；第二，30年之内，不要在边境作战；第三，宦官不要干预朝政；第四，皇亲国戚不要担任台、省职务；第五，无论什么人，犯了法都得受罚；第六，取消租税以外的一切额外征收；第七，禁止营造佛寺；第八，对待臣部下要有礼；第九，允许群臣朝政提出批评建议；第十，严禁外戚干预政事。这十件大事，陛下能同意吗？”唐玄宗十分诚恳地说：“这十件大事至关紧要，我都同意，你不必担心。”姚崇马上叩头谢恩，表示愿意接受任命。

姚崇当了宰相以后，没有辜负唐玄宗对他的信任，治理国家很有成绩。有一次，姚崇为几个低级官员晋级的事去请示玄宗。他连奏三次，玄宗却仰视殿顶，不答理他。姚崇只好退出。玄宗的近侍太监高力士说：“陛下日理万机，宰相来奏事，应该当面表示可否，不理人家好吗?”玄宗说：“朕任命元之任宰相，如果有国家大事，自当来奏闻与朕共议；象郎吏这样的官吏的升迁，他决定就行了，为什么还要麻烦朕呢!”高力士把这话告诉了姚崇。姚崇很高兴，也很感动。

薛王李业的舅舅王仙童，因为抢夺百姓的财物，吞占民田，被御史告到朝廷。王仙童有恃无恐，通过李业，请玄宗赦免。玄宗派姚崇处理。姚崇对玄宗说：“王仙童犯法，证据确凿，御史所说的全是事实，不应该赦免。”唐玄宗同意姚崇的意见，依法惩办了王仙童。打击了那些无法无天的豪强贵族，使他们不得不有所收敛。

唐玄宗还十分重视兴修水利，在河北、河南、山西等地兴建了不少水利工程，多者灌田 30 万亩，少则灌田也不下 10 万亩。开元时期，全国共兴建了 50 多项较大的水利工程。唐玄宗还注重提高军队的素质，开元时，逐步以募兵制代替了府兵制，军队在边境上大兴屯田，这样既加强了边防，又减少了国家的财政开支，同时提高了战斗力。玄宗在东北设忽汗州都督府、黑水都督府和重建营州都督府。在西北重建安西、北庭都护府，并收复了武则天时失去的西城重镇碎叶，加强了西北和东北的边防。对吐蕃、突厥、南诏等族，采取和亲与笼络政策，从而巩固和发展了统一民族的国家。

唐玄宗非常重视学术文化发展。他下令在长安、洛阳创建集书院，组织全国著名学者著书立说，还聘请学者来京，如张遂任天文学顾问，李白亦应召入宫，对当时文化界有很大影响。

唐玄宗的时候，和姚崇齐名的贤相，还有宋璟、张九龄等，他们为唐朝的政治经济发展，作出了应有的贡献。唐朝从贞观初年到开元末年，经过100多年的建设，出现了前所未有的繁荣景象，达到了全盛时期。一个小的县城也有万把户人家。稻米十分油润，小米非常洁白，公家或私人的仓库里都装满了粮食。全国各地都很太平，出远门再也不必挑选好日子。齐鲁生产的丝织品一车又一车在各地畅销，男子耕种，妇女采桑养蚕，大家安居乐业。

这一时期经济持续发展，社会富足安定，唐朝进入了其最鼎盛的时期，其时正是唐玄宗在位的开元时期（公元713~741年），因此历史上把这种全盛的景象称为“开元之治”。

僧一行编制《大衍历》

唐代的天文学也很发达，最著名的天文学家是一行和尚。一行姓张，名遂，魏州昌乐（今河南昌乐）人，生于公元683年。他从小刻苦学习，特别喜欢钻研天文、历法、算术中的疑难问题，对佛教经典也有深入的研究，年轻时就地已成为长安城里有名的学者。他出家后，法名叫一行，之后到各寻师访友。在浙江天台山国清寺，在一位数学造诣较深的僧侣的指导下，一行对天文、历法的研究更加深入，成为当时全国有名的学者。

717年，一行来到长安，唐玄宗亲自召见了他，让他主持编制新历法。首先，他和天文仪器制造家梁令瓒共同制造了观测天象的黄道游仪。黄道，就是人们从地球上看太阳，感觉到太阳在宇宙空间一年中的运行轨道。测定日、月在轨道上的位置和它们的运动情况，对提高历法的精确度有决定性作用。过去的测量都是间接进行的，测量结果还需要再进行换算，误差很大。黄道游仪解决了这个问题，测量更准确了。一行利用这个仪器发现恒星的位置和古代所测的位置有很大不同，第一次发现了恒星移动的现象，大大推动了人类对恒星的观测和研究。在一行的倡议下，从724到725年，在全国13个地点测量北极高度和冬至、夏至、春分、秋分当天中午的日影长度。一行从各地的测量数据中计算出子午线的长度，它虽然与现代测量出的子午线长度有一定误差，但这是世界上第一次测量子午线的纪录，对于研究天文学史有十分重要的价值。

一行和梁令瓒在汉代科学家张衡设计的基础上，制造了水力运转浑天仪。这个浑天仪上画着星宿、赤道，灌进水去冲动轮子，仪器就转动起来，每昼夜自转一周，和天象相符合。仪器中还有两个木人，一个木人每刻钟击鼓一次，一个木人每个时辰（两小时）敲钟一次，都由仪器中的轮轴操纵。这是世界上最早的自动记时器。

724年，一行开始就编制了新历法，3年后，新历法《大衍历》草稿完成。这是当时一部很先进的历法，它比较正确地掌握了太阳运动的规律，把太阳和月亮每天的位置和运动，每天见到的星象和昼夜时刻，以及日食、月食和五大行星的位置都作了说明。在明朝末年西方的历法传入我国以前，我国一直沿用着这部历法。

727 年，《大衍历》刚刚完成，一行就因为劳累过度，一病不起，与世长辞了，死的时候才 45 岁。一行的发明创造，和他编制新历法的功绩，在我国天文史上占有重要的地位，他是世界上最著名的古代天文学家之一。

李林甫欺上瞒下

唐玄宗做了二十多年太平天子，国泰民安，渐渐滋长了骄傲怠惰的情绪，不像原来那样励精图治了。于是，他就追求起享乐的生活来，朝廷弊端日益显露出来。

宰相张九龄看到这种情况，心里挺着急，常常给唐玄宗提意见。张九龄任相期间，知人善鉴，颇具政治家的远见。唐玄宗本来很尊重张九龄，但是到了后来，对张九龄的意见也听不进去了。他只愿听一些奉承话了。

大臣李林甫，是一个不学无术的人。他什么事都不会，专学了一套奉承拍马的本领。他和宫内的宦官、妃子勾结，探听宫内的动静。唐玄宗在宫里说些什么，想些什么，他都先摸了底。等到唐玄宗找他商量什么事，他就对答如流，简直跟唐玄宗想的一样。唐玄宗听了挺舒服，觉得李林甫既能干，又听话。

唐玄宗想把李林甫提为宰相，跟张九龄商量。张九龄看不惯李林甫这路人，就直截了当地说："宰相的地位，关系到国家的安危。陛下如果拜李林甫为相，只怕将来国家要遭到灾难。"这些话传到李林甫那里，李林甫把张九龄恨得咬牙切齿。

朔方（治所在今宁夏灵武）将领牛仙客，目不识丁，但是在理财方面，很有点方法，又善于结交朝中权贵，获得虚名。唐玄宗想提拔牛仙客，张九龄没有同意。李林甫在唐玄宗面前说："像牛仙客这样的人，才是宰相的人选；张九龄是个书呆子，不识大体。"

有一次，唐玄宗又找张九龄商量提拔牛仙客的事。张九龄还是不同意。唐玄宗发火了，厉声说："难道什么事都得由你作主吗！"唐玄宗越来越觉得张九龄讨厌，加上听信了李林甫的诽谤，终于撤了张九龄的职，让李林甫当宰相。自张九龄罢相以后，唐朝局势开始走下坡路。

李林甫一当上宰相，第一件事就是要把唐玄宗和百官隔绝，不许大家在玄宗面前提意见。有一次，他把谏官召集起来，公开宣布说："现在皇上圣明，做臣下的只要按皇上意旨办事，用不着大家七嘴八舌。你们没看到立仗马（一种在皇宫前作仪仗用的马）吗？它们吃的饲料相当于三品官的待遇，但是哪一匹马要是叫了一声，就被拉出去不用，后悔也来不及了。”

有一个谏官不听李林甫的话，上奏本给唐玄宗提建议。第二天，就接到命令，被降职到外地去做县令。大家知道这是李林甫的意思，以后谁也不敢向玄宗提意见了。

李林甫知道自己在朝廷中的名声不好。凡是大臣中能力比他强的，他就千方百计地把他们排挤掉。他要排挤一个人，表面上不动声色，笑脸相待，却在背地里暗箭伤人。

有一次，唐玄宗在勤政楼上隔着帘子眺望，兵部侍郎卢绚骑马经过楼下。唐玄宗看到卢绚风度很好，随口赞赏几句。第二天，李林甫得知这件事，就把卢绚降职为华州刺史。卢绚到任不久，又被诬说他身体不好，不称职，再一次降了职。

有一个官员严挺之，被李林甫排挤在外地当刺史。后来，唐玄宗想起他，跟李林甫说：“严挺之还在吗？这个人很有才能，还可以用呢。”

李林甫说：“陛下既然想念他，我去打听一下。”

退了朝，林林甫连忙把严挺之的弟弟找来，说：“你哥哥不是很想回京城见皇上吗，我倒有一个办法。”

严挺之的弟弟见李林甫这样关心他哥哥，当然很感激，连忙请教该怎么办。李林甫说：“只要叫你哥哥上一道奏章，就说他得了病，请求回京城来看病。”

严挺之接到他弟弟的信，真的上了一道奏章，请求回京城看病。李林甫就拿着奏章去见唐玄宗，说：“真太可惜，严挺之现在得了重病，不能干大事了。”

唐玄宗惋惜地叹了口气，也就算了。像严挺之这样上当受骗的还真不少。但是，尽管李林甫装扮得怎么巧妙，他的阴谋诡计到底被人们识破。人们就说李林甫这个人是“嘴上像蜜甜，肚里藏着剑”（成语“口蜜腹剑”就是这样来的）。

李林甫当了十九年宰相，一个个有才能的正直的大臣全都遭到排斥，一批批钻营拍马的小人都受到重用提拔。就在这个时期，唐朝的政治从兴盛转向衰败。这时期的唐朝廷以资历用人，士大夫持禄养恩，不思进取，终于导致了“安史之乱”。

鉴真东渡日本

隋唐时期，中日两国人民的友好往来更密切了。从公元630年到公元894年，日本派出遣唐使共14次，每次都在100人以上，最多的一次有650人。很多日本留学生进入唐朝的最高学府国子监深造，有的在中国居住20年以上，有的留在唐朝做官。唐朝也有许多学者到日本去，其

中最著名的是鉴真。

鉴真俗姓淳于，是扬州江阳人，鉴真是他出家后的法号。他生在公元688年，父亲是个商人，也是个非常虔诚的佛教徒。鉴真从小受父亲影响，对佛教产生了浓厚的兴趣，14岁那年就出家当了和尚。

经过佛寺里名师的指导，鉴真的佛学知识越来越丰富。后来在长安的一座佛寺里受了具足戒（戒是佛教徒应当遵守的戒条、戒律。举行仪式，接受师父授给的戒条，叫受戒。足具戒是僧侣的最高戒律，受具足戒表明受戒人的学问已经达到高深的程度，有了讲授的资格）。由于他渊博的学识和高尚的品德，当他45岁的时候，已经成为名扬四海的高僧，由他授戒的门徒达到4万多人。

当时，日本受中国影响，大力提倡佛教。他们依照唐朝修建佛寺。日本政府还决定派荣睿和普照两位年轻的僧徒到中国学习佛学，并打算聘请中国的高僧去日本传授戒律。

荣睿和普照在洛阳、长安学习佛法，他们听说鉴真是一位德高望重的高僧，就想请鉴真到日本去。公元742年，荣睿、普照到扬州大明寺，拜访鉴真，向他说明了来意，鉴真见他们这样诚心，就问身边的弟子："你们有谁愿意接受邀请，去日本国传经吗？"在场的僧侣谁也不吭声。过了半天，一个名叫祥彦的僧徒站起来说："日本国离我们太远，与中国隔着茫茫大海，途中恐怕性命难保，所以不敢去。"鉴真说："为了传播佛法，怎么能顾惜生命呢？你们既然都不愿意去，我去吧！"僧徒见师父态度这样坚决，都很感动，纷纷表示愿意跟随师父东渡日本。

唐朝法律规定，未经政府批准，私人是不准出国的。荣睿和普照通过宰相李林甫的哥哥、信奉佛教的李林宗的帮助，办好了鉴真出国的手续。但是很不巧，正当他们要开船远航的时候，浙江一带发生海盗事件，沿海关防检查十分严格。鉴真的弟子道航和如海发生纠纷，惊动了官府，没收了他们的船只。这次东渡没能成行。

第二次出海，他们在海上遇到风浪，船触礁沉没，他们困在荒岛上，后来被渔船发现救了回来。第三次、第四次也都没有成功。

公元 748 年，61 岁的鉴真做好了第五次东渡的准备。6 月的一天夜里，鉴真和他的弟子们登上了大船出发了。不久就遇到了大风浪。直到 10 月才继续启航。没料到有一天船刚行到中午，海面上突然刮起暴风。风越刮越大，浪越来越高，黑云遮天，狂风怒吼。船上的人，一个个头晕无力，呕吐不止，只有船夫还能勉强支持。船上的淡水用完了，只好喝海水，喝后腹胀难忍。他们一连在海上漂了14天，船终于靠岸了。上了岸才知道已经到了海南岛最南端的振州。

不幸的事情接二连三地发生了。先是荣睿因旅途颠簸，患病去世。接着，鉴真因为南方暑热，得了眼病，双目失明。不久，跟随鉴真多年的弟子祥彦也去世了。这一系列的打击和挫折，并没有吓倒鉴真。相反，他东渡的决心更加坚定了。公元751年春天，鉴真回到扬州，又着手准备第六次东渡。

公元753年10月，日本第10次“遣唐使”准备回国了。遣唐使藤原清河、吉备真备，以及跟他们一起回国的晁衡等，一起来到扬州延光寺拜访鉴真，并再一次邀请他东渡。年已六旬的鉴真满口答应。他为了避免官府的阻拦，让遣唐使的船先离开扬州，约定在黄泗浦会合。10月19日，鉴真等乘小船出发，随行的有思托和普照等弟子共24人。四条遣唐使船于11月15日时启航。鉴真开始了第六次东渡。

经过两个多月的艰难航行，鉴真所乘的船抵达日本九州岛，东渡终于成功了。这时鉴真已经66岁了。

公元754年，鉴真一行到达日本首都奈良，受到了热情接待，住进东大寺。鉴真的到来，震动了日本各界，他们从早到晚前来拜谒慰问。奈良城的街道房屋极象长安城，鉴真感到十分亲切。

日本天皇把全国传授戒律的大权托付给鉴真。并授给他“传灯大法师”的法号。鉴真在东大寺的佛前设起了戒坛，兴盛大授戒仪式。天皇、皇后、皇太子依次登云受戒。从此以后，不论什么人，如果没有经指定的戒坛受戒，就不能取得僧籍。

鉴真在日本天皇赐给他的一块宅地上建造了一座新寺院，叫做“唐招提寺”。他亲自参加唐招提寺的建筑，整个建筑结构精巧，布局合理，气势雄伟，反映了唐朝建筑的特点，遗留下来最宏伟的建筑物，对日本寺院建筑影响很大。从此，鉴真就在唐招提寺中讲律授戒。唐招提寺成为当时日本最有影响的寺院。

鉴真东渡日本不但传播了中国的佛学和授戒制度，而且把当时最成熟的唐代文明介绍给日本。鉴真精通医学，他带去了许多药方，还亲自给人看病，传授中草药知识。他还带去中国的绣像、雕像、画像、书贴等，对日本的美术界很有影响。

鉴真在日本度过了 10 个春秋，为中日两国的友谊和两国科技文化的交流做出了杰出的贡献。公元 763 年，76 岁的鉴真在奈良病逝了。日本朋友将他葬在唐招提寺，并且世世代代纪念他。

李白蔑视权贵

李白，字太白，号青莲居士。是我国唐代的一位大诗人。公元701年出生于碎叶城（今哈萨克斯坦共和国境内的巴尔喀什湖之南，唐代属安西都护府）。5岁时，随其父迁居绵州昌隆县青莲乡（今四川省江油县）。在那里度过了他的青少年时代。李白自幼博学广览，读了很多的书，并能写作出色的文章。他性格开朗豪放，富于正义感和远大的抱负。

李白生活在唐代由盛转衰的历史时期，当时现实生活中的种种矛盾和斗争，使得他对唐王朝的腐朽政治逐渐有了比较深刻的认识，开始担忧国家的前途命运。

李白的青年时代，正值唐玄宗统治的“开元之治”的盛世时期。玄宗继位之初，曾有所作为，他大力改革吏治，整顿纲纪，改变了前朝存在的官爵冗滥，奸佞得宠，以及僧尼众多、宫廷荒淫奢侈的腐败风气。同时任命有才干、敢于进谏、肯于负责的姚崇、宋璟为宰相，改变了过去“重京官，轻外任”的做法，而采取了定期轮换京官和地方官的办法。有着远大政治抱负的李白，决心为国家的繁荣干一番事业。

在李白26岁的时候，离开蜀地，“仗剑去国，辞亲远游”。（《上安州斐长史书》）希望在漫游中，遇到知己的提拔和得到宦途的出路，以实现他平素济国利民的思想。在长期的漫游中，大江南北，北国边疆，到处都留下了他的足迹。

李白42岁时，由其友人、道士吴筠的推荐，才被玄宗召到长安，成为翰林供奉。唐玄宗只不过是把他当成御用文人，要他写些点缀太平的宫廷诗词。此时的唐玄宗已不勤于政事，朝政大事完全由李林甫掌握。李白目睹奸臣当道，忠良受害，政治黑暗的场面，十分苦闷和失望，为国家建立功业的理想和抱负也成为泡影。面对这样的处境，李白并不屈膝低头，他在诗中公开写道：“安能摧眉折腰事权贵，使我不得开心颜”。（《梦游天姥吟留别》）李白也曾“敢进兴亡言”，（《书情赠蔡舍人雄》）与玄宗的腐朽黑暗统治进行过斗争。他鄙视朝廷中的那些腐朽的权贵，对他们嘻笑怒骂，“谑浪赤墀青锁紧”。（《玉过吟》）他因此成了权贵们的眼中钉，为此受到宦官高力士、驸马张洎和杨贵妃等人的谗言诽谤，于天宝三年（744年）为唐玄宗放逐而离开了长安。李白被逐出长安，感到十分愤慨，他在《行路难》一诗中，以“金樽清酒斗十千，玉盘珍羞直万钱。停杯投箸不能食，拔剑四顾心茫然”的诗句，来表达自己的抱负不能实现，受权臣恶势力排挤的苦闷心情。但对未来仍抱有幻想，还用“闲来垂钓碧溪上，忽复乘舟梦日边”之句，表达自己仍要为国建功的迫切愿望，并开始了他第二次长期南北漫游的生活。

天宝十年（751年），李白应在北地节度军中任职的友人何昌浩邀请，决定北行幽州。那时候，安禄山已经兼领了平卢、范阳、河东三镇的节度使，其权势日愈强大，蓄意夺取唐王朝的天下。这年的深秋，李白由开封启程，一路上且行且停，途经邺郡（今河北省临漳）、邯郸、广平（今河北省永年），于752年10月到达幽州，并在幽州渡过了一个冬天。在幽州，李白目睹了安禄山的军队，戈戟星罗棋布，人民罹于兵祸，《北风行》一诗记述了北方一妇女对丈夫战死的悲愤心情和凄惨境遇，反映了人民对安禄山的统治不满。李白也感叹自己徒有才干，虽忧念唐王朝的前途，而又报国无门，一筹莫展。

在国家动乱的岁月里，李白“中夜四五叹，常为大国忧”，并以“誓欲清幽燕，不惜微躯捐”（《在水军宴赠幕府诸侍郎》)，表示以身许国的壮志。安禄山攻破长安以后，他出于爱国热情，参加了镇守南方的李璘幕府，后来由于争夺帝位的斗争，李璘被他的哥哥唐肃宗李亨打败，李白也被捕判罪，流放夜郎（今贵州省遵义附近），在流放途中遇赦，回到长江下游。唐肃宗上元二年（761 年），李白听说李光弼带兵东征史思明的儿子史朝义，于是又北上参军，不幸路途病倒，62 岁的李白于次年死在长江边上的当涂。

李白的诗歌流传后世的约近一千首。李白诗中，不少是揭露和抨击唐朝统治集团的黑暗统治。李白从自己被排挤的切身感受中，更是认识到贤才受辱，开明进步的政治势力受到压抑。李白揭露这种不正常的局面是“群沙秽明珠，众草凌孤芳”（《古风》其三十七)。辛辣地讥讽唐玄宗是“珠玉买歌笑，糟糠养贤才”（《古风》其十五）在李白的不少诗歌中，对于那些腐朽的封建权贵，反映出一种嫉恶如仇、鄙视权贵的反抗精神。

李白是继屈原之后，中国又一位伟大的浪漫主义诗人。他那争取个性自由、蔑视权贵和同社会抗争的精神，令世人敬佩。他因此获得“诗仙”的称号。

“诗圣”杜甫

“会当凌绝顶，一览众山小”

“朱门酒肉臭，路有冻死骨”

这些诗句，在我国是家喻户晓，妇孺皆知，其作者就是被誉为“诗圣”的唐代大诗人——杜甫。

杜甫（712—770 年），字子美，祖籍襄阳（今湖北襄樊），后迁至河南巩县。他曾在长安东南杜陵附近的少陵住过，故自称“少陵野老”。他曾做过节度参谋检校工部员外郎，所以后人称他为杜工部。

杜甫出生于一个诗书世家，祖父杜审言是唐朝武则天时代的著名诗人，父亲杜闲，做过奉天县（今陕西省乾县）的县令。受家庭的熏陶，杜甫 7 岁时因作《凤凰诗》一鸣惊人。十四、五岁的时候，已经开始和洛阳一些有名的文人交往，成为诗人聚会不可缺少的常客。20 岁以后，离开家乡，开始漫游祖国山河，参观了许多名胜古迹。

公元744年，杜甫在长安见到了李白。李白比杜甫年长11岁。当时李白已是举世瞩目的大诗人，杜甫则是刚刚成名。他们互相钦佩，一起漫游河南、山东等地。杜甫写了“醉眠秋共被，携手日同行”，纪念两人结下的深厚友谊。

杜甫通过多年的游历生活，接触了丰富的文化遗产，游览了祖国的壮丽河山，增加了对祖国的热爱。公元746年，杜甫来到长安。第二年恰逢唐玄宗下令广招天下有才之士。杜甫满怀希望去应考，谁知应考的举人无一及第。原来当朝宰相李林甫怕举人进入宫廷揭发他的罪恶，故意一个不取。杜甫甚是愤懑。这时他父亲去世了。他的生活也由此发生了转折，杜甫为了维持生活，只得投诗求官。唐朝人特别重视诗歌，仕人除参加科举外，向达官贵人投诗，谋求一官半职，也是一条途径。杜甫一连写了“赠起居舍人”、“上韦左相”等诗篇，甚至向皇帝献了三篇赋，虽博得“词感帝王尊”的虚名，仍未得一官半职。

公元755年，杜甫回家探望他的妻儿。回到家中，只听见家中嚎啕声一片，原来他那不满周年的儿子刚刚饿死。杜甫回想起回家路过骊山时，唐玄宗与杨贵妃在华清池内宫弦歌舞、大张宴席，自己一个不纳租税，不服徭役的官僚家庭的孩子尚且被饿死，可知一般百姓的境遇更加悲惨了。想到这里，他奋笔写了《自京赴奉先县咏怀五百字》，其中的“朱门酒肉臭，路有冻死骨”成为千古流传的佳句。

安史之乱给百姓带来了深重的灾难，叛军所到之处，烧杀掳掠，无恶不作。杜甫感受百姓所受灾难，又希望唐朝能尽快平定叛乱，于是写下了“国破山河在，城春草木深”等著名诗篇。

公元757年，杜甫逃出长安，直奔凤翔，投奔唐肃宗。此时杜甫衣破露肘，脚穿麻鞋，老瘦不堪。肃宗见他忠心耿耿，任命他为左拾遗，负责对政事提意见。不久，肃宗见他时常批评朝政，给以探亲名义，逐出朝廷。

杜甫把一路上所见所闻，写出一篇五言叙事诗《北征》。诗中记载了阡陌之间，人烟萧瑟，到处是呻吟流血的伤兵难民，怵目惊心。杜甫用诗忠实地记录了这场战乱所造的残败景象，更讳而不言地叙述了人民遭受的苦难。由于杜甫长年生活于百姓之间，了解到他们的疾苦。征兵、征粮，连年战争，逼得百姓家破人亡。诗人悲愤而沉痛地用一首首诗歌，勾画出一幅幅社会历史画图。杜甫著名的“三吏”（《新安吏》、《潼关吏》、《石壕吏》）、“三别”（《新婚别》、《垂老别》、《无家别》）就是此时创作出的。

杜甫浪迹天涯，访求一个容身的小天地。他先到秦州（今甘肃天水），继又南下同谷，经栈道，穿剑门入蜀，然后到成都定居下来。途中，他写了许多诗，记述其行踪，描绘祖国山河大川，也反映了社会现实。

后来，杜甫在朋友严武荐举下，做了检校工部员外郎和节度使参谋。在成都西郊外的浣花溪营建起一座草堂。在这风景优美的草堂边，他植树栽竹，养鸡养鸭，生活虽艰苦，但能和邻居的农夫交朋友，心情倒也愉快。

这年秋天，秋风怒号，草堂顶上的茅草被卷走。风刚停，雨又下个不停，屋里漏得没有一块干地。在这难眠的长夜，杜甫写下了著名的诗篇《茅屋为秋风所破歌》，诗中写道："安得广厦万间，大庇天下寒士俱欢颜，风雨不动安如山。呜呼！何时眼前突兀见此屋，吾庐独破受冻死亦足。"他想到社会上广大的"寒士"，慷慨激昂地表示，为了天下的"寒士"免于饥寒，他冻死也心甘情愿。

后来，他的好友严武病死，他失去了依靠，只好带着妻儿老小到处奔波。他经过夔州（今四川奉节），走出西川。此时，北方兵荒马乱，江南的朋友也无音讯，他只好以船为家，在湘江上漂泊，生活越来越贫困，身体状况也越来越差。公元770年冬天，诗人杜甫病死在湘江的一条小船上，时年59岁。

杜甫的诗较多地反映了当时社会的真实情况，所以他被称为我国历史上伟大的现实主义诗人。他以大量的诗篇，揭露了唐朝封建社会的种种矛盾，用诗描绘了一个复杂多变的历史时代，深刻地反映了悲惨的社会现实及人民的苦难，所以，人民把他的诗称作“诗史”，把他称作我国历史上伟大的现实主义诗人。

玄宗与杨贵妃

唐明皇在宰相姚崇和宋璟的鼎力帮助之下，20年来国泰民安。但是，自从姚崇去世、宋璟告老还乡，李林甫任宰相以后，“开元之治”就结束了。

开元25年，唐玄宗最宠爱的妃子武惠妃死了，他十分伤心。那时候，后宫佳丽3000人，玄宗竟没有一个喜欢的。三个月以后，玄宗过生日，习惯上称之为“万寿节”。妃嫔、儿女和文武大臣们照例要给皇上贺礼。行礼

一批一批进行，玄宗心情郁闷，只是勉强应付着。轮到儿女们来向他贺节了，忽然，他眼前一亮，发现站在他的第十八个儿子寿王李瑁身边的一个王妃装束的女子，是那样的美丽动人。特别是那双眼睛，顾盼之间，光彩四射。玄宗皇帝怦然心动了，玄宗问高力士："在李瑁身边那个女子，是寿王妃吗?"高力士回答说："是的，寿王妃姓杨，叫杨玉环，是陛下和武惠妃替寿王选的妃子。奴才记得她是17岁入寿王府的，今年22岁。"尽管这女人是他的儿媳，可玄宗还是决心把她收为自己的妃子。

高力士给皇帝出主意，说直接把王妃宣进宫来怕人议论，不如表面上让杨玉环到庙里当女道士，暗中接她入宫。玄宗同意了。于是，高力士就去动员杨玉环"出家"。杨玉环不敢抗旨，终于被迫自己请求"出家"了，她"出家"的地点是道观太真宫，是宫廷的庙宇之一，因此杨玉环的道号便叫"太真"。杨玉环坐上一乘轿子，但却没进太真宫，而直奔骊山。那里有一座温泉，叫做华清池，事实上是一座叫温泉宫的离宫，皇帝这时正在那里等她。第二年8月，唐玄宗册立杨玉环为贵妃。那时宫中没有皇后，杨贵妃便成了后宫中最高的妃嫔。

自从杨贵妃入宫以后，受到唐玄宗无比的恩宠。杨贵妃想要什么东西，想吃什么东西，唐玄宗就想尽一切办法弄来。当时荔枝产在岭南（现在广东省）和川东（现在四川省），离长安几千里路，那时候最快的运输工具是马。杨贵妃想吃荔枝的时候，地方官员就派出最善于骑马的人，骑上最快的马，从生产地带着鲜荔枝，一站一站地换人换马，接力传送。荔枝很快就被送到长安皇宫里面。剥开一尝，颜色和味道都还保持着新鲜，一点没变。

唐玄宗把杨贵妃住的地方叫做“贵妃院”，专门给贵妃制作衣料的丝织匠和绣花匠，就有700人之多。皇亲国戚都争着向贵妃进献价值最昂贵的食品，每次进献都是几十盘、上百盘的。皇宫里设有“检校进食使”的官职，专门负责评比各家食品的精美程度。地方官员们更是拼命从老百姓身上搜刮奇珍异宝、新奇玩意和名贵服饰，把它们源源不断地送到长安，贡献给杨贵妃。凡是贡献最多最好的人都升了官，或者从地方上调到长安来作京官。

杨贵妃和唐玄宗纵情享乐之余，不乏有共同的爱好，两人都深爱音乐艺术，真正成为情投意合的知音夫妻了。

唐玄宗多才多艺，精通各种乐器，又会作曲，他击羯鼓的技艺尤为高超。唐玄宗一生参与创作的音乐作品很多，如《还京乐》、《夜半乐》是李隆基为了纪念他所主持的诛杀韦氏集团的宫廷政变而作。唐代歌舞中最著名的要算是《霓裳羽衣舞》，也是唐玄宗创作的。这是一部具有浪漫主义色彩的作品。有人说此舞反映的不仅是唐代宫廷宴乐的黄金时代，同时也反映了当时封建社会鼎盛时期的历史全貌。可惜，《霓裳羽衣曲》乐谱今已失传。

天宝末年，李隆基整日与杨贵妃沉缅在歌舞之中，不理国事，权落奸臣之手，终于在天宝十四年爆发了安史之乱。

安史之乱

唐玄宗统治后期，政治日益腐败，玄宗陶醉于已经取得的成就和经济的表面繁荣，不思进取，怠于国事。自从杨贵妃入宫以后，唐玄宗整天和杨贵妃在一起饮酒作乐，过着荒淫无耻的生活。宰相李林甫和杨贵妃的堂兄杨国忠乘机把持朝政。他们专权自恣，排除异己，搜刮民财，广收贿赂，把朝廷弄得乌烟瘴气。这就给安史之乱造成可乘之机，加速了安史之乱的爆发。

“安史之乱”指的是安禄山、史思明反叛唐玄宗的一次内乱。安禄山是混血胡人，通晓6种蕃语，史思明是他的同乡，两人在一起长大，在一起当过互市郎（唐代边疆与少数民族贸易中的经纪人），后来又都在幽州节度使（管辖今北京市一带地区）张守珪部下当军官。

安禄山对上司惯于溜须拍马，逢迎谄媚。有一次，张守珪对他说：“你什么都好，就是长得太胖，让人看了不太喜欢。”安禄山诚惶诚恐，以后吃饭就只吃半饱。张守硅听说了很感动，干脆将他收养为义子，并且越发重用他。每当朝廷派人来边镇办事，安禄山就送上重重的贿赂。这些人回去以后，自然要在唐玄宗面前称赞安禄山。唐玄宗听了，认为安禄山是个人才，提拔他当了平卢节度使（管辖今辽宁锦州西）。

安禄山不满足于已经得到的权位和势力，还想爬上更高的位置。他于是就挖空心思来进一步博得唐玄宗的欢心，取得唐玄宗的信任。有一次，安禄山上殿给唐玄宗进献珍宝，跪在台阶下假惺惺地说：“我生自蕃戎，皇上对我这样信任，我没有什么可效劳陛下的，但愿为陛下献身。”唐玄宗信以为真，对他很是怜爱。为了进一步取得唐玄宗的信任，安禄山竟厚颜无耻地拜年轻的杨贵妃为“干娘”，以后每次进朝，他都先拜见杨贵妃，再朝见唐玄宗。唐玄宗责怪他为什么不先向自己朝拜，安禄山取宠地说：“我们胡人都是先拜母后拜父的。”唐玄宗越发觉得他憨厚可爱。

安禄山深知唐玄宗好战喜功，就多次使用阴谋诡计，诱骗和坑杀了成千上万的奚人和契丹人，或者把他们押送到京城献俘，或者割下他们的脑袋去报捷。为了迎合唐玄宗和杨贵妃奢侈享乐的欲望，安禄山把从各地搜刮来的奇禽、异兽、珍宝、玩物络绎不绝地派人送到长安的皇宫中。

安禄山的心思果然没有白费。天宝九年（公元 750 年），唐玄宗封安禄山为东平郡王，这是唐朝开国以来封给胡人的最高爵位。唐玄宗还下令在京城里给安禄山建造了极其豪华的府第。有一年安禄山生日，唐玄宗和杨贵妃赏他许多价值昂贵的衣服和宝器，并煞有介事地为他们的干儿子洗礼。就在这种种活动中，安禄山对唐玄宗的荒淫昏聩，对唐王朝政治上的腐败，军事上的虚弱，了解得十分清楚。他那向上爬的欲望，就一步步地发展成为发动叛乱、起兵灭唐的野心。

天宝六年（公元747年），安禄山把一个心腹部将留在长安城里当坐探，随时把朝廷中的动静密报给他，为叛乱进行准备。他以范阳（今北京市西南）为根据地，在城北建筑了一座雄武城，广招兵马，制造武器，屯储军粮。他还从部将中提升了500多人任将军，2000多人任中郎将，用这种办法来收买人心，培植叛乱的爪牙。最后，他从亲信当中挑选了史思明等人，充当谋士和心腹，作为指挥叛乱的核心力量。

安禄山叛乱的迹象逐渐明显起来，朝廷的一些大臣和其他一些节度使也逐渐察觉到了。他们多次提醒唐玄宗，要玄宗采取措施，加强防范。宰相杨国忠更是视安禄山为眼中钉肉中刺，多次奏明玄宗，说安禄山要谋反。可是玄宗怎么也不相信，反倒说："安禄山这个人，我待他不薄，他怎能反叛我呢？咱们东边和北边的边境，还要靠他来守，你们不必多担心。"

眼见着安禄山的势力逐渐壮大，统率着重兵18万人，占当时边镇军队1/3还多，杨国忠感到自己的宰相交椅已经岌岌可危了。他一方面加紧在唐玄宗面前游说，另一方面暗中查询安禄山安插在京城的探子。杨国忠查出了安禄山派在京城的探子，并处死了他们，这下激怒了安禄山。

天宝十四年（公元755年）10月，安禄山派到京城奏事的一个官员从长安回到范阳，向安禄山密报朝廷的情况。安禄山与心腹密谋之后，召集他的15万大军，出示了一份据说是使者带回来的圣旨，宣称："有圣上密旨，令禄山带兵入朝铲除杨国忠！"11月初一，安禄山以讨伐杨国忠为名，发兵15万，号称20万，在范阳举行反叛，向长安方面进发，揭开了"安史之乱"的序幕。

腐朽的唐王朝在军事上毫无准备，既无可用之兵，又无可用之将，只好命大将封常青、高仙芝招收市井无赖之徒，前往抵抗，但新招之兵，没有经过严格的训练，安禄山连败唐军，一路攻陷陈留、荥阳、洛阳，直逼长安。

叛军得逞的消息接二连三地传到长安，这时候，唐玄宗才相信安禄山是真的反叛了。他匆忙调兵遣将，部署平定叛乱，可是这临时凑起来的部队，仓促上阵，哪里是叛军的对手？尤其是潼关失守后，长安失去了最后一道屏障。

杨国忠主张出逃蜀中，于是唐玄宗带着杨贵妃和一些皇亲大臣出走四川。行至马嵬驿时，随行军士鼓噪不前，骚乱中杀死了杨国忠，并强迫唐玄宗杀死杨贵妃。玄宗无可奈何，忍痛派人缢死了杨贵妃。随后，唐玄宗跑到四川成都去了，安禄山军队占领了长安。

安禄山的军队十分残暴，每到一处，就抢掠民财，烧毁房屋，甚至把杀人当作儿戏。叛军进入长安后，即纵兵大抢3天，长安成了一片火海。在安禄山军队的暴行下，黄河中下游的许多城镇村庄，变成了一片瓦砾废墟。

唐天宝十五年（公元756年），唐玄宗退位，太子李亨即位，改元至德，帝号为肃宗。他任用郭子仪等大将，调集了西北各路军队，准备反攻长安。公元757年，安禄山集团发生内讧，他的长子安庄绪本应为太子，但安禄山却想立夫人段氏生的儿子为太子，为此安禄山被其长子安庆绪杀死。唐军趁机收复长安、洛阳。安禄山留守河北的大将史思明也暂时投降了唐军。

公元758年，唐朝正打算消灭史思明力量，史思明又起兵反叛，占据魏州（今河北大名）。同年，唐肃宗派郭子仪等20万大军围邺城（今河南安阳），史思明带兵直趋邺城，援助被围的安庆绪，打败了唐军。史思明胜利后，乘机杀了安庆绪，自己当了皇帝。接着史思明又攻陷洛阳。不久，史思明被其子史朝义所杀。安史集团内部的争权残杀，使力量大为削弱。唐军趁势收复洛阳。

公元762年，唐肃宗死，子李豫继立，是为代宗。代宗调集各路兵马又借回纥骑兵，以其子李适为天下兵马元帅，以仆固怀恩为副元帅，率军相继收复洛阳、河南等地。

公元763年初，史朝义手下的几员大将先后投降了唐朝，史朝义走投无路，穷蹙自杀（也有人说是被部将诱杀）。至此，历时8年的安史之乱终告结束。

安史之乱是唐王朝社会矛盾发展的集中表现，是唐中叶统治阶级内部、地方节度使与中央政府争夺最高政权的斗争。它成为唐朝由盛转衰的转折点。

“安史之乱”使黄河中下游的人民受到了空前浩劫，北方社会经济受到严重破坏，社会阶级矛盾进一步加深，唐王朝中央集权力量也大为削弱。唐中央已无力控制全国。参加平叛的节度使，割据一方，拥兵自重，全国形成藩镇割据的局面。唐中央内部，出现了宦官专权和朋党之争，政治更加腐败。

颜杲卿骂贼

在安禄山带叛军南下危急的时刻，首先起来打击叛军的是常山（今河北正定）太守颜杲卿。

颜杲卿本来是安禄山的部下。安禄山发动叛乱以后，颜杲卿就准备反抗。叛军到了藁城（在今河北省，藁音gǎo）的时候，颜杲卿已经招募了一千多名壮士。他知道自己力量不够，不能跟安禄山硬拼，就跟手下的官员袁履谦向叛军假投降。安禄山仍旧让他守常山，但是心里不放心，一面把颜杲卿的儿子、侄儿带到军营里做人质，一面派了一个叛将守在井陉关（在今河北井陉）。

安禄山渡过黄河，攻下洛阳之后，颜杲卿决心起兵，他的堂弟平原（今山东平原）太守颜真卿也招募了一万多人马，派人跟颜杲卿联络，要他攻占井陉关，截断安禄山的后路。

颜杲卿打听到守井陉关的叛将是个糊涂的酒鬼，就假传安禄山的命令，派人带了美酒好菜去慰劳他，等叛将喝得酩酊大醉的时候，把叛将杀死，占领了井陉关。唐军士气振奋，第二天又接连活捉了两名叛将。颜杲卿派人分头到河北各郡去告诉官吏说：现在朝廷派出三十万大军讨伐安禄山，已经出了井陉关，早晚就到河北各郡了。受安禄山胁迫叛变的，趁早投降，可以受到重赏；如果顽抗，罪加一等。

河北各郡官员一听到安禄山站不住脚，都纷纷响应颜杲卿。河北二十四个郡，有十七个郡又站到唐军一边来。

安禄山正准备向潼关方向进兵，一听到河北各郡都响应颜杲卿，后方不稳，只好改变主意，回到洛阳。他在洛阳自称大燕皇帝，派大将史思明、蔡希德各带一万人马分两路攻打常山。

颜杲卿虽然打了几个胜仗，但是起兵只有八天，常山周围的防御工事都没修好，兵力又少，无力抵抗。叛军到了常山城下，颜杲卿派人到太原去求援，但是太原守将王承业不肯出兵。

史思明叛军把常山紧紧围困，颜杲卿带领常山军民拼死抵抗了四天，城里粮食断了，箭也完了。常山终于陷落在叛军手里。史思明纵容叛兵杀害了一万多常山军民，又把颜杲卿、袁履谦抓起来，押送到洛阳去见安禄山。

安禄山命令兵士把颜杲卿押到他跟前，责问颜杲卿说：“你本来只是个范阳小官，我把你提拔为太守，为什么反叛我?”

颜杲卿怒气冲冲地骂着说：“你是一个牧羊的小子，国家让你做了三镇节度使，有哪点对不起你？我为国除奸，恨不得斩你的头，叫什么反叛?”

安禄山恼羞成怒，要左右兵士把颜杲卿、袁履谦拖到一座桥边的柱子上缚起来，使用残酷的刑罚折磨他们。

颜杲卿神色凛然，一面忍受着酷刑，一面仍旧痛骂安禄山。叛军兵士用刀割了颜杲卿的舌头，颜杲卿满口鲜血，还发出含糊的骂声。

袁履谦看到颜杲卿受刑的惨酷情景，气得自己咬碎舌头，连血带舌喷在旁边一个叛将的脸上。

颜杲卿、袁履谦骂不绝口，一直到他们咽气。颜杲卿从起兵到失败，虽然只有十几天，但是他们的抵抗，拖住了叛军的兵力，为唐王朝调兵遣将争取了时间；他们的誓死抵抗的精神，鼓舞了更多的人抗击叛军。

颜杲卿被杀后一个月，河东节度使李光弼率领步兵骑兵一万多人、太原弓箭手三千人出兵井陉关，打退叛军，收复常山。接着，朔方节度使郭子仪也带领精兵到常山和李光弼会合。河北的一些百姓受尽安禄山叛军掳掠的痛苦，听到郭子仪、李光弼大军打过来，就参加了大军队伍。郭、李两支大军兵强马壮，士气旺盛，接连打击安禄山叛军。河北十几个郡重新回到了唐军手中。

马嵬驿诛杨门

公元755年冬，安禄山以奉皇帝密旨讨杨国忠为名，在范阳誓师起兵，带领三镇兵15万人，南下攻唐。中原一带已经多年没有发生战争，内地很多州县都无兵可用。叛军大队人马浩浩荡荡在河北平原上进发，一路上烟尘滚滚，战鼓惊天动地。叛军所经之地，官兵望风瓦解。各地官吏，有的弃城逃命，有的出城迎降。唐玄宗对安禄山毫无防范，等到叛敌大举进军，才仓促布置抵御。但新招募来的唐军根本不是叛军的对手。安禄山挥师长驱南下。很快渡过黄河。不到3个月，一路攻陷了陈留、荥阳、洛阳等地。公元756年正月，安禄山在洛阳自称大燕皇帝，建元圣武，并乘势派兵进逼潼关，企图一举占领西京长安。

潼关地势险要，是西京长安的门户。唐玄宗派大将哥舒翰领兵守潼关，安禄山则派叛将崔乾佑攻打潼关。叛军在潼关外屯驻半年，无法攻打进去。宰相杨国忠疑忌哥舒翰手握重兵，就奏请玄宗命令哥舒翰出兵收复失地。哥舒翰、郭子仪、李光弼等大将都坚持说潼关为兵争要地，必须固守，大军切不可轻出。可是玄宗和杨国忠更加猜忌，接连派宦官催逼哥舒翰带兵出潼关。哥舒翰明知必败，捶胸痛哭一场，迫不得已率兵出关，在灵宝县西遇叛军伏兵，一战大溃，几乎全军覆没，哥舒翰也成了俘虏。

公元756年夏6月，叛军进入潼关。长安顿时混乱不堪。形势急迫，杨国忠慌忙跑进皇宫，向皇帝提出“幸蜀”的建议。玄宗还在犹豫，因为不到万不得已，他还不愿作一个流亡皇帝。他吩咐杨国忠，让他召集百官会议，听听大臣们的意见。大臣们齐集朝堂，不少人惶恐不安，有的连眼泪也淌了下来。大家闭口不言，实际上大家都没有办法可想了。

一天晚上，72 岁高龄的玄宗皇帝，终于经不住贵妃和 3 位夫人的缠磨，答应去四川避难。杨国忠秘密宣召龙武大将军陈玄礼，带他的左右龙武军 2500 人，前来护驾。杨国忠赏给将士们大量财帛，等到黎明时分，悄悄打开皇宫西门延秋门，潜行出走。随玄宗同行的除贵妃和韩国、虢国、秦国三夫人及杨国忠夫妻外，只有住得近的妃嫔、皇子、公主和皇孙。偌大的皇宫，那些住得偏远的妃嫔、皇孙和公主，来不及通知他们，就都丢弃不管了。

一行人经过威阳桥，第二天傍晚来到马嵬（音 wéi）驿（今陕西兴平县西）。这儿的驿使和百姓都已不见踪影。玄宗等人住进驿馆，将士们则在外露宿。将士们走了一天，又累又饿，一个个口吐怨言，愤愤然喧嚷着要杨国忠算帐。那时正有几名吐蕃使者，来京办事，路过这里遇到杨国忠，站在驿馆外面谈话。有个军士故意喊："杨国忠勾结吐蕃，想谋反啦!"一时士兵们齐声喊起来，有的就向杨国忠奔去。

杨国忠见事不好，急忙跑进驿馆西门。几名兵士追进去，杀了杨国忠，把他的脑袋用枪尖挑着，走了出来。军士们大声喊好。之后，龙武大将军陈玄礼秘密启禀太子李亨，诛杀了其他几个宠臣。事后，众军士仍聚而不散。玄宗派高力士出去，询问为何不散。众人对答："国贼还活着！"言下之意，玄宗身边的杨贵妃也应诛杀。

玄宗无可奈何，这位 72 岁的老皇帝，此时陷入深深的自责之中，已经没有能力再来保护他深爱着的杨贵妃。玄宗被迫下了决心，他声音颤抖地对高力士说："这件事就由你处置吧，只要不用刀剑才好……"

高力士答应一声，然后用罗巾一条将亘古少有的美人杨玉环勒死了。这年杨贵妃 38 岁。

杨贵妃的三姐虢国夫人见事不妙，忙拉着嫂子——杨国忠的老婆和儿子，小侄儿隐藏在马嵬坡的草丛中。等士兵走了之后，这四人连夜向西逃跑。虢国夫人一行逃了几天，来到陈仓（今陕西宝鸡市），在城外小饭店买饭吃。有人发现他们行踪可疑，便报告了县令薛景仙。薛县令带领役吏将已逃离小饭店的四人追上，弄清身份后，将虢国夫人杀死。

马嵬驿事件不久，玄宗让位给太子李亨，自己当了太上皇。太子李亨被当地百姓挽留下来主持朝政，李亨从马嵬驿一路收拾残余的队伍北上，在灵武（宁夏武西南）即位，这就是唐肃宗。宝应元年（公元 762 年），太上皇李隆基病故，终年 78 岁，他当了 44 年皇帝。

张巡胆略过人

唐玄宗逃出长安后，安禄山叛军攻进长安。郭子仪、李光弼听到长安失守，不得不放弃河北，李光弼退守太原，郭子仪回到灵武。原来已经收复的河北郡县又重新陷落在叛军手里。

叛军进潼关之前，安禄山派唐朝的降将令狐潮去进攻雍丘（今河南杞县）。令狐潮本来是雍丘县令，安禄山占领洛阳的时候，令狐潮就已经投降。雍丘附近有个真源县，县令张巡不愿投降，招募了一千多壮士，占领了雍丘。令狐潮带了四万叛军来进攻。张巡和雍丘将士坚守六十多天，将士们穿戴着盔甲吃饭，包扎好创口再战，打退了叛军三百多次进攻，杀伤大批叛军，使令狐潮不得不退兵。

第二次，令狐潮又集合人马来攻城。这时候，长安失守的消息已传到雍丘。令狐潮十分高兴，送了一封信给张巡，劝张巡投降。长安失守的消息在唐军将士中传开了。雍丘城里有六名将领，看看这个形势，都动摇了。他们一起找张巡。张巡是表面上装作若无其事，答应明天跟大伙一起商量。到了第二天，他召集了全县将士到厅堂，把六名将领喊到跟前，宣布他们犯了背叛国家、动摇军心的罪，当场把他们斩了。将士们看了，都很激动，表示坚决抵抗到底。

叛军不断攻城，张巡组织兵士在城头上射乱箭把叛军逼回去。但是，日子一长，城里的箭用完了。为了这件事，张巡在焦虑之中有了一个主意。

一天深夜，雍丘城头上隐隐约约有成百上千个穿着黑衣服的兵士，沿着绳索爬下墙来。这件事被令狐潮的兵士发现了，赶快报告主将。令狐潮断定是张巡派兵偷袭，就命令兵士向城头放箭，一直放到天色发白，叛军再仔细一看，才看清楚城墙上挂的全是草人。那边雍丘城头，张巡的兵士们高高兴兴地拉起草人。那千把个草人上，密密麻麻插满了箭。兵士们粗粗一点，竟有几十万支。这样一来，城里的箭就不用愁用光了。

又过了几天，还是像那天夜里一样，城墙上又出现了

“草人”。令狐潮的兵士见了又好气，又好笑，认为张巡又来骗他们的箭了。大家谁也不去理它。哪儿知道这一次城上吊下来的是张巡派出的五百名勇士。这五百名勇士乘叛军不防备，向令狐潮的大营发起突然袭击。令狐潮要想组织抵抗已经来不及了，几万叛军四下里乱奔。

令狐潮一连中计，气得咬牙切齿，回去后又增加了兵力攻城。张巡派他的部将雷万春在城头上指挥守城。叛军看到城头出现了一个将领，就放起箭来。雷万春没防备，一下子脸上中了六箭。他为了安定军心，忍住了疼痛，动也不动地站立着。叛军将士认为张巡诡计多端，这一次一定又放了什么木头人来骗他们。

后来，令狐潮从间谍那里得知，那个中箭后屹立不动的“木人”就是将军雷万春，不禁大吃一惊。令狐潮在城下喊话，请张巡见面。张巡上了城头，令狐潮对他说：“我看到雷将军的勇敢，知道你们的军纪确实严明。但是可惜你们不识天命啊！”

张巡冷笑一声回答说：“你们连做人的道理都不懂，还谈什么天命！”说着，就命令将士出城猛冲过去。令狐潮吓得拨转马头没命地逃跑，他手下的十四个叛将，都被张巡将士活捉了。

自那以后，令狐潮屯兵在雍丘北面，不断骚扰张巡的粮道。叛军经常有几万人，张巡的兵不过一千多，但是张巡瞅准机会就出击，总是打胜仗。

过了一年，睢阳（今河南商丘，睢音 suī）太守许远派人向张巡送来告急文书，说叛军大将尹子奇带领十三万大军要来进攻睢阳。张巡接到告急文书，赶紧带兵到睢阳去。

睢阳太守许远地位比张巡高，但是他知道张巡善于用兵，智勇双全，就请张巡指挥守城。叛将尹子奇带了十三万人攻城，张巡、许远的兵力合起来才六千多人，双方兵力相差很大。张巡带兵坚守，和叛军激战十六天，俘获敌将六十多人，歼灭敌军二万多人，使尹子奇不得不退兵。

过了两个月，尹子奇得到了增援兵力，又把睢阳城紧紧围住，千方百计进攻。张巡虽然接连打了几次胜仗，但是叛军去了又来，形势越来越紧急。

一天夜里，张巡叫兵士敲起战鼓，号令整队。城外的叛军听到城里的鼓声，连忙摆开阵势，准备交锋。等到天亮，还没见唐军出城。尹子奇派人登上高处眺望，只见城里静悄悄的，一点动静都没有，就命令兵士卸了盔甲休息。许多叛军将士紧张了一夜，一倒在地上就呼呼地睡着了。

正在这时候，张巡和雷万春、南霁云等十几名将领，每人带领五十名骑兵，打开各城门杀出来，分路猛冲敌营。叛军没有防备，阵势大乱，又被唐军杀了五千多人。

张巡想在尹子奇出阵指挥的时候，射杀尹子奇。但是尹子奇是个狡猾的家伙，平时上阵，总让几个将领伴随着。他们穿着一色的战袍，骑着同样的战马，叫唐军没法辨认出哪个是主将。张巡想出了一个办法。有一次在两军对阵的时候，张巡叫兵士把一支用野蒿削成的箭射到敌阵里，叛军兵士拾到这支箭，以为城里的箭已经使完了，高高兴兴地拿着箭报告尹子奇。

尹子奇刚刚把蒿箭接到手里，城头上的张巡看在眼里，立刻吩咐身边的南霁云对准尹子奇射箭。南霁云本来是个好箭手，他一箭射去，不偏不倚，正射中尹子奇的左眼。尹子奇捂住脸，大叫一声，跌下马来。张巡下令出城冲杀，又打了一个大胜仗。

尹子奇瞎了一只眼睛，哪里肯罢休。他回去养了一阵子伤，又带了几万大军，像箍铁桶一样把睢阳围住。城外的兵越聚越多，城里的兵越打越少。到后来，睢阳城里只剩下一千六百多人，又断了粮食，唐军兵士每天只分到一合（音 gě，一升的十分之一）米，拿树皮、茶叶、纸张和着煮了吃。情况越来越危急。张巡没法，只好派南霁云带了三十名骑兵突出重重包围，到临淮（在今江苏盱眙西北）去借兵。

驻守临淮的大将贺兰进明（贺兰是姓）害怕叛军，不愿出兵救睢阳。他见南霁云是个勇将，想把南霁云留下来作自己的部下，特地为南霁云举行一次酒宴，请众将领作陪。

南霁云哪里喝得下酒。他把自己的一个手指咬了下来，咬得满口鲜血淋漓，气愤地说："霁云不能完成主将交给我的使命，只好留下这个手指作证，回去也好有个交代。"然后，愤然离去。

南霁云离开临淮，至宁陵借廉坦兵三千回到睢阳。到了睢阳城边，冒围入城，损失惨重，只有千余人杀入城内。

张巡和许远反复商量，认为睢阳是江淮的屏障。为了保卫江淮，不让叛军南下，决心死守睢阳。城里粮食断了，他们就煮树皮吃；树皮吃完，就杀战马；战马杀光了，只好捉麻雀老鼠给战士充饥。城里的将士、百姓被张巡的誓死战斗的精神感动了，他们明明知道守下去没有希望，也没有一个叛逃。

公元757年十月，睢阳城终于陷落。张巡、许远、雷万春、南霁云等三十六名将领全部被俘。张巡等人都不肯屈服，叛军把他们杀害了。

由于张巡他们的坚守，睢阳以南的江淮地区才没遭到叛军的破坏。河南节度使张镐得到睢阳危急的消息，赶快发兵，急行军赶到睢阳，打退尹子奇叛军，睢阳城已经沦陷三天了。又过了七天，郭子仪带领唐军收复洛阳。

七品县令张巡以无穷的智慧屡败叛军，为平定安史之乱立下了不朽的功绩。

李光弼誓死平叛军

李光弼与唐朝著名的将领郭子仪起初都在朔方镇当将军。两人都颇有才干，谁都不服气，彼此有些不和。安禄山叛乱不久，唐玄宗提升郭子仪当了朔方节度使，李光弼害怕郭子仪报复，曾经想到别的地方去。后来史思明在河北攻城掠地的时候，朝廷要郭子仪挑选一位能干的大将去平定河北。郭子仪推荐李光弼。李光弼心想：郭子仪这不是在借刀杀人吗？可朝廷的命令只能服从，何况平叛逆贼本来就是自己的责任和心愿，所以毫不犹豫地接受了任命。

临走的时候，李光弼硬着头皮对郭子仪说：“我死固甘心，只请求能保住我的妻子儿女！”郭子仪赶紧抱住李光弼，流着眼泪对他说：“现在国家大乱，叛贼猖獗，需要我们同心讨伐。平定河北，非将军您这样能干的人才行！哪里还计较什么私愤呢！”李光弼听了非常感动。两个手扶手相对一拜。郭子仪分了 1 万人马给李光弼，送他出征。不久，郭子仪也到了河北。两人齐心协力，共同对付史思明的叛军。

安庆绪杀了父亲安禄山以后，在安史内讧中又被史思明杀害。史思明把安庆绪占领的土地和军队兼并过来，自称：“大燕皇帝”。接着，他统率大队兵马进攻洛阳。李光弼这时也率领人马开到了黄河北岸的河阳，保卫洛阳的外围。

史思明驻扎在河阳南岸，让手下一名勇敢的将领刘龙仙去挑战。刘龙仙仗着自己勇敢，根本不把唐军放在眼里。他身骑烈马，把右脚放在马颈的鬣（音 lié）行上，谩骂李光弼。李光弼问部将们：“哪个去收拾这个狂徒？”有一名大将要求上阵。李光弼说：“这用不着大将去。”旁边的人说：“偏将白孝德可以去。”李光弼问白孝德需要带多少兵。白孝德说：“我一个人前去就行了。”李光弼说：“你的勇气很可嘉。不过还是带些士兵去的好。”白孝德说："那就选50名骑兵作后援，再请大军擂鼓助威吧。"

白孝德挟着两支矛，骑马涉水渡河冲过去。刘龙仙看到白孝德走上河岸，不等他开口，就骂起来。白孝德突然瞪起双眼，厉声问道："你认识我吗？""谁认识你这个无名小辈！""我是白孝德！""什么猪狗！"白孝德听罢大吼一声，突然持矛跃马猛冲上去。这时候唐军50名骑兵也已经冲过河来，一时间鼓角齐鸣，喊声震天。刘龙仙一看形势不妙，掉转马头向回跑。白孝德哪里肯放过他，追上去一矛就把刘龙仙刺下马来，再一刀又把他的脑袋砍了下来，挂在马鞍上，过河跑回了营门。叛军见了，人人吓得胆战心惊，不敢再交战，史思明只好收兵回去了。

李光弼又生出一个妙计。有一天，他叫士兵把军中的500匹母马和马驹集中起来，等史思明放马洗澡的时候，就把拴在城内把母马都赶出城外。母马一离开马驹，就萧萧地嘶鸣起来。史思明那一千多匹良马听到对岸马群的叫声，就都滔水泅（音qiú）过河来，马夫们拉也拉不住。唐军把它们赶进城里，白赚了1000匹好马。

后来，唐军据守在羊马城，史思明自己率领一部分精兵攻南城，派周挚攻北城。李光弼上城观察了敌阵，他问："敌军的阵势哪面最坚固？"将士回答说西北角。李光弼派部将郝廷玉带领300名骑兵去抵抗。又问敌阵还有哪面比较坚固。回答说东南角。李光弼又派部将沧惟贞带领200名骑兵去抵抗。然后，李光弼对所有的部将说：“你们进攻的时候看我的旗子：旗子晃动慢，你们自己选择有利的地方出战；要是旗子三次急速倒地，你们就一齐杀上前去，不能怕死。有谁稍微后退，立刻斩！”接着他拿出一把短刀插在自己靴筒里，对大家说：“打仗是危险的事。我是国家的‘三公’（最高的官位），决不能死在敌人手里。万一战斗失利，你们各位在前头战死，我就用这短刀自刎，和你们一道为国捐躯！”将士们听了都十分感动，人人抱着必胜的决心。

郝廷玉、沧惟贞和其他部将一齐出战。不多一会儿，郝廷玉骑着马往回跑。李光弼看见大吃一惊，心想。郝廷玉一退回来，胜利就没希望啦！他传令：“把郝廷玉斩首报来！”郝廷玉忙说：“是马中了箭，不是后退！”他换了匹马又重新投入战斗。

另一部将仆固怀恩少许后退了些，李光弼传令斩他的头来见。仆固怀恩看使者骑马提刀跑了过来，就赶紧又杀上前去。李光弼命令旗手把帅旗倒地三次，众将一见，指挥军队不顾死活地向前拼杀，呼声震天动地。叛军气势一下子就崩溃了，被唐军杀死1000多人，俘虏500人，被水淹死1000多人，还有两名大将被活捉，只有主将周挚带领几名骑兵逃走了。

公元762年唐肃宗死后，他的长子李豫继位当了皇帝，就是唐代宗，唐代宗又一次调集兵马，借了回纥兵，讨伐叛军。这时候，史思明的儿子史朝义已经杀死了史思明，作了“大燕皇帝”。

唐军节节胜利，一步步逼近洛阳了。史朝义把他的10万精兵全部调出，在洛阳城郊摆下了阵势，抵抗唐军。唐军几次冲击，都没成功。镇西节度使马璘决定亲自出击，突破敌阵。他独自一个人驰马冲上前去，犹如猛虎下山，左冲右突，东砍西杀，把敌阵冲开一个缺口，唐军大队人马跟着奔腾而下，像山洪一样卷了过去，把叛军杀得狼狈不堪，争先恐后地逃命，唐军收复了洛阳。

史朝义带着剩下的几百名骑兵逃回了范阳。留守范阳的叛军将领是范阳籍士兵，也向朝廷投降。最后，史朝义身边只剩下几名胡人骑兵。他带了这几名骑兵，想往北逃到奚和契丹的部落去。唐军穷追不舍，史朝义最终走投无路，上吊自杀了。

将近8年的安史之乱，最后平定了。叛乱虽然平定了，可是安禄山、史思明带头搞起来的分裂、割据势力，不但没有消灭，反而恶性发展起来。在以后的100多年中，唐朝一直受到这种势力的困扰。

郭子仪单骑退敌

郭子仪在天宝初年中举，从军后长期在北部边塞供职。在平定安史之乱中，郭子仪是唐军主要的指挥者。他忠勇爱国，精于谋略。

代宗广德元年（公元 763 年），由吐蕃、吐谷浑、党

项、氐、羌等族组成的20万大军，进攻唐大震关（今陕西陇县以西），边关告急，而把持朝政的内侍太监程元振竟不向皇上禀报。入侵大军攻破大震关，继续深入内地，泾州（今陕西泾川）刺史高晖投降吐蕃，当做向导，加快了各族联军的进攻速度。一路长驱直入，逼近京都长安。

代宗皇帝得到消息时，入侵大军早已深入内地，想找一位强将为帅带兵抗敌都找不出来，著名的将领郭子仪早被太监程元振和鱼朝恩进谗言解职在家。在这危难之机，都想起了郭子仪，代宗命他为副元帅组织抵抗，又命各镇节度使到京师救助。各镇节度使接到命令，都按兵不动，因为程元振曾害死过淮西节度使，他们怕入京同样受到程元振的暗害。

入侵联军逼进长安时，代宗皇帝已逃离，入侵军攻占长安后找了一位叫李承的人，立为名义上的皇帝，准备长期霸占中原。

老将郭子仪奉诏上任，但却没有一兵一马，他没有知难而退，而是积极召集将士，先找了20多名旧部下，这20多人又到处招兵买马。各州县官府败兵闻听郭子仪复出带兵，都感觉有了主心骨，纷纷赶来。节度使白孝德也在判官段秀实的说服下，起兵抗敌，短短的时间，郭子仪便组织起一支大军。

以吐蕃为首的各族入侵联军，听说郭子仪为帅带兵抗击，连忙丢弃长安，退回青海去了。这次长安之危，仅凭郭子仪的名声威望，便得到解除，使皇帝和大臣们更加认识到郭子仪的价值。

广德三年（公元 764 年），大将仆固怀恩对朝廷愤恨，为了报复，勾结回纥、吐蕃联军再次入侵唐朝。代宗自然又派老将郭子仪为帅，带兵抗敌。

郭子仪率军驻在泾阳（在长安以北），仅有 1 万人，而联军有 10 万多人马。吐蕃与回纥分驻两座大营，将泾阳城包围。

郭子仪想，以自己区区 1 万人去与 10 万人斗，就算是全军覆没，也难以取胜，应动之以情，晓之以理，劝他们退兵。于是派牙将李光瓒出城到回纥营中，对回纥大帅药葛罗说："我家主帅郭令公派我来见大帅说，请不要忘记当年并肩战斗的情谊，早日退兵为好。"药葛罗大帅说："郭元帅早就去世了，你以为我不知道吗？休想骗我！"李光瓒说："我指天发誓，郭令公仍健在，决不敢骗你。"药葛罗还是不信，说："如果郭元帅还健在，能够让他跟我见一面吗？""这个……"李光瓒不知该如何回答，表示回去请示后再予以答复。

李光瓒回来后，如实向郭子仪报告，郭子仪召集将领们商议对策，他说：“现在敌我力量悬殊，硬拼肯定吃亏。凭我当年与回纥的交情，去见见药葛罗也无妨。如回纥退兵，剩下吐蕃就容易对付了。”诸将想不出别的办法，就建议郭子仪率 500 骑兵跟随护卫，郭子仪不同意，说：“敌人 10 万大军，我带 500 骑兵又有什么用？只带几名随从足够了。”

郭子仪上了马，正要出城，他儿子兵马使郭曜闻讯赶来，拽住马缰阻止道：“父亲大人，回纥如虎似狼，您做为国家元帅，岂能冒生死之危深入虎狼之中？”郭子仪骑在马背上，说：“如果两军交战，我们父子俩都将战死。我们战死不足惜，可身后就是京都长安，那时国家也就危险了。我去见药葛罗，以理服他，或许能转危为安。如此，也是天下百姓之福。”郭曜仍是苦劝，郭子仪大怒道：“滚开”说着手起一鞭，打掉了郭曜紧攥缰绳的手，扬鞭跃马，驰出西门。

郭子仪大义凛然地骑着马走进回纥大营，哨兵以为是普通的送信使者，也不在意。这时，郭子仪身边一随从大喊：“大唐元帅郭令公来啦！”哨兵闻听，急忙报告主帅。大帅药葛罗拿着弓箭，带领酋长们骑马在营前列队迎候，只见唐军来了六骑，下了马，扔掉兵器，徒步而来，为首的银发白须者，就是 69 岁的老将军郭子仪。

药葛罗一眼认出郭子仪，惊喜地对众将军说："果然是郭元帅来啦！"于是带头跳下马叩拜。郭子仪执着药葛罗的手，首先问候回纥可汗叶护，然后指责道："回纥以往对唐有大功，唐对回纥也有厚报。可如今为何要负盟入侵呢？助叛臣背恩德，实在不是明智之举。我挺身而来，任凭你处置……"药葛罗忙解释说："都怪仆国怀恩骗我，他说唐朝皇帝已经晏驾，令公也被害死，我才同来。现在听说皇上还在长安，又亲眼见到令公，才知道上了当。仆固怀恩已经病死，也算天诛。我哪能再与令公交战呢？"

郭子仪听罢，暗暗高兴，觉得退兵有望，又说："吐蕃不顾前朝之亲（即文成公主嫁松赞干布、金城公主嫁尺带珠丹），蚕食大唐边境，烧杀抢掠。现在他们抢去的财物用车都装不下，抢去的牛羊满山遍野。如果你能帮助打败吐蕃，这些财物、牛羊全归你们了，请不要错过这个机会。"

药葛罗欣然应允，说："我受仆固怀恩之骗，已经对不住令公。今天我一定助令公击退吐蕃以谢罪。"药葛罗让部下拿出酒，众将陪着郭子仪举杯共饮。郭子仪几杯酒下肚，发了毒誓："……有负约者，身亡阵前，家族绝灭！"药葛罗也重复一遍郭子仪说过的誓言，于是众人齐声欢呼，气氛热烈友好。药葛罗当即决定，派酋长石野那等6人到长安朝见代宗皇帝，以示友好。

吐蕃统帅得到回纥与唐军和好，要共同对付吐蕃的消息，慌忙连夜撤退。郭子仪并未罢休，而是派大将白元光率领骑兵配合回纥药葛罗大军追击吐蕃军，追到灵台西原一带，展开激战，歼灭吐蕃1万余人。夺回吐蕃掠去的4000人，接着在泾州又打一仗，吐蕃再败，退至边境以外。就这样，一次万分危急的内外勾结入侵，被郭子仪平息下去。

因勇退吐蕃回纥等族有功，代宗诏拜郭子仪为尚书令。郭子仪一再恳辞，说："这个官职，过去是太宗充当过的，所以后来均设职不置员。如果让我担任，就破坏了这个传统。这些年由于战乱，官封很滥，害处不小。现在是该按法制审查整顿之时，应从老臣做起。"代宗听后觉得有理，这才作罢。

段秀实不畏强暴

郭子仪屡立战功，保卫了大唐江山，被代宗封为汾阳王。代宗还把女儿升平公主嫁给郭子仪的六儿子郭暧。

代宗对郭子仪这样的功臣，既感激、尊重，又有些担心，怕他篡位，安禄山就是一个例子。郭子仪如果篡位，是非常容易的。但他没有一点这样的想法。不仅如此，还处处小心谨慎，防止皇上对他怀疑。代宗任命他为尚书令时，他坚辞不受。

郭子仪的几个儿子，年轻阅历浅，对官场利害体会不深。有时仗着父亲的势力，不拘小节。有一天，一位军士以跟郭子仪的小儿子郭映是好朋友，便违反军令，在军营中打马奔驰。负责军纪的都虞侯捉住这位军士，按军令办事，把他处死了。郭映哭着去找父亲郭子仪告状，说都虞侯杀了他的朋友，应该处置他。郭子仪不仅没帮他处置都虞侯，反而把儿子痛斥一顿。

郭子仪的六子郭暧与皇帝女儿升平公主结婚以后，相处得很和睦，但有时也吵吵嘴。每次吵嘴，公主依仗父亲是皇上，总要占上风。有一回郭暧生气地说：“你不就是仗着父亲是皇帝吗，我父亲还不稀罕当呢！”公主一听，气得跑到父亲面前告状。

这样的话，是皇上不愿听到的，如心胸狭窄的皇帝，非处置郭暧不可。但代宗却对女儿说：“郭暧的话说得没错，如果他父亲想当皇帝，这天下早就不是我李家的啦！”

代宗把女儿安抚劝慰一番之后，派人把她送回家，郭子仪知道这件事后，不由大惊，亲自将儿子郭暧捆绑起来，到皇帝面前请罪。代宗说：“俗话说得好‘不痴不聋，不做家翁’。小夫妻之间的话，何必去认真听呢？”

尽管皇上没有怪罪他们父子，郭子仪还是不放心，回家后将儿子打了四十大板。这件事被后人编成戏剧《打金枝》，流传至今。

郭晞是郭子仪的三儿子，他在邠州（今陕西彬县）驻军时，有部分将士常到街市上骚扰百姓，节度使白孝德考虑郭子仪的面子，不敢追查。已升任泾州刺史的段秀实向白孝德提出兼任节度使署的都虞侯来处置将士欺扰百姓之事，得到同意，段秀实便来到邠州节度使衙上任。

一天，郭晞部下 17 人到街市上的酒肆里抢酒，卖酒的老人阻止他们被刺伤，还把屋中的设施给砸坏了。段秀实得到报告，立时带役吏去把17个肇事者抓住斩首示众。

郭晞营中的兵士们听说17个弟兄被段秀实杀了，立时群情激愤，纷纷披上盔甲，拿起武器，要攻打节度使署。白孝德慌了，问段秀实怎样处置。段秀实胸有成竹地说："不要紧，我自己去处置这件事。"

白孝德要派役吏跟他一起去，段秀实谢绝了，找了一匹老马，让一位瘸腿的老马夫牵着他骑的马，向军营走去。

军营中的士兵看见段秀实亲自送上门来，便蜂拥而出，拔刀出枪，将他团团围住，段秀实不慌不忙，笑着说："杀我这样的老朽，何必全副武装，气势汹汹？我带着脑袋给你们送来了！"

众兵一时怔住，想不到段秀实有这样的胆量，竟不知所措。段秀实下了马，忽然变得严肃起来，他说："常侍（指郭晞）难道亏待了你们吗？郭元帅（郭子仪）难道有什么地方对不住你们吗？"

兵士们一听，不知段秀实问这两句话是什么意思，郭子仪在士兵中的威望很高。不等士兵回答，段秀实接着说："你们要杀官造反，必然株连郭家，这不是要害郭元帅父子吗？"众兵士觉得段秀实的话有道理，怒火消了一半，有人报告了郭晞。

郭晞急忙来到段秀实面前，未曾开口，段秀实厉声说："郭元帅功高盖世，应善始善终。而常侍却对部下侵扰百姓放纵不管，如今又戴盔披甲，岂不是要造反作乱吗？恐怕这些罪名都将落到郭元帅头上。你们郭家一世的功名也就完了……"

郭晞一听，猛然醒悟，忙对段秀实下拜，说："幸亏段公明示，真乃大恩大德。我一定铭记在心。"然后命令士兵解下盔甲，各自回营。当天晚上，郭晞把段秀实留下来请他喝酒。段秀实把带来的老兵打发走了，自己在郭晞的营里过了一夜。郭晞怕坏人暗算段秀实，自己不敢睡，专门派兵士巡逻保护。第二天一早，郭晞还跟段秀实一起到白孝德那儿道歉。

自那之后，郭家的兵士军纪肃然，邠州地方的秩序也安定下来。但是不到一年，长安又紧张起来了。

大历十四年（公元 779 年），代宗李豫去世，太子李适继位，史称德宗皇帝，改元"建中"。德宗任命段秀实为掌管粮食仓储的司农卿。段秀实对先行进京的家属叮嘱道："如过岐州（凤翔）节度使朱泚赠送礼物不要收。"他的家属路过岐州时，朱泚送了 300 匹大绫，家人推辞不掉，带进家中。段秀实知道以后，非常恼火，他把这 300

匹大绫放到司农寺大堂的房梁上，再也未曾动过。

德宗建中四年，朱泚在长安造反，要当皇帝，召集一些大臣商量，段秀实骂道："你这个罪该万死的狂贼，休想让我跟你造反。"话音未落，扬出手中的笏板，击中朱泚前额，顿时鲜血直流，他的部下冲上来，将段秀实杀害。

颜真卿刚强不屈

经过安史之乱，唐王朝从强盛转向衰落。各地节度使乘机割据地盘，扩大兵力，造成了藩镇割据的局面。公元779年（大历十四年）唐代宗去世，他的儿子李适（音kuò）即位，就是唐德宗。唐德宗想改变藩镇专权的局面，结果引起了藩镇叛乱。唐德宗派兵讨伐的结果，叛乱不但没有平定，反而蔓延开来了。

公元782年，有五个藩镇叛乱，其中淮西节度使李希烈兵势最强。他自称天下都元帅，向唐境进攻。

五镇叛乱，使朝廷大为震惊。唐德宗找宰相卢杞商量，卢杞说："不要紧。只要派一位德高望重的大臣去劝导他们，用不到动一刀一枪，就能把叛乱平息下来。"唐德宗问卢杞说："你看派谁去合适？"卢杞推荐年老的太子太师颜真卿，唐德宗应允了。

颜真卿，字清臣，就兆万年人，出身于书香门第。其五代祖就是《颜氏家训》的作者，南北朝有名的学者颜之推。颜真卿又是我国历史上著名的书法家。他写的字雄浑刚健，挺拔有力，表现了他的刚强性格。后来，人们把他的字体称为"颜体"。

颜真卿是当时一个很有威望的老臣。安史之乱前，他担任平原太守。安禄山发动叛乱后，河北各郡大都被叛军占领，只有平原城因为颜真卿坚决抵抗，没有陷落。后来，他的堂兄颜杲卿在藁城起兵，河北十七郡响应，大家公推颜真卿做盟主。颜杲卿当时任常山（今河北正定）太守，他率先起来抗击叛军。虽然起兵日子不长，被俘最后慷慨就义，但是他们誓死抵抗的精神，鼓舞更多的人抗击叛军。在抗击安史叛军中，颜真卿立了大功。唐代宗的时候，他被封为鲁郡公。所以，人们又称他颜鲁公。

颜真卿为人正直，常常被奸人诬陷排挤，只是因为他的威望高，一些奸人不得不表面上尊重他。宰相卢杞是个心狠手辣的人。他忌恨颜真卿，平时没法下手，这一回，趁藩镇叛乱的机会，派颜真卿去做劝导工作，是存心陷害他。

颜真卿已经是七十开外的老人了，许多文武官员听说朝廷派他到叛镇那里去，都为他的安全担心。但是，颜真卿却不在乎，带了几个随从就到淮西去了。李希烈听到颜真卿来了，想给他一个下马威。在见面的时候，叫他的部将和养子都聚集在厅堂内外。颜真卿刚刚开始劝说李希烈停止叛乱，那些部将、养子就冲了上来，个个手里拿着明晃晃的尖刀，围住颜真卿，摆出要杀他的架势。颜真卿毫不畏惧，面不改色。

李希烈假惺惺站起来护住颜真卿，命令他的养子退出。接着，把颜真卿送到驿馆里，企图慢慢软化他。过了几天，四个叛镇的头目都派使者来跟李希烈联络，劝李希烈即位称帝。李希烈大摆筵席招待他们，也请颜真卿参加。

叛镇派来的使者见到颜真卿来了，都向李希烈祝贺说："早就听到颜太师德高望重。现在元帅将要即位称帝，不是有了现成的宰相吗?"

颜真卿扬起眉毛，朝着四名使者骂道："什么宰相不宰相！我年纪快八十了，要杀要剐都不怕，难道会受你们的诱惑，怕你们的威胁吗？”四名使者被颜真卿凛然的神色吓住了，说不出话来。筵席的气氛让李希烈很尴尬。

李希烈拿他没办法，只好把颜真卿关起来，派兵士监视着。兵士们在院子里掘了一个一丈见方的土坑，扬言要把颜真卿活埋在坑里。第二天，李希烈来看他，颜真卿对李希烈说：“我的死活已经定了，何必玩弄这些花招。你把我一刀砍了，岂不痛快！”

颜真卿在关押期间，写下遗表、自撰墓志、祭文，随时准备为国捐躯。

过了一年，李希烈自称楚帝，又派部将逼颜真卿投降。兵士们在关禁颜真卿的院子里，堆起柴火，浇足了油，威胁颜真卿说：“再不投降，就把你放在火里烧！”颜真卿二话没说，就纵身往柴火跳去，叛将们连忙把他拦住，向李希烈回报。

李希烈想尽办法，没有能使颜真卿屈服。八月，银须飘飘的一代书法大师被李希烈杀害，悲壮殉难。

浑瑊、李晟收复长安

朱酢是幽州第三任节度使。节度使的权力很大，相当于一个地方的皇帝。后来，因为他弟弟朱滔反叛唐朝牵连到他，被唐德宗解除了兵权，留在长安，挂个太尉的名。代宗竟然给他修了一座府第。

建中四年，淮西节度使李希烈率兵造反，进攻襄城。

德宗皇帝急诏姚令言等几个节度使去解襄城之围。姚令言带领5000人马去襄城，途经长安时，正碰上下雨，京兆尹派人犒军，送的是粗粮淡食，士兵们火了，踢倒了饭盆。有人大声说：“前面有两个官库，里面装满了金银和绸缎，我们何不去抢呢?”士兵们一听，立即响应。

皇帝听到消息派太监拿着布帛去安抚兵士，每人二匹布。士兵们见赏赐不多，更加不满，竟然把送布帛的太监射死。节度使姚令言在朝中议事，闻听部下闹事，忙赶回军中，制止乱兵。但士兵们根本不听他的命令，向长安城杀来。

德宗皇帝急忙召集禁卫军守卫长安城。但禁军都去了襄城，长安城内只有神策军。神策军头目白志贞为了多领军饷，居然将集市上一些小商贩的姓名顶替军籍，所以打仗时就露馅了。乱军很容易的便打到紫禁城下，皇帝慌了，急忙带着太子公主王妃太监等少数人，逃出长安。

乱军攻进皇宫，大肆抢掠，姚令言见状，只好随着兵士造反，但他威信不高，呼唤不灵，便想起尚在京城的朱泚，找到他，让他带头造反。朱泚见有人拥护他，便决定登基称帝，国号大秦，年号为应天。登基这天，文武大臣前来捧场祝贺的不足20人，人数实在少得可怜。时间不长，朱泚又改国号为汉。

朱酢做了皇帝，他心里清楚，只要唐朝德宗皇帝还活着，他这个皇帝就当不安稳，于是亲率大军进攻奉天城。这时德宗、太子等逃到奉天城。朱酢下令让士兵用拆民房的木料做成百尺高的楼车，站在楼车上面可以清清楚楚看到城中的情况，守城将士不禁惊慌万状。大将军浑瑊想出一计，派士兵在城墙里面挖地道，挖到城外，修了陷阱。

朱酢命令楼车攻城，未等靠到城墙根，士兵们则纷纷掉进陷阱和地道中，城上守军又将火把、木柴扔到城下，楼车烧毁，一些士兵被烧死。正在这时，城门大开，太子亲率众兵杀出城来，朱酢大败，死伤数千之多。

朱酢依次靠人多，继续攻城，城内皇帝与百姓团结一心，奋勇抗敌，坚持了 36 天，朱军也未攻克。这时唐朝援军赶来，朱酢怕被夹击，只好撤兵回到长安。

德宗兴元元年（公元 784 年），唐德宗命令李怀光和李晟乘胜收复长安。哪料到李怀光到了咸阳，却和朱酢暗中勾结，一起反唐。李晟到了长安城外，前有朱酢，后有李怀光，内无粮草，外无救兵，处境极其危险。

李晟是个有勇有谋的人。他用自己的勇气和决心激励将士，使唐军将士士气始终很旺盛。长安附近的唐军都自愿接受李晟指挥。李怀光想命令他部下将士袭击李晟，将士们都不答应。李怀光害怕起来，先逃到河中去了。

李怀光一逃，朱泚就孤立起来。浑瑊守住了奉天，也跟李晟彼此呼应，进逼长安。唐军声势浩大，吓得朱泚龟缩在长安城里不敢出来。

李晟召集将领商量怎样攻城。将领们说："当然是先打下外城，占领街坊，再进攻皇宫。"李晟说："街坊狭窄，如果我们跟敌人在街头作战，就要伤害百姓。听说敌人重兵在皇宫后面的御苑里。我们不如从北面打开城墙，集中兵力向御苑进攻。这样，宫室不会遭到破坏，百姓也不会受惊扰。"

大家都佩服李晟想得周到。接着，李晟就分派部将出击，先消灭城外的敌军。最后，打开了城北城墙，大批步兵骑兵一起猛攻御苑。朱泚没法抵抗，不得不丢了长安逃走。来不及逃走的士兵也都缴械投降了。

李晟进了长安，向全军将士下了命令，说："长安居民，受够了叛军的苦，不能再去惊扰他们。"唐军进城以后，果然纪律严明，秋毫无犯。

公元784年，李晟收复长安，朱泚被杀。唐德宗回到长安。过了一年，浑瑊又进攻河中，消灭了李怀光。自称楚帝的李希烈打了几次败仗，也被部将杀了。

李晟、浑瑊为维护唐王朝的统一，立了大功。吐蕃贵族害怕他们掌握兵权，对他们不利，就采用离间的计策。

唐德宗本来猜忌功臣，又中了吐蕃贵族的计，把李晟的兵权撤了，神策军归宦官掌握。从此，藩镇割据没有解决，宦官的权力倒越来越大了。

李愬雪夜下蔡州

唐朝中期，淮西镇是当时藩镇割据的一个顽固堡垒。(公元814年）淮西节度使吴少阳死后，他的儿子吴元济自立。唐宪宗发兵四路征讨淮西，但是连续攻战三四年却劳师无功。第一任主帅高霞寓被吴元济打得大败，第二任主帅袁滋畏敌如虎，一直不敢与吴元济交战。在这种形式下，朝廷有不少官员都认为不能再打下去，大臣裴度却认为淮西好比身上长的毒疮，不可不除。唐宪宗拜裴度使宰相，决心继续征讨淮西。

公元817年，朝廷派李愬担任唐州（今河南唐河）第三州节度使，要他进剿吴元济的老巢蔡州（今河南汝南)。

唐州的将士打了几年仗，都不愿再打，听到李愬一来，有点担心。李愬到了唐州，就向官员宣布说："我是个懦弱无能的人，朝廷派我来，是为了安顿地方秩序。至于打战，我不行。"

这个消息传到吴元济那里。吴元济打了几次胜仗，本来就有点骄傲，听到李愬不懂得打仗，更不把防备放在心上了。以后，李愬根本不提打淮西的事。唐州城里有许多生病和受伤的兵士，李愬一家家上门慰问，将士们都很感激他。

元和十二年（公元818年）二月，李愬的兵士在边界巡逻，碰到一小股淮西兵士，唐军把淮西兵士打跑了，生擒了淮西军的一个小军官丁士良。丁士良是吴元济手下的一名勇将，经常带人侵犯唐州一带，唐军中很多人都吃过他的亏，非常恨他。这一回活捉了他，大伙都请求李愬把他杀了，给死亡的唐军兵士报仇。

将士们把丁士良押到李愬跟前。李愬吩咐兵士给他松了绑，好言好语问他为什么要跟吴元济闹叛乱。丁士良本来不是淮西兵士，是被吴元济俘虏过去的，见李愬这样宽待他，深受感动，并向李愬献了一计。就投降了。

李愬靠丁士良的帮助，打下了淮西的据点——文城栅和兴桥栅，先后收服了两个降将，一个叫李佑，一个叫李忠义。李愬知道这两人都是有勇有谋的人，就推心置腹地信任他们，跟两人秘密讨论攻蔡州的计划，有时讨论到深更半夜。李愬手下的将领为了这件事都很不高兴，军营里沸沸扬扬，都说李佑是敌人派来做内应的。有的还有凭有据地说，捉到的敌人探子，也供认李佑是间谍。

李愬怕这些闲话传到朝廷，让唐宪宗听信了这些话，自己要保李佑也保不住了，就向大家宣布说："既然大家认为李佑不可靠，我就把他送到长安去，请皇上去发落吧。"

他吩咐兵士把李佑套上镣铐，押送到长安，一面秘密派人送了一道奏章给朝廷，说他已经跟李佑一起定好攻取蔡州的计划，如果杀了李佑，攻蔡州的计划也就吹了。

唐宪宗得到李愬的密奏，就下令释放李佑，并且叫他仍旧回到唐州协助李愬。

李佑回到唐州，李愬见了他，非常高兴，握着他的手说："你能安全回来，真是国家有福了。"说着，立刻派他担任军职，让他携带兵器进出大营。李佑知道李愬千方百计保护他，感动得偷偷地痛哭。

没多久，宰相裴度亲自到淮督战。原来，唐军作战都有宦官监阵，将领没有指挥权。打胜仗是宦官的功劳，打败仗却轮到将领挨整。裴度到了淮西，发现这个情形，立刻奏请唐宪宗，把宦官监阵的权撤消了。将领们听到这个决定，都很兴奋。

李佑向李愬献计说：“吴元济的精兵都驻扎在洄曲（今河南商水西南）和四面边境上，守蔡州的不过是一些老弱残兵。我们抓住他的空隙，直攻蔡州，活捉吴元济是没问题的。”

李愬把这个计划秘密派人告诉裴度。裴度也支持他，说：“打仗就是要出奇制胜，你们看着办吧。”

李愬命令李佑、李忠义带领精兵三千充当先锋，自己亲自率中军、后卫陆续出发。除了李愬、李佑几个人，谁也不知道到哪里去。有人偷偷问李愬，李愬说：“只管朝东前进！”

赶了六十里地，到了张柴村。守在那儿的淮西兵毫无防备，被李愬带的先锋部队全部消灭。李愬占领了张柴村，命令将士休息一会，再留下一批兵士守住张柴村，截断通往洄曲的路。一切安排妥当，就下令连夜继续进发。

将领们又向李愬请示往哪里去，李愬这才宣布：“到蔡州去，捉拿吴元济！”

将领中有一些是在吴元济手里吃过败仗的，一听到这个命令，大惊失色。监军的宦官特别胆小，急得哭了起来，说：“我们果然中了李佑的奸计了。”对此，李愬不予理睬，严令全军以最快的速度前进。

这个时候，天色已晚，并下起了大雪。从张柴村通往蔡州的路，是唐军从来没走过的小道。大家暗暗叫苦，但是，李愬平日治军很严，谁也不敢违抗军令。

半夜里，兵士们踏着厚厚的积雪，又赶了七十里，才到了蔡州城边。正好城边有一个养鹅、鸭的池塘，把人马发出的响声掩盖过去了。

李愬、李忠义吩咐兵士在城墙上挖了一个个坎儿，他们带头踏着坎儿爬上城，兵士们也跟着爬上去。守城的淮西兵正在呼呼睡大觉，唐军把他们杀了，只留一个打更的，叫他照样敲梆子打更。接着，打开城门，让李愬大军进城。

鸡叫头遍的时候，天蒙蒙亮了，雪也止了。唐军已经占领了吴元济的外院，吴元济还在里屋睡大觉呢。有个淮西兵士发现了唐军，急忙闯进里屋报告吴元济说：“不好了，官军到了。”

吴元济懒洋洋躺在床上不想起来，笑着说：“这一定是犯人们在闹事，等天亮了看我来收拾他们。”刚说完，又有兵士气急败坏地冲进来说：“城门已经被官军打开了。”

吴元济奇怪起来，说：“大概是洄曲那边派人来找我们讨寒衣的吧！”吴元济起床后，只听见院子里一阵阵吆喝传令声："常侍传令……"（常侍是李愬的官衔）接着，又是成千上万的兵士的应声。吴元济这才害怕起来，说："这哪来的常侍？怎么跑到这儿来传令？"说着，带了几个亲信兵士爬上院墙抵抗。

李愬对将士说："吴元济敢于顽抗，是因为他在洄曲还有一万精兵，等待那边来援救。"

驻洄曲的淮西将领董重质，家在蔡州。李愬派人慰抚董重质的家属，派董重质的儿子到洄曲劝降。董重质一看大势已去，就亲自赶到蔡州向李愬投降了。

李愬命令将士继续攻打院墙，砸烂了外门，占领了军械库。吴元济还想凭着院墙顽抗。第二天，李愬又放火烧了院墙的南门。蔡州的百姓们受够了吴元济的苦，都扛着柴草来帮助唐军，唐军兵士射到内院里的箭，密集得像刺猬毛一样。到太阳下山的时候，内院终于被攻破，吴元济在走投无路的情况下，只好哀求投降。

李愬一面用囚车把吴元济押送到长安去，一面派人向宰相裴度报告战果。接着，申州和光州（今河南信阳和潢川）的两万叛军也相继来降，进袭蔡州的战斗，取得了彻底的胜利。

藏書

珍藏版

中華上下五千年

贰

赵文博 主编

辽海出版社

目　录

秦　朝

汉 朝

孙庞较智

春秋时著名军事家孙武死后100多年，至战国中期又出现了一位卓越的军事家孙膑。他出生于齐国，是孙武的后世子孙。在年轻时，他与魏国人庞涓都求教于当时的著名学者鬼谷子学习兵法战策，以兄弟相称。孙膑年长为兄，庞涓稍幼为弟。

其时，魏惠王正大肆张榜礼聘天下豪杰，也要学秦孝公那样，要找一个商鞅式的人才。庞涓对孙膑说："老师传授我们本领，为的是使我们报效君王。我乃魏人，正当为国效力，兄长虽齐人，如不弃，待我得意之时，当接兄长下山共事魏王。"

不久，庞涓果得魏王赏识，拜为将军，连破卫、宋，又摒齐于国门之外，一时名声大震。孙膑则一边认真研习其祖孙武留下的兵法，一边耐心等待庞涓的消息。终于，庞涓书信传来，邀孙膑赶赴魏国。其实，庞涓深知孙膑才能远胜于己，本不想引荐他，无奈有好事的禽滑厘（墨子的徒弟）极力向魏惠王推荐。惠王责备下来，庞涓不得已而为之。

庞涓不想让孙膑出头，故而在魏惠王面前假意曲说，只让孙膑当了有职无权的客卿。孙膑浑然不觉，还真心感激师弟庞涓的巧妙安排，不断托庞涓向魏惠王献计，却都被庞涓扣压住。庞涓知道长此下去不是办法，于是想出一条陷害孙膑的毒计。

一日，孙膑正在馆驿读书，忽有一位说齐国口音的汉子求见，带来孙膑失散多年的堂兄家信，信中尽诉离别之情，并劝孙膑一同回齐国效力。孙膑认为受庞涓照顾多日，没能报答恩情，实在过意不去，预备替庞涓为魏惠王出些好计谋后再回齐国不迟。他把这想法写信告诉了堂兄，并托送信人带回。送信人并未将信带给孙膑的堂兄，而是交给了庞涓。原来这正是庞涓想出的毒计。庞涓拿到孙膑的家信，立即命人以此笔体伪造了一封孙膑急欲弃魏归齐内容的信，由庞涓密呈给了魏惠王。

庞涓对魏惠王说：“孙膑乃奇才，如被齐国重用，必对魏国不利。为了国家的利益，我忍痛请求大王您将孙膑处死吧。”

魏惠王思忖良久说：“不可！孙膑本是我请来的，现在却要杀了他，天下人会耻笑我的。”庞涓一计不成又生一计，对魏惠王说：“不如我先去劝劝他，他若肯留，则请大王重用他；如他坚持要走，请大王允许我来处理他的问题吧。”魏惠王允诺。

庞涓来到孙膑处，闲扯家常时谈起孙膑收到家书的事，庞涓建议他向魏王告假省亲。孙膑言道：“我刚到魏国，寸功未立，就提出省亲，怕不妥吧？”庞涓答道：“兄长请放心，魏王那里自有小弟担待，只需过几日呈上告假奏章即可。”

离开孙膑居所，庞涓又来见魏王，说：“启奏大王，孙膑去意已定。”不几日，魏惠王果然接孙膑的告假奏章，庞涓的话完全应验了。惠王不由大怒，下旨意拿下孙膑，刀斧手手起刀落，剜去了孙膑的两个膝盖骨，孙膑惨叫一声，昏死过去。刀斧手乘机又在孙膑的脸上刺了字。

待孙膑再醒来的时候，已是躺在庞涓家里了。庞涓两眼含泪亲自给孙膑上药，把孙膑感动得热泪涟涟。他想：师弟对我恩重如山，本想重重报答，可惜身体已坏，看来惟有将先祖传下来的兵法 13 篇默写出来赠给师弟作为报答了。

孙膑强撑起残躯，伏在书案上吃力地刻写起来。既要回忆，又要刻写，重伤在身的孙膑工作的速度自然很慢。庞涓渐渐有些不耐烦了。侍奉孙膑的小书僮看出来了，悄悄一打听，才知庞涓只因为要得到孙膑所学的兵法才留他一条命。

小书僮于心不忍，将所听到的一切都告诉了孙膑。闻听此言，孙膑如雷轰顶，想想前后的经历，猛然醒悟过来：这禽兽一样的庞涓，兵书绝不能传给他！可不刻写，庞涓是不会放过自己的，怎么办？孙膑陷入沉思中。

孙膑忽然疯了！庞涓不信，认为孙膑是装疯。他急忙来到孙膑的居室，看到孙膑衣服脏破，发髻散乱，跪在地上像牛马一样地转圈。“你要干什么！”庞涓喝斥道。孙膑抬头见是庞涓，“蹭蹭蹭”地爬过来抱住庞涓的腿，喃喃地说：“鬼谷老师，你可来救我了，这下魏王不能把我怎么样了。”边说边用流着口水的嘴去亲吻庞涓的鞋子。庞涓厌恶地一脚将孙膑踢开：“你是个疯子。来人，把他拖到猪圈去。”

庞涓并不相信孙膑真疯了，他派人到猪圈去打探。派去的回来说，孙膑整天在猪圈里爬来爬去，饿了抓起猪粪就在嘴里塞，困了倒头便睡，庞涓这才有些相信了。

渐渐地，庞涓对孙膑的戒备松懈了，不仅允许他常爬到大街上去晒太阳，甚至有时一连二三天也忘了查问孙膑的行为举止。

一直暗中关心孙膑动向的禽滑厘终于等到了机会。趁齐国派使臣访魏的机会，他说服齐使，悄悄地将孙膑藏带出魏国。

因为接待齐国特使，庞涓忙得好几天都没功夫过问孙膑的事。送走齐使，一天早上梳妆时，庞涓问手下人孙膑的近况。手下人答道："几日没见孙膑的面了，有人说他掉到河里淹死了。""真死了吗?"庞涓轻描淡写地问了一句，没往深里追究。

孙膑到了齐国，沐浴换装，面貌一新。齐王早知孙膑的大名，如今一见，真是相见恨晚，当时就要不顾"刑徒"终身不能为官的礼制，赐孙膑高官厚禄。孙膑言道："大王不可，我寸功未立，不能受赏。再者，如庞涓知道我还活着，一定会来攻打齐国。不如请您允许我藏而不露，待到国家有事时，我再效全力不迟。"齐王允诺。

公元前353年，庞涓领魏惠王命率大军包围了赵国都城邯郸。赵王派人向齐国求救。齐王向孙膑问计，孙膑认为应该出兵。齐王想拜孙膑为大将领兵救赵，孙膑说：“我乃刑余之人，领兵带队恐辱大王脸面，不如请田忌大夫为大将，我辅佐他好了。”齐王就拜田忌为大将，孙膑为军师领兵救赵。

孙膑向田忌建议道：“我料赵军非庞涓对手，如按原计划救赵，恐怕我们还未到时，邯郸就已被魏军攻破了。不如我们声东击西，直接攻打魏国的都城安邑，这样，庞涓必定回兵救援，我们再在半路上埋伏好，打庞涓一个措手不及。既解了赵国之围，又可打击魏国的气焰，减少它对齐国的威胁。不知将军意下如何?”田忌说：“就依先生。”

庞涓包围了邯郸，正得意之时，忽有探马来报说齐国攻打安邑。庞涓一愣，心想齐国必藏有高人，才能想出如此妙策。他顾不得休整部队，急忙回师救援。听说国都危难，魏军人人心乱，加上连日征战，人马未歇，此时回援的魏军，丢盔卸甲，士气低落，犹如失败之师。

好容易回到魏国，看看离国都已不太远，庞涓刚想喘口气，却不料在桂陵地方中了齐军的埋伏。由于事出意外，魏军毫无防备，被齐军杀得大败。败走间，庞涓远远看见齐军阵中大旗上斗大的“孙”字，心中大惊，暗道：莫非是那瘸子不成?！遂急令撤兵。庞涓败回，多方打探，知孙膑确在齐国效力，大呼上当，一时不敢轻易犯齐境。

公元前341年，魏惠王令太子申与庞涓领兵伐韩国。庞涓接受从前攻赵的教训，劝说魏王留下足够的兵力守国，免得像上次那样被孙膑钻了空子。

魏国的大军去攻韩国，齐国的军队果然如庞涓所料故伎重演又出兵去围攻魏国的都城了。庞涓闻报，急令大军回师合围齐军。庞涓的打算，早在孙膑预料之中，他对齐军主帅田忌说："庞涓此来，必有防备，我们只有使他骄傲轻敌，才能出其不意战胜他。"田忌素知孙膑才能，便依计而行。

刚入魏境，庞涓即探知围魏都的齐军已向东撤退，心中大喜，认为孙膑内心已怯，此时正是歼灭齐军的好机会，便指挥大队人马加快步伐向东追赶。走了一天，来到一个丘陵地带，发现地上密密麻麻全是烧火做饭的土灶。庞涓派人数了数，约有10万眼之多。追到第二天，发现齐军埋锅造饭的土灶减少了近一半；再追下去，灶眼越来越少，到第三天下午，快追到边境的时候，齐军的灶眼竟只剩了3万眼。庞涓大喜，对太子申说："齐军胆怯，望风而逃，10 万大军逃得只剩 3 万人了。请太子允许我带精兵轻装先行，争取一举追上并消灭齐军。”

庞涓哪里想得到，这减灶正是孙膑为引他上钩所设的巧计。马陵道上，孙膑对田忌说：“我算准今夜庞涓必至，可令一万弓箭手埋伏在山道两侧，一见火光，即行放箭，定使庞涓死无葬身之地。”遂命令士兵将林木尽数砍去，只在道中留一高大粗壮之树刮去树皮一段，上写大字：庞涓死此树下。

不出孙膑所料，庞涓率精兵天擦黑时追至马陵道。庞涓本欲止军扎营，但杀孙膑心切，又看到山道上树木横放堵塞道路，料想齐军已无心恋战，故放下心来挥兵追击。入谷已深，魏军发现孤树，忙报之庞涓。庞涓命举火来照，发现树干上的大字，还未等怒气发作，却闻听四处一阵梆声，箭矢如雨点般射来。庞涓突然明白过来，大叫：“孙膑，又中尔诡计！”急令撤退，却为时已晚，自己已身中数箭。庞涓看看大势已去，长叹一声：“今番倒成就了孙膑这瘸子的名声！”说罢，拔剑自刎。

庞涓死后，孙膑也没了豪情逸志，他婉言谢绝了齐王的封赏，隐居民间，专心写作其兵法心得《孙膑兵法》。《孙膑兵法》一直流传到现在。

苏秦合纵张仪拆盟

秦国自商鞅变法以来，国势渐盛，成为七雄中最强大的国家。是联合抗秦，还是与秦修好，已成为其他六国面临的迫切问题。于是出现了“合纵”、“连横”两种主张。专门游说“合纵”、“连横”主张的“说客”史称“纵横家”，苏秦就是其中代表人物之一。

苏秦，字季子，战国时洛阳轩里人（今河南省洛阳），他和魏国人张仪是同学，也是好朋友，二人皆出身寒微，学习刻苦，且善口才。

学习结束后苏秦外出闯荡，决心谋取一官半职。但是走了许多国家都未被任用。两年后，衣衫褴褛、狼狈不堪的苏秦只好回到家中。家里人见他如此落魄，都不理他，认为他不务实，是个游手好闲的人。他的嫂子明知他腹中饥饿，也不肯给他做饭。

苏秦并未灰心，而是暗暗发誓，将来一定要出人头地。从此苏秦日夜苦读，不思食宿。有时读到半夜实在太困了，就用绳子把头发拴起来系在梁上，这样打瞌睡时一低头，会被绳子拽醒；有时人虽然醒着，精神却振作不起来，他就用锥子刺自己的大腿，强迫自己振作精神。“头悬梁、锥刺股”就是从此而来的。经过一番苦学，苏秦掌握了丰富的知识，天文、地理、医药、军事、古今法令、各国概况均熟记于胸。于是他再次离开家乡，谋求仕途。

公元前334年，苏秦来到燕国，受到燕文公礼遇。他与燕文公分析当前形势：当今秦国最强，时有吞并各国的野心。燕国之所以未受侵扰，因为赵国抵挡在前，燕国要想永保太平，只有与赵国交好，联合中原各国共同抗秦。燕文公深有同感，便派苏秦合纵燕、赵、韩、魏、齐、楚六国。

苏秦首先到了赵国，向赵肃侯说明合纵之计的好处。赵肃侯完全同意，当下拜他为相国，给他大量财物，请他联合其他四国。苏秦凭借自己出色的口才与智慧很圆满地完成了任务。国君歃血为盟。封苏秦为“纵约长”，挂六国相印，掌管联盟之事。

苏秦挂六国相印荣归故里，所到之处均盛情接待，乡亲及家人更是诚惶诚恐，他的嫂子跪地磕头不起，苏秦心中感慨万千。

公元前333年，燕文公去世，燕易公继位，齐国乘燕国办丧事之机，夺走了燕国十几座城池，从此齐燕两国结下深仇。

秦王听说六国合纵之事，决心拆散联盟，首先将魏国夺来的土地又退还回去，然后又将女儿许配给燕太子。魏国和燕国同秦国好起来。苏秦得到消息来到燕国。燕易王对他说了齐国有违盟约的举动。苏秦决定替燕国要回城池，又到了齐国。见到齐威王，苏秦说："一个人无论有多饥饿，也不会吃乌头籽，因为乌头籽会加速人的死亡。如今齐国就吃了乌头籽。燕国与秦国已联姻，您若占了燕国城池，秦国必然出兵，到那时齐国岂不危险！"齐威王觉得很有道理，燕国不费一兵一卒收复了城池。燕易公并没有消除心头之恨，便派苏秦到齐国去，想办法削弱齐国的力量。苏秦佯装得罪燕王，逃到齐国。

公元前320年，齐威王去世，齐宣王即位，齐宣王是喜财好色之徒。为了投其所好，苏秦大建宫殿，广罗美女献给齐宣王，齐国的国库渐渐虚空，百姓的赋税大大增加，全国上下怨声载道。许多大臣进谏，劝齐宣王远离苏秦。齐宣王根本听不进去。不久，苏秦遇刺身亡。

此时张仪已到了秦国，得到秦惠文王重用，被拜为相国。在苏秦任纵约长时，张仪曾前去投奔，苏秦激励他应该有所作为，不要心存依赖思想。张仪茅塞顿开，只身去了魏国，在那里并未得到重视，于是又到了楚国，做了昭阳公门客。由于张仪出身卑微很受岐视，一次昭阳的“和氏璧”被偷，大家怀疑是张仪所为，将他打得半死。伤好后，张仪在苏秦的帮助下，来到秦国。

苏秦死后，六国合纵渐渐解散，各国相互征战抢夺地盘。楚怀王见张仪作了秦国相国，担心他会寻机报“和氏璧”之仇，便重新联合六国攻打秦国，几次交锋，六国均惨败而归。

为了拆散联盟，张仪对秦王说，目前齐、楚两国是强国，若拆散这两国的联盟，剩下的一切就迎刃而解了。秦王将此事交由张仪办理。

张仪到了楚国，首先买通了楚怀王的庞臣靳尚，然后见楚怀王，并对他说，如果楚国跟齐国断交，秦国将跟楚国交好，同时把商于一带600 里的土地归还楚国。有靳尚在旁怂恿，楚怀王欣然同意。大臣陈轸看出这是骗局，劝楚怀王不要上当，遭到楚怀王斥责。

楚国跟齐国断交后，派使者去咸阳接收商于。张仪拿着地图对使者说：“你们大概听错了吧。秦国的土地怎好轻易送人呢？我说的是将我自己的封地拿出6里给楚国，而不是秦国的600里。”使者忍气吞声回到楚国。楚怀王气得浑身发抖，立即发兵十万攻打秦国。秦国早有准备，和齐国联手抗楚。楚国腹背受敌，十万人马葬送了七八万。不但商于600里土地没有得到，本国汉中一带的600里土地又被抢走。万般无奈，楚怀王只好委屈求全向秦国求和。至此楚国一蹶不振。

张仪用欺骗手段征服楚国之后，又到其他各国游说，使他们同意“连横”亲秦。苏秦费尽口舌建立的合纵联盟，被张仪的巧嘴尖舌拆散了。

苏秦和张仪做为战国时著名的纵横家，不辞劳苦游说各国，充分显示了他们卓越的才华。

狡兔三窟

在战国时期，一些国家的重臣喜欢结交和收养各种各样有一定本领的人，做他的“门客”，给他出谋划策，并借此提高自己的声望，维持和巩固自己的地位。这种做法一时成为风气。如齐国的孟尝君、魏国的信陵君、楚国的春申君、赵国的平原君，收养的门客都很多，人们称他们为“四公子”，这里我们给大家说说齐国的孟尝君的故事。

孟尝君名叫田文，是田婴的儿子。田婴在孙膑指挥的马陵战役中担任过副将，因作战有功，齐国把他封于薛地（今山东滕县东南），称为薛公。田婴死了以后，田文继承了父亲的官位和封地，号称孟尝君。

孟尝君是齐国很有威望的大臣，当年刺杀苏秦的人就是他派去的。孟尝君懂得，收养大量门客，获得很多人的拥护和支持，这对于取得名望、巩固自己的地位是很必要的。于是他到处搜罗人才，不论贵贱，只要有一技之长，都以礼相待。这样，他爱慕贤人的名声就慢慢传开了。别的国家的一些豪杰之士，甚至一些逃跑的犯人也来投奔他，把他当作知己朋友，为他办事。

有一次，一个叫冯谖的人来投奔孟尝君。孟尝君看他那副打扮，一身破衣裳，脚穿草鞋，腰里系着一把剑，连剑鞘也没有，知道是个穷苦人，就问他：“你有什么本事呢?”“我什么本领也没有。”孟尝君笑了起来，说：“那你就先住下吧。”孟尝君手下的人看冯谖这么穷，又没本领，都看不起他，把他安排在下等房间里住，天天给他粗饭吃。没过几天，冯谖拿着那把剑边弹还边唱：“剑啊咱们回去吧，这儿吃饭没鱼虾。”

孟尝君觉得这话传出去，自己没脸面，就让人把冯谖搬到中等房间里住，给他鱼虾吃。没过多少日子，冯谖又唱了：“剑啊咱们回去吧，这里出门没车马。”有人把这话报了孟尝君，孟尝君吩咐再给他一套车马。谁知没过多久，有人又来反映说：冯谖仍旧天天唱哩，什么“剑啊咱们回去吧，没钱不能养活家”。孟尝君挺生气，心想，这个穷鬼怎么这样不知足呢。不过，为了笼络更多的人，他还是派人经常给冯谖的老母亲送钱用。冯谖这才不弹不唱了。

过了一年光景，孟尝君名气越来越大，当上了齐国的相国。这时候，他的门客已经有三千人了。养活这么一大帮人，耗资非常大。尽管他收入不少，可也感到力不从心。他想来想去，想到在薛城还放了一大笔高利贷，已经多年没收上利息来了，决定派人去收一下。这收债可是个费力不讨好的差事，还得懂一套会计业务，门客没人愿意去，倒叫孟尝君作了难。有人推荐冯谖。孟尝君就把冯谖找来，冯谖很爽快地答应了。带着债券，就出发了。

冯谖到了薛城，那些比较宽裕的人跑来还了利钱，那些还不起债的穷人家早躲得无影无踪了。冯谖很同情他们，便将债户召集在一起，核对债券，然后又以孟尝君的名义将债券烧掉，告诉他们所有债务全免。债户们感激涕零。

孟尝君听到冯谖焚烧债券的消息，不由得火冒三丈，立刻派人把冯谖叫回来。冯谖却不慌不忙地回答说："公子您别急！请您想一想，不办酒席怎么能把债户全都找来呢？债户不来，怎么知道谁付得起利钱，谁又付不起呢？现在，付得起的，已经定好期限，到期准能交上。付不起的，就是再过十年八年，他还是付不起。逼急了，他索性跑到别的地方去了，那些债券还有什么用处呢？您要是硬逼着他们，得钱不多，倒落个不好的名声，这划得来吗？我把这些没用的债券烧了，使薛城百姓对您感恩戴德，到处颂扬您的美名，这不是大好的事情吗？我看您这儿金银财宝，山珍海味，什么都不缺，唯独缺少对穷苦人的情义。所以我就把情义给您买回来了。"孟尝君听了真是哑巴吃黄莲——有苦说不出，只好说："算了，算了，先生休息吧。"从此，对冯谖又冷淡了。

后来齐王听信了秦楚两国制造的谣言，怕孟尝君功高欺主，构成对自己的威胁，就免去了他的相国职务。那些门客一看主人失了势，纷纷离去，只有冯谖还一心一意地跟着他。孟尝君只得垂头丧气地回到自己的封地薛城去闲居。他还没进城，老远就看见人们扶老携幼，夹道欢迎他，不由得掉下泪来，对冯谖说："先生给我买的，今天我感受到了。"冯谖说："狡猾的兔子有三个洞，才能保证它的安全呢；现在您只有薛城一个安身地方，哪儿够啊？我再给您找两个安身之处吧：一个在秦国的咸阳，一个就在咱们齐国的都城临淄。"于是，孟尝君给他好多车马和金子做费用，冯谖就到秦国去了。

这时候，秦国的相国死了，位子空着。秦昭襄王一向很佩服孟尝君，当初就想要拜他为相国，后来散布谣言中伤孟尝君，也为的是把他逼到自己这里来。冯谖就利用这一点来游说秦昭襄王。他一见到秦王就问："大王听说齐王把孟尝君革职的事吗？"秦王说："听说了。"冯谖说："齐国能够治理得这么强大，全是孟尝君的功劳。今天齐王这么对待他，他怎么能不怨恨呢？齐国的人事、机密等种种情况，孟尝君都一清二楚，如果让他来投奔秦国，大王就可以拿下齐国，称雄天下了。这可是千载难逢的好机会呀！希望大王赶快下手，不然，齐王觉悟过来，重新任用了孟尝君，齐国可又要跟大王较量高低了。”秦王听了很高兴，立刻派遣使者带了黄金千斤、彩车百辆的厚礼，前往聘请孟尝君。

这时候，冯谖又抢先赶到齐国都城临淄，求见齐王，气喘吁吁地说：“大王听说秦国要把孟尝君接去当相国的消息吗?”齐王说：“还没听说，是真的吗?”冯谖说：“我亲眼看见他们派彩车百辆，带着黄金千斤往咱们这里来了。孟尝君不去还好，真要当上秦国的相国，咱们齐国不就完了吗？大王应该马上重新任用他为相国，再多给他点封地。他是齐国的老臣，不会不答应的。到那个时候，秦国虽然强大，也不能拉走人家的相国呀?”齐王一听，半信半疑，派人去察看秦国的使臣是不是真的来了，等到听说已经入境，这才慌了手脚，连忙派人把孟尝君接来，重新拜他为相国，又另外给他一千户的俸禄。秦国的使者赶到薛城，扑了个空，知道孟尝君重新当了齐国的相国，也无可奈何，只好空手回国去了。

那些走掉的门客听说孟尝君重新当上了相国，又来投奔他。孟尝君很恼火，对冯谖说：“我失势的时候，他们不帮助我，都溜了。多亏先生竭力奔走，我才得以重新担任相国。他们有什么脸再来见我呢?”冯谖说：“公子大可不必这样做。您现在做相国正需要大家扶持，可不能赌气，把宾客赶走了，那样谁还给您办事呐？不如还像当初一样热情地招待他们，也显得您的度量大。”孟尝君说：“先生的话，我敢不听吗？”由于得到许多门客的支持，孟尝君又稳稳当当做了好几年相国。

冯谖烧债券的故事说明，战国时期已经出现了高利贷。当时，商业有了很大发展，在购买商品的时候已经广泛使用货币。

赵武灵王胡服骑射

赵国东北与东胡、燕国接壤；东与中山国、齐国接壤；北、西北与胡林、楼烦、匈奴接壤；西南、南与秦和中原国家接壤。战国以来，赵国经常遭受强国以及北方少数民族的侵凌。特别是赵武灵王继位后，秦国经过商鞅变法，国力日益强大，并且不断蚕食邻近各国的土地，把矛

盾也指向了赵国。面对这种不利的战略态势，赵武灵王决心实行军事改革，实现富国强兵，以维护国家的安全，扩大赵国的势力。

赵武灵王十九年（公元前 307 年）正月，群臣朝拜信宫后，赵武灵王召大臣肥义共同商讨天下大事，五日而毕。接着，赵武灵王在北方边界巡视了中山国的一些地方，还亲自登上了黄华山。赵武灵王感慨万千：既想到先辈们为了国家的生存和发展所作出的不懈斗争，也想到了目前在军事上的困境。

他召大臣楼缓共同谋划国家的未来，并对他说：中山国处于我国腹心之边，北有燕，东有胡，西有林胡、楼烦、秦、韩，但我国没有卫疆之兵，这是要亡国的呀！虽然有高世之名，也不免要受流俗的束缚。我想推行胡服。”楼缓说：“这样好极了。”然而，群臣都反对这一做法。

春秋以来，骑兵虽已出现，但数量很少，在军队中不占什么地位。然而骑兵是一个很有发展前途的兵种，特别是北方少数民族擅长骑射，他们对赵国的威胁也很大。因此，赵武灵王希望发展骑兵，但是赵国传统服装是宽袍大袖，不适于骑射，而胡人服饰短装紧身，整装皮带，穿皮靴，很适合马上训练、作战。他于是大力提倡改穿胡服。

一天，赵武灵王又与大臣肥义共同谋划推行胡服骑射，以教化百姓。他对肥义说："凡为人臣，有孝悌长幼顺明之节者，得贵宠；有补民益主之功业者，为达理。如今，我欲继承先王赵简子、赵襄子的事业，拓疆辟地，但世间并没有见到有补民益主的忠臣。如果我们推行胡服骑射，敌人必困弱，这样耗力少而功大，也可以少让百姓受累。有独到见解的人，必然会遭到傲慢之民的责备怨恨。我现在准备实行胡服骑射，以教化百姓，天下人必然会议论我，怎么办?"肥义回答说："大王既然决心不顾衣冠礼义的习欲，就不要担心天下人的议论。常言道，有高尚道德的人是不会随波逐流的，成就大业者绝不会人云亦云。愚顽之辈是预见不到成功的大事，而智者则可以预见，大王有什么担心的呢?"于是，在肥义等忠臣的鼓励下，赵武灵王带头穿上了胡服。

尽管如此，赵国上下都不愿改穿胡服，认为这样有伤风化，赵武灵王的叔父公子成则干脆称病不来上朝。赵王便派人去传达自己的旨意说：“在家里听从父亲，在朝中听从国君，这是古今之公理。现在我决定变易服饰而叔父大人却不肯更换，我担心天下人会因此而议论我。治国有常规，就是要以利民为本；参政也有原则，就是要积极执行上面下达的政令。现在我要推行胡服，并不是为了养欲乐志，而是要干一番大事业。况且我听说，‘事利国者行无邪，因贵戚者名不累’因此我想仰仗叔父的威望，来成就胡服骑射的大业。”赵武灵王的慷慨陈辞，使公子成心悦诚服，第二天便身着胡服上朝。

公子成是赵国很有影响的人物，他对胡服骑射改革的支持，使赵武灵王有信心和能力将这一改革坚定不移地贯彻下去。于是，他向全国发布改穿胡服的命令。

赵武灵王通过胡服骑射的军事改革，建立了一支强大的骑兵部队，为赵国的扩张打下了坚实的基础。赵武灵王二十年（公元前 306 年），赵军攻略林胡、楼烦，辟地千里，建立云中郡、雁门郡。次年，赵国大举进攻中山，攻取许多土地。赵武灵王二十三年（公元前 303 年），赵国再度进攻中山国。战国后期，赵国之所以发展成为唯一能够与秦国抗衡的强国，是与赵武灵王实行胡服骑射的军事改革密不可分的。战国后期各国逐步以骑兵代替车兵成为军队主力，也是深受赵武灵王胡服骑射的影响。到了实行胡服骑射的第七年，中山、林胡、楼烦都被收服了，还扩大了好多土地。赵武灵王就打算同秦国比个高低啦。

赵武灵王经常带兵在外打仗，把国内的事交给儿子管。公元前299年，他正式传位给儿子，就是赵惠文王。武灵王自己改称主父（意思是国君的父亲）。

赵主父为了要打败秦国，把国内的事安排好以后，决心亲自到秦国去考察一番地形，并且观察一下秦昭襄王的为人。他打扮成赵国的一名使臣，带着几个手下人，上秦国去。

到了咸阳，赵主父以使臣的身份拜见秦昭襄王，还向他报告了赵武灵王传位的事情。

秦昭襄王接见了那个假“使臣”后，觉得那个“使臣”的态度举止，既大方，又威严，不像个普通人，心里有点犯疑。过了几天，秦照襄王又派人去请他，发现那个“使臣”已经不告而别了。客馆里留着一个赵国来的手下人。秦昭襄王把他找来一问，才知道他接见的原来就是有名的赵主父。秦昭襄王大吃一惊，立刻叫大将白起带领精兵，连夜追赶。追兵到函谷关，赵主父已经出关三天了。

赵武灵王这一趟秦国行，彻底摸清了秦昭襄王的底细，为赵国今后的发展制定了切合实际的部署。过了几年，赵国就成功地崛起了，成为原来“三晋”中最有实力的大国。

将　相　和

秦昭襄王听说赵惠文王得了无价之宝“和氏璧”，又从一位玉工的口中了解到，和氏璧不但隐藏了一段卞和哭玉的故事，而且此玉颜色光润，纯洁无瑕，夜间生光，冬季温暖，近旁可以不生火炉，夏季凉爽，百步之内不近蚊蝇。他就很想将和氏璧占为己有，其中自然含有他的政治目的。

公元前 283 年，秦王派使者带国书去赵国。国书大意是秦国以 15 城池换取和氏璧，希望赵王答应。

赵王召众臣商议。大家普遍认为：送去和氏璧，恐怕不会得到 15 座城池；不送和氏璧怕秦王怪罪，惹他不起。

只能派一个智勇双全的人，带上和氏璧去秦国，等得到城池后再交出玉璧。一个叫缪贤的大臣向赵王推荐他的门客蔺相如。

赵王召见蔺相如。蔺相如说："秦国以 15 座城池换一块玉璧，出价够高了。如果赵国不答应，赵国理亏。大王若把玉璧送去，秦国不交城池，秦国理亏。我们宁可让秦国占理亏的一面。"赵王点点头说："如果秦王不讲信用，我们怎么办?"蔺相如坚定地说："秦国交出城池，我就留下和氏璧；如果秦国失信，我会将和氏璧完好无损地护送回国。"

蔺相如带着和氏璧来到咸阳。他呈上和氏璧。秦王接过璧玉，爱不释手，自己看了半天又交给近侍传看。蔺相如站在朝堂上等了很久，见秦王只字不提交出城池之事，知道秦王并无诚意。可是璧已在对方手中，又不能硬抢，怎么办呢？蔺相如急中生智，对秦王说，"此璧有个微小的斑点，让我指给大王看。"

秦王并未发现斑点，很想知道在哪儿，便将璧玉交给蔺相如。蔺相如将和氏璧拿在手中，往后退了几步，靠在一根柱子上，怒气冲冲地说："赵王诚意派我将璧送来，大王却没有交换的诚意。如今璧在我手中，大王若再相逼，我的头和璧玉将一起撞碎在石柱上！”说着，便将和氏璧举起来。

秦王慌忙解释说：“先生误会了，我怎么没有诚意呢？”接着命人拿过地图，将准备给赵国的城池指给蔺相如看。

蔺相如说：“赵王送玉之前，斋戒 5 天，举行了隆重的仪式。大王若诚意换玉，也应斋戒 5 天，再举行接玉仪式。”秦王满口答应。

蔺相如回到馆舍，将和氏璧包好交给随从，化妆后偷偷跑回赵国。5 天后，秦王在咸阳召集有关大臣举行接璧仪式。蔺相如上前施礼道：“秦国自穆公以来，先后 20 几个君主没有一个讲信义的，就在前不久，张仪又骗了楚国。我也怕受到欺骗，所以把璧玉送回赵国了。”

秦王一听勃然大怒：“你让我斋戒五天，举行接璧仪式，我一切听你的，你却把璧送回赵国，这分明是戏弄于我！”

蔺相如从容地回答：“众所周知，秦强赵弱。只有秦国欺负赵国，而赵国绝不敢欺负秦国。倘若秦国真的诚意以城换玉，那么请先交出 15 座城池。我立即回国取回和氏璧，决不敢背信弃义！”

秦王见蔺相如又正辞严，悻悻地说："无非是一块璧，不要伤了两家的和气。"

秦王放回蔺相如。他并不真心想以城换璧，只不过想借此试探一下赵国的态度和力量。蔺相如完璧归赵，赵惠文王很高兴，拜他为上卿，处理国事。

秦昭襄王一心要使赵国屈服，接连侵入赵国边境，占了一些地方。在公元前 279 年，秦昭襄王派人送信给赵惠文王，约请他到渑池（今河南省渑池县境）会面，签署修好条约。

赵王有些犹豫，就召集众臣商议，有人说秦国向来不讲信用，此行恐有诈，不去为好。

蔺相如、廉颇主张去，不然会叫秦国看不起，还给他找到进攻的理由。赵王只好硬着头皮去冒险。为防万一，廉颇辅助太子留守本国，大将李牧率 5000 人马与赵王同行，平原君带 5000 精兵在渑池 30 里外接应，蔺相如随驾前往赴会。

会上，秦王一副盛气凌人的样子，他命人取来一张瑟递到赵王面前，说："听说赵王通晓音律，请弹奏一曲为大会助兴。"赵王感到很难堪，但慑于秦王的威严，只得勉强弹奏一曲。曲罢，秦王命御史记录："秦昭襄王二十八年，赵王为秦王鼓瑟。”赵王面红耳赤，大臣们面面相觑。

蔺相如不慌不忙站起来，将一个瓦盆递给秦王说：“秦王擅长秦国的乐器，请大王击缶与大家同乐。”秦王面露愠色，不去理他。蔺相如很气愤，他大义凛然地说：“秦国未免太欺负人了，你们国家虽然强大，但在五步之内，我可以把自己的血溅到大王身上。”秦王见蔺相如怒发冲冠，咄咄逼人，只好随便地敲了一下瓦盆。蔺相如命赵国御史记录：“赵惠文王二十年，秦王为赵王击缶。”

秦国的大臣见没有占到什么便宜，高声说：“请赵国割15座城池为秦王祝寿！”蔺相如不甘示弱，朗声道：“请秦国把咸阳献给赵王祝寿！”

秦王早就领教过蔺相如的厉害，知道再下去也不会有什么结果，想翻脸，赵国又有强大的军事力量做后盾。百般无奈，只好与赵国签订了友好协定。

赵王见蔺相如为他争足了面子，认为他是难得的人才，便拜他为相国。

廉颇见蔺相如仅凭一张嘴，眨眼间职位就爬到他的头上，而自己戎马一生，战功赫赫却位居他下，心里很不服气，决定找机会羞辱他一番。蔺相如知道后，处处躲着廉颇，有时还称病不肯上朝。

有一天，蔺相如带门客出去，看见廉颇的车迎面而来，忙将自己的车退进小巷里，让廉颇的车过去。蔺相如的门客觉得憋气，埋怨蔺相如不该胆小怕事。

蔺相如笑笑说：“你们说廉将军跟秦王比，谁的势力大？”门客答：“当然秦王势力大。”

蔺相如接着说：“天下诸侯都惧怕秦王，而我却敢当面责备他，秦国之所以不侵犯赵国，就是因为有廉将军和我在，倘若我与廉将军不和，秦国定会趁机来犯，所以我情愿忍让廉将军。”

后来，蔺相如的话传到廉颇的耳朵里，廉颇感到无地自容。

一天，蔺相如正在书房读书，一门客急匆匆地跑来说：“廉将军找上门来了。”蔺相如愣住了，不知廉将军此来何意，忙出门迎接。

廉颇裸着上身，背上绑了一根荆条，见到蔺相如便双膝跪倒，说道：“我心胸狭窄，请相国责罚我吧。”蔺相如慌忙扶起他，二人的手紧紧地握在一起。蔺相如说：“咱们两个人都是赵国的大臣，将军能体凉我，我已经万分感激了，怎么还来给我赔礼呢？”

两人都激动地流下了眼泪。

从此，二人齐心协力，共同保卫国家，秦国十几年不敢侵犯赵国。

范雎的远交近攻策略

蔺相如和廉颇同心协力保卫赵国，秦国不敢轻易去侵犯。可是秦国从楚国和魏国却得到了不少土地。那时候，秦国的实权操在秦国的太后和她的兄弟穰（音 ráng）侯魏冉手里。公元前 270 年，穰侯要派兵去打齐国。

正在这时候，秦昭襄王接到一封信，落名叫张禄，说有重要的事求见。

张禄原是魏国人，原名叫范雎。本来是魏国大夫须贾的门客。有一回，须贾带着范雎出使齐国。齐襄王听说范雎挺有才干，背地里派人去见范雎，送给他一份厚礼，范雎坚决推辞了。这件事让须贾知道了，须贾怀疑他私通齐国。回到魏国以后，向相国魏齐告发。魏齐将范雎严刑拷问，打得他几乎断了气，肋骨被打折，门牙也打掉了两颗。最后，魏齐叫人用破席把他裹起来，扔在厕所里。天黑下来，范雎才从昏迷中醒过来，只见一个兵士守着他，范雎恳求他帮助。那个守兵偷偷地放走了他，却向魏齐回报，说范雎已经死了。

为了怕魏齐追捕，范雎更名换姓，自称张禄。那时候，正好秦国有个使者到魏国去，范雎偷偷地去见使者。使者就把他带到秦国。

范雎到了秦国，给秦昭襄王上了道奏章，秦昭襄王约定日子，在离宫接见他。到那天，范雎上离宫去，在宫内的半道上，碰见秦昭襄王坐着车子来了。范雎故意装作不知道是秦王，也不躲避。

秦王的侍从大声吆喝："大王来了。"

范雎冷淡地说："什么，秦国还有大王吗？"

正在争吵的时候，秦昭襄王到了，只听见范雎还在那儿嘟囔："只听说秦国有太后、穰侯，哪儿有什么大王？"

这句话正说到秦王的心坎上。他急忙把范雎请到离宫，命令左右退出，单独接见范雎。秦昭襄王说："我诚恳地请先生指教。不管牵涉到谁，上到太后，下至朝廷百官，先生只管直说。”

范雎就议论开了。他说：“秦国土地广大，士卒勇猛，要统治诸侯，本来是很容易办到的事，可是十五年来没有什么成就。这不能不说相国（指穰侯）对秦国没有忠心办事，大王也有失策的地方。”

秦昭襄王说：“你说我失策在什么地方？”

范雎说：“齐国离秦国很远，中间还隔着韩国和魏国。大王要出兵打齐国，就算一帆风顺把齐国打败了，大王也没法把齐国和秦国连接起来。我替大王着想，最好的办法就是远交近攻。对离我们远的齐国要暂时稳住，先把一些临近的国家攻下来。这样就能够扩大秦国的地盘。打下一寸就是一寸，打下一尺就是一尺。把韩、魏两国先兼并了，齐国也就保不住了。”

秦昭襄王点头称是，说：“秦国要真能打下六国，统一中原，全靠先生远交近攻的计策了。”

秦昭襄王就拜范雎为客卿，并且按照他的计策，把韩国、魏国作为主要的进攻目标。过了几年，秦昭襄王把相国穰侯撤了职，又不让太后参预朝政，正式拜范雎为丞相。

魏王受到秦国的威胁，十分惊慌。相国魏齐听说秦国的丞相是魏国人，就派须贾到秦国去求和。

范雎听到须贾到了秦国，换了一身破旧衣服，到客馆里去见他。须贾一见范雎还活着，惊讶地问：“你现在在干什么?”范雎说：“我就在这儿给人家当个使唤人。”

须贾见他身上穿得单薄，冻得打哆嗦，就拿出一件茧绸大褂来，送给范雎，并且留住他一起吃饭。

须贾说：“听说秦王非常重用丞相张禄。我很想见见他，不知有没有人能够给我引见?”

范雎说：“我的主人倒跟丞相相识。大夫要见丞相，我就伺候你去见他吧。”

范雎陪须贾到了相府门口，对须贾说：“大夫等一会儿，我去通报一下。”范雎进去不久，里面传出命令：丞相升堂，叫须贾进去。须贾问守门的侍者说：“刚才同我一块儿来的范叔，怎么还不出来?”守门的说：“哪儿来的范叔，刚才进去的不就是咱们的丞相吗?”

须贾这才知道丞相张禄就是范雎，吓得一身冷汗。他进去后，跪在地上爬到范雎面前，连连磕头，说：“我须贾瞎了眼睛，得罪了丞相，请丞相把我治罪吧。”

范雎把须贾狠狠地数落了一顿，接着说：“你今天见了我，给我这件绸袍子，总算还有点人味儿。看在这个份上，我饶了你的命。”接着，他又叫须贾捎信给魏王，要魏王杀了魏齐，才允许魏国割地求和。

须贾回到魏国，把范雎的话回报了魏王，魏王情愿割地求和。魏齐走投无路，只好自杀。魏国求和，秦国就按照范雎远交近攻的计策，先向韩国进攻。

燕昭王求贤

孟尝君被撤了相位以后，齐湣王又和楚、魏两国灭了宋国，更加骄横起来。列国诸侯对他都不满意；特别是齐国北面的燕国，受到齐国的欺负，更想找机会报仇。

燕国本来也是个大国。后来传到燕王哙手里，竟学起传说中尧舜让位的办法来，把王位让给了相国子之。燕国将军和太子平进攻子之，燕国发生大乱。齐国借机打进燕国，燕国险些亡国。后来燕国军民奋起反抗，把齐国军队赶了出去。

太子平即位，就是燕昭王。他立志使燕国强大起来，下决心物色治国的人才，可是没找到合适的人。有人提醒他，老臣郭隗挺有见识，不如去找他商量一下。

燕昭王亲自登门拜访郭隗，对郭隗说：“齐国趁我们国家内乱侵略我们，这个耻辱我是忘不了的。但是现在燕国国力弱小，还不能报这个仇。你能不能推荐贤人来助我雪耻呢？”

郭隗沉思了一下说：“要推荐现在的人才，我也说不上，请允许我先说个故事吧。”接着，他就说了个故事：古时候，有个国君，最爱千里马。他派人到处寻找，找了三年都没找到。有个侍臣打听到远处某个地方有一匹名贵的千里马，就跟国君说，只要给他一千两金子，准能把千里马买回来。那个国君挺高兴，就派侍臣带了一千两金去买。没料到侍臣到了那里，千里马已经害病死了。侍臣想，空着双手回去不好交代，就把带的金子拿出一半，把马骨买了回来。

侍臣把马骨献给国君，国君大发雷霆，说：“我要你买的是活马，谁叫你花了钱把没用的马骨买回来？”侍臣不慌不忙地说：“人家听说你肯花钱买死马，还怕没有人把活马送上来？”国君将信将疑，也不再责备侍臣。这个消息一传开，大家都认为那位国君真爱惜千里马。不出一年，果然从四面八方送来了好几匹千里马。郭隗说完这个故事，说："大王一定要征求贤才，就不妨把我当马骨来试一试吧。"

燕昭王听了大受启发，便拜郭隗做老师。各国有才干的人听到燕昭王这样真心实意招请人才，纷纷赶到燕国来求见。其中最出名的是赵国人乐毅。燕昭王拜乐毅为亚卿，请他整顿国政，训练兵马，燕国果然一天天强大起来。

这时候，燕昭王看到齐湣王骄横自大，不得人心，就对乐毅说准备伐齐。乐毅劝道："齐国地广人多，靠我们一个国家去打，恐怕不行。大王要攻打齐国，一定要跟别的国家联合起来。"

燕昭王就派乐毅到赵国跟赵惠文王接上了头，另派人跟韩、魏两国取得联络，还叫赵国去联络秦国。这些国家看不惯齐国的霸道，都愿意跟燕国一起发兵。

公元前284年，燕昭王拜乐毅为上将军，统率五国兵马，浩浩荡荡杀奔齐国。齐湣王听说五国联军打过来，也着了慌，把全国兵马集中起来抵抗联军，在济水的西面打了一仗。由于乐毅善于指挥，五国人马士气旺盛，把齐国军队打得一败涂地，齐湣王逃回临淄去了。

赵、韩、秦、魏的将士打了胜仗，各自占领了齐国的几座城，不想再打下去了。只有乐毅不肯罢休，他亲自率领燕国军队，长驱直入，一直打下了齐国都城临淄。齐湣王不得不出走，最后在莒城被人杀死。

燕昭王认为乐毅立了大功，亲自到济水边犒劳大军，论功行赏，封乐毅为昌国君。

田单临危救国

自公元前386年形成了七雄相互对抗的局面，各国间的兼并战争剧烈、频繁，直到战国中期齐国仍然是势力最强大的国家之一。但在齐湣王时期，齐国因连年征伐，国力衰退，百姓怨声载道。齐湣王骄傲自大，不理国政，戒备松懈。燕昭王利用这一有利时机，拜乐毅为上将军，联合赵、魏、韩、秦等国，大举伐齐。以燕军为首的联军长驱直入，大破齐军，连克七十余城，只剩下莒和即墨没有

攻破。

在齐都临淄被攻破时，齐湣王出奔安平，在拥挤、混乱不堪的途中，田单发现车轴外过长，行动不灵活，而且易被折断，于是他让家人把车轴两端突出部分锯掉，并用铁皮包住轴头。不久，燕军攻破平安，百姓争相逃命，路上车辆夺道而行，以至于车轴撞断，无法行走，只好束手就擒。唯有田单家族的车辆经过改造，顺利逃到即墨。从此，田单的名字便在即墨传开了。足智多谋、谙熟兵法的田单很快被推举为守城将领。

田单走马上任后便采取了新对策。他认为敌强我弱，只能采取守势以劳其师，不能轻易与燕军交锋。在田单的有力指挥下，危在旦夕的即墨一变而为坚强的堡垒。乐毅围攻两年不克，只好撤围，后退九里扎营对峙。不久燕王病故，燕惠王即位。燕昭王在世之时，对乐毅绝对信任，言听计从，相处甚好。而燕惠王在做太子的时候就与乐毅不和，现在继位了，对乐毅更不放心。因此，当田单得知惠王继位后欣喜若狂，认为机不可失，决定利用反间计造成燕惠王与乐毅彻底决裂。

田单派齐国间谍到燕国，到处散布谣言。有人说：“当初乐毅力主攻齐国，就心怀叵测，想占领齐国的土地，而自己称王，齐国七十余座城既然都被他轻而易举地攻下，而今只剩下莒和即墨迟迟没有攻下，这并不是齐军有什么抵抗力，而是由于乐毅故意拖延时间，以待局势变化。现在新王即位，乐毅知道自己曾得罪过他，不敢回国，所以有意不克两城，以拥兵自重，统治齐国，南面称王。”也有人说：“齐国不畏乐毅，而是怕其他齐国将领；如能另派将领，即墨会被夷为平地。”

惠王听了这些谣言后勃然大怒，决计要撤换“这种不忠于国家的妄人”，派一位亲信充当燕军主帅。惠王选择了骑劫。乐毅得知被革职，自知惠王对自己嫉恨在心，便从齐国逃到赵国。燕军自从大将乐毅被撤换后，士气低落，军心涣散。这就为田单全面反攻燕军创造了条件。

虽然田单认为时机已到，可以发挥自己的作用了，但他不急于与骑劫交手，而是积蓄力量，制造假象，麻痹敌人。田单先告诉即墨百姓说：“为了纪念祖先，我们每天吃饭时，必须在院子里当空奠祭一番，以求祖先默佑。”

城中百姓自然遵照他的话去做。每当他们在庭院中当空祭奠之时，四处飞鸟见有食可吃，都按时纷纷飞来。城外燕军见状，以为一定是城中百姓因饥饿而大批死亡，飞鸟便群至啄食死尸，因而断定城破在即，不胜欢喜。田单又向外放风说："齐国人最怕燕割掉降卒的鼻子，如果要把俘虏的齐兵的鼻子割掉，交战时放在最前列，齐军必将惊恐而降，即墨便不攻自破。""齐国人最怕燕军挖他们的祖坟，毁坏他们祖先的尸骨，那样，即墨人会寒心的，也无心守城。"骑劫听后十分高兴。为了镇住齐军，解心头之恨，他如法炮制，割掉被俘齐兵的鼻子，掘坟烧尸。齐守军见燕军如此残暴，愤慨不已，决心死守，决不投降。

这时，田单乃召集全体军民宣布："报仇雪耻是我们大家的事，只要你们听从指挥，不但先祖之仇可报，已失去的国土亦可全部收复，成败就在此一举了。"于是，田单把全城男女老幼全部组织起来，他的妻子儿女也都编入军队，准备出击。同时，他又让人在城墙上竖起白旗，派几位富豪携带十万两金子到燕营去，佯称"即墨的壮士都死光了，粮食也早完了，我们实在不愿被活活饿死，决心投降，谨献上全城所剩的财物，请将军大发慈悲，饶我们一命。"骑劫向来轻视齐军，便信以为真，约定三天之后进城受降。全体燕军无不为此而欢欣雀跃，痛饮狂欢，毫无戒备。

而在即墨城里，田单正在巧设火牛阵。他在城内收集了千余头牛，牛身上披着五彩龙纹的红绸，牛角上绑着两把尖刀，牛尾巴上扎着浸油脂的芒苇，并在城墙根挖了几十个洞口，把牛伏在里面。田单又挑选了五千名壮士，手持锋利的兵器，身着五彩花衣，脸上涂上奇怪花纹。到半夜时，田单下令全面出击，把牛尾上的芦苇点燃，牛尾被烧，发怒地直奔燕军，五千多凶神似的壮士跟在牛后，一齐向燕军军营杀去。燕军在睡梦中惊醒，被这一群群凶猛的怪兽吓得魂不附体，四处乱窜。这时，城中百姓也击盆敲鼓助威。一时间，刀光火影，金鼓齐鸣，惊天动地，燕军来不及抵抗，溃不成军，主将骑劫也死于齐军乱刀之下。田单乘胜追击，一举收复被燕军夺去的七十余座城，把燕军赶出了国境。

田单收复田土，报仇雪耻之后，又亲自到莒城去迎接在那里避难的齐襄王，请他还都临淄，主持国政。为表彰他的卓越战功，齐襄王封他为安平君。

齐国从几乎亡国的境地中恢复过来，从此转危为安，但国力已衰，再也无法与秦国争霸天下了。

赵括兵败长平

廉颇、蔺相如将相和，为赵国带来了十几年的和平生活。公元前266年，赵惠文王去世，太子丹即位为赵孝成王。孝成王4年，秦军进攻韩国，包围了上党。上党守将冯亭无力抵抗，心想，若被秦破城，不如投降赵国，与赵国联合攻秦。便遣人献上上党地图给赵王。

赵孝成王见不费吹灰之力就得到了上党地区的17座城池，欣喜异常，连大臣们警惕的忠告也听不进去，忙着命人登记造册，准备接收上党地区，仍命冯亭为太守。

秦王听说冯亭已将上党地区献与赵国，气得要死，命令秦军加紧进攻。这样一来，秦对韩国的进攻，变成了秦国对赵国的进攻了，赵国不得不派兵守卫上党。冯亭借献城以逼赵抗秦救韩的计策得以实现。

赵孝成王派去上党的守军，是由廉颇老将军率领的20

万人马。秦赵两军刚一交战，赵军即告失利。廉颇深知秦军目前士气正旺，不可正面决战，遂引军退守长平，深沟筑垒，坚守不出。

秦军围长平二年不克，加之粮草给养要靠国内派人跋山涉水远道送来，十分不便，将士倦怠情绪日重。

秦昭襄王知道廉颇会用兵，要想拿下上党，必须施"反间计"，使赵国将廉颇撤换掉才行。于是，他派心腹之人偷偷潜入赵国的国都邯郸，以重金收买了赵王身边的亲信，通过他们传言给赵孝成王说："廉颇将军太老了，已没有歼敌的士气。还是让年轻有为的赵括将军去替换他来击败秦军吧。"

赵孝成王本来就对廉颇守城不战不满，现在听宠臣一说，便立刻将赵括召来问道："寡人欲使你替换廉颇老将军，不知你能否有把握打败秦军?"赵括微微一笑说："秦国名将白起前来，还能跟我能打两下，现在既然是他告老称病，其他秦将没什么。待我率军出击，定能将秦军打跑!"赵孝成王一听，非常高兴，当即决定再派 20 万大军到长平，交由赵括统一指挥，一举击退秦军。

赵括的父亲赵奢，本是与廉颇齐名的同辈将领，赵括从小就跟父亲读兵书，学兵法。由于他聪明、记性好，居然背会了不少兵法战策，跟他父亲议论起用兵打仗来，头头是道。到后来，连赵奢也难不倒他了，赵括的名声，也因此渐渐大起来。

听说赵王任用赵括为大将替换廉颇，赵括年迈的母亲求见赵孝成王，对他说：“赵括的父亲赵奢临死前再三嘱咐，说：‘打仗用兵是最危险的事，它关系到生死存亡。我打了这么多年的仗，每回出征，还如履薄冰，丝毫不敢大意。赵括目空一切，只会夸夸其谈，要是真让他去领兵打仗，非葬送赵国的军队不可。’亡夫遗训，不敢忘记，我请大王慎重考虑，不要派赵括去领兵打仗吧。”赵孝成王说：“此事已定，勿再多言。”赵括母亲叹息而退。

病重卧床在家的蔺相如也派家人向赵孝成王递上奏折，称赵括并无实战经验，此战替换廉颇，恐怕赵国凶多吉少。但赵孝成王决心已定，命赵括带 20 万大军进驻长平。

赵括与廉颇办完交接手续，赵括下了一道命令：“秦国来挑战，必须迎头打回去；敌人打败了，就得追下去，一定要把他们杀得片甲不留。”他将所带的 20 万人马与原来驻守长平的 20 万人马合兵一处，日日操练进攻战法。看到“反间计”成功，秦王即刻派武安君白起到前线担任总指挥。为了麻痹赵括，还特别下令：“有敢泄露武安君为帅者，斩!”

白起秘密到达长平，立即布置人马到赵营前试探。他命令领兵将领想方设法激怒赵军出战，且只许败不许胜。

赵括在城上看见几千秦军在长平关前又叫又骂，非常气恼，立即亲率一万军队出城迎战。秦军且走且败，让赵括兴奋得不行。这样几次，赵括急躁起来，派人去秦营下战书，要求同不中用的秦军决战一场，让自己早些成就功名。

白起以前只是耳闻赵括谈兵侃侃而无实战经验，此番几回试探，方知此言不差。又见赵括遣人来下战书，不由心中大喜，顺水推舟答应下来。白起为赵军布置了一个“口袋”，只等赵军来钻。口袋底是秦军主力，口袋两边，埋伏着精兵2万多人，口袋前面，1万人马作引子，用来诱惑赵括，另有5千骑兵，埋伏在道路两旁，预备冲入赵军中间，将他们前后割断。赵括也作了战前总动员，号召赵国士兵奋勇杀敌，乘胜追击，将秦军全部消灭。

两军一交战，秦军没几个回合就开始败退，赵括遣军追赶。正追赶间，斜刺里又冲出一队秦军拦住交战，没几个回合又退，如此这般，赵军已追出数十里。上党太守冯亭等疑秦军有诈，劝说赵括不要再追。赵括哈哈大笑着说："秦军怯阵，我正当扬名，焉有穷寇不追之理？诸位请放宽心，击杀秦军就在此役。"言毕，指挥大军继续追杀过去。到了一座大山前，猛听得四周鼓号齐鸣，无数的秦军从四面八方向赵军杀来，旗帜上斗大的"白"字使赵军胆丧。赵括这才知上了秦军的大当，急令撤军，却如何走得脱？一直杀到天黑，人困马乏，却依然在秦军的包围之中。

秦昭襄王得知白起已将赵军 40 万围在长平，便发大军赶往长平助战，切断了被围赵军与赵国间的联系。赵括现在是叫天天不应，叫地地不灵，部队内无粮草，外无救兵，完全陷入绝境。

这样被围了 46 天，赵括看看援兵没有指望，兵士们又饿到了互相残杀吃肉的地步，便决定突围。他将军队分成四部分，向四方突围。怎奈面黄饥瘦的赵军根本不是兵精粮足的秦军的对手，连着几次突围都没成功。赵括绝望了，他挑出一队还能跑路的兵士作为敢死队，杀了几匹马，让他们充饥，随后，率领他们拼死冲锋，作最后一搏。

这最后的突围很快就失败了，赵括自己也战死了。听说主将已死，早已饿得打晃的赵军士兵，纷纷扔下武器投降了。如何处置这40万之众的降军，成了白起的一大难题。他思忖良久，终于下定决心：全部杀掉!

当天晚间，赵军将士人人分到了一份红烧牛肉，一大碗白酒。一个多月来从未吃饱饭的赵军将士一见如此美食，个个笑逐言开，拼命吃喝起来，有许多人未能尽兴，还又去讨要了一些酒肉。夜深了，赵军将士酒足饭饱都已酣然入睡。三更时分，他们突然被一阵疼痛惊醒，睁眼一看，自己已被秦军捆绑起来。原来，秦军趁赵军将士狂饮之际，已悄悄挖好了一些大坑，将要把他们活埋掉。

公元前260年，战国史上最大的一次战役——长平之战，也是战国史上最残酷的一次屠杀，秦将白起，将投降他的赵军将士40万人，全部坑杀了！长平之战结束后，白起率兵继续向赵国腹地攻击，大军直指赵国的国都邯郸。

白起的卓著战功，给自己引来了灾祸。因听信馋言，秦昭襄王将白起撤回，使秦国失去了消灭赵国的好机会。昭襄王虽不久即悔悟，但为时已晚，白起也不愿再领兵出战，加之不断有人进馋言陷害，公元258年11月，秦昭襄王终于赐剑让白起自尽。死前，白起望着天空，喃喃地说："这是报应，是我坑杀40万赵军的报应！"说完，刎颈而亡。长平之战的胜利者和失败者，都没落得好结果。

毛遂自荐

长平之战，由于赵括纸上谈兵致使40万大军被活埋，从此，赵国一蹶不振。过了两年，秦军又向赵国发起进攻，占领了很多地方，连赵国国都邯郸也给包围了。形势十分危急，赵国的国君孝成王见国都被围，又急又怕，就忙着把平原君找来想对策。

平原君是"战国四公子"之一。他叫赵胜，是赵惠文王的弟弟，赵孝成王的叔叔。和齐国的孟尝君一样，他也喜欢收养门客，靠着门客给他出谋划策，在当时有很大名声。平原君见了赵王说："现在国都被围，形势危急，光靠咱们赵国自己的力量恐怕难以保住国都，只好向楚、魏求救。魏国和我们关系还可以，而且我和魏公子信陵君交情很深，我写封信去，估计会派救兵来。只是楚国离我们较远，楚王又害怕秦国，不一定会答应出兵。但楚国是大国，举足轻重，必须争取它的帮助，我打算亲自到楚国去一趟，说服楚王派兵，您看如何？”赵王一听非常高兴，就点头同意了。

平原君回来把这件事同门客说了，决定在门客中挑选20个文武双全的人跟他一起到楚国去说服楚王出兵救赵。平原君挑来挑去，只选出了19个人，别的人不是没有口才，就是武艺太差，平原君感慨万分，说：“唉，花了几十年，养了这么多门客，如今连20个管用的人也挑不出来，全才实在太少了。”

这时从后面角落里传来一个声音：“公子，您看我能不能凑个数啊？”平原君并不认识说话的人，就问：“先生尊姓大名？”回答说：“姓毛名遂。”平原君想了想，好像不记得有这么一个门客。毛遂接着说他已经给平原君当了3年门客了。平原君不由得冷笑着说：“我听说有才能的人，不管到什么地方，他的才能就像锥子放在口袋里一样，锥尖马上就会扎破口袋露出头来。如今先生在我这呆了3年，我不知道您，看来是没什么本事，跟我去又有什么用？”众门客都嘲讽地笑起来。毛遂并不介意，从容地说：“问题是公子您一直没有把我放在口袋里，要不然我的才能早已像锥子一样全部显示出来了。岂止是只露个尖呢?”平原君见他机敏过人，就同意他加入了去楚国的队伍。到了晚上，平原君和门客们化装悄悄溜出了城外直奔楚都去了。

平原君一行来到楚都，第二天一早就去拜见楚王。平原君让毛遂等人在殿外等候，他自己进去先和楚王谈判，可谈来谈去，一直到中午，楚王仍然不答应派兵援赵，在殿外等候的毛遂按捺不住，大步流星地冲进殿去。

楚王一见闯来个外人，很是恼火，就喝问他是何人，平原君说：“这是我的门客毛遂。”楚王一听，更为恼火，斥责道：“我跟你主人议事，你来干什么，赶快给我退下去!”毛遂不但不后退，反而手按长剑，走到楚王跟前，说：“合纵抗秦是天下大事，大家都可以议论，大王凭什么不许我说话，还赶我出去?告诉您，如果我想的话，随时都能见到您的血!”楚王一听，吓得胆战心惊，连忙陪着笑脸请毛遂说话。毛遂于是侃侃地说道：“贵国拥有土地500里，兵士上百万，具有成就霸业的优越条件。可是，秦国却多次欺负你们，这种奇耻大辱，连我们赵国都替您感到羞耻，你们却装着看不见，今天我的主人屈驾前来跟大王商议合纵抗秦之事，不只是为我们自己，也是为了贵国，试想如果我们赵国被秦国灭了，你们楚国难道能逃脱同样的命运吗？”一席话说得楚王连连头称是，答应立即派楚军去赵国解邯郸之围。

回国后，平原君歉意地对毛遂说：“先生这次去楚国，凭三寸之舌搬来了救兵。先生的才能远不是锥子的锋芒所能比的，过去是我有眼无珠，没有看出来。”从此平原君把毛遂奉为上等门客。

信陵君救赵

楚国派兵救赵的同时，魏国也接受了赵国求援的要求。魏安厘王派大将晋鄙率兵救赵国。

秦昭襄王一听到魏、楚两国发兵，亲自到邯郸去督战。魏安厘王深怕秦军进攻魏国被吓唬住了，连忙派人去追晋鄙，叫他就地安营，别再进兵。晋鄙就把十万兵马驻扎在邺城（今河北临漳县西南），按兵不动。

赵国派使者向魏国催促进兵。魏安厘王想要进兵，怕得罪秦国；不进兵吧，又怕得罪赵国，只好不进不退地停着。赵孝成王十分着急，叫平原君给魏国公子信陵君魏无忌写信求救。因为平原君的夫人是信陵君的姐姐，两家是亲戚。信陵君接到信，三番五次地央告魏安厘王命令晋鄙进兵。魏王说什么也不答应。信陵君没有办法，对门客说："大王不愿意进兵，我决定自己上赵国去。"当时，不少门客愿意跟信陵君一起去。

信陵君有个他最尊敬的朋友，叫做侯嬴。信陵君跟侯嬴去告别。侯嬴说："你们这样上赵国去打秦兵，不是白白去送死吗？"信陵君叹息着说："我也知道没有什么用处。可是又有什么办法呢？"

侯嬴支开了旁人，对信陵君说："咱们大王宫里有个最宠爱的如姬，对不对？"信陵君点头说："对！"侯嬴接着说："听说兵符藏在大王的卧室里，只有如姬能把它拿到手。当初如姬的父亲被人害死，她要求大王给她寻找那个仇人，找了三年都没有找到。后来还是公子叫门客找到那仇人，替如姬报了仇。如姬为了这件事非常感激公子。如果公子请如姬把兵符盗出来，如姬一定会答应。公子拿到了兵符，去接管晋鄙的兵权，就能带兵和秦国作战。这比空手去送死不是强多吗？"

信陵君听了，如梦初醒。他马上派人去跟如姬商量，如姬一口答应。当天午夜，乘着魏王熟睡的时候，如姬果然把兵符盗出来，交给一个心腹，送到信陵君那儿。信陵君拿到兵符，再一次向侯嬴告别。侯嬴说："将在外，君命有所不受。我已经给公子考虑好了。我的朋友朱亥是魏国的大力士。公子可以带他去。到那时候，要是晋鄙能把兵权交出来最好；要是他推三阻四，就让朱亥来对付他。"

信陵君带着朱亥和门客到了邺城，见了晋鄙。他假传魏王的命令，要晋鄙交出兵权。晋鄙验过兵符，仍旧有点怀疑，说："这是军机大事，我还要再奏明大王，才能够照办。"

晋鄙的话音刚落，站在信陵君身后的朱亥大喝："你不听大王命令，想反叛吗?"还没等晋鄙说话，朱亥拿出一个四十斤重的大铁锥，向晋鄙劈头盖脑砸过去，结果了晋鄙的性命。

信陵君拿着兵符，对将士宣布一道命令："兄弟都在军中的，哥哥可以回去；独子没兄弟的，回去照顾父母；其余的人都跟我一起救赵国。"很快，信陵君就选了八万精兵，出发去救邯郸。他亲自指挥将士向秦国的兵营冲杀。秦将王讫没防备魏国的军队会突然进攻，手忙脚乱地抵抗了一阵，渐渐支持不住了。

邯郸城里的平原君见魏国救兵来到，也带着赵国的军队杀出来。两下一夹攻，秦军纷纷败退。

秦军撤退了，信陵君救了邯郸，保全了赵国。赵孝成王和平原君十分感激，亲自到城外迎接他。

楚国春申君带领的救赵的军队，还在武关观望，听到秦国打了败仗，邯郸解了围，就带兵回楚国去了。

屈子行吟

屈原，名平，字原，生于公元前 340 年，卒于公元前 278 年，战国中期楚国人，我国历史上最早的伟大爱国诗人，杰出的思想家和爱国者。

屈原出生在巫峡边依山傍水的小县秭归，他天资聪颖，文章出众，抱负远大，弱冠之年即开始受人瞩目。楚怀王即位后，年轻的屈原即被召入宫中，任左徒（相当于后来的副宰相），兼管楚国的内政外交。每逢怀王问政，

屈原总能侃侃而谈，见解独到，因此深得怀王信任。

那时候，楚、齐、韩、燕、赵、魏六国，正在苏秦的奔走游说下“合纵”抗秦，一时使强秦不敢轻举妄动。趁着列国间战事较少之机，屈原向楚怀王提出整顿吏治，改革律令，限制旧贵族权力，奖励军功、农耕，学习商鞅变法图强。屈原的主张得到楚怀王的支持，他命屈原起草新法令——宪令。

屈原的改革主张遭到以上官大夫靳尚、公子子壮为首的旧贵族势力的极力反对，靳尚通过怀王宠妃郑袖不断向怀王进谗言，贬损屈原。渐渐的，楚怀王不再信任屈原，罢免了他的左徒之职，贬为专管宗庙祭祀事务的三闾大夫，宪令也因此流产。

屈原并未因此灰心沮丧，他满怀抱国激情，依然不断上书陈述自己的政治主张。怎奈楚怀王已完全宠信靳尚、郑袖等人，对屈原的奏折理也不理，到最后，竟连他面也不想见了。屈原万般无奈，悲愤地目睹了楚怀王在靳尚等人的极力怂恿下，被秦相张仪巧言欺骗，破坏与其他五国“合纵”之事，痛苦无助地眼睁睁看着虎狼般的秦国军队打进了楚国。

屈原的心在流血，悲愤的怒火在他的胸膛熊熊燃烧，他把自己的感受都倾注于笔端，写下了《离骚》等许多万世不朽的伟大诗篇。特别是《离骚》，长达370多行，共计3400多字，是我古典文学作品中最长的一首抒情诗，也是一篇光耀千古的浪漫主义杰作。在此诗里，诗人感情最激烈、最气愤的是对楚怀王听信谗言，疏远和流放自己的不满，以及对小人嫉贤害能的揭露。诗中表现了诗人始终不渝地坚持理想，为了追求真理，“九死未悔”的求索精神。

屈原的诗歌，在写作方法上，吸取了楚国民歌的精华，运用了楚国方言声韵，叙写了楚国风土物产，具有浓厚的地方色彩，被后人称作“楚辞”。它对我国文学优秀传统的形成和发展，有着重大的影响。

公元前296年，糊涂昏庸、屡屡上当受骗、最后竟被强秦囚禁起来的楚怀王，终于羞愧地死在了秦国。当他的尸体运回楚国的时候，早已有名无实的屈原再也无法按捺心中的激愤，他激烈地连上几道奏章给正式继位为顷襄王的太子熊横，痛斥令尹子兰、上官大夫靳尚等卖国求荣罪行，要求将他们法办，并苦劝顷襄王以其父为鉴，立即改弦易辙，任用贤人，革新内政，抓紧练兵，以图报仇雪耻。

这些奏章却全落到把持朝政的令尹子兰手里，他立即与上官大夫靳尚密谋，到顷襄王面前去诬告屈原。顷襄王跟他的父亲楚怀王一样是个昏庸无道的君王，他听信了子兰、靳尚一伙的谗言，将屈原罢官流放到江南楚国的边疆去了。楚国的南疆，就是现在湖北省南部和湖南省北部一带，当时这片地方多是无边无际的草原林莽，尚未开发，人迹稀少。屈原从郢都出发，沿着长江东下，在洞庭湖和湖南、沅水流域的广大地区，过着颠沛流离的生活。

屈原在政治上失势，就用诗歌来抒发情感。在长期的流放生涯中，屈原走遍了鄂南湘北，亲身体验了劳动人民的甘苦，目睹了祖国大好河山被践踏，更激起了他强烈的爱国心和政治上的失意感，他怀着悲愤交集的心情，接连写出了《天问》、《九章》、《九歌》等伟大诗作，奠定了他在中国文学史乃至世界文学史上的不朽地位。

一年一年地过去了，屈原衣服破烂，身体消瘦，面色灰黑，可他还在等着楚顷襄王回心转意招他回宫。他对自己的姐姐屈须说："楚国弄成这个样子，我心里真像刀割一样！只要能救楚国，就是叫我死一万次我也愿意。如今把我放逐在这荒山野地，国家大事我没法管，我的主张没处去说，我大声呼喊君王，君王也听不到，我痛苦得真要疯了。"姐姐哭泣着离去。

十几年的流放过去了，屈原已从一个精力正旺的中年汉子变成了一个伤病缠身的花甲老人。

公元前 278 年春天，屈原被楚顷襄王流放的第 19 个年头，秦国的大将白起，率大军一举攻下了楚国的都城郢都。京城一片火海，楚王的祖坟被秦兵挖掘、焚毁，顷襄王仓皇出逃，迁都陈城（今河南淮阳县）。

屈原的心破碎了，屈原的梦破灭了。62 岁的他踉踉跄跄地挪到汨罗江边，望着滚滚东去的江水，老泪纵横。他撕扯着自己的头发，双手高举向天空，大声地责问："天啊，你怎么这样的不公？难道你真的要灭亡楚国，灭亡我屈原了吗?!"他决定以身殉国，希望以自己的一死来促使楚王及人民猛醒，进而奋起挽救国家的危亡。他最后写了一首抒情诗《惜往日》，这是诗人在临死前对往日的遭遇，国家的政治所作的一次痛苦的回忆。全诗陈词恳切，简直是一篇向顷襄王发出的呼吁书。

屈原写完这篇绝笔作品后，在救国无门，走投无路情况下，在农历五月初五这一天，忧愤地投入湖南东北部的汨罗江，与楚国人民永别了。

人民一直怀念着屈原，每当旧历五月初五，屈原殉国的日子，人们就用赛龙舟、吃粽子的方式来纪念他。这就是端午节，屈原当年投江殉国的日子。

李斯谏逐客

秦国虽然在邯郸打了一次败仗，但是它的实力还很强，稳居七雄之首。在强秦的不断打击下，关东六国疲于奔命，朝不保夕。公元前256年秦国又进攻韩、赵两国，打了胜仗，后来，索性把挂名的东周王朝也灭掉了。秦昭襄王死去后，他的孙子秦庄襄王即位不到三年也死去，年仅十三岁的太子嬴政即位。当时，秦国的朝政大权掌握在相国吕不韦手里。

吕不韦原是阳翟（今河南禹县）地方的一个富商，因为帮助庄襄王取得王位，当上了相国。吕不韦当相国以后，也学孟尝君的样子，收留了大批门客，其中有不少是从别国来的。

战国时期有许多学派，纷纷著书立说，历史上把这种情况称做“百家争鸣”。吕不韦自己不会写书，他组织他的门客一起编写一部书，叫《吕氏春秋》。书写成后，吕不韦还派人把它挂在咸阳城门上，还发布告示，说谁能对这部书提出意见，不论添个字或者删掉个字，就赏金千两。这一来，他的名气就更响了。在吕不韦代秦执政期间，秦国不仅没有停止攻伐六国的战争，反而越战越强。

秦王政年纪渐渐大起来，他二十二岁那年，宫里发生一起叛乱，牵连到吕不韦。秦王政把吕不韦免了职。后来又逼他自杀。吕不韦一倒台，秦国一些贵族、大臣就议论起来，说别国的人跑到秦国来，有的说不定是来当间谍。他们请秦王政把客卿统统撵出秦国。秦王政接受这个意见就下了一道逐客令。大小官员，凡不是秦国人，都得离开秦国。

楚国来的客卿李斯，原是著名儒家学派代表荀况的学生。他来到秦国，被吕不韦留下来当了客卿。这一回，李斯也挨到被驱逐的份儿，心里挺不服气。离开咸阳的时候，他上了一道奏章给秦王。李斯在奏章上说：“从前秦穆公用了百里奚、蹇叔，当了霸主；秦孝公用了商鞅，变法图强；惠文王用了张仪，拆散了六国联盟；昭襄王有了范雎，提高了朝廷的威望，这四位君主，都是依靠客卿建立了功业。现在到大王手里，却把外来的人才都撵走，这不是帮助敌国增加实力吗？”

秦王政觉得李斯说得有道理，连忙派人把李斯找回来，恢复他的官职，还取消了逐客令。之后，秦王政一面加强对各国的攻势，一面派人到列国游说诸侯，还用反间、收卖等手段，配合武力进攻。韩王安看到这形势，害怕起来，派公子韩非到秦国来求和，表示愿意做秦国的属国。

韩非也是荀况的学生，跟李斯同学。他在韩国看到国家一天天削弱，几次三番向韩王进谏，韩王就是不理他。韩非没被重用，就关起门来写了一部书，叫《韩非子》。他在书中主张君主要集中权力，加强法治。这部书传到秦国，秦王政看到了十分赞赏，说：“如果我能和这个人见见面，该多好啊。”

不久，韩非受韩王委派来到秦国，看到秦国的强大，上书给秦王，表示愿为秦国统一天下出力。秦王还没考虑重用韩非，李斯倒先着急起来，怕韩非夺了他的地位。他在秦王面前说："韩非是韩国的公子，大王兼并诸侯，韩非肯定要为韩国打算；如果让他回国，也是个后患，不如找个罪名把他杀了。"秦王听了这话，有点犹豫，下令先把韩非扣押起来，准备审问。韩非进了监狱，想辩白也没机会。李斯给他送来了毒药，韩非只好服药自杀了。

秦王政扣押了韩非，也有点后悔，想命人把韩非放出来，可是已经晚了。秦王政十分懊恼。正在这时候，有个魏国人缭到秦国来，秦王政同他一谈，觉得他是个难得的人才，就任用缭为秦国尉，后来人们称他尉缭。

荆轲刺秦王

公元前238年，21岁的秦王嬴政亲政。他首先清洗了政治上反对势力，诛杀了嫪毒，逼死了吕不韦；接着，集中精力进行对六国的征服战争。公元前230年，嬴政首先派内史腾率大军攻陷了韩国，活捉了韩王安，把韩国改为秦国的颍川郡；接着，又派王翦领兵伐赵，于公元前227年攻占赵都邯郸，将赵国改为秦巨鹿郡。至此，关东六国还剩了四国。

秦国灭了赵国后，原本与秦不接壤的燕国一下子成了秦的邻居。燕国的太子丹，早年曾做人质客居秦国，了解秦王嬴政的雄才大略，认为若想阻止秦国吞并六国的步伐，非得将秦王嬴政杀掉不可。当他找了个机会化妆潜逃回燕国后，就四处寻找猛士，为实施他刺杀秦王的计划做准备。

他听说有个死囚犯叫秦舞阳，13岁的小小年纪就怒杀侮辱自己的无赖。于是，燕太子丹就从监狱中赎出秦舞阳，并给他优厚的待遇。这一下，他求贤若渴的消息传开去，连躲藏在深山里的秦国叛将樊於期也来投奔他。勇士来了不少，但却没有特别令燕太子丹中意的。

一日，太子丹正在街上散走，忽听一家酒肆中传出高吭激昂的歌声。他走近一瞧，见一8尺大汉立在桌前引吭高歌，另一汉子正在桌旁击筑伴奏，那歌声时高时低，动人肺腑。太子丹见二人神情威武豪迈，又是一副武士打扮，心中一动，便留下侍卫打听二人的去处，自己回到宫中。过了半日，侍卫来报，说二人喝完酒后，到田光家中去了。太子听说，暗暗高兴。

田光早年本是燕国著名勇士，为人豪爽坦诚，专好结交天下侠义之士。太子丹设宴请田光，向他问起酒肆中唱歌击筑之人。田光道：“我正想向太子推荐。那击筑的叫高渐离，武功不错，那唱歌的叫荆柯，本是卫国人，乃文武全才，勇敢机智过人，武功之强，更胜过我当年。”

燕太子丹沉吟片刻，果决地对田光说：“我看刺杀秦王，非荆柯不可！”又叮嘱说：“此事机密，除荆柯外，先生万不可泄露给别人。”田光点头应允。

田光找到荆柯，说明来意，荆柯慨然道：“事关国家兴亡，义不容辞。太子既然选中了我，我愿前往。”田光紧握荆柯的手，含笑道：“如此，我死也瞑目了。”言毕，拔剑自刎。荆柯望着田光遗体，心中立誓，一定不负田光重托，拼死也要刺杀秦王。

燕太子丹为了进一步打动荆柯，还在易水河边为他造了豪华的住宅；美女佳肴供他享受；用纯金做成弹子满足他爱打弹弓的嗜好；杀了千里马以应对他的一句笑谈：“不知千里马肝是何味道?”荆柯大为感动，他对燕太子丹说："您的心情我完全了解，但我迟迟没动身到秦国去，是等待合适的机会去见秦王，以使他不疑心我的动机。"

不久，秦王派大将王翦来攻打燕国，燕太子丹对荆柯说："现在燕国危在旦夕，时机可算是成熟了吧？"荆柯说道："时机确已成熟，不过还需向秦王送晋见礼。"什么晋见礼？"太子丹问。荆柯答道："此事我想了很久，非得樊於期的人头和督亢地方的地图不可。"督亢地方在今河北省涿州、定兴、新城、固安一带，是燕国最富饶且临近都城的地方。燕太子丹说："督亢的地图我可以给你，但樊於期将军避难来到我处，我实在不能做出卖友之事，将他杀害。"

荆柯知道再说无益，便径直找到樊於期说把燕太子丹的计划详细地告之樊於期，最后说："我打算将督亢地方的地图和樊将军您的人头作为晋见礼送给秦王，以便接近他并趁机刺杀他。"樊於期听完，仰天长啸道："罢了，罢了！我樊於期策动成蛟叛乱不成，侥幸逃到燕国，本就是死人一个，若能以我之头助壮士刺杀了秦王，岂不快哉！"说完，拔剑自尽。

荆柯悲伤地割下樊於期的头颅，将尸体掩埋好，来见太子。太子丹忍不住又哭了一阵，拿出地图对荆柯说："地图准备好了，里面卷着一把沾满毒的匕首，是欧冶子留下的名世三剑中的‘鱼肠剑’，锋利无比，沾的毒也是毒性无比，只要能划破秦王的一点皮肤，定叫他死无葬身之地。”说完，亲自用锦盒盛殓了樊於期的人头，捧与荆柯说：“燕国的命运与田光、樊於期的重托，全仰仗先生了。”说毕，一躬到地。

易水河边，秋风飒飒，燕太子丹和高渐离为荆柯和秦舞阳送别。他们身着孝衣，把酒而泣。荆柯连饮数杯，猛然将酒杯一扔，叫道：“高渐离，再来击筑一曲为咱送行！”说着，他站起身，回身眺望着燕国的原野，和着筑声高声唱起来：“风萧萧兮易水寒，壮士一去兮不复还！”

秦王听说燕国派使臣来求和，并献上樊於期的人头，惊喜不已，立刻身穿朝服，以最隆重的礼节来接见燕国使节。

荆柯走在前面，捧着装有樊於期人头的锦盒；秦舞阳在后，手捧盛有地图的匣子，二人依次来到大殿上。秦舞阳忽然脸色发白，浑身打颤。两旁站立官员心生疑惑。荆柯不待别人发问，回头笑着看了秦舞阳一眼，对秦王说：“禀大王，这孩子生在北方荒蛮之地，没见过天子威严，故此害怕，请大王原谅。”秦王说：“既如此，孤不怪，请使节一人近前来。”

荆柯让秦舞阳在殿外等侯，他手捧樊於期的人头献于秦王说："樊於期逃至燕国大漠之中，燕王屡次派人搜捕，方抓到此贼献上，万望大王谅解。"秦王见荆柯言语从容，脸色坦然，便打消了刚才因秦舞阳失态而引起的一丝疑虑。对荆柯道："把地图呈上来，让寡人看看。"荆柯下殿来，从秦舞阳手中接过藏有匕首的地图匣子，重又上殿捧给秦王说："大王请看，这就是燕国督亢地区的地图。"

秦王接过地图，边展边看，边听着荆柯的指点。眼看图毕，秦王忽见图中裹着的匕首，不禁脸色更变。就在秦王这一愣神的功夫，荆柯快步上前，右手抓起匕首，左手一抓秦王衣袖，分心便刺。秦王嬴政大吃一惊，忽忙躲闪，一下子将衣袖扯断。秦王脱身，急欲取剑。却因剑身太长一时难以拔出，只得绕柱子躲避荆柯，荆柯却因匕首太短刺不到秦王，便随后追赶。于是，两人围殿中铜柱绕起圈来。

满朝文武没料到会发生这种事，一个个不知所措，秦国法律规定，群臣上殿不得携带任何武器，手持兵器的侍卫们都得站在大殿之下，没有王命不得上殿。这项本来是为了防备有人行刺的法规，此刻却偏偏帮了刺客的忙，因为秦王只顾逃命忘了下令，侍卫们谁也不敢上前相救，除了将秦舞阳剁成肉酱外，就只能眼巴巴地看着荆柯追杀秦王。亏得一个御医反应敏捷，举起手中的药囊向荆柯砸去，阻挡了一下荆柯追击的速度，才使得秦王嬴政有机会拔出剑来回身刺了一剑。

秦王这一剑，正刺在荆柯的左腿上，荆柯顿时踉跄着倒地。倒下去之前，荆柯奋力将匕首向秦王掷过去，秦王急闪身躲过，回过头来又连刺荆柯几剑。荆柯浑身血流如注。秦王又上前连刺几剑，荆柯气绝身亡。

荆柯行刺秦王不成，反而加快了秦国消灭燕国的步伐。公元前 226 年夏历十月，秦王嬴政派大军攻占燕都蓟城，燕王和太子丹出逃辽东。秦军在后紧追不舍，燕王无奈，只得杀太子丹向秦国谢罪，秦军才暂时收兵。

秦王政灭六国

秦王政消灭了嫪毒和吕不韦两大势力，掌握了秦国的全部政权的时候，秦国已成为七国中最强大的国家了。他

所统治的地方，不仅囊括了西半部的大半个中国，还深入到中原地区。像韩、魏两国，实际上已经处于秦国的三面包围之中，秦国兼并六国的客观条件已经成熟了。

公元前230年，秦王政觉得一切都准备好了，便开始向东方六国展开了大规模的进攻。很快，弱小的韩国被灭。

第二年，他又派出老将王翦率领几十万大军去进攻赵国。赵王命令大将李牧率军抵抗，李牧是一个富有经验的老将，曾多次打败秦军的进攻。他团结将士，森严壁垒，严加防守，拒不出战，使王翦很难下手。在两军相持不下的时候，赵王迁却听信了早已被秦收买了的内奸郭开的“李牧蓄谋造反”的诬告，杀了李牧，改派赵葱做大将。

不久王翦大败赵军，一举攻战了邯郸。

赵王迁只好向秦国投降。他的儿子嘉带领几百人马逃到代郡（今河北省蔚县），自立为代王。紧接着，王翦又率大军北上去攻打燕国。燕国的太子丹为了挽救国家的危亡，派荆轲去刺杀秦王，荆轲刺杀未成，反被肢解而死。公元前226年，王翦大败燕军，攻破了燕的都城蓟。燕王喜只好将都城迁到辽东去。

攻打楚国，秦王政开始不听老将王翦之言，错用了年青而又轻敌的将领李信。李信深入楚境后还没来得及和副将蒙恬会师，就遭到楚军的伏击。秦军被拦腰斩断，首尾不能相顾，一败涂地。李信大败的消息传来，秦王从盛怒中逐渐冷静下来。当即决定，亲自去频阳，请老将王翦出马。秦王政到了频阳，见到王翦，行咎自责，恳请王翦率兵出征。王翦见秦王态度诚恳，便带领60万大军出征。秦王政亲自在水边设宴为王翦饯行。

王翦进军到楚国边境，楚国调动了全国的军队来抵御。但是秦军只和楚军遥遥对峙，深沟高垒，并不出战。楚军屡次挑战，王翦却令全军好好休息，坚守不出，养精蓄锐，以待战机。楚军因为秦军多日不肯出战，锐气渐消，楚军大将项燕领军全线东撤。王翦抓住这个战机，在一个晚上，突然发布命令向楚军出击。早就憋足了劲的秦国大军，打得楚军措手不及，四处逃散。王翦乘胜追击，杀死了楚将项燕。公元前223年，王翦率军攻占了楚国都城寿春（今安徽省寿县西南），灭了楚国。

与此同时，秦王政陆续派兵去平定魏地和燕地。公元前225年，王翦的儿子王贲领兵攻破魏都大梁，灭了魏国。公元前222年，王贲又率军远征辽东，俘虏了燕王喜。接着，又回师攻代，俘虏了代王嘉。至此，燕、赵两国也彻底灭亡了。

最后，只剩下一个齐国了。齐国本来比较强大，可惜齐王听信了已被秦国收买了的内奸后胜的话，不但不援助其它国家抗秦，而且本国也没做防备。秦兼并了五国之后，齐王才急忙派兵去防守西部边界，可是已经来不及了，公元前221年，王贲率军进入齐的都城临淄，齐国没有任何抵抗，就向秦军投降了。

这样，秦王政从公元前230年到公元前221年，用了十年时间，先后兼并了韩、魏、燕、赵、楚、齐等六国，建立了中国历史上第一个统一的多民族的封建中央集权国家。

百家争鸣

战国时期是中国历史上大变动时期，其社会经济基础和人的关系发生了很大的变动，这种变动在思想文化方面反映出来。不同派别的代表人物，对于剧烈的社会动荡都在进行着各自己的分析，努力做出自己的解释，提出治世的药方，批驳别人的思想和主张。一时间，各种学派纷纷兴起，各抒己见。这时期的思想文化领域各家学派争奇斗艳的现象，就被称作“百家争鸣”。

在争鸣中形成的主要学派有儒家、墨家、道家、法家，此外还有阴阳家、名家、纵横家、杂家、兵家、农家，等等。

儒家的创始人是春秋末期的孔子，他的主要学说是“礼”、“仁”和“天命论”。战国时期儒家的代表人物是孟子和荀子。

孟子继承了孔子的思想，又进一步发展了孔子的思想，其中最有特色的是“仁政”思想，他主张对劳动者不要过分剥削，要给他们一定的产业，在丰年可以吃饱穿暖，遇到灾荒也不至于饿死。就是要实行宽严有度的怀柔政策。孟子反对用暴力手段进行统治，而主张采取道德教化去争取人心。孟子把人心向背看作是统治者成败的关键，提出了“民贵君轻”的著名思想。只要有了老百姓的拥护，就能“无敌于天下。”

孟子还提出了性善论。他举例说，有一个小孩爬到井边，眼看要掉下去，在一旁看见的人，不管是谁，都会下意识地一把将小孩抓住，在他这样做的时候，并没有什么明确的动机，既不是为了结交孩子的父母，也不是为了在乡里朋友中取得名誉，更不是因为厌恶小孩的哭声，而是出于一种每个人都有的恻隐之心。正是在性善论的基础上，孟子提出了“仁政”思想。

战国后期的另一位儒家大师是荀子，他把孔子的“礼”赋于“法”的内容，提出礼法并重。这种礼与法不是对立的，而是相辅相成的，在他看来，把礼和法，教化和刑罚结合起来，就能维护社会秩序，使百姓安宁。他指出天体运行有自身的规律，不能违抗，但也不能消极地顺应，而应该充分发挥人的主观能动性，去积极地配合、利用，直至加以控制改造，并且提出了人定胜天的光辉思想。与孟子不同，荀子是主张性恶说的。

儒家思想在我国古代史上，几经演变，构成了一整套相当完整的思想体系。为汉武帝以来历代统治者所重视，成为我国封建制度的思想支柱。

墨家的创始人是春秋末、战国初的墨子，他主张“兼爱”，反动儒家的“仁”；主张“非攻”，反对兼并战争，因为战争给人民带来灾难，他希望用和平方式统一中国。墨子还主张“尚贤”，反对世卿世禄制度。主张“尚同”，希望有一个贤德的国君，另外还主张“节葬”、“节用”，反对儒家的“厚葬”。

道家的创始人是春秋末年的老子。老子提出了“无为而治”、“小国寡民”的政治思想，主张顺其自然。战国时期的庄子继承和发展了老子的思想。庄子的政治上主张避世，既不赞成追求仁义，也不赞成追求财物，不要任何名利欲望，他希望人们能够按照自己的本性自然而然地去生活。他认为，仁义礼智破坏了人类的自然状态，是万恶之源。这种与历史潮流不合拍的主张，不可能在战国的政治舞台找到出场的机会。但是他们比其它学派更加深刻地揭露了当时的社会关系对人的天然生活权利的剥夺和对人的自由的限制，他们更大胆更强烈地追求不要任何政治束缚的绝对精神自由。

法家思想在战国时期处于非常显赫的地位，被各国统治者所重视。法家前期的代表人物有李悝、商鞅和申不害。他们都主张社会是发展变化的，并且亲自领导了所在国的变法改革。他们批判地继承了前人的思想资料，为社会变革提供了法制理论，他们主张赏罚分明，能够注意发展生产。战国时期法家的代表人物是韩非，他是法家的集大成者。他尖锐地批判了儒家效法先王的观点，主张厚今薄古，他把法、术、势结合在一起，为统治者加强统治提供了有效的武器。但也为以后历代统治者争权夺利，玩弄阴谋诡计，制造了评论根据。他提出的“严刑重罚”是要加强对劳动人民的统治和剥削，在秦王朝建立的过程中，韩非的思想起到了积极的作用。但由于它过分地强调镇压，容易激起人民反抗，所以秦灭亡后，历代君主就不敢再单独打起法家的旗号。

阴阳家的代表人物是战国中期的邹衍。他们对天文、历法、地理有一定的科学知识，邹衍把五行说推衍到历史发展方面来，认为历史发展是受“五德终始”规律支配的。这是一种循环论的历史观。

纵横家的代表人物是张仪、苏秦，反映他们思想的书有《战国策》。纵横家从事外交活动，倡导“合纵”、“连横”。

春秋战国时期社会激烈动荡，名实不符的现象在当时社会上是一个突出问题。各派思想家都企图从各自的立场出发来解决“名”、“实”问题。这就形成了战国时期的名辩思潮，名家就是这一思潮的产物，它是专门研究“名”、“实”问题的一个学派。名家的代表人物是战国中期的惠施和战国后期的公孙龙。他们对逻辑学的发展有重大贡献，在自然科学上也提出了许多价值的问题。另外，还有以孙武、吴起、孙膑为代表的兵家，总结战争经验和规律。以吕不韦为代表的杂家，“兼儒、墨、合名、法”，使诸子百家逐渐融合。以许往为代表的农家，主张君民并耕，反对不劳而获的剥削制度。

春秋战国时期的百家争鸣，色彩纷呈，灿烂夺目，各个学派都在顽强地表现自己，对当时和后代都有很大的影响。

吕不韦与《吕氏春秋》

吕不韦是战国末期的大政治家、思想家。他曾担任过秦国的宰相，为秦统一中国的事业作出了积极的努力和贡献。他还主编了《吕氏春秋》一书。全书分八览、六论、二十纪，览、论、纪的下面又分许多小题目，共 26 卷，20 余万言，是一部自成系统的杂家代表作。

《吕氏春秋》一书，适应了战国末年思想界百家交融的趋势，容纳百家之长，加以综合贯通，是一部经过精心规划，在一定思想指导下写成的著作。其内容涉及了哲学、政治、经济、历史、自然科学等作品个方面，比较突出地反映了吕不韦统一天下的思想。显然，这是为秦统一全国、建立中央集权制寻找理论根据和做舆论准备。

《吕氏春秋》把儒家思想作为骨干，它在很多篇章里，都对儒家思想进行了正面的阐述。但是《吕氏春秋》所阐述的儒家思想，并非完全是孔子创立儒家学派时的儒家思想，而是经过吸收后，加进了新内容的儒家思想，以此来适应时代的变化。比如，它把儒家维护“君权”的思想，赋予了新的内容，主张拥立新“天子”，即建立统一的中央集权国家。

对法家、墨家、道家和阴阳家的思想，《吕氏春秋》也给予充分的重视。它比较集中地吸收了法家的“法”、“术”、“势”三派学说，但也不是全盘接受，而是有所选择。由于墨子的“非攻”思想不利于统一战争的需要，

《吕氏春秋》便进行了一定程度的批驳。《吕氏春秋》对道家的“修身养性”之道感兴趣，对道家的“虚无”、“寡欲”思想，也根据当时需要作了解释。

《吕氏春秋》在文化史上有相当高的价值，它保存了许多有价值的史实，特别是不少古代农业技术史料，至今仍然值得我们珍视。

在先秦时期，专门记载农业生产方面的文献比较少，而《吕氏春秋》中却有《上农》、《任地》、《辩土》、《审时》4篇专门讲农业的文章，在其它篇中也有关于农业的论述。最值得一提的是：《吕氏春秋》总结了一套农业生产的经验和技术，对土壤的性能、施肥、农作物的耕作技术、播种时节等问题，作了比较系统的理论总结。这些经验，是我国劳动人民在长期的生产劳动实践中得来的，当时农家学派的著作，对这些经验有一些记载，但已经失传。《吕氏春秋》不仅吸收了农家的一些看法，而且把这些经验进一步系统化，加以提高。在今天看来，它就尤其宝贵。

《吕氏春秋》不仅保存了先秦时期政治、经济、科技、文化等各方面的史料。而且为了阐述书中所提出的论点，还搜集了先秦时期很多佚文佚事。这些故事大都篇幅简短，语言精练，情节叙述得也很生动，而且又富有启发性。

还有些故事则揭露了贵族统治者的凶残、昏庸和愚蠢。像《齐王烹文挚》写高明的医生文挚，大胆而奇特地医治好齐王的病，救了他的命，结果齐王以怨报德，反而活活煮死了文挚。

另外，还有像我们在前面讲到过的孔子周游列国时受困于陈、蔡的故事；在商鞅变法中提到了的公叔座向魏惠王推荐卫鞅的故事，成语“唇亡齿寒”，“刻舟求剑”，这些在《吕氏春秋》中都有记载。可以说《吕氏春秋》这部书是先秦时期的一部百科全书。

李冰修都江堰

都江堰位于四川省中部，岷江中游，在今天的四川省灌县附近，是一个把灌溉与防洪结合起来的综合性大型水

利工程。它座落在美丽富绕的成都平原上，已经有两千多年的历史了。这一古老工程的设计者和兴建的组织者，是我国战国时期杰出的水利工程家李冰。

岷江发源于成都平原北部的岷山，沿江两岸山高谷深，水流湍急，到灌县附近，岷江进入一马平川，水势浩大，往往冲决堤岸，泛滥成灾。从上游带来的大量泥沙也容易淤积在这里，抬高河床，加剧水患。特别是在灌县城西南面，有一座玉垒山阻碍江水东流，每年夏秋洪水季节，西边往往江水泛滥，东边却常常发生旱灾。因此，征服岷江，变水害为水利，便成为当时人们的迫切愿望。

李冰大约在秦昭王五十一年（公元前256年）被任命为蜀守，他亲眼看到水旱灾害给人民带来的痛苦，听到人民的强烈呼声，感到要使国家富强，就必须解决人民的苦难，发展生产。为此，李冰决定治理岷江。到任不久，就开始着手进行大规模的治水工作。

李冰带着他的儿子二郎，还请了几位有经验的老农，沿岷江两岸考察，摸清了水情、地质等情况，听取了群众意见，制订了治理岷江的规划方案，吸收了前人治理岷江的经验，决定在玉垒山开个大口子，引一股江水，到东边去，这样可以西边分洪、东边浇地。然后采取中流作堰的办法，在宝瓶口上游的岷江中心筑一道分水堰，使江水流到这里便分成两股，达到分洪的目的。

工程开始后，李冰带领上万民工开山凿石，但是，由于山石坚硬，工程进度缓慢。大家都很着急，这时有人出了个高招：先在岸石上凿些沟槽，放上柴草，再架满树枝，木柴，点火燃烧，使岩石爆烈。这一招果然很灵，进度一下子加快了许多，很快就劈开了宽 20 米，高 40 米，长 80 米的引水渠道。这是控制江水流量的咽喉，因为其形状象个瓶口，所以就取名为“宝瓶口”。

接着，李冰又带领成千上万的民工，来到灌县西边的岷江上游，建造分水堰。开始采用在江心抛石筑堰的办法，但是筑起的石堰接连几次都被洪水冲垮了，没有成功。怎么办呢？大家都在动脑筋想办法，李冰看到岷江盛产竹子，并且受到当地人用竹子盖房，编竹笼盛东西的启示。于是就让大家用竹子编成大竹笼，里面装满鹅卵石，再把它们连起来，每段大约有二三丈长，然后一层层放到河中堆积起来。同时，还在洲滩两侧用大型鹅卵石垒起两道护堤。这样，一道牢固的分水堰终于筑成了。由于大堤前端形如鱼头，所以取名叫“鱼嘴”。它迎向岷江上游，把汹涌而来的江水分成东西两股。西股叫外江，是岷江的正流，东股叫内江，是灌溉渠系的总干渠，渠首就是宝瓶口，流经宝瓶口再分成许多大小沟渠河道，组成了一个纵横交错的扇形水网，灌溉成都平原的千里农田。分水堰两侧垒砌了鹅卵石护堤，靠内江一侧的叫内金刚堤，外江一侧的叫外金刚堤，也称“金堤”。分水堰是都江堰的主体工程，它建成后，内江灌溉的成都平原，就很少有水旱灾害了。

为了使内江的防洪作用更有保证，李冰又带领大家用竹笼装石筑堤的办法，在内金刚堤的南端筑了一道堤坎，叫“飞沙堰”。它的堰顶比内金刚堤低一些，如果洪水太大，内江水过多就可以溢出“飞沙堰”，流到外江，再沿着岷江流出去。这个办法使内江灌溉区，既能经常保持有水，又不会因水量太大泛滥成灾。

为了彻底解决岷江水患，必须解决泥沙沉积，淤塞河床的问题。为此，李冰决定：每年霜降时节（十月下旬），要进行一次淘江整修，叫岁修。为了使江水断干，方便淘挖，李冰集中群众的智慧，采用杩槎（mǔchā 母差）挡水法断水。杩槎是用3根6~8米长的大木条扎成的三脚架，每个三脚架下面都用装有石头的竹笼卡住，把很多三脚架连在一起，在迎水面上绑上竹席再糊上粘土，就筑成了一道临时的挡水坝，阻断水流。淘江时，先用杩槎的外江截流，使江水全部流入内江，然后淘挖外江及其各灌溉渠道淤积的泥沙。到第二年立春前后，外江淘沙完毕，把杩槎移到内江，让江水流入外江，然后再淘挖内江河槽，进行平水槽和飞沙堰的淘沙工程。清明节前后，内江淘沙完毕，撤除杩槎，开始放水灌溉。每到这时候，都要举行盛大的传统放水仪式，成千上万的劳动人民聚集在江边观看放水的盛况，欢庆征服自然的胜利，同时也表达了对李冰父子修堰治水巨大贡献的纪念。

都江堰虽然修建在两千多年前，但是它的规划、设计和施工方法，都具有高度的科学性和创造性。它能按照灌溉和防洪的需要，合理控制内、外江的水量。当天旱的时候，能够放水灌溉，到雨季就堵塞闸门，洪水季节大部分水量可以从外江泄走，使内江灌区免遭水灾。到了枯水季节，大部分水量又可流入内江，保证灌溉用水。一年四季，无论旱涝，农田用水都可以进行调节。都江堰的建成，彻底改变了成都平原10多个县的农业生产面貌，把原来水旱灾害频繁的地区变成了“沃野千里”的富饶粮仓。从此，成都平原就获有“天府”的美称。

李冰在四川除了兴建都江堰工程外，还治理了其它一些河流，使四川人民得到了不少好处，因此人民一直怀念他。四川人民尊李冰为“川祖”，并在都江堰建造了一座“二王庙”，里面有李冰父子的塑像。人们常到那里参观，赞扬李冰的功绩。

秦　朝

公元前221年，秦王嬴政先后翦灭六国，统一了东至大海，西并羌戎、南逾五岭、北越阴山、东北抵达辽东的辽阔地域，建立起一个以咸阳为首都，以华夏族为主体，包括有羌、戎、夷、狄、蛮、越等许多民族在内的专制主义中央集权的封建国家。

秦始皇统一中国后，在全国范围内废除分封制，立郡县，建立了皇帝直接控制下的官僚行政机构。这种专制主义的中央集权制度对后世封建政治制度产生了极其深远的影响。

秦始皇在经济和文化采取了一系列措施，由丞相李斯主持文字的统一工作；将统一全国的度量衡标准，修筑直道、栈道以便交通，从而有利于统一国家的巩固。

秦朝对人民的租赋剥削十分严重。秦始皇及其继承者秦二世胡亥对农民的压迫极其残暴，无休无止地役使民力修建阿房宫、骊山陵墓、筑长城，使人民不堪重负。公元前209年爆发了以陈胜、吴广为首的农民起义。公元前206年，赵高杀死秦二世胡亥，立子婴为王。不久秦国即被刘邦领导的农民起义军所灭。

秦统一为期短暂，共历二世，统治15年。当时的秦朝是世界上最大的一个国家。

秦始皇统一中国

秦王政灭六国后把全国定名为秦，国都定于咸阳（今陕西省咸阳市）。他自以为德兼三皇，功过五帝，如再延用过去“王”的称号就不能显示成功，传之后世，便于群臣商议，更换名号。

李斯等人说：“过去五帝管理的地方，也不过一千里大。如今海内为郡县，法令由一统，大王比五帝强多了！古时有天皇、地皇、人皇，人皇最高贵。大王就称做人皇吧！”

秦王政对人皇还不满足，就将三皇中的“皇”字和五帝中的“帝”字加起来，称为皇帝。他认为秦朝从自己开始称帝，会二世、三世，至于万世永远传下去，于是便自称“始皇帝”，后来人们就称他为秦始皇了。

统一以后，天下应当如何治理？丞相王绾对秦始皇说：“六国诸侯刚刚被灭不久，原先的燕国、齐国、楚国离咱们的京城都很远，如果不在那里分封王侯，恐怕那些地方很难控制得住，您不如把几个皇子分封到那些地方去做王，协助陛下统治天下。”

廷尉李斯反对王绾分封的建议，他说：“当年周武王得到天下以后，曾经大封子弟功臣为诸侯，后来诸侯之间关系越来越疏远。如今陛下统一了天下，可以在全国设置郡县。子弟功臣多多赏赐些赋税钱财，不要分封诸侯，这样就容易控制啦！”

秦始皇决定采纳李斯的意见，他说：“以往天下苦战不休，都是因为分封诸侯王的缘故。现在天下安定了，再分封诸侯王，又将会种下战争的祸根。我认为廷尉的建议是对的。”于是秦始皇把天下划分为三十六郡，郡以下设县。每郡都由中央政府直接任命三个官长去治理，即郡守、郡尉和郡监。郡守是一郡最高的行政长官，统管一郡的重大事务。郡尉是管理治安的，全郡的军队由他统领。郡监执行监察方面的事情。

地方上的治理办法确定了，中央政府的组织机构也逐渐定型。秦始皇规定中央朝廷里设置丞相、御史大夫、太尉、廷尉、治粟内史等几个重要的官职，协助皇帝治理国家。丞相设两个：左丞相和右丞相，都是皇帝的助手，帮助皇帝处理全国的政务；御史大夫负责掌管重要的文书监察；太尉主要掌管军队；廷尉掌管司法；治粟内史掌管租税收入和国家的财政开支。所有这些官员都归皇帝任免和调动，从国库里领取薪俸，一概不得世袭。

秦始皇建立的这一套封建专制的政治体制，对后世的影响极大。后来各个封建王朝所实行的政治体制，大体上是在秦制的基础上逐步演变的。

战国时期，商业已经相当发达，货币的使用已经很普遍。但是各国货币的形状、大小、轻重都不相同，齐国的货币样子像刀，赵国的货币样子像铲；货币计算的单位也不一致。秦始皇规定：以后一律使用圆形方孔、每个重半两的铜钱，各国的旧货币全都作废，不许再在市面上流通。

原先六国的度量衡也是不统一的，尺寸、升斗、斤两等，也不大一样。在一个国家买一尺布，到另一个国家也许只能算八寸。在这个国家买一斗米，到那个国家就成了九升。度量衡这样乱，和一个统一国家的政权当然不相适应，对人们的生活也太不方便了。秦始皇下令规定了统一的度量衡，全国的尺寸、升斗斤两都得一律，这就克服了过去那种换算混乱的局面。

原先六国的车辆和道路也各不相同，车辆有大有小，道路有宽有窄。在统一的局面下，这样也显得太不方便了。于是秦始皇又下令，一要“车同轨”，二要修驰道。“车同轨”就是规定车轴上两个轮子间的距离，一律都定为六尺。修驰道就是修筑从京城咸阳到全国各个重要地方的大路。大路路面一律宽五十步（每步六尺），路的两旁每隔三丈种上一棵青松。修了这样的驰道，全国的交通就方便得多了，也便利了各地之间的文化往来与经济联系。

战国时期的文字也是不统一的。同一个字的写法不尽相同，形状各异，笔画有多有少。统一以后，这种情况对政策法令的推行和文化的传播，都是一大障碍。所以秦始皇又下了“书同文”的命令。“书同文”就是统一文字的意思，政府规定了一种叫做小篆的字体，作为全国统一使用的标准文字。后来又根据民间流行的字体，整理成一种比小篆更便于书写的字体，叫做隶书。隶书跟现在的楷书已经很接近了。

自从秦国兼并六国以后，中原地区比较平定。可是，匈奴人的骑兵却经常侵扰北部边境地区，严重地威胁着秦王朝的安全。秦始皇委派大将蒙恬，率领 30 万大军打败了匈奴，收复了河套地区。秦始皇决定采用修筑长城的办法，把匈奴骑兵永远隔离在边界的北面。秦始皇下令从各地征调了几十万民夫，让蒙恬担任总指挥，这一次修筑长城，除了要把原来燕、赵、秦三国北方的城墙连接起来，还要新造不少城墙。这样从西面的临洮到东面的辽东，连成一条万里长城。修筑万里长城，虽然耗费了大量财物，加重了劳动人民的负担，但在当时的历史条件下，确实起到了阻止匈奴南侵的积极作用。这座举世闻名的长城，成为我们中华民族古老悠久历史的象征。

秦始皇统一中国以后所实行的废分封设郡县，统一货币、度量衡、文字等等，都是有利于加强全国统一、有利于社会经济文化进一步发展的。这是秦始皇的巨大功绩。

徐福入海求仙

秦始皇统一中国后，他的一大嗜好就是求神访仙，寻求长生不死之药。于是秦朝的方士们，便迎合秦始皇的这种心理，向他索要钱财，或向海上，或向陆地去寻找仙药。

徐福，又叫徐市，是琅邪人，秦汉的方士。一年，秦始皇东巡到了琅邪，方士徐福向秦始皇上书说，海上有三座神山，是仙人居住的地方，希望能斋戒沐浴，带领童男童女前往求仙。秦始皇一听这个建议，正合自己的心思，所以欣然接受，于是下令徐福挑选童男童女几千人，到海中去寻找仙人。

徐福入海求仙，一去就是几年没有音讯，花了很多钱财，也没有找到仙药。就这么回去吧，肯定要受到秦始皇的惩罚；不回去吧，带去的财物已经用的差不多了。怎么办呢？徐福想出了一个主意，他回来对秦始皇说："蓬莱的仙药是可以找到的，但是我们常常被大鲨鱼困扰，所以无法靠近仙药，希望皇上派出善于骑射的人一同前往，遇到大鲨鱼时就可以用弓箭射它。"

差不多就在这同时，秦始皇做了个梦，梦见与海神交战，海神的样子很像人。他请来占卜的博士，来给他圆梦。博士说："海神本来是看不到的，它用大鱼蛟龙作侦探，现在皇上祭祀周到恭敬，却出现这种恶神，应当除掉它，然后真正的善神就可以找到了。"秦始皇一听跟徐福说的一样，便信以为真。于是命令徐福入海时携带捕大鱼的工具，亲自带着有机关的方弩去等候大鱼出来，以便射它。

徐福一行人从琅邪出发向北一直到荣成山，都始终没有遇到大鱼，到达芝罘的时候，遇见了大鱼，用弓弩射死了一条，接着他们又沿海继续向西进发。徐福这次入海，不是几年，而是一去不复返了。

徐福求仙求到哪里去了呢？有种种传说。有人说徐福覆舟而亡了，也有人说徐福去了美洲，而更多的人说徐福东渡去了日本。在我国古代史籍上，对徐福东渡也有一些记载，有不少日本人也是这样认为的。

当时东渡去日本有没有可能呢？回答是肯定的。徐福等人入海求三神山时，正是滨海一带商人企图打通与日本诸岛的商业通路的时候。山东沿海一带的商人，在战国时代就开始了海洋商业活动，在徐福等人入海之前，也许曾经有人到达过三岛，所以徐福等人才知道海外有三神山，因而引起他们寻求圣地的热望。到了秦代，这幻想中的海外世界却引起了一些人寻求东方天国的渴望，但要靠个人的力量渡海是很困难的，几乎不可想象，非常凑巧的是，秦始皇迷信鬼神，到处求神访仙，这正是一个机会，于是徐福等人以求仙问药的名义，在秦始皇的支持下，率领船队东航了。

徐福是怎样漂洋过海的呢？徐福本人是一个博学多才、善于文学辩才、通晓神仙方术的人，同时他还精通医药学、炼丹、观相、天文、气象、航海等。他率领一行几千人和足够的财货、五谷，以其熟练的航海技术和地理知识，带领庞大的船队，巧妙地利用海流的作用，比较顺利地到达了日本，在那里定居下来。

徐福渡海来到了日本，也把中国的文化传播到了日本，在10余年的时间里，徐福曾经3次带领大量人员东渡日本，最后留在了那里，他们把中国先进的农、工、科技与神道思想传播到了日本。对日本文明的发展产生了巨大的影响。

在日本也有不少关于徐福的传说，还有不少历史遗迹，如徐福登陆地、徐福祠、徐福墓、徐福从事农耕鱼猎地等。日本人还组织了徐福会，每年搞祭祀活动，可以说，徐福在日本几乎家喻户晓。

焚书坑儒

秦始皇统一中国后，在政治体制、统一度量衡等方面进行了一系列改革，巩固了秦国的统治。但有不少读书人士喜欢谈论政事，话题往往触及秦朝的政治制度。公元前213年，丞相李斯借一些学者政见纷争之际，向秦始皇提出焚百家书、杜绝混乱思想的建议。

秦始皇觉得事情确实是这样，如果听任那些有旧思想的人到处宣扬旧制度，的确会妨碍他的统治。于是他决定接受李斯的建议，下令焚书。焚书的具体办法是：除了那些讲医药、占卜、种树一类的书以外，凡不是秦国史官所记的历史书，不是官家收藏而是民间所藏的《诗经》、《尚书》和诸子百家的书籍，在命令下达的三十天之内，都要缴到地方官那里去焚毁。以后还有偷偷谈论古书内容的，处死刑；借古论今攻击当前政治的，全家都要处死。官吏知情不告发的，判处同样的罪。

焚书的命令发布以后，各郡各县的官吏立即严格地遵照命令去执行，挨家挨户收缴书籍。在很短的时间内，秦国以外的历史书和记载着诸子百家学术思想的书籍，凡是收缴上来的，差不多全都烧光了。秦朝以前的许多历史事实和学术思想著作从此失传。这是秦始皇摧残中国文化的一大暴行。

秦始皇下令焚书，使得许多读书人都非常反感，不仅那些有旧思想的人反对秦始皇的暴行，连一些在朝廷里的博士，也都在暗地里议论，说秦始皇这样摧残文化，做得太过分了。

焚书的第二年，即公元前212年，有两个替秦始皇求不死药的方士侯生和卢生，偷偷地议论说："秦始皇这个人，十分残暴，自信心太强。他专靠残酷的刑罚来统治天下，他对谁也不信任，大大小小的事情都得由他自己亲自来决定。像他这样贪图权势的人，我们还是不要为他求仙药的好。"他们两个人偷偷地带着从秦始皇那里领来的钱财，逃走了。

秦始皇听说读书人在背后说他的坏话，侯生、卢生还居然逃走了，十分生气，决定要狠狠地惩治他们。于是秦始皇下了一道命令，叫御史大夫去查办那些在背后诽谤他的读书人。被抓去审问的人，受不了残酷的刑罚，为了给自己开脱，就一个一个的攀连其他的人，攀来攀去查出来有四百六十多个方士和儒生犯有嫌疑。秦始皇一怒之下，也不查证核实，就叫人在咸阳城外挖个大坑，把他们全都给活埋了。其实四百六十多人当中大多数人都是含冤死去的。

秦始皇焚书坑儒，目的是想统一思想，压制那些反对中央集权制的思想和言论，但是他的焚书，既毁灭了秦以前长期积累起来的文化财富；坑儒，又杀害了许多精神财富的创造者。从此以后，秦朝宫廷里真正有学问的人大大减少，而那些专会欺上瞒下的奸贼如赵高之流，逐渐成了秦始皇身边的重要人物，秦朝开始走下坡路了。

指鹿为马

秦二世胡亥当了皇帝以后，便把赵高的官升为郎中令。赵高本是个中车府令的宦官，为人狡诈阴险。胡亥曾经拜赵高为老师，两人有师生之情；赵高又精通法律、法令的学问，胡亥便把治理国家大事的权力全部交给赵高，这正是赵高所日夜盼望的，他便利用这样的好机会胆大妄为起来。

首先，赵高要除掉和自己有仇的人。当年，秦始皇在世的时候，赵高曾经犯过法，秦始皇让蒙毅去审理赵高案子，蒙毅发现赵高犯的罪很重，应该杀头，便如实向秦始皇报告。秦始皇因为赵高是自己最喜爱的儿子胡亥的老师，又精通秦朝的法典，是个有用的人，便对赵高警告了一番，免去杀头的罪，仍然留在身边使用。现在，赵高等于掌握了生杀大权，完全可以造个罪名来杀掉蒙毅了。

蒙毅和蒙恬是亲弟兄，两人一文一武，是秦朝的几代老臣，赵高决定从杀蒙恬这条线索上顺藤摸瓜，把蒙毅也干掉。胡亥夺权后，假造秦始皇遗书，要公子扶苏和大将蒙恬自杀，公子扶苏立即自杀了，蒙恬还关在牢中，胡亥想饶了蒙恬，赵高却坚决说蒙恬要造反，不杀不行，胡亥便派人去杀了蒙恬。蒙恬一死，赵高又在秦二世胡亥面前说蒙毅的坏话，说蒙毅一直坚持要立扶苏为太子，现在对二世皇帝又很不满意，如果不及早除掉，将来又是大祸害，胡亥对赵高的话深信不疑，便同意由赵高去审理这件案子，赵高毫不费力地杀掉了蒙毅。

赵高接着又捏造了许多罪名，把那些平时和自己有仇的人一个个地治了罪，杀了头，又把胡亥隔离进了深宫，让胡亥成天和宫女们在一起饮酒玩乐，自己则主持了朝政大权。到这时候，朝廷中已经没有人能对赵高构成威胁了，唯一能对赵高不利的就是左丞相李斯了。在秦二世胡亥当皇帝这件事上，李斯也是主谋之一，而且李斯是秦朝的元老，李斯如果领头反对赵高的话，赵高将会非常危险，为了消除这个隐患，赵高决定对李斯下手。

这一天，赵高找到李斯，对李斯说：“现在二世皇帝成天玩乐，不理国家大事，我是个地位很低的宦官，没办法阻止他，可你是国家的重臣、老臣，你应该阻止他才是啊，不然怎么才能算作忠臣呢?”李斯不知道赵高是设陷阱害自己，认为赵高真是为国家大事着想，便说：“我怎么不想劝阻呢？只是没办法见到皇帝的面，叫我怎么劝阻呢?”赵高说：“这好办，我有办法，这几天你在家等着，一有机会我就派人去告诉你。”这时候正是陈胜、吴广起义军步步逼近的时候，李斯急于要和皇帝商量这件事情，便天天在家等候消息。

过了两天，赵高果然派人通知李斯说：“皇帝现在没事，赶快进宫去议事!”李斯慌忙穿好朝服，急急地赶进皇宫求见皇帝。而这时的皇帝胡亥正在玩得快活的时候，忽然听说丞相李斯求见，非常扫兴，胡亥不高兴地说：“叫他明天来!”李斯只好明天来，到了第二天，又被挡在宫门外进不去，李斯不敢再去，可赵高又派人催促赶快去议事，还是被挡了回来。秦二世很不高兴，觉得李斯在故意让自己难堪。

赵高见火候已到，对胡亥说："李斯这样三番五次地跑，一定没安好心，他和他的大儿子李由想一同谋反，您千万要小心防备他！"

秦二世胡亥说："谋反？这不大可能吧？"赵高连忙说："怎么不可能？陈胜、吴广叛贼和李斯是邻县人，陈胜起兵，李斯大儿子李由就在那里当官，为什么不领兵出击？这肯定是串通好了的嘛！"胡亥觉得事情重大，决定先派人去调查一下李由的情况再说。

李斯几次进宫没见着皇帝，已觉得情况不妙，又听说派人去调查李由的情况了，知道自己上了赵高的当，便上书秦二世，指责赵高是奸臣，秦二世更加恼火，驳回李斯的奏章。

李斯见自己的奏章被驳回，心中着慌，便联络右丞相冯去疾，将军冯劫一道上书，请二世皇帝减缓刑法，罢修阿房宫，罢免赵高，这样便可阻止天下大乱局势的发展。秦二世看过奏章，更加愤怒，赵高又在旁边添油加醋，请将三人一起罢官论罪。秦二世立即下诏，将三人逮进狱中。

御林军去逮捕冯去疾、冯劫二人时，他俩认为这是奇耻大辱，古代以来刑不上大夫，自己是将相之官，怎能戴刑具、进监狱，便自杀了断，李斯还指望将来能有真相大白的那一天，便进牢服刑。赵高买通审案官员，先在牢中审讯，强迫李斯承认父子共同谋反，李斯大呼冤枉，只要李斯一喊冤，立即就有大棒劈头盖脸地往下打，把李斯打怕了，只好屈打成招。

审案官把李斯的供词送给二世看，二世很高兴，说幸亏赵高看得准，会办事，便把李斯定成死罪。又过了几天，派去调查李由的官员回来了，他先向赵高报告，说李由已经战死，死无对证，赵高又指示他造了个李由造反被杀的假情报，二世皇帝更加愤怒，下令将李斯全家一道处死，李斯本人受五刑而死（五刑是：先刺字，再割鼻子，再截断左右脚趾，再砍头，最后剁成肉泥）。

李斯死后，二世便任命赵高为丞相，赵高的权势更大了。为了进一步验证自己的威信，一天，赵高牵了一头鹿上殿，对二世胡亥说，送他一匹宝马，二世一看，原来是一头鹿，便笑着说："明明是一头鹿，怎么说是马呢？"赵高坚持着说是马，二世问左右的人，要大家讲到是鹿还是马，有的人怕赵高，默不作声，有的人附和着说是马，也有几个人说是鹿，赵高记下了这几个说是鹿的人，几天后，把这些人一个个都杀掉了。从此后，朝廷中谁也不敢和赵高对着干了。

赵高耍一些阴谋诡计升官篡权可以，拯救秦王朝是不行的。农民起义军声势越来越大，刘邦领导的一支军队已攻下了武关。赵高怕胡亥知道了这个消息，会一怒之下杀了他的头，便想了一条毒计，杀死了二世皇帝胡亥。

赵高派自己的心腹杀了二世皇帝胡亥，怕大臣们不服，自己没敢即位当皇帝，而是把二世皇帝胡亥的侄儿子婴抬出来继承了皇位。

子婴知道赵高的为人，便找来心腹韩谈和两个儿子商议如何除掉赵高。他们商议好之后，便秘密准备起来。到了第五天早上，赵高率领众臣来到祖庙，准备迎立子婴继位。可是，左等不来，右等也不来。赵高便派人去请，不一会儿，那人回来禀报道："公子说身体不舒服，不能前来。"赵高听了，怒气冲冲地说："今天是什么日子，还要托故不动，看我亲自去请他。"说着便骑马去找子婴。下马入宫，看见子婴还伏在桌案上打盹儿，便气呼呼地斥责道："公子今天要到庙堂祭祖登上皇位，为什么屡请不动？"话未说完，两旁闪出三个人来，持刀上前，骂了声："你这乱臣贼子，还敢在此胡言！"赵高还没来得及答话，韩谈便手起刀落砍倒了他，子婴的两个儿子又连补几刀，结果了赵高的性命。

子婴杀了赵高，当下召集群臣入宫，历数了赵高的罪孽，夷灭了他的三族，并处死了杀害胡亥凶手闫乐等人。子婴告祭祖庙，登上皇位。

大泽乡起义

秦二世元年（公元前 209 年）7 月初，官府征集阳城（今河南方城）一带的数百名贫苦农民到渔阳（今北京密云县）戍边驻守，陈胜、吴广为屯长。陈胜，又名陈涉，阳城人；吴广，又名吴叔，阳夏人（今河南太康）。陈胜虽然出身苦寒，却是个胸怀大志的人。有一天，干活儿干得太累了，陈胜跟几个伙伴在田头歇息，并带头诉说着世道的不公和农民遭受的苦难。说着说着陈胜激动起来，他对周围的人说："以后我们富贵起来，大家可别忘了今天的朋友。"而伙伴们觉得自己都穷得只能做苦役了，还谈

什么富贵。陈胜的心思不被理解，便仰头长叹道：“唉，燕雀安知鸿鹄之志哉！”

陈胜、吴广被征集后与900个农民在两个校尉的押送下向目的地昼夜兼程地赶路。队伍行至蕲县大泽乡（今安徽宿县附近）的时候，天降起了滂沱大雨。大泽乡地处淮河支流，地势低洼，大雨淹没了道路，冲坏了桥梁，实在没有办法再继续前进。而且大雨根本没有要停下来的趋势，估计是无法按期到目的地渔阳了。

按照秦朝的法律，戍卒不按期报到，必被斩首。陈胜、吴广当时在队伍中被指派为屯长，他们为自己和整个队伍的命运商议起来。早有起义之心的陈胜在这事关生死的时候毅然说：“现在我们已不可能如期赶至渔阳，死路一条；逃走被抓回去，也不可能有活的希望。干脆不如造反，最多也就是死。与其等死，还不如拼一回命去争夺天下呢。”吴广没有表示反对，但他问：“你有没有想过怎么个造反法儿？”陈胜平日里是个关心国事的人，对于政治形势有一个比较清楚的认识。他心中有数地说:“天下的百姓吃秦朝统治的苦已很久了。听说秦二世杀害了哥哥公子扶苏,才当上了皇帝,十分不得人心。都传扶苏是个贤德的人,另外楚将项燕数有战功,并且爱惜士卒,现在不知他的生死,但人民很想念他。不如我们以扶苏和项燕作号召,发动起义,必然得到天下的响应。”这一番分析是很有道理的。各地酝酿已久的造反实际上都在等待着一个真正的有魄力的领头人。

两个人密议之后开始了行动。当时的人们思想很迷信,想要把他们煽动起来,还要用一些装神弄鬼的办法,取得群众的信任,树立领导者的威望。

陈胜和吴广用朱砂在帛条上写下“陈胜王”三个字,然后把帛条藏入一条鱼的肚子里。第二天戍卒买鱼烹食,剖开鱼腹时看到了帛条和上面的红字,大为惊讶。难道陈胜是真命天子吗?大家开始议论起来。晚上,吴广暗地里躲进附近的草丛中,点起灯笼。人们以为是鬼火在忽明忽暗地闪烁着,耳边又传来吴广装的狐狸的叫声:“大楚兴,陈胜王。”这场面一下子传开了,人们在惊讶之余更加觉得陈胜不是个凡人。

陈胜的威望借着这种带着迷信色彩的办法一下子树立

起来。当然，这和他以及吴广做屯长、会办事、得人心大有关系。“鱼腹丹书”和“篝火狐鸣”之后，二人已经在人们心目中成了能干大事的领袖。

一天，吴广趁押送队伍的将尉喝醉的机会，故意扬言说要逃走。将尉气极之下先是鞭打吴广，而后又拔出剑来要杀他。吴广平素人缘非常好，大家看到他要被辱杀，再也呆不住了。一群人拥上去，帮助吴广反抗。吴广借势夺剑杀死了将尉。一霎时群情激愤，趁机把另一个将尉也干掉了。

陈胜看到时机已成熟，便召集大伙儿到一起并站出来慷慨陈词：“弟兄们！咱们遇到大雨，不能按期到渔阳去了。误期是要被砍头的。即便是苟且活命，戍边的人到头来十个有七个也是死路一条。反正都是死，大丈夫不死则已，死就是死出个名堂！那些王侯将相，难道天生就该压迫咱们吗?”陈胜的话得到了大家的齐声赞同。陈胜、吴广看到这个局面，决定立即起义。他们上山砍伐树木、竹竿作武器，垒起一个平台作誓师之地，还做了一面红旗，在上面绣上一个巨大的“楚”字。

义军决定以“大楚”为号，推举陈胜为将军，吴广为都尉。义军的红旗在风中飘展着，中国历史上第一次大规模的农民起义的烈火，就在大泽乡燃烧起来。

陈胜、吴广起义爆发后，很快攻占了大泽乡和蕲县，并继续挺进，连攻数城。许多穷苦的老百姓纷纷加入进来，起义军发展迅猛，很快成为一支兵车六七百乘，人数万余的强大队伍。占领了陈县以后，陈胜召集三老豪杰会议。陈胜自立为王，国号“张楚”，就是要张大楚国的意思。从此陈县便成为起义军的根据地。

陈胜起义军的胜利，巨大地鼓舞了那些想革命的人们。分散于各地的起义军与陈胜、吴广遥相呼应，革命的烽火迅速蔓延到全中国大部分地区，类似数千人的聚众起义在各地不可计数。以往分散的革命力量，以陈胜、吴广起义为中心，形成了一个巨大的反秦的洪流。各地的起义军对咸阳形成包围之势。

这时候有一些在秦朝暴政下不得志的地主分子和六国的旧贵族也参加了农民起义军。他们的加入一度对起义军扩大声势、加强攻打秦朝的力量起了积极的作用，但同时也使战争的形势越来越复杂。

陈胜起义军在陈县设立政权后，兵分三路向秦都咸阳进攻。一路攻打荥阳，由吴广率领；一路正面攻打咸阳，由周文统率，是起义军的主力部分；一路攻打南阳，准备从侧翼进军咸阳。各路人马一开始胜利前进，其中周文所率起义军势如破竹，一度攻到了距咸阳只有百里的地方。

然而，起义军却在这种形势下，从胜利走向了失败。先是周文的部队遭到了秦军几十万武装的反扑。周文是楚国项燕的旧将，虽然勇敢，但他的队伍都是临时组织起来的，毕竟没有打硬仗的经验，他们深入秦朝统治中心地区而无后援，陷入极大的被动。再加上其中的六国旧宗室贵族各有异心，从中捣乱，牵制了起义军的力量。最后，周文的部队被秦将章邯打败，周文自杀。

吴广一路一时间攻不下荥阳，内部发生分裂。吴广被部下田□所杀。接着田□与章邯交战，兵败身死。

陈胜只有很少的兵力据守陈县。陈胜自称王后，骄奢之气日重，许多与他共患难的朋友都离开了他，这为他日后的失败埋下了重重的伏笔。当章邯的部队大举进攻陈县时，陈胜还是带领人数不多的兵马进行了顽强的抵抗，终因寡不敌众，又无外援而步步后退。当退到下城父（今安徽涡阳县附近）时，陈胜竟被他的车夫叛徒庄贾给暗杀了。

随着农民主力军的失败和农民领袖的牺牲，农民起义转入了低潮。虽然陈胜死后还有一些旧将如吕臣组织“苍头军”继续坚持战斗，但终究没有成大气候。

陈胜、吴广起义失败的原因是多方面的，它既有领袖人物自身的原因，也有农民起义缺乏经验的弱点，更有六国贵族从内部对起义军力量的耗损和分裂等多方面因素。但陈胜、吴广起义毕竟是中国封建社会历史上第一次全国性的农民战争，它充分反映了人民反抗残暴的勇气和能力，使统治阶级不得不对民众有所顾忌，采取一些相对缓和的政治措施。

项氏率子弟兵抗秦

项羽名籍，字羽。下相（今江苏宿迁县西南）人。项氏世世代代为楚将，被楚国封在项地，因而姓了项。项羽从小死了父亲，跟着叔父项梁生活。他是在国破家亡的仇恨和痛苦中长大成人的，所以他小小年纪就立下了洗雪家仇国恨的决心。

项羽小时候，家里送他去读书。可是他学了好几年也无什么长进。文的不行，家里又送他去学武。可是他虽然力气大，还是不专心。他的叔父十分生气，责备他说："像你这样，学文不成，学武不就，到底打算干什么！"小项羽倔强地一扬头，道："我又不想给秦朝去当刀笔吏，字写得好又有什么用？至于剑术吗，用处也不大。""我要学那种能够横扫千军万马的大本领！"项梁听了，不但不生气，反而高兴起来。于是便向项羽讲起用兵布阵的兵法来。项羽一开始学得还很起劲，可是略知大意之后，便不肯往深处钻研了。

有一年，项梁在家乡一怒之下杀了人，只好带着项羽逃离故土，到处避难，这样，他们叔侄就来到了会稽郡的吴中。吴中过去是楚国的领土，本地的豪门大户对项家本来很景仰，现在听说项梁来了，都纷纷前来拜访。项梁又喜欢结交四方豪杰，很得本地豪强和百姓的拥戴，就是地方官也要敬他几分。

秦始皇巡游路过吴中，百姓们都好奇地挤在路边上，想亲眼看看这个暴虐的皇帝究竟是个什么模样。这时，远处黄土腾空，隐隐传来隆隆车轮声和嗒嗒马蹄声。步兵马队拥满了驰道两侧，旌旗蔽日，戈戟耀眼，秦始皇的车驾过来了。站在驰道两旁的百姓，都屏住气息，哪里不敢吭声。唯独站在人群中的项羽，一点也不害怕，看着这暴虐的皇帝，想起了国恨家仇，不仅脱口说道："哼！我倒可以取而代之！"项羽话音未落，叔父急忙将他嘴捂住，一把将项羽拉出人群，匆匆忙忙溜走了。

回到家中，项羽埋怨叔父说："平日你总是督促我习练武艺，学习兵法。让我念念不忘报仇雪恨。今天您怎么这样胆小怕事呢？"项梁一听，心中暗喜，免不了教训他说："我们图的是翻天覆地的大事业，心急气躁是干不成的。要成大事，就要等待时机。时间一到，我们就要动如脱兔！"

时机没用多久就到了。秦二世元年（公元前209年），陈胜、吴广大泽乡举义的消息，很快地传遍了吴中六国的旧地。项梁叔侄听到这个消息，万分激动，便加紧了起兵的准备工作。他们明白，要想起兵，必须首先把驻守吴县的会稽郡守殷通除掉。

这年九月，会稽郡守突然派人把项梁请到官府里，同他悄声商议道："江西一带的郡县已经全造反了，我看秦朝已到灭亡的时候了。常言道：'先发制人，后发受制于人。'我想赶快起兵，扩大势力，打下一块地盘，我当首领，请你当将军，为我带兵，你看怎么样？"

项梁听了，觉得正是时机，他假意说道：“蒙您抬爱，我哪能不效力呢？可惜我只有个将门之后的虚名，您要起兵，最好把原来楚国的大将桓楚请来。可是听说楚国灭亡之后，桓楚逃亡在外，我侄儿项籍大概知道他的隐身之处，您看是不是把项籍召来问问？”

郡守说：“既然你侄儿知道桓楚的行踪，那就请他走一趟，去请桓楚。”项梁答应了，走出官府，找来项羽，说了自己的打算，然后让项羽带着佩剑，随他去见郡守殷通。项氏叔侄来到殷通跟前时，项羽飞跨一步，抽出佩剑，只见寒光一闪，殷通便人头落地。项梁提起郡守的人头，摘下他的印授，佩在自己身上。这时府中大乱，卫兵们各持兵器，一拥而上，项羽见拥上来不过百八十人，他大吼一声，如同晴天霹雳，接着挥起宝剑，一口气砍倒几十人。侥幸未死的，被项羽如同下山猛虎一样的气势，吓得丢魂落魄，跪地求饶。

项梁拿到了郡守的兵权，首先到附近属县选拔了八千多精兵，然后安排手下的宾客和吴中的豪杰充任校尉、侯、司马等各级武官，并任命项羽为副将，协助自己率领八千子弟兵，征占各县，稳定住江东的局势。

到了这年冬天，陈胜伐秦的主力军被秦将章邯击败，大将国文自尽，副王吴广被害。北方割据称王的武臣等人，只顾自己抢夺地盘，拒不发兵援救。陈胜手下的将领召平，听到这个消息，决定说服江东项梁这支义军西进抗秦，援救张楚政权。

项梁早就有此打算，便很高兴地同意了召平的建议，立刻率领江东八千子弟兵，渡过长江，向西方前线挺进。各路义军纷纷前来投靠，使这支部队迅速扩大到六七万人。

不久，陈王被害的消息证实了。张楚政权失去了首领，严重地影响着楚地反秦的斗争形势。项梁当机立断，决定召集楚地各路义军首领在薛县开会，拥立新领袖。参加大会的义军首领中有一位杰出的人物，他就是沛公刘邦。

刘邦斩蛇举义

刘邦，字季，秦朝泗水郡沛县丰邑（今江苏沛县）人。公元前256年出生于沛县丰邑中阳里一农民家庭。其父刘太公，勤劳朴实，忠厚老实，颇受乡里人尊重。其母为家庭妇女。

刘邦生就身材高大，体格强壮，相貌堂堂。他自幼游手好闲、整日东游西逛，不事生产作业。然而，他却生性宽厚仁慈，待人大度豪爽，专好结交天下豪杰，在乡邻中小有名气。因其待人热情，被乡人推选为泗水亭长，负责维护地方治安、捉拿盗贼。刘邦任亭长后，与沛县衙署主吏萧何、狱掾曹参以及夏侯婴等人来往密切，结为至交，常聚一处饮酒交谈，议论天下大事。

刘邦任亭长后不久，奉命押送一批民夫到秦国都咸阳去修建骊山陵墓，进入咸阳后，恰逢秦始皇出巡，刘邦站在街头，望着秦始皇盛大威严的仪仗行列，不禁深有感触，长长地叹息说："唉！大丈夫应当如此才威风啊！"站在刘邦左右的人们，闻听此言，感到此人与众不同。

沛县城郊有一富户吕公，家有钱财万贯，原籍山东单父，因躲避仇家，携妻子女儿来沛县居住。一日，吕公大摆筵席，款待地方官吏富豪。刘邦也来赴宴。吕公见刘邦美须飘洒，气度不凡。便有了将女儿吕雉嫁与刘邦的意思。刘邦与吕雉成亲后，仍旧担任亭长，空闲之时，常返回家中帮助妻子料理农活，夫妻恩爱，几年间先后生下一男孩和一女孩，一家人生活倒也和美。然而好景不长，刘邦再次接到上方指令，命他押送一批刑徒往骊山服役。刘邦心中虽是不满，却又不能抗命不遵，只得依依不舍地告别了妻子儿女，启程上路。

当时正值盛夏，骄阳当空，遍地似火。沛县至骊山路途遥远，行走艰难。刘邦押送大队刑徒餐风露宿、兼程赶路，唯恐误了期限。众人疲惫不堪，怨声四起，沿途之中多有刑徒逃亡，刘邦心中也十分郁闷。

这天夜晚，夜色昏暗。刘邦心事重重，独自一人坐在篝火旁饮酒解愁。他一边喝着闷酒，一边望着蜷缩在篝火四周的刑徒们暗中思索，刑徒们逃亡日众，人数已不足额，如此下去，不出数日，刑徒们便会逃亡一空，待到了骊山，该怎样向官府交待。依当时秦朝法律，遣送刑徒抵达目的地时，刑徒人数不得缺少，否则将依法治罪。想到这里，刘邦不由得眉头紧锁，止不住长吁短叹。不知不觉之中已然半醉了。终于刘邦下了决心，他将周围沉睡的刑徒们唤醒，对他们说："诸位，我知道你们都不愿到骊山服刑，每人都盘算着逃走，与其如此，索性我现在就放了你们，大家各自逃生去吧！我从此也要远走他乡了。"说罢便将刑徒们一一释放。刑徒们见此情景，感激涕零，纷纷拜倒在刘邦脚下感谢救命之恩。刑徒们中有十几位壮士，见刘邦如此仗义，敢作敢为，心中钦佩，不肯离去，愿与刘邦一同逃亡。

刘邦带领留下来的十几位壮士高一脚低一脚地在黑暗中行进。进入一片沼泽地时，走在前面的一位壮士突然高声惊叫着退了回来，惊慌失措地说："前边有一条大蛇挡住了去路，我们退回去吧！"刘邦此时酒意正浓，闻听此言，不由勃然大怒道："壮士行路，何惧虫蛇！"说罢，抽出随身佩带的长剑，趁着酒性冲上前去。借着朦胧的月色，果见一条巨大的白蛇昂头吐舌横卧在路中，刘邦大喝一声，奋力挥剑斩去，顿时血花飞溅，白蛇分为两段。站在后面的壮士们见刘邦如此勇敢，对他愈加钦佩了。

事后忠于刘邦的人士将他斩蛇之事加入迷信色彩，加工改编为一段神话故事，说刘邦斩杀白蛇离去之后，有人经过斩蛇地点，见一白发苍苍的老妇人坐在死去的白蛇旁，于黑暗中失声痛哭。行路人问老妇人为何哭泣。老妇人说，有人杀死了我的儿子，故此哭泣。行路人又问："你的儿子为何人所杀？"老妇人回答说："我儿子乃白帝之子，化作一条白蛇横挡在路中。如今被赤帝之子斩杀，我如何不痛苦哭泣呢？"老妇人说罢突然消失不见了。这个故事传入刘邦耳中，他表面不动声色，心中却暗暗欣喜。众人却认为刘邦乃赤帝之子下凡的真龙天子，对其愈加敬畏。

此后，刘邦率众人藏匿在芒、砀山中，那里山高林密、杂草丛生，刘邦与众人借山泽岩石隐身，防备官府的搜捕。不久在刘邦身边便聚集了数百人。

秦二世元年（前209）7月，陈胜、吴广在大泽乡起义，天下响应，各地民众纷纷杀掉秦官吏响应起义。同年9月，刘邦在萧何、曹参等人拥戴下聚众起义，杀死秦沛县县令，占领县城，刘帮被起义民众拥立为县令，尊称他为“沛公”。此时，刘邦年已48岁了。

在一个风和日丽的清晨，沛公刘邦在沛县县衙大堂举行了隆重的起兵仪式。他依照“赤帝之子斩白帝之子”的传说，以赤帝之子自居，命人制作了大批红色旗帜，上绣“刘”字，作为本军军旗，并派萧何、曹参等人分头招兵买马，起义军迅速扩展到二三千人。刘邦仍感兵力不足，便率部投奔另一支起义军首领项梁。项梁拨给刘邦人马5000、小将10员。此后，刘邦与项梁及其他起义军相互配合、协同作战，逐渐成为起义军中的一支重要力量。

张良得兵书

张良，字子房，战国末期韩国人。他的祖父和父亲相韩，辅佐五代韩王，也称“五世相韩”。

秦灭韩以后，年轻的张良为报国恨家仇，变卖了家产，征求刺客，准备刺杀秦始皇。后来，他交上一个朋友，是个大力士。那个大力士使用的大铁椎，足足有120斤重。两个人商量好，准备在秦始皇出外巡游的时候刺杀他。

秦始皇灭了六国之后，害怕六国留下来的旧贵族起来反抗他，就下令把天下12万户豪富人家一律搬迁到咸阳来住，认为这样容易管住他们。他还常常到各地巡视，一来祭祀名

山大川，要大臣们把颂扬他的话刻在山石上，好让后代的人都知道他的功绩，二来显示自己的威武，也叫六国贵族敬畏他。

公元前218年春天，秦始皇带领大队人马出去巡游。到博浪沙，车正在缓缓行进的时候，突然“哗喇喇”一声响，飞来个大铁椎，把秦始皇座车后面的副车打得粉碎。全部车队一下子都停下来，武士们到处搜查，刺客已经逃走了。秦始皇又下令，在全国进行一次大搜查，足足搜查了十多天，也没有查到。

原来，这是张良和他的朋友，探听到秦始皇巡游要经过博浪沙，就预先在那里找个隐蔽的地方埋伏起来。秦始皇的车队经过，大力士就把铁椎砸过去。可惜这一椎砸得不准，只砸碎了一辆副车。

张良刺杀秦始皇失败以后，便隐姓埋名，一直逃到了下邳，总算躲过了秦朝官吏的搜查。他就在下邳住了下来。

有一天，张良一个人出去散步，走到一座大桥上，看见一个老头，身穿一件土黄色大衫，坐在桥头上。他一见张良过来，有意无意地把脚往回一缩，他的一只鞋子却掉到桥下去了。

老头儿转过头来，很不客气地对张良说：“小伙子，下去把我的鞋子捡上来。”张良听了很生气，真想动手揍他一顿。可是再一看，人家毕竟是个老人，就忍住了气，走到桥下捡起那只鞋子，上来递给老头儿。谁料想这老头儿连接也不接，只是把脚一伸，说：“给我穿上。”

张良想了想，既然已经把鞋给捡上来了，干脆好人做到底，就跪在地上恭恭敬敬地拿鞋给老人穿上。那老头儿这才微微一笑，连声谢谢也没说，站起来走了。张良觉得这老头有点奇怪，便跟在老头儿身后，想看他往哪儿去。

老头儿走了里把地，才转过身来，对张良说：“小伙子不错呀，我倒乐意教导教导你。过五天，天一亮，你到桥上再来见我吧。”张良听他口气，知道是个有学问的人，便连忙行了跪拜之礼，答应：“好，好！”

到了第五天，张良一大早就起来赶到桥上去，谁知老头儿已经先到了。老头儿生气地对张良说：“你跟老人家约会，就该早一点儿来，怎么能叫我等你呢！”张良只好认错。那老头说：“去吧，再过五天，早一点来。”说完就走了。

又过了五天，张良一听见鸡叫，就跑到大桥那边，他还没走上桥，就见老头儿已站在桥上。老头儿看了张良一眼说："过五天再来吧。"

张良吸取了前两次的教训。到了第四天半夜，就赶到桥上，静静地等着天亮。过了一会儿，只见那个老头儿一步一步地走过来。他一见张良，露出慈祥的笑容说："这样才对呢！"说罢，从袖里掏出一部书来交给张良，说："回去好好地读，将来可以给国家出点力。"

等到天亮，张良趁着晨光，拿出书来一看，原来是部周朝初年太公望编的《兵法》。从那时起，他就刻苦钻研兵法等待机会报仇。

不久，各路义军纷纷扯旗造反，张良见时机已到，便结交豪士，拉起了队伍。

张良见着刘邦，经几句交谈，觉得刘邦大度识人，敬他如主人一般。刘邦也认为张良有满腹韬略，把他当老师一样看待。肖何见二人如此投机，便劝他们投奔项梁，共图大业。刘邦和张良率领人马，往薛城投奔项梁。项梁闻报，亲带众将迎出城外。

楚怀王听从项梁的意见，封项梁为武信君，英布为当阳君，项羽为大将军，加封为鲁公，其他人也各有封赏，只有刘邦仍封为沛公。分封完了，各路诸侯连夜商议灭秦之事。张良趁此机会，打算恢复韩国。项梁采纳了张良的建议，让他找到韩国公子韩成，立为韩王，同时封张良为韩司徒，拨给他两千人马，令其攻略韩地。张良拜别项梁与沛公，领兵而去。

张良拜别以后，寻到韩王成，经略韩国旧地，建立了韩国，韩王成封张良为相。领兵在颖川郡一带打击秦军。听到沛公路过此地，便特来辅助他攻击咸阳。他跟随刘邦，为其出谋划策，为灭秦战项羽立下大功。西汉建立以后，刘邦封他为留侯，称赞他“运筹帷幄之中，决胜千里之外”，十分敬重他。

破釜沉舟

公元前 208 年，项梁、项羽率八千子弟兵渡江。渡江之后，东阳起义军首领陈婴率军 2 万人来归附；渡淮河后英布等首领也率所属起义军前来归附，项梁人马一时达六七万人，成为当时反秦起义军主力。

项梁大军一路顺风，连战连捷，进入山东薛城。这时，陈胜、吴广等起义军领袖牺牲的消息已被证实，项梁便召集各路起义军首领会议，决定拥立旧楚国怀王孙心为王，仍用楚怀王名号，以统一号令天下各路起义军。会议之后，项梁统帅大军先后在东阿、定陶等地多次击败秦军。接连不断的胜利使项梁产生了严重的骄傲轻敌情绪，放松了对秦军的警戒。秦将章邯利用项梁疏于戒备的缺点，在增援部队的支持下，夜袭起义军大营，起义军损失惨重，项梁战死。

项羽当时正在进攻陈留，闻听项梁死讯，8000 子弟兵一时放声痛哭，项羽强忍悲痛，与刘邦等起义军首领立即退兵彭城，保卫楚怀王，伺机再起。

章邯击败项梁军后，认为楚军主力已被歼灭，项羽等人已不足为虑，便渡黄河北上，向赵国发起进攻，并汇合秦将王离、涉间等部队将赵王歇、大将陈余等人包围在巨鹿，形势危急，赵王歇派出使臣向楚怀王求救。

楚怀王任命宋义为上将军、项羽为次将，出兵救赵，同时派刘邦率军向西进攻秦国，并当众约定：谁先入关中，谁为关中王。公元前 207 年，宋义率军向赵国进发。行至河南安阳后，便按兵不动，停留长达 46 日。项羽对宋义说："秦军将赵王歇包围在巨鹿，我们应迅速渡过漳河救赵，与赵军内外夹攻，必大破秦军。"宋义笑道："披甲持刀，冲锋陷阵，我不及你。然而运筹帷幄、设计划谋，你不如我。此时秦军正倾全力攻赵，无论胜负，都将疲惫不堪，我们便可趁其疲惫，大破秦军。依我之计，不如先让秦赵两军拼死决战，待两败俱伤，我们坐收渔人之利。"说罢，宋义下令：全军上下将士，势如猛虎者、贪狠如狼者、倔强不服从军令者，一律斩首！"这一命令显然是针对项羽的。

宋义为拉拢齐国，把自己的儿子派往齐国担任相国，亲自率兵护送到无盐，并在当地大摆筵席，遍请宾客。当时天气寒冷，滂沱大雨，连绵不断。士兵们都浸泡在雨水中，又饿又冷，怨声四起。

项羽对将士们说："我们本应合力攻秦救赵，但上将军却按兵不动。现军中粮草已尽，大家都只能以豆菜充饥，可宋义却大会宾客、饮酒作乐，而不肯渡河打败秦军，从赵国取得粮草，不肯和赵国合力攻秦，却想坐收渔利。一旦赵国被攻破，秦军将更强，还有什么疲惫之机可乘？现在楚怀王将国内军队全数交给上将军一人独掌，不仅是为了救赵，也是为了灭秦，国家安危在此一举。但宋义却不顾及国家，不体恤士卒，而竟徇私情，派自己的儿子去齐国担任相国，这决不是能够安邦安国的臣子。”

次日清晨，项羽利用朝会宋义之机，进入大帐砍杀了宋义。随后在军中发布命令说：“宋义暗中与齐国勾结，阴谋反叛楚国，我奉楚怀王密令将其处死。”军中将领都惧怕项羽，无人敢提出异议，大家都说：“率先拥立楚怀王的是项将军一家，如今将军诛杀宋义这个乱臣贼子，有大功。”纷纷表示愿听从项羽指挥。

项羽杀死宋义的消息传到楚国，举国震惊，楚怀王接到报告后，便命项羽为上将军，统率全军救赵。

项羽接过指挥权后，立即出兵。他首先派大将英布等率两万人马先渡过漳河，直扑巨鹿。英布等人与秦军交战数日，双方互有胜负。项羽于是率领大军全部渡过漳河。渡河之后，项羽突然下令，将渡河船只全部凿沉，把做饭用的铁锅和瓦甑（音 zèng）全部砸碎，把营舍全部焚毁，每人只准带 3 天的口粮，用以向士兵表示此战不胜即死亡的决心，全军将士明白已无退路，只有死战才可生还，个个精神大振，准备与秦军决一死战。

大战前夕，项羽与谋士范增商议进攻策略，认为巨鹿已被包围一年，城内粮草将尽，危在旦夕，应先解除巨鹿之围，然后集中兵力对付秦军主力章邯。随后，项羽率全军兵分三路杀向巨鹿，将围困巨鹿的秦将王离部队包围。楚军因无退路，只能死战，所以将帅士兵个个勇猛作战，无不以一当十，冲杀声惊天动地，以雷霆万钧的气势冲向秦军。秦军将人马分成 9 路，布成严密的战阵，拼力抵抗，但在楚军排山倒海般的凶猛攻势下，土崩瓦解，全线溃退。在 3 天中，楚军与秦军大战 9 次，击败秦军 9 路兵马，九战九捷，大破秦军于巨鹿之野，斩杀秦将苏角、生擒大将王离，秦将涉间进退无路，引火自焚而死，章邯所率秦军主力也被击溃。

当楚军与秦军大战时，前来援救巨鹿的齐、燕等诸侯国军队都不敢参战，他们躲在高高的壁垒上观战。楚军将士凶猛无比的战斗精神、惊心动魄的大厮杀场面、山崩海啸般的喊杀之声，诸侯国军队即使在壁上观望，也都惊骇万分，肝胆俱裂。

项羽大败秦军之后，在驻地召见各路诸侯将领。他们刚一进人营门，就都跪在地上，膝行前进，一个个战战兢兢，不敢抬头仰视项羽。项羽从此威震天下，作了诸侯上将军，所有诸侯军队都统归项羽麾下，他成为反秦斗争中叱咤风云的英雄的领袖。

巨鹿大战后，项羽乘胜追击，在污水上再次大破秦军。秦将章邯走投无路，于7月间率剩余秦军20余万人向项羽投降。项羽领导的反秦起义军主力获得了全歼秦军主力部队的重大胜利，从而为整个灭秦战争奠定了胜利的基础，为刘邦军顺利进攻关中，攻取秦都咸阳创造了有利条件。

鸿 门 宴

巨鹿大战后，项羽率各诸侯大军浩浩荡荡向关中地区挺进。行至安城附近，恐秦军降卒不服，就将20余万降卒全部坑杀，随后进军函谷关。

而刘邦军纪严明，“所过勿得掠虏”，又采取了收买秦将的方针，很快瓦解了秦军，没有遇到大的抵抗，就攻下咸阳。秦王子婴投降，秦朝灭亡。

刘邦的大军浩浩荡荡地开进了秦朝的京都咸阳城。许多将士认为多年征战，如今总算胜利了，可该享享福了。他们纷纷到皇宫里争抢财宝。这时，刘邦在将士们的陪同

下，来到豪华的阿房宫。他看到这富丽堂皇的宫殿，价值连城的珍宝，粉面桃腮的宫娥彩女，越看越不想离开，竟迷迷糊糊地躺在寝宫的床上。

这时部将樊哙闯进来说："沛公，强大的秦王朝，就是因为贪恋这些奢侈豪华的东西才灭亡了，您还是赶快回到军营去吧！"

刘邦听了这些话，不耐烦地说："你别罗嗦了，让我在这儿歇歇吧！"恰巧张良也来到这里，就劝解刘邦说："樊将军说得很好，应该以天下大事为重。六国的军队正在向咸阳逼进，可千万大意不得呀！"刘邦一向是很敬重张良的，听了他的话，猛然醒悟，立刻从床上跳起来，吩咐部下查封了皇宫的府库，带领将士回到了军营灞上。

刘邦回到灞上以后，为了争取人心，就把咸阳附近各县的父老和有名望的人们召集在一起，对他们说："我来这里是为了解除你们痛苦的。现在我只和大家约法三章：杀人的偿命；伤人的办罪；偷盗的严惩。除此以外，秦国的一切法律禁令一概废除。"刘邦的"约法三章"，得到了关中百姓的称赞和拥护。

项羽率领大军向西推进。他仗着盛势，一路上没有遇到抵抗，很快地就到达了通往关中的函谷关。谁料关门紧闭，守关的将士说："我们奉沛公的命令，不论哪一路军队，都不准进关！"项羽一听，非常气恼，一怒之下，便命令猛将英布攻城。项羽进关后，一直向西挺进。当他的军队开到鸿门（今陕西省临潼县东）的时候，天色已晚，只好暂时住下。

项羽安下营寨，当晚就召集各位将领商议，准备明天攻打刘邦。项羽的军师范增鼓励项羽说："大家都知道，刘邦当年在山东的时候，贪财好色。可进入关中后，不贪财物，不占妇女，看来志向不小啊！应赶快趁他未站稳脚，把他除掉，以免后患。"项羽点头称是，便派自己的叔父项伯去探听刘邦的动静。

项伯与刘邦手下的谋士张良交谊很深。知道了项羽明天要出兵讨伐刘邦，担心张良的安全，就连夜溜进刘邦的军营，先找到张良，急忙对他说：“明天项羽就要率大军打过来了，你们不是他的对手。你赶快跟我一起逃走吧。”

张良说：“我奉了韩王的命令来送沛公，现在沛公有难，自己逃走，天下人会笑我不义。我一定要把这事告诉沛公。”张良让项伯在帐中等候，自己去见刘邦。他们经过一阵商讨，才想出让项伯劝阻项羽的主意。

于是，张良把项伯请进刘邦的大帐，摆上酒席，热情接待。酒至半酣，刘邦做出诚恳的样子说：“我进关以来，大事小情都未擅自作主。哪里敢抵御将军呢？望兄长务必在项将军面前代为解释明白。”又说明天一早，亲自去向项羽赔罪，请项伯到时多多关照。

项伯听信了刘邦的，连夜赶回本营去见项羽，把刘邦的一席话原原本本地给项羽说了一遍，劝项羽不要打刘邦，并建议项羽趁明天刘邦亲自见他的时候，以礼相待，友好地招待他。

第二天一清早，刘邦带着张良、樊哙和一百多个随从，到了鸿门见项羽。守卫的将士只准刘邦带张良一人进帐，其他人都被挡在外边。刘邦见了项羽，恭恭敬敬地行了拜见之礼，并十分虔诚地说："我与将军合力攻秦，没想到我能先入关，这也都是依仗将军的虎威。我日夜盼望将军到来，今天才有幸见到将军。听说有人在中间挑拨将军和我的关系，使将军生气，真是出人意料。"项羽是个粗放豪爽、有勇少谋的人，听了刘邦的话，心头的怒火早就烟消云散了。

项羽设宴招待刘邦。宴会上，项羽和项伯坐在主位，亚父范增坐在旁边作陪。项羽举杯祝酒，席间，范增一再丢眼神示意，要项羽杀掉刘邦，项羽却只顾饮酒说话，不予理睬。范增实在忍不住了，便找个借口，到外面找到了项羽的堂弟项庄，要他进帐，佯装舞剑，伺机杀死刘邦。

项庄听了范增的，立刻来到席间，首先给刘邦斟酒祝福，然后征得项羽的同意，便舞起剑来，寒光闪闪，不断向刘邦靠近。张良见这情形，急用眼色示意项伯，项伯马上站起来，对项羽说了一声，便拔剑与项庄对舞起来。

一个要刺杀，一个要保护，刘邦全看在眼里，惊慌万分。

张良一看形势十分紧张，便悄悄溜到营门外，找到樊哙，说明了帐里的危急情况。樊哙听了，右手提着剑，左手抱着盾牌，闯了进去，气呼呼地站在刘邦身边。

项羽按着剑问:“这是什么人,到这儿干什么?”张良连忙抢着回答说:“这是替沛公驾车的樊哙,前来讨赏。”

项羽说:“好一个壮士!”接着就吩咐侍从的兵士赏他一杯酒,一只猪腿。樊哙一边喝酒,一边气愤地说,项羽不该听信小人挑拨,不但不奖赏刘邦,反而杀害他。项羽听了,无话可说,只好让樊哙在刘邦身边坐下。

过了一会儿,刘邦借口上厕所,便带领随从抄小道跑回灞上。张良约摸刘邦已回到灞上,才向项羽辞行。

经过这场紧张的鸿门宴,项羽和刘邦的矛盾暂时缓和。鸿门宴之后,项羽大军进入咸阳,杀了子婴,火烧阿房宫,又自称楚霸王,大封诸侯。从此,揭开了楚汉战争的序幕。

暗渡陈仓

项羽在咸阳纵兵烧杀掳掠、大封诸侯王,并与谋士范增计谋说:“巴蜀汉中道路险恶,秦时流放罪犯都住在巴

蜀。”范增说：“当初楚怀王与众将相约，先入关破秦者为关中王。巴蜀汉中也是关中之地，将刘邦封在巴蜀，可堵天下人之口。”于是项羽封刘邦为汉王，让刘邦从富饶的关中地区迁往汉中巴蜀。并三分关中之地，立秦降将章邯、司马欣、董翳等 3 人为王，分别管理关中，以制约汉王。

当时汉中巴蜀仅有 41 县，地方偏僻、人口稀少、生产落后、交通闭塞。刘邦闻讯大怒，欲起兵攻打项羽。刘邦手下大将周勃、樊哙等人极力劝阻，谋士萧何规谏说：“如今大王兵势不如项羽，仓促起兵，怎能不败？古人亦云：‘天汉’。以汉为大王的国号，上顺天意，是很优美的名号。愿大王至汉中为王，养百姓、招贤能，收服巴蜀汉中，反过来平定关中，天下便在大王掌中了。”萧何的建议刘邦听从了。

临行前，谋士张良又向刘邦献策：公开烧毁从汉中通往关中的栈道，以向项羽表明汉王安于偏僻的汉中地区，无意东进与项羽争夺天下。而暗中在汉中招兵买马，扩大势力，积极准备东进。这一建议也为刘邦所采纳。刘邦随后率领大军进入了汉中，并放火烧掉了所经过的栈道。到达汉中后，刘邦封萧何为丞相。发布告示，安定民心，积极发展生产，招兵买马，屯集军粮，为夺取关中做准备。

栈道是在悬崖绝壁上凿孔支架木柱，上铺木板而成的窄路，在当时是汉中通往关中的主要交通道路。刘邦军中将士大多为江东或中原人士，他们眼见栈道随熊熊的烈火化为灰烬，以为再也无法重返故乡了，于是一个个捶胸顿足、痛哭流涕，许多人甚至偷偷开了小差。刘邦手下的粮草保管都尉韩信也加入了逃亡者的行列，在一天夜晚跨一匹快马，不辞而别投奔他乡。

韩信是江苏淮阴人，早年家境贫寒。生就体格伟岸、英姿勃发，自幼喜爱读书、习武，成年后胸怀大志，一心想成为叱咤风云、扭转乾坤的军事统帅。

秦末农民大起义爆发后，韩信投奔项梁，参加反秦斗争。项梁阵亡后他又转归项羽，任郎中，多次为项羽出谋献策，均未被采纳。刘邦受封汉王入汉中之际，韩信离开项羽来到刘邦军中，仍未受重用。不久，即因为一次失误犯罪而被判处死刑。临刑前，他仰天长叹："汉王刘邦不是想统一天下吗？可为何要斩杀豪杰壮士呢？"监斩官夏侯婴闻听此言，又见韩信相貌英武、气度不凡，便当场释放了他，并与之交谈，发现韩信确有奇才，便推荐他作了管理粮草的都尉，仍未得重用，韩信心中十分郁闷。不久，韩信与丞相萧何相识，萧何发现韩信熟读兵书，满腹韬略，是难得的军事将领，便极力向汉王推荐，仍无结果，韩信心中更加郁闷。这时正值军心涣散，许多官兵开小差，韩信感到前途渺茫，便也离开了刘邦的军队。

韩信走后不久，即有人向萧何报告了这一消息。萧何闻听，顿时焦急万分，未向汉王刘邦禀告，便亲自纵马连夜追赶。他转过一座山峰，眼前豁然开朗，远远望见在一片空旷的草地上，有一匹战马正在低头吃草，韩信坐在一旁休憩。萧何不由心中一喜，赶忙打马奔至近前，连声高叫："韩都尉，韩都尉！"韩信听出了萧何的声音，转脸注视着来人，却默不作声。萧何来到韩信身边，翻身下马，气喘吁吁地说："你我一见如故，为何不辞而别？要知道，汉王确是重视人才的，你且随我回去，如若再不得重用，你再走不迟。"萧何拉着韩信的手，婉言卑词，万般挽留，终于使韩信回心转意，同萧何返回军营。

返回汉中后，萧何极力向刘邦推荐韩信，刘邦说："好吧，既是丞相极力举荐，我就封他个将军吧。"萧何道："这还是留不住韩信啊！"刘邦沉思良久，说："好，我就拜他为大将军吧！"萧何说："拜大将军太好了。但大王应选择良辰吉日，并举行隆重的授封仪式，才能真正留住韩信啊！"

刘邦依从萧何的建议，待授封之日，汉王刘邦全身吉服，在高大的将台上，以大礼拜封韩信为大将军，总领三军，汉军上下震惊。授封仪式结束后，韩信全副大将军戎装，英姿勃发，眉宇间漾出威武、睿智的神采。他庄重地步入刘邦大帐，与汉王相对而座，向汉王献策说："当今天下，能与大王一争天下的仅有项羽一人。项羽比您强，但这只是表面现象。首先，项羽是一猛士，他怒吼一声，威震天下。然而，他却不能任用贤人，他的勇猛便只是匹夫之勇；其次，项羽称霸天下，不占据关中的天时地利，却在千里之外的彭城建都，岂不丧失先机，做无用功！还有，项羽违背楚怀王当年之初，称霸天下，以亲疏分封诸侯，不公不平。更令人痛恨的是，他所到之处，烧杀掳掠，百姓怨声载道。所以项羽名为霸王，实则已失去民心，他的强大很容易转变为弱小的。”

韩信的一席话，听得刘邦心花怒放，连连点头称是，心中暗赞韩信果然为天下奇才。韩信继续说道：“您与项羽正好相反。您入关后军纪严明，与关中百姓约法三章，深得关中百姓爱戴，所以您被分封到汉中，天下百姓都很同情。因此，假若利用军队士卒企望东归的心情，举兵东进关中，夺取关中，推翻三王统治易如反掌。”听完韩信的宏论，刘邦不胜感慨，高声说：“天赐韩信与我啊！”

刘邦采纳了韩信的策略，立即着手部署东进关中。当时，从汉中通往关中的道路有两条，一条是经由栈道进入关中；另一条是走陈仓（今陕西宝鸡西）小路，那里山高路险、悬岸峭壁、野兽虫蛇出没，路途险恶，已多年无人行走。正因如此，被项羽封到关中西部地区的雍王章邯不曾派兵驻守。韩信决定采用声东击西的战术，“明修栈道、暗渡陈仓”。

韩信调动大批士卒和民口，大兴土木，日夜抢修栈道。当时正值盛夏，烈日当空，热浪滚滚，施工的士卒和民夫一个个汗流浃背，形容憔悴，叫苦连天。经过近半月的艰苦作业，仅仅修好了一小段栈道，被烧毁的栈道长达300余里，施工的士卒民夫无不抱怨连天，纷纷怠工。韩信闻讯，立即加派人力，并派出数名手执长鞭的监工来到工地，众人敢怒不敢言，只得埋头抢修。

汉王兴师动众修复栈道的消息传到关中，雍王章邯感到十分好笑："刘邦拜胯夫韩信为大将军，率兵修复栈道，企图东入关中，谈何容易。便是动用10万人，修上一年，也完不成。"话虽如此，章邯仍是一个有经验的军事将领，他立即加派兵员，重兵守卫栈道出口，防止刘邦大军进攻。

韩信见章邯果然中计，便于公元前206年秋天的一天深夜，与汉王刘邦率大军悄悄离开南郑，偃旗息鼓，无声无息地扑向陈仓。章邯加派了栈道的防守后，也日日派人刺探汉军虚实，所得情报都称汉军仍在大修栈道，章邯便要守卫栈道部队注意防范，以防万一。

一天，章邯正在都城废丘（今陕西兴平东南）王宫中饮酒作乐，突然传来紧急战报："汉军已度过栈道，攻战陈仓。"章邯闻讯将信将疑，慌忙调动兵马，亲自赶往陈仓抵挡汉军。然而，归心似箭的汉军一个个如出山的猛虎，排山倒海般地涌向章邯军，章邯大败，逃回废丘，闭门不出。汉军遂包围废丘，四面攻打。章邯无力支撑，不久便兵败自杀。

章邯死后，汉军攻战咸阳。关中剩下的两个大王司马欣和董翳更加孤立，先后向汉军投降。在不到三个月的时间里，韩信采用明修栈道、暗渡陈仓的战术，一举从汉中返回关中，消灭了项羽为牵制刘邦而建立的三王势力，平定了关中地区，为刘邦夺取天下建立了坚实的军事基地，并奠定了丰富的人力、物力和财力基础。

汉王刘邦挥师南下，来到洛阳新城时，传来了九江王奉项羽之命杀了义帝的消息。他采取了董公的计策。第二天，他举行隆重仪式，为义帝大办了丧事。接着，他又派出使者，游说众王，申张正义，除奸保国。这么一搞，还真起作用。各诸侯果然立即响应，纷纷派兵支援刘邦。刘邦的队伍一下子就增加到 56 万人，浩浩荡荡向楚国首府彭城杀去。这时候，项羽正率领楚军的精锐与齐国打仗，留在楚国的只是一些老弱残兵。刘邦领兵长驱直入，不费吹灰之力就攻下了楚都彭城。

项羽听到彭城失守的消息，焦急万分，再也顾不得与齐国对峙，亲率 3 万精兵，去夺取彭城。一天早晨，楚军向彭城发起了猛烈的进攻。汉王和他的将士们被打了个措手不及。中午时分，楚军攻入彭城，汉军被彻底打垮，刘邦在众将的掩护下急促奔逃。

汉军见主将奔逃，立时慌乱起来，四处溃散，逃至彭城东北的谷水和泗水时，因船少人多，抢渡不及，十几万汉军在这里被消灭了。这一仗，汉王刘邦伤亡惨重，他的父亲刘太公和老婆吕雉也都被项羽俘虏了。

刘邦好不容易逃到荥阳、成皋一带，收集了散兵。正巧，萧何从关中发来一支兵马，韩信也带着队伍赶到荥阳。经过休整，士气又振作起来，刘邦见楚军阵容强大，先是坚守不出，然后挑选精兵，突然袭击，大败楚军。结果两军在荥阳一带，形成对峙之势。

韩信背水一战

公元前 204 年，汉楚两军在荥阳相持不下。由于一度楚占上风，魏、赵、燕、齐等依附项羽。汉王刘邦的大将、左丞相韩信，率领大军，对这些小国进行痛击。

韩信首先大破西魏兵，生俘了叛汉的魏王豹。接着又同张耳一起，一举歼灭代军，擒住代相夏说。隆冬十月，韩信率领数万大军，准备东出井陉（今河北省进陉）攻赵。赵国的国君赵歇和他的大将陈余，听说韩信就要来进攻，便集结兵力，号称20万人马，准备迎战汉军。

谋士李左车向赵军统帅、成安君陈余献计道："汉军来势凶猛，我们应该利用有利地势，用智才能取胜。请您给我3万精兵，从小道迎上去，截住他们的粮草和军需物资。您要深挖沟，高筑墙，坚守到底，形成对峙之势。让韩信他们前进，打不了仗；后退，又无退路。这时，我再出奇兵不断偷袭骚扰，让他们得不到半点接济。这样，他们就会不战自败。"

陈余是个迂腐透顶的书呆子。听了李左车的计策，不耐烦地说："兵书上说，兵力十倍于敌，就可以进行围攻；两倍于敌，就可以交战。我军数十倍于敌，敌军又远道而来，我们以逸待劳。在这种有利的条件下，我们不敢正面迎战，却要躲避起来，岂不让诸侯耻笑我陈余太软弱。他们就会轻而易举地来攻击我们。"李左车见陈余是个食古不化的书呆子，不采用自己的计策，便愤然而去。

出井陉口往东，就是南北走向的大河，叫绵蔓水。陈余根据自己的战略思想，把赵军的大本营扎在大河东岸较远的山坡上。显然，这是一个圈套：引汉军渡河，背水作战。

韩信派出的侦探悄悄溜进赵国，暗中探听到陈余没有采纳李左车的建议，赶忙回来报告了韩信。韩信听到这个消息，十分高兴，便筹划了一个以少胜多，以弱胜强的计划。

按照计划，韩信率领部队浩浩荡荡地向井陉国进军。军队过了井陉，在离赵军 30 里的地方扎了宫。这时已是半夜了，他挑选出二千骑兵，让每人拿一面红色的汉军旗帜，趁月色掩护，悄悄地从山间小路，绕到赵军大营的后面，埋伏在丛林里。临出发韩信为他们送行，并命令道："明晨将交战，等到我军佯败。赵军见我军溃败逃走，一定会全部出营追击我们。你们趁此机会，立刻冲进敌营，拔掉他们的旗帜，换上咱们的旗帜。"接着，又让他的副将弄一点食物给骑兵们吃。他坚定地对士兵们说："你们先随便吃点吧，等明天我们打败赵军，要大摆庆功宴。"士兵们很快地吃完饭，便悄然出发了。

韩信率主力部队，趁着月色，越过井陉口，渡过大河，在东岸面对赵军、背靠大河扎下大营，摆开阵势。将士们都觉得这样的摆阵法无疑于白白送去挨打。然而大家都知道韩信神机妙算，善于用兵，虽然有怀疑，但谁也不好发问。

赵军将领望见汉军背水摆阵，不禁哈哈大笑，议论纷纷。要知道背水摆阵，是兵家大忌，等于断绝自己的退路，使自己陷于绝境，自取灭亡。陈余见韩信中了圈套，心中不仅暗喜。

第二天，天刚蒙蒙亮，汉军大宫里的号角呜呜地吹响了。韩信率领一支精兵，打着帅旗，带着大将的仪仗鼓乐，大吹大擂地向赵军进攻。

陈余看到韩信亲自带领汉军来攻，笑道："韩信，你终于出来了，今天叫你有来无回！"接着，把令旗一摆，大声命令："全军立即出击！"

赵军打开营门，部队一拥而出，漫山遍野地向汉军杀来，双方展开了一场混战。战斗持续了一段时间，韩信见时机已到，便命令："全军假意溃逃！"这一来，汉军向水边阵地逃去。赵军见汉军败退，便不顾一切地向前追击。

韩信带领的部队退到河边，跟原来背水列阵的主力会合了。他回转身来，高声喊道："将士们，敌人杀过来了。

现在我们后退无路，只有死里求生，立功的时候到了，杀啊!”顿时，汉军将士们发起了勇猛的冲击，绵延水边展开了一场血战。这时，埋伏在山坡上的二千骑兵，发起了突然袭击，冲进了赵军大营，遍插上红色的汉军旗帜。

在水边的阵地上，韩信指挥着汉军，拼命厮杀。汉军个个精神百倍，勇猛无比。这时，赵军已经精疲力尽，支持不住了。陈余眼看一时无法取胜，急忙下令撤退。可是回头一看，才发现大事不好，见自己的营寨，插满了汉军的红旗。这一下，赵军惊慌失措了，秩序大乱，自相践蹋。这时，汉军埋伏的二千骑兵，也冲出赵营，左突右攻，配合着背水阵地，两面夹击，把赵军打得大败。斩杀了陈余，并活捉了赵王歇。

接着，韩信和灌婴又在齐地大败楚军，彭越也在梁地袭击楚军断了楚军的粮道。霸王陷入进退两难之境。汉王趁机派人来讲和，条件是：“霸王将刘邦的父亲太公、夫人吕氏放回；楚汉双方以鸿江为界，以西属汉，以东为楚。”霸王同意了这种“楚河汉界”的划分，放了刘太公和吕氏，收兵东归。

汉 朝

汉朝（公元前202～公元220年）是继秦朝而出现的强大的封建中央集权王朝。由秦末农民起义领袖刘邦建立。包括前汉和后汉，公元前202～公元8年为前汉，因建都长安通称西汉；公元25～220年为后汉，因移都洛阳又称东汉。西汉最强盛时其疆域东、南到大海，西抵巴尔喀什湖、葱岭，西南至云南、广西、壮达大漠。

汉王朝建立后，全面继承了秦朝的政治制度，但在施政方面则以秦朝灭亡为鉴，实行休养生息政策，形成了“文景之治”的稳定局面。第五代皇帝汉武帝统治时，国力空前强大，达到西汉鼎盛时期。汉武帝在各方面均有所建树，张骞出使西域，开通了驰名中外的丝绸之道，促进了汉族与周边民族的融合和汉朝与中亚各国政治、经济和文化联系。

汉王朝统治时期是中国统一后的第一个鼎盛时期，当时的社会环境为文化的繁荣提供了良好的土壤。西汉和东汉分别出现了两位伟大的历史学家司马迁和班固，他们所著的《史记》和《汉书》成为二十四史的开端。汉代的科学技术、文学艺术，同样取得重要进展，蔡伦改进造纸术，张衡制造地动仪，对人类科学技术的发展作了重要贡献。

西汉后期，统治阶级政治腐败，社会矛盾加深，外戚王莽趁机夺取政权，建立新朝，实行托古改制，然而却给社会经济带来极大破坏，加重了人民痛苦，引发了赤眉绿林农民大起义，推翻了王莽政权。曾参加农民起义的汉室宗亲刘秀利用农民起义力量重建汉政权，定都洛阳，又使得社会经济在战争的废墟上重新得到恢复和发展，史称“光武中兴”。

东汉中期以后，豪强地主经济发展，外戚宦官交替专权，以及连年对外用兵，国势日益衰弱。东汉末期经历了两次“党锢之祸”，使统治阶级和社会矛盾更趋激化。公元184年，爆发全国性黄巾大起义，东汉王朝在农民起义的冲击下及随之而来的军阀混战中名存实亡。最终于公元220年被魏文帝曹丕灭亡。

霸王乌江自刎

“楚汉边界”划分后，汉王见霸王退兵，也想往西回到关中去养伤。张良、陈平建议说：“如今汉王已占了大半个天下，诸侯都已归附咱们。霸王兵疲粮尽，是天要灭他，若不乘此机会把他消灭，等于放虎归山，

留下后患。”汉王采纳了建议，撕毁和约，派兵追赶楚霸王，并且通知韩信、英布、彭越，叫他们配合作战，答应胜利之后，把临淄、淮南、大梁等几大块地盘分封给他们。

公元前202年岁末，汉王刘邦和韩信、英布、彭越等会师追击项羽，韩信布置十面埋伏，把项羽围困在垓（gāi）下（今安徽灵壁县东南）。项羽的人马少，粮食也快完了。他想带领一支人马冲杀出去。但是汉军和诸侯的人马把楚军包围得重重叠叠。

项羽没法突围，只好仍回到垓下大营，吩咐将士小心防守，准备瞅个机会再出战。

这天夜里，项羽进了营帐，愁眉不展。他身边有个宠爱的美人名叫虞姬，看见他闷闷不乐，陪伴他喝酒解闷。到了定更的时候，只听得一阵阵西风吹得呼呼直响，风声里还夹着唱歌的声音。项羽仔细一听，歌声是由汉营里传出来的，唱的都是楚人的歌子，唱的人很多。

项羽听到四面到处是楚歌声，不觉愣住了。他失神似地说：“完了！难道刘邦已经打下西楚了吗？怎么汉营里有这么多的楚人呢。”项羽再也忍不住了，随口唱起一曲悲凉的歌来：

力拔山兮气盖世，

时不利兮骓（音 zhuī）不逝。

骓不逝兮可奈何，

虞兮虞兮奈若何？

项羽一连唱了几遍，虞姬也跟着唱起来。霸王唱着唱着，禁不住流下了眼泪。旁边的侍从也都伤心得抬不起头。为了让霸王率众顺利突围，虞姬趁霸王一转身之际，突然拔剑自刎，香消魂散。成语“四面楚歌”、“霸王别姬”之词，就来自这段故事。

当夜，项羽跨上乌骓马，带了八百个子弟兵冲过汉营，马不停蹄地往前跑去。到了天蒙蒙亮，汉军才发现项羽已经突围，连忙派了五千骑兵紧紧追赶。项羽一路奔跑，赶到他渡过淮河，跟着他的只剩下一百多人了。又跑了一程，迷了道儿。

项羽来到一个三岔路口，瞧见一个庄稼人，就问他哪条道儿可以到彭城。那个庄稼人知道他是霸王，不愿给他指路，哄骗他说：“往左边走。”

项羽和一百多个人往左跑下去，越跑越不对头，跑到后来，只见前面是一片沼泽地带，连道儿都没有了。项羽这才知道是受了骗，赶快拉转马头，再绕出这个沼泽地，汉兵已经追上了。

项羽又往东南跑，一路上，随从的兵士死的死，伤的伤。到了东城（今安徽定远县东南），再点了点人数，只有二十八个骑兵。但是汉军的几千名追兵却密密麻麻地围了上来。

项羽料想没法脱身，但是他仍旧不肯服输，对跟随他的兵士们说："我起兵到现在已经八年，经历过七十多次战斗，从来没打过一次败仗，才当上了天下霸王。今天在这里被围，这是天叫我灭亡，并不是我打不过他们啊！"

他把仅有的二十八人分为四队，对他们说："看我先斩他们一员大将，你们可以分四路跑开去，大家在东山下集合。"说着，他猛喝一声，向汉军冲过去。汉兵抵挡不住，纷纷散开，当场被项羽杀死了一名汉将。

项羽到了东山下，那四队人马也到齐了。项羽又把他们分成三队，分三处把守。汉军也分兵三路，把楚军围住。项羽来往冲杀，又杀了汉军一名都尉和几百名兵士。最后，他又把三处人马会合在一起，点了一下人数，28 名骑兵只损失了两名。

项羽带着26个人杀出汉兵的包围，一直往南跑去，到了乌江（在今安徽和县东北）。恰巧乌江的亭长有一条小船停在岸边。

亭长劝项羽马上渡江，说："江东虽然小，可还有一千多里土地，几十万人口。大王过了江，还可以在那边称王。"

项羽苦笑了一下说："我在会稽郡起兵后，带了八千子弟渡江。到今天他们没有一个能回去，只有我一个人回到江东。即使江东父老同情我，立我为王，我还有什么脸再见他们呢。"

他把乌骓马送给了亭长，也叫兵士们都跳下马。他和26个兵士都拿着短刀，跟追上来的汉兵肉搏起来。他们杀了几百名汉兵，楚兵也一个个倒下。

楚霸王一人杀死了汉军几百人后，自己也受伤十多处。霸王抹去糊住双眼的血液，突然看见汉军中的司马将军吕马童。他喊道："这不是我的老乡吕马童吗？"吕马童不敢正视项羽，只用手指着项羽对汉将王翳说："这位就是霸王。"项羽见状仰天长笑，说："我知道汉王用千金和万户侯的封赏来购我的头，今天我就送个人情给我的故人吧！"说完将宝剑往颈中一挥，一代雄主就此消亡。项羽死时年仅31岁。

楚霸王项羽一死，刘邦得了天下，正式称帝，建立汉朝，史称汉高祖。

汉高祖杀马立誓

汉五年（公元前202年）正月，由楚王韩信牵头，群臣共同上书，推尊刘邦称帝。刘邦看了诸侯王的上书，心里美滋滋的，表面上却故意推辞，内外臣僚再三恳请，他才答应。刘邦于二月正式做了皇帝，后世称他为汉高祖。起初在洛阳建都，后来又迁都

长安，这就是历史上的汉朝。

楚汉战争初期，一些诸侯王被刘邦所灭，但由于楚强汉弱，形势于刘邦不利。刘邦为争取诸侯的支持，先后封了张耳为赵王、英布为淮南王、吴芮为长沙王、臧荼为燕王。与此同时，对部下直接带兵的大将，也采用封王的办法，加以拉拢。先封韩信为齐王，后又改封为楚王，封彭越为梁王，封韩国贵族信为韩王。这样，在楚汉战争过程中，刘邦先后封了7个异姓王。在当时，这一措施确实起到了笼络部下，争取支持，分化敌方，孤立项羽，最后打败项羽的积极作用。

汉高祖封这些异姓功臣为王，原是一种不得已的办法。他深知这些异姓王能征惯战，有才干，有实力，他称帝后，生怕他们的势力强大起来，会夺取他刘氏的江山。所以便寻找各种借口，一个一个地来消灭这些异姓王。

首先，他借口燕王臧荼谋反，亲自带兵征讨，俘虏了臧荼，改封与自己同一年出生的同乡、同学又是好友的卢绾做燕王。

第二年，汉高祖听说楚王韩信收留了项羽的大将钟离昧，怀疑韩信有意谋反。有心去征讨韩信，又怕自己不是韩信的对手。于是便采用了陈平的计谋，假装要去游玩楚国的名胜云梦泽，带着自己亲信的部队来到韩信的封地，准备伺机行事。

韩信觉察到刘邦这次来者不善。起兵反叛吧，觉得自己有功无罪，刘邦不会那么不讲情义；真的去拜谒刘邦，又怕掉进圈套，被他暗算。正当韩信犹豫不决的时候，有人为他出谋划策说：“汉高祖是为钟离昧而来，你杀掉钟离昧，提着他的脑袋去朝见高祖，高祖必定喜欢，你就会平安无事了。”

韩信找钟离昧商量此事，钟离昧大骂韩信道：“你这人太不够朋友了。刘邦不敢派兵进攻你，就是因为有我在这里。如果我今天死了，明天你必定灭亡。”说完，他就拔剑自杀了。韩信真的拿了钟离昧的头去拜见汉高祖。汉高祖当场叫武士把韩信捆绑起来，装进囚车带回洛阳。后来汉高祖考虑到韩信功劳很大，威望很高，谋反的事又没有确凿的证据，杀了他会有人不服，就释放了他，把他降为淮阴侯。

后来，吕后采用了萧何的计谋，把韩信骗到未央宫杀害了，并诛灭了韩信的三族。所以，后人这样评价“成也萧何，败也萧何。”

在韩信被杀后，刘邦以彭越谋反为借口，把他逮捕，废为庶人，流放蜀地。彭越在半路上遇到吕后，哭诉无罪。

吕后答应为彭越说情，便把他带回洛阳。见了刘邦，吕后却说，放了彭越是放虎归山，不如杀了他，以绝后患。刘邦听了吕后的话，杀了彭越，并把他剁成肉酱遍赐诸王侯。

淮南王英布，得知韩信被杀，就惊恐不安，又见到彭越的肉酱，更觉得大祸就要临头，便于公元前195年，聚集了兵马，发动了武装反叛。刘邦率兵征讨，费了九牛二虎之力，才平定了叛乱，杀了英布。在战争中汉高祖被飞箭射伤，从此一病不起。

就在刘邦征讨英布那一年，燕王卢绾曾经与陈希有过秘密勾结的事暴露了。刘邦派樊哙、周勃率兵征讨。卢绾只带了几千人逃入匈奴。赵王张耳死于公元前202年，由其儿子张敖嗣继任为王，并娶了刘邦的女儿为妻，后因赵明贯高谋反，受到牵连，被贬为宣平侯。

异姓诸侯中就只剩下长沙王吴芮了。他的封地内只有2.5万户，地少力弱，与汉中央集权的矛盾尚不尖锐。长沙王一直传位五世，到汉文帝时，才因没有子孙可传，被除国。

刘邦先后用了7年时间，削平了主要的异姓王国，解除了汉初分裂割据势力的祸患，巩固了西汉的统一。

汉高祖刘邦在征讨英布的战争中受伤以后，便经常胸痛难忍。到高祖十二年（公元前195年）春天，病情越来越重，他知道自己不行了。一天，就带领文武大臣到太庙里去宣誓。叫手下人牵来一匹白马，亲自主持了杀马仪式。

刘邦端起一杯冒着热气的马血酒，当着祖宗的灵位，带领大家起誓说："从今以后，凡不是姓刘的人，一概不许封王；没有功劳的人，一概不许封侯。谁违反这个誓约，天下人就共同讨伐他。"起誓完毕，汉高祖把马血酒洒半杯在地上，剩余的半杯一口气喝下去。在场的人都照着他的样子，每人喝了马血酒，发誓一定永远遵守此约。

汉高祖杀马宣誓，是怕异姓王造反，抢他的刘氏天下。可是他万万没有料到，后来造反篡权的，并不都是那些封王封侯的异姓功臣，而是他的妻子吕后和吕氏子弟。

白登被围

自从在秦始皇统治时期打败匈奴以后，北方平静了十几年。到秦灭亡之后，中原发生了楚汉相争，匈奴就乘机一步一步向南打过来。

汉高祖的时候，匈奴的冒顿单于带领了四十万人马包围了韩王信的封地马邑（今山西朔县）。韩王信抵挡不住匈奴的强大功势，向冒顿求和。汉高祖得到这个消息，派使者责备韩王信。韩王信害怕汉高祖办他的罪，向匈奴投降了。

冒顿占领了马邑，又继续向南进攻，围住晋阳。汉高祖亲率汉军赶到晋阳，和匈奴对敌。

公元前200年冬天，天空下着大雪，气候特别冷。中原的兵士没碰到过这样冷的天气，冻伤了不少人，有的人竟冻得掉下了手指。但是，汉朝的军队和匈奴兵一接触，匈奴兵就败走。一连打赢了几阵。后来，听说冒顿单于逃到代谷（今山西代县西北）。

汉高祖进了晋阳，派出兵士去侦察，回来的人都说冒顿的部下全是一些老弱残兵，连他们的马都是挺瘦的。如果趁势打过去，准能打胜仗。汉高祖还怕这些兵士的侦察不可靠，又派刘敬到匈奴营地去刺探。

刘敬回来说：“我们看到的匈奴人马的确都是些老弱残兵，但我认为冒顿一定是把精兵埋伏起来，陛下千万不能上这个当。”

汉高祖大怒，说：“你胆敢胡说八道，想阻拦我进军。”说着，就把刘敬关押起来。

汉高祖率领一队人马刚到平城（今山西大同市东北），突然四周涌出无数匈奴兵来，个个人强马壮，原来的老弱残兵全不见了。汉高祖拼命杀出一条血路，退到平城东面的白登山。

冒顿单于派出四十万精兵，把汉高祖围困在白登山。周围的汉军没法救援，汉高祖的一部分人马在白登，整整被围了七天，没法脱身。

陈平派了一个使者带着黄金、珠宝去见冒顿的瘀氏（音 yān－zhī，就是匈奴的王后），请她在单于面前说些好话。瘀氏一见这么多的礼物，心里挺高兴。

当天晚上，瘀氏对冒顿说：“我们占领了汉朝地方，没法长期住下来，再说，汉朝皇帝也有人会救他。咱们不如早点撤兵回去吧！”冒顿听了瘀氏的话，第二天一清早，就下令将包围网撤开一角，放汉兵出去。

第二天清早，天正下着浓雾，汉高祖悄悄地撤离了白登。陈平还不放心，叫弓箭手朝着左右两旁拉满了弓，保护汉高祖下山。汉高祖提心吊胆走出了匈奴的包围圈，快马加鞭，一口气逃到广武。他定了定神，首先把刘敬放出来，说：“我没听你的话，以致在白登被匈奴围了起来，险些不能和你见面了。”

汉高祖逃出了虎口，自己知道没有力量再去征服匈奴，只好回到长安。以后，匈奴一直侵犯北方，很让汉高祖担忧国家的安危。他问刘敬该怎么办？刘敬说：“最好采用‘和亲’的办法，两方讲和，结为亲戚，彼此可以和和平平地过日子。”

汉高祖同意刘敬的意见，派刘敬到匈奴去说亲，冒顿同意了。汉高祖挑了一个宫女所生的女儿，称作大公主，送到匈奴去，同时，又送去许多特产及粮食。冒顿就把她立为阏氏。

从那时候起，汉朝开始采取“和亲”的政策，跟匈奴的关系暂时缓和了起来。

吕后执政

汉高祖刘邦杀马立誓以后，这病一天比一天重，吕后找了一位当时很有名气的医生来给他治病。汉高祖却不想让医生治，他认为自己已经不行了。他赶紧忙着安排后事。吕后早有野心，现在见高祖就要命归西天，赶紧问："陛下百年之后，如果丞相萧何也死了，谁能接替他？"刘邦想了想说："曹参可以。"吕后又接着问："曹参以后呢？"刘邦说："王陵能接替，不过他这个人忠厚正直却有些愚笨，可以让陈平来协助他。陈平很有智谋，但他不能够独当一面。周勃他办事稳重，为人厚道，将来安定刘家天下的必定是他，可以让他做太尉。"不久，刘邦去世了。

刘邦一死，吕后就开始四处活动起来，她偷偷地和自己的亲信审食其商量要杀害功臣。有人得知这个消息以后，立即跑去告诉大将郦商。郦商对审食其说："我听说皇帝已经死去 4 天了，你们却打算杀害功臣，这不是给天下制造危险吗？陈平和灌婴带着 10 万兵马驻守在荥阳，樊哙和周勃率领 20 万兵马在平定燕代，如果他们听说皇帝已经去世，朝廷又想杀害他们，那他们联合起来造反不就坏事了吗？"审食其把这话转告吕后，吕后也觉得不能轻举妄动，就把太子刘盈立为皇帝，这就是汉惠帝。

汉惠帝刚满 17 岁，天生软弱无能，身体又不太好，这样吕后就掌握了朝中的大权。吕后本是个心肠狠毒的人。她曾经用毒计帮刘邦杀了韩信，剁了彭越，对刘邦清除异姓王起了很大作用。一旦掌了朝中的大权，她就开始对刘姓的子孙下了毒手。

吕后平常最恨的，就是深受高祖宠爱的戚姬，她让人剃光戚姬的头发，用铁链锁住她的双脚，关在一间潮湿阴暗破烂的屋子里，让她一天到晚舂米，舂不到一定数量的米，就不给饭吃。接着，吕后又把戚姬的儿子越王如意从封地上召到京城里来，准备杀害他。汉惠帝听说母亲吕后把如意召来，就知道吕后想要对如意下毒手，他赶紧派人把如意接到皇宫里，吃饭睡觉都跟他呆在一起。两人从小呆在一起玩耍，惠帝对这个弟弟非常疼爱，所以就尽自己最大的力量保护他。吕后好几个月都没有机会对如意下手，气得咬牙切齿。这一天，汉惠帝清早起来出去打猎，如意由于睡懒觉，没起来跟着去。吕后终于找到了可乘之机，就派人送去毒酒，把如意给害死了。

汉惠帝打猎回来一看，如意口中、鼻子全部流血，变成了一具直挺挺的僵尸。惠帝抱着这位弟弟的尸体大哭了一场，只好让人给埋掉了。如意死后，吕后又让人砍掉戚夫人的手脚，挖掉眼珠，弄聋耳朵，又灌了哑药，把她叫做“人彘（音 zhì）”，放在厕所里面。过了几天，吕后又叫汉惠帝来看“人彘”，惠帝认出这个没了手脚、又瞎又聋又哑的“人彘”是戚夫人，他悲伤得大哭了一场，病了一年多。他在病中对吕后说：“把人折磨成这个样子，这哪里是人的行为？我做为您的儿子，没有脸再治理这个国家了。”从此，他天天喝酒作乐，也不再管理国家大事，到他即位的第7年8月就在忧伤里死去了。

汉惠帝的张皇后一直没有生儿子，吕后让人从宫中抱来一个美人生的婴儿，并把那个美人给杀了。这个婴儿当了皇帝，历史上称为少帝。

吕后夺了朝中大权以后，想封吕家的人为王，但她又怕大臣们反对，于是就征求右丞相王陵的意见，王陵是个直心肠，他当时就表示反对，对吕后说：“不行！高祖在世的时候，曾经杀白马订盟约，谁不遵守这个盟约，天下人共同讨伐他！如今您要封吕家的人为王，这是违背盟约的，我不能同意！”吕后听了这话，脸上立即挂了一层霜，冷冷地看着王陵。陈平和周勃见她神色有变，两个偷偷地交换一下眼色，互相微微点头，齐声说道：“高祖皇帝平定天下，曾封子弟为王，今太后掌管朝政，分封吕氏子弟又有什么不可呢？”吕后听了这番话后，立即转怒为喜。

不久，吕后就免掉了王陵右丞相的职务，叫他去做少帝的老师。王陵很生气，说自己有病，告假回故乡去了。

吕后立即把左丞相陈平升为右丞相，把自己的亲信审食其提升为左丞相。

接着，吕后又向大臣们放出口风，极力地鼓吹自己的侄子吕台如何如何能干，大臣们顺从了吕后的意见，为吕台请封，吕后就把吕台封为吕王，把济南郡作为他的封国。不久，吕台死了，他的儿子吕嘉继为吕王。后来，吕后又封吕产为梁王，吕禄为赵王，吕台的儿子吕通为燕王，还封了6个吕家的人做列侯。

就这样，由于吕太后的专权，吕氏子侄一个个被破格提拔，吕后恐怕刘吕两姓互相争斗，就想出了一条亲上加亲的政策。她把吕禄的女儿嫁给齐王刘肥的二儿子朱虚侯刘章，又让赵王刘友、梁王刘恢娶了吕氏为妻，以为这样可以使刘吕两姓相处无事。结果，刘友的妻子到长安告密，说刘友造反，吕后立即把刘友抓住，活活地折磨死了。梁王刘恢也很快就自杀了。

少帝渐渐地长大了，懂了一点儿人情事故。他听说张皇后不是他的母亲，吕后不是他的祖母，他自己的亲生母亲已经被害死了，就愤愤不平地说：“太后怎么杀了我的母亲？我现在还小，将来长大了，一定要替我母亲报仇！”这话很快就传到吕后的耳朵里，于是，她就把少帝偷偷杀害了。又找了一个名叫刘弘的小孩子来做皇帝，也称少帝。这刘弘连个年号都没有，他不过是吕后手中的玩具，朝中大权完全由吕后执掌。到这时候，吕太后和她的侄子侄孙们，已经把刘姓的天下给篡夺去了。吕后的篡权，不仅误国害民，也为吕氏家族惹来了灾祸。

周勃安刘

吕后执政以来，大权牢牢地掌握在吕氏集团手中。多年勾心斗角的朝廷纷争，让吕后的身体愈来愈虚弱，她已无力操劳更多的事情了。

高后八年（公元前 180 年）三月，吕后为了求福去灾，要到长安城外斋戒沐浴，那时候把这种事叫作祓祭。

祓祭这天，从未央宫到长安城外渭水南岸 20 多里的路上，全部由吕产指挥禁卫皇宫的南军警戒，长安四郊则由吕禄指挥北军禁卫，吕后身边由吕更始调宫中卫士护驾。一时间，戈矛斧钺，金光耀眼。路上不仅断了行人，连鸟兽也躲得远远的。

吕后身穿红色宽大的祭服，登上事先筑好的祭坛，焚香跪拜，然后步行到渭水边，蹲下用手沾了沾水，往脸上抹了抹，就算是沐浴了。随行人在吕后沐浴之后，也都依次到渭水边，学着吕后的样子沐浴，差不多用了一个小时才算礼成。

这样的迷信活动，当然不会为吕后求福去灾。她在回宫的路上，就觉得十分疲倦，昏昏欲睡。从此便卧病不起。到了夏末秋初，病情一天比一天沉重，自感不久于人世。于是她便发出诏令，封吕产为相国，吕平为未央宫卫尉，吕更始为长乐宫卫尉，又封赵王吕禄为上将军，吕种为中将。她又告诫吕产、吕禄说："你们千万要抓住兵权，守住皇宫。你们不必为我送丧，以防被人暗算。"

吕后一死，吕产在内护丧，吕禄在外巡防，防备得非常严密，到出葬那天，两人遵照遗嘱谁也没去送葬，带着南北两军，护卫宫廷。准备劫持少帝，发起叛乱，篡夺刘氏江山。陈平、周勃等人，想要乘此机会除灭诸吕，怎奈防备森严，无处下手，只好耐心等待时机。

齐王刘肥的儿子朱虚侯刘章，是吕禄的门媚，他从妻子那里，打听到吕氏要篡夺刘氏天下的阴谋。吕后一死，他赶快派密使去告诉自己的哥哥齐哀王刘襄，让他带兵从外边进攻，自己在京都作内应。齐哀王刘襄一边出兵，一边写信给诸侯王，控诉吕后一家的篡权罪行，提议联兵讨伐诸吕。

吕产等人听说齐哀王出兵打来，便派大将军灌婴带兵阻击。灌婴暗想吕家控制住了关中地区，想要篡夺刘家的天下，我如果去打齐王，这不是违背高祖杀马宣誓的行为吗？于是他把兵带到荥阳，便屯兵不动，并同齐王订了一同除掉诸吕的密约。

周勃去和丞相陈平商量除掉诸吕的办法。他们知道曲周侯郦商的儿子郦寄和吕禄是好朋友，便把在家养病的郦商软禁起来，叫郦寄去劝说吕禄交出兵权，吕产交出相印，各自回到自己的封地去。并告诉他们只有这样，大家才能过太平日子。

吕禄相信了郦寄的话，害怕遭到齐王和灌婴联军的进攻，打算把兵权交给周勃。他找吕产和吕家其他人商量此事，有的说这样做有利，有说这样做不利，争执不下，一时难以决定下来。

周勃一方面从襄平侯纪通那里弄到了进入北军的符节

（相当于通行证），一方面叫郦寄去警告吕禄，叫他交出兵权。吕禄被迫交出大印，到自己封地去了。周勃拿了节符和大印，进入北军，立即下命令："现在吕家要篡夺刘家的天下，你们愿意跟着吕家的，脱下右臂的袖子；愿意帮助刘家的，脱下左臂的袖子！"将士们本来就不满吕家篡权的行为，现在听了周勃的命令，都脱掉了左臂的袖子。这样，北军就全部被周勃掌握了。

这时，吕产还把持着南军的大权不肯撒手。周勃命令刘章守住军门，又命令守卫皇宫的武官，不许相国吕产进入宫门。吕产还不知道吕禄已经交出了兵权，冒冒失失地想冲进未央宫，劫持皇帝，发动叛变。怎奈皇宫守卫不让他进去，他只好在皇宫的庭院里徘徊，焦急地思考着该如何行动。

周勃命令刘章："迅速进宫保卫皇帝，逮捕吕产！"傍晚时分，刘章率领一千精兵来到未央宫，向吕产发动攻击。在未央宫正殿大门外的广场上展开了混战。吕产抢先控制了几处有利地势，以弓箭向刘章等猛射，刘章遵照周勃的安排，采取分割包围的办法，很快地便将吕产的军队消灭。吕产匆匆忙忙地逃到郎中府的厕所里躲藏，结果还是被搜出来杀了。

第二天，周勃同其他将军、大臣们商量之后，派军队到吕禄的封地上逮捕了吕禄，把他也杀了。接着，又到各地去搜捕吕氏一族的人，不论男女老少，杀了个一干二净。这样，汉朝廷的大权又回到刘氏集团手中，经过大臣们的商讨，迎立了代王刘恒为帝，这就是历史上有名的汉文帝。

吕氏篡权的阴谋全部破产了。周勃没有辜负汉高祖的期望，在消灭诸吕叛乱，安定刘氏天下的斗争中立下了巨大的功劳。后人把这一历史事件，叫“周勃安刘”。

汉文帝体恤民众

汉文帝刘恒是汉高祖刘邦的儿子，8 岁的时候，被封为代王，24 岁做了皇帝。他的母亲是汉高祖的妃子薄姬。薄姬因为害怕吕后，长期和儿子住在封地，不管朝中的事情，他们母子俩没有引起吕后的重视，所以，没有受到吕氏的陷害。

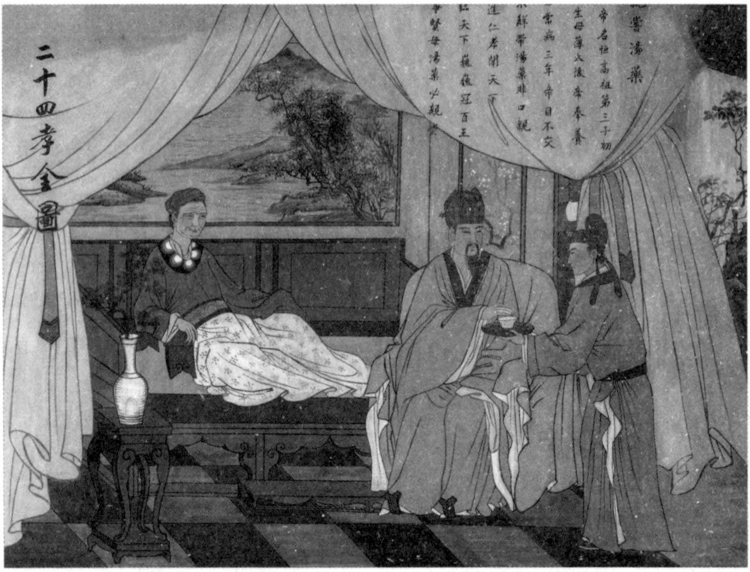

刘恒正式称帝以后，看到老百姓因为受战争残害都很穷，政府收不上来捐税。他想到首先要恢复农业生产。春耕开始的时候，他亲自带领文武百官到首都郊外去耕地、下种。他还叫皇后、皇妃在皇宫的园地里种桑养蚕，为广大农民做出榜样。

汉文帝知道老年人生产经验比较丰富，应当鼓励人们敬老扶幼。于是，他便下了一道命令：政府要关心无儿无女的老年人，关心没有父母的孤儿。政府借钱解决他们生活上的困难，还从政府的仓库里拨出一部分麻布和丝绵，发给他们做衣服。汉文帝实行的各项政策中，最受人欢迎的是减轻刑罚。他首先废除了一人犯法父母妻子同罪的法律，后来又规定了罚钱赎罪的法律，并且还废除了肉刑。

说起废除肉刑，那是汉文帝十三年（公元前 167 年）的事，当时，一位著名的医生，齐国太仓县的县令淳于意，因治病死了人，犯了法，被判处肉刑。那时候的肉刑有三种：在脸上刺字，割掉鼻子，砍去一只脚。因为淳于意是县令，是现任官吏，要到首都长安，由朝廷的司法机关来执行肉刑。

淳于意的小女儿缇萦跟随父亲去长安。缇萦到了长安，便托人写了一封奏章，到宫门口递给了守门人。汉文帝接到奏章，倒很重视。那奏章上写着："我叫缇萦，是太仓县令淳于意的小女儿。我父亲为官清廉，齐地人都称他是清官。他犯罪，受到刑罚是应该的。可是，肉刑是一种可怕的刑罚，刺了字，就终生难以抹掉；割掉鼻子，就不能再安上；以后就是想改过自新，也没有办法了。我情愿给官府当奴婢，替父赎罪，好让他有个改过自新的机会。"汉文帝看了信，觉得小姑娘说得也很有道理，便召集制订法律的官员，要他们用别的刑罚来代替肉刑，后来就改为以打板子来代替肉刑。

有一天，汉文帝出行。浩浩荡荡的车驾队伍刚走到中渭桥，还没出长安城，忽然从桥下蹿出一个人来，这人一见是皇帝的车驾，吓得晕头转向，不但不知躲避，反而向皇帝的乘舆跑去，差一点撞到驾辕的马身上。这马吓得长嘶一声，撒开四蹄奔跑起来。这一下，车错了辙，人喊马叫，中渭桥上乱作一团。费了好大劲，卫士们才治服了那受惊的辕马。汉文帝又惊又气，命令卫队将领将惊驾的人迅速逮捕，交廷尉去治罪。

廷尉张释之经认真审理，便到皇宫向汉文帝奏报。汉文帝见了张释之，便急切地问："那个人审得怎么样？"张释之不紧不慢地奏道："臣已经审过了，那人是一时恐慌，犯了惊动皇上车驾的罪，按照条律，应处以罚金四两。"汉文帝一听，气得大声说："这个人使我的马受了惊，幸亏这马性子柔和。否则，我不死也得受伤。你这个廷尉却只处他罚金四两。"

张释之连忙磕头，连声说："圣上息怒，圣上息怒，臣以为，法律是天下通用的，百姓共守的。处以四两罚金是法律规定的。如果当时您让人把他当场杀了，也就杀了。现在交给廷尉处理，就应按法处理。陛下圣明，请您体察是不是这么个道理？"汉文帝思忖半天，点头说："看来你是对的。"

公元前 158 年，匈奴起兵，侵犯上郡和云中一带。汉文帝连忙派将领率兵马去抵抗；另外，又派了三位将军带兵保卫长安。将军刘礼驻扎在灞上，徐厉驻扎在棘门，周亚夫驻扎在细柳。

有一天，汉文帝亲自到这些地方去慰劳军队，也顺便视察一下。他先到灞上，刘礼和他部下将领一听皇帝驾到，都纷纷骑着马出营迎接。护送汉文帝的车驾闯进军营，毫无阻拦。接着，他又到了棘门，也同样受到了隆重的欢送。

汉文帝慰问的第三站是细柳军。卫士们来到细柳营军门，见守门的将士们披盔带甲，弓上弦，刀出鞘，完全是大敌当前的样子。卫队的将领对守门的都尉威严地吆喝道："皇上就要驾到，赶快开门迎接！"

都尉目不侧视，朗声答道："将军有令，军中只听将令，不受天子诏。"卫队的官员正要同都尉争执，文帝的车驾已经到了。没想到守营的都尉照样拦住。汉文帝只好命令侍从拿出皇帝的符节，派人给周亚夫传话："皇上要进营劳军。"

周亚夫下令打开营门，让汉文帝的车驾进来。护送文帝的人马一进营门，守门的都尉又郑重地告诉他们："我们军中有规定：军营内不许车马奔驰。"侍从的官员都很生气，但文帝却吩咐大家放松缰绳，缓缓地前进。到了营前，只见周亚夫全身披挂，威风凛凛地站在汉文帝面前，拱拱手作个揖，说："臣盔甲在身，不能下拜，请允许我按军礼相见。"汉文帝站起来，扶着车前的横木，向周亚夫表示答礼。

汉文帝派人向全军将士传达了他的慰问，赐下了美酒牛羊，完成慰问仪式后，缓缓离营而去。

在回长安的路上，侍从们议论纷纷，认为周亚夫对皇帝的车驾太没有礼貌。但是，汉文帝却赞不绝口，认为灞上和棘门，就跟小孩闹着玩一样，如有敌人偷袭，不做俘虏才怪呢。像周亚夫这样治军，才是真正的将军，敌人怎敢侵犯他啊！

不久，便提升周亚夫为都尉，负责京城的军事。

汉文帝刘恒是中国历史上一位贤明皇帝，汉朝在这一时期开始出现繁荣局面，与他善于用人、择善而从是分不开的。

才调无伦的贾谊

西汉初期，涌现出一大批杰出的人才，被后人称为"才调无伦"（才气、学问无人能比得上）的贾谊便是当时一个很有名的政治家和文学家。

贾谊只活了33岁，主要生活在汉文帝时期。贾谊的老家是洛阳，他青少年时便名气很大，18岁时被汉文帝召到京城，任为博士，当时的博士，主管朝廷中的文献、档案等，时刻要接受皇帝关于治理国家的各方面内容的询问，每次当皇帝有问题提出来的时候，朝中的博士们都想抢着回答，可总是答不好，而贾谊一说起来，却滔滔不绝，说的意见又非常准确，令同行们个个佩服，汉文帝也很欣赏贾谊的才华。

公元前178年，汉文帝准备进一步提拔贾谊，这事被朝廷中一些保守的老臣们知道，他们坚决反对，说贾谊言过其实，还给贾谊捏造了许多罪名，汉文帝开始疏远贾谊，贾谊感到委屈，经常发出一些牢骚话来，汉文帝听了，很不高兴，干脆把贾谊任命为长沙王王吴差的太傅。

公元前173年，汉文帝的弟弟、淮南王刘长阴谋造反，被文帝夺去了王位，刘长绝食而死，文帝觉得对不起弟弟，又把刘长的儿子一个个加封为公侯，贾谊在长沙听到这个消息以后，给汉文帝写了一封奏章，反对汉文帝的做法，认为刘长的死是应该的，不能再让他儿子继承王位，语言相当激烈。

汉文帝接到了贾谊从远处寄来的奏章，想起了贾谊的学问很好，虽然不同意贾谊的议论，但还是决定把贾谊调到自己身边来办事，贾谊接到汉文帝的诏书，急急忙忙地从长沙赶到长安，等候皇帝的召见。

当贾谊来到长安的时候，汉文帝刚刚祭过了鬼神天地，听说贾谊到了，立即召见，两人一见面，汉文帝便问鬼神到底有没有？贾谊本来准备好了不少的主张和建议，全是关于怎样治理国家的大问题，现在听文帝问起了鬼的事情也能应答如流，汉文帝听了，连连点头，还不断地把坐位向贾谊身边挪动，侧耳静听，一直讲到半夜，才算结束。汉文帝感叹地说：“想不到贾生（指贾谊）的学问更加高深了！”便任命贾谊为自己的儿子梁王刘楫的太傅。

几年后，梁王刘揖入朝见皇帝，骑马时不小心摔到地上，流血过多而死。按当时的规矩，诸侯王年轻时，太傅对他的生活起居要负责任，梁王骑马受伤而死，贾谊觉得自己的罪过不轻，成天哭哭啼啼，忧伤过度，竟然病死了。

贾谊生命虽短，但却有很大的文学成就。贾谊的文学创作主要是政论性散文，代表作有《过秦论》、《论积贮疏》、《陈政事疏》（又名《治安策》）等多篇散文，都是写给汉文帝看的。《过秦论》主要讨论秦朝的错误，文章气势磅礴，表现力很强，还曲折地表达了贾谊对当时汉朝政治制度中一些缺点的批评意见。《论积贮疏》是贾谊又一篇政论文，他劝皇帝要注意发展农业生产，多积累粮食，并且指出了轻视农业生产的危害性。

《陈政事疏》（《治安策》）是一篇长达万字的政论文，把他自己对当时天下的时事见解全部写了出来，劝告皇帝和当权派们要发奋图强，要注意消除隐藏着的危机。

贾谊的政论文很多，对汉文帝制定政策也确实起了很大的作用。这些政论文一直流传到今天，具有很高的文学、艺术价值。

周亚夫平七国之乱

汉高祖刘邦在完成统一大业，国家初步稳定之后，便一一铲除韩信、彭越、英布等异姓王，分封刘姓子弟为王，那就是同姓王。同姓王起初只有几个，传到汉文帝的时候，已经增加到 20 多个，其中领地最大的有齐、楚、吴、荆、燕、淮南等。这些王国所领有的土地，合起来占西汉帝国土地的大半。皇帝直接统辖的地区，仅仅只有 15 个郡，并且这 15 郡当中，往往还有列侯和公主的领地，真正属于皇帝能管辖的地区，也就只有 10 个郡左右。

刘邦生前认为同姓王都是他的兄弟子侄，是靠得住的，可是事实上，同姓王势力大了照样也会造反，要来夺取皇位。汉景帝时候的七国之乱，就是同姓王发起的一次严重叛乱。

公元前 157 年，汉文帝因病去世，皇太子刘启继位，就是汉景帝。汉景帝也像文帝一样，采用休养生息的政策，决心把国家治理好。

景帝很快把他的管家晁错提升为左内史，晁错经常向景帝提出一些建议，景帝总是言听计从。不久又提升晁错为御史大夫。

晁错升任为御史大夫以后，就正式向景帝提出“削藩”，即削减诸侯王国封地的建议。他对汉景帝说：“吴王有病不来朝拜天子，这种狂妄的行为，按照古代的礼法应当杀头。而且，他还违反朝廷规定，炼铜铸钱，煮海为盐，招纳天下亡命之徒，准备兴兵作乱。为了防止祸患，必须削减他的封地。”

汉景帝说：“削减他的封地，他造起反来怎么办？”晁错说：“他已经打定了造反的主意。削他的地，早一点反，危害小一些；不削他的地，他晚一点反，准备得更充分，危害就更大。”

汉景帝觉得晁错说得有道理，就开始实施削弱王国的措施。他先从几个较小的王国下手，先把楚国的 1 个郡、赵国的 1 个郡和胶西国的 6 个县，划归汉朝中央直接管辖。

吴王刘濞看到汉景帝已经削了 3 个王国的封地，很快就会轮到自己，就决定用武力对抗，他联合楚王、胶西王、赵王、济南王、淄川王、胶东王，于景帝三年（公元前 154 年）发动叛乱，这就是历史上有名的七国之乱。

吴楚七国起兵的名义是“清君侧”，就是要求杀掉汉景帝身边主张削弱王国的晁错。

汉景帝看叛军声势很大，有点怕了。想起了文帝临终前的嘱咐，派善于治军的周亚夫为太尉，统帅 16 个将军去讨伐叛军。

朝廷中有几个妒忌晁错的人，上奏章弹劾晁错，说他大逆不道，应当腰斩。七国起兵，完全是晁错引起的，杀了晁错，七国就会退兵。汉景帝为了保住自己的皇位，昧着良心，批准了奏章，腰斩了晁错，便派人下诏书要七国退兵。吴楚起兵，杀晁错只是个借口，当然不会退兵。汉景帝这才知道自己做错了事，但后悔已来不及了。

周亚夫领了诏命便急忙向前线奔去，领兵平叛，军队来到灞上，有个叫赵涉的拦住周亚夫的马车献计："吴王刘濞占据的地方很富饶，他招兵买马，准备造反已经很久了。这次您出兵征讨，他一定会在半路上的浠渑之间险隘之处设下埋伏。我建议将军不要走东西这条大道，而由此往南走蓝田，出武关，然后去洛阳，这样虽然绕了一点远，多走一两天，但是出吴王意料之外，他们一定没有防备，必然使敌方心惊胆战。"

赵涉的建议果然收到了出奇制胜的效果。周亚夫率领的大军很快截断了吴楚联军的粮道，便在昌邑城南深挖沟、高筑墙，扼制吴兵北进。吴兵发现不能北进，只好向西进攻睢阳。可是打了两个多月消耗战，毫无战果，军心逐渐低落。

周亚夫看准反攻的时机，立即命令全部精锐部队四路出击。只一仗，就把吴楚联军打得大败。吴王刘濞想当皇帝的美梦破灭了，便带着自己的儿子，趁夜往江南逃跑，投奔了越国。想去联合东越卷土重来，没想到，周亚夫早已悬赏一千斤黄金购买他的脑袋。所以东越人不但不帮助他，反而乘机杀了他，把他的脑袋献给了周亚夫。吴王的儿子刘驹，逃到了更南边的闽越去了。

楚王刘戊，见刘濞扔下自己溜掉了，气得破口大骂。他看自己的军队四散逃亡，自己无路可走，最后只好自杀了。

吴、楚两国是带头叛乱的，两国一败，其余五个诸侯国也很快地垮了。不到三个月时间，七国的叛乱就被平定了。周亚夫在平定七国之乱中，功勋卓著，被汉景帝升迁为丞相。

汉景帝灭了叛乱的七国诸侯王，仍旧封了七国后代继承王位，但是从那以后，诸侯王只能在自己的封国征收租税，不许干预地方的行政，权力大大削弱了。统一的集权制度战胜了地方割据势力。从此，汉朝才真正成为一个统一的封建帝国，社会才进一步得到安定，经济和文化的发展才有了可靠的保障。

汉武帝“尊儒”

七国之乱很快地被平定了。天下又恢复平稳安定局面。汉景帝依旧推行减赋税、轻徭役的安民政策，大力发展农业生产，国家出现一派富裕景象。后元三年（公元前141年）春，景帝病逝，享年47岁，在位16年。

景帝死后，皇太子刘彻继位，这便是我国历史上被称为一代雄主的汉武帝。这时的汉朝最为繁荣和昌盛。政府里的存钱和储粮的仓库都装得满满的。武帝继位时年刚16岁。他一登上帝位，就要立志做一番事业。他下诏各郡县，举荐贤良方正、直言进谏的人，其中最著名的是董仲舒。

董仲舒是广川（在今河北省枣庄县境内）人，是个精通儒家学说的大学问家，在景帝时做过博士官。他根据自己的理解和当时政治上的需要，改造了由孔子创立、经孟子发展的儒家学说，并且把各家学说和阴阳五行等思想融合在一起，使儒家学说变成了一种为封建政治制度服务的，带有宗教迷信色彩的理论。他在汉武帝下诏举荐“贤良之士”的时候，向汉武帝提出了“天人三策”的建议。意思是说：“天是有意志的，人世间的事物，是按天意存在和变化的。皇帝是天皇的代表，皇帝的权力是天皇授予的，人服从皇帝，就是服从天道。”他还说：“诸子百家的学说妨碍皇帝的绝对权威，只有儒家学说才能保持思想上的统一。”

汉武帝认为董仲舒的建议很适合巩固封建统治的需要，想重用董仲舒。可是，他的祖母窦太后崇信“黄老学说”，极力主张清心寡欲，无为而治，武帝不敢得罪祖母，只好让董仲舒去做江都相。后来他又改任窦婴为丞相，封赵绾为御史大夫，这三个人都是儒家的支持者。

年轻的汉武帝登基不久便搜罗了这么多人才，早已为他的祖母窦氏所不满，窦氏便加紧了对朝廷政事的控制。御史大夫对武帝说：“太皇太后年纪大了，身体又不好，不宜再多管朝中之事。”不料这话被窦太后知道了，便大发雷霆，立即逮捕了赵绾和王臧，二人被迫自杀。并罢免了丞相窦婴，责备武帝误用匪人，引他不孝，武帝拗不过祖母，眼睁睁地看着一班大臣遭到贬斥和杀戮，却也无计可施。

建元六年（公元前135年），窦太后死了，21岁的汉武帝开始独立处理政事。他先后把窦太后安排的丞相、御史大夫等都罢免了。下令在政府里设置专门传授儒家学说的五经博士，在五经博士下面设置了50名弟子。规定每年进行一次考试，五经中能学通一经的就可以做官，成绩优良的还可以做大官。后来，博士弟子的人数增加到3000人。依靠儒家学说做了官的人，自然会按董仲舒那一套理论，来帮助汉武帝治理天下，用儒家学说来教育后代。从那时候起，儒家学说几乎完全统治了中国封建社会整个的思想文化领域。这便是历史上所说的“罢黜百家，独尊儒术”。

汉武帝在董仲舒的建议下，实行了“罢黜百家，独尊儒术”，在当时来说，对于加强中央集权的封建政治是有积极作用的，但是它把君权神化了，把战国以来诸子百家自由宣传学术思想和政治主张的权利剥夺了。后来，各个王朝的统治者又不断对儒家学说作了补充和发展，使它更适合维护封建统治的需要。随着社会的发展，儒家学说越来越落后于时代，成为一种顽固保守的学说。

司马相如和汉赋

赋，最初是我国古典文学中的一种表现手法，含有铺叙的意义，古人解释《诗经》说，诗有六种表现手法，即风、赋、比、兴、雅、诵。直到西汉武帝刘彻的时候，赋才发展成为既像诗歌又像散文的一种独立的文体。

创作汉赋最有成就的人是司马相如，司马相如原名长卿，出生在蜀郡成都（今四川成都），从小就很认真刻苦地读书，特别喜欢读史书，他对赵国的蔺相如

特别佩服，便把自己的名字改成了相如。

司马相如年轻时候便在景帝的宫中当了个武骑常侍，但景帝不喜欢文学创作，也没发现司马相如这个人才。一次，梁孝王带着邹阳、枚乘等人来朝见景帝，枚乘早就以词赋创作而出了名，司马相如和他们很合得来，便辞去了景帝宫中的位置，到梁孝王府中去供职，梁孝王收留了司马相如，让司马相如和他的其他文士们在一起，这一段时间里，司马相如创作了不少作品，流传到今天的有一篇代表作叫《子虚赋》。

不久，梁孝王生病去世，依附在梁孝王府中的文士纷纷走散，司马相如也回到了老家，因家里很穷，便来到临邛（地名，在今四川邛来县），过着流浪文人的生活。临邛的县令王吉对司马相如非常尊敬，听说司马相如来了，便每天去看望他，开始，司马相如还接见他，到后来，相如不耐烦了，便经常不见王吉，而王吉反而更加恭敬。王吉对司马相如的这种态度立刻惊动了地方上的一些有钱有势的人，大家见地方长官都这么尊重司马相如，其他人哪个敢不尊敬他！

在临邛这个地方，有一个最富的人家，这就是卓王孙，他家里光仆人就有八百多，他很想见见司马相如是个什么样的人，便选了个日子，在家里大宴宾客，将王吉和地方上百来个有头有脸的人全部请到。客人到齐了，就缺一个司马相如，一直等到下午，司马相如还没出现，王吉见司马相如没到，便亲自去把司马相如拖了来。

大家喝酒喝到最高兴的时候，王吉叫人取来一张琴，请司马相如弹一曲，司马相如也不客气，一连弹了好几支曲子，把许多宾客都听呆了，都说从来没听过这么好的音乐。

卓王孙有个女儿叫卓文君，又聪明又漂亮，精通音乐，刚结婚就死了丈夫，不得已住在家里，它听到这么美妙的琴音，也出来偷看，一下子就爱上了司马相如。后来两人通了几回信，更加增进了感情，卓文君便在一天夜里偷跑出来，和司马相如一道回到了成都老家。

回家以后，司马相如还是穷，卓文君父亲恨他丢了自己的老脸，不认这个女婿，司马相如和卓文君想了个办法，又回到临邛，在街上租了个小门面，开了个小酒菜馆，卓文君亲自卖酒，司马相如与仆人一起洗盘子刷碗，消息传到卓王孙的耳中，卓王孙气得没办法，只得把女儿原来的嫁妆全部给她送去，还拨出一百多个仆人，送去一百多万钱财，这样，司马相如和卓文君又过上了富裕的生活。

汉武帝刘彻当皇帝后，非常喜欢辞赋这样的文学作品。有一天，他读到了司马相如的《子虚赋》，读了一遍又一遍，喜欢得不得了，还叹气说：“我怎么就没福气遇到这样的大臣！”狗监（宫庭里管猎犬的官）杨得意说：“这个人是我的同乡，现在还活着，你要见他，一点不难！”武帝一听，立即传诏，要司马相如进京。司马相如见到汉武帝后，对汉武帝说：“《子虚赋》只体现了诸侯王的规格，还不够皇帝家的气派，我还能写更好、气派更大的！”汉武帝很高兴，让他赶快做，不多久，司马相如写了一篇大赋叫《上林赋》，《上林赋》比《子虚赋》果然更有气派，但两篇赋的特点、内容大体上差不多，都是写皇家园林如何大，皇帝出游如何有声势，极其讲究文字的工整、节奏的和谐，并且用了许多典故词语，读起来很有气势（但今天读起来却非常难懂），赋的结尾，还很巧妙地说：气派当然要大，但皇帝如果长期陷进游乐之中，那会对国家不利的。还有一点劝告的意思。

汉代的大赋在汉武帝时期得到了繁荣，但随着时代的发展，赋逐渐被改革、简化了，到东汉时，小赋比较流行起来，小赋创作的代表人物是扬雄，创作小赋的作者非常众多，小赋也更加受到读者的喜欢。

飞将军李广

陇西人（今甘肃秦安县北）李广，是汉代著名大将。他身经百战，以高明的射术令匈奴闻风丧胆。还在汉文帝时，匈奴入侵上郡，李广就随汉军抗击匈奴，在这场战争中，好几个匈奴首领都命丧他的射术之下，因而他被拜为武骑常侍。汉景帝时，李广又随周亚夫平定“吴楚七国之乱”，立下汗马功劳，名声更是大振。

李广由于机智勇敢，所以很受汉景帝器重，边境上哪儿形势吃紧，就把他派到哪儿去。李广先后做过陇西、北地、雁门、云中等地的太守。他走到哪里，哪里的匈奴就望风而逃。匈奴人给李广起了个外号叫他“飞将军”。

因为李广是个难得的将才，所以朝廷也很重视他。一次有个叫孙昆邪的人不无担忧地对皇上说：“李广有胆有识，天下无双，可他太自负好胜，常常硬与匈奴对抗，这样难免会有危险，那样陛下就是一大损失。”皇上觉得这话有道理，便让李广做了上郡太守，守住京城，不再派他去边关征战。

这段时间，李广经常陪着汉景帝出去打猎，他那百发百中的箭法，每次都使皇上满载而归。皇上很高兴，他曾对李广说：“可惜你生在今天，只能杀杀匈奴，陪我们打打猎，你要生在高祖那个时候，封个万户侯是不成问题的。”

景帝去世后，汉武帝继位，开始大规模地反抗匈奴，李广被封为骁骑将军重又挂帅上阵。

公元前129年，汉武帝派卫青、公孙敖、公孙贯、李广四路人马出击匈奴。李广率其中一支出了雁门，直逼匈奴营地。匈奴单于听到汉军分布的情况，心中最怵的就是李广。于是他集中了最精锐的部队屯集在雁门，并且布下伏兵，准备诱捕李广。李广率领汉兵，如猛虎下山，杀了无数匈奴兵。见匈奴向后溃退，便猛追不舍。结果，中了匈奴的埋伏，被匈奴活捉。

匈奴捉得李广，欣喜异常。这时李广身伤数处，匈奴便用绳子编了一张网，挂在两马之间，将李广横卧在网上。走了十几里路，李广躺在网上一动不动，如同死去。

匈奴兵以为他伤势过重，动弹不了，便放松了警惕。李广偷偷瞧见旁边有一匈奴兵骑着一匹好马，于是乘其不备突然一跃而起，飞身上了这匹马，劈手夺过弓箭，将匈奴兵推下马去，策马往南奔驰。众匈奴兵见李广夺马而逃，便聚集数百骑随后追赶。李广一面奔驰，一面回身放箭，箭无虚发，射杀不少匈奴兵，始得脱险。

李广打了败仗，做了俘虏又逃回来，按当时的军法应当斩首。好在汉文帝从前立下了罚钱赎罪的规矩，李广才得以交钱赎罪，免去一死，回乡做了平民。又过了几年，匈奴进攻辽西郡，杀了太守，打败了汉将韩安国。汉武帝觉得还是李广能干，重新起用他，派他做了右北平太守。匈奴人听说李广来到右北平，都惊呼："汉朝飞将军来了！"纷纷躲避，好几年都不敢来骚扰。

匈奴人一逃走，边境上暂时没战事，李广常常带着将士们外出打猎。当时右北平山里有不少老虎。李广艺高人胆大，常常等老虎扑近才射箭，而且箭无虚发，一箭就将老虎射死。

有一天，李广和将士们打猎回来，天色已经很晚，突见看见迎面的乱草丛里卧着一只斑斓猛虎，正准备向他们扑来。李广推弓搭箭，用足全身力气，一箭射出，"嗖"

的一声，射个正着。那老虎一动不动。将士忙跑过去察看动静，这一看，全部人都愣住了。原来，李广射中的是一块巨石，那支箭就深深地插入石头之中，谁都无法拔出。众人都啧啧称奇，李广自己也很纳闷。他对准巨石又射出几箭，可箭头均被折断，再没一箭能够射入。飞将军李广箭能穿石的奇闻不胫而走，匈奴听到后更是心惊胆寒。

后来，汉武帝又点将对侵犯边境的匈奴大规模用兵。李广作为郎中令率领四千汉兵进击匈奴。被四万匈奴精锐骑兵团团围住。匈奴此时急于消灭李广，一时间箭如雨下。汉军一面英勇抗敌，一面组织突围。汉军的箭很快射完，而且伤亡很大。李广让士兵张弓而不射箭，他自己张开一种叫大黄的硬弓，直射匈奴的将领，一连射倒好几个，直射得匈奴兵放下弓箭不敢再动。但匈奴人仍然死死围住汉军，令汉兵难以突围。

这时，天色已黑，汉兵心中不免发怵。唯有李广神情镇定，沉着应战，士兵在李广的勇气感召下，心中恐惧顿消。第二天东方刚刚泛白，李广一声令下，汉兵齐力向外冲，这时，汉将张骞的部队终于赶到，与李广部队内外夹击，将匈奴打得大败而逃。这一仗，李广的军队几乎全军覆没。

李广、张骞回到长安，按照汉朝法令，张骞误事当斩，但因为有可用钱赎罪一说，张骞用钱赎回自己，做了平民。李广由于先败后胜，攻过相抵，所以无赏可封。

李广一生做过 7 个郡的太守，前后 40 多年，廉洁奉公。凡得赏赐总是分给手下人，故一生无财产可言。他平易质朴，沉默少言，战场上身先士卒，与将士同甘共苦，深得士卒们爱戴。李广善射，百发百中，令匈奴闻之色变。他一生参战 70 多次，从未退缩，为保卫汉朝江山，立下汗马功劳。他死后，凡是听说过他姓名的人都为他哀悼，他以诚信忠厚的品行赢得了民心，真可谓“桃李不言，下自成蹊”。这句话的意思是：桃李不会自我宣传，人们自会去树下赏花摘果，树下都被踏出一条道路来。此言虽轻，但用在李将军身上，则恰如其分，喻意颇深。

卫青霍去病威震匈奴

卫青出身低微，他的父亲在平阳侯曹寿家里当差。卫青长大以后，在平阳侯家当了一名骑奴。后来，因为卫青的姐姐卫子夫进宫，受到汉武帝的宠幸，卫青的地位才渐渐显贵起来。

就在李广在战斗中被匈奴兵俘虏后又逃回的那年，汉军四路人马，三路都失败了，只有卫青打了个胜仗，他因此被封为关内侯；以后，又接二连三地打败匈奴兵，立了战功。

公元前124年，卫青率领骑兵三万，追到长城外。匈奴右贤王以为汉军还离着很远，一点也没防备，在兵营里喝酒作乐，喝得酩酊大醉。卫青在夜色的掩护下，急行军六七百里，包围了右贤王。汉兵从四面八方冲进匈奴营地，打得匈奴部队四面逃窜，乱成一团。右贤王刚刚从醉意中惊醒，要抵抗已来不及了，只好带着他的几百个亲信脱身逃走。

这一仗，卫青的人马一共俘获了一万五千多个俘虏，其中匈奴的小王十多人。匈奴的左右贤王，只比单于低一级。这次战争，右贤王全军覆没，对匈奴单于是一个很大打击。

汉武帝得到捷报，立刻派使者拿着大将军印，送到军营，宣布卫青为大将军，连他的三个还没有成年的儿子也封为侯。卫青推辞说："我几次打胜仗，都是部下将士的功劳。我那三个孩子还都是娃娃，什么事都没干过。要是皇上封他们为侯，怎么能够勉励战士立功呢!”汉武帝经他一提醒，就封了卫青部下的七名将军为侯。

第二年，匈奴又来进攻。汉武帝又派卫青率领六个将军和大队人马去对付匈奴。卫青有一个外甥，叫霍去病，那时候才十八岁，非常勇敢，又会骑马射箭，这次也跟着卫青一道去打匈奴。

匈奴听到汉军大批人马来进攻，立即往后逃走。卫青派四路人马分头去追赶匈奴部队，一定要把匈奴主力打败。卫青自己坐镇大营，等候消息。到了晚上，四路兵马都回来了，没有找到匈奴主力，有的杀了几百个敞兵，有的连一个敌人也没有找到，空着手回来了。

霍去病还是第一次出来打仗的小伙子，才做了个校尉。他带领了八百名壮士，组成一个小队，去找匈奴部队。他们向北跑了一阵，一路上没瞧见匈奴兵士，一直赶了几百里路，才远远望见匈奴兵的营帐。他们偷偷地绕着抄过去，瞅准一个最大的帐逢，猛然冲了进去。霍去病眼明手快，一刀杀了一个匈奴贵族。他手下的壮士又活捉了两个。匈奴兵没有了头儿，四处奔逃，八百个壮士追上去又杀了两千多匈奴兵，才赶回大营。

卫青在大营正等得着急，只见霍去病提了一个人头回来，后面的兵士还押了两个俘虏。经过审问，才知道这两个俘虏，一个是单于的叔叔，一个是单于的相国，那个被霍去病杀了的还是单于爷爷一辈的王。

十八岁的霍去病第一次参加作战，就逮住了匈奴的两个将官，功劳不小，战斗一结束，就被封为冠军侯。

公元前121年，汉武帝又封霍去病为骠骑将军，率领一万骑兵，从陇西出发，进攻匈奴。霍去病的兵马跟匈奴接连打了六天，匈奴兵抵挡不住，向后败退。霍去病和他的骑兵越过了燕支山（在今甘肃永昌县西），追击了一千多里地。那边还有不少是匈奴的属国，像浑邪（在今甘肃省境）、休屠（在今甘肃武威县北）。汉兵到了那里，俘虏了浑邪王的王子和相国，把休屠王祭天的金人也拿来了。

汉武帝为了慰劳霍去病，要替他盖一座住宅。霍去病推辞了。他说：“匈奴未灭，何以家为！”

为了根除匈奴的侵犯，到了公元前119年，汉武帝经过充分准备之后，再次派卫青、霍去病各带五万精兵，分两路合击匈奴。卫青从定襄郡出塞，穿过大沙漠，行军一千多里，匈奴的伊秩邪单于亲自率领精兵严阵对抗。

双方展开了一场大会战。激战到夜幕降临的时候，沙漠上突然刮起一阵狂风，夹着砂砾，吹得天昏地黑。卫青顶着狂风，冒着扑面的砂砾，命令骑兵分左右两翼夹攻。伊秩邪单于招架不了，带了几百骑兵向北突围逃去。卫青一直追到秩颜山下的赵信城，这时，匈奴兵已经逃走，城里贮存了不少粮草。卫青让兵士们饱餐了一顿，把多余的积粮烧了，才胜利回师。

另一路，霍去病也横越大沙漠，前进两千多里，大破匈奴左贤王的兵马，一直追到狼居胥山（在今内蒙古自治区五原西北黄河北岸下），在那里立了一块石碑留作纪念。

这是汉朝规模最大、进军最远的一次追击。自那以后，匈奴撤退到大沙漠以北，沙漠南面，匈奴人就不敢来侵犯了。

张骞通西域

“丝绸之路”是汉朝开辟的一条商路。丝绸之路由谁开辟的呢？又是怎样开辟出来的呢？

汉武帝初年，汉朝日趋强盛。于是朝廷便积极策划消除匈奴贵族对北方的威胁。恰在这时，一些投降过来的匈奴说起大月氏（音 ròuzhī）国的事，引起汉武帝极大的兴趣。

月氏国是一个有着 40 万人口的小国，从前住在敦煌和祁连山之间。匈奴冒顿单于统一匈奴各部后，偷袭了月氏国，将月氏王的头砍下来，用人头骨做了一个酒杯。月氏国败了以后，被迫迁到西域。他们恨透了匈奴，与匈奴结为世仇。月氏国的情况，给了汉武帝极大的启发，他想：月氏和匈奴有这样的深仇大恨，我正好可以联合他们，共同攻打匈奴。月氏在匈奴的西边，要是月氏愿同汉朝合作，就等于斩断了匈奴的右臂，胜利便大有把握了。于是汉武帝下了一道诏书，招募精明能干的人出使到西域去联络月氏国。

月氏既然在匈奴的西边，要到月氏必须经过匈奴。所以没人有胆量来承担这一使命。这时宫中郎张骞勇敢的报名应征。张骞，汉中成固（今陕西南部成固县）人，性格坚毅，办事灵活而又信实。他认为打匈奴是为了汉朝的安全，出使月氏是很有意义的事，即使冒点风险，也是应当的。看到张骞报了名，一些勇士也纷纷报名，其中有一个叫堂邑父的匈奴降将。

汉武帝建元三年（公元前138年），汉武帝正式任命张骞为使者，派堂邑父给他做翻译，堂邑父本是匈奴一个姓堂邑的贵族的奴隶。他又应征了100多人，从陇西（今甘肃省）出发前往西域，队伍随身还携带了大量的行装和礼物。

他们一出陇西，便碰上了许多匈奴人。张骞一行一百多人全成了俘虏。单于不敢杀死使者，便把张骞等人全部软禁起来。那时候，匈奴和汉朝表面上关系还不错，单于为了留住张骞，把一个匈奴女子嫁给了他。不久，张骞有了一个儿子。

张骞一直将汉武帝交给他的出使证明偷偷保存着，时刻不忘自己的使命。如今被单于放逐到西部，离西域又近了不少路，心里倒暗自高兴。于是他每天专心放羊，等待机会逃走。渐渐地匈奴也不再过问他们。在张骞被俘的第11年，他率领剩下的汉使，终于逃出了匈奴的魔掌，重又踏上寻找月氏国之路。在匈奴生活了11年，张骞已能说一口匈奴话，对匈奴的风情礼节也非常熟悉。因此他们一路行走并没有碰上什么麻烦，匈奴人都视他们为自己人。他们终于走出茫茫草原，进入西域的沙漠地带。他们一连走了几十天，路上尽是沙漠，找不到人家，也找不到食物和水。亏得堂邑父箭法高超，饿急了，就射些飞鸟和野兽来充饥。

最后他们到了一个热闹繁华的城市。这里的人高鼻子，蓝眼睛，满脸胡须，和他们以前见过的人都不一样。他们以为这就是月氏国，可一打听，才知这个国家是大宛。大宛国国王早就听说东南方有一个又大又富庶的汉朝，他们很渴望与大汉朝交往。张骞拿出自己的出使证明，谈了自己的遭遇后，受到他们热烈的欢迎，用上好的酒和牛羊肉招待张骞一行。张骞说明了自己出使西域的任务，希望大宛国王能派人护送他们到月氏国，答应回汉朝后，一定请汉朝皇帝用重礼酬谢。大宛王自然乐意帮助张骞。他派了骑兵和翻译，护送着张骞等人一直到康居，再请康居人护送他们的月氏国去。

几经辗转，张骞他们终于来到一个山国，这山国就是他们找了10年的月氏国。满目望去，树林郁郁葱葱，田里庄稼长势喜人，成群牛羊满山跑。张骞等人被带到月氏王的面前。张骞手执节杖，递上出使证明，对月氏王说："汉皇帝让我转达他的问候，目前，汉皇帝正在抗击匈奴，皇上派我出使贵国，是希望月氏与汉联手对敌，夹击匈奴。"张骞不知，这时的月氏国的情形与以往已大不相同了。

月氏国自国王被匈奴杀害后，大臣们拥国王的夫人做了王，西迁到大夏国境内，大夏人打不过月氏人，便向月氏人投降，两个国家便合并成一个国家，改名为大月氏国。大月氏所在的地方土地肥沃，物产丰富，他们的生活十分安乐。生活一安乐，就把报仇雪耻的事情忘了。所以张骞把他的来意说明后，国王不愿再回到几千里之外的故乡去对付匈奴。从此，月氏国王不再谈论匈奴，只是极其热情地款待张骞等人。

在月氏国，张骞与许多前来做生意的别国商人开始交往，与他们建立了很深的友谊。张骞把汉朝的情况也介绍给了西域各国。一年多过去了，张骞决定返回汉朝。他们从匈奴人足迹较少的南山向东行，沿途又走访了不少国家，使得这些国家的君主都十分向往汉朝。可是，当他们走到祁连山脚下时，又一次被匈奴逮捕。他们被软禁了一年。后来单于死了，为争夺王位，匈奴发生内乱，便无暇顾及张骞。于是在一个漆黑的夜晚，张骞带着他的匈奴妻儿以及堂邑父逃出了匈奴。

当他们重新回到首都长安时，13 年已经过去。去的时候，张骞还是个年轻小伙子，如今却两鬓已经雪霜。而去时的 100 多人也只剩下他和堂邑父了。拜见汉武帝后，张骞谈了月氏国不肯出兵的原因，以及自己两次被俘的经过，还详细谈了西域各国的风土人情，汉武帝听得入了迷。为了表彰张骞的卓越贡献，汉武帝拜他为太中大夫，拜堂邑父为奉使君。

汉武帝得知匈奴正在内乱，便封张骞为校尉帮助大将军卫青制定最佳行动路线和作战方案。按这个方案，卫青果然出师告捷，一举消灭了匈奴的一支主力部队。汉武帝很快将张骞提升为将军，并封了他“博望侯”。

公元前 119 年，汉朝与匈奴展开一场决战，给予匈奴以毁灭性的打击，最终将匈奴赶到了漠北。通往西域的道路就此通畅。过了两年，张骞建议汉武帝去结交西域的乌孙国。汉武帝派张骞做正使，带领副使和将士 300 多人，带去许多金银、绸缎和牛羊，再次出使西域。张骞到了乌孙后，将副使分别派往大宛、康居、大夏、安息等国，他自己留在乌孙并说明了自己的来意。乌孙王决定先派人去长安。并送给汉武帝几十匹乌孙宝马。汉武帝元鼎二年（公元前 115 年），张骞带着乌孙的使者回到长安。乌孙使者亲眼看到了汉朝的繁华和人民的友善，回去后便对乌孙王详实地作了汇报。乌孙王很高兴，决定跟汉朝建立友好关系，并且娶了汉朝公主。

张骞从乌孙回来的第二年便病死了。这一年，派到大宛等国去的副使陆续带着各国的使者回到长安。这些国家和乌孙一样都和汉朝建立了友好关系。张骞和他的随从几次出使西域，到过36个国家，对于沟通西域和汉朝的关系作出了重大贡献。

从此以后，西域的葡萄、苜蓿、核桃、石榴和大蒜等陆续传入汉朝；汉族人先进的农业生产技术、打井和炼铁的方法，也传到了西域；西域的音乐舞蹈和乐器传到汉朝，汉族生产的丝绸等也带进西域，并由西域进一步传到欧洲和世界各国。后来，人们习惯把张骞开通的汉朝到西域的道路称为“丝绸之路”。张骞出使西域，为的是军事目的，但预期的目的没完成，却为汉朝展现了一个崭新的世界。汉朝的威名也远播四海。

苏武牧羊

骠骑大将军霍去病率兵打败匈奴，使其退到大沙漠以北。有时候匈奴派使者到汉朝来访问，为了表示友好，汉朝也派使者去回访，还送一些中原地方的土特产。可是匈奴单于很不讲信用，经常扣留汉朝派去的使者。汉朝为了报复，也扣留匈奴派来的使者。日子一久，双方互相扣留使者的事就有十多起了。这时，西域已经安定，汉武帝便打算给匈奴一点颜色看看。

天汉元年（公元前100年），匈奴放了被他们扣留的汉朝使者路充国，跑充国随同匈奴的使者回到了长安。汉武帝立即召见了他，问明情况。路充国陈奏说：“现在匈奴由且鞮侯继单于，他十分怕汉朝派兵打他，自称：‘我乃儿子，怎么敢对抗汉朝，汉天子是我丈人呢！’并且把原先扣留的汉使全部释放送回，奉书求和。”

汉武帝听了路充国的报告，又招来匈奴使者，让其呈上来书，展阅一番后，觉得匈奴单于且鞮侯果然还懂道理，决定与匈奴友好相处。就派中郎将苏武为正使、副中郎将张胜为副使，带着助手常惠和一百多名士兵，以及许多金银绸缎等礼物，护送以前扣留下来的全部匈奴使者，出使匈奴。

苏武到了匈奴，把匈奴使者交还给了单于，并且送上礼物。匈奴单于见到汉朝送来那么多礼物，反而骄横起来。苏武为了维护双方的友好，尽量耐着性子跟单于打交道，准备完成任务后，好快点返回汉朝。

正在苏武准备回汉朝的时候，发生了一件意外的事情。原来，早在苏武出使匈奴之前，汉朝使者卫律投降了匈奴，并且死心塌地地为单于出谋划策。卫律的部下有个叫虞常的人，是个忠于汉朝的血性汉子。苏武出使匈奴，虞常高兴极了。他本来认识苏武的副使张胜，就暗地和张胜商量说：“卫律这个卖国贼，干尽了坏事。我决定暗地里除掉他。”张胜很赞成虞常的打算，并资助了他一些财物。但计谋被泄露，虞常被单于逮捕，交给卫律审问。

事情发生后，张胜只好把虞常跟他合计的经过告诉了苏武。苏武说：“事情已经到了这般地步，你才告诉我，看来我也要受牵连了。我是汉朝使者，如果上公堂受审，等于我们汉朝受了侮辱，还不如趁早自杀为好。”说着，就拔出刀来要自杀。张胜和随员常惠眼快，夺去他手里的刀，把他劝住了。

卫律审问，虞常受尽了种种刑罚，只承认跟张胜是朋友，说过话，拼死也不承认跟他同谋。

第二天，卫律又提审虞常和张胜，叫苏武去旁听。在审问的过程中，卫律当场把虞常杀死，以此来威胁苏武。张胜害怕了，跪下投降，并承认了与虞常同谋。于是，卫律劝苏武投降，他举着宝剑对苏武说：“你不投降，我就杀了你！”苏武面不改色地迎上去说：“你胆敢杀了我，汉朝定会发兵荡平匈奴，你会死无葬身之地。”卫律看苏武那样镇定，知道用武吓不倒他，只好向单于报告。单于听说苏武这样坚定，就更希望他投降，便让卫律去劝苏武投降。

苏武听卫律让他投降匈奴，怒气冲冲地说：“卫律你这个无耻之徒。你是汉人的儿子，做了汉朝的臣下。你厚颜无耻的做了汉奸，背叛了父母，背叛了朝廷，还有什么脸面来同我说话。”

卫律碰了一鼻子灰，只好向单于报告。单于便把苏武下了地窖，不给他饮食，想用长期折磨的办法，逼他屈服。这时候正是入冬天气，外面下着鹅毛大雪。苏武忍饥挨饿。渴了，就捧一把雪止渴；饿了，就扯一些皮带、羊皮片什么的啃着充饥。

过了几天，单于见折磨他也没用，只好把了放出来，说要封他为王，苏武说什么也不答应。单于只好又把他送到北海（今贝加尔湖一带）边去放羊，还说：“等公羊生了小羊，就放你回去。”公羊怎么能生小羊？这么说无非是想把苏武长期监禁罢了。

苏武到了北海边，身旁什么人都没有，和他作伴的只有那一群公羊和那根代表汉朝的旌节。苏武拿着那根旌节从不离手，连晚上睡觉也搂在怀里，他总想着有一天，拿着旌节回到自己的国家。

北海终年白雪皑皑，荒原千里，人迹罕见。为了生存下去，回汉复明，苏武经常取野鼠洞里的草籽来充饥。岁月悠悠，北海的风雪染白了他的须发，冻饿练就了他铮铮硬骨，苏武在北海一呆就是十九个年头。

汉武帝死后，汉昭帝即位，匈奴又跟汉朝进行和议。这时昭帝年纪还小，大臣霍光掌握着朝中大权，他对匈奴使者提出要求说要放回苏武等匈奴扣押的汉朝使者。可是，匈奴人却骗汉朝大臣说苏武已死了。与苏武一同出使的副使常慧被单于流放到别处，现在也活着，他收买了匈奴兵，得到了与汉使见面的机会。常惠告诉使者苏武还活着，并出了一个主意，让汉使救苏武。

第二天，使者去见单于，提出放苏武回朝的要求。单于说："我早说过，苏武已经死了。"使者脸色一沉道："你们说想和汉朝和好，我看你们根本无诚意。苏武根本就没有死。有一天，我们皇上在上林苑里射猎，射下一只大雁，那大雁脚上系有一封信，说苏武就在北海牧羊。"单于听使者这么一说，不觉大惊。只好承认苏武还活着，并派人将苏武从北海接回。汉昭帝始元六年（公元前 81 年）的春天，苏武、常惠等 9 人才回到久别的首都长安。苏武出使的时候，是个 40 岁左右的壮年汉子，他在匈奴度过了 19 年异常艰苦的岁月，回来已经是个须发全白的老年人了。他坚强不屈，不怕磨难，永不失节的非凡事迹，轰动了朝野上下，不论是做官的，还是普通老百姓，一提起苏武的名字，没有一个不钦佩的。

司马迁写《史记》

司马迁是我国古代伟大的历史学家，他著的《史记》是我国第一部系统的历史著作。《史记》被后人誉为“史家之绝唱，无韵之离骚”。

司马迁，字子长，生活在西汉景帝、武帝时期。他出生在一个世代为史官的家庭，父亲司马谈是个很有学问的人，担任着掌管天文、历法和历史文献的太史令。司马迁的少年时代是在他的家乡——今陕西省韩城县度过的。10 岁时他跟当时著名的古文经学家孔安国学过用古文字（大篆）写的先秦典籍，已能诵古文，还在儒学大师董仲舒门下学过用当时的文字（隶书）写的《公羊春秋》。

20 岁那年，司马迁离开了家乡，到各地考察游历：曾到过会稽（今绍兴），访问韩信的故事；到过丰沛，访问萧何、曹参、樊哙的故乡；到过薛，访问孟尝君的封地；到过邹鲁，访问过孔子的故乡。此外他还北过涿鹿，登长城，南游沅湘，西至崆峒，足迹踏遍了大半个中国。

他沿途搜集的许多资料，补充了史书记载的不足，那些波澜壮阔的历史事件和历史人物故事深深地印在他的脑海中。

他的父亲司马谈在京城做太史令，他也因此到了长安，做了郎中。公元前 111 年，武帝平定西南夷，派遣司马迁到今川南、贵、滇一带视察，这又一次的大游历，为他提供了了解西南地区风土人情，搜集遗闻旧事，考察山川地理的大好机会。

就在这次出使归来，司马迁见到了垂危的父亲。父亲在弥留之际，拉着他的手，语重心长地说："我家祖先在周代就当太史，我死了以后，你一定成为太史，身为太史，别忘了我所说的著作啊！"原来，司马谈过去曾说过：周公死后 500 年有了孔子，孔子死后到现在又是 500 年了，应该有人继承孔子，做一番著述事业。身为史官的司马谈，立志继孔子《春秋》之后修一部通史。现在，司马迁在父亲病榻前，泪如泉涌，答应了父亲的要求。

但父亲死后，司马迁没有能立即开始写作。主要忙于巡祭、封禅，跟从汉武帝先后到过泰山、长城内外诸多名山大川。到公元前108年，他做了太史令，得以充分利用朝廷收藏的图书和档案资料。在公元前104年，他正式开始了著述《史记》的浩繁工作。这时他已步入中年了。

为了尽早完成这部史书，他夜以继日地忘我写作，几乎断绝了一切往来应酬。公元前99年，正当司马迁以全部身心投入《史记》著述时，一场大祸从天而降，这就是“李陵事件”。李陵，是号称“飞将军”李广的孙子，力大过人，善骑射。在随贰师将军李广利出兵伐匈奴时，李陵自请独当一面，迎击匈奴，他长驱直入，不料恰好遇上匈奴大军，他与部下虽奋勇战斗，但因寡不敌众，矢尽粮绝，援兵不到，终于战败被俘，投降了匈奴。消息传到朝廷，那些平日交口赞誉李陵的朝臣一反常态，纷纷落井下石。

司马迁深感不平，他与李陵虽无深交，但对李陵的为人一向敬佩，因而仗义直言，陈述李陵平时为人和这次孤军奋战的功劳，认为不应该过分责备李陵。结果汉武帝勃然大怒，他觉得司马迁赞扬李陵，就是贬低另一个同时出征的将军李广利。而李广利正是武帝极宠爱的李夫人的哥哥。因此，他把司马迁关进了监狱，并且判了死刑。此时，是司马迁正式开始写作《史记》的第六个年头。

按照汉朝法令，死刑有两种减免办法：一种办法是用50万钱赎罪。司马迁官小禄薄，无论如何也拿不出这笔钱来。另一种办法是“减刑一等”，受宫刑。而宫刑在当时刑罚中是最残忍、最耻辱的一种。它不仅对人体是残酷的摧残，对人格也是极大的侮辱。面对这种现实，司马迁悲痛欲绝，想一死了之。

此时此刻，他想到了《史记》的创作。这样一死，谁又来完成《史记》呢？他又想起父亲临终前的嘱托，便更不会忘记自己撰写《史记》的宏伟理想，他要以孔子作《春秋》为榜样，用自己的著述，辩善恶是非，以有益于天下。于是，他决计接受宫刑。司马迁受宫刑之后，精神受到很大打击，在极度痛苦中，又曾想到过自杀。但痛定思痛，撰写《史记》的崇高理想鼓舞着他，为完成尚未著成的《史记》，他决心顽强地活下来。

出狱后，他做了中书令，中书令就是为皇帝掌管文书、起草诏令的官。他之所以接受这个卑微的职务，也仍是为了不离开他所需要的皇家图书馆里的图书资料，为了继续完成他的伟大著作。就这样，他又忍辱发愤地度过了8年。到公元前91年，当司马迁终于完成了《史记》这部历史巨著时，已经是年近花甲的老人了。从开始阅读、整理史料，到正式写成，他一共花费了18年的时间。如果从他年轻时的游历算起，《史记》一书是他几乎用尽了毕生精力，忍受了肉体上和精神上的极大痛苦而完成的一部永远闪耀着光辉的伟大著作。

司马迁以他杰出的才华和惊人的毅力，在广泛占有材料的基础上，经过认真考辨，融会贯通，写出我国第一部纪传体通史，从而把历史学推进到了前所未有的新阶段，在中国史学史上树立了一块不朽的丰碑。司马迁和他的《史记》一起，将永垂青史，光照千秋。

霍光辅佐昭帝

汉武帝通西域，击败匈奴，保卫边疆安全，做出了令人称道的贡献。但是他生活奢侈，喜欢讲排场，连年大兴土木，耗费了大量的人力、物力。国库中文帝、景帝时候积累起来的钱财，这时已所剩无几了。

为了补充国库收入，他重用残酷的官吏，加税加捐，甚至让有钱的人可以出钱买爵位，卖官职。这些人做了官，拼命搜刮老百姓，再加上水灾旱灾，搞得百姓日子很艰难，各地方有大批农民起来反抗官府。

汉武帝在位的最后几年，才决心停止用兵，并且提倡改良农具，改进耕种技术。他还亲自下地，做个耕种的样子，吩咐全国官吏鼓励农民增加生产。这样，国内才逐渐稳定下来。

公元前 87 年，汉武帝得病死了。即位的汉昭帝年纪才八岁。按照汉武帝死前的嘱咐，由大将军霍光来辅助他。

霍光字子孟，是前骠骑将军霍去病同父异母的弟弟。霍光由哥哥带到长安后，先做郎官，逐步升为奉车都尉、光禄大夫。他为人沉着精细，公正无私，把国家大事管理得井井有条。霍光掌握了朝廷大权后，帮助汉昭帝继续采取休养生息的政策，减轻税收，减少劳役，把国家大事管理得很好。

朝廷中有几个大臣却把霍光看作眼中钉，想把他除去。左将军上官桀想把他六岁的孙女，嫁给汉昭帝做皇后，霍光没有同意。后来，上官桀靠汉昭帝的姐姐盖长公主的帮助，让孙女当上了皇后。上官桀和他的儿子上官安想封盖长公主的一个身边人做侯，霍光无论如何也不同意。

上官桀父子、盖长公主都把霍光看作眼中钉，他们勾结了燕王刘旦，想方设法要陷害霍光。汉昭帝十四岁那年，有一次，霍光检阅羽林军（皇帝的禁卫军），并把一名校尉调到他的大将军府里。上官桀他们就抓住这两件事，假造了一封燕王的奏章，派一个心腹冒充燕王的使者，送给汉昭帝。

那封信上大意说：大将军霍光检阅羽林军的时候，坐的车马跟皇上坐的一样。他还自作主张调用校尉。这里面一定有阴谋。我愿意离开自己的封地，回到京城来保卫皇上，免得坏人作乱。汉昭帝接到那份奏章，看了又看，把它搁在一边。

第二天霍光要进宫朝见，听到燕王刘旦上书告发他的消息，吓得他不敢进宫。

汉昭帝吩咐内侍召霍光进来。霍光一进去，就脱下帽子，伏在地上请罪。汉昭帝说："大将军尽管戴好帽子，我知道有人存心陷害你。"

霍光磕了个头说："陛下是怎么知道的？"

汉昭帝说："这不是很清楚吗？大将军检阅羽林军是

在长安附近，调用校尉还是最近的事，一共不到十天。燕王远在北方，怎么能知道这些事？就算知道了，马上写奏章送来，还来不及赶到这儿。再说，大将军如果真的要叛乱，也用不着靠调一个校尉。这明明是有人想陷害大将军，燕王的奏章是假造的。”霍光和别的大臣听了，没有一个不佩服少年的汉昭帝的聪明。

汉昭帝把脸一沉，对大臣们说：“你们得把那个送假奏章的人抓来查问。”

上官桀怕昭帝追查得紧，他们的阴谋要露陷，对汉昭帝说：“这种小事情，陛下就不必再追究了。”

从这时候起，汉昭帝就对上官桀这些陷害忠良的人开始怀疑起来。

可是，上官桀等并不就此罢休，他们偷偷地商量好，由盖长公主出面，请霍光喝酒。他们布置好埋伏，准备在霍光赴宴的时候刺死他，又派人通知燕王刘旦，叫他到京师来。

上官桀还打算在杀了霍光之后再废去昭帝，由他自己来做皇帝，没想到有人早把这个秘密泄露了出去，让霍光知道了。

霍光连忙报告汉昭帝。汉昭帝命令丞相田千秋火速发兵，把上官桀等人全部逮起来处死。这样一来，国家安全多了。

汉昭帝是个不错的皇帝，他才二十一岁就得病死去，没有孩子。霍光听了别人的意见，把汉武帝的一个孙子、昌邑王刘贺立为皇帝。刘贺原是个浪荡子，他从昌邑（今山东巨野东南）带来了二百多个亲信，天天跟他们一起吃喝玩乐，即位才二十七天，就做了1127件不该做的事，把皇宫闹得乌烟瘴气。像这样的人无法让他再继续做皇帝。因此霍光和大臣们一商量，联名上书，请皇太后下诏，把刘贺废了，另立汉武帝的曾孙刘询，就是汉宣帝。

汉宣帝即位的时候也只有18岁，霍光又辅佐他六七年，教他怎样做一个好皇帝。汉宣帝地节二年（公元前68年）霍光患病去世。汉宣帝和皇太后亲自为霍光主持葬礼，用十分隆重的礼仪把他安葬在汉武帝的陵墓旁边。

王昭君出塞

秦末汉初，居住在我国北方的匈奴族，拥有骑兵三四十万人，成为西汉王朝北部的重大威胁，由于当时汉朝的

社会经济有待复兴，国力空虚，内部统治还不够巩固，无力与匈奴进行大规模战争，于是刘邦在公元前 199 年，采纳了刘敬提出的与匈奴“和亲”的建议，决定以宗室女嫁给匈奴单于，每年送去酒、肉、粮食等物，并且与匈奴单于结为兄弟。

西汉初期的这种“和亲”政策，是在当时的形势下，由西汉统治者迫不得已施行的。尽管如此，这种“和亲”政策，却带来了相对和平的局面，匈奴不再或极少侵犯西汉边境，两族人民开始了友好往来。

随着西汉初年社会经济的恢复发展，汉朝的国力逐渐强盛起来。到汉武帝时，便放弃了对匈奴单于退让的“和亲”政策，向匈奴贵族展开了大规模的反击战争，从此西汉和匈奴断绝“和亲”80多年。匈奴在汉朝军队的连续打击下，势力衰落下去，再也没有向汉朝发动进攻的力量了。于是汉朝政府与匈奴贵族之间的战争渐渐平息下去，又重新恢复了两族间的“和亲”。

汉宣帝在位的时候，汉朝又强盛了一个时期。汉宣帝五凤元年（公元前57年），匈奴内部发生了五个单于争统治权的斗争，争来争去，形成郅支单于和呼韩邪单于南北对峙的局面。最后，郅支单于打败了呼韩邪单于，呼韩邪单于带兵南移，投降了汉朝。

甘露三年（公元前61年）呼韩邪单于到长安朝见汉宣帝，呼韩邪是第一个到中原朝见的单于，汉宣帝像对待贵宾一样招待他，亲自到长安城外去迎接他，为他举行了盛大的宴会。

呼韩邪在长安住了一个月，回去的时候，汉宣帝派长乐卫尉董忠、车骑都尉韩昌等，带领1.6万名骑兵护送他回国。还派人先后送去了3.4万斛粮食接济匈奴人。

汉宣帝死了以后，他的儿子元帝即位。没几年，匈奴郅支单于侵略西域各国，还杀了汉朝派去的使者。汉朝联合西域各国，打下了郅支城，杀了郅支单于。

郅支单于一死，呼韩邪单于的地位稳定了。汉元帝竟宁元年（公元前33年）正月，呼韩邪单于又一次到长安来。他为了表示要和汉朝世世代代友好下去，请求汉元帝答应他跟汉朝结亲。汉元帝同意了他的请求。

以前，汉朝与匈奴和亲，都得选个公主或者宗室的女儿。这次，汉元帝决定挑个宫女代替公主。他吩咐太监到后宫传话："愿意到匈奴去的，皇上就把她当公主对待。"

后宫的宫女都是民间选来的。她们一进皇宫，就好像飞鸟被关进了笼子，失去了自由。都盼望有一天能把她们放出宫去。可是现在要远出塞外，嫁到匈奴去，那里天寒地冻，语言不通，生活习惯大不一样，因此，她们又都犹豫起来，不愿意报名应选。

有个叫王嫱的宫女，出身于小康家庭，幼年念过几年书，学名叫做昭君。她刚被选入宫中不久，还没见过皇帝。听说匈奴要与汉朝和亲，觉得这是关系到匈奴和汉朝友好的大事，便报名应征到匈奴去。经办这件事情的官员，禀明了元帝。元帝吩咐为王昭君准备嫁妆，并且找了匈奴女人，给王昭君讲解匈奴的生活习惯，教她学习匈奴语言，演奏琵琶、胡琴等西域地方乐器。王昭君聪明勤学，没有多久，就都学会了。

到了结婚那天，新郎呼韩邪单于按照汉朝的风俗习惯，亲自来长安迎娶新娘王昭君。新郎新娘拜见了汉元帝。汉元帝赏赐他们许多财物，并设宴为他们送行。新郎新娘离开长安去匈奴的时候，文武百官一直送到十里长亭。王昭君抱着琵琶，骑在马上，内心交织着欢乐和忧愁的情绪出发了。王昭君在马上思索了一阵，很快地就把自己这种矛盾的心情谱成了一首曲子，一边走着一边弹奏起来，人们把这首曲子称为《昭君怨》。其实，这首曲子的内容并不完全是忧愁怨恨的情绪。后来有人把王昭君叫做汉明妃，《昭君怨》就又被人叫做《明妃曲》。

王昭君出塞到了匈奴，帮助呼韩邪发展匈奴的生产事业，改革了一些牧民的风俗习惯。从王昭君到匈奴时候起，匈奴人学会了使用从汉朝输入的农业生产工具，逐步发展了农业生产，基本上解决了粮食的自给。随着农业生产的发展，畜牧业更加发达，出现了人畜两旺的繁荣景象。

王昭君是匈奴单于的妻子，地位与汉朝的皇后差不多，出塞以后，便不能轻易回到汉朝。可是王昭君非常热爱和思念自己的父母之邦。经常派人送信回来，有时还叫单于派使者送些匈奴的土特产奉献给汉朝皇帝。汉朝皇帝也回赠一些金银珠宝和绸缎。

王昭君年老的时候立下遗嘱，要求在她死后安葬在归化（今内蒙古自治区呼和浩特市）郊外，坟墓要坐北朝南，让她能够遥望自己的父母之邦。她去世以后，她的子女们在归化郊外选了一块向阳的水草丰茂的小坡地，为她修建了坟墓。沙漠地区寒冷干燥，大多数地方只在夏季很短的一段时间才长青草。可是，据说昭君墓得天独厚，墓上的草生长期特别长，一年大部分时间都是青葱葱的。因此，后人就把昭君墓称为“青冢”。

王昭君为了汉族和匈奴族的友好，自愿远嫁匈奴。从此以后，匈奴和汉朝长期和睦相处，60 多年没打仗，昭君为祖国民族大家庭的团结做出了贡献。她这种自我牺牲的精神，受到后人的称赞。

王莽篡汉改制

王昭君出塞的那一年，汉元帝得重病去世了，他活了 42 岁。

汉元帝去世后，他的儿子刘骜即位，史称汉成帝。汉成帝是个荒淫的皇帝，即位以后朝廷的大权逐渐落在外戚手里。成帝的母亲、皇太后王政君有 8 个兄弟，除一个兄弟王曼早年死去外，其他 7 个都被封为侯。其中最大的王凤还被封为大将军。

王凤掌了大权，他的几个兄弟、侄儿都十分骄横奢侈。只有他的侄儿王莽，没有那种骄奢的习气，读书也很尽力，把四书五经读得个滚瓜烂熟。他像平常的读书人一样，做事谨慎小心，生活也比较节俭。人们都说王家子弟数王莽最好。

对于担任大司马大将军的大伯王凤，王莽像孝敬自己的父亲那样孝敬他。王凤病重的时候，王莽亲尝汤药，端屎端尿，不嫌脏，不怕累。王凤被王莽的这种行为感动了，临死以前，他向皇太后和汉成帝推荐王莽。这样，王莽才被任命为黄门郎，接着被提拔为射声校尉。

永始元年（公元前 16 年），由于叔叔王商的推荐，王莽拜为新都侯、光禄大夫。又过几年，他的叔叔、大司马骠骑将军王根年老退休，王莽就代替他做了大司马，掌握了朝政大权。

王莽是王家的第五个大司马，前四个都是他的伯伯叔叔。为了使自己的名声能够超过他的前辈，王莽恭谨勤劳，不知疲倦地工作。他还很注意招揽人才，有许多读书人慕名而来投奔他，不论地方远近，出身贵贱，他都一概收用，委以官职。为了收服人心，他把从自己封邑里收来的钱和粮，都拿出来赠送给宾客，而自己家里却过着十分俭朴的生活。这样，王莽舍己为人、克己奉公、勤俭朴素的名声就传开了。

汉成帝死后，不出 10 年，换了两个皇帝——哀帝和平帝。汉平帝即位的时候，年纪才 9 岁，王政君以太皇太后身份临朝，王莽为大司马，总揽朝政。

这时的皇室中，仅还有成帝、哀帝的外戚，以及王莽自己的一个叔叔王立，能够与王莽相争权。为防止他们对王莽的权力构成的潜在威胁变成现实，王莽通过逼他们自杀等各种方法，把他们一个个清除或挤走了。然后，王莽又在朝廷中安插自己的亲信，让他们做了大官。王莽还把自己的女儿嫁给汉平帝做皇后，这样，他又多了“国丈”这一身分，地位更加显赫了。

公元 2 年，中原发生了旱灾和蝗灾。由于多少年来，贵族、豪强不断兼并土地，剥削农民，逢到灾荒，老百姓没法活下去，都骚动起来。为了缓和老百姓对朝廷和官吏的愤恨，王莽建议公家节约粮食和布帛。他自己先拿出 100 万钱，30 顷地，当作救济灾民的费用。他这样一起头，有些贵族、大臣也只好拿出一些土地和钱来。王莽也因此而获得了很好的名声。

太皇太后把新野的 2 万多顷地赏给王莽，他推辞了。

然后，王莽就派8个心腹大臣到各地方去宣扬王莽怎么怎么虚心，怎样怎样谦让。当时，中小地主都恨透了兼并土地的豪强，一听王莽连封给他的土地都不要，就觉得他是个了不起的好人。王莽越是不肯受封，越是有人要求太皇太后封他。有人还收集了各种各样的文字歌颂王莽。王莽的威望就越来越高了。

王莽的地位一天天提高，汉平帝也一年年长大了，他已经长到14岁了，多少懂得了一些事情。汉平帝看出王莽的野心不小，内心又是害怕，又是怨恨。

王莽也渐渐感到逐渐成年的平帝可能对自己的权力扩张构成不利，因此一直也在寻找机会杀害平帝。

有一天，大臣们给汉平帝祝寿。王莽亲自献上一杯毒酒。汉平帝没有怀疑，接过来喝了……第二天，宫里传出话来，说汉平帝得了重病，没有几天就死了。王莽还当众使劲痛哭了一场。

汉平帝死的时候才14岁，当然没有儿子。王莽从刘家的宗室里找了一个两岁的幼儿为皇太子，叫做孺子婴。王莽自称“假皇帝”（“假”是代理的意思）。有些文武官员想做开国元勋，迎合王莽的心意，劝王莽即位做皇帝。一直以推让出名的王莽这会儿也不再推让了。于是，王莽向太皇太后去讨汉朝皇帝的玉玺。太皇太后这才大吃一惊，不肯把玉玺交出来。后来被逼得没法子，只好气愤地把玉玺扔在地上。

公元 8 年，王莽正式即位称皇帝。改国号叫“新”，王莽自称“新皇帝”，都城仍在长安。这样，从汉高祖称帝开始的西汉王朝，统治了 210 年，到这时就结束了。

王莽做了皇帝以后，为了显示他的威德，也为了巩固统治，解决西汉末年社会上出现的各种矛盾，实行了一系列制度上的变革，这在历史上叫做“王莽改制”。

王莽改制最突出的一件事就是改变土地制度。他规定全国的土地都不允许自由买卖，而由政府按人口重新分配。这实际上是把奴隶社会时期的井田制重新又搬了回来。在奴隶制社会里实行井田制，能够促进社会生产力发展。但当时已是封建社会，如果还要实行井田制，就会限制农民生产的积极性，从而阻碍社会生产力的发展。结果，土地制度变革实施不到 3 年，就被王莽无奈地下令取消，土地自由买卖可照旧进行。

王莽还推行了几次货币制度变革，结果也是改来改去，甚至于把古代一度用作交易媒介的贝壳也规定作为货币使用，逼着老百姓兑换来兑换去，造成了极大的混乱。最后，钱越改越小，无形中老百姓手中的钱都被搜刮光了。商人也都不敢做买卖了。

王莽还施行了其他一些制度变革，可是到头来除了扰民以外，什么也行不通，结果更加激化了社会矛盾。王莽为了转移人民的视线，就派兵去征伐匈奴、高丽、西南夷和西域，这就又引起了各部族的反对。同时，浩大的军费开支又加重了老百姓的负担。

在王莽这些倒行逆施的反动统治下，人民生活十分痛苦。当时全国各地又普遍发生了旱灾和蝗灾。在北方由于闹饥荒，出现了人吃人的惨剧；在南方人们成群结队到沼泽地里去挖野菜来充饥。关中地方四处流亡的几十万饥民，因为得不到救济，饿死的占十分之七八。王莽又加重捐税，纵容残酷的官吏，对老百姓加重刑罚。这样，社会矛盾就进一步激化了。

绿林赤眉起义

王莽的残酷压榨，加上一连串的天灾，逼得农民走投无路，纷纷起义。东方和南方都有大批的农民起来反抗官兵。

公元17年，南方荆州闹饥荒，老百姓不得不到沼泽地区挖野荸荠充饥。人多野荸荠少，引起了争夺。新市（今湖北京山东北）有两个有名望的人，一个叫王匡，一个叫王凤，出来给农民调解说："我们如今这样的惨状，都是地主恶霸和王莽政权的罪恶，大家何不联合起来，与他们打呢?"这话启发了大家，受到农民的拥护。大家就公推他们当首领。

王匡、王凤就把这批饥民组织起来起义，一下子就聚集了数百人，还有不少逃亡的犯人也来投奔他们。

王匡他们占领了绿林山（今湖北大洪山）作为根据地，攻占附近的乡村。不到几个月工夫，这支起义军发展到七八千人。

在王莽地皇二年（公元21年），王莽派了两万官兵去围剿绿林军，结果被绿林军打得大败而逃。绿林军趁势攻下了几座县城，打开监狱，放出囚犯；把官家粮仓里的粮食，一部分分给当地穷人，大部分搬到绿林山。投奔绿林山的穷人越来越多，起义军增加到五万多人。

第二年，正当起义军迅速发展的时候，绿林山上不幸发生了疫病，五万人差不多死了一半。还有一半只好离开绿林山，后来分作三路人马——新市兵、平林（在今湖北随县东北）兵和下江（长江在湖北西部以下叫下江）兵。

这三路人马各自占领一块地盘，队伍又强大起来了。

当南方的绿林军在荆州一带打击官兵的时候，东方的起义军也壮大起来。琅琊海曲（今山东日照县）有个姓吕的老大娘，儿子是县里的一个公差，因为没肯依县官的命令毒打没钱付税的穷人，被县官杀害了。这一来激起了公愤。有上百个穷苦农民起来替吕母的儿子报仇，杀了县官，跟着吕母逃到黄海，一有机会就上岸打官兵。起义军迅速扩大到1万多人。这次起义历史上称吕母起义。

这时候，另一个起义领袖樊崇带领几百个人占领了泰山。吕母死后，她手下的人投奔樊崇起军。不到一年工夫，就发展到一万多人，他们在青州和徐州之间来往打击官府、地主。

樊崇的起义军保持着穷苦农民的淳朴作风，很讲纪律，规定谁杀死老百姓就要被处死，谁伤害老百姓就要受罚。所以，百姓能拥护他们。

公元22年，王莽派太师王匡（和绿林军中的王匡是两个人）和将军廉丹率领十万大军去镇压樊崇起义军。樊崇作好准备，跟官兵大战。为了避免起义兵士跟王莽的兵士混杂，樊崇叫他的部下都在自己的眉毛上涂上红颜色，作为识别的记号。这样，樊崇的起义军得了一个别名，叫“赤眉军”。

王莽的军队和赤眉军打了一仗。结果，官兵打了败仗，逃散了一大半。太师王匡的大腿被樊崇扎了一枪，逃了回去；将军廉丹在乱军之中被杀了。赤眉军越打越强，发展到了十多万人。

绿林、赤眉两支起义大军分别在南方和东方打败王莽军的消息一传开，别的地方的农民也都活跃起来。黄河两岸的大平原上大大小小起义军有几十路。有一批没落的贵族和地主、豪强也乘机起兵，反对王莽。

南阳郡春陵（今湖南宁远北）乡的豪强刘縯（音yǐn）、刘秀兄弟两人，因为王莽废除汉朝宗室的封号，不许刘姓人做官，心里怨恨，发动族人和宾客七八千人在春陵乡起兵。他们和绿林军三路人马联合起来，接连打败了几名王莽的大将，声势逐渐强大起来了。

绿林军的几支队伍缺乏统一的指挥。将士们认为人马多了，必须有个首领，才能统一号令。一些贵族地主出身的将军，利用当时有些人的正统观念，认为一定要找一个姓刘的人当首领，才能符合人心。绿林军里姓刘的人很多，该推谁做首领呢？春陵兵想推刘縯，可是新市和平林兵的将领怕刘縯势力太大，一定要立一个破落的贵族刘玄做皇帝。刘縯又提出等消灭了王莽、收服赤眉军以后，再立皇帝，也遭到反对。刘縯觉得自己力量不够，也只好同意了。

公元23年，绿林军各路将士就正式立刘玄做皇帝，恢复汉朝国号，年号“更始”，所以刘玄又称更始帝。更始帝拜王匡、王凤为上公，刘縯为大司徒，刘秀为太常偏将军，其他将领也各有各的封号。从那时候起，绿林军又称为汉军。

王莽见农民起义军已经成为燎原之势，他在忐忑不安中准备和汉军决一死战。

昆阳大战

更始帝刘玄即位后，派王凤、王常、刘秀进攻昆阳（今河南叶县）。他们很快地打下昆阳，接着又打下了临近的郾城（今河南郾城县）和定陵（今河南舞阳县）。

王莽听到起义军立刘玄为皇帝，已经忐忑不安，如今连失了几座城池，更是又急又怕，立即派大将王寻、王邑率领兵43万人，从洛阳出发，直奔昆阳。

为了虚张声势，王莽军物色了一个巨人，名叫巨毋霸，巨毋霸长得个子特别高，身子又像牛那样粗大。他还有一个本领，就是能够驯养老虎、豹、犀牛、大象。王莽派他为校尉，让他带了一批猛兽上阵助威。

驻守在昆阳的汉军只有八九千人。有的将领在昆阳城上望见王莽的军队人马众多，怕对付不了，主张放弃昆阳，回到原来的据点去。刘秀没有这样想，他对大家说：“现在我们兵马和粮草都缺少，全靠大家同心协力打击敌人；如果大家散伙，昆阳一失守，汉军各部也被消灭。”

众位将领觉得刘秀说得有道理，但是又觉得王莽军兵力强大，死守在昆阳也不是个办法。商量的结果，就决定由王凤、王常留守昆阳，派刘秀带一支人马突围出去，到定陵和郾城去调救兵。

这天晚上，刘秀带着十二个勇士，骑着快马，趁黑夜冲杀出昆阳城南门。王莽军防备不足，他们冲出了重围。

昆阳城虽然不大，但是挺坚固。王莽军凭着人多武器精，认为攻下昆阳不在话下。他们制造一座座十多丈的楼车，在楼车上不断地向城里射箭，箭像雨点一样向城里射来。城里的人到井边打水，也不得不背着门板挡箭。王莽军又用橦（chōng）车撞城，还挖掘地道想打进城里去。但是昆阳城里的汉军，防守得也很严密，城始终没被王莽军攻破。

刘秀到了定陵，想把定陵和郾城的人马全部调到昆阳去。但是有些汉军将领贪图财产，不愿意离开这两座城。刘秀劝他们说："现在咱们到昆阳去，把所有的人马集中起来。打败了敌人，可以成大事，立大功。要是死守在这里，敌人打来了，咱们打了败仗，连性命都保不住，还谈得上财物吗?"将领们被刘秀说服了，才带着所有人马跟着刘秀上昆阳来。

刘秀亲自带着步兵、骑兵一千多人组织一支先锋部队，赶到昆阳，他们在离王莽军四五里的地方摆开了阵势。王寻、王邑一瞧汉军人少，只派了几千兵士对付。刘秀趁敌军还没有站稳阵脚，先发制人，亲自指挥先锋部队冲杀过去，一连杀了几十个敌人。汉军前来救援的大队人马赶到，见刘秀的先锋部队打得勇猛，也鼓起了勇气，几路人马一齐赶杀过去，王寻、王邑被迫后退。汉兵乘胜猛击，越战越勇。

刘秀带着三千名敢死队，向王莽军的中坚部队冲杀过去。王寻一看汉军人少，不放在眼里。他亲自带着一万人马跟刘秀交战。但是一万人还真打不过刘秀的敢死队。打了一阵，王寻的军队开始乱了起来。汉兵越打越有劲儿，大家看准王寻，围上去乱砍乱杀，结果了王寻的性命。

昆阳城里的汉军王凤、王常，一见外面的援军打了胜仗，就打开城门冲了出去，两下夹攻，喊杀的声音震天动地。王莽军一听主将被杀，全都慌了神，乱奔乱逃，自相践踏，沿路一百多里，丢下大批王莽军的尸首。

这时候，天空突然暗了下来，响起了一声大霹雳，接着狂风呼啸，大雨像倾盆一样地直倒下来。巨毋霸带来助威的猛兽，也吓得直打哆嗦，不但不往前冲，反而往后面乱窜。汉军一股劲儿往前追杀，王莽军好像决了口子的大水一样直往今河南鲁山沙河方向逃奔，兵士掉在水里淹死的成千上万，把沙河的河流也堵塞了。

大将王邑严尤带着王莽军逃回洛阳的时候，43 万大军只剩下几千人。汉军打扫战场，战场上到处都是王莽军丢下的兵器、军车、粮草。汉军搬了一个多月，都没有搬完，最后放了把火，把剩下的烧了。昆阳大战汉军大胜的消息，鼓舞了各地人民，纷纷起来响应汉军。有不少人杀了当地的官员，自称将军，等待汉军的命令。

更始帝派大将申屠建、李松率领汉军乘胜进攻长安。王莽惊慌失措，把监狱里的囚犯都放出来，拼凑一支军队，抵抗汉军。这样的军队怎么肯替王莽打仗，还没有接触，就陆续逃散了。

攻打长安的汉军很快打到长安城下，从东北方的宣平门攻入城内。城里的居民在少年朱弟、张鱼的号召下起义，跟汉军一同围攻王莽的宫殿，放火烧掉未央宫的大门。大伙儿高声吆喝，要王莽出来投降。王莽走投无路，带了少数将士逃进了宫里的一座渐台。那座渐台，四面是水，火烧不到那里。

汉军把渐台一层层围起来，一直围上几百层，等渐台上的兵士把箭都射完了，汉兵冲上台去，其中有个对王莽改制痛恨入骨的商人杜吴，跑在最前面，一口气冲上渐台，杀死了王莽。汉军将士出于对王莽的仇恨，一块块地分割了王莽的尸体。

到此，维持了 15 年的王莽新朝，最终土崩瓦解了。昆阳大战王莽军的惨败，是导致其消亡的重要因素。昆阳大战中，昆阳城内外的汉军总共不过 1 万人，却击败了王莽的 43 万新军，这是中国古代史上以少胜多，以弱胜强的著名战例之一。

光武中兴

刘秀在昆阳大战中消灭王莽主力，立了大功。其兄刘縯也打下了宛城，兄弟二人的名声就越来越大了。暂时建都宛城的更始帝怕刘秀兄弟势力强大起来，会威胁自己的皇帝宝座，于是找了个借口把刘秀的哥哥刘縯杀了。

这时，刘秀正在别处，听说哥哥被刘玄杀了，内心又悲愤又恐惧。他知道自己的势力敌不过更始帝，就立刻赶到宛城，向刘玄谢罪。有人问起他昆阳大战的情形，他也一点儿不居功，说全是将士们的功劳，还把许多错误都揽在自己身上。他对刘玄也是百依百顺。

更始帝刘玄以为刘秀不记他的仇，反倒有点过意不去，拜刘秀为破虏大将军，但是仍然不敢重用。后来又把他派到河北去了。没想到，刘秀到了河北，不仅可以保全自己，免遭刘玄杀害，而且得到了一个扩大势力的机会。

王莽的新朝政权被推翻以后，黄河以北的地主势力害怕农民起义的烈火燃烧到他们那里，纷纷组织起了地主武装。他们见刘秀到来，就都前来归附。刘秀到了以后，废除了王莽时期的一些苛刻法令，释放了一些囚犯，一面消灭了一些割据势力，一面镇压河北各路起义军。这样，刘秀的势力逐渐壮大起来，在黄河以北站稳了脚跟。

公元 25 年，刘秀和他的随从官员认为时机成熟，在鄗城自立为皇帝，这就是汉光武帝。而定都长安的更始帝却以为自己的江山已经坐定，整口在宫中饮酒作乐，不理朝政。赤眉军的首领樊崇眼看着更始帝不行了，就率领20万人进攻长安，推翻了更始帝。

赤眉军进入了长安，声势浩大，长安城里的老百姓扶老携幼、成群结队地来到街上表示欢迎。可是，几十万将士的口粮成了个大问题。富商和地主趁机屯积粮食，结果长安陷入一片混乱，天天都有人饿死。

正在赤眉军陷入困境之时，富有政治斗争经验的刘秀派大将邓禹一路打来，最终使赤眉军被迫投降。

刘秀镇压了农民起义军后，又消灭了割据陇右和蜀地的两个割据政权，从而结束了国家四分五裂的局面，最终统一了中国。他把洛阳为都城。因为洛阳在长安的东边，所以历史上称刘秀建立的汉朝为东汉，又叫后汉。刘秀是东汉第一个皇帝，历史上称他为汉光武帝。

连年的战事使老百姓苦不堪言，光武帝认为应当休养生息，只有这样才能兴复汉室，以保天下太平。光武帝决定缓和阶级矛盾，他调整了统治政策，来减轻百姓的压力，首先连下了九道释放奴婢和禁止残害奴婢的命令，接着废除新朝时期的苛捐杂税。

“民有嫁妻卖子，欲归父母者，恣听之。敢拘执论如律”。“天地之性人为贵，其杀奴婢，不得减罪。”从建武二年和建武十一年所下的这两道诏书基本上可以看出光武帝的决心。他把主要精力放在如何处理朝政上，对于战争则尽量避免。从早到晚无闲暇，日理万机。他还和文武大臣们热烈讨论国富民强的办法及怎样兴利除弊，振兴汉朝。有的时候，他们整天整夜地研究，种种方略全是为百姓着想。公元30年，光武帝把田租从十税一恢复到西汉时期的三十税一；提倡节俭，整顿吏治，征处贪官，这些举措得到了天下人的称赞，社会秩序明显好转。

光武帝有个儿子叫刘庄，已立皇太子，他很年轻，对于父亲不知疲倦，废寝忘食的处理朝政认为过于刻苦。有一次深夜他进宫见父亲还在伏案批柬，熬得双眼通红，就劝道："父王，汉室兴复，大业显赫，应有黄帝、老子修身养性之福德，无须劳神伤体。"光武帝微微一笑道："虽济大业乐此不疲，虽见天下稍起成效，何足夸骄。国事权纲须慎重适度，不到之处尚多，岂能无视。封赏开朝功臣，使其少要参与政治，以保太平，多预谋士三思而行，收敛兵刃，放还战马，停止武斗，方称圣贤。可明否？"一席话深使刘庄感到意外，明白了父亲中兴汉朝的雄伟胸怀，顿时暗自羞愧。

光武帝生活很俭朴，与历史上的各位帝王有所不同，他对女色看得相当淡漠，后宫只设一名皇后，几名嫔妃，而且她们的吃穿花销都有数量规定，每年的赏赐也很少。光武帝这样做，大大减轻国家财政开支和人民的负担。但同时他也办了件错事，例如把土地随意赏赐给功臣王侯，造成官僚地主拼命抢占土地，天长日久竟然形成许多庞大的庄园，使社会分化加剧，民众普遍不满，从而留下严重的隐患，在封建社会土地集中极其正常，其主要责任并不在光武帝，但他的作法无疑助长了这种风气的蔓延。

光武帝实行中兴政策最明智的地方在于他谨慎地对待战争，有个叫卢芳的人，他依靠匈奴的势力，占据着今陕北和内蒙一带，宣布称帝。但他打不过光武帝刘秀，先后两次投降又两次叛变，并且都是逃入匈奴避难。匈奴对东汉政权有所威胁，许多大臣乃至皇太子皆向光武帝建议讨伐匈奴。光武帝为保和平使农业生产顺利进行，坚决不采纳，战事的缓和是中兴的条件之一。

相比前朝的君主，光武帝的这种态度是十分正确的。他经历过战乱的岁月，深知百姓疾苦，也懂得王莽的覆灭是因为没有看到人民的力量，在治国之道上极力避免战争，安养民众，就这样，他所统治的十多年间，全国出现了较为安定的局面，经济恢复，人口增加。尽管如此，光武帝仍时常告诫皇太子和文武大臣，少说空话，多办实事，保持和平。这便是历史上著名的“光武中兴”。

同宗操戈

有个成语叫“同室操戈”，后汉刘氏家族的人为当皇帝，同宗动刀、自相残杀的事情时常发生：刘玄怕刘縯抢他的皇位，杀了叔伯兄弟，而刘玄又被刘盆子打败惨亡，刘秀又将刘盆子降服。刘永也是皇族成员，他在建武元年刘玄势力瓦解后不久，于睢阳称帝，公开表示要与刘秀争夺天下。光武帝刘秀为保住他打下的江山就必须与刘永决一死战。

其实若按皇族支系谱来看，刘永要比刘秀更加具有当皇帝的资格。刘永也打着汉朝的旗号，占据今河南省东部、安徽省北部、山东省南部等大片土地，兵力雄厚。

光武帝于建武二年三月派虎牙大将军盖延带领数员战

将率精兵浩浩荡荡，直奔睢阳，一路攻克襄邑、麻乡，进而包围睢阳城，把刘永困得动弹不得。但还没等盖延攻城，他手下有个叫苏茂的人忽然反叛，投降刘永，使汉军损失惨重。原来苏茂本是刘玄的部将，以后跟随了刘秀，可他对刘秀很有看法，这次被派来讨伐刘永他心里就非常不痛快，索兴趁机反叛对付盖延。盖延气得怒火万丈，爆竹开花般破口大骂一番，坚持围城，死困睢阳。就这样过去了三个月，刘永被围得里无粮草，外无救兵，每况愈下，盖延一直没攻打城池，始终按兵不动，他将睢阳附近的麦子全部收走，断绝刘永的粮食来源。其实盖延不仅武艺高强，并且很有智谋，他猜测睢阳城内的情况必定相当困难，决定发动总攻击。

阴历六月三十半夜，汉军趁黑摸到睢阳城下，他们悄无声息运来一批梯子。慢慢往上爬。由于汉军围城三个月无战事，刘永的士兵们警戒十分松懈，再加又饿又乏的情绪，都懒得巡视，所以谁也没发现汉军，汉军登上墙头溜到城门前，拿掉铁栓，把门打开，盖延指挥千万兵将高声呐喊着冲入城内，刘永的士兵还未明白过怎么回事，就被乱刀砍死。此时刘永正在睡觉，他听见喊杀声，从梦中惊醒，知道是盖延打进来了，他慌忙携带家属和护卫由东门逃出，往虞县而去。盖延正式占领睢阳，刘永刚逃到虞县就给一伙来历不明的人拦住道路，对方二话没说，挥刀就砍，混战中刘永的妻子和老母都被杀死，刘永跑得快，幸免于难。

刘永又逃到谯县躲了起来，盖延趁胜追击，一路过关斩将，拿下薛县、萧县、彭城、浦郡各地，许多太守皆被杀，士卒投降。这时苏茂联合几员刘永的部将，率领3万大军赶往谯县，企图救刘永。盖延，一场血战，苏茂大败，伤亡惨重，只得夺路逃走。然而事情并未平息，建武三年，瞧阳又反了，迎接刘永入城，重整旗号，妄想东山再起，盖延气得双眼喷火，二度围城三个月，直到城中粮绝，刘永冒死突围，结果不是盖延的对手，兵将死伤无数，他的手下为投降保命，把他杀死，把首级奉献汉军。

刘永死了，但他的儿子刘纡逃出重围，以苏茂辅助，据守垂惠，称作梁王。他们在皖北苏北一带活动，跟汉军战斗，极其顽强。盖延几次围剿效果不大。这时一件意外的事情发生了，平狄将军庞萌起兵叛乱，自称东平王，辅助刘纡，驻扎于桃乡以北，从前庞萌非常受刘秀的信任，所以叛乱后满朝哗然，刘秀险些气死，亲自率军讨伐庞萌，下奔睢阳。

3 万汉师围攻桃乡，但这不是刘秀的军队，刘纡也打着汉旗。刘秀带领 3000 骑兵，步卒数万，赶到距桃乡 60 里外的任城。诸将军都想迅速出战，刘秀却按兵不动。

庞萌攻打桃乡 20 余日，毫无进展，伤亡惨重。刘秀从外围又调来大军，里应外合，将庞军打得人仰马翻，横尸累万。庞萌和苏茂什么都扔了，单骑去找刘纡，幸好刘纡还有几万兵力，驻扎在昌虑城中，先遣军一部分驻扎在城外 30 里的建阳县，以保护昌虑。刘秀与他们对阵良久就是不出兵，他说："昌虑、建阳均缺粮草，难以维持局面，自会退却，无需交战。"果然，5 日之后建阳军队退走。刘秀亲自指挥攻打昌虑，经过 3 天血战，终于占领全城，城内火光冲天，杀声四起，乱作一团。刘纡知道大势去矣，他疯了一般，叫手下人拼命抵抗。眼见刘秀的军兵越来越多，许多将士不愿再替刘纡作战牺牲，他们杀死刘纡，砍掉首级，向刘秀投降。可怜的刘纡，落得的下场与他父亲相差无几。

刘秀见到刘纡的首级，心中暗喜，这两个心腹之患已除，只须捉拿逃走的庞萌和苏茂了，然而他表面上没有高兴之色，又对同宗之情唏嘘一番方才作罢。庞萌逃到缯县大山里，夜晚趁黑逃亡，可终究没跑掉，被汉军追上杀死。苏茂下落不明，再无音信。

光武帝刘秀占据山东后，挺进中原，扩大势力，消灭了襄阳的秦丰，五当（今湖北十堰市东）的延岑，战到建武五年，与大将彭宠正面交锋。彭宠没能打过刘秀，拱手让出中原，从此刘秀成为中原的主人，一统天下。

董宣和郅恽

汉光武帝建立了东汉王朝以后，采取休养生息的政策。例如减轻一些捐税，释放奴婢，减少官差，还不止一次地大赦天下。因此，东汉初年，经济得到了恢复和发展。

汉光武帝懂得打天下要靠武力，治理天下还得注意法令。不过法令也只能管老百姓，要拿它去约束皇亲国戚，那就难了。

汉光武帝的大姐湖阳公主就依仗兄弟做皇帝，骄横非凡，无视法令。她的奴仆也不把朝廷的法令放在眼里。但是，当时也出了一些执法严明、敢于跟皇帝贵戚、豪强地主作斗争的官吏，他们甚至不怕丢掉自己的乌纱帽和性命，也要维护法律的尊严。外号叫做“强项令”的洛阳令董宣就是其中的一个。

湖阳公主有一个家奴仗势行凶杀了人。凶手躲在公主府里不出来。董宣不能进公主府去搜查，就天天派人在公主府门口守着，只等那个凶手出来。一天，湖阳公主坐着车马外出，跟随着她的正是那个杀人凶手。董宣得到了消息，就亲自带衙役赶来，拦住湖阳公主的车。

湖阳公主认为董宣触犯了她的尊严，沉下脸来说：“好大胆的洛阳令，竟敢拦阻我的车马？”董宣可没有被吓倒，他当面责备湖阳公主不该放纵家奴犯法杀人。他不管公主阻挠，吩咐衙役把凶手逮起来，当场就把他处决了。湖阳公主气得赶到宫里，向汉光武帝哭诉董宣怎样欺负她。

汉光武帝听了，十分恼怒，立刻召董宣进宫，吩咐内侍当着湖阳公主的面，责打董宣，想替公主消气。董宣说：“先别打我，让我说完了话，我情愿死。”汉光武帝怒气冲冲地问：“你还有什么话可说的？”

董宣说："陛下是一个中兴的皇帝，应该注重法令。现在陛下让公主放纵奴仆杀人，还能治理天下吗？用不着打，我自杀就是了。"说罢，她挺起头就向柱子撞去。

汉光武帝连忙吩咐内侍把他拉住，董宣已经撞得血流满面了。汉光武帝知道董宣说得有理，也觉得不该责打他。但是为了顾全湖阳公主的面子，要董宣给公主磕个头赔个礼。

董宣宁愿把自己的头砍下来，怎么也不肯磕这个头。内侍把他的脑袋往地下摁，可是董宣用两手使劲撑住地，挺着脖子，不让把他的头摁下去。内侍知道汉光武帝并不想把董宣治罪，可又得给汉光武帝下个台阶，就大声地说："回陛下的话，董宣的脖子太硬，摁不下去。"汉光武帝也只好笑了笑，下命令说："把这个硬脖子撵出去！"

湖阳公主见汉光武帝放了董宣，心里很气，对汉光武帝说："陛下从前做平民的时候，还收留过逃亡的和犯死罪的人，官吏不敢上咱家来搜查。现在做了天子，怎么反而对付不了小小的洛阳令？"汉光武帝说："正因为我做了天子，就不能再像做平民时候那么干了。"汉光武帝不但没办董宣的罪，还赏给他三十万钱，奖励他执法严明。董宣回到官府把这笔钱全分给了他手下的官员。以后，董宣继续打击不法的豪门贵族。洛阳的土豪听到他的名声都吓得发抖。人们都称他是“卧虎令”。

当时，敢于执法的官员除了董宣以外，还有一个管洛阳城门的小官，名叫郅恽。别看郅恽官职低，这老头可倔得很。郅恽的耿直早在30年前王莽篡政的时候就已名满天下。刘秀做皇帝后，听说过他的学问和品德，本想重用，见他年老体弱，认为没多大用处，就让他做了个管城门的小官，他也不推辞，干得挺认真。

有一次，汉光武帝带了一批人，到洛阳郊外去打了一天猎，回城的时候，已经是深夜。皇帝的车驾到了上东门，城门早已关了。随从打猎的侍从叫管城门的开门，郅恽拒绝了。

过了一会儿，汉光武帝亲自策马立到桥边，吩咐郅恽开门。不料郅恽说：“夜里看不清楚，不管是谁要进城，还是按朝廷的规矩不能随便开门。”汉光武帝只好绕道到东中门进城。

第二天，汉光武帝正想找郅恽责问，不想郅恽的奏章已经送上来了。奏章上说：“陛下跑到遥远的山林里去打猎，白天还不够，直到深夜才回来。这样下去，国家大事怎么办?”汉光武帝看了奏章，肚子里的气就没有了，连声说："这倔老头子果然有胆量、有见识！"于是，命人赏给郅恽一百匹布，把那个管东中门的官员降了职。

光武帝能够做到这一步已很不容易了，他不愧为一个豁达贤明的皇帝。

老将马援

汉光武帝靠武力夺取了天下，他手下有批出身豪强地主的大将谋臣，他们都是帮光武帝打天下立过功的，其中功劳最大的有二十八个。汉光武帝死后，他的儿子汉明帝刘庄把二十八人的肖像画在南宫的云台上，称为"云台二十八将"。

但是在二十八将之外，还有一名大将，他的名字虽然没有留在云台上，在历史上却很有名气。他就是老当益壮的马援。

马援在王莽统治的时候，做过扶风郡（治所在今陕西

兴平东南）的督邮。有一次，郡太守派他送犯人到长安。半路上，他看犯人哭得挺伤心，就把他们放走了，自己也只好丢了官，逃亡到北地郡躲起来。后来在那边搞起畜牧业和农业来。

不到几年工夫，马援成了一个大畜牧主的地主，有了牛羊几千头，还积蓄了几万斛粮食。

但是马援并不想一直留在那里过富裕生活。他把自己积贮的财产牛羊，分送给他的兄弟朋友。他说："一个人做个守财奴，太没有出息了。"

他还说："男子汉大丈夫，应该有远大志向。越穷越坚强，越老越健壮。"（文言叫做"穷当益坚，老当益壮"）

王莽失败后，马援投奔汉光武帝，立了很多战功。

公元44年秋天，马援从外面打仗回来，有人劝他说："您已经够辛苦的了。还是在家里休养休养吧。"

马援豪迈地说："不行，现在匈奴和乌桓还在骚乱，我正要向皇上请求保卫北方。男子汉大丈夫，死应该死在边疆上，让别人用马革裹着尸首送回来埋葬。怎么能老呆在家里跟妻子儿女过日子呢。"

不久，匈奴和乌桓果然接连侵犯北方。汉光武帝派他去守襄国（今河北邢台西南）。匈奴和乌桓跟汉兵打了几仗，没能取胜，就逃走了。

北方平定下来不久，南边五溪（在今湖南、贵州交界的地方）有一个部族，打到了临沅县，汉光武帝两次派兵征讨，都被五溪部族打败。

汉光武帝为了这件事很担忧。那时候马援已经六十二岁了，但还是请求让他带兵去打仗。汉光武帝瞧了瞧马援，见他的胡子都白了，说："将军老了，还是别去吧！"

可是马援不服老，就在殿前穿上铠甲，跨上战马，雄赳赳地来回跑了一转。汉光武帝不禁赞叹说："好硬朗的老人家！"就派他带领马武、耿舒两名将军和四万人马去攻打五溪。

马援的军队到了五溪，因为不适应南方的气候，有好些兵士中暑死去，马援自己也得了病。有人向汉光武帝挑拨是非，说是马援指挥错误。汉光武帝就派中郎将梁松去责问马援，并且去监督马援的军队。

梁松是汉光武帝的女婿，一向骄横自大。梁松的父亲原来是马援的朋友。马援看不惯梁松那股骄横劲儿，曾经批评过他，梁松从此记下了恨。

梁松到了五溪，马援已经害病死了。但是梁松还不肯罢休，向汉光武帝告了一状，说马援不但指挥作战犯了错误，而且上次在南方的时候，私下里搜刮了大批珍珠。跟马援一起的马武也跟着一起诬陷，说马援回家时确实装了整整一车珍珠。

这回，汉光武帝真的相信了，下令革了马援的爵位（马援本来封新息侯），还要追查马援的罪责。

赶到马援的棺材运到家里，他妻子马夫人不敢报丧，偷偷地把棺材埋在城外，连以前跟马援要好的朋友和宾客也不敢上马家吊丧。

马夫人亲自到宫里向汉光武帝去请罪，汉光武帝怒气冲冲地把梁松的奏章扔给她。马夫人一看到奏章，才知道她丈夫受了天大的冤屈。原来马援在南方的时候，害了风湿症。有人告诉他，当地出产的薏苡（音 yì－yǐ，又叫米仁）可以治风湿。马援吃了一点，果然见效，回家的时候，叫人买了一批颗粒大的薏苡，用车装了带回来。梁松、马武偷眼看到过这些东西，就捕风捉影，把薏苡说成珍珠，告了马援一状，害得马援革了爵位，坏了名誉。

马夫人一连六次向汉光武帝上奏章申诉。还有一个名叫朱勃的人，听到马援的冤屈，也大胆地上了奏章替马援申冤。

汉光武帝看了马夫人和朱勃的奏章，才准许马家把马援安葬，也不再追查马援的罪。

马援“马革裹尸还”的故事，一直流传至今，他用行动实现了他的豪言壮语。

班超投笔从戎

班超是东汉人，著名史学家班固的弟弟。他的父亲班彪曾为光武帝整理西汉历史。班超为促进中西经济和文化的交流做出了杰出贡献，献出了毕生精力。

班超是个胸有大志、勤奋好学的人。在少年时代，他读了不少古代书籍，其中深深感染了他的是张骞通西域的故事。班超非常仰慕西汉的张骞，他立志要像张骞那样为国为民干出一番事业来。

班彪死了以后，汉明帝叫班固做兰台令史，继续完成父亲所编写的《汉书》，这是一部记载西汉历史的书。班超就跟着哥哥做抄写工作。但他时刻向往着能在战场上报效国家。

当时，住在蒙古高原的北匈奴贵族经常带兵进攻东汉北方郡县，焚烧城邑，抢人、抢牲口；还控制了西域各族政权，强行征收贡赋，还断绝了西域与东汉之间的交通。西域是指甘肃玉门关和阳关以西，葱岭以东，新疆天山南北等地区。西域有大大小小几十个政权。西域方面曾多次派使者到洛阳，请求东汉政府派兵驱逐匈奴的势力。

汉明帝时，国力强盛，汉朝决心解除北匈奴的威胁，扫除和东汉之间交通的障碍。消息传到洛阳，班超慨然扔下手中的笔，感叹到："大丈夫没有别的志愿和谋划，还是应当以张骞为榜样，立大志，在异域建立功勋，博取封侯，怎能长期生活在笔砚之间呢?"从此他毅然投笔从军。

公元73年，东汉政府派窦固带领军队，分道出塞，攻打北匈奴统治者，班超跟随窦固出征。在这次战争中，班超初露头角，他以假（即代理）司马的军职带领一支队伍，出击伊吾卢（哈密附近），大战于蒲类海，建立了赫赫战功。

窦固很赏识班超的才能。不久，东汉政府为了恢复和西域各国的交往，决定派官吏前往。窦固便派班超出使西域。

班超奉命出使。他率领36名士吏首先到达西域的鄯善（今新疆若羌）。起初，鄯善王热情地款待班超一行人。可是过了几天，鄯善王的态度忽然变得疏远起来。班超心中犯疑，心想其中必有缘故。后来他从侍者口中了解到，原来是匈奴的使者带兵到鄯善已经3天了，正在鄯善进行活动。鄯善王迫于匈奴人的威胁，不敢再与汉朝的使者亲近了。班超立即召集随行的36人商量对策。他分析了他们当时的处境，说："假如鄯善王把我们交给匈奴人，那将死无葬身之地，不入虎穴，焉得虎子，现在只有以死相拼。咱们乘夜杀了匈奴人，这样才能逢凶化吉。"

当晚，夜深之后，班超率领36名吏士向匈奴营舍发动了袭击。他命令10名士兵带着军鼓，潜伏到匈奴营舍后面；其余的人带着刀弓箭弩，来到营舍前面。看到时机成熟，班超命令士兵沿着营舍周围点火。当天恰巧狂风骤起，又是顺风放火，风借火势，火借风威，整个营舍顿时燃烧起来。营舍后面的十名士兵立即拼命击鼓，大声喊叫，以张声势。匈奴使者从梦中惊醒，惊慌失措，四散奔逃。班超等人乘乱斩杀匈奴使者，班超亲手杀了 3 个，吏士们杀了匈奴使者及随从 30 多人，剩下的 100 多人全部被烧死了。

天一放亮，班超带领随从提着匈奴使者的人头去见鄯善王。这一果断的行动粉碎了匈奴使者的阴谋，也使鄯善王下决心与匈奴决裂，一心与东汉复通和好。

班超的智勇双全，深得东汉政府赏识。朝廷又命班超作为汉朝使者继续西行到达于阗。这次班超早有思想准备，他以鄯善国为例，先打消了于阗王的顾虑，争取了于阗王。于阗王主动杀了匈奴贵族派在那里的“监护”使者，与东汉和好。

西域的另一古国龟兹，国王在匈奴贵族的支持下，仗势欺负疏勒国，派人把疏勒国王杀死，另立龟兹人兜题为王。公元 74 年，班超到达疏勒，他派部下杀了兜题，平息了疏勒的政变，随后召集文武大臣，重新扶立原来疏勒王室的人为王，班超的举动，赢得了疏勒人的拥护，使班超在西域获得了很高威望。

经过班超的努力，西域大部分地区与东汉重新建立了互相信赖的友好关系。西域各国从王莽执政时期起，跟汉朝不相往来已经有 65 个年头了。到了这时候，才恢复张骞通西域时，双方通商的局面。

公元 75 年，匈奴又大举进攻西域，东汉政府命班超从西域撤回，但西域人民都不愿他离开。疏勒人听说班超要回汉朝，举国忧恐；于阗王侯大臣也极力挽留他，抱着班超坐骑前腿哭泣着不放他走，班超只得又留下来，回到了疏勒。

从公元 73 年到公元 102 年的近 30 年中，班超始终留在遥远的西域。尽管东汉政府派兵几次打败匈奴的进攻，但当时匈奴贵族的势力仍很大，经常对西域各小国进行威胁煽动，使这些小国的态度变化无常，而班超的处境则既困难又危险。但班超有勇有谋，能言善辩，恩威并举，他注意团结弱小，依靠主张与汉和好的于阗、疏勒等小国，打击为匈奴贵族效力的龟兹等国的上层分子，使西域各国纷纷归汉，加强了中原地区与西域各国的交往，通往西方的、中西文化、经济交流的要道——丝绸之路，重新畅通。班超因功被任命为西域都护，封“定远侯”。

班超在西域整整活动了近 30 个年头。公元 102 年，71 岁的班超上书汉帝，“但愿生入玉门关”，请求回归中原。当年 8 月，班超回到都城洛阳，拜为射声校尉，9 月病卒在洛阳。

刘庄开拓中兴之路

建武三十年，光武帝中兴的理想基本实现了。有大臣建议他去泰山封禅。封禅是一种祭拜天地典礼。光武帝认为封禅劳民伤财，过于炫耀，所以没有去。直到建武三十二年，光武帝无意读到一本书，上面写着黄帝登泰山封禅后成了神仙，他便动了心。光武帝是个挺迷信的人，前思后想许久，也终于决定到泰山去，封禅归来，光武帝为讨吉利，改年号为中元，并且修了许多礼堂、观象台、天文台。他还下令屯田和开垦荒地，重新统一度量衡，光武帝的晚年依然为中国文化与经济的发展而努力奋斗。直到中元二年二月，一代英豪光武帝刘秀逝世，终年 63 岁。

光武帝在位 34 个春秋，政绩醒目，特别是光武中兴的历史，影响千秋万代。他临终之前下令说，丧事从简，节约费用，各地的官员不许到京城奔丧，要坚守职位。从这一点看来，光武帝是个比较务实的皇帝，不追求铺张，值得称道。

三月，光武帝被安葬于洛阳郊区的原陵，原陵很小，边长才 360 步，中间坟丘高约 6 丈，做为开国之君的陵墓，实在是相当俭朴了。

光武帝去世的当天，他儿子刘庄继承大统，后世称之为明帝。这是刘庄死后追谥的庙号。刘庄建立年号称之为永平。那年他已经 30 岁了，该如何治理国家，他心中很清楚。刘庄基本上继承了父亲刘秀的遗志，以中兴为主，实行安邦之道。永平元年的新年，刘庄率领大臣公卿朝拜原陵，怀念先帝的丰功伟绩。随后刘庄便颁布了对农民的政策：各地方官员顺应时节，不许搅扰农业生产，要增加生产力度；假如逃亡者或触犯律法者赎罪返回，可以从轻发落。这一系列的措施非常有利于农业生产，应该说明帝基本上在光武帝创造的条件下，继续恢复和发展了经济。

刘庄的麻烦事也不少，光武帝刚刚去世，西北地区羌族发动了叛乱，与汉政府为敌，进犯陇西。在陇西金城郡，烧当羌族与地方的军队发生了激战，汉军被打得大败。刘庄接到传报，深感为难，如果这件事处理不好，他将毫无威信可言。幸好刘庄的头脑很冷静，迅速下诏："赦免陇西囚徒，每人减罪一等，免收当年租税。"这一举措无疑稳定了陇西的民心。

光武中兴，避免战事，刘庄也极力避开战争，但目前的特殊情况只有依靠武力来解决了。他派谒者张鸿出兵金城郡。张鸿由于轻敌，不久就被打败。刘庄认为敌兵太强大，决定派王牌军出征，由中郎将窦固和捕虏将军马成前去平剿烧当羌族。窦固很会打仗，又有马成做助手，经过几个月的战斗，终于讨伐成功，稳定住局面，打败羌族。

有一天，刘庄的三妹馆陶公主忽然来拜见他。馆陶公主极其客气的直接说道："陛下，大统中兴，万民之福。如今陛下已登基，请勿忘同胞，膝下一子，年龄十六，可否封侯?"刘庄一听有些不知所措。原来馆陶公主的意思是给儿子讨个官位做，既然是公主的儿子，总不能随随便便封个官算了，而光武帝在世的时候，尽量避免亲戚参与政事，也轻易不肯把权力重大的职位交给亲戚。刘庄对此也很敏感，于是他学着父亲的经验做出决定：他婉言拒绝了馆陶公主的要求，赐钱千万，算是补偿。从这两件事来看，刘庄治理国家还是有能力的。

刘庄为表示自己重视农业生产，永平三年春天，他亲登灵台观测天象，永平四年，他又到洛阳东郊皇家籍田参加耕种，尽管这只是一种象征式的劳动，却表明刘庄对农业极其关注，要走中兴之路，此环节至关重要。

明帝刘庄的各项治国举措是光武帝政策的一种延续，他也提倡节俭，反对厚葬，即使自己的陵墓也不例外，比光武帝的还小很多。经过十几年的发展，后汉时期的经济状况良好，社会太平，连年丰收，人口逐渐增加，一片兴盛的景象。

明帝信仰佛教，他曾郑重其事地派郎中蔡愔（yīn）和博士弟子秦景等人，带了上等丝绸，到天竺国（即印度）去取经求佛。

东汉的时候，由于生产的发展，各地之间的交通比西汉时候方便得多了。蔡愔、秦景和他们的随从，经过艰苦的长途旅行，终于到了天竺国，并且找到了佛教大师，向他们介绍了汉朝的情况，转达了汉明帝想要取经求佛的虔诚愿望。佛教的大师们认为汉明帝不远万里地派人来取经求佛，确是出于虔诚的心情，就决定派遣竺法兰和迦叶摩腾两位大师，带着许多写在贝多罗树叶上的佛经，跟随蔡愔、秦景等人到中国来。

两位大师到了中国，朝见了汉明帝，向汉明帝讲解了佛教的教义。汉明帝认为佛教的教义很符合他加强封建专制统治的需要，就请他们把带来的贝叶经翻译成为汉文。于是，佛教就在中国广泛地传播开了。

奇人王景治水

自古以来，黄河就在中原大地上不断地决口和改道，给中原人民带来了数不清的灾难和痛苦。

黄河泛滥不止，汉政府几次堵决口都不成功，黄河还有个支流，从荥阳附近分出，叫作汴渠。发大水时，汴渠便被冲得一塌糊涂，汉明帝即位之前，黄河两岸的百姓受水害已经长达 60 余年了。到明帝刘庄在位时，出现一位叫王景的能人，他在治水方面颇有成果。

王景是中国历史上有名的水利专家，是东浪郡人。东浪郡即今朝鲜的平壤市。当年，王景的父亲王闳杀死了东浪郡的官员，拥护汉朝，欢迎汉太守接管东浪郡。他的这一作法受到了光武帝的嘉奖，封王闳为列侯，王闳很客气，没有接受。光武帝便召他进京，然而王闳在上京路上就病死了。王景长大后，由于他自小好学，精通《周易》，懂得数学，对天文也很有研究，才华横溢，被司空伏恭看中，收于门下。

后来王景修整浚仪渠，显示出治水的才能，所以于公于私，刘庄都很信任王景。他把王景召到殿前问道："先帝听取浚仪县令的意见，不修汴渠无大损失，你认为如何?"王景道："陛下请想，汴渠流域接近洛阳，对京城威胁甚大，附近十几个县，产粮丰富，不可不顾，虽然经费巨大，役使的民众成千累万，必有怨言，但修成之后受益的仍是民众与国家，尤其洛阳。"刘庄觉得王景说得很正确，赏赐给他《禹贡图》、《山海经》、《史记·河渠书》等许多有关水利方面、地理方面的书籍以及钱帛，命他治水。永平十三年夏天，王景到黄河边视察过几次后，整治汴渠的工程开始了。这件事可不容易干，汴渠决口后在中原大地上形成宽广的水泽，流经山东省、江苏省几个县注入淮河，特殊的地势环境，使灾害频繁，王景经过认真测算，决定重新改变汴渠的出口路线，让河道从今山东梁山县、平阳县、长青县、济南市、济阳县、高青县、博兴县流经，然后入海。这与今日的黄河流向十分接近。从前的流向比这更为曲折。而汴渠中最大的难题便是荥阳渠口，此处为分流点，需要有闸门控制进入汴渠的水量。王景往坝上加石头，与黄河河堤相连，留下一丈多宽的豁口，用厚木板卡住，这就是水闸。水多时闸门打开，水少时就关住，再按山地落差选择路线，保持水流尽可能平稳，避免自然破坏，特别在急转弯之处，都要修上石堤，再将淤塞的地方挖开，分出支流，以灌溉土地。这几种作法，大大缓解了黄河自身的压力。

治水工程耗资数目惊人，总费用达到上百亿，汉政府负担相当沉重，王景处处节省，十分辛劳，永平十四年四月，汴渠终于完工了。这一年的苦战中有几十万人为之挥汗如雨，由于意外事故，还有许多人献出了生命。放水以后，滚滚黄河顺利流入汴渠，灌溉两岸田地，老百姓纷纷赞扬。刘庄也高兴地来到荥阳，巡视汴渠，他看到王景设计的水闸门时深感佩服，说了很多鼓励的话。“黄河两岸土地与贫者耕种，官和豪门不得干涉搅扰。”刘庄下诏，再次鼓舞士气，振兴农业。从此，黄河下游两岸被淹过的几十个县的土地都变成了良田，使汉政府增加了许多收入，国库也得以充实。王景因此被称为“治水奇人”，民众对他十分尊敬，刘庄也非常信任他。从世界水利史上看，在生产力很落后的情况下，治理黄河这样大的工程，能如此圆满得成功，不能不称之为奇迹，王景也无愧于“治水奇人”的称号。

王充与《论衡》

汉明帝刘庄和汉章帝刘炟在位的三十年间，是东汉社会比较稳定时期，文化教育也发达起来了。当时读书人的思想比较活跃，汉明帝决心统一大家的思想，并在公元59年亲自在太学里讲经。汉章帝继续效仿他父亲的做法，建初四年，在白虎观召开了一次儒生大会，并让史学家班固将会议内容写成一本《白虎通议》的书。

和班固差不多同期，有一个和白虎观会议的要求唱反调的人，他就是王充。

王充是东汉前期著名的唯物论思想家，他写了一部为世瞩目的巨著《论衡》。王充出身贫寒，在他还很小的时候，父亲就去世了。他勤奋好学，后来，他到了洛阳入太学，从师于著名的历史学家班彪。

王充曾担任过几任州、县的中等官吏，后来因为与上司不合，就辞官回乡了。他在家闭门谢客，深入思索，不参加任何社会活动，窗旁壁上放置笔砚，以毕生精力著书论说。王充一生著了不少书，但至今只有《论衡》一书被保存下来。这部书是他历时 30 多年，倾注毕生心血写成的。全书共 30 卷、85 篇、20 多万字。在《论衡》一书中，王充广泛吸收了当时的自然科学成果，总结和发展了古代朴素唯物主义的思想，向当时的宗教迷信和儒家经学勇敢地进行了挑战。

在《论衡》中，王充坚持唯物主义观点，否定了上天创造万物、主宰人类社会的说教。在《论衡》中，王充指出，天地万物是由一种“气”组成的，而自然界的一切异常现象都是“气”变化的结果。天没有意识性活动，不可能有目的地创造万物，日食、月食、打雷、下雨都是自然现象。由此可见，天只是一种自然的存在，所谓天子“君权神授”根本不存在。

王充在《论衡》中对于人的生命现象给予了唯物主义的解释，对封建的鬼神迷信思想给予了尖锐的批判。在神体关系上，他提出了新看法。他认为人们通常所说的灵魂就是“精神”，人的精神依附于人的“形体”而存在，没有脱离肉体而独立存在的灵魂。如果人的肉体死了，形体腐朽，变成灰土，精神则随之消亡，灵魂也就不复存在，更不可能变成所谓的“鬼”。至于“死人为鬼，能害人”的说法，王充给予了断然的否定。他指出，人同自然万物一样，有生有死，花草树木，鱼虫猫狗死后不为鬼，为什么唯独人死后会变成鬼？所谓“鬼”的说法是无稽之谈，根本不存在，这是人为地制造出来的。

在认识论方面，王充不承认有“生而知之”、先知先觉的圣人，他批判了神秘的先验主义，强调要通过实证检验知识的真伪。

他认为人的认识主要来源于人的眼、耳、口、鼻、身等感观对外界事物的接触，即使是“圣人”，他所感知的外界也同常人一样，绝没有什么先知先觉，因此也就不存在什么生而知之的圣人。在《论衡·知实》篇里，王充举了不少例子，以证明先知和圣人是不存在的。例如：孔子周游列国，他跑了那么多国家，人家都不用他，他既是圣人，与凡人相比能够做到先知先觉，那他早该预测出人家不会用他，他何苦白跑腿呢？王充的证据有力地证明了唯心论、先验论纯粹是谬论。

在《论衡》一书中，王充充分阐明了他的唯物主义自然观、认识论和历史观。《论衡》这部书，可以说是公元1世纪时候一盏智慧之光的明灯，它的光芒刺破了中国封建社会的黑暗。王充不愧为杰出的唯物主义思想家。

历史功过说窦宪

在世界史上，有着欧洲和北非的民族举国迁徙大事，那是因为匈奴人的铁蹄踏上了欧洲大陆，他们所向无敌，烧杀抢掠，纵横世界。然而这些匈奴人并非真的无敌，他们打不过东汉将军窦宪，伤亡惨重，不得已逃往西方，几百年后出现在欧洲的土地上，才再次称雄。

窦宪的父亲窦勋是建武老将窦融的孙子，而窦勋的女儿则嫁给章帝，做了皇后。窦宪借助皇帝很快便飞黄腾达。他与他的弟弟窦笃都得到章帝的赏识。他们拥有大量的土地与钱财，非常骄横。由于他们权势太重，满朝文武无人敢惹。

窦皇后善于搬弄事非，嫉妒心又特强，她曾施毒计逼死了章帝宠幸的宋贵人姐妹。而对窦宪的无法无天，她视而不见。章帝因惧怕窦家强大的势力，也无可奈何。

一次，窦宪强行低价从章帝姐姐沁阳公主那里买下块庄园，沁阳公主畏惧窦宪的权势，只得忍让。章帝知道这件事后，十分生气，怒斥窦宪，但看在窦皇后的面子上，没有处罚他，同时也再没有交给他重任。

章帝贪恋酒色，虽然未及中年，身体就虚弱下来，每日都要吃很多补药补品，但身体始终不见强壮，这样就严重影响到他处理政务，没办法，有些国家大事还得依靠窦家兄弟，而窦家也趁机继续扩张势力，收买人心。有个叫郑弘的老臣冒死上书，与窦宪做对，终被窦宪所谋害。窦宪心胸狭窄，有仇必报。一点点小过节他也不放过，当年他父亲窦勋因受贿，让明帝抓住把柄，入狱而死，他将参与审讯问案的谒者韩纡之子杀死，祭拜父陵。当时窦勋已经死了20多年了。此事过后更无人敢招惹窦宪了。这年，章帝驾崩归天。

章帝死时只有32岁，他10岁的儿子太子刘肇继承帝位，史称和帝，那位由贵人爬上皇后宝座的窦娘娘摇身一变，成为皇太后，窦太后临朝听政，由窦宪辅助，这样实权就落到窦家兄弟手中，不久，齐王刘寅的后代刘畅来吊唁章帝，窦宪怕其夺权，将他暗杀，后被查出，窦太后只得将兄长软禁于内宫。

同年，北匈奴发生饥荒，南匈奴要求朝廷征讨。南匈奴归附汉朝，北匈奴则与汉朝为敌。窦太后借此机会，让窦宪为帅，车骑将军耿秉为副帅，伐北匈奴。窦宪因刘畅事件正坐立不安时，闻听此讯，满心欢喜。窦家兄妹力排反战忠臣老将，于永元元年出兵讨伐北匈奴。

与匈奴这一战，窦宪打得很漂亮，汉军在今蒙古人民共和国境内的稽落山，大败北匈奴，斩首3000级，北单于逃走，其部20余万投降，窦宪凯旋而归，封为武阳侯，食邑双万、威震朝廷。回京后，窦太后又封窦宪冠军侯。窦宪坚持不受封，率兵出镇凉州，第二年，汉军再次击败北匈奴，彻底打垮了匈奴的战斗力。北匈奴往西方逃去，几百年后踏上欧洲大陆，从而改变了世界的历史。北匈奴的逃走，解除了中国北部边境长达几百年的大患。从这一点看，窦宪是一个为整个中华民族做出永久贡献的伟大人物。但是，窦宪个性古怪、残忍狠毒、心术不正，为达目的不择手段，他依仗权势欺压百姓，他家的下人更无法无天，强奸民女，强夺民财，横行霸道，无恶不作。特别是窦宪的亲友多在朝中为官，关系网络复杂，许多大臣被他收买，成为他的爪牙。尚书仆射乐权冒死上书，要求窦太后改变现况，被窦宪杀死。

小皇帝渐渐长大，渐渐懂得事理，14 岁时就能办公了，而此时窦宪的权势正是春风得意之际，刘肇对他威胁越来越重，他对刘肇起了杀心，伺机杀害小皇帝。

和帝虽只有 14 岁，却也看出这位舅舅没安好心，暗中与他展开斗争。和帝知道自己身边的人都是窦宪的亲信，他很谨慎，终日沉默无语，慢慢寻找可以信赖的臣子。

经过细心观察，和帝选中宦官钩盾令郑众，郑众从不与窦宪的爪牙们来往，对皇室极其忠诚。和帝秘密见他，诉说了夺权的想法。郑众看待问题很深远，他低声说：

"陛下，现在窦宪不在京城，切勿动手，要等他回来，以免他在外作乱，至于他的党羽，必须诛杀。"

时机也渐渐成熟，郑众已准备完毕，只等皇令。又过三天，和帝忽然来到北宫，紧急诏令御林军及五校卫兵马司包围南宫和北宫，捉拿窦宪的女婿郭举和其父郭横，以及邓磊等爪牙，就地斩杀。

窦宪万万没料到和帝这么快就动刀了，他想逃出皇宫，起兵叛乱，但还没跑出宫门，便被活捉，打得半死。几日后窦宪、窦笃、窦景三兄弟在和帝派人逼迫下自尽。窦宪的一生也就这样的结束了。纵观窦宪的平生历史，功过共存。永元11年，窦太后死，窦家势力崩溃瓦解。

蔡伦的造纸术

王充写《论衡》的时候，虽然已经有了粗糙的麻纸，这种纸是用大麻和苎麻等原料制成，纸的质地比较粗糙，

纤维组织分布不均匀，还不适宜于写字，他的书是写在竹简木牍上的。王充去世后不久，蔡伦改进了造纸术，造出了适宜于写字的纸。

蔡伦字敬仲，是东汉和帝刘肇至安帝刘祜时候的一位宦官。他为人正直，敢于给皇帝提意见，很得汉和帝的信任。蔡伦又是善于发明创造的人。他看到写字用的简牍太笨重，绢帛太昂贵，就下决心要造出一种既便宜又便于写字的纸来。

蔡伦先仔细研究了前人造纸的经验，知道了制造麻纸的原理就是把麻的纤维捣烂，压成薄片。因为工艺很简单，造出来的纸就很粗糙。蔡伦想，如果把工艺搞得精细些，造出来的纸也许就会细腻而便于写字了。于是他开始把麻捣得很烂，压成很薄的纸。这样做，纸是比较细腻些了，但是还不够理想，因为麻里面还有不少粗纤维捣不烂，所以做成的纸仍然不适宜于写字。

蔡伦进一步想，麻能造纸，是因为它有纤维，那么破布、树皮等不值钱的东西，也都含有纤维，是不是也能用来造纸呢？于是他又动手去做试验。他把破布、树皮等东西收集起来，先泡在水里，洗去污垢，再放在石臼里捣烂成浆，然后压成片，做成了纸。这样用不值钱的东西做原料造纸，纸造成了，成本也降低了。但是先前的缺点还存在，仍有一些捣不烂的纤维混在里面，做成的纸还不够光洁。

为了把纤维捣得更烂，使造出来的纸更加细腻光洁，蔡伦又在造纸用的破布、树皮、麻头等原料中加进了带腐蚀性的石灰等东西，一起放在石臼中舂捣。结果，不但原料捣得更烂了，并且还意外地出现了漂白的作用，使得捣成的纸浆变成了白色。可是用这样的纸浆直接压制成的纸，仍然不能除掉那些粗纤维，并且由于放了石灰，做成的纸又出现了许多细小的颗粒。

蔡伦又接着做试验。他把捣烂了的纸浆兑上水调稀，放在一个大木槽里，然后用细帘子去捞那浮在上面较细的纸浆。等细帘子结了一层薄薄而又均匀的纸浆以后，把它晾干，揭下来就成了一张洁白细腻的纸。这样蔡伦改进造纸术的试验终于成功了，造出了便于写字用的纸。这时候是汉和帝元兴元年（公元105年）。

蔡伦把自己改进造纸术的经过上奏汉和帝。汉和帝听了很高兴，叫蔡伦继续改进，扩大造纸的规模，造出更多更好的纸来。蔡伦果然造出了更多更好的纸。蔡伦在汉安帝的时候被封为龙亭侯，所以人们就把蔡伦造的纸叫做“蔡侯纸”。

蔡伦改进造纸术时试验成功的那一套操作过程，后来的人又不断地加以改进和完善，造出来的纸越来越精美。造纸用的原料，也因为各地方的出产不同，又有所扩大，如出产藤的地方，用藤皮作造纸原料。

造纸术的改进，对笔、墨、砚的要求提高了，使得笔、墨、砚也不断地有所改进，文房四宝之间形成了十分密切的关系。造纸术的改进，写字容易了，著书写文章的人越来越多，文化更加飞速地发展起来。造纸术的改进，对于中国的书法艺术和绘画艺术也产生了极大的促进作用。

在我国古代人民已经普遍用纸时，欧洲的国家还在用昂贵的羊皮做书写材料，埃及在用“纸草”写字，在当时除中国外，世界其它地方还没有纸，在书写材料上非常落后。

蔡伦改进的造纸术，到了公元7世纪传到东邻朝鲜，又由朝鲜再传到日本。大约在唐朝的时候，造纸术通过西域传往欧洲，最后传入美洲，中国四大发明之一的造纸术，终于传遍了全世界，为世界文化的发展做出了重大的贡献。

张衡发明地动仪

蔡伦在研究如何改进造纸法时，有一位二十多岁的青年科学家在进行另外一项有重大意义的科学研究工作，他想要探索天体运行和地震的规律，这位科学家就是张衡。

张衡字平子，南阳（今河南南阳市）人。东汉时候的学者、文学家、我国古代杰出的科学家，世界上最早的伟大天文学家之一。

张衡幼年时家境贫困，经常要靠亲友接济度日。艰苦的生活更激发了他发奋学习、立志成才的精神。他在可能的条件下，博览群书，无论天文、地理、文学、数学，只要是能找到的书，他都读。这种读书习惯一直伴随了张衡一生。

34 岁那年，张衡被推荐到洛阳，做了朝廷的郎中。由于工作比较清闲，他利用工作之便又看了不少书。其中他最受启发的是一本西汉学者扬雄写的《太玄经》。这本书里谈到许多天文和数学方面的问题。因此，张衡对天文和数学发生了浓厚的兴趣。事情凑巧，公元 115 年时，汉安帝刘祜听说张衡学识渊博，把 37 岁的张衡调任太史令，主管天文、历算，专为朝廷观测、记录天文，选择“黄道吉日”，记载全国各地发生的某些自然现象，其中很重要的是各地发生的自然灾害。这项工作为张衡钻研天文、历法创造了方便条件，他以毕生精力钻研这门科学，对我国、对世界的天文学发展，做出了巨大的贡献。

东汉时候，我国经常不断地发生地震。根据历史记载：从汉和帝永元八年（公元96年）到汉安帝延光四年（公元125年）的30年中，我国几乎连年发生地震。在那个封建迷信的时代，一切天灾人祸人们都认为是触犯了上天，触犯了鬼神。张衡是唯物论者，他不信什么上天，更不信鬼神，他认为地震与刮风下雨、雷声电闪一样，只不过是一种比较可怕的自然现象，人们重要的是研究和掌握地震的规律，以至能够预测或尽早了解地震发生的地区，以减轻地震带给人类的灾难和损失。

张衡下决心要在地震研究方面有所突破。他为了掌握地震的情报，得到比较完整的准确的地震记录，经过多次试验，终于在公元132年，发明并制造出了我国也是世界上第一架测报地震的仪器——“地动仪”。

这架地震仪是用精铜铸成，直径8尺，形状像个大酒坛，坛顶上有个突出的盖子，可以打开，坛下部雕刻着山龟鸟兽的花纹。坛内部有一个中枢机械“都柱”——一根上粗下细的柱子。柱子紧挨着8道机关，和8道机关相连接的是仪器外围镶着的8条头朝下的龙，8条龙的龙头分别对准东、东北、北、西北、西、西南、南、东南8个方向。每个龙头的嘴里都衔着一个铜球。对准龙嘴蹲着8个铜蛤蟆、昂着头，张着嘴，像期待着什么。如果什么地方发生了地震，仪器中间的立柱就倒向震区所在的方向，随即触动那个方向的机关，连接在那个机关上的龙头就张开嘴巴，吐出铜球，铜球即掉进蛤蟆的嘴里，并发出“当啷”的响声，给管理人员报信，告知震源的方向。

张衡研制的这台地动仪，相当灵敏、准确。公元138年的一天，地动仪西北方向的龙嘴突然张开，铜球准确无误地落到了蛤蟆嘴里，管理人员随即报告“西北发生地震”。但当时住在洛阳的人丝毫没有感觉到，人们开始表示怀疑。但是没过几天，便有人从陇西赶来报告，说那里发生地震。经核对，时间正是龙头吐球之时，人们这才信服了地震仪，赞叹它的灵敏，千里之外发生地震，居然能感之如此准确！

张衡发明地动仪，是世界上最早的测定地震方法的仪器，欧州在公元1880年才制造出类似的用水银溢流记录地震的仪器，比张衡晚了1700多年。张衡发明的地动仪，也是人类历史上用科学方法观测地震的开始，它揭开了地震科学的新纪元。

班固与《汉书》

班固是东汉著名的史学家、文学家。字孟坚，扶风安陵人。班固一家两代人都是历史上杰出的人物。

班固的父亲班彪很会写作，早年间，皇帝刘玄败北时，他投靠隗嚣，后跟随了窦融，因文采出众被光武帝封为徐县县令。

班彪很想写一部延续前汉司马迁《史记》的作品，计划写65篇前汉时代的历史著作，但没写完就于建武三十年去世了。班固打算完成父亲的夙愿，于是开始漫长的创作过程。

班固写了很多的史作，不料却在明帝永平五年，也即班彪去世后的第11年被人诬告私改国史，被关入洛阳监狱，其手稿也被查抄。查抄的手稿呈交后，明帝亲自阅读，很快他就给班固的文章吸引住，觉得写得很好，观点正确，并没有私改国史，许多地方是在唱汉朝的颂歌，使他颇为赞叹。正在这时，班固的弟弟班超托人奏疏，替兄申冤，表明班固只是编写史书，并无异心。明帝只觉班家的人都很有意思，就召见了班超，与他谈论，班超举止大方，措词得当，讲话有条有理，令明帝很欣赏。

事后不久，明帝又召见了班固，他发现这个人气度不凡，很有才能，看待问题的见解很独特，善于思考，便赦他无罪，还让他当了兰台令史。后来又提升为典校秘书郎。从此，班固就在后汉宫廷藏书处潜心研究，阅查大量的图书资料，准备写作史著。

当时一件事情在朝中争论得很激烈，有些老臣要求迁都长安，而许多官员不同意，形成两派，相互攻击。班固反对迁都，以避免费资及动乱。为此他写了《两都赋》这篇文章，显示立场，明帝看后，坚定决心，没有迁都。

《两都赋》写得的确不同凡响，使班固名声大振，明帝对他愈加亲信。班固经常到后宫去陪明帝读书，明帝出去巡狩，也让他跟随，凡有重大问题，班固可参加与公卿的辩论，同年，班固升为玄武司马。

明帝驾崩，章帝继位，章帝在白虎观举行讲论经义的大会，此会规模极大，学术研讨达两月之久，会后，班固根据会议精神整理出来《白虎通义》这本书，可他还没来得及休息，班超便单骑找到他，说母亲去世了，班固按汉朝惯例，辞官归乡服丧，基本上他再没有什么负担，就一心一意写《汉书》。

这一写就是 20 余年，班固以他卓越的文学才华，精心创作，完成了《汉书》的大部分稿件和章节提纲，《汉书》是我国第一部纪传体的断代史。《汉书》供 100 篇，80 万言，主要记叙了从汉高祖元年（公元前 206 年）到王莽地皇四年（公元 23 年）230 年间史实。全书分十二《纪》、十一《表》、十《志》、七十《传》。《汉书》还没写完，当时就有很多人传抄，颇受欢迎。

窦宪也非常欣赏班固，相当器重他。和帝登基不久，汉朝与北匈奴发生战事，窦宪因刘畅之案，弄得十分被动，但他是个精明强干的人，抓住时机，要求出征。走时，他召班固到军营中，班固还穿着丧服。窦宪封他做中扩军，即参谋之职，参与讨论作战。班固答应了。

窦宪获胜，班固在燕然山为他刻石碑记录功绩，碑文写道："陵高阙，下鸡鹿，经碛卤，绝大漠"，又写道："骁骑三万，元戎轻武。"充分赞扬汉军的英勇无畏及窦宪的战斗作风。

窦宪率兵出镇凉州时，北匈奴单于派储王等要求拜见窦宪，窦宪就派班固和司马梁枫去迎接，没有接到，这件事充分证明班固的地位。

可班固倒霉就倒霉在窦宪身上。窦宪被逼死后，班固也被免官，这时是永平四年（公元92年），和帝刚刚消灭窦家的势力。班固意识到大祸临头，果然，一伙差人闯进班家，将班固五花大绑抓入洛阳监狱。

洛阳令叫种竞，他跟班家的过节相当深，窦宪掌握重权时，他不敢惹班固，窦宪这棵大树一倒，他立刻把班固逮捕，关进监狱。几次审问，班固沉默无语，种竞下令拷打。

班固被打得血肉模糊，伤势很重，仍不讲话。他受刑后，总坐在墙角里顺铁窗仰望星空，谁也不知道他在想什么。他两条腿上的鲜血已干滞结成糊片。

班家人想方设法救班固出狱，没能成功，班固也没有写完《汉书》。永平四年，一代历史学家于洛阳狱中去世了，成为统治阶级内部斗争的牺牲品，终年 61 岁。

班固死后，他所撰写的《汉书》的《11 表》和《天文志》遗稿散乱，还没有最后完成。汉和帝又命班固的妹妹班昭和马续共同续写这两部分内容，这才最后成书。

藏書

珍藏版

中華上下五千年

赵文博 主编

叁

辽海出版社

目 录

三 国

晋　　朝

南北朝

史学巾帼班昭

班固去世了，而《汉书》尚未完成，和帝觉得这是汉朝政府的重大损失，他阅读完班固的遗稿，分外惋惜。他对种竞的做法很是气愤，但为时已晚，便命令皇宫近侍郑众寻找能写此书的人。很快，郑众拿着推荐班昭的奏折来找和帝。和帝应准让班固的妹妹入宫修史。

于是，班昭来到洛阳，进宫读书，那时她已经 40 多岁了，班昭生活在一个具有浓厚文化传统的家庭，她在家排行最小，班彪特别疼爱她，精心指导她读书，班昭受传统教育思想很深，14 岁嫁给曹寿为妻，婚后仍旧刻苦学习，勤练手笔。曹寿没活多少年，早早地便去世了，班昭一直守寡，再没嫁人。她进宫后住在东观，潜心研究汉史。

班固的手稿未经过任何修改，全是草稿，写得很乱，那时还没发明纸张，汉字是一个一个刻到木简上的，班昭十分细致地阅读，修改，续写，每晚都工作到深夜，辛苦极了，由于不是原作者，所以遇到的困难也很多，需要查阅大量资料，班昭终日泡在书堆里。

班昭的字很漂亮，班固计划写的《八表》和《天文志》没能动笔，班昭将《八表》工工整整写在绢上，读起来令人赏心悦目。经过几年的努力，班昭完成兄长的遗稿，使《汉书》成为一部完整的史学著作，和帝看后很满意，下令传抄，收藏东观与兰台等处。

班昭作完《汉书》续补，受到宫廷的尊敬，她时常被召入宫室，教皇后和贵人学习，并为皇家写些赋文和颂德文章。

元兴元年（公元 105 年），和帝驾崩，一岁的婴儿皇帝刘隆继位，史称殇帝，邓太后临朝，邓太后当皇后时就曾向班昭学过书，成为太后后还多次请班昭来讨论政事，非常器重她。

《汉书》是我国伟大的历史著作《史记》之后的一部断代体巨著，它与《史记》不同之处也正是这一点，《史记》是通史。

《汉书》没能超过《史记》，它只写到了前汉一个朝代 229 年的历史事件，除断代体写法外，无新创造，它采用了《史记》的笔法，又增加许多有关刑法、地理、文艺、密职等篇章，对后世研究有相当大的帮助。然而班氏父子兄弟都生活在儒学推广的时代，他们以儒家的观点来从事历史著作，这使得《汉书》在进步性上逊色于《史记》。

班昭年届五旬时，又奉诏主持宫廷女学，从皇后到诸贵人都跟从班昭学习儒家学说。掌握汉朝政权 17 年的皇太后邓绥也是班昭的学生。班昭协助邓太后襄理政务、筹划大计，举办宫廷小学和幼儿学校，为东汉王朝的长治久安精心培育人才。

班昭年逾花甲之时，又写了七篇《女戒》，讲述女子的道德规范、礼仪标准，当然这是封建社会的产物。班昭把自己一生对女子在封建家庭中责任和义务的切身体验注入了这篇妇女教育的经典中，使它增添了亲切感和感染力。

班昭是中国历史学家中少有的奇女子，许多人慕名都想拜在她的门下，但这是很困难的。她活到 70 余岁去世的时候，仍享有崇高的威望，邓太后亲自为她素服举哀，为痛失一位良师益友而伤心落泪。

邓后力挽狂澜

和帝于永元十四年得了一场大病，整整三年，始终没好。永元十七年他病得愈加厉害。卧床不起，为讨吉利，于榻上改年号为元兴元年。可惜新年未过，27 岁的和帝就死掉了。和帝没有子嗣，因为他生前嫔妃贵人斗争激烈，谁若生下男孩就会遭至毒手，一些生育男婴的贵人便把孩子秘密送出宫，由民间百姓抚养，刘隆便是其中之一。他的母亲（非亲生）是当朝邓氏皇后。

邓后叫邓绥，永元七年入宫。和帝去世那年，邓后才 25 岁。年轻的邓后临朝听政，总揽大权。和帝在世时邓后对自己要求很严格，也很会为人处事，但她和所有高层封建统治者一样，不许任何势力阻碍自己的权力，她依靠兄长邓骘与宦官郑众、蔡伦等强大的关系网络控制朝廷。幸好邓后办事果断，赏罚分明，政策措施公正，又会收买人心，所以暂时相安太平。

接连过去八九个月，一日深夜，邓后正在批阅奏章，忽然慌慌张张跑来个宫女，说小皇帝突发高烧，病得甚是厉害。邓后平日忙于公务，很少关心这个并非亲生的儿子，然而她知道小皇帝如有不测，自己必有灾祸，她急匆匆来到寝宫，远远便听见“哇哇”的哭声。“陛下所得何病?”邓后进门问道。几位太医紧皱眉头地站在龙床周围，见礼后其中一位说：“皇帝恐怕是受了风，且让臣等想些医法。”

邓后用手抚摸婴儿额头，犹似触炭，显然这病非同小可，她命令太医道：“你们须全力治愈陛下。”但是一切努力都没有任何转机和作用，小皇帝连哭带喊了两天两夜，最后一命呜呼。邓后知道小皇帝一死，皇位争斗必然残酷无比，可目前只能先着手料理后事。延平元年（公元106年），中国历史上最小的皇帝刘隆入土安葬，后被追谥为殇帝。而邓后所要面对的压力和困阻也便更加巨大了。

殇帝死后，皇位之争甚是激烈。大臣周章官拜光禄勋之职，掌握满朝大夫、中郎将的生死权，势力庞大。以他为首的众大夫和中郎将们竭力推举和帝长子刘胜继承皇位，借此削弱邓后的力量，企图把持朝政。

邓后清楚周章一伙的打算，她也知道倘若立刘胜为帝，等刘胜长大成人后很有可能同周章联手废掉自己，毕竟刘胜已11岁了，而且不是自己亲生。邓后决心立清河王刘庆之子刘祜做皇帝，也借此机会巩固个人权势，竭力压制周章诸臣。她对周章一伙早就心怀不满，准备先下手，一一收拾他们，以绝后患。

次日上朝，周章首先跪下，口气十分生硬地问道："臣闻太后欲立清河王刘庆之子为帝，可有此事？"邓后冷冷地说："不错，我是要刘祜继承皇位，先帝早弃天子，幼帝又不幸夭折，刘祜系属皇族，性情宽厚，知书达理，勤于学习，有雄伟志向，可做继承人。而平原王刘胜患有痼疾，精神恍惚，恐难担此重任。"

周章道："刘祜并非庆子，又不是封王，恐难服众。"

邓后冷笑道："周大人勿须担忧，明日崇德殿我便封刘祜为侯，你且退下。"

周章无奈地退下去了，第二天，邓后派她的哥哥邓骘亲自到清河王府用王青盖车接刘祜入宫。沉稳冷静的邓后等在崇德殿中，文武百官身着礼装相陪，周章神色颇为难看，大家都明白，刘祜继位已势在必行了。

刘祜进殿，被邓后封为长安侯。公元106年，刘祜正式接受皇帝玺绶，登上了皇帝宝座，后世称之为安帝，定年号为永初。虽然刘祜当了皇帝，但仍由邓后临朝听政，把持政权。由于周章重权在身，邓后也担心他图谋不轨，以宽怀为策，封周章做司空，即宰相之职，此职虽高却并无实权。不久，周章同王尊叔、元茂策划政变，因惧怕后果，三人皆自尽而死。

安帝掌权后，邓太后首先做出一项明智之举。她下诏告诫百官道："我朝律法公正严谨，绝无私情，有胆敢试身者处罚不贷，尤其是皇亲国戚，更无例外。倘若皇族族人及其宾客亲信触犯律法，包括邓氏亲属，誓不宽容。"这样从根本上杜绝了皇帝利用特权逍遥法外的事情发生，可见邓太后的统治方式和观念还是比较开明的。

有一次，邓太后病了，适逢年底，按惯例要搞规模庞大的驱除恶鬼、消逐瘟端的仪式。很多大臣表态，为使太后尽早恢复健康，越隆重越好。以往此项活动耗费人力物力财力无数，而实用与结果却可想而知。邓太后想了想说："我看不可，今年气候异常，百姓收成甚差，国库空虚，举行此仪式花费巨大，并且边关燃起狼烟，怎能再劳民伤财呢，按半即可。"

做为一个封建国君，邓太后能这样想这样尽心，实在难得。更难得的是她于永初二年亲自视察洛阳监狱，检查律法实施情况。在后汉历史上几乎没有哪位高层统治者视察过监狱。邓太后提倡节俭，常对下人讲："光武大帝中兴汉室尚知节俭，况我辈乎?"她明令禁止的进贡食物有20多种，邓太后生活非常俭朴，她的花费相当节省，也严格管理侍女、宦官、大臣们的开销数目。上行下效，她以身做则，文武官员无人敢奢侈浪费，节约下来的费用都用于救济灾民上。

邓太后这样做并非没有原因，此时汉朝国力已大为空虚，连续十年的水灾旱灾，边关少数民族不断反叛，中原农民起义接二连三，加上对匈奴旷日持久的战争，情况已经非常危险复杂了。此种形势使她忧心忡忡，处理朝政到深夜也不休息，才30多岁身体便垮了下来，神色中透出无尽的憔悴。偏偏这个时候又发生一件令她非常不快的事情，中郎将任尚因犯谋逆之罪被抄家灭门，其间搜到一封密信，是邓骘的儿子邓凤写给任尚的，信的内容已干涉到朝政，应按律治罪才对。但邓太后考虑兄长邓骘是她的主要依靠力量时，又很难对凤儿这少年进行惩罚，因此颇是苦恼。谁知一日深夜，车骑将军邓骘拖着五花大绑、被剃光头发的儿子来见邓太后。

邓骘要求重罚儿子，邓凤哭着求饶。邓太后长吁一声道：“兄自明利害，此事作罢。以后要对凤儿严加管教。不可再犯。”她没有难为邓骘，从这一点来看是很明智的，既打击了外戚涉政的势力，又团结了国骑将军邓骘，避免流血事件再次发生。

邓太后体谅民间的疾苦，鼓励农业生产，尽量减轻农民的负担，连皇族的土地也分给贫农耕种，经过她的努力，到元初五年，风调雨顺，粮产丰收，天下比较安定，这是在极其困难的情况下取得的治国业绩。

永元二年（公元 121 年）三月，执政 20 年的一代圣后邓绥，在重病中痛苦地闭上了双眼，死时她才 40 岁。邓太后为汉王朝操劳了大半生，她力挽狂澜，却未能安排好后事。邓太后刚刚入土安葬，后汉王朝的皇宫里就又展开了一场你死我活的皇权斗争。

十九太监除奸

自从邓太后归天，27 岁的安帝加紧巩固他的政权，但同时他的身体状况却衰落下来，一日不如一日，令他十分苦恼。

当朝皇后名叫阎姬，这位皇后也是贵人出身，但比起邓太后来，简直天壤之别，她心狠手辣，为达目的不择手段。阎皇后受宠两年多来始终未能生育，她很着急，偏偏有位李贵人生下个皇子，取名刘保。这使阎皇后忧虑重重，担心自己的处境会十分危险，暗生杀机，想秘密除掉李贵人。她让兄长阎显弄来些剧烈的毒药，偷偷投入李贵人的饭菜中，将李氏害死。

不幸的是，一晃七年，阎后仍旧没有生育，元初七年，安帝只好立刘保做太子，年号为永宁。其实安帝特别讨厌刘保的言谈举止，总瞅这孩子不顺眼。小刘保也很惧怕父皇，在他面前表现得恭恭敬敬，话语极少。

刘保被立为太子气坏了阎后和阎显，他们联手害死刘保的乳妈王南和亲信邴吉，企图逼死刘保。当时刘保只有十岁，却聪明懂事，他知道阎家人要害自己，处处忍让躲避，一退再退。然而阎后他们怎能轻易放过他。阎后在安帝枕边连连说刘保的坏话，甚至编造谎言，加以陷害。阎家人的朝中帮凶在阎显的安排下多次奏书，说刘保性情古怪，狡猾心狠，例举一些无中生有的罪证，给安帝施加压力，公元 124 年，安帝终于废掉太子，贬刘保为济阴王。

公元 125 年，32 岁的安帝打算活动活动筋骨，于是由阎后相陪南巡狩猎。谁知刚到宛县城围，安帝忽得重病，车队急忙掉头往回赶，没到洛阳安帝便浑身抽搐，口吐白沫，一命呜呼了。阎后吓得脸色大变，呆怔半晌，但她心计颇多，又转念一想，觉得不能声张，悄悄叫来同行护卫大将军阎显。阎显进到车舆中一看安帝断气了，骇出一身冷汗，对妹妹说：“济阴王刘保在京中呢，他的同党若得知陛下驾崩，必定立那小子为帝，这对我们不利，首先封锁消息，一切如常，快速回京。”

随行大臣们谁也不知道皇帝已死，只见每日饭菜按时送入车内，听阎显说陛下病得很厉害而已，全部匆匆赶路，连行四天四夜，车队顺利赶回京城洛阳宫中，当夜便向社稷坛处告天，宣布安帝归天，开始发丧。阎后成为皇太后，立即把持政权，封阎显做车骑将军，管理三司，由她几个兄弟阎景、阎耀、阎晏控制全朝，再迎接济北惠王刘寿之子刘义进宫，先封为北乡侯，后继皇帝位。

济阴王刘保因为被废，不得上殿拜棺，他连哭了三天，水米未进，官员们见此状很受感动，可是谁也没有办法，只有太监们陪伴着他。

阎氏兄弟掌握大权，对与他们结怨的群臣大下杀手，连当他们帮凶的将军耿宝、樊丰等人全都被贬入狱，秘密杀害。中郎将谢恽、侍中周广等人也被下狱，受刑而死，阎家人已经彻底辖制了全朝。

不料，刚继位不足200天的幼年皇帝北乡侯刘义忽生大病，怎么也不见好。太监孙程听说此事，急忙暗中联系其他几位太监说道："刘保乃先帝亲子，虽然被废，其实受冤，只要北乡侯一死我们便应设法扶助济阴王称帝。"太监们表示赞成，紧密地团结在一起。这样以孙程为首的宦官们准备与外戚势力相抗衡。

果然，没过几日，北乡侯一命归天，由于继位时间短，没有年号和庙号，生年与年纪皆不详，所以中国历史不承认这位皇帝。北乡侯死了，阎太后和阎显四处物色适合继位的人选，打算再立个小皇帝，他们也怕出现意外，关闭宫门，调动军队，秘不发丧。

与此同时，孙程得到大长秋江京在章台门宫内与亲信开会的消息，他立刻带领18名太监悄悄来到章台门，闯进门去，乱刀砍死江京等三人，只剩下老臣李岩，孙程没有杀他。半个时辰后，孙程召来文武百官，调集到部分禁军，拥护刘保称帝，11岁的刘保当上了皇帝，史称顺帝。

阎太后和阎显闻听此事大惊失色，想反抗已晚，他们被禁军抓住，关入监狱，次日阎家兄弟全被处死，亲属流放，阎太后给贬入冷宫，至此，以孙程为首的十九太监集团在此次与外戚争夺政权的斗争中，取得了完全的胜利。

这十九太监在王室动荡的危急关头，能拧成一股绳除奸斩贼，立刘保称帝，此义举为后人称道。

无法无天的梁冀

公元 125 年，东汉第七个皇帝汉顺帝即位，汉顺帝虽是靠“十九太监”的义举登上皇位，但仍未摆脱外戚专权的局面。梁皇后的父亲梁商、兄弟梁冀先后做了大将军。

梁冀是一个十分骄横的家伙，他胡作非为，公开勒索，全不把皇帝放在眼里。同时，梁冀的野心很大。

汉顺帝死去的时候，接替他的冲帝才两岁，过了半年也死了。梁冀就在皇族中找了一个八岁的孩子接替，就是汉质帝。

汉质帝虽然年纪小，还真聪明伶俐。他对梁冀的蛮横霸道看不惯。有一次，他在朝堂上当着文武百官的面朝着梁冀说：“真是个跋扈将军！”梁冀听了，气得要命，当面不好发作。

背后一想，这孩子这么小小年纪就那么厉害，长大了还了得，就暗暗把毒药放在煎饼里，送给质帝吃。汉质帝哪儿知道饼里有毒，吃了饼，马上觉得肚子不舒服。他叫内侍把太尉李固叫进来。李固看见他十分难受的样子，问他是怎么回事。

质帝说："刚刚吃了饼，只觉得肚子难过，嘴里发干，想喝点水。"梁冀在旁边连忙说："不，不能喝，喝了水就要呕吐。"

梁冀的话还没说完，这个八岁的孩子已经倒在地上，滚了几滚，断了气。梁冀害死了质帝，又从皇族里挑了一个十五岁的刘志接替皇帝，这就是汉桓帝。

汉桓帝即位后，梁皇后成了梁太后，朝政全落在梁冀手里，梁冀更加飞扬跋扈。他为了自己享受，把洛阳近郊的民田都霸占下来，作为梁家的私人花园。里面亭台楼阁，应有尽有。他爱养兔子，在河南城西造了一个兔苑，命令各地交纳兔子。他还在兔子身上烙上记号，谁要是伤害梁家兔苑里兔子，谁就犯死罪。有个西域到洛阳来的商人不知道这个禁令，打死了一只兔子。为了这件案子，屈死了十多个人。

梁冀把几千个良家子女抓来作为奴碑，把这种奴婢称做"自卖人"。意思就是说，他们都是"自愿"卖给梁家的。他还派人去调查有钱的人家，把富人抓来，随便给他一个罪名，叫他拿出钱来赎罪，出钱少的就办死罪。有个叫孙奋的人很有钱财。梁冀送给他一匹马，向他借钱五千万。孙奋被他逼得没办法，给了他三千万。梁冀火冒三丈，他吩咐官府把孙奋抓去，孙奋被官府活活打死，财产全给没收了。

元嘉元年，梁冀挟持桓帝受封自己特殊待遇，见到皇帝可以不下跪，桓帝忍气吞声答应了。梁家先后七人封侯，三女成皇后，六女做贵人，娶公主三位，七女得封城君，57 人为朝廷重官，其权势达到巅峰的程度。

梁冀这样无法无天地掌了将近二十年大权，最后跟汉桓帝也闹起矛盾来。梁冀派人暗杀桓帝宠爱的梁贵人的母亲。汉桓帝忍受不了，就秘密联络了单超等五个跟梁冀有怨仇的宦官，趁梁冀不防备，发动羽林军一千多人，突然包围了梁冀的住宅。

梁冀知道自己作孽太多，活不成了，只好吃毒药自杀。梁家和梁冀妻子孙家的亲戚全都到了穷途末路，有的被处死刑，有的被撤了职。朝廷上下，梁冀的爪牙心腹 600 多人全撤了职。朝廷上的官员差不多一下子全空了。

梁家倒台，天下百姓纷纷奔走相告，欢庆了好几天。

汉桓帝没收了梁冀家的家产，总计30多亿，这笔钱相当于当时全国一年租税的半数。被梁家占用作兔苑的民田，仍旧给农民耕种。

汉桓帝论功行赏，把单超等五个宦官都封为侯，称做“五侯”。从那时候起，东汉政权又从外戚手里转到宦官手里了。

“党锢”事件

外戚梁冀专权的局面终于结束了，宦官单超等五人立了功，同一天都被封侯，掌握了朝政大权，号称“五侯专权”。从此，又出现了宦官当权的局面。

宦官当权以后，为非作歹，比外戚更甚。他们把皇帝控制在自己手中，把持朝政，卖官卖爵，从朝廷到全国郡县，到处都是他们的亲信。国库里的钱，他们拿来大肆挥霍。东汉朝廷的钱粮税收，都落入了他们的腰包。他们榨取民脂民膏，使得整个国家出现了田野空、朝廷空、国库空的三空局面。他们把社会搞得黑暗不堪。

宦官集团的黑暗统治，遭到广大劳动人民的强烈反对。当时一些贵族地主出身的官员，也不满宦官掌权，主张罢斥宦官。另外，还有一批中小地主出身的太学生，他们批评朝政，对掌权的宦官和附和宦官的人深恶痛绝，强烈要求社会改革。

太学是汉光武帝刘秀创办的最高学府，是专门培养官吏的地方。自从宦官掌权以来，只有宦官的亲信才能做官，因此做官只要有门路、会拍马屁就行，不再需要什么学问。这样，在太学里念书的中小地主的子弟们就没有了做官的途径。因此他们都恨透了宦官，在太学里展开反宦官的斗争。他们经常在太学里公开揭露和抨击宦官的罪恶，号召大家团结起来，打倒宦官。

包括外戚在内的世家豪族，看到以太学生为代表的中小地主起来反对宦官，自然很是高兴。他们赶快也来配合行动，壮大反宦官斗争的声势。

公元 165 年，世家豪族出身的陈蕃做了太尉，名士李膺做了司隶校尉。他们跟太学生领袖郭泰、贾彪等结成了好朋友。他们互相标榜，互相称誉，逐渐形成了一个反宦官的党派。在太学里流传着“天下楷模李元礼（李膺），不畏强御陈仲举（陈蕃）”的歌谣。太学生们都拥护他们，把他们视为模范人物。

李膺当了司隶校尉后，有人告发宦官张让的兄弟张朔贪污勒索。李膺要查办张朔，张朔逃到洛阳，躲进他哥哥张让家中。李膺亲自带领公差到张让家搜查，终于在张让家的夹墙中搜出了张朔。李膺命令把张朔逮走了。张让赶快走关系，托人情。但是李膺已经迅速地把案子审理完毕，把罪犯张朔依法给杀了。

张让气得不得了，马上向汉桓帝哭诉。桓帝知道张朔确实有罪后，也没有难为李膺。这样一来，李膺的名望就更大了。此后，外戚官僚与太学生联合反对宦官的声势更为浩大，对把持朝政的宦官形成严重威胁。于是宦官集团伺机进行反击。

第二年，即汉桓帝延熹九年（公元166年），有个叫张成的人，跟宦官势力有勾结，而又搞信占卜活动。他预卜到皇帝将要进行大赦，就唆使他的儿子去杀人。不料这件杀人案落到了李膺手中。李膺知道张成跟宦官有勾结，但他一点儿也不客气。调查了案情，掌握了充分的证据后，李膺命令把张成的儿子抓来，准备法办。

果然，第二天，皇帝的大赦令下来，张成得意地对众人说："诏书下来了，司隶校尉不敢不放我儿子。"这话传到李膺耳朵里，李膺火冒三丈。他愤慨地说："张成预先知道大赦，故意教儿子杀人，大赦就不该轮到他儿子身上。"

李膺公开审理了这个案子，公布了罪犯的罪状，并立即斩首示众。张成见儿子被杀，十分气愤。他哪里肯就此罢休。他们商量了一个鬼主意，叫张成的弟子牢修向桓帝告了李膺一状，说："李膺等人在太学里结交各地来的太学生，组织秘密党派，诽谤朝廷，败坏风俗，有谋反的嫌疑。"

桓帝听后，通令各地逮捕"党人"。李膺等 200 多个党人均被收押。有些党人闻风而逃，桓帝就派人四出查找，悬赏捉拿。太尉陈蕃上书替李膺等人辩解，请皇帝停止捕人，结果被免了职。被捕的党人在监狱里，遭到了宦官残酷的折磨。他们的头、颈、手、脚都被上了刑具，叫做"三木"，然后被蒙住头一个挨一个地拷打，就这样关了一年多。

李膺等人虽然被捕，斗争并没有结束。在审讯这件案子的过程中，李膺慷慨陈词，当众揭发宦官集团的各种罪恶，把宦官集团搞得很是被动。

一年后，有个太学生贾彪，了解到桓帝窦皇后的父亲窦武想利用党人的力量打击宦官，把朝政大权从宦官手中重新夺回来。于是，他冒着被捕的危险，化了妆，在夜里偷偷地回到洛阳，见了窦武，请他在桓帝面前替李膺等党人申诉。窦武答应了贾彪的要求。

这时，狱中的李膺也采取了以攻为守的方法，故意招出了好些宦官的子弟，说他们也是党人，使宦官们极为害怕。他们对桓帝说："现在天时不正常，应当大赦天下了。"于是，桓帝就下令赦免了李膺等 200 多个党人，但把他们驱逐回乡，禁锢终身，所谓"锢"就是终生不许做官。这就是第一次"党锢之祸"。

李膺等人虽然被驱逐、禁锢，但是他们由于反对宦官而出了名，受到了社会上广大群众的拥护。桓帝的岳父窦武也获得了正直的声誉，受到了反对宦官的党人和广大群众的拥护。以太学生为代表的中小地主，跟以外戚为代表的世家豪族，在反宦官专权的口号下联成一气，展开了声势更加浩大的反宦官斗争。

永康元年（公元 167 年），汉桓帝死了。桓帝没有儿子，窦皇后和父亲窦武商量，从皇族中找了一个 12 岁的孩子刘宏（桓帝的侄子）来继承皇位。这就是后来腐败出了名的汉灵帝。

灵帝刚即位的时候，窦太后临朝，外戚窦武为大将军，把持朝政，他与太傅陈蕃免除对党人的禁锢令，把李膺等几个为首的党人请出来做官。

陈蕃又对窦武说：“不消灭宦官，天下没法太平。我已经是80岁的人了，还贪图什么？我留在这里，只是想为朝廷除害，帮助将军立功。”

窦武早就有这个意思。两人经过一番商议，打算消灭宦官势力。然而机事不密消息走漏，宦官曹节、王甫来了个先下手为强。他们把窦太后软禁起来，又用灵帝的名义，宣布窦武、陈蕃谋反，宣布他们为死罪。窦武当然不甘心屈服，利用大将军的职权，发动驻守京城的北军，起兵讨伐宦官。而宦官则指挥防卫宫廷的虎贲军和羽林军抵抗。结果，北军被打败了，窦武被包围后自杀，陈蕃也被宦官杀害。

宦官集团然后又通过灵帝大肆搜捕和杀害党人六七百人。所有党人和党人的学生、父子、兄弟，凡是做着官的都一律免职，驱逐回乡，禁锢终身，永远不许做官。

这就是第二次“党锢之祸”，前后延续十多年。

经过这两次“党锢之祸”，朝廷里比较耿直的官员遭到沉重打击，大小官职差不多都由宦官和他们的门徒包下来了。东汉的政权又一次完全被宦官集团所控制，政治越来越腐败了。

小昏君误国殃民

延熹十年（公元 167 年）正月，36 岁的桓帝病死了。桓帝没有儿子，当朝窦皇后让河间王刘开的儿子刘宏进京，继承皇位。公元 168 年初，刘宏登基，史称灵帝，年方才 12 岁，由窦太后临朝听政。

窦太后跟宦官们明争暗斗了五年多，终被宦官所败，贬进冷宫，忧郁而死。灵帝对此丝毫也不关心，只知道玩乐，对于政事他全盘托给宦官去办，就这样昏昏沉沉度过了十年时光，一事无成。

灵帝都玩些什么呢？他对少数民族衣服、食物、装饰极感兴趣。于是，在宫中乱修胡房穿胡衣跳胡舞，折腾个没完没了。

灵帝又觉得皇家苑囿太小，打算扩建，但约计耗资太大，此时国库空虚，朝廷恐怕承受不起，令他很发愁。太监们给他出了个卖官的主意。灵帝有点犹豫。太监们说：“当年邓太后也曾卖过官，以便渡过财政困难，陛下何不效仿。”

灵帝想来想去终于同意了，他开始出卖官爵，官位越大价钱越贵。买的人很多，有钱者做官后再压榨百姓，大肆搜刮，十倍百倍地往回捞，令百姓们叫苦不迭，生活日愈艰难。卖官收入的钱极其丰厚，灵帝命人在洛阳宣平门外修建宫殿苑囿，扩大规模，筑上青青假山，碧绿水池，平整的钓鱼台，非常豪华。

小昏君在新苑中玩了几天就够了，他忽然又对马产生了兴趣，然而他瞧着马有些害怕，不敢骑，太监们又给他弄来四头老实的小毛驴，驾上辆小车，给灵帝驾车玩。没过多久，灵帝对驴车又失去了兴趣。太监们苦思几天，弄到一只会杂耍的猴子，送给灵帝。

再过数日，灵帝对猴子也没了兴趣，他很想出宫瞧瞧，这可把太监们吓得不轻，他们生怕皇帝发现他们在民间干的坏事，便劝灵帝说："陛下千万不可出宫，外面匪盗杀人放火，无所不为，甚是危险。""那我不去了。"灵帝被吓住，没敢出宫。

灵帝仍向往外面的世界，众太监想出个法子，在宫院内仿造民间街市。灵帝赶来一看，只见宫女侍从们扮成小商贩们叫买叫卖，往返穿梭，热闹非凡，尽管全是假装的，却很相像。灵帝游逛半晌，颇为尽兴。可几日后他又厌烦了。

灵帝昏庸无耻，贪财好色，宠幸宦官，使得宦官集团弄权朝政，后汉王朝渐渐腐朽堕落，贫苦百姓生活在水深火热之中，灵帝对此丝毫也不了解，更不关心。有首民谣唱道："发如韭，剪复生；头如鸡，割复鸣；吏不必可畏，小民从来不可轻。"表达了人民的愤怒情绪。

后汉统治阶级并没有意识到这一点，依然挥霍奢侈，榨取民财，赋税徭役不断。周边少数民族又发动反叛战争，为镇压他们，东汉政府耗费了大量的人力物力，弄得国库空虚，兵源枯竭。等待后汉王朝的将是一场疾风骤雨般的农民大起义。

汉末黄巾起义

东汉末年，宦官和外戚争权夺利，使得社会不安定，加深了人民的痛苦。而且，从汉和帝刘肇的时候起，全国各地接连不断地闹水灾、旱灾和蝗灾。农民实在没有活路了，只好离开家乡，四处逃亡，形成了一群一群的流民。流民四处乞讨，餐风宿露，饿死冻死的很多，连首都洛阳的街头，也经常可以看到冻饿而死的流民的尸体。当农民被逼得走投无路的时候，他们终于被迫打出了造反的旗

号，开始聚众起义。

从汉安帝刘祜在位的时候起，小规模的农民起义已时有发生。到昏庸透顶的汉灵帝刘宏在位的时候，终于爆发了一次波澜壮阔的黄巾大起义。

黄巾大起义是张角领导的。张角是巨鹿（今河北省平乡县西南）人，太平道的首领。太平道是道教的一派，他们信奉中黄太一之神，以道家秘作《太平清领书》作为他们的经典，宣传“黄天太平”思想，认为只有到了太平的时代，人们才能不愁吃穿，过无忧无虑的日子。张角本人懂点医道，常常免费给农民治病，病治好了，他就劝人家参加太平道。穷苦农民为了摆脱眼前困苦的生活，把张角看成是自己的救星，都纷纷信奉太平道，张角的信徒越来越多。在青、徐、幽、冀、荆、扬、兖、豫八州（即今山东、河北、河南、湖北、湖南、江西、安徽、江苏一带），太平道的信徒很快就发展到几十万人。

张角派弟子去把信徒们组织起来，把八个州的信徒组织成为三十六方，大方一万多人，小方六七千人，每一方都指派一名首领去领导，叫做渠帅。三十六个渠帅都听张角统一指挥。张角还制定了“苍天已死，黄天当立，岁在甲子，天下大吉”的十六字起义口号。“苍天”是指东汉，“黄天”是指起义军是创造的天下，甲子是年号，就是汉灵帝中平元年（公元184年）。他们预定在这一年的三月五日，八个州同时发动起义。张角还叫人在首都洛阳地方州郡官府的门上，用白土写上“甲子”二字，标明这些官府衙门到时候都将改变主人，借以鼓舞人心。

张角手下最得力的弟子是大方渠帅之一的马元义。他经常到首都洛阳联系，传达张角的命令。张角叫他先把荆州、杨州两地的信徒几万人调到邺城（今河南省安阳市北）集中，作为起义军的主力，以便配合首都附近各州郡的起义军进攻洛阳。

在预定的起义日期前一个月，济南的起义军中出了一个名叫唐周的叛徒，他写信给政府告密。起义的消息泄露了。东汉政府建捕了马元义，在洛阳当众把他杀害。在洛阳受牵连被害的有一千多人，起义者的鲜血染红了洛阳街头。东汉政府还下令搜捕张角。张角得知消息以后，连夜派人赶到通知各地的信徒，叫他们立即发动起义。

叛徒的告密虽然打乱了起义的日程，使得起义军牺牲了一个重要领袖和一千多名战士，但是并不能扑灭起义的烈火。各地的太平道信徒早已组织起来，有了充分的准备。接到张角的命令以后，三十六方立即同时发动起义。起义军用黄巾裹头，作为“黄天”的标志，因此被称为黄巾军。张角自己称为天公将军，他的两个弟弟张宝和张梁称为地公将军和人公将军。他们三个人共同指挥起义军的战斗。

起义军每打到一个地方，就焚烧当地官府衙门，攻打豪强地主的坞堡，捕杀为非作恶的官吏和地主。地方州郡的长官和大地主吓得纷纷逃窜。十几天工夫，封建统治的秩序就被打乱了。

东汉朝廷十分惊慌，派重兵守住洛阳和附近的关口，又派皇甫嵩为左中郎将，朱儁为右中郎将，率领四万多名精兵来镇压黄巾起义军。颍川的黄巾军首领波才打败了皇甫嵩，把他围困在长社（今河南省长葛县东）。官军看到黄巾军作战勇敢，声势浩大，都十分害怕。老奸巨猾的皇甫嵩，却看出了黄巾军缺乏作战经验的弱点。他召集自己的部下说：“打仗要用计谋，不在乎人数多少。我看黄巾军结草为营，一定害怕火攻。如果我们乘着月黑风紧的夜晚去偷袭，放火烧他们的营寨，准能取得胜利。”在一个刮风的夜晚，皇甫嵩命令官军偷袭黄巾军，放火焚烧波才的军营。波才梦中惊醒，赶快整顿队伍，奋勇抵抗，可是已经迟了。黄甫嵩、朱儁和骑兵都尉曹操率领官军，包围了他们，乘乱砍杀了成千上万的黄巾军战士。汝南、陈留两地的黄巾军闻讯赶来援救，也被打败。波才没有办法，只好退住阳翟。

北方由张角兄弟亲自率领的黄巾军打了胜仗，打败了东汉官军的北中朗将卢植和工中郎将董卓。汉灵帝赶快命令皇甫嵩从河南北上，夹击黄巾军。张角派张梁迎战皇甫嵩，两军在广宗（今河北省威县东）地方大战。张梁作战很英勇，他率领黄巾军奋勇冲杀，打得皇甫嵩招架不住，只好紧闭营门，躲藏起来。就在战局十分紧张的时候，张角却得病死了。张梁因为料理哥哥的后事，放松了警惕。皇甫嵩乘机向黄巾军反扑。他命令官军连夜准备。天刚蒙蒙亮就发动进攻，打破了黄巾军的大营。张梁率领部下奋勇抵抗，他和三万多名黄巾军壮烈牺牲。皇甫嵩居然劈开张角的棺材，砍下他的脑袋，送到京城里去请功。接着，皇甫嵩又去进攻张宝率领的黄巾军。张宝势孤力单，在下曲阳（今河北省晋县两）战死。

黄巾军的主力被东汉政府镇压下去了。但是各地黄巾军仍然在战斗，沉重地打击东汉朝廷的统治。在黄巾军影响下的各地各族农民起义军，也纷纷起来跟地主阶级斗争。直到汉灵帝的儿子献帝刘协的时候，农民起义的浪潮还没有平息下去。

三 国

公元220年东汉灭亡，进入三国时期。三国是继东汉出现的时代称号，由于魏、蜀、吴三国割据鼎立而得名。三国从公元220年魏国曹丕代汉称帝起至公元265年晋国代魏止。但曹操、刘备、孙权三个政治集团，是在东汉末年的军阀混战中形成的，所以历史学家习惯上将东汉末年30年（190至220年）的历史归入三国时期。

东汉末年黄巾起义失败后，各地军阀割据一方，在激烈混战中，曹操的势力发展最快，公元203年，他挟持献帝迁都许昌，挟天子以令诸侯，政治上取得巨大优势。官渡之战后，曹操统一了中国北方。208年，曹操亲率大军长驱南下，企图一举消灭刘备、孙权等势力。孙刘结盟，在赤壁之战中大败曹军，迫使曹操退回北方。

公元220年，曹操去世，其子曹丕称帝，建都洛阳。221年刘备在成都称帝，国号汉，世称蜀。229年孙权在武昌称帝，建立吴国。此后南北之间战争不断，但由于蜀吴联盟，力量平衡，三国鼎足之势维持了40余年。

公元263年，魏国大军兵至成都，后主刘禅投降，蜀亡。历二主，43年。265年，魏国司马炎废魏帝曹奂，建立晋朝，魏亡。280年晋军大举伐吴，吴国灭亡，共历四帝，52年。东汉末年出现的割据局面结束。

袁绍杀宦官

张角领导的黄巾大起义失败了，但是东汉王朝也保不住了，各地的军阀乘机大量地招兵买马，扩充了自己的势力。在都城，东汉王朝本来已经摇摇欲坠，到汉灵帝一死，外戚和宦官两个集团更是水火难容，更加速了东汉王朝的崩溃。

公元189年，年才十四岁的皇子刘辩即位，这就是汉少帝。按照惯例，由何太后临朝，外戚大将军何进掌权。宦官蹇硕，原是禁卫军头目，想谋杀何进，没有成功。何进掌权以后，把蹇硕抓起来杀了。

何进手下有个中军校尉袁绍，是个大士族的后代。他家祖上四代都做过三公（太尉、司徒、司空）一级的大官，许多朝廷和州郡的官员是袁家的门生或者部下，所以势力特别人。蹇硕被杀以后，袁绍劝何进抓住机会，把宦官势力彻底除掉。何进不敢作主，去跟太后商量。何太后说什么也不答应。袁绍又替何进出谋划策，劝何进秘密召集各地的兵马进京，迫使太后同意除宦官。何进觉得这是个好办法，决定召各地兵马来威胁太后。

何进的主簿陈琳听了，连忙阻拦说："将军手里有的是兵马，要消灭几个宦官，还不容易。如果召外兵进京城，这好比拿刀把子交给别人，不闹出乱子来才怪呢。"何进不听陈琳的劝告。他想起各州人马中数并州（今山西大部、内蒙古、河北的一部分）牧董卓的兵力雄厚，准备找他帮忙，就派人给董卓送了一封信，叫他迅速带兵进洛阳。

这个消息，很快让宦官知道了。几个宦官商量后，决定先动手。他们就在皇宫里埋伏了几十个武士，假传太后的命令，召何进进宫。何进一进宫，就被宦官围住杀了。

袁绍得知何进被杀的消息，立刻派他弟弟袁术攻打皇宫。袁术干脆放了一把火，把皇宫的大门烧了。大批的兵士冲进宫里，不分青红皂白，见了宦官就杀。有的人不是宦官，只是因为没有胡须，也被错认为宦官杀了。

经过这场火并，外戚和宦官两败俱伤。何进召来的董卓却带兵进了洛阳。董卓本来是凉州（约当今甘肃、宁夏和青海、内蒙古一部）的豪强，在凉州结交了一批羌族豪强，称霸一方。黄巾起义以后，他又靠镇压起义军，升到并州（约当今山西大部和内蒙古、河北的一部）牧的职位。他本来有侵占中原的野心。这次趁何进征召的机会，就急急忙忙带了三千人马来了。

董卓进了洛阳，就想掌握大权。可是人马太少，仅三千人怕压不住洛阳的官兵。他就玩弄一个花招，在夜深人静的时候，把人马悄悄地开到城外去。到了第二天白天，再让这支人马大张旗鼓地开进来。这样一连几次进出，洛阳的人都闹不清董卓到底调来多少兵马。原来属何进手下的将士看到董卓势力大，也纷纷投靠董卓。这样一来，洛阳的兵权就全落到了董卓手里。

为了独揽大权，董卓决定废掉汉少帝，另立少帝的弟弟陈留王刘协。他知道洛阳城里的士族官员数袁家的势力大，就请袁绍来商量这件事。

董卓说："我看陈留王比现在的皇帝强，我打算立他为帝，您看怎么样？"袁绍回答说："皇上年纪轻，刚刚即位，也没有听到有什么过失。您要废他，只怕天下的人不服。"董卓把手按着剑把，威胁着说："大权在我手里。我要这样做，谁敢反对？难道你以为我董卓的刀不够快吗？"

袁绍不甘示弱地说："天下的好汉难道只有你姓董的一个人！"一面说，一面拔出佩刀，走了出去。他怕董卓不会放过他，就匆忙奔往冀州。袁绍的弟弟袁术听到消息，也逃出洛阳，出奔南阳。

袁绍兄弟走了以后，董卓又用钱财买通了有勇无德的吕布，让他杀了长官丁原，管理洛阳治安的吕布原是丁原的部将。之后，董卓就召集文武百官，宣布废立的决定。刘协即了皇位，这就是汉献帝。董卓自己当了相国。

董卓为人极其残忍。他担任相国之后，纵容兵士残杀无辜的百姓。有一次，洛阳附近的阳城（今河南登封东南）举行庙会。百姓齐集在那里赶集。董卓派兵到那里，竟把集上的男子都杀死，还把掳掠到的妇女和财物，用百姓的牛车装载着，耀武扬威地回到洛阳。一路上高呼万岁，说打了大胜仗回来啦。

董卓的倒行逆施，造成洛阳城一片混乱。一些有见识的官员纷纷离开洛阳，其中包括洛阳的典军校尉曹操。董卓怕黄巾军的余部威胁洛阳，听从谋士的主意，决定迁都长安。当时，他并不怕各地的军阀，不把袁绍、孙坚等人放在眼里。

迁都的时候，董卓派好多军队把洛阳及其附近二百里的老百姓上百万人编成小队，每一小队由一队士兵押送，有谁敢反抗，便就地处死。这许许多多小队在一片哭声、骂声中，向西押去。为了断绝人们重返家园的念头，董卓派人把宫殿、房屋全部烧光。

洛阳是当时全世界最繁华的城市，一座好端端的城市就这样被毁灭了。

曹操起兵

曹操，字孟德，小名阿瞒，沛国（封国，相当于郡）谯县（今安徽亳县）人。他的父亲曹嵩本来姓夏侯，叫夏侯嵩，后来过继给大宦官、中常侍曹腾做养子，才改姓曹。他曾经在东汉朝廷担任过司隶校尉和大司农。

曹操自幼接受封建教育。可是他却更喜欢驾鹰驱狗、骑马射箭。他从小就爱写诗，以诗来表达自己想治理国家的志向和敢于奋争的气魄。他看了许多书，尤其爱读兵书。他将各家兵法汇集成《摘要》一书，还给我国著名的《孙子兵法》作了注解。年纪轻轻的曹操很快有了名声，就连汉末大名士乔玄也当面赞扬他是“可以安定天下的能人”。

曹操20岁时就被举为孝廉，担任了皇宫的侍从官。不久，他被调任洛阳北部尉，负责洛阳北部的治安工作。“尉”这个官职挺小，曹操却有很大的决心，要整顿好京都的秩序。当时的洛阳，外戚、宦官仗势欺人，弄得乌烟瘴气。曹操命令部下将二十多根用五种颜色油漆的大棒挂在衙门口左右，公开声明说，有谁敢违反他颁布的“夜禁令”，就用五色棒惩罚他。

有一天晚上，曹操亲自带着一队士兵出去巡罗，检查“夜禁令”的执行情况。当时已经很晚了，四下里静悄悄的。曹操巡逻了一会儿，迎面碰上了宦官蹇硕的叔叔——人称蹇叔的恶霸。他平时依仗侄儿的势力，为非作歹。这天晚上他又想去干坏事，结果给曹操碰上了。曹操早就想惩罚一下这个恶霸，这下可有了借口，他大喝一声：“来人！抓住这批歹徒！”巡逻队一拥而上，把这帮人带回了衙门。他们将蹇叔按倒在地上，用五色棒狠狠地揍了他一顿。消息像风一样传向了四面八方，那些坏人再也不敢到曹操的属地胡作非为。曹操的名声也随着大了起来。

宦官们对曹操怀恨在心，总想找个办法治治他。正巧，曹操的堂妹夫得罪了宦官。他们利用这件事，将曹操也罢了职。但曹操一直不屈服，坚持和他们斗争。后来他复了官，当上了议郎。黄巾起义时，曹操任骑都尉。因为他有功，又被封为济南相（相当于济南的郡守），于是曹操又到济南上任去了。

济南是个大郡，属下有十多个县。大多数县令都倚仗宦官权势，勾结地方豪强，贪赃枉法。而且他们还修了许多寺庙，借以骗取百姓的钱财。曹操一上任，就免掉了8个县令的职，接着又下令拆毁全部祠堂。这样，济南的贪官大大减少了，封建迷信活动也有所收敛。

董卓进洛阳的时候，曹操正担任典军校尉的职务。董卓想拉他入伙，任命他为骁骑校尉，董卓越信任曹操，曹操心中越是不安。具有政治头脑的曹操早就看清了董卓的面目。别看董卓现在百官都不敢得罪他，但他的倒行逆施必然会使他遭到失败。曹操不但不想投靠董卓，反而下了反对董卓的决心。因此，曹操改换衣服，更换姓名，带着几名随从，骑着快马，从洛阳跑了出来。

曹操离开洛阳后，没日没夜地跑了500多里，一直跑到了陈留。陈留一带从上到下都反对董卓。而且曹嵩在这儿有一定的根基，积累了一部分财产，很快，曹操就招募了5000义兵。他开始有了自己的一支队伍，便公开打出了讨伐董卓的旗帜。曹操的威信使很多有才干的人来投靠他。例如曹仁、曹洪和夏侯淳、夏侯渊两对兄弟。曹仁、曹洪是曹操的叔伯兄弟，都有一身好武艺。夏侯淳、夏侯渊不仅是曹操的同乡，而且还是同族兄弟。曹操的队伍越来越大。

公元190年，他带兵参加了以袁绍为盟主的关东军，讨伐董卓。关东军虽然打着反董的旗号，实际上却按兵不动，对董卓的迁都不加制止。曹操对此十分气愤。在一次关东军诸将领的集会上，他慷慨陈辞，并分析了此时进军的好处。尽管他讲得义正辞严，头头是道，但袁绍却不予理睬，其他将领更是无动于衷。曹操实在忍不住了，就独自带着部队从酸枣向西进军了。

董卓迁都长安后，仍在洛阳驻兵。他听说曹操独自带着人马来了，根本不放在眼里，派大将徐荣堵在汴水（今河南省荥阳县北）。等到曹操带着军队赶到汴水时，徐荣早就布好了阵势。曹操同敌人奋战到天黑，却终不是对手。曹操拨转马头就跑，徐荣在后面紧紧追赶，箭像雨一样射过来，曹操的肩膀被射中了。

当他带着箭伤回到营地时，其他将领正在饮酒作乐。曹操激动地说："各位将军如此不图进取，难道不怕天下人笑话吗？"大家根本不理他，仍然吃着喝着。只有陈留太守张邈说了一句："孟德呀！还是先养好你的箭伤吧！"

曹操经过这次讨伐战斗，觉得跟这些人一起，根本成不了大事，就带着部队到了兖州，有曹仁、曹洪和夏侯淳兄弟辅佐，兵不多将却强。他在兖州的势力有了飞速的发展。曹操在东郡得到了一位大谋士荀彧（yù）。荀彧帮曹操出主意说："董卓的暴虐到了极点，他必定会在动乱中丧命。"他建议曹操专心在兖州方面扩张。曹操接受了他的意见。

此时，青州的黄巾军有了很大的发展。他们浩浩荡荡地从青州涌入兖州，杀死了兖州刺史刘岱。可是黄巾军只会流动作战，不懂得把兖州作为自己的根据地。刘岱死后，兖州就群龙无首了。消息传到濮阳，东郡太守曹操他派出谋士陈宫去说服兖州官员。这样，曹操不费一兵一卒，轻易地当上了兖州牧。

曹操深知，若想称霸四方，最重要的是必须有强大的军事力量，他派兵和青州黄巾军作战，打了几场胜仗，黄巾军一遇挫折，就给曹操写来一封信。信中说："以前您在担任济南相时，毁掉了600多座邪神祠庙，得到老百姓拥护。您应该看出汉朝的气运已尽，黄天当立，这是天意，不是您的才力所能挽回的。"曹操从黄巾军的来信中看出他们没有斗志，而且对自己还挺钦佩。于是，他以军事进攻为主，以诱降为辅。青州黄巾军缺乏能干的统帅，放下武器投降了。曹操从这支农民军中挑选出青壮年30万人，称为"青州军"。从此，青州兵就成为了曹军的骨干。

从东郡太守到兖州牧，从将多兵少到收编了30万青州兵，曹操成了一个势力超群的大军阀。投靠他的谋士良将越来越多。他不仅脱离了袁绍，成为一支独立的势力，而且也渐渐敢于和袁绍较量了。

公元196年，曹操把逃难洛阳的汉献帝迎到了许城（今河南许昌），打那时候起，许城成了东汉临时的都城，因此称为许都。

曹操在许都给汉献帝建立了宫殿，让献帝上朝理政。曹操自封为大将军，开始用汉献帝的名义向各地州郡豪强发号施令。

曹操用皇帝的名义号令天下，又采用屯田办法，解决了军粮问题，还吸收了荀攸、郭嘉、满宠等一批有才能的谋士，他的实力就更加强大起来了。

王允设计除董卓

董卓迁都长安以后，认为可以凭借天险，进则收复洛阳，退则回老家凉州，可谓收发自如。他根本不理会百姓的怨言，照样过着奢侈的生活。同时又费巨资在郿修建“万岁坞”，又称郿坞。此坞靠山而建，城墙又高又厚，易守难攻。而且内存大量粮食、兵器以及金银珠宝，足可支持20年。宫殿富丽堂皇，美女不计其数。自此，董卓更加残暴狂妄，自称尚父。

一天，董卓在宫中设宴。酒酣耳热之际，董卓把吕布叫到身边耳语几句。吕布听后抓起正在喝酒的司空张温便走出殿外。不一会儿，又托了一个木盘进来。盘内装的竟是张温的人头。董卓见百官目瞪口呆，大笑着说：“张温私通袁术，想杀我。谁敢对我有二心，张温就是你们的下场!”众官急忙跪地称是。因为他们知道，稍有不慎便会招来杀身之祸。

董卓的所作所为深深激怒了司徒王允。一方面王允千方百计地接近董卓，骗取信任；另一方面，又积极策划设法除掉董卓。王允知道要想除掉董卓，同他寸步不离的吕布是最大的障碍，于是决定，从吕布入手，离间两人。回到府中后，一条妙计已经被王允想好。但是他仍然装作愁眉苦脸的样子，等待离间计的主角——貂蝉主动上钩。

貂蝉从小无父无母，被王允收养。因她聪明美丽，便被王允收为义女。

貂蝉见义父一连几日唉声叹气的，于是上前问道：“义父有何难事，不知女儿能不能分担?”谁料王允听后”扑嗵”竟跪倒在地。貂蝉吓得急忙回拜说：“义父，有什么事您尽管说，这样可折煞女儿了。”王允见时机成熟，就把貂蝉带到密室说：“朝中董贼当政，废汉篡位是迟早的事。大臣们一怕他手中的兵权，二怕那个助纣为虐、武艺高强的吕布，全都无计可施。所以我准备把你先嫁给吕布，后献给董卓，然后你见机行事，离间两人，设法让吕布杀死董卓。”貂蝉说：“女儿的命是父亲给的，无论作什么，女儿万死不辞，女儿守口如瓶。”王允这才放心。

第二天，王允派人送给吕布大量珠宝，并邀吕布到司徒府作客。吕布受宠若惊，以为王允有求于己，便兴冲冲地来到王允府中。王允随即差人摆酒设宴，和吕布推杯换盏，吕布不知不觉多喝了几杯。朦胧间，吕布见一少女翩翩而来，似天女下凡一般来到身边。不禁看呆了。王允微微一笑说：“这是小女貂蝉，从小仰慕英雄。听说将军要来，这不，非争着给您倒酒不可。”吕布问：“不知此女嫁未嫁人?”王允说：“还没有。不过我想把她嫁给吕将军，不知您愿不愿意?”吕布大喜，急忙叩头拜谢。王允接着说道：“等我选个良辰吉日再把女儿亲送府上，今天太晚了，将军先请回吧。”

就这样，王允打发走了吕布。又过了几天，王允又用同样的计策将貂蝉献给了董卓，不过这次是真送，而且让董卓把貂蝉带回董府。吕布听说后，提戟找到王允说：“你既已把女儿许配给我，为何又献给我义父董卓?”王允装作无可奈何的样子说：“董卓看好了小女，我哪敢说个不字呀。”吕布只好作罢。

第二天一早，吕布来到董卓的卧房。正好遇见貂蝉梳头。只见貂蝉紧皱着眉头，眼泪“吧嗒”、“吧嗒”地往下掉，并用手指了指自己的心，又指了指吕布的心，吕布看见心上人如此，立刻心如刀绞。董卓一翻身，正撞见吕布目不转睛地盯着貂蝉，大为恼怒。差人将吕布赶出卧房。从此不再用吕布作贴身侍卫。

吕布虽被疏远，很难再看见貂蝉，但他总是设法接近貂蝉。一天，吕布看见董卓正和汉献帝交谈，便直奔相府去找貂蝉。貂蝉领着吕布去了后花园凤仪亭。然后哭着说："我心中只有将军一人，曾发誓非将军不嫁。可是如今已被董卓占有，无脸再面对将军。"说完就要往荷花池里跳。吕布一把抱住貂蝉说："只要我活着就一定娶你为妻。"

董卓正和献帝交谈，突然不见吕布，顿时起了疑心。匆匆辞别献帝后便跑回相府。正巧遇见吕布抱着貂蝉。董卓气得大喊一声拔剑就刺，吕布仓惶逃窜。貂蝉委屈地说："我正在赏花，谁知你那义子竟然污辱我，我要跳水寻死以保清白之身，无奈他死死将妾抱住脱身不得。"董卓大怒道："非杀了吕布不可！"

王允见吕布、董卓翻脸，于是把吕布找至府中密谈一番，吕布稍作迟疑后又连连点头。

王允派人到郿坞，通告皇上有病，请太师回朝议事。

董卓回到长安，仍让吕布紧随保护。他还穿上厚厚的铁甲，以防万一。当他带领卫队要进北掖门时，由于门的宽度，他只能带少数亲信通过。只听吕布大喊一声："奉旨讨贼!"，接着一戟穿透了董卓的咽喉。蛮横一世的董卓就这样结束了可耻的一生。国贼董卓一死，老百姓太高兴了，长安城一片欢腾。

董卓死后，东汉王朝的分裂割据局面并没有结束。大大小小的军阀仍然混战不停，弄得田地荒芜，一片凄凉。

桃园结义

正当曹操的势力日益扩大的时候，刘备的势力也渐渐发展起来。刘备是涿郡（今河北省涿县）人，字玄德，据说是西汉皇帝的本家中山靖王刘胜的后代。不过传到他这一代的时候，家境已经很贫苦，只能靠和母亲一起编卖草席、麻鞋过日子。后来，靠同族人的帮助，才拜老师读了一点书。可是他不大爱读书，却喜欢结交豪杰。

东汉灵帝末年，社会发生动乱，刘备得到中山（今河北省定县）富商张世平、苏双的帮助，招募义兵，组织地主自卫武装。关羽、张飞前来应募。

张飞字翼德，是刘备的同乡。他性情暴躁，但为人直率，有什么就说什么。他有一身武艺，好见义勇为。

关羽字云长，是河东解良（今山西省解虞县）人，年轻的时候好打抱不平，常常招惹是非。有一回，他因出于义愤杀了一恶霸，背迫离家逃出潼关。关羽过了潼关，东行到涿郡，结识了张飞。恰好刘备招兵，他俩就去报名了。刘备看他们武艺高强，很有才干，对他们特别亲切。就和他们在花红叶绿的桃园里结拜为兄弟。刘备是老大，关羽是老二，张飞最小。他们对天发誓，表示要同心协力，干出一番事业。这就是历史上有名的“桃园结义”的故事。

刘、关、张桃园结义后，一边招兵买马，一边打制兵器，扩充自己的武装力量。他们三个带着招募来的士兵，因镇压黄巾起义有功，东汉政府就派刘备做安喜县（今河北省定县）县尉，主管一县的军事。

刘备刚刚上任几个月，代表郡守督察下属各县官吏的督邮就来到安喜。这位督邮大人贪赃成性。刘备没给他送礼，督邮因此拒绝见他。刘备火气大，决定辞官不干，就带上关羽、张飞，拿着县尉的大印，到督邮的住处去了。

督邮以为刘备送礼来了，很高兴地出来见他。结果看到刘备两手空空，脸色当时就变了，轻蔑地问他："你是什么出身?"刘备毫不含糊地说："我是汉朝宗室，中山靖王后代，因为平定黄巾有功被任为安喜县尉。"督邮大怒，说："刘备，你敢冒称宗室，冒领战功！我这次就是受朝廷之命来查处你这种人的！"刘备更不客气，他让张飞冲上去，不由分说地揪住督邮就打。直到刘备看差不多了，才让住手。

刘备带着关羽、张飞去投奔公孙瓒。他们在公孙瓒那儿讨伐了叛乱称帝的张纯、张举，立下战功。朝廷不但免了刘备打督邮的罪，反而任命他为别部司马。后来，又任命他为平原相，关羽、张飞为别部司马。

刘备三兄弟带上赵云，一起去上任了。赵云，字子龙，常山郡真定（今河北省正定县）人。他身强体壮，武艺超群，为人正派。他和刘备哥仨情同手足。一天，他们收到陶谦的求援信。陶谦是徐州牧，他的部将张闿贪图钱财，抢走了曹操父亲的全部财宝，并杀了曹家老小。曹操恨得咬牙切齿，当即下令，三军戴孝出征，立誓要杀死陶谦。陶谦抵挡不住，便求救于刘备。于是刘备带领三千人马前去援救，逼走了曹操。

陶谦对刘备感激不尽。他认为刘备确是个人才，就给刘备四千人马，请他留下来帮助自己。刘备感到陶谦非常诚恳，而平原又没什么可留恋的，就答应了。陶谦立刘备为豫州刺史，请刘备驻扎在小沛。从此刘备就以小沛为基地，平时注意发展生产，整顿治安，操练兵马。后来，陶谦死了，刘备继任徐州牧。被曹操打败的吕布、陈宫前来投奔刘备。刘备让吕布屯兵小沛。

不久，袁术为了扩充地盘，发兵徐州。刘备安排张飞和下邳相曹豹镇守下邳，自己同关羽进军到盱眙（xūyí）迎战。袁术和刘备交战一个多月，不能取胜，就以 20 万斛军粮、500 匹战马为交换，约请吕布袭击徐州，同灭刘备。吕布本来就是个反复无常的人，看到有利可图，就接受了袁术的条件，乘着张飞酒醉，攻占了下邳。张飞带着少数人去找刘备、关羽。

袁术也是个言而无信的人，他并不是真要给吕布军粮、战马。吕布便与刘备讲和。只不过他们互相换了一个位子，吕布占了徐州，刘备到了下邳。袁术看到吕刘讲和，对自己占领徐州不利，就故计重演，多方拉拢吕布，与其结成儿女亲家，挑拨吕刘关系。吕布听信了袁术，带兵去打刘备。

刘备已经兵损将折，敌不过吕布，就带着关羽、张飞，以及一些亲属官员，连夜逃到许都，投奔曹操，曹操热情地收留了他们。刘备住在曹操那里，心里老想着发展自己的势力，他知道曹操对他放心不下，便装出庸庸碌碌的样子，他从不关心天下大事，整天只知道浇水种菜。关羽、张飞不理解刘备为什么变成这样，十分不满。

有一天，刘备正在菜园里浇水，曹操的部将许褚来找他，说曹公有请，让他这就去。刘备不知发生了什么事，心里有些害怕，但还是硬着头皮去了。曹操拉着刘备走到后花园，坐在一个小亭里，一边吃青梅酒，一边畅谈。

曹操问道："玄德，您周游四方，见多识广，请问，谁称得上是当代的英雄?”原来曹操是想在酒后，套刘备的实话，看他是不是也有称霸天下的野心。刘备对此早有防备，故意说：“我哪配谈英雄!”曹操说：“你不要谦虚，就说说吧。”

刘备只好说：“淮南的袁术，已经称帝，可以算作英雄吧!”曹操笑笑，说：“他呀，不过是坟中的枯骨!”刘备又说：“河北的袁绍，占领了四个州，手下谋士多，武将勇，可以算作英雄吧!”曹操又笑了笑，说：“袁绍表面厉害，胆子却很小；虽然善于谋划，关键时刻却犹豫不决。可算不上是英雄。”刘备又说：“刘表坐镇荆州，被列为‘八俊’之首，可以算作英雄吗?”曹操不屑地说：“刘表徒有虚名而已，也不算不上英雄!”刘备接着又说：“孙策血气方刚，已经成为江东领袖，是英雄吧!”曹操摇摇头说：“孙策是凭着他父亲孙坚的名望，算不得英雄。”刘备又举了一些割据一方的军阀，但曹操都不放在眼中，刘备无奈地说：“我孤陋寡闻，除了这些人，可实在不知道还有谁配称英雄了。”

曹操指指自己，又指指刘备，说：“现在天下称得上英雄的，只有您和我两人呀!”刘备心里一吓，手一松，筷子掉在地上。与此同时，骤然电闪雷鸣，下起了大雨。

刘备赶紧弯腰捡起筷子，谎称："好响的雷呀！把我吓了一大跳！"曹操见打个雷就把刘备吓成这样子，以为他是个胆小鬼，禁不住哈哈大笑起来。

刘备见曹操对自己有戒心，就想找个脱身机会，正巧曹操准备派人往徐州截堵袁术，就借口自己熟悉那儿的地形，骗得曹操放他出了许都。为了监视和牵制刘备，曹操派了许灵、路招两位将军同行。刘备大军一到徐州，正赶上袁术的军队抵达下邳。刘备指挥大军一路杀过去。袁术大败而归，不久就吐血身亡。于是刘备打发许灵、路招回去报信，实际上把他们支走，以免去监视。刘备乘胜进攻徐州。他们直抵下邳城，把驻守的车胄骗出城，并将其围杀，进而顺利地占领了徐州。

曹操听说以后十分气愤，决定马上出兵讨伐。刘备无力抵抗，只得去投靠袁绍。盘踞在北方广大地区的袁绍，经济力量和军事力量都很雄厚，是当时势力最大的军阀。可是曹操占据着中原部分地区，用皇帝的名义发号施令，实力发展也很快。两强对峙，必然要发生尖锐的冲突。

官渡之战

汉献帝建安五年（公元200年）二月，袁绍任命沮授为监军，统率10万大军，从邺城（河南安阳北）出发，进攻许昌。袁绍亲率十余万冀州精兵到黄河北岸的黎阳（今河南浚县东北）建立自己的指挥部。相隔曹操的驻地官渡（河南中军县东北）已不远，袁绍企图一举消灭曹军。

曹操当时是东汉献帝时期的丞相，他挟天子以令诸侯、巧用计谋，先后打败了吕布、袁术和张绣等军阀。这时北方仅剩的大军阀就是袁绍。他据有冀、青、幽、并四州，兵多将广，谋士很多，粮食充足。他见曹操势力日强，一直想进攻许昌，与曹军决战。曹操则把袁绍视为统一北方的最大障碍，决心要铲除他。双方虎视眈眈，秣马厉兵，寻求机会开战。

曹操在打败袁术以后，在一次议事会上向谋士们询问讨伐袁绍的良策。

著名谋士郭嘉说："袁绍虽然兵多，但他不会用兵，而且军纪松懈，战斗力不强；谋士虽多，但互相忌嫉；袁绍任人唯亲，爱听谗言，优柔寡断，多谋少决，是非不分。"他认为袁军有这么多不利因素，兵将虽多，但没有什么可怕。与此相反，他认为曹操治军严明，唯才是用，多谋善断，雷厉风行，用兵如神，兵力虽少，定能以少胜多，打败袁军。

谋士们的分析与曹操的估计完全一致，袁绍在曹操心目中早有定论。他在不久前与刘备煮酒论英雄时，就认为"袁绍色厉内荏，优柔寡断，缺少谋略，大事怕死，小利拼命，不是英雄"。

曹操真是料敌如神，以后的事变进程，完全和他与其谋士们料定的那样：袁绍拥兵数十万，但不会选择战机；谋士虽多，互相忌嫉，袁绍不辨是非，拒纳良策。

当曹操在此以前，用 20 万兵力攻打徐州时，刘备被困在小沛，派孙乾向袁绍求救，谋士田丰力主趁曹操后方空虚时，发兵突袭许昌，以解徐州之围。但袁绍却以小儿患病，无心过问战事为由，对他的计谋漠然置之不理，气得田丰直跺脚叹气说：“看到别人危难而不顾，心里只有儿子，多好的战机失掉了！”

刘备被曹操打败以后来投袁绍，他一时高兴，便要出兵攻打曹操。田丰认为时机不合适，他冒险进谏说：“现在曹操刚刚胜利，士气正旺，不能现在和他打，应该等待时机出兵。”

袁绍决意不听，田丰急得跪在地上叩头说：“主公如果不听我的话，肯定出师不利！”袁绍听他这样说，勃然大怒，怪他扰乱军心和民心，竟要杀他，经刘备说情，才改为囚禁。

袁军在和曹军作战中，互有胜负，最后，袁绍集中70万大军攻打官渡，企图从这里突破，去攻取许昌。曹操亲自率7万精兵来与他决战。田丰在狱中知道消息以后，又致函袁绍，希望他不要轻易动兵，要等待时机，以免失利。这封信被一个与田丰作对的谋士逄纪看见，他冷言冷语挑唆说：“主人顺应天意伐曹是正义之师，田丰为何说不吉利话？”袁绍听了，更厌恶田丰，又要杀他，经部下劝阻才罢。他恨恨地说：“等我打败了曹操，回来再治他的罪。”

袁军和曹军在官渡对峙达两月之久，初期战斗，互有死伤。袁军曾在城下筑起土山，居高临下，向城中士兵放箭，曹军一度很惊慌，军士们每天被迫躺在地上用挡箭牌防箭，以减少伤亡。曹军有个谋士叫刘晔，他设计了一种"发石车"，又叫"霹雳车"，只要对方一射箭，这里就用发石车对付他们。一声号令，拽动石车，炮石腾空飞起，准确地落在土山上，巨石如雨，把弓箭手砸伤或砸死，吓得袁军士兵以后不敢再利用土山射箭了。

大军作战，粮草先行。双方对峙，从8月到9月底，日期一长，粮草供应异常紧张。曹军渐渐感到疲乏，特别是粮食调运困难，不易及时保证供应。曹操一度想从官渡撤军回许昌，但事关重大，他一时下不了决心，便写信去征询谋士荀彧的意见。

荀彧（音 hū）很快回信，力主曹操坚持下去，不能撤军。他在信中说："我军与袁军的对阵，形势有点像当年楚、汉相争的局面，现在正是寻找战机的时候，千万不能退军！"

曹操觉得信中的话说到他心里去了，他命令全军将士一定要死守阵地，他再也不提撤兵了。就在这个时候，曹操的部将徐晃抓到了袁军一个侦探，他供认一个重要消息："袁绍派大将军韩猛运军粮来了，派我先来探路。"曹操的谋士荀攸知道以后，要曹操派兵劫住袁军运粮车，全部予以烧毁。

袁绍的谋士审配知道粮车被劫烧以后，对他说：“打仗以粮食为重，乌巢是屯放粮草重地，必须派重兵把守。”袁绍立即派大将淳于琼率领两万精兵加强乌巢护粮兵力。但淳于琼是个酒鬼，脾气暴躁，动则鞭笞士兵。他到乌巢以后，每日酗酒，将士们怕他，无人敢劝。袁绍派贪酒将军护粮，结果误了大事。

袁绍帐下谋士许攸，是曹操旧友，他截获了曹操送给许昌荀彧的密信，信中说：“军中粮草已经用完，望速运粮来。”跑去对袁绍说：“曹操军粮用尽，他的精兵尽在官渡，许昌必然空虚。主公派支军队袭击许昌，曹操老巢即可捣毁。”但袁绍不信任许攸，因为他刚得到审配从邺城发来的文书，其中揭发许攸在冀州任职时受人贿赂，他听许攸献计以后，不但不给予嘉奖，反而怒冲冲地斥责他：“你的行为不端，有什么脸面向我献计？你与曹操是旧交，想为曹贼行骗吗？退下，以后不许见我。”

许攸满以为可以邀功，想不到袁绍给他当头一棒，他退出帐外，仰天长叹：“天啦！忠言逆耳啊！”他反复考虑，觉得袁绍昏庸无能，迟早必败，不值得为他效忠，当晚就潜出营去投曹操。

夜深人静，曹操正躺在床上无法入睡，为军中缺粮发愁，他听说许攸深夜求见，高兴得连鞋子也来不及穿，光脚出帐迎接，挽着他的臂膀走入大帐，然后朝他拜伏在地上叩头不已。许攸慌忙扶起曹操说：“您是汉朝丞相，我不过是一个平民百姓，您何必这样谦恭？”曹操说：“我们是故友，何必分官职上下尊卑呢？”许攸异常感动：“唉，我不会择主，在袁绍手下谋事，言不听、计不从，今天特来投奔您啊！”

曹操说：“您肯来我这里，我的事业就成功了，请您教我破袁绍的计谋。”许攸说：“我有一计，可使袁绍百万之众不战自灭。”他告诉曹操，袁绍的军粮辎重都积存在乌巢，由一个酒鬼将军防守，只要派一支精兵，伪装成袁军蒋奇部去乌巢护粮，就可乘机烧掉袁绍军粮。袁军无粮，不战自溃。”

曹操十分高兴，立即亲选五千精兵，伪装袁军，连夜赶往乌巢烧粮。沿途哨兵查问时，他们一律回答说“蒋奇将军奉命去乌巢护粮”，没有遇到任何怀疑和阻拦，顺利通过警戒。曹军在报晓时分到达乌巢，立即击鼓冲入粮仓营寨放火。刹时火光冲大，寨内大乱。守将淳于琼这时正醉倒在床上酣睡，被吵醒后他正要出去查问，立即被曹军捉获。曹军横冲直闯，见粮囤就烧，见袁兵就杀；乌巢粮仓顷刻化为灰烬，护粮军士非死即逃。

袁绍见曹军去乌巢烧粮，估计曹营空虚，便派兵去劫寨，但被曹操预先安排好的伏兵杀得大败而归。袁绍 70 万大军没有了粮食，立时大乱。袁军内部发生分裂，大将张郃、高览率所属部队投降曹操。曹军趁机发起总攻，把袁军杀得落花流水，袁绍父子仅带 800 骑兵逃回河北。

官渡之战创造了以少胜多的军事奇迹，为曹操日后统一北方奠定了基础。官渡之战后不久，袁绍便气急病死，曹操成为北方首屈一指的领袖人物。

孙策占据江东

曹操和袁绍在北方争雄称霸的时候，孙氏兄弟也逐渐在江东形成了自己的地盘，而且权势也一天天壮大起来，建立了政权。孙氏兄弟在江东的政权是由哥哥孙策打下基础的。又在弟弟孙权的手中得到了巩固。

孙策和孙权的父亲是袁术的部下孙坚。孙坚在年少时就表现出非凡的才能，成名后他为朝廷立了不少战功。献帝初平三年（公元 192 年），袁术派孙坚去攻打荆州的刘表。刘表派部将黄祖迎战。不料孙坚却在岘（音 xiàn）山（今湖北省襄阳城外）中了黄祖的埋伏，被乱箭射中，战死在沙场上，年仅 37 岁。当时，孙坚的长子孙策只有 17 岁，他只能投靠父亲的上司袁术，袁术失去爱将，很是伤心，又见孙策少年英俊，心里很是喜欢。

就在孙策投靠袁术后不久，扬州刺史刘繇（音 yóu）以优势兵力侵占孙策舅舅吴景管理的丹阳，情况很是危急。孙策就要求袁术借兵给他去讨伐刘繇，帮助舅舅解脱困境。袁术也认为刘繇的行为损害了自己的江东的利益，于是就借给孙策一千人马。

孙策就在进军江东的途中不断招兵买马，他又得到了好朋友周瑜的援助，补充了粮食及其他必备的物资，加强了自己的力量。在进攻刘繇的过程中，他在牛渚（今安徽省当涂县采石矶）打败了刘繇的部将张英；又在秣陵打败了笮（音 zé）融；最后终于赶走了刘繇，解救了处境困难的舅舅吴景，并且控制了江东的一大块地盘。为了争取民心，取悦于江东人民，他严格了部队纪律，不许士兵抢劫百姓的财物，也不许虐待俘虏。十几天的工夫，就有两万多人投奔孙策。孙策在江东人民的鼓励和支持下，乘胜攻下了吴郡，占领了会稽和其他四个郡，自任会稽太守。从此，他就与袁术断绝了一切联系，开始在江东称霸。

年轻有为的孙策是不满足于仅仅占领江东六郡的，他想要渡江与曹操争夺地盘。吴郡太守许贡看出了孙策的心思，就悄悄地派人给曹操通风报信，不料，送信人在渡江的时候被孙策的士兵查出来了，孙策得到报告以后，就想了个办法把许贡骗了来，拉出去杀了，许贡的家属和奴仆慌忙逃命，更是一心想报仇雪恨。

一天，孙策带了一些士兵在丹徒（今江苏省镇江市）郊外打猎，忽然，他看见一只鹿在前面跑，就赶快催马追了上去。追到树林的深处，却看见了三个持枪带弓箭的人等在那里。孙策正想开口盘问他们，其中一个已经举枪刺杀过来。孙策赶快挥剑应付，砍倒了他，却不防脸颊中了另一个人一箭。那个人大声地叫道："为我们的主人许贡报仇!"当孙策的卫兵赶来杀死了刺客时，孙策已满面流血，伤势严重。

由于刺客的箭头上涂了毒药，所以孙策的伤势越来越重起来，他也知道活不了多久了。一天，他把弟弟孙权、长史张昭叫到跟前，吩咐后事。他对弟弟孙权说："我大概活不多久了，江东的事业以后就由你来掌握了，你应该时时想起父亲和我创业的艰难，一定要多依靠张昭、周瑜，遇到什么大事情一定要常常与他们商量。一定要重用有才干、有能力的人，不要在强暴面前屈服，千万要记住我们创业的艰辛，要用一切力量保住江东的势力！"说完，他用手示意印绶挂在孙权的脖子上，孙权强忍巨大的悲痛，劝慰着哥哥。

在孙策死后，年仅 19 岁的孙权，在长史张昭的帮助下逐渐开始掌握起军政大权。不几天，孙策的好朋友周瑜也从巴丘赶回吴郡，来辅佐年轻的孙权。当时，周瑜正担任守护军、江夏太守，兵权在握，是一个很有实力的人物。周瑜见孙权是一个年轻而又不骄傲自满的人，很是高兴。他认为孙权很可能是个大有作为的人，他谦虚了一番，又向孙权推荐了临淮东城人鲁肃，说他相当有才能。孙权就赶忙派周瑜把鲁肃请来，于是孙权的身边又添了一个出谋划策的帮手。

孙权开始掌握江东政权的时候，江东刚刚经过战乱，政局却不很稳定，百姓也不相信这个年轻的首领，所以人心惶惶，这对孙权来说确是一个严峻的考验。江东许多有名望的人都对孙权持观望态度，有人怀疑他的统治能否长久，甚至有人进行了公开的反叛。庐江太守李术就是公开反叛的人之一。在这个紧要的危急关头，孙权迅速调动了军队，一举消灭了李术，把李术部下的3万多人全部置于自己的控制之下，灭掉李术这件事使大家看出孙权的气魄、胆略和决策的果断。于是江东的局势就稳定下来了。

汉献帝建安七年（公元202年），曹操派使者到江东，要孙权送一个儿子到许昌去做人质，以表示两家和好。孙权召集文武官员商议。长史张昭是个文官，很害怕打仗，他主张把人送过去。但周瑜反对他的意见，就说：“如果按照长史的意见，送人质到许昌去，那么我们就成为曹操的附庸，就受他控制了。”他顿了顿，转脸对孙权说：“您哥哥也曾说过不要向任何强暴屈服，才能完成称霸江东的大业。现在，如果我们送去人质，就违背了你哥哥的遗愿，我们称霸江东的大业也要断送了。现在我们占有江东六郡，这里物产丰富，兵粮充足，而且人心稳定，我们有什么理由要给曹操送人质呢？”孙权也同意周瑜的观点，他认为不应当在曹操的威胁之下屈服，周瑜这一番话，更加坚定了他的信心，他坚决拒绝了曹操的要求。

在这些文官武将的精诚辅佐下，孙权用心管理政事，努力增强军事实力。从此，由孙策开创的称霸江东大业，在孙权的手中逐渐得到了巩固。

诸葛亮隆中对策

官渡大战以后，刘备逃到荆州，投奔刘表。刘表拨给他一些人马，让他驻在新野（今河南新野县）。

刘备在荆州住了几年，刘表一直把他当上等宾客来招待。但是刘备是一个雄心勃勃的人，因为自己的抱负没有能够实现，心里总是闷闷不乐。刘备心里总在考虑着长远的打算。为了这个，他想寻找个好助手，帮他完成大业。

他听说襄阳地方有个名士叫司马徽，就特地去拜访。司马徽很客气地接待他，问他的来意。刘备说："不瞒先生说，我是专诚来向您请教天下大势的。"司马徽听了，

呵呵大笑起来，说："像我这样平凡的人，懂得什么天下大势。要谈天下大势，得靠有才能的俊杰。这一带有卧龙，还有凤雏，您能请到其中一位，就可以平定天下了。"刘备急着问卧龙、凤雏是谁，司马徽告诉他：卧龙名叫诸葛亮，字孔明；凤雏名叫庞统，字士元。

刘备向司马徽道了谢，回到新野。正好有一个读书人来见他。刘备一看他举止大方，以为他不是卧龙，就是凤雏，热情地接待了他。经过一番谈话，才知道这个人名叫徐庶，也是当地一位名士，因为听到刘备正在招请人才，特地来投奔他。刘备很高兴，就把徐庶留在部下当谋士。

徐庶告诉刘备说："我有个老朋友诸葛孔明，人们称他卧龙，将军是不是愿意见见他呢？"

刘备从徐庶那里知道了诸葛亮的情况，原来诸葛亮不是本地人，他的老家在琅琊郡阳都县（今山东沂水县南）。他少年的时候，父亲死了。他叔父诸葛玄跟刘表是朋友，就带着他到荆州来。不久，他叔父也死了，他就在隆中（今湖北襄阳西）定居下来，搭个茅屋，一面耕地种庄稼，一面读书，过着他恬淡的生活。那时，他年纪只有二十七岁，但是学问渊博，见识丰富，朋友们都很钦佩他。

刘备先后听到司马徽、徐庶这样推重诸葛亮，知道诸葛亮一定是个了不起的人才，就带着关羽、张飞一起到隆中去找诸葛亮。诸葛亮得知刘备要来拜访他，故意躲开。刘备到了那里，扑了个空，跟刘备一起去的关羽、张飞都感到不耐烦。但是刘备却记住徐庶的话，耐着性子去请，一次见不到，第二次再去；两次不见，第三次又去请他。诸葛亮终于被刘备的诚意感动了，就在自己的草屋里接待刘备。

刘备把关羽、张飞留在外面，自己跟着诸葛亮进了屋子。趁屋里没有人的时候，刘备坦率地说："如今汉室衰落，大权落在奸臣手里。我自己知道能力差，却很想挽回这个局面，只是想不出好办法。所以特地来请先生指点。"

诸葛亮虽然在隆中居住了10年，但他却根据自己对天下大事的精心观察、分析，形成独特的政治见解。诸葛亮推心置腹地跟刘备谈了自己的主张。他说："现在曹操已经战胜袁绍，拥有一百万兵力，而且他又挟持天子发号施令。这就不能光凭武力和他争胜负了。孙权占据江东一带，已经三代。江东地势险要，现在百姓归附他，一批有才能的人为他效力。不能打他的主意应与他联合。"

接着，诸葛亮分析了荆州和益州的形势，认为荆州是一个军事要地，可是刘表是守不住这块地方的。益州土地肥沃广阔，向来称为"天府之国"，可是那里的主人刘璋也是个懦弱无能的人，大家都对他不满意。最后，他说："将军是皇室的后代，天下闻名，如果您能占领荆、益两州的地方，对外联合孙权，对内整顿内政，一旦有机会，就可以从荆州、益州两路进军，攻击曹操。到那时，有谁不欢迎将军呢？能够这样，功业就可以成就，汉室也可以恢复了。"

刘备听着听着，禁不住地说："先生的话真是开了我的窍。我一定照您的意见干。请您一定要助我。"

诸葛亮看到刘备这样热情诚恳，就高高兴兴跟着刘备到新野去了。后来，人们把这件事称作"三顾茅庐"，把诸葛亮这番谈话称作"隆中对"。刘备三顾茅庐求贤诸葛亮的佳话也一直流传到今。从此以后，刘备把诸葛亮当老师对待，诸葛亮也把刘备当作自己的主人，用他全部的智慧和才干辅佐刘备。

刘备得到了孔明，如鱼得水，如虎添翼，实力发展很快，打了一系列胜仗，夺取了许多城市，建立了巩固的立足基地。

刘备在曹操夺取他一度占领的徐州之后，投奔当时的荆州牧刘表，被安排在新野暂时栖身。孔明来了以后，建议刘备组织民兵，由他亲自操练，培训了三千精兵，为抗曹作了准备。不久，曹操派夏侯惇率兵来攻新野，刘备十分担忧。孔明说："主公休急，兵来将挡，我自有办法退敌。"

诸葛亮到新野后，曾对周围地形作过周密观察。他知道博望坡左边有座豫山，山右有片安林，南道路狭，山川相逼，林木丛杂，两边尽是芦苇。这次曹军来犯，孔明决定诱敌入山，实施火攻。他胸有成竹，指挥若定。升帐以后，命关羽率一千士兵埋伏在豫山，命张飞率一千人埋伏在安林，命关平、刘封带五百人在博望坡后两边等侯，敌军到时就放火，然后，关羽率兵专烧敌军粮车，张飞率兵迅速出击。夏侯惇果然中计，被大火烧得无处藏身，死伤不计其数。

孔明初出茅庐，第一次调兵遣将打仗，获得大捷，众将佩服得五体投地。关羽和张飞原来怀疑孔明是否真有才能，见刘备特别器重他，心里不服。现在见他足智多谋，出奇制胜，不禁伸出大拇指冲他高喊："您真是英杰!"

初战告捷，孔明料定曹操必然率大军前来报复。新野弹丸之地，无法抵挡。他建议刘备撤走，退往江夏，然后设法与东吴孙权联合抗曹。

这时，曹操亲率数十万大军逼近东吴，孙权也想联合刘备兵力，共同破曹，特派大臣鲁肃来试探意向。孔明趁机与他过江，进行联兵抗曹的外交活动。他单身一人，凭着雄辩口才，先舌战东吴的主和派，后智激孙权和周瑜，终于实现了联吴抗曹的策略。周瑜在刘备和诸葛亮配合下，火烧赤壁，大败曹军数十万，创造了辉煌战绩。

赤壁战后，刘备用孔明计谋，乘胜派兵攻占荆州、南郡和襄阳，接着向南进兵，攻占了武阳、桂阳、零陵和长沙等地，占领了大片地区，从此改变了刘备无立足之地的局势。

不久，刘备按照孔明原定攻取西蜀战略，向蜀中进兵，逼迫刘璋拱手让出益州，为后来建立蜀国奠定基础。

接着，又进兵汉中，从曹操手中夺取了汉中大片土地，取得了作战以来的最大胜利。刘备自封为汉中王，与曹操和孙权形成三足鼎立之势。

赤壁水战

官渡之战以后，曹操就统一了北方，发展生产，增强军事力量，下一步他就打算进军南方，消灭驻守在荆州的刘表和江东的孙权，统一全国。

在汉献帝建安十三年（公元 208 年），曹操率大军南下，直逼荆州。而此时，驻守荆州的刘表刚刚死去，次子刘琮承袭了他的职位，胆小怕事的刘琮暗地里投降了曹操。受刘表派遣驻守新野一带的刘备，见曹军来势凶猛，想抵抗也来不及了，就匆匆忙忙地向江陵退却。江陵是一个军事重镇，又是兵力和物资的重要补给地，曹、刘双方都为争夺此地而日夜兼程，在长坂（今湖北省当阳县东北）曹操赶上了刘备，并且打败了刘备，占领了军事要地江陵。

刘备只好从小道到夏口（今湖北省武汉市），与刘表的长子刘琦相遇，合兵一处，约有2万人。而且在夏口，刘备碰到了孙权的谋士鲁肃。原来，孙权在得到曹军南下，刘表去世的情况后，就接受了鲁肃“联合刘备、抗击曹操”的建议，并派鲁肃以给刘表吊丧为名，和刘备取得联系。在夏口，鲁肃向刘备坦诚地说明了来意，希望孙、刘两家能够联合抗曹，这正符合了诸葛亮在隆中同刘备讲的对策。刘备当即决定派诸葛亮为代表，同鲁肃前往柴桑（今江西省九江市西南），面见孙权共商联盟破曹之计。

孙权爱慕诸葛亮的才华，诸葛亮见孙权气度不凡，两个人谈得非常投机。孙权首先向诸葛亮请教，诸葛亮说：“现在天下大乱，曹操占据北方，而且有吞并天下之势。而将军您占据着江东，刘豫州刘备一心想振兴汉室，两位都有和曹操争夺天下的气势，真是志向相同啊！”诸葛亮一句话就将孙、刘拉到了共同抗曹的立场上。但他见孙权在联合抗曹上仍有些犹豫不决，就对孙权说：“曹操占领了荆州，名声震及四海，现在他顺江而下，直逼江东。将军您应该根据自己的力量作出决断。刘豫州是汉朝的宗室，才能是他人所无法比及的，许多人都仰慕他，归顺他，如果他抗曹不能成功，那也是天命；他是无论如何也不会向曹操投降的。”诸葛亮的几句话分明在激励孙权作出正确的决断。

这时恰巧曹操写信恐吓孙权，说他率 80 万大军讨伐江东。曹操书信来后，孙权在一次议事会上宣读，要众臣讨论，商讨对策。一时议论纷纷，莫衷一是。以张昭为代表的文官主张求和投降，以黄盖为代表的武将则力主抗曹。大臣鲁肃，是个主战派，他力主联合刘备势力共同抗击曹军。他见孙权对和战的态度暖昧，非常着急，在散会后他对孙权说：“张昭的话，主公千万不能听，你身为东吴之主应当三思！”

孙权说：“我何尝不知道和与战的利害关系，只是事关重大，一时难下决心。”鲁肃说：“曹军眼看就要进攻，主公要当机立断。最好先听听周将军的意见，早作抉择。”

孙权猛想起孙策临终遗嘱来，立即派人去通知周瑜回来议事。周瑜这时正在鄱阳训练水军，听说曹操大军来到，未等得到孙权通知，已经连夜赶回柴桑郡，要求见他议决军机大事。

鲁肃见周瑜回来，首先向他讲了和与战的争论情况，希望他促使孙权下决心抗曹，张昭等文官知道周瑜的意见举足轻重，也来求他支持和谈。他们走后，黄盖等武将又来要求坚决抗曹。周瑜听后非常高兴，激动地说："我正要与曹操决战，决不投降。诸位将军请回，明日见主公后，自有定议。"

第二天，孙权主持东吴百官再议和战问题。周瑜先发言："听说曹操来书，要我们归降？主公如何定夺？"孙权将曹操的信给他看，要他发表意见。周瑜看后冷笑一声说："曹操欺我东吴无人，竟敢如此侮辱！"

周瑜见文官们害怕曹操势大，又详细分析敌军弱点。他认为曹操虽然善于用兵，但这一次大军南下，违反兵家常规：曹军在南方久经征战，疲惫不堪；马腾、韩遂等在北方作乱，有后顾之忧；曹军士兵来自北方，只善陆战，不会水战；隆冬严寒，水土不服，易生疾病。周瑜充满信心说："曹军人数虽多，但天时、地利、人和都在我方，只要君臣同心，团结对敌，完全可以打败曹军。"

周瑜主战的理由和对敌我力量的透彻分析，获得了武将们的坚决拥护，说得主和派文官们哑口无言，孙权不断微笑点头，表示赞赏。周瑜说完以后，孙权双目扫视了一下分站两列的文臣武将，断然拔出佩剑猛砍下桌子一角，斩钉截铁地说："从今天起，只准言战，不准言和。谁再主张降曹，请看桌子下场。"

孙权虽然下了抗曹决心，但一想到曹军有80万之多，东吴只有几万精兵，相差过于悬珠，能否打胜，没有信心，当晚急得在床上翻来覆去不能入睡。

周瑜早料到孙权的心事，深夜前来求见。他开门见山地说："主公不要担心曹操兵多，80万大军是吹嘘吓人的数字，曹操从北方带来的军队大约只有十五六万人，劳师远征，疲兵再战，我军以逸待劳，可以稳操胜算。荆州地区降曹军队不过七八万人，人员复杂，士气低沉，不堪一击。我只请求主公拨给几万精兵，保证打败曹军。"

孙权听了周瑜对曹军的具体分析，心中焦虑顿时消失，高兴地说："你和鲁肃主战，正合我心，有你们这样英明的将领，何愁曹军不败。"孙权于是拨给3万人马，任命周瑜为都督，鲁肃为赞军校尉，与刘备的两万军队结成联军，协助作战。

曹操的军队在长江北岸赤壁一带扎营，与孙刘联军隔江相对峙。正如周瑜所料，曹军果然不擅水战。冬天寒风怒吼，江上波涛汹涌，船舰不断颠簸，无数士兵晕船，呕吐厉害，加上水土不服，病号日益增多。曹操与谋士们商量，设法用铁链把战船联结在一起，铺上木板，使船保持平稳，减轻了风浪颠簸，晕船人数大减。

有一天，周瑜和鲁肃带领一批武将和谋士来水寨高台上观察曹营情况，见连环战船一排一排紧密相连，恰似水上小宫殿一般，气势壮观，心中暗自发笑。他想：曹操只知防水，没想到防火，我给你来个火烧连环战船，定叫你全军覆灭，大败而归。周瑜回营后，与谋士们商议破曹策略，决定实行火攻，但是江面宽阔，要接近敌船纵火，谈何容易。正在周瑜感到为难时，东吴老将黄盖主动请战，他也建议纵火烧船，并且要求承担最艰险的纵火任务。

周瑜见黄盖与他想到一起，非常高兴，但马上说："火功虽好，无法接近敌船，也是枉然。"黄盖也早想到这一点，他自告奋勇，愿去曹营诈降，趁机纵火烧船。

为了骗取曹方信任，黄盖甘愿承受皮肉痛苦，伪装与周瑜计谋不合，受到严厉惩罚，被打得全身皮开肉绽，然后投奔曹营诈降，执行所谓"苦肉计"。

曹操接到黄盖降书后，开始也不相信，但经安插在吴军中的内线证明，黄盖遭受毒打属实，也就深信不疑。黄盖按着曹操约定的暗号标志，时间和地点，率领 20 条小舟，装满干柴芦苇，浇上鱼油，铺上硫磺和焰硝等引火易燃品，向驻扎在赤壁的曹方水寨飞快驶去。黄盖站在为首一条船上，高插一面大旗，上写“先锋黄盖”四字，他全副披挂，手握利刃，好不威风。说也碰巧，这一天东风猛吹，波涛翻滚，曹操在军中高处遥望隔江，自以为不可一世。他说：“黄盖来降，是天助我也!”

20 条船离曹营越来越近，曹营有个观察水上敌情动静的武将指着黄盖所率船只对曹操说：“来船有诈，休教近营。”曹说：“你怎么知道?”他说：“黄盖说乘粮船来，如船中有粮，船必稳重，观看来船，轻而且浮，今夜又有东南风猛吹，如果来船假降，是来纵火，就难对付了。”曹操猛然醒悟，立即派巡逻船去制止来船。但已经晚了，黄盖用刀一挥，前船立即发火，风助火势，火趁风威，船如箭发，烟焰冲天，20 条火船，一齐撞入水寨，曹营所有船只猛然着火，烈焰腾空，烧得满江通红。

曹营水寨士兵对突如其来的火攻，毫无思想准备，吓得惊慌失措。战船紧紧相连，根本无法分开，只能眼巴巴瞧着战船烧沉为止。大火很快从船上蔓延到驻扎岸上的曹营，江面上和江岸上到处一片火海。

周瑜挥动令旗，东吴将士们一个个如出山猛虎，奋勇出击，曹军士兵被大火烧得焦头烂额，战船上一片混乱，互相践踏，争相逃命，最后不是被火烧死，就是被水淹死。在孙刘联军的追杀下，曹军 20 多万人马，损失惨重。曹操见败局已定，只好收拾残兵败将，逃回许昌去。

赤壁之战，孙刘联军大胜，曹军大败，为曹刘孙三家形成魏、蜀、吴三国鼎立局势奠定了基础。周瑜指挥有方，创造了以少胜多、以弱败强的著名战例，不愧为我国历史上杰出的军事家。

关羽水淹七军

刘备占领了益州以后，东吴孙权派人向他讨还荆州，刘备不同意。双方为了荆州成为仇人。后来听说曹操要进攻汉中，益州也受到威胁。刘备和孙权双方都感到曹操是他们强大的敌手，就讲和了。把荆州分为两部分，以湘水为界，湘水以西归刘备，湘水以东归东吴。

刘备稳定下了荆州后，就专心对付曹操，请诸葛亮坐镇成都，亲自率领大军向汉中进兵，叫法正当随军谋士。

曹操马上组织兵力和刘备对抗，他亲自到长安去指挥汉中战事。双方相持了一年。到了第二年，在阳平关一次战役中，蜀军大胜，魏军的主将夏侯渊被杀。曹操不得不退出汉中，把魏军撤退到长安。刘备在益州的地位更加巩固了。公元219年，刘备在他手下一批文武官员拥戴下，自立为汉中王。

诸葛亮早已设计的战略是打算从两路进攻曹操的。这一次西面的汉中打了胜仗，就得乘这个势头，再从东面的荆州直接攻打中原。镇守荆州的是大将关羽。关羽有勇也有谋，就是骄傲自大。刘备做了汉中王，派人带了官印封他为前将军，关羽有些不满意。

刘备命令关羽进攻，关羽派两个部将留守江陵和公安。自己亲自率领大军进攻樊城。樊城的魏军守将曹仁向曹操求救。曹操派了于禁、庞德两员大将率领七支人马前去增援。曹仁让他们屯兵在樊城北面平地上，和城中互相呼应，使关羽没法攻城。

正在双方相持不下的时候，樊城一带下了一场大雨。汉水猛涨，平地的水高出地面有一丈多。四面八方大水冲来，把于禁带领的七军扎在平地的军营全淹没了。于禁和他的将士不得不泅水找个高地避水。

关羽早就抓住于禁在平地上扎营这个弱点。他趁着大水，安排好一批大小船只，率领水军向曹军进攻。他们先把主将于禁围住，叫他放下武器投降。于禁被围在一个汉水中的小土堆上，逼得无路可退，就垂头丧气地投降了。

庞德带了另一批兵士避水到一个河堤上。关羽的水军向他们围攻，船上的弓箭手一起向堤上射箭。庞德手下有个部将害怕了，对庞德说："我们还是投降了吧！"庞德骂那部将没志气，拔剑把他砍死在堤上。兵士们看到庞德这样坚决，也都跟着他抵抗。庞德不慌不忙拿起弓箭回射，他的箭法很好，蜀军被射死不少。双方从早打到中午，从中午打到午后。庞德的箭使完了，就叫兵士们一起拔出短刀来搏斗。他跟身边的将士说："我听说良将不会为了怕死而逃命，烈士不会为了活命而失节。今天就是我死的日子了。"

这时候，大水越涨越高，堤上露出的地面越来越小。关羽水军的大船进攻更加猛烈，曹军的兵士纷纷投降。庞德趁着这乱哄哄的时候，带了三个将士，从蜀军兵士中抢了一只小船，想逃到樊城去。不料一个浪头袭来，把小船掀翻了。庞德掉在水里，关羽水军赶上去，把他活捉了。

将士们把庞德带回关羽大营。关羽劝他投降。庞德骂着说："魏王威震天下；你们主人刘备，不过是个庸碌的人，怎能和魏王相敌。我宁可做国家的鬼，也不愿做你们的将军！"关羽大怒，一挥手，命令武士把庞德杀了。

关羽消灭了于禁、庞德的七军，乘胜进攻樊城。樊城里里外外都是水，城墙也被洪水冲坏了好几处。曹仁手下的将士都害怕了。有人对曹仁说："现在这个局面，我们也没法守了，趁现在关羽的水军还没合围，赶快乘小船逃吧！"

曹仁也觉得守下去没希望，就跟一起守城的满宠商量。满宠说："山洪暴发，不会很久，过几天水就会退下去。听说关羽已经派人在另一条道上向北进攻。他自己没有敢进兵，是因为怕咱们截他的后路。要是我们一逃，那么黄河以南，恐怕就不是我们的了。请将军再坚持一下吧。"

曹仁觉得满宠说得有理，就鼓励将士坚守下去。

这时候，陆浑（今河南嵩县东北）百姓孙狼发动起义，杀了县里的官员，响应关羽。许都以南，其他响应的人也不少。关羽的威名震动了整个中原。

魏王曹操到了洛阳，得到各方面的警报，非常着慌。

准备暂时放弃许都，以防关羽乘胜攻击。

谋士司马懿劝他不要这样做，他说：“大王不必担心。我看刘备和孙权两家，表面很亲热，实际上互相猜忌得厉害。这次关羽得意了，孙权一定不乐意。我们何不派人去游说孙权，答应把江东封给他，约他夹攻关羽，这样，樊城之围自然会解除了。”

曹操听了司马懿的意见，觉得他说的很有道理。就派使者到孙权那里去游说。后来，吴国与蜀国的分歧越来越大，以致于孙权的政治砝码开始倾向于魏国。

吕蒙白衣渡江

吕蒙是东吴名将。他从小就练得一身好武艺，年轻时候立了不少战功，受到孙权的器重。

一次，孙权对吕蒙说：“你的责任重了，应该抽时间读点书才好。”吕蒙说：“在营里事务那么多，哪儿有时间

读书呢?”孙权笑着说:“你说事情多,总比不上我多吧!我自己就有这个经验,读了一些兵法、历史,对自己很有帮助。你不妨试一试。”

吕蒙听了孙权的劝告,一有空就认真读书。渐渐地,吕蒙变得谈论风生,见解精辟,就连鲁肃那样有学问的人都对他刮目相看了。

后来,吕蒙接替了鲁肃的职位,率军驻扎在陆口(在今湖北嘉鱼西南)。吕蒙和鲁肃的主张不同。他认为关羽有兼并东吴的野心,向孙权上书要求出兵对付关羽,说:“刘备、关羽君臣,都是反复无常的人,不能把他们当盟友看待。”孙权接到了吕蒙的信,也觉得关羽狂妄自大。

孙权曾经派人去向关羽求亲，希望关羽把女儿嫁给他儿子。关羽不但不答应，反而把使者辱骂了一顿，使孙权很气愤。

正好在这个时候，曹操派使者来联络，要他夹攻关羽。孙权马上复信，表示愿意袭击关羽的后方。

关羽也听说吕蒙厉害，虽然他亲自率大军进攻樊城，但对于他背后的吕蒙并没有放松防备，在蜀吴交界一带，布置得严严实实。关羽不想自己的防区有什么闪失。

吕蒙计划着如何使关羽放松警惕。吕蒙本来经常有病。这一回，他就装作旧病发作，而且说得病得很厉害。孙权也正式发布命令，把吕蒙调回去休养。另派了一个年轻的陆逊去接替吕蒙。这个消息很快传到樊城。关羽听到吕蒙病重，又听说陆逊是个年轻的书生，心情就放松多了。

陆逊从陆口特地派人拜见关羽。关羽接见使者，使者献上了书信和礼品。信中大意是说，听说将军在樊城水淹七军，俘获于禁，远远近近哪个不称赞将军的神威。我是个书生，很不称职。今后还得靠将军多多照顾呢！关羽看了陆逊的书信，觉得陆逊态度谦虚、老实，也就放了心，把原来防备东吴的人马陆陆续续调到樊城那边去了。

陆逊把关羽人马调动的情况，随时报告给孙权和吕蒙。这时候，关羽在樊城接受了于禁的投降兵士几万人，粮草供应发生了困难，就把东吴贮藏在湘关的粮食强占了。孙权得知湘关的米被抢，就派吕蒙为大都督，命令他迅速袭击关羽的后方。

吕蒙到了寻阳（今湖北黄梅西南），把所有的战船都改装作商船，选了一批精锐的兵士躲在船舱里。船上摇橹的兵士扮作商人，一律穿上商人穿的白色衣服。就这样，一列又一列商船向北岸进发了。到了北岸，蜀军守防的兵士一看都是穿白衣的商人，就允许他们把船停在江边。没想到一到晚上，船舱里的兵士一齐出来，偷偷摸进江边岗楼，把蜀军将士全部抓住，把岗楼占了。

吕蒙大军神不知鬼不觉地占领了北岸，进军公安。留守公安、江陵的蜀军将领本来对关羽很不满意，经吕蒙一劝降，都投降了。吕蒙进了城，派人慰问蜀军将士家属，并且吩咐东吴将士严守纪律，不许侵犯百姓。有一个东吴兵士，是吕蒙的同乡，因为天下雨，拿了老百姓家的一顶斗笠遮盖铠甲。吕蒙发现后，认为这个兵士违犯了军令。虽说是同乡人，但是犯了军令不能不办罪，就把他杀了。这样一来，全军将士都震动了，谁也不敢违反军令。

这时候，曹操派去的徐晃率领的援军，已到了靠近樊城的前线。徐晃把孙权答应曹操夹攻关羽的信抄写了许多份，射进关羽营寨里。关羽得知吕蒙袭击后方的消息，正在进退两难的时候，徐晃发起进攻，打败了关羽，使关羽不得不撤去对樊城的包围。

关羽派使者到江陵去探听情况。使者一到江陵，吕蒙派人殷勤招待，还叫使者到蜀军将士家去看望，这些家属都说东吴的人待他们不错。使者回到自己的军营后，兵士们向他探问家里情况，他就照实说了。大伙儿一听东吴人好，就不愿意再跟东吴打仗，有些兵士甚至偷偷地逃回江陵去了。

关羽到这时候，才知道对东吴的防备太大意，可是已经来不及了。他只好带了人马逃到麦城（今湖北当阳东南）。

孙权进军麦城，派人劝关羽投降。关羽带着十几个骑兵往西逃走。孙权早已派兵埋伏在小道上，把关羽十几个骑兵截住，活捉了关羽。孙权知道关羽不肯投降，下令就地把他杀了。

曹操认为孙权立了大功，把孙权封为南昌侯，到了曹丕即位称帝以后，又封为吴王。

陆逊火烧连营

赤壁大战以后，曹操对孙权和刘备的威胁暂时解除了，孙、刘之间的矛盾却激化起来。孙权认为荆州应该是东吴的地盘，而刘备却占据不让。后来，刘备去益州，让大将关羽守卫荆州。关羽带兵北上，去攻打曹军，不想孙权却派人从后面袭击，夺取了荆州，又杀了关羽。

刘备和关羽情同手足。他发誓要灭了东吴，为关羽报仇。他即位称帝那年（公元221年）七月，不顾诸葛亮的反对，带领蜀汉的大部分人马，对东吴发动了大规模战争。

孙权得到这个消息，几次派人向刘备求和，都遭到拒绝。这时候东吴的大将周瑜、鲁肃和吕蒙等，都已经先后去世了，孙权只得任命年轻的镇西将军陆逊为大都督，统率朱然、徐盛、韩当、孙桓等五万人马去抵抗刘备。吴国的文武大臣，对陆逊就任大都督议论纷纷。有的说陆逊声望不高，怎么能指挥打仗？有的说陆逊才能不够，担当不起统帅的重任。孙权知道陆逊为人忠厚，才能出众。他力排众议，坚决把统帅的重任交给陆逊。

这时候，刘备已经领兵从秭归进抵秭亭（今湖北省宜都县西北），深入吴境五六里。蜀军从建平（今四川省巫山县）到虢亭，沿路扎营，绵延几百里。蜀军在与夷道（今湖北省宜都县西北）围困了吴国的先锋孙桓。吴军将领要求陆逊赶快派兵去援救孙桓。陆逊详细地询问了前线的情况之后，胸有成竹地说："孙桓将军一向受到士兵爱戴，一定能够坚守城池，现在不必去救他。等我打败了蜀兵，他自然解围了。"将领们又要求陆逊赶快出兵迎击刘备。陆逊说："刘备带兵东下，连连得胜，气势正旺，并且占据高处，我们很难攻破他。如果我们出师不利，就会挫伤士气。这是关系全局的大事。我们应当勉励将士，布置防御，等待时机，后发制人。"蜀军多次挑战，陆逊总是置之不理。这样，吴蜀两军从第二年二月相持到六月。

刘备见一时不能取胜，心生一计，命令吴班带着一万多老弱兵士，到靠近吴军的地方去扎营，自己率领精兵八千，在山谷里埋伏起来。吴班领士兵挑战，耀武扬威，不断辱骂吴军来引诱吴军进攻。吴军将领十分气愤，都要求跟蜀军拼一阵，陆逊说："这里头一定有假，咱们不能盲目进攻，以免中计。"他命令吴军照旧坚守阵地，不要理睬蜀军的挑战。过了几天，刘备知道自己的诱敌之计已经被陆逊识破，只好从山谷里撤出伏兵。

当时正是盛夏季节，天气异常炎热，蜀军士兵忍受不了蒸人的暑气，叫苦连天。刘备只得让水军离船上岸，和陆军一起，靠着溪沟山涧、树林茂密的地方，扎下互相连接的四十多座军营，以便躲避暑热，休整军队，等到秋凉后再向吴军大举进攻。陆逊看到了蜀军战线拉得过长，兵力分散，士卒疲乏，士气低落，认为进行反攻的条件已经成熟。他仔细拟定了破蜀的作战方案，写成报告，向吴主孙权请示。孙权看了看报告，高兴地说："东吴有了这样的将领，我还有什么不放心的呢！"

一天，陆逊召集大小将士，宣布了出兵破蜀的计划。为了使反攻有把握取得胜利，陆逊先派出一小部分兵力，对蜀军的一个营寨进行试探性进攻，战斗结果吴军吃了亏，可陆逊已经找到了攻破蜀军的办法，那就是用火攻。陆逊命令水路士兵，用船只装载茅草，迅速运到指定地点；陆路士兵，每人手拿一把茅草，在茅草里藏着硫磺、硝石等引火物，一到蜀营，就顺风纵火。

吴军又是火攻，又是突然袭击。蜀军毫无防备，顿时乱成一团。各路吴军乘着大火，同时发起反攻，接连攻破了蜀军的四十多座营寨。蜀将张南、冯习抵挡不住，被吴兵杀死。在慌乱中，刘备拨马向夷陵马鞍山逃走。吴军乘胜追击，杀死大量蜀军，夺得了许多军用物资。

刘备逃到马鞍山。陆逊的大队人马把马鞍山团团围住，从四面放火烧山。刘备只得带着残兵败将，杀开一条血路，冲出包围，向西逃跑。吴军紧紧尾追，刘备赶忙命令沿途驿站的人员，集中军用物资和士兵抛弃的盔甲，堆在要道上，放火烧着，堵塞山道，阻挡追兵。担负断后的蜀将傅彤（音 róng），坚持战斗，率领部下往来冲杀，身受重伤，奋力死战，才使刘备摆脱追兵，逃到白帝城（今四川省奉节县）。这时刘备因为忧愤悔恨而病倒了，在病势沉重的时候，刘备派人去成都，把丞相诸葛亮等人请到白帝城来安排后事。

刘备让诸葛亮坐在床边，对他说："我有了丞相，才有今天的帝王事业。可是，我的知识浅陋，没有听丞相的话，自讨失败。想来又悔又恨。如今眼看我就要死了，儿子刘禅软弱无能，我只好把大事托付给丞相。"他一边说，一边把事先写好的遗嘱交给了诸葛亮，并且要求他尽力辅佐太子刘禅。诸葛亮向刘备表示，一定要尽一切力量辅佐少主，不辜负刘备的重托。蜀汉章武三年（公元223年）四月，刘备去世了，死的时候六十三岁。

曹操求贤若渴

公元208年，孙权与刘备联合在赤壁大败曹操。这次战争是三国形成过程中的重大战役。战后，曹军元气大伤，曹操统一全国的计划受到了挫折，他不得不接受失败的教训，集中力量经营北方；孙权在江东的地位得到了巩固，后来发展为吴国；刘备也在荆州站住了脚，并向益州地区进军，后来发展为蜀国。这样三国鼎立的局面便逐渐形成了。

赤壁之战后，曹操退回北方。当时作为胜利者的孙、刘两家也在积极巩固和发展自己的势力范围。曹操清楚地看到，若要再和孙、刘重新开战，必须在政治上、军事上、经济上做好充分准备才行，这绝不是短时间内所能办到的。为了加强和巩固自己的权力，他与同时代的其他政治家一样，十分重视严明刑赏，举贤任能。赤壁之战使他军事上遭到挫折，感到前途多艰，壮志难酬，更需要奖功惩过，提拔英才，励精图治。在他有生之年，身当纷争之世，只有尽自己最大的努力，才能争取实现一统天下的大业。

东汉时用人，实际上存在着“任子”制度。安帝时下了一个命令，让公、卿、校尉、尚书的儿子做郎。这样，做了大官的世家豪族，就有世代做官的权利。那时公开选拔的办法，是察举征辟。所谓察举，也是要经过地方上有势力的豪强的评议，他们认为符合儒家名节、孝义标准的人，才能被推举出来担任要职。操纵察举的豪强，以钱多为贤，以势大为上。有钱的可以出钱买爵，有势的可以仗势做官。这样挑选出来的人，只会空发议论，没有一点治国的才能。

曹操为了选拔更多的人才，打破了依据封建德行和门弟高低任用官吏的标准，提出了“唯才是举”的用人方针。于公元210年春天下了一道《求贤令》。

曹操在令中一开始就总结历史经验，认为自古以来的开国皇帝和中兴之君，没有一个不是得到贤才和他共同来治理好天下的，而所得的贤才，又往往不出里巷，这绝不是机遇，而是当政的人求访得来的。有鉴于此，曹操立足现实，指出现在天下未定，正是求贤最迫切的时刻。

后来，曹操于公元214年和217年又下了两道《求贤令》，反复强调他在用人上“唯才是举”的方针。他要求人事主管部门和各级地方官吏在选拔人才上，力戒求全责务，即使有这样那样的缺点也没有关系，只要真有才能就行。他在这两道令中，又再次提到陈平，说陈平并没有较好的品行，但他却能和萧何、曹参及韩信等人辅佐汉高祖成就功业，留名千古。

除陈平外，曹操还提到战国时的吴起、苏秦。说吴起贪图为将，竟杀死他的齐国妻子而取信鲁君；又说他曾为求官而散尽千金，母亲死了也不回家。可是他在魏国为将，使秦国不敢东侵；他在楚国为相，使韩、赵、魏三国不敢南犯。说到战国时期的纵横家苏秦，曹操认为他虽然反复无信，但却能扶持弱小的燕国，合纵六国以抗秦，做出一番非同寻常的事业。因此，曹操再次希望把那些哪怕是有污点的，或是不仁不孝的，但是却有治国用兵才能的人，统统举荐出来，这充分反映了曹操为谋求统一大业而急求人才的迫切心情。

经过一番努力，曹魏集中了大量人才，当时各地投奔到曹操门下的人很多，形成猛将如云，谋臣如雨的盛况。

曹操起用了大量出身微贱而有才干的人，把他们放在重要的岗位上。他手下第一位谋士荀彧，祖父、父亲、叔父原来都是一般百姓，妻子也是宦官的女儿。公元 191 年，荀彧投靠曹操时，只是个县令，曹操却马上把他提为司马。建都许昌后，曹操自己出征时，就把中央大权都交给荀彧。汉末的官制，秘书监是掌管机密的，历代都是用最受信任的人充任这个职务。但曹操却用了不是名门大族的刘放、孙资。曹操身边的其他文武大员，如荀攸、郭嘉、满宠、张辽、仓慈、徐晃、庞惠（德）、张既，都是出身寒族地主或一般官吏，因为有功，被曹操提拔起来的。

建安初年，曹操经过荀彧的介绍，起用了寒族地主杜袭做西鄂长。那时，经过豪强长期侵扰，土地荒芜，粮食都吃光了。杜袭就动员人民分散到田里去耕种。后来，荆州的刘表出动步骑一万人来攻城，城里有的官吏吓得躲在家里锁上了门，还用被子蒙住头。而杜袭却组织了几十个人去守城，自己也带箭参加战斗。因为力量悬殊，城被攻破。杜袭又带了少数人冲出城来，再召集城外的人民，继续战斗。曹操很赏识他，魏国一建立，就把他提拔到中央。当曹操西征回来时，要挑选人镇守长安。负责安排的人挑了半天也不知选谁合适。曹操说："你们把好马放掉了不乘，还乱挑乱找什么?"于是亲自任命杜袭担任了这个要职。

曹操也不是一概排斥豪强出身的人，如果能为统一事业出力，曹操也能重用他们。他手下有好多大将，如许褚、李典等，原来都是豪强。许褚投靠曹操后，把自己门下的一批侠客，都给了曹操作卫士，成了有名的"虎士"。李典投靠曹操后，也放弃了在家乡的地盘，把家族都迁到了许都来。他们在战争中，都立下了很多战功。曹操也很信任他们。

曹操选用人才，首先是那些有治国用兵才能的人，其次就是一些有才华的文人。当时文坛上最有名望的"建安七子"中，除孔融外，王粲、徐干、陈琳和刘桢，都是曹操的幕僚。曹操授给他们一定的官职，发挥他们的才能。陈琳本来是袁绍的部下，曾经替袁绍起草檄文，骂了曹操的祖宗三代。袁绍失败后，陈琳归降曹操。曹操问他说：

“你从前为袁绍写檄文，骂我一个人就可以了，为什么要骂到我的祖宗三代?”陈琳连忙谢罪。曹操爱惜他的文才，不仅对他不处理，还照样任用他。著名的女诗人蔡文姬，在军阀混战中被乱兵掳去，流落匈奴，曹操派人用金银玉璧把她赎了回来。因为曹操重视和提倡文学，汉末以来文坛上消沉冷落的现象顿时改观了，大量作家和作品涌现出来，在文学方面出现了一片繁荣的景象。后来，人们常把这一时期看作是文学的黄金时代。

曹操虽然没有亲自完成统一的任务，但是终于削平了北方的割据势力，恢复了黄河南北的封建秩序，为后来西晋的统一打下了基础。所以，曹操不愧为我国历史上卓越的政治家。

蔡文姬归汉

建安时期著名女诗人蔡琰，字文姬，陈留郡圉县人，东汉末年著名学者蔡邕的女儿。蔡文姬的一生经历极为痛苦和凄惨，她是社会大动乱的见证人。作为诗人，她援笔抒情，为后世流传下了五言和七言《悲愤诗》以及《胡笳十八拍》等三首流传千古的不朽之作。

蔡文姬自幼受诗礼熏陶，有很好的文化教养，十几岁便成了一代才女，史书上记载她“博学有才辩，又妙于音律”。传说有一次蔡邕在家弹琴，不当心弄断一根琴弦，文姬在一旁听见，立即说断的是第二根，她父亲为了试她，又故意弄断一根，蔡文姬马上就判断出是第四根，结果她的判断是正确的。

190 年，军阀董卓进占洛阳。不久，逼迫献帝迁都长安，朝中大臣及百姓随军西行。这时，蔡文姬随着父亲蔡邕第一次来到长安。后来，司徒王允买通吕布杀死了董卓，董卓的部将兴后复仇，又杀死了王允。长安于是成了军阀们烧杀抢掠、无恶不作的战场。在这场社会大动乱中，蔡邕死于非命，蔡文姬则被董卓的乱兵和少数民族奴隶主劫持而去。

蔡文姬五言《悲愤诗》中描述了自己被劫持时的见闻：野蛮凶残的乱兵，不但杀人遍野，而且把妇女和财宝作为战利品带走，即“马边悬男头，马后载妇女”，文姬离开长安时，她遥望终南山，俯瞰渭河水，哀叹着自己的不幸遭遇；悲歌当哭，为同命运的姐妹发出撕心裂肺的号呼，“欲死不能得，欲生无一可。”在监视和打骂之中，蔡文姬求生无路，求死无门，最终流落于南匈奴的部落之中，被迫成为南匈奴左贤王的姬妾，在南匈奴苦度了 12 个春秋。在这 12 年里，“感时念父母，哀叹无穷已。有客从外来，闻之常欢喜。迎问其消息，辄复非乡里。”古人重视乡土之情，在患难之中，这种思念更为深切。

蔡文姬之所以能够忍辱偷生，只是为了一个信念：有朝一日重回故国。正如她在《胡笳十八拍》诗中所写的：“我非贪生而恶死，不能损身兮心有以。生能冀得兮归乡梓，死能埋骨兮长已矣！”曹操统一了北方后，对多年来侵扰边境的乌桓、匈奴奴隶主贵族大张挞伐，斩杀了塌顿单于，招安了乐土归顺的部落酋长，蔡文姬的丈夫左贤王也在归顺之列。

曹操与蔡文姬的父亲蔡邕，当年曾有文字之交，对这位大学者也非常敬佩。他痛伤蔡邕绝后，便派出使者，携带黄金白璧，赎取文姬。喜讯传来，蔡文姬欣喜若狂。她在《胡笳十八拍》中写道：“忽逢汉使兮，称近诏；遣千金兮，赎妾身。”在五言《悲愤诗》中，更是直接：“懈逅徼时愿，骨肉来迎已。”在蔡文姬的心目中，尽管自己是个孤女，是个流落异国的不幸者，但祖国没有忘记自己，不论是素不相识的“汉使”，还是天子丞相，都和骨肉一样亲。

重返祖国，固然是蔡文姬梦寐以求的夙愿，但她毕竟在南匈奴生活了12年，已与左贤王生了两个儿子。回国，意味着母子的永远分离。当蔡文姬留居匈奴时，两个孩子是她的安慰，一旦割舍，又造成生离死别的痛苦。对祖国的思念和母子之情交织在一起，使她心如刀绞，肝肠寸断。蔡文姬在感情上经受了严峻的考验。面对这种摧心裂腑的痛苦，她忍住巨大的悲伤，终于割断了母子之情，毅然登程回国。

曹操亲自作媒，将蔡文姬嫁给了她的同乡董祀为妻。董祀是一位富于才学的官员。曹操任命他为长安典农中郎将，管理长安一带农业，聚军屯垦，恢复生产。

哪儿知道时隔不久，董祀犯了法，被曹操的手下人抓了去，判了死罪，眼看快要执刑了。蔡文姬急得不得了，连忙跑到魏王府里去求情。正好曹操在举行宴会。朝廷里的一些公卿大臣、名流学士，都聚集在魏王府里。侍从把蔡文姬求见的情况报告曹操。曹操知道在座的大臣名士中不少人都跟蔡邕相识，就对大家说：“蔡邕的女儿在外流落了多年，这次回来了。今天让她来跟大家见见面，怎么样?”

大家当然都表示愿意相见。曹操就命令侍从把蔡文姬带进来。蔡文姬披散头发，赤着双脚，一进来就跪在曹操面前，替她丈夫请罪。她的嗓音清脆，话又说得十分伤心。座上有好些人原来是蔡邕的朋友，看到蔡文姬的伤心劲儿，不禁想起蔡邕，感动得连鼻子也酸了。

曹操听完了她的申诉，说：“你说的情形的确值得同情，但是判罪的文书已经发出去了，有什么办法呢?”蔡文姬苦苦央告说：“大王马房里的马成千上万，手下的武士多得像树林，只要您派出一个武士，一匹快马，把文书追回，董祀就有救了。”

曹操就亲自批了赦免令，派了一名骑兵追上去，宣布免了董祀的死罪。那时候，正是数九寒天。曹操见她穿得单薄，就送给她一顶头巾和一双鞋袜，叫她穿戴起来。曹操问她：“听说夫人家有不少书籍文稿，现在还保存着吗?”蔡文姬感慨地说：“我父亲生前给我四千多卷书，但是经过大乱，散失得一卷都没留下来。不过我还能背出四百多篇。”

曹操听她还能背出那么多，就说：“我想派十个人到夫人家，让他们把你背出来的文章记下，你看怎样？”

蔡文姬说：“用不着。只要大王赏我一些纸笔，我回家就把它写下来。”后来，蔡文姬果然把她记住的几百篇文章都默写下来，送给曹操。曹操看了，十分满意。

曹操把蔡文姬接回来，在为保存古代文化方面做了一件好事。历史上把“文姬归汉”传为美谈。

卫温远航台湾

孙权当了皇帝后，很想扩充自己的地盘，可他的北面是魏国，几次发兵攻打都失败了，西面是蜀国，已经结成盟国，于是他只有向东面和南面发展，这两面都是一望无际的大海。孙权听说海中有个叫夷州（今台湾）的地方，那里一年四季如春，无雪无霜，生长着许多奇花异草，秦始皇曾派人到那寻找过长生不老的仙药，孙权决心要找到夷州这块宝地。

于是他派将军卫温，出海远航，寻找夷州。吴国当时的造船业已经十分发达。他们制造的长江上的战船，上下五层，可载3000人，但这样的船只适合在江河中航行，为了能够安全的航海，吴国又制造了20余丈长的大海船，可以载六七百人，载货可以达到一万斛（约五百吨）。

吴大帝黄龙二年（230年）卫温和诸葛直带领着一支万人的船队，浩浩荡荡地出海寻找夷州去了。船队从章安（今浙江省临海县东南）起航，向南行进，到达侯官（今福建省福州市）后，开始东渡。卫温带领船员劈波斩浪、历经艰难险阻，终于看到前面的林木葱郁的美丽岛屿，这就是夷洲。可他们刚刚上岸，就遭到当地土著高山族人劈头盖脑的攻击。这时的高山族还处在氏族社会阶段，男子打猎捕鱼，保卫本部落的安全，女子采集，各部落之间不得相互侵犯。他们见卫温带着他的队伍上来，遇到这么多的陌生人，当然要进行抵抗了，可高山族人哪里是吴兵的对手，吴兵轻易地就打败了他们，于是卫温命令士兵立即安营扎寨，躲在树林后的高山族人惊奇地看着这一切。吴兵的营寨安顿好后，卫温和诸葛直商量，对岛上的居民采取安抚的手段，与他们和平相处，渐渐地高山族人发现这些外来人对他们并没有恶意，便不像以前那样敌视他们了。吴兵又送给高山族人许多礼物，高山族人也给吴兵送来了一些当地的产品。两方开始了友好的交往。可不幸的是吴兵到了夷洲后水土不服，又流行疫病，以至在半年的时间里就死了几千人。卫温和诸葛直只好返航，有几千名高山族人和他们一同回到了东吴。

卫温出航夷州胜利归来，使孙权大为高兴。孙权接着又派聂友、陆凯出航，到达了珠属（今广东省徐闻县西）、儋耳（今海南岛）。孙权还派朱应、康泰为使臣，出使海南各国，与林邑（古越南）、扶南（古柬埔寨）建立了友好的睦邻关系。

东吴北面的辽东太守公孙康死后，由于他儿子公孙渊年纪尚小，大权便落到了他弟弟公孙恭的手中。公孙渊是个很有心计的人，长大后又从叔父手中夺回了大权。曹睿为了控制辽东，封公孙渊为扬烈将军，可野心勃勃的公孙渊不甘心对魏称臣，便通过海上与孙权取得了联系。在吴嘉禾元年（公元 232）派使者来到了建业，希望投靠孙权。孙权大喜，当即便派张弥、许晏为使臣去辽东封公孙渊为燕王。老臣张昭知道这件事后，极力反对，孙权坚持要派张、许二人出使辽东。张昭见不能劝动孙权，生气地回到家中，以生病为借口，不再来见孙权。

张弥、许晏二人奉命带着金银财宝乘船来到辽东，公孙渊被封为燕王后高兴了几天，可是，他想起了25年前，曹操北伐乌桓的事，担心自己称王后，如果魏国来讨伐他，吴国远在江南，到时远水救不了近火，这么一想觉得还是不和吴国联系的好，于是下令杀了张弥、许晏，并把他们的头给曹睿送去，表示自己对魏是忠心耿耿的，是吴国要挑拨他们的关系。

张弥、许晏被杀的消息传到建业，孙权后悔当初没有听老臣张昭的劝告，便下诏书去慰问他。孙权把张昭接进宫中，向张昭承认了自己的错误，终于得到了张昭的原谅，君臣重归于好。

诸葛亮集思广益

公元223年四月，蜀主刘备去世了。十七岁的刘禅，在成都继承了皇位，改年号为建兴元年，加封诸葛亮为武

乡侯。从此，蜀汉政治上的一切大小事情，都由诸葛亮决断。为了把蜀汉治理好，诸葛亮不仅重视选拔人才，而且还不拘一格地任用人才。他曾经把一个国家比做房子，把人才比做支撑房梁的柱子。他说：柱子如果细小脆弱，房子寿命就不会长，顶梁柱要选用好木材，政府官吏也要选拔正直的有才能的人。粗大结实的木材，要经过挑选才能得到，正直有用的人才，也应该经过选拔才能够得到。诸葛亮自己就是这样做的。

联吴抗魏，本是诸葛亮的重要战略决策。可惜虢亭一战，蜀吴联盟遭到破坏。诸葛亮担心孙权乘刘备刚刚死去的机会，发动突然袭击，正考虑派人去和东吴修好，可一时又找不到合适的人。一天，邓芝来见诸葛亮，说："目前，主上年幼，初登皇位，民心未安。如果要完成统一大业，就应该抛弃旧怨，和东吴联好。没有东顾之忧，咱们才能北上进取中原。不知道丞相是怎样考虑的？”诸葛亮一听邓芝的话，十分高兴，觉得邓芝很有见解，而且邓芝正是完成这一使命的理想人选。他笑着对邓芝说：“我对这件事已经考虑了很久，可惜没有找到合适的人来担当联合东吴的使命。今天我可找到这个人啦。”邓芝赶忙问这个人是谁？诸葛亮答道：“你既然明白联吴的好处，那一定能够很好地完成这个使命。”他马上决定任命邓芝为出使东吴的使臣。

邓芝到了东吴，求见孙权。由于魏国也派使者到东吴，要孙权联魏攻蜀。孙权正犹豫不决，因此不肯接见邓芝。邓芝写信给孙权说：“我这次来，不光是为了蜀国，也是为了吴国的利益呢。”孙权这才接见了邓芝。邓芝给孙权分析当时的形势，说：“吴国有长江作天险，蜀国有山川为屏障，两国和好，互为唇齿，力量就大了。进，可以兼并天下；退，可以鼎足而立。如果东吴要和魏国联盟，就必然要向魏国屈服称臣。要是不听他的话，魏国就要借口讨伐东吴。那时候，蜀国也可以顺流而下。江南的广大地区，就不会再是大王所有的了。”孙权听邓芝说得有理，回答说：“我是愿意跟蜀国和好的，只恐怕蜀主年轻懦弱，在魏国的压力下中途变卦，不能始终如一。既然先生这样说，我就放心了。”

从此，吴国和蜀汉又结成了抗拒曹魏的联盟，并且多次派遣使者互相访问，不断发展友好联盟关系，从而使得三国鼎立的局面得到进一步的巩固。

邓芝在离开东吴的时候，遵照诸葛亮的意见，要求孙权送回张裔。这张裔本是成都人，很有学问，办事果断，善于治理政事。在刘璋统治四川的时候，他就做司马的官了。刘备攻进四川以后，任命张裔为巴郡太定。不久，益州豪强雍闿（音 kǎi）与孙权勾结，把张裔绑架到东吴。诸葛亮爱惜张裔的才能，让邓芝向孙权交涉，要回张裔。张裔临走的时候，孙权和他谈了一次话，发现张裔很有才干。事后，孙权很懊悔把张裔放走，赶紧派人去追。但是张裔日夜兼程地赶路，早已到了蜀汉境内，没有让东吴人追上。

张裔到了成都，诸葛亮并没有因为他原来是刘璋的部下而另眼相待，而是根据张裔的学识才干让他做参军、从事。后来，诸葛亮带兵北上进攻曹魏，还让张裔和蒋琬一起做丞相府的长史，代自己掌管蜀汉政事。由于人才选用得当，诸葛亮虽然常年在外征战，蜀汉内部治理得很好。

提起蒋琬，也有一段很有趣的故事。

蒋琬在跟刘备入蜀以前，只是一个州衙门里缮写文书的小吏。入蜀以后，蒋琬做了广都县令。有一次，刘备因事到广都，看蒋琬什么事都不管，既不欢迎他，又喝醉了酒。刘备非常生气，要判蒋琬死罪。诸葛亮很了解蒋琬，知道他很有才干，办事公正，勤勤恳恳，就对刘备说：蒋琬有治理国家的才能，这一次是偶然的过失。他以安定百姓的生活为根本，踏踏实实地为百姓办事，不能因为这件事判他死罪。刘备很尊重诸葛亮的意见，就免了蒋琬的死罪，但是仍然罢免了他的官职。

蒋琬虽然被刘备免官，诸葛亮却依然认定蒋琬是个人才，决定提拔重用。他任命蒋琬做了尚书郎和东曹掾(yuàn)，后来又提拔他和张裔一起代理丞相的职务。诸葛亮几次北伐，由于有蒋琬负责军队的给养才没有后顾之忧。诸葛亮还写信给蜀后主刘禅，建议在自己死后，让蒋琬来接替他的职务。后来蒋琬逐渐成为蜀汉政权中出色的人物。

诸葛亮十分重视发挥部下的智慧和才能，他常说：个人的见识是有限的，只有“集众思，广忠益”，才能把事情办好。“集思广益”这个成语，就是这样来的。诸葛亮喜欢敢于直言的官吏，他特别赞扬了徐庶、董和两个人，给部下树立榜样。他说："人们难得把自己心里的话都说出来，只有徐庶能做到知无不言，言无不尽。董和与我共事七年，我办事有不周到的地方，他就反复提出来，要求重新考虑。如果大家能够学到徐庶的十分之一，又能像董和那样忠直勤恳，那么，我的过失就可以大大减少。"

由于诸葛亮能够听取不同的意见，重视选拔人才，敢于不拘一格用人才，使得蜀汉政治呈现一派新的气象。

马谡失街亭

蜀汉巩固了在西南地区的统治以后，为了实现国家的统一。在公元228年，发动了北伐曹魏的战争。孔明挥泪斩马谡的故事，就发生在这次战争的末尾。

马谡，字幼常，是刘备在荆州时，伊籍向他推荐的谋事。此人天资聪颖，自幼熟读兵书，颇知兵法，但恃才自傲，不能谦虚待人。刘备在白帝城临终托孤时，曾对诸葛亮说：我看此人，言过其实，不可大用，要深入考察。”虽然诸葛亮当时点头称是，但未改变对马谡的好评，而且在刘备死后更加器重他。

魏国皇帝曹丕死后，曹叡继位，任命司马懿为骠骑大将军，统率雍州、西凉等州的兵马。诸葛亮知道他善用兵，想先发制人讨伐他。但马谡认为，蜀军南征凯旋回师，急待休整，不宜劳师远征，不如采用反间计，散布司马懿要废新君、另立皇帝的流言蜚语，使曹叡怀疑他，不信任他，甚至杀掉他。诸葛亮采用反间计以后，曹叡果然怀疑司马懿谋反，剥夺了他的兵权。这件事又增加了马谡在诸葛亮心目中的地位。

当诸葛亮平定南方后，回师北征要攻取长安时，曹叡知道自已误信反间计，又起用司马懿率兵迎战蜀军。

当时秦岭之西有一条路，地名街亭，傍边有个列柳城，这两个地方都是汉中咽喉，兵家必争之地。在部署进军路线时，司马懿对部将说：“我军直接攻打街亭，拿下这个地方，就离阳平关很近，可以切断蜀军粮道，蜀方陇西一线就难守住。蜀军一定会赶忙撤回汉中，我军把守住各个小路要塞，蜀军无粮，月内必乱，诸葛亮就可被我军活捉。”

诸葛亮知道司马懿率兵前来迎战，料定他会来取街亭，决定增兵防守。他在营帐中问：“谁敢领兵去守街亭。”马谡立即说：“我愿意去！”诸葛亮见是马谡答应，心里满意，但仍严肃地说：“街亭虽小，事关重大，如果街亭失守，我们的大军就算完了。你虽然深通谋略，但那个地方无城池，又无险阻，把守极为困难。”

马谡很自信地说：“我自幼熟读兵书，颇知兵法，一个小小的街亭岂能守不住？我敢立军令状，如果守不住街亭，杀我全家！”

诸葛亮虽然同意马谡去守街亭，让他领25000精兵前往，但仍不放心，又叫大将王平去协助他。诸葛亮说：“你生平谨慎，可要小心把守街亭，扎寨一定要在要道上，使魏兵不能偷过。凡事都要商量，不可轻率决定。如能确保街亭，可算攻取长安第一功。千万小心！”

诸葛亮命令两人领兵去后，反复思考一番还是放心不下，又派高翔和魏延领兵去接应他们，以防万一，对各种可能发生的情况，都做了说明，这才稍微放心。

马谡到街亭看地形以后，感到好笑：“丞相为什么那么多心？像这么偏辟的山野地方，魏军如何敢来？”王平说："丞相再三嘱咐，要小心防守，尽管魏兵可能不敢来，但还是在五路总口扎寨为好。命令将士赶快砍树作成栅栏，作为长期防备。"马谡说："要道哪里是扎寨地方？你看旁边有座孤山，异常险峻，林木遍地，是个天然屯兵的好地方。"

王平极力反对说："如果在要道上扎寨，筑起城垣，魏军纵有十万也休想越过。要是屯兵山上，魏兵突然杀来，四面围住，街亭就难保住。"马谡大笑，说他不懂兵法："兵法书上说过：居高临下，势如破竹。如果魏兵敢来，我就杀他个落花流水，有来无回！"王平耐心地劝说："我多次随丞相出征，受益很多，眼前这座山是个孤立无援的绝地，如果魏军四面围来，断绝水道，我军会不战自乱。"

马谡依然不听，继续说："你不懂兵法。孙子说过：'置之死地而后生'，如果魏兵切断水道，蜀军士兵就会以一当十，以十当百，拼命死战。我熟读兵书，丞相很多事都要问我，你别妨碍我，别再争论了。"

王平见无法说服马谡，只好说："如果参军坚持要在山上扎寨，请给我一部分人马，我到山的西面扎个小寨，好与你互相呼应，万一魏兵来攻，可以互相支援。"

马谡不肯分兵给他。但就在这时，山中居民蜂拥而来，说魏兵大队就要冲杀过来。马谡见王平要走，很勉强地说："好吧！你不愿听我的命令，我给你五千人马自己去扎寨吧！等我打败了魏军，你在丞相面前可别争功！"

王平在离山十里的地方扎了一个小寨，并画成图本，派人速送诸葛亮，报告马谡不听劝说，坚持扎寨山上的情况。诸葛亮一见图本，知道马谡放弃要道，占山为寨，不禁拍案大惊："马谡无知坑害了我的军队了！"他对左右的人说："如果魏兵四面包围，断了水源，不要两天，我军不战自乱。如果街亭失守，后路切断，如何安全撤退？"正在诸葛亮着急时，有人来报紧急军情："街亭失守！"诸葛亮气得顿足，叹气说："败局已定，大势已去，都怪我用人不当，过错真大啊！"他只好采取紧急措施，应付突然事变，命令蜀军先撤回汉中。

原来司马懿决定直取街亭以后，立刻派他的儿子司马昭带兵察看了前路情况，知道马谡未在要道扎寨，而是据孤山防守，立即调兵四面包围街亭，切断水源，蜀兵果然不战自乱，无法坚守，三天之内司马懿就轻易地夺取了这个战略要地——街亭。

马谡与王平败回汉中，诸葛亮先要王平入帐问话，责问他为何不劝阻马谡。王平只好将自己如何劝说，马谡顽固坚持己见和战斗经过详述一遍。最后说：“丞相不信，可问各路将领。”

孔明命王平退下，传马谡入帐。马谡知道违了军法，无法活命，自己缚了自己，跪在帐前。诸葛亮一见到他，脸色立变，责备他说：“你自命饱读兵书，熟知兵法，我多次告诫你，街亭是我军根本。你以全家性命担保，接受重任。你如果听从王平劝告，就不会有此结果。如果不严明军纪，怎能服众？你今犯法，不要怨我。你死以后，你家老小生活我会安排照管。”然后命令推出斩首。

突然，参军蒋琬从成都来见诸葛亮，见要斩马谡，连忙入帐为他说情：“从前楚国杀了名将成得臣，晋文公高兴。现在天下未定，用人之际，杀去谋臣，岂不太可惜了！”

孔明泪水盈眶说：“历史上孙武能战无不胜，无敌于天下，就在于法度严明。现在天下纷争，战争方起，如果法纪废弛，如何打仗？马谡死罪难饶，一定要杀！”

一会儿，武士将马谡斩首，献上首级，孔明见了，又痛哭不停。蒋琬深感纳闷不禁问道：“马谡已经斩首，丞相为何痛哭？”

孔明说："我不是哭马谡之死。我想起先帝在白帝城托孤时叮嘱我：'马谡言过其实，不可大用！'今天果然如此。我深恨自己没有知人之明，想起了先帝，因此痛哭！"

大小将士听诸葛亮这样一说，都难受得落泪。

马谡被斩首后，诸葛亮对街亭战役中有功的王平给以封赏，让他代替马谡为参军，封为讨寇将军。但他对自己却痛加责备，他上书后主刘禅，请求贬官三等。他还公开发出文告，承担了失败的责任。

诸葛亮这种执法如山，不讲情面的严明公正的作风和严于律己的品质一直被人们传颂着。

五丈原的悲风

公元229年四月，吴王孙权正式即位称帝。蜀汉大臣大多数认为孙权称帝超越礼仪，是僭号（即冒用帝王称号），要求跟东吴断绝盟好关系。诸葛亮却认为，蜀汉眼前主要对手是魏国。他坚持和东吴保持联盟，继续准备北伐。

建兴十二年（公元 234 年），蜀军经过三年的休整，各方面都已准备充分，诸葛亮与东吴联合开始第五次北伐。曹睿派司马懿率大军迎战诸葛亮，自己率兵对付东吴的进攻。

诸葛亮与司马懿率军在五丈原交战，司马懿又吃了败仗，退回营寨，坚守不出。蜀军到他营前百般叫骂，司马懿吸取了从前的教训，充耳不闻，并命令众将官，不许前去迎战。诸葛亮为长远打算，让蜀兵在渭河南岸的土地上开荒种地，以充军粮。两军就这样相持了有三四月之久。

诸葛亮见司马懿拒不出战，便用一个盒子装了妇人用的头巾和衣服，并写了一封信派人给司马懿送去。司马懿看了以后虽然心里怒火燃烧，但他还是强制住自己，很隆重地招待了来使。为了从来使口中套得蜀军的虚实，司马懿假装热情地对来使说："诸葛丞相每日忙于军务，身体还好吧？"来使说："丞相每日都早起晚睡，事事亲为，近来他的胃口不好，只吃很少的饭。"使者走后，司马懿对他的手下说："诸葛亮每日军务繁忙。可吃饭休息都不好，我料他不能再活多久，我们只要坚守营寨，蜀军自会退去。”

不出司马懿所料，由于过度地操劳，诸葛亮的身体确实越来越差了。这时又传来一个坏消息，东吴攻魏的三路大军，全都吃了败仗，无力而退。诸葛亮长叹一声，竟昏倒在地上，大家急忙把他扶起来，半晌才苏醒过来，诸葛亮对身边的人说：“我知道自己的病，恐怕活不了多久了。”他把姜维叫到身边，把一本写有他平生所学的书传给了姜维，又上表给后主刘禅，告知近况。后主得知诸葛亮病危的消息后大惊，赶紧派李福前往五丈原慰问。诸葛亮见了李福对他说：“我辜负了先帝托孤的重任，即将不久于人世了。我死之后，你们要尽心尽力地辅佐皇上，国家的法制不能更改，我所推荐的官员也不能轻易废掉，我已经写好了遗表，请转交给圣上。”李福拿了遗表急忙赶了回去。

诸葛亮又强支病体吩咐手下将士：“我死之后，不要发丧，以防司马懿乘机攻打。大军慢慢撤回，如若司马懿来追，你们可以把我的木像推到军前，列好阵势准备与他作战，司马懿见后必会惊走。”诸葛亮又一一布置了身后诸事，便不省人事。这时李福又匆匆赶来，他看到昏迷中的诸葛亮，哭道：“皇上命我请问丞相百年后，谁能担当大事，可我来晚了一步呀。”过了一会诸葛亮醒了过来，他看到李福，用十分微弱的声音说：“我知道你的来意，我死之后可由蒋琬来担任大事。”李福又问：“那蒋琬之后谁来继任呢？”诸葛亮勉强说出“蒋琬”两个字。李福再问道：“之后呢？”却没听到诸葛亮的回答，大家靠前一看，这位令人敬仰的诸葛丞相已经永远离开了他们。

大家按诸葛亮生前嘱咐，暂时没有发布他病逝的消息，姜维和杨仪组织撤军。费祎到魏延营中秘密告诉他丞相去逝的消息，并让他准备撤军，魏延问费祎：“现在由谁代理丞相负责大事。”费祎说：“丞相把大事都托给了杨仪。”魏延一听很不高兴，说：“丞相虽然死了，可还有我在，杨仪怎么能担此大任，他只配送丞相的棺木回州安葬，我要领兵去攻打司马懿。”费祎说：“丞相有遗命，让我们暂时撤军。”魏延说：“丞相又怎么样，他当时要听我的计策，长安早是我们的了。”魏延没有听从撤军的命令，带着一支队伍，去了南谷口（今陕西省终南山）。

姜维总督大军逐步开始撤退，司马懿得报蜀军全军撤退，对众将说：“一定是诸葛亮死了，我们马上追击蜀军。”司马懿亲自率军追赶，眼看就要追上了，忽然听得一声炮响，喊声大震，只见蜀军回身迎战，他隐约看到蜀军中飘扬着“汉丞相武乡侯诸葛亮”的大旗。再仔细一看，军前一四轮车上端坐一人，纶巾羽扇，鹤氅皂绦，正是诸葛亮。司马懿大惊道：“诸葛亮还没死，我中计了。”反身要逃，姜维在后面大喊道：“司马懿哪里跑！”吓得司马懿魂飞魄散，催马飞奔，魏军个个丢盔弃甲，蜂拥而逃。

过了两天，司马懿得到消息：蜀军退到谷中后，哀哭声四起，军中扬起了白旗，诸葛亮真的死了，他所看到的只是一个木人。司马懿感叹道：“诸葛亮真是天下奇才呀，我能料其生不能料其死也。”确定了诸葛亮已死，司马懿率军再次追赶，可是已经来不及了，蜀军已经走得很远。司马懿说：“诸葛亮已死，我们没什么好担心的了。”于是班师回洛阳了。

姜维、杨仪刚摆脱了司马懿的追击，护送着丞相的灵柩，退到了南谷口，却遇到魏延带着一支蜀军前来堵截，扬言要杀掉杨仪。诸葛亮生前已料到他死之后，魏延会起事端，早就以锦囊授计于杨仪，并派马岱潜到魏延身边，最后魏延被马岱杀死。

姜维、杨仪继续护送着丞相的灵柩回到了成都，后主刘禅为相父挂孝，带领满朝文武出城 20 里迎接丞相的灵柩。蜀国上下一片哀痛。诸葛亮在遗书中写明将他的尸体安葬在定军山，其他一切从简，刘禅按着他的意思，亲自把灵柩送到定军山安葬，又下诏封诸葛亮为忠武侯。

诸葛亮想统一中原的愿望并没有实现，但是他的智慧和品格，一直被后代的人赞扬。在民间传说中，诸葛亮往往是智慧的化身。

曹丕的文才武略

曹丕（187—226），字子桓，是曹操的第二个儿子，也是卞氏所生的长子。曹操去世后，他袭位为魏王，不久代汉称帝，建立魏国。

曹丕是在东汉末年的战火中长大的。他从小随父亲转战南北，文治武功诸方面，都得到父亲曹操的着意指点。建安九年（公元204年），曹丕18岁时，曹操攻克了袁绍的大本营邺城，奠定了统一北方的基础，曹丕便娶了袁绍次子袁熙美貌的妻子甄氏。以后，曹操外出征战，曹丕常代父留守邺城，他和他的同胞弟弟曹植这时都活跃在邺城的文人集团之中，成为建安文学的核心人物。在父亲有意无意的考验中，曹丕都基本上完成了父亲交付的重托，政治上逐渐成熟。

曹丕在政治上和文学上都较有建树。从政治上来说，对于他最为重要的一件事，就是在立太子之争中所取得的胜利。

曹操有很多儿子，其长子曹昂，为刘夫人所生，十分勇武忠诚，在讨伐张绣的一次战役中，为掩护曹操不幸牺牲了。按照常礼，立太子非曹丕莫属，可是曹操用人注重才德，办事往往超出礼教的规范。尽管对曹丕的封职超于诸弟，但对于继承人问题，曹操就是迟迟不表示态度。

这个时候，曹操格外喜爱小儿子曹冲，“曹冲称象”的典故就出自这个聪颖超人的小孩子。只可惜曹冲 13 岁就病死，令曹操哀不胜哀。曹丕在劝父亲节哀的时候，曾遭到曹操抢白：“此我之不幸，而汝曹之幸也!”曹丕日后当了皇帝，也还说：“假使曹冲在世，我也不会拥有天下。”

对曹丕真正构成威胁的还是曹操的第三个儿子、曹丕的同母弟弟曹植。曹植比曹丕小五岁，他才华盖世，曹操格外欣赏，恩宠有加。但是曹丕毕竟工于心计，政治上善于苦心经营。

每当曹操离开邺城，他的儿子们以及百官总要到城外送行，曹植往往在这个时候凭自己的口才对父亲即席发表一番颂辞，出尽了风头。曹丕的文学修养也很高，但才思不及曹植，看着曹植技压群芳，他只有无奈何恨居下风了。后来，他的心腹吴质为他策划，要他在这种场合不去与弟弟较量口才，而是伏地痛哭，动之以情，倒也博得了大家的好感。

曹丕还会利用自己在兄弟间居长的地位，拢络一些德高望众、尊礼守旧的老臣，呼吁不要破坏嫡长子继承制的传统。曹丕还费心博得了曹操的宠妃王昭仪的好感。功夫不负有心人，也加上曹植浪漫气质和政治上的不自爱，曹操在去世的前两年，终于正式立曹丕为太子。

建安二十五年（公元 220 年）正月，曹操在洛阳病故，遵他的遗嘱，曹丕把父亲的丧事办得十分节俭。这年十月，在曹操一生所奠定的基础上，曹丕自然而然地接受了汉献帝的禅让，建立了魏国，为魏文帝，并把国都从邺城迁到了洛阳。

曹丕即位后，即多次兴兵东伐南征，这些军事行动都是以振奋人心、炫耀武力为目的的，因此也没有取得什么实质性的进展。鉴于东汉外戚宦官干政所造成的政治混乱，曹丕下令后族不得辅政，并规定了宦官的官位极限。在用人问题上，曹丕改变了父亲不拘一格、唯才是举的用人方针，接受陈群的建议，设“九品官人之法”，取仕开始制度化、有序化。他复兴儒学，放宽刑律，到民间访贫问苦，使百姓在一定程度上得到了休养生息，在他短短五年零七个月的皇帝生涯中，基本上做了一个守成之君。

尽管曹丕表示要效法汉文帝的“宽仁弘厚”，并为此违背了曹操生前要做周文王的意愿，追谥父亲为“武帝”而把“文帝”的名号留给了自己。但是他气量偏狭，一继位，就把在立太子之争中所结怨气发泄在自己的兄弟们身上。曹丕把他们远封各地，不得擅留京师，不得相互通问，不得离开封地，还派了“监国使者”对他们严加督责，使他们动则受咎，人人自危。对待过去的力敌曹植以及因支持曹植而得罪自己的曹彰，曹丕的报复更是毫不留情。这时他们早已丧失与曹丕相抗衡的力量，但曹丕还是在黄初四年把曹彰毒死了。曹植也曾两次被监国使者诬奏，都差一点被议成死罪，只是由于母亲卞错的干予，才幸免一死。过去，曹丕曾向他的族叔曹洪借钱，但是曹洪没有借给他，继位后，曹丕就向自己的这位族叔进行报复。这样，曹魏政权基本上剪灭了宗室的势力而依靠异姓大臣，这也是日后司马氏得以篡权建立晋朝的关键因素之一。

和父亲一样，曹丕较有见地地布置自己的朝制说："自古至今，没有不灭亡的国家，也没有不被挖掘的坟墓。"所以他选择洛阳的首阳山东麓为自己的葬地，他要求寿陵依山而建，不夺农田，不聚封地，不植树木，不立寝殿，希望换代之后人们不再知道坟的所在。曹丕为了达到薄葬的目的，还把上述关于丧制的诏书抄成几份，分别收藏在不同的部门。黄初七年（公元226年）五月，曹丕病故于洛阳，享年40岁。于是乎"葬首阳陵，自殡及葬，皆以终制从事"，国内仅服丧三天。

在文学上，史载曹丕创作了上百篇诗文，但现存完整的诗文只有四十余篇。他的诗多反映宫廷生活，也有描写征夫离妇的思念之情和政治军事生活的作品。历史上有人认为曹丕"去植千里"，说他比曹植差之千里，恐怕也有欠公允。曹丕的作品不拘格式，活泼自如，节奏起伏多变。他把两汉民歌中出现的七言诗运用于文人诗作，《燕歌行》是其杰出的代表。比较突出的还是曹丕《典论》中的《论文》篇，它是中国最早的文学批评论文，他把文学提到了“经国之大业，不朽之盛事”的高度，扼要分析了前人以及时人各自的文学特点，提倡创作的个性，对于后代中国文学、文学批评的发展，起了积极的引导作用。

机械制造家马钧

三国时期，出现了一位善于思考、勇于创新的能工巧匠，他就是马钧。马钧，字德衡，魏国扶风（今陕西兴平县》人，是中国历史上一位杰出的机械制造家，发明家。

诸葛亮死后，魏、蜀、吴三国的皇家都贪于安逸，好多年没有兴兵打仗。魏国的皇帝叡虽然在军政大事上没取得什么成绩，可在玩乐享受上却是登峰造极。他在许昌兴建了许多豪华宫殿，而在洛阳的宫殿比起许昌来，更是有过之而无不及。其中一座“总章观”有十几丈高，为修建

这些宫殿，他征集了30余万民夫，不分昼夜的劳动，使百姓怨声载道。偏巧，洛阳的崇华殿又被一场大火烧得只剩下灰烬，曹叡当然不会放过这个再建宫殿的好理由。他的老师高堂隆劝他说："一个国家的国君要以德服天下，所住的宫殿只要对内能避风雨，对外可迎使者，便足够。"这些话曹叡怎能听得进去呢？他还是下诏，在崇华殿的原址上，再修大殿。这座宫殿比崇华殿更加雄伟、精美、殿前引至了洛阳的谷水，并且雕刻了九条栩栩如生的龙，因此得名九龙殿。

曹叡在洛阳还建了太极殿、凌霄殿。可他仍不满足，又想建高台峻阁好与神仙来往，以求长生不老。他命马钧铸造了两个叫"翁仲"的大铜人，立在司马门外。还用铜铸了一条4丈多高的龙，一只3丈多高的凤立在殿前。他的御花园中更是种满了奇花异草，并且还养了许多珍禽异兽。

马钧在当时是一个很有名气的机械制造家。他在前人经验的基础上，制造了指南车，车上有一个木人，手臂指向南方，不论车子的方向怎样改变，木人的手臂总会指向南方。他改进的织布机，使生产效率提高了5倍，而且新织机织出的成品，质量也得到改善，很受人们的欢迎，一下子就推广开来，马钧也因此出了名。

曹叡有一种叫“木偶百戏”的玩艺：在一块木板上，有许多栩栩如生的小木人，他们形态各异，十分生动。可唯一的缺点就是他们都是死的，不能动。曹叡便找来马钧，指着木偶百戏说：“你能让他们动起来吗？”马钧仔细地看了一下，信心十足地对曹叡说：“能。”经过一段时间的精心改造，新的木偶百戏终于做成了。马钧用木材做了一个大圆轮，木轮上面是一个戏台，上面布置了景致和人物，下面转轮和木偶连着，用水流推动木轮旋转，台上的木偶就活动起来了。有跳舞的宫女，击鼓的乐师，还有杂耍的在爬绳、倒立，动作逼真有趣。曹叡对此爱不释手，文武百官也纷纷前来观看，一时间，马钧制造的“水转百戏”名传京城内外。

马钧还发明了灌溉用的“翻车”，也叫龙骨水车。是用一个很长的木槽从高坡一直伸到坡下的水中，上面的那一头，有一个可以转动的大齿轮，人踩在上面转动齿轮，低处的水就能流到高处了。这对当时的农业生产起了很大的促进作用，成为中国农具史上的一项重大突破。

一次，马钧又偶然得到一架诸葛亮设计的连弩，他认真地研究了一阵后，觉得如果经过改造，它的威力还会更大。从这以后，马钧对兵器机械产生了深厚的兴趣。曹操在官渡之战时，曾用“发石车”轰打过袁绍的射箭台。马钧觉得这种发石车还有许多缺点，一是只能单发，二是速度还不够快，三是射程不远。他经过反复的研究改进，终于制造出了一台能连续的抛了出去。最远的能飞出几百步(一步1.45米)。他的好朋友文学家傅玄看了他的发明，便去找主持全国军事的曹爽，希望他对马钧的发明给予支持，可曹爽对此却不关心，他只对流水百戏那样的玩艺感兴趣。由于没有得到政府的支持，马钧设想的这种旋转式抛石机也没有能够推广。

有个叫裴秀的年轻人也很有才华，他擅长绘地图，创立了了不起的制图六体“理论”，可是马钧的名气比他大，他便十分不服，总想找马钧辩论辩论。马钧性情憨厚质朴，不善言谈，就有意躲着裴秀。裴秀这下可高兴了，以为马钧赶不上自己，所以才躲着他。傅玄是个心直口快的人，他对裴秀说："人各有专攻，你的特长是言谈，马钧的特长是技巧，你为什么总跟他比呢，这样不是太可笑了吗?"裴秀是个聪明人，被傅玄的一翻话说得醒悟过来，再也不与马钧为难了，专心钻研他的地理学方面的创造发明了。

傅玄很欣赏马钧的创造发明，曾多方为他奔走，希望他的创新设想能够得到试制的机会。但马钧拙于言语，无法向人流畅、清晰地阐明自己的设想，许多极有价值的发明都未受到重视。傅玄深有感触地说："像马钧这样的天下名巧都得不到重视，更何况没有出名的人呢，后来的人一定要引此为戒!"

曹植卓尔不群

曹植（公元192～232年），字子建。汉代建安文学的优秀代表，著名政治家和军事家曹操的第三个儿子，曹植天赋聪慧，从小勤学苦读，博览群书，融会贯通，十岁就能出口成章，落笔成文，他神采飞扬，充满豪情壮志。曹操见曹植气度非凡，诗文写得好，对他非常器重，常在大臣们面前夸奖他。

曹操见曹植能文善诗，又有雄心壮志，一度想立他为世子，曾对曹植和长子曹丕进行过对比考察。

有一次，曹操有意试验曹丕和曹植的应对能力。他命兄弟两人分别走出邺城门去，同时命令守门军吏，不准放两人出去。曹丕先走到城门口，门吏奉命阻挡，不让出去，曹丕只好走回来。曹植见了不知如何是好，请他的师傅杨修出主意。杨说：“你奉王命而出，谁敢阻拦杀掉就是。”曹植照杨修的话去做，杀掉了门吏，走出了城门，曹操认为曹植很有能力。

又一次，曹操率军出征，命曹植担任守卫京都的重任。他对曹植说：“你现在23岁，应当发奋图强，建功立业。我23岁时就当了县官。”曹植觉得父亲非常关心他，很受鼓舞，表示“一定尽力干好”。曹操对他充满信心的回答很满意。

但是，曹植只会做诗写文章，行动举止豪放随意，这个缺陷使他失去了曹操的信任。

有一次，曹植乘马外出，一时性急，只图方便和痛快，纵马沿皇宫驰道迳直跑出司马大门。守门官员见他是曹丞相爱子，不敢阻拦，就让他乘马跑出去了。这一下闯了大祸。按皇室规定，只有帝王车可走驰道。司马门是王宫外门，除帝王和守门官以外，不准任何人随便出入。曹操见曹植如此大胆放肆，竟敢不守皇室规定，便把他叫来狠狠训斥了一顿。从此曹操对他的印象很不好。

曹丕虽然做诗写赋不如曹植，但他为人小心谨慎，又有心计，善于争取曹操的欢心。有一次，曹操出征朝中百官热烈欢送。曹植又即兴赋诗，歌颂曹操的丰功伟绩，祝他早日凯旋。曹丕则急中生智，跑到曹操面前拉住马的缰绳，痛哭流泪，表示孝心，博得了好评，大臣们说：“子建口才虽好，但子桓（即曹丕）孝心可嘉！”

曹操经过这些考察，权衡两个儿子的优劣长短，最后改变了立曹植为继承人的考虑，正式确立曹丕为世子。

公元220年曹操在洛阳去世。曹丕在邺城，闻讯后急忙赶到洛阳主持丧事，继承曹操王位。这时，曹植尚未来奔丧。

曹丕对曹植的恃才自傲、放浪形骸、早就不满。现在见他不奔父丧，便派人去对他进行质问。曹植当时住在临淄，他有两个知己朋友，一个叫丁仪，一个叫丁廙，曹丕派人来时，三人正喝得很醉。曹植醉后身不由己，见了使者没有起身迎接，丁仪却仗着酒性把曹丕派来的使者骂了一通。

曹丕得到使者回报以后，立即派许褚率领3000护卫军，将他们抓到京城，先把丁氏兄弟杀了，然后打算严惩曹植。母亲卞氏讲情，才免了死罪，但曹丕还是教训了曹植一次。他说：“你自命不凡，傲慢犯上，炫耀自己的才华。现在让你做一首诗，以兄弟为题，但不许有兄弟字眼，并且要走完七步就把诗做出来。否则，不能轻饶！”

曹植深知曹丕的用心，满腔悲愤，感到自己的处境正如“釜底游鱼”，要“釜底抽薪”，根本解决，实在太难了。曹丕坐在宝座上，恶狠狠地注视着曹植，口中数着他走的步数：“一、二、三……”曹植的脑海这时像波涛汹涌、雷鸣闪电一样，从“釜”想到“鱼”，想到“薪……”灵感一闪，就在曹丕快数到第七步时，他用沉痛的哭泣声，一字一字，吟出了一首血泪交融的五言诗：

煮豆燃豆萁，
豆在釜中泣，
本是同根生，
相煎何太急？

形象的比喻，巧妙的联想，悲愤的控诉，把曹丕对付兄弟的一副冷酷、阴险和凶残的嘴脸，描绘得活灵活现，淋漓尽致。这首千古绝唱佳作，永远传于后世。

曹植念完以后，实在无法控制自己，站立不住，跌倒在曹丕登位不久的金殿上，痛哭不已。在场大臣凡稍知内幕的，都触目心酸，暗中流泪，深表同情。曹丕见曹植竟在七步之内吟出了一首绝妙的名诗，深感意外，他达不到整他的目的，只好走下殿去扶起曹植，说几句违心话：

“吾弟果然才华盖世，为兄委屈你了。”

曹丕并未就此罢休，他嫉忌曹植的才能，不让他做任何工作，把他困在穷乡僻壤的封地鄄城（今山东境内）闲居，使他的才能得不到发挥。曹植闲着无事，平时只能写诗解愁，抒发心胸。他在一首诗中写道：“闲居非吾志，甘心赴国忧，……烈士多悲心，小人偷自闲！”他渴望有机会上战场为国捐躯，马革裹尸，不愿过平淡的生活，但是，曹丕就是不允许。

曹丕在位七年就死了，他的儿子曹叡继位，曹植这时才35岁。他希望新皇帝会赐给他发挥才能的机会，谁知这个侄子皇帝对他更加冷酷，连“气节会”也取消了，曹植连每年一次朝见皇帝的机会也没有。他只能呆在封地里，在苦闷和忧郁中度过余生。他刚40岁就因愁病交加，死于陈留。

曹植著述的数量和质量可称建安作家之最。现存曹植诗、文、赋约130篇。他的《白马篇》、《洛神赋》等代表作，对后代文学影响巨大。曹植的作品别具一格，语言精炼，他有许多被后人称道的警句，成为千古绝唱。

司马氏篡权

在蜀国经营西南，吴国开发夷州的时期，魏国的大臣司马氏，却在一步一步地夺取曹魏的政权。

魏国的开国皇帝曹丕去世后，他的儿子曹叡继承了帝位，即魏明帝。魏明帝大兴土木、骄奢淫逸，曹叡本来已经修饰了许都的宫殿，后来又更大规模建造洛阳宫殿。其中有一座叫“总观章”，有十几丈高，要用几万民工来修。对于曹叡高堂隆等许多有名的大臣连连上奏，劝他爱惜民力。只有一个大臣从来不反对他的做法，那就是司马懿。

魏明帝的时候，中央政权已经形成曹氏和司马氏两派。司马懿的势力是在对蜀国作战的过程中培植和壮大起来的。曹氏的势力以曹爽为代表。曹爽是大将军曹真的儿子、曹操的侄孙。两派的党羽遍布朝野。曹叡因为荒淫无度，刚刚 35 岁就要死了。他连个儿子也没有，就从曹氏家族中抱了两个孩子，一个是齐王曹芳，一个是秦王曹询。他立了8岁的曹芳为太子，拜曹操庶子曹宇为大将军辅佐曹芳。同时还让夏侯献、曹爽、曹肇和秦郎一起操掌朝政。

司马派的对此很有意见了。他们趁曹宇不在场和曹叡病危，竟然让曹叡下诏书，免去了曹宇、夏侯献、曹肇、秦郎的职务，不准他们留在宫中，只留下软弱而无能的曹爽为大将军；同时发出诏书，命令司马懿火速赶回洛阳。

当时，司马懿正在和辽东背叛魏国的公孙渊打仗。司马懿打败了公孙渊，得胜回朝。路上，他收到曹叡命他回洛阳的诏书。他预感到京师有了重要情况，就撇下军队，用最快的速度赶回洛阳。这时，曹叡已经奄奄一息了。曹叡握着司马懿的手说："朕总算等到你了。能向你托付后事，朕就没有遗恨了。"司马懿赶紧叩头，接受遗命。曹叡就把曹芳叫出来，拜见司马懿。曹叡对司马懿说："他就是皇太子。"又叫曹芳搂住司马懿的脖子。司马懿感动得痛哭流涕，说："陛下放心吧，我还记得先帝晏驾时，曾经也是这样将陛下托付给臣。今后，我也定对太子尽忠。"曹叡说："这我就放心了。希望你和曹爽共同辅佐这孩子。"

当天晚上，曹叡就死了。第二天，曹芳即位，大权掌握在曹爽和司马懿手中。曹爽把司马懿当作父辈看待，遇事常常和他商量，并不独断专行。司马懿也故意装得很谦虚，对曹爽很尊重。

曹爽周围有一些青年人，如何晏、李胜等人。曹叡在位时，看不惯他们的行为，不让他们做官。可是曹爽却和他们习气相投。曹爽当权后，就把这些人一一提任高官。这些人害怕司马懿，就千方百计排挤他。曹爽将司马懿调任太傅，太傅地位极高，但无实权。

司马懿心里明白，可是却装作糊涂，去当那有名无实的太傅去了。他知道反击条件还没有成熟，就等待时机，曹爽看司马懿没有什么反应，就又任命弟弟曹羲做中领军，曹训做武卫将军，曹彦做散骑常侍，一家子掌握了军政大权，但是这帮“浮华友”哪里是司马懿的对手。

为了迷惑曹派的人，司马懿后来又装病在家。曹爽这边的人很久没看见司马懿了，就借口李胜由河南尹改封为荆州刺吏，去向他辞行。司马懿正在和他的儿子司马师、司马昭兄弟商量东山再起的计划，先让司马师代替夏侯玄担任中护军，紧紧抓住一部分兵权不放，下一步再设法铲除曹爽兄弟。忽然听门人报李胜来了，他赶紧扯乱头发，跳上床去，抱住被子，半躺半坐，还故意叫两个使女在旁边扶着，一切准备好了，才请李胜过来。

李胜进来一看，不由得怔住了：怎么几天不见，司马懿竟变成这样子？他连叫几声“太傅大人”，司马懿才睁开眼，问：“你是谁呀？”李胜忙说：“我叫李胜，皇上让我当荆州刺史，特地来向您老人家辞行。”司马懿故意装作听不清楚，支支吾吾，说东道西。李胜信以为真，以为司马懿耳朵聋，神志不清了。李胜回去向曹爽报告，曹爽说：“司马懿死了，我就没有忧虑了。”

司马懿从此不再出门，却天天派人去打听曹爽他们的情况。魏嘉平元年（公元249年）正月，皇帝曹芳要去高平陵祭祀父亲，那一天，大小官员都陪皇帝去了。

司马懿探听曹爽兄弟都去了，马上发动兵变。他们首先统领自己的部队，占领并关闭各个城门，然后占据了曹爽和曹羲的军营。这一切行动都是打着对曹爽不满的郭太后的旗号办的，干脆利落。司马懿亲自去见郭太后，只是说：“曹爽乱国，应该革职。”郭太后没加考虑就同意了。他又命令太尉蒋济写表，声讨曹爽的罪行。司马懿自己屯兵洛水浮桥，掌握全局。曹爽知道司马懿发动政变，控制了洛阳，深知大势已去，就答应把兵权交给司马懿。这样，曹爽兄弟才随着皇帝曹芳回到了洛阳。不久，司马懿用灭族的刑罚，杀戮曹氏的家族和党羽。这就是历史上的“高平陵事变。”

事变发生后不久，司马懿就死了，他的儿子司马师、司马昭相继执政。司马昭做了丞相，更加专横跋扈，继续大肆杀曹氏集团中的人。他还把曹芳给废了，把曹叡的堂弟、年方 14 岁的曹髦迎来洛阳做皇帝。

曹髦对自己当一个小小的傀儡皇帝十分不满意，每当想起自己祖宗的丰功伟业，想起司马昭如此飞扬跋扈，常常十分伤心。他有感于井中出现黄龙的民间传说，就提起笔来写了首《潜龙诗》来抒发心中的忧愤。

井底龙，真可怜，
再不能，跃深渊。
下不能，临大池，
上不能，飞宇天。
蟠居在，井之底，
鳝鱼舞，泥鳅欢。
藏尖齿，伏利爪，
可怜我，也同然。

这首诗传到司马昭耳中，他带着宝剑大步走进宫里，问皇帝：“你写的《潜龙诗》，里边的鳝鱼和泥鳅就是我吧?”曹髦低着头，不说是，也不说不是。司马昭冷冷一笑，转身就走了。曹髦找来三个大臣说：“我与其坐着等死，还不如带兵和他拼一拼!”大臣当然都劝他要慎重。他却从怀里抽出早就写好的诏书，扔在地上，自己去禀告太后。有两个大臣却立刻就跑去报告司马昭。

曹髦带着兵要进攻司马昭，还没来得及动手就被司马昭指使的凶手成济杀死了。司马昭听说皇帝死了，故意装得万分惊讶与难过，先命令把曹髦的尸体收起来，又在舆论的压力下灭了成济三族，派士兵去逮捕成济，成济自然不服气，就光着膀子爬上房顶，大喊大叫：“是司马昭让我杀死皇帝的。”这一下，就把司马昭的阴谋抖落出来了。他的野心人人看得很明白，即所谓：“司马昭之心，路人皆知。”

曹髦死后，司马昭立了曹操的孙子曹奂做后帝，改年号为景元元年。至此，司马昭篡权活动的重大步骤已经完成，曹魏政权名存实亡，而三国鼎立的局面也行将结束了。

晋 朝

公元265年，司马炎废魏帝曹奂，自立为帝，建都洛阳，国号晋。晋朝的历史分为西晋、东晋两个部分，以洛阳为都的晋朝，史称西晋。

晋武帝司马炎即位之初，重视法制，招集流亡，功课农桑，减轻赋役，社会一度繁荣。公元280年灭吴统一全国后，司马炎开始穷奢极侈于政事，颁布按官品高低占有土地的占田制，并免除其赋税以加强世家大族的特权。西晋门阀世族统治的腐朽导致了激烈的争斗，司马炎死后不久便爆发了同姓王争夺皇位的凶残内战，史称“八王之乱”。内战严重地损耗了晋统治集团的实力。同时，残酷的内战也严重地破坏了社会生产，极大地加重了人民的痛苦，引发了全国各地人民大起义。公元316年，北方匈奴贵族建立的汉国攻入晋都城，晋朝覆亡。

公元317年，晋朝宗室司马睿在南方重建晋朝，定都建康。史称东晋。司马睿即位完全依靠南北世家大族支持，因此大力扶持大族，给予种种特权，勉强维持其统治。公元383年，东晋军在淝水大战中击败了前秦大军，维持了东晋的稳定，形成了南北朝对峙。东晋保障了江南经济发展。公元420年，东晋大将刘裕取代东晋称帝，东晋灭亡。两晋共历15帝，156年。

晋朝在中国文化发展史上具有独特地位。学者陈寿撰写《三国志》、干宝撰《晋纪》、常璩撰《华阳国志》，对后世较有影响；目录学家荀冒力创立图书经、史、子、集四部分类法，为后世所沿袭；文学家陶渊明的《桃花源记》、干宝的《搜神记》、陆机的《文赋》等均是脍炙人口的著名作品；思想家裴顾、郭象、鲍敬言等人坚定的反玄学立场，提出的思辨性较强的哲学思想，对中国哲学的发展和魏晋南北朝的思想解放起了积极作用。在科学技术方面，虞喜发现岁差、嵇会著《南方草木状》，东晋高僧法显著的《佛国记》一书，是我国一部重要的外国地理专著。英、法等国皆有译文。

刘禅“乐不思蜀”

司马昭害死了魏帝曹髦，认为朝廷局势已经稳定，决心大举进攻蜀汉。

蜀主刘禅是个昏庸无能，扶不起的阿斗。他沉缅酒色，不理朝政，宠信宦官黄皓。那时候，接替诸葛亮的大臣蒋琬、费祎都已死去，蜀汉担任辅汉大将军的是姜维。

姜维有心继承诸葛亮的北伐事业，几乎每年都出兵攻打魏国，但都未有成效。再加上后宫奸臣作梗，蜀汉的力量已经越来越弱。

公元263年，司马昭派将军邓艾、诸葛绪各带兵三万，钟会带兵十几万分三路进攻蜀汉。姜维看到魏军声势浩大，便把蜀兵集中到剑阁（今四川剑阁县），守住关口要道。钟会带兵到了剑阁，一时无法攻入。

邓艾见蜀军主力守在剑阁，就带了精兵偷偷绕道到剑阁西面的一条羊肠小道上向南进军。这一带本来是人迹不到的地方。邓艾带领这支精兵，逢山开路，遇河架桥，走了七百里路，也没有被蜀军发现。最后，他们来到一条绝路上，山高谷深，没法前进。邓艾当机立断，用毡毯裹着身子，从悬崖峭壁上滚了下去。将士们也跟着滚了下去。有的攀着树木，一个接一个慢慢地爬下了山，终于越过了这条绝路，一直赶到江油。

驻守江油的蜀军没想到邓艾会从背后杀出来，突然见到魏兵出现在城下，来不及组织抵抗，只好投降了。邓艾继续向绵竹进攻。守绵竹的是诸葛亮的儿子诸葛瞻。邓艾派人送信劝说他投降，说："如果你肯投降，就推荐你为琅琊王。"诸葛瞻把邓艾派来劝降的使者杀了，决心和邓艾拼个死活。后来，诸葛瞻和他的儿子诸葛尚都战死了。

邓艾拿下绵竹，直奔蜀汉都城成都。成都的百姓一听邓艾兵临城下，纷纷到山上树林里去避难。蜀汉朝廷更是乱成一团，后主赶快召集大臣商量。有人主张往南逃，有的主张投靠东吴，有人认为现在魏国大军压境，不如趁早投降。后主是个没主意又胆小的人，根本不想抵抗。等邓艾大军到达成都，他已经叫人反绑着两手，率领文武百官出城门投降了。邓艾进了成都，觉得自己了不起，骄傲起来，连钟会也不在他眼里。他直接向司马昭上书，要趁这次打胜仗的势头，一鼓作气把东吴灭掉。

司马昭却下命令给邓艾，说："军事行动不许自作主张。"邓艾很失望。正在剑阁跟钟会对抗的蜀将姜维，得到邓艾袭击成都的消息，正想退回去保卫成都，接到后主的命令，要他向魏军投降。蜀军将士接到这个命令，又气愤又伤心。有的兵士恨得拔出刀来，在大石头上乱砍。姜维倒是十分冷静。他跟将士们一合计，决定向钟会投降。钟会也赏识姜维是个好汉，把他当作自己人一样看待。两个人出门一块坐车，回到军营一起议事，要好得简直拆不开。姜维利用钟会和邓艾之间的矛盾，劝钟会秘密写信给司马昭，告发邓艾谋反。

司马昭本来猜忌心很重，接到钟会的报告，就用魏元帝的名义下道诏书，派人到成都把邓艾抓起来，用囚车押回洛阳。他怕邓艾抗拒，又命令钟会进军成都。

钟会到了成都，派一支人马用囚车把邓艾押到洛阳。半路上，邓艾被人杀了。钟会用计除掉了邓艾以后，兵权全掌握在他一个人手里，他就决定谋反了。钟会跟姜维一商量，姜维完全赞同他的想法。因为姜维另外有他自己的打算，他想利用钟会杀掉魏军将领，然后他再除掉钟会。钟会以为姜维真心跟他合伙反司马昭。他假传太后的命令，说司马昭杀害魏元帝，叫他发兵讨伐。他怕魏军将领不服，把他们软禁在蜀宫里。

魏军将士对钟会的命令本来有点怀疑，后来，有人传出谣言，说钟会、姜维要把北方来的将士杀光。这一来，大家都乱了起来。有的在王宫殿四周放了火。乱兵进了宫，姜维、钟会控制不住，都被乱兵杀了。

邓艾灭了蜀汉以后，后主刘禅还留在成都。到了钟会、姜维发动兵变，司马昭觉得让后主留在成都总不大妥当，就派他的心腹贾充把刘禅接到洛阳。随同刘禅一起到洛阳去的只有地位比较低的官员郤（音 xì）正和刘通两个人。刘禅不懂事，不知道怎样跟人打交道，一举一动全靠郤正指点。平时，刘禅根本没把郤正放在眼里，到这时候，他才觉得郤正是个忠心耿耿的人。

刘禅到了洛阳，司马昭用魏元帝的名义，封他为安乐公，还把他的子孙和原来蜀汉的大臣五十多人封了侯。司马昭这样做，无非是为了笼络人心，稳住对蜀汉地区的统治。

有一次，司马昭大摆酒宴，请刘禅和原来蜀汉的大臣参加。宴会中间，还特地叫了一班歌女演出蜀地的歌舞。一些蜀汉的大臣看了这些歌舞，想起了亡国的痛苦，伤心得差点儿掉下眼泪。只有刘禅咧开嘴看得挺有劲，就像在他自己的宫里一样。

司马昭观察了他的神情，宴会后，对贾充说："刘禅这个人没有心肝到了这步田地，即使诸葛亮活到现在，恐怕也没法使蜀汉维持下去，何况是姜维呢！"

过了几天，司马昭在接见刘禅的时候，问刘禅说："您还想念蜀地吗？"刘禅乐呵呵地回答说："这儿挺快活，我不想念蜀地了。"（"乐不思蜀"的成语就是这样来的。）

郤正在旁边听了，觉得太不像话。趁上茅厕时，郤正对刘禅说："您不该这样回答晋王。"刘禅说："依你的意思该怎么说呢?”郤正说:“以后如果晋王再问起您,您应该流着眼泪说:我祖上的坟墓都在蜀地,我心里很难过,没有一天不想那边。这样说,也许晋王还会放我们回去。”刘禅点点头说:“你说得很对,我记住就是了。”

司马昭果然又问起刘禅,说:“我们这儿待您不错,您还想念蜀地吗?”刘禅想起郤正的话,就把郤正教他的话原原本本背了一遍。他竭力装出悲伤的样子,但是挤不出眼泪,只好闭上眼睛。司马昭看了他这个模样,笑着说:“这话好像是郤正说的啊!”刘禅吃惊地睁开眼睛,傻里傻气地望着司马昭说:“对,对,正是郤正教我的。”

司马昭不由得笑了,左右侍从也忍不住笑出声来。司马昭这才看清楚刘禅的确是个糊涂人,相信他的确不会对自己造成威胁,就没有想杀害他。

昏君不知亡国恨,刘禅的昏庸无能在历史上出了名,后来,人们常用“扶不起的阿斗”比喻那种懦弱无能、没法使他振作的人。

羊祜收买人心

公元263年，魏国平定蜀汉，延续数十年的天下三分之势，演变成魏、吴两国南北对抗的格局。两年后，司马炎取代魏国，建立晋国。司马炎盱衡天下，南望长江，立下了统一天下的宏伟大志。司马炎作了相应的战略部署，调中军将军羊祜都督荆州诸军事。羊祜出生名门，祖上九世做官，皆以清德著称。

羊祜到荆州前线后，认真分析了东吴政权的政治、军事状况。从政治上看，枭雄一世的东吴国主孙权，已经逝世了，孙皓继任后，政治逐渐走向腐败；从军事上看，东吴一代名将陆逊、程普等都相继逝世，但陆逊的儿子陆抗却仍有乃父遗风，才略不减前人。东吴拥有军队二十万，善于水战，凭借长江天险与晋国抗衡，是一支不可轻视的力量。考虑到这些，羊祜暗暗定下了争取民心的策略。

羊祜出镇南夏，开垦土地，开设学校，访贫问苦，救济危难，做了许多利民便民的好事，深得江汉人心。羊祜还对东吴开诚布公。每次与东吴军队交战，他都事先通知对方，从来不偷袭掩杀。吴国士兵投降晋国后，如果愿意还乡，羊祜随时放他们回乡。一天，晋军士兵抓来两个俘虏，羊祜了解到他们是一对兄弟，家中还有年迈的父亲，便立即把他释放了，不久，吴军将领夏祥、邵铠率领部下投降，那对被释放的兄弟的父亲，带领全族的人跟随降军向晋国投诚。

秋天来了，晋军为了储存冬季的粮草，进入吴国境内收粮割草，羊祜要求全军在收割粮草时必须严格遵守纪律，认真计算粮草的数量，并以同等价值的丝绢偿还农户。当时，食品非常匮乏，晋军的将领们经常带领士兵们打猎，羊祜严令各军，只能在晋国地盘上射猎，不准擅自进入吴国境内。有时，士兵们眼睁睁地看着带伤的猎物逃入吴国境内，却不得不停止追击。然而，对吴国士兵打伤而逃入晋国境内的禽兽，羊祜则规定必须归还吴国士兵。于是，吴国人心悦诚服，感恩戴德。江汉一带的百姓，都称羊祜为“羊公”，却忘记了他的名字。

陆抗是东吴末年难得的优秀将领，他虽然与羊祜隔界对抗，以兵戈相见，但内心十分敬佩羊祜，暗自叹服道：“羊公的德量，即使是乐毅、诸葛亮也未必能够超过。”一次，陆抗生了病，羊祜知道后，便派人前去看望，还送去一罐汤药，陆抗端起药就要喝，左右的人忙制止道：“晋国人送的药，哪里能随便喝呢?”陆抗却说：“羊公怎么会在药里下毒呢?”于是将药一饮而尽。

此时，东吴政权日趋腐败，孙皓荒淫骄虐，残害忠良，横征暴敛，百姓苦不堪言。陆抗痛感国事日非，却无回天之力。孙皓多次下诏催促陆抗发兵攻晋，陆抗上书道：“即使是在一个乡邑，对百姓都不能不讲恩义，何况作为一个大国呢？我如果劳师兴众，对羊祜实际上并不会有什么伤害，反而张扬了他的恩德。”陆抗坚持约兵自卫，吴晋两国军队相安无事。

公元277年，羊祜得了重病，他感到时间已不多了，便请求入朝谒见晋武帝司马炎，面陈伐吴之计。司马炎因羊祜染病不宜入宫，特地派遣中书令张华前往南夏，听取筹策。

当时，对进兵江南，朝廷中有不少官员持反对态度，羊祜对张华说：“天下不如意的事十居七八，机遇是不多的。现在吴国虐政日甚一日，而陆抗已去世三年，这真是天赐良机，如果出兵，可以不战而克。苍天给予而我们却不取，将来是要后悔的。假如孙皓不幸而死，吴国人更立明主，到那时，即使有百万甲兵，也难以越过长江，还会给子孙后代留下后患。”张华深表赞同，对羊祜说：“圣上进军江南的决心已定，并决定由你担任征南军队的统师，你可以坐卧在车船之上，指挥诸军作战。”羊祜答道：“收取江南不一定非要我亲自去做，立功扬名的事，我不敢自居。”他推荐杜预担任统帅，并一再告诫张华说：“平定江南易如反掌，这件事圣上不用操心。但在平定吴国后，将军们可能会争功，这件事一定要处理得当。为了国家的长治久安，还要慎重地选择辅国的人才，这些都有劳圣虑了。”

第二年，羊祜病逝，晋国举国哀悼。大殡的那天，司马炎身着素服，亲自送殡。当时正值严寒的冬季，司马炎久久不愿离去，悲伤的涕泪洒在须发上，全部凝结成冰粒。江汉的百姓得知羊祜病逝的消息，沉浸在万分悲痛之中，赶集的人自动罢市，哭声响成一片，连吴国守边的将士们都流下伤心的眼泪。

百姓们为了纪念羊祜，在砚山上为他建碑立庙，清明时节，成千上万的人来到砚山缅怀羊祜。见到羊公碑，人们没有不落泪的。因此，后人把羊公碑改称“坠泪碑”。

羊祜逝世后，司马炎任命杜预为镇南大将军，都督荆州诸军事。公元279年，也就是羊祜逝世后一年，晋国军队分三路大举伐吴，杜预攻占了东乡（今湖北松滋县东），吴国军民投降万余人。接着，杜预又攻占了江陵（今湖北枝江、潜江县一带），于是，湘江、沅江以南，直至交州、广州（相当今天广东的大部、广西的一部分，越南东北部的地带），吴国的大小郡邑都望风归命，纷纷投降，局势很快就稳定下来。第二年，晋国将军王濬，指挥水军攻克石头城（今江苏南京市），孙皓投降，立国五十七年的东吴从此灭亡。

捷报传到晋国朝廷，文武群臣都来向司马炎祝贺。司马炎手执酒杯，流着泪对群臣说：“这都是羊将军的功劳啊！”接着，司马炎带领文武大臣到羊祜的墓前去祭奠，把胜利的喜讯告慰已经长眠地下的羊祜。

王濬楼船破吴

公元 279 年，晋武帝司马炎决定发兵二十多万，分几路进攻东吴国都建业（今江苏南京市）。镇南大将军杜预打中路，向江陵进兵；安东将军王浑打东路，向横江（在今安徽省）进军；还有一路水军，由益州刺史王濬（音 jùn）率领，沿着大江，顺流向东进攻。

王濬是个有能耐的将军。他早就作了伐吴的准备，在益州督造大批战船。这种战船很大，能容纳两千多人。船上还造了城墙城楼，人站在上面，可以四面瞭望。所以也称作楼船。

为了不让东吴发觉，造船是秘密进行的。但是日子一久，难免有许多削下的碎木片掉在江里。木片顺水漂流，一直漂到东吴的地界。东吴有个太守吾彦，发现了这件事，连忙向吴主孙皓报告，说："这些木片一定是晋军造船时劈下来的。晋军在上游造船，看来是要进攻东吴，我们要早作防守的准备。”可是孙皓满不在乎地说：“怕什么！我不去打他，他们还敢来侵犯我！”吾彦没有办法，但是觉得不防备总不放心。他想出一个办法，在江面险要的地方打了不少大木桩，钉上大铁链，把大江拦腰截住，又把一丈多高的铁锥安在水面下，好像无数的暗礁，使晋国水军没法通过。

公元280年，打中路的杜预和打东路的王浑两路人马都节节胜利。只有王濬的水军，到了秭归，因为楼船被铁链和铁锥阻拦，不能前进。

王濬很聪明，他吩咐晋兵造了几十只很大的木筏，每个木筏上面放着一些草人，披上盔甲，手拿刀枪。他又派几个水性好的兵士带领这一队木筏随流而下。这些木筏碰到铁锥，那些铁锥的尖头就扎在木筏子底下，被木筏扫掉了。王濬又在木筏上架着一个个很大的火炬。这些火炬都灌足了麻油，一点就着。他让这些装着大火炬的木筏驶在战船前面，遇到铁链，就烧起熊熊大火，时间一长，那些铁链铁锁都被烧断了。

王濬的水军扫除了水底下的铁锥和江面上的铁链，大队战船就顺利地打进东吴地界，很快就和杜预中路的大军会师。杜预竭力支持王濬带领水军直扑东吴国都建业。

这时候，东路王浑率领的晋军也逼近了建业。孙皓派丞相张悌率领三万吴兵渡江去迎战，被晋军全部消灭。

王濬的楼船顺流东下，声势浩大。吴主孙皓派将军张象带领水军一万人去抵抗。张象的将士一看，满江都是王濬的战船，无数面的旌旗迎风飘扬。东吴水军长期没有训练，看到晋军这个来势，惊吓得没有打就投降了。

东吴将军陶濬，在这时候去找孙皓。孙皓问他水军的消息。这个陶濬很能自夸，他说："益州水军的船都小得很。陛下只要给我两万水兵，把大号的战船用上，准能够把晋军打败。"孙皓马上封他为大将，把节杖交给他，叫他指挥水军。陶濬向将士下了命令，第二天一早就出发跟晋军作战。吴国将士可不愿送死，当天晚上，就逃得一干二净。

王濬的水军几乎没有遇到抵抗，一帆风顺地到了建业。建业附近一百里江面，全是晋军的战船，王濬率领水军将士八万人上岸，在雷鸣般的鼓噪声中进了建业城。

孙皓让人反绑了双手，带领一批东吴大臣，到王濬的军营前投降。这样，从曹丕称帝（公元220年）开始的三国分立时期宣告结束，晋朝统一了全国。

晋武帝要封赏平吴的功臣。没料到，王濬和王浑却陷入一场争夺平吴首功的斗争里。其实，王濬确是第一个攻入建业的，第二天，王浑的军队才渡过长江。王濬部下有一个叫何攀的谋士，提议把捉到的吴帝孙皓送给王浑，两人剑拔弩张的矛盾才得到缓解。

晋武帝给王浑晋升为公爵却给王濬任命为辅国大将军，官在王浑之下。王濬不太服气，心里总是不舒服。每次晋见皇帝，都要说起这件不平之事，有时就很愤怒，竟会不告辞而出。

当然，人们的心里还是有一杆秤。许多人认为王濬功勋卓著，但赏赐甚小，替他鸣不平。博士秦秀等人也上表为他申诉，晋武帝才升迁他为镇军大将军。其实，对于当时的王濬来说，封官进爵是最好的表彰；但对于历史上的王濬来说，后人的崇敬才是对他最好的回报。唐朝诗人刘禹锡凭吊古迹，感叹孙吴灭亡之速，赞赏王濬所建立的奇功时写道：

王濬楼船下益州，金陵王气黯然收。

千里铁锁沉江底，一片降幡出石头。

王濬楼船下江东，将孙吴统治的江东扬州、荆州、交州、广州四州共 43 郡 313 个县并入西晋的版图。西晋灭吴，结束了东汉末以来长达近 100 年的分裂割据局面，全国重新统一。

晋武帝在灭吴的第 2 个月，改元太康。太康十年（280～290 年）间，由于战争状态的彻底结束，人心安定，生产得到进一步的发展，社会经济一度出现繁荣景象。

阮籍纵酒保身

阮籍（公元 210～263 年），字嗣宗，陈留尉氏（河南开封）人。他文采卓越，年轻的时候，就显示出不俗的政治才干。

阮籍的父亲叫阮瑀，是在曹操和曹丕时代里最有影响的“建安七子”之一，阮籍在父亲的教导下，从小就读了许多书，有时候关起门来读书，一读就是几个月不出门；阮籍喜欢古代老子和庄子的学说，喜欢游山玩水，精通音乐，特别贪酒，经常一醉就是几十天不醒，别人都说他痴呆，实际上他是不愿意与司马氏合作，但又没能力公开反对，便借这种消极的办法对抗。

当年，司马昭主持魏国的国家大事，他想拉拢阮籍来为自己服务，利用阮籍在上层社会中的影响来巩固自己的地位，便派人去向阮籍求亲，要阮籍把女儿嫁给自己的儿子司马炎。可阮籍不愿意，他不想和司马家族攀亲，但又不能公开拒绝，便整天喝酒喝得一塌糊涂，媒人去提亲，跑了一趟又一趟，每次都看到阮籍喝醉了酒，呼呼地在沉睡。司马昭事情又多，便把结亲这件事丢下了。

阮籍不愿与司马氏合作的态度，不光表现在成天喝酒上，在做官问题上也是忽而合作，忽而又不合作。早在司马懿当太傅、曹爽当大将军执政的时候，曹爽请阮籍出来做官，阮籍借口说有病而不干，不久，司马懿杀了曹爽，聘请阮籍出来当从事中郎，这一下使阮籍的名声大增。司马昭当晋公时，阮籍也挂名做了个不大不小的官。有一次，阮籍对司马昭说："我曾去过东平，那里的风土人情很好，您让我去做官吧。"司马昭很高兴，任命他为东平相，阮籍骑着驴子上任去了，到了东平府，他把围墙拆掉，大门打掉，让府衙门内外直通，还废除了许多繁杂的法令，把东平郡治理得秩序井然，做了十几天的官就回来了。

阮籍好喝酒是出了名的，他听说步兵厨的一个厨师很会酿酒，存着三百多斛酒，他又要求去步兵营当官，被任命为步兵校尉，喝完了存酒，他又不干了。喝酒使他终日昏沉沉的，也救了他的命，司马昭有一个谋士叫何曾，他知道阮籍瞧不惯司马氏当权，建议杀了阮籍，可司马昭一直对他抱容忍的态度。

阮籍还喜欢发一些看来奇怪实际上很有道理的议论，有一次，阮籍参加一个酒会，大家在谈论某某地方一个人杀死了自己的母亲，阮籍说："咳！杀父亲还差不多，怎么能杀母亲呢！"出席宴会的都是上层社会中有身份的人，都讲究礼法，见阮籍发出这种议论，都感到奇怪，怪他不该胡说。阮籍又不慌不忙地说："小鸡小鸭，小猪小狗这些禽兽只知道有母亲不知道有父亲，杀父亲的人就和这些禽兽一样，而杀母亲却连这些禽兽都不如了！"这话说出来，大家又纷纷佩服阮籍有见识。

实际上，阮籍的内心很不平静，他对社会的认识还是有一定标准的，他自己成天喝酒喝得烂醉，当他儿子也学他的样子成天喝酒时，他又制止儿子，不让儿子喝酒。他还写过一篇著名的文章，叫《大人先生传》，文章说："社会上的一些自认为品德高尚，行为规矩的'君子'们，成天小心谨慎地说话、做事，自以为很安全，这就是像虱子处在裤缝里一样，成天不出裤缝中，自认为又有吃又有喝，很安全，可一旦被火烧着裤子，虱子能逃到哪里去？我们的这些文人名士们处在这个社会上就像虱子住在裤裆里一样！"这种比喻虽然滑稽，可是准确地表达了阮籍对当时社会的认识。

公元263年冬，阮籍终于"善终"，时年54岁。在中国古代文学史上，阮籍是个很了不起的文学家，他的代表作是《咏怀诗》80多篇，都是五言古体诗，大都是写景抒情，表达自己对现实生活的观点和感情的作品，流露出阮籍对社会爱憎分明的认识。阮籍死后，后人把他的作品编成一本集子，叫《阮步兵集》。

才高不谨的嵇康

嵇康（公元224—263年），字叔夜，谯郡（今安徽宿县）人。其实，他家原来姓奚，是会稽（今浙江绍兴）人。因躲避仇人，迁到谯郡，改姓嵇。他学识渊博，是当时不可多得的文学家、思想家和音乐家。

嵇康和阮籍是同一时代人，在社会上的名气也和阮籍一样大，和他俩齐名的还有山涛、向秀、王戎、刘伶等，因为他们七个人都隐居在山阳，又喜欢在竹林里游玩、喝酒、写诗作文，被世人称作“竹林七贤”。

在“竹林七贤”的主要聚集地山阳（今河南焦作东），嵇康一住就是20年。在此期间，他往来于首都洛阳

等地，还曾经在洛邑和向秀一起打过铁。他的妻子是曹操之子曹林的女儿，他也算是魏宗室的成员，曾官至中散大夫。司马昭篡魏后，嵇康极其不满司马氏集团对曹氏残余关系的杀戮，厌恶他们用虚伪的正统来标榜自己。

“竹林七贤”中，和嵇康能够称得上至交的，只有阮籍与山涛。嵇康虽与阮籍情投意合，但不像阮籍那样喜怒不形于色，远离是非，处处装疯卖傻。嵇康言行坦率，有棱有角，嫉恶如仇，容易感情用事。

嵇康也已意识到这一点，他对自己身后的子女颇不放心。他的《家戒》一篇可以说是用心良苦，他说：“对长官要尊敬而勿亲密，往来要有分寸；不要知道人家的私事，以免给自己招惹麻烦；不要与人争执，要学会醉酒装糊涂。”……而他自己，却由于对司马氏集团的痛恨，早已把生死置之度外了。

一次，司马昭的心腹钟会别有用心地去拜访嵇康，想借此请教，并与名士联络关系。而嵇康却崇尚自然；看不起这号为司马氏集团效力的文人。当时嵇康与向秀正在大树下打铁，看到钟会来了，向秀故意把风箱拉得很响，嵇康装作奋力挥锤，谁也不去理会钟会。钟会没趣地站了一会，只好转身走去。这时，身后传来嵇康奚落的追问：

“何所闻而来？何所见而去？”钟会受此耻辱，又不甘示弱，只好回答：“闻所闻而来，见所见而去。”嵇康这种我行我素、丝毫不予周旋的脾气，为以后种下了祸根。

嵇康的好友，竹林七贤之一的山涛，做了晋的高官之后，曾经要引荐嵇康做晋朝的尚书吏部郎，嵇康立即写信给山涛断然拒绝，这就是著名的《与山巨源绝交书》，巨源是山涛的号。信中痛斥晋王室的所作所为。事实上，嵇康未必真的要与山涛绝交，不过是借此抒发自己的情绪，山涛也未必把绝交当作一回事，只是这封向世族儒教宣战的书信传扬开去，更使司马氏把嵇康这样的人视为眼中之钉，决心给其他知识分子以惩戒。终于在一个机会里，因好友吕安一件家务事的纠缠，嵇康被钟会构陷，以不孝的罪名被捕入狱。本来还要指责他图谋反叛，要山涛出来作证，山涛不承认有此一事，这项罪案才没有得逞以立。

司马昭还是把他公开处决了。在狱中，嵇康终于反省自己的冥顽粗心、狂傲不谨，写下了著名的《悲愤诗》。临刑前，嵇康从容地弹了一曲他一向珍爱从未传人的《广陵散》，悲壮的曲调使当时聚集在东市刑场上的三千多名太学生感动得落泪，嵇康终年 40 岁，他死后，《广陵散》失传，成了绝响。嵇康临死的时候，把他才 10 岁的儿子嵇绍托付给了山涛。后来经山涛推荐，嵇绍做了晋的官员，曾官至侍中。公元 304 年，在一次战役中，嵇绍用身体保护晋惠帝，鲜血溅在惠帝的衣服上，以身殉了国难。

嵇康一生写了许多诗文，在社会上广为流传，可因为他的诗语言太尖锐，当时编选文集时剔除了他的许多作品，在梁朝时有十五卷，到宋朝以后只有十卷了，现在《嵇中散集》保存下来。

洛阳纸贵

一个名不见经传的青年人，在西晋太康年间，以一篇辞赋而轰动文坛，成为西晋文学中一颗璀璨夺目、光艳照人的瑰宝，这就是左思和他的《三都赋》。

左思（约公元 250——305 年），字太冲，临淄（今山东临淄）人。左思出身低微，从小就长得比较丑，人也不聪明。左思读书，非常刻苦，从来不一知半解就了事。经过长时间的潜心钻研，他居然达到了博学的程度。他不仅学问渊博，而且对于遣词造句，也有了较深刻的领悟。他主要擅长于写诗和辞赋。

在晋武帝的时候，左思的妹妹左芬被选入宫，成了武帝的嫔妃，大约生于曹魏时代、卒于西晋末年的左思，随全家迁进了京城，做了个小官“秘书郎”。不过由于门阀社会重视家谱，出身寒微的左思一生不能得志。

当时的文人喜欢以文字游戏来证明自己的智力，于是左思也打算用同样的风格写一篇关于魏、蜀、吴三国都城的辞赋。为了写成这篇赋，他竟花了 10 年的功夫。

一个人花 10 年的心血写一篇文章，常人是做不到的，左思却做到了。他的写作过程十分艰苦，写作时也十分认真。他旁征博引，凡是有关蜀都成都、吴都建业、魏都洛阳的资料，他都广泛收集。凡是《三都赋》中的地理概念，左思都认真核对过地图，绝不轻易转录概念，或者道听途说。就连风俗、民谣以及鸟兽草木，他都一丝不苟，找到实况证明才肯落笔。所以他的这篇文学作品竟像学术著作一样朴实、深厚。

左思不喜欢说话，也不好交游。为了推敲词句，在他写《三都赋》的时间里，他在自己的活动场所随心所欲地挂满了纸笔。只要他想到一个好的句子，或者想到一个满意的文章结构，都会把它们记在身边的纸上，不让灵感漏掉，让自己无有限的大脑在有限的工具中得到了充分的使用。

左思要写《三都赋》的消息，传到了三国名将后代，以文才著称于世的吴郡人陆机耳朵里。这个江南才子正好来到洛阳，被洛阳的繁华景象所感染，正打算写一篇洛阳赋来抒发自己的情怀，听说左思要写《三都赋》，真是笑不打一处来。陆机的嘲笑传开之后，左思也听到了。他决心吞下这个耻辱，继续默默地努力，他要用艰苦的劳动去获得成功，用成功来回答陆机。

10 年时间过去了，左思终于对自己的《三都赋》感到满意，决定收笔了。但是他并没有急于使它“出台”，就像身怀绝世珍宝的青年去请鉴赏大师评估一样，左思带上自己的作品拜访了当时很有名望的皇甫谧（音 mì）。皇甫谧读《三都赋》的时候，禁不住几次拍案叫绝，给予很高的评价。他答应为《三都赋》写序，在序文中说：“自两汉以来，写赋的人很多，如司马相如的《子虚赋》、班固的《两都赋》、张衡的《二京赋》，它们都各有特色，被世人所称颂。但是，它们都不及左思的《三都赋》。”

皇甫谧还请来了当时有名的诗人张载，为《三都赋》作注，请刘达为《吴都》和《蜀都》作注。左思才终于获得了成就感。

当时著名的文学家张华看了《三都赋》也连连称赞，他说：《三都赋》让人看了还想看，越看越有味。

当年嘲笑左思的陆机，见了《三都赋》也大吃一惊，自叹不如。因为有了《三都赋》，他原来想写的洛阳赋也不敢动笔了。

《三都赋》一问世，人们争相传阅，京城里的富豪、有地位的人带头，都争着传抄。左思的《三都赋》，使洛阳的纸张供应都发生了危机，纸价也因此暴涨，这就是被人们传为佳话的“洛阳纸贵”。从一个默默无闻的普通人，到历史上著名的“洛阳纸贵”的始作俑者，左思的成功很值得青年们学习。

痴呆皇帝

公元265年，腊月十七日，曹操的后代曹奂被迫让位于司马懿的孙子司马炎，司马炎当了皇帝，改国号为晋，建立了晋朝。之后，却在选立太子的问题上遇到了麻烦。

当时，杨皇后生了三个儿子，老大叫司马轨，两岁时就生病死了，老二司马衷，老三司马东，要立太子，只有在这两个孩子中来选择。按常理，应该选立年龄大的司马衷为太子，可这个儿子智力非常差，七八岁了，连一个字都教不会，司马炎不想让他当太子，怕他长大后不会治国，可是杨皇后在司马炎面前说，立太子应该按年龄大小来排列。司马炎宠爱的赵夫人又在司马炎跟前帮杨皇后说话，司马炎受不了这两个人的天天劝说，加上杨皇后的哥哥杨骏等人也帮司马衷说话，这样，在公元267年正式立司马衷为太子。

过了几年后，太子已经十二三岁了，按皇家规矩应该选择太子妃了，这又是一件大事，大臣们都很关心这件事。车骑将军贾充是晋朝的功臣，当年就是他帮助司马昭杀掉了曹髦的，在征讨蜀国时也立过大功，被司马炎封为鲁公，他正好有两个女儿在家等待出嫁，年龄与太子相仿，大女儿叫贾南风，小女儿叫贾午，两个女儿都不漂亮，而贾南风特别丑陋，如果公平地竞争，不可能入选为皇太子妃的，贾充和妻子郭槐一商量，决定走走后门试试。

贾充的妻子郭槐买通皇宫里的仆人，给杨皇后送去很多礼物，又在杨皇后面前吹嘘贾充的女儿怎样好品行，就是像貌差一点。杨皇后被人说动了心，又来劝武帝司马炎，说贾充是国家的功臣，他的女儿贾南风又有德行，又有才学，应该选作皇太子妃，至于相貌不好看那是小事一桩。武帝司马炎本来想让卫瓘的女儿入选的，经不住皇后的劝说，倒有点动心了。一次，在和大臣们宴会时，武帝又谈起了为太子选妃的事情，侍中荀勖又极力称赞贾充女儿，说得天花乱坠，司马炎一高兴，说：“那就让贾充的女儿当太子妃吧！”这件事就这么定了下来。

又是几年过去了，太子司马衷依然没精明起来。司马炎暗暗担心，有些心直口快的大臣也就旁敲侧击地谈论这件事。有一次，卫瓘（音 mì）借着酒兴壮着胆，用手摸着武帝的座椅说："好一个宝座啊！"司马炎也听出了卫瓘的话音。经卫瓘这么一说以后，司马炎决定要彻底查看一下太子的本事。司马炎想出一个办法，将太子和太子宫中的所有官员召集到一起，就治国治民的事出了几个题目，要太子写出答卷来。太子根本没这个能耐，还是太子妃贾南风让张泓将答卷写好，让太子抄好，送给司马炎，司马炎一看，觉得还可以，也就放心了。

公元 290 年，司马炎病死，太子司马衷即位皇帝，改年号为永熙，这就是晋惠帝，惠帝封贾南风为皇后，将朝政大权交给舅舅杨骏弟兄三人掌管，内部事务全由贾南风负责。

司马衷当皇帝，完全是个傀儡，在中国古代的帝王中，他算是最愚蠢的一个。有一年发生了水灾，下级官员报告说老百姓没饭吃，要求政府开仓放粮，司马衷竟说："没饭吃为什么不吃肉粥呢？"弄得大臣们哭笑不得。还有一次，他和宫中的内侍们一道游园，听到园中蛤蟆大声地叫，他奇怪地问左右的从人："蛤蟆这么乱叫，是为官家而叫，还是为私家而叫？"众人不得不敷衍他，说："在官家地里的就是为官家叫，在私家地里的，就是为私家叫。”司马衷听了很高兴，直点头。这位痴呆皇帝做的傻事，不仅在宫内成为笑话，在社会上也成为世人的笑柄。

晋宫内乱

在晋武帝病重期间，杨芷皇后的父亲杨骏独揽大权。武帝一死，杨骏第二天便扶持司马衷继位登基。杨骏从此说一不二，惹怒了皇后贾南风。

和司马衷相比，他的皇后非常精明而又凶狠刁顽，忌妒心还特别强。她不能容忍杨骏把持朝政，便想除掉杨骏，中郎将孟观、李肇两人对杨骏也恨之入骨，三人在一起密谋了“杀杨骏、废太后”之计。李肇到襄阳找楚王司马玮帮忙。司马玮与痴呆皇帝司马衷是同父异母的弟兄，曾受到杨骏的排挤，听说要除掉杨骏，便答应进京帮忙。

永平元年（公元291年）三月三日夜，楚王司马玮和东安公司马繇各带一队人马将杨府包围。杨府即杨骏居住的宰相府。这两队人马先后冲进相府，放起大火，相府内慌作一团，有的人像无头苍蝇到处乱跑，有的人吓得又哭又嚎，杨骏也不知躲到哪里去了。

武士们不问青红皂白，见人就杀，眨眼工夫杀了一百多人，真是尸体遍地，血成溪，其状惨不忍睹。因为没有发现他们要找的杨骏，武士们仍不罢休。司马玮、马马繇命令仔细搜寻杨骏，有个武士在马棚里看见一个人蹲在马槽下，抖做一团，不论怎样喊他也不答应。武士们杀红了眼，刀砍枪刺，将此人杀死，拖出尸体细看，正是杨骏！

杨骏死了，楚王司马玮并没有罢手，又把杨珧、杨济以及杨门死党灭了三族，累计杀死几千人。

皇后贾南风仍不满足，又让惠帝将太后杨芷贬为庶人，把太后 80 岁的母亲庞氏也杀了。第二年，被囚禁在墉城的杨太后因冻饿而死。

因平灭杨骏家族有功，楚王司马玮被拜为卫将军，掌握了禁军大权。东安公司马繇晋爵为王。孟观、李肇及贾南风的族亲，也都加官进级。这些人都不具备辅政治国的能力，贾后只好重新启用汝南王司马亮和元老卫瓘（音 guàn）。让他们俩帮助呆皇帝司马衷主持朝政大事。

司马亮上任以后，采取了多封官的策略，仅武官中被封侯的计一千多，有的人竟然连升三级。

司隶校尉傅咸看出滥封官的弊端，向司马亮进谏："像现在这样封赏无度，自古少有。一些人无功受禄，如此下去，国家危险。"司马亮却置之不理。

相比之下，卫瓘很有心计，他发现楚王司马玮自恃讨杨有功，日渐骄横，留在京城恐有后患，建议司马亮对他要小心，司马亮当即决定，奏明惠帝，让楚王离京，到原来的襄阳为官。但是，隔墙有耳，两位大臣密谋之事，传到了楚王司马玮的耳中，他气得怒发冲冠，找到心腹公孙宏等人商量对策。公孙宏说："要除掉这两个人，必须借助贾后之手。贾后非常信任李肇，可请李肇代奏贾后。"

楚王认为有道理，连夜去找李肇。李肇向贾后转达了楚王的意图，正中贾后下怀。她觉得司马亮对她不够敬重，便有些恼火，想报复一下；卫瓘以前曾劝武帝废掉呆傻的太子——她的丈夫，所以也有积怨。现在有人想除掉两位老臣，正好，于是她让呆皇帝发了密诏。

司马亮吃过早饭，刚要上朝，李肇、公孙宏带兵杀入相府，把司马亮捆起来丢到车下，又让众人将他乱刀砍死，肢解了尸体。除司马亮的一个小儿子逃脱外，其余家人全部被杀。

司马遐带领的禁军来到卫瓘家门前，高声喊叫，让卫瓘出来领罪。卫瓘出门刚说了一句话，突然蹿上来一人，挥刀将卫瓘拦腰砍断。此人为何这样凶狠？原来他叫荣晦，曾是卫瓘家奴，因过被打赶出府外，于是怀恨在心，这回当了禁军小头目，便进行疯狂报复。卫瓘的儿子、孙子以及其他眷属一百多人均被杀害。

楚王司马玮这次又杀了司马亮、卫瓘两家几百口人，震惊了朝廷，大臣们提心吊胆，生怕自己也遭此厄运。大臣张华通过贾后一名心腹转奏惠帝和贾后，说："楚王杀人成性，如朝中大权落入他手，惠帝和皇后也难安宁。"贾南风也有除掉楚王之意，但不如怎样下手。张华献出一条计策。

这天，楚王正率领部下杀人，忽见跑来一支禁军，高举着驺（音 zōu）虞幡。驺虞幡是皇帝独有的，是皇帝权威的标志。楚王不知何故，禁军首领王宫突然宣布诛杀楚王的圣旨，楚王手下四散逃命，楚王被拿下之后砍头处死。这个杀人如麻的人终于也被人杀。那个荣晦也被杀了头。

楚王被杀后，贾南风自以为操纵了全国的军政大权，她任意胡作非为，激起了公愤，赵王司马伦于公元300年起兵进京，杀掉了晋后，从此，西晋王朝便陷入了动荡不安之中。

八王混战

西晋建立后，晋武帝认为魏朝的灭亡，是因为没有给皇族子弟权力，使皇室孤立了，便封宗室子弟为王，又让他们充当都督，出镇战略要地，以此保卫司马氏皇权；没料这种分封反给他们争逐皇位提供了条件。权势争夺激化了各种社会矛盾。使西晋政权崩溃的“八王之乱”，正是不同派系的司马氏宗王之间的厮杀。

“八王”中，汝南王司马亮、赵王司马伦是司马懿的儿子，河间王司马颙（音 yóng）、东海王司马越也是司马懿一系的人物；齐王司马冏（音 jiǒng）是司马昭的孙子，因他的父亲司马攸曾过继给司马师，名义上又是司马师的后代；楚王司马玮、长沙王司马乂、成都王司马颖则都是晋武帝司马炎的儿子。除这“八王”外，司马宗室的其他“王”，如竟陵王司马楙、常山王司马衡、新蔡王司马腾等人也出兵参与了“八王”的角逐。

武帝死后，贾皇后专断朝政达9年之久。贾后没有儿子，眼看太子司马闳渐渐长大，常有一种危机感。她暗中令宦官讨好太子说：“殿下应该乘年轻尽情享受，不要约束自己。”每逢太子发怒，就说：“殿下不懂得使用严刑，天下人怎么会怕你呢?”在贾后的引导下，太子不爱学习，有人触犯他，就举鞭抽打。司马闳终于依照贾后设计的圈套步步下滑，名声越来越坏。贾后乘机四处宣扬司马闳的短处，为废除太子大造舆论。

公元300年12月，贾后谎称皇上身体欠佳，唤司马闳入朝。在朝中硬逼他喝下三升酒。当司马闳醉得天旋地转、不省人事时，贾后令人拿来纸笔和一封事先草拟好的上奏皇帝的信，让司马闳照抄一遍。信中写道：“陛下应当自行了结，若不了结，我就入宫去了结你。皇后也应尽快了结，若不了结，我就亲手结果你……”惠帝看后大怒，下诏赐太子死。张华认为此举事关重大，要求对照太子手书，否则怕有诬陷。贾后拿出十几张太子写的启事核对，众人无话可言。贾后怕另生事变，上表免太子为庶人，囚禁于金墉城。

太子司马遹无罪被废，引起一部分拥护太子的朝臣不满。他们与握有军权的赵王司马伦密谋废除贾后，复位太子。贾后得知此消息，急不可耐地让太医令人制作巴豆杏子丸，假传圣旨，让宦官孙虑带到许昌毒杀太子。司马遹自从被废黜以后，为防止被毒害，总是让侍从当着他的面为他煮饭。孙虑到许昌，将司马遹迁居小坊囚禁，不准给他送饭，打算待他饥饿难忍、不加提防时再下手。没想到一些宫人偷偷地翻墙为太子送饭。孙虑就干脆公开拿出毒药逼太子吞服，太子不干，孙虑就操起捣药锤，活活地把他砸死了。

赵王司马伦见太子已死，立即联合齐王司马冏，借口为太子报仇，乘夜晚带兵闯入宫中，讨伐贾后。司马伦废贾后为庶人，将其幽禁于建始殿。不久，司马伦以其人之道，还治其人之身，“矫诏”赐贾后死于金墉城。事态的发展一切都按照司马伦的计划在进行。太子、皇后相继丧命，朝廷上只剩下一个毫无震慑力的痴愚皇帝。司马伦便依照其父司马懿辅佐曹魏政权的方式，矫诏自封为相国、都督中外诸军事。其亲党孙秀等人皆封赏大郡，并掌兵权。文武百官一律听从司马伦调遣，为下一步攫取皇帝宝座创造了条件。

中护军淮南王司马允看出司马伦想篡位，打算讨伐他。司马伦抢先采取措施，封司马允为太尉，表面上是加官进封，实际上是夺其兵权。司马允深明其中意味，借口有病不受加封；并看出皇帝诏书是孙秀手书伪造，盛怒之下，率 700 精兵攻打相府，司马允被司马伦用计杀死在城下，几千人受株连。

司马允死后，洛阳渐渐平静下来。司马伦加快篡权步伐，派牙门赵奉诈传宣帝司马懿神话，说："司以伦应早入皇宫。"又扬言司马懿在北芒（洛阳北）帮助司马伦登位。司马伦命义阳王司马威为侍中，夺取惠帝玺绶，伪造禅让诏书，又让尚书令满奋持符节奉玺绶禅位于司马伦。

公元 301 年正月，司马伦龙袍加身，做起皇帝来。他名义上尊惠帝为太上皇，实际上将其幽禁在金墉城。另立其子、弟为"王"，其他同党也都登上卿、将职位。司马伦称帝，激起各诸侯王的强烈反对。齐王司马冏传檄各地，联合成都王司马颖、河间王司马颙等共同起兵，讨伐司马伦。由于诸王的投入，"八王之乱"开始发展为一场大混战。

司马伦一面命将军孙辅、孙会迎战，一面命人穿着羽衣在嵩山诈称仙人下凡，陈述司马伦统治将维持久远，以迷惑大众。

司马颖军前锋至黄桥（今河南淇县），与孙会军交战失利，死伤1万余人；又在溴水（今河南济源、孟县境黄河支流漭河）大战一场，孙会终于大败南逃。司马颖乘胜长驱渡过黄河，协助助司马冏战败张泓。双方在洛阳附近酣战60多天，死亡近10万人。最后司马伦兵败被杀，惠帝复位。宣诏齐王司马冏为大司马辅政。

司马冏掌握大权以后，沉溺于酒色。公元302年，河间王司马颙上表列举司马冏罪状，扬言率兵10万，将与成都王司马颖、新野王司马歆、范阳王司马虓共会洛阳城，并联合长沙王司马乂一起行动。八王之中，司马乂是最有才略的一个，也有政治野心。他利用时机抢先攻入洛阳。当晚，洛阳城中飞箭如雨，火光冲天，群臣死者相枕于路，一片混乱，激战三日，司马乂大败。司马冏杀了司马冏，暴尸3日，控制了朝政大权。

司马颙原以为司马乂力量微弱，会被司马冏擒斩，他好以此为借口讨灭司马冏，没想到事与愿违，便于公元303年，联合司马颖共同攻打司马乂。这一仗从8月打到

10 月。司空东海王司马越利用禁军抓获司马乂，密告司马颙的部将张方，用火将司马乂活活烤死。

到此，八王已死五王。而争夺统治权的斗争还在司马颖、司马颙、司马越三王之间猛烈展开。

司马乂死后，成都王司马颖被封为皇太弟，任丞相、都督中外诸军事，住在邺城（今河北临漳西南）遥控朝政；司马颙为太宰，居长安；东海王司马越认为自己杀司马乂有功，却没捞到好处，便挟持惠帝讨伐司马颖。

邺城人听说司马越率 10 万人已到安阳，惊慌失措。司马颖派石超率 1 万兵众迎战。在荡阴（今河南汤阴）大败司马越。双方交战时，惠帝身边侍从全都逃散，致使惠帝身中 3 箭，面颊受伤被俘。司马越逃回东海封国。不久，幽州刺史王濬带领乌桓、鲜卑兵与并州刺史司马腾联军 10 余万进攻邺城。司马颖又挟惠帝乘坐牛车南逃洛阳，被张方俘获至长安。司马颙更立司马炽为皇太弟，与司马越共同辅政。

公元 305 年，东海王司马越以“奉迎天子还复旧都”为借口，再度起兵，次年攻入长安。司马颙单马败逃太白山。司马颖在去邺城途中被顿丘太守冯嵩抓获，范阳王长史刘舆矫诏赐司马颖死。司马越又以司徒官职召司马颙入洛阳，于途中杀之。随后又毒死惠帝，拥武帝第 25 子（晋武帝共 26 个儿子）司马炽为帝，这就是晋怀帝。“八王之乱”自此结束。

“八王之乱”从贾后专政开始至怀帝即位为止，历时 16 年。他们为争夺统治权同室操戈、相煎太急，把战火从洛阳、长安烧遍黄河南北，夺走数十万人的生命。造成的祸难之大，旷古未闻，给建立不久的西晋王朝以毁灭性的打击，不仅从内部挫伤了它的元气，并因无暇顾及边防，而使北方少数民族的贵族能够乘机起兵，增强势力，对此后历史产生了巨大的消极作用。

除害英雄周处

西晋的官僚贵族大多穷奢极侈、不干正经事或是争权夺利、勾心斗角的，社会风气极其腐败，但是在官员中也有性情刚直，不怕强暴的人，周处就是其中的一个。

周处的父亲名叫周鲂（音 fáng），当年是吴国的鄱（音 pó）阳（今江西波阳东）太守。周处很小的时候父亲就去世了，没有人管教，他就成天四处游逛，也不去读书学文，只是喜欢和人打架斗殴，因为周处身长力大，平常的人都斗不过他。随着年龄的增长，他渐渐地长成个勇壮的小伙子，旧脾气却一点不改，乡亲邻居们都怕他，把他和南山上的猛虎、长桥下的恶蛟并称为当地的三害，可他自己却还不知道。

一天，周处在乡里闲逛，几个老人显得闷闷不乐，周处问："老人家，今年的收成不错啊，你怎么好像很忧愁哇？"老人说："三害没除，有什么可高兴的？"周处问："哪三害呢？"老人气愤地说："南山上有一只白额猛虎，经常出来伤人，许多猎人去围猎，都没打到它，反而被它咬伤了好几个；长桥下有一条恶蛟，神出鬼没，也经常吃人，这叫人怎么能高兴得起来呢？"周处说："这不才两害吗？怎么说三害呢？"老人直说道："这第三害就是你了！"周处见别人把他和老虎、恶蛟并称为三害，心里很惊讶，也有点难过，但他的好强心也被刺激起来了，他说："这有什么难，凭我一双手，将三害一齐除掉！"

周处回到家里，拿着宝剑，背着弓箭，进了南山，果然碰到了猛虎，周处连射两箭，都射中了老虎的要害，没费多大力气就杀掉了老虎。杀了老虎，周处又到长桥下面等待恶蛟出来（蛟是古代传说中的水中动物，带有一种神话色彩，今人解说为鳄鱼或鲨鱼），和恶蛟搏斗了三天三夜，在水中沉浮了几十里路才把恶蛟杀死，乡里的邻居们认为周处和恶蛟拼了个两败俱伤，三害都除掉了，大家都很高兴。

第四天，周处却拖着疲倦的身子回到了乡里，村人见他回来，都有点担心，周处感慨地对大家说："二害都除了，我周处从今天起，改过从善，决不让乡亲们失望！"

周处下决心改错，想拜个名师来学文，当时吴国的陆机和陆云弟兄俩名气很大，他决定找陆机、陆云去。在陆机的家里，周处只碰到了陆机的弟弟陆云，周处很难过地对陆云说："过去，我只顾自己痛快，做了不少坏事，现在要改恶从善了，只怕是年纪太大了吧！"陆云鼓励他说："一点不晚，你正在壮年，从头学起，只要有志，完全来得及！"

从此，周处严格要求自己，认真地读书，很快便被地方官选拔出来做官，吴国灭亡后，周处来到洛阳，当了广汉（在今四川射洪）太守，做官期间，他执法公正，不怕权贵，一直被提拔到散骑常侍的位置，很快又被任命为御史中丞。

御史的职责主要是纠察各级官吏的行为，有什么情况及时向皇帝报告。晋室皇族成员、梁王司马肜（音 róng）曾经违反了国家法律，朝廷大臣因为他是国家的诸侯王，都不敢处罚他，而周处却不在乎，他照样向皇帝告发，并把司马肜的罪行记录在案，司马肜从此便痛恨周处，总想找机会整他。

在晋惠帝司马衷的初期，秦、雍二州的氐（音 dī）、羌少数民族起义，首领齐万年自称皇帝，和晋朝对抗，梁王司马肜飞速将情况报告皇帝，朝廷令梁王司马肜、安西将军夏侯骏领兵镇压起义，任周处为建威将军，作大军的先锋。周处见这个任命下来，把自己归梁王指挥，梁王与自己有仇，肯定让自己当先锋和起义军打仗，自己只要去了，多半就不能活着回来，但如果不去，也不能活，周处便下定决心，接受了任务。当时也有许多人看到了这一点，中书令陈准向皇帝上表，说周处是个英勇、果敢的人，让他和梁王、夏侯骏这样的皇亲国戚一道出战，必定被司马肜送进敌军阵中，司马肜决不会去救援他，只会白白丢失一员大将，应该同时派一个大将配合周处一同进兵，才能稳稳地获胜。陈准的这个表上去后，根本没有回音。

梁王司马肜果然把这次出兵当作一次报复的机会，只派给周处五千骑兵，说："你是朝廷的忠臣，又很勇猛，你打先锋，先去和叛军作战，我在后面接应你。"可当周处领兵和起义军作战时，几天也不见援兵到来，最后战死在军中。

周处的战死，完全是梁王故意造成的，朝廷的许多大臣都知道这是怎么回事，都不敢讲话，那些被周处批评过的官僚们还幸灾乐祸，朝廷里也把这事当作小事一桩。当时，周处能够知错必改，勤勉做人，为国家的利益，做了不少好事。周处的故事，千百年来为后世所警醒，所敬佩。

李特的"流民"军

西晋的腐朽统治和混战，给百姓带来无穷无尽的灾难，加上接连不断的天灾，许多地方的农民没有粮吃，被

迫离开自己的故乡，成群结队到别的地方逃荒。这种逃荒的农民叫做“流民”。

公元 298 年，关中地区闹了一场大饥荒，略阳（治所在今甘肃天水东北）、天水等六郡十几万流民逃荒到蜀地。氐（音 dī）族人李特和他兄弟李庠（音 xiáng）、李流也跟着流民一起逃荒，他们有些钱财，一路上，流民中间有挨饿的、生病的，李特兄弟常常接济他们。流民都很感激、敬重李特兄弟。

蜀地离中原地区比较远，百姓生活比较安定。流民进了蜀地后，就分散在各地，靠给富户人家打长工过活。益州刺史罗尚，却要把这批流民赶回关中去。他们还在要道上设立关卡，准备抢夺流民的财物。

流民们听到官府要逼他们离开蜀地，人人都发愁叫苦。流民们向李特诉苦，李特几次向官府请求放宽遣送流民的限期。流民听到这个消息，纷纷投奔他。李特在绵竹地方设了一个大营，收容流民。不到一个月，流民越聚越多，约摸有两万人。他的弟弟李流也设营收容了几千流民。之后，派使者阎彧（音 yù）去见罗尚，再次请求缓期遣送流民。

阎彧来到罗尚的刺史府，看到那里正在修筑营寨，调动人马，知道他们不怀好意。他见了罗尚，说明了来意。罗尚对阎彧说："我已经准许流民缓期遣送了，你回去告诉他们吧！"

阎彧直爽地对他说："罗公听了别人的坏话，看样子恐怕不会饶过他们。不过我倒要劝您，不要小看了老百姓。百姓看起来是软弱的，您若逼得他们无路可走，众怒难犯，只怕对您没有好处。"罗尚假装保证不会骗他们，假惺惺地说："我不会骗你，你就这样去说吧！"

阎彧回到绵竹，把罗尚那里的情况一五一十告诉李特，李特也怀疑罗尚的话不可靠，立刻把流民组织起来，准备好武器，布置阵势，准备抵抗晋兵的进攻。

到了晚上，罗尚果然派部将带了步兵、骑兵三万人，偷袭绵竹大营。晋军进入李特的营地，李特故意镇静自若地躺在大营里。晋将自以为得计，一声号令，叫兵士猛攻李特大营。

三万晋军刚进了营地，只听得四面八方响起了一阵震耳的锣鼓声。大营里预先埋伏好的流民，手拿长矛大刀，一起杀了出来。这批流民勇猛无比。一个抵十个，十个抵百个。晋军被流民杀得丢盔弃甲，四散逃窜。两三个晋将逃脱不了，被流民们杀了。流民们杀散晋军，知道晋朝统治者不会罢休，就请求李特替他们作主，领导他们抗击官府。李特和六郡流民首领一商量，大家推李特为镇北大将军，李流为镇东将军，几个流民首领都被推举为将领。他们整顿兵马，军威大振。过不了几天，就攻下了附近的广汉，赶走了那里的太守。李特进了广汉，学汉高祖刘邦的样子，宣布约法三章，打开了官府的粮仓，救济当地贫苦百姓。

罗尚表面上派使者向李特求和，暗地里勾结当地豪强势力，围攻李特。李特在奋勇抵抗之后，战败牺牲。他的儿子李雄继续率领流民战斗。公元 304 年，李雄自立为成都王。过了两年，又自称皇帝，国号大成。后来到李雄侄儿李寿在位时，改国号为汉。所以历史上又称“成汉”。

荀灌女突围救城

在西晋末年的流民起义军中，一些有政治野心的地主官僚和少数民族上层人物，趁机起兵反晋，扩张自己的势力。晋怀帝永嘉四年（公元310年），荆州一带有个叫杜曾的小官僚，利用流民起义的力量，攻城夺地，发展自己的势力。

杜曾曾在西晋朝廷任过参军、县令等职。他起初跟随一个名叫胡亢的人，在竟陵（今湖北枣阳东）起兵。后来，杜曾杀了胡亢，兼并胡亢部下，自称南中郎将。他领导着一批流民，逐渐把势力扩展到了沔阳（今湖北襄樊沔水以北）。他在打败晋荆州刺史陶侃以后，带着人马向沔江边的宛城进发。

此时，驻扎在宛城的晋官名叫荀崧，其手下兵力不多。他见杜曾带兵把宛城团团围住，赶紧召集将领和谋士商量对策。荀崧说："如今强敌压境，城内缺兵少员，粮草又不充足，这可如何是好?"众人无言，实在没有办法可想。最后，一谋士上前建议："将军的老友石览，现在襄阳做太守，何不派人到他那里请救兵?!"经谋士一提醒，荀崧觉得很有道理，就立即提笔写了一封求援信，向石览求救。信写好后，荀崧问："谁能冲出重围，把这封信送到襄阳去?"问了半天，竟无人敢冒风险接受这个任务，荀崧无奈，只得把信收好，在厅里来回走

忽然间，从后厅走出来一个梳着一根大辫子的小姑娘。她带着几分稚气，大声说："爹爹，女儿愿去!"荀崧抬头望去，竟是自己的小女儿荀灌。他不由叹息着对荀灌说："你愿去请求救兵当然很好，只是杜曾的军队把城围了好几重，靠你这个弱小的女孩，如何能突出重围!"荀灌见父亲不放心，连忙说："爹爹！女儿平日跟将士们练武艺，学会了刀枪弓箭。我相信自己一定能冲出重围，去给石览叔叔送信，您尽管放心。"两旁站立的将领谋士见小小荀灌如此勇敢，如此沉着，不禁暗暗称奇。

当年，荀灌仅仅13岁，她喜好读书，尤喜读兵书；还热衷于骑马射箭，舞刀弄枪，终于练就了一身好武艺。荀崧尽管有些舍不得女儿，但眼下没有别的办法，就答应

了她的请求，把求救援兵的重任交给了她。

荀灌又转身向在场的人说："我虽然愿意突围去请救兵，但毕竟年少力弱，光靠我的力量是不行的。诸位叔叔伯伯，谁愿与我同去，请站出来！"将士们被荀灌的勇敢行为所感动，听荀灌这么说，便纷纷报名，要求同行。荀灌从中挑选了几十个精明强悍的壮士，叫他们先回营准备，约定半夜动身突围，她自己则留下来，单独跟父亲商量突围的办法。

黄昏时分，荀灌与数十位壮士饱餐一顿，随即将作战服装穿戴起来。荀灌用一条丝巾束住长长的秀发，身穿紧身衣衫，处披铁铠，足登战靴，腰间悬挂3尺长剑，走到大厅之上，辞别父样。

荀崧见女儿一脸豪气，全身戎装，手握利刃，英资飒爽，不觉又惊又喜，便走上前去叮嘱说："一路之上，你要小心谨慎。"荀灌回答说："女儿此去送信，必然有佳音，望父亲早作准备，到时与援军内外夹攻，必破敌军。"说罢，从荀崧手中接过书信，藏入怀中，转身走出大厅。

大厅之外，数十位壮士早已准备完毕，手握兵器守侯在门口。荀灌走上前去，高声呼唤："我们走吧！"众人轰然答应。荀灌命令大家上马，自己也跨上一匹战马，向前奔驰，来到城门边。

是日夜晚，月黑风高，荀灌一行人暗暗开了城门，向黑暗中飞驰而去。这时，杜曾还以为宛城指日可破，正在饮酒作乐。荀灌一行离城越来越远，围城的哨兵忽然发现这一队人影，立刻喊叫着追了过来。荀灌对大家说："不要恋战，且战且走，只要进了山，他们就没有办法了。"说着，她手举宝刀和敌兵拼杀了起来，边杀边向前冲去。几十名壮士也一拥而上，打散了敌兵。等杜曾闻讯赶来的时候，荀灌他们早已跑到深山密林里，无影无踪了。

荀灌和壮士们冲出敌人营垒后，马不停蹄，连夜急行军，不久就赶到了襄阳。襄阳太守石览本来是荀崧的部下，他看到年仅13岁的荀灌，竟能突出重围，前来求救，不由得肃然起敬。石览读过荀崧的来信，又向荀灌了解了一些情况，当即决定亲自带兵去援救荀崧。为了请到更多的救兵，荀灌还以父亲的名义写了一封信，派人送到寻阳太守周访那里，请求援助。她自己和石览则带着援兵先回宛城。

寻阳太守周访得知好朋友荀崧被围，立即派遣儿子周抚带领3000人马，连夜奔赴宛城援救。周抚的援军还在途中，荀灌和石览的援军已经到达宛城。荀灌把援军到达的消息写成信，绑在箭上，射入城中，城内军民拾得信件，交与荀崧。荀崧正日夜盼望援兵，见信中说援军已到，不由得大喜。城中民众闻听，也不由得欢呼雀跃。荀崧立刻决定亲自率领人马杀出城去接应。

荀崧的兵马从城里勇猛地冲杀出来；荀灌、石览指挥援军从敌人背后奋勇进攻。杜曾的军队同时受到了来自前后两个方向的夹攻，正在指挥兵马分头应战，这时，周访之子周抚率领的3000援兵亦赶到战场，立即投入战斗。

杜曾抵挡两支兵马的夹攻已感吃力，见又有援军来到，料定此战已无获胜可能，便立即传令退兵。荀崧、石览、荀灌和周抚三路人马乘势进攻，杜曾被打得大败，只得抛弃辎重，慌忙逃命。荀崧、石览合兵一处，乘胜追杀一阵；然后和周抚胜利会师，收兵入城。

当晚，荀崧摆出酒宴庆祝胜利。宴会上，人们谈起荀女突围搬取救兵之事，一致赞扬。从此，荀灌娘突围救城的故事成为千古佳话。

匈奴人称汉帝

当李特流民起义发生时，五部大都督刘渊已经在到处招兵买马，积蓄力量，占据了很大的地盘。刘渊的祖上是匈奴人，从汉高祖刘邦开始，汉皇族和匈奴贵族通亲，一些匈奴贵族认为自己是汉皇室刘家的后代，逐渐改姓刘。东汉末年，曹操征服了匈奴，把匈奴分为五大部，每个部设一个部帅，刘渊的父亲刘豹便是其中的一个部帅。刘渊从小读了许多汉族人的书，力气大，武艺高，能够拉三百斤重的大弓。刘豹死后，刘渊继承他父亲的职位。后来，在西晋的成都王司马颖（八王之一）部下当将军，留在邺城，专管五部匈奴军队。

公元304年，正是“八王之乱”发生时，刘渊借口说回匈奴借兵帮助司马颖作战，跑回匈奴贵族的聚居地离石（今山西离石），召集匈奴五个部族，被拥为大单于，发兵攻打当时正在与晋军作战的鲜卑族军队。当李雄自号成王的消息传来后，刘渊决定也自封王号，刘渊认为：自己本是汉朝皇家的外甥，和汉皇族是兄弟关系，现在汉朝灭了，自己称王，正好用“汉”的名称，便正式称为汉王。公元308年，刘渊觉得自己的势力够大了，便在平阳（今山西临汾）自称皇帝，派出大将王弥、刘曜领兵攻打洛阳，但两次进攻都没有成功。

刘渊去世以后，他的儿子刘聪继承了皇帝位，刘聪继续让王弥和刘曜领兵攻晋，这一次，王弥和刘曜不是直接向晋国首都洛阳进军，而是领兵在各地转战，把洛阳以外的地方一一占领，割断晋王朝和地方上的关系。当刘曜、王弥在各地打击晋王朝力量时，晋怀帝让东海王司马越率兵20万与汉军作战。司马越当时执掌了朝廷的军政大权，对晋怀帝非常瞧不起，晋怀帝也不放心他，想借地方力量来除掉司马越，司马越对晋怀帝也抱有戒心，在和汉军作战时，只满足于维持现状，也不去积极打击汉军。

公元311年，正是晋怀帝的元嘉五年，东海王司马越病死，兵权交到了太尉王衍手中。王衍是个崇尚清淡、徒具虚名的空头理论家，他想把晋军主力部队撤到郯城去，刚走到苦县，就被石勒的骑兵包围，汉军轻而易举地攻破县城，晋军主力10万多人溃不成军，全部被杀，随军转移的晋朝皇室成员48个诸侯王也全都被杀，大批官员丧生，连王衍本人也被石勒冷嘲热讽一顿之后杀死。

消灭王衍所统领的晋主力部队以后，刘聪又派刘曜、王弥率军攻下了洛阳。汉军拥进皇城，见人就杀，见东西就抢，晋怀帝被俘虏，从王公大臣以下，到一般老百姓，被杀死两万多人。刘曜让士兵把这些被杀的尸体全部迁到洛水北岸埋葬，士兵们在城中放火烧毁宫殿和官府衙门，一座气势雄伟的洛阳城几乎化为一堆灰烬，这就是有名的“永嘉之乱”。

晋怀帝司马炽被俘虏以后，由汉军大将呼延晏派人押送到汉国首都平阳。刘聪听说晋怀帝被押到，升殿高坐，封呼延晏为镇南大将军，将晋怀帝司马炽和随行人员押上大殿。司马炽见了刘聪，弯腰行礼，自称臣子。刘聪封晋怀帝为平阳公，让其留在平阳居住。

不久，刘聪设宴，召晋怀帝出席宴会，喝了几杯酒以后，嘲笑地问司马炽：“这么多年来，你们司马家族互相攻战，兄弟之间就像仇敌一样，这是什么道理啊？”司马炽低着头说：“这是上帝要灭我们司马氏江山，所以叫我们弟兄之间互相攻战，而您的大汉天下，也就建立起来了。”听得刘聪开怀大笑。

晋怀帝司马炽在平阳的俘虏生活过得很快，不知不觉一年时间就过去了。新年这一天，刘聪在光极殿大摆宴席，召集文武大臣出席，为了炫耀自己的威风，刘聪命令晋怀帝司马炽改穿一身青色衣服，打扮成奴仆的模样，站在酒席帝边为参加宴会的人倒酒，司马炽不得不捧着酒壶，低着头，一杯一杯地为客人倒酒，满脸通红。随同晋怀帝一道被俘的几个旧臣偷偷地痛哭流泪，这些情景都被刘聪看见了，刘聪大为恼火，把晋怀帝赶出大殿。

几个月以后，刘聪到底不放心，派人用毒酒毒死了司马炽。当怀帝司马炽被杀的消息传到长安以后，秦王司马邺被大臣们立为皇帝，这就是西晋的最后一个皇帝——晋愍（音 mǐn）帝。

公元 316 年，刘聪攻下长安。晋愍帝也遭到了怀帝同样的命运，在受尽侮辱后被杀。西晋王朝维持了 52 年，终于灭亡。

祖逖北伐

祖逖（266～321），东晋名将。字士稚，范阳遒县（今河北涞水北）人。他出身于北方大族，性格豪爽，才能出众。他年轻的时候，在司州做主簿。刘琨这时也在司州当主簿，他们俩性格相似，志趣相投，有共同语言，晚间在一张床上睡觉。有一天凌晨，天还不太亮，公鸡打鸣，把祖逖惊醒。他睡不着了，索性把刘琨也叫起来，两人在院子里舞剑，舞完之后，感觉身体很舒服，于是每天凌晨，听到鸡叫两人就起床舞剑，切磋武艺，立志为国家出力。这就是“闻鸡起舞”的由来。

东晋建国初期，以长安为中心的中原地区，被匈奴人占据。祖逖就把赶走匈奴，收复中原做为自己的奋斗目标，但以元帝司马睿为首的朝廷却对收复中原不积极，祖逖便主动向元帝请战。态度之诚恳，言辞之激烈，使元帝不得不答应祖逖的请求，任命他为奋威将军、豫州刺史，只拨给 1000 人的粮食和 3000 匹布，人马武器得自己想办法解决。

艰苦的条件和司马睿的冷漠态度，都没有动摇祖逖的决心。元帝分明是敷衍了事，祖逖并不在乎，立即返回京口，招兵买马。百姓们听说要收复中原，统一晋国，踊跃报名参军。祖逖又买了 10 条大船，临行之时，他立在船头，对送行的父老乡亲们说："我祖逖要是不能平定中原，当葬身大江之底……"兵士们听罢，深受感动，群情激奋，表示誓死跟随祖逖，收复中原。

祖逖将队伍驻扎在淮阴（今江苏省清江），继续招兵买马，赶制兵器，训练兵士，很快发展成一支由 2000 人组成的精兵强将的队伍。此时的中原地区，许多地主武装设立了坞堡，各霸一方。祖逖对待这些人，采取不同的策略，能联合便联合，没有联合余地的坚决打击。短时间便收编了 4 个坞堡的兵力。

蓬陂（今安徽省涡阳西北）坞主陈川，有较强的势力，又与石勒关系不错，当祖逖派人招抚他时，他采取阳奉阴违的手段，与祖逖为敌。陈川的部下冯宠带领 400 人投奔祖逖，这可惹怒了陈川，亲自率领数百人疯狂抢掠祖逖驻扎的豫州郡县，抢劫了许多车马子女，但是到半路又被祖逖派人截回。

祖逖下令，将截回来的子女车马，全部物归原主，不得私留半点。老百姓异常感动，交口称赞祖逖的北伐军。

陈川逃回蓬陂，写信向石勒求救，石勒派石虎带领五万人马支援陈川。敌众我寡，祖逖决定智取。这一天，祖逖派部将卫策带领1000骑兵来挑战石虎，石虎见状哈哈大笑，认为祖逖不自量力，遂率兵5万出城迎战。卫策只与石虎战了5个回合，便说：“你人太多，待我回去叫一支人马再来与你决战！”说完调转马头就跑，石虎高举双锤，统领大军紧紧追赶，大约走了十几里路，进入一条峡谷，卫策的兵马不见了，石虎感到奇怪，正在这时，山上一声炮响，接着飞箭如蝗，射向石虎大军，祖逖大军从山上扑下，喊杀声响彻峡谷。石虎军队只有挨打的份儿，没有进攻还击之力，一会儿工夫死伤大半，石虎、陈川等人只领着七八百人逃走了。

这一仗，大长了祖逖军队的士气，一些坞主陆续前来归顺。二年多时间，祖逖收复了黄河以南的大部分土地。这些地区的老百姓，有一种被解放的感觉，有人做诗赞颂祖逖的功劳。

在极端困难的条件下，祖逖领导的北伐军，同占有绝对优势的敌人苦战了4年多，终于收复了黄河北面的大片失地；北伐军也由小到大，越战越强，发展成为一支使石勒的军队不敢窥视河南的劲旅。

祖逖在河南各州郡的影响及其势力的迅速发展，使石勒望而生畏，主动和好。利用“和好”这一有利时机，祖逖积极发展生产，加强整备，为北击匈奴，恢复整个中原做准备。

大兴四年，公元321年7月，祖逖正准备进攻河北，扩大战果，谁知朝廷却派戴渊督领豫州之事，这戴渊没有收复中原的志向，虽然有些才能，但为人气量狭小，是个没有作为的人。祖逖提出的种种计划都不免受到戴渊的阻挠而不能实现。祖逖心中郁闷成疾，心力交瘁，猝然发病。

在这种情况下，祖逖仍然图谋进取。他抱病修缮虎牢城，虎牢北临黄河，西接成皋，地理位置极其重要。祖逖担心城南容易被人攻破，特地委派自己的从子祖济率领众人修筑营垒。不幸，祖逖病情急剧恶化，于大兴四年秋，带着满腹遗恨而死，终年56岁。

祖逖逝世的消息一传出，黄河两岸许多地方的人民伤心地放声痛哭。祖逖死后，王敦之乱兴起，东晋的北伐中止。

石勒后赵中兴

在西晋几十年的动乱历史之中，石勒是位举足轻重的人物。石勒是羯族人，原名叫石訇，上党武乡（今山西省榆社）人。长得浓眉大眼，体强身壮，又善骑马射箭，武

艺超群。只是没读过书，胆识有余，谋略不足，他曾在洛阳等地当过小贩做过佣工，是羯族人的小头目。

有一年，并州刺史司马腾派人抓羯族人，并将他们卖到山东做苦力，石訇为了射避官府，离开家乡，途经介休时，被郭敬收留。郭敬对他亲如一家令他十分感激。但怕连累主人，住了一段时间离开郭家走了。不料被官军抓住，卖给茌平一个富户。这位富户见石訇外貌不是等闲之辈，就不让他当苦力。他有相马的技术，与牧场的头目汲桑认识，两人一见如故，结拜兄弟。不久，石訇又组织了十多位羯族奴隶，杀富济贫，与官府做对，被称做“十八骑”，名气越来越大。

成都王司马颖当权时，有个部将叫公师藩，他不忘旧主，收罗了几百骑兵，攻打邺城，这支骑兵以汲桑与石訇为首。石訇这时改名为石勒。不久，公师藩率领汲桑、石勒拟与成都王相会，但被兖州刺吏荀希所阻，公师藩近战荀希，被砍身亡，汲桑、石勒只好又逃回牧场暂避。汲桑、石勒在牧场招兵买马，不断扩充实力。不久，汲桑、石勒遭到“乞活军”的攻击，打了败仗，汲桑回牧场，被乞活军捉住杀了；石勒将乌桓部落张伏、利度率领的两千多人说服，一起投奔刘渊。汉主刘渊当即封石勒为辅汉将军。石勒逐渐有了用武之地，接连打了一些胜仗。

石勒敬佩有知识有学问的人。一天，谋士张宾投奔石勒。石勒非常高兴，因为他自身缺少文化，现在有张宾这样的人才相助，可谓雪中送炭。没过几天，张宾连出妙计，计计得胜，石勒更加认识到读书人的非凡作用。下令在军队里设立“君子营”，让张宾招揽文人墨客，消息传出，许多秀才、文人前来投奔，为石勒以后创业，起到重要作用。

不久，石勒杀了都督六州诸军事王弥，接管了王弥的军队，壮大了力量，又有张宾为首的“君子营”一班人出谋划策，便立志创建更大的基业。石勒下一个目标是攻取建来，便率领大军来到长江岸边的葛陂，做渡江的准备。不料，气候突变，阴雨连绵，三个月不晴天，瘟疫流行于军中，天天有官兵病死，军心涣散，石勒召集主要将领商量力法。右长史刁膺率先说不如先归降建业的琅邪王，以后再做打算。刁膺的话音未落，立刻遭到众将官的反对，纷纷要求发兵。张宾见大家的意见都发表完了，这才说话：“眼下投降决不可行，马上出兵也不是好办法。凡事应从长打算，灵活应变。琅邪王颇具声望，不易对付。而河北地域宽广，晋朝力量薄弱，若回师河北，定能取胜，休整之后再下江南不迟。”张宾一番话，说得石勒和众将心服口服。

石勒当即命令大军离开长江岸边，向北进军。一路势不可当，最后进入襄国（今河北省邢台）。石勒将襄国做为大本营，命令减轻老百姓的杂税，鼓励农民耕种，同时操练人马，准备进攻幽州，扩大地盘。石勒尚未行动，坐镇幽州的王浚却请他的亲家鲜卑首领段疾六眷带领5万骑兵前来攻打襄国。

鲜卑族人作战勇猛，致使石勒大军将士伤亡严重，石勒只好下令退进城中只守不攻。鲜卑族大军将襄国城池团团围住，城中粮草已维持不了几天。在这危急关头，石勒决定采纳张宾“突门巧战”和“关门擒虎”二计。

鲜卑军大将段末柸，勇猛顽强，开战以来，连败石勒几位大将，便骄傲起来。这天又率领兵马来到北城，让十几名大嗓门的兵卒向城楼上喊话，要石勒开城门投降。到了中午，喊话的人已口干舌哑，大队人马也疲惫不堪，下马解甲休息。这时，一声炮响，城门大开，大将孔苌带领一队骑兵杀出城来，直奔鲜卑军中。城门两则突然出现几十个突门，许多石勒兵士从突门钻了出来，跟随孔苌杀入敌阵。鲜卑军队措手不及，刚一交手，便纷纷败退。段末柸又羞又恼，狂吼一声，让溃退的人马停住，又带领兵士往回冲杀。孔苌见状，调转马头往城里跑，士兵连忙跟着主将往回撤，段末柸催马急追，冲入城内，这时，城上守军扯起吊桥，关闭城门，段末柸回头一看，只有少数骑兵跟自己进城，其余大队人马全关在城外了，这才知道上当，慌忙迎战，仅仅几个回合，便被活捉，拥上城楼。

城外的鲜卑大军正要攻城，忽见自己主将段末柸被绑上城楼，顿时惊慌失措，几乎同时，城门两旁的突门再次打开，孔苌一马当先率众将士冲杀出来。鲜卑军群龙无首，阵脚大乱，纷纷后撤，如山倒之势，无数人摔倒又被他人踏在脚下丧生。石勒的军队趁机在后面追杀，追出二三十里，杀死的人难以计数。

石勒捉住段末柸以后，没有处死，而是让张宾写信讲和，鲜卑首领段疾六眷大喜，因段末柸既是主将，又是他弟弟，石勒不杀他，反而要和谈，怎不高兴？见信后立即响应，让人带着厚礼见石勒求和，于是，这两伙兵戎相见的敌人，成为朋友。

石勒在张宾等人的辅佐下，连打胜仗，很是高兴，决心让张宾像当年汉朝张良辅佐刘邦一样，帮助他成就一番大业，张宾欣然应允。石勒大军继续南征北战，捕杀贪官污吏，老百姓非常拥护，许多流民义军都来投奔，石勒都以诚相待。只是对“乞活军”不客气，因石勒曾吃过乞活军的亏，他的结拜兄弟汲桑又被乞活军杀死。这一天，石勒大军捉到一些乞活军，便下令夜里把他们活埋。下完命令以后，石勒心血来潮，要看看人临死之前是什么样。忽然，他在乞活军中看见一个熟人，那人看见石勒，也觉得面熟，两人互相看了一会儿，石勒认出那人，就是当年救助过自己的恩人郭敬，于是问道：“您是郭敬先生吗？”那人点头称是，石勒一下子将郭敬抱在怀中，眼含热泪，说：“恩人，我就是当年您救过的奴隶啊！”郭敬听罢大惊，想不到自己十多年前救过的奴隶，如今成为声名显赫的大将军。石勒当即设酒款待郭敬，并封他为大将军。又看在他的面上，将乞活军赦免，收编成自己的军队。于是，石勒的名声大震，就连幽州王浚的兵士也有不少投奔石勒的。这些人向石勒讲了王浚的种种暴行，石勒决心攻打幽州，张宾再次策划了智取的计谋。

幽州王浚整天想着当皇帝，不顾百姓死活。他的女婿枣嵩到处搜刮民脂民膏，弄得怨声载道。一天，石勒派王子春、董肇二人给王浚送去厚礼和书信一封。信的内容是愿意归顺他，并拥戴他当皇帝。王浚大喜，双方商定于建兴三年（公元314年）三月，石勒率大军到幽州归顺。

三月三日早晨，石勒率大军赶到幽州的蓟城，顺利进入城中，将王浚府第包围，王浚这才恍然大悟，知道中计，慌忙从后门逃走，被早就等在那里的石勒活捉。

石勒班师回到襄国，把恶贯满盈的王浚杀了，并将他的首级示众三天。石勒总结这次进攻幽州的胜利，重赏文武大臣，张宾立了头功，至此，黄河中下游地区八个州，石勒占了七个。咸和五年（公元330年），石勒在群臣的强烈请求下，称为皇帝，改元建平，历史上称为后赵，而刘渊称汉王至刘熙被俘时计26年为前赵。石勒在襄国称帝，爱护百姓，珍惜粮食，又下令减轻农民的租税负担，鼓励农桑。尤其是对进言献计者，均耐心听取，君臣关系和睦融洽，成为历代皇帝的楷模。连东方的高句骊和肃慎等国，也都表示归顺称藩，西域各部落也自愿称臣。

石勒自己没读过书，却认识到读书的重要，下令在襄国建立四所学校，培养人才；又下令论才任职，广开招贤之路，不任人唯亲。石勒这些举措，主要来自张宾的影响。张宾这时虽已故去，但君子营还在，继续辅佐石勒，使石勒的事业，如日中天。

王马共天下

司马睿是司马懿的曾孙，他父亲司马觐曾任琅邪王，死后由司马睿继任王位。从永嘉元年（公元 307 年）开始，司马睿做安东将军，一直坐镇建康城（今江苏南京市）。

司马睿当时非常年轻，在王公贵族中没有多少声望，拥戴他的文武将官不多，这使司马睿感到势单力孤，忧心忡忡。司马睿有一个最亲信的人叫王导，王导出身于世家大族，在上层社会名气很大，而且王导非常有胆识，能准确地判断天下大势，所以，司马睿非常尊重王导，当他从下邳到江南任职时，将王导带着一道同行，让王导为自己的司马，军政大事都向王导请教。

王导认为，江东一带经济、文化都发达，人们比较讲究出身、门第和名望，琅琊王司马睿资历太浅，很难服人，必须有上层社会的大官僚、大贵族、大名人支持，才能显出他的身份来，王导便为司马睿想出了一个计谋。

当地有一个风俗，每年春天清明节前后，居民们都到江边去修禊（音 xì），求神保佑，消祸免灾。这一天，江边、集市上是人山人海，所有的大小官僚、有钱人都要去，王导便陪着司马睿也到江边去看热闹。

王导让司马睿坐着肩舆（一种用人力扛抬的代步工具，有的上面有顶，有的无顶）在前面走，王导率领着高级官员，骑着马，神情很恭敬地跟在左右，随行的兵士们个个仪表庄严，非常有气魄。当地的有钱人和大小官僚都知道王导是大家族中的名流，看他对司马睿这么尊敬，都认为这个司马睿肯定有来头。在江边修禊的人中，江东的大贵族顾荣、纪瞻等也在，他俩看到王导和司马睿的风采，心里也很佩服，便主动地在道路旁边向司马睿下跪行礼，司马睿马上让队伍停下来，自己下地，向顾荣、幻瞻还礼，神色非常谦虚、安详，这使顾荣和纪瞻都深受感动。

回城后，王导对司马睿说："今天外出，效果已经很好，下一步应该将顾荣、贺循、纪瞻等人请出来做官，他们在江东一带，深受地方人拥戴，只要顾荣等人愿来，其他人将会一个个地跟着来求你收纳了。”司马睿便写一封信，让王导拿着，亲自去请贺循、顾荣等人，这些人都很乐意出来做官，便跟着王导来见司马睿，司马睿将他们一一封官，收在自己的门下。

西晋灭亡，愍帝投降后活了不足三年，便被杀害。弘农太守宋哲带着愍帝的遗诏，来到建康见司马睿，遗诏说：“朕被困长安若有不测，你可继承帝位。”

司马睿即刻召集文武大臣商议此事。会稽内史纪瞻首先发言支持司马睿继承帝位。但大臣周嵩却极力反对，认为现在不是称帝的时候，等到荡平贼寇、收复长安后再称帝不晚。周嵩的话，使司马睿很不高兴。许多大臣反对周嵩，右将军王导提高嗓音，大声说：“大王万勿推辞。大王若继位，臣民有主，才好征讨夷虏，恢复先帝大业。请大王登基吧！”众大臣听罢，忙跪倒在地，请求司马睿即位。司马睿不再推辞，换上朝服，走上宝殿，接受朝贺，正式当了皇帝，成为东晋的第一位君主，改元建武元年（公元317年）。

历史上称司马睿为晋元帝。元帝立司马绍为太子，封王导为骠骑大将军，纪瞻为侍中，所有大臣都赐封了官职，唯有提出反面意见的周嵩，被排斥朝廷之外，当了新安太守这个地方小官。

司马睿当了皇帝不久，便召集大臣们商议治国大计。他说："朕闻民以食为天，民安才能国泰。朕要倡导农桑，兴办农业，众爱卿以为如何?"后军将军应詹赞成元帝的意见，并且建议军队在没有战事的情况下，兵士们也应该开荒种地，减轻国家和人民的负担。元帝完全同意应詹的建议，并让应詹制订奖励农耕的政策。

元帝乘兴向大臣们征求治国安邦良策，骠骑大将军王导说："曹魏以来，官宦贵族挥霍、奢侈之风盛行，致使国家困难，百业衰败。只有倡导勤俭风气，国库才能充裕，百姓方能安宁。"元帝听罢甚喜，当即让王导负责此事。

王导领了皇帝的旨意，决心以身作则，扭转腐化的歪风。

清明节到了，大臣们像往年一样，带着家眷、随从来新亭游玩，他们在风景秀美的新亭事先搭建好漂亮的临时官邸，清明节时在官邸里饮酒作乐。还有一项内容，就是大臣们互相到他人临时官邸敬酒。今天来的人，王导的官位最高，所以大臣们首先到王导将军的家里敬酒，王导穿着粗布衣衫，桌上仅有几盘小菜、两壶浊酒，大臣们见状惊呆了，这与他们自己华丽的衣服、丰盛的宴席形成鲜明的对比。吏部尚书周顗说：“王将军的粗衣浊酒，令我思念起江北苦难深重的百姓。我们不该忘掉沦落胡人铁蹄之下的中原父老啊！”

周顗的一席话，勾起了大家的思乡之情，有的人竟哭泣失声。王导将军觉得到火候了，语重心长地说：“现在朝廷无奈之下屈居江东，要恢复中原怎奈国库空虚。如果文武百官能节俭办事，与朝廷分忧，则收复中原有望！”

大臣们深受触动，纷纷表示，一定齐心协力，为国排忧解难。果然，王公贵族们也穿起了粗衣布衫，平时注意节俭，江东的社会风气大大好转。这样一来，司马睿称帝的东晋建国初期，国泰民安，出现了生机。

王导痛失伯仁

周顗，字伯仁，汝南（在今河南省）人，在西晋动乱期间跟随晋元帝司马睿渡江，他的兄弟周嵩、周谟也都一道渡江南下，在司马睿部下任职。司马睿当皇帝后，周顗被任命为吏部尚书，深得司马睿的信任。

周顗为人非常豪放直爽，敢说真话，而且不怕权势，王导和周顗的私人关系很好。后来，王敦、王导弟兄俩的权力越来越大，而且王敦的性格很暴躁，别人都不敢说他，而周顗却敢于对王敦、王导弟兄进批评，司马睿便逐渐地把国家大事的决定权交给周顗等人，疏远了王敦、王导弟兄，王敦首先沉不住气，常在背后说周顗的坏话，王导也慢慢地对周顗有点记恨起来。

当王敦从武昌发兵进攻建康时，王导和王氏家族中的人都住在建康，王敦喊出了除灭刘隗的口号，刘隗也在建康请求司马睿早日杀掉王氏家族中的人，但司马睿认为王导还是比较忠诚的，没有对王氏家族进行诛杀。王导见王敦造反，吓得吃不下饭、睡不着觉，领着堂兄弟王邃和宗族中的二十多人，每天到宫中请罪。周顗上朝时，经过王导一家人的面前，王导大声呼喊道："伯仁，我家一百多口人，全靠您照顾!"周顗听到王导的喊声，就像没听到一样，昂着头走过去。

但是，当周顗和晋元帝司马睿谈论起王敦王导弟兄的事情时，周顗极力为王导开脱，说王导是忠诚的，他不仅扶助皇帝在江东站稳脚跟有功，而且不愿和王敦一同造反，将来王导也是国家的有用人才，司马睿觉得周顗说得很对，没有治王导一家的罪过。周顗和司马睿往往一谈就是半天，周顗退朝时，王导仍然领着家族弟兄在宫门外等候，隔老远喊：“伯仁！伯仁。”希望周顗能停下来和自己讲一下宫中的情况。可是周顗仍然像进宫时那样，一句话也不说，却故意大声地和自己同行的人开玩笑说：“今年要杀掉那些造反的贼臣，夺过黄金印来！”

实际上，王导不知道，周顗不但在司马睿当面为王导说情，回到家中以后，又特地写了一封书信，为王导说情。这样，司马睿不但不怪罪王导，还亲自接见了王导，并委任王导为前锋大都督，和戴渊、周顗等人一起发兵防御王敦，王导根本不知道这是周顗救了自己。

不久，王敦攻破石头城，司马睿被迫下诏，说王敦不但无罪，而且有功，进一步加封，任凭王敦如何处置朝中的大臣。王敦最担心也最痛恨的就是周顗和戴渊二人，便向自己的堂弟王导征求意见，王敦问：“周顗、戴渊二人，名望极高，大江南北都非常推重他们，依你看，是不是应该任命为朝廷重臣？”王导对王敦的提问不作回答。王敦又问道：“那是不是应该把他俩的官品降到令仆一级呢？”

王导仍然不作声。王敦再问道："既然不能用，那就早点一起杀掉，免得将来造成祸害！"王导仍然默默地不作声。王敦见王导一直不发话，显然是同意杀掉周頭和戴渊二人，便派出兵士，把周頭和戴渊捉了起来。

周頭被绑赴刑场，经过皇有祖庙时，大声疾呼："贼臣王敦，坏了国家社稷，乱杀忠臣，神鬼有灵验的话，早点杀了王敦这个贼子！"士兵们用兵器打周頭的嘴，牙打掉了，周頭仍然继续叫骂。

周頭死后，王导主持国政。一次，王导清点大臣们给皇帝上奏的书表，见到了周頭援救自己的奏章，这才知道自己错怪了周頭，周頭的死，完全是自己态度不明智而造成的，手里拿着周頭的表章，痛哭流涕地说："我虽没亲手杀了伯仁，伯仁实际上是因为我而被杀的，九泉之下，我永远对不起这样一个好朋友了！"后来，王导的这句名言便在历史上流传了下来，文言说法是："我虽不杀伯仁，伯仁由我而杀。"

司马绍平叛

自从王敦兵变把持政权后，晋元帝司马睿的几个心腹忠臣死的死、逃的逃，司马睿的心情非常压抑，他于公元323年病死，太子司马绍继位为帝，这就是东晋的明帝。司马睿还留下遗嘱，让王导辅助太子执政。

明帝比他父亲更有胆略，很勇敢。据说他从小就很聪明，有一次，他父亲考他："你说长安和日相比，哪个更远些？"司马绍回答说："长安近些。"父亲部："为什么？"司马绍答："只听人说从长安来，没听人说从日边来！"司马睿认为儿子很聪明，想让儿子表现一下，便在许多大臣面前再次问他同样的问题，认为他肯定还像昨天一样回答，哪知道司马绍却说："日近！"司马睿很惊讶，问："为什么？"司马绍回答说："抬头就能看到太阳，却看不到长安，所以知道太阳近。"司马睿非常满意，大臣们也都非常赞赏。晋明帝即位后，不满王敦的专横，起用郗（音 xī）鉴为尚书令，作为心腹依靠力量，和郗鉴秘密策划怎样灭掉王敦。

王敦早就对司马绍不满意，当年司马睿立司马绍为太子时，他就坚决反对，还想找个借口杀掉太子司马绍，大家一致反对，才没有做成。现在司马绍当了皇帝，王敦便和自己的死党沈充、钱凤等人商量怎样起兵。王敦从武昌移到姑熟镇守，实际上也是为将来再次发动兵变打下基础，因为姑熟到建康很近。

晋明帝也知道了王敦的阴谋，准备立即发兵，但对王敦兵营情形不清楚，便改换了服装，只带几个随从，偷偷地到王敦大营中来侦察军事部署情况，王敦正在营中午睡，忽听有人报告说："有几个人骑着马在营垒中走来走去。"并描述了其中一个领头的相貌，王敦大惊说："这一定是司马绍，快追！"传说司马绍逃走时，见路旁有一个卖烧饼的老太太，司马绍把自己的一根镶着七色宝石的马鞭送给她，说如果有骑兵追来，就把这根马鞭拿给他们看，又让士兵们用冷水把马刚拉下来的粪便泼湿。当追兵来到路口时，问卖烧饼的老太太问有没有人刚从这里逃走，老太太拿出马鞭来，五个骑兵见马鞭非常漂亮，拿过来你看看，我看看，耽误了很长时间，再看路旁的马烘已经冷透了，认为人已经逃远了，便不再去追。

王敦在积极准备起兵的时候，忽然得了重病，王敦因为自己病重，和钱凤商量起兵的事情，便说出了三种选择：“第一：如果我病死的话，你们大家将军队解散，归降朝廷，保全性命，这是上计；第二；是退驻武昌，按时向朝廷进贡，拥兵自保，这是中计；第三：是乘我还活着，发兵顺江而下，说不定能取胜，但假如兵败而死，那这就是下计了。”钱凤认为王敦的三计中，第三个计是上计，应该立即发兵东下，凭自己的庞大的军事实力，一定能胜，大家都同意钱凤的意见，便发信给沈充，约定同时起兵。同时，晋明帝司马绍也做好了准备工作，他任命王导为大都督，丹阳尹温峤（音 qiáo）为中垒将军，与右将军卞敦共守石头城，以光禄勋应詹为护军将军，总督朱雀桥南诸军事，以郗鉴行卫将军督从驾诸军事，以庚亮领左卫将军，临淮太守苏峻、徐州刺史王邃、豫州刺史祖约等进京护卫，正式发诏讨伐王敦。

王敦一面给朝廷上表，要求除掉温峤，想再重演过去讨伐刘隗的故事，一面命堂兄王含为主帅，与钱凤、邓岳、周抚等人率领水陆大兵五万，向秦淮河南岸进攻，被苏峻、刘遐的大兵打败，王敦在重病中听说王含兵败，还大骂这个堂兄不中用，准备自己带病出任主帅，还没起床，便倒下去死了。

王敦一死，晋军大振，沈充、钱凤接连战败，在战斗中被杀，王含、王应父子二人逃到荆州投奔荆州刺史王舒，王舒虽然也是王氏家族人，但他不支持王敦，王舒将王含、王应沉在江中淹死。到这时，王敦的叛乱终于被彻底扫平。

陶侃运砖励志

祖逖死后，东晋王朝接连发生几次内乱。晋元帝想抵制王氏势力，王敦起兵攻进建康，杀了一批反对他的大臣。元帝的儿子晋明帝即位后，王敦又一次攻打建康失败，自己病死了。到了晋成帝（明帝的儿子）的时候，历阳（今安徽和县）镇将苏峻起兵叛变，攻进了建康。东晋的一些大臣束手无策，后来依靠荆州刺史陶侃出兵，花了两年时间，才平定了苏峻的叛乱。

陶侃在王敦得势的时候，本来是王敦的部下。那时候，陶侃立了战功，做了荆州刺史。有人妒忌他，在王敦面前说他坏话。王敦把他调到广州。那时候，广州还是偏僻的地区，调到广州实际上是降了他的职。

陶侃到了广州，并没有灰心丧气。他每天早晨把一百块砖头从书房里搬到房外；到了晚上，又把砖头一叠叠运到屋里。人们看到他每天这样做，感到很奇怪，忍不住问他为什么这样做。陶侃严肃地说："我虽然身在南方，但心里想的是收复中原。如果闲散惯了，将来国家需要我的时候，还怎么能担当重任呢。所以，我每天借这个练练筋骨。"

王敦失败以后，东晋王朝才把陶侃提升为征西大将军兼荆州刺史。荆州的百姓听到陶侃回来，都高兴地互相庆贺。

官虽然做得大了，可陶侃还是十分小心谨慎。荆州衙门里大大小小的事情，他都要亲自认真检查，从来不放松。他常常对他的部下说："大禹是个圣人，还爱惜一寸光阴。像我们这种普通人，论智慧和能力，都跟大禹差得很远，更应该爱惜每一分光阴，怎能贪图安逸。如果活着对国家没有贡献，死了没有留下什么好名誉，那不是自暴自弃吗?”

他部下有些官吏，喜欢吃酒赌博，往往因此耽误了公事。陶侃知道了非常生气。他吩咐人把酒器和赌具都收起来，一古脑儿扔到江里去；还把那些官吏鞭打了一顿。打这以后，大家都吓得不敢再赌博喝酒了。

有一次，陶侃到郊外去视察，看见一个过路人一面走，一面随手摘了一把没有成熟的稻穗，拿在手里玩弄。陶侃叫住他问：“你拔了这棵稻子，干什么用?”那个过路人只好实说：“没有什么，顺手拔一点玩玩罢了。”陶侃听了，勃然大怒说：“你自己不耕种，还无缘无故毁坏人家的庄稼，真是岂有此理!”说罢，就命令他的兵士把那人捆绑起来，狠狠地鞭打了一顿，才把他放了。人们听到刺史这样保护庄稼，种田就更勤快了。荆州地方就渐渐富裕起来。

荆州地方在长江边上。官府造船，常常留下许多木屑和竹头。要是在别人手里，不是打扫掉，就是烧了。但是陶侃却吩咐人把它收拾起来，收藏在仓库里。人们见了，不懂他为什么要这样做，也没敢问。

后来，有一次新春过节，荆州的官员都到官府来拜见陶侃。恰好前几天下了几场大雪。天气放晴，积雪融化后，大厅前面又湿又滑，不好走路。陶侃就吩咐管事的官吏，把仓库里的木屑拿出来铺地，这样，走路的时候就再不怕滑跤了。

又有一次，东晋水军造一批战船需要竹钉。陶侃又叫人把收藏起来的竹头拿出来给兵士去做造船用的竹钉。到这时候，大家才知道陶侃收集木屑和竹头的用处，佩服他考虑得周到。

陶侃前前后后带兵四十一年，由于他执法严明，办事认真，谁都佩服他。据说，在他管辖的地方，社会秩序安定，人们真做到了“路不拾遗”呢！

桓温北伐

桓温是个很有军事才能的人，他在当荆州刺史的时候，曾经进兵蜀地，灭掉了成汉，给东晋王朝立了大功。

陶侃平定了苏峻的叛乱以后，东晋王朝暂时获得了安定的局面。不料，没过几年平稳日子，北边却乱了起来。

后赵国主石虎（石勒的儿子）死了以后，后赵国内部大乱，后赵大将冉闵称帝，建立了魏国，历史上称为冉魏；鲜卑族贵族慕容皝（音 huǎng）建立的前燕又灭了冉魏。公元 352 年，氐族贵族苻坚也乘机占领了关中，建立了前秦。

后赵灭亡的时候，东晋的将军桓温向晋穆帝（东晋的第五个皇帝）上书，要求带兵北伐。但是东晋王朝内部矛盾很大。晋穆帝表面上提升了桓温的职位，实际上又猜忌他。桓温要求北伐，晋穆帝没有同意，却另派了一个殷浩带兵北伐。

殷浩是个只有虚名、没有军事才能的文人。他出兵到洛阳，死伤了一万多人马，被羌族人打得大败。桓温又上了道奏章，要求朝廷把殷浩撤职办罪。晋穆帝将殷浩撤了职，同意桓温带兵北伐。

公元 354 年，桓温统率晋军四万，从江陵出发，分兵三路，进攻长安。前秦国主苻坚派兵五万抵抗，被晋军打得落花流水。苻坚只好带了六千名老弱残兵，逃回长安，挖了深沟坚守。桓温胜利回师，到了灞上。长安附近的郡县官员纷纷向晋军投降。桓温发出告示，要百姓安居乐业。百姓欢天喜地，都牵了牛，备了酒，到军营慰劳。

桓温驻兵灞上，想等到关中麦子熟了的时候，派兵士抢收麦子，补充军粮。可苻坚料到桓温的打算，就把没有成熟的麦子全部割光。桓温的军粮断了，只好退兵回来。但是这次北伐毕竟打了一个大胜仗，晋穆帝把他提升为征讨大都督。以后，桓温又进行了两次北伐。最后一次，进攻前燕，一直打到枋头（今河南浚县西南），后来，因为被前燕切断粮道，遭到失败。

桓温长期掌握东晋的军事大权，野心越来越大。有个心腹官员知道他的野心，向他献计，说要提高自己的威信，就先得学西汉霍光的办法，把现在的皇帝废了，自己另立一个皇帝。

那时候，晋穆帝已经死去。在位的皇帝是晋废帝司马奕。桓温带兵到建康，把司马奕废了，另立一个司马昱当皇帝，这就是晋简文帝。桓温当了宰相，带兵驻在姑孰（今安徽当涂）。过了两年，晋简文帝病重，留下遗诏由太子司马曜继承皇位。这就是晋孝武帝。桓温本来以为简文帝会把皇位让给他，听到这个消息十分失望，就带兵进了建康。

桓温到达建康那天，随身带的将士，都是全副盔甲，手里拿着明晃晃的武器。朝廷官员到路边去迎接时，看到这个情景，吓得变了脸色。桓温请两个最有名望的士族大臣王坦之、谢安到他官邸去会见，王、谢两人早已听说桓温事前在客厅的背后埋伏一批武士，想杀掉他们。所以，王坦之到了相府，浑身出冷汗，连衣服都湿透了。谢安却十分镇静。进了厅堂坐定之后，他对桓温说："我听说自古以来，讲道义的大将，总是把兵马放在边境去防备外兵入侵。桓公为什么却把兵士藏在壁后呢?"

桓温听了，也有点不好意思，说："我也是不能不防备点儿。"说着，就命令左右把后面埋伏好的兵撤去。桓温看到建康的士族中反对他的势力也很强，不敢轻易动手。不久，就病死了。

桓温死后，谢安担任了宰相，桓温的弟弟桓冲担任荆州刺史，两人同心协力辅佐晋孝武帝，东晋王朝出现了团结的气氛。

怪人王猛辅佐苻坚

王猛是晋朝时期一位奇才怪人，能力似孔明，作派像济公。祖居北海剧县（今山东省寿光县），以后搬到魏都（今河北省临漳）生活。王猛自幼家境贫寒，靠卖簸箕为生。他酷爱读书，有点儿余钱便用来买书，致使学问渊博。但他并不满足，又去华阴山求师学道，拓宽了知识面。当时关中士族嫌他出身低微、瞧不起他，他毫不在乎。有人曾经请他在前秦的官府里做小官吏，他也不愿去。后来索性在华阴山隐居了下来，但他有自己的志向。

晋朝始终处于动乱时期，民不聊生。王猛很想帮助一位贤能之人打天下，但始终未能找到这样的人。东晋征西大将军桓温，想收复中原，这一天率兵打到灞上，王猛闻讯，便想见见桓温。

桓温很重视人才，便让他进见。桓温仔细打量来人，只见他衣衫褴褛，举止随便，但身材魁梧，面目不凡，一看就不是等闲之辈，于是提出几个问题，让他解答。

王猛侃侃而谈，从国家大事、政治军事形势，到普通百姓的生活，谈得头头是道，最后总结说，当前优势在晋朝而不在胡人，应该趁这种机会收复中原。王猛说话的同时，一只手伸进衣服里又摸又抓，原来是在捉虱子，惹得在场的将士窃笑不止。王猛“扪虱而谈”的故事，由此传开了。

桓温觉得王猛是个人才，便聘他为官。但王猛见桓温不是可以信赖的英雄，缺少雄才大略，便拒绝邀请，回华阴山隐居去了。

升平元年（公元357年），与东晋成对立的前秦皇帝苻生，大逆不道，滥杀无辜，被苻坚杀死。苻坚夺过前秦军政大权，开始治理朝政。他听说过“扪虱谈天下”的王猛的事，便盛邀王猛共事。两人相见恨晚，话语投机。王猛讲起打天下的理论，有根有据，使苻坚叹服。苻坚把他当做诸葛亮对待。王猛终于遇见知音，决心竭尽全力辅佐苻坚创建大业。

苻坚任命王猛为始平县信。始平县的秩序十分混乱，几任县令无力治理。王猛上任以后毫不客气地惩治贪官污吏，逮捕横行乡里的恶霸，老百姓拍手称快。由于王猛治理始平县有功，不久升任京兆尹。

王猛任京兆伊后，一个月之内一鼓作气处决了 20 多个仗势欺人、胡作非为的皇亲国戚、达官显贵，震惊了朝廷内外，风气大有好转。苻坚非常钦佩王猛的才干，一年之内居然升了他五次官，从京兆尹到吏部尚书、再到尚书左仆射、辅国将军、中书令。坚在王猛的辅佐之下，凡事能抓住根本，他从长远利益出发，提出兴教育、办学校，并亲自到学校调查研究。苻坚还关心百姓的疾苦，注意宫廷的节俭，深得民心。

有一年，东晋征西将军桓温带领大军讨伐前燕国，前燕国派人向秦国求救，表示可将虎牢以西赠给秦国。苻坚征求大臣们的意见，大多数人的态度是，以前我们秦国有难求燕国相助时，燕国坐视不管，现在也不应管他。王猛却一言不发。

苻坚把王猛单独叫到后庭相问，王猛才说："燕国强大，却不是东晋的对手，如果桓温侵占中原，对我们秦国不利，陛下难举大事。不如联合燕国，共退晋兵，然后再伺机灭燕，中原则唾手可得了。"苻坚连连赞同，派兵助燕，打败了桓温。

不久，秦王苻坚命王猛为统帅，督绕镇南将军杨安等十将率领步骑6万兵力，讨伐前燕。”王猛领命，做了充分准备，于太和五年六月出兵伐燕国。秦军如猛虎下山，势如破竹，锐不可当，连连取胜。但是，杨安率军攻打晋阳遇到麻烦。

晋阳守军凭借城墙高大，拼命死守，杨安久攻不下，死伤1000余人。正在无计可施之际，王猛赶来支援。他看了一下地形，说：“晋阳城高池深，不可强攻，只可智取，你就看我的吧！”夜里，王猛命令300名强壮士卒由城下掘挖地道进入城内，打开城门，秦军蜂涌而入，燕军猝不及防，结果，晋阳眨眼之间被王猛占领。

燕主慕容暐听说晋阳失守，大惊一吃，命令太傅慕容评率领40万人马抗击秦军。慕容评屯兵潞州（今山西潞城东北）不敢前进。王猛只派游击将军郭庆带领5000人于深夜绕到燕营后面。点燃火炬，焚烧军粮。燕兵惊醒，看见漫山遍野的秦军拿着火把杀过来，吓得四散而逃。慕容评仓促应战，也无济于事，只好带领几十人逃回邺城。王猛率军将邺城包围，同时将捷报送与秦王苻坚。苻坚大喜，亲自统领十万大军赶赴前线，以助王猛。

燕主慕容暐见邺城危在旦夕，便趁夜色掩护，弃城逃往龙城。半个月之内，燕国的州郡牧守全都投降前秦。前燕就此灭亡了。前燕自公元 317 年慕容德封公算起，至公元 370 年慕容暐亡国为止，共计 53 年。

前秦王苻坚在王猛的辅佐之下，力量由弱变强，地盘由小到大，吞并前燕以后，又陆续臣服了巴氐族建的成汉国，灭了前凉国，攻占了晋兵掌管的襄阳等地，统一了北方大部分地方，等于拥有了半个大中国的土地。大宛、肃慎、天竺等国和海东诸国畏惧大秦的势力，纷纷贡献丰厚的礼品，以求和平相处，免遭侵扰，苻坚能成就大业，王猛立下了头功。

夫人城

正当东晋偏安江南之时，西北边疆许多少数民族乘机进入黄河流域。这些少数民族的贵族统治者之间相互混战，至公元 4 世纪中期，一个由氐族人建立的国家——前秦逐渐强大起来了。

公元378年，前秦国力非常强盛，逐渐向南推进，攻占东晋的地盘。这年2月，苻坚发出大兵十几万，分几路向东晋的襄阳进发，一路是荆州刺史杨安，率领本部兵马为先锋，与征虏将军石越同出鲁阳关（在今河南鲁山县西南）；一路是冠军将军京兆尹慕容垂等，领兵五万出南乡；一路是领军将军苟池等领兵四万出武当，约定在襄阳城下会齐，并且限定时间攻克襄阳。

东晋派在襄阳驻守的是大将朱序，朱序听说苻坚出十多万军队来攻，心里并不怎么在意，朱序认为："秦军久住北方，不会水战，襄阳依靠汉水为险，秦军一时半会渡不过河来，等敌军渡水时，再发兵从水上打击，可以首战告捷，挫尽敌人的锐气。"

前秦的征虏将军石越，是个既勇敢，又很会打仗的将军，他知道自己的部队不会水战，如果要搜罗战船在汉水上和晋兵打仗，肯定会失败，但是他认为，正因为秦军不会水战，晋军肯定会放松警惕，只要突然攻到襄阳城下，就可获胜。石越亲自率领着五千骑兵，骑着马，从水面上游过来，突然出现在襄阳城外。

朱序已经开始准备抵御敌人，但没想到敌人会来得这么快，等到石越的一千骑兵快到襄阳时，才手忙脚乱起来，立即加紧部署，调兵守城。当内城全部修筑好也防守好了的时候，外城却还没做好准备工作，石越骑兵一攻入，又把襄阳水军的战船夺过去一百多艘，用这一百多条船把其他的秦军陆陆续续地渡过汉水，秦军十多万人，一齐集合在襄阳城下。

当朱序在城上布置防守时，朱序的母亲也领着家里的女佣人一齐出来观战。朱夫人见儿子忙着指挥士兵打退秦军的进攻，她一面慰问士兵，一面到处察看。走到城西北角时，看到这里的城墙不坚固，老夫人皱着眉头说："这里的城墙这么差，怎能挡住进攻呢?"便亲自率领家中的男女佣人，搬运砖头，在城中再筑起一道城墙来。人手不够，朱老夫人让家人到全城老百姓家中去动员妇女们一齐出来筑墙，还把自己家中的布匹、首饰、珍藏的艺术品一起拿出来，作为砌城墙的报酬，一天一夜便在内城里斜斜地筑起一道城墙来。

第二天，秦兵果然从西北角攻破老城，幸亏在新墙挡住了秦兵的进攻。这时候，襄阳的军民都知道朱序母亲有见识，非常佩服，把她率领妇女们建起来的这座内城叫作"夫人城"。

秦军围攻襄阳攻了半年多，还没能攻破城池，苻坚非常生气，派人捎信告诉攻城的主将苻丕：“不要回来了！”苻丕接到苻坚的命令，只好加紧攻城，朱序仍加紧固守，双方相持不下。后来，朱序瞄准敌军疲劳不堪时，突然领兵出城，给秦军一顿冲杀，弄得苻丕狼狈不堪，只好引兵暂退。朱序看到秦兵退远了，认为秦兵一会两会不再攻城了，城中守军都非常辛苦，便下令让大家休息。

当东晋军队放松防守、休息的时候，苻丕突然又半夜杀回，朱序连忙领兵抵抗，正在拼命作战时，忽然看到手下将领李伯护率领一队士兵冲过来，朱序连喊伯护过来，李伯护来到朱序向前，突然下手，刺伤了朱序的战马，朱序跌下马来，被李伯护捉住送给苻丕，朱序的母亲在内城失守的时候领着几百士兵逃了出去，到此，襄阳城被秦军占领。

当朱序被送到长安时，苻坚很赞赏朱序的忠诚和勇敢，把朱序留在身边，封了个度支尚书，却把叛变投降自己的李伯护杀头治罪。朱序虽然在秦军中做事，可心中时刻想回到东晋去，淝水之战中，朱序向谢玄、谢石透露了秦军内情，为晋军打败苻坚立了大功。淝水之战后朱序又回到东晋。

在东部战场，前秦后将军俱难、右禁将军毛盛等领步骑7万进攻淮阴（今江苏清江西南）、盱眙，杨武将军彭超领军进攻彭域，彭城、淮阴、盱眙随即相继失守。东晋兖州刺史谢玄出兵救援但只是救出了彭城兵众。

公元379年5月，秦兵6万包围三阿（今江苏官应县），首都建康（今南京）受到强烈的震撼。东晋执政谢安派谢石带领水军驻防涂中（今安徽滁县、金椒一带），又派谢玄救援三阿。谢玄战胜俱难、彭超，收复盱眙、淮阴，秦军退守彭城。

“淝水之战”以少胜多

早在公元373年，前秦丞相王猛临终时，曾语重心长地劝诫苻坚要防备鲜卑、羌人，不要进攻东晋。因为东晋深得汉族人心，上下相安，局势稳定，而国内的鲜卑、羌族上层分子表面上唯唯诺诺，其实心怀叵测。但是苻坚没

有把王猛的话放在心上。当军事上取得节节胜利后，他的骄傲轻敌之心陡长，统一天下之志愈盛。

公元382年10月，苻坚召集大臣会议，讨论大举进攻东晋之事。苻坚虽然扬言他的军队把马鞭投到长江，就可以把江水断流，但发现群臣意见不统一，只好暂且罢朝。

退朝后，苻坚留下他的弟弟阳平公苻融，继续商议。苻融也不赞成出兵。苻坚发怒："你都这样，我还能跟谁商量？我有强兵百万，粮食武器堆积如山，而今乘我屡胜之威，攻击垂亡之国，岂有不克之理！"苻融哭泣着说："不可伐晋，理由很充足。我不但忧虑伐晋劳而无功，更忧虑发生内乱。您对那些少数民族，优宠有如，让他们布满京畿，如果倾国南下，一旦京畿风云变幻，就会追悔莫及的。我的见识短浅，意见不值得您采纳，但王猛是一代奇士，他的临终之言不能不重视。”苻坚没有听从弟弟的劝告。

公元383年5月，东晋桓冲发兵10万进攻襄阳和蜀地。苻坚派儿子苻睿等领兵抵御。桓冲害怕秦兵，便退回上明（今湖北松滋西北）。这年7月，苻坚颁下大举进攻东晋的诏令。诏令规定民户十丁抽一，富家子弟年岁20岁以下身强力壮者授予羽林郎，征用州郡公私马匹。8月，苻坚以苻融督张蚝、慕容垂等步骑25万为前锋，以姚苌督梁、益诸军事。苻坚随后从长安出发，当他到达项城（今河南项城），凉州兵才抵咸阳，蜀汉兵才从长江顺流东下，幽冀兵进至彭城，只有苻融等所领的30万军队进至颍口（今河南颍上），全军有步兵60万、骑兵27万，旗鼓相望，前后千里。东西万里，水陆并进。

大敌当前，东晋任命谢石为征讨大都督，谢玄领北府兵为前锋都督，与谢琰、桓伊等共同率领8万之众抵抗秦军，又另派将领胡彬领5000水军增援寿阳（今安徽寿县）。这时，建康人心惶惶。谢玄也不放心，出兵前又向射安问计。谢安却苦无其事的样子，悠然出游山墅，与谢玄下起棋来。大家这才宽心。

383 年 10 月，苻融指挥秦军攻下寿阳，擒获晋将徐元喜等人。晋将胡彬听说寿阳陷落，退据硖石（今安徽寿县西北）。苻融一面进攻硖石，一面派将军梁成率领 5 万军队屯守洛涧（今安徽唯南市东淮河支流洛河），截断胡彬退路，也遏制东面的援军。谢石、谢玄率领的大军，果然害怕秦军，在距离洛涧 25 里处停了下来。胡彬困守硖石，粮食已经吃光，派人送信向谢石告急求援。送信的人被秦军捉住，押送苻融。苻融见信上写道："今秦兵气盛，我部粮尽，恐怕再也见不到大军了。"不禁大喜。于是，派使者骑马飞奔，报告苻坚，让他迅速进攻。苻坚闻报，便把大军留在项城，只带领轻骑八千，急忙赶赴寿阳。

苻坚到达寿阳，没有立刻发动进攻，而是派东晋降将朱序到谢石军中劝降。朱序却悄悄地为晋军献策："如果百万秦军都开到前线，势难抵挡。而他们现在全部军队尚未集结，应该快速出击。只要打败其前锋，挫折其锐气，就可以击溃秦军。"谢石因为听说苻坚在寿阳，甚为害怕，本来已经决定不主动出击，这时接受了朱序的建议。

11 月，谢玄命部将刘牢之率北府精兵 5000 人急行军到洛涧。秦将梁成正严阵以待。刘牢之乘夜指挥军队抢渡洛水，袭击梁成军营，临阵斩梁成等10员将领，又分兵截断退路的渡口。秦兵步骑一时崩溃，落水而死的就有15000人。刘牢之继而纵兵追击，俘虏秦将王显等人，缴获了秦军丢弃的军资器仗。

洛涧大捷后，晋军水陆并进，声势大振。苻坚在寿阳城上目睹晋军布阵严整，又远眺八公山（在寿县城北四里）上影影绰绰的草木，颇似人形，以为都是晋兵，不觉骇然，面现惧色，回头对苻融说：“这也是一支劲敌，怎么能说弱呢！”

秦晋两军夹淝水布阵。晋军想速战速决，谢玄便派人向苻融提议说：“将军领兵远道而来，却在岸边列阵，这是作持久战之计，并非作速战打算。如果将军能够稍稍往后移动阵地，使我军渡过淝水，以决胜负，不更好吗？”秦军诸将认为，我众敌寡，不如遏制住不让晋军过河，才是万全之策。苻坚却说：“只要引兵稍退，乘晋兵才到河中间，我则以铁骑突然出击，没有不获胜的道理。”苻融也认这个理，于是指挥军队退却。没料到，秦兵一退就制止不住了，被迫当兵的汉族和各少数民族人民乘机逃跑。这时，朱序在阵后大喊：“秦兵败了！秦兵败了！”不明真相的兵众更加狂奔起来。谢玄、谢琰、桓伊等率领晋军渡河猛攻。苻融飞骑驰入溃退的队伍中，想阻止秦兵溃退，结果坐骑让乱兵冲倒，摔下马来，被赶到的晋兵杀死。晋军一鼓作气，追击秦军至寿阳 30 里外的青冈。秦兵逃命中互相踩踏，尸体留下一大片。那些逃跑中的士兵听到风声鹤唳，都以为是追兵将至，日夜不敢休息，风餐露宿，加上又饿又冷，一大半死了好多。

苻坚在逃跑中身中流箭，挣扎着回到淮北，见到他的所幸张夫人，潸然泪下，说："我今日还有何面目治天下啊！"

苻坚有志于统一全国，但时机尚未成熟。前秦国内民族矛盾仍然比较尖锐，统治秩序远未稳定，近百万的军队其实是一群乌合之众。淝水之战败后，鲜卑贵族慕容垂和羌族贵族姚苌等人纷纷摆脱他的控制。公元 385 年，姚苌将他缢死于新平佛寺中。貌似强大的前秦王朝顷刻瓦解。晋军以少胜多，8 万人战胜百万人，这就是著名的"淝水之战"。

“书圣”王羲之

在“王马共天下”的东晋时期，王导、王敦家族的子弟，都当上了大小的官员。他们大多数是庸庸碌碌的官僚，但这些人当中，出了一个我国历史上有名的书法家。他就是王羲之。

王羲之字逸少，东晋琅琊临沂（今山东临沂北）人。因为做官曾做到右将军，所以也有人称他为王右军。他从小喜爱书法。据说他平时走路的时候，也随时用手指比划着练字。经过勤学苦练，王羲之的书法就达到很高的水平。

王羲之出身士族，才华出众，朝廷中的公卿大臣都推荐他做官。他做过刺史，也当过右军将军。后来又在会稽郡做官。他不爱住在繁华的京城，见到会稽的风景秀丽，非常喜爱，一有空，就和他的朋友们一起游览山水。有一次，王羲之和他的朋友在会稽郡山阴的兰亭举行宴会。王羲之当场挥笔，写了一篇文章纪念这次宴会，这就是有名的《兰亭集序》。那幅由他亲笔书写的《兰亭集序》，历来被认为是我国书法艺术的珍品，可惜它的真迹已经失传了。

王羲之的书法越来越有名。当时的人都把他写的字当宝贝看待。据说有一次，他到他门生家里去，门生很热情地接待他。他坐在一个新的几案旁，看到几案的面又光滑又干净，引起了他写字的兴趣，叫门生拿笔墨来。那个门生马上把笔墨拿来给王羲之。王羲之在几案上写了几行字，留作纪念，就回去了。

过了几天，那个门生有事出门去了。他的父亲进书房收拾，一看新几案给墨迹弄脏了，就用刀把字刮掉。等门生回来，几案上的字迹已经不见了。门生为这件事懊恼了好几天。

又有一次，王羲之到一个村子去。有个老婆婆拎了一篮子六角形的竹扇在集上叫卖。那种竹扇没有什么装饰，引不起过路人的兴趣，看样子卖不出去了。老婆婆十分着急。他很同情那老婆婆，就上前跟她说："你这竹扇上没画没字，当然卖不出去。我给你题上字，怎么样？"

老婆婆不认识王羲之，见他这样热心，也就把竹扇交给他写了。他提起笔来，在每把扇面上龙飞凤舞地写了五个字，就还给老婆婆。他安慰她说："别急。你只告诉买扇的人，说上面是王右军写的字就行了。"

王羲之一离开，老婆婆就照他的话做了。集上的人一看真是王右军的书法，都抢着买。一箩竹扇马上就卖完了。

许多艺术家都有各自的爱好，有的爱种花，有的爱养鸟。但是王羲之却有他特殊的癖好。不管哪里有好鹅，他都有兴趣去看，或者把它买回来玩赏。

山阴地方有一个道士，他想要王羲之给他写一卷《道德经》。可是他知道王羲之是不肯轻易替人抄写经书的。后来，他打听到王羲之喜欢白鹅，就特地养了一批品种好的鹅。

王羲之听说道士家有好鹅，真的跑去看了。当他走近那道士屋旁，正见到河里有一群鹅在水面上悠闲地浮游着，一身雪白的羽毛，映衬着高高的红顶，实在逗人喜爱。他在河边看着看着，舍不得离开，就要求那道士把这群鹅卖给他。那道士笑着说："既然王公这样喜爱，就用不着破费，我把这群鹅全部送您好了。不过我有一个要求，就是请您替我写一卷经。”王羲之毫不犹豫地给道士抄写了一卷经，那群鹅就被他带回去了。

关于王羲之的故事很多，他的儿子王献之、王凝之，都是当时很有名气的书法家。尤其是他最小的儿子王献之，和父亲一样，刻苦磨练书法技艺，在继承张芝、王羲之书法的基础上，还有了“破体”之称的创新，被人称为“小圣。”

三绝画家顾恺之

顾恺之是我国东晋时期最负盛名的大画家，字长康，小名叫虎头，出生于公元345年前后，生长在山清水秀、景色怡人的晋陵无锡（今江苏省无锡市）。他的家庭十分富有，祖父和父亲都做过东晋的大官。顾恺之少年时代就受到了良好教育。在他很小的时候，父亲就请人教他读书、写字，稍大一些，就教他写文章、作诗。他十多岁时

写过一篇有影响的《筝赋》，许多人夸他的《筝赋》可与晋著名诗人嵇康的《琴赋》相比，他有自知之明，没在赞扬声中飘飘然。随着年龄的增长，顾恺之对绘画产生了浓厚的举兴趣，觉得家乡的山山水水、一草一木都很美，就像一幅美丽的画卷。于是，他拜了大画家卫协为师，进步特快，不久画技超过了老师。到 18 岁时，他已经技压群雄了。

在不知不觉中，顾恺之长成了青年，他在当时很有权势的大司马桓温手下做了一名“大司马参军”。由于他聪明机敏，很受恒温器重。也就在这个时期，因为公务，顾恺之到过许多地方，如四川、湖南、江苏、浙江等地，饱览了祖国的名山大川。大自然的壮美辽阔、风光旖旎的山川景色陶醉了他，更增添了他把美丽的自然风光绘入画中的兴趣和决心。

顾恺之画人物像大部分以日常生活为主要题材，非常注意传达人物的神情。据说，他画人物像时，从来都是把所有的地方都画好后最后才画眼睛，甚至有时画好的人物都好几年了，也不画眼珠子。他认为：人的身体的其它部分画的美一些或丑一些都不十分要紧，要能够传达人的精神面貌，真正画得很像，关键全在这眼睛相传。

顾恺之虽然在注重画人物的眼睛，但也十分注意人物形象本身的特点，人物的性格、神态。相传有一次，他为朋友裴楷画像，裴楷的脸上有三根毫毛，一般人为求好看，决不会把这毫毛画上，而顾恺之却形象地把这三根毛画了出来，这就使得裴楷的面目特征十分鲜明。还有一次，他为朋友谢鲲画像，把谢鲲画在了岩石中，有人问他为什么要这样画，他说："谢鲲喜欢游山玩水，这样的人应该把他画在山石之间。"又有一次，顾恺之给一位一只眼睛有残疾的朋友殷仲堪画像，为使画上人物的病眼得到很好的掩饰而又不失真，他就用飞白（枯笔露出的线条）指在病眼上，这在当时是一种新的绘画手法。

顾恺之受老师卫协的影响很深，但又有所发挥和创造。虽然他以画人物肖像为主，但也画了许多神仙、佛象、禽兽、山水等。尤其在山水画方面最富有创造性。在我国晋代以前，画家一般是不单独画山水画的，山水只是作为人物的衬影。顾恺之进行了大胆的尝试，他以山水为主题作画，开创画史上山水画的先河。顾恺之一生的创作很多，流传下来的有摹本《女史箴图》和《洛神赋图》。《洛神赋图》以三国时代曹植的名篇《洛神赋》为题材，用具体生动的形象完整表现了赋的内容。

顾恺之多才多艺，诗、书、画样样在行。当时人们称顾恺之有“三绝”，即：“才绝”、“画绝”、“痴绝”。

所谓“才绝”，说的是他的诗、赋、画都很出色。他写过许多诗、赋和游记，比较有名的有《雷电赋》、《冰赋》、《筝赋》、《观涛赋》等，他描写浙江会稽山水之美的名句：“千岩竞秀，万壑争流；草木蒙笼，若云蒸霞蔚”，一直流传至今。所谓“画绝”，指的是顾恺之绘画出色超群，自成一体，表现了他卓越的绘画才能。

在当时动荡不安的社会背景下，许多知识分子苦闷徊惶，借以逃避现实，顾恺之更是装呆卖傻，因此称为“痴绝”。据说顾恺之曾将一箱最宝贵的珍品画卷存放在朋友桓玄家里，但桓玄还给他时只是一只空箱子，顾恺之看了之后，非但没有生气，反而说：“这些画太好了，可以像人成仙一样变化而去。”顾恺之为什么要这么说呢？因为在当时桓玄是个有权势的官僚，顾恺之惹不起他，只好假装糊涂。

顾恺之不仅能诗、能画，而且他还写了绘画理论的几篇专著，如《论画》、《画云台山记》，《魏晋胜流画赞》，这是我国较早的绘画理论专著。

顾恺之凭着自己的才气，又经过不懈的刻苦努力，使他的绘画有所成就，超过了晋代以前的所有画家，成为我国最负盛名的画家之一，也是我国绘画史上最早的绘画理论家，被称为一代画圣。

陶渊明淡泊名利

东晋末年，出现了一位在中国诗歌史上享有崇高地位的诗人。他以平淡、朴素而又富有情趣的笔墨，多方面地描写田园风光，抒发他在农村的真切感受。以前诗人忽视的田园景物第一次被他描绘得那样美妙动人，情味隽永，因此后人称他为“田园诗人”。他，就是陶渊明。

陶渊明（365～427），字元亮，一说名潜，字渊明，世称靖节先生。浔阳柴桑（今江西九江市西南）人。他的曾祖父陶侃因军功官至大司马。陶渊明的祖父、父亲虽然作过太守一类的官职，但到了陶渊明的时候，家境早已破败。少年时陶渊明就喜好六经，有大济苍生的宏愿；又厌恶世俗，热爱田园生活。

陶渊明29岁走上仕途。起初作州祭酒，不能忍耐。没多久，自动辞官归田；州官召他为主簿，他不接受，宁愿躬耕自资；此后，作过如镇军、建威参军一类小官。他还被人举荐去作彭泽县（今江西省湖口县）的县令。有一次，郡里派督邮来彭泽，手下人告诉他：那是上面派下来的人，你应当穿戴齐整，恭恭敬敬地去迎接。陶渊明听后，叹了一口气，说："我不能为五斗米折腰向乡里小人！"言下之意，不愿为了小小县令的五斗米薪俸，低声下气地向这些鄙俗之人献殷勤。当天就辞掉官职，回家去了。这个彭泽令，他才当了80多天。他从此不再踏入黑暗丑恶的官场。这一年，陶渊明41岁。为这一次永远的辞仕归隐，他写了一篇赋：《归去来辞》，表明了自己的生活态度和人生理想。在文章中，他以无限喜悦的心情，想象了归家后田园躬耕生活的无数乐趣。

回家之后，陶渊明在自己家门前种了五棵柳树，自称“五柳先生”。并作《五柳先生传》。《五柳先生传》寥寥百余字，一位贫苦而有操守、不拘礼法而自得其乐的知识分子典型形象便呼之欲出。《五柳先生传》和《归去来辞》成为千百年来传诵不绝的名作。北宋文豪欧阳修甚至说：“晋无文章，惟陶渊明《归去来辞》一篇而已。”

《桃花源记》是陶渊明最著名的作品，文中设计了一个“桃花园”的理想社会，这是“避秦时乱的农人们开辟出来的一个新世界。它与世隔绝，这里的人“不知有汉”，更“无论魏晋”。人人平等地参加劳动，得到收获没有人向他们征税，过着富裕，安宁的生活。全文300字，它所展现的生活场景，令人悠然神往。

陶渊明的《桃花源诗》和其序《桃花源记》，是一部引起历代争议、众说纷纭的奇诗奇文。关于它的取材与主题，有人以为写的是实地实事；有人以为是愤世之作，有人以为其中寄寓着作者的人生理想和社会理想。这是它拥有经久不衰艺术魅力的根源。但无论如何，它充满了对污浊社会的憎恶和对淡泊生活的热爱。

陶渊明自归居田园后的22年间，虽然生活窘困，但以耕读自娱，诗酒为伴，直至终老。享年63岁。

从陶渊明的诗文和行迹，可以看出，他的弃官归隐不仅绝无半点虚情假意，而且对自己的认识转变过程，都有十分真诚的坦露。无疑，在他身上，我们能看到伟大诗人屈原的影子。相较而言，他比屈原似乎多了一些普通人的情怀。在“怀良辰以孤往，或植杖而耘耔。登东皋以舒啸，临清流而赋诗。”这样的句子中，可以感受到屈原式的高洁孤傲，但少了屈原式的绝望。陶渊明之所以是陶渊明，是因为他发现了田园，从而在优美的田园中发现了希望。

陶渊明归隐之后，亲事耕作，不仅体察了劳动的艰辛，而且还获得了不计收获的快乐，这在士大夫“耻涉务农”的时代，确实难能可贵。有其《归园田居》诗为证：

种豆南山下，草盛豆苗稀。
晨兴理荒秽，带月荷锄归。
道狭草木长，夕露沾我衣。
衣沾不足惜，但使愿无违。

文中写早出晚归的劳动生活和诗人对劳动的真切感受，远非以前的士大夫或诗人文人所能达到。

诗、酒、田园，在陶渊明的生活中融为一体，酒不单可以忘忧避祸，而且可以使人遗落世事，返朴归真，进入物我两忘的境界。417 年秋冬之际，53 岁的陶渊明酒后题咏，写《饮酒》诗 20 首。其中最为人称道的是第五首：

结庐在人境，而无车马喧。
问君何能尔，心远地自偏。
采菊东篱下，悠然见南山。
山气日夕佳，飞鸟相与还。
此中有真意，欲辨已忘言。

鸟日出而出，日夕而返，完全顺应自然，那么我像飞鸟一样，纵身在大自然中，也不欣然自得吗？

与陶潜同一时代还有两位名人，一是周续入庐山学佛，二是刘遗民隐居医山，他们三人被称做“浔阳三隐”。

陶渊明所处的晋宋之际，诗歌作风已经开始慢慢趋向浮靡，但他平淡醇美、质朴深邃的田园诗，无疑是这一时代中国诗歌的奇迹。也正因此，陶渊明诗的价值并未为当时人所重视，到了唐代，陶诗的光芒为人发现；从此以后，其地位渐次上升。甚至有人将陶渊明与杜甫两人并列为“诗圣”。

南北朝

南北朝是从公元420年东晋灭亡至589年隋朝统一全国的170年间，中国历史上形成的南北对峙局面。

北朝历时142年，其间历经了北魏、东魏、西魏、北齐、北周五个王朝。其中以北魏统治时间最长、疆域最为辽阔。北魏孝文帝当政时进行改革，确立均田制、实行汉化、迁都等一系列变革，促进了社会生产的恢复发展和民族的大融合。北魏末年，内乱不止，北魏分裂为幅度高欢控制的东魏和宇文泰掌握的西魏。以后东魏被北齐取代，西魏被北周取代。北周武帝又攻灭北齐，统一了中国北方。周武帝死后，政权落入外戚杨坚手中，581年2月，杨坚夺取攻权，自立为帝，国号隋，北周灭亡。

鲜卑族对北方的统治使北朝的科技文化发展形成了鲜明特征，出现了贾思勰的《齐民要术》、郦道元的《水经注》等著名的科学著作，产生《木兰诗》等民歌代表作。北朝雕塑艺术发达，遗留至今的云岗石窟、龙门石窟、敦煌石窟等为驰名世界的艺术宝库。

南朝以刘裕代晋开始，至隋军攻灭陈朝止，历时 170 年，其间历经宋、齐、梁、陈四个王朝。四个王朝均建都于建康（今江苏南京），其疆域以宋最广，陈最为狭小。梁武帝统治时期，爆发侯景叛乱，此后南朝日益衰落。陈后主统治时，荒淫奢侈，政治黑暗，隋军于公元 589 年越过长江，攻入建康，南朝灭亡，全国归于统一。

南朝文化在各方面胜过北朝，且独具特色。谢灵运的山水诗、刘勰的《文心雕龙》、钟嵘的《诗品》、刘义庆的《世说新语》等皆为传世之作；史书重要著作有《后汉书》、《南齐书》等，南朝科学颇具成就，宋齐时人祖冲之在世界上第一个将圆周率数值精确到小数点后七位，即 3.1415926 至 3.1415927 之间，对世界很有影响。

刘裕诛桓玄灭诸国

刘裕（363～422），字德舆，小名寄奴，祖籍彭城（今江苏徐州）。出身于破落的低级士族。东晋初年，举家避难，从彭城迁居京口（今江苏镇江）。刘裕幼年家境贫寒，不得读书，只好以耕地为生，有时也兼做樵夫、渔夫及贩卖鞋子的小贩。这种经历，使得刘裕既懂得劳动民众的疾苦，又具有冒险求利的性格。

京口是从北方各地流亡来的士族和民众聚居的地方，号称“北府”，与历阳同为扬州重镇。京口的居民风俗强悍，敢于从军，当谢安辅政，推举谢玄为大将，谢玄在京口招募士兵时，就征得勇士刘牢之等人。刘牢之常常率领精锐前锋，冲锋陷阵，战无不胜，号称“北府兵”。淝水大战，苻坚军崩溃，晋军前锋 5000 人，全是刘牢之统帅的北府兵。后来，北府兵又在京口招募军队，见前来应募的刘裕身材魁梧、相貌堂堂，就把他留在北府兵当了一个小军官。

399年，刘牢之攻打农民起义军孙恩，刘裕勇敢善战，屡立大功。刘牢之的部下，大多抢掠财物，比盗贼更利害。只有刘裕严格约束部属，纪律严明，大得民心。从此，刘裕成为北府兵的著名将领，消灭孙恩、卢循起义军，主要是刘裕的功绩。

400年左右，桓玄篡晋。这为刘裕灭晋、创建南朝提供了一个绝好的机会。桓玄，东晋大将桓温的少子，从小便承袭爵位为南郡公，长大后，相貌俊朗，并且多才多艺、尤擅作文。但是，他总以为自己的才学和门第举世无双，待人十分傲慢，因而引起众人的不满，朝廷也疑而不用。直到23岁，桓玄才被任命为太子洗马，后来转任义兴太守，总是郁郁不得志。于是，忿然拂袖弃官，返回荆州南郡（今湖北江陵）的封地。

400年3月，桓玄占领荆、雍二州，上表要求统领荆、江二州，朝廷授与他管辖荆、司、雍、秦、梁、益、宁七州的军事，兼荆州刺史，令桓修为江州刺史。桓玄不从，再上书，朝廷迫不得已只得让他管辖八州。他还让他兄长桓伟作雍州刺史，让他侄子桓振作淮南太守，朝廷都不敢不答应。

桓玄在控制了中、上游后，以为已经握有东晋天下的三分之二，具备了左右局势的实力。年末，决定起兵讨伐桓玄。401 年初，司马元显派北府都督刘牢之为前锋，但在桓玄策动下，刘牢之再度倒戈。桓玄势如破竹，得以顺利地攻进建康，捕杀了司马元显等人。从此，桓玄安排自己的心腹和亲信，占据了各个重要的城镇要塞，一步步向最高权力逼近。

桓玄任命自己为总百揆、都督中外诸军事、丞相、录尚书事、扬州牧等，集许多大权于一身；又将一些重要职权任命给桓氏家族中的桓伟、桓谦、桓修、桓石生等人。接着，将刘牢之改任为会稽内史，把他的北府兵权收归已有。这时，刘牢之才觉得上了当，便与同人商量占领江北，与桓玄对抗，有人指出："你一个人既反王兖州，又反司马郎君，还反桓公，到底想要怎么样？"刘牢之无言以对，众人一哄而散。刘牢之无奈，派人到京口去接家人，却又久久不见回来，以为出了事，便带着手下向北逃，到了新州，发现大势已去，就上吊自杀了。

对桓玄篡晋的行为，刘裕全部看在眼里。当时，跟着刘牢之的时候，他心里就在盘算着如何复兴晋室了。他背地里联合地府兵的中下级军官，密谋推翻桓玄。当一切准备停当以后，他从京口起兵，向建康进军。桓玄赶紧派兵阻击，却被刘裕打得大败，被迫撤出建康并带走晋安帝。刘裕乘胜追击，桓玄在江陵聚集了大批人马，再次反扑。峥嵘洲（今湖北鄂城）一战，桓玄惨败。桓玄本人也在逃跑途中被杀。

刘裕大败桓玄以后，把晋安帝接回建康，使之重登皇帝宝座。此时，刘裕已经成为了重建东晋皇朝的大功臣。晋安帝令他都督军事，坐镇京口和徐、青二州。过后，又任命他为扬州刺史并兼代理尚书，出兵讨伐北方的南燕和后秦。

南燕是鲜卑人建立的政权，统治范围在今山东一带。它的首领慕容超常常派兵骚扰东晋北部边境，掠走人民去当奴婢，甚至拿掳去的人当礼物，送给后秦等国的统治者。东晋北部的人民，早就盼望着讨伐南燕。刘裕亲自带兵从建康出发，渡过淮河、泗水，很快就拿下了琅邪（今山东临沂北）。

慕容超派人向后秦求救。后秦皇帝姚兴派使臣到刘裕那里进行威吓说：“我们已经派出 10 万铁骑，马上就要到达洛阳；你们如果不退兵，我们将直捣你们的建康！”刘裕回答说："我本想在消灭南燕之后，休息3年，再来平定你们占据的关、洛之地（今陕西、河南部分地区）；而今你们自己送上门来，那就快点来吧！"姚兴原想吓唬一下刘裕，想不到刘裕口气很硬，反倒被吓住了，不敢来救南燕。刘裕很快就攻下了南燕的都城广固（今山东益都西北），生擒慕容超，灭了南燕。

6年之后，刘裕乘姚兴刚死，太子姚泓即位不久的大好时机，亲自统帅五路晋军，讨伐后秦，晋军要经过北魏管辖的地区。北魏在黄河北岸集结了10万大军，又派出几千骑兵渡过黄河，骚扰西进的晋军。刘裕派水军上北岸去打魏军，魏兵就逃，等晋军回到船上，他们又在北岸骚扰，弄得晋军来回奔跑，没法顺利进兵。

刘裕从容对阵，他派了一个将军带了七百兵士、一百辆兵车登上北岸，沿岸摆开一个半圆形的阵势，两翼紧紧靠着河岸，中间鼓出，当中的一辆兵车上竖了一根白羽毛。因为这种布阵形象像个月钩，所以名叫"却月阵"。

魏兵远远观察着晋军的布阵，不懂是什么意思，也没有敢动。一会儿，只见晋军中间车上有人举起白羽毛，两侧就涌出了二千名兵士，带着一百张大弓，奔向兵车。魏兵看看这个阵势，也没有什么大不了，就集中三万骑兵向河岸猛攻晋阵。晋阵上一百辆兵车上的弓箭齐发，仍旧挡不住魏兵。

没料到晋军在却月阵后面，另外布置好一千多支长矛，装在大弓上。这种长矛约有三四尺长，矛头特别锋利。魏兵正向晋军猛攻的时候，晋军兵士们就用大铁锤敲动大弓，那长矛往魏军飞去，每支长矛就能射杀魏兵三四个，三万名魏兵一下子就被射死了好几千。其他魏兵不知道晋军阵后还有多少这种武器，吓得抱头乱窜，全线崩溃。晋军又乘胜追击，杀死了大批魏兵。

刘裕打退魏军，打通了沿黄河西进的道路，顺利西进。那时候，王镇恶和檀道济带领的步兵，已经攻下洛阳，在潼关和刘裕水军会师。接着刘裕派王镇恶攻下长安，灭了后秦。

刘裕在长安住了两个月，他怕自己离开朝廷太久，大权旁落，决定立即回师建康。在他离开长安那天，关中的父老流着眼泪挽留他，希望他继续留在北方抗击鲜卑、羌等族的骚扰。

刘裕回到建康，东晋朝廷拜他做相国，尊他为宋公。他看到夺取帝位的时机已经成熟，就在420年，把晋朝的末代皇帝恭帝司马德文废掉，自己做了皇帝，改国号为宋，东晋灭亡。中国南方地区进入南朝时期。

海盐公主复仇

宋刘裕做了开国皇帝，国都仍为西晋的京都建康，改晋元熙二年为永初元年。他按传统规矩进行祭天告地活动之后，便开始了封赏，尤其是对劝进立下头功的傅亮恩宠有加，升为中书省专典诏命，任总国之权。

刘裕登基，并没感到心满意足，有一件事总觉得是心腹之患：被废的晋恭帝司马德文还活着。

这一天，刘裕正在御花园苦苦思索，傅亮来到面前，提出陪刘裕到聚凤殿散散心。刘裕闻听，欣然前往。傅亮陪同皇帝刘裕进入聚凤殿，原恭帝的嫔妃们听说新皇帝来了，纷纷搔首弄姿，以期引起皇帝的注意。

但是，唯有一位素服白衣的少女却与众不同，她既不做媚态，也不露笑容，是一位绝妙的冷艳美人，皇帝来了也几乎视而不见。刘裕却被她吸引，驻足细瞅了一会儿，不由得点起了头。傅亮见状，忙介绍说：“此女是恭帝……不，是陵零王司马德文的女儿，名叫海盐，一十七岁。”刘裕顿时心凉了半截，转身离去，走了几步，问傅亮：“陵零王离京时，为什么不把海盐公主一起带走？”傅亮说：“臣见她长得姿色出众，讨人喜欢，特意留下的。”刘裕这才放心了。

傅亮同皇帝又来到后殿，这里住的嫔妃都被晋帝宠幸过。庭院无人，厅堂里也无人，傅亮正纳闷儿，忽听内室有男女嬉笑声，便闯进去，只见床上躺着两男两女四个人，不禁大怒，说：“圣上驾到，你们这些混帐东西……”两对男女听说皇帝来了，吓得衣服也不知道穿了。刘裕见状，怒不可遏，命令两个妃子用白绫自杀；命令刑部将两个男人的阳具割掉，终生做苦役！

这两个男的是孪生兄弟，一个叫褚秀之，一个叫褚淡之，是原晋恭帝司马备文褚妃的弟弟。他俩听说要受酷刑，情急之中，编造出一个重大机密：恭帝司马德文被贬为陵零王出宫去秣陵时，让他们弟兄俩留在宫内做内应，届时等司马德文联络州郡兵马杀回京都时，里应外合，恢复晋室天下。

当傅亮担保他俩不受酷刑时，兄弟俩说出了这个“机密”。刘裕闻听，立即下令让褚秀之、褚淡之兄弟俩去秣陵处死司马德文和褚妃等人，也就是他俩的姐夫和姐姐。

兄弟两人为了不受酷刑，带着毒酒来到姐姐、姐夫面前，说明来意，司马德文似乎有所预料，说：“当年我司马祖上逼曹氏家族让位交权，今日在我身上得到报应了……”

褚妃刚生过孩子不久，抱着孩子恸哭不已，哭了一阵，把孩子交给弟弟褚秀之，让他帮助抚养成人，然后同司马德文一起饮毒酒身亡。兄弟二人立即放火烧尸，又把孩子扔进火海，然后返回皇宫，向傅亮汇报。傅亮问刘裕皇帝如何奖赏褚氏弟兄俩，刘裕说：“褚氏兄弟为了活命，竟然不惜杀姊弑君，这种人，断然是不可留的。”傅亮听罢，立即将这兄弟俩处死了。

再说海盐公主，她知道了父亲司马德文被刘裕下令毒死的消息，心中无比悲痛。她压抑着愤怒，不动声色，在刘裕父子身边周旋。

永初三年（公元422年）春，67岁的皇帝刘裕患病卧床不起，张皇后、太子义符、太子妃司马氏（海盐公主）等人轮流守护。这天夜里，该太子和太子妃护理，不到半夜，太子义符便找地方睡觉去了，只剩下海盐公主，久盼的机会来了，她一步步向老皇帝刘裕逼近……

刘裕蒙胧中感到有人掐住他的脖颈，透不过气，忙睁开眼睛，似乎看见晋恭帝站在床前，向他索命，吓得大叫一声昏过去。第二天，刘裕精神错乱，胡喊瞎叫，一会儿说这个向他讨命，一会儿说那个要他偿命，一直折腾了十几天，才平静下来，瞅着太子义符，说了句“不要做坏事”的话便停止了呼吸。

刘裕仅仅当了二年皇帝，便离开了人世。他在诛桓玄灭前燕、后秦时，为东晋赴汤蹈火，屡立奇功，其英勇善战的业绩不应因后来篡权灭晋而抹杀，亦然彪炳史册。

荒唐的少年皇帝

刘裕去世，由太子刘义符继承皇位。刘义符是个不务正业、喜怒无常的人，17 岁时，仍是顽童的心理，做了皇帝，不是考虑怎样治理国家，而是想：现在我的官最大，谁也管不着了，愿意干啥就干啥。

小皇帝把朝政大事全交给傅亮、徐羡之、谢晦三人负责。傅亮是中书监尚书令（同宰相），徐羡之是司空（相当于中央秘书长），谢晦是领军将军（中央专管军事的长官）。而小皇帝本人的主要事情，就是玩，并且从宫外找来一些胡作非为的少年陪他玩耍。

各种各样的游戏都玩腻了，一天，皇帝刘义符问大家："明天我们做什么取乐呢？"

话音未落，一个恶少脱口喊道："玩'盅洞'怎么样？当年商纣王给妲己设盅洞玩，可有趣哩！"

皇帝一听，马上赞成。

紫云殿前，有一只巨大的铜缸，恶少们从宫外弄来许多只毒蛇、蝎子等毒虫，放进铜缸中，这些毒虫就像热锅上的蚂蚁，在缸底乱爬。刘义符命人押来一个死刑犯，大家立即将他的衣服剥光，然后抬起来，丢进铜缸里。

铜缸里的蛇蝎毒虫，一下子爬满囚犯的全身，咬的咬、有的蜇、缠的缠，吓得犯人垂死挣扎，惨叫声声，撕心裂肺。少年皇帝和这些无恶不做的伙伴们却围在铜缸四周，看得非常开心！甚至乐得又唱又跳，胡喊狂叫。小皇帝的所做所为，令大臣们忧心忡忡。

一天中午，刘义符躺在床上睡觉，殿顶掉下一块漆皮，落在他的眼皮上，惊醒了他的恶梦。他想了想，便命令内侍敲响景阳钟。

文武百官听到钟声，赶来上朝，看见皇帝坐在殿上，都很高兴，以为他要亲理朝政，干正事了。不料刘义符却说："朕登基已经几个月了，仍住在破烂不堪的紫云殿里，而你们却住在华丽的王公府第之中，于心可忍？限令你们在三个月内，拆掉紫云殿，重建一座比现在大四倍的紫云殿！"

众大臣面面相觑，傅亮略一忖，走出朝列，说："启奏陛下，如今北方战事不断，国库空虚，现在建新殿，恐难按时完成。”话音刚落，徐羡之，谢晦也站出来，支持傅亮的意见，认为不宜拆旧建新。

刘义符听罢，心里蹿火，正不知如何发火，静悄悄的殿上一位大臣放了个响屁，真是火上浇油，义符大声吼道：“谁如此大胆，金銮殿上放狗屁，给我斩了！”

文武大臣立时跪地请求皇帝开恩，义符指着傅亮、徐羡之、谢晦说：“留着你们的狗头也行，来人！脱下他们的裤子，用手绢把屁股眼儿给我堵上！”

大臣们闻听，哭不是，笑不是，仍然磕头替三位重臣求情。少年皇帝想了想，说：“算了。明天，你们都得给我去拆紫云殿，不去的斩首示众！”

散朝以后，三位大臣窝着火聚集在傅亮家，总结出刘义符十条罪状，准备奏请张太皇，废掉他的帝位，让刘裕的三儿子继任新君。

傅亮刚写完奏折，家人送来一封插着鸡毛的公文，是庐陵王刘义真（刘裕的二儿子）写来的。信中语言尖刻，指责三位大臣专权欺君，最后要求朝廷拨给大量银两重建庐陵王府，否则便“清君侧”。

三位大臣看罢这封信，又恨又气，怒火填胸，商量以后，决定一不做，二不休，干脆连刘义真一块儿废掉！

刘义符与刘义真矛盾很深，傅亮准备让义符废掉义真的王位。第二天，到紫云殿找刘义符，义符不在殿内，傅亮便在宫内到处找。走到神武门时，发现内城墙根下人来人往，十分热闹，走近一看，竟是一处市场，卖吃的、卖喝的、卖杂货的，还有耍猴的、看热闹的。傅亮以为是白日做梦，仔细再看，清清楚楚，于是动了气，皇宫内怎么能做市场呢！马上要去找御林军，正在这时，一个卖豆腐脑的走到他面前，高声叫卖，并让傅亮坐下买豆腐脑吃。傅亮看罢，大吃一惊，卖豆腐脑的人竟然是当朝皇帝刘义符。

原来，这又是义符和恶少们一起想出来玩的游戏。义符知道傅亮有事找他，便不耐烦地说："你没看见我忙吗？有事快说！"

傅亮忙递上"废庐陵王奏陈书"，刘义符扫了一眼，说"该废！早就该废掉他……我太忙了，玉玺在紫云殿，你去找司马皇后办吧！"

傅亮办完废除庐陵王的圣旨，当即派人去寿阳将义真废为庶人，押往新安（今江苏省万安县西北），然后命人追至新安，将他勒死。下一步，傅亮做好了废掉义符的准备。

公元424年六月的一天，义符带领随从到外宫华林园打猎，傍晚拿着猎物来到天渊池边，登上龙舟，趁月色野饮、游玩，并在舟上留宿。傅亮得知这一消息，派人于次日清晨将刘义符抓获，带回紫云殿，宣读了废黜皇帝诏书，收回玉玺，驱逐出宫，解往吴郡（今江苏省苏州市），义符途径金昌亭时，被傅亮事先布置下的人用箭射死，年仅18岁，刚刚当了一年皇帝，就这样永远地退出政治和人生的舞台。

文帝与“元嘉治世”

刘裕建立宋朝，做皇帝不到三年就病死了，他的长子刘义符继位。刘义符年轻贪玩，不会管理国家大事，没到两年，被大臣徐羡之等人杀了，徐羡之勾结另一个大臣傅亮，拥立刘义符的弟弟刘义隆做皇帝，就是宋文帝。

宋文帝刘义隆是精明能干的人。他十四岁被封为宜都王，住在江陵，把封地内的大小事情都管理得井井有条，因此很有声望。他做皇帝那年，只有十八岁，已经懂得如何治理国家了。他下定决心，有朝一日，非除掉徐羡之、傅亮、谢晦三个大臣不可，为两个哥哥报仇。表面上，宋文帝却给这三位大臣加官晋爵，充分信任，大事小情，同他们商量。

三位大臣对宋文帝开始就存在戒心，怕他为死去的义符、义真复仇，也是处处留神，并做好了精神准备和军事准备。他们密谋让谢晦坐镇荆州，一旦京城有变，马上发兵进京。但后来三位大臣但后来没能看出新皇帝对他们有半点加害之心，反而觉得皇帝信任他们，于是渐渐放了心。一天早朝，傅亮要求宋文帝纳自己的女儿淑垦进宫为妃，义隆欣然同意，表示选个黄道吉日进宫，封为贵嫔。傅亮与皇帝有了亲戚关系，不由得免除了后顾之忧。

义隆小皇帝，表面很信任三臣，暗中却积极地调兵遣将，做扫除他们三人的准备。他先把亲信王华、王昙调任侍中（皇帝近侍宫），又调亲信道彦之从襄阳到京都任中领军（掌管宫中禁军），并且让道彦之与谢晦结交成朋友。谢晦不知小皇帝的用意，真的与道彦之做了朋友，并且将两个女儿分别嫁给朝中两位高官，这样，他在京都有了耳目，扩展了势力。小皇帝又把谢晦的大儿子世休封为秘书郎，留在皇宫之中，谢晦非常高兴。

三位重臣傅亮、徐羡之、谢晦，现在对小皇帝彻底放心了，傅亮和徐羡之因年龄过大，没有精力掌管朝中大事，便上表宋文帝，要求辞官回家。义隆不知两位老臣是真心隐退，还是假意试探，便表示不同意辞官。傅亮、徐羡之再三上表，小皇帝见他俩是真心，便答应了。两位老臣辞官回家，小皇帝义隆，开始了灭除三位重臣的行动。

一天深夜，傅亮正在睡梦中，忽然有人在窗外告诉他，如果皇帝诏请入宫，不要去，说完迅速离开。天亮以后，果然传来皇帝请傅亮、徐羡之入宫的手谕，傅亮对来人说："老臣的夫人病重，待服药后就去内宫。"来人走后，傅亮即刻派人通知徐羡之，他自己骑着马逃出城去。

傅亮跑出城一百多里，来到一座山前，下了马，让马跑走，他自己钻进草丛，走到一座坟前，挪开墓碑，钻进坟冢里。这是两年前傅亮为去世的二哥傅迪修造的坟冢，修建时，便设下暗道机关，还储存着衣物粮食等生活必需品，以防日后不测。

小皇帝义隆闻听傅亮下落不明，便给屯骑校尉郭泓下了死命令。郭泓只好再次来到傅亮府上，将家人全部严刑拷打，一位老家人被迫说出了坟冢的秘密。

郭泓领兵追到傅迪墓前，让士兵挪开墓碑，不料从墓内射出一箭，正中士兵胸部。郭泓让士兵弄干草点火，往墓穴中放烟，傅亮无奈，从墓中走出，束手就擒，第二天便被砍头处死，并且暴尸三天，下场很惨。当初他投机钻营，全力支持刘裕称帝，得到了高官厚禄，却想不到死在刘裕的儿子手中，而这刘义隆也是他一手推上帝位的。

徐羡之得到傅亮的家人告密，匆匆骑着马往城外跑，跑到郊外的树林时，发现后面来了追兵，知道逃不掉了，便停了马，解下腰带，在一棵树上吊死了，这位帮助刘裕打天下的开国元勋，就这样结束了自己的一生。

在江陵握有兵权的谢晦，听到噩耗，勃然大怒，忙给好友檀道济和道彦之送信，让他们起兵配合，一起讨伐义隆小皇帝，檀道济和道彦之复信，表示同意做内应，谢晦很高兴，亲自率领3万水军，从江陵出发，往建康进军。

谢晦统领战船来到彭城洲（今湖南湘县西北长江南岸）时，远远看见朝廷船队迎了上来，吃了一惊，又得知宋军先锋是他的新朋友道彦之，统帅是老朋友檀道济，此时才明白中了小皇帝义隆的计。谢晦不敢硬拼，无奈之下，充船逃走，他的江陵军队群龙无首，不战而败。原来，檀道济曾是谢晦的心腹，一并参与了诛杀刘义符、刘义真的行动，宋文帝见檀道济是个人才，便委以重任，主管军事，把他从谢晦身边拉拢过来，谢晦不知其中的奥秘。道彦之与谢晦结成新朋友，这不过是义隆皇帝的一步棋而已，谢晦自然蒙在鼓里。几天之后，谢晦也被抓住处死，只有37岁。

了却了三位重臣的性命，宋文帝掌握了国家大权。他认为，国家稳定的关键，是让农民有地种，有饭吃，这样他们才不会起来造反，自己的皇位才能坐得稳。当时农民很穷，欠的官债不少，连种子也买不起。宋文帝宣布，农民欠政府的租税一律减半，等秋后收了粮食再交。到了秋天，他看到农民交了欠租以后，第二年播种又要发生困难，就再次宣布所欠的租税一概免除，但以后要好好生产，不许继续欠账。

农民听到减免租税的命令，高兴极了，生产的劲头更足了。接着，宋文帝又下令给全国官吏，叫他们带领农民好好耕种。农民缺少种子的，政府要借给他们。如果哪里生产搞得不好，就要处分官吏。宋文帝还亲自带领文武大臣去京郊耕田锄地，给大家做出榜样。农民看皇帝这样重视农业，都努力开荒种地，战乱中被破坏的农业生产，很快得到了恢复。

农业生产虽然恢复了，可有的地方也还免不了要闹灾荒。宋文帝对救灾的事情很关心。有一年，江南闹旱灾，水稻种不上，宋文帝下令改种比较耐旱的麦子。又有一年，丹阳、淮南、吴兴、义兴一带闹水灾，田地被洪水淹没，农民没有饭吃。宋文帝下令从政府的粮仓里拨出几百万斛米（斛 hú），用船运到灾区，救济灾民。

当时很多地主常常利用灾荒吞并农民的土地，使农民成为他们庄园里的农奴。于是，宋文帝又经常下令清查户口，把农民和他们的土地登记在政府的户籍册上，防止大地主侵吞。同时，土地多的，要向政府多交租税，这不仅增加了国家的收入，也使租税不至于平均摊给土地少的农民，相对地减轻了他们的负担。

要实行上面说的这些政策，光靠皇帝一个人是不行的，所以宋文帝很重视官员的选拔。他派有能力的人到地方上去做官，对于贪官污吏严加处分。

宋文帝对贪官污吏毫不客气地予以惩办。南梁郡太守（管理今河南省汝南一带的地方官）刘遵考，是宋文帝的堂叔，贪财好利。他在南梁郡做太守的时候，当地发生特大旱灾。他不但没有采取措施拯救灾民，还乘机侵吞朝廷拨来的救灾粮。宋文帝得知刘遵考这种不法行为以后，不徇私情，果断地免去了他的官职，给了他应得的处分。

宋文帝的举措，使得社会经济逐渐繁荣起来。当时有人记载说：宋文帝在位期间，天下太平，老百姓不用负担繁重的徭役，租税也很轻，粮食年年丰收。穷人也娶上了老婆，生了孩子。整个国家出现了人丁兴旺的景象。收割后的粮食垛在地里，没有人去偷，居民晚上睡觉，不用关门闭户。这种记载可能有夸大成分，但是也说明当时的形势比以前好。宋文帝在位的三十年用“元嘉”作年号，历史上就把他在位时候的太平景象称为“元嘉治世”。

“国史”风波

北魏的统治者是鲜卑族拓跋部人。拓跋部落的人都留着长辫子。其历史源于拔跋毛时期。东汉初年，拓跋推寅带领众人迁居到今内蒙的呼伦湖附近。在东晋初年，拓跋部还是我国东北的一个游牧部落，后来吸收了中原文化，逐步建立了封建的经济制度。

淝水大战之后，庞大的前秦王朝土崩瓦解，中国北方再次出现了严重的分裂混战局面。鲜卑贵族拓跋珪趁机摆脱前秦统治，于公元 386 年，建立了北魏，就是魏道武帝，魏道武帝建立北魏王朝以后，任用了一批汉族士人当他的谋士。其中最有名望的要数崔浩。

崔浩在北魏统一北方的战争中，立了很大功劳，受到北魏三代皇帝的信任。到魏太武帝即位以后，他担任司徒，掌握了朝政大权，还派了几十名汉族士人，担任各地郡守。这样，他和鲜卑统治者之间就发生了矛盾。

魏太武帝派崔浩带几个文人编写魏国的历史。太武帝叮嘱他们，写国史一定要根据实录。崔浩和他的同事按照这个要求，采集了魏国上代的资料，编写了一本魏国的国史。当时，皇帝要编国史的目的，本来只是留给皇室后代看的。但是崔浩手下有两个文人，偏偏别出心裁，劝崔浩把国史刻在石碑上，让百官看了，也可以提高崔浩的声望。崔浩自以为功大官高，没有什么顾虑，真的花了大批人工和费用，把国史刻在石碑上，还把石碑竖在郊外祭天坛前的大路两旁。

国史里记载的倒是史实，但是北魏的上代文化还十分落后，有些事情在当时看来，是不体面的。过路的人看了石碑，就纷纷议论起来。北魏的鲜卑贵族认为丢了皇族的面子，就向魏太武帝告发，说崔浩一批人写国史，是成心揭朝廷的丑事。魏太武帝本来已经嫌崔浩太自作主张，一听这件事，非常生气命令把写国史的人全都抓起来查办。

参加编写的著作郎高允是太子的老师。太子得到这个消息，非常着急，便把高允找到东宫（太子居住的宫），跟他说："明天我陪你朝见皇上，如果皇上问你，你只能照我的意思答话，别的什么也别说。"

高允不知道是怎么回事。第二天就跟随太子一起上朝。

太子先上殿见了太武帝，说："高允向来小心谨慎，而且地位比较低。国史案件全是崔浩的事，请陛下免了高允的罪吧。"

太武帝召高允进去，问他说："国史都是崔浩写的吗?"

高允老老实实地回答说："不，崔浩管的事多，只抓个纲要。具体内容，都是我和别的著作郎写的。"太武帝转过头对太子说："你看，高允的罪比崔浩还严重，怎么能饶恕呢？"

太子又对魏太武帝说："高允见了陛下，心里害怕，就胡言乱语。我刚刚还问他来，他说是崔浩干的。"太武帝又问高允："是这样的吗？"高允说："我犯了罪，怎么还敢欺骗陛下。太子刚才这样说，不过是为了想救我的命。其实太子并没问过我，我也没跟他说起过这些话。"

魏太武帝看到高允这样忠厚直率，心里也有点感动，对太子说："高允死到临头，还不说假话，这确是难能可贵的。我赦免他的罪就是了。"

魏太武帝又派人把崔浩抓来审问。崔浩已经吓得面无人色，什么也答不上来。太武帝大怒，要高允起草一道诏书，把崔浩满门抄斩。高允回到官署，犹豫了半天，也没有写出半个字来。太武帝派人一再催问，高允说："我要求再向皇上面奏一次。"

高允进宫对太武帝说："我不知道崔浩还犯了什么罪。如果仅仅是为了写国史，触犯朝廷，也不该判死罪。"

魏太武帝认为高允太不识好歹，吆喝一声，叫武士把他捆绑起来。后来太子再三恳求，太武帝气消了，才把他放了。事后，太子埋怨高允说："一个人应该见机行事。

我替你告饶，你怎么反而去触怒皇上。我想起这件事，真有点害怕。”高允说：“崔浩做这件事私心重，是有错误的，但是，编写历史，记载帝王活动，朝政得失，这并没有错。再说，国史是我和崔浩一起编写的，出了事，怎能全推给他呢。殿下一心救我，我是十分感激的。但是要我为了活命说违背良心的话，我是不干的。”

魏太武帝到底没有饶过崔浩，把崔浩和他的几家亲戚满门抄斩。但是由于高允的直谏，没有株连到更多的人。据太武帝自己说：要不是高允，他还会杀几千个人呢。

公元452年，曾经统一北方的皇帝魏太武帝被宦官宗爱杀死；过了一年，宋文帝的儿子刘骏即位，这就是宋孝武帝。

藏書

中華上下五千年

珍藏版

赵文博 主编

壹

辽海出版社

图书在版编目（CIP）数据

中华上下五千年：全8册／赵文博主编．—沈阳：辽海出版社，2016.4
ISBN 978－7－5451－3681－4

Ⅰ．①中… Ⅱ．①赵… Ⅲ．①中国历史 Ⅳ．①K20

中国版本图书馆CIP数据核字（2016）第048737号

中华上下五千年

责任编辑：柳海松　冷厚诚
责任校对：顾　季
装帧设计：马寄萍
出 版 者：辽海出版社
地　　址：沈阳市和平区十一纬路29号
邮政编码：110003
电　　话：024－23284473
E － mail：dyh550912@163. com
印 刷 者：三河市天润建兴印务有限公司
发 行 者：辽海出版社
开　　本：787mm×1092mm　1/16
印　　张：144
字　　数：2100千字
出版时间：2016年5月第1版
印刷时间：2016年5月第1次印刷
定　　价：1380.00元

《中华上下五千年》编委会

编者的话

在祖国源远流长的传统文化中，中国历史是祖国文化重要的组成部分。中华民族五千年来创造的奇迹有如夏夜的繁星，数不胜数，向世界展示了东方智慧的无穷魅力。丰厚的文化遗产不仅是炎黄子孙的骄傲，也是我们民族得以凝聚并且繁衍不息的源泉。

历史是一面镜子，任何一个国家和民族都注重用自己的历史教育和鼓励人民，特别是青少年。历史本来是很生动的，现代汉语中有不少词语。特别是成语典故，多半出自各种历史书籍。而现在的孩子很容易被表现形式丰富的西方现代文明“格式化”，对历史知识却产生抵触情绪，这不能不让关注子女成长、渴望孩子成为栋梁之材的家长们为之担忧。在高科技发展的今天，了解和继承本民族优秀的文化传统，对于中国青少年树立民族自尊心、自信心仍是非常必要的。

让广大读者拥有一本有益于心灵成长的历史读物，

以便有效、快捷地传播祖国文化，是我们每个人的责任。编者在参考了一定量权威性的历史书籍基础上，取其所长，编写了这套《中华上下五千年》。本书力求全面客观地展示中国历史发展进程中的社会进化、政治演变、经济文化发展和国土开辟等方面的状况。

尊重历史就是尊重我们自己，历史不能割断也不能凭着个人的喜好加以修改。在编写本书的过程中，笔者注重历史读物的真实性，针对历史事件中的存疑之处，反复查找到翔实资料以避免虚构。这样以期让读者在了解历史、开启智慧、培养美德的同时，并试图为读者提供更多、更确凿的历史资料。

本书按历史发展顺序编写，以历史事件、历史人物为主线，所选取的内容上自远古时代，近到中华人民共和国成立。其范围涵盖政治、文化、科学、军事、民族关系等历代重大事件，对少数民族的历史也有相当篇幅的介绍。

相对于浩瀚的五千年中华文明史，本书所反映的内容是远远不够的。但编者尽所能在有限的篇幅中集中、准确地描述与之相关的史实。限于笔者的历史知识和文字水平，难免有疏漏之处，敬请专家学者和广大读者批评指教，同时，我们真诚地希望本书能够得到广大读者的喜爱。

目 录

远古文明

夏 朝

商　　朝

西　　周

春　　秋

战　国

远古时代

我们中华民族的祖先，从远古时代起，就在祖国的大地上劳动、生息和繁殖。

距今大约六七千年前，中国各地以不同形式进入母系氏族社会的繁荣时期，人们的经济生活已经以农业为主，兼事家畜饲养、渔猎和采集。原始农业是由采集经济发展而来的，妇女是农业的发明者。粟是当时北方主要粮食作物，我国是世界上最早种粟的国家。

直至大约四五千年前，我国黄河流域和长江流域的氏族，先后进入父系氏族公社阶段。父系氏族又叫“父权制”，也是原始社会的最后阶段。在父系社会里，土地、牧场等生产资料归全氏族公有，人们共同享受劳动果实，过着民主的生活。

中国古代史籍中有许多远古时期的神话传说。女娲是古代神话传说中创造万物的女神，盘古是传说中开天辟地、创造“五岳”的伟大人物。还有“三皇五帝”的传说，而以有巢氏、神农氏、大禹治水的传说流传最为广泛。传说依靠人们世代口头传诵到后来被文字记载下来，在这一过程中，传说也逐步地从神性色彩浓厚到具有人性的演变过程。透过这些充满神奇的幻想、天真美丽的传说，可以感受到我国古代人民顽强地同自然界抗争和对美好生活不懈追求的精神。

传说中的尧、舜、禹时期，是我国原始社会向奴隶制过渡的时期。

华夏始祖

中华民族有着悠久的历史，勤劳善良的中国人民创造了光辉灿烂的古代文化，中国是世界上有名的文明古国。我们中国人被称为“炎黄子孙”，炎黄指的是距今大约四千多年的黄帝和炎帝。他们传说是华夏的始祖。

我国古代有许多传说，最早的传说大多是氏族部落关于本部落的来源及其祖先的神话。那时候，人们还没有足够的科学知识解答一些问题，便靠着口头传诵以丰富的想象编出盘古开天地、女娲补天、共工撞不周山等许多神奇的传说。

传说远古时期，宇宙不像现在有日月星辰的轮转，没有天地昼夜，也没有山川河流、风云雷雨。整个宇宙混沌一团，像个大鸡蛋。这个大鸡蛋存在得太长久了，里面渐渐孕育了一个生命——盘古。盘古长期生长在这混沌世界中，感到心烦气闷，便找来先天金石之精的斧凿，将混沌的世界劈开。于是，轻清飘逸的大气上升，变成了明亮的蓝天；混浊厚重的尘土沉落下来，凝成了厚实的大地。天地分开之后，盘古担心有一天天会合起来，就手托蓝天，脚踏大地，将天地支撑起来。天每日升高一丈，地每日增厚一丈，盘古伟岸的身躯，也日复一日变得越来越高大。盘古像一根巍峨的顶梁柱子，矗立在天地之间，不让它们合拢。盘古死后，身体各部分别化作风云雷电、日月星辰、山川湖泊、肥田沃土、树木花草。一个幽静美好的世界诞生了。

又过了几万年，天神女娲来到大地上。她睿智而仁慈，是从大地中生长出来的神。她生得人面蛇身，神通广大，一天中可变化七十次。她在大地上行走，见世界荒凉寂寞，感到十分孤独，决心要在大地上创造一些有灵魂的东西。

女娲来到一处水洼处，蹲下身子，随手拿一块泥巴，仿造自己的样子捏造了一个小泥人。女娲看到自己塑造的作品，十分得意，向它吹了一口气，放到地上。小泥人一到地上，立刻有了生命。女娲非常兴奋，又连续捏了几个，都活了。于是，她开始不分昼夜地抟出了许多小生命。不知过了多久，女娲疲倦了，她觉得速度太慢了，干脆就用芦草编了一条绳子，醮着泥浆抡动，甩动时溅落到周围地面的泥点也立即变成了许许多多的小人。

最初的人类就这样被创造出来了。不久，人类的足迹便布满了大地。

神话毕竟只是神话，现在谁也不会相信真有这样的事，但是人们喜欢神话，一谈起历史，人们常常从“盘古开天地”、“女娲抟人”说起。这是因为它象征着人类征服自然的伟大气魄和丰富的创造力。

那么，人类历史究竟应该从哪儿说起呢？后来，科学发达了，人们从地下发掘出来的化石，证明人类最早的祖先是一种从古猿转变而来的猿人。

我国科学工作者在祖国各地先后发掘了许多猿人的遗骨和遗物的化石，可以看到我们祖国境内最早的原始人，已经有一百万年以上的历史，像云南发现的元谋猿人，大约有170万年历史；陕西出土的蓝田猿人，大约有80万年历史。在北京周口店出土的北京猿人，据今也有40~50万年了。

北京猿人的体质比元谋人和蓝田人进步，但古猿特征仍较明显，头骨前额低平向后倾斜，鼻子宽扁，眉脊粗壮，下颌部前伸。北京人的四肢较发达，可以灵活地运用双手劳动创造工具。北京猿人生活在周口店，当时，这一带的西北和西南部是高山和丘陵，有茂密的森林，东南一带是广阔的草原，河流纵横，气候温暖湿润。北京人用石器和木棒等工具从事采集和狩猎，猎获的动物有剑齿虎、羚羊、水牛等，而鹿类特别多。北京人生活十分艰苦，寿命较短。能活到50岁就是高寿。

由于猿人所处的恶劣生活环境以及生产能力低下，单靠个人的力量无法维持生存，均以群居的方式生活。这种群体被称为原始人群，我们的祖先就是依靠原始人群这种社会组织，共同劳动，共同对付猛兽的侵袭，顽强地改造着生存环境。

几十万年过去了，猿人在艰苦的斗争中进化了。在北京周口店龙骨山的山顶洞穴里，发现了另一种同现代人很相似的原始人的遗迹。我们把他们叫做“山顶洞人”。山顶洞人不但能把石头砸成石斧、石锤，而且还能把野兽的骨头磨制成骨针，用骨针把兽皮缝制成衣服。

山顶洞人时期，由于生产力的提高，后来发展到按性别、年龄进行劳动分工，古人的智慧也有了发展。古人进一步禁止了直系的长幼辈和同辈之间的群内乱婚，从而实行不同血缘亲族间通婚。这种族外婚是形成氏族的直接原因。血缘群婚是原始人群向氏族公社过渡的重要环节。从此，以血缘为纽带的氏族公社制度，便萌芽了。血亲关系的确定，使人类社会得以稳固发展。

人工取火

远古时代的原始人类，生存能力很差，居没有房舍草棚，吃不知熟食，仅靠生吃猎取到的鸟兽的肉，吸饮其血，生吃草木的果木根茎维持生存。后来，原始人经过反复观察，他们的动手能力提高了，生存环境渐渐有了改变。

原始人的工具十分简单，周围又有许多猛兽，随时随地会遭到它们的伤害。后来，他们看到鸟儿在树上做窝，野兽爬不上去，不能伤害它们。原始人就学着鸟儿的样，在树上做起窝来，也就是在树上造一座小屋。这样就安全得多了。后来的人把这叫做“构木为巢”。是谁发明的呢？当然是大家一起摸索出来的。但是在传说中，却把这件事说成有一个人教大家这样做的，他的名字叫做“有巢氏”。

最早的原始人，还不知道利用火。火的现象，自然界早就有了，火山爆发，有火；打雷闪电的时候，树林里也会起火。可是原始人开始看到火，不会利用，反而怕得厉害。后来偶尔捡到被火烧死的野兽，拿来一尝，味道挺香，经过许多次的试验，人们渐渐学会用火烧东西吃，并且想法子把火种保存下来，使它常年不灭。吃熟食的猿人体质提高了许多，寿命也有所延长。

又过了相当长的时期，人们懂得了人工取火。人们把坚硬而尖锐的木头，在另一块硬木头上使劲地钻，钻出火星来；也有的把燧石（燧音 suì）敲敲打打，敲出火来。这是谁发明的呢？当然是劳动人民，但是传说中又说成是一个人，叫做“燧人氏”。

人工取火是一个了不起的发明。从那时候起，人们就随时可以吃到烧熟的东西，而且食物的品种也增加了。据说，燧人氏还教人捕鱼。原来像鱼、鳖、蚌、蛤一类东西，生的有腥臊味不能吃，有了取火办法，就可以烧熟来吃了。

后来人们学会了用绳子结网，用网去打猎，还发明了弓箭，这样，平地上的走兽、天空上的飞鸟、水里的游鱼，都可以射杀、捕捉起来。捕来的鸟兽，多半是活的，一时吃不完，还可以留着、养着，留到下次吃，这样，人们又学会了饲养。这种结网、打猎、养牲口的活，都是人们在劳动中共同积累起来的经验。

这种渔猎的时期又经历了许多年，人类的文明越来越进步。开始，人们偶尔把一把野谷子撒在地上，到了第二年，发现地面上生出苗来，一到秋天，又长成了更多谷子。于是，人们就大量栽种起来。他们用木头制造一种耕地的农具，叫做耒耜（音 lěisì，一种带把的木锹）。他们用耒耜耕地，种植五谷，收获量就更大了。后来传说中把这些种庄稼的人说成是一个人，名叫“神农氏”。

传说中的神农氏还亲自尝过各种野草野果的味儿，有甜的，也有苦的，甚至碰到有毒的。他不但发现了许多可以吃的食物，还发现了许多可以治病的药材。据说，医药事业，就是从那时候开始的。

从有巢氏到神农氏，这些传说中的人物实际上是不存在的。但是从构木为巢，钻木取火，一直到渔猎、畜牧，发展农业，反映了原始人生产力的发展大致过程。1952

年，在陕西西安半坡村发现了一处大约六七千年以前的氏族村落遗址。我们从遗址中发掘出来的东西，知道那个时期的人已经学会饲养和农耕了。迄今，我国已发现这段时期的文化遗址达7000多处，东北到黑龙江，西北到新疆，西南到云南和西藏，东南到台湾。但各地区的发展是不平衡的，并且有鲜明的地区特点。

轩辕黄帝

关于黄帝有很多美好的传说。远古的人类在地上行走全靠双脚，若要搬运东西，只能肩扛手拿，很费事费力。黄帝便设计出了车子。有了车子，人们便可以以车代步，也可以用车载运东西，从而，人类的生活方式发生了一次重大的变化。车子古时又叫辕辕，人们为了纪念和感谢黄帝发明车子的功劳，便亲切地称呼黄帝为辕辕。黄帝姓姬，号轩辕氏，又号有熊氏，他是北方氏族部落的首领。

远古时期，在我国辽阔的黄河、长江流域，生息繁衍着许多氏族和部落。相传当时在西北方居住的有□氏部落中年轻女子附宝，与另一部落的首领少典成亲，生下了黄帝。据传说，黄帝刚一降生便与众不同。目光如电，闪烁着神灵之气。3个月后就能随着母亲呀呀学语，3岁时已能言善辩，聪慧过人。到了20岁时，他已成长为一个极具修养的人，并且待人诚恳、友爱，在族人中享有很高威望，很快他便被人们推举为华族部落的首领。

当时，古老的氏族制度已日益瓦解，各氏族部落之间为争夺领地、扩充势力经常相互侵伐，暴虐百姓，天下纷乱。在此情势之下，黄帝审时度势，从长远计，一方面他大力训练军队，将本部落军队和统归黄帝领导的以虎、豹、熊、罴等为图腾的各部落人马训练成为一支号令严明、训练有素、战斗力强的勇猛之师，用以讨伐那些破坏部落联盟规则、相互侵伐的部落，迫使他们归顺于华族部落。另一方面，黄帝在本部落内推行德政，爱护百姓，教化万民，积极发展畜牧农业生产，发明了打井、作杵臼、作弓箭、服牛乘马、驾车、造舟船等技术。黄帝的妻子嫘祖养蚕抽丝、染制五彩衣裳、制扉履。黄帝的史官仓颉创造了文字，臣子大挠占日月、作干支，乐官伶伦发明乐器。据说世界上第一只锅，是黄帝本人制作的，很快，人们就学会和推广用锅煮饭烧菜了。

黄帝部落的活动范围也日渐扩大，从发祥地陕西北部逐渐向东进入黄河中游流域地区。此后逐渐东进，后来定居于今河北涿鹿附近。在黄帝领导的华族部落进入黄河中下游地区的同时，西方以炎帝为首的炎帝部落和南方以蚩尤为首的九黎族部落也进入了黄河中下游流域。

传说炎帝族发祥于陕西岐山东面的姜水附近，该部落沿渭水东下，再顺黄河东进入河南西南部，后到达今山东地区。炎帝族首领炎帝也是少典的儿子，黄帝兄弟，姓姜，号神农氏，生得牛头人身。炎帝族与黄帝族世代互通婚姻。炎帝族部落在其进入山东地区的进程中，与从南方北上的九黎族部落相遇，双方发生了长期激烈的冲突。传说九黎族首领蚩尤长着四只眼睛六只手，人身牛蹄，头上生着锐利的尖角，耳旁鬓毛硬如刀剑，以石头和沙子当饭吃。蚩尤武功高强，还善能呼风唤雨。他共有 81 个兄弟，人人铜头铁额，个个凶猛无比。炎帝族在激烈的冲突中失利，被迫退向北方，向居住在涿鹿地区的黄帝族求援。

黄帝闻讯后，便与炎帝族联合，四处调集兵马，准备抵御蚩尤的进攻。蚩尤击败炎帝族之后，势力迅速膨胀，他跟踪追击北上，直逼涿鹿地区。当时，蚩尤的部落已掌握了铜的冶炼技术，开山洞采集矿石，打造戈、矛、戟、弩弓等各种兵器，用以装备军队，具有强大的战斗力。他带领 81 个兄弟，指挥大量军马，气势汹汹地向黄帝军队发起了进攻。

黄帝的部队与蚩尤的人马在涿鹿原野上展开了激烈的大厮杀。正当双方人马酣战之时，蚩尤施展本领，造起弥天的大雾。黄帝及其人马顿时迷失在大雾之中，大家不辨方向、敌我不分、自相残杀，蚩尤趁机进攻。正在危急之时，黄帝的臣子风后替黄帝制造了指南车，车上立一木人，手指着一特定方向，无论车子如何旋转，那木人手始终指向同一方向。依靠指南车的指引，黄帝统率大军冲出了大雾的包围。

后来，黄帝命臣子应龙选一适当地形，积蓄了大量的水，准备以水攻击蚩尤的大军。却不料蚩尤抢先从天上请来了风伯雨师，纵起漫天的狂风暴雨扫向黄帝大军。黄帝的军队被打得队形大乱、四散奔逃，陷于一片汪洋之中。黄帝大惊，连忙召自己的女儿天女魃从天上下凡助战。天女魃降落到地面，施展自己周身的本领，将满天的狂风暴雨和遍地横流的洪水一扫而光，黄帝的大军这才转危为安。

黄帝立即命令大军乘势转入反攻。大家士气大振，向蚩尤部队猛冲，势如破竹，杀得蚩尤人马丢盔弃甲、大败而归。为防止蚩尤反扑，黄帝开始驯养猛兽助战。他将猛兽饿上几天后，又命军士穿上蚩尤部的服装去逗弄它们，等它们被激怒后，便丢过去一些小动物。久而久之，猛兽一看见穿蚩尤部服装的人就野性大发，冲上前去撕咬。

黄帝利用猛兽最终战胜蚩尤之后，天下重归太平。各部落对其也愈加敬重，一致推举他为天子。从此，黄帝成为中原地区部落联盟的首领。

黄帝担任部落联盟首领后，对那些不服从命令的部落，四处率兵亲征。他的遗迹东至大海、北到河北、南至长江流域、西达甘肃。经过多年的征战，黄帝终于统一了中原。

黄帝以仁德治理天下，任用风后、常光、力牧、大鸿四大臣辅政，管理朝政，安顿万民。由于黄帝的努力，中原地区获得了统一。涿鹿大战之后留在中原地区的九黎族部落民众，与炎黄两族融为一体，成为华夏族。所以，中国人便把黄帝奉为始祖，我们常常把自己称为炎黄子孙。为了纪念这位传说中的共同祖先，后代的人还在陕西黄陵县北面的桥山上造了一座“黄帝陵”。

仓颉造字

传说仓颉是黄帝的史官，负责记载史实。那时还没有文字，人们记事都用绳子打结的方法。时间一长，那些大大小小、奇形怪状的绳结都记了些什么，就连自己都无法辨认了。

有一次，黄帝要和炎帝谈判，他让仓颉整理这几年来炎帝入侵杀民的史实。于是，仓颉便跑到了记史的的库房里去寻找材料，但是这里边的东西太多了，他在里面泡了几天，弄得头昏脑胀，耳鸣目眩，最后还是出了差错，使自己的民族受到了损失，黄帝也指责他没有尽职。这件事深深地刺痛了仓颉的心，他想：我一定不能再犯这样的错误了。但是应该怎么办呢？人的大脑记忆的东西毕竟是有限的，而且还容易出现差错。最后他决定要搞出一种简单易记的符号，让大家都能用符号表达思想，传授经验，记载历史。

仓颉有了初步想法，就是要创造一种符号，但具体到做的时候并不容易。仓颉坐在家里冥思苦想，想得饭吃不下、觉睡不着，最后也没有想出条条道道来。看着仓颉愁眉苦脸的样子，母亲对他说：“你应该出去走一走，向大家请教，众人智慧多嘛。”仓颉听了母亲的话，眼前一亮。于是收拾好东西上了路。

仓颉翻山越岭，跑了许多村庄，拜访了成百上千位能思会道的人。有一次，他来到一个村子，正赶上他们集体狩猎，仓颉也参加了，走到一个三岔路口时，几个老人为往哪条路走争辩起来。一个老人坚持要住东，说有羚羊；一个老人要住北，说前边不远处可以追到鹿群；一个老人偏要往西，说有两只老虎，不及时打死，就会错过机会。仓颉一问，原来他们都是看着地面上野兽的脚印的形状来认定的。仓颉心中猛然一喜，既然一种形状的脚印代表一种野兽，我为什么不能用各种东西的形状来编成符号呢?

就这样，仓颉在不知跑了多少路，受了多少苦之后终于开窍了。他高高兴兴地回到了家乡，着手整理采访收集来的材料，创造代表世间万事万物的各种符号。

为了不受外界干扰，他独自躲进村西头的沟里。仓颉住在沟内，日夜忙着创造新的符号，吃饭也由母亲送到沟口。为了叫起来方便，他给符号取了名字，叫做字，这些字都是仿照万物的形态造出来的。比如“日”字，是照着太阳红圆红圆的模样勾的；“月”字，是仿着月牙儿的形态描的；“人”字，是端祥着人的侧影画的，“爪”字，是观察着鸟兽爪印涂的……仓颉就这样细心观察万事万物，辛辛苦苦地创造着文字。

那时世上还没有笔墨纸砚，他就用折来的树枝，把字写在山洞的墙壁上，一个山洞写满了，他又挖出第二个山洞继续写。第二个山洞写满了，仓颉又挖出第三个山洞，时间一天天、一月月地过去了，一年过去了，两年过去了，就这样，仓颉整整造了三个山洞的字。这时，仓颉才离开山沟，回到了村里。

仓颉回到家里，母亲看到他又黑又瘦的模样很心疼，劝他在家好好休息休息。但是仓颉并没有这样做，他要把山洞里的字教给大家，使这些字能够流传下去。于是他开始不辞辛苦地办学校，教人们认字，他不仅教本村的人，还到其它村子去讲学，他去过很多地方，从此后，中国人就开始使用文字了。虽然当时的文字以象形体为主，还很不规范，但这已经很不容易了。

“仓颉造字”的故事，只是一个传说，文字不可能是一个人创造出来的，它是古代劳动人民集体智慧的结晶。

共工怒撞不周山

黄帝和他以后的颛顼（音 zhuānxū）、帝喾（音 kù）、尧、舜这五个部落联盟领袖，被古代的历史学家尊称为“五帝”。

据传说，颛顼是黄帝的孙子。他为人聪明，具备高超的琴瑟之技，又有智谋，善于利用鬼神迷信来管制部族成员，在群众中有很高的威信。颛顼视察过许多地方，北边到过现在的河北一带，南边到过南岭以南，西边到过现在的甘肃一带，东边到过东海中的一些岛屿。

但是颛顼也办过不讨人喜欢的事情。据说他制订了一条法律，规定妇女在路上和男子相遇，必须避让一旁。这道命令实际上宣布了男尊女卑的开始。

与颛顼同时代还有一个叫做共工氏的人，他的本领也很高强。据说共工氏姓姜，是炎帝的后代。他聪明，有力气，懂得生产方面的许多事情。他很乐意为公共的利益工作。那个时候，人类主要从事农业生产，共工氏是继神农氏之后为发展农业生产做出过巨大贡献的人。

共工氏有一个儿子，名叫后土，也很懂得农业。为了发展农业生产，他们父子二人考察了我国古代九个州（这九个州是冀、兖、青、徐、扬、荆、豫、梁、雍）的土地情况。九个州的广大群众十分欢迎共工和后土，他们尊称后土为社神，也就是土地神；尊称共工为水师，也就是管理水利灌溉的神。

共工氏和儿子后土考察了九个州的土地情况，认为有的地方地势太高，田地不能用水灌溉；有的地方地势太低，容易被淹：都不利于农业生产。因此，共工氏制订了一个计划，要把高地削平，低地垫高。他认为挖下高地的土填在低洼的地方，就可以在更多的土地上种上庄稼，就可以发展农业生产。可是颛顼不同意共工氏这样做。

为了争夺部族的领导权，颛顼与共工氏之间发生了一场十分激烈的斗争。颛顼拼命宣传鬼神迷信，吓唬群众，叫他们不要帮助共工氏。当时社会生产力很低，人们还很迷信，不少人害怕共工氏一平整土地，会触怒鬼神，引来灾难，他们都站到颛顼那一边去了。然而，共工氏具有坚强的信念。他认定自己平整土地的主张是正确的，所以决不认输。他决定用生命来实现自己的理想。他猛然用自己的脑袋去撞怪石嶙峋、高耸入云的不周山（即现在的昆仑山），想把不周山的峰顶撞下来，填平山边的洼地。

不周山被共工氏猛然一撞，立即拦腰折断，泥土石块哗啦啦地崩塌下来。顷刻之间，整个天空剧烈地摇晃起来，整个地面剧烈地颠簸起来。原来这不周山是天地之间的支柱，天柱折断了，系着大地的绳子崩断了，大地向东南塌陷，天空向西北倾倒。因为天空向西北倾倒，太阳、月亮和星星就每日里从东边升起，向西边降落；因为大地向东南塌陷，大江大河的水就都奔腾向东，流入东边的大海里去了。共工氏虽然撞得头痛欲裂、眼冒金星，但是他撞崩了不周山，在我国北方造成了有利于农业生产的大片的平原。

关于共工氏怒撞不周山的传说，已经流传了两千多年。这个传说说明了我们的祖先想要解答为什么太阳、月亮、星星都是东升西降的，为什么大江大河都是从西向东奔流，为什么华北地区有一片大平原等许多问题。他们没有足够的科学知识来回答这些问题，只能以丰富的想象编出像共工氏撞崩不周山那样有趣的神话传说来。

至于传说中的共工氏，当然并非实有其人。但是他那种勇敢、坚强，不甘屈服于鬼神，愿意牺牲自己来改造山河的大无畏精神，永远值得我们敬仰。

尧舜禅让

颛顼在位七十八年，到九十一岁的时候去世。帝喾（音 kù）接替了他的地位。帝喾又称为高辛错。帝喾从十

五岁起就辅佐颛顼，即位那年他已经三十多岁。帝喾为人大公无私，能明察善恶。他在位的时候能严格要求自己，所以天下人都很信服他。帝喾去世后，他的儿子挚接替了他。挚因为荒淫无度，不修善政，九年以后被废黜，尧被推荐为部落联盟的领袖。

尧姓伊祁，名放勋，号陶唐氏，简称唐尧。相传尧是颛顼的七世孙。古书上说尧很善于治理天下，他命令羲、和两个人掌管天地，派羲仲、羲叔、和仲、和叔分别掌管东、南、西、北四方。他还制订了历法，规定一年为三百六十六日，分春、夏、秋、冬四个季节，使农牧业、渔猎业都能根据季节安排生产。

尧从十六岁开始治理天下，在位七十年。到八十六岁那年，他觉得自己年老力衰，想要找一个人来接替他。他向各地发出公告，号召人们推荐贤能的人。过了不久，人们推荐虞（音 yú）舜做他的继承人。

据说虞舜姓姚，名重华，冀州（今河北省一带）人。他的父亲是个瞽叟（瞎老头），母亲早去世了。瞎父亲又娶了一个妻子，也就是虞舜的后母。后母生了个儿子，取名叫象。象好吃懒做而又非常傲慢，经常在父母面前说异母哥哥虞舜的坏话。老夫妻俩和象常在一块儿密谋，要找机会害死虞舜，好让象一个人继承父母的全部财产。虞舜并不介意。他十分孝顺自己的瞎父亲，对待后母和异母弟弟象也很好。

唐尧听了人们的介绍，决定先考验考验虞舜。尧把自己的两个女儿娥皇和女英都嫁给了虞舜，派虞舜到各地去同群众一起干活。虞舜结婚以后，带着两个妻子一起去种地干活，仍旧孝顺父母，关心弟弟。虞舜的名气就更大了，大家都说他是个好儿子，好丈夫，好哥哥。

虞舜到历山脚下去种地。原来那里的农民经常为了争夺土地而闹得不可开交，虞舜一去，农民们就互相谦让，你帮我，我帮你，把生产搞得很好。虞舜到雷泽地方去捕鱼。本来那里的渔民经常为了争夺房屋而打得头破血流，虞舜一去，渔民们就互相让房屋，和睦得像一家人。虞舜到河滨去烧制陶器。原来那时的陶工干活粗制滥造，陶器的质地粗劣，虞舜一去，陶工们就认真工作，制作出来的陶器十分精美。虞舜每到一个地方，人们都紧紧跟随着他。舜时父权制已确立，私有财产也已产生。舜拥有许多私有财产，有牛羊，仓库里储存许多物品。

虞舜的瞎爸爸和弟弟象听说虞舜得到这么多东西，又起了坏心。有一回，瞽叟叫舜修补粮仓的顶。当舜用梯子爬上仓顶的时候，瞽叟就在下面放起火来，想把舜烧死。舜在仓顶上一见起火，想找梯子，梯子已经不知去向。幸好舜随身带着两顶遮太阳用的笠帽。他双手拿着笠帽，像鸟张翅膀一样跳下来。笠帽随风飘荡，舜轻轻地落在地上，一点也没受伤。

瞽叟和象并不甘心，他们又叫舜去掏井。舜跳下井去后，瞽叟和象就在地面上把一块块土石丢下去，把井填没，想把舜活活埋在里面，没想到舜下井后，在井边掘了一个孔道，钻了出来，又安全地回家了。象不知道舜早已脱险，得意洋洋地回到家里，跟瞽叟说："这一回哥哥准死了，这个妙计是我想出来的。现在我们可以把哥哥的财产分一分了。"说完，他向舜住的屋子走去。哪知道，他一进屋子，舜正坐在床边弹琴呢。象心里暗暗吃惊，很不好意思地说："哎，我多么想念您呀！"

舜也装作若无其事，说："你来得正好，我的事情多，正需要你帮助我来料理呢。"

以后，舜还是像过去一样和和气气对待他的父母和弟弟，瞽叟和象也不敢再暗害舜了。

唐尧听说虞舜这样宽宏大量，对他更加放心了，就把治理天下的大权交给了他，自己带着一班人到各地去视察。虞舜行使了二十年的治理大权，把各种事情办理得井井有条，使天下的人全都十分佩服。这时候唐尧已经很老了，他视察各地回来之后，就把部落联盟领袖的职权全部让给了虞舜，自己退居一旁养老。这在历史上就叫做“尧舜禅让”。

虞舜担任领袖的第八年，尧去世了。他更加勤恳奋发地工作，把天下治理得比尧的时候更好，农牧渔业有了很大的发展。

舜年老时，在部落联盟会议上，因禹治水有功举其为继承人。禹为舜处理部落联盟事宜达 17 年，培养了能力，提高了威信。舜在晚年也到处巡视。最后一次，他巡视到苍梧地区（今广西壮族自治区东北部和湖南省南部一带），得病死了。他的妻子娥皇和女英非常想念他，常常扶着门前的竹子悲哀地哭泣，她们的眼泪滴在竹子上，凝成了斑斑点点的美丽的花纹。这种有花纹的竹子，后来就被人们称为湘妃竹，其实就是斑竹。

大禹为舜举行了隆重的葬礼，并修了零陵与舜庙以示纪念。在返都时，娥皇、女英双双投进湘水。百姓传说她们已成为湘水之神，称她们为湘妃。

尧和舜选贤任能、宽厚豁达的高尚品德被人们世世代代赞扬传颂着，“尧舜禅让”的故事不愧是千古佳话。

大禹治水

黄河被誉为中华民族的母亲河。中国人民世世代代在黄河流域繁衍生息。人们在黄河水的滋润哺育下顽强地生活着。

相传在四五千年前，我国原始社会末期，黄河、长江流域地区发生多次大水灾。洪水滔天，浩淼无际，淹没了

广大的原野、茂密的森林和许许多多的村庄，百姓流离失所，被迫逃往突兀的峰峦或躲入深山岩洞中避难。

尧在位时更是连年降雨，黄河水势猛涨，泛滥成灾。黎民百姓深受其苦。于是，尧在众臣的推荐下任用夏后氏的首领鲧治理洪水。

夏部落起源于我国西北方的一个古老部落，为黄帝族的一个分支。他们步其前辈黄帝族的前进路线，向东进入黄河流域地区，后定居于今河南嵩山至伊水，洛水流域一带。该部落由夏后氏、有扈氏等12个姓的氏族组成。鲧办事果断但刚愎自用，他在临行前胸有成竹地对尧说：治不好洪水甘愿受罚。

鲧治水心切，立即着手治水。鲧不停地命人挑土运石、造堤筑坝，企图将滔滔洪水挡住。可是黄河水势太猛，受阻后更如笼中困兽左冲右突。结果黄河灾情更加严重，附近的村屯房倒屋塌，百姓死的死逃的逃，其状惨不忍睹。水灾反而日益严重了。

前后费时9年，鲧虽然沥尽心血，但黄河水仍然没被治服。那时尧已经很老了，自知力不从心，便将首领之位让给贤明的舜。舜继位后，亲自前往水灾地区巡视。所到之处洪水浩大，一望无边，良田房屋都淹没在水中，由于鲧治水不利，给百姓带来深重的灾难，舜便将其免职，发落到羽山，不久便将其杀掉。

百姓的惨状使舜寝食难安，经多方调查了解，他决定任用鲧的儿子禹治理洪水。

禹继承了父业，决心平复水患，拯救万民。禹的心情很沉重，他深知此事关系重大，首先父亲的死无形中给他施加了很大的压力，另外，如果自已再治水不利，对于早已无家可归的百姓来讲，无异于雪上加霜。他沉思了很久之后，请来几位有威望的长者，共商治水大事。

经过一番激烈地争论，禹决定用疏导的方法将黄河水引走。禹在结婚第四天告别了妻子，带着契、后稷等助手们踏上了漫长艰险的治水之路。

那时人烟稀少，大部分地方除了河流就是深沟和荒山野岭，禹所到之处只能边开路边前进，足迹几乎踏遍了当时整个中国。但禹凭借超人的毅力，跋山涉水，在各地勘察、测量、规划。他还和人们一起运石伐木、开河挖渠，使治水这项宏伟浩大的工程在风霜雨雪中缓慢艰难地进行着。

禹风餐露宿治水 13 年，人累瘦了，腰压弯了，他的手指甲磨秃了，脚底生了脚垫。13 年中他三过家门而不入，据说有一次他在家门前经过，恰逢儿子出世啼哭不止，他也没有进去看一眼。和他一起劳动的百姓见了，都十分感动。

禹率百姓由甘肃积石山一路疏通黄河河道而下，走到黄河中游（今山西河津和陕西韩成县交界地），发现一座大山挡住了黄河的去路，浩荡的黄河水盘旋回流，将高高的孟门山淹没了。禹当即命人将山劈开一个大大的豁口。被困的黄河水开闸般吼叫着狂泻而出，水声震耳欲聋。从此常年奔涌畅通无阻。当时禹将此处命名龙门，人们为追念他的功绩，称龙门为禹门口。

禹顺着水流的方向继续前进，走着走着，发现又有一座大山挡住了水道。禹又命人将此山凿开三道门，并分别命名为神门、鬼门、人门。也就是今天著名的三门峡。禹的足迹踏遍了黄河两岸，黄河水终于被彻底治服了。

大禹的名字被万民称颂，各地百姓都以不同的形式纪念他。当年他由于过度劳累曾靠在一棵柏树上休息，人们就把这棵柏树称作神柏，柏树所在的山峪被称为神柏峪，附近还建有一座纪念大禹的神庙。天长日久，这里渐渐有了人烟，并形成今天的镇子——大禹渡。不远处还有一个大禹留宿过的地方，被后人叫作禹店村。据说，在三门峡附近有 7 口石井和 2 个马蹄坑都是大禹当年留下的痕迹。

禹完成使命，百姓重建家园安居乐业。这一辉煌神圣的功绩使舜激动不已，他立即召见大禹，让他谈治水经验。禹谦逊地说这不是我一个人的功劳，我所做的只是采纳大家良好的建议而已。舜欣慰地点了点头。接着又同他谈了治国之道，认为禹是个不可多得的贤才，于是将帝政交于禹。

禹作首领后，继续兢兢业业，勤于政务。

禹派伯益把稻种分发给住在多雨高温地区的人们，让他们种植水稻。禹又派擅长种植庄稼的后稷将各种不同的粮食分发给不同地区的民众，以解决口粮和种子，并教会人们如何耕种。他的一系列措施使当时的农业取得了很大的发展。

由于禹治水有功，又发展了农业生产，各部落人民对他十分拥护。为了歌颂和表现他不畏艰险，为民造福的伟大功德，后人称他为大禹——即伟大的禹。

大禹统治时期，社会进入了一个新的阶段。

夏　朝

夏朝奴隶制代替氏族制，是历史上一次巨大变革。相传为夏后氏部落领袖大禹之子启建立了中国历史上第一个奴隶制国家。夏人主要生活在今河南省嵩山一带，伊河、洛河流域的黄土平原，这里土地松软、适宜耕作。他们用石镰、石铲、骨铲、蚌刀和木制的工具从事农耕，种植粟和稻等农作物。夏朝手工业门类较多，其冶铜技术相当进步，其中尤以青铜工艺最为先进。

夏朝自启建国开始，到夏桀灭亡，共传 13 代，16 王，有500 多年历史，先后建都阳城（今河南登封告成镇附近）、阳翟（今河南禹县）等地。在夏朝第 14 个王朝孔甲统治时期，政治腐败，社会矛盾已日益尖锐。至夏桀统治时，夏桀暴虐无道，引起平民和奴隶的反抗，终于在公元前16世纪被夏的属国商所灭亡。

夏朝文化比较发达，有《夏书》、《夏训》和《夏礼》等典册。夏文化为殷周文化的发展奠定了基础。

第一个奴隶制王朝

禹担任部落联盟首领后，进一步发展农业生产，相传禹曾带着生产工具参加水利工程建设。同时农业生产技术也有了很大进步，出现了许多发明创造，伯益发明了凿井技术，奚仲发明了车，仪狄首创用粮食酿酒。这些发明创造又促进了农业的发展。

在禹统治时期，随着生产力的发展，产品有了剩余，人们学会了酿酒和冶铜，也开始了商品交换，渐渐地产生了贫富分化，同时也出现了犯罪。这令大禹感到很痛心，他认为是自己治理不善所致，于是指示地方官吏对百姓加强教化，避免犯罪的发生。可是伴随私有制的出现，人们的观念有了质的变化，常常在你抢我夺中发起冲突。大禹万般无奈只好制订禹刑，设置监狱以惩治犯罪。监狱这种机构的产生，需要一部分人从生产中脱离出来，从事看管监狱的工作，而他们的生活又要依靠从事生产的人，于是又出现了征税。

为掠夺财富和奴隶，禹即位后不久，不予任何首领商议，便发号施令，调动人马对南方三苗人民发动战争。社会的进步使大禹的地位越来越高，他的权力也显得至高无上。一次禹召集各部落首领举行涂山大会，其间用各部落献出的铜铸成象征九州的九个大鼎，并运回宫中，称之为镇国之宝，各部落首领在进贡时还要对九鼎膜拜。九鼎显然成了权力的象征。

涂山大会之后，大禹又召集各部落首领举行茅山大会。大会开始后，防风氏的首领才慢腾腾地步入会场，大禹十分恼火，当即派人将防风氏首领斩首。其他部落首领均吓出一身冷汗。从此对大禹俯首贴耳唯命是听，此时的大禹已不仅仅是部落首领，实际上已是拥有生杀大权的国王了。

大禹越来越老，按惯例该选继承人了。大家一致推荐掌管刑法的皋陶。可是不久皋陶病死了，大家又推举当年同大禹一起治水的伯益。伯益在治水期间吃苦耐劳、献计献策，在百姓中的威望很高。但此时的大禹已存有私心，很想让自己的儿子启做继承人。可祖上传下的规矩不好破坏，怎么办呢？想来想去，他决定给伯益一个虚名，真正的实权交给儿子。久而久之，启在百姓心中渐渐有了威望。

大禹死了。伯益为他举行了葬礼。当年大禹为舜举行葬礼后曾将继承人的位置让给舜的儿子，但没被接受。这次，伯益效仿大禹的样子，避居起来，假意将王位让给大禹的儿子启。谁知启并没客气，竟堂而皇之地接受，登上了王位。各部落首领也纷纷前来朝贺。

伯益正在等启来请他继位，未料美梦化成泡影，不禁恼羞成怒，率部攻打启。启早有防备，从容应战将伯益杀死。

启这种有违祖规的做法引起了有扈氏的不满，他联合其他部落组成六军攻打启，同样惨遭失败。伯益和有扈氏的失利，使各部落首领都变得驯服了，不敢再有反叛的念头。夏启的地位得到进一步巩固。他成了一个名副其实的国王，将禅让制彻底改变为世袭制。中国历史上第一个奴隶制王朝——夏建立了。中国历史自此从原始社会进入了奴隶社会，故史称“夏禹传子”。

当了国王的夏启将权力使用得淋漓尽致。他大兴土木修建了王宫和钧台。在王宫中他听音乐、赏歌舞，过着令人羡慕、神仙般的生活。他在享受的同时，没有忘记学父亲大禹的样子召开首领大会。他把地点定在钧台，让众首领聚集在他的脚下。其威风之显赫是以往历代首领无法比拟的。

在宫中呆腻了，夏启带着王公大臣驾着车浩浩荡荡去各地巡游。当年尧、舜、禹巡游四方是为了了解民间疾苦，真正为百姓做事。而夏启的巡游却给百姓带来了无尽的苦难。所到之处恣意玩乐，尽情搜刮，人民苦不堪言。启常年不理朝政，渐渐引起众人不满，时有叛乱发生。于是，在夏王朝统治集团内部爆发了夏启五子争夺王位的斗争，其中尤以小儿子武观的行为最为激烈。夏启派大将彭伯寿统兵平叛。叛乱虽被镇压下去，夏王朝却因此而元气大伤，其统治已遭到严重削弱。

9 年后，夏启死于重病，将一个摇摇欲坠的王朝交给了长子太康。太康的劣性较其父亲有过之而无不及。他全然不把国事放在心上，整日领着几个大臣到森林中打猎。一天太康又去打猎，不知不觉越走越远，猎兴也越来越浓。在外面呆了很久才想起回宫。但此时回宫为时已晚，都城早已被有穷国的国君后羿占领了。

后羿是个神箭手。相传尧帝时，天上同时出现 10 个太阳，河流干涸，大地裂开，草木干枯，百姓的性命危在旦夕。后来有位叫羿的神箭手射落九日，拯救了百姓与万物。由于有穷国国君箭法高超，人们认为是神羿再世，便称他为后羿。

太康见大权被夺，才想起是自己多年荒废国事所致，但后悔已晚。想与后羿抗衡又有心乏力，只好差人求后羿给他一个容身之处，遭到后羿拒绝。太康无奈只得返回昔日打猎的森林之中。此时的他已毫无打猎的兴趣，在懊悔与沮丧中过起了食不裹腹、衣不蔽体的流亡生活，最后死在了荒郊野岭。

太康在位 19 年，史称“太康失国”。

少康复国中兴

夏启废除了“禅让制”，登上王位，开创了父死子继的世袭制度，建立了奴隶制夏王朝。他死后，其子太康继

位，太康继续效仿其父奢侈的生活。后来因贪恋打猎，被东夷族的有穷氏部落首领后羿趁夏王朝国政荒疏、内部混乱之机，起兵一举攻占夏朝国都安邑，并禁止在洛水河畔打猎的太康返回国都。太康不久便在颠沛流离的生活中去世。

后羿进入夏朝国都后，立太康之弟仲康为夏王，政权由自己执掌。后羿虽然善射，武力强盛，却不修政事，与太康一样酷爱打猎，一年到头沉溺于围捕射猎之中。他远离自己的忠臣武罗、伯姻等四大臣，信用东夷族伯明氏出身的寒浞。寒浞是一个谄上欺下的阴险小人，因其极善于谗言挑拨而被本族人驱逐。后羿却对他倍加信任，任用他为国相，委托他处理国家政务。寒浞投后羿所好，骏马猎犬、硬弓利箭、鲜衣美食源源不断献与后羿，并派有经验的猎手专事陪同后羿射猎取乐。后羿满心欢喜，对寒浞越加信赖。同时，寒浞不惜重金贿赂后羿的臣子，竭尽拉拢之能事，积极扩展私人势力、网罗党羽，并收买后羿的家奴，暗中指使其寻机谋害后羿。

在一个月黑风高的夜晚，后羿的家奴趁后羿酒醉酣睡，将其杀死。寒浞杀害后羿之后，霸占了后羿的妻子和全部财产，并盗用有穷氏部落名号，把持了夏政权。仲康见夏王室惨遭涂炭，寒浞等人横行无忌，自己如同木偶傀儡，行动不能自主，整日处于寒浞亲信的监视之下，时时提心吊胆，心情忧愤，不久便在忧郁中死去。

仲康之子后相被立为夏王，政权由寒浞及其亲信把持。后相亲眼看到了父亲的悲惨下场，不愿重蹈覆辙，便趁监视自己的人松懈之机，乘机逃出国都，投靠夏王室的同姓部落斟灌氏与斟鄩氏。寒浞唯恐后相召集夏朝旧部返回国都复仇，便命令自己的长子浇率大军尾追其后，攻灭了斟灌氏与斟鄩氏，杀死了夏后相。正当双方混战之时，后相的妻子后缗从围墙破洞中逃出，避开了浇的兵士，返回了娘家有仍氏（今山东金乡），生下了遗腹子少康。后缗把眼泪咽到肚里，把仇恨埋到心底，她决心将少康抚养成人。

少康得知自己的身世后，极度悲愤，果然立志复仇兴国。外祖父见少康人小志大，满心欢喜，命他在有仍氏族中担任牧官。他恪守本职，做好牧官工作，同时利用空闲时间向有智谋的人学习治国方略，向有军事才能的人学习排兵布阵、攻战野战，并积极纠集武人谋士，密切注视杀父仇人的举动。

不料，一年夏天寒浞长子浇打听到了少康的下落，便派手下大将椒率兵搜捕少康。所幸少康事先得到了消息，提前逃离有仍氏住地，躲过了椒的搜捕。少康逃至舜的后代有虞氏部落，被有虞氏任用为庖正，负责管理厨房膳食。有虞氏首领虞思见少康年轻有为，很具才干，十分欣赏，便将自己的二个女儿嫁与少康为妻，又将一处叫做纶的地区划给他做封地。自此，少康拥有了一片肥沃的土地和不少士兵，这些成为他复仇兴国的根据地和武装力量。

少康以自己的封地为据点，大力纠集同姓斟灌氏和斟鄩氏余众，招揽昔日夏朝官吏旧部，广泛宣扬夏祖先的功德，揭露寒浞、浇等人篡权杀君暴虐天下百姓的罪行，积极争取邦国部落以及平民百姓的支持，势力日渐壮大。

就在少康势力日益壮大之时，夏朝旧臣靡也集聚了众多兵马，准备拥立少康，重建夏朝。靡原为太康手下大臣，在太康昏庸失国之后，他投靠后羿，侍奉后羿为主。尔后寒浞谋杀后羿篡位，靡陷于极度恐惧之中，唯恐祸及己身，便逃至有鬲氏地区，召集夏王室同姓部族、招募天下武士，企图与寒浞抗衡。后来他说听少康立志复国，便与少康取得联络，共同讨伐寒浞。少康得到靡部众的支持，势力更为壮大，开始寻机起兵复仇。

少康首先暗中派遣谍报人员进入寒浞统治地区，刺探实情。寒浞此时已经死了，其长子浇继承寒浞的位置，把持国政，驻扎在夏朝故都安邑。此人身大力蛮，能陆地行舟，他依仗其蛮力，暴虐百姓，人民无不痛恨。

少康率领大军，在靡以及各邦国、部落人马的支援下，浩浩荡荡杀奔夏朝故都安邑。此时，浇正在王宫中享受作乐，忽然听到少康大军兵临城下，不禁非常震惊，但仍依仗其蛮力负隅顽抗，最终却无力抵抗少康大军的奋力进击，被少康消灭。有穷氏部落也随之被消灭。少康进入安邑后，在靡等人的拥护声中，重新登上王位，恢复了夏王朝的统治。自太康失国，中间历经后羿、寒浞、浇三代，至少康复国，已有 40 多年了。

少康重建夏王朝统治后，在夏朝的另一旧都阳翟重建都城，出现了较为稳定的政治局面，故被史家称为“少康复国中兴”，少康也被誉为一代中兴之主。

孔甲养“龙”乱夏

孔甲是夏王朝少康之后的第八代国君。他的父亲不降当政59年，是夏朝历史上在位时间最长的一位君主。按照夏朝世袭制，孔甲本该是第六代国君，只因他生性好玩，喜好鬼神，整日东游西逛、不务正业，将所有的精力都放在了打猎和占卜上了，对王位之事漠不关心。不降也实在不放心把天下托付给他，权衡再三，决定让位给自己的弟弟扃。

扃（音 jiōng）执政18年，政绩平平。扃死后，由他的儿子廑（音 jǐn）继承了王位。

扃和廑都是平庸得出奇的人物，既没有国君的胆识气魄，又没有治国之才。又逢连年大旱，田间地头一片干枯，黎民百姓饿死病死无数。

面对天灾人祸，众臣认为这一定是没有让孔甲继位，违背了天意，惹得天帝发怒才降罪人间的。所以在廑死后，大家将不降的儿子孔甲扶上了王位。

孔甲继位后，立即举行了隆重的仪事，向天帝求雨。几天后，阴云密布、雷声隆隆，接着瓢泼似的大雨从天而降，严峻的旱情也即刻缓解了。举国上下全都泡在雨中，有的跪拜，有的欢呼，纷纷感念孔甲的恩泽。

大雨过后，万物复苏，夏国重新走了繁荣的道路，孔甲的威信也与日俱增，他洋洋自得地自以为有天神在保佑。从此孔甲对鬼神更是深信不疑，游玩的兴趣也愈发强烈了。他整天带领几名贴身侍从外出游山玩水，放鹰逐犬，对于国事根本无暇顾及。大臣们虽然对他很不满，却也不敢在他面前说什么。

一天，孔甲与侍从来到一条大河边，在那里他们看见两个庞大的怪物浮出水面又缓缓爬上岸。孔甲被这两个怪物吓坏了，他刚想逃走，一个侍从故作聪明地对他说："大王别害怕，这是天帝派来侍奉您的雌雄二龙啊！"

"侍奉我的龙？"孔甲将信将疑地问。那位侍从忙进一步解释说："龙是神物，它们现出原形伏在您面前，难道不是侍奉您吗？天帝希望你像黄帝一样乘坐龙车……”

孔甲兴奋极了，忙命人生擒二龙，费了好大一番功夫才将龙带回宫中，并传下命令，谁能替国君驯养此龙，定有重赏。养龙可不是件容易的事，从大臣到百姓没有一个敢当此重任的。几天过去了，仍然无人前来应征。两条“龙”已经奄奄一息，孔甲真是心急如焚。就在他坐立不安的时候，一个大臣向他禀报：在东海之滨有个叫刘累的人，曾跟豢龙氏学过养龙术。孔甲喜出望外，急忙命大臣速请刘累。

刘累赶了几天路来到宫中，他见了那两条“龙”，明明是两条大鳄鱼！但是，既然孔甲对此已深信不疑，自己也不好纠正，只好将错就错。他正了正衣衫，恭恭敬敬地对鳄鱼深施了一礼，然后又对孔甲施了一礼，说：“恭喜大王得此神物。若想让龙保有神威，必须修一个豪华的大水池。”

孔甲对刘累言听计从，忙命人修水池。很快一个豪华漂亮的大水池修好了。鳄鱼有了水，又吃了些食物，很快恢复了活力。孔甲喜不自胜，赏了刘累许多财物，还封他为御龙氏。刘累好不得意。刘累正得意洋洋地欣赏财物，忽然有人通告国君有事召见他。刘累连忙进宫。孔甲见了刘累说："我养神龙是为了能坐上龙车，你既能养龙，就一定会驯龙，我希望神龙能早日驾车，我要乘坐龙车巡游天下。"

刘累有些发呆了，养"龙"是挺容易的事，可是要它们驾车，这怎么可能呢？刘累垂头丧气地走回住处。刘累一边想着应付孔甲的办法，一边走向水池。当他的目光投向水池时，心不由格登一声，他一下子瘫软在地。那条雌"龙"怒目圆睁，静静地浮在水面一动不动了。刘累知道自己已大祸临头，得想个主意逃过此难。

第二天，刘累拜见孔甲，说从即日起可以让神龙练习驾车，但是有两个条件：第一，乘坐龙车的人身体必须强壮，否则会折寿；第二，神龙练习驾车时附近不可有凡人观看，否则前功尽弃。同时送上一盘美味，声称是东海出产的一条大鱼的精肉，可补养身体。连吃数日就可乘坐龙车。孔甲大喜，又赏给刘累大量财物。

到了第二天，刘累亲自送来一盘鱼肉。第三天刘累差人又送来一盘鱼肉。第四天却迟迟不见有人送鱼肉来。孔甲有些不解，但又不便去问。第五天、第六天还是不见踪影。孔甲想派人去询问，又怕惊扰了神龙练驾。又过了五六天，孔甲再也等不下去了，他派人去找刘累。

派去的人很快慌慌张张地跑回来报告说：刘累人不见了，他屋子里贵重的东西也不见了。孔甲大吃一惊，他顾不得坐车，随着侍从跌跌撞撞地向养“龙”的水池跑去。

哪儿还有驯龙的人，水池里那条雄“龙”眼睛瞪着、嘴半张着漂在水面上，不知已死了多久。孔甲像疯子一样他四处走着、找着、看着。突然，他的目光定在墙角一堆东西上。天哪！那是“龙”头和“龙”皮！孔甲只觉得天旋地转。他猛地想起刘累送的美味。他惊呼一声：“我吃的是龙肉……”。他气愤得暴跳如雷，即刻下令捉拿刘累，但刘累早已不知去向。

从这以后，孔甲的脾性愈加暴躁，终日敬奉鬼神，夏朝的气势日益衰弱，国家政治也日益混乱了。

商汤灭夏

少康以后，夏朝的江山的确稳固了一段时间，但是好景不长，到了孔甲当王的时候，整天荒淫无度，孔甲还特

别迷信，致使诸侯大都不听从朝廷的号令。孔甲之后，政治日益腐败，内乱不止，国势日弱。

就这样，夏朝的江山颠颠簸簸，延续了一段时间，到了夏朝第十七代王履癸的时候，江山已经摇摇欲坠，这履癸就是夏朝的最后一个国君桀。

桀是历史上一个著名的暴君，他长得粗野无比，而且力大超人，心中毫无点墨，当上夏朝的君王后，桀整天不思国家大事，而是想着自己怎样享乐。他派了许多大臣在全国选美女来为他享用。诸侯们也摸到这位大王的习性。

有一次，桀攻打有施国。眼看着有施国的城池就要丢了，这时，有施国将国中最漂亮的妹喜献给桀，桀一看妹喜，当即就带着将士们回宫。有施国以一女而保了平安。

桀自从得了妹喜之后，整天和她厮守在一起，对她百般宠爱，招来国内最优秀的工匠，为她建立一座宫殿，这座宫殿是当时京城的最高建筑，高耸入云，似乎要倒下了，人们就给它起了个名字，叫倾宫。倾宫的内部装璜也华丽无比。他就在这样的地方和妹喜嬉戏游乐，欣赏歌舞，大臣们要进宫报告事情，一律被挡在宫外。

桀别出心裁，在倾宫的边上挖上一条河，河里全部注满了酒，他把这条河叫做酒池，在酒池旁边还垒了一座完全靠肉堆积而成的山。

桀的荒淫无度，让忠臣贤士寒心。大臣关龙逢规劝桀应以国事为重，桀竟将他赶走，不久便将他杀了。而奸臣于莘、赵梁投桀所好，为他尽情享乐出谋划策。

桀丝毫不管百姓的死活，老百姓都挣扎在水深火热中。无数的财富都填进了这个暴君的欲望之口，而这个暴君杀人如儿戏，老百姓是敢怒而不敢言。人民实在无路可走，有的人对着太阳指桑骂槐道："你这个可恶的太阳什么时候完蛋啊。"

正当夏朝日益腐败、气势日渐削弱之时，在黄河下游，有一个诸侯国渐渐地发展起来了，这就是商。商的国王叫汤，汤贤良无比，他以仁义治国，以礼貌待人，百姓都说遇到了一个明君，周围的诸侯国也都和他相处和睦。

图3 汤的势力日益强大，同时，他加紧以仁德宽厚的政策收揽人心。一天，汤到国都外郊游历，忽然看见一个人四面张着罗网，跪在地下祈祷说："天上和地上的猎物，

都快快进我的罗网。”汤听后走到那人的面前，说：“你的意思不就是一网打尽吗?”那人点头称是，于是汤就命令他重新祈祷，让他说：“想往左的、就往左，想往右的，就往右，不听从命令的，才进入我的罗网。”汤与捕鸟人的故事很快传开了，人们知道他对飞禽都这么善良，都称赞他是仁慈的国君。

桀有一天知道有一个诸侯王居然比自己贤良，而且大多数诸侯都听他的，他有些害怕了，就命令赶快把汤抓来，囚禁在夏台，就是今天河南努县这个地方。汤的大臣伊尹这时正在辅佐汤，见到商国无君，心急如焚，就生了一计，派人到国内去广搜财宝，挑选美女，派了一个巧舌如簧的使者到夏都去。

那使者到了夏都，用许多金银财宝买通了桀的一个佞臣赵梁，赵梁一见到这些财宝，马上心就动了，就答应引见。第二天赵梁带着这个使者来到桀的面前，向他呈献上一队美女，外加上许多金银财宝，于是桀就把汤给放了。

汤一回到自己的国家，就着手准备灭夏，他训练军队，准备粮草，打通各个诸侯国的关节，尽力形成一种共同讨伐桀的态势。但是当时有一个叫葛国的诸侯国不听汤的建议，而且明显要跟汤作对，所以汤就选择了这个小国先下手。两军刚一交锋，小小的葛国就被打败了。

汤利用各种不同的借口，先后灭了豕、顾等小国，又灭了较强大的昆吾国。这时汤的国力就更加强大了，具备了和夏分庭抗礼的能力。

在讨伐桀之前，伊尹给汤献上一计，要汤不要向夏进贡，看看桀到底会怎样反应。这一年汤没有像往年一样，向夏进贡大量的物品，桀知道此事后，以为汤要造反，马上派大兵要攻打汤。这正给早就准备灭夏的商汤提供了机会。

汤见桀已完全陷于孤立，立即动员自己的所有力量讨伐桀，出兵前，举行了誓师大会，汤作了一篇《汤誓》，在大会上宣读，汤说："众兵士，我率你们去攻打夏桀，我不是发动兵乱，而是因为夏桀的罪太多了，现在上天命令我去惩罚他啊！"在众人的一片欢呼声中，汤统帅大军浩浩荡荡地向夏都开去。汤的大军攻势凶猛，势如破竹，直逼夏朝国都。

汤和桀的军队在鸣条相遇，其地在今天河南封丘以东，夏桀大败。于是桀带着妹喜和金银财宝一起向南方逃去。汤乘胜攻打了偏向夏的一个小国，最后也大获全胜。

桀带领人马一直逃到南巢，就是今天安徽巢湖以西这个地方。汤的大军也追到那里，最后将桀生擒活捉。汤并没有杀了桀，而是把他囚禁在南畅，桀不到三年就死在这个地方。

夏朝自大禹传子、夏启废禅让登上王位，至夏桀败亡，其间历经 17 代王位，400 余年，最终在深刻的内外矛盾中灭亡。

汤在消灭了夏桀，推翻了夏朝统治之后，定都于亳，建立了商王朝。中国历史从此进入了奴隶制商王朝统治时期。

商　朝

商族是居住在黄河下游的一个有着悠久历史的部落，商在汤之前一直是夏朝的附庸。商汤灭夏后建立的奴隶制国家，成为中国历史上第二个王朝。商自中丁到阳甲，内部发生了长期的争夺王位的斗争，使商的国势迅速衰弱，同时，由于洪水为灾，政治中心经常迁移，前后迁都五次，经济受到很大影响，因此，商的统治出现了危机。盘庚继位后，迁都于殷（河南安阳西北），故商朝亦称殷朝。盘庚迁殷为界，分商朝历史为前后两个阶段。

商朝疆域辽阔，其强盛时东到大海，西至陕西东部，北达河北北部，南抵长江，是当时世界上的文明大国。

商代农业较发达，禾、黍、麦、稷、稻等粮食作物已广泛种植。商代手工业生产规模大，技术水平高，有冶铜、制陶、纺织、酿造、制骨等，产品交换比前代有所扩大，出现了较繁华的早期城市。中国文字发展到商代已基本完成，在甲骨、铜器上遗留有当时使用文字，被后世称为甲骨文。

贤相伊尹劳苦功高

第一个奴隶制王朝——夏走过了400多年的艰难历程，在第十七位国王夏桀执政时，由于荒淫无度、残暴贪婪失去民心被商取而代之。在灭夏过程中，奴隶出身的右相伊尹起到了重要作用。

相传伊尹名挚，出生于伊水之滨。伊尹的一生是很坎坷的，他很小的时候，因生活所迫被卖到有莘国做奴隶。在那段时间，他受尽了打骂欺凌，他时常暗暗对自己说：有朝一日一定要出人头地，做出一番事业。

伊尹做任何事情都比较用心，学了一手高超的厨艺。有莘国的国君对饭食的质量要求很高，厨师都是他亲自挑选的。一次，有外宾来访，厨师因故未能及时准备午餐，大家惊慌失措。情急之下他们想到了伊尹，伊尹没有推辞，干净利落地准备了一顿丰盛新颖的午餐。席间，宾客对饭菜的色香味大加赞赏。有莘国的国君也非常满意，从此，便让他专门为往来宾客准备饭食。在与宾客的交谈中，伊尹学到了很多知识，了解了一些国内外大事，他强烈地意识到，不摆脱奴隶的生活就永远没有出头之日。于是他更加刻苦地积累知识，更加虚心地向有学问的人求教。

薛国国君钟虺（音 huī）在访问有莘国时与伊尹一见如故，他非常赏识伊尹的才学，决定把他请到薛国委以重任。有莘国的国君是个很自私的人，他拒绝了钟虺的请求。钟虺无奈，只得忍痛与伊尹拱手而别，临行前拿出一笔钱将伊尹赎为自由人。钟虺回国后，对伊尹始终念念不忘，他觉得这样一个有识之士不被重用实在可惜。后来商国悄悄兴起，成为一个比较强大的国家。商国国君成汤宽厚仁慈，有胆有识，深得民心，钟虺甘心臣服于成汤，将薛国并于商国，并做了成汤的左相。

一天，钟虺对成汤说：“当今天下，夏国势力最强，然而夏桀贪财好色，对百姓横征暴敛，早已失去民心，他的身边尽是些不学无术的小人，一些有为之人纷纷离他而去。商国若想取而代之，非一人不可。”成汤一听忙问此是何人。钟虺继续说：“此人虽有才学，但出身寒微，不知大王是否肯接受。”成汤原本非常爱才，急切地说：“只要能助我兴国，无论是何出身，我一并重用。”钟虺便向他详细介绍了伊尹。成汤一听大喜，忙命使者去有莘国聘请伊尹。

使者对有莘国国君说明来意后，有莘国国君面露愠色，他不理解一个做饭的奴隶能有什么本事，会使别国几次三番打他的主意。既然在本国他发挥不了什么作用，也不能让他到别国发挥作用，以免将来与本国作对。于是他不软不硬地拒绝了使者，同时，又随便找了个理由将伊尹再次贬为奴隶。

成汤对有莘国的无礼行为感到非常气愤，决定出兵讨伐有莘国。钟虺忙劝阻说：“目前我们不是树敌的时候，既然派使者不行，我们可以用联姻的方式。有莘国君的女儿尚未婚配，年龄与世子相仿。若有莘国君同意联姻，再以伊尹为陪嫁，此事不就解决了吗?”成汤听罢觉得有理，便再次派使者出使有莘国。有莘国听说商国主动提出联姻更是喜不自禁，既然两国通婚，伊尹到了商国也不会于有莘国不利，所以将一切条件答应下来。伊尹顺利地到了商国。成汤举行了隆重的欢迎仪式，并拜伊尹为右相。成汤得了伊尹便如虎添翼，将国家治理得更加安定富足。

商王朝建立后，伊尹和钟虺继续为右相和左相，一直陪伴成汤，治理商国。伊尹又总结海内邦国存亡教训，制定出君臣关系准则。商汤去世后，他又先后辅佐商汤的儿子外丙、中壬两王治国。中壬去世后，伊尹以开国元老身份立商汤的孙子太甲继承王位。

太甲生性好玩，不谙世事。伊尹便将他留在身边，整日以古为训，给他讲尧舜禹怎样治国、夏桀为何亡国、商汤的兴国之道以及国家的法度。开始太甲还可以硬着头皮听下去，渐渐心生厌烦情绪，对伊尹的话只当耳旁风。伊尹忧心忡忡，常常面对商汤的遗像暗暗自责。

几年过去了，太甲依然我行我素，对国事置之不理。

转眼商汤的祭日就要到了，又该为先王祭礼了，但目前这种局面，伊尹感到实在愧对先王。一连几天伊尹夜不安枕、食不甘味，他不忍心看着太甲继续荒废政事。终于，在熬过一个不眠之夜后，他下定决心要真正给太甲上一课。

祭祀的日子到了，太甲极不情愿地随着队伍来到桐宫。对于祭礼这种枯燥的活动他早已厌倦了，千篇一律的祭辞，千人一面的表情，若不是先王的祭祀和伊尹再三的叮嘱，他一定会找个理由推托的。

伊尹看上去衰老多了，他对先王行了大礼，接过主祭人手中的祭辞，恭恭敬敬地诵读。太甲根本没有将祭祀放在心上，他不时地东张西望，盼祭奠仪式快些结束。此时他渐渐觉出有些不对劲，不但气氛较从前庄严肃穆很多，伊尹的祭辞也似乎有所改变。他仔细听下去，渐渐头上冒出了冷汗。只听伊尹沉声诉道："……由于老夫能力所限，对幼主教导不善，如今万般无奈，只得将幼主留在桐宫……"原来，伊尹要借给先王祭祀的机会，将太甲囚禁在桐宫。

伊尹要起程了，被锁在桐宫的太甲对着伊尹的背影哭喊着，须发皆白的伊尹硬着心肠头也不回地乘车返回王宫。

太甲度日如年般地在桐宫过了三天，三天来，除了一日三餐与睡眠外再也无事可做，他望着窗外的一切，想着自己何时才能重获自由。忽然，门开了，伊尹走进来，太甲犹如见到了希望，他多想再过从前那种快乐的日子呀。谁知伊尹根本没有放他走的意思，告诉他从现在起每天不得贪睡，必须从早到晚学习诵读历代贤王的遗训和勤政的事迹，还要常思已过，考虑今后该如何去做。从此太甲过起了苦读的日子。

伊尹囚禁了太甲之后，代行王政，每日要处理大量事务。由于他是开国元老，又有极高的威望，众臣对他的命令言听计从。但是伊尹并没有借机篡权，他只是尽力地完善法制、惩奸除恶、赏功奖贤。在此之余，他每隔一段时间去桐宫检查太甲有何进展。太甲在诵读先王功德时，越来越发现自己无才无德，开始后悔从前的所做所为。

时间在一天天的流逝，转眼三年过去了。这一天，伊尹又来到桐宫，太甲忙起身迎接。伊尹没有像往日那样询问他有何进步，而是恭恭敬敬跪在先王灵前拜了三拜。然后站起身对太甲说："微臣斗胆囚禁大王是不得已而为之，如今微臣前来迎接大王回宫。"太甲这才发现门外停着自己装扮得非常华丽的车子。蓦地，他泪如泉涌，猛地跪在伊尹面前，一句话也说不出来。

太甲穿上王袍、戴上王冠，端坐在王位上。老态龙钟的伊尹和众臣一起叩拜太甲。太甲望着德高望重的伊尹，想着从前自己所做的一切，不禁羞愧难当。太甲复位后，犹如换了一个人，他不再沉迷于酒色，在伊尹的辅佐下，勤于政务，将国家治理得安定富足。

30 年后太甲死了，伊尹又扶助他的儿子沃丁继位。不久，操劳一生、劳苦功高、一百余岁的忠臣伊尹停止了呼吸。消息传开，全国上下一片哭声，各地都举行不同的仪式祭奠这位忠正的老人。沃丁也以天子之礼为他举行了隆重的葬礼，伊尹以后也受到历代帝王的隆重祭祀，殷墟甲骨文中便有祭祀伊尹的卜辞。

千百年来，伊尹的贤德一代代地流传着，至今他的墓地和祠堂还保留着，不时有人前去烧香祭拜。伊尹的事迹被人民传为佳话。

盘庚迁都

自商汤在亳（今河南商丘）建立奴隶制商王朝之后的长时期中，商朝的国都处于不断的迁徙之中。商朝第 10 个王仲丁将国都迁隞（今河南荥阳附近），第十四个王祖乙又迁都于庇，第十八个王南庚再将国都迁于奄（今山东曲阜）。在此期间，商王朝统治集团内部内乱频繁，多次发生争夺王位的激烈斗争。

每当一位国王去世，王室贵族们便围绕王位继承人选展开激烈的角逐，他们从各自的利益出发，或主张兄终弟及，或要求父死子继。为达到控制国家最高权力的目的，叔侄反目成仇，兄弟同室操戈，分别拉拢拥护自己的贵族展开你死我活的大厮杀，国家陷于混乱和血腥之中，国力也迅速衰退。

奴隶主阶级也日益腐化堕落。在当时，迷信鬼神，饮酒作乐为奴隶主生活的主要内容。奴隶主频繁地举行各种各样的祭祀活动，甚至大规模地使用人祭。人祭的手段十分残忍，包括砍头、肢解、焚烧等等。被杀者多为俘虏、奴隶、此外还包括少量仆人和妾。人祭的数量庞大，少则数人，最多一次可高达500人，其状令人惨不忍睹。

统治阶级的腐朽奢侈的生活加重了人民的负担，激化了阶级矛盾，导致奴隶的大批逃亡和反抗。

正当商王朝内忧外困之时，商朝第十八个王阳甲去世了，阳甲的弟弟盘庚被拥立为王。盘庚是商汤的第九代孙，他睿智聪慧，颇有心计，较善于分析观察形势。他即位后，开始设法缓和阶级矛盾，去除奢侈恶习、提倡简朴，以图挽救商朝的衰亡。

盘庚经过多方筹划，感到只有迁都才是解决各种矛盾的最佳途径，于是他决定将国都从奄迁至殷（今河南安阳小屯村附近）。盘庚认为将国都迁往荒凉的殷有许多好处：首先可以避开奄地区频繁发生的水旱灾害，有利于农牧业生产。其次，殷地区尚未开发，在那里建都，一切须从头做起，奴隶主们无法过分享受，有利于去除反叛势力，有利于都城的安全和稳定。

迁都的决定公布之后，人们一片大哗，反对者主要是奴隶主贵族，他们留恋奄的奢侈生活，纷纷反对迁都的决定。有的贵族甚至威胁盘庚说："你是我们拥立的，我们也可以罢黜你。"盘庚是个强有力的统治者，他决不因有人反对而改变自己的决定，他撰写了《盘庚》两篇告诫奴隶主们要和他同心同德。同时，盘庚也以强硬口气警告那些煽动闹事的奴隶主，要老老实实地服从命令，否则将予以严惩。

在盘庚的胁迫下，奴隶主贵族被迫服从盘庚的命令，随同盘庚迁都到了殷。初到殷时，地方荒凉，杂草从生，生活艰难，大家都不习惯。于是，一些奴隶主贵族便趁机发难，鼓动大家迁回老家去。盘庚又召集奴隶主会议，宣读了《盘庚》第三篇告诫，以更加强硬的语气再次警告那些奴隶主，又一次将奴隶主们的反对压制了下去。经过数年的反复斗争，随着新国都的逐渐兴建，局面才最终稳定下来。

盘庚迁殷之后，强行推行商汤时确立的德政，加强统治，政治上出现了较为稳定的局面，社会经济和文化也获得了较大的发展。

盘庚十分重视农业生产，除本人亲自视察农田作业外，还经常命令大臣和奴隶主们监督农耕。当时的农作物禾、黍、稻、麦等已被广泛栽培，耕田时采用合力耕种以及火耕，并已使用粪肥肥田。农业的发展使农产品有了较多的剩余，商王命令将收割后的粮食放入仓库中贮存以备灾年。

农作物的再生产品主要是酒类，当时上至王公大臣、下至平民百姓，嗜酒风气盛行。酿酒业的迅速发展，也反映了当时农业的发达程度。

园艺和蚕桑业在盘庚迁殷后也有了较大的发展。殷地处黄河中下游地区，气候温和，雨量丰沛，并有广大的桑树种植。奴隶们采集桑叶，饲养家蚕，抽出蚕丝，使用陶制纺轮织成精美的丝、帛，供奴隶主贵族们穿戴。

盘庚迁殷之后，青铜器的制造也步入了一个光辉灿烂的时代。当时青铜作坊规模之大，冶炼青铜技术之高超，产品制作之精美，种类之复杂繁多，制造水平之纯熟，都令人惊叹。

盘庚迁殷之后，驱使成千上万的奴隶日夜赶修新国都，不久，一座规模宏大，占地广阔的都城便拔地而起。新国都中王宫部分为城市的核心，它拥有五十多座宫殿。都城外围由人工挖成的壕沟，形成一条保护都城的水域屏障。在都城周围是居住区和手工作坊，供平民和工匠们生活和劳作。在盘庚的严厉督促和广大工奴隶平民的艰辛努力之下，殷迅速建成一座十分繁荣的都市。

在至今仍旧保留下来的殷墟遗址中，还发现有大量刻于龟甲兽骨上的文字，被称为“甲骨文”，又被称为契文、卜辞、龟甲文字或殷墟文字。甲骨文是商代国王利用龟甲、兽骨进行占卜的记事文字，迄今已发现约 15 万片。其内容以占卜为主，但也反映了自庚盘迁殷之后至商朝末年间的祭祀、征伐、田猎、农业、畜牧、地理等社会各方面的情况。甲骨卜辞一般很简短，从一二字到数十字不等。甲骨文单字约有 5000 左右，其中可识的约 1500 字左右，是我国已发现的古代文字中时代最早、体系较为完备的文字。

盘庚迁殷，使得社会矛盾趋于缓和，社会经济获得了较大发展，使得商王朝一度复兴，在此后的273年间，商朝再不迁徙国都，商人在盘庚奠定的基础上不断发展，创造了灿烂辉煌的古代文明，商成为当时世界的文明大国。

武丁重振商朝

商朝在成汤之后又延续了400多年，由于后几代国王的昏庸贪婪，使国家承受了超负荷的压力，国库空虚，民不聊生。而奴隶的境遇就更加凄惨。有一个叫傅说的奴隶，他才华出众足智多谋，对国家大事十分关心。但是他平时只是默默地劳作，从不随便说话。后来，他认识了一个叫武丁的杂役，二人极投缘。武丁常常在他面前谈起对现实的不满及世道的黑暗，傅说往往就此发表一下自己的见解。一天，武丁对傅说说："假如有一天我能做国王，一定让你作我的近臣。"傅说不以为然地说，"像我们这些人，连自由都不敢妄想，哪里还谈得上当国王呢，你不是痴人说梦吧。”武丁不再说话。

又过了一段日子，忽然传来国王驾崩的消息，不久，武丁不见了。傅说不明白武丁为什么不告而别，也不知道他的消失是吉是凶。傅说继续默默地劳作，在喝斥打骂中过了三年。一天，前呼后拥地来了一群达官显贵，见到傅说后倒身便拜，就连奴隶主也连连叩首不敢抬头。傅说恍若梦中，被这一幕惊呆了。接着这些人七手八脚地给他去掉枷锁，换上了一套华丽的官服，然后将他扶到车中。

傅说在车中颠簸了几天，终于到达了目的地。旁边的人对他说，这座巍峨的宫殿就是王宫，国王正在里面等你呢。傅说简直傻了，他感觉自己路都不会走了。进了王宫，傅说见国王威严地坐在王位上，慌忙跪倒在地。这时国王和蔼地说：“傅说，抬起头来。”傅说抬头仔细一看，不禁大吃一惊：这不是三年前与我朝夕相处的杂役武丁吗？难道他真的是国王？这究竟是怎么回事呢？

原来，三年前在位的国王小乙是武丁的父亲，他耳朵软，遇事没有主意，只听一班谄媚小人的谗言，对一些忠臣的耿直之言却不屑一顾。久而久之，身边围了一群小人，而那些忠臣则贬职的贬职，放逐的放逐，就连他的儿子武丁也在被放逐之列。小乙当了28年的国王，因病而死，将一个千疮百孔的国家交给了武丁。

武丁刚刚即位，根基还不算稳固，但他不甘心让国家就此衰败下去，也不情愿让有识之士傅说无用武之地。

一天，武丁设宴，邀请满朝文武大臣。席间，众臣畅所欲言，气氛很活跃。正在大家推杯换盏时，武丁突然栽倒在地。众臣愕然，忙上前搀扶，并召医官前来诊治。武丁终于醒了，可是目光呆滞，口不能言。一时间朝堂上下人心惶惶议论纷纷。经过医官的精心治疗，武丁虽然还不能说话，但可以上朝接受大臣的参拜。但由于他没有能力处理事务，不能亲口发布诏令，众臣的请示及汇报便成了一种形式。个别大臣也乐得轻松自在，每天应付完武丁就自寻开心去了，有的大臣甚至一连几天也不见武丁一次面。

武丁就这样作了三年木偶国王，大臣们也习惯了没有约束的生活。有一天，武丁的病情突然加重了，他昏迷了三天三夜，茶饭不进。医官忙得满身大汗也不见好转。众大臣站立两旁，虽然面露焦急之色，但各怀心事。有的担心武丁死掉，逍遥的日子一去不返；有的担心武丁继续只在其位不谋其政，使国势日渐衰竭。就在大家各怀自己的心事时，武丁哼了一声，苏醒过来。接着抬手道：“快扶我起来!”众臣大喜过望:“国王能说话了!国王能说话了!”顿时,整个王宫欢声一片。

武丁坐起来后,对大臣位说:“我在太华山接受天帝教诲共有三年,在此其间,天帝告诉我要尽心国事,近贤人,远小人,废除旧的不利于国家发展的法度。同时还告诉我,在傅岩有一个圣人叫傅说,天帝为了磨炼他的意志,把他贬为奴隶,此人能助我兴国。你们速去把他请回。”然后,武丁命人按照他描述的样子画了傅说的画像,又讲述了他所在的地方,限期寻找傅说。

大臣们原本对此事感到奇怪,如今又听说是奉天帝之命,所以各个诚惶诚恐,对武丁唯命是听,不久便将傅说接到武丁面前。武丁当即任命傅说为左相,帮助他处理国家政事。

夜晚,武丁将傅说请到自己寝宫,向他讲述了事情的来龙去脉与自己的打算,希望他在出谋划策的同时,能及时纠正自己的错误,以便兴国富民。傅说听了武丁一席话,感动得热泪盈眶,他表示一生愿为武丁效犬马之劳。同时也提出许多治国兴邦的建议,尤其强调禁止屠杀奴隶,武丁一一应允。

第二天早朝,武丁重新任命各级官员,将三年来尽忠职守的大臣提拔重用，将擅离职守的大臣贬职放逐，然后公布新的法制。消息传开，举国欢庆。

傅说与武丁的另一贤臣甘盘合作，共同辅佐武丁，推行仁德政治。他施展治国才干，大力发展农业生产，使农牧业产量大力提高。他加强统治，严明法律，使国家一切都井然有序，商王朝人口得到增加，国力逐渐增强，自此，商王朝再次兴盛起来。

文王识姜尚

盘庚死后又传了十一个王，最后一个王叫做纣。纣原来是一个相当聪敏，又有勇力的人，他能够赤手空拳同野兽格斗，曾倒拽九牛，以手托梁换柱而面不改色。他早年曾经亲自带兵和东夷进行一场长期的战争。他很有军事才能，在作战中百战百胜，最后平定了东夷，把商朝的文化传播到淮水和长江流域一带。但是长期的战争消耗巨大，

加重了商朝人民的负担，增添了人民的痛苦。

纣和夏桀一样，只知道自己享乐，根本不管人民的死活。他没完没了地建造宫殿，他在他的别都朝歌（今河南淇县）造了一个富丽堂皇的“鹿台”，把搜刮得来的金银珍宝都贮藏在里面；他又造了一个极大的仓库，叫做“钜桥”，把剥削来的粮食堆积起来。他把酒倒在池里，把肉挂得像树林一样。他和宠姬妲己过着穷奢极欲的生活，加重了平民奴隶的负担，人们抱怨连天，一些诸侯国也奋起反抗纣王的沉重剥削。纣王用各种残酷的刑罚来镇压人民。凡是诸侯背叛他或者百姓反对他，他就把人绑起来放在烧红的铜柱上烤死。这就是叫做“炮烙”的刑罚。

纣的残暴行为，加速了商朝的灭亡。这时候，在西部的一个部落却正在一天天兴盛起来，这就是周。

周本是一个古老的部落。夏朝末年，这个部落在现在陕西、甘肃一带活动。后来，因为遭到戎、狄等游牧部落的侵扰，周部落的首领古公亶父率领周人迁移到岐山（今陕西岐山县东北）下的平原定居下来。

到了古公亶父的孙子姬昌（后来称为周文王）继位的时候，周部落已经很强大了。周文王是一个能干的政治家。他的生活跟纣王正相反。纣王喜欢喝酒、打猎，对人民滥施刑罚。周文王禁止喝酒，不准贵族打猎，糟蹋庄稼。他鼓励人民多养牛羊，多种粮食。他还虚心接待一些有才能的人，因此，许多有才能的人都来投奔他。

日渐强大的周部落，对商朝是个很大的威胁。有个大臣崇侯虎在纣王面前说周文王的影响太大了，这样下去，对商朝不利。

纣王下了一道命令，把周文王拿住，关在汤阴（在今河南汤阴县一带）。姬昌的长子伯邑考闻讯，赶往朝歌求见纣王，却被入狱扣押。后来残忍的纣王又将他杀死，将肉做成肉脯，赐给姬昌吃。为救姬昌，周部落的贵族把许多美女、骏马和别的珍宝，献给纣王，又送了许多礼物给纣王的亲信大臣费仲。纣王见了美女珍宝，高兴得眉开眼笑，又听费仲说姬昌被囚禁期间并无一句怨言，便很快把周文王释放了。

周文王见纣王昏庸残暴，丧失民心，就决定讨伐商朝。可是他身边缺少一个有军事才能的人来帮助他指挥作战。他暗暗想办法物色这种人才。

有一天，周文王坐着车，带着他儿子和兵士到渭水北岸去打猎。在渭水边，他看见一个老头儿在河岸上坐着钓鱼。大队人马过去，那个老头儿只当没看见，还是安安静静钓他的鱼。文王看了很奇怪，就下了车，走到老头儿跟前，跟他聊起来。

经过一番谈话，知道他叫姜尚（又叫吕尚，“吕”是他祖先的封地），是一个精通兵法的能人。

文王非常高兴，说：“我祖父在世时曾经对我说过，将来会有个了不起的能人帮助我把周族兴盛起来。您正是这样的人。我的祖父盼望您已经很久了。”说罢，就请姜尚一起回宫。老人也未再推辞，就跟着文王上了车。

姬昌把姜尚接回去，尊他为师，称为“师尚父”，又因为姜尚是文王的祖父所盼望的人，所以后来叫他太公望；在民间传说中，叫他姜太公。

太公望是周文王的好帮手。他一面提倡生产，一面训练兵马，周国的势力越来越大。有一次，文王问太公望：“我要征伐暴君，您看咱们应当先征伐哪一国？”

太公望说：“先去征伐密须。”

有人反对他，说："密须国君厉害得很，恐怕打不过他。"

太公望说："密须国君虐待老百姓，早已失去民心，他就是再厉害十倍，也没有什么可怕的。"

周文王发兵到了密须，还没开战，密须的老百姓就先暴动了。他们绑着密须的国君归附了文王。

过了三年，文王又发兵征伐崇国（在今陕西省沣水县）。崇国是商朝西边最大的一个属国。文王灭了崇国，就在那里筑起城墙，建立了都城，叫做丰邑。没过几年，周族逐渐占领了大部分商朝统治的地区，归附文王的部落也越来越多了。

到姬昌年迈的时候，周国的势力已经超过了商国，使得"天下三分，其二归周"。但是，周文王并没有完成灭商的事业。在他打算征伐纣王的时候，不幸患重病去世了。

这样，灭亡商汤的大业就落在周文王的儿子姬发和智叟姜尚的肩上。

西　周

周地原来位于陕西关中平原西部，北靠岐山，南临渭河。周武王伐纣灭商后建立了中国历史上第三个奴隶制王朝，其建都于镐京（今陕西西安市），故称西周。周武王去世后，周公竭力辅政，他东征平息商残余势力叛乱，确立宗法制并创立典章制度，先后分封数十个诸侯，以捍卫周王室，使新王朝的统治得以巩固。

西周农业比商有了进一步的发展，当时用青铜制作的农具较商朝多，更便于垦殖。西周的手工业种类很多，分工更细，号称“百工”，产品完全被周王和贵族垄断。土地制度是以井田制为主的奴隶主贵族土地所有制。

西周奴隶主对奴隶和平民进行残酷的压迫和剥削，至西周中期后，各种社会矛盾激化，公元前841年，西周都城镐京发生“国人暴动”，驱逐残暴荒淫的周厉王，严重动摇了西周王朝的统治。中国历史确切年代记载，就是从这一年开始的。此后，虽出现过“宣王中兴”，但西周王朝已不能扭转其走向衰弱的局势。

西周自公元前11世纪建立至公元前771年灭亡，共享国250年，传11代12王。

周武王伐纣

周文王死了以后，他儿子姬发即位，就是周武王。周武王拜太公望为师，并且要他的兄弟周公旦、召公罼（音shì）作他的助手，继续整顿内政，扩充兵力，准备讨伐商纣。

第二年，周武王把军队开到盟津（今河南孟津东北）地方，举行一次检阅，有八百多个小国诸侯，不约而同地来到盟津会师。大家都向武王提出，要他带领大家伐商。但是武王认为时机未到，检阅结束后又回到丰京。

这时候，纣的暴政越来越残酷了。商朝的贵族王子比干和箕子、微子非常担心，苦苦地劝说他别这样胡闹下去。纣不但不听，反而毫无人性地把叔父比干杀了，还叫人剖开比干的胸膛，把他的心掏出来，说要看看比干的心是什么颜色的。从此，纣王周围的大臣再也没有敢进谏的了。贤臣箕子装作发疯，总算免了一死，被罚作奴隶，囚禁起来。微子看见商朝已经没有希望，就离开别都朝歌出走了。朝中的大臣太师疵和少师强带了商朝的祭器乐器，纷纷投靠周武王。

公元前 1027 年（一说公之前 1057 年）正月，武王听到探子的报告，知道纣已经到了众叛亲离的地步，认为时机已经成熟，就发兵五万，请精通兵法的太公望做元帅，周公旦、毕公高辅佐，渡过黄河东进。到了盟津，八百诸侯又重新会师在一起。周武王在盟津举行一次誓师大会，宣布了纣残害人民的罪状，鼓励大家同心伐纣。

在武王进军的路上，一天，有两个老人挡住了大军去路，要见武王。有人认出来，这两人本来是孤竹国（在今河北卢龙）国王的两个儿子，哥哥叫伯夷，弟弟叫叔齐。孤竹国王钟爱叔齐，想把王位传给他，伯夷知道父王的心意，主动离开孤竹；叔齐不愿接受哥哥让给他的王位，也躲了起来。在周文王在世的时候，他们两人一起投奔周国，定居下来。这回听到武王伐纣，就赶来阻止。

周武王接见他们时，两人拉住武王的马缰绳说：“纣王是天子，你是个臣子。臣子怎能讨伐天子，这可是大逆不道的事啊。”

武王左右将士听了这些话，非常生气。有的把剑拔出来，想杀他们。太公望知道这两人不过是两个书呆子，吩咐左右将士不要为难他们，把他们拉开。哪知道这两个人太固执，不再吃周国的粮食，竟躲到首阳山（在今山西永济西南）上，绝食自杀。

周武王的讨纣大军士气旺盛，一路上势如破竹，仅仅经过6天行军，于2月初四拂晓就打到距离朝歌仅仅七十华里的牧野（今河南淇县西南）。

纣听到这个消息，只好仓促部署防御。但此时商军主力还在东南地区，无法立即调回，立刻拼凑了十七万人马。他想，武王的兵力不过五万人，十七万人还打不过五万吗？于是商纣王亲自率领，开赴牧野迎战周师。

可是，那十七万商军有一大半是临时武装起来的奴隶和从东夷抓来的俘虏。他们平日受尽纣的压迫和虐待，早就对纣恨透了，谁也不想为纣卖命。在牧野战场上，当周军勇猛进攻的时候，他们就掉转矛头，纷纷倒戈，大批奴隶配合周军一起攻打商军。十七万商军，一下子就土崩瓦解。太公望指挥周军，趁势追击，一直追到商都朝歌。

商纣逃回朝歌，眼看大势已去，纣王下令手下人把所有的金银财宝堆到鹿台上。当夜，就躲进鹿台，放了一把火，跳到火堆里自焚而死。

周武王率大军威严雄壮地进入朝歌城。商朝老百姓扶老携幼站在道路两旁欢迎周军。武王命令南宫适把鹿台里的还未烧毁的金银珠宝拿出来，分发给老百姓，还叫他打开钜桥大粮仓，让群众前来领取粮食。朝歌城里欢声四起，人们到处都谈论武王的好处和纣王的残暴。武王还叫毕公高释放被商纣王关起的奴隶、罪人以及从各地掠夺的女子，让他们获得自由。

周武王灭了商朝，结束了殷商王朝600年统治，把国都从丰邑搬到镐京（今陕西西安市西），建立了周王朝。

为了巩固周朝的统治，从周武王起，把自己的亲属和功臣分封各地，建立诸侯国，太公望被封在齐国，他的弟弟周公旦被封在鲁国，召公睾被封在燕国。据说从武王到他的儿子成王，一共封了七十多个诸候国。

商朝虽然灭亡了，但是它留下的贵族和奴隶主在社会上还有一部分势力。为了安抚这些人，武王把纣王的儿子武庚封为殷侯，留在殷都，又派自己的三个兄弟管叔、蔡叔和霍叔去帮助武庚。名义上是帮助，实际上是监视，所以叫做“三监”。

西周分封诸侯

周武王打败商朝后，把得来的广大土地和俘虏，分给了他的兄弟、亲戚及有汗马功劳的扈从们，让他们到各地去作诸侯，进行分区管理，护卫王室。这就是所谓“授民授疆土”、西周建国大分封。

周朝要统治广大的新疆土，必须建立属国，拥护王室。当时最难平定的是商朝的贵族。周公把他们迁到成

周，封自己的同母弟弟康叔做卫侯，统治这些旧商国的遗民。周公教训康叔说："你对一般平民要宽厚，施行文王的富民政策，不要无辜杀人。对那些掠夺财物、不孝顺父母、与兄弟不和的商人，则要用严刑诛戮。商人群聚在一起，除了百工，不论是谁，一律抓起来送到京师，我来杀他们。"康叔是当时封地最大、权势最重的人，曾带领重兵力镇压商人，在当时是最主要的侯国。

成王把奄国封给周公的大儿子伯禽，让他做鲁侯（今山东曲阜），又封他的外祖父太公吕尚做齐侯（今山东临淄）。齐、鲁两大国代替了奄和蒲姑，商朝不能再反叛了。召公的儿子封在燕（故都在今河北易县，后迁都今北京），成王的弟弟叔虞封在唐（今山西太原县，后称晋国）。通过分封，周天子从长远处着眼，建立了自己的据点，用以抵御北方的少数民族，保护卫国和周国。而这些受封者又都是周朝最重要的贵族，足见周朝初年的大分封，确实有政治远见。

当周武王攻灭商朝时，纣王的庶兄微子启曾经抬着棺材到周武王的军队前投降。武庚死后，周公把商朝旧都商丘封给微子启，爵位为"公"，国号为宋。宋国附近，实际上还有陈、杞和焦三个国家，这样分封，是为了监视宋国。陈国是舜的后裔，在今河南淮阳县；杞国是夏的后裔，在今河南杞县；焦国则是炎帝的后裔，在今安徽亳县。

周朝建国初期，南方没有强国，汉水流域有一些姬姓小国，但未受到重视。成王分封熊绎做楚蛮的小国君，歧阳大盟会时，只派熊绎和鲜卑（东胡的一个小部落）看守祭神火堆，不让他们正式参与盟会。后来，楚国强大了，自称楚王，成为南方一个大国。凡是周朝势力不能控制的地方，各强国甚至小国都自称为王，不再向周天子朝贡。

西周分封制度还与宗法有密切关系。周天子自称上天元子（长子），认为是上天付给他土地和臣民，因此，他享有所有权。天子算天下的“大宗”，同姓各诸侯都尊奉他做“大宗子”。天子分土地和臣民给诸侯或卿大夫。大的侯国，如鲁、卫、晋等国家附近，分封许多同姓的小国，小国君尊奉大国君做“宗子”，如鲁国是腾国的宗子，晋国是虞国的宗子。一个国家里，国君是大宗，他分给同姓的卿大夫采邑，采邑主便尊奉国君为宗子。采邑里，采邑主又分小块的土地给同姓的普通老百姓耕种，这些庶民尊奉采邑主为宗子。同姓庶民有自由民身份，不同于农奴身份的庶民。

天子除了分封同姓诸侯外，还分封异姓诸侯。诸侯在国内也分封土地给异姓卿大夫。无论天子，还是卿大夫采邑，都会分一些小块土地给异姓庶民耕种。周天子就是利用一级一级的分封制，形成一个统治网。上自天子，下至贫民，都是上一级对下一级分封，下级对上一级承担缴纳贡物、军事保卫和述职等义务。在实行分封制的情况下，西周的统一是一种松散的统一。当时各地区经济往来较少，政治发展不平衡，部族之间社会发展的差别较大，分封制与这种状况是相适应的，它在当时起了一定的历史作用。

周公胸襟

周武王建立了周王朝以后，过了两年就得重病去世了。他的儿子姬育继承王位，这就是周成王。那时候，周成王才十三岁，刚建立的周王朝还不大稳固。武王的弟弟周公旦辅助成王掌管国家大事，实际上是代理天子的职权。历史上通常不称周公旦的名字，只叫他周公。

周公的封地在鲁国，因为他要留在京城处理政事，不能到封地去，等他的儿子伯禽长大了，就派伯禽代他到鲁国去做国君。伯禽临走的时候，问他父亲有什么嘱咐。周公说："我是文王的儿子，当今天子的叔叔，你说我的地位怎么样？"

伯禽说："那自然是很高的了。"

周公说："对呀！我的地位确实很高，但是我每次洗头发的时候，一碰到急事，就马上停止洗发，把头发握在手里去办事；每次吃饭的时候，听说有人求见，我就把来不及咽下的饭菜吐出来，去接见那些求见的人。我这样做，还怕天下的人才不肯到我这儿来吗？你到了鲁国，不过是个国君，可不能骄傲啊！"

伯禽连连点头，表示一定记住父亲的教导。

周公尽心尽意辅助成王，管理国事，可是他的弟弟管叔、蔡叔却在外面造谣，说周公有野心，想要篡夺王位当天子！

纣王的儿子武庚虽然被封为殷侯，但是受到周朝的监视，觉得很不自由，巴不得周朝发生内乱，重新恢复他的殷商的王位，就和管叔、蔡叔串通一气，联络了一批殷商的旧贵族，还煽动东夷中几个部落叛乱反对周朝。

武庚和管叔等人制造的谣言，闹得镐京也沸沸扬扬，连召公奭也怀疑起来。成王岁数小，对辅助他的叔父也有点害怕。周公对此心里很难过，他首先向召公奭披肝沥胆地谈了一次话，告诉召公奭，他决没有野心，要他顾全大局，不要轻信谣言。召公奭被他这番诚恳的话感动，消除了误会，重新和周公合作。周公在安定了内部之后，毅然调动大军，亲自率领大军东征。

东方有几个部落像淮夷、徐戎等，都配合武庚，蠢蠢欲动。周公下命令给太公望，授权给他，各国诸侯，有不服周朝的，都由太公望征讨。这样，由太公望控制了东方，他自己全力对付武庚。经过三年的艰苦战争，周公终于平定了武庚的叛乱，把武庚杀了。管叔一看武庚失败，上吊自杀了。周公平定了叛乱，把霍叔革了职，对蔡叔办了一个充军的罪。

在周公东征的过程中，一大批商朝的贵族成了俘虏。因为他们反抗周朝，所以叫他们是“顽民”。周公觉得让这批人留在原来的地方不大放心；同时，又觉得镐京在西边，要控制东部的广大中原地区很不方便，就在东面新建一座都城，叫做洛邑（今河南洛阳市），把殷朝的“顽民”都迁到那里。

从那以后，周朝就有了两座都城。西部是镐京，又叫宗周；东部是洛邑，又叫成周。成王依旧在镐京居住，东都由周公坐镇。从此，周朝开始了长期稳定的局面。

周公为了周朝的事业，用尽了毕生精力。他把自己的经验写成文章，还制定了许多法令。周朝实行了这些法令，比以前更加稳定了。周公死后，周成王用最隆重的天子礼节，把他葬在文王陵和武王陵附近，表示周公完成了周文王和周武王没能完成的事业。

从周成王到他的儿子康王两代，前后约五十多年，是周朝强盛和统一的时期，历史上叫做“成康之治”。

昭王南征的下场

周公死后，成王在召公的辅佐下渐渐行使起天子的职责。直到成王 26 年，召公才不幸去世。经过他多年的言传身教，成王将文王、武王时的一些好传统继承下来，西周的奴隶制进一步巩固，王权进一步加强。

昭王名叫姬瑕，是我国西周时代第四个天子，也是周朝由盛转衰的第一个昏君。西周初期的三个天子——武王、成王和康王，都能牢记先王遗训，懂得江山来之不易，创业维艰，诚惶诚恐，小心谨慎，节约财物，维护周室的一统天下，在历史上出现过著名的“成康盛世”。昭王即位以后，完全抛弃了先王遗训，他沉湎酒色，穷奢极欲，成天嬉游玩乐，懒理朝政。谁给他呈献珍禽怪兽，他就给谁升官和奖赏。哪里有珍贵名鸟，他就要想方设法得到手，为此而耗费了大量财力和物力。

南方有个少数民族的部落叫越裳氏，每次向镐京进贡，总要献上当地特产的一种白雉鸟，这种鸟毛色洁白，鸣声啾啾，悦耳动听，而且肉味鲜美，是宫廷佳肴珍品，十分名贵，昭王异常重视。后来，越裳氏停止呈献这种名鸟。昭王知道以后，很生气，立即向一位大臣责问：“越裳氏为什么不给朕进贡白雉鸟？快告诉他们，火速补送，否则，要惩罚治罪。”

这位大臣连忙回答说：“此事与越裳氏无关。自从楚国在荆蛮地区兴起以后，独霸一方不把周室天子放在眼里，朝贡时断时续。越裳氏那里的白雉鸟，准是受楚国阻拦，不能再献给陛下。”

昭王听了，怒气冲天，他想：楚国荆蛮小邦，竟敢拦阻周天子的贡品，此例一开，诸侯竞相仿效，周室王威何在，天子尊严难保。昭王决定御驾亲征楚国，严加惩罚，以儆效尤。

昭王这次出征，害苦了沿途的百姓。他命令地方官员必须给周室军队准备安适的住所，精美的食品，保证一切必要的供应，否则，就要撤职，甚至治罪。沿途官员得到命令，立即如虎似狼一般，勒令百姓必须空出最好的房室给军队住，拿出最好的食物给军队吃。昭王军队所到之处，粮食被抢走，牛马被抢走，猪羊鸡鸭被宰杀，家中财物被收走，青年男女被抓走。老百姓被昭王军队害得家破人亡，四处逃亡，简直无法生活，人人对昭王切齿痛恨。

楚国原是南方江汉地区一个小国，后世以熊为姓。周成王封楚君熊绎于荆蛮。他的后代发奋图强，励精图治，百姓拥护，楚国日益富强，楚王见昭王朝政腐败，不得人心，民怨沸腾，便停止朝贡，连越裳氏献给周室的珍鸟也被禁止呈送。汉江沿岸百姓，听说昭王为此要大动干戈，来楚国问罪，大肆讨伐，又知道他的军队比虎狼还凶恶，见人就抓，见物就抢，早在兵祸临头之前，就把牲口赶往深山隐蔽起来，把粮食和一切财物藏在秘密地方。年轻力壮的男女青年都躲在原始森林深处，以免被军队抓走。

昭王率领军队到达汉江岸边时，一条船也见不到，老百姓大多逃跑了，只有老弱病残留在家里。军队要粮没粮，要人无人，处境异常困难。昭王开始感到焦心，无法摆脱困境，他望着江水发愁。汉水茫茫，波浪汹涌，无船就无法渡江。昭王命令军队到处找船，费了很大力气，才从汉江支流的芦苇丛中找到两条旧木船，再抓来几名船夫，强迫他们驾船，花了很多时间，才把军队渡到对岸。

楚王知道昭王亲率军队前来讨伐，早已做好应战准备。楚都丹阳（今湖北枝江县）的城池坚固，易守难攻。昭王满以为他的军队一到，就可轻易攻破丹阳，捉拿楚王问罪，满载金银财宝和白雉鸟回朝。可是，攻打了很长时间，不但没有破城希望，反而被守城的楚国军民，用强弓硬弩，滚木巨石，杀伤了周室军队的许多士兵。昭王无法持久作战，只好下令撤兵。

汉江岸边的百姓听说昭王军队又要从这里撤回去，便想出了一条妙计来消灭昭王军队。他们知道昭王一定会派人找船渡江，先准备了几只大船，把船底凿穿劈开大缝，再用胶粘合好，画上各种颜色图案，掩盖斧凿痕迹，看上去就像新船一样，不会引起疑心，然后将船停靠在江边渡口，专等昭王军队上钩。

昭王果然中计，他率领军队一路走来，他到江边见有几条大木船停在渡口，大出意料之外，急忙下令全军火速上船渡江。把抢来的车、马和所有财物全都装在船上。他自己和几个亲信将领则坐在一条他认为最安全可靠的船上。这一次，他没有另找船夫，而是从军队士兵中找了几个会驾船的来开船。船离岸不远，正好遇上大风，一会儿就开到江心，眼见很快就可到达彼岸，但就在这时，忽听得“豁啦，豁啦”几声，几艘大船突然破裂散架，江水涌入，把昭王和他的士兵，还有抢来的车马财物，全都浸在水中。这天偏又风急浪大，人掉在水里，就是会游泳的也无法逃命，大多数士兵很快就葬身江底。昭王不会游水，掉在水里只扑腾了几下，便被水浪吞没，直往下沉。他的护卫辛游靡不仅力气大，而且水性很好，见昭王落水，忙游过去救他。一手托着昭王，一手划水往岸边游，好不容易将昭王弄到岸上。但昭王早已淹死了。辛游靡等残兵败将，抬着昭王的尸体返回镐京，向朝中大臣报告了这次南征的详细经过。

朝中大臣经过商议，认为国王因为一只白雉发动战争而白送了性命这件事情不能让老百姓知道，于是向外公布说昭王暴病而亡。

国人大暴动

周朝传到第十代国王厉王的时候，国势已经非常薄弱了。又正逢外族入侵、诸侯国内乱，贡赋减少，王朝的国库变得很空虚。偏偏新登基的周厉王又奢侈荒淫，挥金如土，使周王室的财政很快出现了危机。

周厉王为了继续过那种花天酒地的生活，决定增加赋税。可立什么名目来征税呢？这时一个叫荣夷公的大臣给厉王出了一个主意，让他对一些重要物产实行“专利”。即不论是王公大臣还是市民百姓，只要他们采山上的药，砍山上的柴，捕捞河湖里的鱼虾，射猎山林的鸟兽，都必须依法纳税。还有喝水、走路也得缴纳钱物。这是一种巧取豪夺，搜刮民脂民膏的办法，不仅遭到老百姓的反对，就是一些比较开明的官吏也觉得很不妥当。很多大臣也纷纷向厉王进忠言，其中有个叫芮良夫的大夫劝告厉王不要实行“专利”。他说，“专利”会触犯大多数人的利益，引起大多数人的反对。可是厉王根本听不进去，他一味宠信荣夷公，让他来负责实行“专利”。

实行专利后，顿时怨声四起，无法度日。百姓的生活更是苦不堪言，在当时就流传着这样一首歌谣：

硕鼠硕鼠，
无食我黍。
三岁贯汝，
莫我肯顾。
逝将去汝，
适彼乐土。

意思是说，大田鼠啊大田鼠，不要再吃我的黍（指粮食）。多年来我纵惯着你，而你却对我们毫不理睬。我们要离开你了，到那充满自由的乐土去。这表明百姓们对周厉王的强烈不满情绪。

老百姓们怨恨周厉王，都纷纷咒骂他。大臣召伯虎看到形势严重，就跑到周厉王面前恳求说："王上，百姓们实在难以忍受了，'专利'法再不废除，就要出大乱子啦！"可厉王根本听不进去。他派了很多密探去监视老百姓，如果发现有人议论"专利"，咒骂厉王，就抓来杀头。从此，人们的满腹牢骚只好往肚子里咽，谁也不敢再说出来了。厉王却以为自己的残暴统治产生了效果，反而变本加厉地实行残暴的统治。

厉王搞了三年专利，人民再也不能忍受下去了。公元前 841 年，都城里的小贵族、小商人、手工业者联合起来，冲向王宫，去找厉王算账。起初厉王还想用王师来镇压，可王师中全是些平民百姓。他们见国人造反，很多人也加入进去了。在迫不得已的情况下，周厉王只好带了一些随从，偷偷溜出了王宫。临走前把太子靖托付给了召伯虎。然后就逃奔到了彘地（今山西霍县）。

愤怒的起义群众找不到厉王，决定找太子去抵罪。他们得知太子被藏在大臣召伯虎家里，于是就包围了召公的家，勒令召公交出太子。召公心想："过去天子不听我的规劝，才落到这般地步。现在我把太子交出，会不会有人说我是对天子的不忠、伺机报复呢？当初我曾向天子满口答应保护太子，如若交出，岂不是天大的不义？可是我不交出太子，人们一定不肯答应，怎么办呢？”他考虑再三，决定把自己的儿子冒充太子，交给了起义群众，这才使太子躲过这场灾难。因为参加这次暴动的都是居住在国都内外的群众，故称国人暴动。

国人暴动的第二天，周朝的一个诸侯国卫国的国君卫武公就率领部队开到镐京城。这卫武公又叫共伯和。共伯和率军到镐京，本来是前来平叛的，可是当他来到王都，起义群众已经散去，于是他就率领部队，驻到了王宫里。

厉王外逃，不敢回来，太子虽活着，但因为年幼，不能主事，再说他是找了替身才逃了命的，现在暴动刚平，还不能暴露真相。于是召公提议，国事暂由共伯和代理，其他大臣一致同意，共伯和虽然是代理，但实际上行的是天子之职，所以这一年被称作共和元年（即公元前 841 年）。也就是从这一年起，我国历史开始有了准确的年代可以查考。

共伯和执政以后，采纳了召伯虎的建议，废除了厉王时的“专利”法，减少了名目繁多的赋税，人民得以安生，社会又趋于稳定。

共伯和执政的时期，历史上称为共伯和时期。转眼 14

年过去了，逃亡在外的周厉王死了，太子靖也已经在召公家里长大成人了。召伯虎觉得时机已经成熟，于是，一天上朝后，他就对共伯和及众大臣讲了真相，大家见太子还活着，一致同意立他为天子，共伯和知道自己不是周室正宗，而且众怒难犯，也就顺水推舟，亲自到召伯虎家把太子靖接进王宫，举行了隆重的登基仪式。不久，他就又回到原来的封地，当他的诸侯王去了。新即位的天子，就是周宣王。

周宣王在位46年，他鉴于其父“专利”失败的教训，减轻赋税，整顿政纪，周王朝一度呈现稳定局面，史称“宣王中兴”。但在公元前789年，周朝在千亩一战败给姜戎，使周宣王的统治遭到了沉重的打击。周宣王为了补充兵员，清查户口，严格控制逃亡人口，结果引起奴隶和平民的反抗。西周王朝已失去了对社会的控制能力。

春　秋

周幽王被犬戎杀死后，周太子平即位，将国都迁至洛邑（今河南洛阳），至此，西周结束，东周建立。东周的历史，史学界习惯分为春秋和战国两个时期。从前770年至前476年（周敬王44年），这段时间大体相当鲁国编年史《春秋》的纪年，故称为春秋时期。

周东迁后，实力大为削弱，诸侯国实力加强，全国处于分裂割据状态。最强诸侯国君主成为霸主，挟持了周天子号令各诸侯国，完全代替了周王室的权利，先后出现了齐桓公、晋文公、秦穆公、楚庄王、宋襄公（另一种说法为齐桓公、晋文公、楚庄王、吴王阖闾及越王勾践）五个霸主相继争霸的局面。各诸侯国为争夺土地，人口，进行激烈的兼并战争，至春秋末年，春秋初年的120多个大小诸侯国只剩下原来的1/3了。

春秋时期是中国从奴隶制向封建制转变的时期，也是经济、文化显著发展的重要时期，产生了管仲、子产等著名的政治人物，出现了孙武等杰出的军事家以及儒家学派创始人孔子、道家学派创始人老子等伟大的思想家。

春秋末期，由于社会政治、经济和文化的进一步发展，各诸侯国的阶级关系的进一步发展，各诸侯国的阶级关系也发生了根本的变化，同时，长期兼并战争也改变了大国争霸的形势。

骊山烽火戏诸侯

周宣王死了以后，他的儿子姬宫涅即位，就是周幽王，周幽王对国家大事从来不闻不问，一味吃喝玩乐，派人到处找美女。大臣褒珦（音 xiàng）劝谏幽王别忘了治理国家，周幽王根本听不进去，竟命人把褒珦下了监狱。

褒珦在监狱里被关了三年。褒家的人千方百计要把褒珦救出来。他们在乡下买了一个挺漂亮的姑娘，教会她唱歌跳舞，把她打扮起来，献给幽王，替褒珦赎罪。这个姑娘算是褒珦家人，叫褒姒。

幽王有了褒姒，见她这儿俊俏，高兴得不得了，就把褒珦释放了。他十分宠爱褒姒，与她住在琼台，终日饮酒作乐。可是褒姒从进宫以后，心情闷闷不乐，没有开过一次笑脸。幽王想尽办法叫她笑，她怎么也笑不出来。

据传说，褒姒是周室一个宫女的私生女，生下以后，不敢留家抚养，被丢弃在郊野荒地上。幸好有对善良的农村夫妇发现了她，把她养大成人。褒姒长大以后，虽然是个很美丽的姑娘，但自感出身微贱，受世人非议和卑视，心中常闷闷不乐，郁郁寡欢，平时不苟言笑，形成了一种极端孤僻厌世的冷漠性格。

周幽王为了使她高兴，曾用莫须有的罪名，废掉了他所封的申后和太子，改封她为王后，另立她亲生的儿子伯服为太子。幽王满以为这会使她感到荣幸和快乐，但出乎他意料之外，褒姒仍是满脸冰霜，毫无欢快表情，从不开颜一笑。

百般无奈的周幽王出了一个赏格：有谁能让王妃娘娘笑一下，就赏他一千两金子。

有个大臣叫虢石父，特爱拍马屁，他替周幽王想了一个鬼主意。原来，周王朝为了防备犬戎的进攻，在骊山（在今陕西临潼东南）一带造了二十多座烽火台，每隔几里地就是一座。如果犬戎打过来，把守第一道关的兵士就把烽火烧起来；第二道关上的兵士见到烟火，也把烽火烧起来。接着一个接一个烧着烽火，附近的诸侯见到了，就会发兵来救。虢石父对周幽王说："现在天下太平，烽火台长久没有使用了。我想请大王跟娘娘上骊山去玩几天。到了晚上，咱们把烽火点起来，让附近的诸侯见了赶来，上个大当。娘娘见了这许多兵马扑了个空，保管会笑起来。”

周幽王拍着手说：太好了，就这么办吧！”

他们上了骊山，真的在骊山上把烽火点了起来。临近的诸侯得了这个警报，以为犬戎打过来了，赶快带领兵马来救。没想到赶到那儿，连一个犬戎兵的影儿也没有，只听到山上一阵阵奏乐和唱歌的声音，大伙儿都楞了。

幽王派人告诉他们说，辛苦了大家，这儿没什么事，不过是

大王和王妃放烟火玩儿，你们回去吧！”

诸侯知道上了当，很是气愤地回去了。

褒姒不知道他们准备做什么事，看见骊山脚下来了好儿路兵马，乱哄哄的样子，就问幽王是怎么回事。幽王一五一十告诉了她。褒姒真的笑了一下。

幽王见褒姒开了笑脸，就赏给虢石父一千两金。

幽王宠着褒姒，他万万没有想到，这样一来，却引来了亡国杀身之祸。以前被废掉的申后的父亲是申国的诸侯，得到这个消息，对此异常愤恨，就联合犬戎进攻镐京。

幽王听到犬戎进攻的消息，惊慌失措，连忙下命令把骊山的烽火点起来。烽火倒是烧起来了，可是诸侯因为上

次白跑了一趟，这次谁也不来理会他们。

烽火台上白天冒着浓烟，夜里火光烛天，可就是没有一个救兵到来。

犬戎兵一到，镐京的兵马不多，勉强抵挡了一阵，被犬戎兵打得落花流水。犬戎的人马像潮水一样涌进城来，把周幽王、虢石父和褒姒生的儿子伯服杀了。那个不开笑脸的褒姒，也给抢走了。周室的珠宝财物被洗劫一空。

到这时候，诸侯们知道犬戎真的打进了镐京，这才联合起来，带着大队人马来救。犬戎的首领看到诸侯的大军到了，就命令手下的人把周朝多年聚敛起来的宝贝财物一抢而空，放了一把火才退走。

中原诸侯打退了犬戎，立原来的太子姬宜臼为天子，就是周平王。诸侯也回到各自的封地去了。

没想到诸侯一走，犬戎又打过来，周朝西边大多土地都被犬戎占了去。平王恐怕镐京保不住，便忙着把国都搬到洛邑去。

公元前 770 年，周平王迁都洛邑。因为镐京在西边，洛邑在东边，所以历史上把周朝在镐京做国都的时期，称为西周；迁都洛邑以后，称为东周。从此，中国历史进入了春秋时期。

祝聃箭射周王

在春秋战国的时候，还没有皇帝这个称呼。那时候把全国的最高统治者叫做天王。天王的权力，就像书上记载的：普天之下，每一寸土地都是天王的领地；四海之内，每一个人都是天王的臣民。没有人敢对天王不恭敬。就是在这种情况下，当时郑国的一位名叫祝聃的将军竟敢用箭去射天王周桓王。

周宣王在世的时候封了一系列的诸侯国，其中有一个叫做郑国（开始封在今河南新县）。郑国一直由为国家王室立下汗马战功的郑氏家族统治。由于郑国兵马强壮，历来与王室关系密切，所以深得天王的信赖。郑氏几代人都在周朝担任卿士（相当于后来的宰相）。到郑庄公的时候，由于郑国内部不太稳定，郑庄公有很长一段时间没去朝廷协助天王管理朝政。周天王有点不高兴了，他想另外找一个人为他统治管理天下，出谋划策。谁知这件事被郑庄公安插在京城里的耳目知道了，他们又告诉了郑庄公，郑庄公有些不快，但很快有了主意。

郑庄公匆匆驱车赶到京城，一见周平王就主动提出辞职让贤。平王只好耐心解释，悉心劝慰。谁知郑庄公是个犟脾气。周平王越说好话，他越气盛，弄得周平王也下不了台，最后在满朝文武的劝说下，才达成一个协议，就是郑庄公仍然担任卿士，为彼此信任，周平王把太子孤送到郑国去居住，郑庄公也把公子忽送到周朝做抵押。从表面上看问题似乎解决了。但周朝与郑国之间却结下了矛盾。

周平王在他当天王的第51年（公元前720年）驾崩了，太子孤回到京城继承王位，太子孤太悲伤了，一回到洛阳就死了。孤的儿子当了天王，这就是后来的周桓王。

周桓王认为父亲的死和郑庄公的蛮横有很大关系，又觉得郑庄公在朝廷上很霸道，就产生了罢免郑庄公的念头。周桓王年青气盛，有一天在上朝时，当着文武百官的面对郑庄公说：“你是先王的老臣，我怎敢随便使唤你，还是请你自便吧。”郑庄公一听，虽然挺生气也没反驳什么，就婉言告辞了。

郑庄公回到郑国，一直对周桓王不满，总想找点事教训教训桓王，让桓王知道他的厉害。正巧宋国联合卫国作乱，郑庄公就找到了攻打宋国的借口。郑庄公假借周桓王的名义，打起了“奉天讨罪”的旗号，联合齐国和鲁国，把宋国打得一败涂地。宋国的国君宋殇公在战乱中身亡，郑庄公就立公子冯为宋国的新国君，就是宋庄公。从此郑庄公在诸侯中威望大增，许多小国都把他看作诸侯的首领，郑庄公也更不把周桓王放在眼里了。

周桓王一知道郑庄公打着他的旗号讨伐宋国，就下令正式免去了郑庄公的卿士职位，而郑庄公也一连 5 年不去洛阳朝见天王，以示蔑视。这可把周桓王惹火了，他亲率蔡、卫、陈三国军队讨伐郑庄公。郑国朝野上下早有抗周之心，誓与天王决一死战。

周桓王原以为大兵压境，郑庄公一定会知错求和。现在看到郑庄公还真敢和他兵刃相见，就准备了一篇长长的演说词，当面训斥郑庄公一通。没料到郑庄公根本不到阵前见他，只是摆好架势，默默待战。周桓王求战心切，就派士兵去郑军阵前叫骂，郑庄公还是按兵不动。直到午后，太阳开始西斜，郑庄公眼见周王士兵已经面露倦意，军纪松驰，才下令击鼓冲锋。陈、蔡、卫三国士兵本来就不想为周天王打仗，现在一看郑军来势凶猛，掉头就逃。郑军养精蓄锐，以逸待劳，早就憋足了劲，一阵奋勇追击，直杀得周王军队丢铠弃甲，狼狈而逃。周桓王出于无奈，只好亲自断后，且战且退。

郑国的战将祝聃率兵追杀在前，远远地弯弓搭箭，朝着周桓王奋力射击，正中桓王左肩。祝聃见射中了周天王，更是精神抖擞，驱车追赶，想把周天王活捉回去请功，正在这时，却听到郑庄公鸣金收兵，只得返回。到了营地，祝聃疑惑不解地问郑庄公："周王已中一箭，我正要生擒他，你怎么下令收兵了呢?"郑庄公答道："我们今天应战也是迫不得已啊。周天王兵败中箭，已经知道了我们的厉害，以后再也不敢轻视我们了。况且，真要把周天王抓来，我们又拿他怎么办呢?就是射他一箭也不合适，如果射得伤重而死，我们就有了杀害天王的罪名，怎么向天下交待呢?"大夫祭足这时也说："还是庄公高明，现在周天王已经怕我们了，我们最好赶快派人去慰问天王，这也给他一个台阶，让他赶快回去算了。"郑庄公一听连声说好，并把这个差事交给了祭足。

祭足准备了许多牛、羊作为礼物，外加一些粮草，星夜赶到周天王的兵营慰问。他一见到周王，就跪在地上连连磕头，口称："罪该万死、罪该万死，庄公本想自卫，岂料没有约束士兵，以至冒犯了天王。庄公特命我来请罪，请天王息怒。”周桓王没料到郑庄公来这么一手，祭足长跪不起更使他难堪，一时竟说不出话来。旁边的大臣们一见此景，都打圆场，请周王饶恕郑庄公，祭足忙向周天王谢恩，告辞了天王，又到别的军营一一慰抚。就这样，周天王与郑庄公之间的一场争斗最后以祭足的“慰问”宣告结束。而诸侯之间更加激烈的争斗就要开始了。

在西周的时候，天子是“天下宗主”权倾五湖四海，自周天王东迁以后，周王朝的权势逐渐衰落，诸侯的力量却日趋强大。在这种时候，周桓王还想以天子的地位以辖诸侯，逞昔日之威风，郑庄公自然不怕什么。郑国勇将祝聃给周天王的一箭实际上说明了当时王室衰落、诸侯强大的现实。

寤纠作茧自缚

郑国的国君郑武公有寤生和段两个儿子，他们的母亲喜欢段，常常不厌其烦在武公面前夸奖小儿子，要武公立

段为世子。武公是个很有主见的国君，他没有顺从武姜，而按老规矩立长子寤生为世子。

后来武公去世，寤生当了国君，也就是郑庄公，他不计前嫌，在大夫祭足和颍谷的地方官颍考叔的帮助下，母子俩重归于好。

大夫祭足很有才干，他辅佐郑庄公处理朝政事务，使郑国的威信日胜一日。不料，就在郑国可以称霸各诸侯国的时候，郑庄公病了。他知道自己将不久人世，便将祭足叫到床前商量继位的事。

郑庄公有8个儿子，比较喜欢二儿子子突，想传位给他。祭足说，按规矩应传位给长子，而且早已立长子忽为世子，假如另立子突，怕要引起内乱。庄公长叹一声，道：“子突是不愿意屈居人下的，看来只能把他送到宋国去了，他的姥姥在那里，一切都会方便些。唉，郑国此后要多事了。”

公元前700年五月，郑庄公病逝，世子子忽继位，他就是郑厉公。

厉公继位后，派祭足访问宋国，顺便听听宋国、子突有何风声。祭足刚到宋国便被扣押起来。原来，宋庄公是个有野心的人，他知道祭足掌握郑国大权，便想利用他废子忽，立子突为君，然后进一步控制郑国。

这天晚上，宋国太宰华督来见祭足，提出立子突为君之事。祭足严辞拒绝，华督并不恼火，他进一步说出宋庄公的意思，如果祭足不同意，就对郑国发兵，护送子突回国夺位。祭足了解宋庄公是什么事都能做出来的人，他的君位就是杀了殇公夺来的。自己被杀是小事，如果让百姓无端受到战争之苦就不值得了。祭足决定假意答应，以后再慢慢想办法。

子突听说宋庄公要他回国做国君，心里很高兴。但是宋庄公要求子突继位后要割3座城池给宋国，此外要送白璧百双，黄金万镒（1镒等于24两），每年向宋国交纳谷物3万钟（1钟当时为640升），并签订了条约。子突为了当上国君，什么条件都答应。宋庄公为了将郑国牢牢地控制在自己手中，派雍纠辅佐子突，并逼迫祭足将女儿嫁给雍纠。

子突顺利地当上国君，这就是郑昭公。子忽被迫逃到卫国。

雍纠辅佐昭公，并成为他的宠臣，他虽然是祭足的女婿，却时常暗中监视祭足的行动，祭足自然心中有数。

昭公当上国君后，就想毁约，但是宋国不答应，派人登门索取。按照祭足的意思，三座城池不给他，财物只给他三分之一。宋国恼羞成怒对郑国发兵。郑国联合鲁国将宋国打败。第二年宋国联合陈、卫、蔡等国再次攻打郑国。昭公主张迎战，祭足却命令将士坚守城门，不许迎战。虽然都城保住了，但昭公忌妒祭足专权，担心以后危及到他的地位，便产生了杀掉他的想法。

雍纠一直想取代祭足的位置。如今见昭公对祭足越来越怨恨，自然暗中高兴。一次，他见昭公愁眉不展，便不失时机地道破了昭公的心事，同时也说出自己对祭足的不满。二人一拍即合，共同订了一个杀害祭足的计策。雍纠回家一见妻子祭氏，就有些不自然，祭氏是个比较有心计的女人，她见丈夫心神不定，知道他心中有事。于是为他摆酒，本来雍纠的心绪比较乱，见妻子摆上酒菜也就一杯接一杯地喝起来，很快就喝多了。在妻子的追问下，迷迷糊糊地就将准备杀害祭足的事说了出来。祭氏惊出一身冷汗，她心乱如麻，呆呆地坐了一夜。

天亮了，雍纠酒也醒了，祭氏端来一碗茶，在他身边坐下来，笑盈盈地说："国君派父亲去东郊赈灾，假如他不去，你怎么能杀他呢？"雍纠的碗"啪"地一声掉到地上，他猛地站起来，下意识地看了一眼墙上的剑，厉声问："这事你怎么知道？"祭氏装出一副很委屈的样子说："你昨晚告诉我的。瞧你，还是国君身边的重臣呢，遇事一点也沉不住气。我既然嫁给你，就会顺从你的意思。你不是也常说'在家从父，出嫁从夫'吗？算了，反正你也不信我，我干脆死了干净！"说着就抢上前将剑拔出鞘，雍纠慌忙将她拦住。

祭氏平静了一下说："其实，我是很想帮你的。你想，父亲向来行踪不定，如果他不去东郊，你们岂不白辛苦了？"雍纠一听很有道理，他想：祭足老谋深算，万一真像夫人说的，岂不麻烦，于是便求妻子回家探听一下祭足的意思。

祭氏名正言顺地回了娘家，将昭公与雍纠的计划告诉了祭足，祭足决定按照昭公的意思前去救济灾民。雍纠在东郊的路上摆了丰盛的酒菜，为祭足饯行。他斟了满满一杯酒，跪在祭足面前，恭恭敬敬地递上去。祭足一副很高兴的样子，一手接酒，一手扶起雍纠，不料一失手酒杯掉在地上，地上立刻冒起一股烟，同时泛起一堆泡泡。祭足大怒，喝道："大胆匹夫，竟敢暗算我！来人，把他推出去斩了！"早已准备好的勇士一拥而上，把雍纠绑了起来。

昭公见计划失败，知道自己不可能再留在郑国，便逃到蔡国去了。

祭足从卫国迎回逃亡在外的郑厉公子忽，继续尽心尽力地携助子忽治理国家。

曹刿长勺论战

公元前686年到公元685前年之间，齐国国君襄公的弟弟公子小白和公子纠因为战乱而相继离开了齐，公子小白投奔到莒国，公子纠出奔到鲁国。

周庄王九年（公元前685年），公孙无知杀死了齐襄公，夺了君位。这之后不久，公孙无知也被杀死，一时间国家没有君主。公子小白和公子纠得知这一消息之后，就想回到齐国做国君，公子小白从近路赶回齐国，他比公子纠先到达，所以他当上了齐国的国君，这就是历史上赫赫有名的齐桓公。

公子纠回国途中，鲁国派了许多人护送他，但是他耽搁了时间，所以比公子小白后到，国君没有做成。

齐桓公当政以后，想通过武力向国内外证明自己的能耐，又由于嫉恨鲁国曾经帮助过公子纠，就出兵攻打鲁国，公元前684年，齐桓公命鲍叔牙率大军直逼鲁国。路上，齐国的军队所向披靡，将鲁国的地方军打得一败涂地，齐军很快攻到鲁国的长勺（今山东曲阜县北）。齐国和鲁国在长勺这个地方打了一仗，这就是有名的齐鲁长勺之战。

齐国当时已经是非常强大的国家，而鲁国却是一般的小国家，国力较弱，鲁庄公觉得齐国正是看到鲁国比齐弱，所以欺负他们，便召集百官商量对策。大夫施伯向他推荐一人，此人姓曹名刿，深通谋略，是个很有抱负的人。鲁庄公正值燃眉之急，于是鲁庄公派施伯去请曹刿，帮助破敌。曹刿见了鲁庄公，就直接向庄公提出自己所担心的问题，问庄公是不是有对付齐军的良策，庄公说靠的是鲁国上下一条心。曹刿从庄公口中得知他在各方面都比较顺应民意，便告诉庄公，若是这样，老百姓会为鲁国战斗的。

曹刿看到了战前庄公政治方面准备比较充分了，又考虑到战术问题，他请求鲁庄公允许他去前方参战，鲁庄公觉得这人的确有计谋，就同意了，并和他同乘一辆车子向战场进发。

齐鲁两军在长勺摆开战场，双方人马排列成阵，战旗随风飘扬，鲁国的士兵们手握武器，战马也在阵前紧张得踏着碎步，阵上保持着可怕的宁静。而齐军阵前却是另外一番景观，齐军仗着自己人数多，战将们傲视一切，神采飞扬，根本不把鲁军放在眼中。

鲁庄公看到齐军骄纵的样子，非常气愤，就想命令将士们击鼓进攻，曹刿看不是时机，连忙阻止。

齐军击鼓进攻，向鲁军阵中奔来，可是鲁军却待而不发，军中阵形排列有序，齐军不知道这什么回事，也不敢轻易出击，一阵鼓噪后，又停下了阵脚。当齐军观察鲁军没有丝毫要出击的样子，就又擂了第二通鼓，将士们再次冲锋向前，冲出没多远，发现鲁军一点害怕的样子都没有，只得再次退兵。

鲁国的将士们丝毫没动，可齐国的将士却一个个紧张得要命，身上的肌肉绷得紧紧的，而心里却更加疑惑。齐军的主帅这时真不知到底是进攻，还是后退。后又想到：既然齐国这样强大，又有什么害怕呢？过了一阵又擂起了鼓，齐军发动了第三次进攻。

而鲁国将士真是以逸待劳，齐国的将士累得要命，鲁国的将士却非常轻松，他们一个个斗志昂扬，个个憋足了劲，紧紧地握着手中的武器，只等主帅一声令下，他们就会全线出击。当齐国第三次向他们进攻时，他们一开始还是按兵不动，当齐兵正在疑惑之际，曹刿说："大王，我们进攻的时间到了，现在你发令吧。"

顿时间，鲁军一起进发，鼓声震天，鲁军像猛虎一样扑向了齐军，齐军根本没有想到鲁军会突然出击，他们一个个疲劳不堪，当鲁军杀过来的时候，他们一个个丢盔卸甲，没打几个回合，就败下阵去，鲁军乘胜追击，齐军溃不成军。成语"一鼓作气"便是从此而来的。齐军狼狈逃窜，鲁庄公就要命令士兵追击，曹刿急忙阻拦道；"不要追，不要追。"他下了马车，仔细观察敌人败退时车轮的印迹和战马的足痕，发现混乱得很，就说："现在可以追赶了。”

鲁庄公追击的命令一下，士兵们个个奋勇争先，一股作气，就把齐军赶出了鲁国的土地。长勺一战，鲁军取得了决定性的胜利，而取胜的关键就是有曹刿给军队出谋划策，后来的闲谈中，鲁庄公就问曹刿为什么在齐军击两通鼓时，还不让将士们去迎击。

曹刿回答得很从容：“打仗这件事，完全凭着一股士气，当双方准备拼斗之时，都处于最佳战斗状态，敌方第一通击鼓，这时他们的士气也最足；当第二通鼓打响时，他们的将士有点泄气了；等到第三通鼓时，将士们的气几乎泄完了，在这样的情况下，我军去迎击，他们的气泄完，而我们的气正足着呢，这哪里有不胜之理？齐国虽然败退了，但是齐国是一个大国，我怕他们有埋伏，诱使我们去追击，所以我下车去看看他们的车辙，我看到他们的车辙已经是杂乱无章，站到车子上一看，见他们的战旗也东倒西歪的，所以我断定他们是真正的败逃，这样我才建议你命令将士追击，把他们彻底赶出我们的国境。”

鲁庄公本来就对曹刿的指挥才能赞叹不已，于是拜曹刿为大夫，管理鲁国的军事。

管鲍生死之交

鲍叔牙是春秋初年齐国著名大臣。他年轻时与颍上（今安徽颍上县）人管仲结为好友。他见管仲气宇轩昂，相貌魁伟，博学多才，少有大志，就料定他是治国济世的人才，所以对他特别敬佩和照顾。

两人少年时曾合伙做过生意。鲍叔牙见管仲家穷，在分红的时候就让他多得一点。同伙有人骂管仲贪财，鲍叔牙就解释说："他怎么会贪图这点钱？是我见他家穷，故意让他多分一点。"

管仲曾带兵打仗，临阵对敌，常躲在后面。撤

退时又跑在前面。有人认为管仲懦夫怕死，连他手下的士兵都瞧不起他。鲍叔牙辩解说：“他家有老母，全靠他赡养。他保护自己，是为了侍奉母亲，他决不会怕死。”鲍叔牙极力掩盖管仲的缺点，完全是爱惜管仲是个人才。管仲见他多方维护自己，十分感动，说：“生我的是父母，知我的是鲍叔牙啊！”

后来，两人相约去齐国谋生，当时齐国的国君齐襄公没有儿子，但有两个异母兄弟，一个叫纠，一个叫小白。按照当时封建世袭制惯例，国王无子，王位可由兄弟继承。管仲对鲍叔牙说：“齐国将来继位的国君，不是公子纠，就是公子小白，我们两人各辅佐一个，等他们当上国君，我们相互举荐。”鲍叔牙欣然同意。两人果然达到了目的，鲍叔牙当了小白的老师，管仲成了纠的老师。

齐襄公十分残暴昏庸，常常找事责骂大臣。管鲍早料到他不会有好结果，为了避祸，管仲随公子纠去鲁国暂住，鲍叔牙随公子小白到一个叫莒（今山东莒县）的小国栖身。周庄公十二年（公元前685年），齐襄公在宫廷变乱中被杀，齐一时没了国君。公子纠和小白便争相返国，兄弟之间展开了一场惊心动魄的争夺王位的残酷斗争。

鲍叔牙得到齐国发生变乱的消息以后，立即请求莒国派兵车百乘护送小白返国。他知道，在齐国王位未定的情况下，两个公子谁先返国，谁就可以捷足先登当君主。鲍叔牙高瞻远瞩，当初要小白选择离齐国较近的莒国栖身时，就料到会有这一天。鲍叔牙稳操胜券，率领兵车一路护送小白，日夜兼程，快马加鞭，直奔临淄而去。

管仲足智多谋，自然知道抢夺王位的关键。但是眼下纠在鲁国，齐鲁相隔遥远，要走几天才能到达临淄，如果不设法阻止小白返齐，他肯定会先回齐国抢去王位。马上请求鲁国拨给他 30 辆兵车和骏马，由他亲自率马先行去拦截小白。鲁庄公则亲率 300 辆兵车，随后护送公子纠回国。

管仲乘着骏马兵车，猛追快赶，昼夜不停，累得精疲力尽，好不容易才在离齐国不远的边境追上了护送公子小白的卫队。士兵们正在树林边休息，埋锅做饭，小白端坐在一乘兵车上，鲍叔牙紧随他身旁。管仲见了，连忙跑上去，朝着小白先施一礼，然后问道："请问公子，你上哪儿去啊?"小白告诉他，要回齐国办理丧事。管仲说："公子纠比您的年龄大，有他去办丧事就行了，您何必急急忙忙赶路呢?!"鲍叔牙深知管仲的用心，很不耐烦地对他说："管仲，你快回去吧。各人有各人的事，你不必多管。”管仲便伪装答应，退了下去。但没走几步，突然回过身来，弯弓搭箭，瞄准小白就射。小白大喊一声不好，口吐鲜血，倒在车上。护送人员一齐围上来保护他，有人甚至哭喊起来。

管仲瞧见这种情景，认定小白一定被他射死了，便放心驱车而去。鲁庄公听说小白死了，立即设宴庆贺，然后带着公子纠，悠然自得地向齐国慢慢进发。

智者千虑，必有一失，管仲尽管多谋善断，这一次对公子小白的生死却估计错了。管仲的箭只射中了小白的衣带钩。他怕管仲再射第二箭，急中生智，咬破舌头，伪装吐血身亡。大家在忙乱中信以为真。管仲在远处就更看不清了，误以为他中箭而死。管仲走远以后，他才睁眼坐起来。鲍叔牙说：“我们得快走，说不定管仲还会回来。”他们便走近路飞快地回到了齐国。

齐国有一些拥护公子纠当国君的人对鲍叔牙说：“您要立公子小白为国君，公子纠回来了怎么办呢?”

鲍叔牙说：“齐国不幸，内乱不断，要有像公子小白这样贤明的人来当国君，才能稳住社稷。如果鲁庄公送公子纠回来当了国君，鲁国肯定要勒索财物，齐国本来很穷，如何经受得了?”一番话说得他们哑口无言，连忙点头称是，同意拥立小白即位。他就是历史上有名的齐桓公。

鲁庄公率领的大军，过了好几天才到达齐国边境，他听说小白未死，当上了国君，顿时大怒，命令军队向齐国发动进攻。但被齐桓公的军队在乾时（今山东淄博市西面）杀得大败而归。

乱后思治，齐桓公打败了鲁军，初步巩固了王位，便来考虑如何治理齐国的问题。他问鲍叔牙："齐国内乱多年不断，现在才初步安定，怎样才能治理好国家呢？请你多帮寡人策划。"

鲍叔牙见齐桓公向他请教治国之道，立即想到了管仲。他们两人过去曾约定，谁辅佐的公子当了国君，就互相举荐。他对齐桓公说："现在确实需要找到一个有才智的贤人来帮陛下治国。"

齐桓公觉得他答非所问，便说："难道还有比你更能干的贤人吗？"鲍叔牙果断地说："有，此人就是管仲。"齐桓公一听说管仲，立即火冒三丈，咬牙切齿地说："管仲射我一箭之仇还未报，我正想杀他解恨，您却要我重用他！"

鲍叔牙笑道："管仲当时正辅佐公子纠，当然要为他争夺王位着想。您如果重用他，他准会为陛下效忠尽力，管仲的才能，胜我十倍，若能请来辅佐陛下治国，他将为您取来整个天下。”

齐桓公一心要治好齐国，思贤若渴。他见鲍叔牙极力举荐管仲，沉思了好一会儿，表示同意。于是齐桓公派隰朋当使者去见鲁庄公谈议和条件：一、要杀死公子纠，二要把管仲交齐国惩处。鲁国刚打了败仗，不敢再战，只好全盘接受。鲁庄公立即逼公子纠自杀，把管仲囚禁起来，准备送回齐国。

鲁国有个谋士叫施伯，听说要将管仲送回齐国，连忙来见鲁庄公说：“管仲是当今的奇才。齐国若用他，准会富国强兵，成为鲁国的威胁，不如将他留在鲁国为我们所用。”鲁庄公说：“那怎么行，我们不能重用齐桓公的仇人。否则，齐桓公决不会饶过我们的。”施伯劝鲁庄公说：“如不用他，就干脆杀掉，免得齐国重用他，对鲁国不利。”隰朋听说鲁庄公要杀管仲，连忙跑去对他说：“我们国君对管仲恨之入骨，非要亲手杀他才解恨。你们把他交给我们去处理吧！”鲁庄公只好将公子纠的头和管仲一起，交隰朋带回齐国。

管仲进了齐国的地界，鲍叔牙早就等在那里了。他一见管仲，如获至宝，马上让人将囚车打开，把管仲放了出来，一同回到临淄，并把他安排在自己家中住下，随后就带他去见齐桓公。管仲一见到他，立即跪下请罪。齐桓公连忙扶起来，并虚心向他请教富国强兵之道。两人谈得很投机。齐桓公很快就任命管仲为齐国宰相，甚至称他为“仲父”（相当于叔父的称呼）。

管仲在齐国受到重用以后，实行了一系列重大的改革：减轻百姓负担，整顿政权和军队，大力发展农业和工商业，破格提拔人才。仅用几年时间，就把齐国变成一个强国，辅佐齐桓公成了春秋时代第一个赫赫有名的霸主。

管仲能在齐国施展治国才能，要归功于鲍叔牙让贤荐能的高尚美德。他不但在自己受重用的时候，能够举荐管仲担任高于自己的要职，而且在管仲功成名高的时候，急流勇退，不贪恋爵禄和荣誉。有一次，鲍叔牙听人议论，说管仲的职位不应高过鲍叔牙，便向齐桓公提出辞官申请。第二天，鲍叔牙就悄悄地走了。为了齐国的强盛，他不考虑个人的荣辱毁誉。管仲和鲍叔牙的友谊成了后世人们交朋友的范例。所谓“鲍管之交”和“管鲍遗风”千古留传，至今成为美谈。

齐桓公中原称霸

国家的强盛与否与一国之主是否英明有直接关系。齐桓公自从作了国君之后，亲贤臣远小人，励精图治，一心一意为国奉公，将齐国百姓从水深火热中一点点拯救出来。

齐桓公是位很有胸襟的国君。当年他中了管仲一箭，险些没命，可是为了国家能够强大起来，他不计前嫌任用管仲作身边的近臣。一次他没有听从管仲的劝告，执意要攻打鲁国，结果被曹刿打得大败。他后悔没有听管仲的话，便找到管仲向他认错。管仲深受感动，决定忠心辅佐齐桓公，齐桓公也开始信任管仲，并拜他为相国。

管仲作了相国后，又向齐桓公推荐了一些人才，根据管仲的意思，齐桓公对他们一一量才而用。齐国的有识之士一天天多起来。齐国的百姓一天天富起来，齐桓公对管仲的信任日胜一日。他曾对众臣说："国家大事，均由管仲决定，无论何事，先禀告管仲，再禀告我。"

由于桓公的支持，管仲对齐国进行了一系列改革。

首先管仲把国家改成21个乡，其中6个乡主要从事工商业，免除摇役、兵役。15个乡兵农合一，平时耕种，闲时练兵，如有战争，立即集合成强大的军队。

在经济上，实行实物税制，就是按土地的好坏分等征税。这样不但减轻了百姓的负担，还提高了生产者的积极性，促进了农业的发展。

管仲曾经做过生意，有一定的经商经验，他利用齐国有利的地理条件，积极提倡发展鱼盐业，实行鱼盐出口免税，鼓励当地人民进行贸易活动。另外加强对货币的管理。此外，加强对货物的调控，保持物价总体平衡。既满足了不同地区的需要，又增加了国库的收入。

在人才的选拔上，管仲采取"三选制"。各乡把文武全才、品学兼优的人推举到国家，这是第一选。国家有关部门对这些初步选中的人进行考核，选出优秀者推荐给国君，这是第二选。国君对优秀者再亲自审核，合格者任命为上卿的助手，这是第三选。这样，不但使真正有才学的人有了用武之地，还扩大了统治阶级的基础。

为了加强国君的权力，管仲建议国君掌握生、杀、富、贵、贫、贱这六大权利，同时实行对有功者赏，有罪者罚的政策。通过一系列改革，齐国政治得到巩固，军事得到加强，经济也空前繁荣，渐渐成为实力最强的国家之一。

齐国强大后，齐桓公想作中原霸主的心愿一天天强烈起来。这期间，国外发生了几件大事，一件是天子周庄王去世，周僖王即位，一件是宋国发生了内乱，国君宋闵公被杀，公子游即位后又被闵公的弟弟公子御说借兵杀死……利用这个机会，管仲向齐桓公出了个可以称霸中原的主意。齐桓公高兴地照办了。

周庄王名义上是各诸侯国的首领，实际已名存实亡，所以在他去世时，没有一个来吊丧的。周僖王即位后，也没有来贺喜的。周僖王感到很不是滋味。正在这时有人来报："齐国派使臣带许多贡物来祝贺新天子即位。"周僖王喜出望外，立即接见。

席间，齐使向僖王奏明：宋国内乱不止，影响很坏。至今国君还没有定下来。希望天子下令，选一个诸侯国牵头，召集其他诸侯国，商定一下宋国的国君，以便平息宋国内乱。

周僖王原本也想找个机会提高一下自己的威望。如今齐使的请求大大满足了他的虚荣心，于是连连答应，并立即写了一道“由齐侯出面邀请诸侯商讨宋国君位”的命令交给齐使。齐使圆满地完成了出使任务，这一切都在管仲的计划之中。

齐桓公接到周天子的命令，当即让管仲写召集会议的通知给各国送去。同时又到北杏去布置会场。

管仲就借着齐桓公刚即位，需要诸侯确认这个机会，让齐桓公打着天王的旗号，会合诸侯，当上霸主。

会期到了，原定的十几个国家只到了邾、宋、陈、蔡四国。齐桓公对管仲说：“诸侯没有来齐，改个日期吧！”管仲说：第一次会合诸侯，不能失了信用。三人成众，已经来了四国可以开会了。”

会议开始了，主题是商定宋国的国君，当然不能跑题。于是规定公子御说为宋国国君，五国一致同意，主要问题轻轻松松地解决了。齐桓公接着说：“现在王室衰微，为了扶助王室，共创大业，需推选一位领头人，请诸侯考虑一下人选。”齐桓公实际在告诉大家选一位盟主。

论理，宋国的资格比较老，是公爵国，也就是一等诸侯国。但是由于内乱不断，国力被折腾得软弱不堪，已经没有能力当选了。齐国虽然是侯爵国——二等诸侯国，但国力强是有目共睹的，陈国的国君陈宣公卖了个顺水人情，说："既然本次会议是齐侯召集的，那就选他为盟主吧。"众人附和。正中齐桓公下怀，便半推半就地接受了推选。他率领大家先向台上虚设的天王的座位行了礼，又同到会的四国签订了扶助王室，抵御外侮，平定内乱，帮助弱国的盟约，同时商定，如有违约者，共同讨伐。

对盟约的内容，各国诸侯都表示同意。接着管仲走上台来，对大家说："鲁、卫、郑、曹四国，不听天王命令，不来参加大会，这是对天王的不忠，应该兴师问罪。"齐桓公接着说："敝国力量不足，请各位多帮助。"

公元前681年，齐桓公登上中原霸主的位置。

曹沫柯地扬名

齐桓公为了称霸中原，借周王的名义召集诸侯国在北杏签约共同扶助王室。可是通知了不少国家，只到了四国，齐桓公很不高兴，决定对那些未到会的国家以“无视天子”为由兴师问罪。

鲁国也是未到会的国家。齐鲁两国原本结怨就很深，屡次刀兵相见。这次没给齐国面子，齐桓公尤为恼火，又因为两国相邻，齐国决定先拿鲁国开刀，以便在诸侯国中树立威信。后来听从管仲建议先去攻打鲁国的附属遂国，这样鲁国一定害怕。

鲁庄公听说齐桓公亲率大军攻打遂国，很惊慌，虽然齐鲁长勺之战鲁国获胜，但那只是胜在曹刿的计谋上，论实力，鲁国较齐国相差得太远了。无奈，鲁庄公召集众臣商量对策。大臣们各抒己见，有的说出兵抗敌，有的则提出议和。施伯和曹刿也主张议和。他们明白，出兵抗敌无异于以卵击石。为了保存实力，鲁庄公给齐桓公写了一封信，大意是：“开大会的时候，我正好生病，没来得及参加，实在抱歉，如果齐国退兵，鲁国愿意同齐国签约。”

齐桓公接到信，便将军队撤至柯地（今山东省阿县一带），布置了一个戒备森严的会场，周围安排重兵层层把守，准备与鲁国签约。

鲁庄公虽然答应签约，心中依然没底，始终忐忑不安，他问大臣谁愿跟他一同前往，曹沫大夫走上前说愿意前往，鲁庄公见是曹沫，便有些泄气，当年鲁庄公护送公子纠回齐国继位，结果被公子小白也就是齐桓公捷足先登。鲁庄公恼羞成怒，派曹沫等大将率兵攻打齐国，但被鲍叔牙以诱敌深入之计打得溃不成军。鲁庄公越想越不放心，便婉言拒绝道：“你曾被齐国打败，如果此次陪我前去，定会遭齐国耻笑。”曹沫并没有知难而退，他说：“我不会因为打过败仗，就不再露面，此次陪主公既可以保您的安全，又可以雪当年败仗之耻。”

鲁庄公找不出其他合适的人，只得对曹沫说：“我们与齐国签约是迫不得已，你同我一起见机行事吧。”

曹沫穿戴整齐，带上宝剑同鲁庄公如约到达柯地。

鲁庄公见会场上齐国的士兵威风凛凛，隐隐透出一股杀气，便有些心惊胆战，走路的步伐也不稳了。曹沫手握宝剑不卑不亢地跟在鲁庄公身后，寸步不离。

论理按说两国签约随从人员是不准带兵器的，齐国的士兵也阻止曹沫带兵器登坛，但慑于曹沫咄咄逼人的气势也只好作罢，眼睁睁地看着他带宝剑陪同鲁庄公登上盟坛。

齐桓公名义上同鲁庄公签约，实际根本没把鲁庄公放在眼里，他私自将盟约定好，等鲁庄公登上盟坛，同他假意寒暄几句，便命大臣将盟约递过去，让他签字。同时端上铜盘要鲁庄公歃血为誓。鲁庄公不知道盟约的内容，本想仔细看看，但齐国并没有让他看的意思，只是催他快点签字。鲁庄公迫于压力，无可奈何地拿起笔。站在一旁的曹沫怒从心头起，他拔出宝剑冲到齐桓公面前，抓住他的衣服举剑要刺。

管仲见事不好，慌忙挡在齐桓公的面前，并竭力稳住曹沫，他说："曹大夫，有事好商量。你这是干什么？"

曹沫气愤地说："我们鲁国是弱小的国家，你们齐国却仗着强大几次三番地欺负我们。当初齐国打着周王的旗号说要扶助王室，帮助弱国。如今，你们非但没有帮助我们，反而霸占了汶阳。假如你们真心签订盟约，就把汶阳归还给我们。"

齐桓公早已吓出一身冷汗，此时却故作镇静，一言不发。管仲见事已至此，如不答应，后果不堪设想，而且若想当霸主，取信于诸侯国，交出一个小小的汶阳也是值得的。于是管仲劝齐桓公答应曹沫的条件，齐桓公同意了。

曹沫收起宝剑，又将歃血的铜盘递到齐桓公面前，说签约是两国的事，两国的国君必须一起歃血立誓，齐桓公无奈，只得照办。曹沫知道管仲是齐国的实权派人物，汶阳是否归还取决于他，于是要求和管仲一起歃血立誓，以免将来毁约。齐桓公明白曹沫的意思便说：“我答应的事就一定照办，决不失信。”

曹沫圆满地完成了陪同鲁庄公签约的任务，鲁庄公很高兴，对他大加赞赏。但是曹沫的举动却惹恼了齐国的大臣。齐桓公也觉得面子上过不去，心里很不舒服，有的大臣趁机说：“曹沫太目中无人了，我们不能咽下这口气。如今他和鲁庄公还住在我们这里，何不连夜将他们捉来杀掉，也替主公出口气。”齐桓公沉默不语。管仲慌忙阻止道：“我们切不可如此糊涂。如今齐国霸业初成，最应当守信用，不然怎能取信于世呢？请大家想想，得到一块土地，失掉人心好呢，还是失掉一块土地，得到人心好呢？”

齐桓公毕竟是一个开明、有头脑的君主，听了管仲的话后，他不但热情款待鲁庄公，还在当天把汶阳交还给了鲁国。

柯地会盟后，诸侯们听说这件事，都佩服齐桓公讲信用，都想依附齐国。齐桓公名声大振，威信提高，卫、曹两国也派人来赔礼道歉，并请求会盟。他中原霸主的地位也得到进一步巩固。

宁戚出使宋国

北杏会盟时齐桓公定公子御说为宋国国君，得到其他三国认同。公子御说很感激齐桓公，他此行北杏的目的就是为了确定君位。可是定二等诸侯国国君齐桓公为盟主时，公子御说不高兴了，因为宋国是一等诸侯国，他觉得自己才是盟主的合适人选。他越想越生气，最后连招呼也没打，连夜带随从回国了。

齐桓公对宋恒公的不辞而别，非常愤怒，若不是管仲劝说，就要派兵去追。

后来齐桓公组织了几

次会盟活动，通知宋国，宋国均无动于衷。齐桓公很生气，决定惩罚宋国，公元前680年，齐桓公派使臣去周天王那里告状，借着周天子命令，让管仲带部分军队与陈、曹军队会合攻打宋国，自己随后率军进发商丘（今河南省商丘市南）。

管仲一行到达猺山（猺 náo），今山东省临淄境内）时，发现一个穿破衣服的人一边光着脚放牛，一边敲牛角唱山歌。他觉得此人有些不凡，便将军队停下休息，又派人给放牛人送去酒饭，放牛人毫不客气地吃了饭，之后对送饭的士兵说要见管仲，士兵说仲父很忙。放牛人随口念了一首名为《白水》的诗："浩浩白水，鲦鲦之鱼，君来召我，我将安居？"

管仲查营回来，听到这首诗知道这一定是个有才能的人，想出来做事，便立即跑去见放牛人。放牛人象征性地对他拱了拱手，管仲没有介意，问他的名字，放牛人说他是卫国村野之人，叫宁戚，想出来做事可没人用，此次是慕名来找管仲。

管仲坐下来同宁戚谈了当今时事。觉得此人是个不可多得的人才。于是写了一封荐书留给宁戚，让他等齐桓公来时交给他。

管仲率军继续赶路。

三天后，齐桓公到了。听见有人在敲牛角唱歌，其中有几句大意是：“不逢尧舜好世道，劳苦一世白受穷。世道艰，路不平，漫漫长夜何时明？”

齐桓公听了心里很不痛快，便将唱歌人叫来，问他是什么人，敢如此放肆唱不合时宜的歌。此人正是宁戚。他傲慢地说自己唱的是事实。

齐桓公有些生气，但还是耐心地解释说：“如今天下百姓安居乐业，生活富足，我为各诸侯的盟主，所发布的命令没有不听从的，战必胜，攻必克，使国家出现了难得的太平盛世，你怎能唱‘不逢尧舜好世道，漫漫长夜何时明’呢？”

宁戚笑了，说：“我并不觉得，我只知道北杏大会你通知十多个国家，到会的才四个，中途宋国还溜走了。而且柯地会盟时你受曹沫胁持不得不交出汶阳，这怎么能说你的命令没有不遵从的呢？”

齐桓公勃然大怒，心想你一个山野村夫，竟敢口出狂言，于是下令，将宁戚处斩。宁戚大笑起来，说道：“人说齐桓公开明，我看与昔日夏桀、殷纣一般无二，也是乱杀贤人的昏君。”说完头也不回地向外走。

齐桓公沉吟片刻，觉得此人非同常人，忙叫人将他带回，并亲自给他松绑，说道：“我并非真杀先生，只是试试您的胆量。”宁戚从怀中拿出管仲的荐书，说：“我也并非真的辱骂主公，只是试试你的气量。”二人大笑起来。

齐桓公决定拜宁戚为大夫。有人劝他说，宁戚是卫国人，不知是什么底细，是否等打探明白了再决定封官。齐桓公坚定地说：“疑人不用，用人不疑！”并当即拜宁戚为大夫，还为他预备了一辆车，同他一起率军到达宋国边界，与管仲会合。

当齐桓公下令攻城时，宁戚阻止说：“与其以武力征服宋国，不如让宋国心悦诚服地归附我们。我们何不采取先礼后兵的态度，先由我去劝说，如果他们不听劝阻，我们发兵也不迟呀！”齐桓公觉得很有道理。

宋国正在商讨对付齐国的对策，有人来报：“齐国使臣宁戚来见！”

宋恒公从未听过这个名字，戴叔皮说：“此人是卫国放牛的，刚被齐桓公拜为大夫，他此次前来，定是做齐国的说客，我们先接见他，看他有何举动。假如有不妥之处，我就扯主公的衣服，主公再下令杀他。”接着，戴叔皮又令武士披盔戴甲，手拿兵器站在西侧；文官手执笏板站在东侧。宋恒公也穿戴整齐，摆出一副威风凛凛的样子端坐殿上。

宁戚目不斜视，昂然上殿。见到宋恒公，宁戚拱了拱手便直接了当地说："宋国要大难临头了。"此话正中宋恒公要害，但他强作镇定地说："宋国是一等公爵国，不会有什么大难，即使有也没什么好怕的。"

宁戚笑了笑，接着说："一个国家是否强大，并不看爵位高低，而应看是否得到天下人心，昔日尧、舜及周公礼贤下士，日夜考虑如何治理好国家，使得天下百姓归附，国势日强，而宋公完全不考虑这些，面对贤士态度傲慢，有才能的人怎会辅佐你呢？长此以往，岂不是大难临头吗？宋国真是危险了。"

这时戴叔皮扯了宋恒公的衣服一下，宋恒公只好怔怔地坐着，脸色一阵红一阵白，戴叔皮又扯了一下宋公的衣服，宋公站起来，武士的手也握住了剑柄。

这一切宁戚均看在眼里，但毫无惧色，宋恒公笑了，他走下坐位，扶着宁戚坐到上位，并向他赔礼道歉，同时讨教当前宋国该怎样做。

宁戚乘机劝他说，为了宋国黎民百姓，为了宋国国力不再受损，应该和齐国订立盟约；并向宋公解释，此次齐国出兵并非出自本意，而是奉了周天子的命令。

宋恒公了听宁戚的劝说，备上丰厚的礼物去和齐桓公签订了盟约。齐桓公将礼物又转给了周天子，并同意了宋国重新入盟的要求。这一举动又赢得了各诸侯的赞扬，都觉得齐桓公不计私利，是个值得信赖的盟主。

宁戚出使宋国，使齐国不费一兵一卒就达到了目的，齐桓公更加信任他了。

公元前679年，齐桓公又约会没有去北杏会盟的卫、郑、陈以及中途跑掉的宋国在鄄地（今山东范县西南）会盟。齐桓公便名副其实地成为春秋时期第一个霸主。

驱外侮仗义救燕

齐桓公的仁义和度量，使得中原各国逐渐承认了齐国的盟主地位，但居住在边远地区的山戎部族依旧我行我素，往往南下到燕国北部抢粮抢物，使当地百姓苦不堪言。燕国当时的势力较弱，几次发兵还击均被山戎兵打败。被逼无奈，燕国国君燕庄公想到了霸主齐桓公，于是派使臣去齐国请求救援。齐桓公接见了燕国使臣，听明来意后，同管仲商量，决定亲率大军援救燕国。

公元前663年，齐国大军到了燕国，才知山戎早就带着抢到的人口和财物跑了。管钟说："山戎虽然跑了，但以后还会来骚扰。我们不如一追到底，向北追击山戎。燕国的君主燕庄公又对齐桓公说："附近有个无终国（今河省玉田县)，与我们素有往来，他们也和山戎有仇，可否请他们给我们带路，一同攻打山戎?"齐桓公立刻派人带着礼物去无终国求助。无终国也派了一支军队前来参战。

山戎的首领叫密卢，他听说齐、燕、无终三国联合讨伐，知道打不过，就带着一些亲信和金银财宝向北方逃跑了。来不及跑的山戎百姓和士兵都投降了。齐桓公为了使山戎真正心服，传令不许伤害山戎降兵和百姓。山戎受到宽待，很感激齐桓公，他们告诉齐桓公密卢去孤竹国借兵去了。齐桓公决定跟踪追击，捉拿密卢，征伐孤竹国，彻底消除北方动乱的隐患。

密卢逃到孤竹国，向国君答里呵求救。答里呵派大将黄花率兵跟密卢前去迎战齐军，不料，黄花一出阵就被齐军打得大败。黄花逃回去对答里呵说："齐侯率军前来，不过是要捉拿密卢，与我国毫无关系。不如杀了密卢，与齐侯讲和，方能保全我们自己。"另一位大臣则献计说："北方有个地方叫'旱海'，又称'迷谷'，那里茫茫沙漠无边，路途难辨。如果能把齐军引入'迷谷'，不用一兵一卒，就能使齐侯人马全军覆没。"

黄花听到这里动了心眼。于是去杀了密卢，割下了首级，直到齐侯军中，献上密卢首级，并称答里呵已经率军逃跑，自己愿归顺齐侯，为齐军引路，追击答里呵。齐侯见黄花献上密卢首级，便信以为真，率领大队人马跟着黄花向北追击。

黄花在前面带路，齐侯人马随后紧跟。进了沙漠，才拐了几个弯就找不到路了。茫茫无垠的黄沙，好似静静的大海，既分不清东西南北，也辨不出前后左右。齐桓公想找黄花来问一问究竟是怎么回事，但哪里还有他的影子？这才知道中了黄花的奸计。这时太阳已经下山，夜幕笼罩着大地，四周漆黑一片，西北风一个劲地刮，冻得士兵直发抖。好不容易等到天亮，才发现人马已零散不全。齐桓公命令赶快寻找出去的道路，但大队人马转来转去，怎么也走不出这个迷谷。这时，管仲猛然想起老马大多认识归途，便对齐桓公说：“老马识途，无终国的马很多是从山戎弄来的，不如挑选几匹无终国的老马，让它们在前边走，兴许可以找到出去的路。”齐桓公虽然将信将疑，但又没有别的办法，就同意试一试。于是管仲挑了几匹老马，让它们在前边走，大队人马跟在后头。几匹老马不慌不忙地走着，果然走出了迷谷，回到了原来的路上。大家死里逃生，都佩服管仲足智多谋。从此，“老马识途”也成为一句广为流传的成语。

齐军走出迷谷，打败了孤竹国，答里呵和黄花被乱兵杀死，孤竹国也就被灭了。胜利之后，齐桓公对燕庄公说；“山戎、孤竹一带的土地足有1000里之多，全送给您吧。”燕庄公急忙说；“那可不敢当。靠您的帮助，我们才保全了国土，现在已经是感激万分了，哪里还敢收您的土地呢?”齐桓公说：“您不要客气了，北部边疆十分重要，你把它治理好，勿使边民来犯，向天王纳贡，这是我们大家的光彩。再说齐国离这里这么远，鞭长莫及，也管不了啊!”这么一说，燕庄公就不好再推辞了。

齐桓公班师回国之日，燕庄公亲自送行。一路上两人边聊边走，越谈越投机，不知不觉出了燕国边界50里。直到他们分手的时候，齐桓公才猛然想起周礼的规矩，就说："古往今来，诸侯送诸侯不得送出边界，我们怎么能违反规矩呢?"说着就要把这50里土地割让给燕国。燕庄公已经得了500里土地，说什么也不肯再要齐国的50里地了，可齐桓公一心要别人承认他是霸主，说话做事既讲信用，又守规矩，所以非要燕庄公收下不可。就这样燕国又得到50里好地。

诸侯们见齐桓公千里迢迢亲自率军援救燕国，打了胜仗还不贪土地，没有一个不从心眼里服他的。从那以后，齐桓公这个霸主的威信就更高了。

齐桓公——这位中原霸主的出现在当时有很大的积极意义，不但减少了纷争，百姓也得到了安定的生活，为整个中原的发展奠定了良好的基础。

石碏大义灭亲

石碏是卫国的大夫，足智多谋，刚正不阿，很受卫庄公的赏识。两家的孩子经常在一起玩耍，交情不错。

卫庄公有3个儿子，其中小儿州吁是爱妾所生，庄公溺爱他，对于他的胡作非为从不管教。石碏看不下去，就劝说庄公，庄公却充耳不闻，时间久了，对石碏产生了反感。

石碏的儿子石厚从小就跟州吁混在一起为所欲为。石碏知道石厚做了坏事，就打他一顿，有时碍于卫庄公的情面不便深管，因此，石厚跟州吁一起越变越坏。

有一次，州吁指使石厚欺压百姓，被石碏知道了，于是将石厚捆起来抽了50鞭子，又将他锁进屋子里不许出去。晚上石厚跳窗逃了出去，从此住在州吁府中，不再回家。

卫庄公去世，将君位传给长子公子完。这就是卫桓公。卫桓公生性懦弱，对弟弟的事也从来不管。此时石碏告老还家，不管国事。州吁也毫无顾忌，日夜琢磨杀兄夺位。

一天，卫桓公要到洛邑去，石厚忙对州吁献计利用这个机会杀掉卫桓公。州吁非常高兴，叫石厚领兵埋伏，自己摆酒为桓公饯行。桓公对弟弟的举动很感激，也斟酒回敬弟弟。不料州吁乘他不注意，抽出短剑刺中他的后心，桓公当时就死了。有石厚的士兵包围，桓公的人敢怒不敢言。

州吁顺利地当了国君，拜石厚为上大夫，州吁的另一个哥哥公子晋逃到了邢国。

虽然州吁对外称桓公是暴病身亡，毕竟纸包不住火。州吁很怕国内百姓不服，又怕邻国不齿，只好找石厚商量。石厚又献一计，他说如果对邻国用兵，可以在邻国树立威信也可以弹压国内不满情绪。至于进攻的国家只有郑国最合适，因为其他国家和卫国没有仇隙，州吁忙问进攻郑国的理由。石厚说，当年郑庄公将他的弟弟逼得自杀，他的侄儿公孙滑为报父仇曾向卫国借兵，郑庄公因此责备过卫国，以此为由攻打郑国就可以了。

州吁听了这些话很高兴，但他又担心打不过郑国，石厚继续说：“我们可以联系宋国、鲁国、蔡国和陈国。宋国的宋穆公是继承哥哥的位子当上国君的，他死后便将君位传给哥哥的儿子与夷。而穆公的儿子公子冯没有继承君位很生气，便跑到郑国，与夷怕公子冯会回来抢他的君位，对郑国也产生了怨恨情绪，此次用兵，他一定同意前往；鲁国的实权在公子挥手中，他爱贪小便宜，多送他些财物，也会出兵的；至于蔡军和陈国都是小国，让他们出兵是没问题的。”

州吁听了石厚一番话，当即派四位使者分头去了四国。公元前 719 年，五国联合攻打郑国。

卫国的举动，郑庄公早已料到。他首先将将公子冯送到长葛，并故意将消息泄露出去，将宋兵引到长葛。宋、鲁、蔡、陈四国中，宋国的兵最多，宋兵一撤，其他三国也产生撤兵的想法。郑庄公又派公子吕出城迎敌，只向卫国挑战，然后假装战败，给卫国个台阶下。

州吁打了个小小的胜仗，觉得争足了面子，便班师回朝。可是本国的百姓并不买他的帐。州吁见国人仍然不服，又找石厚商量。石厚说：“只有找一个德高望重的人辅佐您才行。”他们都想到了深受百姓爱戴的石碏。石厚自从几年前挨打偷跑以后，始终没有回家。这时为了拍州吁的马屁，只好硬着头皮，备足礼物求见父亲。可是任凭石厚说得天花乱坠，石碏就是不肯出来帮忙。

州吁没有别的办法，就让石厚去求他父亲给出个治国安邦的主意。石厚第二次求见石碏，石碏头不抬眼不睁地说：“我们各个诸侯国都得服从周天子，诸侯国的新君即位，应该禀告周天子，得到周王的承认和赏赐，地位就可巩固。”石碏沉默了一会儿又说：“如果周王不肯接见新君，就请陈侯说情，周王很信任陈侯。”

石厚和州吁取得真经，备了礼物，欢天喜地地去陈国请求陈侯帮忙。

与此同时，石碏写了一封信，让好朋友陈国的大夫子针呈递给陈侯。信中大意是：外臣石碏写信问候陈侯。卫国州吁杀兄夺君位，坏事干尽。我的儿子石厚是帮凶。不杀掉这两个恶人，国不安宁。我老了，没有力量整治他们，请你们帮忙将他们治罪，以便为民除害。

州吁二人来到陈国，被安排在第二天到太庙见陈侯。到了太庙，他们看见一块牌子，上写：“为臣不忠，为子不孝之人，不能进入太庙！”石厚心中有些不安，子针站在高处宣布说：“奉周天子命令，立即擒拿为非作歹、不忠不孝的州吁、石厚。其他一概赦免！”两边的武士一拥而上将二人擒下。这时子针又读了石碏的信，二人才知上当。

由于石厚是石碏的独生子，陈侯怕石碏后悔，便没有杀二人，把他们押回卫国，听凭石碏处置。石碏说：“这两人罪大恶极，不能宽恕。”众人考虑石碏年势已高，又只此一子，就找理由替石厚开脱。石碏说：“州吁干的坏事，我儿子都有份。哪个父母不疼爱自己的孩子？”石碏露出很难过的表情，他接着说：“你们不肯动手，我只好亲手杀死这个贼人了。”

根据石碏的意见，石厚被处死了。石碏大义灭亲的故事一代代传下来。“大义灭亲”这个成语也由此而来。

卫懿公好鹤亡国

卫懿公是春秋时期北方卫国的君主。卫国很小，常受北狄侵扰，平时靠求助强国保护。卫懿公在位 9 年期间，主要仰赖霸主齐桓公，才勉强维持了国家生存。但是，由于他在国弱民贫、外患频仍的危局中，专好养鹤，不理国政，不防北狄，结果，国力日弱，民怨沸腾，最后，在外敌侵犯下，以国破身亡而告终。

卫懿公好鹤，举国皆知。在卫国的宫廷和苑圃里，到处养有成群仙鹤，千姿百态，懿公一见到它们，便忘乎所以，乐不思归。他可以整天不理国政，专以仙鹤为伴，甚至与它们相依为命。他每天起来，第一件事就是跑到苑圃中去观赏鹤群，听它们唱歌，看它们跳舞。到了进餐的时候，他一面吃饭，一面给仙鹤喂食。

卫国可算是仙鹤的乐园和天堂，老百姓过着贫苦的生活，但还要交纳重税，担负懿公养鹤经费。这里的仙鹤分品位等级，饲料与饲养员也依次分成相应级别。上等仙鹤，吃高级饲料，由高级饲养员照管。次等仙鹤，饲料和饲养员均依次按级供给和配置，等级森严，丝毫不容混淆。饲养员的俸禄也分上中下三级，可与大夫待遇等同。懿公每次带仙鹤出去玩时，仙鹤都不用笼子关着，而是坐在车上，随他同游，上等仙鹤坐头等车，二等仙鹤坐二等车，特等仙鹤则坐大夫乘用的棚车。这种仙鹤被称为“鹤将军”，非常神气。而他本人是统率这群仙鹤的“鹤司令”。

卫国有两个贤臣，一个叫石祁子，一个叫宁速。他们见懿公终日与鹤为伍，专好游乐，不理国政，不惜民力，心中焦急如焚，曾多次向懿公进谏，劝他厉精图治，节衣缩食，减轻民负，增强国力，防止北狄入侵。但是，懿公好鹤成癖，根本不纳忠言，不顾内忧外患，照旧与鹤为伴，终日玩乐不止。这时在卫国北方，狄族部落势力日益强盛，常想入侵中原。他们见卫国弱小，懿公养鹤为乐，不修边防，便乘机发兵侵入卫国。“狄寇入侵”警报送到懿公手中时，他正率领鹤群出游，玩兴正浓。突然而来的军情，使他感到十分扫兴，只好被迫暂停游乐，回宫主持抗狄议事。

懿公首先下命令，要将士们和老百姓登城守御，严防北狄攻城，但是，这时他发现，谁也不听命令。许多老百姓逃到城外避难，士兵不拿兵器，将军不穿铠甲，没有人愿意守城打仗。懿公这才着急起来，责问他们为什么不服从命令。他们说：“主公只用一种东西，就可击退北狄，用不着我们去打仗。”懿公感到很奇怪，忙问：“什么东西，有这么大本事，怎么我一点也不知道？”大家回答说：“主公的仙鹤。”懿公说：“仙鹤怎么能御敌打仗呢？”大家说：“鹤既不能打仗，是无用之物，主公为什么不养有用之物，而专养无用之物？大家不服从你，原因就在这里。”

懿公顿时恍然大悟，知道自己为了养鹤，已经得罪了文武百官，失去民心。自我谴责说：“寡人知道错了，我现在愿意放走所有的仙鹤，完全听从民众的意见，可以吗？”

石祁子说：“陛下赶快放走鹤群，否则，就来不及了。”

懿公于是命人放走鹤群。但是，仙鹤恋主，在空中盘旋翱翔，飞来飞去，又回到原地，似乎在求他留养它们。懿公见群鹤纵而复回，不忍飞去，心如刀割，但为了悔罪，他现在顾不得它们了。他手拿长鞭，猛抽乱哄鹤群，甚至接连顺手抓起几只，狠心摔死在地上，这才把大群的仙鹤吓得远走高飞。

石祁子和宁速两位大夫，见懿公确有悔罪之心，便大到街上向老百姓反复解释，进行说服工作。他们说：“国君已经用实际行动表示悔过认罪。大敌当前，守城要紧，否则，北狄打破城池，国破家亡，玉石俱焚，再后悔也就晚了。”百姓觉得这番话说得在理，回心转意，拿起武器登城御敌。

这时，狄兵已经杀到荣泽。军情万分紧急，一天三次急报，石大夫对懿公说：“狄兵凶悍，不可轻视，请主公派我去齐国求救吧！”懿公说：“齐国过去曾派兵来讨伐过北方戎狄，回师以后，我国没有去进贡酬谢，现在去求救，齐国怎能答应？不如同北狄拼死一战，决定存亡！”

宁速说：“请让我率兵同狄兵打仗，主公留守都城。”懿公坚决不同意。他说：“寡人不亲自出战，军民不能同心杀敌。”他说完，就把国君宝印交给石大夫，命他全权代理国政；将弓矢交给宁大夫，命他全力守城。

懿公交代完毕，立即集中所有兵车和士卒，亲自率往前线迎击北狄。他尽管亲自出战，但卫军士气仍是不高。懿公晚上巡视，侧耳细听，有人在唱怨歌：“仙鹤食俸禄，百姓苦耕耘。仙鹤乘车马，民众苦练兵。北狄锋厉不可挡，欲战兮死一生。仙鹤今何在？独我悚然行。”懿公听了，知道是士兵怨他好鹤误国，导致北狄入侵，给人民带来国难和痛苦。他万分愧疚，发誓要战死沙场向国民赎罪。

懿公率军行至荥泽，见狄军千余骑，左右分驰，全无秩序，立即擂鼓速进，追击狄兵。其实，这是狄军诈败，将卫军引入埋伏，然后截做三处，围攻聚歼，使其首尾不能相顾。懿公被敌兵层层围住，眼看就要被俘。有个将军劝他穿便服混出重围。他执戈再战，接连杀死数名狄兵，最后，被敌军乱砍而死，实现了战死赎罪的誓言。

狄军击败卫军以后，乘胜长驱，直入卫都，大肆烧杀，将卫国府库和民间财物抢劫一空，满载而去。

齐桓公知道卫国惨败以后，派一支军队到卫国，扶立新君卫文公收拾残局。卫文公只好将遗留下来的卫国百姓聚合起来，总共才有 730 人，再从别的地方拨来 4000 余人，凑足 5000 人，重建家园，恢复卫国。

齐桓公九合诸侯

齐桓公帮助燕国打败山戎以后，邢国也遭到另一个部落狄人的侵犯。齐桓公又带着人马去赶跑了狄人，帮助邢国重筑了城墙。接着，狄人又侵犯卫国，齐国又帮助卫国重建家园。

这时，只有南方的楚国（都城在今湖北江陵西北），不但不服齐国，还跟齐国对立起来，要跟齐国比个高低。

楚国在中国南部，向来不和中原诸侯来往。那时候，中原诸侯把楚国当做“蛮子”看待。但是，楚国人开垦南方的土地，逐步收服了附近的一些部落，慢慢地变成了大国。后来，干脆自称楚王，不把周朝的天子放在眼里。

公元前656年，齐桓公约会了宋、鲁、陈、卫、郑、曹、许七国军队，联合进攻楚国。

楚成王得知消息，也集合了人马准备抵抗。他派的使者去见齐桓公，说：“我们大王叫我来请问，齐国在北面，楚国在南面，两国素不往来，真叫做风马牛不相及。为什么你们的兵马要跑到这儿来呢？”

管仲责问说：“我们两国虽然相隔很远，但都是周天子封的。当初齐国太公受封的时候，曾经接受一个命令：谁要是不服从天子，齐国有权征讨。你们楚国本来每年向天子进贡包茅（用来滤酒的一种青茅），为什么现在不进贡呢？”

使者说：“没进贡包茅，这是我们的不是，以后一定进贡。”

使者走后，齐国和诸侯联军又拔营前进，一直到达召陵（今河南郾城县，“召”音 shào）。

楚成王又派屈完去探问。齐桓公为了显示自己的军威，请屈完一起坐上车去看中原来的各路兵马。屈完一看，果然军容整齐，兵强马壮。

齐桓公趾高气扬地对屈完说：“你瞧瞧，这样强大的兵马，谁能抵挡得了？”

屈完淡淡地笑了笑，说：“君侯协助天子，讲道义，扶助弱小，人家才佩服你。要是光凭武力的话，那么，咱们国力虽不强，但是用方城（楚国所筑的长城，在今河南方城北至泌阳东北）作城墙，用汉水作壕沟。您就是再多带些人马来，也未必能打得进去。”

齐桓公听屈完说得挺强硬，估计也未必能轻易打败楚国，而且楚国既然已经认了错，答应进贡包茅，也算有了面子。就这样，中原八国诸侯和楚国一起在召陵订立了盟约，各自回国去了。

后来，周王室发生纠纷，齐桓公又帮助太子姬郑巩固了地位。太子即位后，就是周襄王。周襄王为了报答齐桓公，特地派使者把祭祀太庙的祭肉送给齐桓公，算是一份厚礼。

齐桓公趁此机会，又在宋国的葵丘（今河南兰考东）会合诸侯，招待天子使者。并且订立了一个盟约，主要内容是：修水利，防水患，不准把邻国作为水坑；邻国有灾荒来买粮食，不应该禁止；凡是同盟的诸侯，在订立盟约以后，都要友好相待。

这是齐桓公最后一次会合诸侯。像这样大的会合，一共有许多次，历史上称做“九合诸侯”。

公元前1645年，管仲病死。齐桓公请鲍叔牙作了齐国的相，他继续施行管仲的政策，齐国还能保持霸主的地位。过了两年，齐桓公也死去。齐桓公一死，他的五个儿子抢夺君位，齐国发生了内乱，公子昭逃到宋国。齐国的霸主地位也就结束了。

唇亡齿寒

齐国的西北边是晋国，晋的南面有两个小国家，一个叫虞（今山西省平陆县东北），一个叫虢（今山西省平陆县东南）。这两个国家山水相连，他们的祖先又都姓姬，所以相处得十分和睦。可是虢国的国君不自量力，经常到晋国边界闹事，侵犯晋国。晋献公一直想发兵讨伐虢君，总没找到机会。

后来，晋献公听从大夫荀息的建议，给喜欢玩乐的虢公送去一些美女，又给贪财的虞公送去一份厚礼，以此来离间两国的关系。接着，荀息又出主意让一些人去虢国北部边界闹事。晋献公就照荀息的主意办。虢国守边的官吏果然派人来质问。晋献公看到第一步成功了，就派大夫荀息出使虞国。

荀息见了虞公，先送上一双名贵的玉璧和一匹千里马。虞公是个贪心很重的人，见了礼物，眉开眼笑。他问荀息是否有事需要他帮助。荀息说："敝国国君，很想和您结交，这点薄礼只是表示一点心意。顺便有点小事求您帮个忙。虢人多次侵犯我们边界，我们打算惩罚他们，贵国可不可以借一条道，让我们过去？如果侥幸打赢了，所有缴获，都送给您。"虞公高兴地答应了。送走荀息后，大夫宫之奇说："虢虞两国好比嘴唇和牙齿，俗话说'唇亡齿寒'。如果没了嘴唇，牙齿就会受冻。虢国灭了，咱们虞国还能够生存吗？"虞公对他的话毫不理会。

宫之奇还想劝他几句，被大夫百里奚止住了。退朝以后，宫之奇问百里奚："您不帮我说几句，怎么反而劝阻我呢？”百里奚说：“咳！给糊涂人出主意，好比把珍珠扔在道路上。国君是不会听的，再劝下去，说不定您还会有生命危险哪。”宫之奇料到虞国一定要灭亡，就带着全家老小悄悄地跑了。

周惠王十九年（公元前658年）晋献公派大将里克和荀息去讨伐虢国，当晋国的兵车经过虞国的时候，虞公对荀息说：“为了报答贵国，我情愿率兵助战。”荀息说：“您与其派兵助战，不如将下阳关献给我们。”虞公莫明其妙地说：“下阳是虢国的土地，我哪有权献给你呢？”荀息说：“我听说虢公正和犬戎交战，胜负未定，您假装前去助战，他们一定会放您进去。您把兵车都装上我们晋兵，只要他们一开城门，下阳关不就是我们的了吗？”虞公言听计从，果然帮助晋军拿下了下阳关。晋军又乘胜前进，在周惠王二十二年（公元前655年）灭了虢国。里克将俘获的歌女和抢来的财宝分了一些送给虞公，虞公更高兴了。里克把大军驻扎在虞国都城外，说休息几天再回去。

一天，忽然守门的人跑来报告：“晋侯来了，正在城外。”虞公急忙备车，到城外欢迎。晋侯约虞公到箕山打猎，虞公为了显示自己的排场，将城中的兵马全部调出，跟随自己去打猎。正玩得高兴，百里奚气喘吁吁地跑来说："城里出事了，您赶快回去吧。"虞公刚到城边，只见城楼上一员大将，威风凛凛，朝虞公喊道："您好啊！前次蒙您借给我们一条路，这次又蒙您借给我们一个国家，谢谢您了！"虞公大怒，便想攻城。不料城头上箭如雨下。这时候，虞公如梦初醒，悔恨交加，回头看到百里奚还跟着自己，便说："当初您怎么也不劝劝我呢？"百里奚说："你连宫之奇的话都听不进去，还能听我的吗？"

愚昧而贪婪的虞公就这样把国家断送了，自己也没了自由。忠臣百里奚跟着虞公一块当了晋国的俘虏，押往晋国。

百里奚白发识明主

晋献公灭了虞国以后，听说百里奚是个很有才能的人，善于为主谋划，就想重用他，派了好几个人去劝说，可百里奚就是不肯为晋国做事。他说："君子身处逆境时，

本不应到敌国去。我即使想做官，也决不在晋国供职。”

晋献公心里暗自想到：“百里奚不愿为我做事，留在身边也是个祸害。”周惠王二十三年（公元前655年），正逢秦晋联姻，秦穆公派公子縶来迎接晋国公主去秦国完婚，百里奚作为陪嫁的奴仆遣送到秦国去了。百里奚当了俘虏就一肚子气，现在又被充当陪嫁的奴仆，更是无法忍受，于是，在半路上趁人不注意就溜了。谁想到他才跑到楚国，就被当作奸细抓了起来，后来又被流放到南海去牧马。

秦穆公完婚以后，才发现陪嫁奴仆名单上一个叫做百里奚的不见了，就问晋国来的公孙枝是否知道百里奚。公孙枝说：“这人本是虞国的大夫，很有才能。虞国亡后，他陪虞君一道当了俘虏。晋公原想重用他，但他死活不肯在晋国当官。这人既忠君，又有计谋，真是个不可多得的人才啊，只可惜没遇到明主。”秦穆公这时已有称霸中原的念头，正在四处招贤纳才，听了公孙枝的介绍，恨不得马上找到百里奚。于是，他马上派人去打听百里奚的下落。后来得知百里奚在为楚国牧马，秦穆公就要派使者带着厚礼去见楚成王，把百里奚赎回来。

公孙枝在一边急忙劝阻道：“主公要是用这么贵重的礼物去赎百里奚，他反而回不来了。”秦穆公一听很奇怪，就问为什么。公孙枝不慌不忙地说：“楚国派百里奚去做牧马人，正说明他们不了解百里奚的才能，主公现在用这样贵重的礼物去换他，不正告诉楚王百里奚是个人才吗，到那时楚王还会放他回来吗？”秦穆公一听才明白过来，便依照当时买卖奴仆的一般价格，派人带着五张羊皮去赎百里奚。

秦国的使者到了楚国，对楚成王说：“我们一个叫百里奚的奴隶，偷跑到贵国了。我们国君想把他赎回去，当众治罪，吓吓别的奴隶，让他们以后听话一点。”说着就献上五张羊皮，楚成王认为百里奚只不过是一个一般奴隶，也不在意，就让人把百里奚从南海带回，交给秦国的使者。

百里奚被带到秦国边境时，公孙枝早已奉命在那等候多时了。第二天，公孙枝就带百里奚去见秦穆公了。刚一见面，秦穆公见百里奚已经是一位满头白发的老者，心中不禁失望，随口问道：“你多大年纪了？”百里奚道：“已经70多岁了。”秦穆公叹息道：“可惜太老了。”百里奚说：“那要看做什么事了。主公如果让我去追赶飞鸟，或者捕捉猛兽，那确实老矣。如果是让我为国出谋划策，运筹帷幄，那还正当年呢。岂不知当年姜太公80岁，还为周武王夺天下立下汗马功劳呢，我比姜太公还年轻10岁。难道就没用了吗？”秦穆公听了这番话，觉得百里奚说得确实在理，是个人才，就向他请教富国强兵的方法。百里奚有问必答，说得头头是道。秦穆公越听越兴奋，不觉兴奋地说：“天助我矣！天助我矣！我有了先生，如同齐君有了管仲啊！”说罢就拜百里奚为相。可百里奚说什么也不肯接受。他对秦穆公说：“我的本事和才华远比不上我的朋友蹇叔，公主若真想实现称霸中原的愿望，就应该拜蹇叔为相。”秦穆公一听，立即派人去蹇叔隐居的地方，请蹇叔出山。

公子絷找到蹇叔的住处，见到蹇叔，恭恭敬敬地呈上书信。蹇叔看完信说：“当时虞君不信任百里奚，不听忠言，招致败亡。现在秦公若真能慧目识贤人，一个百里奚也足够了。我已隐居多年，不想再出去做事了，请回去代我向秦公致谢吧。”公子絷一听就慌了，急忙说道：“百里奚大夫说过，如果你不去秦国，他也不愿一个在那。”蹇叔一听此话，无可奈何地说：“为了成全百里奚，我也就只好走一趟了。”

蹇叔到了秦国，秦穆公向他请教治国图霸的良计。蹇叔侃侃而谈：“秦与西戎相接，百姓久与戎民杂居，多数不懂礼教，不明法理。应当加强教育，并对犯罪者惩之以刑罚，使百姓自己明白什么该干，什么不该干；什么是荣耀，什么为耻辱。只要国家风气正了，什么事都好办。”秦穆公又问：“我想称霸诸侯，依先生见，我该从哪做起呢？”蹇叔略加思索便答道：“首先要做到三戒：一戒贪图小利，二戒气愤蛮干，三戒急于求成。”他还进一步解释说：“贪图小便宜往往要吃大亏，愤怒时不知忍耐就会失去理智，急于求成则难免有失误，只有一步一步地把每件事都做好，才能为富国图霸打下牢固的基础。基础好了，统一诸侯就有了牢固的根基。”

秦穆公听了蹇叔的一番话，觉得极有道理，真是相见恨晚，连声道：“我得蹇叔和百里奚，如同又增左右臂。”第二天就拜蹇叔为右庶长，百里奚为左庶长，都属上卿职务，当时称为“二相”。从那以后，秦穆公在蹇叔和百里奚的辅助下，兴利除弊实施变革，秦国很快地强大起来了，为后来秦始皇统一中国奠定了基础。

秦穆公的善举

秦穆公是一位有作为、广施仁德的国君，在他执政期间曾经历过一件令人称奇又感动不已的事。

有一次，秦穆公和大臣去梁山打猎，由于天色已晚，便就地支上帐逢过夜，可到了半夜时分，发现少了几匹马，便派人四处寻找。找到山下时，发现一群蓬头垢面相貌凶猛的人，正围着火堆烤马肉吃。他们忙回去报告秦穆公，请求出兵捉拿这些刁蛮山民。秦穆公沉吟片刻，叹了口气说："如此饥荒年月，缺衣少食，他们也是不得已而为之。"于是派人送去酒菜和粮食。

这些山民原本对秦穆公充满敌意，如今见他这么宽厚待人，不禁大受感动，他们向着秦穆公所在的方向恭恭敬敬地拜了几拜。秦穆公未曾料到，就是因为这一善举，才使他在几年后被晋军团团围住时，捡回了一条命。

这还得从晋国接连两位国君被杀说起。奚齐、卓子先后被杀死后，晋人便想迎重耳回国继位，遭到重耳拒绝。而夷吾为了能够回国继位，他请人捎话给秦穆公，如果能助他回国，情愿把黄河外的 5 座城池作为谢礼，接着又派人找到里克、丕郑父帮忙，许诺如果成功，给里克土地 100 万亩，给丕郑父土地 70 万亩。

公元前 650 年，夷吾在百里奚、公孙枝护送下，回国当了国君，他就是晋惠公。晋惠公目的达到了，却忘了当初的诺言，他派人给秦穆公送去一封信，大意是：关于割让五座城池的事，许多大臣反对，容以后慢慢定夺。秦穆公很生气。至于对里克、丕郑父的许诺，晋惠公不但不想兑现，反而设计杀了他们，同时被杀的还有另外七位前朝重臣。丕郑父的儿子逃到秦国，作了大夫。

晋惠公继位后，粮食连年歉收，公元前 647 年，晋国遭到百年未遇的大灾荒，全国百姓饿死、病死无数。情急之下，晋惠公只好厚着脸皮向连年丰收的秦国借粮，秦穆公本不想借粮给他，但念在晋国百姓无辜，便下令由水路运粮给晋国，路线是从渭水到黄河再到汾水，粮船首尾相接，绵延几百里，非常壮观。这就是历史上有名的“泛舟之役。”

第二年，秦国又闹灾荒，粮食几乎绝收。而晋国却是大丰收。秦穆公派人向晋国借粮。谁知晋国不但不肯借，反而乘人之危派兵攻打秦国。秦穆公肺都要气炸了，立即调兵遣将，亲自迎战晋国。两军在龙门山（今陕西韩城县境内）相遇。

秦穆公挥刀陷阵，与晋将韩简厮杀一处。西乞术为保护秦穆公也与韩简大战起来，这时晋国又一名大将率队赶来，将西乞术围住，并刺于马下。众人又将秦穆公团团围住。秦穆公渐渐体力不支，忽听不远处杀声震天，只见一群赤脚露肩的人手拿大刀冲杀而来，见到晋军不容分说挥刀就砍，晋军见来势凶猛，纷纷逃避。

晋惠公也披挂上阵，但是给他驾车的是一匹只供观赏的小马，一到战场就吓得乱蹦乱跳，结果晋惠公被公孙枝俘虏。

秦穆公得救了，经过询问才知道救他的正是当年盗马的山民。秦穆公拉着他们的手感动得不知说什么好。秦穆公要他们留下来作官，他们婉言谢绝，秦穆公又拿出财宝衣帛送给他们，他们看也没看，只是拱拱手，便头也不回地去了。秦穆公望着他们的背影，感慨万千，心想，得天下，必先得民心哪！

凭着同情和仁慈的胸怀，秦穆公的善举得到了回报。正是深知民心无价，秦穆公成为“春秋五霸”极有威望的一个。

糊涂的宋襄公

英明一世的齐桓公死后，易牙、竖刁、开方三个奸臣废了原来应当继位的公子昭，而让听他们话的公子无亏当了国君，齐桓公的几个儿子不服，为争夺王位打了起来。公子昭为躲灾祸，就跑到宋国去了。

宋襄公见齐国发生内乱，就通知各国诸侯，请他们共同护送公子昭到齐国去接替君位。但是宋襄公的号召力不大，多数诸侯把宋国的通知搁在一边，只有卫、曹、邾三个小国带了点人马前来护送。

宋襄公率领四国的兵马打到齐国去。齐国一批大臣一见四国人马打来，就投降了宋国，迎接公子昭即位。这就是齐孝公。

齐国本来是诸侯的盟主国，如今齐孝公靠宋国帮助得了君位，宋国的地位就自然提高了。宋襄公雄心勃勃，想继承齐桓公的霸主事业。这次他约会诸侯，只有三个小国听从他的命令，几个中原大国没理他。宋襄公想借大国去压服小国，就决定去联络楚国。他认为要是楚国能跟他合作的话，那么在楚国势力底下的那些国家自然也都归服他了。

宋襄公把这个主张告诉了大臣们，大臣公子目夷不赞成这么办。他认为宋国是个小国，想要当盟主，不会有什么好处。宋襄公哪里肯听他的话，他邀请楚成王和齐孝公先在宋国开个会，商议会合诸侯订立盟约的事。楚成王、齐孝公都同意，决定公元前639年七月约各国诸侯在宋国盂（今河南睢西北）地方开大会。

到了七月，宋襄公驾着车去开大会。公子目夷说："万一楚君不怀好意，可怎么办？主公还得多带些兵马去。"

宋襄公说："那不行，我们为了不再打仗才开大会，怎么自己倒带兵马去呢？"

公子目夷怎么也说不服他，只好空着手跟着去。

约定开会的日子到了，楚、陈、蔡、许、曹、郑等六国之君都到了，只有齐孝公和鲁国君未到。

果然，在开大会的时候，楚成王和宋襄公都想当盟主，争闹起来。楚国的势力大，依附楚国的诸侯多。宋襄公气呼呼地还想争论，只见楚国的一班随从官员立即脱了外衣，露出一身亮堂堂的铠甲，一窝蜂地把宋襄公逮了去。后来，经过调解，让楚成王做了盟主，才把宋襄公放了回去。

宋襄公回去后，怎么也不服气，特别是邻近的郑国国君也跟楚成王一起反对他，更加使他恼恨。宋襄公为了出这口气，决定先征伐郑国。

公元前 638 年，宋襄公出兵攻打郑国。郑国向楚国求救。楚成王很厉害，他不去救郑国，反倒派大将带领大队人马直接去打宋国。宋襄公没提防这一着，连忙赶回来，宋军在泓水（在河南柘城西北）的南岸，驻扎下来。

两军隔岸对阵以后，楚军开始渡过泓水，进攻宋军。公子目夷瞧见楚人忙着过河，就对宋襄公说："楚国仗着他们人多兵强，白天渡河，不把咱们放在眼里。咱们趁他们还没渡完的时候，迎头打过去，一定能打个胜仗。"

宋襄公说："不行！咱们是讲仁义的国家。敌人渡河还没有结束，咱们就打过去，还算什么仁义呢？”

说着说着，全部楚军已经渡河上岸，正在乱哄哄地排队摆阵势。公子目夷心里着急，又对宋襄公说：“这会儿可不能再等了！趁他们还没摆好阵势，咱们赶快打过去，还能抵挡一阵。要是再不动手，就来不及了。”

宋襄公责备他说：“你太不讲仁义了！人家队伍都没有排好，怎么可以打呢。”话还没说完，楚国的兵马已经摆好阵势。一阵战鼓响，楚军像大水冲堤坝那样，哗啦啦地直冲过来。宋国军队哪儿挡得住，纷纷败下阵来。

宋襄公刚想亲自督阵进攻，还没来得及抵抗，就被楚军围住。大腿上已经中了一箭。还亏得宋国的将军带着一部分兵马，拼着命保护宋襄公逃跑，保住了他的命。等他逃命回来，兵马、粮草全被楚军抢走。

宋襄公逃回国都商丘，宋国人议论纷纷，都埋怨他不该跟楚国人打仗，更不该那么打法。

公子目夷把大家的议论告诉宋襄公。宋襄公揉着受伤的大腿，说：“依我说，讲仁义的人就应该这样打仗。比如说，见到已经受了伤的人，就别再去伤害他；对头发花白的人，就不能捉他当俘虏。”

公子目夷真的耐不住了，他气愤地说：“打仗就为了打胜敌人。如果怕伤害敌人，那还不如不打；如果碰到头发花白的人就不抓，那就干脆让人家抓走。”

宋襄公受了重伤，过了一年死了。临死时，他嘱咐太子说：“楚国是我们的仇人，要报这个仇。我看晋国（都城在今山西翼城东南）的公子重耳是个有志气的人，将来一定是个霸主。你有困难的时候，找他准没错儿。”

宋襄公的“仁义”虽然成笑柄，但他愚笨之余，还能识别人才，在他养伤期间，曾派人热情招待了落难来宋的重耳，这不能不让后来称霸中原的晋文公感激涕零。

重耳率众流亡

在春秋争霸中，宋襄公只不过是个昙花一现的人物，真正接替齐桓公称霸的是晋文公。

晋文公名字叫重耳，是晋献公的儿子。晋献公在他夫人死了以后，把他最宠爱的骊姬立为夫人。骊姬想立自己的儿子奚齐为太子，就逼死了太子申生，并且要阴谋杀害比奚齐年长的公子重耳和夷吾。重耳和夷吾只得分别逃到国外去避难。

晋献公死后，公子夷吾在秦穆公的帮助下，于周襄王二年（公元前650年）回国当了国君，就是晋惠公。

晋惠公在执政的第十四个年头时得了重病，不能临朝。留在秦国做人质的太子圉听到这个消息，生怕君位被人抢走，乘天黑逃回晋国。晋惠公也担心公子重耳回国抢夺君位，弄得寝食不安。大夫郤芮献策说："重耳流落在外，终归是个祸害，不如想法把他杀了。"晋惠公就派一个叫勃鞮的人去刺杀重耳。

重耳逃离晋国以后，一直在狄国避难，前后有十二年光景。晋国有才能的人，像狐毛、狐偃、赵衰（cuī）、介子推等人都跟随他。一天，狐毛、狐偃兄弟俩接到父亲狐突的信，信上写道："勃鞮三日内即去谋刺公子，速作准备。"他们赶快告诉重耳。大家商量准备逃到齐国去。要从狄国到齐国去，必须经过卫国。卫文公怕得罪晋惠公，不但不接待，还不放重耳进城。没有办法，重耳等人只好绕着道走。一路上无依无靠，又没有干粮，只好沿路乞讨。

一天，他们走了几十里路不见人烟，太阳当头了，还没吃早饭，肚子饿得咕咕叫，看到远处大树下一伙农夫正在吃饭，高兴极了。重耳叫孤偃向他们要点吃的。衣不蔽体的农夫们望着这群贵族打扮的人说："我们哪里有吃的！连野菜都吃不饱，哪有多余的送人呢？"另一个农夫从田里捧起一大块泥土，送到重耳面前说："这个给你吧。"重耳大怒，拿过马鞭，就要打那个农夫。狐偃看到农夫们一个个怒目相视，急忙劝阻说："要弄点粮食不难，要弄块土地恐怕就难了。老百姓送给我们泥土是好兆头啊！这是上天借他们的手给我们的恩赐，得土意味着得国啊！"重耳只好忍气上车，向前赶路。他们风餐露宿，经历了数不尽的辛苦，花费了一年左右时间，终于到了齐国。

齐桓公听说重耳前来投奔，马上派人去迎接，给他们安排住处，供给车马，送米送肉，招待十分周到，还把本家的一个美女齐姜嫁给重耳作夫人。重耳非常感激，更加敬佩齐桓公。他们在齐国一住就是七年。周襄王九年（公元前 643 年）齐桓公死了，齐国的五个公子争夺君位，国势渐渐衰落下来。跟随重耳的几个人商量要离开齐国。

可是，重耳迷恋眼前的安逸生活，整天厮守着齐姜，再也不想离开齐国了。狐毛等人想见到他都很不容易。一天，大家凑在一块说起这事，都十分焦虑。狐偃说：“诸位不要着急。要让公子振作起来，我倒有个办法。”赵衰说：“你有什么妙计?”狐偃说：“这里不是说话的地方。”便拉着他们几个人，来到城外桑树林的深处，大家围坐在地上。狐偃说：“现在不离开这里不行了！大家回去把行李准备好，等公子一出来，咱们就说请他去郊外打猎，出了城，咱们赶车就跑，他还有什么办法？只是不知上哪国去好。”赵衰说：“宋国总想作霸主，他们很需要人，咱们投奔宋襄公试试。万一不行，再回秦国或者楚国去。”狐偃又说：“宋国大司马公孙固是我的朋友，我看可以到宋国去。”这几个人以为，他们的话没有人听见，商量完了就分头去准备。哪料到齐姜的几个使女正在树上采桑叶，偷听了他们的谈话，回去后就一五一十告诉了齐姜。

第二天天刚亮，赵衰、狐偃来叫重耳。重耳还在酣睡。齐姜把狐偃叫了进来，问他有什么事。狐偃说：“公子过去在狄国，天天乘车驰骋，现在长久不出去活动，我们怕他闷坏了，想请他去打猎。”齐姜笑着说：“你别说笑话，打一次猎，哪里会去那么远呢！你们不要瞒我了。你们商量的事，我都知道了。我很敬佩你们一片忠心，这次，我一定帮助你们。今天晚上，我请公子喝酒，将他灌醉。你们乘天黑，把他拉出城去。”狐偃见齐姜是不同寻常的女子，不禁肃然起敬。

当天晚上，齐姜在宫中摆下酒席，请公子喝酒。重耳问道：“今天晚上为么这样大摆酒席啊?”齐姜说：“我听说公子将要远行，特地设宴送行。”重耳说：“人生有限，只要舒适如意，何必再想别的事呢?”齐姜说；“公子应该有志气，听从手下人的忠告，离开齐国。”重耳很生气，放下酒杯不喝了。齐姜怕事情弄僵，笑着说：“算了，算了，要是走呢，那是公子的志气，这酒就算送行；要是不走呢，那是公子对我的一片深情，这酒就算表示我对您的感谢。来，让我们开怀畅饮吧!”重耳转怒为喜，一杯接一杯地喝起来，加上齐姜不断劝酒，不一会儿就醉得不省人事了。齐姜急忙派人去叫狐偃。

狐偃等人七手八脚地把重耳抬上车，连夜出城。他们一气跑了五六十里，才放慢了脚步。这时候正值雄鸡啼晓，东方发白。重耳翻了翻身，感到摇晃得厉害，睁开眼一看，才知道自己是睡在车上，又不知到了哪儿，顿时大怒，骂道：“你们想造反吗？为什么不和我商量就把我弄出了城?”说罢，从魏仇手里夺过戈就向狐偃刺去。狐偃急忙跳下车，重耳又下车追赶。大家赶忙婉言相劝。赵衰劝道："我们之所以忍受骨肉离散的痛苦追随主公，是因为主公是有大志的人，如今齐国内乱不止，我们不适合在此立足，这是我们大家意思，你不要只怪狐偃。"

事到如今，重耳也无可奈何，只好和大家一起上路。重耳一行人到了曹国，曹君得知他们从齐国逃出本不想接待他们，但因大夫僖负羁请求才不情愿地打开城门，而且对他们非常无礼，还不安排饭食。僖负羁感到过意不去，再加上夫人劝说，就在晚间给重耳等人送去丰盛的饭菜及礼物。重耳等人非常感激，他们将饭菜吃掉，却退回了礼物。

第二天，重耳等人离开曹国，僖负羁望着他们的背影，暗想：这些人困难时期却不贪图钱财，将来定能成大事。

重耳等人一路颠簸到了宋国，宋襄公此时正重病在床，只好派公孙固出城迎接。狐偃本打算留在宋国，但公孙固向他如实介绍了宋国目前的情况，狐偃打消了这个念头。几天后，重耳决定继续前行。宋襄公送来许多必备的马匹、衣物等。

重耳及随从们踏上了去楚国的路途。不久，就到楚国。对重耳很尊敬。楚成王用招待国君的礼节招待他。重耳跟住在齐国时大不一样，他现在经常想要回晋国这件大事。

一天，楚成王问重耳："公子如果回到晋国，怎样报答我呢?"重耳想了想，说："如果我能回晋国，一定和楚国和睦相处，将来万一两国打起仗来，我一定命令晋军退避三舍，来报答您的恩情。"古时候行军，三十里为一舍，退避三舍，就是后退九十里。楚成王只当重耳是说笑话，对他依然敬重。

当年晋惠公背信弃义攻打秦国，被秦穆公俘虏，因姐姐求请才被放回晋国。为了向秦穆公表示诚意，将公子圉送到秦国作人质。公元前637年，晋惠公病死。公子圉背着秦穆公偷偷回晋国作了国君，而且与秦国继绝了关系，他就是晋怀公。

秦穆公得知此事，既气愤又伤心。想想自己对他们父子俩真是以诚相待真心相助，而这二人一个忘恩负义一个过河拆桥。秦穆公越想越后悔，假如当时护送重耳回国，一定不会是现在的局面。秦穆公打定主意，决定迎接重耳回晋国称君。

一天，秦国使臣求见楚成王，向他说明秦穆公希望重耳能到秦国去。楚成王征求重耳的意见，重耳决定接受秦国的邀请。

重耳到了秦国，秦穆公和夫人都很高兴，决定将女儿怀嬴嫁给他。这个主意令重耳、怀嬴均感到难为情。原来怀嬴曾是公子圉的妻子，也就是重耳的侄媳妇。怀嬴本不想答应这门婚事，一来辈份有差别，二来重耳的年龄已是61岁了。但是这个婚姻含有重大的政治意义，她只有默认了。重耳也觉得不合适，便让赵衰帮忙回绝。赵衰却劝说道："主公千万不要拒绝，历来两国修好，都是靠联姻维系，这门婚事已经和我们能否回晋国联系起来了，所以主公应该答应。"于是，重耳成了秦穆公的女婿。

公元前636年，秦穆公亲率大军护送重耳等人回国。到了黄河，秦穆公派两员大将率一部分军队送重耳过河，自己率部分军队在河边驻扎，以便接应。重耳与秦穆公洒泪而别。

重耳上船后，发现船上堆满了过去用过的旧物品和穿过的旧衣物，有的已经破得不成样子，感到很滑稽。就说："我们这次回晋国，吃穿用度会应有尽有，还留这些破东西干什么？"说完便命人将破烂儿扔掉。这些东西都是壶叔弄到船上的，他从重耳逃离翟国时就跟随他，替大家管理物品，如今回国，想想从前所受的磨难，看看这个，摸摸那个，什么也舍不得扔。听了重耳的话他不禁呆住了，一句话也说不出来。

这一切均被狐偃看在眼里，他的心里也有些酸溜溜的。他觉得是该向重耳表明心迹的时候了。于是跪在重耳面前说："主公就要成功了，我继续留下来也没有什么用了，只能像那堆破烂儿一样。我这儿有一块秦穆公送的白玉，转送给您作个纪念……"重耳听了狐偃的话，顿时醒悟过来，慌忙扶起狐偃，流着泪说："如果没有你们陪我受尽千辛万苦，哪有我重耳的今天。我知道错了，只是请你不要再有这种想法……"说罢便令人将丢掉的东西捡回，又向壶叔赔了不是。

重耳过了黄河，秦军一鼓作气接连攻下几座城池。晋军守将本不愿为晋怀公拼命，所以逃的逃，降的降。晋怀公早已众叛亲离，他见大势已去，就在勃鞮的保护下逃走了。吕饴甥、郤芮曾与晋惠公夷吾同谋刺杀重耳，见晋怀公已私自逃走，只好向重耳叩头请罪，重耳却没有责怪他们的意思。

重耳从逃到翟国时算起，在外飘荡了整整 19 年，终于在 62 岁做了国君，他就是晋文公。晋文公为了巩固自己的地位，派人杀了怀公。怀公的被杀，深深触动了吕饴甥、郤芮。他们越想越害怕，认为与其坐以待毙，不如先下手为强。于是他们定下一条毒计，让前后两次追杀文公的勃鞮去实行。

勃鞮并没有听从他们的安排。勃鞮是个非常忠君的人，当年晋献公经不住骊姬的挑唆，派勃鞮追杀重耳，勃鞮斩断了重耳的一截袍袖；后来又受晋惠公之命到翟国刺杀重耳，勃鞮领命而去，结果重耳逃走，这次吕、郤二人让他杀重耳，他犹豫了，国君让他杀任何人，他都会服从命令，而今要杀重耳是杀国君啊，是与前两次意义截然不同的两回事。半夜时分他请求狐偃带他见晋文公。晋文公不愿见他，他苦求三次，终于见到晋文公。吕、郤芮二人为此丢了性命。

这件事使晋文公的地位得到了巩固，同时晋文公还任用了一个人，这就是当年拐走重耳出逃时全部财物的头须。他现在的任务，仍然是管理财物，而且经常同文公坐在一辆车上，说说笑笑，十分融洽。

跟随重耳一起逃亡的有位贤人叫介子推，他是对国家有功之人。当晋文公奖励有功之臣的时候，他却躲在乡村里，不肯受封赏，后来干脆和母亲躲进深山老林。从此以后，人们再也没有看到他了。晋文公知道这件事后，心里非常难受，就派人去山中请他，但是找不到他的下落。有人说介子推躲进了绵山，但是这儿仍不见他的踪迹。于是晋文公就把绵山封给介子推，将绵山改名为介山，他说："这介山的名字记载了我的过失，也记载了人间的一个善人。"

晋文公退避三舍

晋文公即位以后，整顿内政，发展生产，晋国渐渐强盛起来。他也想能像齐桓公那样，做个中原的霸主。

这时候，齐国已经衰落，南边的楚国却强大起来，黄

河以南的大片土地都成为楚国的势力范围，楚成王还不断把自己的势力向北渗透。这样以来，晋楚两国的矛盾和冲突就变得越来越尖锐。周襄王十八年（公元前 634 年），周朝的天子周襄王派人来讨救兵。周襄王有个异母兄弟叫太叔带，联合了一些大臣，向狄国借兵，夺了王位。周襄王带着几十个随从逃到郑国。他发出命令，要求各国诸侯护送他回洛邑去。列国诸侯有派人去慰问天子的，也有送食物去的，可就是没有人愿意发兵打狄人。

有人对周襄王说："现在诸侯当中，只有秦、晋两国有力量打退狄人，别人恐怕不中用。"襄王才打发使者去请晋文公护送他回朝。

晋文公马上发兵往东打过去，把狄人打败，又杀了太叔带和他的随从，护送天子回到京城。

过了两年，又有宋襄公的儿子宋成公来讨救兵，说楚国派大将成得臣率领楚、陈、蔡、郑、许五国兵马攻打宋国。大臣们都说："楚国总是欺负中原诸侯，主公要扶助有困难的国家，建立霸业，这可是时候啦。"

晋文公早就看出，要当上中原霸主，就得打败楚国。于是他就扩充队伍，建立了三个军，浩浩荡荡去救宋国。

公元前 632 年，晋军打下了归附楚国的两个小国——

曹国和卫国，把两国国君都俘虏了。这时晋军的力量稍弱于楚军，且又远离本国作战，但已占领曹、卫两国作为前进的基地，况且齐、秦已与他结成联盟，从而很有实力。

楚成王本来并不想同晋文公交战，听到晋国出兵，立刻派人下命令叫成得臣退兵。可是成得臣以为宋国迟早可以拿下来，不肯半途而废。他派部将去对楚成王说："我虽然不敢说一定打胜仗，也要拼一个死活。"

楚成王很不痛快，只派了少量兵力归成得臣指挥。

成得臣先派人通知晋军，要他们释放卫、曹两国国君。晋文公却暗地通知这两国国君，答应恢复他们的君位，但是要他们先跟楚国断交。曹、卫两国真的按晋文公的意思办了。

成得臣本想救这两个国家，不料他们倒先来跟楚国绝交。这一来，真气得他双脚直跳。他嚷着说："这分明是重耳这个老贼逼他们做的。"他立即下令，催动全军赶到晋军驻扎的地方去。

楚军一进军，晋文公立刻命令往后撤。晋军中有些将士可想不开啦，说："我们的统帅是国君，对方带兵的是臣子，哪有国君让臣子的理儿?"

狐偃解释说："打仗先要凭个理，理直气就壮。当初楚王曾经帮助过主公，主公在楚王面前答应过：要是两国交战，晋国情愿退避三舍。今天后撤，就是为了实现这个诺言啊。要是我们对楚国失了信，那么我们就理亏了。我们退了兵，如果他们还不罢休，步步进逼，那就是他们输了理，我们再跟他们交手还不迟。”

晋军一口气后撤了九十里，到了城濮（今山东鄄城西南），才停下来，布置好了阵势。

楚国有些将军见晋军后撤，想停止进攻。可是成得臣却不答应，一步盯一步地追到城濮，跟晋军遥遥相对。

成得臣还派人向晋文公下战书，措词十分傲慢。晋文公也派人回答说：“贵国的恩惠，我们从来都不敢忘记，所以退让到这儿。现在既然你们不肯谅解，那么只好在战场上比个高低啦。”

大战展开了。才一交手，晋国的将军用两面大旗，指挥军队向后撤退。他们还在战车后面拖着伐下的树枝，战车后退时，地下扬起一阵阵的尘土，显出十分慌乱的模样。

成得臣一向骄傲自大，不把晋人放在眼里。他不顾前后地直追上去，正中了晋军的埋伏。晋军的中军精锐，猛冲过来，把成得臣的军队拦腰切断。原来假装败退的晋军又回过头来，前后夹击，把楚军杀得七零八落。

晋文公连忙下令，吩咐将士们只要把楚军赶跑就是了，不再追杀。成得臣带了残兵败将回到半路上，自己觉得没法向楚成王交代，就自杀了。其实，楚成王并没有惩办他的意思，但是已经来不及了。

晋军占领了楚国营地。把楚军遗弃下来的粮食吃了三天，才凯旋回国。

晋国打败楚国的消息传到周都洛邑，周襄王和大臣都认为晋文公立了大功。周襄王还亲自到践土（今河南原阳西南）慰劳晋军。晋文公趁此机会，在践土给天子造了一座新宫，还约了各国诸侯开个大会，订立盟约。这样，晋文公就当上了中原的霸主。

秦晋大战崤山

秦国是当时诸侯之争中的强国，自从得到了百里奚和蹇叔以后，国家的事业如日中天，秦穆公又是一个深谋远虑的国君，他治理国家讲信修义，与诸侯相交，也多为人所敬重。他向西成为西戎地区的霸主，向东收服了大大小小的诸侯。

但是，秦穆公最大的心腹之患就是晋国，晋国在文公的手上迅速地发达，成为东方的霸主，晋国的朝廷谋士林立，战将如云。晋文公又十分会用人，所以晋国上下一气，固若金汤，秦穆公想撼动它谈何容易。

公元前627年，正当晋国的事业蒸蒸日上之时，晋文公和几个重要大臣狐偃、狐毛先后去世。这就给秦国图谋战胜晋国提供了一次很好的机会。

晋国知道周围的一些国家都想削弱晋国的力量，于是决定暂时在曲沃这个地将文公殡葬起来，等到合适的机会再重新大葬。

这一年，郑文公也去世了。郑国曾迫于晋国的压力，加入了晋国为盟主的中原联盟。后来，郑国死心踏地跟随晋国，秦国对郑大为不满。郑国有一个叛臣叫缯贺想投靠秦国，就偷偷地跑到秦国，告诉了秦国一些秘密。秦穆公决定讨伐郑国，便就此事询问蹇权和百里奚，出乎他意料之外，两位德高望重的大臣一致认为害多利少。蹇叔说伐郑胜则利小，败则害大，再说乘人丧乱而攻之，是不讲仁义的。两人坚决进谏，恳求穆公放弃伐郑，千万不要出兵。

秦穆公说："我心已定，不论你们同意还是不同意，我一定要和他们决一雌雄。"于是发兵去攻打郑国。

穆公派百里奚的儿子孟明视、蹇叔的儿子西乞术，还有白乙丙三人统帅大军，发兵那日，在东门举行誓师大会，蹇叔和百里奚俩却对着出兵的部队痛哭，蹇叔边哭边说："孩子们，我看到你们今天出去也许盼不到你们回来。"

秦穆公当时非常生气，他这时正坐在台上，蹇叔正在台下，他大怒地说："你们为什么哀哭寡人的军队？你们是要动摇军心吗?"蹇叔回答道："臣子不是哭君主的军队，而是痛哭自己的儿子!"

部队就这样出发了，蹇叔还赶上大路，哭着送自己的儿子西乞术，对他说："晋国人一定会在崤这个地方陈兵等候你们，这个地方两面靠山，中间是个大峡谷，你们一定会死在那里，我等着到那里收你们尸骨。"

第二年春天，秦军通过晋国的地方，走到周朝都城北门时，周朝的王孙满看到他们部队的情况说："秦军必败，看他们那副傲慢的神气，这样的军队不失败才怪哩。"

秦国的大军一路浩浩荡荡向前开去，来到了滑这个地方，这里已经离郑国的国都不远了，但是到这时，郑国还蒙在鼓里。恰好在这里遇到了郑国的一个商人弦高要到周去卖东西，他一看到秦国的大军黑压压地开过来，不禁抽了一股凉气，心想，我们郑国要遭大祸了。他是有爱国心的人，同时，他还有智慧，勇敢而又冷静，就是这位商人免除了郑国的一次灭顶之灾。

弦高很冷静地走上前去，先送上四张熟牛皮作为先行礼物，又将自己准备赶到周朝国都去卖的十二头牛送上前去，以犒劳秦军，只见他不慌不忙地对秦军统帅说："我们郑国国君听说你们秦军要从老远的地方到我们郑国来，特派我来给你们送上一些礼物，以慰劳贵军，我们郑国不是很富有，但我们还是能准备一些东西来侍候你们的。

秦军的三位主帅听到后，面面相觑，郑国已经知道了，他们的一切计谋都被打破了，孟明视说："郑国已有防备，我们不可轻易向前推进，他们有准备，我们要急攻是攻不下的，这样我们又怎么能胜呢，不如班师回朝。"其他几位大将觉得也只能如此。他们命令大军停止前进。后来秦军灭了滑国，就开始向后撤兵。

这时，弦高派人骑快马到郑国国都报告，郑国的君臣才知道秦军来进犯。一个商人的爱国行动救了他们的国家。

晋国风闻秦军这番行动，就认为这是千载难逢的好机会，先轸说：“秦军劳师远征，无功而返，士气一定很低沉，我们这个时候去攻打，一定会取胜。”但是大臣栾枝却不同意这样做，他说：“秦国有恩于我们先主，我们未报答他们，反而去攻打，恐怕不好吧？”

先轸说：“话也不能这样说，我们国家有丧事，他们不但不来吊丧，反而来攻打我们，滑就被他们攻取了，这还说什么人情。我常听人说，敌人不可纵，一日纵之，将会后患无穷。”晋国内部意见一致后，就发兵迎击秦军。

这时文公的儿子襄公还没有继位，他还在服丧，穿着一身的白衣服，戴着白帽子，大臣们觉得这样不吉利，就把他的白衣服全部染黑，将士们也同样做了，襄公亲自率领军队出征。

晋军果然将部队驻扎在崤山，因为这是个战略要地。秦国部队回师正是从这里经过，当秦军走到这深深的峡谷时，晋军一起进发，彻底摧毁了秦军，这时西乞术和孟明视才想起了他们父亲所说的话。

秦军的三位大将都被俘虏，部队得胜而归。于是，晋人才开始安葬他们所尊敬的文公，按平常，葬礼上，人们都要穿白色的衣服，但是，晋人这次葬礼，人们一律都穿着黑色的衣服，从此以后，晋人就以黑色为他们的丧服。

今天，我们的民俗中，既有以白色为丧服，又有以黑色为丧服，可能就受到晋文公葬礼的影响。

晋文公的夫人文嬴是秦国的宗室，她看到秦国的三员猛将被俘虏，就去请求把他们放了，她说："穆公对这三个人可以说恨入骨髓，我请求你们把他们放了，让穆公亲自把他们煮死。"晋国的国君襄公就听从文嬴的话，把他们放了。

第二天，先轸上朝，问秦国的囚犯，襄公说："夫人请求把他们放了，我觉得她说得有道理，就放了他们。"

先轸大怒，道："武士好不容易在战场上把他们捉住，而你凭妇人一句话就把他们放了。这种做法实在是灭我们的志气，长敌人的威风，像这样下去，国家不亡才怪呢？"说罢，头也不回，就愤愤地离开了。

襄公也觉得自己做错了，就派阳处父去追他们，他们一直追到黄河边，这时，孟明视他们已经坐着船，行到水中央了。

这时，阳处父在岸上叫道："喂，秦国的将军们，我家国君送给你们几匹宝马，请你们回来取去。”说着，就解下左边的马。只见那孟明视在河当中双手一拱，道：“太感谢了，承蒙你家大王的好意，没有杀我们，放我们回去，如果穆公杀了我们，我们死而无憾，如果主上饶我们不死，几年后，我们一定当面来感谢你们。”言下之意，是说几年后，一定来报此大仇。

孟明视三位将军回到秦国，秦穆公穿着白色的衣服，亲自到郊外去迎接他们，他见后，放声大哭道：“我没有采用蹇叔和百里奚的意见，使你们蒙此大辱，这全是我的过错。你们没有任何过错。”照样保留他们原来的官位。孟明视继续掌握兵权，这使他十分感动，他变卖家产、抚恤阵亡将士家属，亲自操练军队，与士兵同吃同住，同甘共苦。

公元前624年，秦军经过孟明视的严格训练，已经是一支兵精将广的军队了。经过充分准备，由秦穆公亲自挂帅，孟明视任先锋率大军奔向晋国，一路上势如破竹，没几天就把过去被晋国抢去的城池收了回来，晋国都城一片慌乱。

秦穆公见失地已收，也打下了晋国的威风，就率领大军到崤山，将上次阵亡将士的尸骨埋好，并亲自祭奠了一番。

楚庄王一鸣惊人

楚国在城濮之战败给晋国以后不久，颇有作为的楚成王就被他的儿子商臣害死了。商臣当了国君，就是楚穆王。楚穆王不甘心失败，加紧操练兵马，发誓要和晋国决一雌雄。他首先把附近的几个小国兼并了，又把中原的陈、郑等国拉了过去，周顷王六年（公元前 613 年），楚

穆王正在雄心勃勃、发愤大干的时候，突然得暴病死了，他的儿子旅即位，就是赫赫有名的楚庄王。

晋国见楚国忙于办丧事，又重新会合诸侯，订立盟约，随后，把楚国拉过去的陈、郑等国，又拉回到自己的势力范围之内。这一来，楚国的大臣们都心急如焚，要和晋国决战。可是，楚庄王却无动于衷。即位三年以来，他整天喝酒、打猎，不问政事，还在宫门口挂上块大牌子，上面写着：劝谏者，死无赦！谁愿意拿自己的性命开玩笑呢？大臣们不敢上谏，只能看着楚庄王整日无所事事。

一天，大夫申无畏来见楚王，让楚王猜个谜语。申无畏说："楚国京城，有只大鸟，五彩缤纷，整整三年，不飞不叫，满朝文武，莫名其妙。请您猜猜看，这究竟是只什么鸟？"楚庄王一听，笑着说："我猜到了。这可不是只普通的鸟。这只鸟啊，三年不飞，一飞冲天；三年不鸣，一鸣惊人。你等着看吧。"申无畏明白了楚庄王的意思，他高兴地退了出去。

又过了几个月，楚庄王这只大鸟依然如故，既不"飞"，也不"鸣"，照旧喝酒、打猎、欣赏歌舞。大夫苏从忍耐不住了，便去见庄王。他一进宫门，就大哭起来。楚庄王说："先生，什么事这么伤心啊？"苏从回答说：

“我为自己就要死去伤心，也为楚国即将灭亡伤心。我想劝谏您，你不听，一定要杀死我。您整天打猎游玩，不理朝政，楚国的灭亡不就在眼前了吗？”楚庄王突然站起来，激动地说：“大夫的话全是忠言，我一定照你说的办。”随后，他便下令解散了乐队，遣散了舞女，决心要干一番事业。

楚庄王先是整顿内政，起用有作为的人，把申无畏、苏从提拔到关键的职位上去。当时楚国的令尹斗越椒野心勃勃，想要篡权。楚庄王便任命了三个大臣协助令尹工作，削弱了令尹的权力，防止斗越椒叛乱。

楚庄王一面改革政治，一面扩充军队，加强训练，准备和晋国决战，报城濮之战的仇。他即位的第六年，出兵灭了庸国（今湖北省竹山县一带）；第六年，打败了宋国；第八年，又打败了陆浑（今河南省嵩县北部）的戎族。楚庄王还在周朝的边界上阅兵示威，吓得周定王赶忙派大臣王孙满去慰劳。楚庄王见了王孙满，头一句话问周朝京城宗庙里的九鼎有多重。这九鼎是天子权力的象征，问九鼎的重量，实际上就是对周天王地位的威胁。

周定王二年（公元前 605 年），楚庄王讨伐了陆浑的戎族，在回来的路上，突然发现叛贼斗越椒发兵拦截，想把楚庄王消灭在郢城之外。楚庄王见斗越椒人多势众，自己带的兵刚刚打完仗回来，疲惫不堪，知道硬拼对自己不利，便说：“斗氏一家对楚国有大功，宁肯让越椒负我，我不能负越椒。”便派苏从前去讲和，斗越椒没有答应。到了晚上，楚庄王假装退兵，却把军队埋伏在漳水东岸，又派一队士兵在本岸活动，引诱斗越椒过河。自己则带着少数士兵，躲在河桥的下面。第二天早上，斗越椒看到河对岸有楚兵，果然追过河去，等发现中了计，想往回撤退，桥已经被拆毁了。斗越椒惊慌失措，急忙命令士兵涉水过河。士兵们正要下水，只听对岸一员楚将大声喊：“大将乐伯在此，斗越椒快快投降！”说完，命令士兵奋力射箭。斗越椒也急令士兵向对岸射箭。在双方对射之中，乐伯手下的神箭手养由基一箭射死了斗越椒。斗家将士见主将身亡，便四下逃散，楚军分头追剿，取得了全胜。

楚庄王平定了内乱，又经过多年的准备，决定挥兵北上，同晋国争霸。

周定王九年（公元前 598 年），楚庄王趁陈国内乱的机会，派兵降服了陈国。第二年，楚庄王亲自率领大军去攻打郑国。陈、郑都是晋国的保护国，楚国出兵陈、郑就是向晋国挑战。

晋国当然不甘示弱。这一年的夏天，晋景公派荀林父为大将，先轸的孙子先縠（音 hú）为副将，率领六百辆兵车，去援救郑国。大队人马到了黄河边上，探子报告，郑国已经投降，楚国正在往回撤兵。荀林父本来就不愿意打仗，听到这个消息，立刻决定退兵。先縠坚决不同意，带着自己的一队兵车，渡过黄河追击楚军去了。赵同、赵括也认为自己父兄劳苦功高，也不听荀林父的将令，带上队伍跟着先縠过河去了。荀林父没有办法，只好下令全军过河。

楚庄王听说晋军已经渡过黄河，便召集部将们商量对策。令尹孙叔敖主张同晋军讲和，然后退兵；一批年轻的将士都主张开战。楚庄王一时拿不定主意，有一个叫伍参的小臣说："晋军主将荀林父刚掌大权，没有威信，副将先縠倚仗先人的功劳，瞧不起荀林父，三军的将领想要主动出击，又没有权力；士兵们不知道听谁的，晋军上下不同心，恐怕有伤我们楚国的尊严吧？"楚庄王听伍参分析得入情入理，便下令楚军摆开阵势，将战车一律朝向北方，准备出击。

孙叔敖见晋军有六百辆兵车，实力雄厚，总是放心不下，他对楚庄王说："我看不如先派人去讲和，他们如果不同意和，非要打，我们再迎战也不迟。那时候，理就在我们这边了。”楚庄王接受了这个建议，派蔡鸠居出使晋军。荀林父派人接待蔡鸠居，表示同意讲和，并且提出双方同时退兵。蔡鸠居完成了使命，准备返回楚营。谁知先縠早就在营帐外面等着，他见蔡鸠居出来，一把拦住道：“你回去告诉你们国君，我们这次来，不把你们杀个落花流水，决不收兵！”蔡鸠居十分气愤，没有答理先縠，继续往外走，刚到军营口，又碰上了赵同、赵括。这两个人拿弓点着蔡鸠居的头大骂不止。

蔡鸠居跑回楚营，把他受侮辱的情况向楚庄王讲了一遍。庄王大怒，问：“谁敢打头阵，给晋军点厉害瞧瞧？”大将乐伯挺身而出，跨上战车，直奔晋军大营，战车没跑多远，乐伯就碰上了十几个巡逻的晋兵。乐伯也不说话，一箭一个，一连射倒三个晋兵，又下车活捉一人，然后跳上车，往回便走。晋军看到楚将杀人，分三路追来。乐伯毫不畏惧，他放声大喊：“晋将小心，我左边射马，右边射人，看箭！”说完左一箭，右一箭地射起来。果然箭无虚发，左边射倒三、四匹马，右边射伤三、四个人，吓得晋军谁也不敢再追。

荀林父见楚军来挑战，急忙又派魏锜去讲和。魏锜就是跟随晋文公重耳逃难的魏仇的儿子。魏锜想当大夫，没有当上，一直不满，恨不得晋军失败。荀林父派他去讲和，他却下了战书。回来后对荀林父说："楚王不同意讲和，一定要决一胜负。"

晋将赵旃认为自己的本事高强，总想露一手给主将看看。到晚上，他乘着天黑带领部下去偷袭楚营，不小心被楚兵发觉。楚庄王驾车就追。楚军将领见庄王亲自出击，纷纷跟了上去。孙叔敖对庄王说："晋军欺人太甚，既然众将都出来了，咱们不如乘其不备，杀过去!"这时候，天还不亮，楚庄王下令出击。霎时间，鼓声如雷，车马飞驰，楚军将士争先向晋国军营冲去。晋军将士睡得正酣，一点没有准备。荀林父听到鼓声，急忙下令抵抗。两国军队在邲（bì）城（郑地，今河南省郑州东）郊外大战起来。晋兵士气不振，指挥不灵，抵抗不力。而楚军一鼓作气，往来冲杀，没多大功夫，就把晋军打得溃不成军了。

楚庄王率领楚军开进邲城。有人请他乘胜追击。楚庄王说："楚国自从城濮之战败给晋军，就不敢和晋国争锋，这次胜利，可以洗掉耻辱啦。晋国楚国都是大国，早晚总得讲和，何必多杀人呢?"于是，下令楚军立即收兵，放晋国官兵渡河回去。

邲城一战，拥有六百辆兵车的晋国大军，一夜之间，几乎全军覆灭。三年不鸣的楚庄王终于一鸣惊人，他继齐桓公、晋文公、秦穆公之后，也当上了诸侯霸主。

晏婴出使楚国

晏婴，名婴，字平仲，春秋时期在齐国任相国。晏婴原是齐国人，他为人正直清廉，敢于进谏，能言善辩，处处替百姓着想，很受齐景公赏识。

有一年齐国闹旱灾，齐景公决定向百姓征税求雨，晏婴反对说，求人不如求己，此时不但不应该征税，还应打开粮仓救济灾民，并号召他们打井挖泉，种田浇苗。齐景公采纳了他的建议，齐国百姓齐心协力，共同度过了难关。

齐景公的刑罚很重，常常对犯罪的人施用刖刑，也就是砍掉他们的脚。晏婴决定找机会劝谏他。一次齐景公问晏婴市场什么东西最贵，什么东西最便宜。”晏婴回答：“假脚最贵，鞋子最便宜。齐景公不解。”晏婴解释道：“百姓的脚被砍掉了，没必要穿鞋，而且争着买假脚。齐景公明白晏婴的意思，便下令不准再滥用刖刑。

由于晏婴处处替百姓着想，深受百姓爱戴，齐景公也越来越信任他。

春秋时期，诸侯争当霸主。齐景公时代，楚国威镇诸侯，各国都很怕它，纷纷派使者同楚修好。

当时楚国是一个大国，齐景公想跟楚国建立友好关系，就派晏婴出使楚国。同时想了解楚国的实力，齐景公也梦想着恢复齐桓公时代的霸主地位。

楚国当时正在鼎盛时期，根本不把齐国看在眼里。楚灵王听说齐国使臣晏婴求见，按说，晏子当时任相国，访楚表示友好，按诸侯公卿互访礼节，楚国也该派相应官员出城迎接。但楚灵王又得知他身材矮小，决定戏耍他一番，就下令紧闭城门，只在旁边开一个5尺高的小洞，让晏婴进来，晏婴说：“到狗国去才钻狗洞，请问你们大王，这是什么国?”楚灵王无话可说，讨了个没趣，只得打开城门迎接晏子入城。

晏子来到楚王宫廷门前，遇见楚国许多官员，一个个衣冠鲜明，等候朝见楚王。晏子下车，不卑不亢，与他们施礼相见。其中有个大夫对晏子访楚极力进行挖苦和讽刺。这个大夫满以为可以羞辱晏子，显示楚国威风，却未料到晏子口若悬河，对答如流，驳得他哑口无言。

有人见晏子穿着朴素，便耻笑他是一毛不拔的“鄙吝之徒”。他说：“大丈夫贵为相国，服饰应当豪华，车马应当盛装，才能显出君主的恩宠和重视。你出使外邦，穿着破旧的皮裘，拉车的马很瘦，难道你的俸禄很少？”

晏子讥笑他说：“你的见解太肤浅了。我自从当相国以来，父族皆穿皮裘，母族都能吃肉，妻族也无冻馁之虑。民间之士，靠我晏婴维持生活的有 70 多家。我家生活俭仆，但三族人的生活比较富裕；我穿着简朴，看起来鄙吝，但我周围的亲友都丰衣足食。这正好显示了君主的恩宠，难道不好吗？”

正在晏子舌战楚国臣僚方酣之际，楚灵王升殿，宣召晏子进见。楚王存心要再奚落他，第一句话就问：“齐国难道缺人吗？”

晏子说：“齐国人多得很，哈气成云，挥汗如雨，行人摩肩，怎么能说缺人。”

楚灵王说：“既然有人，为什么派一个小矮子来访问我国呢?”晏子见楚王抓住他身材矮小的缺陷不断奚落，便反唇相讥：“敝国派出使者有个规定，贤士出使贤国，非贤士出使非贤国。大高个儿出使大国，小矮个儿出使小国。我个儿矮小，又不是贤士，故派来楚国。”

楚灵王见晏子唇枪舌剑，能言善辩，无法难倒他，心中暗自吃惊，但也无法奈何他。

临到设宴相待时，楚国还安排了一幕丑剧来侮辱齐国人。宴会进行不久，忽然有武士三四人，捆着一个囚徒从殿下走过。楚灵王故意发问：“囚犯是哪里人?”武士答道:“齐国人。”灵王问:“犯什么罪?”武士答道：“当强盗，抢劫。”灵王便转过身来问晏子:“齐国人当强盗，是不是习以为常，成了习惯?”

晏子明知楚王故意侮辱他和齐国，把他作为嘲弄和开心的笑柄，便反守为攻，对楚王进行反讽刺。晏子说：“大王听说过没有?淮南的橘柑种到淮北，就会变成枳，味道也由甜变苦。为什么会变呢?因为南北水土气候都不相同。同样的道理可以用来解释大王提出的问题。齐国人出生在齐国，安居乐业，奉公守法，是很好的臣民。但是，到了楚国就变了，不是当窃贼，就是当强盗，这也许是由于水土不同而造成的结果。”

楚灵王听了晏子的回答，沉默了很久未说话，心中感到很不是味儿。但他最后由怒变喜，称赞晏子说："早听说你博学多才，善于对应，今日寡人目睹，果然名不虚传，令人敬佩。"

楚王给晏子送了一份厚礼，热烈送他回国。

晏子回到齐国后对齐景公说："楚国现在虽然强大，但是，楚灵王骄傲自大，目中无人，朝中文武多是平庸之辈，没有什么可怕。陛下只要勤政爱民，选贤任能，远离小人，齐国一定会强盛起来，赶上和超过楚国。"

齐景公在晏子的忠心辅佐下，使齐国很快又强盛起来，虽然没有完全恢复齐桓公时代的霸主地位，但中原诸侯不敢再小看齐国了。

二桃杀三士

在齐景公的时候，齐国有三个勇士，一个个力大无比，他们一个叫古冶子，一个叫田开疆，另一个叫公孙接。

这三个人虽然有一身好力气，但是非常缺乏教养，他们横行乡里，危害百姓，谁也不敢惹他们。他们动不动就要杀人，老百姓怕他们，就是官府也不敢对他们怎样。

更可恨的是他们和朝廷中的一些奸臣勾结，齐国当时有一个大夫叫梁据，专会使诡计，陷害忠良，他要是对谁不好，就叫这三个人下手除掉，为此，齐国在短短的几年中不知死了多少好人。

当时齐国人就把这三个人称为“三害”。后来他三个人干脆就在朝廷里，遇到什么事，他们都喜欢搅和，闹得朝廷也不得安宁。齐景公看他们有力气，却很信任他们，一些重要的场合就叫他们三人作卫士，陪伴在左右。

晏子当时是齐国的相国，这三个恶人有几次想谋害他，均未得逞。晏子为不能很快制服这些恶人而羞愧。

有一次，鲁昭公访问齐国，齐景公设宴招待他，由叔孙和晏子俩人作陪，底下站着的卫士就是这“三害”。宴会之中，这“三害”全无礼貌，站在那里东张西望，舞枪弄棒，根本不把客人放在眼里，鲁昭公几次直皱眉头。晏子实在是看不下去了，就想了一个办法来制服他们。

晏子对齐景公说：“大王，今天来了贵客，您的那棵万寿金桃树今年结了许多鲜桃，何不去摘上几个来给客人尝尝。”

齐景公一听，很高兴，因为这棵树是从海外传来的，多年来只是开花，就是不结果，今年却结了又大又红的果子。于是他说：“快快派人去采来。”晏子吩咐下人，去将那树上的六个桃子一起摘来。一会儿，六个桃子被送了上来。红艳艳，香喷喷，晏子当即给两位君主各奉上一只，他们吃了都说好。齐景公说：“真是好桃子，叔孙大夫也请品尝一只。”

叔孙大夫跪下道：“晏相国是我国的几朝元老，还是请他先用吧。”

他们二人互相推让，齐景公让他们二位各吃了一只。现在盘子里还剩下了两只桃子，晏子说：“我看这两只桃子就请他们三位勇士吃，让他们都上来说说，看谁的功劳大就请谁吃。”

景公觉得这个建议很有意思，就传下令来，让他们三人上堂来，说说各自的功劳，谁说得好，这桃子就给谁吃。

令刚传下去，公孙接就站上来，说：“大王，我的功劳最大，有一次我陪大王去打猎，遇到一只老虎向您扑来，我跑上前去，几拳就打死了老虎，救了大王的命。这桃子该我吃。”公孙接上前抓起了桃子吃了下去。

古冶子冲着公孙接喊道：“打一只老虎有什么了不起，有一次我送大工过黄河，突然起大风，黄河上掀起了大浪，眼看着要打翻了我们所坐的船；这时间，又从河里跑出了一只大鳖，要伤害我们的大王，在这千钧一发之际，我跳入水中，和大鳖搏杀了半个时辰，杀了大鳖，救了大王。我的功劳比你还要大，所以我更该吃这个桃子。”

齐景公说：“该吃，该吃。”古冶子一口将桃子吞了下去。

田开疆一看一个桃子也没有了，脸涨得通红，说：“我曾奉命率领大军征讨徐国，我杀了徐国的大将，俘虏了五百多士兵，硬是逼得徐国投降了，后来另外两个小国家看我们所向无敌，也归附了我们，我这个功劳是谁也比不上的。”

晏子说：“你的功劳是很大，我也认为你应该吃桃子，但是现在桃子没有了，只有等到明年结了新果，再来品尝了。”景公说：“你的功劳的确很大，可惜你晚了一步。”

田开疆本来就是个粗人，他一看自己功劳这么大，反而吃不到桃子，就手按住佩剑说：“杀鳖打虎能算得了什么，我南征北战，吃尽了苦头，到头来，却在国君面前丢人现眼，还不如一死了之。”说完，就拔剑自杀了。

田开疆的这一举动把在场的所有人都惊呆了，这时忽然听到公孙接大声嚷道：“老田立了这么大的功劳却没吃到桃子，他自杀了，我们还有什么脸面活着。”话音刚落，也拔剑自杀了。

古冶子看到他俩都倒在血泊中，于是提着剑说：“他俩为这桃子都死了，我活着有什么意思，人家不说我贪生怕死吗。”也自杀了。

晏子利用两个桃子杀死了三个猛士，为齐国除了三害，老百姓听到后，都兴高采烈，他们也暗暗佩服晏子的足智多谋。

孔子周游列国

孔子（公元前551～前479年）本名孔丘，字仲尼，春秋末期杰出的思想家和教育家，儒学创立者，先世为宋国

贵族。父亲梁纥，鲁国武士，在孔子3岁时去世。他这时随父母迁居鲁国都城曲阜，这里保存了周朝大量的典章文物。这种环境对孔子的教育和思想形成具有深远的影响。

孔子生活的时代正是中国社会处于激烈动荡的时期，周王室的统治名存实亡，各诸侯国之间互相争斗，周朝初年制订的一套礼乐制度都被破坏了。孔子对这种状况非常不满，他提出了一套政治主张，就是要恢复周礼，实行“仁政德治”。当时，要实现自己的政治理想，就只能去做官。于是，孔子在50岁左右的时候，在鲁国做了官，但是他的政治主张不能被统治者接受，几年后不得不弃官离鲁，从55岁时起，开始了周游列国的漫长经历。

孔子把周游列国的第一站定在了卫国。卫国在鲁国的西边，是鲁国的兄弟之邦。当时卫国政治安定，经济也比较富庶，而且卫国还有几位贤人，可以互相谈论问题，并且孔子的弟子子路的妻兄颜浊邹是有贤名的卫国大夫，可以照应，这样，孔子就把卫国当作了立足点。

孔子带着数十个随从弟子，一行人坐着马车来到卫国，暂时住在颜浊邹家。由于孔子做过鲁国上卿，声望已很高，再加上颜浊邹起了桥梁作用，于是国君卫灵公热情地接待了孔子，并问孔子："先生在鲁国时，俸禄是多少？"孔子笑着说："六万斗小米。"卫灵公也给予了同样的待遇。但是，他对孔子那套"仁政德治"的主张没有兴趣，因此，只是表面上对孔子很尊重，但却没有让他参与政事。不久，有人对卫灵公说："孔子来到卫国，也许是不怀好意的，他带来的弟子很多，各样人才都有，万一是为了鲁国而到这里有什么企图的话，又怎么办呢？"于是，卫灵公便派人暗中监视孔子的行动，孔子怕发生意外，便在这一年的冬天，带着弟子们离开了卫国。

孔子怀着不愉快的心情离开了卫国，带领一行人向东南方向走去。经过曹国没有被接待，又来到宋国境内，这次不但没有接待，而且宋国的大夫司马桓还想杀害孔子，逼得他只好换了便衣才逃出了宋国。

从宋国逃出后来到郑国，这时弟子们都失散了，只剩下孔子一个人站在东城门外。弟子们找不到老师，便到处打听，当子贡问到一个行人时，那人回答说："我倒看见一位，立在东门外，很有气派，但是其狼狈相，累累若丧家之狗。"当子贡找到老师并把这话告诉他时，孔子笑了笑说："说我气派，倒是未必，说我疲惫的像丧家狗，倒真有点那样。"郑国没有接待孔子师徒，他们便来到陈国的都城宛丘。

孔子到了陈国，住在大夫司城贞子家里，并由他们推荐给陈国国君陈湣公，取得了一个有名无实的职位，陈国是一个小国，陈湣公又是一个平庸的人，没有争霸称雄的野心，也不想从孔子那里请教什么治国安邦的方法，所以孔子仍然不得志，心情郁闷。公元前489年，吴国大举进攻陈国，楚国国君楚昭王亲自率兵前来救援，吴楚两军在陈国东北部的城父对垒，陈国于是陷入战乱之中。这时楚昭王听说孔子在陈，便派人来请，孔子认为楚昭王是贤君，便决定到楚国去推行他的政治主张。

孔子一行人离开陈经过蔡国去楚国，这一段路正是吴、楚交兵的地带。有一天，孔子被乱兵围住，带的粮食也吃光了。已经7天没有粮食了，可是，孔子还抓紧时间给弟子们上课，照常弹琴、唱歌。子路首先沉不住气了，问道："老师，难道有道德，有学问的人，就注定要遭难吗?”孔子说:“有道德、有学问的人并非不遭难,但是经得起困难的考验。没有道德、没有学问的人一遇困难,却会动摇变节。”孔子虽然稳定了弟子的情绪,但他的心情还是闷闷不乐,路上还遇到一些不同意孔子积极从政治国的主张,而提倡消极避世隐居自乐的人的责难和讽刺。经过了艰难的跋涉,孔子一行终于到达了楚国的负函。

孔子师徒到了负函没几天,就传来消息,楚昭王死了。孔子该怎么办呢?经过考虑,最后决定还是回到卫国去,于是一行人又风尘仆仆地回到了卫国。这时卫国的国君是卫出公,当时卫国局势稳定,孔子比较满意,所以在他初返卫国时,很有一番抱负,并酝酿着上台后的计划。一天,子路问孔子:“这次卫国的国君请你出来,你首先要作什么呢?”孔子答道:“必须正名分!要让任何人的名义、身分和他的地位完全符合。”子路对此表示怀疑,认为老师有点不切实际,孔子则陈述了自己的理由。但是卫出公既没有要他“为政”,也没有向他“问政”。在这种情况下,孔子就把精力用在了教学和治学上。

孔子离开鲁国已经十几年了,他非常思念故乡。他的弟子有的回国做了官,他也很想回去。有个叫冉有的弟子在鲁国做官,他向当权的季康子一再推荐孔子,于是季康子派人带着贵重的礼物去迎接孔子回鲁，这时卫国发生内乱，政局动荡不安，孔子便接受了鲁国使者的礼聘，回到了鲁国。

孔子从公元前497年离开鲁国，直到公元前484年才返回，在外奔波达14年之久，希望寻求做官，以便有机会实现他的“仁政德治”的政治理想，结果是在到处碰壁之后，结束了流浪生活，回到了故乡，这时，孔子已经68岁了。

孔子周游列国历尽艰辛，到处碰壁。这是因为他的政治理想不符合时代潮流。他颠沛流离14年，也使他的人生经验更丰富，眼界更广阔，学问更高深，观察事物更透彻了。回首往事，壮志难酬，但孔子并不灰心。他把晚年的最后5年时光和全部精力，都用在开办私学和整理古籍文献上，取得了辉煌的成就。

楚灵王自食恶果

楚灵王是楚庄王的儿子，他上台的时候，楚国是最强盛的时候，但是到他临死的时候，他却没有立锥之地，这都是楚灵王自己造成的结果。

当政的第三年，灵王大会诸侯，派人到各国，请他们到楚国的申地会合。但是，灵王却并没有利用好这次会合的机会，宋、鲁、卫没有参加，使灵王很不快，尤其晋国没有参加，更使灵王恼怒不已。

老臣伍举告诉灵王："这次会合不是一个好兆头，我们一定要早作准备，以防有人反对我们。"

灵王没有把他的话放在耳边。他在这次会合中，处处表现了骄纵的习气，他当场侮辱别国来的使臣，杀了一些无辜的下属，并且对到来的各国君王毫无礼貌，这就种下了祸根。

灵公对外就是信强权这一套，他攻打吴国朱这个地方，俘虏了当地首领庆封，杀了他家一族人，并且把庆封拉到街上示众，灵王对着公众宣布说："大家都不要向庆封学习，他杀害了自己的国君，欺负老姓，还要强行让大夫们都支持他。"

庆封就反唇相讥说："大家也不要向楚共王的儿子围那样，杀害了自己的国君，那国君就是自己亲哥哥的儿子。"

一席话丢了楚国的人，使得站在一旁的大臣都直叹气，灵王只有命令人将庆封杀掉。

他任用那些奸佞之臣，有一个人叫析父，巧舌如簧，专会当面说人家的好话，有一次，楚军攻打吴国，他们在乾溪驻扎下来，以观吴军动静，灵王问析父："齐、晋、鲁、卫四国在受封时，都领到了宝器，我们偏没有，现在我派遣使臣到周去向他要求把九鼎给我做宝器，你看他们会给我吗？"

灵王的意思，是要代周而立。析父说："他们一定会给的，以前我们楚国的先祖熊绎远在荆山，坐着柴车，穿着破衣，跋山涉水到周的京城去侍奉天子，现在让他给这点东西还不行吗？"灵王又说："从前我们的远祖昆吾住在原来的许国，现在郑国人占领了那里的土地，我想把它要回来，你看行不行？"

析父说："周王不在乎九鼎，郑又怎么会在乎那一点土地呢？"

灵王又说："现在我陈兵的各个地方，看起来想要和别人打仗，别的国家会怕我吗？"

析父顺着他的口气说："当然怕呀！"

这些话正说到灵王心坎里，他当然高兴了，他说："析父真会说往古的事情。"就封析父做大官。

灵王就住在乾溪，整天吃喝玩乐，这样就完全把自己国家的大事忘记了。他以前曾经侮辱过越国大夫常寿过，常寿过回到了自己的国家就联合吴国来攻打楚国，他们趁灵王不在家，杀了灵王的太子，拥立公子比为王。又派人到乾溪去，对楚国的官兵说："你们的国家已经有了新的国王，你们现在回去的，可以保留原来的官位，你们所拥有的土地也可以还归你们。如果你们不回去投靠新主，继续跟随这个昏君，那么你们被抓到以后，就要被杀头。"

灵王的部队本来就对灵王非常不满，经他们这样一讲，就四散逃走了。只丢下灵王在乾溪。

这个昏庸的君王见自己的国王的位子被废弃了，又听说自己的儿子也被越国和吴国的部队杀了，就趴在地下嚎啕大哭，喊天叫地，他对旁边仅有的两个随从说："我不是为我自己伤心，我是为我的儿子伤心，我对我的儿子多好啊，胜过任何人。怎么遭到这种报应呢?"

他的一个随从说："你杀人家的儿子太多了，能不到这个地步吗?"灵王被他一句话止住了眼泪。

这时他的一个忠实的大臣右尹来到他的身边，灵王非常感谢他，就问右尹，他现在到底该怎么办。

右尹说：“我看你还是回到楚都的郊外吧，听候他们的发落。”灵王连连摆手：“那怎么能行呢，我要是落到他们的手上，他们不把我杀了？”

右尹说：“那你就到诸侯国家去找救兵吧。”

灵王说：“这也不行，我把他们都给得罪了，人们都背叛我了。”右尹觉得这个以前不可一世的君主，今天真是可怜极了，真叫做多行不义必自毙，最后觉得自己也救不了他，也离开了他。这样，灵王真成了孤家寡人了。

灵王这时孤独极了，他一个人在山里乱走，肚子饿了，就下山想去要点吃的，他遇到以前的一个熟人，就热情地同他打招呼，说：“我已经三天三夜没有吃东西，给我一点吃的。”

那人说：“我们新的国王已经下达命令，谁要是给你吃的，就会被杀头。”

灵王又饿又气又累，一下倒到了地下，正好压到了那人腿上，昏过去了。那人抽掉了自己的腿，走了，边走嘴里还在说：“你这个罪恶滔天的家伙，你也有这一天！”

后来，曾经骄横狂妄的楚灵王就在这个山脚下死去了。

伍子胥掘墓鞭尸

在诸侯大国争夺霸权的斗争中，大国兼并小国，扩张了土地。可是大国的诸侯不得不把新得到的土地分封给立了功的大夫。大夫的势力大了起来。他们之间也经常发生斗争。大国由于国内的矛盾尖锐起来，都想把争夺霸权的战争暂时停止下来。

公元前546年，晋楚两国和其他几个国家，在宋国举行了“弭兵会议”（弭音mǐ，弭兵就是停止战争）。在这次会议上，晋国的大夫和楚国的大夫代表南北两个集团讲了和，订了盟约，规定除齐、秦两个大国外，各小国都要向晋、楚两国同样朝贡。晋楚两国平分霸权，以后五十多年里，没发生大的战争。

到楚庄王的孙子楚平王即位之后，楚国渐渐衰落了。

公元前522年，楚平王要把原来的太子建废掉。这时候，太子建和他的老师伍奢正在城父（在河南襄城西）镇守。楚平王怕伍奢不同意，先把伍奢叫来，诬说太子建正在谋反。伍奢说什么也不承认，立刻被关进监狱。

楚平王在杀伍奢以前，想斩草除根，设计诱杀他的两个儿子，免除后患。他假惺惺地对伍奢说："寡人念你祖上对楚国有功，不忍心惩罚你，你写信要你的儿子来为朝廷服务，寡人改封官职，让你回乡养老。"伍奢只好照平王说的写了书信。

伍奢有伍尚和伍子胥两个儿子。伍子胥，博学多才，智勇双全，是楚国著名豪杰。伍子胥的兄长伍尚见信，以为楚王真要赦免他的父亲，劝弟与他同去见楚王。伍子胥说："父亲如果得免死罪，就算万幸，我们没有任何功劳，为什么要加官封爵？这明明是诱骗，去见楚王是一起送死。"

伍子胥坚决不去。伍尚去了，楚平王立即将他囚禁起来，同时派兵去抓伍子胥。

伍子胥探知有楚兵来抓他，拿起弓箭和佩剑连忙离家外逃。楚国士兵见在伍家抓不到他，便驱车紧追。伍子胥见楚兵穷追不舍，便站在一个隐蔽的地方，张弓搭箭，接连射死数人，然后厉声说："谁再来追，立即受死。赶快回去告诉楚平王：如果想保存楚国宗庙，就不要杀我的父兄，否则，我一定要消灭楚国，亲手斩掉楚王的头颅，报仇雪恨。"

楚兵吓得赶快回去报告。楚平王一听大怒，立即将伍奢和伍尚斩首示众。楚平王问手下人："伍奢临刑前有何怨言？"监斩人说："他只说：伍子胥在逃，楚国君臣以后不得安宁了。"楚平王听了，立刻派了一个将军，率3000兵马，继续追捕伍子胥。

伍子胥拼命奔跑。突然，面前出现一条大江，挡住去路，后面追兵眼见很快就到。伍子胥急中生智，忙将所穿白袍挂在江边柳树上，将鞋子放在江边，另穿一双芒鞋沿江直奔而去，故意造成一种被追得走投无路，被迫跳江自杀的假象。率兵追他的将领追到这里，发现白袍和鞋子后，果然受骗停止追捕，回去报告楚王，说伍子胥不知去向，可能跳江死了。楚王仍不放心，便命人四处画像悬榜捉拿伍子胥，下诏给各路关口，严格盘查过往行人，并遍告各国，不要收留伍子胥，使他无容身之地，无法进行报仇活动。

楚平王尽管考虑得很周到，防守得很严密，但仍无济于事。伍子胥还是想方设法混过了昭关，最后进入吴国。据说，昭关把守极严，伍子胥逃到这里，眼见昭关十分难过，急得晚上睡不着，仅仅一夜，急出了满头白发。

伍子胥千辛万苦，历尽艰险，最后总算逃到了吴国，这时他囊空如洗，异地他乡，告贷无门，无法维生。好在他会吹箫，只好在吴市吹箫唱曲行乞了。

天无绝人之路，正在他潦倒不堪、行乞渡日的时候，遇见了吴市一个叫被离的官员，被离将他介绍给吴王的弟弟公子光作门下客，才使他摆脱了困境。

公子光是吴王诸樊的儿子。诸樊死后，按王室惯例，本应由他继位。但却被另一个叫王僚的王子篡去了王位。公子光心中不服，正在访贤求能，积聚实力，伺机夺回王位。公子光见伍子胥相貌非凡，智勇双全，要报杀父兄之仇，便设法将他收为心腹，给予特殊礼遇，依靠他策划刺王僚的计谋，物色冒死行刺的男士。

伍子胥向公子光推荐了一个叫专诸的英雄。此人是他在吴国结拜生死之交的兄弟，武艺高强，行侠仗义，专好打抱不平。他听伍子胥说王僚用阴谋篡位，慨然答应为公子光效命。

公子光得到专诸以后，想立即谋刺王僚，但伍子胥认为时机不成熟，不能冒险行事。他说："王僚有两个心腹大将掌握兵权，还有儿子庆忌勇敢无比，日夜随身保护他。只有设计引开这三个人后，才能动手行刺，否则，王位即使夺回，也会得而复失。"公子光听他说得有道理，只好暂时忍耐待机。

当时正逢楚平王病逝，伍子胥听到消息以后，整天痛哭，捶胸狂叫，近似疯人。公子光知道以后去问他："楚平工是你的仇人，他死了，应当高兴才是，为什么反而捶胸痛哭呢?”伍子胥说:“我不是哭楚王之死,而是恨我不能亲自斩下他的头颅来祭奠父兄的亡灵。”公子光听了,很赞赏他的一片孝心,答应在登位以后,为他出兵伐楚报仇。

伍子胥自恨不能亲手杀了楚平王雪恨,气得一连三夜失眠,反复思量,想出了一条妙计献给公子光。他说:“我日夜苦思,想出了一个实现公子愿望的妙策。楚平王刚死,缺良臣,公子可劝王僚趁楚国丧乱之际,发兵攻楚,以图霸业。吴王好大喜功而不善计谋,定会听从你的主张。”

公子光说:“如果命我派兵伐楚,那怎么办呢?”伍子胥说:“你可以先伪装乘车不慎摔伤,吴王就不会命你去,而派他的两名心腹武将率兵前往。让公子庆忌去联合郑卫两国出兵。那时,公子就派专诸行刺王僚了。”

公子光按伍子胥的计策行事,王僚果然中计。专诸用“鱼藏剑”行刺成功。吴国国王换成公子光,改名阖闾。王僚两名武将率兵在外,听到王僚被刺的消息,不敢归兵,各自投奔他国自保性命。庆忌则被新吴王派去的一个刺客杀死。从此无人敢与阖闾争位。

吴王阖闾消除了心腹大患,大宴群臣,嘉奖有功之臣。伍子胥趁机向阖闾哭诉:“陛下的祸患已除,但微臣的家仇未报,不知何日才能雪恨?”

阖闾答应考虑他的要求。第二天一早就召见伍子胥进宫。他说：“寡人想为你出兵伐楚报仇，你看谁可率兵当将帅？”

伍子胥说：“只要大王下命令，自当效命。”当时还有一个叫伯□的，也是楚国臣子，受楚王迫害后投奔吴国，受到重用，这时在场，跟伍子胥一样答话。

阖闾见两人都是楚国人，担心他们报仇以后不愿再为吴国效命尽力，一时犹豫起来，站在窗前沉思不语。

伍子胥很敏感，察觉了阖闾的心事，便说：“陛下是不是顾虑楚国兵多将广？臣举荐一人当将军，保证可以战胜楚国。”他接着详细介绍情况。此人叫孙武，吴国人，幼读兵法，造诣很深，自己著述，写有《兵法》十三篇。无人知道他的才能，现在隐居在罗浮山中。”伍子胥又说：“如果能得到他当军师，吴国可以无敌于天下，楚国就更不在话下。”

阖闾一听孙武是吴国人，心里非常高兴，立即派人找来，向他询问用兵之道。孙武对答如流，向吴王详细介绍了《兵法》一书的内容。

阖闾听完后，觉得很有道理，但未必能适用于吴国。他说：“你的《兵法》书很好，你是一个深懂用兵韬略的将才，但遗憾的是，吴国国小兵少，如何应用你的兵法呢？”

孙武说："我的《兵法》不但适用于士卒，即使是妇女，只要遵守军令，都可经过训练，用来打仗。"吴王鼓掌发笑说："听先生说的，都是不着边际的话，天下哪有妇女操戈练习打仗的？"孙武说："陛下如不相信，可派宫女当面操演。"

阖闾派了300宫女给孙武当场操练，并派宠妃二人任正副队长。孙武在操练前，首先宣布三道命令：一、队伍不乱；二、不许喧闹；三、不准违令。这些宫女以为是来玩耍，操演给吴王取乐，一个个嘻嘻哈哈，说说笑笑，扭扭捏捏，谁也不听命令。孙武重申三次军令，依然无人听从。他就厉声问执掌军法的人："士兵不听命令，按军法应如何处罚？"军法官说；"应当斩首！"孙武立即命令执法，要将两个女队长斩首。参加操练的宫女吓得人人脸上变色。吴王见两个宠妃要被绑去处死，立刻传旨赦免。但是，孙武说："军中无戏言，军令如山。违令者不斩，谁还能指挥军队作战？"他不顾吴王赦令，立即将两个宠妃斩首，另挑两个宫女当队长，重新操练，严格要求。很快练出了一支步伐整齐、纪律严明的队伍。

阖闾见孙武果然是个精通兵法的将才，善于练兵和用兵，便拜他为大将，伍子胥为副将，发兵6万伐楚。楚军惨败，楚国郢都被攻破。伍子胥为报父仇，劝吴王阖闾灭了楚国，拆毁宗庙，并准他去挖掘楚平王的坟墓，开棺斩首，鞭尸雪恨。

伍子胥获准后，找到楚平王的坟墓，挖出他的尸体，痛打300钢鞭；并割下楚平王的头，仰天长笑道：“父亲、哥哥、我终于为你们报仇雪恨了。”

吴国阖闾回到吴国都城，把第一大功归给孙武。孙武不愿意做官，回乡隐居去了。他留下了一部《孙子兵法》，是我国最早的杰出的军事著作。

勾践卧薪尝胆

春秋后期，位处长江下游地区的吴国和越国，经常互相攻击，战争不断，百姓苦不堪言。

公元前506年，吴国阖闾率兵攻打楚国时，他的弟弟夫概私率部分军队返国，阴谋篡位，并派人向越国借兵求助，以为外应。阖闾打败楚国，回师平定内乱以后，非常痛恨越国，常想伺机报复。

公元前496年，越王允长死去，他的儿子勾践继位。

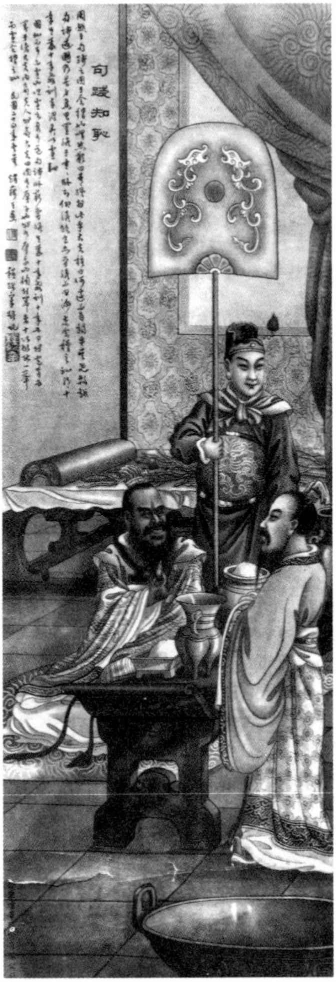

吴国阖闾得到讯息便想乘乱打越国。伍子胥劝他不要做这种有损名声的事。阖闾不听，与儿子夫毅带3万士兵浩浩荡荡向越国进发。

越王勾践亲率士兵奋勇抗敌，吴国惨败。吴王阖闾因受重伤死于路上，不久夫毅也死了，夫差成为吴王。

夫差继位后一心想报父仇，天天训练水兵、车兵和步兵。还要人每天问他一遍：“夫差，你忘记越国的杀父之仇了吗?”他应声答道：“没有，不敢忘。”这样坚持准备了近3年的时间。公元前494年吴王夫差亲自统率大军攻打越国。

越国大夫范蠡对越王说，吴国准备了3年，如今发兵士气正旺，我们应当避其锋芒。文种也赞同范大夫的看法，并建议同吴国讲和。越王不听，认为讲和有失颜面，便出兵迎战，结果正如范蠡所料，大战一场之后，越国3

万士兵仅剩5000人，还被吴兵层层围困。勾践悔之莫及。这时文种说："主公，我们应该赶快与吴王讲和，否则连国家都保不住了。"勾践流着泪说："事已至此，恐怕他们不会同意了。"文种说："此事交给我来办吧。"

当晚，文种带着8名美女，大量黄金珠宝来到伯嚭营中，并说明来意。伯嚭看见礼单心里乐开了花，假意推辞一番，便应承下来。

第二天，伯嚭见吴王，向他说了越王求和的意思。吴王说，越国指日可灭，我怎么能坐失良机呢？伯嚭见吴王不答应，进一步说："越王讲和，名声虽好，实际就是投降，他们的一切都由我们做主，越王也愿意作您的奴仆。答应求和，别国也会称赞我们仁义，这样名利双得的事我们何乐而不为？况且也有利于我们成就霸业。假如我们不同意求和，越国必拼死作战，其后果很难预料。"

吴王觉得很有道理便答应下来。伍子胥一听越王派人求和，知道事情不妙，急忙求见吴王。听说吴王已答应讲和，大怒道："吴越向来势不两立，几年前您天天想着报仇，日日提醒自己不要忘了报仇，如今答应讲和，是何道理？吴国如果不灭越国，将来必定被越国所灭！"

伯嚭收了人家的礼物，生怕事情办砸了赶紧说："相国此话言重了，当初您报了楚国的杀父之仇，最终不也答应同他讲和了吗？如今大王报了仇，你怎么就说三道四了呢？你这不是陷大王于不仁不义之中吗？”

伍子胥正要反唇相讥，吴王道：“大家不要再争了。相国您先回去吧，等越国送来贡品，我分给您一部分。”伍子胥心底一片苍凉，不禁叹道：“吴国亡矣。”

正如伯嚭所说，越国名义上求和，实际就是投降。勾践安排好文种料理一切国事后，便和范蠡一起去吴国服役。吴王将他们安排在简陋的石屋里居住，还让他到阖闾的墓地看坟喂马。夫差有时故意羞辱勾践，出门让他牵马，回来让他更衣、脱靴，甚至上厕所也让他伺候。勾践百依百顺，毫无怨言。

吴王很欣赏范蠡的才华，想重用他。可范蠡并不动摇，和勾践一起服了整整三年的苦役。

由于这几年文种始终不间断地贿赂伯嚭，伯嚭就不间断地向吴王说勾践的好话。经过三年的观察，吴王感觉勾践表现不错，决定放他回国。伍子胥不同意这么做，再三劝阻，可吴王很反感，没有理睬。

勾践回国后，继续过着清贫的生活，他的床上铺着木柴干草，屋子里挂一只苦胆。每次饭前都要舔一下苦胆，尝尝它的味道，以便提醒自己不要忘了昔日的耻辱与百姓的疾苦。他将国家政事交给文种，军事交给范蠡，而自己则和百姓一起下田务农，他的妻子带领妇女养蚕织布。君臣一心，全国上下齐心协力，越国渐渐恢复了生气。

一天勾践向文种寻问对付吴国的办法，文种提出对内积草屯粮、操练兵马，对外使用贿赂、美人计、离间计等七条建议，勾践依计而行。范蠡听说要对吴国施用美人计，知道普通的美女难当此任，便忍痛推荐了自己才貌双全的女友西施。

吴王夫差得到西施，立刻被她天仙般的容貌迷住了，对她宠爱备至言听计从。伍子胥明白这是越国的美人计，劝吴王远离西施，并举出夏桀之于妺喜、殷纣之于妲已的例子。夫差心里很不痛快。西施也暗暗吃惊，觉得此人不除，对越国不利，伯嚭为了当上相国也有恨他不死的意思。

一天，越国向吴国借粮，这也是文种的计策之一，目的是弄空吴国粮库。关于借与不借的问题伍子胥与伯嚭又起了争执。吴王心烦便离朝回到后宫向西施说了此事。西施举出当年秦穆公、齐桓公向敌国难民借粮受到好评终成霸业的例子，劝说吴王。吴王当即决定借粮给越国。

由于伯嚭所做的事大多遭到伍子胥的反对，这使伯嚭除掉伍子胥的想法更加强烈。于是他造出谣言：伍子胥要投降齐国。

吴王得到消息很生气，也不调查，只派人送给伍子胥一把“属镂”宝剑，辛苦一生，帮助吴王奠定基业的伍子胥含泪自刎而死。伯嚭如愿以偿地当上相国。

为了消耗吴国实力，西施劝吴王争夺中原霸主之位。

吴王决定进攻齐国。太子友知道，吴国伐齐，越国必会乘机攻吴，便用“螳螂捕蝉，黄雀在后”这种借喻的方式劝阻吴王。吴王此时哪里肯听，还劳师动众花费大量财力物力挖掘了中国第一条大运河邗沟。公元前485年，吴鲁联军通过运河讨伐齐国，这也是我国第一次大规模海军作战。

公元前482年，吴、鲁、齐、晋在黄池会盟，尊吴王夫差为霸主。回国的路上，听说越王率军攻吴，太子友已阵亡。吴王再想调兵遣将，已有心乏力。此时他才想起伍子胥、太子友平时所说的话，但后悔已来不及了。

万般无奈，吴王夫差派伯嚭备足厚礼向越王求和。

不久，吴国被越国所灭，夫差自杀。越王勾践灭了吴国以后，接着率军渡过黄河，在徐州会合齐、晋、鲁、宋等国诸侯，被诸侯们推为盟主，成了春秋末期最后一个霸主。

陶朱公范蠡

范蠡足智多谋，跟随越王勾践22年，身经百战，又精于外交，对成就越国的霸业起到了至关重要的作用。灭了吴国后，他又领兵向北挺进，渡过淮河，使得齐国和晋国也不得不听从越国的号令。就这样，范蠡被任命为上将军。

范蠡为成就勾践的霸业立下了奇功，他感到自己的名气太大了，又深知勾践的为人，于是就决定离开越国，他给越王写了封信，表露了自己的心思。他说："我曾经听说，主上有烦恼事，他的臣子应该为他分忧，当初你在会稽受耻辱，我们做臣子的人就应该为你去死，那时臣下没有死，是想为主上雪此大耻。现在大仇已报，我也该来领早先的罪过了。"勾践不知说什么是好。

勾践说："你真是一个诚实的人，我要把越国的江山分给你一半，让我们共同享受这胜利后的果实。"

范蠡这时似乎是听吴王夫差在说话，他当时对伍子胥就是这么说的。范蠡说："感谢主上不弃之恩，我实在受之不起。"说后，就退了下去。范蠡决定偷偷地离开越国。在一个静悄悄的夜晚，他骑着他心爱的马，带着他的妻儿走了。

他来到了齐国，给自己的老朋友文种写了一封信，信中转述名诗一首："狡兔死，走狗烹；敌国破，谋臣亡。"他想用这首诗去劝文种急流勇退，明哲保身，否则难免有杀身之祸。

文种接到了这封奇妙的信，感到还是老朋友说得对，于是他就自称有病不能上朝，这样持续几天，就有嫉恨他的人在越王面前进谗言，说文种想谋反。

勾践也感到越国霸业已成，留着文种已没有什么用了，还会生出许多事来，就把文种叫来，对他说："你教给我攻打吴国的七条计谋，我只用了三条就打败了吴国，还有四条在你那儿，你还不如跟着吴国的国王去，试试你的计谋看是不是能救了他们。"文种听到勾践说这样的话，很是伤心。可是后悔也来不及了，他只好遵命自尽了。

范蠡在齐国，改名换姓，自称"鸱夷子皮"，在海边耕种，做商业买卖，就这样勤劳数年，集聚了许多财产，他成了一个大富翁。齐国人觉得他是个了不起的人，就推举他为相国，他做了一段日子，感到还是没兴趣。于是就辞去了自己的官位，将自己的万贯家财都分发给穷人。又从齐国的大地上悄悄地消失了。

他来到一个叫陶的地方住了下来，自称为"陶朱公"，就在这个地方做买卖，开作坊，事业干得很红火，很快，他又成了一个富人，人们都称他为"陶朱公"，后来中国也常以陶朱公来表示富裕。

范蠡在陶地生了一个小儿子，这个儿子长大之后，他的二哥哥杀了人，囚禁在楚国，范蠡的家人急死了，就想以范蠡自己的面子将儿子赎回来。但是，范蠡说："杀人偿命，这是天理，我的儿子也不能例外。但是我只有一个愿望，就是让他不要在街上示众。”于是就让他的小儿子带上许多的钱，放在一个麻袋里，驮在牛车上。

范蠡的小儿子正要上路，范蠡的大儿子说他可以替弟弟去，范蠡知道这个大儿子平时办事能力并不强，有点舍不得花钱，就不同意他去，但是他的大儿子说：“家中的长子应该帮助父亲做最重要的事，现在弟弟犯了法，你不派我去，而派小弟弟去，别人不会说我是个不良之辈吗?”说罢，就拿着刀要自杀，他的母亲赶快来阻拦，说：“我看就让他去吧，小儿子一个人去未必能救活，现在二儿子还没有救成，就死了个大儿子，那不把我们的心都伤透了。”范蠡也只好同意他去。

临行之前，范蠡给他写了一封信，要大儿子交给他的老朋友庄先生，并且嘱咐他说：“到了那里，把这里带去的黄金都交给庄先生，让他代你处理，遇事千万不要和别人争论。”大儿子一一都答应下来。他家是一个非常富的家庭，大儿子就又偷偷地带着许多黄金。

大儿子到了楚国，好不容易才找到庄先生的住处，交上了书信，并且把车子上带来的所有黄金都交给了庄先生，这位老者说：“你的事情办好了，你赶快离开这里吧，千万不要停留，即使到你弟弟从监狱里出来了，你也不要去问他。”他连声答应，就告别了庄先生。但是他并没照庄先生所说的那样去做，他觉得楚国这地方很好玩，再说弟弟还没有放出来，自己还有不少私带的黄金，干脆在楚国溜达起来了。在这期间结交了楚国的一些贵族，他们一听说是范蠡的公子，当然对他非常热情。他也就把自己私自带来的黄金送给这些贵族。

庄先生在楚国具有极高的威望，他的廉洁正直广为人知，朝廷的一些大臣们都把他当做老师一样对待。他接受了范蠡的金子，连一句拒绝的话都没有说，这使范蠡的大儿子以为庄先生很贪财，而庄先生根本不想要他的一文钱，他是把金子当做信物，待事办成后，他还要如数奉还。

庄先生找了一个合适的时机去见楚王，楚王一见这位德高望重的前辈非常高兴，就向他请教治国之方，庄先生说：“我听说治理国家必须以仁政，最近我看到星象对楚国不利，大王务必要注意。”楚王非常迷信，就问他如何办是好。庄先生说：“只办好事，不能办坏事。”楚王应允了。

楚王准备大赦的消息让一些重要的大臣都知道了，这其中也包括那些接受了范蠡大儿子贿赂的人，他们连夜找到范家大儿子，告诉他这一情况，让他放心，他的弟弟很快就要出来了。范家大儿子听后高兴极了，他想我弟弟出来，这是国王的恩赐，那老头白白地拿了我那么多的黄金，这还了得。他越想越不是滋味，于是就登门去索取那些钱财。庄先生见他这样，就取了黄金还给了他。

范家大少爷走后，庄先生感到心里很窝囊。于是他又去面见楚王，对他说：我在外面到处听到人们这样说，陶朱公的儿子杀了人被囚禁在我们楚国，他家拿了许多钱来贿赂我们楚国的大臣，你知道陶朱公是一个多么富有的人，所以人们都说，大王你不是为了怜悯同情人民才实行大赦的，而是为了陶朱公的儿子。”

楚王一听大怒，就下令将范家的二儿子先杀死，然后再实行大赦。这位一向精明的范家大儿子有气无力地驾着牛车，他踏上了归程，父亲给他的黄金当然如数都在，但是他的车里又多了一样东西，这就是他弟弟的尸体。

他到了家，他的母亲和远近邻居看到范家二儿子的尸体，都很悲痛，唯有陶朱公一人不但不哭，反而大笑不已，人们问他笑什么，他说：“我知道他这一去，他的弟弟一定会死，他不是不爱他的弟弟，只是他舍不得花钱。他小时候和我在一起，我们吃尽了苦头，知道谋生的艰难，所以他生活非常节简。至于他的小弟弟，他出生以后就看到我万贯家财，他只知道尽情地享乐，我派小儿子去，就是看他舍得花钱。而大儿子硬是要去。并以自杀相要挟，而只好让他去。他这一去，我就一直在等我二儿子的尸体回来。这是事情的常理，没有什么好悲痛的。”

范蠡一生，三次迁移，但是他所到之处，一定有所作为，治国可以立奇功，理财可以致大富，他的德行，他的出色的处世能力，赢得了后代无数人的赞颂。

子产铸刑鼎

子产，名侨，是郑穆公的孙子，所以又叫公孙侨，是春秋后期郑国著名的政治家。他父亲子国做过司马，父辈兄弟七人先后掌握国家政权，号称“七穆”。他在郑国执政21年，无论内政、外交都有卓越的建树。

子产在年轻的时候就有敏锐的政治眼光。公元前565年（鲁襄公八年），他的父亲子国与子耳一道带兵攻打蔡国，俘虏了蔡国司马公子燮。大家都很高兴，唯独年轻的子产显出不愉快的样子，他忧心忡忡地说：“小国没有什么文德却有了武功，没有什么祸患比这更大了。蔡国是楚的属国，如果楚国替蔡国报仇，我们能打得过吗？打不过就得投降，这样一来，北边的晋国又要来兴师问罪。晋国、楚国打来打去，我看至少四五年内，郑国是不会安宁的。”

事情正像子产所预料的那样，就在这一年的冬天，楚国以郑国侵略蔡国为借口发兵讨伐郑国，郑国无力抵抗，屈服了。到了第二年的冬天，晋国又来攻打郑国，郑国又只好求和。晋国刚撤兵，楚国又来问罪。你来我往，闹得郑国几年不得安宁。

公元前563年（鲁襄公十年），晋国军队攻打郑国，由于当时的执政者子驷对贵族尉止不满，在对晋作战中处处为难他，致使尉止联合其他几家贵族叛乱，杀死了执政子驷、司马子国和司空子耳。在当时混乱的局面下，子产临危不乱，沉着地布置好家里的一切，然后带着编好队列的兵车去攻击反叛者，最后平息了叛乱。这次平叛使子产初露头角。

周景王二年（公元前543年），子产做了郑国的正卿。从当时的形势来看，可以说子产是接任于危难之中，但是子产没有被困难吓倒，他上台后为了稳定政局，对内政进行了一系列的整顿和改革。他下令把田地划清疆界，挖好沟渠，承认土地私有。在私田上按亩收税，把农民按规定加以编制，这就限制了旧贵族，使他们不能任意兼并掠夺。他还规定农民有战功的，可以做甲士，甲士是作战时战车上主要的军事人员，平时，甲士担任诸侯国的小官吏。

为了治理当时已是混乱不堪的郑国，保障社会改革的进行，子产加强了法制。为了使国家有法可依，他主持制订了一套国家法律——刑书。这套刑书开始是写在竹简上，由国家的官吏掌握执行。

公元前536年（鲁昭公六年），子产下令把刑书铸在鼎上，放在王宫门口，让全国的老百姓都能看到这个鼎，这就是有名的刑鼎。法律一经公布出来，旧贵族们再也不能随意解释法律，任意处罚人了。但有守旧思想的人像晋国叔向写信给子产，说：过去的君主按照习惯审理案件，没有刑法条文，怕的是民众依据条文争夺不已。如果民众知道有法令条文，对统治者无所顾虑，并以此为依据与上抗争，那就不可能治理好国家。”子产给叔向回信说：“像你所说的这种长治久安之计，我没有能力做到。我是要解决当前的社会问题。”结果，还是坚决实行了，这是我国第一次公布法令条文。

子产对贵族中那些忠于国家，生活比较俭朴的人给予嘉奖，对那些荒唐不法，奢侈浪费的人加以惩罚，使旧贵族不再敢为所欲为。这样干了一年，先是招来了怨恨，反对者编了一首歌谣来诅咒子产。可是，这些措施执行的结果，对维护贵族阶级的利益很有效果，所以，那些原来反对他的人也拥护子产了。

子产还主张实行贵族内部的民主政治。春秋时代，郑国的统治族人按照传统，经常在乡校里议论国家的政治，对一些做法提出批评。大夫然明看不惯这种做法，他向子产建议：“把乡校封闭起来吧，别让他们扰乱人心了！”子产说：“把人家的嘴堵住不让人家讲话，就像把河堵起来一样，河水决堤，死伤更多，而且没有办法挽救。不如让它细水长流，有意见让他讲出来，当做给我治病的良药。”然明听后，佩服地说：“现在，我才知道您真能治理我们的国家。”

在外交方面，子产运用高超的外交手段和巧妙的外交辞令，周旋于大国之间，使郑国得以安然自立。同时，他在与大国打交道中，还能始终不失国格与尊严。

有一次，子产陪郑简公到晋国去，晋平公轻视郑国，故意不会见，也不派大臣招待他们，把他们扔在宾馆里就不管了。宾馆的大门很小，车马进不去，只好把车停在外面。子产吩咐随从把晋国宾馆的围墙拆除一段，让自己的车马全部进去，这时，晋国的大夫士文伯跑来责备子产不该拆除围墙。

子产回答说：“我们是个小国，什么事都得听从大国的吩咐，不敢怠慢。这次，我们国君带着礼物，亲自拜访贵国，不料，你们一直不安排会见。我们的礼物，既不敢贸然送去，又怕放在外面日晒雨淋受到损坏。而招待来宾的宾馆，大门矮小得连车辆也进不去，我们不把围墙拆了，让车马进到宾馆院内，万一出了意外，你们不是又会加罪于我们吗？”一席话说得士文伯哑口无言，赶紧把子产的话报告给了晋国执政大臣赵文子。赵文子赶快让士文伯代表他赔礼道歉。随后，晋平公就十分隆重地会见了郑简公和子产，还举行了盛大宴会，欢送他们回国。

子产治理郑国，取得了很大成绩。国家安定了，生产发展了。老百姓也得到了不少好处。所以，当子产死的时候，郑国人像死了亲人那样悲伤。

春秋时期是社会大变动的时代。在这样的时代，子产立法来治国，促进了社会向前发展。到了春秋晚期，这种改革孕育着社会制度的变革——由奴隶制过渡到封建制。

中国第一部诗集《诗经》

《诗经》是孔子编订的“六经”之一，是他把收集到的古代各种诗歌版本，经过严格筛选后，编订成用来施教的重要教材。《诗经》是我国古代第一部诗歌总集，包括从西周初年到春秋中期约 500 多年的 305 篇作品。因为《诗经》中的作品都可以用乐器伴奏演唱，所以《诗经》也被称为我国古代第一部乐歌

总集。

《诗经》最初在先秦典籍中，只称为“诗”或“诗三百”。后来因为孔子很重视这部书，在培养从政人才时，非常重视诗教，把诗教放在十分突出的地位。所以，到了汉代，一些学者就把它奉为经典，开始称为《诗经》了。

《诗经》分《风》、《雅》、《颂》三部分。《风》又称《国风》，有160篇，包括15个国家和地区的优秀民歌和少量贵族作品。《雅》包括大雅和小雅，共105篇，是朝廷宴享之乐。《颂》包括周颂、鲁颂、商颂，共40篇，是庙堂祭祀颁德的舞乐。

《诗经》所产生的时代，正是我国诗歌大发展的黄金时代。当时，统治阶级在祭祀、交往、外交活动中，都喜欢用诗歌来表达自己的意思，以诗言志；普通人在劳动和生活中，也普遍以诗歌形式表达自己对劳动、生活的热爱和对剥削阶级的不满及反抗。

《诗经》中以十五“国风”为主的大量民歌中，有的揭露了统治者对劳动人民的残酷压迫和剥削，有的反映了劳动人民的悲惨生活和反抗，有的反映了劳动人民的生产情况，有的描写了青年男女对爱情的追求和对美好生活的向往，有的表现了征夫、思妇、小吏的不幸和怨忿。它像一幅幅生动鲜明的画卷，反映了那个时代的社会面貌，表现了当时劳动人民的思想感情，为研究当时的社会生活提供了可靠而宝贵的史料。在这些诗中，大量运用了朴素的语言、形象的比喻、细致的描写、生动的想象来反映主题，具有浓厚的生活气息和清新、明快、朴实、优美的艺术风格，显示了很高的艺术技巧。

在《魏风·伐檀》这首民歌中，以朴素的语言，生动地再现了一个劳动场面：在一座土山上，长满高大的檀树，山下流过一条小河，人们在山坡上紧张地劳动着，叮叮当当的砍伐声响遍整个山谷，砍下了许多檀树，堆在河岸上，准备放排送出。但是，砍下的树木全部为贵族老爷们占有，劳动者终年辛苦，却穿不上一件好衣服，吃不上一顿饱饭。在这首民歌里，我们不仅看到一群伐檀者在辛勤劳动、采伐木材的动人情景，而且还听到了他们对贵族强占劳动果实的愤怒控诉。

在《魏风·硕鼠》中，把剥削阶级比作贪得无厌的大耗子，形象地表现了劳动人民对他们的蔑视和仇恨。这些剥削者常年过着寄生生活，一点不顾劳动人民的死活。因此，诗人表示要以逃亡的方式反抗统治者的压迫与剥削。诗中再三咏叹的“乐土”，在当时虽然只是一种幻想，却反映了劳动人民强烈的反抗精神和对美好生活的热烈向往与追求。

爱情诗在《国风》中占有很大比重，这些诗或写相互的爱慕思念，或写幽期密会，或写春日同游的欢乐，或写爱情受到摧残时的痛苦与反抗，都充满了真挚、热烈的感情，生动地反映了当时社会生活的一个方面。

还有一些是反映战争的诗。东周以来，诸侯国之间的战争日益频繁，这些战争多是统治者为了自己的利益而进行的兼并战争，人民是直接受害者。《国风》中有一部分诗歌就表现了应征士兵和广大人民对战争的厌倦和不满。

《豳风·东山》写一个长期出征归来的士兵在归途中的复杂心情，极为动人。在蒙蒙细雨时节，一个出征多年的老兵踏上了回家的归途。他庆幸自己从此不再应征当兵，一面想象着分离多年的家乡情景：家园大约早已荒芜，门上可能还挂满了蜘蛛网，妻子也许唉声叹气地盼着自己归来，从而又引起他对新婚时侯的甜蜜回忆，表现出对和平劳动生活的热爱和向往。《国风》中还有一些诗，通过女子对出征在外的丈夫的思念，表现了战争带给人们的不幸和痛苦，以及人民对战争的厌恶和反抗。

《国风》中有不少政治讽刺诗，或讽刺统治者的荒淫无耻，或暴露其腐朽丑恶的灵魂，都具有很强的战斗性。如《邶（音 bèi）风·新台》就是直接讽刺卫宣公的。卫宣公为他的儿子娶齐女姜氏为妻，因为听说她长得很美，就在黄河边上造了一座“新台”，把齐女姜氏中途截住，作了自己的新娘。对于这种无耻行为，卫国人民利用诗歌进行辛辣讽刺。诗中把卫宣公比作癞蛤蟆，骂他是缩脖子的丑老公，嘻笑怒骂之中，剥去了统治者的假面具，揭露了他们的极其丑恶的本质。

《诗经》特别是其中的民歌《国风》，描写了广阔的社会生活，揭露了统治者对广大劳动者的残酷压迫和剥削，突出地体现了“饥者歌其食、劳者歌其事”的现实主义精神。雅诗中的部分贵族讽喻诗，虽然是在统治阶级内部矛盾的基础上产生的，也都敢于面向现实，客观上反映了贵族统治阶级的丑恶和社会现实的黑暗。这种坚实的现实主义精神，对我国后来的诗歌创作产生了巨大积极的影响。《诗经》是我国古代文学史上的一座高峰。

战 国

公元前475年，中国历史由春秋进入战国。“战国”一词最初起自当时人曰“凡天下之战国七”，后西汉刘向编《战国策》，始成为这段历史的专称。

经过春秋时期的连年兼并，到战国时期，一百多个诸侯国只剩下了二十多个，在北起长城，南达长江流域的广大地区出现了秦、齐、楚、燕、韩、魏、赵七个大国并立的局面，史称“战国七雄”。

为达到富国强兵的目的，七国都先后在一批新兴的封建地主阶级政治家或军事家的推动下实行变法，其中尤以秦国的商鞅变法最为彻底，使落后的秦国走上了日益强大的道路，并最终于公元前221年由秦始皇统一全国。

战国是社会经济发生巨大变革的时代。铁器已在农业和手工业生产中出现并被广泛使用。奴隶制土地制度——井田制已经瓦解，农业和手工业个体经营者数量迅速增加，促使社会生产力迅速提高和经济的繁荣。水利工程都江堰、郑国渠等的兴建，极大地提高了农业产量。新兴的冶铁业发展迅速。冶铁技术进步之快在世界冶金史上少有，居于当时世界领先地位。

社会经济的巨大变革使战国时的社会结构出现重大变化，宗法贵族日益没落，士、农、工商成为社会的活跃力量，其中尤以农民人数为最多。社会结构的变化加速了贫富分化，使社会矛盾愈加复杂尖锐，但同时又推动了社会的进步。

战国时期的思想文化也发生了巨大变化。这一时期出现了墨子、孟子、庄子、荀子、韩非等大批著名思想家，产生了墨家、法家、阴阳家、名家、农家、纵横家、兵家、杂家等学派，形成了《墨子》、《孟子》、《荀子》、《韩非子》、《商君书》、《孙膑兵法》、《楚辞》等著名作品，成为中国历史上一个人才辈出、百家争鸣的辉煌时代。

战国时期，在各国和各国的周边居住着许多少数民族，随着政治经济的发展，各民族进一步趋向融合，为统一的多民族国家的形成奠定了基础。

韩、赵、魏三家分晋

经过春秋时期长期的争霸战争，许多小的诸侯国被大国吞并了。有的国家内部发生了变革，大权渐渐落在几个大夫手里。这些大夫原来也是奴隶主贵族，后来他们采用了封建的剥削方式，转变为地主阶级。有的为了扩大自己的势力，还用减轻赋税的办法来笼络人心。这样，他们的势力就越来越大了。

一向称为中原霸主的晋国，到了那个时候，国君的权力也衰落了，实权由六家大夫把持。他们各有各的地盘和武装，互相攻打。后来有两家被打散了，还剩下智家、赵家、韩家、魏家。这四家中，又以智伯瑶的势力最大。连国君晋哀公也成了他的傀儡。

智伯瑶野心勃勃，一心想废国君而立，他的谋臣知过说："不可。赵、魏、韩三家实力不弱，必然反对主公，不如先削弱这三家的实力，再图君位。"智伯瑶接受了此建议，便对三家大夫赵襄子、魏桓子、韩康子说：“晋国本来是中原霸主，后来被吴、越夺去了霸主地位。为了使晋国强大起来，我主张每家都拿出一百里土地和户口来归给公家。”

三家大夫都知道智伯瑶存心不良，想以公家的名义来压他们交出土地。可是三家心不齐，韩康子首先把土地和一万家户口割让给智家；魏桓子不愿得罪智伯瑶，也把土地，户口让了。

智伯瑶又向赵襄子要土地，赵襄子可不答应，说：“土地是上代留下来的产业，说什么也不送人。”智伯瑶气得火冒三丈，马上命令韩、魏两家一起发兵攻打赵家。

公元前455年，智伯瑶自己率领中军，韩家的军队担任右路，魏家的军队担任左路，三队人马直奔赵家。赵襄子自知寡不敌众，就带着赵家兵马退守晋阳（今山西太原市）。

没有多少日子，智伯瑶率领的三家人马已经把晋阳城团团围住。赵襄子吩咐将士们坚决守城，不许交战。三家兵士攻城的时候，城头上箭好像飞蝗似的落下来，使三家人马没法前进一步。晋阳城凭着弓箭死守了两年多。三家兵马始终没有能把它攻下来。

有一天，智伯瑶到城外察看地形，看到晋阳城东北的那条晋水，忽然有了主意：晋水绕过晋阳城往下流去，把晋水引到西南边来，晋阳城不就淹了吗？他就吩咐兵士在晋水旁边另外挖一条河，一直通到晋阳，又在上游筑起坝，拦住上游的水。

这时候正赶上雨季，水坝上的水满了。智伯瑶命令兵士在水坝上开了个豁口。这样，大水就直冲晋阳，灌到城里去了。城里的房子被淹了，老百姓不得不跑到房顶上去避难，灶头也被淹没在水里，人们不得不把锅子挂起来做饭。可是，晋阳城的老百姓恨透了智伯瑶，宁可淹死，也不肯投降。

智伯瑶约韩康子、魏桓子一起去察看水势。他指着晋阳城得意地对他们两人说："你们看，晋阳不是就快完了吗？早先我还以为晋水像城墙一样能拦住敌人，现在才知道大水也能灭掉一个国家呢。"韩康子和魏桓子表面上顺从地答应，心里暗暗吃惊。原来魏家的封邑安邑（今山西夏县西北）、韩家的封邑平阳（今山西临汾县西南）旁边各有一条河道。智伯瑶的话正好提醒了他们，晋水既能淹晋阳，说不定哪一天安邑和平阳也会遭到晋阳同样的命运呢。

晋阳被大水淹了之后，城里的情况越来越困难了。赵襄子非常着急，对他的门客张孟谈说："民心固然没变，可是要是水势再涨起来，全城也就保不住了。"

张孟谈说："我看韩家和魏家把土地割让给智伯瑶，

是不会心甘情愿的，我想办法找他们两家说说去。”

当天晚上，赵襄子就派张孟谈偷偷地出城，先找到了韩康子，再找到魏桓子，约他们反过来一起攻打智伯瑶。韩、魏两家正在犹豫，经张孟谈一说，自然都同意了。

第二天夜里，过了三更，智伯瑶正在自己的营里睡着，猛然间听见一片喊杀的声音。他连忙从卧榻上爬起来，发现衣裳和被子全湿了，再定睛一看，兵营里全是水。他开始还以为大概是堤坝决口，大水灌到自己营里来了，赶紧叫兵士们去抢修。但是不一会，水势越来越大，把兵营全淹了。

智伯瑶正在惊慌不定，一霎时，四面八方响起了战鼓。赵、韩、魏三家的士兵驾着小船、木筏，一齐冲杀过来。智家的兵士，被砍死的和淹死在水里的不计其数。

赵、韩、魏三家灭了智家，不但把智伯瑶侵占两家的土地收了回来，连智家的土地也由三家平分。

公元前 438 年，晋哀公去世，其子幽公即位。韩、赵、魏三家乘机商定了瓜分晋国的方案。魏控制了今山西南部、河南北部、中部、东部；赵占去今山西北部、中部和河北的中部、西南部及内蒙古自治区的一部；韩拥有今河南中部、西部和山西东南部。而国君晋幽公被分到了绛州和曲沃两座小城，完全沦为了韩、赵、魏这“三晋”的附庸。

公元前403年，韩、赵、魏三家分别派使者上洛邑去见周威烈王，要求周天子把他们三家封为诸侯。周威烈王想，不承认也没有用，不如做个顺水人情，就把三家正式封为诸侯。

自那以后，韩（都城在今河南禹县，后迁至今河南新郑）、赵（都城在今山西太原东南，后迁至今河北邯郸）、魏（都城在今山西夏县西北，后迁至今河南开封）都成为中原大国，加上秦、齐、楚、燕四个大国，历史上称为“战国七雄”。

魏文侯选贤用能

战国初期，魏国是最强的国家。这同魏文侯（魏斯）的贤明是分不开的。他最大的长处是礼贤下士，知人善任，器重品德高尚而又具有才干的人，他广泛搜罗人才，虚心听取他们的意见，善于发挥他们的作用。因此，许多贤士能人都到魏国来了。

魏国有一个叫段干木的人，德才兼备，名望很高，隐居在一条僻静的小巷里，不肯出来做官。魏文侯想同他见面，向他请教治理国家的方法。有一天，他坐着车子亲自到段干木家去拜访。段干木听到文侯车马响动，赶忙翻墙头跑了。魏文侯吃了闭门羹只得快快而回。接连几次去拜望，段干木都不肯相见。但是，魏文侯对段干木始终非常仰慕，每次乘车路过他家门口，都要从座位上起来，扶着马车上的拦杆，伫立仰望，表示敬意。车夫问："您看什么呐？"魏文侯说："我看段干木先生在不在家。"车夫不以为然地说："段干木也太不识抬举了，你几次访问他，他都不见，还理他干什么！"魏文侯摇了摇头说："段干木先生可是个了不起的人啊，不趋炎附势，不贪图富贵，品德高尚，学识渊博。这样的人，我怎么能不尊敬呢？"后来，魏文侯干脆放下国君的架子，不乘车马，不带随从，徒步跑到段干木家里，这回好歹见了面。魏文侯恭恭敬敬地向段干木求教，段干木被他的诚意所感动，给他提了不少好建议。魏文侯请段干木做相国，段干木怎么也不肯。魏文侯就拜他为老师，经常去拜望他，听取他对一些重大问题的意见。这件事很快传开了。人们都知道魏文侯“礼贤下士”，器重人才。一些博学多能的人，如政治家翟璜、李悝，军事家吴起、乐羊等都先后来投奔魏文侯，帮助他治理国家。

当时，魏国已经建立了封建政权，新兴地主阶级登上了政治舞台。可是，无论在政治、经济还是思想意识方面都还存在不少奴隶制的残余。这些东西严重阻碍着魏国的发展。魏文侯决心加以改革，他任李悝为相国，经常同他商讨国家大事。李悝也积极地提出许多建议。

有一天，魏文侯问李悝，怎样才能招募更多有才能的人到魏国来，李悝没有回答，反问道：“主公，您看过去传下来的世卿世禄制怎么样?”魏文侯说：“看来弊病甚多，需要改革。”李悝点点头说：“这个制度不改，就不可能起用真正有才能的人，国家就治理不好。”原来，按照“世卿世禄”制，奴隶主贵族的封爵和优越俸禄是代代相传的，父传子、子传孙，即使儿子没什么本领，没立什么功劳，照样继承父亲的封爵和俸禄，享受贵族的种种特权，过着养尊处优的生活。一些真正有才能的人，只因为不是贵族，就被这种制度卡住了，很难得到应有的地位。

李悝把这个问题分析给魏文侯听，魏文侯十分同意他的看法。又问："那么如何改革呢?"李悝早就胸有成竹，不慌不忙地说："我们必须废除世卿世禄制。不管什么人，是贵族还是平民，谁有本事有功劳，就给谁官做，给谁俸禄；按本事和功劳大小分派职位；有功的一定奖赏，有罪的适当处罚。对那些既无才能又无功劳而又作威作福的贵族，采取断然措施，取消他们的俸禄，用这些俸禄来招聘人才。这样，四面八方的能人贤士就会到魏国来了。"魏文侯听了，非常高兴，叫李悝起草改革的法令，不久就在全国执行了。这项改革，剥夺了腐朽没落的奴隶主贵族的"世袭"特权，增加了新兴地主阶级参预政治的机会，为巩固魏国的封建政权创造了条件。

接着，魏文侯又采纳了李悝的建议，在经济上进行了改革。李悝算了一笔细账：一个五口之家的农民，种一百亩地，每年收获的粮食，除去交租纳税和自己的口粮以外，就剩不下什么了，如果遇到生病办丧事，或者国家增加苛捐杂税，日子就更难过了。为了改善农民的生活，就必须增加粮食产量。当时魏国大约有几百万亩土地，除去山、河、城、邑，可耕地只有六百万亩。如果农民精耕细作，每亩可增产三斗粮食；相反，就要减产三斗粮食。这样一增一减，全国就相差一百八十万石粮食。所以，他建议实行“尽地力”的政策，就是积极兴建水利，改进耕作方法，以充分发挥土地的潜力。同时，李悝还创立了“平籴”法（籴音 dí）：丰收年景，市面上粮价便宜，为了不使农民吃亏，国家把粮食照平价买进；遇到荒年，市面上粮价昂贵，国家仍照平价把粮食卖出。这样，不管年成好坏，粮价一直是平稳的，人民生活比过去安定，国家的赋税收入也得到了保证。

李悝还搜集整理了春秋末期新兴地主阶级制定的法律，创制了我国历史上第一部比较系统的封建法典——《法纪》，用法律形式把封建制度固定下来，保护地主阶级的政治经济特权。魏文侯很赞成李悝的主张和措施，实行了这一套办法以后，魏国很快就富强起来了。

乐羊为国弃子

魏文侯在相国李悝等人的辅佐下，国家实力增强了，魏文侯就有了对外扩张的心思。当他发现中山国的国君昏庸无道，使百姓饱受疾苦，便将注意力集中在中山国。可是由谁出任主帅呢？魏文侯召集众臣商议。

善于推荐人才的翟璜说：“派乐羊大将军比较合适，此人不但足智多谋，而且为人忠直。”

翟璜话音刚落，就遭到群臣反对：“不行，乐羊的儿子乐舒在中山国任大夫之职，如果乐羊攻城，中山国必然要乐舒守城，乐羊怎能尽力呢？”此话甚是，常言道虎毒不食子，乐羊看见儿子，即使智再足、谋再多也会心慈手软。

翟璜站起身高声说：“了解一个人不能太片面。据我所知，中山国的国君曾让乐舒备厚礼请乐羊助他，并许以高官厚禄。乐羊不但没有答应，反而劝儿子离开那个昏君，他的儿子不肯，还被他骂了一顿。所以乐羊将军决不会为了私情误了国事。”

魏文侯听了大家的意见，没有表态，只说将此事推后再议。第二天，魏文侯未提此事，却单独接见了乐羊。又过了两天，魏文侯颁布命令，乐羊充任大将，率 5 万兵马，即日启程收服中山国。乐羊领命而去，闲言此起彼伏，魏文侯却不动声色。

去中山国要途径赵国，为了不惊动赵国，乐羊徒步与士兵一起披荆斩棘，开路架桥，历尽千辛万苦在赵国边境线上穿行，乐羊同士兵同甘共苦的精神深深感动了大家，士气一直很高昂。大家齐心协力，很快进入中山国。一路上势如破竹，沿途守将纷纷溃逃，魏军不费吹灰之力逼近中山国都城。

中山国的国君急得像热锅上的蚂蚁，他慌忙找来乐舒，让他求乐羊退兵。

乐舒了解父亲的脾气，可又不敢违背国君的命令，只好硬着头皮去见父亲。乐羊见儿子出现在城头，心中自然有数，未等儿子开口他就高声喊道："事已至此，你快劝姬窟投降，你可将功折罪，姬窟也可免死！"

乐舒知道说别的也没用，只好求父亲容他回去商议商议。乐羊给了他一个月的期限。

一个月的期限很快就到了，中山国的国君并未来降，乐羊下令攻城。这时乐舒又出现在城头，求父亲再给点时间，乐羊又宽限了一个月，就这样，乐舒求了三次，乐羊让了三次。众将士议论纷纷，谩骂之声也间或出现。乐羊语重心长地对大家说："我们出师是来解救中山国的百姓，如果硬攻硬打，遭殃的是百姓，我们就要失掉民心。中山国离魏遥远，管理不便，我们即使攻下中山，人心不服，不久也会失去。如果我们围而不攻，百姓念及我们是仁义之师，必是人心所向，中山国也会不攻自破。"

众将士恍然大悟。

魏国众臣听说乐羊围城三个月而不攻，不禁谣言四起。有的说他顾及父子亲情故意劳民伤财，拖延时间，有的说他被中山国国君收买，给他一半的土地而不攻城。

魏文侯听了这些话，将翟璜找来说："乐羊将军走了三个月，在外一定很辛苦，我准备派人送去些慰劳品，另外我还要给乐羊盖一座将军府。这两件事由你出面安排吧。"

翟璜向魏文侯深深一揖，告辞而去。乐羊收到慰劳品，又得知魏文侯为他所做的一切，感动得泪溢眼眶，众将士也深受鼓舞。

三个月的期限到了，中山国的国君仍不投降。乐羊经过周密的部署，下令攻城。正在这时，忽听城头大喊父亲，乐羊抬头一看，见儿子被五花大绑吊在大杆上。中山国君也出现在城头，他威胁乐羊说，如果坚持攻城，就杀掉乐舒，乐羊愣了一下，众将士静静地望着老将军，等待他的命令。

乐羊回过神来，挥手喝道："攻城！"立时战鼓齐鸣，乐羊一手执盾，一手执戟首先冲杀过来，士兵群情激奋，如海浪一样涌向城墙。经过一番厮杀，中山国连连失利，中山国国君见大势已去，杀掉乐舒，然后自杀。

魏国疆土扩大，乐羊首立战功，魏文侯决定封给乐羊土地，乐羊拒绝说："有主公的信任，就是我最大的封赏。"

看着亲生儿子被杀，老将军乐羊心里自然十分难过，但在他心中，国家的利益高于一切，这种精神很令后人敬佩。

墨子破云梯

在战国初年的时候，楚国的国君楚惠王想重新恢复楚国的霸权。他扩大军队，要去攻打宋国。

楚惠王重用了一个当时最有本领的工匠。他是鲁国

人，名叫公输般，也就是后来人们称为鲁班的。鲁班出身于世代工匠的家庭，从小就跟随家里人参加许多土木建筑工程方面的劳动，逐渐掌握了丰富的经验。公输般使用斧子不用说是最灵巧的了，谁要想跟他比一比使用斧子的本领，那就是不自量

力。所以后来有个成语，叫做“班门弄斧”。相传鲁班发明了锯、伞、石磨等日常用具，大大方便了人们的生活。

在诸侯兼并战争的过程中，各国都在力求发展自己的军事实力，都注意武器的发明和改造。在这一方面，鲁班也是一个重要的兵器改革家和发明家。

公输般被楚惠王请了去，当了楚国的大夫。他替楚王设计了一种攻城的工具，比楼车还要高，看起来简直是高得可以碰到云端似的，所以叫做云梯。

楚惠王一面叫公输般赶紧制造云梯，一面准备向宋国进攻。楚国制造云梯的消息一传扬出去，列国诸侯都有点担心。特别是宋国，听到楚国要来进攻，更加觉得大祸临头。

楚国想进攻宋国的事，也引起了一些人的反对。反对得最厉害的是墨子。

墨子，名翟（音 dí)，是墨家学派的创始人。他反对铺张浪费，主张节约；他要他的门徒穿短衣草鞋，参加劳动，以吃苦为高尚的事。如果不刻苦，就是算违背他的主张。

墨子还反对那种为了争城夺地而使百姓遭到灾难的混战。这回他听说楚国要利用云梯去侵略宋国，就急急忙忙地亲自跑到楚国去，跑得脚底起了泡，出了血。他就把自己的衣服撕下一块裹着脚走。这样奔走了十天十夜，到了楚国的都城郢都。他先去见公输般，劝他不要帮助楚惠王攻打宋国。公输般说：“不行呀，我已经答应楚王了。”

墨子就要求公输般带他去见楚惠王，公输般答应了。在楚惠王面前，墨子很诚恳地说：“楚国土地很大，方圆五千里，地大物博；宋国土地不过五百里，土地并不好，物产也不丰富。大王为什么有了华贵的车马，还要去偷人家的破车呢？为什么要扔了自己绣花绸袍，去偷人家一件旧短褂子呢？”

楚惠王虽然觉得墨子说得有道理，但是不肯放弃攻宋国的打算。公输般也认为用云梯攻城很有把握。

墨子直截了当地说：“你能攻，我能守，你也占不了便宜。”他解下了身上系着的皮带，在地下围着当做城墙，再拿几块小木板当做攻城的工具，叫公输般来演习一下，比一比本领。

公输般采用一种方法攻城，墨人就用一种方法守城。一个用云梯攻城，一个就用火箭烧云梯；一个用撞车撞城门，一个就用滚木擂石砸撞车；一个用地道，一个用烟熏。公输般用了九套攻法，把攻城的方法都使完了，可是墨子还有好些守城的高招没有使出来。

公输般呆住了，但是心里还不服，说：“我想出了办法来对付你，不过现在不说。”

墨子微微一笑说：“我知道你想怎样来对付我，不过我也不说。”

楚惠王听两人说话像打哑谜一样，弄得莫名其妙，问墨子说："你们究竟在说什么？"

墨子说："公输般的意思很清楚，不过是想把我杀掉，以为杀了我，宋国就没有人帮助他们守城了。其实他打错了主意。我来到楚国之前，早已派了禽滑厘等三百个徒弟守住宋城，他们每一个人都学会了我的守城办法。即使把我杀了，楚国也是占不到便宜的。"

楚惠王听了墨子一番话，又亲自看到墨子守城的本领，知道要打胜宋国没有希望，只好说："先生的话说得对，我决定不进攻宋国了。"

这样，一场战争就被墨子阻止了。

墨子生活在春秋末、战国初兵荒马乱的时期，他看到战争给人民带来深重的灾难，希望用和平方式统一中国。他良好的愿望在当时的社会条件是不可能实现的。

西门豹治邺

西门豹是战国初期魏国的一个地主阶级政治家，也是一位无神论者。他在担任魏国邺县县令期间，进行了一场革除迷信陋习的战斗。

邺县在今河南省安阳县和河北省临漳县一带，地处魏国和赵国交界处，是个战略要地。但是邺县土地贫瘠，城镇萧条，人烟稀少，加上连年水旱灾害，是个很不好治理的地方。

魏文侯善于用人是众口皆碑的，为了加强边防，任命西门豹管理邺城，是他又一明智之举。

西门豹到任后，望着混浊汹涌的漳水和当地的凄凉景象，心情非常沉重，但他并没有失去信心，他询问当地的父老们，是什么原因造成了邺县的贫穷。父老们说："百姓最苦恼的是河伯娶妇，为了这事，弄得民穷财尽！"

原本漳河是条水产丰富、交通方便的河流，由于年久失修，管理不善，一遇大雨河水便泛滥，附近的庄稼被淹，房屋倒塌无数，后来有一个女巫说这条河的河神要娶媳妇，只要每年送给她一个新娘，就会保佑这一带风调雨顺，否则就要降灾发大水。

每到河伯娶妇的时节，巫婆们便到处巡视察看，遇到哪个穷人家的女儿长得好，就硬说她该作河伯的老婆了，于是强行聘娶。人抢来后，巫婆给她梳妆打扮一番，穿上华丽的衣服，独自住在河边一间专门布置的房子里。过了十来天，就把这位少女放在一张铺设讲究的新床上，然后把新床放到河里，自行漂浮，顺流而下，行数十里后就沉到河底，说是河伯给接走了。许多人家生怕自己的女儿被选中，纷纷背井离乡，逃亡外地。“河伯娶妇”在当地由来已久，这就使得本地人口越来越少，土地荒芜，人民生活十分贫困。

西门豹了解到这些情况后，决定要狠狠打击这股邪恶势力，铲除这种愚弄欺压人民的陋习。于是，他不动声色地对父老们说：“下次给河伯娶妇时，请告诉我一声，我要去参加典礼，为新妇送行。”

河伯娶妇的时节到了，那天一大早，县吏乡官和当地豪绅，听说新上任的县令也要来为河伯的新媳妇送行，便早早地来到河边等候。远近的百姓也扶老携幼赶来观看，漳河两岸，人山人海，人们都在翘首等待着。只见十来个小女巫簇拥着一个70来岁的老巫婆来到现场。这时，西门豹带领他的随从也来到了河边，人们马上安静下来，西门豹向左右巡视了一下，见这一活动的主角都已经到场了。老巫婆正要宣布仪式开始时，西门豹突然说：“把新妇带上来，让我看看她长得美不美。”老巫波很想巴结一下这位新县令，便把“新娘”领到了西门豹的身边。

西门豹看了一眼，摇着头说：“这位新娘长得一点也不美，这样的人怎么能送给河伯作老婆呢？还是麻烦你去辛苦一趟，告诉河伯等选到漂亮的，改日再送去吧！”老巫婆一听，脸色大变，刚要张口说什么，就被兵丁拦腰抓起，扔进了漳河。西门豹在河边一本正经地等了一段时间，脸上显出焦急的神色，他转身对随从说："老巫婆怎么还不回来？大概是上了年纪不中用了，还是她的徒弟去打听一下吧！"于是又把一个小巫婆投到了河里，这样一共扔进了三个小巫婆，可还是没有回音。这时，西门豹转向乡官们说："老巫婆和她的徒弟都是女流之辈，办不成大事，只好劳驾三老（乡官）亲自下河跑一趟了！"这样，"三老"也被抛进了水中。这些被扔进河里的人，很快就被滚滚的波涛吞没了，当然是不会回来的。西门豹为了使这场革除迷信陋习的斗争进行下去，便装出非常认真的样子，在河边等候了很长时间，然后说："老巫婆和三老办事不力，还是请县吏和豪绅们派一个代表去催问一下吧！"顿时，这伙平时满口敬神信天，鱼肉人民的家伙，一个个惊恐万状，生怕被西门豹抛到河里去，纷纷跪倒在西门豹的脚下，磕头求饶，乞求活命。这样，为河伯娶妇的鬼把戏，便不攻自破了。

西门豹通过这件事，打击了邪恶势力，树立了新县令的威信，也得到了当地人民的拥护。接着，他又对邺县的政治经济进行了改革。为了根治水患，发展生产，他动员民众组织起来，依靠自己的力量根治漳河，先后开凿了十二条水渠，涝可分洪，旱可引漳河水灌田，既减少了漳河泛滥的危害，又大大地肥活了土壤，使原来两岸遍布的盐碱地一变而成为肥田。这些水渠，在以后的一千多年中，始终发挥着作用。

在治理漳河的同时，西门豹还根据邺县土地质量普遍较差的实际情况，大胆地将魏国规定每户农民由国家授田100 亩的限额改为 200 亩，作为民众生活、生产的保障。在发展生产的同时，西门豹又推行寓财于民、寓兵于农的政策，不重敛，不征兵，而致力于使民众富裕、亦农亦兵。

经过西门豹的治理，邺县的生产发展了，军事力量也强大起来。西门豹率领这支士气旺盛的民兵，北击燕国，收复被燕国侵占的土地，使邺县成为魏国的东北屏障。人们过着富足、祥和的生活，西门豹受到百姓的欢迎和爱戴。

商鞅变法

战国初年，周王室的统治已经名存实亡了，主宰天下的是齐、楚、燕、韩、赵、魏、秦七国。这七国不断地进行兼并战争，都想统一天下。如何加强实力呢？出路只有一条，就是改革。当时各国纷纷进行改革，秦国也是其中之一。

地处西陲的秦国，因经济、文化落后，百姓蒙昧，国力衰微，常遭魏国等中原大国的歧视和欺负。这种形势逼得秦国不得不进行改革。

公元前 361 年，秦孝公即位，他决心改变秦国的形象。当时有卫国人公孙鞅，欲展才学，他见到孝公的求贤令后，就投秦一试。公孙鞅见到秦孝公，阐述自己的治国理论，认为秦国要想强盛，惟有变法图新。孝公闻言大悦，与公孙鞅秉烛达旦三日。秦孝公变法决心既定，封公孙鞅为左庶长，统令变法事宜。

公孙鞅的变法措施很快获得秦孝公的首肯，就要正式出台了。公孙鞅怕老百姓不信任他，不把新法当回事，就想出了一个主意，叫人在南门立了一根木桩，并告示说："谁能把这根木头扛到北门去，赏他 10 两金子。"此言一出，观者哗然，因为扛这根木头到北门去实在不是一件太难的事。大家议论纷纷，但就是没人上前，都怕其中有诈。

看看围观者越来越多，公孙鞅又下令将赏金加到 50 两。话音刚落，一个红脸汉子推开人群走到木头跟前说："我来试试，最多不过是白扛一趟呗。"说着，他一哈腰，一较劲，一下子将木头扛到肩上，大步流星直向北门走去。左庶长公孙鞅连声夸赞这汉子是个好百姓，并当众兑现了赏金。

这件事一下子就在全城轰动开了，大家都说左庶长言而有信，对他下的命令一定要认真执行才是。

公元前356年，公孙鞅的变法令正式公布了。主要内容有：

第一，整顿社会治安，建立什伍组织，五家为一“伍”，十家为一“什”，互相担保，互相监视。一家犯了罪，九家都要检举，否则十家一起判罪。检举坏人和杀敌人一样有赏，窝藏坏人和投降敌人一样处罚。外出必须携带凭证，没有证件各地不准留宿。

第二，奖励发展生产。老百姓努力生产，粮食布帛贡献多的，可以免除一家劳役；懒惰和弃农经商的，连同妻子、儿女一同充为官奴。一家有两个儿子以上，成人以后就要分家，各自交税，否则一人要交两份税。

第三，奖励军功。一律按军功大小授予官位和爵位；军事上没有功劳的，即使有钱也不能过豪华生活，就是贵族也只能享受平民的生活。

新法一公布，就遭到了旧贵族势力的强烈反对，因为他们的许多特权都被剥夺了。大臣甘龙、杜执公开与公孙鞅论战，其他反对派也到处攻击新法。公孙鞅面对贵族们的挑战毫不退缩，他命人把反对派统统抓起来，在渭水河边一次就砍了700多颗人头，血水把河水都染红了。这样一来，再也没人敢公开跳出来反对新法了。

经过几年的变法图新，秦国的实力大为提高。老百姓男耕女织，粮食布帛渐渐多了，社会秩序也好得多，出现了夜不闭户，路不拾遗的升平局面。秦国渐渐富强起来。

公元前350年，在秦孝公的全力支持下，公孙鞅又公布了第二次变法令。主要内容有：开阡陌，废“井田”，奖励垦荒。谁开垦的土地就归谁所有，田地可以自由买卖；建立地方行政机构，把贵族封邑之外的土地、人口统编为31个大县，由中央直接任命官吏进行管理；为了便于向东发展，将国都从原来的雍城迁到渭河北面的咸阳。

新法还规定了赏罚严明，不管普通百姓还是王公贵族，凡有违纪者，一律依法惩治。这第二次变法令的颁布，更加削弱了旧贵族的势力，引起了他们更强烈的仇视。

旧贵族们慑于公孙鞅的强硬手法，不敢公开跳出来反对，就挑唆太子出面。太子出面反对变法，使已经升任大良造、统管秦国军政大权的公孙鞅十分为难；太子是国君的继承人，自然不能治他的罪，但若不予理睬，很可能使变法遭到失败。

公孙鞅本奏秦孝公，道：“朝廷的法令必须上下共同遵守，如在上的人不遵守，下面的百姓就会对朝廷失去信任，新法就不能贯彻始终。所以太子犯法，应与百姓同罪。”

在场的大臣们一听，一个个惊得目瞪口呆，支着耳朵听公孙鞅说下去。但是，公孙鞅话题一转：“太子的过错，完全是他的两位老师长期以来恶意教唆的结果。太子年幼，他的言行，应该由老师负责。所以，我请求大王允许将太子的两位老师治罪。”

秦孝公看到太子脱了干系，也就很痛快地答应了公孙鞅的请求，将太子的两位老师公子虔和公孙贾，分别除以割鼻和刺字的刑法。这样一来，其余的大臣就更不敢批评新法了。

秦国地广人稀，邻近的“三晋”人多地少，公孙鞅就请秦孝公出了赏格，叫邻国的农民到秦国来种地，给他们田地和住房。秦国人自己则主要用于服兵役，增强了秦军的战斗力。公孙鞅还将秦国的度量衡作了统一规定，进一步促进了生产的发展。

公元前 340 年，公孙鞅乘魏军兵败马陵之机，亲率大军进攻魏国。秦军先头部队一鼓作气攻占了魏国的都城安邑，逼得魏国迁都议和。为了表彰公孙鞅的功绩，秦孝公将商邑一带的 15 座城池封给了他，称他为商侯。故此，以后人们也管公孙鞅叫商鞅。

秦孝公任用商鞅变法，不过 20 来年的时间，秦国就从一个荒蛮之邦一跃而为战国“七雄”中最富强的国家，周天子还特意派使臣去慰劳秦孝公，封他为“方伯”，承认了秦国的霸主地位。其他国家看到了秦国翻天覆地的变化，也纷纷效仿，一时间，变法图新之风大盛。

公元前338年，秦孝公不慎患了重病，他将商鞅叫到跟前说：“我的病怕是好不了了，最使我不放心是继位的问题。太子年轻不懂事，难保不被别人利用。我思虑再三，惟有把王位传给你才能确保秦国继续强盛下去。你愿意接受吗?”

商鞅一听国君思虑秦国的前途要“让位”，怎敢答应，只是劝阻国王要安心养病，不要胡思乱想。

不久，秦孝公不治而亡，其子秦惠文王即位。先前反对变法的人立即活跃起来，他们不断向新君陈说变法的不是。秦惠文王当然也没忘记商鞅当年给他定罪的事，他下令以“谋反”罪逮捕商鞅，并以“车裂”刑法处死了他。

商鞅虽然死了，但他的新法已在秦国民众中扎下了根，再也无法改变了。他的变法为秦国的迅速崛起并最终统一中国，打下了坚实的基础。

邹忌进谏

战国初期，齐威王在位九年，昏昏噩噩，只知饮酒享乐不思国事，一切政事全由卿大夫掌管。众臣十分担忧，但没人敢大胆指责威王的过失。韩、赵、鲁等国看他这样荒唐，接连起兵进犯，边防线上不断报警。威王却仗着家大业大，置之不理。

一天，齐威王正在宫中发闷，准备听歌看舞，忽然有人来报，琴师邹忌要为大王献曲。齐威王很高兴，马上召见邹忌。邹忌坐在琴前，调弦正音抚弄了好一阵子，接着就一动不动了。齐威王很着急，催他快弹，邹忌将手指放在琴弦上，还是不弹，齐威王有些不高兴，便责问他为何不继续弹下去。

邹忌说：“弹琴是我的本行，我一时不弹您就如此着急。而国家这张大琴在您手中九年也未曾弹一下，难怪大家都着急呀!”齐威王明白了邹忌的意思，便将他留在身边。邹忌给齐威王提了诸如增加生产、厉行节约，任人唯贤、远离小人等许多建议。齐威王觉得他是个人才，就拜他为相国。

淳于髡是个能言善辩的人，他听说邹忌仅仼一张琴和一张嘴就平步青云，心里很不服气，决定找邹忌辩论。

邹忌很客气地迎接淳于髡。淳于髡傲然坐下来，开口便说：“子不离母，妻不离夫。”邹忌谦恭地应道：“我会加倍小心，侍奉国君。”淳于髡又说：“木头做的车轴即使涂上猪油，放在方孔中的轴槽中也不会转动自如。”邹忌仍然谦恭地说：“多谢指教，我定会按你的吩咐度时势，顺民意，不做违背常理的事。”邹忌一连同他对答了几个问题，淳于髡傲色有些缓解，但仍不死心，接着说：“算不准尺寸，选不成车；定不准琴音，奏不成曲。”邹忌恭敬地欠身，说：“谢谢您的指教，我一定修订法令，使人们有法可依。”

淳于髡站起身走到邹忌面前，倒身下拜。邹忌慌忙将他扶起。淳于髡感慨地说：“邹忌是真正有雄才大略的人，我与他相差甚远。”

邹忌正像自己所说的一样，忠心为国，制定新法整顿军队，加强农业，使齐国很快强大起来。

一天，邹忌去见齐威王，对他说了一件事：有一个门客来看我，说我比城北的美男子徐公漂亮，我虽然听了高兴，还有些怀疑，便问妻子和小妾。她们也说我比徐公漂亮。我心里感到欢喜。可是有一天我遇见徐公，发觉自己远不如他漂亮。我开始分析身边的人为什么对我说谎。后来我明白了，门客说我漂亮是有求于我，妻子说我漂亮是偏爱于我，小妾说我漂亮是惧怕我……

您是一国之君，拥有几千里的土地，120 多个城邑，有求于您、惧怕您的更是数不胜数，奉承您、对您说谎的人就更多了……

齐威王恍然大悟，立即下令：今后无论是谁能当面指出我错误的，受上等奖；写信指出我错误的受中奖；背后议论我的错误被我知道的受一般奖。

命令发出后，齐威王果然给提意见的人重奖，并虚心接受意见，将错误一一改正。到后期，提意见的几乎没有了，却收到百姓许多检举贪官污吏的信。威王决心整顿一下贪官污吏。一天，齐威王召集众臣，问大家全国 120 个城邑哪个治理得最好，哪个治理得最次。一个大臣说，阿城最好，即墨最次，旁边几个大臣也随声附和。

齐威王下令将二人召进宫来，进行处理。退朝后，邹忌对齐威王说：“凡事眼见为实，耳听为虚，应派人去阿城、即墨实际考察一番，了解一下具体情况。”齐威王点头同意。

出去考察的人很快回来了，了解的情况与大臣所说的恰恰相反。阿城太守平日只知搜刮民财，不知为百姓办实事，使百姓深受其害。但他处事圆滑，善于逢迎，常出重金贿赂大臣，所以大臣乘机为他说好话；即墨太守为官清正，凡事为百姓着想，平日最讨厌溜须拍马，遭许多大臣的忌恨，因此也乘机奏他一本。

齐威王听说此事勃然大怒，第二天一早便召集众臣上朝。在朝廷正中放了一口装满沸水的大锅。那些忌恨即墨太守的大臣看到这个场面，都暗自窃笑，准备看水煮即墨太守的笑话。

齐威王威严地坐在王位上，扫视众臣一遍，朗声道：“我已派人察明，即墨大夫功绩可佳，加封一万户的奉禄。阿城大夫贪赃枉法，贿赂上司，把他煮了！”阿城大夫丝毫未料到自己有这结果，早已吓晕过去。

那些收贿的大臣惊得冷汗直冒，抖成一团。邹忌忙跪下替他们求情。齐威王酌情惩治了受贿的大臣，又整顿了全国各级地方官吏。从此，贪官污吏收敛多了，真正贤明而有才能的人，都愿为齐威王效力。

齐威王由于采纳了邹忌的建议，将齐国治理得民富兵强，很快成为战国七雄之一。楚、魏、赵、韩等国派使者来朝拜，盛极一时。

神医扁鹊

我国的医学有独到的诊治疾病的方法，在春秋战国时期已经有很高的医治水平了。被称为“开山祖师”的扁鹊就是春秋末期到战国初期的最有名的医生。

扁鹊，本来是传说中黄帝时代的名医。到春秋后期，有个叫秦越人的医生，因为医术高明，医德高尚，就被人们以“扁鹊”相称，他的真名却被一般人忘记了。扁鹊是齐国人，年轻的时候当过客店掌柜，后来得到老名医长桑君的指点，学会了看病治病，就开始行医了。

扁鹊是齐国渤海郡人，他在北方各地走过许多地方，到了一个地方就给当地人看病，对于普通百姓，尤其关心。老人、妇女、儿童的病，他都治得好。这样，他的名声渐渐传开了，人们都很尊敬他。

有一次，扁鹊到了虢（虢音 guó），走到国君的宫殿门口，听说太子刚刚死了，就急忙打听是得了什么病。有人告诉他：“太子是气血不顺，内脏受害，突然气绝身亡的。”扁鹊又详细问起病人是什么时候死的，收殓了没有。然后，他郑重地说：“请转告贵国大王，我可以把太子救活。”那人不相信，扁鹊告诉他：“我看病，向来是以表知里，以里知表的。刚才听你说的这些症状，我就知道，太子没有真死，他现在下半截身子肯定还是温热的。”国君听说名医扁鹊来了，亲自出来迎接，愁眉苦脸地请他为儿子看病。扁鹊来到太子跟前，为他切脉，又检查了各个部位，然后安慰国君说：“太子的病叫‘尸厥’，是阴阳失调的结果。其实没有死，只是一种假死。不要紧，我能治好。”说完，扁鹊让弟子们用针刺太子的几个穴位。不一会，太子果真苏醒了。扁鹊又用灸烧燎他的两肋，太子就能坐起来了。再服汤药，又过了十多天，太子完全复元了。

扁鹊还擅长望诊和切脉。他给齐国国君桓公午看病的事，就证明了这一点。那一次，扁鹊见到桓公午，观察了一会儿，说：“大王已经有病了，如果不治就会加重的。”桓公午却不高兴地说：“我没什么不舒服的感觉，怎么会有病呢?”过了五天，扁鹊又见到桓公午，看过以后有些着急地说：“您的病已经进入血脉了，要赶紧治好才行。”桓公午更有些生气了。又过了几天，扁鹊第三次到见到桓公午，吃惊地说：“您的病已经进入肠胃，再不治就危险啦!”桓公午听着厌烦，理也不理。两个人第四次见面的时候，扁鹊看了桓公午一眼，不说话，扭头就走。桓公午觉得奇怪，忙派人追上他问原因。扁鹊说：“大王的病，一开始在皮肤上，后来发展到血脉，又进了内脏，这些都可以热敷、扎针、吃药的办法治好，可今天，我看他的病已进入骨髓，没法医治了。所以我只好离开。”

过了几天，桓公午果然发病，再派人去请扁鹊，他已经离开了齐国。桓公午不久就死了。

扁鹊行医，不但会用药物、针灸，还特别重视病人的心理状态，他认为有些病主要不是肌体的毛病，而是人的心理和生活失调。像为人骄傲任性，拼命追求财富，不锻炼身体等都对人体有害，遇到这样的病人，他是不给治的。特别是对那些相信迷信巫术的人，他坚决不治。

扁鹊晚年，曾到秦国行医。秦武王想请他看病，可秦国医官李醯（音 xī）非常忌妒扁鹊，怕他给国君治好了病，影响自己的声誉和地位，竟派人把一代名医扁鹊刺杀了。

扁鹊的医术代表了春秋战国时期的医疗水平，也奠定了我国传统医学的基础。到今天，“望、闻、问、切”，针灸，汤药，仍然是中医诊断的基本手段。传说他的著作有《扁鹊内经》等书，可惜现在已经失传了。